SECCIÓN DE OBRAS DE HISTORIA

GUÍA ILUSTRADA DE LA HISTORIA MODERNA

Traducción

GUILLERMINA DEL CARMEN CUEVAS MESA

NORMAN LOWE

Guía ilustrada
de la historia moderna

FONDO DE CULTURA ECONÓMICA

Primera edición en inglés,	1982
Segunda edición,	1988
Tercera edición,	1997
Cuarta edición,	2005
Primera edición en español,	1989
Segunda edición, de la segunda en inglés,	1993
Tercera edición, de la cuarta en inglés,	2010
Tercera reimpresión,	2018

[Primera edición en libro electrónico, 2017]

Lowe, Norman
    Guía ilustrada de la historia moderna / Norman Lowe ; trad. de Guillermina del Carmen Cuevas Mesa. — 3ª ed. — México : FCE, 2010
    1104 p. : ilus. ; 21 × 14 cm — (Colec. Historia)
    Título original: Mastering Modern World History
    ISBN 978-607-16-0571-9

    1. Historia moderna I. Cuevas Mesa, Guillermina del Carmen, tr. II. Ser. III. t.

LC D421 l6818   Dewey 909.82 L913g

Distribución mundial

© 1982, 1988, 1997, 2005, Norman Lowe
Publicado por Palgrave Macmillan, una división de Macmillan Publishers Limited.
Houndmills, Basingstoke, Hampshire, Londres
Esta edición ha sido traducida y publicada con licencia de Palgrave Macmillan.
El autor afirma su derecho a ser identificado como el autor de esta obra.
Título original: *Mastering Modern World History*

D. R. © 1989, Fondo de Cultura Económica
Carretera Picacho-Ajusco, 227; 14738 Ciudad de México
www.fondodeculturaeconomica.com
Comentarios: editorial@fondodeculturaeconomica.com
Tel.: (55)5227-4672

Diseño de portada: Paola Álvarez Baldit

ISBN 978-607-16-0571-9 (rústico)
ISBN 978-607-16-5046-7 (electrónico-epub)
ISBN 978-607-16-5054-2 (electrónico-mobi)

Impreso en México • *Printed in Mexico*

Para Jane

SUMARIO

AGRADECIMIENTOS

El autor y el editor desean agradecer a las siguientes entidades por permitir la reproducción de material protegido con derechos de autor: *The Guardian*, por los extractos de artículos sobre Chernobil (*The Guardian*, 13 de abril de 1996), contaminación (26 de octubre de 2003) y Día Mundial del sida (2 de diciembre de 2003), y por los mapas XI.4, XI.5 y XXIV.6; Oxford University Press, por los mapas VI.1, VI.6 y VII.2 de D. Heater, *Our World This Century* (1997), copyright Oxford University Press 1982; John Murray Ltd., por la figura X.1 de J. B. Watson, *Success in World History since 1945* (1989); Palgrave Macmillan por una figura de D. Harkness, *The Post War World* (1974).

Se agradece a las fuentes de las fotografías nuevas mencionadas a continuación: Associated Press, VIII.2, XX.5, XXV.6; Camera Press, XVIII.1, XX.2, XX.4, XXI.1, XXIII.2, XXIII.3, XXVI.1; Getty Images, I.1, I.2, II.4, V.2, VI.1, VI.3, VI.4, VII.1, VIII.3, X.2, X.3, X.4, X.5, XI.1, XI.2, XI.3, XII.1, XII.2, XIV.3, XVI.2, XVI.4, XIX.3, XXIII.5, XIV.2, XXIV.3, XXV.4, XXV.5; International Planned Parenthood Association, XXVII.1; Magnum, XXVI.2; Peter Newark's Western American, XXII.1, XXII.2, XXII.5; TopFoto, VII.5, XXV.1, XXV.2.

También queremos agradecer a las siguientes fuentes invaluables de material e información sobre acontecimientos recientes y que pueden resultar de utilidad para los estudiantes:
http://www.guardian.co.uk/international (Guardian Unlimited).
http://www.alertnet.org/thenews (Reuters Foundation).
http://www.keesings.gvpi.net (Keesing's Record of World Events).
http://www.news.bbc.co.uk (BBC News).

Se ha hecho un gran esfuerzo por rastrear a los propietarios de los derechos de autor, pero si alguno fue pasado por alto, el autor y el editor harán los arreglos pertinentes en la primera oportunidad.

PREFACIO A LA CUARTA EDICIÓN

La cuarta edición de este libro de texto es ideal para estudiantes de historia universal moderna, tanto de nivel secundaria como preparatoria, así como para la licenciatura de historia y de relaciones internacionales. Se han reescrito muchas secciones para incluir las investigaciones e interpretaciones más recientes, además de que se agregaron muchas secciones nuevas, de modo de cubrir temas clave. Hay preguntas nuevas al estilo actual de los comités examinadores, AQA, Edexcel y OCR. Las nuevas secciones incluyen:

- Los afroamericanos y la campaña por los derechos civiles (1865-1980) en los Estados Unidos.
- Los sindicatos, el socialismo y las repercusiones de la primera Guerra Mundial y de la Revolución bolchevique en los Estados Unidos.
- Los "estados sucesores" en el periodo de entreguerras.
- La vida en la URSS de Stalin.
- El Holocausto.
- Las luchas por la independencia en Argelia y Kenia.
- Los Estados Unidos y el nuevo orden mundial.
- El 11 de septiembre y la "guerra contra el terrorismo".
- La caída de Saddam Hussein.
- El Zimbabwe de Mugabe.
- Problemas recientes en África.
- Calentamiento global.
- La epidemia de VIH y sida.

Cada nueva edición parece ser más larga que la anterior, de modo que esta cuarta edición se caracteriza por la inclusión de más materiales bibliográficos y preguntas en el sitio web asociado en www.palgrave.com/masterseries/Lowe.

Una vez más, espero que este libro sea útil para estudiantes de secundaria y preparatoria, y que sirva como introducción al estudio del siglo xx para los estudiantes de primer año de licenciatura y para los lectores en general.

Agradezco a mis amigos Glyn Jones, quien anteriormente trabajaba para Bede College, Billingham, y Michael Hopkinson, ex jefe de Historia de la Harrogate Grammar School, quienes leyeron todo el nuevo material y corrigieron numerosas inexactitudes, así como al reverendo Melusi Sibanda, quien me dio muchos consejos valiosos sobre los problemas de África. Debo agradecer a Suzannah Burywood, Barbara Collinge y Beverly Tarquini, de Palgrave Macmillan, por darme ánimo, ayuda y consejo; a Jocelyn Stockley, por su cuidadosa edición, y a Valery Rose, por su ayuda y guía. Por último, quisiera agradecer a mi esposa Jane, quien una vez más volvió a leer la obra completa y sugirió innumerables mejoras. Cualquier error y defecto siguen siendo mi responsabilidad.

NORMAN LOWE

Primera Parte

LA GUERRA Y LAS RELACIONES INTERNACIONALES

I. EL MUNDO EN 1914: ESTALLIDO DE LA PRIMERA GUERRA MUNDIAL

1. Prólogo

Al abrigo de la oscuridad, la noche del 5 de agosto de 1914, cinco columnas de tropas de asalto alemanas, llegadas a Bélgica dos días antes, convergían en el pueblo de Lieja y esperaban poca resistencia. Para su sorpresa, fueron detenidas con determinación por un ataque proveniente de los fuertes de la periferia de la población que representó un revés para los alemanes, pues controlar Lieja era esencial para proceder con su principal operación en contra de Francia, y se vieron obligados a recurrir a técnicas de asalto mediante pesados cañones obuses cuyos proyectiles se disparaban al aire, caían desde una altura de 3 640 metros y aplastaban los blindajes de los fuertes. Por resistentes que fueran, estos fuertes belgas no estaban equipados para soportar esos ataques por largo tiempo; el 13 de agosto se rindió el primero de ellos, y tres días después, Lieja se encontró bajo el control de los alemanes. Éste fue el primer combate importante de la primera Guerra Mundial, ese espantoso conflicto de proporciones monumentales que marcaría el inicio de una nueva era en la historia de Europa y del mundo.

2. El mundo en 1914

a) En 1914 Europa todavía dominaba al resto del mundo

La mayor parte de las decisiones que conformaron el destino del mundo se tomaba en las capitales de Europa. Alemania era la principal potencia europea, tanto militar como económica; había superado a Gran Bretaña en la producción de lingotes de hierro y acero, si bien no tan notoriamente en la de carbón, en tanto que Francia, Bélgica, Italia y Austria-Hungría (conocidas como el Imperio de Habsburgo) iban muy a la zaga. La industria rusa se expandía rápidamente, pero estaba tan atrasada que no representaba un peligro para Alemania ni Gran Bretaña. No obstante, los avances industriales más espectaculares de los últimos 40 años habían tenido lugar fuera de Europa; en 1914, los Estados Unidos producían más carbón, lingotes de hierro y acero que Alemania o Gran Bretaña, y ya se consideraban una potencia mundial. Japón también se había modernizado rápidamente y era una potencia que debería ser tomada en cuenta después de haber derrotado a Rusia en la Guerra Ruso-Japonesa de 1904-1905.

b) Los sistemas políticos de estas potencias mundiales son muy diferentes

Los Estados Unidos, Gran Bretaña y Francia tenían *formas de gobierno democráticas;* es decir, que tenían un parlamento constituido por representantes electos por el pueblo, el cual participaba de manera importante en la dirección del país. No obstante, algunos sistemas no eran tan democráticos como parecían; Alemania tenía una cámara baja elegida (Reichstag), pero el poder real lo ejercían el canciller (una especie de primer ministro) y el káiser (emperador). Italia era una monarquía con un parlamento elegido, pero el sufragio (derecho al voto) era nada más para los ricos. Japón contaba con una cámara baja elegida, pero también en este caso el derecho al voto estaba restringido y el emperador y el consejo del rey detentaban gran parte del poder. En Rusia y Austria-Hungría, el gobierno era muy diferente de la democracia occidental. El zar (emperador) de Rusia y el emperador de Austria (que también era rey de Hungría) eran *soberanos absolutos* o *autocráticos;* es decir, que si bien había un parlamento, no fungía más que como consejero y, si así lo deseaban los gobernantes, podían ignorarlo.

c) La expansión imperial después de 1880

En los años posteriores a 1880 las potencias europeas habían participado en un gran arranque de expansión imperialista. El *imperialismo* es la creación de un imperio apoderándose de territorios extranjeros. La mayor parte de África fue tomada por los estados europeos en lo que se conoce como "la rebatiña de África", que se basaba en la idea de controlar nuevos mercados y nuevas fuentes de materias primas. También se trataba de intervenir en el Imperio chino, que se derrumbaba; en diferentes momentos, las potencias europeas, los Estados Unidos y Japón forzaron a los indefensos chinos a otorgar concesiones comerciales. La exasperación por la incompetencia de su gobierno hizo que estos últimos derrocaran a la antigua dinastía Manchú e instauraran una república (1911).

d) Europa se dividió en dos sistemas de alianzas

La Triple Alianza	Alemania
	Austria-Hungría
	Italia

La Triple Entente	Gran Bretaña
	Francia
	Rusia

Por otra parte, Japón y Gran Bretaña habían formado una alianza en 1902. La fricción entre los dos grupos principales (a menudo llamados "los campos armados") había puesto a Europa al borde de la guerra varias veces desde 1900 (mapa I.1).

e) Causas de fricción

Eran muchas las causas que amenazaban la paz de Europa:

• Rivalidad naval entre Gran Bretaña y Alemania.
• Los franceses resentían la pérdida de Alsacia-Lorena a

manos de Alemania, a finales de la Guerra Franco-Prusiana (1871).

- Los alemanes acusaban a Gran Bretaña, Rusia y Francia de tratar de "rodearlos"; también estaban desilusionados con los resultados de sus políticas expansionistas (conocidas como *Weltpolitik*, literalmente, "política mundial"). Si bien habían tomado posesión de algunas islas del Pacífico y de ciertos territorios de África, su imperio era pequeño, comparado con el de otras potencias europeas, además de que no les reportaba muchas ganancias económicas.

- Los rusos sospechaban de las ambiciones de Austria en los Balcanes y les preocupaba la creciente fortaleza militar y económica de Alemania.

- El *nacionalismo* serbio (deseaban liberar a su nación del control de pueblos de otra nacionalidad) era probablemente la causa más peligrosa de fricciones. Desde 1882 el gobierno serbio del rey Milan había estado a favor de Austria, y su hijo Alexander, quien llegó a la mayoría de edad en 1893, siguió la misma política. No obstante, los nacionalistas serbios resentían amargamente el hecho de que por el Tratado de Berlín, firmado en 1878, se había permitido a los austriacos ocupar Bosnia, región que, pensaban los serbios, debía ser parte de una Gran Serbia. Los nacionalistas consideraban como traidor a Alexander; en 1903 fue asesinado por un grupo de oficiales del ejército que pusieron a Peter Karageorgević en el trono. El cambio de régimen provocó un viraje dramático en la política serbia: ahora los serbios eran pro rusos, y no era un secreto que ambicionaban unir a todos los serbios y croatas en un gran reino eslavo del sur (Yugoslavia). Muchos de estos serbios y croatas vivían dentro de las fronteras del Imperio de Habsburgo, y si se separaban de Austria-Hungría para formar parte de la Gran Serbia, se corría el riesgo de acabar con el maltrecho Imperio de Habsburgo, formado por muchos pueblos de diferentes nacionalidades (mapa I.2). Había alemanes, húngaros, magiares, checos, eslovacos, italianos, polacos, rumanos, rutenos y eslovenos, además de serbios

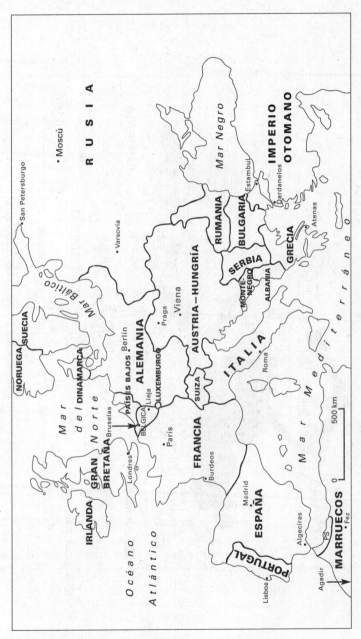

MAPA I.1. *Europa en 1914*

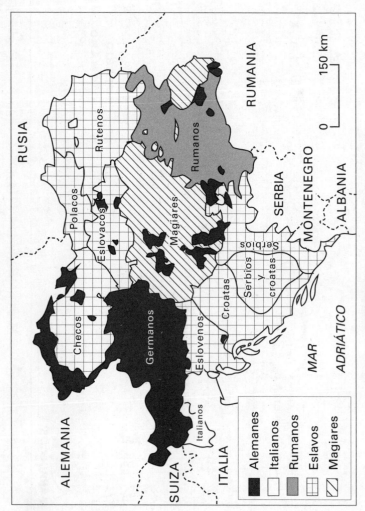

MAPA I.2. *Pueblos del Imperio de Habsburgo*

y croatas. Si estos últimos se salían del redil, muchos otros también exigirían su independencia y se acabaría el Imperio de Habsburgo. Por consiguiente, a algunos austriacos les entusiasmaba la idea de lo que llamaban "una guerra preventiva", para destruir Serbia antes de que se fortaleciera lo suficiente como para provocar la descomposición del imperio. Los austriacos tampoco aceptaban que Rusia apoyara a Serbia.

Estos resentimientos y tensiones dieron lugar a una serie de acontecimientos que culminaron con el estallido de la guerra, a finales de julio de 1914.

3. HECHOS QUE CONDUJERON AL ESTALLIDO DE LA GUERRA

Calendario de los principales acontecimientos

Europa se divide en dos campos armados

1882	Triple Alianza de Alemania, Austria-Hungría e Italia.
1894	Francia y Rusia firman una alianza.
1904	Gran Bretaña y Francia firman la "Entente Cordiale" (reunión amistosa).
1907	Gran Bretaña y Rusia firman un acuerdo.

Otros acontecimientos importantes:

1897	Ley Naval del Almirante Tirpitz: Alemania intenta formar una flota.
1902	Gran Bretaña y Japón firman una alianza.
1904-1905	Japón gana la Guerra Ruso-Japonesa.
1905-1906	Crisis marroquí.
1906	Gran Bretaña construye el primer acorazado "Dreadnought".
1908	Crisis en Bosnia.
1911	Incidente de Agadir.
1912	Primera Guerra de los Balcanes.
1913	Segunda Guerra de los Balcanes.

1914	28 de junio	Asesinato del archiduque Francisco Fernando en Sarajevo.
	28 de julio	Austria-Hungría declara la guerra a Serbia.
	29 de julio	Rusia ordena la movilización general de tropas.
	1º de agosto	Alemania declara la guerra a Rusia.
	3 de agosto	Alemania declara la guerra a Francia.
	4 de agosto	Gran Bretaña entra en guerra.
	6 de agosto	Austria-Hungría declara la guerra a Rusia.

a) La crisis marroquí (1905-1906)

Fue un intento de los alemanes por expandir su imperio y probar la "Entente Cordiale" recientemente firmada por Gran Bretaña y Francia (1904), en el entendido de que Francia reconocería la posición de Gran Bretaña en Egipto a cambio de la aprobación de los británicos de una posible toma de Marruecos por Francia; era una de las pocas regiones de África que aún no era controlada por una potencia europea. Los alemanes anunciaron que ayudarían al sultán de Marruecos a mantener la independencia de su país y exigieron una conferencia internacional para analizar su futuro. La conferencia se celebró en Algeciras, al sur de España (enero de 1906), como estaba previsto. Los británicos pensaban que si Alemania se salía con la suya, lograría el virtual control de Marruecos, lo cual sería un paso importante hacia el dominio diplomático alemán y los alentaría a seguir adelante con su *Weltpolitik*. Los británicos, que acababan de firmar la "Entente Cordiale" con Francia, estaban decididos a encabezar la oposición contra Alemania en la conferencia. Los alemanes no tomaban en serio la "Entente" por la tradicional hostilidad entre Gran Bretaña y Francia, pero, para su sorpresa, Gran Bretaña, Rusia, Italia y España apoyaron la exigencia de los franceses de controlar la banca y la política marroquíes. Fue una gran derrota diplomática para los alemanes, que se dieron cuenta de que la reciente integración de Gran Bretaña y Francia era una fuerza que tendrían que tomar en cuenta, en especial porque al incidente siguieron las "conversaciones militares" anglo-francesas.

b) El acuerdo británico con Rusia (1907)

Los alemanes lo consideraron como otra medida hostil, pero de hecho fue un paso lógico, pues en 1894, Rusia había firmado una alianza con Francia, nuevo socio de Gran Bretaña en la "Entente Cordiale". Durante muchos años los británicos habían visto a Rusia como la principal amenaza para sus intereses en el Lejano Oriente e India, pero la situación había cambiado recientemente. La derrota inflingida por Japón a Rusia en la guerra de 1904-1905 hizo pensar que ésta se había debilitado considerablemente, de modo que ya no parecía tan amenazante. Los rusos eran partidarios de acabar con la prolongada rivalidad y estaban ansiosos por atraer inversiones británicas para su programa de modernización industrial. Por tanto, el acuerdo resolvía sus diferencias restantes en Persia, Afganistán y el Tíbet. No era una alianza militar y no necesariamente una medida antialemana, pero los alemanes la consideraban una confirmación de sus temores de que Gran Bretaña, Francia y Rusia planeaban "rodearlos".

c) La crisis de Bosnia (1908)

Puso al rojo vivo la tensión entre Austria-Hungría y Serbia. Los austriacos, aprovechando una revolución en Turquía, se anexaron formalmente (tomaron) la provincia turca de Bosnia, que ocupaban desde 1878, lo cual fue un golpe deliberado para el vecino estado de Serbia, que esperaba tomar Bosnia, pues entre su población mixta de serbios, croatas y musulmanes había cerca de tres millones de serbios. Estos últimos pidieron ayuda a sus conciudadanos eslavos, los rusos, que llamaron a una conferencia europea con la esperanza de que franceses y británicos los apoyaran. Cuando fue evidente que Alemania apoyaría a Austria en caso de guerra, los franceses se retiraron, no dispuestos a involucrarse en una guerra en los Balcanes. Los británicos, ansiosos por evitar un rompimiento con Alemania, apenas protestaron ante Austria-Hungría. Los rusos, aún ardidos por su derrota ante Japón, no quisieron arriesgarse a otra guerra sin el apoyo de sus aliados. Serbia no conseguiría ayuda; no hubo conferencia y Austria conservó Bosnia. Fue un triunfo para la alianza austro-alemana, *pero con resultados desafortunados:*

- Serbia siguió siendo enconadamente hostil a Austria, y fue esta discrepancia la que desató la guerra.
- Los rusos estaban decididos a evitar una humillación más y se embarcaron en intensos preparativos militares; pretendían estar preparados por si Serbia volvía a solicitar ayuda.

d) El incidente de Agadir (1911)

Esta crisis fue provocada por lo que sucedió después en Marruecos. Las tropas francesas ocuparon Fez, capital marroquí, para acabar con una rebelión en contra del sultán, pero dio la impresión de que los franceses querían anexarse Marruecos. Los alemanes enviaron un cañonero al puerto marroquí de Agadir, el *Panther*, con la esperanza de presionar a los franceses para que compensaran a Alemania, quizá con el Congo francés. Los británicos estaban preocupados de que los alemanes se hicieran con Agadir, que podría ser utilizado como base naval para amenazar a las rutas comerciales inglesas. Para fortalecer la resistencia francesa, Lloyd George (ministro de Economía británico) aprovechó un discurso que pronunciaría en el banquete del alcalde de Londres, en Mansion House, para hacer una advertencia a los alemanes. Dijo que Gran Bretaña no se mantendría al margen para que se aprovecharan "donde sus intereses resultaban muy afectados". Los franceses se mantuvieron firmes y no hicieron concesiones importantes; los alemanes acabaron por retirar su cañonero; además, aceptaron reconocer el protectorado francés (derecho a "proteger" al país de toda intervención extranjera) de Marruecos a cambio de dos franjas de territorio en el Congo francés. Las potencias de la Entente consideraron esto como un triunfo, pero en Alemania la opinión pública se tornó intensamente antibritánica, en especial porque Gran Bretaña avanzaba lentamente en la "carrera naval". A finales de 1911 habían construido ocho de los nuevos buques de guerra tipo "Dreadnought", más poderosos, en tanto que Alemania sólo tenía cuatro.

e) La primera Guerra de los Balcanes (1912)

La guerra empezó cuando Serbia, Grecia, Montenegro y Bulgaria (o Liga de los Balcanes, como se llamaba) lanzaron una serie de ataques contra Turquía. En algún momento todos estos países habían formado parte del Imperio turco (otomano). Ahora que Turquía se había debilitado (y que las otras potencias lo llamaban "el hombre enfermo de Europa"), aprovecharon la oportunidad de hacerse de más tierras a su costa. Pronto se apoderaron de gran parte de lo que quedaba de territorio turco en Europa. Sir Edward Grey, secretario del exterior de Gran Bretaña, organizó con el gobierno alemán una conferencia de paz en Londres, pues estaba ansioso por evitar que el conflicto se extendiera y también por demostrar que Gran Bretaña y Alemania aún podían trabajar juntas. Se acordó dividir entre los estados de los Balcanes los territorios que habían sido propiedad de Turquía. Sin embargo, los serbios no quedaron contentos con lo que habían ganado, querían Albania, que les daría una salida al mar, pero los austriacos, con el apoyo de Alemania y Gran Bretaña, insistieron en que Albania debería ser un Estado independiente, medida deliberada para que Serbia no adquiriera más poder.

f) La segunda Guerra de los Balcanes (1913)

Los búlgaros no quedaron satisfechos con lo obtenido por el acuerdo de paz y culparon a Serbia. Esperaban que les tocara Macedonia, pero la mayor parte le fue otorgada a Serbia, de manera que Bulgaria atacó a esta última, pero su plan falló cuando Grecia, Rumania y Turquía se unieron para apoyar a Serbia. Los búlgaros fueron derrotados, y por el Tratado de Bucarest (1913) perdieron su derecho a gran parte de lo obtenido a raíz de la primera guerra (mapa I.3). Aparentemente, la influencia anglo-germana había impedido que la guerra se in-

MAPA I.3. *Los Balcanes en 1913, con los cambios derivados de las guerras de los Balcanes (1912-1913)*

tensificara al reprimir a los austriacos, quienes ansiaban apoyar a Bulgaria y atacar a Serbia, pero en realidad *las consecuencias de las guerras de los Balcanes fueron graves:*

- Serbia había resultado fortalecida y estaba decidida a fomentar los problemas de los serbios y croatas que vivían en Austria-Hungría;
- los austriacos también estaban decididos a acabar con las ambiciones de Serbia;
- los alemanes tomaron la buena disposición de Grey para cooperar como signo de que Gran Bretaña estaba dispuesta a separarse de Francia y Rusia.

g) El asesinato del archiduque austriaco Francisco Fernando

Este trágico acontecimiento (ilustración 1.1) ocurrido en Sarajevo, capital de Bosnia, el 28 de junio de 1914, fue la causa inmediata de la declaración de guerra de Austria-Hungría a Serbia, guerra que pronto se convirtió en la primera Guerra Mundial. El archiduque, sobrino y heredero del emperador Francisco José, estaba de visita oficial en Sarajevo cuando los disparos del terrorista serbio Gavrilo Princip acabaron con su vida y la de su esposa. Los austriacos culparon al gobierno serbio y enviaron un violento ultimátum. Los serbios aceptaron gran parte de lo exigido, pero los austriacos, con la promesa de ayuda de los alemanes, estaban decididos a aprovechar el incidente como excusa para la guerra. El 28 de julio, Austria-Hungría declaró la guerra a Serbia. Los rusos, ansiosos por no dejar de nuevo solos a los serbios, ordenaron una movilización general (29 de julio). El gobierno alemán exigió que ésta fuera cancelada (31 de julio), pero cuando los rusos no cumplieron, Alemania le declaró la guerra a Rusia (1º de agosto) y a Francia (3 de agosto). Cuando las tropas alemanas entraron a Bélgica para llegar a Francia, Gran Bretaña (que en 1839 había prometido defender la neutralidad de dicho país) exigió que se retiraran. Como su solicitud fue ignorada, Gran Bretaña se unió a la guerra (4 de agosto). Austria-Hungría declaró la guerra a Rusia el 6 de agosto. Más tarde se unieron otros países.

ILUSTRACIÓN I.1. *El archiduque Francisco Fernando y su esposa, poco antes de ser asesinados en Sarajevo el 28 de junio de 1914*

La guerra tendría profundos efectos en el futuro del mundo. Pronto Alemania fue desplazada, cuando menos durante un tiempo, y Europa prácticamente nunca recuperó su posición dominante en el mundo.

4. ¿QUÉ PROVOCÓ LA GUERRA Y QUIÉN TUVO LA CULPA?

Es difícil analizar por qué el asesinato de Sarajevo desencadenó una guerra mundial, y a la fecha, los historiadores no han podido ponerse de acuerdo. Algunos culpan a Austria por haber iniciado las agresiones al declarar la guerra a Serbia, otros a los rusos, porque fueron los primeros en ordenar una movilización total; hay quien culpa a Alemania por apoyar a Austria, o a Gran Bretaña, por no dejar claro que definitivamente apoyaría a Francia. Si los alemanes lo hubieran sabido, según se argumenta, no habrían declarado la guerra a Francia y la batalla se hubiera restringido a Europa oriental.

El punto que está fuera de toda discusión es que la disputa entre Austria-Hungría y Serbia fue la chispa que desató la guerra;

su explosividad se intensificó a partir de 1908, y los austriacos aprovecharon el asesinato como excusa para una guerra preventiva con Serbia. Realmente sentían que si las ambiciones nacionalistas de serbios y eslavos hacían realidad el estado de Yugoslavia, el Imperio de Habsburgo se colapsaría; Serbia debía ser frenada. Siendo justos, probablemente esperaban que fuera una guerra localizada, como las guerras de los Balcanes. La disputa austro-serbia explica el estallido de la guerra, pero no la razón de que llegara a ser una guerra mundial. *A continuación, algunas de las razones por las que, supuestamente, tuvo lugar la escalada bélica.*

a) El sistema de alianzas
o "campos armados" hacía inevitable la guerra

George Kennan, diplomático e historiador estadunidense, pensaba que una vez que se firmó la alianza de 1894 entre Francia y Rusia, la suerte de Europa quedó sellada. Conforme crecían las sospechas entre los dos campos opuestos, Rusia, Austria-Hungría y Alemania se encontraron en situaciones de las que no podrían escapar sin ser humillados aún más; la guerra parecía la única manera de salvar las apariencias.

No obstante, muchos historiadores consideran poco convincente esta explicación; desde 1904 ha habido muchas crisis y ninguna ha conducido a una guerra de envergadura. De hecho, *estas alianzas no tenían nada vinculante.* Cuando Rusia batallaba en la guerra contra Japón (1904-1905), los franceses no enviaron ayuda, tampoco apoyaron a Rusia cuando protestó porque Austria se anexó Bosnia; Austria no mostró interés por los infructuosos intentos alemanes para evitar que Francia tomara Marruecos (crisis de Marruecos y Agadir, 1906 y 1911); Alemania había logrado que Austria no atacara Serbia durante la segunda Guerra de los Balcanes. Si bien Italia era miembro de la Triple Alianza, estaba en buenos términos con Francia y Gran Bretaña, y participó en la guerra *contra* Alemania en 1915. En realidad, ninguna potencia declaró la guerra por alguno de estos tratados de alianza.

b) Rivalidad colonial en África y el Lejano Oriente

Tampoco en este caso es convincente el argumento de que el desencanto de Alemania por sus ganancias coloniales y su resentimiento por el éxito de otras potencias ayudó a provocar la guerra. Si bien no hay duda de las disputas, siempre se solucionaron sin guerra. A principios de julio de 1914, las relaciones anglo-alemanas eran buenas: recientemente se había llegado a un acuerdo favorable a Alemania respecto de una posible repartición de las colonias portuguesas de África. No obstante, un efecto colateral de la rivalidad por las colonias, que sin duda provocaba peligrosas fricciones, era la rivalidad naval.

c) La carrera naval entre Gran Bretaña y Alemania

Los escritos del estadunidense Alfred Mahan, quien pensaba que el poderío marítimo era clave para lograr un gran imperio, influyeron grandemente en el gobierno alemán, de ahí que Alemania necesitara una armada mucho mayor, susceptible de retar a la mayor potencia marítima: Gran Bretaña. A partir de la Ley Naval del Almirante Tirpitz (1897), los alemanes se empeñaron en hacer crecer su armada. En un principio, probablemente el rápido crecimiento de la flota alemana no preocupó demasiado a los británicos por la gran ventaja que le llevaban, pero con la introducción del poderoso acorazado británico "Dreadnought", en 1906, todo cambió, pues los demás acorazados se tornaron obsoletos. Esto significaba que los alemanes podrían empezar a construir acorazados de este tipo en iguales condiciones que Gran Bretaña. La carrera naval resultante fue la principal manzana de la discordia entre ambos hasta 1914. Para muchos de los británicos, la nueva armada alemana sólo podía significar una cosa: que Alemania pretendía hacerle la guerra a Gran Bretaña. No obstante, según Winston Churchill, en la primavera y el verano de 1914 la rivalidad naval había dejado de ser causa de fricciones porque "no había duda de que nosotros (Gran Bretaña) no podríamos ser superados en cuanto a barcos importantes".

d) Rivalidad económica

Se ha argumentado que el deseo de dominar económicamente al mundo había hecho que hombres de negocios y capitalistas alemanes desearan la guerra con Gran Bretaña, que en 1914 aún poseía cerca de la mitad del tonelaje de buques mercantes del mundo. Los historiadores marxistas prefieren esta teoría porque *culpa de la guerra al sistema capitalista*, pero los críticos de la misma apuntan que Alemania ya había avanzado en su victoria económica; un destacado industrial alemán señaló en 1913 que "con tres o cuatro años más de paz, Alemania no tendrá rival económico en Europa". Sobre la base de este argumento, lo último que Alemania necesitaba era una gran guerra.

e) Muy probablemente Rusia se embarcó en la guerra para apoyar a Serbia

Es probable que con el apoyo de Rusia, Serbia se mostrara más irresponsable en su política antiaustriaca. Rusia fue la primera en ordenar una movilización general, y fue esta movilización rusa la que llevó a la movilización de Alemania. A los rusos les preocupaba la situación de los Balcanes, donde tanto Bulgaria como Turquía estaban bajo la influencia alemana. Esta situación permitiría a Alemania y Austria controlar los Dardanelos, salida al Mar Negro. Era la principal ruta comercial de Rusia, y el comercio ruso podría tener problemas (lo cual sucedió, hasta cierto punto, durante la guerra). Por tanto, esta última se sentía amenazada, y una vez que Austria declaró la guerra a Serbia, lo vio como una lucha por su supervivencia. Los rusos deben haber sentido también que su prestigio como líderes de los pueblos eslavos se resentiría si no apoyaban a Serbia. Es posible que el gobierno considerara que la guerra era una buena idea para desviar la atención de los problemas domésticos, aunque también deben haber estado conscientes de que participar en una guerra importante resultaría un juego peligroso. Poco después del estallido de la guerra, Durnovo, uno de los ministros del zar, advirtió de que un conflicto prolongado presionaría gravemente al país y podría llevar al colapso el régimen del zar. Quizá la culpa sea más de los austriacos; aunque deben haber esperado más de la neutralidad rusa, seguramente se dieron cuenta de lo difícil que sería para Rusia mantenerse neutral en esas circunstancias.

f) El apoyo alemán para Austria fue importantísimo

Resulta significativo que Alemania impidiera que los austriacos declararan la guerra a Serbia en 1913, pero que en 1914 los instara a seguir adelante. El káiser les envió un telegrama en el que los urgía a atacar a Serbia y prometía ayuda alemana sin ninguna condición; fue como darles un cheque en blanco para hacer lo que quisieran. Lo importante es preguntarse *¿por qué cambió la política alemana respecto de Austria-Hungría?*, pregunta que ha sido motivo de gran controversia entre los historiadores, y son varias las interpretaciones presentadas:

1. Ya vencidos los alemanes, después de la guerra se les impuso un duro acuerdo de paz, mediante el Tratado de Versalles. Las potencias vencedoras sintieron la necesidad de justificar esto culpando de la guerra a Alemania (sección II.8). En esa época la mayoría de los historiadores no alemanes siguieron con esta idea, aunque naturalmente a los historiadores alemanes no les hacía feliz esta interpretación. Después de unos años, la perspectiva empezó a cambiar; dejó de culparse sólo a Alemania y se aceptó que otras potencias tenían parte de culpa. Posteriormente, en 1961, Fritz Fischer, historiador alemán, causó sensación al sugerir que, después de todo, Alemania era la más culpable, pues se había expuesto a una guerra importante mandando el "cheque en blanco" a Austria-Hungría. Afirmaba que Alemania había planeado deliberadamente una guerra con Rusia, Gran Bretaña y Francia, y la había provocado para convertirse en la potencia mundial dominante, tanto económica como política, y también como forma de aliviar las tensiones internas. En las elecciones de 1912, el Partido Socialista Alemán (SPD) ganó más de la tercera parte de los escaños

del Reichstag (cámara baja del parlamento), convirtiéndose, así, en el partido mayoritario. Después, en 1914, el Reichstag emitió un voto de no confianza en el canciller Bethmann-Hollweg, pero éste conservó su puesto porque el káiser tenía la última palabra. Obviamente, estaba gestándose un conflicto importante entre el Reichstag, que quería más poder, y el káiser y el canciller, dispuestos a resistirse al cambio. Una victoria bélica parecía una buena manera de alejar la mente del pueblo de los problemas políticos; permitiría al gobierno suprimir el SPD y mantener el poder en manos del káiser y la aristocracia.

Fischer basaba parcialmente su teoría en evidencias del diario del almirante Von Müller, que escribió sobre un "consejo de guerra" celebrado el 8 de diciembre de 1912; en esa reunión Moltke (jefe del Estado Mayor alemán, ilustración I.2) expresó que pensaba que "la guerra es inevitable; mientras más pronto, mejor". Las declaraciones de Fischer le restaron popularidad entre los historiadores de la Alemania occidental, y otro alemán, H. W. Koch, descartó esa teoría al señalar que nada había salido de ese "consejo de guerra". Sin embargo, historiadores de Alemania oriental apoyaban a Fischer porque su teoría culpaba a los capitalistas y al sistema capitalista, al cual se oponían.

2. Otros historiadores subrayaron el factor temporal implicado: los alemanes querían la guerra no sólo porque se sentían "rodeados", sino porque sentían que la red se estrechaba sobre ellos; eran amenazados por el poderío naval de los británicos y por la enorme expansión militar de los rusos. Von Jagow, ministro del Exterior alemán al estallar la guerra, informó de comentarios de Moltke de principios de 1914 respecto a que Alemania no tenía más alternativa que una guerra "preventiva" para derrotar a sus enemigos antes de que adquirieran demasiado poder. Los generales alemanes habían decidido que se necesitaba una guerra "preventiva", *una guerra por la supervivencia*, y que debía tener lugar antes de que terminara el año de 1914. Creían que si esperaban más, Rusia sería demasiado fuerte.

ILUSTRACIÓN I.2. *El káiser Guillermo II con el general Von Moltke*

3. Algunos historiadores rechazan tanto el punto 1 como el 2 y sugieren que Alemania para nada quería una gran guerra; el káiser Guillermo II y el canciller Bethmann-Hollweg creían que si se mostraban exageradamente firmes en cuanto a apoyar a Austria, *los rusos se asustarían y se mantendrían neutrales,* trágico error de cálculo, suponiendo que fuera cierto.

g) *Planes de movilización de las grandes potencias*

Gerhard Ritter, importante historiador alemán, pensaba que el plan alemán de movilización conocido como *Schlieffen Plan,* ideado por el conde Von Schlieffen en 1905-1906, era extremadamente arriesgado e inflexible y que merecía ser considerado como el principio del desastre tanto de Alemania como de Europa. Daba la impresión de que a Alemania la dirigía una banda de militaristas inescrupulosos.

A. J. P. Taylor argumentaba que estos planes, basados en

horarios de trenes muy exactos para el movimiento rápido de las tropas, aceleraron el ritmo de los acontecimientos y redujeron casi a cero el tiempo disponible para negociar. El Plan Schlieffen suponía que Francia se uniría automáticamente a Rusia; el grueso de las fuerzas alemanas llegaría en tren a la frontera belga y a través de Bélgica atacaría a Francia, que sería derrotada en seis semanas. Las fuerzas alemanas atravesarían rápidamente Europa para enfrentar a Rusia, cuya movilización supuestamente sería lenta. Una vez que Moltke se enteró de que Rusia había ordenado una movilización general, exigió la inmediata movilización de Alemania, de manera que el plan empezara a operar lo más pronto posible. Sin embargo, la movilización rusa no necesariamente significaba que habría guerra, sus tropas podían detenerse en sus fronteras; desafortunadamente, el Plan Schlieffen, que dependía de la toma acelerada de Lieja, en Bélgica, representó la primera acción agresiva fuera de los Balcanes, cuando las tropas alemanas cruzaron la frontera de Bélgica, el 4 de agosto, y violaron la neutralidad belga. Casi al último minuto, el káiser y Bethmann trataron de evitar la guerra y urgieron a los austriacos a negociar con Serbia (30 de julio), lo cual quizá apoya el punto 3 anterior. Guillermo sugirió una movilización parcial nada más en contra de Rusia, en lugar del plan completo; esperaba que Gran Bretaña se mantuviera neutral si Alemania no atacaba Francia, pero Moltke, temeroso de que rusos y franceses lo dejaran "colgado", insistió en aplicar todo el Plan Schlieffen; dijo que no había tiempo de cambiar los horarios de los trenes para enviar las tropas a Rusia y no a Bélgica. Pareció que *los generales habían quitado el control de los asuntos a los políticos.* También sugiere que el anuncio de los británicos (31 de julio) de su intención de apoyar a Francia no significó nada para Alemania; era el Plan Schlieffen o nada, si bien en ese momento Alemania no tenía discrepancias específicas con Francia.

Terence Zuber, experto militar estadunidense e historiador, puso en duda esta teoría en su libro *Inventing the Schlieffen Plan*, publicado en 2002. Apoyándose en documentos de los archivos militares de la Alemania oriental, argumenta que el Plan Schlieffen era sólo una de las cuando menos cinco alternativas consideradas por los altos mandos alemanes en los primeros años de la década de 1900. Una alternativa se relacionaba con la posibilidad de un ataque ruso al mismo tiempo de una invasión francesa, en cuyo caso los alemanes transferirían por tren una porción considerable de sus fuerzas hacia el oriente, al mismo tiempo que en el occidente mantenían a raya a los franceses. Schlieffen realmente llevó a cabo un ejercicio militar para probar este plan hacia fines de 1905. Zuber concluye que Schlieffen nunca se comprometió con un único plan; pensaba que en occidente la guerra empezaría con un ataque francés y nunca pretendió que los alemanes enviaran todas sus tropas a Francia para destruir el ejército francés en una enorme batalla. No fue sino después de la guerra cuando los alemanes trataron de atribuir su derrota a la rigidez y las limitaciones del llamado Plan Schlieffen, el cual, de hecho, nunca existió en la forma en que intentaron presentarlo.

h) Un *"trágico error de cálculo"*

El historiador australiano L. C. F. Turner planteó otra interpretación y sugirió que los alemanes podrían no haber provocado deliberadamente la guerra, sino que había sido un "trágico error de cálculo". La mayoría de los principales dirigentes y políticos parecían incompetentes y cometieron terribles errores:

- Los austriacos se equivocaron al pensar que Rusia no apoyaría a Serbia.
- Alemania cometió un error garrafal al prometer su apoyo incondicional a Austria, de modo que sin duda los alemanes fueron tan culpables como los austriacos, porque se arriesgaron a una gran guerra.
- Los políticos rusos y alemanes se equivocaron al suponer que movilización no necesariamente significa guerra.
- Si Ritter y Taylor tienen razón, esto significa que los generales, en especial Moltke, cometieron un error al apegarse estrictamente a sus planes creyendo que con ello lograrían una victoria rápida y decisiva.

No es de extrañar que Bethmann, cuando le preguntaron cómo había empezado todo, levantara los brazos al cielo y respondiera: "¡Oh, si yo supiera!"

En conclusión, no queda más que decir que en este momento, la mayoría de los historiadores, incluidos muchos alemanes, aceptan la teoría de Fritz Fischer como la más convincente: que el estallido de la guerra fue provocado deliberadamente por los dirigentes alemanes. Por ejemplo, en *The Origins of World War I*, recopilación de ensayos editados por Richard Hamilton y Holger H. Herwig (2002), los editores analizan y rechazan la mayor parte de las causas de la guerra sugeridas, descritas antes (sistemas de alianza, planes de movilización, amenaza del socialismo), y llegan a la conclusión de que la responsabilidad última de la catástrofe probablemente sea de Alemania. El káiser y sus principales asesores y generales pensaban en aquella época que se les acababa el tiempo, mientras los vastos planes armamentistas rusos estaban casi listos. Herwig argumenta que los dirigentes alemanes apostaban a una victoria bélica, aun cuando sabían que era probable que durara varios años. En palabras de Moltke, los alemanes aceptaron la apuesta para cumplir con "el papel predestinado de Alemania en la civilización", que "sólo se lograría con una guerra".

Preguntas

Alemania y los orígenes de la primera Guerra Mundial
1. Estudie las fuentes A, B y C y conteste las preguntas.

Fuente A
Conferencia pronunciada en octubre de 1913 por un británico, J. A. Cramb, quien había vivido en Alemania muchos años.

La respuesta de los alemanes a todas nuestras conversaciones sobre la limitación del armamentismo es que Alemania debe incrementar al máximo su poder, independientemente de cualquier propuesta que le haga Gran Bretaña o Rusia o cualquier otro Estado de la tierra [...] He vivido entre los alemanes y me ha impresionado el esplendor de ese movimiento que a través de los siglos ha llevado a Alemania a ocupar la posición que hoy tiene. Pero con la mejor voluntad del mundo, no veo otra solución al enfrentamiento actual de los ideales, sino una solución trágica. Gran Bretaña desea la paz y nunca entrará en guerra con Alemania, ¿pero cómo pueden los jóvenes de Alemania, esa gran nación guerrera, aceptar la predominancia mundial de Gran Bretaña? El resultado es cierto y rápido: guerra.

Fuente B
Del diario del almirante Von Müller, cabeza del gabinete naval del káiser, 8 de diciembre de 1912 (reunión con el káiser y el personal naval y militar de alto nivel).

El general Von Moltke [jefe del Estado Mayor alemán] dijo: "Creo que la guerra es inevitable, mientras más pronto, mejor. Pero tenemos que trabajar más con la prensa para dar popularidad a una guerra contra Rusia". El káiser apoyó esto: Tirpitz [ministro de Marina] dijo que la armada preferiría que se pospusiera un año y medio la gran lucha. Moltke dice que la armada no estaría lista ni siquiera entonces, y que el ejército estaría en una posición cada vez más desfavorable, pues los enemigos estaban mejor armados que nosotros. Así terminó la conferencia, no se llegó a nada.

Fuente C
Informe de una conversación de mayo o junio de 1914, escrita de memoria por Gottlieb von Jagow, *después de que Alemania fuera derrotada en la guerra.* En 1914 Jagow era ministro del Exterior de Alemania.

El 20 de mayo y el 3 de junio de 1914, nuestra majestad ofreció banquetes para celebrar el cumpleaños del emperador de Rusia y del rey de Gran Bretaña. En una de esas ocasiones, no recuerdo cuál, Moltke dijo que le gustaría discutir algunos asuntos conmigo. En su opinión, había alternativa para una guerra preventiva, de modo de vencer al enemigo cuando aún teníamos la oportunidad de una victoria. Yo respondí que no estaba preparado para provocar una guerra preventiva y señalé que el káiser, que deseaba mantener la paz, trataría siempre de evitar la guerra y sólo aceptaría luchar contra nuestros enemigos si nos imponían una guerra. Después de mi rechazo, Moltke no insistió más. Cuando estalló la guerra, inesperada y no deseada por nosotros, Moltke estaba muy nervioso y obviamente sufría una fuerte depresión.

FUENTE: Las fuentes A, B y C se citan en J. C. G. Rohl, *From Bismarck to Hitler* (Logman, 1970, fragmentos).

a) ¿Qué se puede aprender de la fuente A sobre la actitud británica respecto de Alemania poco antes de que estallara la primera Guerra Mundial?

b) ¿Hasta qué punto las fuentes B y C apoyan la opinión de que Alemania fue la principal responsable de la guerra?

c) Apoyándose en las fuentes y en sus propios conocimientos, valore la relativa solidez de las diferentes teorías presentadas como causa de la primera Guerra Mundial.

2. Explique por qué y cómo influyeron los acontecimientos de los Balcanes en el crecimiento de la tensión entre 1908 y 1914.

3. Explique cómo la crisis de Bosnia de 1908-1909 y las guerras de los Balcanes de 1912-1913 no llegaron a ser un conflicto europeo general, en tanto que el asesinato del archiduque Francisco Fernando, en 1914, sí lo fue.

II. LA PRIMERA GUERRA MUNDIAL
Y SUS CONSECUENCIAS

Resumen de acontecimientos

Los dos oponentes de la guerra fueron:

Los Aliados o potencias de la Entente
Gran Bretaña y su imperio (incluidas tropas de Australia, Canadá, India y Nueva Zelanda), Francia, Rusia (salió en diciembre de 1917), Italia (entró en mayo de 1915), Serbia, Bélgica, Rumania (entró en agosto de 1916), Japón.
Las potencias centrales
Alemania, Austria-Hungría, Turquía (entró en noviembre de 1914), Bulgaria (entró en octubre de 1915).

La guerra resultó muy diferente de lo que la mayoría había anticipado. La idea generalizada era que sería un asunto decisivo y de corta duración, como otras guerras europeas recientes, y que terminaría para la Navidad de 1914. Por eso a Moltke le preocupaba estar en el puesto cuando llegara el momento de la movilización. Sin embargo, los alemanes no lograron derrotar a Francia rápidamente; a pesar de que la penetración fue profunda, París no cayó, y *en el frente occidental pronto se llegó a un impasse,* perdiéndose toda esperanza de que la guerra no durara. Ambas partes se atrincheraron y pasaron los siguientes cuatro años atacando y defendiendo las líneas de las trincheras.

En Europa del este había más movimiento por los primeros triunfos de los rusos contra los austriacos, que necesitaban la ayuda constante de los alemanes, lo cual fue motivo de fricciones entre Austria y Alemania. Pero en diciembre de 1917 los alemanes habían tomado Polonia (territorio ruso) y forzado a los rusos a abandonar la guerra. Gran Bretaña, que había sufrido pérdidas considerables de barcos mercantes por ataques de submarinos, y Francia, cuyos ejércitos estaban paralizados por los motines, parecían estar a punto de la derrota. Sin embargo, gradualmente la marea cambió; los Aliados, ayudados por la entrada de los Estados Unidos en abril de 1917, acabaron con los alemanes, cuyo último intento desesperado de lograr un golpe decisivo en Francia fracasó en la primavera de 1918. El éxito de la armada británica en el bloqueo de los puertos alemanes y la derrota de la amenaza submarina merced a la protección de los convoyes de barcos mercantes también estaba afectando de manera decisiva a los alemanes. Hacia finales del verano de 1918 estaban prácticamente exhaustos. *El 11 de noviembre de 1918 se firmó un armisticio (cese al fuego)*, si bien la misma Alemania apenas había sido invadida. Al año siguiente se firmó en Versalles un controvertido acuerdo de paz.

1. 1914

a) El frente occidental

En el frente occidental, el avance de los alemanes fue detenido por la resistencia belga, inesperadamente intensa; los alemanes tardaron más de dos semanas en capturar Bruselas, capital de Bélgica, lapso importante que dio tiempo a los británicos para organizarse, además de que los puertos del Canal quedaron libres y la Fuerza Expedicionaria Británica pudo atracar. En vez de tener que hacer un gran arco para capturar los puertos del Canal y acercarse a París por el oeste [que era la intención del Plan Schlieffen, si de hecho los alemanes *pretendían* llevarlo a cabo sección 1.4g)], los alemanes se encontraron justo al oriente de París, y se encaminaron directamente a la ciudad. Llegaron a 32 kilómetros y el gobierno francés se retiró a Burdeos, pero mientras más se acercaban a París más disminuía el ímpetu de los alemanes. Había problemas para abastecer de alimentos y municiones a las tropas, y éstas estaban agotadas de las largas marchas en el calor de agosto. En septiembre, los tambaleantes alemanes fueron atacados por los franceses, bajo las órdenes de Joffre, en la *batalla del Marne* (mapa II.1); tuvieron que regresar al río Aisne, donde pudieron cavar sus trincheras. *Esta batalla fue de vital importancia; algunos historiadores la consideran como una de las más decisivas de la historia moderna:*

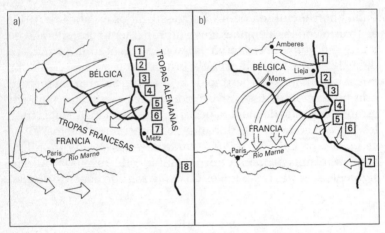

MAPA II.1. *El Plan Schlieffen pretendía que el ala derecha alemana atravesara rápidamente Bélgica, hacia la costa, capturara los puertos del Canal y después hiciera un gran arco hacia el oeste y sur de París, casi rodeando a las tropas francesas, véase a). En la práctica, el plan no funcionó. Los alemanes fueron detenidos por una intensa resistencia belga; no pudieron capturar los puertos del Canal, fracasaron en su intento de superar a los franceses y fueron detenidos en la primera batalla del Marne, véase b)*

- Arruinó de una vez por todas el Plan Schlieffen; Francia no sería derrotada hasta seis semanas después, y murieron las esperanzas de una guerra corta.
- Los alemanes hubieran tenido que enfrentar una guerra en gran escala en dos frentes, lo cual probablemente nunca fue su intención.
- La guerra de movimiento había terminado; a la larga, las trincheras iban de los Alpes a la costa del Canal (mapa II.2).
- La armada británica tuvo tiempo para extender su bloqueo, de consecuencias catastróficas, a los puertos alemanes.

El otro acontecimiento importante de 1914 fue que, si bien los alemanes tomaron Amberes, la Fuerza Expedicionaria Bri-

······ Límite del avance alemán en 1914
×××××× Línea de trincheras durante gran parte de la guerra

MAPA II.2. *El frente occidental*

tánica se aferró denodadamente a Ypres. Quizás esto salvó los puertos de Dunkerque, Calais y Boloña, pues permitió el desembarco de más tropas británicas, así como el abastecimiento de éstas.

b) El frente oriental

En el frente oriental, los rusos se movilizaron con mayor rapidez de la esperada por los alemanes, pero después cometieron el error de invadir tanto Austria como Alemania al mismo tiempo. Si bien tuvieron éxito contra Austria y ocuparon la provincia de Galicia, los alemanes hicieron salir a Hindenburg del retiro y derrotaron dos veces a los rusos, en *Tannenburg* (agosto) y en *los lagos Masurian* (septiembre), y los expulsaron del país. *Estas batallas fueron importantes;* los rusos perdieron grandes cantidades de equipo y municiones, que les había llevado años reunir. Si bien hacia finales de 1914 habían movilizado a seis millones y cuarto de hombres, la tercera parte carecía de rifles. Los rusos nunca se recuperaron de este revés, mientras que la confianza de los alemanes se incrementó.

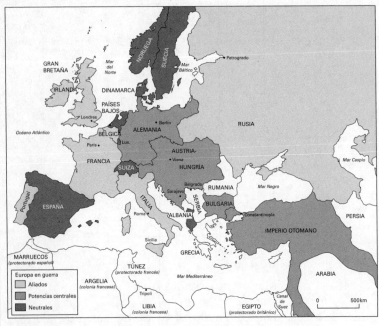

MAPA II.3. *Europa en guerra*

Cuando Turquía entró a la guerra, el panorama para los rusos era sombrío, pues Turquía logró cortar su principal ruta comercial y de abastecimiento del Mar Negro hacia el Mediterráneo (mapa II.3). Un punto a favor de los Aliados fue que los serbios expulsaron a los invasores austriacos con gran estilo, a finales de 1914, y la moral de Austria estaba por los suelos.

2. 1915

a) Impasse *en el frente occidental*

En la parte occidental continuaba el *impasse*, si bien se habían hecho varios intentos para romper la línea de trincheras. Los británicos lo intentaron en Neuve Chapelle y en Loos, los franceses, en la Champaña; los alemanes volvieron a atacar en Ypres. Pero como con todos los ataques en el frente occidental

FIGURA II.1. *Corte transversal de una trinchera*

hasta 1918, no se logró un avance decisivo. *El problema de la guerra de trincheras fue siempre el mismo:*

- Había alambre de púas en la tierra de nadie, entre las dos líneas de trincheras opuestas (figura II.1), que los atacantes trataban de eliminar mediante bombardeos masivos de artillería, pero esto eliminaba la sorpresa de un ataque repentino porque el enemigo siempre se enteraba con tiempo.
- Mediante aviones de reconocimiento y globos de observación se podían detectar concentraciones de tropas en los caminos que conducían a las trincheras.
- Las trincheras eran difíciles de tomar porque el incremento de la potencia del fuego de los rifles de repetición y las ametralladoras hacían que los ataques frontales fueran suicidas y que la caballería no sirviera para nada.
- Aun cuando se rompiera una línea de trinchera, el avance era difícil porque la tierra había sido revuelta por las descargas de artillería y había que combatir con el fuego mortal de las ametralladoras.
- El terreno ganado era difícil de defender porque en general formaba lo que se conocía como *saliente*, un promontorio en la línea de la trinchera. Los lados, o flancos,

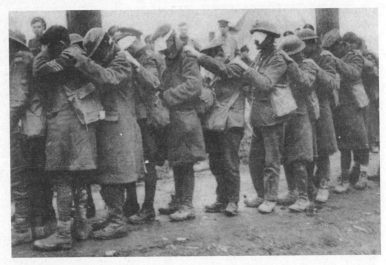

ILUSTRACIÓN II.1. *Soldados británicos cegados por gas venenoso*

de estas salientes eran vulnerables a los ataques, y al ser rodeadas las tropas, se les cortaba la retirada.

• En 1915, durante el ataque de Ypres, los alemanes utilizaron gas venenoso (ilustración II.1), pero cuando el viento cambió de dirección, lo empujó hacia sus propias líneas y fueron más sus víctimas que las de los Aliados, sobre todo cuando estos últimos liberaron su propio gas.

b) El este

En el frente oriental las vicisitudes de Rusia eran mixtas; tuvo varios éxitos más contra Austria, pero fue derrotada cada vez que se enfrentó con los alemanes, que capturaron Varsovia y toda Polonia. El bloqueo de los Dardanelos por los turcos empezaba a perjudicar a los rusos, que ya estaban cortos de armas y municiones. La *Campaña Gallipoli* se lanzó en parte para desbloquear los Dardanelos y para abrir una línea vital de abastecimiento para Rusia a través del Mar Negro. Fue una idea en la que insistió mucho Winston Churchill (primer lord del almirantazgo británico) para escapar del estancamiento del frente occidental eliminando a los turcos. Se suponía que era la más débil de las potencias centrales por la inestabilidad de su gobierno. El éxito contra Turquía haría posible la llegada de ayuda a Rusia y también podría llevar a la guerra a Bulgaria, Grecia y Rumania, del lado de los Aliados. Así, sería posible atacar Austria desde el sur.

La campaña fue un rotundo fracaso; en marzo, el primer intento de un ataque naval anglo-francés a través de los Dardanelos para tomar Constantinopla fracasó cuando los barcos fueron a dar a una serie de minas. Con esto se perdió el elemento sorpresa, de modo que cuando los británicos intentaron desembarcar en la punta de la península de Gallipoli, los turcos habían fortalecido sus defensas y no fue posible avanzar (abril). El desembarco de tropas australianas y de Nueva Zelanda (Anzacs), en abril, y de tropas británicas en agosto, fue igualmente inútil; además, era muy difícil mantener las posiciones. En diciembre fueron retiradas todas las fuerzas. *Las consecuencias fueron graves;* además de un golpe para las fuerzas aliadas, resultó la última oportunidad de ayudar a Rusia por el Mar Negro. Probablemente fue lo que decidió a Bulgaria a unirse a las potencias centrales. Un ejército franco-británico desembarcó en Salónica, en la neutral Grecia, para tratar de salvar a Serbia, pero fue demasiado tarde. Cuando Bulgaria entró en guerra en octubre, Serbia fue rápidamente arrasada por búlgaros y alemanes (mapa II.4). Entonces, el año de 1915 no fue bueno para los Aliados; incluso un ejército británico enviado para proteger los intereses de Gran Bretaña y Persia en contra de un posible ataque turco se quedó empantanado en Mesopotamia, conforme se acercaba a Bagdad; fue sitiado por los turcos en Kut-el-Amara de diciembre de 1915 a marzo de 1916, cuando lo forzaron a rendirse.

c) Italia declara la guerra a Austria-Hungría (mayo de 1915)

Los italianos esperaban ocupar las provincias de Austria-Hungría en que se hablaba italiano, así como el territorio de la playa oriental del Mar Adriático. *En Londres se firmó un tratado*

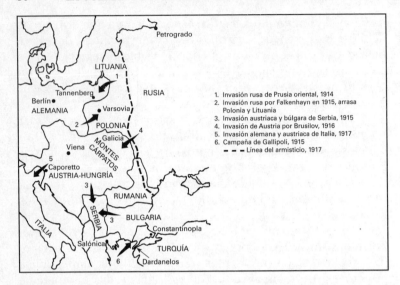

1. Invasión rusa de Prusia oriental, 1914
2. Invasión rusa por Falkenhayn en 1915, arrasa Polonia y Lituania
3. Invasión austriaca y búlgara de Serbia, 1915
4. Invasión de Austria por Brusilov, 1916
5. Invasión alemana y austriaca de Italia, 1917
6. Campaña de Gallipoli, 1915
− − − Línea del armisticio, 1917

MAPA II.4. *Guerra en el frente oriental, el de los Balcanes y el de Italia*

secreto por el cual los Aliados prometían a Italia Trentino, la región sur del Tirol, Istria, Trieste, parte de Dalmacia, Adalia, algunas islas del Mar Egeo y un protectorado en Albania. Los Aliados esperaban que manteniendo ocupadas a miles de tropas austriacas, los italianos aliviarían la presión sobre los rusos, pero los italianos hicieron pocos progresos y sus esfuerzos fueron en vano, pues los rusos no pudieron evitar la derrota.

3. 1916

a) El frente occidental

En el frente occidental, el año de 1916 es recordado por dos terribles batallas: *Verdun* y el *Somme*.

1. *Verdun* era un importante pueblo francés fortificado contra el cual lanzaron un ataque masivo los alemanes comandados por Falkenhayn (febrero). Esperaban que llegaran a defenderlo las mejores tropas francesas, des-

truirlas y después emprender una ofensiva definitiva para
ganar la guerra: pero los franceses, a las órdenes de Pétain, se defendieron tenazmente, y en junio los alemanes
tuvieron que abandonar el ataque. Los franceses sufrieron innumerables pérdidas (cerca de 315000 hombres),
como pretendían los alemanes, igual que estos últimos,
pues murieron más de 280000 de sus hombres y no lograron ganancias territoriales que los resarcieran.

2. *La batalla del Somme* constó de una serie de ataques,
   principalmente británicos, que empezaron el 1º de julio
   y duraron hasta noviembre. El objetivo era aliviar la presión ejercida sobre los franceses en Verdun, tomar más
   trincheras conforme el ejército francés se debilitaba y
   mantener a los alemanes totalmente comprometidos, de
   tal forma que no hubieran podido arriesgarse a enviar
   refuerzos al frente oriental contra Rusia. El ataque empezó de manera desastrosa; las tropas británicas se encontraron caminando hacia el mortal fuego de las ametralladoras; ya el primer día habían muerto 20000 hombres
   y 60000 habían resultado heridos. Yet Haig, comandante en jefe británico, no suspendió el ataque, continuó intermitentemente durante más de cuatro meses. Al final,
   los Aliados habían logrado avances limitados, de unos
   cuantos metros a 13 kilómetros, en un frente de 48 kilómetros. *La verdadera importancia de esta batalla fue el
   golpe para el estado de ánimo de los alemanes*, pues se
   dieron cuenta de que Gran Bretaña (donde la conscripción había empezado apenas en mayo) era una potencia
   militar con quien tendrían que vérselas.

Las pérdidas para ambas partes, muertos o heridos,
eran apabullantes (650000 alemanes; 418000 británicos;
194000 franceses). Los generales Aliados, en especial
Haig, fueron severamente criticados por persistir en sus
ataques frontales, suicidas. A pesar de los fracasos y de
las apabullantes pérdidas, tanto los generales británicos
como los franceses seguían convencidos de que las cargas masivas de infantería, el "gran empuje", eran la única manera de lograr avances. Ninguno mostraba signos
de tácticas alternativas, y cientos de miles de vidas se

sacrificaron sin ganancias obvias. Fue después de uno de los desastrosos ataques de 1915 cuando un oficial alemán observó que el ejército británico estaba formado por "leones encabezados por burros". Haig fue objeto de las peores críticas; para la mayoría de los historiadores se convirtió en el epítome de la incompetencia de los Aliados y de la falta de imaginación. Un historiador, W. J. Laffin, llegó al grado de titular su libro sobre la guerra *British Butchers and Bunglers of World War I* (1988), y para él, el principal "burro" fue Haig. Los horrores del Somme también contribuyeron al derrocamiento del primer ministro británico, Asquith, quien renunció en 1916, al incrementarse las críticas contra la táctica británica. Y aún así, los acontecimientos de 1916 *sí* contribuyeron a una eventual victoria de los Aliados; el mismo Hindenburg aceptó en sus Memorias que los alemanes no hubieran sobrevivido a muchas más campañas con pérdidas tan numerosas como las de Verdun y el Somme.

b) David Lloyd George llega a primer ministro británico (diciembre de 1916)

Cuando sustituyó a Asquith como primer ministro, *la contribución de Lloyd George al esfuerzo bélico de los Aliados y la derrota de las Potencias Centrales fue invaluable*. Sus métodos fueron dinámicos y decisivos; ya como ministro de Municiones desde mayo de 1915, había mejorado el abastecimiento de proyectiles y ametralladoras, impulsado el desarrollo de nuevas armas (los morteros ligeros Stokes y los tanques), que Kitchener (ministro de Guerra) había rechazado, y tomado el control de minas, fábricas y ferrocarriles de modo de centralizar adecuadamente los esfuerzos bélicos. Como primer ministro durante 1917 formó un reducido *gabinete de guerra* para poder tomar decisiones rápidas. Sometió los envíos y la agricultura al poder gubernamental e introdujo el Ministerio de Servicio Nacional para organizar la movilización de hombres al ejército. También desempeñó un papel importante en la adopción del sistema de convoyes [sección II.4 *e)*].

c) En el frente oriental

En junio de 1916, los rusos, bajo las órdenes de Brusilov, atacaron a los austriacos en respuesta a una solicitud de acción de Gran Bretaña y Francia para desviar la atención alemana de Verdun. Lograron romper el frente y avanzaron casi 2000 kilómetros, tomaron 400000 prisioneros y cantidades importantes de equipo. Los austriacos se desmoralizaron, pero la tensión también era extenuante para los rusos. Los rumanos invadieron Austria (agosto), pero los alemanes se apresuraron a rescatar a los austriacos, ocuparon toda Rumania y se apoderaron del abasto de trigo y petróleo. El fin de año de 1916 no fue feliz para los Aliados.

4. LA GUERRA EN EL MAR

En Alemania y Gran Bretaña la opinión pública esperaba una serie de batallas navales entre las flotas rivales de Dreadnoughts, algo así como la batalla de Trafalgar (1805), en la cual la flota británica de Nelson había derrotado a la francesa y la española combinadas. Pero ambas partes se mostraban cautelosas y no se aventuraban a acciones que pudieran resultar en la pérdida de sus principales flotas. El almirante británico Jellico era particularmente prudente; Churchill dijo que "era el único hombre de cualquiera de las partes que hubiera podido perder la guerra en una tarde". Tampoco los alemanes estaban ansiosos de una confrontación porque sólo tenían 16 de los *Dreadnoughts* más recientes, contra 27 de los británicos.

a) Los Aliados se proponían utilizar
sus armadas en tres formas

- Para bloquear a las Potencias Centrales e impedir que salieran o entraran suministros y agotarlas poco a poco;
- para mantener abiertas las rutas comerciales entre Gran Bretaña, su imperio y el resto del mundo, de tal forma que los Aliados no se vieran privados de alimentos;

- para transportar tropas británicas al continente y mantener el abastecimiento respectivo a través de los puertos del Canal.

Los británicos lograron estos objetivos; entraron en acción contra unidades alemanas destacadas en el exterior, y en la *batalla de las islas Malvinas* destruyeron uno de los principales escuadrones alemanes. Hacia finales de 1914, casi todas las naves de superficie armadas de los alemanes habían sido destruidas, aparte de su flota principal (que no se aventuró fuera de Heligoland Bight) y el escuadrón que bloqueaba el Báltico para cortar el abastecimiento a Rusia. En 1915 la marina de guerra británica participó en la *campaña de Gallipoli* [sección II.2 *b)*].

b) El bloqueo de los Aliados causó problemas

Gran Bretaña estaba tratando de evitar que los alemanes recurrieran a los puertos escandinavos y holandeses neutrales para romper el bloqueo; esto implicaba *detener y revisar todas las naves neutrales* y confiscar los productos de los cuales se sospechara que irían a parar a manos enemigas. Los Estados Unidos objetaron enérgicamente esta medida, pues estaban ansiosos por seguir comerciando con ambas partes.

c) Los alemanes contraatacaron con minas y ataques submarinos

Estas tácticas parecían ser la única alternativa de los alemanes, pues sus naves de superficie habían sido destruidas o estaban bloqueadas en el puerto. Al principio respetaron a las naves neutrales y los buques de pasajeros, pero pronto se hizo evidente que el bloqueo de los submarinos alemanes no era efectivo, en parte porque no eran suficientes y en parte porque había problemas de identificación; los británicos trataban de engañar a los alemanes desplegando banderas neutrales y utilizando buques de pasajeros para transportar armas y municiones. En abril de 1915, el *Lusitania*, transporte de pasajeros británico, fue hundido, atacado por torpedos. De hecho, estaba armado y llevaba una cantidad importante de armas y municiones, y los alemanes lo sabían; de ahí que alegaran que el hundimiento no había sido un acto bárbaro contra civiles indefensos.

Esto tuvo consecuencias importantes, de casi 2 000 muertos, 128 eran estadunidenses, de modo que el presidente Wilson se percató de que los Estados Unidos tenían que tomar partido para proteger su comercio. A diferencia de las tácticas alemanas, el bloqueo británico no interfería con la seguridad de los pasajeros y las tripulaciones. Sin embargo, por el momento, las protestas estadunidenses hicieron que Bethmann moderara su campaña submarina, la cual perdió aún más efectividad.

d) La batalla de Jutlandia (31 de mayo de 1916)

Éste fue el principal acontecimiento marino durante 1916; fue la única vez, durante toda la guerra, en que aparecieron las principales flotas bélicas y se enfrentaron; el resultado no fue concluyente. Von Scheer, el almirante alemán, intentó atraer a parte de la flota británica para que abandonara su base y fuera destruida por los alemanes, que la superaban en número. Sin embargo, salieron más barcos de los que esperaba y después de que las dos flotas se bombardearan durante varias horas, los alemanes decidieron retirarse a su base, lanzando torpedos a su paso. A fin de cuentas, los alemanes pudieron afirmar que habían ganado la batalla porque sólo perdieron 11 barcos, frente a 14 de Gran Bretaña. La importancia real de la batalla reside en que *los alemanes no lograron destruir el poderío marítimo de los británicos;* la flota alemana de alta mar permaneció en Kiel hasta que terminó la guerra y dejó el control total de superficie a Gran Bretaña. Desesperados por la escasez de alimentos provocada por el bloqueo británico, los alemanes se embarcaron en una guerra submarina "sin cuartel" que tendría resultados fatales para ellos.

e) Guerra submarina "sin cuartel"
(empezó en enero de 1917)

Como los alemanes se habían concentrado en la construcción de submarinos desde la batalla de Jutlandia, esta campaña fue muy efectiva. Intentaron hundir todos los barcos mercantes, enemigos y neutrales, que surcaran el Atlántico, y aunque sabían que con esto era probable que los Estados Unidos entraran a la guerra, esperaban que *el hambre llevara a Gran Bretaña y Francia a rendirse* antes de que los estadunidenses pudieran contribuir de manera importante, y casi lo lograron; los alemanes llegaron a la cúspide de su éxito en abril de 1917, cuando se perdieron 430 barcos; Gran Bretaña tenía maíz como para seis semanas, y si bien los Estados Unidos se involucraron en abril, tendrían que pasar varios meses para que su ayuda fuera efectiva. No obstante, Lloyd George salvó la situación al insistir en que el almirante adoptara un sistema de convoyes. Un convoy estaba formado por un número importante de barcos mercantes que navegaban juntos, de manera que pudieran ser protegidos por una escolta de buques de guerra. Con esto se redujeron drásticamente las pérdidas y Alemania perdió la apuesta. *La campaña submarina fue importante porque llevó a los Estados Unidos a la guerra,* de modo que los británicos, ayudados por los estadunidenses, desempeñaron un papel de vital importancia en la derrota de las Potencias Centrales; hacia mediados de 1918, habían logrado sus tres objetivos.

5. 1917

a) En el frente occidental

En el frente occidental, 1917 fue un año de fracasos para los Aliados. Lo único que logró el ataque francés masivo en Champaña, bajo las órdenes de Nivelle, fue que se amotinaran las tropas francesas, asunto que con éxito resolvió Pétain. De junio a noviembre, los británicos lucharon en *la tercera batalla de Ypres*, que suele recordarse como *Passchendaele*, entre terribles lodazales (ilustración II.2); también en este caso el número de víctimas británicas fue enorme, 324000 frente a 200000 alemanas, para un avance de menos de siete kilómetros. *La batalla de Cambrai, en la cual se demostró que los tanques usados adecuadamente podían romper el candado de la guerra de trincheras de los franceses,* fue más significativa. Entre tanto, la derrota de los italianos en Caporetto (octubre), a manos de alemanes y austriacos, fue abrumadora, y se retiraron en desorden. Inesperadamente, este hecho resultó un momento decisivo importante. La moral de los italianos revivió, quizá porque tendrían que defender su patria contra los odiados austriacos. La derrota también llevó a la creación de un *Supremo Consejo de Guerra de los Aliados.* El nuevo premier francés, Clemenceau, gran líder bélico del tipo de Lloyd George, logró la recuperación de los lánguidos franceses.

ILUSTRACIÓN II.2. *Tropas cruzando un mar de fango en Passchendaele, 1917*

b) En el frente oriental

Para los Aliados fue un desastre que *Rusia se retirara de la guerra (diciembre de 1917)*. Grandes y continuadas pérdidas a manos de los alemanes, escasez de armas y provisiones, problemas de transporte y comunicación, liderazgo manifiestamente incompetente provocaron dos revoluciones (sección XVI.2), además de que los bolcheviques (después conocidos como comunistas), que tomaron el poder en noviembre, estaban dispuestos a hacer las paces. Así, en 1918, todo el peso de las fuerzas alemanas podría volcarse en el frente occidental; sin los Estados Unidos, los Aliados hubieran tenido mucha presión, pero la captura de Bagdad y Jerusalén, entonces en manos de los turcos, por los británicos, con lo cual pudieron controlar vastas provisiones de petróleo, les devolvió el entusiasmo.

c) La entrada de los Estados Unidos (abril de 1917)

En parte fue producto de la campaña submarina de los alemanes, y también del descubrimiento de que Alemania estaba tratando de convencer a México de que les declarara la guerra, prometiendo, a cambio, Texas, Nuevo México y Arizona. Los estadunidenses habían dudado de ponerse del lado del gobierno autocrático de Rusia, pero el derrocamiento del zar merced a la revolución de marzo, eliminó dicho obstáculo. *Los Estados Unidos contribuyeron de manera importante a la victoria de los Aliados,* pues proveyeron a Gran Bretaña y Francia de alimentos, barcos mercantes y crédito, si bien la ayuda militar en sí tardó en llegar. Hacia finales de 1917, sólo una división estadunidense había entrado en acción, pero hacia mediados de 1918, más de medio millón de hombres estaba involucrado. Lo más importante fue el impulso psicológico que del potencial de recursos humanos y materiales estadunidenses recibieron los Aliados, así como el golpe correspondiente recibido por el estado de ánimo de los alemanes.

6. La derrota de las Potencias Centrales

a) La ofensiva alemana de primavera, 1918

Este importante ataque alemán lanzado por Ludendorff en un último y desesperado intento por ganar la guerra antes de que llegaran demasiadas tropas estadunidenses y antes de que el descontento en Alemania provocara una revolución, casi tuvo el éxito; lanzando todas las tropas extra liberadas del este, los Alemanes irrumpieron en el Somme (marzo), y hacia finales de mayo estaban a sólo 65 kilómetros de París; los Aliados parecían derrumbarse. Sin embargo, bajo las órdenes generales del mariscal francés Foch, lograron mantenerse hasta que el avance alemán perdió impulso y crearon un torpe auge pasajero.

b) Empieza la contraofensiva de los Aliados
(8 de agosto)

Lanzado cerca de Amiens, el contraataque implicó la participación de cientos de tanques en golpes intensos en diferentes puntos de un ancho frente, en vez de un golpe masivo en un frente reducido (ilustración II.3). Esto forzó a los alemanes a retirar toda su línea y a evitar la formación de una saliente. Lenta, pero seguramente, los alemanes fueron obligados a retroceder hasta que, hacia fines de septiembre, los Aliados atravesaron la Línea de Hindenburg. Si bien Alemania propiamente dicha no había sido invadida, Ludendorff estaba ahora convencido de que serían vencidos en la primavera de 1919. Insistió en que su gobierno pidiera a Wilson, presidente de los Estados Unidos, un armisticio (cese al fuego) (3 de octubre); basándose en los 14 puntos de este último, esperaba que las condiciones no fueran demasiado duras [sección II.7 *a*)]. Al pedir la paz en 1918, salvaría a Alemania de la invasión y preservaría la disciplina y la reputación del ejército. La lucha continuó otras cinco semanas, mientras se llevaban a cabo las negociaciones, pero por fin el *11 de noviembre se firmó un armisticio.*

c) ¿Por qué perdieron la guerra las Potencias Centrales?

Las razones se resumen brevemente de la siguiente manera:

1. Una vez que fracasó el Plan Schlieffen, eliminando toda esperanza de una rápida victoria alemana, *contender en dos frentes* fue muy agotador para ellos.
2. *El poder de los Aliados en el mar fue decisivo* porque reforzó el mortal bloqueo que provocó desesperante escasez de alimentos y paralización de las exportaciones, al mismo tiempo que se garantizaba el abasto necesario de las tropas de los Aliados.
3. La campaña submarina de los alemanes fracasó frente a los *convoyes* protegidos por destructores británicos, estadunidenses y japoneses; la campaña en sí fue un error porque llevó a los Estados Unidos a la guerra.
4. La llegada de los Estados Unidos resultó en *abundantes y renovados recursos* para los Aliados.
5. En un momento crítico, quizá los líderes políticos aliados, Lloyd George y Clemenceau, fueran más competentes que los de las Potencias Centrales. La unidad de co-

ILUSTRACIÓN II.3. *Los tanques constituían la única manera de romper con el estancamiento provocado por las trincheras y las ametralladoras*

mando encabezada por Foch probablemente ayudó, en tanto que Haig aprendió la lección de las experiencias de 1917 respecto del uso efectivo de los tanques y de evitar las salientes. De hecho, algunos historiadores piensan que las críticas en contra de Haig son injustas, y John Terraine fue uno de los primeros en defenderlo. Recientemente, Gary Sheffield fue aún más allá al argumentar que como los británicos no tenían experiencia en la guerra de trincheras y eran los socios menores de los franceses, Haig aprendió con notable rapidez y demostró ser un comandante imaginativo, y hasta visionario, pero ya es ir demasiado lejos.

6. La presión continua de las enormes pérdidas sufridas por los alemanes; perdieron a sus mejores tropas en la ofensiva de 1918, y las nuevas eran jóvenes y sin experiencia. Una epidemia de la mortal gripe española vino a incrementar sus problemas, de modo que la moral estaba baja cuando se retiraron.

7. A Alemania le fallaron estrepitosamente sus aliados y continuamente tenía que ayudar a austriacos y búlgaros. La derrota de Bulgaria por los británicos (desde Salónica) y los serbios (29 de septiembre de 1918) fue la puntilla para muchos soldados alemanes, que ya no veían cómo podrían ganar. Cuando Austria fue derrotada por Italia en Vittorio-Veneto y Turquía se rindió (ambos en octubre), el fin estaba cerca.

La combinación de derrota militar y nefasta escasez de alimentos dio lugar a un gran desgaste bélico que llevó a los marinos a amotinarse, a la desmoralización del ejército y a la revolución en casa.

d) Efectos de la guerra

El impacto de la guerra fue extraordinariamente amplio, y no sorprende, pues fue la primera "guerra total" de la historia. Esto significa que implicó no sólo a ejércitos y armadas, sino a poblaciones enteras, además de que fue el primer gran conflicto entre naciones modernas industrializadas. Se introdujeron nuevos métodos de hacer la guerra y nuevas armas, como tanques, submarinos, bombarderos, ametralladoras, artillería pesada y gas mostaza. Con tantos hombres lejos, en las fuerzas armadas, las mujeres tuvieron que tomar su lugar en las fábricas y en otros trabajos que antes eran desempeñados por ellos. En las Potencias Centrales y en Rusia, las poblaciones civiles sufrieron severas penurias por los bloqueos. En todos los estados europeos implicados en la guerra, los gobiernos organizaron a la gente común como nunca antes, de manera que el país entero estaba preparado para el esfuerzo bélico. El conflicto acabó con el prestigio de Europa a los ojos del resto del mundo. El hecho de que la región que se había considerado como centro de la civilización se hubiera permitido experimentar tan atroz matanza y destrucción era indicio de que estaba por terminar el dominio europeo sobre el resto del mundo. En ocasiones, los efectos en un país en particular fueron poco menos que traumáticos: imperios que habían dominado el centro y la región oriental de Europa durante más de 200 años desaparecieron casi de la noche a la mañana.

1. El efecto más sorprendente de la guerra fue el aterrador número de víctimas mortales en las fuerzas armadas. Murieron casi dos millones de alemanes, 1.7 millones de rusos, 1.5 millones de franceses, más de un millón de austrohúngaros, cerca de un millón de habitantes de Gran Bretaña y su imperio. Italia perdió más o menos a 530 000 de sus efectivos; Turquía, 325 000; Serbia, 322 000; Rumania, 158 000; los Estados Unidos, 116 000; Bulgaria, 49 000, y Bélgica, 41 000. Y estas cifras no incluyen a los inválidos que dejó la guerra ni a los civiles muertos. Una proporción considerable de una generación entera de hombres jóvenes pereció, la generación perdida; Francia, por ejemplo, perdió a cerca de 20% de los hombres en edad militar.

2. En Alemania, las dificultades y la derrota causaron una revolución. El káiser Guillermo II se vio obligado a abdicar y se declaró una república. En los años siguientes, la República de Weimar (como se le llamó) experimentó graves problemas económicos, políticos y sociales. En

1933 llegó a su fin, cuando Hitler se convirtió en canciller de Alemania (sección XIV.1).

3. El Imperio de Habsburgo se colapsó por completo. El último emperador, Carlos I, fue obligado a abdicar (noviembre de 1918) y las varias nacionalidades se declararon independientes; Austria y Hungría se dividieron para formar dos estados independientes.

4. En Rusia las presiones bélicas provocaron dos revoluciones en 1917. La primera (febrero-marzo) derrocó al zar Nicolás II, y la segunda (octubre-noviembre) llevó a Lenin y los bolcheviques (comunistas) al poder (secciones XVI.2-3).

5. Si bien Italia estaba del lado de los ganadores, la guerra había ido agotando sus recursos y estaba muy endeudada. Mussolini aprovechó que el gobierno era impopular para tomar el control; Italia fue el primer Estado europeo que permitió que después de la guerra se instalara una dictadura fascista (sección XIII.1).

6. Por otra parte, algunos países no europeos, en particular Japón, China y los Estados Unidos, aprovecharon que Europa estaba preocupada por la guerra para expandir su comercio a expensas de esta última. Por ejemplo, la participación de los Estados Unidos en el comercio mundial se incrementó de 10% en 1914 a más de 20% en 1919. Como durante la guerra no fue posible conseguir importaciones europeas, Japón y China iniciaron sus propios programas de industrialización. Durante la década de 1920, los estadunidenses experimentaron un gran auge económico y su futura prosperidad parecía asegurada. Sin embargo, en unos cuantos años se hizo evidente que habían cometido el error de sentirse exageradamente confiados y expansionistas, pues en 1929 el derrumbe de Wall Street anunció el inicio de una grave crisis económica que se difundió por el mundo y llegó a ser conocida como "la Gran Depresión" (sección XXII.6).

7. Muchos políticos y líderes estaban convencidos de que los horrores de la primera Guerra Mundial nunca deberían repetirse. Woodrow Wilson, presidente de los Estados Unidos, presentó un plan para la creación de una

Liga de las Naciones, la cual zanjaría futuras disputas mediante arbitraje y mantendría el mundo en paz a través de un sistema de "seguridad colectiva" (capítulo III). Desafortunadamente, el trabajo de la Liga de las Naciones se complicó por algunas de las condiciones del acuerdo de paz a que se había llegado después de la guerra, y la paz misma no era estable.

7. LOS PROBLEMAS DE UN ACUERDO DE PAZ

a) Objetivos de la guerra

Cuando empezó la guerra, ninguno de los participantes tenía una idea específica *de lo que esperaba conseguir*, excepto que Alemania y Austria querían preservar el Imperio de Habsburgo y pensaban que ello implicaba destruir Serbia. Conforme la guerra progresaba, algunos de los gobiernos implicados, quizá para alentar a sus tropas planteándoles algunos objetivos claros de por qué luchar, empezaron a enumerar sus *objetivos bélicos*.

El primer ministro británico Lloyd George mencionó (enero de 1918) la defensa de la democracia y la indemnización de la injusticia cometida con Francia en 1871·cuando perdió Alsacia y Lorena a manos de Alemania. Otros puntos fueron la restauración de Bélgica y Serbia, una Polonia independiente, un autogobierno democrático para las nacionalidades de Austria-Hungría, la autodeterminación de las colonias alemanas y una organización internacional para impedir la guerra.

El presidente Woodrow Wilson expuso los objetivos bélicos de los Estados Unidos en sus *famosos 14 puntos* (enero de 1918):

1. Abolición de la diplomacia secreta.
2. Libre navegación en el mar para todas las naciones en guerra o en paz.
3. Eliminación de las barreras económicas entre los estados.
4. Reducción generalizada del armamentismo.

5. Ajuste imparcial de las reivindicaciones coloniales en interés de las poblaciones implicadas.
6. Evacuación del territorio ruso.
7. Restauración de Bélgica.
8. Liberación de Francia y restauración de Alsacia y Lorena.
9. Reajuste de las fronteras italianas en función de la nacionalidad.
10. Autogobierno para los pueblos de Austria-Hungría.
11. Rumania, Serbia y Montenegro serían evacuados y a Serbia se le concedería un acceso al mar.
12. Autogobierno para los pueblos no turcos del Imperio turco y apertura permanente de los Dardanelos.
13. Una Polonia independiente con acceso seguro al mar.
14. Una asociación general de naciones para preservar la paz.

Estos puntos lograron publicidad cuando más tarde los alemanes declararon que esperaban que las condiciones de la paz se basaran en ellos, y que como no había sido ése el caso, los habían engañado.

b) Diferencias de opinión entre los Aliados respecto de las potencias derrotadas

Cuando se celebró la conferencia de paz (enero de 1919; ilustración II.4), pronto se hizo obvio que sería difícil llegar a un acuerdo por diferencias básicas entre las potencias vencedoras:

1. *Francia* (representada por Clemenceau) quería una paz áspera para arruinar económica y militarmente a Alemania, de tal forma que ya nunca volviera a amenazar las fronteras francesas.
2. *Gran Bretaña* (Lloyd George) estaba en favor de un acuerdo menos severo que permitiera a Alemania recuperarse con rapidez y que retomara su papel de comprador importante de productos británicos. Sin embargo, Lloyd George acababa de ganar una elección con lemas del tipo de "ahorquen al káiser" y hablaba de conseguir de Alemania "todo lo que se puede exprimir a un limón y

ILUSTRACIÓN II.4. *Los tres líderes en Versalles*
(de izquierda a derecha) Clemenceau, Wilson y Lloyd George

un poco más", de manera qué el público británico esperaba un acuerdo de paz duro.

3. *Los Estados Unidos* (Woodrow Wilson) estaban en favor
de una paz benévola, si bien se habían desilusionado de
que los alemanes hubieran ignorado sus 14 puntos e impuesto el duro *Tratado de Brest-Litovsk* a Rusia [sección
XVI.3 *b*)]. Querían una paz justa; si bien tenían que aceptar las demandas *de indemnización* británicas y francesas (compensación de los daños) y el *desarme alemán*,
pudieron limitar la compensación a las pérdidas causa-
das a civiles y sus propiedades, y no "el costo total de la
guerra". Wilson también estaba en favor de la *autodeterminación*, es decir, que las naciones deberían ser liberadas del dominio extranjero y tener *gobiernos democráticos elegidos por ellos.*

En junio de 1919, el resultado de la conferencia fue *el Tratado de Versalles para Alemania*, seguido de otros tratados relacionados con los antiguos aliados de Alemania. Particularmente
el Tratado de Versalles fue uno de los acuerdos más controvertidos que se hayan firmado, criticado incluso en los países aliados sobre la base de que era tan duro para los alemanes, que

se verían obligados a objetarlo con tanta violencia, que, antes o después, *otra guerra era inevitable*. Por otra parte, muchas de las condiciones, como la indemnización y el desarme, resultaban *imposibles de cumplir*.

8. EL TRATADO DE VERSALLES CON ALEMANIA

a) Condiciones

1. *Alemania tenía que perder territorio en Europa:*
   - Alsacia-Lorena para Francia.
   - Eupen, Moresnet y Malmédy para Bélgica.
   - North Schleswig para Dinamarca (después de un plebiscito, es decir, un voto del pueblo).
   - Prusia occidental y Posen para Polonia, si bien Danzig (principal puerto de Prusia occidental) sería una ciudad libre, administrada por la Liga de las Naciones, porque su población era totalmente alemana.
   - Memel se entregó a Lituania.
   - La región conocida como el Saar sería administrada por la Liga de las Naciones durante 15 años, cuando se permitiría a la población votar respecto de a quién pertenecer, Francia o Alemania. Entre tanto, Francia podría utilizar sus minas de carbón.
   - Alemania perdía Estonia, Latvia y Lituania, que le habían sido entregadas por Rusia merced al Tratado de Brest-Litovsk; se instituirían como estados independientes.
   - Se prohibía la unión *(Anschluss)* entre Alemania y Austria.

2. *Alemania perdió sus colonias africanas*, que se convirtieron en "protectorados" bajo la supervisión de la Liga de las Naciones; esto significaba que los diferentes estados miembros de dicha Liga "cuidaban de ellos".
3. *Los armamentos alemanes se limitaron estrictamente* a un máximo de 100 000 efectivos, y sin conscripción (servicio militar obligatorio); tampoco tendría tanques, vehículos blindados, aeronaves ni submarinos militares, y sólo seis buques de guerra. La región de Rhineland tendría que estar

permanentemente desmilitarizada, es decir, no se permitirían tropas alemanas en dicha área.

4. *La cláusula de Culpable de la Guerra* hacía de Alemania y sus aliados los únicos culpables del estallido de la guerra.

5. *Alemania tendría que compensar* los daños infligidos a los Aliados; el monto real no se decidió en Versalles, pero se anunció más tarde (1921), después de mucha discusión y regateo, en 6 600 millones de libras esterlinas.

6. Se formó una *Liga de las Naciones;* sus objetivos y organización se definieron en el *Pacto de la Liga* (capítulo III).

A los alemanes no les quedaba mucho más que firmar el tratado, si bien lo objetaron con vehemencia. La ceremonia de firma tuvo lugar en el Salón de los Espejos de Versalles, donde se proclamara el Imperio alemán menos de 50 años antes.

b) ¿Por qué objetaban los alemanes
y qué tan justificadas eran sus objeciones?

1. *Fue una paz impuesta*
Los alemanes no pudieron participar en las discusiones de Versalles, simplemente se les presentaron las condiciones para que las firmaran. Si bien se les permitió criticar el tratado por escrito, todas las críticas fueron ignoradas, excepto una (punto 3, a continuación). Algunos historiadores piensan que las objeciones de Alemania estaban justificadas, y que hubiera sido razonable permitirles que participaran en la discusión, de modo que algunas de la condiciones más duras podrían haberse suavizado. No hay duda de que se habría privado a los alemanes del argumento tan utilizado por Hitler de que como la paz había sido un "Diktat", no los obligaba moralmente. Por otra parte, es posible argumentar que los alemanes difícilmente podrían haber esperado un mejor trato después de la ruda forma en que habían tratado con los rusos en Brest-Litovsk, otro "Diktat" [sección XVI.3 *b)*].

2. *Muchas de las condiciones no estaban basadas en los 14 puntos*
Los alemanes alegaban que se les habían prometido condicio-

nes basadas en los 14 puntos de Wilson, y que *muchas de las medidas no estaban basadas en esos 14 puntos*, de modo que eran un timo. Quizás ésta no sea una objeción válida, pues los 14 puntos nunca fueron aceptados como oficiales por ninguno de los estados involucrados; los alemanes mismos los habían ignorado en enero de 1918, cuando aún parecía haber una oportunidad de que Alemania fuera el vencedor indiscutible. En noviembre, las tácticas alemanas (Brest-Litovsk, la destrucción de minas, fábricas y edificios públicos durante su retirada a través de Francia y Bélgica) habían endurecido la actitud de los Aliados y llevado a Wilson a agregar *otros dos puntos:* Alemania debería pagar por los daños a las poblaciones civiles y sus propiedades y ser reducida a "virtual impotencia"; en otras palabras, Alemania debía ser desarmada. Los alemanes estaban conscientes de esto cuando aceptaron el armisticio y, de hecho, la mayor parte de las condiciones se apegaba a los 14 puntos y los agregados.

También había objeciones en puntos específicos:

3. *Pérdida de territorio en Europa*

Esto incluía Alsacia-Lorena, y especialmente la parte occidental de Prusia, que dio a Polonia acceso al mar, ambos mencionados en los 14 puntos. Originalmente la alta Silesia, región industrial con población mixta de polacos y alemanes, sería entregada a Polonia, pero fue la única concesión que se hizo a las objeciones que Alemania entregó por escrito; después de que votara la población, se permitió que Alemania conservara cerca de dos terceras partes de la región. De hecho, gran parte de las pérdidas alemanas podrían haberse justificado en función de nacionalidad (mapa II.5).

4. *Pérdida de las colonias alemanas de África*

Quizá los alemanes tenían más bases para objetar la pérdida de sus colonias africanas, que difícilmente era un "ajuste imparcial". El sistema de protectorados permitió a Gran Bretaña apoderarse de la parte alemana del África oriental (Tanganica) y de partes de Togolandia y Camerún. Francia se quedaría con una porción importante de Togolandia y Camerún, y Sudáfrica adquiriría la parte alemana del África occidental (ahora conocida como Namibia); pero en realidad, esta disposición permitía a los Aliados apoderarse de las colonias sin realmente aceptar que se las anexaban (mapa II.6).

5. *Las cláusulas de desarme sentaban muy mal*
Los alemanes afirmaban que 100 000 efectivos no eran suficientes para hacer cumplir la ley y mantener el orden en tiempos de inquietud política. Quizá la objeción alemana estuviera hasta cierto punto justificada, si bien el deseo de los franceses de debilitar a Alemania era entendible. Más tarde, cuando fue evidente que ninguna de las potencias estaba dispuesta a desarmarse, aunque el punto 4 de Wilson mencionaba una "reducción de armamentos generalizada", los alemanes se ofendieron aún más. No obstante, era imposible imponer el desarme total de Alemania porque este país estaba decidido a explotar cualquier laguna.

6. *La cláusula sobre "el culpable de la guerra" (artículo 231)*
Los alemanes objetaron tener que cargar con toda la culpa del estallido de la guerra, objeción con ciertas bases, pues si bien investigaciones posteriores parecieron indicar que resultaba muy difícil llegar a esa conclusión en un lapso de seis semanas en 1919, eso fue lo que hizo la Comisión Especial sobre la Responsabilidad de la Guerra. No obstante, los Aliados querían que los alemanes aceptaran la responsabilidad para poder exigirles una indemnización por los daños.

7. *Indemnizaciones*
Las indemnizaciones fueron la última humillación para los alemanes. Si bien eran pocas las objeciones válidas respecto del principio general de la indemnización, hoy día muchos historiadores concuerdan en que el monto real de 6 600 millones de libras esterlinas decidido al respecto fue exageradamente alto. Algunas personas lo pensaron en aquella época, entre otros, J. M. Keynes, asesor de economía de la delegación británica que participaba en la conferencia, quien instaba a los Aliados a que aceptaran dos millones de libras esterlinas, cantidad más razonable, según él, y que estaba al alcance de los alemanes. La cifra de 6 600 millones permitió que los alemanes protestaran porque era imposible de pagar y pronto empezaron a

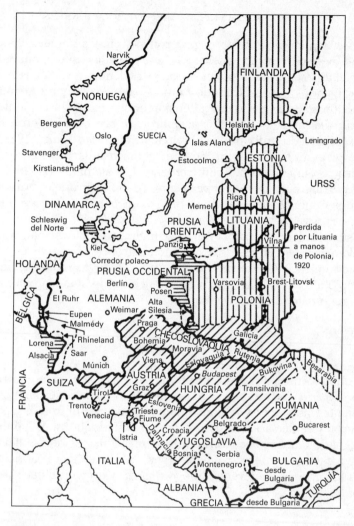

Leyenda:

- Territorio perdido por Alemania
- Antiguo territorio de la Rusia zarista
- Austria-Hungría hasta 1918
- ◆━◆━◆ Línea de Curzon: propuesta por Gran Bretaña (diciembre 1919) como frontera oriental de Polonia. El territorio ruso al oriente de la línea fue tomado por Polonia en 1920.

MAPA II.5. *Fronteras europeas después de la primera Guerra Mundial y los tratados de paz* no cumplir (dejaron de pagar) con sus cuotas anuales. Esto fue motivo de resentimiento entre los Aliados, que confiaban en el dinero de Alemania para pagar las deudas contraídas con los Estados Unidos. Cuando Francia trató de obligar a Alemania a pagar, se generó cierta tensión internacional [sección IV.2 c)]. A la larga, los Aliados aceptaron su error y redujeron la cantidad a dos millones de libras esterlinas *(Plan Young, 1929)*, pero no antes de que la indemnización resultara desastrosa, tanto económica como políticamente. Los alemanes tenían bases firmes para quejarse, pero conviene señalar que el tratado hubiera podido ser más duro. Si Clemenceau se hubiera salido con la suya, la región de Rhineland se habría convertido en un Estado independiente y Francia se habría anexado el Saar, pero Alemania seguía siendo la potencia europea de mayor poder económico, de tal forma que lo insensato del acuerdo fue que enojó a los alemanes, pero no los debilitó lo suficiente como para que no tomaran represalias.

9. Tratados de paz con Austria-Hungría

Cuando Austria estaba a punto de ser derrotada en la guerra, *el Imperio de Habsburgo se desintegró* al declararse independientes las diversas nacionalidades. Austria y Hungría se separaron y se declararon repúblicas, de manera que ya se habían tomado muchas decisiones importantes antes de que se llevara a cabo la conferencia de paz, pero la situación era caótica y la labor de la conferencia fue *formalizar y aceptar lo que ya se había hecho.*

a) Tratado de St. Germain (1919), relacionado con Austria

Por este tratado, Austria perdió:

- Bohemia y Moravia (ricas provincias industriales, con 10 millones de habitantes) que pasaron al nuevo Estado de Checoslovaquia;
- Dalmacia, Bosnia y Herzegovina, que fueron para Ser-

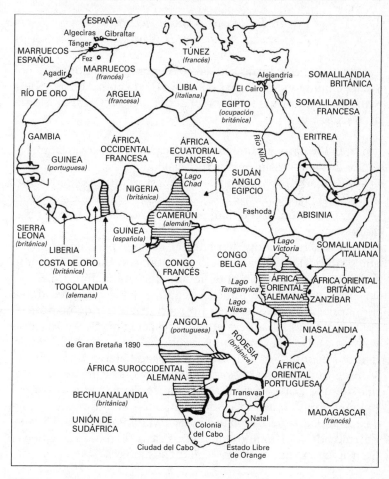

Colonias alemanas tomadas como protectorados
por el Tratado de Versalles, 1919

MAPA II.6. *África y los tratados de paz*

bia, la cual, con Montenegro, se convirtió en lo que ahora se conoce como Yugoslavia;
- Bukovina, que pasó a Rumania;
- Galicia, para el reconstituido Estado de Polonia;
- Tirol sur (hasta el Paso de Brenner), Trentino, Istria y Trieste, para Italia.

b) Tratado de Trianon (1920), relacionado con Hungría

Este tratado no se firmó sino en 1920, por la incertidumbre política reinante en Budapest (la capital); encabezados por Bela Kun, los comunistas tomaron el poder, pero más tarde fueron derrocados.

- Eslovaquia y Rutenia se entregaron a Checoslovaquia;
- Croacia y Eslovenia a Yugoslavia;
- Transilvania y el Banat de Temesvar a Rumania.

Ambos tratados incluían el Acuerdo de la Liga de las Naciones.

Estos acuerdos pueden parecer crudos, pero no se olvide que gran parte de lo acordado ya había sucedido; en general, sí conservaron el espíritu de la autodeterminación. En Europa, más pueblos que nunca quedaron bajo gobiernos de su propia nacionalidad, si bien no todos eran tan democráticos como a Wilson le hubiera gustado (especialmente en Hungría y Polonia). No obstante, hubo algunas desviaciones de la norma; por ejemplo, más de tres millones de alemanes (en la región de Sudetenland) estaban ahora en Checoslovaquia, además de que por el Tratado de Versalles, un millón quedó en Polonia. Los Aliados lo justificaban aclarando que estos nuevos estados los necesitaban para ser viables económicamente. Fue muy desafortunado que ambos casos le dieran a Hitler la excusa para exigir territorios en dichos países.

Los tratados dejaron a Austria y Hungría con graves problemas económicos

Austria era una república pequeña, y su población se redujo de 22 a 6.5 millones; gran parte de su riqueza industrial fue a dar a manos de Checoslovaquia y Polonia. Viena, alguna vez la capital del enorme Imperio de Habsburgo, se quedó sin recursos, rodeada de tierras de cultivo que apenas podían sostenerla. No sorprende que el país pronto enfrentara una severa crisis económica y tuviera que ser ayudado con créditos de la Liga de las Naciones. Hungría resultó igualmente afectada; su población se redujo de 21 a 7.5 millones, y algunas de sus tierras más ricas en maíz tuvo que cederlas a Rumania. Las cosas se complicaron aún más cuando todos los estados nuevos impusieron aranceles (derechos a la importación y la exportación), los cuales obstaculizaron el flujo comercial en el área del Danubio e hicieron particularmente difícil la recuperación industrial de Austria. De hecho, era un excelente argumento económico para fundamentar la unión entre Austria y Alemania.

10. ACUERDO CON TURQUÍA Y BULGARIA

a) Tratado de Sèvres (1920), relacionado con Turquía

Turquía perdió Tracia oriental, muchas islas del Egeo y Esmirna, que entregó a Grecia; Antalya y Rodas, a Italia; los estrechos (salida del Mar Negro) estarían permanentemente abiertos; Siria se convirtió en protectorado francés, y Palestina, Irak y Transjordania, en protectorados británicos. Sin embargo, la pérdida de tanto territorio, entregado a Grecia, y en especial Esmirna, en tierras continentales turcas, atentó contra los sentimientos nacionales de los turcos (se hacía caso omiso de la autodeterminación).

Encabezados por Mustafa Kemal, los turcos rechazaron el tratado y expulsaron a los griegos de Esmirna. Los italianos y franceses retiraron las fuerzas de ocupación del área de los estrechos, de manera que sólo quedaron tropas británicas en Chanak. Finalmente se llegó a un compromiso y el acuerdo se revisó mediante el *Tratado de Lausana* (1923), por el cual Turquía recuperó Tracia oriental, incluidas Constantinopla y Esmirna (mapa II.7). Por tanto, Turquía fue el primer estado en desafiar con éxito el acuerdo de París. Uno de los legados del Tratado de Sèvres que causaría problemas más adelante fue la situación de los protectorados, habitados principalmente por árabes, que esperaban su independencia como recompensa por haber luchado con valentía a las órdenes del oficial inglés T. E. Lawrence (Lawrence de Arabia), en contra de los turcos.

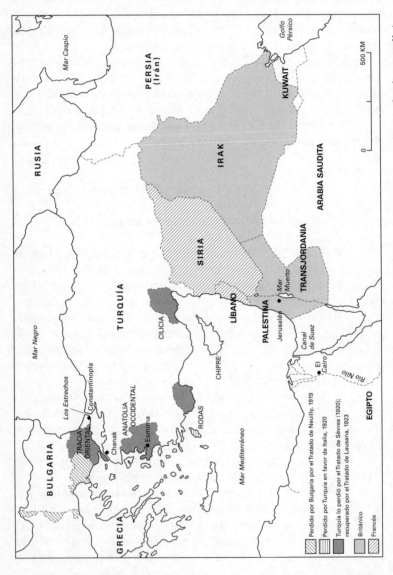

MAPA II.7. *El tratamiento de Turquía (Tratado de Sèvres) y Bulgaria (Tratado de Neuilly)*

Perdido por Bulgaria por el Tratado de Neuilly, 1919

Perdido por Turquía en favor de Italia, 1920

Turquía lo perdió por el Tratado de Sèvres (1920);
recuperado por el Tratado de Lausana, 1923

Británico

Francés

Tampoco les gustó la idea de establecer un "hogar nacional" judío en Palestina [sección XI.2 *a*)].

b) Tratado de Neuilly (1919), relacionado con Bulgaria

Bulgaria perdió territorio a favor de Grecia y se vio privada de la costa del mar Egeo; también entregó tierras a Yugoslavia y Rumania. Tenía cierta justificación para reclamar que, merced al Tratado de Neuilly, cuando menos un millón de búlgaros eran regidos por gobiernos extranjeros.

11. VEREDICTO SOBRE EL ACUERDO DE PAZ

En conclusión, tiene que decirse que este conjunto de tratados de paz *no fue un éxito manifiesto*. El efecto desafortunado fue dividir a Europa en estados que querían revisar el acuerdo (Alemania, la principal) y otros que querían mantenerlo, pero en general, estos últimos apenas lo apoyaron. Los Estados Unidos no ratificaron el acuerdo [sección IV.5] y nunca se integraron a la Liga de las Naciones. A su vez, esto desilusionó por completo a Francia, pues no podía aplicarse la garantía angloamericana de sus fronteras, establecida en el acuerdo. Italia se sintió engañada porque no recibió todo el territorio prometido en 1915, y Rusia fue ignorada, pues las potencias no querían negociar con su gobierno bolchevique. Alemania, por otra parte, sólo se había debilitado temporalmente y pronto tuvo la fuerza suficiente para desafiar algunas condiciones. Todo esto apuntaba al sabotaje del acuerdo desde el principio, y cada vez fue más difícil aplicar plenamente las condiciones. Pero es fácil criticar después del acontecimiento; Gilbert White, delegado estadunidense en la conferencia, lo puso muy en claro cuando señaló que, dada la complejidad de los problemas implicados, "no sorprende que la paz no cumpliera con las expectativas, lo sorprendente es que, después de todo, se haya logrado hacer las paces".

PREGUNTAS

Guerra de trincheras y primera Guerra Mundial
1. Estudie la fuente y la información del capítulo II.

Fuente A
Primer día de la batalla del Somme, 1916; explicación alemana.

> Los hombres estaban listos en los refugios subterráneos, sus cinturones provistos de granadas de mano en torno a ellos, asiendo sus rifles [...] era de vital importancia no perder ni un segundo en tomar posiciones a cielo abierto para enfrentar a la infantería británica, que avanzaría de inmediato, detrás de la descarga de artillería.
>
> A las 7:30 a.m. cesó la andanada de proyectiles [...] De inmediato, nuestros hombres treparon por los escarpados túneles que llevaban de los refugios subterráneos a la luz del día y corrieron [...] hacia los cráteres más cercanos. Sacaron las ametralladoras de los refugios y se apresuraron a colocarlas [...] Tan pronto como los hombres estuvieron en posición, se vio una serie de líneas que se movían hacia las trincheras de los británicos. Apareció la primera línea, interminable de izquierda a derecha; pronto la siguió una segunda y una tercera, después una cuarta [...]
>
> "Prepárense", se oyó de cráter en cráter, por todo el frente [...] Unos minutos después, cuando la primera línea británica estaba a treinta metros, estalló el traqueteo de las ametralladoras y los rifles a lo largo de la línea de boquetes de los proyectiles.
>
> Parecieron derrumbarse secciones enteras [...] el avance se desmoronó rápidamente bajo la lluvia de proyectiles y balas. Por toda la línea se veían hombres soltando sus armas y colapsándose, hasta no moverse más; mal heridos, rodaban en su agonía.

FUENTE: Citado en A. H. Farrar-Hockley, *The Somme* (Pan/Seven House, 1976).

   a) ¿Qué tan útil es la fuente A para el historiador que estudia las técnicas de la guerra de trincheras?

   b) Explique por qué la guerra del frente occidental llegó a estancarse.

   c) ¿Cómo terminó por fin la guerra y por qué fue derrotada Alemania?

2. "Los alemanes tenían buenas bases para quejarse del Tratado de Versalles." Explique por qué coincide, o no, con esta afirmación.

III. LA LIGA DE LAS NACIONES

Resumen de acontecimientos

La Liga de las Naciones nació formalmente el 10 de enero de 1920, mismo día en que entró en vigor el Tratado de Versalles. Con oficinas en Ginebra, Suiza, uno de sus principales objetivos fue resolver conflictos internacionales antes de que se salieran de control, de modo de evitar que volviera a estallar una guerra. Después de algunos problemas iniciales, la Liga pareció funcionar exitosamente durante la década de 1920; resolvió algunas disputas internacionales de poca importancia y tuvo logros económicos y sociales importantes, como haber ayudado a miles de refugiados y ex prisioneros de guerra a volver a casa. En 1930, quienes apoyaban la Liga se mostraban optimistas respecto de su futuro; el estadista sudafricano Jan Smuts expresó: "Estamos siendo testigos de uno de los grandes milagros de la historia". No obstante, durante los años treinta, la autoridad de la Liga fue desafiada varias veces, primero por la invasión japonesa de Manchuria (1931) y después por el ataque de los italianos a Abisinia (1935). Ambos agresores ignoraron las órdenes de la Liga de retirarse, y por diferentes razones fue imposible obligarlos a cumplir. Después de 1935, el respeto por la Liga declinó al hacerse patente su debilidad. En los conflictos de Alemania con Checoslovaquia y Polonia, que condujeron a la segunda Guerra Mundial, la Liga ni siquiera fue consultada, y no pudo influir en lo más mínimo para evitar el estallido de la guerra. Después de diciembre de 1939, no volvió a reunirse, y se disolvió en 1946; fue un fracaso total, cuando menos en lo que se refiere a evitar la guerra.

1. ¿CUÁL FUE EL ORIGEN DE LA LIGA?

A menudo se menciona que la Liga fue obra del presidente estadunidense Woodrow Wilson, y si bien no hay duda de que apoyó entusiastamente la idea de una organización internacional para la paz, resultó de combinar sugerencias similares de varios estadistas durante la primera Guerra Mundial. Lord Robert Cecil, de Gran Bretaña; Jan Smuts, de Sudáfrica, y Léon Bourgeois, de Francia, presentaron detallados esquemas de cómo podría formarse una organización de esa naturaleza. Lloyd George se refería a ella como uno de los objetivos bélicos de Gran Bretaña y Wilson la incluyó como el último de sus 14 puntos [sección II.7 a)]. La gran contribución de este último fue insistir en que el clausulado de la Liga (lista de reglas por las que se regiría), redactado por un comité internacional formado por Cecil, Smuts, Bourgeois y Paul Hymans (de Bélgi-

ca), así como por el propio Wilson, debería incluirse en cada
uno de los tratados de paz para garantizar que la Liga realmente existiera y no fuera nada más un tema de discusión.

La Liga tenía dos objetivos principales:

- Mantener la paz a través de la *seguridad colectiva:* si un
  Estado atacaba a otro, los estados miembros de la Liga
  se conjuntarían para contener al agresor mediante sanciones económicas o militares.
- Fomentar la *cooperación internacional* para la resolución
  de problemas económicos y sociales.

2. ¿CÓMO ESTABA ORGANIZADA LA LIGA?

Al principio eran 42 los estados miembros, y 55 en 1926, cuando se admitió a Alemania. Constaba de cinco órganos principales.

a) Asamblea General

Se reunía anualmente y estaba formada por todos los estados
miembros, cada uno de los cuales tenía un voto. Su función
era decidir la política general; podía, por ejemplo, proponer la
revisión de los tratados de paz, además de que administraba
las finanzas de la Liga. Las decisiones tenían que ser unánimes.

b) Consejo

Organismo más reducido que se reunía con mayor frecuencia,
cuando menos tres veces al año; constaba de cuatro miembros:
Gran Bretaña, Francia, Italia y Japón. Los Estados Unidos hubieran sido un miembro permanente, pero decidieron no integrarse a la Liga. Había otros cuatro miembros, elegidos por la
Asamblea para periodos de tres años. En 1926, el número de
miembros no permanentes se incrementó a nueve. La labor del

Consejo era resolver disputas políticas específicas cuando se presentaran; las decisiones también tenían que ser unánimes.

c) Corte Permanente de Justicia Internacional

Tenía su base en La Haya, Holanda, y estaba formada por 15 jueces de diferentes nacionalidades; zanjaba conflictos legales entre estados, no políticos.

d) Secretariado

Se ocupaba de todo el papeleo, preparaba agendas y redactaba resoluciones e informes, de modo que se llevaran a cabo las decisiones de la Liga.

e) Comisiones y comités

Varios se constituyeron para resolver problemas específicos, algunos derivados de la primera Guerra Mundial. Las principales comisiones eran las que manejaban mandatos, asuntos militares, grupos minoritarios y desarme. Había comités de mano de obra internacional, salud, organización económica y financiera, bienestar de los niños, problemas de drogadicción y derechos de las mujeres.

Mantenimiento de la paz

Supuestamente, la principal función de la Liga sería el mantenimiento de la paz, y funcionaría de la siguiente manera: los conflictos que pudieran desembocar en una guerra se presentarían a la Liga, y cualquier miembro que recurriera a la violencia, y por tanto, no cumpliera con el clausulado, *enfrentaría medidas colectivas impuestas por los demás*. El Consejo recomendaría "qué efectivos militares, navales o aéreos aportarían los miembros a las fuerzas armadas".

3. ÉXITOS DE LA LIGA

a) Sería injusto calificar a la Liga de rotundo fracaso

Varios de sus comités y comisiones lograron valiosos resultados, y mucho se hizo para fomentar la cooperación internacional. Uno de los más exitosos fue la *Organización Internacional del Trabajo (OIT)* encabezada por Albert Thomas, socialista francés. Su objetivo fue mejorar las condiciones de trabajo en todo el mundo, convenciendo a los gobiernos de:

- fijar un máximo de días y semanas laborales;
- especificar salarios mínimos adecuados;
- introducir prestaciones por enfermedad y desempleo;
- introducir pensiones para edad avanzada.

Reunió y publicó una cantidad importante de información, y convenció a muchos gobiernos de tomar medidas.

La *Organización para los Refugiados*, dirigida por el explorador noruego Fridtjof Nansen, resolvió el problema de miles de ex prisioneros de guerra abandonados en Rusia al final del conflicto; cerca de medio millón volvió a casa. Después de 1933 se prestó valiosa ayuda a miles de personas que huían de Alemania por la persecución nazi.

La *Organización de la Salud* realizó una valiosa labor en la investigación de las causas de las epidemias y tuvo especial éxito en el combate de la epidemia de tifo en Rusia, que en algún momento pudo haberse extendido por toda Europa.

La *Comisión de los Protectorados* supervisó a los gobiernos de los territorios arrebatados a Alemania y Turquía, en tanto que otra comisión se responsabilizó de administrar el Saad. Lo hizo de manera muy eficiente, y concluyó organizando el plebiscito de 1935, en el cual una gran mayoría votó por que fuera devuelto a Alemania.

Sin embargo, no todo fueron éxitos; la *Comisión del Desarme* no avanzó en la casi imposible tarea de convencer a los estados miembros de reducir su armamento, aunque todos lo prometieron cuando aceptaron el clausulado.

b) Conflictos políticos resueltos

A principios de la década de 1920, varios conflictos políticos fueron turnados a la Liga. *Con excepción de dos casos, las decisiones de la Liga fueron aceptadas.*

- En la disputa entre Finlandia y Suecia sobre las *islas Aaland*, el veredicto favoreció a Finlandia (1920).
- Respecto de la rivalidad entre Alemania y Polonia sobre la importante zona industrial de la *Alta Silesia*, la Liga decidió que debería dividirse entre los dos países (1921).
- Cuando *los griegos invadieron Bulgaria*, después de varios incidentes con balaceras en la frontera, la Liga intervino rápidamente; las tropas griegas fueron retiradas y se pagaron los daños sufridos por Bulgaria.
- Cuando *Turquía reclamó la provincia de Mosul*, parte del protectorado británico de Irak, la Liga decidió en favor de Irak.
- En lugares más distantes, como Sudamérica, se resolvieron disputas entre *Perú y Colombia* y entre *Bolivia y Paraguay.*

No obstante, es significativo que ninguna de las disputas mencionadas pusiera seriamente en riesgo la paz del mundo, y que en ninguna de las decisiones contrarias a algún Estado importante se haya impugnado el veredicto de la Liga. De hecho, durante ese mismo periodo, *dos veces la Liga fue objetada por la Conferencia de Embajadores, con sede en París*, creada para resolver problemas derivados de los Tratados de Versalles. Primero fue la rivalidad de Polonia y Lituania respecto de Vilna (1920), seguida del *incidente de Corfú* (1923), disputa entre la Italia de Mussolini y Grecia. La Liga no dio respuesta a esos desafíos, indicio nada promisorio.

4. ¿POR QUÉ LA LIGA NO LOGRÓ MANTENER LA PAZ?

En la época del incidente de Corfú, en 1923 [véase *d),* a continuación], muchos se preguntaban qué pasaría si un Estado poderoso desafiara a la Liga en un asunto de gran importancia, por ejemplo, invadiendo a un país inocente. ¿Qué tan efectiva sería la Liga en un caso así? Desafortunadamente se presentaron varios desafíos de ese tipo durante la década de 1930, y cada vez la Liga resultaba insuficiente.

a) Estaba muy estrechamente relacionada con los Tratados de Versalles

Esta desventaja inicial provocó que la Liga pareciera una organización creada especialmente para beneficio de las potencias vencedoras. Además, tenía que defender un acuerdo de paz mucho menos que perfecto. Era inevitable que algunas de sus medidas provocaran problemas, por ejemplo, las decepcionantes ganancias territoriales de los italianos y la inclusión de alemanes en Checoslovaquia y Polonia.

b) Fue rechazada por los Estados Unidos

La Liga enfrentaría un duro golpe en marzo de 1920, cuando el Senado estadunidense rechazó tanto el Acuerdo de Versalles como la Liga, y esto por varias razones (sección IV.5). La ausencia de los Estados Unidos significaba que a la Liga le faltaba un poderoso miembro cuya presencia habría sido de gran beneficio psicológico y financiero.

c) Otras potencias importantes tampoco se involucraron

A Alemania no se le permitió integrarse hasta 1926, y la URSS hizo lo propio en 1934 (cuando Alemania salió). Así, en los primeros años de su existencia, la Liga no contó con tres de las más importantes potencias del mundo (figura III.1).

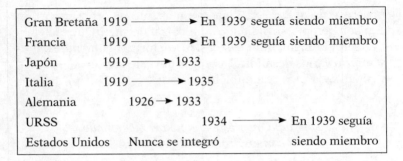

Gran Bretaña	1919 ⟶ En 1939 seguía siendo miembro
Francia	1919 ⟶ En 1939 seguía siendo miembro
Japón	1919 ⟶ 1933
Italia	1919 ⟶ 1935
Alemania	1926 ⟶ 1933
URSS	1934 ⟶ En 1939 seguía
Estados Unidos	Nunca se integró siendo miembro

FIGURA III.1. *Potencias importantes que fueron miembros de la Liga de las Naciones*

d) La Conferencia de Embajadores de París fue un estorbo

Se suponía que el grupo de embajadores importantes sólo funcionaría hasta que la maquinaria de la Liga estuviera lista y funcionando, pero no se desintegró, y en varias ocasiones tuvo prioridad.

- En 1920, la Liga apoyó a Lituania, que reclamaba Vilna, recién tomada por los polacos, pero cuando la Conferencia de Embajadores insistió en conceder Vilna a Polonia, la Liga lo permitió.
- Un ejemplo posterior fue el *incidente de Corfú* (1923), que surgió de un conflicto de límites entre Grecia y Albania, durante el cual murieron tres funcionarios italianos que trabajaban en la comisión de límites. Mussolini culpó a los griegos, exigió una elevada compensación y bombardeó y ocupó la isla de Corfú. Grecia recurrió a la Liga, pero *Mussolini se rehusó a reconocer su competencia para resolver el problema.* Amenazó con retirar a Italia de la Liga, por lo que los embajadores ordenaron a Grecia pagar la cantidad exigida.

Sin embargo, en etapa tan temprana, quienes apoyaban a la Liga desecharon estos incidentes como problemas menores.

e) El clausulado tenía graves puntos flacos

Éstos impidieron que se tomaran medidas decisivas en contra de los agresores; era difícil tomar decisiones unánimes; la Liga no tenía fuerza militar propia, y si bien en la cláusula 16 se esperaba que los estados miembros proporcionaran tropas en caso necesario, en 1923 se aprobó una resolución respecto de que cada miembro decidiría si luchaba o no en alguna crisis. Obviamente esto implicaba que el concepto de seguridad colectiva no tuviera sentido. Se hicieron varios intentos de fortalecer el clausulado, pero fracasaron, pues se requería del voto unánime para cambiarlo y nunca se logró. El intento más notable fue el de Ramsay MacDonald, primer ministro laborista británico, en 1924, gran partidario de la Liga. Presentó una resolución conocida como *Protocolo de Ginebra*, el cual comprometía a los miembros a aceptar el arbitraje y ayudar a las víctimas de agresiones no provocadas. Con gran ironía, el gobierno conservador que sucedió a MacDonald informó a la Liga que no podía aceptar el Protocolo; se mostraba renuente a comprometer a Gran Bretaña y al Imperio en la defensa de todas las fronteras de 1919. Por tanto, una resolución propuesta por un gobierno británico fue rechazada por el que lo sucedió, y la Liga siguió, según decían sus críticos, "sin dientes".

Entre las razones de esta aparentemente extraña actitud de los británicos se incluye que la opinión pública era profundamente pacifista, y se tenía la sensación de que el país era tan débil en lo militar en ese momento, que debían evitarse las intervenciones armadas de cualquier tipo. Muchos otros miembros de la Liga sentían lo mismo, así que, perversamente, todos basaban su seguridad en un sistema cuyo éxito dependía de su apoyo y compromiso, pero no estaban dispuestos a apoyarlo y la postura era "que lo hagan los demás".

f) Era en gran medida
un asunto franco-británico

La continua ausencia de los Estados Unidos y de la URSS, más la hostilidad de Italia, hicieron de la Liga un asunto mayormente franco-británico, pero como demostró su rechazo al Protocolo de Ginebra, a los conservadores británicos nunca les entusiasmó, y prefirieron firmar los *Tratados de Locarno* (1925), ajenos a la Liga, que negociar a través de ella [sección IV.1 *e)*].

No obstante, ninguno de estos puntos débiles necesariamente condenó al fracaso a la Liga, siempre que todos los miembros estuvieran dispuestos a no agredir y aceptar las decisiones de la Liga; entre 1925 y 1930 no se produjeron sobresaltos.

g) La crisis económica
mundial empezó en 1929

La situación empezó a salirse realmente de control con el inicio de la crisis económica, o Gran Depresión, como suele llamársele; provocó desempleo y deterioró el nivel de vida de la mayoría de los países, además de llevar al poder a gobiernos de extrema derecha en Japón y Alemania que, junto con Mussolini, se negaron a cumplir las reglas y tomaron una serie de medidas que sacaron a la luz los defectos de la Liga [puntos *h)*, *i)* y *j)*].

h) La invasión japonesa
de Manchuria (1931)

En 1931, tropas japonesas invadieron el territorio chino de Manchuria (sección V.1); China recurrió a la Liga, que condenó a Japón y le ordenó que retirara sus tropas. Cuando Japón se negó, la Liga nombró una comisión dirigida por lord Lytton, la cual decidió (1932) que ambas partes habían incurrido en faltas y sugirió que Manchuria debía ser regida por la Liga. No obstante, Japón rechazó esta medida y se retiró de la Liga (marzo de 1933). La cuestión de las sanciones económicas, ya no digamos de las militares, nunca se puso sobre la mesa porque Gran Bretaña y Francia tenían graves problemas económicos y se mostraban renuentes a aplicar un boicot comercial a Japón, no fuera a provocarse una guerra para la cual no estaban preparados, en especial sin el apoyo estadunidense. Japón desafió con éxito a la Liga, cuyo prestigio se deterioró, pero todavía sin consecuencias fatales.

i) El fracaso de la Conferencia Mundial
sobre el Desarme (1932-1933)

Se reunió bajo los auspicios de la Liga, y su fracaso fue una gran desilusión. Los alemanes pidieron igualdad de armamentos respecto de Francia, pero cuando los franceses solicitaron que se pospusiera como mínimo ocho años, Hitler aprovechó la actitud de los franceses como excusa para retirar a Alemania de la Conferencia y, posteriormente, de la Liga.

j) La invasión italiana
de Abisinia (octubre de 1935)

Fue el golpe más serio contra el prestigio y la credibilidad de la Liga [sección v.2 b)], que condenó a Italia y le impuso sanciones económicas; sin embargo, éstas no se aplicaron a la exportación de petróleo, carbón y acero hacia dicho país. Tan tibias fueron las sanciones, que Italia acabó de conquistar Abisinia sin muchos inconvenientes (mayo de 1936). Unas semanas después, las sanciones se dejaron de lado y *Mussolini logró desobedecer a la Liga.*

También en este caso, Gran Bretaña y Francia deben compartir la culpa del fracaso de la Liga. El motivo fue que no querían antagonizar demasiado con Mussolini de modo que siguiera siendo su aliado contra el verdadero peligro, Alemania, pero los resultados fueron desastrosos:

- de todas formas Mussolini se molestó por las sanciones y empezó a acercarse a Hitler;
- los estados pequeños perdieron toda su fe en la Liga;
- se animó a Hitler a no cumplir con el Tratado de Versalles.

Así, después de 1935, la Liga nunca más fue tomada en serio. La verdadera explicación de este fracaso es sencilla; cuando estados agresivos como Japón, Italia y Alemania la desafiaron, sus miembros, en especial Francia y Gran Bretaña, no estaban dispuestos a apoyarla, ni con medidas económicas contundentes ni con acciones militares. *La Liga sólo era fuerte merced a la determinación de sus principales miembros de enfrentar la agresión;* desafortunadamente, esa determinación no existía en los años treinta.

PREGUNTAS

La Liga de las Naciones y sus problemas
1. Estudie la fuente A y después responda las preguntas.

Fuente A
Discurso de Maxim Litvinov, ministro soviético de Asuntos Exteriores, ante la Liga, Ginebra, 1934.

> Ellos [los estados agresores] siguen siendo más débiles que un posible bloque de estados amantes de la paz, pero la política de no resistirse al mal y combatir a los agresores, que los opositores a las sanciones nos proponen, no pueden tener más resultado que fortalecer e incrementar la fuerza de la agresión, la expansión aún mayor de su campo de acción. Y sin duda llegará el momento en que su poder haya crecido tanto que la Liga de las Naciones, o lo que queda de ella, ya no estará en condiciones de afrontarlos, aunque quiera [...] Ante el más ligero intento de realmente perpetrar la agresión, las medidas colectivas previstas en la cláusula 16 deben hacerse efectivas progresivamente, según las posibilidades de cada miembro de la Liga. En otras palabras, el programa incluido en el clausulado de la Liga debe llevarse a cabo en contra del agresor, pero con decisión y resueltamente, y sin vacilaciones.

FUENTE: Citado en G. Martel (ed.), *The Origins of the Second World War Reconsidered* (Routledge, 1999).

a) Explique qué quiso decir Litvinov con "la política de no resistirse al mal y combatir a los agresores".

b) Explique brevemente cuál era "el programa incluido en el clausulado de la Liga".

c) Explique por qué la Liga de las Naciones no logró mantener la paz.

IV. RELACIONES INTERNACIONALES, 1919-1933

Resumen de acontecimientos

Las relaciones internacionales de entreguerras pasaron por dos fases, divididas por enero de 1933, fatídico mes en que Adolfo Hitler asumió el poder en Alemania. Antes de eso, parecía razonable esperar que se conservara la paz, a pesar de que la Liga de las Naciones había fracasado en su intento por frenar la agresión de los japoneses en contra de Manchuria. Una vez que Hitler aseguró el control, se redujeron las probabilidades de evitar una guerra de algún tipo, limitada o generalizada, según como cada quien interpretara las intenciones de Hitler (sección v.3). A grandes rasgos, la primera fase puede dividirse en tres:

- 1919-1923
- 1924-1929
- 1930-1933

a) De 1919 a 1923

Tras la primera Guerra Mundial, las relaciones se trastornaron por los problemas derivados del acuerdo de paz, en tanto que la Liga de las Naciones, recién nacida, luchaba por arreglar las cosas.

- Tanto Turquía como Italia estaban insatisfechas por el tratamiento que habían recibido; Turquía estaba dispuesta a desafiar el acuerdo (sección II.10). Los italianos, que pronto serían gobernados por Mussolini (1922), mostraron su resentimiento, primero apoderándose de Fiume, que se había otorgado a Yugoslavia, y después, con el incidente de Corfú; posteriormente, la agresión de los italianos se volvió contra Abisinia (1935).
- El problema de las indemnizaciones de Alemania y de que pudiera, o no, pagar tensó las relaciones entre Gran Bretaña y Francia por su diferente actitud hacia la recuperación alemana.
- El intento de Lloyd George por reconciliar a Francia y Alemania en la Conferencia de Ginebra de 1923, fracasó lamentablemente.
- Las relaciones se deterioraron aún más en 1923, cuando tropas ocuparon el Ruhr (importante región industrial alemana) en un intento por confiscar bienes que los alemanes se habían negado a pagar en efectivo. Con esto, lo único que se logró fue el desplome de la moneda alemana.
- Entre tanto, los Estados Unidos, que decidieron mantenerse aislados en el ámbito político, ejercieron considerable influencia económica en Europa, insistiendo, entre otras cosas, en que se pagaran totalmente las deudas de guerra europeas.
- Rusia, entonces bajo el poder de los bolcheviques (comunistas), era vista con sospecha por los países occidentales, algunos de los cuales, junto con Japón, intervinieron contra los bolcheviques en la guerra civil que devastó a Rusia en 1918-1920.

- Los estados nuevos, creados a resultas de la guerra y el acuerdo de paz, incluidos Yugoslavia, Checoslovaquia, Austria, Hungría y Polonia, tenían graves problemas y estaban divididos. Estos problemas y divisiones influyeron grandemente en las relaciones internacionales.

b) De 1924 a 1929

Se observó una mejora generalizada en el ambiente internacional, en parte por los cambios de líderes políticos. En Francia, Edouard Herriot y Aristide Briand; en Alemania, Gustav Stresemann, y en Gran Bretaña, James Ramsay MacDonald asumieron el poder dispuestos a mejorar las relaciones. El resultado fue el *Plan Dawes,* planteado en 1924 con ayuda de los estadunidenses, el cual facilitó la situación respecto de las indemnizaciones alemanas; en 1925 se firmaron los *Tratados de Locarno,* en los cuales se garantizaban las fronteras de Europa occidental definidas en Versalles, que aparentemente disiparon las sospechas de Francia respecto de las intenciones de los alemanes. A Alemania se le permitió unirse a la Liga en 1926, y dos años más tarde 65 naciones firmaron el *Pacto Kellogg-Briand,* por el cual renunciaban a la guerra. Mediante el *Plan Young,* de 1929, se redujeron las indemnizaciones alemanas a una cifra más manejable; todo parecía arreglado para un futuro de paz.

c) De 1930 a 1933

Hacia finales de 1929, el mundo empezó a experimentar problemas económicos que contribuyeron al deterioro de las relaciones internacionales. Las tropas japonesas invadieron Manchuria en 1931, en parte por razones económicas; el desempleo masivo en Alemania influyó de manera importante para que Hitler llegara al poder. En un clima tan poco promisorio, la Conferencia para el Desarme Mundial se reunió en 1932, sólo para disolverse en el fracaso después de que la delegación alemana se retirara (1933). Dada la complejidad de ese periodo, conviene tratar los diversos temas por separado.

1. ¿CÓMO SE INTENTÓ MEJORAR LAS RELACIONES INTERNACIONALES Y CUÁL FUE EL RESULTADO?

a) La Liga de las Naciones

La Liga desempeñó un papel importante en la solución de diversos conflictos y problemas internacionales (capítulo III). Sin embargo, su autoridad tendía a debilitarse porque muchos estados preferían firmar acuerdos fuera de ella, lo cual sugiere que las perspectivas de la Liga no les inspiraban gran confianza. Tampoco estaban dispuestos a comprometerse y apoyarla militarmente para frenar a algún agresor.

b) Las Conferencias de Washington (1921-1922)

El objetivo de estas reuniones fue tratar de mejorar las relaciones entre los Estados Unidos y Japón. Los Estados Unidos recelaban cada vez más del creciente poder de los japoneses en el Lejano Oriente y de su influencia en China, en especial porque recordaban que durante la primera Guerra Mundial Japón había tomado Kiaochow y todas las islas alemanas del Pacífico.

- Para evitar una carrera naval, se acordó que las dimensiones de la armada japonesa se limitarían a tres quintas partes de la estadunidense y la británica.
- Japón aceptó retirarse de Kiaochow y de la provincia de Shantung, en China, que ocupaba desde 1914.
- A cambio se le permitió conservar como protectorados las islas del Pacífico que habían sido alemanas.
- Las potencias occidentales prometieron no construir más bases navales a distancias que permitieran atacar Japón.
- Los Estados Unidos, Japón, Gran Bretaña y Francia aceptaron garantizar la neutralidad de China y respetar las posesiones mutuas en el Lejano Oriente.

En esa época, los acuerdos fueron considerados como un gran éxito, y las relaciones entre las potencias implicadas mejoraron; pero en realidad, Japón conservó su supremacía en el Lejano Oriente; poseía la tercera armada más grande del mundo, que podía concentrar en el Pacífico. Por otra parte, si bien la armada de Gran Bretaña y la estadunidense eran más grandes, estaban más distribuidas. Esto tendría desafortunadas consecuencias para China en la década de 1930, cuando los Estados Unidos se negaron a ayudar a contener la agresión japonesa.

c) Conferencia de Génova (1922)

Fue obra del primer ministro británico Lloyd George, quien esperaba que resolvería los apremiantes problemas de la hostilidad franco-alemana (los alemanes amenazaban con dejar de pagar las indemnizaciones), las deudas de guerra de los países europeos con los Estados Unidos y la necesidad de reanudar adecuadamente las relaciones diplomáticas con Rusia. Desafortunadamente, la conferencia fracasó; los franceses se negaron a todo compromiso e insistieron en el pago total de las indemnizaciones; los estadunidenses se rehusaron incluso a asistir, y rusos y alemanes se retiraron, se fueron a Rapallo, centro vacacional a unos 30 kilómetros de Génova, y ahí firmaron un acuerdo mutuo. Cuando al año siguiente los alemanes se negaron a pagar el monto adeudado, tropas francesas ocuparon el Ruhr; cuando los alemanes respondieron con una campaña de resistencia pasiva, rápidamente se llegó a un punto muerto [todos los detalles en la sección XIV.1 c)].

d) Plan Dawes

Redactado durante una conferencia celebrada en Londres en 1924, fue un intento por romper el *impasse* generalizado. Los tres recién llegados a la política internacional, MacDonald, Herriot y Stresemann, estaban ansiosos por lograr la reconciliación; convencieron a los estadunidenses de que participaran, e incluso, parte del tiempo fue dirigida por su representante, el general Dawes. No se redujo la cantidad total que se esperaba que Alemania pagara, pero se acordó que anualmente pagaría *sólo lo que razonablemente pudiera hasta que fuera más próspera*. Se le haría un préstamo del exterior de 800 millones de marcos de oro, aportados principalmente por los Estados Unidos. Francia, segura ahora de que recibiría de Alemania cuando menos una parte de la indemnización, acordó *retirar sus tropas del Ruhr*. El plan tuvo éxito y la economía alemana empezó a recuperarse sobre la base de los créditos estadunidenses, las tensiones internacionales se relajaron gradualmente y se preparó el camino para el siguiente acuerdo.

e) Tratados de Locarno (1925)

Fueron varios, y participaron Alemania, Francia, Gran Bretaña, Italia, Bélgica, Polonia y Checoslovaquia. El más importante fue en el que *Alemania, Francia y Bélgica prometían respetar sus fronteras comunes;* si alguno de los tres países dejaba de cumplir el tratado, Gran Bretaña e Italia ayudarían al atacado. Alemania firmó tratados con Polonia y Checoslovaquia respecto del arbitraje relacionado con posibles conflictos, pero no aceptó garantizar sus fronteras con aquellos países. También se acordó que Francia ayudaría a Polonia y Checoslovaquia si Alemania las atacaba. Los acuerdos fueron recibidos con gran entusiasmo en toda Europa, y a la reconciliación de Francia y Alemania se le conoció como la "luna de miel de Locarno". Más tarde, los historiadores no se mostraron tan entusiasmados respecto de Locarno, por una mayúscula omisión: ni Alemania ni Gran Bretaña ofrecieron *garantías respecto de la frontera oriental de Alemania con Polonia y Checoslovaquia,* exactamente la zona en que era más probable que hubiera problemas. Ignorando este asunto, Gran Bretaña dio la impresión de que podría no actuar si Alemania atacaba Polonia o Checoslovaquia. No obstante, como por el momento el mundo disfrutaba de una época de gran prosperidad económica, esos inquietantes pensamientos quedaron en el trasfondo y Alemania pudo entrar a la Liga en 1926. Stresemann y Briand (ministro francés del Exterior de 1925 a 1932) se reunían con cierta frecuencia y discutían amigablemente; a menudo se les unía Austen Chamberlain (ministro británico del Exterior de 1924 a 1929). Este "espíritu de Locarno" culminó con la firma del siguiente documento.

f) Pacto Kellogg-Briand (1928)

Originalmente fue idea de Briand, quien propuso que Francia y los Estados Unidos firmaran un pacto de renuncia a la guerra. Frank B. Kellogg (secretario de Estado estadunidense) sugirió que todo el mundo debía participar; finalmente, firmaron 65 estados, que acordaron *renunciar a la guerra como instrumento de política nacional;* sonaba impresionante, pero fue totalmente inútil porque no se hacía mención de sanciones en contra del país que no cumpliera con su promesa. Japón firmó el pacto, pero no por ello dejó de hacerle la guerra a China apenas tres años después.

g) Plan Young (1929)

El objetivo de esta nueva iniciativa fue resolver lo que quedaba del problema de las indemnizaciones, pues en el Plan Dawes no se había precisado la cantidad por pagar. Como el entorno había mejorado, los franceses estaban dispuestos a llegar a un acuerdo, y en un comité encabezado por el banquero estadunidense Owen Young, se decidió reducir la indemnización de 6 600 millones de libras esterlinas a 2 000 millones, que se pagarían gradualmente en el curso de los siguientes 59 años. Esa cifra era en la que Keynes había insistido en Versalles, y aceptarla 10 años después, fue admitir que los Aliados se habían equivocado. El plan fue bien recibido en Alemania, pero antes de que llegara el momento de ponerlo en práctica, una serie de rápidos acontecimientos destruyó la frágil armonía de Locarno. La muerte de Stresemann (octubre de 1929) eliminó a uno de los destacados "hombres de Locarno"; el desplome de Wall Street, ese mismo mes, pronto se convirtió en la Gran Depresión, y hacia 1932 había más de seis millones de desempleados en Alemania. La *Conferencia de Lausana* (1932), en la cual Gran Bretaña y Francia liberaron a Alemania de gran parte de la indemnización que aún debía, mantuvo viva la esperanza, pero en enero de 1933, Hitler fue nombrado canciller de Alemania; después de esto, las tensiones internacionales se incrementaron.

h) Conferencia de Desarme Mundial (1932-1933)

Si bien todos los estados miembros de la Liga de las Naciones empezaron a reducir sus armamentos cuando aceptaron el clausulado, sólo Alemania había tomado medidas tendientes al desarme, como frecuentemente señalaba Stresemann. De hecho, el resto parecía haber incrementado su gasto en armas; entre 1925 y 1933, el gasto mundial en armas se incrementó de 3 500 millones de dólares a cerca de 5 000 millones. La Conferencia de Desarme Mundial se celebró en Ginebra para definir una fórmula de reducción de armamentos, pero si durante la luna de miel de Locarno no se había avanzado al respecto, eran pocas las probabilidades en un ambiente tan inquieto como el de la década de 1930. Los británicos dijeron que necesitaban más armamento para proteger su imperio. Los franceses, alarmados por el rápido incremento del apoyo para los nazis en Alemania, se negaron al desarme y a permitir la igualdad de Alemania al respecto. Hitler, sabiendo que Gran Bretaña e Italia simpatizaban con Alemania, se retiró de la Conferencia (octubre de 1933), que a partir de ese momento fue condenada al fracaso. Una semana después, Alemania se retiró también de la Liga.

En retrospectiva, se ve que el éxito de los hombres de Estado del mundo era sólo parcial en cuanto a mejorar las relaciones internacionales. Incluso el espíritu de Locarno demostró ser una ilusión porque mucho dependía de la prosperidad económica. Al evaporarse ésta, la antigua hostilidad y las sospechas volvieron a emerger, además de que llegaron al poder regímenes autoritarios, dispuestos a arriesgarse a una agresión.

2. ¿DE QUÉ MANERA INTENTÓ FRANCIA RESOLVER EL PROBLEMA DE ALEMANIA ENTRE 1919 Y 1933?

Tan pronto como terminó la primera Guerra Mundial, los franceses, después de todo lo que habían sufrido con dos invasiones alemanas en menos de 50 años, deseaban estar seguros de que los germanos nunca más violarían el sagrado suelo francés, preocupación que persistió durante todo el periodo de entreguerras. En diferentes épocas, dependiendo de quién estaba a cargo de los asuntos exteriores, los franceses intentaron varios métodos para resolver el problema:

- tratar de que Alemania no se recuperara, ni económica ni militarmente;
- firmar alianzas con otros estados para aislar a Alemania y trabajar en pos de una sólida Liga de las Naciones;
- extender la mano de la reconciliación y la amistad.

En última instancia, las tres tácticas fallaron.

a) Tratar de que Alemania no se recuperara

1. Insistencia en un acuerdo duro

En la Conferencia de Paz de París, Clemenceau, premier francés, insistió en un acuerdo duro.

- Para robustecer la seguridad de Francia, el ejército alemán no debía tener más de 100 000 hombres, y se debería limitar estrictamente el armamento [sección II.8 *a)*].
- La región alemana de Rhineland tendría que estar desmilitarizada a una distancia de 50 kilómetros al oriente del río.
- Francia tendría derecho a aprovechar el área conocida como el Saar durante 15 años.

Gran Bretaña y los Estados Unidos prometieron ayudar a Francia si Alemania volvía a atacarla, y si bien muchos franceses estaban desilusionados (Foch quería que se le diera a Francia toda el área de Rhineland al oeste del río, pero sólo se les permitió ocuparla durante 15 años), la seguridad parecía garantizada. Desafortunadamente, la satisfacción de los franceses apenas duró; los estadunidenses temían que su participación en la Liga los involucrara en otra guerra y por eso rechazaron todo el acuerdo de paz (marzo de 1920) y ya no garantizaron su ayuda. Los británicos utilizaron esto como excusa para anular sus promesas y, comprensiblemente, los franceses se sintieron traicionados.

2. Clemenceau exigió que los alemanes pagaran las indemnizaciones

En 1921, se determinó la cantidad de 6 600 millones de libras esterlinas como indemnización (fondos para reparar los daños). Se pensó que la presión de tener que pagar tan cuantiosa suma mantendría a Alemania económicamente débil durante los siguientes 66 años, periodo durante el cual tendría que cubrirse el adeudo en pagos anuales y, por consiguiente, sería poco probable otro ataque contra Francia. Sin embargo, los problemas financieros de Alemania pronto hicieron que el gobierno se atrasara en los pagos. Los franceses, que afirmaban necesitar los fon-

dos de la indemnización para equilibrar su presupuesto y pagar
sus propias deudas a los Estados Unidos, se desesperaron.

3. Intentos para obligar a Alemania a pagar
El siguiente primer ministro, el antialemán German Raymond
Poincaré, decidió que *se necesitaban medidas drásticas para obligar a los alemanes a pagar* y para reducir su capacidad de recuperación. En enero de 1923, tropas francesas y belgas ocuparon el Ruhr (importante zona industrial alemana que incluye
las ciudades de Essen y Dusseldorf). Los alemanes respondieron con resistencia pasiva, huelgas y sabotaje. Varios incidentes desagradables entre tropas y civiles resultaron en la muerte
de 100 personas.

Si bien los franceses se las arreglaron para apoderarse de
bienes con un valor cercano a los 40 millones, el episodio en sí
provocó inflación galopante y el colapso del marco alemán, que
hacia noviembre de 1923 no valía nada. También reveló la diferencia básica entre la actitud británica y la francesa hacia
Alemania; si bien Francia adoptó una línea dura y quería invalidar por completo a Alemania, Gran Bretaña ahora veía la moderación y la reconciliación como lo más seguro; pensaba que
una Alemania económicamente saludable sería buena para la
estabilidad europea (así como para las exportaciones británicas), de modo que desaprobaba la ocupación del Ruhr y simpatizaba con Alemania.

b) Red de alianzas y una Liga fuerte

Al mismo tiempo, *los franceses trataron de incrementar su seguridad construyendo una red de alianzas*, primero con Polonia
(1921) y más tarde con Checoslovaquia (1924), Rumania (1926)
y Yugoslavia (1927). Esta red, conocida como la "Pequeña Entente", impresionaba en el papel, aunque en realidad no era
gran cosa, pues los estados implicados eran comparativamente débiles. Lo que los franceses necesitaban era renovar la vieja
alianza con Rusia, que había resultado bien durante la primera Guerra Mundial, pero no parecía probable ahora que Rusia
se había hecho comunista.

Los franceses buscaban fortalecer la Liga de las Naciones, con las potencias victoriosas como fuerza de policía militar, a fin de obligar a las potencias agresivas a comportarse. Sin embargo, a fin de cuentas, lo que se adoptó fue una versión de la Liga de Wilson mucho más vaga. El desencanto de los franceses fue amargo cuando Gran Bretaña se adelantó a rechazar el Protocolo de Ginebra, que hubiera fortalecido a la Liga [sección III.4 *e)*]. Obviamente no tenía sentido esperar que desde ese punto se garantizara la seguridad.

c) Compromiso y reconciliación

Hacia el verano de 1924, cuando ya era evidente el fracaso de la ocupación del Ruhr por Poincaré, el nuevo premier, Herriot, *estaba dispuesto a aceptar una solución consensada* para el problema de la indemnización, lo cual condujo al Plan Dawes (sección VI.1).

Durante la era de Briand (fue ministro del Exterior en 11 gobiernos sucesivos, entre 1925 y 1932), *el enfoque francés del problema con Alemania fue de reconciliación*. Briand insistió con gran habilidad en lograr genuinamente una buena relación con Alemania, así como en mejorar las relaciones con Gran Bretaña y fortalecer a la Liga (ilustración IV.1). Afortunadamente, Stresemann, encargado de la política exterior de Alemania de noviembre de 1923 a 1929, pensaba que la mejor manera de impulsar la recuperación de su país era a través de la cooperación con Francia y Gran Bretaña, factores que desembocaron en los Tratados de Locarno, el Pacto Kellogg-Briand, el Plan Young y la cancelación de gran parte de los pagos pendientes de la indemnización (sección anterior). No obstante, los historiadores siguen sin ponerse de acuerdo respecto de qué tan genuina fue esta aparente reconciliación entre Francia y Alemania. A. J. P. Taylor sugirió que si bien Briand y Stresemann eran sinceros, "no llevaban con ellos a sus pueblos"; el sentido del nacionalismo en ambos países era tan fuerte que estos dos hombres veían limitadas las concesiones que podían ofrecer. El hecho de que Stresemann estuviera secretamente dispuesto a redefinir la frontera con Polonia a favor de Alemania hubie-

ILUSTRACIÓN IV.1. *Briand y Stresemann, ministros del Exterior de Francia y Alemania*

ra provocado fricciones posteriormente, pues Polonia estaba aliada con Francia. Por otra parte, estaba igualmente decidido a trabajar por la unión con Austria y a revisar las condiciones de Versalles.

d) Una actitud más exigente respecto de Alemania

La muerte de Stresemann en octubre de 1929, la crisis económica mundial y el mayor apoyo para los nazis en Alemania, alarmaron a los franceses y los llevaron a adoptar una actitud más exigente respecto de dicho país. Cuando en 1931 los alemanes propusieron una unión aduanera austro-germana para aliviar la crisis económica, los franceses insistieron en que el asunto se remitiera a la Corte Internacional de Justicia de La Haya, sobre la base de que era una violación al Tratado de Versalles. Si bien una unión aduanera tenía sentido desde una perspectiva económica, la corte falló en contra, y el plan fue abandonado. En la Conferencia Mundial sobre el Desarme (1932-1933), las relaciones empeoraron (sección IV.1), y cuando Hitler sacó a Alemania de la Conferencia y la Liga, se arruinó todo el trabajo de Briand. El problema con Alemania estaba más lejos que nunca de una solución.

3. ¿CÓMO EVOLUCIONARON LAS RELACIONES ENTRE LA URSS Y GRAN BRETAÑA, ALEMANIA Y FRANCIA ENTRE 1919 Y 1933?

Durante los tres primeros años posteriores a la toma del poder por los bolcheviques en Rusia (noviembre de 1917), las relaciones entre el nuevo gobierno y los países occidentales se deterioraron hasta el punto de la guerra franca, sobre todo porque aquéllos intentaron difundir aún más la revolución, especialmente en Alemania, que ya en diciembre de 1917 estaba inundada de propaganda, en un intento por poner a las masas en contra de sus amos capitalistas. Lenin convocó a representantes de los partidos comunistas del mundo a una conferencia celebrada en Moscú, en marzo de 1919, conocida como Tercera Internacional, o Comintern, con el fin de imponer el liderazgo ruso y de enseñarles cómo organizar huelgas y levantamientos. Karl Radek, uno de los líderes de los bolcheviques rusos, fue secretamente a Alemania a planear la revolución, en tanto que otros agentes hicieron lo propio en otros países. Zinoviev, presidente del Comintern, pronosticó confiadamente que "en un año toda Europa sería comunista".

Este tipo de actividad no puso a los gobiernos de países como Gran Bretaña, Francia, los Estados Unidos, Checoslovaquia y Japón a favor de los comunistas, más bien, con poco entusiasmo intentaron destruir a los bolcheviques interviniendo en la guerra civil para ayudar a la otra parte (conocida como los Blancos) [sección XVI.3 c)]. Los rusos no fueron invitados a la Conferencia de Versalles de 1919, pero a mediados de 1920 las circunstancias empezaron a cambiar gradualmente; los países que habían intervenido en Rusia aceptaron su fracaso y retiraron sus tropas; las revoluciones comunistas en Alemania y Hungría no tuvieron éxito; Rusia estaba tan agotada por la guerra civil, que por el momento no podía pensar en incitar a otra revolución. En el Tercer Congreso del Comintern, en junio de 1921, Lenin aceptó que Rusia necesitaba convivir pacíficamente con el mundo capitalista, además de la cooperación de éste a través del comercio e inversiones; con esto se abrió la puerta al restablecimiento de la comunicación.

a) La URSS y Gran Bretaña

La relación cambiaba según el gobierno que tuviera el poder en Gran Bretaña. Los dos gobiernos laboristas (1924 y 1929-1931) fueron mucho más favorables a Rusia que los otros.

1. Como no logró derrocar a los comunistas, Lloyd George (primer ministro británico entre 1916 y 1922) estaba dispuesto a la reconciliación, lo cual correspondía al deseo de Lenin de mejorar las relaciones con occidente, de tal forma que Rusia atrajera comercio y capital del exterior. El resultado fue un *tratado comercial anglo-ruso* (marzo de 1921), importante para Rusia no sólo desde el punto de vista comercial, sino también porque Gran Bretaña fue uno de los primeros países en reconocer la existencia del gobierno bolchevique; además, abrió la puerta a acuerdos similares con otros países y al reconocimiento político generalizado.

   No obstante, este nuevo acercamiento pronto se cimbró, pues en la Conferencia de Génova (1922) *Lloyd George sugirió que los bolcheviques pagaran las deudas de guerra* en que había incurrido el régimen del zar. Los rusos se ofendieron, abandonaron la conferencia y firmaron, por su cuenta, el Tratado de Rapallo con los alemanes. Esto alarmó a Gran Bretaña y Francia, que no veían las ventajas de lo que Lloyd George llamó "esta fiera amistad" entre las dos naciones europeas "marginadas".

2. Las relaciones mejoraron por corto tiempo en 1924, cuando MacDonald y el nuevo gobierno laborista otorgaron *total reconocimiento diplomático a los comunistas*. Se firmó un nuevo tratado comercial y se propuso un crédito

británico para Rusia, pero esto no fue bien recibido por los conservadores ni los liberales británicos, que pronto derrocaron al gobierno de MacDonald.

3. *Con los conservadores en el poder (1924-1929), las relaciones con Rusia empeoraron.* Los comunistas no eran del agrado de los conservadores británicos, además de que había pruebas de que la propaganda rusa fomentaba las exigencias de independencia de la India. La policía allanó la oficina principal del Partido Comunista Británico en Londres (1925) y el local de Arcos, organización comercial soviética con base en Londres (1927), y afirmó que había encontrado evidencias de que los rusos conspiraban con los comunistas británicos para derrocar al sistema. El gobierno expulsó a la misión y rompió relaciones diplomáticas con los rusos, que en Moscú respondieron arrestando a algunos residentes británicos.

4. *Las cosas mejoraron en 1929,* cuando los laboristas restablecieron las relaciones diplomáticas con Rusia, alentados por Maxim Litvinov, nuevo ministro del Exterior, y favorable a Occidente. Al año siguiente se firmó otro acuerdo comercial, pero la mejoría no duró.

5. Como el gobierno nacional dominado por los conservadores, que asumió el poder en 1931, *canceló el acuerdo comercial* (1932), los rusos, en represalia, arrestaron a cuatro ingenieros de Metropolitan-Vickers que trabajaban en Moscú; fueron juzgados y condenados de dos a tres años de prisión por "espionaje y destrozos", si bien a raíz del embargo a las importaciones rusas, impuesto por Gran Bretaña, Stalin los liberó (junio de 1933). En ese tiempo, a Stalin le empezaba a inquietar la amenaza de Hitler, de modo que estaba dispuesto a esmerarse por mejorar las relaciones con Gran Bretaña.

b) La URSS y Alemania

Las relaciones entre la URSS y Alemania eran más constantes y amistosas que con Gran Bretaña porque los alemanes veían una ventaja en aprovechar la amistad con la URSS y porque los bolcheviques querían a toda costa una relación estable cuando menos con una potencia capitalista.

1. *Se firmó un tratado comercial (mayo de 1921),* al que siguieron concesiones comerciales y mineras de los rusos para algunos industriales alemanes.

2. *El Tratado de Rapallo, firmado el domingo de Pascua de 1922,* después de que tanto Alemania como Rusia se retiraran de la Conferencia de Génova, fue un importante paso adelante.

   • Se reanudaron las relaciones diplomáticas y se canceló la demanda de pago de indemnizaciones entre ambos estados.
   • Ambos esperaban mucho de las ventajas de su nueva amistad: podrían cooperar para que Polonia no se fortaleciera, situación favorable a los intereses de ambos.
   • La URSS tenía a Alemania como barrera contra futuros ataques de occidente.
   • Los alemanes fueron autorizados a instalar en Rusia fábricas dedicadas a la manufactura de aviones y municiones, lo cual les permitía evadir las condiciones de desarme de Versalles; oficiales alemanes se entrenaron en Rusia en el uso de las nuevas armas prohibidas.
   • A cambio, los rusos abastecerían a Alemania de granos.

3. *El Tratado de Berlín (1926)* renovó el Acuerdo de Rapallo por cinco años más; se acordó que Alemania se mantendría neutral si Rusia fuera atacada por otra potencia, y ninguno aplicaría sanciones económicas en contra del otro.

4. *Más o menos en 1930, las relaciones empezaron a enfriarse,* pues los rusos expresaron su preocupación por el creciente poder de Alemania. El intento de esta última por establecer una unión aduanera con Austria, en 1931, fue considerado como un signo ominoso del creciente nacionalismo alemán. La preocupación de Rusia se convirtió en alarma con el fortalecimiento del partido nazi, rotundamente anticomunista. Si bien Stalin y Litvinov

intentaron mantener la amistad con Alemania, también se acercaron a Polonia, Francia y Gran Bretaña. En enero de 1934, Hitler canceló abruptamente la relación especial que existía entre Alemania y los soviéticos al firmar un pacto de no agresión con Polonia [sección v.5 *b)*].

c) La URSS y Francia

La toma del poder por los bolcheviques en 1917 fue un duro golpe para Francia, pues Rusia había sido un aliado importante en el cual confiaba para mantener a raya a los alemanes. Ahora, su antiguo aliado incitaba a la revolución en todos los países capitalistas y los franceses veían a los bolcheviques como una amenaza con la que había que acabar lo antes posible, de modo que enviaron tropas para ayudar a sus oponentes (Blancos) en la guerra civil; no fueron invitados a Versalles por insistencia de Francia. Los franceses también intervinieron en la guerra entre Rusia y Polonia en 1920; las tropas comandadas por el general Weygand ayudaron a frenar el avance de los rusos hacia Varsovia (capital de Polonia), y después, el gobierno francés afirmó que había contenido la expansión del comunismo hacia occidente. La subsiguiente alianza entre Francia y Polonia (1921) pareció dirigida tanto contra Rusia como contra Alemania.

Las relaciones mejoraron en 1924, cuando el gobierno moderado de Herriot reanudó las relaciones diplomáticas, pero a los franceses nunca les entusiasmó mucho, en especial porque el Partido Comunista Francés había recibido órdenes de Moscú de no cooperar con otros partidos de izquierda. No fue sino en los primeros años de la década de 1930 cuando el levantamiento de los nazis alemanes cambió el sentir de ambas partes.

4. LOS ESTADOS SUCESORES

Un resultado importante de la primera Guerra Mundial en Europa del este fue la desaparición del Imperio austro-húngaro, o Imperio de Habsburgo, y los extensos territorios que perdieron Alemania y Rusia. Se formaron varios estados nacionales nuevos, de los cuales, los más importantes fueron Yugoslavia, Checoslovaquia, Austria, Hungría y Polonia, que suelen llamarse estados "sucesores" porque "sucedieron" a los imperios anteriores o "tomaron el lugar" de éstos. Dos de los principios que guiaron la formación de dichos estados fueron *autodeterminación* y *democracia;* se esperaba que ejercieran una influencia estabilizadora en Europa central y Europa del este e hicieran las veces de amortiguador de los posibles ataques de la Rusia comunista; *sin embargo, desarrollaron graves problemas y puntos débiles.*

- Con tantas nacionalidades en la región, era imposible que todas tuvieran su propio Estado, por ello, sólo los grupos nacionales de mayor tamaño tuvieron la suerte de tener su propia tierra. Las naciones más reducidas se encontraron, otra vez, regidas por lo que consideraban gobiernos "extranjeros" que, así lo afirmaban, no veían por sus intereses, como los croatas en Yugoslavia, los eslovacos y alemanes en Checoslovaquia y los alemanes, rusos blancos y ucranianos en Polonia.
- Si bien cada Estado empezó con una constitución democrática, Checoslovaquia fue la única en la cual la democracia sobrevivió durante un tiempo significativo, hasta que atacaron los alemanes (marzo de 1939).
- Todos tuvieron problemas económicos, en especial con la Gran Depresión, en los primeros años treinta.
- Los estados se dividieron por rivalidades y conflictos territoriales. Austria y Hungría eran de los perdedores de la guerra y estaban muy ofendidos por la forma en que se les había impuesto el acuerdo de paz, querían una revisión a fondo de las condiciones. Por otra parte, Checoslovaquia y Polonia se habían declarado independientes poco antes de que terminara la guerra, en tanto que Serbia (que se convirtió en Yugoslavia) había sido un Estado independiente antes de 1914. Estos tres estados tenían representantes en la conferencia de paz y, en general, estaban satisfechos con los resultados.

a) Yugoslavia

Con una población aproximada de 14 millones de habitantes, el nuevo Estado estaba constituido por el reino de Serbia original, más Montenegro, Croacia, Eslovenia y Dalmacia; hasta que en 1929 adoptó el nombre de Yugoslavia (eslavos del sur), se le conoció como reino de los serbios, los croatas y los eslovenos. Los serbios y los croatas eran los grupos nacionales de mayor tamaño, pero no se llevaban bien; los primeros querían un Estado unificado (lo hubieran podido dominar porque eran más numerosos), en tanto que los croatas querían un Estado federal, que les hubiera permitido crear sus propias leyes para asuntos internos. También había diferencias religiosas, pues los serbios eran ortodoxos y los croatas, católicos romanos.

Para empezar, los serbios se salieron con la suya; la nueva constitución preveía un parlamento elegido, que dominaron los partidos serbios. Los croatas y los otros grupos nacionales formaron una oposición permanente que no dejaba de protestar porque los serbios los discriminaban. En 1928, los croatas anunciaron que se retiraban del parlamento y formaron su propio gobierno en Zagreb; se habló de proclamar una República de Croacia independiente. En respuesta a esto, el rey Alejandro (serbio) se proclamó dictador y prohibió los partidos políticos; en esa época el país cambió su nombre por el de Yugoslavia (junio de 1929).

Poco después, *Yugoslavia resultó muy afectada por la depresión.* Siendo una economía básicamente agrícola, había sido razonablemente próspera durante la década de 1920, pero llegados los años treinta, el colapso de los precios de los productos agrícolas provocó penurias generalizadas entre los agricultores y sus trabajadores. En 1934, el rey Alejandro fue asesinado en Marsella, cuando regresaba de una visita de Estado a Francia. El asesino fue un macedonio relacionado con un grupo de revolucionarios croatas asentados en Hungría. Durante un tiempo se incrementaron las tensiones, y parecía existir el riesgo de una guerra con Hungría. No obstante, el nuevo rey, Pedro II, tenía apenas 11 años, y Paul, primo de Alejandro, quien fungía como regente, opinaba que era tiempo de llegar a un acuerdo. En 1935 permitió que hubiera de nuevo partidos políticos, y en agosto de 1939 introdujo un sistema semifederal que permitió que seis croatas se integraran al gobierno.

En cuanto a las relaciones con el exterior, el gobierno trató de estar en buenos términos con otros países, de modo que firmó tratados con Checoslovaquia (1920) y Rumania (1921), grupo conocido como la "Pequeña Entente". No obstante, tenía conflictos de fronteras con Grecia, Bulgaria e Italia, que acabaron por solucionarse, si bien el problema con Bulgaria se alargó hasta 1937. Se firmaron otros tratados de amistad con Italia (1924, duraría cinco años), Polonia (1926), Francia (1927) y Grecia (1929). A pesar del tratado con Italia, los yugoslavos recelaban de Mussolini, quien incitaba a los croatas a la rebelión y estaba cerrando el cerco en torno a Albania, hacia el sur, y amenazaba con rodear a Yugoslavia.

Desilusionado por la ayuda económica que habían recibido de Francia y nervioso por las intenciones de Mussolini, *Paul, príncipe regente, empezó a mirar hacia la Alemania nazi, en pos de comercio y protección.* En 1936 se firmó un tratado comercial con Alemania que resultó en un significativo incremento de las ventas, de tal forma que hacia 1938 Alemania recibía más de 40% de las exportaciones yugoslavas. La amistad con Alemania redujo la amenaza de Mussolini, quien en 1936 había firmado con Hitler el Acuerdo del Eje Roma-Berlín. Por tanto, en 1937, Italia firmó un tratado con Yugoslavia por el cual acordaron respetar sus respectivas fronteras, incrementar el comercio y enfrentar a los terroristas. Cuando la situación internacional se deterioró en 1939, Yugoslavia se encontró incómodamente alineada con las potencias del Eje.

b) Checoslovaquia

Como Yugoslavia, *Checoslovaquia era un Estado multinacional* constituido por unos 6.5 millones de checos, 2.5 millones de eslovacos, tres millones de alemanes, 700 000 húngaros, 500 000 rutenos, 100 000 polacos y un número reducido de romanos y judíos. Si bien esta situación podría parecer la receta de la inestabilidad, el nuevo Estado funcionaba bien, pues estaba basado en una sólida asociación entre checos y eslovacos. Había un parlamento elegido de dos cámaras y un presidente electo con poder para seleccionar y cesar a los ministros del gobierno. Tomáš Masaryk, presidente desde 1918 y hasta su retiro, en 1935, era mitad checo y mitad eslovaco. Fue el único ejemplo de democracia liberal exitosa, de estilo occidental, en Europa del este. En general, las relaciones entre las diversas nacionalidades era buena, si bien había cierto resentimiento entre la población de habla germana que vivía en Bohemia y Moravia y a lo largo de las fronteras con Alemania y Austria (región conocida como los Sudetes). Antes habían sido ciudadanos del Imperio de Habsburgo y se quejaban de haber sido forzados a vivir en un Estado "eslavo" en el cual eran discriminados, o eso afirmaban.

Checoslovaquia tenía la suerte de tener cerca de tres cuartas partes de la industria del antiguo Imperio de Habsburgo. *Había exitosas fábricas textiles y vidrieras, valiosos recursos mineros y ricas tierras agrícolas.* Los años veinte fueron un periodo de gran prosperidad por el incremento de la producción, y el país llegó a ser exportador importante. *Desafortunadamente la depresión de principios de la década de 1930 implicó una crisis económica.* Como los estados circunvecinos de Europa central y Europa del este reaccionaron a la depresión con incrementos en los aranceles a las exportaciones y reduciendo las importaciones, se redujo la demanda de bienes checos y el desempleo fue acuciante, en especial en las zonas industriales donde vivían los alemanes de los Sudetes. Entonces tuvieron de qué quejarse, y tanto ellos como los eslovacos culpaban a los checos de sus problemas.

Esto coincidió con la llegada de Hitler al poder, quien inspiró a otros países a imitarlo, de manera que en Checoslovaquia, los alemanes de los Sudetes formaron su propio partido. Una vez que Hitler asumió el poder en Alemania, el partido, encabezado por Konrad Henlein, se tornó más atrevido y organizó mítines y manifestaciones de protesta. En las elecciones de 1935 ganó 44 escaños y se convirtió en el segundo partido mayoritario de la cámara baja del parlamento. Al año siguiente, Henlein empezó a exigir autogobierno para las regiones de habla germana. Con esto, los eslovacos y otras nacionalidades se animaron a exigir al gobierno central más derechos y libertades. En 1937 hubo violentos choques entre los alemanes de los Sudetes y la policía, de tal forma que se prohibieron las manifestaciones y los mítines públicos. En 1938, el gobierno checo empezó a negociar con Henlein para tratar de cumplir las demandas de la minoría alemana, pero Hitler ya le había dicho que independientemente de lo que ofrecieran los checos, debía exigir siempre más. Las pláticas fueron condenadas al fracaso, igual que Checoslovaquia. Hitler había decidido que no sólo quería la región de los Sudetes, sino también destruir Checoslovaquia.

El ministro checo del Exterior, Edvard Beneš, había pasado penurias para construir un sistema de alianzas protectoras para su nuevo Estado; fue el instigador de la "Pequeña Entente" con Yugoslavia y Rumania (1920-1921), además de firmar tratados con Italia y Francia en 1924. Beneš había participado en los acuerdos de Locarno de 1925, en los cuales Francia había prometido garantizar las fronteras checas, y Alemania, que cualquier conflicto de fronteras se resolvería mediante arbitraje. El creciente éxito de Henlein y su partido sonó la alarma; Beneš solicitó desesperadamente mayor protección a su alrededor y en 1935 se firmó un acuerdo con la URSS. Ambos estados prometieron ayudarse mutuamente si los atacaban, pero con una sola condición importante: se prestaría ayuda sólo si Francia ayudaba al país atacado. Trágicamente, ni Francia ni Gran Bretaña estaban preparadas para proporcionar apoyo militar cuando estalló la crisis en 1938 [sección v.5 a)].

c) Polonia

Polonia había sido un Estado independiente hasta que a finales del siglo xviii fue tomada y dividida entre Rusia, Austria y Prusia, así en 1795 perdió su estatuto de independiente. Los polacos pasaron el siglo xix y principios del xx luchando por su liberación e independencia, y con el Acuerdo de Versalles lograron casi todo lo que querían. La adquisición del occidente de Prusia que les concedió Alemania, les dio acceso al mar, y si bien estaban desilusionados de que Danzig, principal puerto de la zona, fuera una "ciudad libre" controlada por la Liga de las Naciones, pronto construyeron otro puerto moderno cerca de Gdynia. No obstante, persistía el problema de las nacionalidades: de 27 millones de habitantes, sólo 18 millones eran polacos; el resto lo formaban cuatro millones de ucranianos, un millón de rusos blancos, un millón de alemanes y casi tres millones de judíos.

El primer jefe de Estado fue el mariscal Józef Piłsudski, fundador del Partido Socialista Polaco, en 1892, y quien declaró la independencia de Polonia al final de la guerra. En marzo de 1921 se introdujo una constitución democrática, entre cuyas condiciones se incluía un presidente y un parlamento electo de dos cámaras. Se esperaba que Piłsudski fuera el primer presidente, pero no le gustaba la Constitución porque sentía que no otorgaba suficiente poder al presidente. Después de que rechazara el puesto, la nueva república se tambaleó, luchando contra problemas de inflación y de gobiernos inestables. Como había no menos de 14 partidos políticos, la única manera de formar un gobierno era mediante una coalición de varios grupos. Entre 1919 y 1926 hubo 13 diferentes gabinetes, que, en promedio, duraron apenas unos meses. Fue imposible instituir un gobierno sólido y decisivo.

Hacia 1926 muchos pensaban que el experimento con la democracia había fallado y empezaron a inclinarse por Piłsudski. En mayo, éste encabezó un golpe militar, derrocó al gobierno y se convirtió en primer ministro y ministro de Guerra. En 1930 hizo arrestar a varios líderes de la oposición y se comportó como virtual dictador en un régimen de derecha, autoritario y nacionalista, hasta su muerte, en 1935. El sistema continuó con Ignatz Moscicky como presidente y Józef Beck como ministro del Exterior, pero el gobierno era cada vez menos aceptado, pues no se habían tomado medidas efectivas para atacar la crisis económica y el elevado desempleo. Cuando en el parlamento la oposición empezó a protestar ruidosamente, lo disolvió de un plumazo (1938). Los líderes de la nación parecían dedicar gran parte de su energía a las relaciones con el exterior.

Los polacos estaban implicados en varios conflictos de fronteras con estados vecinos:

- Tanto Polonia como Alemania querían la Alta Silesia, importante región industrial.
- Polonia y Checoslovaquia reclamaban Teschen.
- Los polacos exigían que su frontera con Rusia estuviera mucho más hacia el oriente, no a lo largo de la Línea de Curzon (mapa II.5).
- Los polacos querían la ciudad de Vilan y el área circundante, que también era reclamada por Lituania.

Piłsudski no perdía el tiempo. Aprovechando la guerra civil rusa [sección XVI.3 c)], envió tropas polacas a Rusia; pronto ocupó Ucrania y tomó Kiev, la capital (7 de mayo de 1920). Su objetivo era liberar Ucrania del control ruso y tomar la Rusia Blanca. La invasión indignó a los rusos, que consiguieron apoyo para el gobierno comunista. El Ejército Rojo contraatacó, sacó a los polacos de Kiev y los devolvió a Polonia, hasta Varsovia, prestos para atacar esta última. En ese momento, Francia envió ayuda militar y, con los polacos, sacaron otra vez a los rusos de Polonia. En octubre de 1920 se acordó un armisticio y, en marzo de 1921, se firmó el Tratado de Riga, el cual concedió a Polonia un bloque de territorio a lo largo de su frontera occidental de unos 2000 kilómetros de ancho. Durante la lucha, las tropas polacas también ocuparon Vilna, de la cual se negaron a retirarse; en 1923, la Liga de las Naciones aceptó que pertenecía a Polonia. No obstante, estas actividades agriaron las relaciones de Polonia con Rusia y Lituania, que se tornaron en vecinos muy hostiles.

Los otros dos conflictos por fronteras se zanjaron con menos controversias. En julio de 1920, la Conferencia de los Embajadores [sección III.4 d)] dividió Teschen entre Polonia y Checoslovaquia. En marzo de 1921 se llevó a cabo un plebiscito para decidir el futuro de la Alta Silesia, en el cual, 60% de la población votó por formar parte de Alemania, pero no había una clara línea divisoria entre polacos y alemanes. Por fin, se decidió dividirla entre ambos estados y Alemania recibió cerca de tres cuartas partes del territorio, pero en la parte de Polonia quedó la gran mayoría de las minas de carbón de la provincia.

Francia era el principal aliado de Polonia; Piłsudski agradeció el apoyo de los franceses para la guerra con Rusia y firmaron un tratado de amistad en febrero de 1921. Cuando la nueva Unión Soviética empezó a fortalecerse y adquirir fuerza, los polacos se preocuparon de un posible intento de los soviéticos de recuperar el territorio perdido merced al Tratado de Riga. Los líderes comunistas rusos también estaban preocupados por un posible ataque de los capitalistas occidentales contra la Unión Soviética. En 1932 se tranquilizaron por la firma de un pacto de no agresión con los polacos, quienes entonces sintieron que su frontera hacia el este estaba asegurada. Apenas se había neutralizado una amenaza, cuando apareció otra, aún más alarmante, pues Hitler asumió el poder en Alemania, quien, para sorpresa de los polacos, se mostró amistoso. En enero de 1934, Alemania y Polonia firmaron un acuerdo comercial y un pacto de no agresión por 10 años. Aparentemente, la idea de Hitler era vincular a Polonia con Alemania en contra de la URSS. Beck, ministro del Exterior, aprovechó la nueva "amistad" de Hitler durante la Conferencia de Múnich de 1938 para exigir y recibir una parte del botín, el resto de Teschen (distribuido entre Polonia y Checoslovaquia en julio de 1920), de Checoslovaquia, condenada ésta, al fracaso. Al cabo de cuatro meses, se percataría de que la actitud de Hitler había cambiado drásticamente [sección v.5 *b*)].

d) Austria

Creada por el Tratado de St. Germain en 1919 (sección II.9), la república de Austria pronto se vio enfrentada a *casi cualquier problema imaginable, excepto el de las nacionalidades*, pues casi todos sus habitantes eran de habla germana.

- Era un pequeño país escasamente poblado, de sólo 6.5 millones de habitantes, de los cuales, casi una tercera parte vivía en la capital, la gran ciudad de Viena, de la cual solía decirse que era "como una cabeza sin cuerpo".
- Había perdido gran parte de su riqueza industrial, entregada a Checoslovaquia y Polonia. Aunque en Viena había algunas industrias, el resto del país era principal-

mente agrícola. Sus problemas económicos inmediatos eran inflación y crisis financiera, de modo que la Liga de las Naciones tuvo que facilitar la obtención de créditos del exterior.

- Las mayoría de los austriacos pensaba que la solución natural de los problemas era la unión *(Anschluss)* con Alemania; la Asamblea Constituyente, que se reunió por primera vez en febrero de 1919, efectivamente votó por dicha unión, pero fue vetada por el Tratado de St. Germain, firmado en septiembre. El precio exigido por la Liga a cambio de los créditos del exterior fue que los austriacos prometieran no unirse con Alemania cuando menos durante 20 años. Austria se vio obligada a luchar por su cuenta.

La nueva constitución democrática redactada por la Asamblea Constituyente parecía buena en el papel. Habría un parlamento elegido por representación proporcional, un presidente y un sistema federal que permitiría a cada provincia controlar sus asuntos internos. Había dos partidos principales, el socialdemócrata, de izquierda, y el socialcristiano, de derecha. Durante mucho tiempo entre 1922 y 1929, Ignaz Seipel, socialcristiano, fue canciller, si bien la propia Viena era controlada por los socialdemócratas. Era sorprendente el contraste entre el trabajo de éstos en Viena, que instituyeron beneficios sociales y proyectos habitacionales para los trabajadores, y los socialcristianos en el resto del país, que intentaron lograr la estabilidad económica reduciendo los gastos y despidiendo a miles de funcionarios gubernamentales.

Como la situación económica no mejoraba, *el conflicto entre izquierda y derecha se tornó violento.* Ambos bandos formaron ejércitos privados; la derecha tenía el "Heimwehr" y la izquierda, el "Schutzband". Había frecuentes manifestaciones y choques, y la derecha acusó a la izquierda de conspirar para instituir una dictadura comunista. Alentado y apoyado por Mussolini, el Heimwehr anunció un programa fascista antidemocrático (1930). La depresión mundial afectó mucho a Austria; el desempleo se incrementó de manera alarmante y se redujo el nivel de vida. En marzo de 1931, el gobierno anunció que se estaba preparando para formar una unión aduanera con Alemania, con la esperanza de facilitar el flujo comercial y, por lo tanto, reducir la crisis económica. Sin embargo, Francia y los demás estados occidentales se asustaron, ante la sospecha de que fuera el principio de una unión política total. Como represalia, Francia retiró todos sus fondos del principal banco austriaco, el Kreditanstalt, que estuvo a punto del colapso; en mayo de 1931 se declaró insolvente y fue tomado por el gobierno. Sólo cuando los austriacos aceptaron abandonar sus planes de una unión aduanera, los franceses cedieron y pusieron a disposición más efectivo (julio de 1932). Era obvio que Austria difícilmente era un Estado viable tanto económica como políticamente, y parecía como si el país estuviera cayendo en la anarquía con gobiernos ineficientes que iban y venían. Otra complicación era que ahora había un partido nazi austriaco haciendo campaña en pro de la unión con Alemania.

En mayo de 1932, Engelbert Dollfuss, socialcristiano, llegó a canciller y se esforzó con determinación por poner en orden el país; disolvió el Parlamento y anunció que gobernaría el país por decreto hasta que hubiera una nueva Constitución. El Schutzband fue declarado ilegal y el Heimwehr sería remplazado por una nueva organización paramilitar, el Frente Fatherland. El partido nazi austriaco fue prohibido y disuelto. *Desafortunadamente, estas medidas resultaron catastróficas.*

- Alemania se ofendió por la prohibición del partido nazi austriaco, regido por Hitler en ese momento. Los alemanes lanzaron una despiadada campaña contra Dollfuss y Hitler intentó acabar con el comercio turístico alemán hacia Austria. En octubre de 1933, los nazis austriacos intentaron asesinar a Dollfuss, y si bien sobrevivió, la tensión seguía siendo considerable entre Alemania y Austria. El problema para muchos austriacos era que si bien querían la unión con Alemania, les horrorizaba la idea de formar parte de un país dirigido por Hitler y los nazis.
- Sus ataques contra los socialistas se voltearon en contra de Dollfuss. El Schutzband desafió la prohibición, y en febrero de 1934 hubo manifestaciones contra el gobierno en Viena y Linz, además de tres días de refriegas en-

tre manifestantes y policías; el país parecía estar a las puertas de una guerra civil. Cuando se restableció el orden, habían muerto unas 300 personas. Muchos socialistas fueron arrestados y el partido socialdemócrata fue declarado ilegal, craso error de Dollfuss, pues manejados con cuidado, los socialistas muy bien hubieran sido un poderoso aliado en su intento por defender a la república de los nazis. Llegado el momento, muchos de ellos se unieron a los nazis austriacos como la mejor manera de oponerse al gobierno.

- Dollfuss solicitó apoyo a Italia, donde Mussolini seguía nervioso por las intenciones de Hitler. Mussolini había dejado claro que apoyaba a Dollfuss y una Austria independiente. Este último hizo varias visitas a Roma, y en marzo de 1934 firmaron los "Protocolos de Roma", que incluían acuerdos sobre cooperación económica y una declaración de respeto por la independencia de cada uno. En ese punto, incluso Hitler había prometido respetar la independencia de Austria, pues tenía miedo de alejar a Italia y estaba dispuesto a esperar.

- Impacientes por la demora, los nazis austriacos intentaron un golpe (25 de julio de 1934). Dollfuss murió a resultas de un balazo, pero el asunto estaba mal organizado y pronto fue suprimido por las fuerzas del gobierno. El papel de Hitler en todo esto sigue sin aclararse; lo cierto es que los nazis locales tomaron la iniciativa, y si bien este último probablemente sabía algo de sus planes, no estaba dispuesto a ayudarles de ninguna manera. Cuando Mussolini movilizó las tropas italianas hacia la frontera con Austria, fue el final del asunto. Obviamente los nazis austriacos no tenían fuerza suficiente como para poner sobre la mesa una unión con Alemania sin apoyo externo; mientras Italia apoyara a los austriacos, su independencia estaba garantizada.

Kurt Schuschnigg, siguiente canciller, se esforzó mucho por preservar la alianza con Italia, incluso firmó un acuerdo con Alemania por el cual Hitler reconocía la independencia de Austria y Schuschnigg prometió que en Austria se aplicarían políticas que coincidieran con sus características de Estado alemán (julio de 1936). Una de esas políticas permitía al partido nazi austriaco volver a actuar, y dos nazis se integraron al gabinete. Pero a Austria se le acababa el tiempo, pues Mussolini empezaba a acercarse a Hitler. Después de la firma del Eje Roma-Berlín (1936) y el Pacto anti Comintern con Alemania y Japón (1937), a Mussolini ya no le interesaba tanto respaldar la independencia de Austria. Una vez más, fueron los nazis austriacos quienes tomaron la iniciativa, a principios de marzo de 1938 [sección v.3 *b)*].

e) Hungría

Cuando la guerra terminó, en noviembre de 1918, se proclamó la república de Hungría, con Michael Karolyi como primer presidente. Los estados vecinos aprovecharon el caos general para apoderarse de territorios que, según los húngaros, por derecho les correspondían; tropas checas, rumanas y yugoslavas ocuparon extensas franjas de territorio. En marzo de 1919, Karolyi fue remplazado por un gobierno de izquierda formado por comunistas y socialistas encabezados por Bela Kun, quien recientemente había fundado el Partido Comunista Húngaro. Kun recurrió a Vladimir Lenin, nuevo líder comunista ruso, para que lo ayudara, pero los rusos, derrotados por los alemanes, no estaban en posición de proporcionar apoyo militar. Los intentos del gobierno para imponer la nacionalización y otras medidas socialistas se enfrentaron a la abrumadora oposición de los ricos terratenientes del Magyar. Cuando tropas rumanas capturaron Budapest (agosto de 1919), Kun y su gobierno fueron obligados a huir para salvar la vida.

Después de un periodo de confusión, el almirante Horthy, comandante de la flota austro-húngara en 1918, tomó la iniciativa; organizó tropas que restablecieran el orden y, después, procedió a la purga de los izquierdistas que habían apoyado a Bela Kun. En enero de 1920 se celebraron elecciones, que ganó la derecha, pues los socialdemócratas se negaron a participar como protesta por las políticas represivas de Horthy. La situación mejoró cuando los rumanos, presionados por los Aliados, aceptaron retirarse. En marzo de 1920 se constituyó un gobierno estable. Se decidió que el país debía ser una monarquía, si bien el rey Karl (último emperador de Habsburgo) había abdicado en noviembre de 1918, el almirante Horthy fungiría como regente hasta que se resolviera el asunto. En 1921, Karl intentó regresar dos veces, pero el país estaba muy dividido a ese respecto; a fin de cuentas, lo obligaron a exiliarse. Después de su muerte, en 1922, ya no hubo más intentos de una restauración, pero Horthy siguió como regente, título que conservaría hasta que los alemanes ocuparon Hungría en 1944.

Pronto el nuevo gobierno sufrió un rudo golpe, cuando fue obligado a firmar el Tratado de Trianón (junio de 1920), por el que se acordaba una pérdida sustancial de territorio en el cual habitaban tres cuartas partes de la población de Hungría y que pasaría a manos de Checoslovaquia, Rumania y Yugoslavia [sección II.9 b)]. A partir de entonces, la política exterior de Hungría giraría en torno de un objetivo principal: lograr la revisión del tratado. Los miembros de la "Pequeña Entente" (Checoslovaquia, Rumania y Yugoslavia), que habían aprovechado su debilidad, eran considerados como los principales enemigos. Hungría estaba dispuesta a cooperar con cualquier Estado que lo respaldara. Se firmaron tratados de amistad con Italia (1927) y Austria (1933), y una vez que Hitler asumió el poder, se firmó un tratado comercial con Alemania (1934).

Durante las décadas de 1920 y 1930, todos los gobiernos fueron de derecha, ya fuera conservadores o nacionalistas. El almirante Horthy presidió un régimen autoritario en el cual la policía secreta siempre estaba activa y críticos y oponentes podían ser arrestados. En 1935, el primer ministro Gombos anunció que quería cooperar más estrechamente con Alemania, de tal forma que se restringieron las actividades de los judíos. Durante la crisis de Múnich (septiembre de 1938), Hungría aprovechó la destrucción de Checoslovaquia para exigir que ésta le entregara una franja considerable del sur de Eslovaquia, y en marzo de 1939, de Rutenia. Al mes siguiente, Hungría firmó el Pacto AntiComintern y se retiró de la Liga de las Naciones, para quedar verdaderamente ligada a Hitler y Mussolini. De hecho, en palabras del historiador D. C. Watt, "es difícil escribir sobre el régimen que gobernó Hungría en esa época si no es con desprecio".

5. Política exterior de los Estados Unidos de 1919 a 1933

Los Estados Unidos se habían involucrado profundamente en la primera Guerra Mundial y, cuando cesaron las hostilidades, parecía probable que desempeñaran un papel importante en los asuntos del mundo. El presidente Woodrow Wilson, demócrata, fue una figura crucial en la conferencia de paz; su gran sueño era la Liga de las Naciones, a través de la cual los Estados Unidos mantendrían la paz en el mundo. Se embarcó en una extenuante gira de discursos para conseguir que se apoyaran sus ideas, pero el pueblo estadunidense estaba cansado de la guerra y sospechaba de Europa; después de todo, la población estadunidense estaba formada por personas que habían llegado para alejarse de Europa. El Partido Republicano en particular se oponía fuertemente a una mayor implicación en los asuntos europeos. Para desilusión de Wilson, el senado de los Estados Unidos votó en contra tanto de los acuerdos de paz de Versalles como de la Liga de las Naciones. A partir de 1921 y hasta principios de 1933, el país fue gobernado por republicanos que creían en una política de *aislamiento;* nunca se unió a la Liga e intentó evitar conflictos políticos con otros estados, así como firmar tratados; por ejemplo, ningún representante estadunidense acudió a la Conferencia de Locarno. Algunos historiadores siguen culpando a la ausencia de los Estados Unidos del fracaso de la Liga. Y a pesar de su deseo de aislamiento, a los estadunidenses les resultó imposible no participar en los asuntos del mundo, por el comercio con el exterior, la inversión y el espinoso problema de las deudas de guerra y las indemnizaciones europeas. A los aislacionistas estadunidenses probablemente les preocupaba más mantenerse alejados de los problemas políticos de Europa que nada más alejarse del mundo en general.

1. Durante la próspera década de 1920, los estadunidenses intentaron *incrementar el comercio y las utilidades invirtiendo en el exterior,* en Europa, Canadá, Centroamérica y Sudamérica, de modo que era inevitable que se intere-

saran por lo que sucedía en esas regiones. Había, por ejemplo, un grave conflicto con México, que amenazaba con tomar pozos petroleros propiedad de estadunidenses; finalmente, se llegó a un consenso.

2. El presidente Harding convocó a las *Conferencias de Washington (1921-1922)* dada la preocupación por el poder de Japón en el Lejano Oriente [sección IV.1 *b*)].

3. *Las deudas de guerra de los Aliados causaban gran malestar en los Estados Unidos*. Durante la guerra, el gobierno estadunidense había organizado créditos para Gran Bretaña y sus aliados casi por 12 000 millones de dólares al 5% de interés. Los europeos esperaban que los estadunidenses cancelaran las deudas, pues los Estados Unidos habían prosperado con la guerra (al quedarse con los antiguos mercados europeos), pero tanto Harding como Coolidge insistían en que debían pagarse totalmente. Los Aliados afirmaban que su capacidad de pago dependía de que Alemania les pagara las indemnizaciones, pero los estadunidenses no aceptaban que esas deudas estuvieran relacionadas. A la larga, Gran Bretaña fue el primer país que aceptó pagar el monto total en un lapso de 62 años, con una tasa de interés reducida a 3.3%. Otros países siguieron el ejemplo, y los Estados Unidos aceptaron tasas de interés mucho más bajas, dependiendo de la pobreza de cada país; Italia logró el 0.4%, pero era previsible que Gran Bretaña pusiera objeciones.

4. *Frente a la crisis financiera alemana de 1923, los estadunidenses tuvieron que cambiar su actitud* y aceptar la relación entre las indemnizaciones y las deudas de guerra. Aceptaron participar en el Plan de Dawes y en el de Young (1924 y 1929), que permitieron a los alemanes pagar las indemnizaciones. No obstante, esto provocó una situación absurda en la cual los Estados Unidos le prestaron dinero a Alemania para que pudiera cumplir con las indemnizaciones de Francia, Gran Bretaña y Bélgica, para que estos países, a su vez, pagaran las deudas de guerra a los Estados Unidos. Todo este escenario, aunado a la insistencia de los estadunidenses de mantener

altos los aranceles, fue una de las causas de la crisis económica mundial (sección XXII.6) y sus trascendentales
consecuencias.

5. *El Pacto Kellogg-Briand (1928)* fue otra notable, aunque
inútil, incursión de los estadunidenses en los asuntos del
mundo [sección IV.1 *f)*].

6. *Las relaciones con Gran Bretaña eran inquietantes,* no
sólo por las deudas de guerra, sino también porque los
conservadores resentían las limitaciones impuestas a la
expansión naval británica por el anterior acuerdo de
Washington. MacDonald, ansioso por mejorar las relaciones, organizó en 1930 una conferencia en Londres, a
la cual asistieron también los japoneses; los tres estados
reafirmaron la proporción de 5:5:3 en cruceros, destructores y submarinos establecida en Washington. Con esto
se logró reanimar la amistad entre Gran Bretaña y los
Estados Unidos, pero poco después los japoneses se ex-
cedieron de sus límites.

7. *Los Estados Unidos volvieron a su política de aislamiento
estricto* cuando los japoneses invadieron Manchuria, en
1931. Si bien el presidente Hoover condenó la medida,
se negó a participar en sanciones económicas o en cualquier acción que pudiera desembocar en una guerra con
Japón. Por consiguiente, Gran Bretaña y Francia no se
sentían con capacidad para actuar y la Liga demostró su
inutilidad. Durante toda la década de 1930, los estadunidenses se mantuvieron firmes y no se involucraron en el
conflicto, aunque las agresiones se incrementaron.

PREGUNTAS

Política exterior alemana y relaciones internacionales 1920-1932
1. Estudie la fuente A y conteste las preguntas.

Fuente A
Carta de Gustav Stresemann al príncipe heredero alemán, en
septiembre de 1925.

En mi opinión, son tres las tareas importantes que enfrentará la política exterior alemana en el futuro inmediato:

En primer lugar, la solución del problema de las indemnizaciones de manera aceptable para Alemania, y garantizar la paz.

Segundo, la protección de los alemanes que viven en el exterior, esos 10 a 12 millones de compatriotas que ahora viven bajo el yugo extranjero en tierras ajenas.

Tercero, el reajuste de nuestras fronteras orientales, la recuperación de Danzig, el corredor polaco y la corrección de la frontera en la Alta Silesia.

De ahí el Pacto de Locarno, que garantiza la paz para nosotros y hace de Inglaterra, así como de Italia, garantes de nuestras fronteras occidentales.

Quisiera hacer una advertencia respecto de la idea de coquetear con los bolcheviques; no podemos involucrarnos en una alianza con Rusia, si bien es posible un entendimiento sobre otras bases. Cuando los rusos estén en Berlín, de inmediato ondeará la bandera roja en el castillo, y en Rusia, donde hacen votos por una revolución mundial, habrá gran alegría por la expansión del bolchevismo hasta el Elba. Lo más importante para la política alemana es la liberación del suelo alemán de cualquier fuerza de ocupación. A ese respecto, la política alemana debe ser de excelencia y evitar las grandes decisiones.

FUENTE: E. Sutton, *Gustav Stresemann, His Diaries, Letters and Papers* (Macmillan, 1935).

a) ¿Qué información proporciona la fuente A respecto de la forma de pensar del gobierno alemán en relación con los asuntos extranjeros durante la década de 1920?
b) ¿Hasta qué punto se habían logrado las metas y los objetivos de Stresemann hacia 1932?
c) ¿Qué se intentó para mejorar las relaciones internacionales durante la década de 1920 y los primeros años de la década de 1930, y qué tanto éxito se obtuvo?

V. RELACIONES INTERNACIONALES, 1933-1939

Resumen de acontecimientos

Este corto periodo es clave para la historia del mundo porque culminó en la segunda Guerra Mundial. Los problemas económicos hicieron que el espíritu de Locarno se desvaneciera, y la nueva regla parecía ser cada país por su lado. La situación era dominada por las tres potencias agresivas, Japón, Italia y Alemania; su extremo nacionalismo las llevaba a cometer actos de violencia y a violar los acuerdos internacionales tantas veces, que, a fin de cuentas, el mundo se sumió en la guerra total.

Japón fue el primer agresor importante al invadir con éxito Manchuria, en 1931; tanto Hitler como Mussolini tomaron nota del fracaso de la Liga de las Naciones para controlar la agresión japonesa. Hitler, por mucho el más sutil de los tres, empezó cauteloso, y anunció el reinicio de la conscripción (marzo de 1935). Esta violación del Tratado de Versalles hizo que Gran Bretaña, Francia e Italia se unieran brevemente al sospechar de Alemania. En una reunión celebrada en Stresa (en el lago Maggiore, al norte de Italia) condenaron la medida de Hitler, y poco después (mayo), los franceses, obviamente preocupados, firmaron un tratado de ayuda mutua con la URSS.

No obstante, *el Frente de Stresa,* como se le llamó, duró poco; se rompió en junio de 1935, cuando los británicos, sin consultar a Francia ni a Italia, firmaron el *Acuerdo Naval Anglo-Germano,* que permitía a los alemanes construir submarinos, otra violación al Tratado de Versalles. Esta sorprendente decisión de Gran Bretaña disgustó a Francia e Italia y acabó con la confianza que había entre los tres. Mussolini, alentado por el éxito de japoneses y alemanes, hizo lo mismo, con su exitosa invasión de Abisinia (octubre de 1935), que apenas encontró resistencia de la Liga, de Francia y de Gran Bretaña.

En marzo de 1936, Hitler envió tropas a Rhineland, que había sido desmilitarizada por el Tratado de Versalles; Gran Bretaña y Francia volvieron a protestar, pero no tomaron medidas para expulsar a los alemanes. Después (octubre de 1936), Italia y Alemania llegaron a un acuerdo, conocido como el *Eje Roma-Berlín,* cuando Mussolini decidió unirse a Hitler. Al mes siguiente, Hitler firmó el *Pacto AntiComintern* con Japón. (El Comintern, o Internacional Comunista, fue una organización creada en 1919 por Lenin con el fin de ayudar a los partidos comunistas de otros países a trabajar por la Revolución.) En el verano de 1936 estalló la Guerra Civil española, cuando grupos de derecha (nacionalistas) trataron de derrocar al gobierno republicano de izquierda. Rápidamente, el conflicto adquirió proporciones internacionales, cuando Hitler y Mussolini ejercieron su influencia militar y enviaron ayuda a Franco, líder nacionalista, en tanto que los republicanos fueron apoyados por los soviéticos [sección xv.3 c)]. Como era de esperar, Gran Bretaña y Francia se negaron a intervenir, y hacia 1939, Franco se hizo con la victoria.

En 1937, los japoneses aprovecharon la preocupación de Europa por la situación en España y se lanzaron a invadir el norte de China a gran escala. A la larga, la Guerra Chino-Japonesa resultante llegó a formar parte de la segunda Guerra Mundial.

En esa época, ya era obvio que la Liga de las Naciones, que funcionaba a través de la seguridad colectiva, carecía totalmente de efectividad. Por consiguiente, Hitler, ahora seguro de que los italianos no pondrían objeciones, llevó a cabo su más ambicioso proyecto hasta el momento, la anexión de Austria (conocida como *Anschluss,* "unión forzada"), en marzo de 1938. Después, enfocó su atención en Checoslovaquia y exigió la *Sudetes*, un área en que vivían tres millones de alemanes, contigua a la frontera con Alemania. Cuando los checos se opusieron a las demandas de Hitler, el primer ministro británico, Neville Chamberlain, ansioso por evitar la guerra a toda costa, aceptó su invitación a una conferencia en Múnich (septiembre de 1938), en la cual se acordó que Sudetes debía pertenecer a Alemania, pero ya no a Checoslovaquia.

La guerra parecía haberse conjurado, pero al siguiente marzo, Hitler incumplió el acuerdo y envió tropas alemanas a que ocuparan Praga, la capital checa. Ante esto, Chamberlain decidió que Hitler había ido demasiado lejos y debía ser detenido. Cuando los polacos rechazaron concederle Danzig a Hitler, Gran Bretaña y Francia prometieron ayudar a Polonia si los alemanes atacaban. Hitler no tomó en serio las amenazas de británicos y franceses y se cansó de esperar a Polonia para negociar. Después de firmar un *pacto de no agresión con Rusia* (agosto de 1939), los alemanes invadieron Polonia, el 1º de septiembre, y en consecuencia, Gran Bretaña y Francia declararon la guerra a Alemania.

1. RELACIONES ENTRE JAPÓN Y CHINA

a) La invasión japonesa de Manchuria en 1931

Hubo diferentes motivos [sección XV.1 *b)*]. Los japoneses sentían que era esencial mantener el control de la provincia por su valor como salida comercial. China parecía fortalecerse, regida por Chiang Kai-shek, y los japoneses temían que esto los excluyera de Manchuria. En la Liga de las Naciones, sir John Simon, secretario británico del Exterior, defendió con firmeza las medidas japonesas. Como resultado de la Guerra Ruso-Japonesa (1904-1905), Japón estaba presente en dicha provincia desde los primeros años de la década de 1890, y se le había concedido Port Arthur y una privilegiada posición al sur de Manchuria. Desde entonces, había invertido millones de libras en desarrollo industrial y en ferrocarriles. Hacia 1931, controlaba el *South Manchurian Railway* y el sistema bancario; por otra parte, pensaban que no podrían soportar ser meros espectadores de su gradual desalojo de tan valiosa provincia, habitada por 30 millones de personas, en especial cuando los propios japoneses pasaban penurias por la Gran Depresión. Los japoneses anunciaron que habían convertido a Manchuria en el Estado independiente de Manchukuo, regida por Pu Yi, último emperador chino. Con esto no engañaron a nadie, pero aun así, no se tomaron medidas en su contra. Sin embargo, no fue posible justificar la siguiente acción japonesa, que sólo pudo describirse como una flagrante agresión...

b) Los japoneses avanzan desde Manchuria

En 1933, los japoneses empezaron a avanzar de Manchuria al resto de la región nororiental de China, a la cual no tenían ningún derecho. Hacia 1935, una amplia región de China, hasta Beijing (Pekín), era controlada política y comercialmente por Japón (mapa v.1), en tanto que a los chinos mismos los dividía una guerra civil entre el gobierno del Kuomingtang de Chiang Kai-shek y los comunistas encabezados por Mao Zedong (Mao Tse-tung) (sección XIX.3).

c) Otras invasiones

Después de firmar el Pacto AntiComintern con Alemania (1936), el ejército japonés aprovechó la excusa de un incidente entre tropas chinas y japonesas en Pekín para empezar a invadir otras partes de China (julio de 1937). Si bien el príncipe Konoye, primer ministro, se oponía a esa intervención masiva, tuvo que ceder a los deseos del general Sugiyama, ministro de Guerra. Para el otoño de 1938, los japoneses se habían apoderado de las ciudades de Shangai, Nanking (capital de Chiang Kai-shek) y Hankow y habían cometido terribles atrocidades en contra de civiles chinos. No obstante, la victoria total se les escapaba: Chiang había llegado a un acuerdo con sus enemigos comunistas en cuanto a que ninguno de los dos cooperaría con los invasores. Se estableció una nueva capital en el interior de Chungking y se organizó una enérgica resistencia china con ayuda de los rusos. No obstante, tropas japonesas llegaron a tierra en el sur de China y pronto capturaron Cantón, pero Chiang siguió negándose a rendirse o aceptar las condiciones de los japoneses.

Entre tanto, la Liga de las Naciones volvió a condenar la agresión de los japoneses pero no podía actuar, pues Japón ya no era miembro y se negó a asistir a una conferencia para analizar la situación de China. Gran Bretaña y Francia estaban demasiado ocupadas haciendo frente a Hitler como para tomar mucho en cuenta a China, y los rusos no quisieron una guerra

MAPA V.1. *Expansión japonesa, 1931-1942*

total contra Japón. Los Estados Unidos, única potencia capaz de resistir de manera efectiva, aún optaba por el aislamiento. Así, en vísperas de la segunda Guerra Mundial, los japoneses controlaban gran parte del oriente de China (si bien fuera de las ciudades su control se tambaleaba) en tanto Chiang se mantenía en el centro y el occidente.

2. Política exterior de Mussolini

En los primeros días del régimen de Mussolini (asumió el poder en 1922), la política exterior italiana parecía bastante confusa, pues Mussolini sabía qué quería, "hacer que Italia fuera grande, respetada y temida", pero no estaba seguro de cómo, aparte de agitar para que se revisara el acuerdo de paz de 1919 en favor de su país. Parece que en un principio pensó que una política exterior aventurada era la mejor línea de acción, de ahí el incidente de Corfú [sección III.4 *d)*] y la ocupación de Fiume en 1923. Por un acuerdo firmado en Rapallo en 1920, Fiume sería una "ciudad libre", utilizada conjuntamente por Italia y Yugoslavia; después de que las tropas italianas la ocuparan, Yugoslavia accedió a que perteneciera a Italia. Después de estos éxitos iniciales, Mussolini se volvió más cauto, quizás alarmado por el aislamiento de Italia cuando el incidente de Corfú. Después de 1923, su política podría clasificarse en dos grandes fases:

• 1923-1934
• Después de 1934.

a) 1923-1934

En esta etapa, la política de Mussolini dependía de su rivalidad con los franceses en el Mediterráneo y los Balcanes, donde la relación de Italia con Yugoslavia, aliada de Francia, era en general tensa. Otra consideración era el temor de los italianos de que el débil Estado austriaco, además de su frontera nororiental, cayeran bajo la influencia de Alemania; a Mussolini le preocupaba una posible amenaza germana por el Paso de Brenner. Intentó manejar ambos problemas por la vía diplomática:

1. *Asistió a la Conferencia de Locarno (1925),* pero se desilusionó porque los acuerdos firmados no garantizaban la frontera italiana con Austria.
2. *Se mostró amistoso con Grecia y Hungría, pero especialmente con Albania,* su vecino del sur y rival de Yugoslavia. Se firmaron acuerdos económicos y de defensa, que resultaron en el virtual control de Albania por Italia, que tenía ya una posición firme en torno al Mar Adriático.
3. *Cultivó buenas relaciones con Gran Bretaña;* apoyó su exigencia de que Turquía tendría que devolver la provincia de Mosul a Irak, a cambio de que Gran Bretaña concediera a Italia una pequeña parte de Somalilandia.
4. *Italia se convirtió en el primer Estado, después de Gran Bretaña, en reconocer a la URSS;* en septiembre de 1933 se firmó un acuerdo de no agresión entre ambos estados.
5. Intentó reforzar a Austria en contra de la amenaza de la Alemania nazi apoyando al gobierno antinazi del canciller Dollfuss y firmando acuerdos comerciales con Austria y Hungría. Cuando los nazis austriacos asesinaron a Dollfuss (julio de 1934), Mussolini envió tres divisiones italianas a la frontera, en caso de que Alemania invadiera Austria; de inmediato, los nazis cejaron en su intento de tomar el poder en esta última. Esta postura claramente antialemana mejoró las relaciones entre Italia y Francia. Sin embargo, aunque ya era muy respetado en el exterior, Mussolini se estaba impacientando; sus éxitos no eran suficientemente espectaculares.

b) Después de 1934

Mussolini modificó gradualmente su extrema suspicacia respecto de los designios de Hitler en cuanto a Austria a una mezquina admiración por los logros de éste y el deseo de imitarlo. Después de su primer encuentro (junio de 1934), Mussolini describió desdeñosamente a Hitler como "ese payasito loco", pero más tarde llegó a pensar que más ganaría con hacer amistad con Alemania que con Gran Bretaña y Francia. Mientras mayor fue la influencia de Hitler en él, más agresivo se volvió. Su cambio de actitud se deja ver en ciertos acontecimientos:

1. Cuando Hitler anunció que reanudaría la conscripción (marzo de 1935), *Mussolini se unió a británicos y franceses en su condena de Alemania y apoyo para Austria (Frente Stresa, abril de 1935).* Tanto Gran Bretaña como Francia evitaron cuidadosamente hacer mención de la crisis de Abisinia, que estaba forjándose; Mussolini interpretó esto como que se harían de la vista gorda si los italianos atacaban Abisinia y lo considerarían algo así como una expansión colonialista pasada de moda. El Acuerdo Naval Anglogermano firmado en junio [sección v.3 *b)*, punto 6] lo convenció del cinismo y egoísmo de los británicos.

2. *La invasión italiana de Abisinia (Etiopía)* en octubre de 1935 fue decisiva para la carrera de Mussolini. La participación italiana en dicho país, único Estado independiente que quedaba en África, se remontaba a 1896, cuando Italia intentó colonizarlo y acabó ignominiosamente derrotada en Adowa. *Las razones de Mussolini para atacar en 1935 fueron:*

   • Las colonias italianas que en ese entonces existían en África Oriental (Eritrea y Somalilandia) no eran muy gratificantes, y sus intentos (mediante un tratado de "amistad" firmado en 1928) por reducir a Abisinia a una posición equivalente a la de Albania habían fracasado. El emperador de Abisinia, Haile Selassie, había hecho todo lo posible para no ser dominado económicamente por Italia.
   • Italia sufría por la depresión, y una victoria bélica distraería la atención de los problemas internos y crearía un nuevo mercado para las exportaciones italianas.
   • A los nacionalistas y colonialistas les gustaría vengar la derrota de 1896 y levantar la desfalleciente popularidad de Mussolini.

La victoria de Italia sobre los etíopes, mal equipados y mal preparados, fue una conclusión anunciada, si bien se complicaron la vida. *Su verdadera importancia fue que demostró la ineficiencia de la seguridad colectiva.* La Liga condenó a Italia por su agresión y le aplicó sanciones económicas, pero fueron inútiles, pues no proscribían la venta de petróleo y carbón a Italia, si bien la escasez resultante habría incidido seriamente en los esfuerzos bélicos de dicho país. El prestigio de la Liga sufrió un golpe más cuando se supo que el secretario británico del Exterior, sir Samuel Hoare, había hecho un trato secreto con Laval, primer ministro francés (diciembre de 1935), para entregar una porción importante de Abisinia a Italia, más de lo que los italianos habían logrado capturar hasta entonces (mapa v.2). En Gran Bretaña, la opinión pública estaba tan escandalizada que la entrega no se llevó a cabo.

Las razones de esta débil postura contra Italia fueron que Gran Bretaña y Francia no estaban preparadas, ni militar ni económicamente para la guerra, y les preocupaba aplicar medidas (como la sanción del petróleo) que hicieran que Mussolini les declarara la guerra. También esperaban poder revivir el Frente Stresa y utilizar a Italia como aliado en contra de Alemania, verdadera amenaza para la paz de Europa, de tal forma que su objetivo era apaciguar a Mussolini.

Desafortunadamente, los resultados fueron desastrosos:

- La Liga y la idea de la seguridad colectiva se desacreditaron.
- De todas maneras, Mussolini se molestó por las sanciones y empezó a interesarle la amistad con Hitler, que no había criticado la invasión ni aplicado sanciones. A cambio, Mussolini dejó de objetar la toma de Austria por Alemania. Hitler aprovechó la preocupación general por Abisinia para enviar tropas a Rhineland.

3. Cuando estalló la Guerra Civil en España, en 1936, *Mussolini envió abundante ayuda a Franco, líder nacionalista de extrema derecha,* con la esperanza de establecer un tercer Estado fascista en Europa y conseguir bases navales en España para amenazar a Francia desde ahí. Su

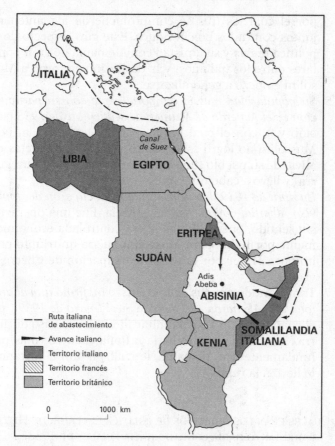

MAPA V.2. *Posición de Abisinia y los territorios de Gran Bretaña, Francia e Italia*

FUENTE: Nichol y Lang, *Work Out Modern World History* (Macmillan, 1990), p. 47.

justificación fue que quería evitar que el comunismo se difundiera.

4. Se llegó a un acuerdo con Hitler, el llamado *Eje Roma-Berlín*. Mussolini dijo que el Eje era un línea trazada entre Roma y Berlín, en torno al cual "pueden girar todos los estados europeos que deseen la paz". En 1937, Italia se unió al *Pacto AntiComintern*, con Alemania y Japón,

por el cual los tres se comprometieron a mantenerse juntos contra los bolcheviques. Este giro respecto de su política previa y su amistad con Alemania no eran populares entre los italianos, y la desilusión en torno a Mussolini empezó a generalizarse.

5. *Su popularidad revivió temporalmente con su participación en el Acuerdo de Múnich de septiembre de 1938* (sección v.5), con el cual la paz parecía garantizada, pero Mussolini no logró sacar las conclusiones correctas del alivio de su pueblo (que la mayoría no deseaba otra guerra) y llevó a cabo otra agresión...

6. *En abril de 1939, las tropas italianas ocuparon de improviso Albania,* con escasa resistencia. Fue una operación sin sentido, pues Albania ya era controlada económicamente por Italia, pero Mussolini quería un triunfo para imitar a Hitler por la reciente ocupación de Checoslovaquia.

7. Transportado por sus éxitos, *Mussolini firmó una alianza total con Alemania, el Pacto de Steel (mayo de 1939),* por el cual prometió apoyo militar ilimitado en caso de guerra. Mussolini comprometía a Italia cada vez más profundamente con Alemania, lo cual, en última instancia, lo llevó a la ruina.

3. ¿CUÁLES ERAN LOS OBJETIVOS DE POLÍTICA EXTERIOR DE HITLER Y QUÉ TANTO HABÍA LOGRADO HACIA FINALES DE 1938?

*a) Hitler pretendía que Alemania
fuera nuevamente una gran potencia*

Y esperaba lograrlo de la siguiente manera:

- destruyendo el odiado Acuerdo de Versalles;
- reforzando el ejército;
- recuperando territorios perdidos, como el Saar y el corredor polaco;
- atrayendo al Reich todos los pueblos de habla germana, lo cual implicaría anexarse Austria y tomar territorio de

Checoslovaquia y Polonia, donde había minorías alemanas importantes como resultado del acuerdo de paz.

No se ha llegado a un acuerdo respecto de lo que Hitler pretendía, además de dichos objetivos, si es que algo más quería. La mayoría de los historiadores piensa que la anexión de Austria y parte de Checoslovaquia y Polonia era sólo el principio, y que Hitler pensaba apoderarse del resto de estos últimos dos países, y después, conquistar y ocupar Rusia hacia el oriente hasta los Montes Urales. "Las fronteras nacionales —dijo— son obra del hombre y pueden ser modificadas por el hombre." Los cambios que tenía en mente les darían a los alemanes lo que él llamaba *Lebensraum* (espacio vital). Afirmaba que la densidad de población de Alemania era demasiado elevada para el área que ocupaba; se necesitaba más tierra para alimentar al pueblo germano, así como un área en que pudiera asentarse la población excedente y colonizarla. Una ventaja adicional sería la destrucción del comunismo. La siguiente etapa sería hacerse de colonias en África y de bases navales en el Atlántico y cerca de éste.

No todos los historiadores concuerdan en esos objetivos adicionales; A. J. P. Taylor, por ejemplo, afirmaba que Hitler nunca tuvo planes detallados para adquirir *Lebensraum* y nunca pretendió que hubiera una gran guerra; cuando mucho, estaba preparado para una guerra limitada contra Polonia. "Llegó tan lejos porque otros no supieron qué hacer con él", concluyó Taylor. Martin Broszat también piensa que los escritos y las declaraciones de Hitler acerca del *Lebensraum* no llegaban a ser un verdadero programa que siguiera paso a paso; es más probable que se tratara de un ejercicio de propaganda para lograr apoyo y unir al partido nazi.

b) Serie de éxitos

Sea cual sea la verdad sobre sus intenciones de largo plazo, Hitler empezó su política exterior con una serie casi ininterrumpida de brillantes éxitos, que fue una de las principales razones de su popularidad en Alemania. Hacia finales de 1938, casi todo el primer grupo de objetivos se había logrado sin guerra y con la aprobación de Gran Bretaña. Sólo quedaban fuera del *Reich* los alemanes de Polonia, pero desafortunadamente, cuando no logró esto por medios pacíficos, tomó la fatídica decisión de invadir.

1. Dada la debilidad militar de los alemanes en 1933, *Hitler tuvo que ser muy cauteloso al principio*. Retiró a Alemania de la Conferencia Mundial del Desarme y de la Liga de las Naciones, alegando que Francia no estaría de acuerdo con que Alemania tuviera los mismos armamentos. Al mismo tiempo, insistió en que Alemania estaba dispuesta para el desarme si otros estados hacían lo propio, y en que él sólo quería paz; era una de sus técnicas favoritas: mostrarse audaz, pero al mismo tiempo tranquilizar a sus oponentes con el tipo de discurso conciliatorio que sabía que querían oír.

2. *Después, Hitler firmó un pacto de no agresión por 10 años con los polacos (enero de 1934)*, alarmados éstos ante la posibilidad de que intentara apoderarse del corredor polaco. Esto fue casi un triunfo para Hitler. Gran Bretaña lo tomó como una prueba más de sus intenciones pacifistas; arruinó la Pequeña Entente francesa, que dependía en gran parte de Polonia, y se aseguró de la neutralidad de los polacos siempre que Alemania decidiera tomar medidas en contra de Austria y Checoslovaquia. Por otra parte, mejoró las relaciones con Francia y Rusia, ambas preocupadas por la aparente amenaza de la Alemania nazi.

3. En julio de 1934, Hitler sufrió un revés en cuanto a su ambicionada *Anschluss* (unión) entre Alemania y Austria. Los nazis austriacos, alentados por él mismo, montaron una revuelta y asesinaron al canciller, Engelbert Dollfuss, quien había sido apoyado por Mussolini. No obstante, cuando este último envió tropas italianas a la frontera con Austria y alertó a los alemanes, la revuelta se colapsó. Hitler, sorprendido, tuvo que aceptar que Alemania todavía no era lo suficientemente fuerte como para forzar el asunto, y negó toda responsabilidad ante los actos de los nazis austriacos.

4. *En enero de 1935, el Saar fue devuelto a Alemania* merced a un plebiscito (referéndum) que resultó con 90% de votos a favor. Si bien el voto había sido considerado en el acuerdo de paz, la propaganda nazi aprovechó el éxito. Hitler anunció que ya no había razón para los agravios entre Francia y Alemania.

5. Hitler violó por primera vez el Tratado de Versalles en marzo de 1935, cuando anunció *el reinicio de la conscripción*. Su excusa fue que Gran Bretaña acababa de anunciar incrementos en la fuerza aérea y Francia había ampliado la conscripción de 12 a 18 meses (su justificación fue el rearme alemán). Para sorpresa de todos, Hitler dijo a sus desconcertados generales y al resto del mundo que incrementaría su ejército de tiempos de paz a 36 divisiones (cerca de 600 000 hombres), seis veces más de lo permitido por el tratado de paz. Los generales no tenían de qué preocuparse, pues si bien el Frente Stresa condenó esta violación del Tratado de Versalles, no se tomaron medidas; la Liga era impotente y el Frente se colapsó de todas formas como resultado del siguiente éxito de Hitler...

6. Hitler se percató muy hábilmente de la fragilidad del Frente Stresa y se separó de Gran Bretaña ofreciendo limitar la armada alemana a 35% de la fuerza británica. Gran Bretaña aceptó entusiasmada y firmó el *Acuerdo Naval Anglo-Germano (junio de 1935)*, creyendo, aparentemente, que como los alemanes ya estaban infringiendo el Tratado de Versalles creando una flota, lo mejor sería limitar ésta. Sin consultar con sus dos aliados, Gran Bretaña había aprobado el rearme germano, que siguió adelante con renovado impulso. Hacia finales de 1938, el ejército tenía 51 divisiones (unos 800 000 hombres) más las reservas, 21 navíos de gran tamaño (acorazados, cruceros y destructores), y muchos más en construcción, y 47 submarinos. La fuerza aérea constaba de más de 5 000 aviones.

7. Alentado por sus éxitos, Hitler corrió el riesgo calculado de *enviar tropas a la zona desmilitarizada de Rhineland (marzo de 1936)*, contrario tanto a Versalles como a Lo-

carno. Si bien las tropas tenían órdenes de retirarse al primer indicio de oposición de los franceses, no hubo resistencia, salvo las protestas usuales. Al mismo tiempo, bien consciente del espíritu pacifista de sus oponentes, Hitler los tranquilizó al ofrecerles un tratado de paz que duraría 25 años.

8. A finales de 1936, Hitler consolidó la posición de Alemania mediante un acuerdo con Mussolini *(Eje Berlín-Roma)* y la firma del *Pacto AntiComintern con Japón* (al que se unió Italia en 1937). Alemanes e italianos adquirieron experiencia militar ayudando a Franco a ganar la Guerra Civil española. Una de las más notables hazañas de esta guerra fue el bombardeo del indefenso poblado comercial de Guernica por la Legión Cóndor alemana [sección xv.3].

9. El *Anschluss con Austria (marzo de 1938)* fue el mayor éxito de Hitler hasta entonces [sección iv.4 *d)*] sobre la situación en Austria]. El asunto se tornó decisivo cuando los nazis austriacos llevaron a cabo manifestaciones masivas en Viena, Graz y Linz que el gobierno del canciller Schuschnigg no pudo controlar. Al darse cuenta de que esto podía ser el preludio de una invasión alemana, este último anunció un referéndum sobre si Austria debía seguir siendo independiente, o no. Hitler decidió actuar antes de que se llevara a cabo, en caso de que se votara en contra de la unión; tropas alemanas se trasladaron a Austria y ésta se convirtió en parte del Tercer Reich. Fue un triunfo para Alemania que puso al descubierto la debilidad de Gran Bretaña y Francia que, otra vez, sólo protestaron. Por otra parte, se demostró el valor del nuevo acuerdo entre Alemania e Italia, además de ser un duro golpe contra Checoslovaquia, que ahora podría ser atacada por el sur, el oeste y el norte. Todo estaba listo para que Hitler iniciara su campaña en pro de los Sudetes de habla germana, la cual terminaría con el triunfo de la Conferencia de Múnich, en septiembre de 1938.

Antes de analizar los acontecimientos de Múnich y los posteriores, conviene hacer una pausa y revisar por qué se le permitió a Hitler salirse con la suya e infringir el Acuerdo de Versalles. La razón se resume en una palabra, *pacificación*.

4. Pacificación

a) ¿Qué se entiende por "pacificación"?

La pacificación era la política que seguían los británicos, y después los franceses, para *evitar la guerra con potencias agresivas como Japón, Italia y Alemania, aceptando sus demandas,* siempre que no fueran totalmente irracionales.

La pacificación constaba de dos fases:

1. *De mediados de la década de 1920 a 1937* se percibió la vaga sensación de que a toda costa debía evitarse la guerra, y Gran Bretaña y, en ocasiones, Francia se dejaban llevar, aceptando las agresiones y violaciones al Tratado de Versalles (Manchuria, Abisinia, rearme alemán, nueva ocupación de Rhineland).
2. Cuando Neville Chamberlain fue nombrado primer ministro británico en mayo de 1937, dio nuevo impulso a la pacificación; él creía en tomar la iniciativa; averiguaría qué quería Hitler y le demostraría que los reclamos razonables podrían solucionarse *mediante negociaciones, más que por la fuerza.*

El principio de la pacificación se observa en la política británica en la década de 1920, con el Plan Dawes y el Young, mediante los cuales se intentaba conciliar con los alemanes, y también mediante los Tratados de Locarno y su vital omisión, que Gran Bretaña no hubiera aceptado garantizar las fronteras orientales de Alemania (mapa v.3), la cual, incluso según Stresemann, el "alemán bueno", debía ser revisada. Cuando Austen Chamberlain, ministro británico del Exterior, y Neville, su medio hermano, hicieron notar, en la época de Locarno, que ningún gobierno británico podía poner en riesgo los hue-

MAPA V.3. *Lo que Hitler ganó antes de la segunda Guerra Mundial*

sos de un solo granadero británico para defender el corredor polaco, a los alemanes les pareció que Gran Bretaña le volvía la espalda a Europa oriental. La pacificación llegó a su clímax en Múnich, donde Gran Bretaña y Francia estaban tan decididas a evitar la guerra con Alemania que le obsequiaron los Sudetes a Hitler, y así pusieron en movimiento la destrucción de Checoslovaquia. Incluso con concesiones como ésta, la pacificación fracasó.

b) ¿Cómo justificar la pacificación?

En la época en que se practicaba la pacificación, parecía haber muchas buenas razones para ello, y los pacifistas (incluidos MacDonald, Baldwin, Simon y Hoare, así como Neville Chamberlain) estaban convencidos de que su política era correcta.

1. *Se consideraba esencial evitar una guerra*, que probablemente sería mucho más devastadora que cualquier otra, como lo demostraran los horrores de la Guerra Civil es-

pañola. El gran temor era el bombardeo de ciudades indefensas. El recuerdo de las atrocidades de la primera Guerra Mundial aún rondaba a muchas personas. Gran Bretaña, todavía sumida en la crisis económica, no estaba en posibilidades de rearmarse adecuadamente ni podía permitirse los agobiantes gastos de una gran guerra. Los gobiernos británicos parecían ser apoyados por una *opinión pública totalmente pacifista*. En febrero de 1933, el Sindicato Oxford votó que no lucharía ni por el rey ni por el país. Baldwin y su gobierno nacional lograron una gran victoria en las elecciones de 1935, poco después de declarar que "les doy mi palabra de que no habrá grandes armas".

2. *Muchos pensaban que Alemania e Italia pasaban por verdaderas penurias.* A Italia la habían engañado en Versalles y a Alemania se le había tratado con excesiva dureza. Por tanto, los británicos no podían más que mostrar empatía; por lo que respecta a los alemanes, debían intentar revisar las cláusulas más odiadas de Versalles, de modo de obviar la agresividad alemana y lograr la amistad anglo-germana.

3. Como la Liga de las Naciones parecía impotente, Chamberlain pensaba que la única manera de zanjar diferencias era a través del *contacto personal entre líderes*. De esta forma, pensaba, él podría controlar y educar a Hitler, incluir a Mussolini en la operación y hacerlos respetar las leyes internacionales.

4. *La cooperación económica entre Gran Bretaña y Alemania sería buena para ambas.* Si la primera ayudaba a los alemanes a recuperarse, la violencia interna se desvanecería en Alemania.

5. *El miedo a la Rusia comunista* era mucho, en especial entre los conservadores británicos; creían que la amenaza comunista era mayor que el riesgo de Hitler. En Gran Bretaña, algunos políticos estaban dispuestos a ignorar las desagradables características del nazismo con la esperanza de que la Alemania de Hitler *amortiguara la expansión comunista hacia occidente*. De hecho, muchos admiraban el impulso de Hitler y sus logros.

6. Bajo estos sentimientos yacía la creencia de que Gran Bretaña no debía tomar ninguna medida militar que pudiera desembocar en una *guerra a gran escala, para la cual no estaba preparada.* Los jefes militares británicos le dijeron a Chamberlain que su país no era lo suficientemente fuerte como para enfrentar una guerra con más de un país al mismo tiempo. Incluso la armada, que era la más fuerte del mundo, se veía en problemas para defender el extenso imperio y al mismo tiempo proteger a los buques mercantes en caso de una guerra simultánea con Alemania, Japón e Italia. A la fuerza aérea le urgían bombarderos de largo alcance y aviones caza. Los Estados Unidos seguían prefiriendo mantenerse aislados y Francia era débil y estaba dividida. Chamberlain aceleró el rearme de Gran Bretaña, de tal forma "que todos la trataran con el debido respeto". Mientras más durara la pacificación, más fuerte estaría Gran Bretaña, y más se evitaría la agresión, o eso esperaba Chamberlain.

c) ¿De qué forma influyó la pacificación en los asuntos internacionales entre 1933 y 1939?

La pacificación tuvo un profundo efecto en la forma en que se desarrollaron las relaciones internacionales. Si bien podría haber funcionado con algunos gobiernos alemanes, con Hitler estaba condenada al fracaso. Muchos historiadores creen que la pacificación convenció a este último de la complacencia y la debilidad de Gran Bretaña y Francia, hasta el punto de que estaba dispuesto a correr el riesgo de atacar a Polonia y, así, iniciar la segunda Guerra Mundial.

Es importante subrayar que la pacificación era una política principalmente británica, con la cual los franceses no siempre coincidían. Poincaré se enfrentó a los alemanes [sección IV.2 *c)*], y si bien Briand estaba a favor de la conciliación, ni siquiera él quiso ir más allá en cuanto a la propuesta de la Unión Aduanera Austrogermana en 1931. Louis Barthou, ministro del Exterior durante unos meses en 1934, creía en la firmeza respecto de Hitler, y su objetivo era reunir un grupo fuerte que se opusiera a Alemania, el cual incluiría a Italia y a la URSS. Por eso presionó para que Rusia entrara a la Liga de las Naciones, en septiembre de 1934. Dijo a los británicos que Francia "se negaba a legalizar el rearme alemán", contrario a los Tratados de Versalles. Desafortunadamente, Barthou fue asesinado en octubre de 1934, junto con el rey Alexander de Yugoslavia, que estaba en visita de Estado en Francia. Ambos fueron acribillados por terroristas croatas poco después de que el rey llegara a Marsella. El sucesor de Barthou, Pierre Laval, firmó una alianza con Rusia en mayo de 1935, si bien el asunto era débil, pues no se tomaban medidas de cooperación militar, dada la desconfianza de Laval respecto de los comunistas. Le apuntaba sobre todo a la amistad con Mussolini, pero sus esperanzas se hicieron añicos por el fracaso del pacto entre Hoare y Laval [sección v.2 b)]. Después de esto, los franceses quedaron tan divididos entre izquierda y derecha, que no parecía posible ninguna política exterior decisiva; como la derecha admiraba a Hitler, los franceses siguieron a los británicos.

Ejemplos del accionar de la pacificación

1. *No se tomaron medidas para verificar el rearme obvio de los alemanes.* Lord Lothian, liberal, hizo un revelador comentario al respecto, después de visitar a Hitler en enero de 1935: "Estoy convencido de que Hitler no quiere la guerra [...] lo que los alemanes buscan es un ejército fuerte que les permita tratar con Rusia".
2. *El Acuerdo Naval Anglo-Germano* que aprobaba el rearme de la armada alemana fue firmado sin consultar a Francia ni a Italia. Con esto se rompió el Frente Stresa, Francia perdió gran parte de su confianza en Gran Bretaña y alentó a Laval a buscar acuerdos con Mussolini y Hitler.
3. *Las medidas británicas en contra de la invasión de Italia a Abisinia fueron poco entusiastas.*
4. Los franceses, aunque molestos por la reocupación alemana de Rhineland (marzo de 1936), *no movilizaron sus tropas.* Estaban profundamente divididos, eran exageradamente cautelosos y no recibieron apoyo de Gran Bre-

taña, impresionada ésta por el ofrecimiento de Hitler de 25 años de paz. De hecho, lord Londonderry (conservador, secretario de Estado del Aire de 1931 a 1935) supuestamente envió a Hitler un telegrama para felicitarlo por su éxito. Lord Lothian observó que las tropas alemanas apenas habían entrado en su "patio trasero".

5. *Ni Gran Bretaña ni Francia intervinieron en la Guerra Civil española,* aunque Alemania e Italia apoyaron decididamente a Franco. Gran Bretaña incitó a Mussolini a que retirara sus tropas reconociendo oficialmente a Abisinia como posesión italiana (abril de 1938); sin embargo, Mussolini no cumplió con su parte del trato.

6. Si bien Gran Bretaña y Francia protestaron enérgicamente respecto del *Anschluss* entre Alemania y Austria (marzo de 1938), muchos en Gran Bretaña consideraban *natural la unión de un grupo alemán con otro.* Pero la inmovilidad de Gran Bretaña alentó a Hitler a exigir Checoslovaquia, lo cual resultó en el supremo acto de pacificación de Chamberlain y el mayor triunfo de Hitler hasta entonces, Múnich.

5. DE MÚNICH AL ESTALLIDO DE LA GUERRA: SEPTIEMBRE DE 1938 A SEPTIEMBRE DE 1939

En este fatídico año, Hitler llevó a cabo dos campañas de presión, la primera contra Checoslovaquia y la segunda contra Polonia.

a) Checoslovaquia

Parece probable que Hitler haya decidido destruir Checoslovaquia como parte de su política de *Lebensraum* (espacio vital), y como detestaba a los checos por su democracia, porque eran eslavos y porque su Estado había sido creado por el odiado Acuerdo de Versalles [respecto de la situación en Checoslovaquia, véase la sección IV.4 *b*)]. Su situación era de importancia estratégica, pues el control del área resultaría una gran ventaja para el dominio militar y económico de Alemania en el centro de Europa.

1. Campaña de propaganda en los Sudetes

La excusa de Hitler para la campaña de propaganda fue que los 3.5 millones de alemanes de los Sudetes, regidos por su líder Konrad Henlein, eran discriminados por el gobierno checo. Es cierto que el desempleo era mayor entre los alemanes, pero debido a que una proporción importante trabajaba en la industria, en la cual el desempleo era más grave a causa de la depresión. Los nazis organizaron nutridas manifestaciones de protesta en dicha región y checos y alemanes chocaron. El presidente checo, Edvard Beneš, temía que Hitler estuviera provocando los disturbios para que pudieran llegar tropas alemanas "a restablecer el orden". Chamberlain y Daladier, primer ministro francés, temían que, de ser así, estallara la guerra. Estaban decididos a llegar hasta donde fuera necesario para evitarla, de manera que presionaron intensamente a los checos para que hicieran concesiones a Hitler.

A la larga, Beneš aceptó que los alemanes de los Sudetes fueran entregados a Alemania. Chamberlain voló a Alemania y sostuvo pláticas con Hitler en Berchtesgaden (15 de septiembre) para explicarle el ofrecimiento. Aparentemente Hitler aceptó, pero en una segunda reunión en Godesberg, apenas una semana después, incrementó sus exigencias; quería más de Checoslovaquia y la entrada inmediata de tropas alemanas a los Sudetes. Beneš no estuvo de acuerdo y enseguida ordenó la movilización del ejército checo. Los checos se habían esforzado por fortificar sus fronteras con Alemania, Austria y Hungría, y habían construido trincheras y defensas antitanques. Su ejército había crecido, y tenían la esperanza de que con ayuda de sus aliados, en especial Francia y la URSS, podrían repeler cualquier ataque alemán. No hay duda de que no sería una victoria fácil para los alemanes.

2. Conferencia de Múnich, 29 de septiembre de 1938

Cuando parecía que la guerra era inevitable, Hitler invitó a Chamberlain y Daladier a una conferencia de cuatro potencias, celebrada en Múnich (ilustración v.1), en la cual se aceptó un plan producido por Mussolini (aunque en realidad lo redactó la oficina del Exterior de Alemania). Los Sudetes se entregarían a Alemania de inmediato, Polonia recibiría Teschen y Hungría,

ILUSTRACIÓN V.1. *Chamberlain y Hitler en Múnich,*
septiembre de 1938

Eslovaquia del sur. A Alemania y las otras tres potencias se les
garantizaba el resto de Checoslovaquia. Ni rusos ni checos fueron invitados a la conferencia. A estos últimos se les dijo que
si se oponían a la decisión de Múnich, no recibirían ayuda ni
de Gran Bretaña ni de Francia, aun cuando Francia había ava-
lado las fronteras checas en Locarno. Ante esta traición de los
franceses y la incomprensión de Gran Bretaña, la resistencia
militar checa parecía un caso perdido, no tenía más opción
que aceptar la decisión de la conferencia. Pocos días después,
Beneš renunció.

Al día siguiente de la Conferencia de Múnich, Chamberlain se reunió en privado con Hitler y ambos firmaron una declaración, "el pedazo de papel", redactada por Chamberlain,
en la que prometían que Gran Bretaña y Alemania renuncia-

rían mutuamente a sus intenciones bélicas y recurrirían a la consulta para resolver cualquier problema que surgiera. Cuando Chamberlain regresó a su país, agitando "el pedazo de papel" ante las cámaras de la prensa, el público lo recibió embelesado, creyendo que se había evitado la guerra. El mismo Chamberlain hizo notar que creía que era "la paz para nuestro tiempo".

No obstante, no todos estaban tan entusiasmados; Churchill se refirió a Múnich como a un "total y absoluto fracaso"; Duff Cooper, primer lord del Almirantazgo, renunció del gabinete y dijo que no se podía confiar en que Hitler respetara el acuerdo, y tenían razón.

3. Destrucción de Checoslovaquia, marzo de 1939

Como resultado del Acuerdo de Múnich, Checoslovaquia resultó mutilada por la pérdida de 70% de su industria pesada, la tercera parte de su población y prácticamente un tercio de su territorio total, así como casi todas sus fortificaciones preparadas con gran cuidado, que fueron a dar principalmente a manos de Alemania. A Eslovaquia y Rutenia se les concedió autogobierno para asuntos internos, si bien seguía habiendo un gobierno central en Praga. A principios de 1939, Eslovaquia, alentada por Alemania, empezó a exigir independencia total respecto de Praga y pareció que el país se vendría abajo. Hitler presionó al primer ministro de Eslovaquia, el padre Jozef Tiso, para que declarara la independencia y solicitara la ayuda de Alemania, pero Tiso se mostró exageradamente cauteloso.

Fue el nuevo presidente checo, Emil Hacha, quien forzó el desenlace. El 9 de marzo de 1939 el gobierno de Praga se volvió contra los eslovacos para impedir la esperada declaración de independencia, y su gabinete fue depuesto. Tiso fue puesto bajo arresto domiciliario y en Bratislava los edificios del gobierno eslovaco fueron ocupados por la policía. Esto dio a Hitler la oportunidad de actuar: llevaron a Tiso a Berlín, donde aquél lo convenció de que había llegado el momento. De regreso a Bratislava, Tiso y los eslovacos proclamaron la independencia (14 de marzo); al día siguiente pidió protección a los alemanes, si bien, como señala Ian Kershaw (en *Hitler, 1936-1945:*

Nemesis), hasta "después de que los barcos de guerra alemanes que estaban en el Danubio se hubieran dejado ver en las oficinas del gobierno eslovaco".

Después, el presidente Hacha fue invitado a Berlín, donde Hitler le dijo que para proteger al Reich alemán, debía imponerse un protectorado a lo que quedaba de Checoslovaquia. Las tropas alemanas se prepararían para entrar a dicho país y Hacha ordenaría que el ejército checo no se resistiera. Goering amenazó con bombardear Praga si se negaba. En consecuencia, el 15 de marzo de 1939, las tropas alemanas ocuparon el resto de Checoslovaquia mientras el ejército checo permanecía en sus barracas. Bohemia y Moravia (principales zonas checas) fueron declaradas como protectorado del Reich alemán. Eslovaquia sería un Estado independiente, pero bajo la protección del Reich, y Rutenia fue ocupada por tropas húngaras. Gran Bretaña y Francia protestaron, pero, como siempre, no actuaron. Chamberlain dijo que la garantía de las fronteras checas otorgada en Múnich no era aplicable porque técnicamente dicho país no había sido invadido, las tropas alemanas habían sido invitadas. Hitler fue recibido con entusiasmo cuando visitó los Sudetes (ilustración v.2).

No obstante, la acción alemana causó una andanada de críticas; por primera vez, ni siquiera los pacificadores pudieron justificar lo que Hitler había hecho: había roto su promesa y se había apropiado de territorio no alemán. Incluso Chamberlain pensó que había ido demasiado lejos, y su actitud se endureció.

b) Polonia

Después de la toma del puerto lituano de Memel (sin duda habitado principalmente por alemanes), Hitler volvió su atención a Polonia.

1. Hitler exige la devolución de Danzig

Los alemanes resintieron la pérdida de Danzig y del corredor polaco a resultas de Versalles, pero ahora que Checoslovaquia ya no era un obstáculo, la neutralidad de los polacos dejó de ser necesaria. En abril de 1939, Hitler exigió *que se le devolviera*

ILUSTRACIÓN V.2. *Multitudes entusiastas saludan a Hitler en su primera visita a los Sudetes, ya cedidos*

Danzig y un camino y un ferrocarril a través del corredor, para unir el oriente de Prusia con el resto de Alemania. De hecho, esta solicitud no era descabellada, pues Danzig era básicamente de habla germana, pero estando tan reciente la división de Checoslovaquia, los polacos estaban convencidos de que no era más que el preludio de una invasión. Ya fortalecido por la promesa británica de ayuda "en caso de cualquier medida que sin lugar a dudas pusiera en riesgo la independencia de Polonia", el coronel Beck, ministro del Exterior, rechazó las exigencias de Alemania y se negó a asistir a una conferencia; sin duda temía otro Múnich. La presión de Gran Bretaña para que los polacos entregaran Danzig fue inútil. Probablemente a Hitler le sorprendió el empecinamiento de Beck, y aún esperaba seguir en buenos términos con los polacos, cuando menos por el momento.

2. Los alemanes invaden Polonia

La única manera de hacer efectiva la promesa de ayuda británica a Polonia era mediante una alianza con Rusia, pero los británicos se tardaron y dudaron tanto en las negociaciones de una alianza, que Hitler llegó primero y firmó un *pacto de no agresión con la URSS*. También llegaron a un acuerdo secreto *para dividir Polonia entre Alemania y la URSS* (24 de agosto). Hitler ya estaba convencido de que con Rusia neutral, Gran Bretaña y Francia no se arriesgarían a intervenir; cuando los británicos ratificaron sus garantías con Polonia, Hitler lo consideró un engaño. Como los polacos siguieron negándose a negociar, la invasión alemana empezó en gran escala el 1º de septiembre de 1939.

Chamberlain aún no descartaba por completo la pacificación y sugirió que, si se retiraban las tropas germanas, podría celebrarse una conferencia, pero los alemanes no respondieron. Sólo cuando la presión se incrementó en el Parlamento y en el país, Chamberlain mandó un ultimátum a Alemania: o retiraba sus tropas de Polonia, o Gran Bretaña le declararía la guerra. Hitler ni siquiera se preocupó por contestar; cuando expiró el ultimátum, a las 11 a.m. del 3 de septiembre, Gran Bretaña estaba en guerra con Alemania. Poco después, Francia también declaró la guerra.

6. ¿POR QUÉ ESTALLÓ LA GUERRA?
¿QUIÉN FUE EL RESPONSABLE O CUÁL FUE LA CAUSA?

El debate sobre quién fue el responsable o cuál fue la causa de la segunda Guerra Mundial no ha terminado.

- A los Tratados de Versalles se les acusó de llenar a los alemanes de amargura y de deseos de venganza.
- La Liga de las Naciones y la idea de una seguridad colectiva habían sido criticadas por no haber logrado el desarme general y el control de los posibles agresores.
- La crisis económica mundial también ha sido implicada [secciones XIV.1 *e-f*) y XXII.6 *c*)], pues sin ella, Hitler quizá nunca hubiera podido llegar al poder.

Si bien estos tres factores sin duda crearon una atmósfera propicia y las tensiones que muy bien podrían haber dado lugar a una guerra, se necesitaba algo más. Por otra parte, conviene recordar que hacia finales de 1938 gran parte de los motivos de Alemania había desaparecido: las indemnizaciones se habían prácticamente cancelado, las cláusulas de desarme habían sido ignoradas, Rhineland había vuelto a militarizarse, Austria y Alemania se unieron y 3.5 millones de alemanes volvieron de Checoslovaquia al Reich. Alemania era de nuevo una gran potencia, entonces, ¿qué pasó?

a) ¿Se podría culpar a los pacificadores?

Algunos historiadores han sugerido que la pacificación fue en gran medida la causa de que la situación se deteriorara hasta el punto de la guerra; argumentan que *Gran Bretaña y Francia debían haberse mostrado firmes con Hitler antes de que Alemania fuera demasiado fuerte;* un ataque anglo-francés contra Alemania occidental en 1936, en el momento de la ocupación del Rhineland, hubiera dado una lección a Hitler y podría haberlo derrocado. Al darle espacio, los pacificadores incrementaron su prestigio local. Como escribió Alan Bullock, "el éxito y el no enfrentar resistencia lo tentaron a ir más allá, a arriesgarse más". Podría no tener planes definidos para la guerra, pero después de la rendición en Múnich, estaba tan convencido de la pasividad de Gran Bretaña y Francia que decidió jugársela con una guerra con Polonia.

Chamberlain también ha sido criticado por elegir la posición equivocada respecto de Hitler. Se argumenta que Danzig y los caminos a través del corredor eran más razonables que su exigencia de que se le entregaran los Sudetes (donde más de un millón de habitantes no eran alemanes). Era más difícil que Francia y Gran Bretaña defendieran Polonia, además de que militarmente era mucho más débil que Checoslovaquia. Por lo tanto, Chamberlain debió haberse mostrado firme en Múnich y respaldar a los checos, que militar e industrialmente eran fuertes y contaban con excelentes fortificaciones.

Por otra parte, quienes defienden a Chamberlain afirman que, en Múnich, su principal motivo fue dar tiempo a Gran Bretaña de rearmarse para una eventual batalla contra Hitler, y supuestamente ganó un año importantísimo, durante el cual pudo seguir adelante con el programa de rearme. En su obra *Chamberlain and the Lost Peace*, John Charmley argumenta que Chamberlain prácticamente no tenía opción, y que sus políticas fueron mucho más realistas que cualquiera de las posibles alternativas, como crear una Gran Alianza que incluyera a Francia y la URSS. Esta idea fue sugerida en su momento por Churchill y defendida recientemente, aunque no de manera muy convincente, por el historiador R. A. C. Parker. Cualquier líder "normal", como Stresemann, por ejemplo, hubiera respondido de forma positiva a las políticas razonables de Chamberlain, pero tristemente, Hitler no era el típico estadista alemán.

b) ¿La URSS hizo que la guerra fuera inevitable?

Se ha acusado a la URSS de hacer inevitable la guerra por firmar el pacto de no agresión con Alemania el 23 de agosto de 1939, el cual también incluía un acuerdo secreto para dividir Polonia entre ambos países. Se afirma que Stalin debió haberse aliado con Occidente y con Polonia, para que Hitler se asustara y optara por mantener la paz. Por otra parte, los británicos estaban más renuentes a aliarse con los rusos; Chamberlain desconfiaba de ellos (porque eran comunistas), igual que los polacos, y pensaba que militarmente eran débiles. Los historiadores rusos justifican el pacto sobre la base de que dio tiempo a la URSS para preparar sus defensas contra un posible ataque alemán.

c) ¿Hitler tuvo la culpa?

Durante la guerra e inmediatamente después, fuera de Alemania se había generalizado la idea de que el culpable había sido Hitler. Al atacar a Polonia por todos los frentes y no solamente ocupar Danzig y el corredor, demostró que no nada más pretendía devolver a los alemanes lo que habían perdido en Versalles, sino destruir Polonia. Martin Gilbert argumenta que la razón era quitar el estigma de la derrota de la primera Guerra Mundial, "pues el único antídoto para la derrota en una guerra, es salir victorioso en la siguiente". Hugh Trevor-Roper y muchos otros historiadores piensan que *desde el principio, lo que Hitler quería era una gran guerra;* afirman que odiaba al comunismo y quería destruir a Rusia para dominarla permanentemente. De esta forma, Alemania se haría con *Lebensraum,* pero eso sólo sería posible con una gran guerra. La destrucción de Polonia era el preámbulo necesario para la invasión de Rusia. El pacto de no agresión de los alemanes con Rusia fue nada más para acallar las sospechas de los rusos y mantenerlos neutrales hasta solucionar el asunto de Polonia.

Para probar esta teoría se ha recurrido a declaraciones del propio Hitler en su obra *Mein Kampf (Mi lucha)* y al Memorándum Hossbach, en que el coronel Hossbach, adjunto de Hitler, resumió una reunión celebrada en noviembre de 1937, en la cual éste explicó sus planes de expansión a sus generales. Otra fuente importante de evidencias es el *Libro secreto* de Hitler, terminado más o menos en 1928, pero que nunca se publicó.

Si esta teoría es correcta, no se puede achacar la guerra a la pacificación, excepto en el sentido de que facilitó las cosas a Hitler, quien tenía sus planes, su "programa de acción"; es decir, que la guerra, antes o después, era inevitable. Los alemanes en general también concordaban con esta interpretación. Si se podía culpar a Hitler, y éste y los nazis podían ser considerados como una especie de accidente grotesco, un "accidente" pasajero en la historia de Alemania, significaba que el pueblo alemán estaba, en gran medida, libre de culpa.

No todos aceptaron esta interpretación. En su obra *The Origins of the Second World War* (1961), A. J. P. Taylor publicó la más controvertida teoría respecto del estallido de la guerra; pensaba que *Hitler no pretendía provocar una gran guerra, y esperaba, cuando mucho, una guerra corta contra Polonia.* Según Taylor, los objetivos de Hitler eran similares a los de líderes alemanes anteriores, se limitaba a seguir con las políticas de personajes como Bismarck, el káiser Guillermo II y Stresemann; la única diferencia eran sus implacables métodos.

Hitler era un brillante oportunista que aprovechaba los errores de los pacifistas y acontecimientos como la crisis de Checoslovaquia de febrero de 1939. Taylor pensaba que la ocupación del resto de dicho país por los alemanes, en marzo de 1939, no fue resultado de un siniestro plan de largo plazo, "fue el subproducto imprevisto de acontecimientos sucedidos en Eslovaquia" (las exigencias de independencia respecto del gobierno de Praga). Mientras que Chamberlain se equivocó al pensar que podía hacer a Hitler respetable y educarlo, Hitler malinterpretó las ideas de Chamberlain y los británicos, cómo podría haber previsto que británicos y franceses serían tan poco coherentes como para apoyar a Polonia (donde su demanda de territorio era más razonable), después de haberle entregado Checoslovaquia (donde sus argumentos eran mucho menos válidos).

Así pues, para Taylor, a Hitler lo llevaron a la guerra casi por accidente, después de que los polacos lo pusieran en evidencia. En Gran Bretaña, muchos se sintieron ofendidos por Taylor, pues pensaron que trataba de "encubrir" a Hitler, pero no lo defendía, de hecho, todo lo contrario, seguía siendo responsable, igual que el pueblo alemán, por su agresividad. "Hitler fue producto de la historia de Alemania y del presente alemán. No hubiera contado para nada sin el apoyo y la cooperación del pueblo alemán [...] Muchos cientos de miles de alemanes llevaron a cabo sus malévolas órdenes sin escrúpulos ni cuestionamientos."

En la mayoría de las interpretaciones más recientes, se tiende a restar importancia a la teoría de la "continuidad" y a destacar *las diferencias en cuanto a objetivos entre los primeros gobernantes alemanes, por una parte, y Hitler y los nazis, por la otra*. Hasta 1937, la política exterior de los nazis podía ser considerada conservadora y nacionalista; no fue sino hasta que se corrigieron todos los errores de Versalles, objetivo principal de conservadores nacionalistas, cuando las cruciales diferencias saltaron a la vista. El memorándum de Hossbach muestra que Hitler se estaba preparando para ir mucho más allá y para embarcarse en una ambiciosa política expansionista, pero aún había más. Como señala Neil Gregor, lo que Hitler tenía en mente era "una guerra racial de destrucción muy diferente de la experimentada en 1914-1918", que empezó con el desmembramiento de Polonia, siguió con el ataque a la URSS y culminó en una espantosa guerra genocida, la destrucción de los judíos y de otros grupos que los nazis consideraban inferiores a la raza germana superior. "El nazismo fue una nueva fuerza de destrucción cuya visión de dominio imperial era radicalmente diferente" de cualquier otra cosa vista hasta entonces.

¿A qué conclusión se llega? Hoy, más de 40 años después de la publicación de la famosa obra de Taylor, muy pocos historiadores aceptan su teoría de que Hitler no tenía planes de largo plazo para la guerra. Algunos críticos recientes piensan que Taylor ignoró muchas evidencias que no van con su teoría. Es cierto que algunos de los éxitos de Hitler fueron producto de su oportunismo inteligente, pero detrás había mucho más. Si bien es probable que no tuviera un plan detallado de largo plazo, es obvio que tenía una visión básica para aprovechar todas las oportunidades, en la cual había estado trabajando. Esa visión era una Europa dominada por Alemania, y sólo se lograría con la guerra.

Por tanto, prácticamente no cabe duda de que Hitler *fue* en gran medida responsable de la guerra. El historiador alemán Eberhard Jäckel escribió en 1984 que

> Hitler se había puesto dos objetivos: una guerra de conquista y la exterminación de los judíos [...] [su] fin último era una Alemania tan grande como no había sido nunca antes en la historia. La forma de lograr esa gran Alemania era una guerra de conquista a expensas, sobre todo de la Rusia soviética [...] donde la nación alemana obtendría espacio para que vivieran las generaciones por venir [...] Militarmente, la guerra sería fácil, pues Alemania sólo encontraría la oposición de un país de bolcheviques judíos desorganizados y de eslavos incompetentes.

De manera que quizá Hitler no tenía en mente una guerra *mundial*. Alan Bullock cree que no quería una guerra contra Gran Bretaña; lo único que pedía era que los británicos no interfirieran con su expansión en Europa y le permitieran derrotar a Polonia y a la URSS en campañas diferentes.

El biógrafo más reciente de Hitler, Ian Kershaw, no entiende por qué habría de cambiar la conclusión general de que Hitler debe asumir su culpa.

Hitler nunca había dudado, y lo dijo en innumerables ocasiones, de que el futuro de Alemania sólo se determinaría mediante una guerra [...] La guerra, esencia del sistema nazi desarrollado bajo su liderazgo, era inevitable para Hitler. Sólo el momento y la dirección faltaban por definir. Y no había tiempo que perder.

Preguntas

1. "Los éxitos de la política exterior de Hitler entre 1935 y 1939 fueron resultado de su propia habilidad táctica y su capacidad para explotar las debilidades de sus oponentes." ¿Hasta qué punto concuerda con esta opinión?
2. ¿En qué medida piensa que la política exterior de Hitler era una mera continuación de las políticas de los gobiernos alemanes previos?
3. Analice las evidencias a favor y en contra de la opinión de que Hitler no tenía planes precisos de largo plazo para una guerra.
4. "Hitler sólo tenía un objetivo dominante en política exterior, la expansión en oriente." Explique por qué acepta o rechaza esta afirmación.
5. ¿Hasta qué punto se puede responsabilizar a la pacificación del estallido de la segunda Guerra Mundial?
6. "La responsabilidad de esta terrible catástrofe la lleva un solo hombre, el canciller alemán, que no dudó en sumir al mundo en la miseria para satisfacer sus propias ambiciones sin sentido." (Neville Chamberlain en un discurso en la Cámara de los Comunes, 1º de septiembre de 1939.) ¿En qué medida acepta esta afirmación como juicio justo de las causas de la segunda Guerra Mundial?

VI. LA SEGUNDA GUERRA MUNDIAL, 1939-1945

Resumen de acontecimientos

A diferencia de la guerra de 1914-1918, la segunda Guerra Mundial fue de movimientos rápidos, un asunto mucho más complejo, con importantes campañas en el Pacífico y el Lejano Oriente, el norte de África y el corazón de Rusia, así como en Europa central y occidental, y el Atlántico. *Esta guerra se divide en cuatro fases claramente definidas:*

1. Primeros movimientos: septiembre de 1939 a diciembre de 1940

Para finales de septiembre, Polonia había sido ocupada por alemanes y rusos. Después de una pausa de cinco meses (conocida como la "guerra fingida"), las fuerzas germanas ocuparon Dinamarca y Noruega (abril de 1940). En mayo fueron atacadas Holanda, Bélgica y Francia, que no tardaron en ser derrotadas, de tal forma que no quedó más que Gran Bretaña para enfrentarse a los dictadores (Mussolini había declarado la guerra en junio, justo antes de la caída de Francia). Los bombardeos de Hitler para intentar someter a los británicos se frustraron en la *batalla de Gran Bretaña* (julio a septiembre de 1940), pero los ejércitos de Mussolini invadieron Egipto y Grecia.

2. Crece la ofensiva del Eje: 1941 a verano de 1942

La guerra empieza a convertirse en un conflicto mundial. Primero Hitler, confiado en que vencería rápidamente a Gran Bretaña, empezó a invadir Rusia (junio de 1941), violando el pacto de no agresión firmado menos de dos años antes. Entonces, los japoneses forzaron a los Estados Unidos a involucrarse en la guerra atacando la base naval estadunidense de Pearl Harbor (diciembre de 1941), ataque seguido de la ocupación de territorios, como las Filipinas, Malasia, Singapur y Birmania, distribuidos en un área extensa. En esta etapa de la guerra parecía no haber manera de detener a alemanes y japoneses, si bien los italianos no tuvieron tanto éxito.

3. Control de las ofensivas: verano de 1942 a verano de 1943

En esta fase de la guerra hubo tres batallas importantes en las cuales las fuerzas del Eje fueron derrotadas.

- En junio de 1942, los estadunidenses repelieron un ataque japonés en *Midway Island* e infligieron grandes pérdidas.
- En octubre, los alemanes, encabezados por Rommel, avanzaron hacia Egipto, fueron detenidos en *El Alamein* y posteriormente expulsados del norte de África.
- La tercera batalla tuvo lugar en Rusia, donde en septiembre de 1942, los alemanes llegaron hasta *Estalingrado;* los rusos opusieron tan fiera resistencia, que en febrero del año siguiente, el ejército alemán fue rodeado y obligado a rendirse.

Entre tanto, la guerra en el aire continuaba, y ambas partes bombardeaban ciudades enemigas; en el mar, como en la primera Guerra Mundial, británicos y estadunidenses acabaron poco a poco con la amenaza de los submarinos alemanes.

4. Derrota de las Potencias del Eje: julio de 1943 a agosto de 1945
El enorme poder y los abundantes recursos de los Estados Unidos y la URSS, combinados con el supremo esfuerzo de Gran Bretaña y su imperio, lenta pero seguramente, derrotaron a las Potencias del Eje. La primera eliminada fue Italia, a lo cual siguió la invasión anglo-estadunidense de Normandía (junio de 1944), con la cual fueron liberadas Francia, Bélgica y Holanda. Más tarde, las tropas aliadas cruzaron el Rin y se apoderaron de Colonia. En el oriente, los rusos derrotaron a Alemania y avanzaron hacia Berlín, por Polonia. *Alemania se rindió en mayo de 1945 y Japón en agosto, después de que los estadunidenses lanzaran una bomba atómica en Hiroshima y otra en Nagasaki.*

1. PRIMEROS MOVIMIENTOS: SEPTIEMBRE DE 1939 A DICIEMBRE DE 1940

a) Polonia derrotada

Los polacos fueron rápidamente derrotados por la *Blitzkrieg* alemana (guerra relámpago), para la cual no estaban preparados, y que consistía en rápidos embates de divisiones motorizadas y tanques *(Panzers)* apoyados por fuerzas aéreas. La *Luftwaffe* (fuerza aérea alemana) acabó con el sistema ferroviario y la fuerza aérea polacos. Polonia resistió heroicamente, pero su impotencia fue total; no tenía divisiones motorizadas e intentaron detener el avance de los tanques alemanes con cargas masivas de caballería. Gran Bretaña y Francia poco hicieron directamente para ayudar a su aliada porque el procedimiento de movilización francesa era lento y obsoleto, además de que era difícil transportar a Polonia un número suficiente de tropas que resultara efectivo. Cuando los rusos invadieron la parte oriental del país, la resistencia se colapsó. *El 29 de septiembre, Polonia se dividió entre Alemania y la URSS* (según lo acordado en el pacto de agosto de 1939).

b) La "guerra falsa"

Pocas cosas sucedieron en occidente durante los cinco meses siguientes. En el oriente, los rusos tomaron Estonia, Latvia y Lituania e invadieron Finlandia (noviembre de 1939), obligándola a entregar territorios fronterizos que permitirían a los rusos defenderse mejor contra cualquier ataque de occidente. Mien-

tras tanto, franceses y alemanes pusieron a punto sus respectivas defensas, las líneas Maginot y Siegfried. Parece que Hitler
esperaba que, con la pausa, perdiera fuerza la determinación
de Gran Bretaña y Francia, de manera que decidieran negociar la paz. Esta inacción agradó a los generales de Hitler, que
no estaban convencidos de que su ejército fuera suficientemente poderoso como para atacar a Occidente. Fue la prensa estadunidense la que describió este periodo como una "guerra
falsa".

c) Dinamarca y Noruega invadidas,
abril de 1940

Las tropas de Hitler ocuparon Dinamarca y desembarcaron en
los principales puertos noruegos en abril de 1940, acabando
rudamente con la aparente calma de la "guerra falsa". Controlar Noruega era importante para los alemanes porque Narvik
era la principal salida hacia los minerales suecos, vitales para
la industria alemana de armamentos. Los británicos interferían con este comercio plantando minas en las aguas de las
costas noruegas, y los alemanes temían que intentaran apoderarse de algunos de los puertos, que era precisamente lo que
pensaban hacer. El almirante Raeder, comandante de la armada alemana, se percató de que los fiordos serían excelentes bases navales para atacar las líneas de abastecimiento británicas
que cruzaban el Atlántico. Cuando un destructor británico dio
caza al buque alemán *Altmark* en un fiordo noruego y rescató
a los 300 prisioneros británicos que iban a bordo, Hitler decidió que había llegado el momento de actuar. El 9 de abril las
tropas alemanas desembarcaron en Oslo, Kristiansand, Sta-
vanger, Bergen y Trondheim; si bien unos días después llegaron tropas británicas y francesas, no lograron desalojar a los
alemanes, que ya estaban bien establecidos. Después de un
éxito temporal en Narvik, todas las tropas aliadas se retiraron
hacia principios de junio, al incrementarse las amenazas contra la misma Francia. *Los alemanes consiguieron el éxito* porque
los noruegos habían sido tomados por sorpresa y sus tropas ni
siquiera habían sido movilizadas; los nazis locales, encabezados por Vidkun Quisling, apoyaron en todo a los invasores.

Los británicos no contaban con apoyo aéreo, en tanto que la fuerza aérea alemana hostigaba constantemente a los Aliados. *Los resultados de esta campaña noruega fueron importantes:*

- Alemania aseguró sus bases y el abastecimiento de mineral de hierro, pero perdió tres cruceros y 10 destructores. Con esto, su armada resultó menos efectiva en Dunkerque [*d*), a continuación].
- Mostró la incompetencia del gobierno de Chamberlain, quien se vio obligado a renunciar y *Winston Churchill fue nombrado primer ministro británico.* Si bien los errores de este último han sido criticados, no hay duda de que tenía lo que se necesitaba en ese momento: empuje, sentido de la urgencia y capacidad para que su gabinete de coalición se conjuntara.

d) Hitler ataca Holanda, Bélgica y Francia

Los ataques contra Holanda, Bélgica y Francia fueron simultáneos, el 10 de mayo, y de nuevo el método *Blitzkrieg* resultó en victorias rápidas. Los holandeses, sacudidos por el bombardeo de Rotterdam, en el cual murieron casi 1 000 personas, se rindieron apenas cuatro días después. Bélgica aguantó más, pero al rendirse, a finales de mayo, dejó peligrosamente expuestas a las tropas británicas y francesas, pues las divisiones motorizadas de los alemanes cruzaron por el norte de Francia; sólo Dunkerque quedó en manos de los Aliados. La armada británica llevó a cabo la importante tarea de evacuar de dicho lugar a más de 338 000 soldados, dos terceras partes de ellos británicos, entre el 27 de mayo y el 4 de junio, logro notable ante los constantes ataques de la *Luftwaffe* en las playas. Quizá hubiera sido imposible si Hitler no hubiera ordenado que se detuviera el avance hacia Dunkerque (24 de mayo), probablemente porque el terreno pantanoso y los numerosos canales no eran lo ideal para los tanques.

Los acontecimientos de Dunkerque fueron importantes; cerca de 400 000 soldados aliados fueron rescatados y volvieron a combatir, y Churchill los aprovechó con fines propagandísticos para levantar la moral británica con el "espíritu de Dunkerque". De hecho, fue un duro golpe para los Aliados; las tropas que estaban en esa ciudad habían perdido armas y equipo, de modo que fue imposible que Gran Bretaña ayudara a Francia.

Entonces los alemanes se dirigieron al sur. *París fue capturado el 14 de junio y Francia se rindió el 22.* A insistencia de Hitler, el armisticio (cese al fuego) se firmó en Compiègne en el mismo carro de ferrocarril utilizado para el armisticio de 1918. Los alemanes ocuparon el norte de Francia y la costa atlántica (mapa VI.1), se hicieron de valiosas bases submarinas y el ejército francés fue desmovilizado. La parte de Francia no ocupada pudo tener su propio gobierno, encabezado por el mariscal Pétain, pero no era verdaderamente independiente y colaboraba con los alemanes. En ese entonces, la posición de Gran Bretaña era precaria; lord Halifax, ministro del Exterior, permitió que se hicieran investigaciones secretas a través de Washington respecto de las condiciones de paz de los alemanes; incluso Churchill pensaba en la posibilidad de una paz negociada.

e) ¿Por qué Francia fue derrotada tan rápidamente?

1. *Los franceses no estaban preparados psicológicamente para la guerra, además de estar profundamente divididos entre izquierda y derecha.*

   La derecha simpatizaba con el fascismo, admiraba los logros de Hitler en Alemania y quería llegar a un acuerdo con él. Los comunistas, siguiendo el pacto de no agresión entre Alemania y la URSS, también estaban en contra de la guerra. El largo periodo de inactividad de la "guerra falsa" dio tiempo para que se creara un partido por la paz en la derecha, encabezado por Laval. Éste argumentaba que no tenía sentido continuar la guerra ahora que los polacos, a quienes supuestamente estaban ayudando, habían sido derrotados.

2. *Eran muchas las debilidades militares*
   • Francia tenía que enfrentarse a todo el peso de una ofensiva alemana no dividida, mientras que en 1914, la

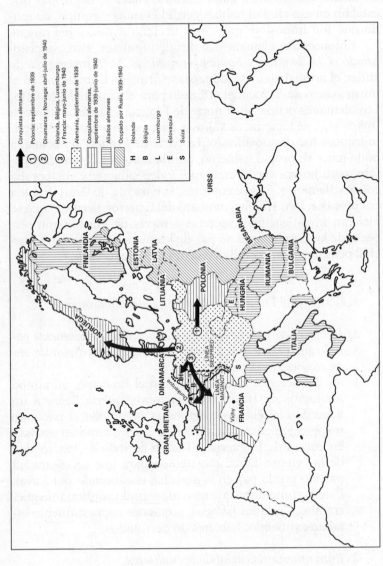

MAPA VI.1. *El principio de la guerra en Europa. Principales ataques alemanes, 1939-1940*

FUENTE: D. Hector, *Our World This Century* (Oxford 1992) p. 73.

Conquistas alemanas

→

① Polonia: septiembre de 1939

② Dinamarca y Noruega: abril-julio de 1940

③ Holanda, Bélgica, Luxemburgo y Francia: mayo-junio de 1940

Alemania, septiembre de 1939

Conquistas alemanas, septiembre de 1939-junio de 1940

Aliados alemanes

Ocupado por Rusia, 1939-1940

H Holanda
B Bélgica
L Luxemburgo
E Eslovaquia
S Suiza

URSS

FINLANDIA

NORUEGA

ESTONIA

LATVIA

LITUANIA

POLONIA

BESARABIA

DINAMARCA

Dunkerque

LÍNEA SIEGFRIED

LÍNEA MAGINOT

HUNGRIA

RUMANIA

BULGARIA

GRAN BRETAÑA

FRANCIA

Vichy

ITALIA

mitad de las fuerzas alemanas se había dirigido en contra de Rusia.

- El Alto Mando francés se conformaba con mantenerse detrás de la línea Maginot, línea defensiva que iba de la frontera suiza a la belga, pero desafortunadamente no continuaba por la frontera entre Francia y Bélgica, en parte porque esto habría ofendido a los belgas, y porque Pétain pensaba que las Ardenas constituían una barrera suficientemente sólida; pero fue precisamente por ahí, por donde cruzaron los alemanes.
- Francia tenía tantos tanques y vehículos blindados como Alemania, pero no estaban concentrados en divisiones blindadas totalmente mecanizadas (como los alemanes), que les permitían actuar con gran velocidad, sino distribuidos, de manera que cada división de infantería tenía unos cuantos. Esto los hacía avanzar a la velocidad de los soldados de a pie (infantería).
- Las divisiones alemanas eran apoyadas por aviones de combate, otro de los aspectos descuidados por los franceses.

3. *Los generales franceses cometieron errores fatales*
- En septiembre de 1939, no se intentó ayudar a Polonia atacando a Alemania por el oeste, con lo cual hubieran tenido buenas posibilidades de éxito.
- No se movilizaron tropas de los fuertes de la línea Maginot (la mayor parte de las cuales estaba inactiva) para ayudar a bloquear el avance alemán por el río Meuse (13 de mayo de 1940).
- La comunicación entre el ejército y la fuerza aérea era deficiente, de tal forma que la defensa por aire para alejar a los bombarderos alemanes casi nunca llegaba.

4. *Las derrotas militares dieron a la derecha derrotista la oportunidad de hacerse presente y presionar al gobierno para que aceptara el cese al fuego.*

Cuando Pétain, el héroe de Verdun que ya tenía 84 años de edad, exigió la paz, el primer ministro Reynaud renunció y aquél se convirtió en primer ministro.

f) Batalla de Gran Bretaña
(12 de agosto a 30 de septiembre de 1940)

Fue un combate por aire, cuando la *Luftwaffe* de Goering intentó destruir a la Royal Air Force (RAF) *como preámbulo a la invasión de Gran Bretaña.* Los alemanes bombardearon puertos, estaciones de radar, aeródromos y fábricas de municiones; en septiembre, empezaron a bombardear Londres, como represalia, afirmaban, a una incursión británica en Berlín. La RAF infligió severas pérdidas a la *Luftwaffe* (los alemanes perdieron 1 389 aviones, contra 792 británicos); cuando fue evidente que estaban muy lejos de acabar con el poderío aéreo de los británicos, Hitler suspendió la invasión. *Las razones del éxito de los británicos fueron las siguientes:*

- Su cadena de nuevas estaciones de radar advirtió con suficiente anticipación de la llegada de los atacantes alemanes.
- Los bombarderos alemanes estaban mal armados. Si bien los caza británicos (Spitfire y Hurricane) no eran mucho mejores que los Messerschmitts alemanes, a los germanos los perjudicaba lo limitado de su alcance, pues sólo podían llevar combustible para mantenerse en el aire unos 90 minutos.
- El cambio al bombardeo de Londres fue un error porque alivió la presión en los aeródromos en el momento crítico.

La batalla de Gran Bretaña fue probablemente el principal momento de decisión de la guerra, pues por primera vez fueron controlados los alemanes, y se demostró que no eran invencibles. Gran Bretaña pudo seguir en la batalla, enfrentándose a Hitler (que estaba a punto de atacar Rusia), con *la guerra en dos frentes*. Como apuntó Churchill en el homenaje a los pilotos de los caza británicos, "nunca en los conflictos de la raza humana tantos le debieron tanto a tan pocos".

g) *Mussolini invade Egipto, septiembre de 1940*

No deseando rezagarse respecto de Hitler, Mussolini ordenó que un ejército de la colonia italiana de Libia se internara unos 100 kilómetros en Egipto (septiembre de 1940), en tanto que otro invadía Grecia desde Albania (octubre). Sin embargo, los británicos pronto echaron de Egipto a los italianos, los hicieron retroceder hasta Libia, los derrotaron en Beda Fomm y capturaron a 130000 soldados y 400 tanques. Parecían dispuestos a tomar todo Libia. Los aviones de la armada británica hundieron la mitad de la flota italiana en el puerto de Tarento y ocuparon Creta. Los griegos hicieron retroceder a los italianos e invadieron Albania. Mussolini empezaba a ser un problema para Hitler.

2. Crece la ofensiva del Eje: de 1941 al verano de 1942

a) *Norte de África y Grecia*

Lo primero que hizo Hitler en 1941 fue ayudar a su tambaleante aliado. En febrero envió a Erwin Rommel y el Afrika Corps a Trípoli, y junto con los italianos echaron de Libia a los británicos. Después de mucho avanzar y retroceder, hacia junio de 1942 los alemanes estaban en Egipto, acercándose a El Alamein, a sólo unos 100 kilómetros de Alejandría (mapa VI.2).

En abril de 1941, las fuerzas de Hitler invadieron Grecia, un día después de que 60000 efectivos británicos, australianos y neozelandeses llegaran a apoyar a los griegos. Pronto los alemanes se habían apoderado de Atenas, obligando a los británicos a retirarse y, después de bombardear Creta, empezaron a invadir la isla con paracaidistas; otra vez los británicos se vieron obligados a evacuar (mayo de 1941).

Los efectos de las campañas en Grecia fueron importantes:
- Fue deprimente para los Aliados, que perdieron cerca de 36000 hombres.
- Gran parte de las tropas habían sido retiradas del norte de África y se habían debilitado las fuerzas británicas

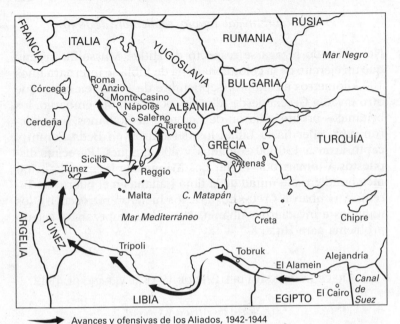

➤ Avances y ofensivas de los Aliados, 1942-1944

MAPA VI.2. *Norte de África y el Mediterráneo*

justo donde necesitaban ser más efectivas para enfrentar a Rommel.

- A la larga, lo más importante fue que la intervención de Hitler en Grecia y Yugoslavia (invadida por los alemanes al mismo tiempo que Grecia) muy bien podría haber demorado su ataque contra Rusia, el cual, originalmente planeado para el 15 de mayo, tuvo lugar cinco semanas después. Si la invasión se hubiera llevado a cabo, los alemanes podrían haber llegado a Moscú antes del invierno.

b) La invasión alemana de Rusia (Operación Barbarroja) empezó el 22 de junio de 1941

Los motivos de Hitler parecen haber sido de diversa índole:

- Temía que los rusos atacaran Alemania mientras el oeste todavía estaba ocupado.

- Esperaba que los japoneses atacaran Rusia en el Lejano Oriente.
- Mientras más poderoso fuera Japón, menos probable sería que los Estados Unidos participaran en la guerra (o eso creía Hitler).
- Pero por encima de todo estaba su odio por el comunismo y su deseo de *Lebensraum* (espacio vital).

Según el historiador Alan Bullock, "Hitler invadió Rusia por la simple y sencilla razón de que siempre había querido sentar las bases de su *Reich* de mil años anexando los territorios que estaban entre el Vístula y los Urales". En ocasiones se ha sugerido que haber atacado Rusia fue el peor error de Hitler, pero en realidad, como señalaba Hugh Trevor-Roper, "para Hitler, la campaña de Rusia no era un lujo, era la razón de ser del nazismo, no podía esperar. Era ahora o nunca". Hitler no esperaba una guerra prolongada, pues como dijo a uno de sus generales, "nada más con patear la puerta, toda la maldita estructura se vendrá abajo".

El ataque alemán se llevó a cabo en tres flancos:
- por el norte, hacia Leningrado,
- por el centro, hacia Moscú,
- por el sur, hacia Ucrania.

Fue *Blitzkrieg* a una escala impresionante; implicó 5.5 millones de hombres y 3 550 tanques apoyados por 5 000 aviones y 47 000 piezas de artillería. Ciudades importantes como Riga, Smolensk y Kiev fueron capturadas (mapa VI.3). Los rusos estaban desprevenidos, a pesar de las advertencias de británicos y estadunidenses de que el ataque alemán era inminente. Aparentemente, Stalin creía que podía confiar en que Hitler respetara el pacto de no agresión entre nazis y soviéticos, y se mostraba extremadamente suspicaz de la información proveniente de Gran Bretaña o los Estados Unidos. Los soviéticos seguían pertrechando el ejército y la fuerza aérea, y por las purgas de Stalin, muchos de sus generales carecían de experiencia [sección XVII.3 *b*)].

No obstante, las fuerzas alemanas no lograron capturar ni

--- Línea del avance alemán en diciembre de 1941
······ Línea alemana en noviembre de 1942

MAPA VI.3. *El frente ruso*

Leningrado ni Moscú, y resultaron muy perjudicadas por las intensas lluvias de octubre, que convirtieron en lodazales los caminos rusos, y por las duras heladas de noviembre y diciembre, época en que la temperatura llegó a –38°C. La ropa de invierno de los alemanes no era adecuada porque Hitler esperaba que para otoño, la campaña hubiera terminado. Ni siquiera para la primavera de 1942 habían logrado avanzar por el norte y el centro, cuando Hitler decidió concentrarse en una gran ofensiva en dirección sudoriental, hacia el Cáucaso, para apoderarse de los yacimientos petroleros.

c) Los Estados Unidos se integran a la guerra, diciembre de 1941

Los Estados Unidos se involucraron en la guerra cuando los japoneses atacaron Pearl Harbor (su base naval de las islas Hawai), el 7 de diciembre de 1941 (ilustración VI.1). Hasta entonces, los estadunidenses, aún en el aislacionismo, se mantenían neutrales, si bien después de la *Ley Lend-Lease (abril de 1941)* habían proporcionado sustancial ayuda financiera a Gran Bretaña.

El motivo por el que los japoneses atacaron se relacionaba con problemas económicos. El gobierno pensaba que pronto escasearía la materia prima y miraban con anhelo hacia territorios británicos, como Malasia y Birmania, que tenían hule, petróleo y estaño, y hacia las Indias Orientales Holandesas, también ricas en petróleo. Como ni Gran Bretaña ni Holanda estaban en condiciones de defender sus territorios, los japoneses preparaban el ataque, si bien es probable que hubieran preferido evitar la guerra con los Estados Unidos. Sin embargo, las relaciones entre ambos estados no dejaban de deteriorarse. Los estadunidenses ayudaban a los chinos, que seguían en guerra con Japón; cuando los japoneses convencieron a la Francia de Vichy de que les permitiera ocupar la Indochina francesa (donde establecieron bases militares), el presidente Roosevelt exigió que se retiraran y bloqueó el abastecimiento de petróleo a Japón (26 de julio de 1941). Siguieron largas negociaciones, durante las cuales los japoneses trataron de persuadir a los estadunidenses de que levantaran el embargo, pero dichas negociaciones se estancaron cuando estos últimos insistieron en que Japón se retirara tanto de Indochina como de China. Cuando el agresivo general Tojo llegó a primer ministro (16 de octubre), la guerra parecía inevitable.

El ataque fue organizado de manera brillante por el almirante Yamamoto. No hubo declaración de guerra, 353 aviones japoneses llegaron a Pearl Harbor sin ser detectados, y en dos horas destruyeron 350 aeronaves y cinco navíos de guerra, y mataron o hirieron de gravedad a 3700 hombres. Roosevelt proclamó el 7 de diciembre como "la fecha de una infamia que perduraría".

Pearl Harbor tuvo importantes repercusiones:

ILUSTRACIÓN VI.1. *Pearl Harbor, 7 de diciembre de 1941; navíos de guerra estadunidenses en ruinas a consecuencia del ataque aéreo de los japoneses*

- Dio a los japoneses control del Pacífico, y hacia mayo de 1942 habían tomado Malasia, Singapur, Hong-Kong y Birmania (que formaban parte del Imperio británico), las Indias Orientales Holandesas, las Filipinas y dos posesiones estadunidenses, Guam y Wake Island (mapa VI.4).

- Llevó a Hitler a declarar la guerra contra los Estados Unidos.

Quizá el peor error de Hitler fue declarar la guerra a los Estados Unidos. En esta etapa no necesitaba comprometerse en una guerra contra dicho país, en cuyo caso, los estadunidenses se hubieran concentrado más bien en la guerra del Pacífico. Sin embargo, los alemanes ya habían asegurado a los japoneses que los ayudarían si llegaban a hacer una guerra contra los Estados Unidos. Hitler suponía que, antes o después, el presidente Roosevelt de los Estados Unidos declararía la guerra a Alemania, así que estaba interesado en anticipar la declaración de guerra para demostrar al pueblo alemán que él, y no los estadunidenses, controlaban las acciones. Como sucedió, Alemania ahora se enfrentaba al inmenso potencial de los Estados Unidos, lo cual significaba que con los vastos recursos de la URSS y la Mancomunidad Británica, mientras más se alar-

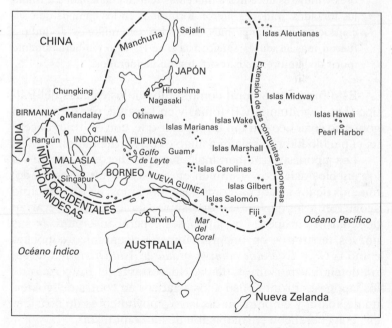

MAPA VI.4. *La guerra en el Pacífico*

gara la guerra, menos posibilidades había de que el Eje resultara vencedor. Era esencial que ellos dieran los mejores golpes antes de que se hiciera efectiva la ayuda estadunidense.

d) Comportamiento brutal de alemanes y japoneses

El comportamiento de alemanes y japoneses en los territorios que conquistaron fue implacable y brutal. Los nazis trataron a los pueblos de Europa oriental como subhumanos, buenos nada más para ser esclavos de la raza alemana superior. En cuanto a los judíos, tenían que ser exterminados (sección VI.8). Como lo expresó el periodista e historiador William Shirer:

> La degradación nazi llegó a niveles rara vez experimentados por el hombre en toda su existencia sobre la tierra. Millones de hombres y mujeres decentes e inocentes fueron condenados a trabajos forzados, millones fueron torturados en los campos de concentración y millones más (incluidos seis millones de judíos) fueron masacrados a sangre fría o se les dejó deliberadamente morir de hambre, y sus restos fueron incinerados.

Esto fue tanto amoral como tonto; en los estados del Báltico (Latvia, Lituania y Estonia) y en Ucrania, por ejemplo, el gobierno soviético era tan impopular que, con un trato decente, el pueblo habría llegado a aliarse con los alemanes.

Los japoneses trataban mal a los prisioneros de guerra y a los pueblos asiáticos. También en este caso fue desacertado; muchos de los asiáticos, como los indochinos, en un principio acogieron a los japoneses, que supuestamente los liberarían del control europeo. Los japoneses esperaban organizar sus nuevos territorios en un gran imperio económico conocido como la *Gran Esfera de coprosperidad de Asia Oriental*, que sería defendida por aire y tierra. No obstante, el trato rudo de los japoneses pronto puso a los asiáticos en contra del gobierno de Tokio, y empezaron decisivos movimientos de resistencia, en general con participación de los comunistas.

3. Ofensivas controladas:
verano de 1942 a verano de 1943

Las fuerzas del Eje fueron derrotadas en tres diferentes frentes de batalla y empezaron a perder terreno:

- Isla Midway
- El Alamein
- Estalingrado

a) Isla Midway, junio de 1942

En la isla Midway, en el Pacífico, los estadunidenses se impusieron a un poderoso ataque japonés en el que participaron cinco portaaviones, cerca de 400 aeronaves, 17 barcos de guerra y 5 000 efectivos para llevar a cabo la invasión. Los estadunidenses, con sólo tres portaaviones y 223 aviones, destruyeron cuatro de los transportes japoneses y cerca de 330 aviones. *Fueron varias las razones de esta victoria, a pesar de tener todo en contra.*

- Habían descifrado el código de radio de los japoneses y sabían exactamente cuándo y dónde se lanzaría un ataque.
- Los japoneses se confiaron y cometieron dos errores garrafales:

  — dividieron sus fuerzas, de tal forma que permitieron que los estadunidenses se concentraran en los principales portaaviones;
  — atacaron simultáneamente con aviones de los cuatro portaaviones, y cuando tenían que rearmarse, la flota era extremadamente vulnerable.

En esta etapa, los estadunidenses lanzaron un contraataque mediante bombardeos en picada, que inesperadamente se lanzaron desde 19 000 pies de altura y hundieron dos portaaviones y todas sus aeronaves.

Midway fue clave para la batalla por el Pacífico. La pérdida de sus portaaviones y sus aviones de ataque debilitó seriamente a los japoneses, y a partir de entonces, los estadunidenses se mantuvieron a la cabeza en cuanto a número de portaaviones y aeronaves, en especial bombarderos en picada. Si bien los nipones tenían muchos más acorazados y cruceros, eran poco efectivos, pues la única manera de ganar la guerra en la vasta extensión del Pacífico era por aire, operando desde portaaviones. Dirigidos por el general MacArthur, los estadunidenses empezaron a recuperar gradualmente las islas del Pacífico, comenzando por las islas Salomón, donde desembarcaron en agosto de 1942. La batalla fue larga y cruenta, y se prolongó hasta 1943 y 1944, proceso que denominaron "salto de las islas".

b) El Alamein, octubre de 1942

En El Alamein, Egipto, el Afrika Korps de Rommel fue rechazado por el Octavo Ejército, comandado por Montgomery. Esta gran batalla fue la culminación de una serie de enfrentamientos en esa área. Primero, el avance del Eje fue controlado temporalmente (julio); cuando Rommel intentó penetrar, fue nuevamente detenido en Alaim Halfa (septiembre); por último, siete semanas después, en la batalla de octubre, fue definitivamente expulsado de Egipto por británicos y neozelandeses.

El éxito de los Aliados se debió, en parte, a que durante la pausa de siete semanas llegaron abundantes refuerzos, de tal forma que alemanes e italianos fueron rebasados en número: 80 000 hombres y 540 tanques frente a 230 000 y 1 440, respectivamente. Por otra parte, la fuerza aérea de los Aliados fue vital, pues constantemente atacaba a las fuerzas del Eje y hundía sus barcos de abastecimiento cuando cruzaban el Mediterráneo, de tal forma que en octubre era grave la escasez de alimentos, combustible, petróleo y municiones. Al mismo tiempo, la fuerza aérea era suficientemente sólida como para proteger las propias rutas de abastecimiento del Octavo Ejército. Quizá los hábiles preparativos de Montgomery zanjaron definitivamente el asunto, si bien había sido tachado de excesivamente cauteloso y criticado por permitir que Rommel y la mitad de sus efectivos escaparan a Libia.

No obstante, no hay duda de que *la victoria de El Alamein fue otro momento decisivo de la guerra.*

- Se evitó que Egipto y el Canal de Suez cayeran en manos alemanas.
- Acabó con la posibilidad de que se estableciera un vínculo entre las fuerzas del Eje en Oriente y Ucrania.
- Más aún, llevó a la total expulsión de las fuerzas del Eje del norte de África. Favoreció el desembarco de tropas británicas en los territorios franceses de Marruecos y Argelia para amenazar a alemanes e italianos desde el frente occidental, en tanto que el Octavo Ejército les cerraba el paso desde Libia. Atrapados en Túnez, 275 000 alemanes e italianos se vieron obligados a rendirse (mayo de 1943) y la posición de los Aliados favoreció la invasión de Italia.

La guerra del desierto minó gravemente los recursos que los alemanes hubieran podido utilizar en Rusia, donde se necesitaban con urgencia.

c) Estalingrado

En Estalingrado, el flanco sur de la invasión alemana de Rusia, que había penetrado profundamente por Crimea y capturado Rostov, fue por fin detenido. *Los alemanes llegaron a Estalingrado a finales de agosto de 1942*, y aunque más o menos destruyeron la ciudad, los rusos se negaron a rendirse. En noviembre contraatacaron furiosamente y atraparon a los alemanes, cuyas líneas de abastecimiento se habían extendido peligrosamente en un amplio movimiento de tenaza. Al interrumpirse su retirada, el comandante alemán, Von Paulus, no tuvo más alternativa razonable que rendirse con 94 000 hombres (2 de febrero de 1943).

Si Estalingrado hubiera caído, la ruta de abastecimiento del petróleo de Rusia desde el Cáucaso se hubiera interrumpido y los alemanes hubieran podido avanzar por el río Don, para atacar Moscú por el sudeste. Este plan tuvo que ser abandonado, pero más que eso fue puesto en riesgo, *la derrota fue catastrófica para los alemanes,* acabó con el mito de que eran invencibles y levantó la moral de los rusos, que siguieron con más contraataques y obligaron a los germanos a abandonar el sitio de Leningrado y su posición al oeste de Moscú. Sólo era cosa de tiempo que los alemanes, superados en número y cortos de tanques y armas, fueran expulsados de Rusia.

4. ¿QUÉ PAPEL DESEMPEÑARON LAS FUERZAS NAVALES DE LOS ALIADOS?

En la sección anterior se mostró cómo la combinación de fuerzas por mar y aire fue clave para el éxito de la guerra en el Pacífico y cómo, después del asombro inicial por Pearl Harbor, los estadunidenses pudieron aprovechar su superioridad al respecto, que llevaría a la eventual derrota de Japón. Al mismo tiempo, la armada británica, como en la primera Guerra Mundial, fue fundamental, pues implicaba proteger a los barcos mercantes que transportaban alimentos, hundir submarinos alemanes y lanchas de asalto, bloquear a Alemania y transportar y abastecer a las tropas de los Aliados que luchaban en el norte de África y después en Italia. En un principio el éxito fue mixto, sobre todo porque los británicos no lograban entender la importancia de apoyar por aire las operaciones navales y tenían pocos portaaviones, de modo que fueron derrotados en Noruega y Creta, donde los alemanes fueron muy superiores en el aire. Por otra parte, los alemanes tenían numerosas bases navales en Noruega, Dinamarca, Francia e Italia, pero de todos modos la armada británica logró puntos importantes.

a) *Éxitos de los británicos*

1. *Aeronaves del portaaviones* Illustrious *hundieron la mitad de la flota italiana en Tarento (noviembre de 1940).* En marzo del año siguiente, otros cinco barcos de guerra fueron destruidos en Cabo Matapan.
2. *La amenaza de las lanchas de ataque desapareció* con el

hundimiento del único acorazado alemán de la época, el *Bismarck* (mayo de 1941).

3. *La armada destruyó los transportes para la invasión alemana* cuando se dirigían a Creta (mayo de 1941), si bien no pudieron evitar la llegada de tropas de paracaidistas.

4. *Se constituyeron en escolta de los convoyes que abastecerían a los rusos;* zarparon por el Ártico hacia Murmansk, en el extremo norte de Rusia. A partir de septiembre de 1941, los primeros 12 convoyes llegaron sin incidentes, pero los alemanes empezaron a atacarlos, hasta que el convoy 17 perdió 23 de 36 barcos (junio de 1942). Después de este desastre, los convoyes por el Ártico no se reanudaron hasta noviembre de 1943, cuando fue posible disponer de escoltas más poderosas. En total zarparon 40 convoyes; de un total de 811 barcos mercantes, 720 entregaron sin problema su valiosa carga de 5 000 tanques, 7 000 aviones y miles de toneladas de carne enlatada.

5. *Su contribución más importante fue la victoria de la batalla del Atlántico* (véase más adelante).

6. *La combinación de fuerzas aéreas y marítimas hizo posible la gran invasión de Francia, en junio de 1944* [véase más adelante, sección VI.6 *b*)].

b) La batalla del Atlántico

Fue la lucha contra los submarinos alemanes que intentaban privar a Gran Bretaña de alimentos y materias primas. A principios de 1942, los alemanes tenían en operación 90, y 250 en construcción. En los primeros seis meses de ese año, los Aliados perdieron más de cuatro millones de toneladas de mercancía embarcada y destruyeron sólo 21 submarinos. En marzo de 1943, las pérdidas ascendían a 108 barcos, de los cuales casi dos terceras partes iban en convoyes. No obstante, después de esto, el número de hundimientos empezó a decrecer, en tanto que se incrementaron las pérdidas de submarinos. Hacia julio de ese año, los Aliados podían producir barcos a mayor velocidad respecto de aquélla con que los submarinos los hundían.

Los éxitos de los Aliados se debieron a:

• los Liberators de gran alcance ofrecían mayor protección a los convoyes;
• tanto las escoltas como las aeronaves adquirieron experiencia;
• los británicos introdujeron los nuevos radares centimétricos, suficientemente pequeños como para adaptarse a los aviones; estos dispositivos permitían detectar a los submarinos aun con escasa visibilidad y durante la noche.

La victoria fue tan importante como la de Midway, El Alamein y Estalingrado; Gran Bretaña no hubiera podido aguantar las derrotas de 1943 y seguir en la guerra.

5. ¿QUÉ PAPEL DESEMPEÑÓ LA FUERZA AÉREA EN LA DERROTA DEL EJE?

a) Logros de las fuerzas aéreas de los Aliados

1. *El primer logro significativo fue la batalla de Gran Bretaña (1940),* cuando la RAF repelió los ataques de la *Luftwaffe* y obligó a Hitler a abandonar sus planes de invasión [sección VI.1(f)].

2. *Combinados con la armada británica, los aviones desempeñaron diversas funciones,* como los ataques exitosos contra la flota italiana en Tarento y Cabo Matapan, el hundimiento del acorazado alemán *Tirpitz* por pesados bombarderos en Noruega (noviembre de 1943), la protección de los convoyes del Atlántico y las operaciones antisubmarinos. De hecho, en mayo de 1943, el almirante Doenitz, comandante de la armada alemana, se quejó con Hitler de que desde la introducción de los nuevos dispositivos de radar, más submarinos eran destruidos por aviones que por barcos.

3. *La fuerza aérea y la armada estadunidenses desempeñaron un papel vital en la victoria de la guerra del Pacífico contra los japoneses.* Los bombarderos en picada que ope-

raban desde los portaaviones ganaron la *batalla de Midway en junio de 1942* [sección VI.3 *a*)]. Posteriormente, en la campaña del "salto de las islas", los ataques de los bombarderos pesados prepararon el camino para el desembarque de marines, por ejemplo, en las islas Marianas (1944) y las Filipinas (1945). Los aviones estadunidenses de transporte mantuvieron el flujo de abastecimiento vital para los Aliados durante la campaña de recaptura de Birmania.

4. *La RAF participó en campañas específicas imposibles sin su participación;* por ejemplo, durante la guerra en el desierto, desde bases en Egipto y Palestina bombardearon sin tregua a los barcos de abastecimiento de Rommel en el Mediterráneo y sus ejércitos en tierra.

5. *Después, tanto británicos como estadunidenses llevaron tropas de paracaidistas para facilitar el desembarco en Sicilia (julio de 1943) y Normandía (junio de 1944),* y protegieron desde el aire a los ejércitos invasores. (Sin embargo, una operación similar fracasó en Arnhem, Holanda, en septiembre de 1944.)

ILUSTRACIÓN VI.2. Mujeres recuperan sus pertenencias después de

b) Los Aliados bombardean ciudades alemanas y japonesas

La acción más controvertida de los Aliados fue el bombardeo de ciudades alemanas y japonesas. Los alemanes habían bombardeado Londres y otras importantes ciudades y puertos británicos en 1940 y 1941 (ilustración VI.2), pero estas incursiones menguaron durante el ataque alemán a Rusia, que requería de la fortaleza de la *Luftwaffe*. Británicos y estadunidenses contraatacaron con lo que llamaron una "ofensiva aérea estratégica", que implicaba ataques masivos contra objetivos militares e industriales para dificultar el esfuerzo bélico de los alemanes. Ruhr, Colonia, Hamburgo y Berlín sufrieron terriblemente. En ocasiones, la finalidad de los ataques aparentemente era minar la moral de los civiles, como cuando murieron cerca de 50 000 personas en una sola noche en Dresden (febrero de 1945).

A principios de ese año, los estadunidenses lanzaron una serie de devastadores ataques contra Japón desde bases de

ILUSTRACIÓN **VI.2.** *Mujeres recuperan sus pertenencias después de un ataque aéreo en Londres*

las islas **Marianas.** En marzo, en un solo ataque contra Tokio, 800 000 personas murieron y una cuarta parte de la ciudad resultó **destruida. Se** ha debatido respecto de la efectividad de los bombardeos para acelerar la derrota del Eje. No hay duda de que las **víctimas** civiles fueron muchas y de que aceleró la destrucción **de la m**oral, pero las críticas apuntan a que también hubo **muchas** víctimas entre las tripulaciones aéreas de los Aliados, **pues s**ólo en Europa murieron más de 158 000 efectivos.

Otros **argument**an que este tipo de bombardeos, que causaban la **muerte de t**antos civiles inocentes (a diferencia de los bombardeos **enfoca**dos a áreas industriales, ferrocarriles y puentes), iba en **contra de** la moralidad. Las estimaciones de civiles alemanes **fallecidos** a causa de los bombardeos de los Aliados fluctúan **entre 600 00**0 y un millón, en tanto que por los ataques alemanes en Gran Bretaña murieron más de 60000 civiles. En su reciente obra, *A History of Bombing*, el escritor sueco Sven Lindquist sugiere que lo que denomina "los ataques sistemáticos contra civiles alemanes en sus hogares" debería ser considerado como "delito, según las leyes humanitarias internacionales para la protección de civiles". Sin embargo, Robin Niellands defiende los bombardeos, y señala que eso sucede en las guerras generalizadas, en el contexto de lo que los alemanes habían hecho en Europa oriental y los japoneses en los territorios ocupados fue "el precio que debía pagarse por la paz".

En cuanto a si los bombardeos ayudaron a acortar la guerra, ahora la conclusión parece ser que la campaña contra Alemania no fue efectiva hasta el otoño de 1944. La producción industrial de dicho país siguió incrementándose incluso hasta julio de ese año. Después, gracias a la mayor exactitud de los ataques y los nuevos Mustang, aviones escolta de combate, que superaban las maniobras de los caza alemanes, la producción de aceite sintético se redujo rápidamente y provocó una aguda escasez de combustible. En octubre, las fábricas de armamentos Krupp de Essen, tan importantes, cerraron definitivamente, y los esfuerzos bélicos culminaron en 1945. Hacia junio de ese año, los japoneses se redujeron prácticamente a las mismas condiciones.

A fin de cuentas, pues, después de mucho esfuerzo desperdiciado antes, *la ofensiva aérea estratégica de los Aliados fue una de las razones decisivas para la derrota del Eje.* Además de acabar con la producción de combustibles y armamento y de destruir las comunicaciones por ferrocarril, muchas naves aéreas tuvieron que desviarse del frente oriental, de modo que facilitaron el avance de Rusia hacia Alemania.

6. DERROTA DE LAS POTENCIAS DEL EJE: JULIO DE 1943 A AGOSTO DE 1945

a) *Caída de Italia*

Fue la primera etapa del colapso del Eje. Tropas británicas y estadunidenses llegaron a Sicilia por mar y aire (10 de julio de 1943) y pronto se apoderaron de toda la isla, razón de *la caída de Mussolini, que fue despedido por el rey.* Las tropas aliadas cruzaron hacia Salerno, Reggio y Tarento, en el territorio continental, y tomaron Nápoles (octubre de 1943).

El mariscal Badoglio, sucesor de Mussolini, firmó un armisticio y llevó a Italia a la guerra del lado de los Aliados, pero los alemanes, decididos a no soltar el país, se apresuraron a mandar tropas por el Paso de Brenner para que ocuparan Roma y el norte. Los Aliados desembarcaron fuerzas en Anzio, a 48 kilómetros de Roma (enero de 1944), pero hubo sangrientas batallas antes de la caída de Monte Cassino (mayo) y Roma (junio). Milán, al norte, fue tomada en abril de 1945. La campaña pudo haber terminado mucho antes si los Aliados hubieran sido menos cautos en un principio y si los estadunidenses no hubieran insistido en reservar muchas divisiones para la invasión de Francia. *No obstante, la eliminación de Italia sí contribuyó a la victoria final de los Aliados:*

• Italia proporcionó bases aéreas para bombardear a los alemanes en el centro de Europa y los Balcanes;
• las tropas alemanas se mantuvieron ocupadas cuando se necesitaban para resistir a los rusos.

b) Operación Overlord, 6 de junio de 1944

La operación Overlord, es decir, la invasión de Francia (también conocida como Segundo Frente), empezó el "Día D", 6 de junio de 1944. Se pensaba que había llegado el momento, con Italia eliminada, los submarinos controlados y lograda la superioridad de los Aliados por aire. Los rusos habían urgido a los Aliados a que iniciaran ese Segundo Frente desde 1941, para aliviar la presión que los agobiaba a ellos. Los desembarcos tuvieron lugar por aire y mar en un tramo de 96 kilómetros de playa en Normandía (conocidas, en código, como Utah, Omaha, Gold y Sword), entre Cherburgo y El Havre (mapa VI.5). Los alemanes se resistieron fuertemente, pero al cabo de la primera semana, 326 000 hombres con tanques y camiones pesados habían desembarcado sin novedad (ilustración VI.3). *La operación fue notable:* se utilizaron puertos prefabrica-

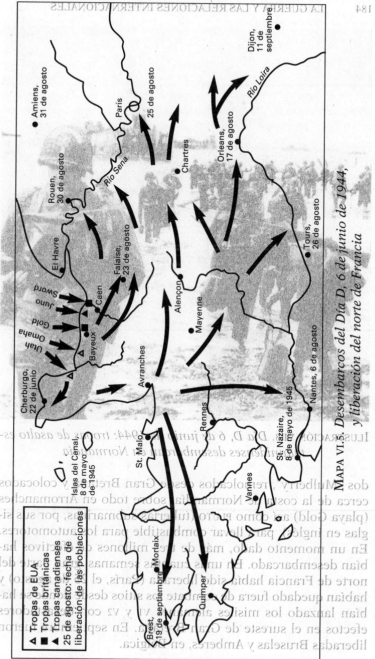

MAPA VI.5 *Desembarcos del Día D, 6 de junio de 1944, y liberación del norte de Francia*

ILUSTRACIÓN... Día D, 6 de junio de 1944; tropas de asalto estadounidenses desembarcan en Normandía

dos Mulberry, relocalizados desde Gran Bretaña y colocados cerca de la costa de Normandía, sobre todo en Arromanches (playa Gold) así como puerto (tuberías submarinas, por sus siglas en inglés) para llevar combustible para los automotores. En un momento dado, más de tres millones de efectivos habían desembarcado. En unas cuantas semanas, la mayor parte del norte de Francia había sido liberada (París, el 25 de agosto) y habían quedado fuera de combate los sitios desde donde se habían lanzado los misiles aéreos V1 y V2 contra objetivos efectos en el sureste de Gran Bretaña. En septiembre fueron liberadas Bruselas y Amberes, en Bélgica.

ILUSTRACIÓN VI.3. *Día D, 6 de junio de 1944: tropas de asalto estadunidenses desembarcan en Normandía*

dos "Mulberry", remolcados desde Gran Bretaña y colocados cerca de la costa de Normandía, sobre todo en Arromanches (playa Gold) así como PLUTO (tuberías submarinas, por sus siglas en inglés), para llevar combustible para los automotores. En un momento dado, más de tres millones de efectivos habían desembarcado. En unas cuantas semanas, gran parte del norte de Francia había sido liberada (París, el 25 de agosto) y habían quedado fuera de combate los sitios desde donde se habían lanzado los misiles alemanes V1 y V2 con devastadores efectos en el sureste de Gran Bretaña. En septiembre fueron liberadas Bruselas y Amberes, en Bélgica.

c) "Rendición incondicional"

Con los alemanes obligados a retirarse de Francia y Rusia, había gente en ambos lados que esperaba un armisticio seguido de una paz negociada; así había terminado la primera Guerra Mundial. Sin embargo, el mismo Hitler hablaba siempre de una lucha a muerte, y había profundas diferencias entre los Aliados respecto de las negociaciones de paz. Ya en enero de 1943, el presidente Roosevelt había anunciado que los Aliados pugnaban por *"la rendición incondicional de Alemania, Italia y Japón"*. Churchill y gran parte de su personal estaban consternados, porque sentían que se estaba perdiendo la oportunidad de una paz negociada. Algunos miembros del servicio secreto británico estaban en contacto con su contraparte y con miembros de la resistencia alemana, opuesta a los nazis, que esperaban persuadir a los generales de su país de que derrocaran a Hitler. Esto, pensaban, llevaría a iniciar las negociaciones de paz. Los líderes nazis estaban encantados con el anuncio de Roosevelt; Goebbels apuntó que "nunca hubiera podido pensar en un lema tan estimulante. Si nuestros enemigos de occidente nos dicen, no trataremos con ustedes, nuestro único objetivo es destruirlos, ¿cómo los alemanes, les guste o no, no harían todo por luchar con todas sus fuerzas?"

Muchos estadunidenses importantes, incluido el general Eisenhower, se oponían a la "rendición incondicional" porque se daban cuenta de que prolongaría la guerra y provocaría más muertes innecesarias. Varias veces, en las semanas previas al Día D, los miembros del estado mayor presionaron a Roosevelt para que cambiara de opinión, pero se negó persistentemente, no fuera a ser que las Potencias del Eje lo consideraran como signo de debilidad. Roosevelt mantuvo su política hasta que murió, en abril de 1945, igual que su sucesor, Harry S. Truman. No hubo intentos de negociar la paz ni con Alemania ni con Japón hasta que ambos se rindieran. Thomas Fleming calcula que en el lapso entre el Día D y el final de la guerra, en agosto de 1945, murieron cerca de dos millones de personas. Muchas de estas vidas hubieran podido salvarse con la perspectiva de una paz negociada para impulsar a la resistencia alemana a derrocar a Hitler. Como sucedió, concluye Fleming, la política de rendición incondicional fué "un ultimátum escrito con sangre".

d) El asalto a Alemania

Con el éxito del Segundo Frente, los Aliados empezaron a reunirse para la invasión de la propia Alemania. Si esperaban que los ejércitos alemanes se desmembraran rápidamente, deben haberse desilusionado mucho, pues la guerra se prolongó por la desesperada resistencia de los germanos y por nuevos desacuerdos entre británicos y estadunidenses. Montgomery quería una ofensiva rápida para llegar a Berlín antes que los rusos, pero Eisenhower estaba a favor del avance cauteloso en un frente amplio. *El fracaso de los británicos en Arnhem, Holanda* (septiembre de 1944), pareció apoyar la opinión de Eisenhower, si bien, de hecho, esa operación (el intento de lanzar tropas en paracaídas para cruzar el Rin y llegar por el flanco a la línea Siegfried alemana) podría haber funcionado si las tropas hubieran aterrizado más cerca de los dos puentes del Rin. Por consiguiente, Eisenhower se salió con la suya y las tropas aliadas se dispersaron en un frente de 960 kilómetros (mapa VI.6), *con infaustos resultados:*

- Hitler pudo lanzar una ofensiva a través de las Ardenas, apenas defendidas, hacia Amberes;
- los alemanes atravesaron las líneas estadunidenses y avanzaron 96 kilómetros, causando gran alboroto en la línea del frente (diciembre de 1944).

La acción decisiva de británicos y estadunidenses contuvo el avance de los alemanes y los regresó a su posición original, pero la *batalla del Montón*, como llegó a conocerse, fue importante porque Hitler arriesgó todo en el ataque y perdió 250 000 hombres y 600 tanques, que en ese momento no podrían ser remplazados. A principios de 1945, Alemania estaba siendo invadida por ambos frentes, oriente y poniente. Los británicos aún querían seguir adelante y tomar Berlín antes que los rusos, pero el comandante supremo Eisenhower se negó a que lo apresuraran y dicha ciudad cayó en abril ante

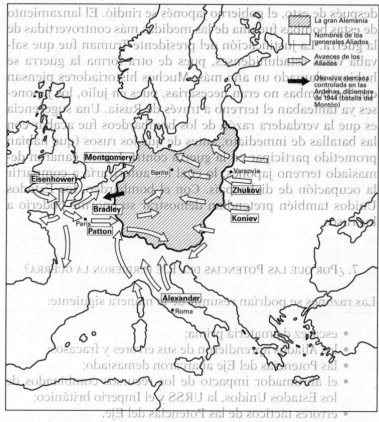

MAPA VI.6. *La derrota de Alemania, 1944-1945*
FUENTE: D. Heater, *Our World This Century* (Oxford, 1992), p. 90.

las fuerzas de Stalin (ilustración VI.4). *Hitler se suicidó y Alemania se rindió.*

e) La derrota de Japón

El 6 de agosto de 1945, *los estadunidenses lanzaron una bomba atómica en Hiroshima que mató, quizá, a 48 000 personas y dejó moribundas a miles más a causa de las radiaciones venenosas.* Tres días después lanzaron otra, esta vez en Nagasaki (ilustración VI.5), a causa de la cual pueden haber muerto 40 000 más;

después de esto, el gobierno japonés se rindió. El lanzamiento de estas bombas fue una de las medidas más controvertidas de la guerra. La justificación del presidente Truman fue que salvaba vidas estadunidenses, pues de otra forma la guerra se hubiera alargado un año más. Muchos historiadores piensan que las bombas no eran necesarias, pues en julio, los japoneses ya tanteaban el terreno a través de Rusia. Una sugerencia es que la verdadera razón de los bombardeos fue acabar con las batallas de inmediato, antes de que los rusos (que habían prometido participar en la guerra contra Japón) ganaran demasiado terreno japonés, lo cual los autorizaría a compartir la ocupación de dicho país. Con el bombardeo, los Estados Unidos también pretendían demostrar su enorme poderío a los rusos.

7. ¿Por qué las Potencias del Eje perdieron la guerra?

Las razones se podrían resumir de la manera siguiente:

- escasez de materia prima;
- los Aliados aprendieron de sus errores y fracasos;
- las Potencias del Eje abarcaron demasiado;
- el abrumador impacto de los recursos combinados de los Estados Unidos, la URSS y el Imperio británico;
- errores tácticos de las Potencias del Eje.

a) Escasez de materia prima

Tanto Italia como Japón tuvieron que importar productos, incluso Alemania estaba corta de hule, algodón, níquel y, después de la primera mitad de 1944, petróleo. Esta escasez no tenía que haber sido fatal, pero el éxito dependía de que la guerra terminara pronto, lo cual primero pareció probable, gracias a la velocidad y eficiencia de la *Blitzkrieg* alemana. Sin embargo, en 1940, la sobrevivencia de Gran Bretaña era importante porque mantendría vivo el frente, hasta que los Estados Unidos se unieran a la guerra.

ILUSTRACIÓN VI.4. *Tropas rusas victoriosas en la parte alta del edificio del Reichstag, en Berlín*

ILUSTRACIÓN VI.5. *Nagasaki, un mes después de que se lanzara la bomba atómica*

b) Los Aliados pronto aprendieron de sus primeros fracasos

En 1942 sabían cómo frenar los ataques *Blitzkrieg* y apreciaban la importancia del apoyo aéreo y de los portaaviones. Por consiguiente, fortalecieron su superioridad aérea y naval, con lo cual ganaron las batallas del Atlántico y del Pacífico, y lentamente se agotaron los pertrechos de sus enemigos.

c) Las Potencias del Eje sencillamente abarcaron demasiado

Hitler no parecía entender que la guerra contra Gran Bretaña también involucraría a su Imperio, y que sus tropas se verían obligadas a distribuirse pobremente en el frente ruso, en ambos lados del Mediterráneo y en la costa occidental de Francia. Japón cometió el mismo error, como lo expresa el historiador militar Liddell-Hart, "se extendieron mucho más allá de su capacidad básica para conservar lo que habían ganado, pues Japón era un Estado formado por pequeñas islas, con potencia industrial limitada". En el caso de Alemania, Mussolini tuvo parte de la culpa, su incompetencia mermó constantemente los recursos de Hitler.

d) Recursos combinados de los Estados Unidos, la URSS y el Imperio británico

Estos recursos eran tan cuantiosos que, mientras más durara la guerra, menos oportunidad tenía el Eje de resultar victorioso. Los rusos trasladaron rápidamente su industria al oriente de los Montes Urales, de modo que siguieron produciendo aunque los alemanes habían ocupado vastas áreas al occidente. Para 1945 tenían cuatro veces más tanques que los alemanes y podían tener el doble de hombres en el campo de batalla. Cuando la maquinaria bélica estadunidense llegó al máximo de su producción, pudo entregar más de 70 000 tanques y 120 000 aviones al año, cifras que alemanes y japoneses no podían igualar.

e) Errores tácticos graves

- Los japoneses no aprendieron la lección de la importancia de los portaaviones y concentraron gran parte de su producción en acorazados.

- Hitler no previó una campaña de invierno en Rusia y se obsesionó con la idea de que los ejércitos alemanes no debían retroceder; esto provocó muchos desastres en Rusia, en especial Estalingrado, y dejó a sus tropas excesivamente expuestas en Normandía (1944).

- Quizá lo más grave de todo fue la decisión de Hitler de concentrarse en la producción de cohetes v cuando podría haber desarrollado aviones de reactor, que podrían haber devuelto su supremacía aérea a Alemania y evitado los devastadores bombardeos de 1944 y 1945.

8. HOLOCAUSTO

Conforme los ejércitos invasores de los Aliados se dirigían a Alemania y Polonia, empezaron a hacer horribles descubrimientos. A finales de julio de 1944, las fuerzas soviéticas que se acercaban a Varsovia se toparon con el campo de exterminio de Majdanek, cerca de Lublin, donde encontraron cientos de cadáveres insepultos y siete cámaras de gas. Las fotografías tomadas en ese lugar revelaron por primera vez al resto del mundo los indescriptibles horrores de esos campos. Más tarde salió a la luz que más de 1.5 millones de personas habían sido asesinadas en Majdanek, la mayoría judíos, pero también prisioneros de guerra rusos y polacos que se habían opuesto a la ocupación alemana. Éste fue sólo uno de cuando menos 20 campos instalados por los alemanes para llevar a cabo lo que llamaban la "solución definitiva" *(Endlosung)* al "problema judío". Entre diciembre de 1941, cuando los primeros judíos perecieron en Chelmno, Polonia, y mayo de 1945, cuando los alemanes se rindieron, unos 5.7 millones de judíos fueron asesinados, además de cientos de miles de no judíos, como gitanos, socialistas, comunistas, homosexuales y deficientes mentales.

¿Cómo se permitió semejante atrocidad? ¿Fue la conclusión natural de una larga historia de antisemitismo en Alemania? ¿O se debe culpar simple y sencillamente a Hitler y los nazis? ¿Hitler había planeado el exterminio de los judíos desde que llegó al poder, o se vio obligado a hacerlo por las circunstancias de la guerra? Éstas son algunas de las interrogantes con que han batallado los historiadores en un intento por explicar tan monstruoso crimen contra la humanidad.

Las primeras interpretaciones del Holocausto pueden clasificarse en dos grandes grupos principales:

- *Intencionalistas:* historiadores que piensan que la responsabilidad del Holocausto es de Hitler, quien esperaba y pensaba exterminar a los judíos desde que llegó al poder.
- *Funcionalistas:* historiadores que piensan que la "solución definitiva" le fue impuesta a Hitler, en cierta forma, por las circunstancias de la guerra.
- Hay también un reducido grupo de escritores equivocados que simpatizan con el antisemitismo y que intentan restarle importancia al Holocausto. De varias formas han argumentado que se ha exagerado mucho el número de muertos; que el propio Hitler no estaba consciente de lo que sucedía y que otros nazis, como Himmler, Heydrich y Goering, tomaron la iniciativa; unos cuantos han negado que el Holocausto haya ocurrido realmente. Todos ellos han sido en gran medida desacreditados.

a) Intencionalistas

Argumentan que Hitler fue personalmente responsable del Holocausto. Desde sus primeros días en Viena era malévolamente antisemita; en su obra *Mein Kampf (Mi lucha)*, culpaba a los judíos de la derrota de Alemania en la primera Guerra Mundial y de todos los problemas de ella derivados. En su discurso ante el Reichstag, en enero de 1939, declaró: "Si el judaísmo financiero internacional dentro y fuera de Europa lograra sumir a la nación en una nueva guerra mundial, el resultado será no la bolchevización de la tierra, y por tanto, el triunfo del judaísmo, sino la aniquilación de la raza judía en Europa". Los intencionalistas subrayan la continuidad de sus ideas de los primeros años de la década de 1920 y las propias políticas instrumentadas en los años cuarenta. Según expresa Karl Dietrich Bracher, si bien Hitler podía no haber tenido un plan maestro, ciertamente sabía lo que quería, y esto incluía la aniquilación de los judíos; la solución definitiva "era cosa de tiempo y oportunidad". Los críticos de esta teoría cuestionan por qué los nazis esperaron hasta finales de 1941, casi nueve años después de que Hitler asumiera el poder, para empezar a asesinar a los judíos. ¿Por qué Hitler se conformó con una legislación antijudía si estaba tan decidido a exterminarlos? De hecho, después del *Kristallnacht*, ataque contra las propiedades de los judíos y las sinagogas que tuvo lugar en noviembre de 1938 en toda Alemania, Hitler ordenó compostura y el retorno a la no violencia.

b) Funcionalistas

Piensan que fue la segunda Guerra Mundial la que agravó el "problema judío". En Polonia vivían cerca de tres millones de judíos; cuando los alemanes tomaron la porción occidental de ese país, en el otoño de 1939, y ocuparon el resto en junio de 1941, este desafortunado pueblo quedó bajo el control de los nazis. La invasión de la URSS en junio de 1941 dio nuevas dimensiones al "problema judío", pues en las repúblicas ocupadas de la porción occidental de Rusia, Bielorrusia y Ucrania, había varios millones de judíos. Los funcionalistas argumentan que fue la pura presión de los números la que llevó a los nazis y a los líderes de la ss de Polonia a presionar para el asesinato masivo de judíos. La opinión de Hitler era bien conocida en todos los círculos nazis; en Polonia sencillamente respondió a las exigencias de los líderes nazis locales. Hans Mommsen, uno de los principales funcionalistas, piensa que Hitler era "un dictador débil"; en otras palabras, la mayor parte de las veces seguía las insinuaciones de otros, más que tomar la iniciativa él [véase la sección XIV.6 *d)* para mayor información sobre la teoría del "dictador débil"]. Todavía en 2001, Mommsen sugería que no hay evidencias claras de una tendencia genocida antes de 1939.

Según Ian Kershaw, en su biografía de Hitler (publicada en 2000), "la forma personalizada de gobernar de Hitler invitaba a iniciativas radicales desde abajo, que respaldaba mientras fueran de acuerdo con la definición general de sus objetivos". La forma de avanzar en el Tercer Reich de Hitler era anticiparse a lo que el Führer quería "sin esperar instrucciones, era tomar la iniciativa respecto de lo que supuestamente eran los objetivos y deseos de Hitler". La frase utilizada para describir este proceso era "trabajar en pro del Führer". A los intencionalistas no les impresiona esta interpretación porque sienten que absuelve a Hitler de su responsabilidad personal en las atrocidades cometidas durante la guerra. Sin embargo, no necesariamente es ésta la conclusión; muchas de estas iniciativas ni siquiera habrían sido propuestas si sus subordinados no hubieran estado bien conscientes de la "voluntad del Führer".

Algunos historiadores piensan que el debate entre intencionalistas y funcionalistas es, hasta cierto punto, obsoleto, y que ambos enfoques pueden estar equivocados. Por ejemplo, en *Hitler and Stalin*, Allan Bullock señalaba que la interpretación más obvia del genocidio era una combinación de ambas posturas. En *The Dictators* (2004), Richard Overy afirma que

> ambos enfoques de la caza del genocidio distraen la atención de la realidad central de todos los judíos después de 1933: ya sea que el último genocidio fuera explícito o meramente implícito en las políticas antisemitas de los años treinta [...] la vengativa y violenta xenofobia fomentada por el régimen hacía de los judíos el objeto principal durante toda la dictadura.

¿Qué motivos tenía Hitler? ¿Por qué era tan obsesivamente antijudío? De un memorando secreto escrito por Hitler en 1936 se desprende que, por muy loco que parezca ahora, realmente consideraba a los judíos como una amenaza para la nación alemana. Pensaba que el mundo, encabezado por Alemania, estaba a punto de una lucha racial y política de proporciones históricas contra las fuerzas del comunismo, que consideraba

como un fenómeno judío. Si Alemania fracasaba, el *Volk* (pueblo) alemán sería destruido y el mundo entero entraría a un nuevo oscurantismo. Era una cuestión de sobrevivencia nacional alemana frente a una conspiración judía mundial. En palabras de Richard Overy:

> La forma en que se trató a los judíos se entendía sólo en el espejo distorsionado de las angustias nacionales de los alemanes y las aspiraciones de esa nación. El sistema deliberadamente establecido para forjar la idea de que la sobrevivencia de Alemania era enteramente contingente a la exclusión o, en caso necesario, la aniquilación de los judíos.

Fue la convergencia del prejuicio antijudío y sin compromiso de Hitler y su propia justificación, aunadas a la oportunidad de actuar, lo que culminó con la terrible batalla apocalíptica entre lo "ario" y lo "judío".

c) La "solución definitiva" toma forma

Allan Bullock argumentaba que la mejor manera de explicar cómo ocurrió el Holocausto es combinar los elementos de intencionalistas y funcionalistas. Desde los primeros años de la década de 1920, Hitler se había comprometido, y había comprometido al partido nazi, a acabar con el poder de los judíos y expulsarlos de Alemania, pero no precisó cómo tendría que hacerse. "Es muy probable —escribe Bullock—, que entre las fantasías que se permitía en privado [...] estuviera el sueño maligno de una liquidación definitiva, en la que todo hombre, mujer o niño de raza judía sería masacrado [...] Pero cómo, cuándo, incluso si ese sueño se haría realidad, no era seguro."

Es importante recordar que Hitler era un político inteligente que prestaba mucha atención a la opinión pública. En sus primeros años como canciller, estuvo muy consciente de que el así llamado "asunto judío" no era de las principales preocupaciones de la mayoría del pueblo alemán. Por consiguiente, no iría más allá de las Leyes Nuremberg (1935) [sección XIV.4 b), punto 11], e incluso éstas se introdujeron para satisfacer a los nazis partidarios de la línea dura. Hitler permitió que el *Kristallnacht* avanzara en noviembre de 1938 por la misma razón, y para poner a prueba los sentimientos del pueblo. Cuando la opinión pública reaccionó de manera desfavorable, hizo un llamado para acabar con la violencia y se concentró en excluir lo más posible a los judíos de la vida alemana. Se les instó a emigrar y sus propiedades y activos fueron confiscados. Antes del estallido de la guerra más de medio millón de judíos había salido del país; se hacían planes para obligar a tantos como fuera posible a instalarse en Madagascar.

Pero con el estallido de la guerra, y en particular con la invasión de Rusia (junio de 1941), la situación cambió radicalmente. Según Richard Overy, esto se consideró no como una oportunidad accidental o fortuita de endurecer la política contra los judíos, sino como "una extensión de una guerra fría antisemita que Alemania había emprendido cuando menos desde su derrota de 1918". La ocupación de toda Polonia y de grandes extensiones de la URSS significaba que muchos más judíos estarían bajo el control de Alemania, pero al mismo tiempo la situación bélica implicaba que sería prácticamente imposible que emigraran. En Polonia, cerca de dos y medio millones de judíos fueron obligados a abandonar sus hogares y se les encerró en atestados guetos en ciudades como Varsovia, Lublin y Lódz. En 1939, por ejemplo, en Varsovia vivían 375 000 judíos; una vez capturada la ciudad, los alemanes construyeron un muro en torno a los distritos judíos. Más tarde, judíos de otras partes del país fueron trasladados a dicha ciudad, de modo que para julio de 1941, unos 445 000 se hacinaban en ese reducido gueto. Los oficiales nazis se quejaban de los problemas que tenían que enfrentar por ese número tan grande de judíos, pues las condiciones en los guetos eran espantosas; la comida se racionaba deliberadamente y existía el riesgo de epidemias. A la larga, 78 000 murieron por enfermedades e inanición.

En diciembre de 1941, poco después de que Alemania declarara la guerra a los Estados Unidos, Hitler declaró públicamente que su profecía de enero de 1939 acerca de la aniquilación de los judíos de Europa pronto sería una realidad. Al día siguiente, Goebbels escribió en su diario: "La guerra mundial está aquí, la exterminación de los judíos debe ser la consecuencia necesaria". No hay pruebas firmes de cuándo exactamente se tomó la decisión de empezar a implementar la "solución definitiva", es decir, matar a los judíos, pero posiblemente fue en el otoño de 1941.

La decisión fue el resultado de varias situaciones y circunstancias:

- La confianza que Hitler tenía en sí mismo llegó al clímax después de las victorias alemanas, especialmente los primeros éxitos de la Operación Barbarroja.
- Hitler ya había puesto en claro que la guerra en el este era algo nuevo. Como lo expresa Allan Bullock, fue "una aventura racista-imperialista [...] una guerra ideológica de destrucción, en la cual las reglas bélicas convencionales, la ocupación y todo lo demás, no serían tomadas en cuenta, los comisarios políticos la emprendieron contra la población civil, que fue objeto de ejecuciones sumarias y represalias colectivas". Faltaba apenas un paso para llevar a cabo el exterminio de los judíos. En palabras de Richard Overy, "esto concordaba con la larga historia de antisemitismo que se expresaba siempre en el idioma de guerra a muerte".
- Entonces sería posible llevar a cabo la "solución definitiva" en Polonia y la URSS, *fuera* de Alemania. Hitler no tendría que preocuparse de la opinión pública alemana; se podría censurar estrictamente todas las noticias relacionadas con los territorios ocupados.

Los nazis no perdieron tiempo; conforme su fuerza aérea avanzó al interior de la URSS, se hizo una redada de comunistas y judíos para que fueran masacrados por unidades de la ss y por el ejército regular. Por ejemplo, a finales de septiembre de 1941, en dos días fueron asesinados cerca de 34 000 judíos en una hondonada en Babi Yar, en las afueras de Kiev, Ucrania; y en Odessa, Crimea, murieron cuando menos 75 000. Cualquier no judío que intentara esconder o proteger de cualquier modo a judíos era acribillado sin miramientos, junto con los judíos y los comunistas.

En enero de 1942, poco después de que se enviara a los primeros judíos a la cámara de gas en Chelmno, Polonia, en Wannsee (Berlín) se celebró una conferencia para analizar la logística de cómo sacar de sus hogares a 11 millones de judíos de todas partes de Europa y trasladarlos a los territorios ocupados. En un principio, la idea general parecía ser la aniquilación mediante trabajos forzados e inanición, pero pronto se cambió a una política de destrucción sistemática antes de que terminara la guerra. Hitler no asistió a la conferencia de Wannsee, se mantuvo tras bambalinas respecto de la "solución definitiva". Nunca se encontró una orden de implementación firmada por él, lo cual ha sido considerado por unos cuantos historiadores como prueba de que no se le debe culpar del Holocausto, pero esta posición es difícil de sostener. Después de un exhaustivo análisis de las pruebas, Ian Kershaw llegó a esta conclusión:

> No puede haber dudas al respecto: el papel de Hitler fue decisivo e indispensable en vías de la "solución definitiva" [...] Sin Hitler y el régimen excepcional que encabezó, la creación de un programa para la exterminación física de los judíos hubiera sido inconcebible.

d) Genocidio

Conforme el programa de exterminio tomó impulso, los judíos de Europa oriental fueron llevados a Belzec, Sobobor, Treblinka y Majdanek, al este de Polonia; la mayoría de aquellos provenientes de Europa occidental fueron a Auschwitz-Birkenau, al suroeste de Polonia (mapa VI.7). Entre julio y septiembre de 1942, más o menos 300 000 judíos fueron llevados del gueto de Varsovia al campo de exterminio de Treblinka. Hacia finales de 1942, más de cuatro millones ya habían muerto. Si bien las vicisitudes de la guerra empezaron a ponerse en contra de los alemanes durante 1943, Hitler insistió en que el programa debía continuar, y continuó (ilustración VI.6), mucho después de que fuera perfectamente claro para cualquiera que se perdería la guerra. En abril de 1943, los judíos que quedaban en el gueto de Varsovia armaron una revuelta, la cual fue brutalmente aplastada y la mayoría murió. Sólo unos 10 000 judíos

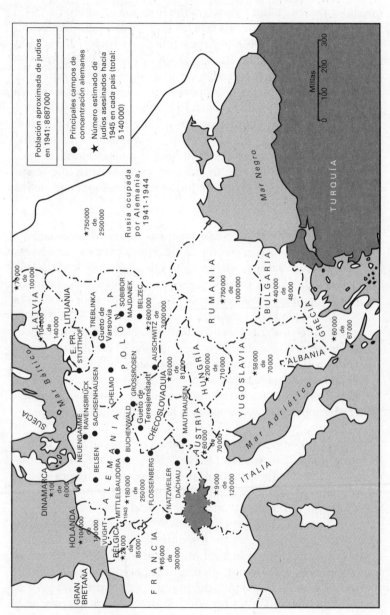

MAPA VI.7. *El Holocausto*

quedaban vivos cuando Varsovia fue liberada en enero de 1945. En julio de 1944, después de que las fuerzas alemanas ocuparan Hungría, cerca de 400 000 judíos húngaros fueron llevados a Auschwitz. Conforme las fuerzas rusas cruzaban Polonia, las SS organizaron marchas forzadas de los campos de la muerte a Alemania; casi todos los prisioneros morían en el camino o les disparaban al llegar a dicho país. El 6 de agosto de 1944, con los rusos apenas a 160 kilómetros, los alemanes llevaron a 70 000 judíos del gueto de Lódz, al suroeste de Varsovia, a Auschwitz, donde la mitad fue a dar inmediatamente a las cámaras de gas.

Allan Bullock describe de manera escalofriante lo que sucedía con cada nuevo grupo de judíos que llegaba a uno de los campos de la muerte:

> Todos pasaban por la misma espantosa rutina. Médicos de bata blanca seleccionaban con un ademán a las personas adecuadas para *trabajar* hasta morir, en tanto que al resto se le pedía que dejara toda su ropa y sus pertenencias, y después, una terrorífica fila de hombres y mujeres desnudos, llevando a sus hijos de la mano y tratando de consolarlos, eran llevados a las cámaras de gas. Cuando los gritos se apagaban y se abrían las puertas, todavía estaban de pie, tan apretados, que no se caían. Pero donde había habido seres humanos, ahora había cadáveres, que eran llevados a los hornos para ser cremados. Éste era el diario espectáculo del que Hitler tuvo buen cuidado de privarse y que ronda el pensamiento de cualquiera que haya estudiado las pruebas.

¿Qué tipo de persona puede cometer esos crímenes contra la humanidad? En su obra *Hitler's Willing Executioners*, publicada en 1996, el historiador Daniel Goldhagen sugiere que el pueblo alemán era especialmente antisemita y fue colectivamente responsable de las muchas atrocidades cometidas durante el Tercer Reich, las cuales incluyen no sólo la "solución definitiva" del "problema de los judíos", sino también el programa de eutanasia en el cual murieron unas 70 000 personas que supuestamente tenían alguna incapacidad o enfermedad mental, el cruel tratamiento del pueblo polaco durante la ocupación y la atroz manera en que fueron tratados los prisioneros de guerra rusos y las poblaciones civiles.

ILUSTRACIÓN VI.6. *Cuerpos en el campo de concentración de Belsen*

Si bien la teoría de Goldhagen quizá vaya demasiado lejos, no hay duda de que un número considerable de alemanes comunes y corrientes estaban dispuestos a seguir a Hitler y a otros líderes nazis. Tal vez los convencían los argumentos de hombres como Himmler, que dijo a un grupo de comandantes de las SS: "Teníamos el derecho moral, teníamos el deber de destruir a esa gente que quería destruirnos a nosotros". Las SS, originalmente regimientos de guardaespaldas de Hitler, así como la policía de seguridad, los guardias y comandantes de los campos y los *gauleiters* (gobernadores) locales eran cada vez más implacables y bárbaros, conforme avanzaba la guerra en el este. Los líderes de grandes empresas y los propietarios de las fábricas estaban dispuestos a aprovechar la mano de obra barata de los internos de los campos de concentración; otros agradecían poder adquirir las propiedades y otros bienes que se confiscaban a los judíos; los expertos médicos estaban dispuestos a utilizar a los judíos en experimentos que los llevaban a la muerte. En todos los niveles de la sociedad germana había alguien que alegremente aprovechaba la oportunidad de beneficiarse de la suerte de los indefensos judíos.

Pero ese comportamiento no era propio sólo de los alemanes, pues muchos ciudadanos polacos y soviéticos colaboraron de buen grado con el genocidio. Sólo tres días después de que empezara la invasión de la URSS, 1 500 judíos fueron salvajemente asesinados en Lituania por la milicia local, y pronto, miles más murieron a manos de no alemanes en Bielorrusia y Ucrania. Sin embargo, sin Hitler y los nazis para autorizar, legitimar, respaldar e impulsar estos actos, nada de esto habría sido posible.

Por otra parte, conviene recordar que muchos alemanes arriesgaron valerosamente su vida para ayudar a los judíos dándoles refugio y organizando rutas de escape, pero era muy arriesgado, pues dichas personas a menudo acababan en los campos de concentración. También en Polonia hubo muchos dispuestos a ayudar a los judíos fugitivos. En una obra reciente, el historiador Gunnar Paulsson sugiere que en Varsovia había una red de quizá 90 000 "personas decentes y honestas", más de 10% de la población, directa o indirectamente dedicadas a ayudar a los judíos de diferentes maneras. Estos hechos desafían la opinión generalizada de que los polacos silenciosamente cooperaron con el exterminio masivo de sus compatriotas judíos.

9. ¿Cuáles fueron los efectos de la guerra?

a) Destrucción sin proporciones

La destrucción de vidas, hogares, industrias y medios de comunicación fue enorme en Europa y Asia (ilustraciones VI.2, VI.5 y VI.6).

Casi 40 millones de personas murieron, de las cuales, más de la mitad eran rusos; seis millones, polacos; cuatro millones, alemanes; dos millones, chinos, y dos millones, japoneses. Comparativamente, en Gran Bretaña y los Estados Unidos se perdieron pocas vidas (figura VI.1).

Otros 21 millones de personas fueron desarraigadas de sus hogares, algunas para ser llevadas a Alemania a trabajar como peones esclavizados y otras, a los campos de concentración; algunas más fueron obligadas a huir de los ejércitos invasores.

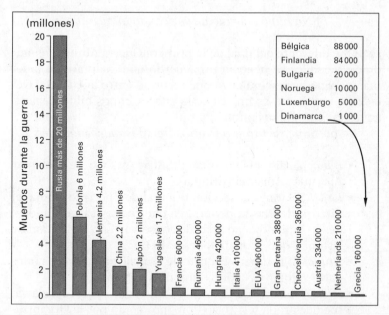

FIGURA VI.1. *Muertes durante la segunda Guerra Mundial*

Las potencias vencedoras se quedaron con el problema de cómo repatriarlos (hacer arreglos para que volvieran a casa).

Extensos territorios alemanes, en especial las zonas industriales y muchas ciudades importantes fueron reducidas a ruinas. Gran parte del occidente de Rusia fue totalmente devastada, y unos 25 millones de personas quedaron sin hogar. Francia también sufrió mucho; tomando en cuenta la destrucción de casas, fábricas, ferrocarriles, minas y ganado, se perdió casi 50% de la riqueza de los franceses. En Italia, donde los daños fueron muy graves en el sur, dicha cifra asciende a 30%. Japón tuvo serios daños y un número elevado de víctimas a causa de los bombardeos.

Si bien el costo fue elevado, el mundo realmente se deshizo del nazismo, responsable de terribles atrocidades de las cuales, la más notoria fue *el Holocausto, o asesinato deliberado de más de cinco millones de judíos y cientos de miles de no judíos en campos de exterminio,* sobre todo en Polonia y Rusia (sección VI.8).

b) No hubo acuerdo de paz con todo incluido

Esto fue diferente del final de la primera Guerra Mundial cuando en Versalles se negoció un acuerdo que incluía todo, además porque la desconfianza que resurgió entre la URSS y Occidente en los meses finales de la guerra imposibilitó llegar a acuerdos en muchos puntos.

No obstante, se firmaron varios tratados independientes:

- *Italia* perdió sus colonias de África y dejó de reclamar Albania y Abisinia (Etiopía).
- *La URSS* tomó la sección oriental de Checoslovaquia, el distrito de Petsamo y el área que rodea el lago Ladoga, desde Finlandia, además de conservar Latvia, Lituania y Estonia, que ocupaban desde 1939.
- *Rumania* recuperó el norte de Transilvania, que los húngaros habían ocupado durante la guerra.
- *Trieste,* reclamada tanto por Italia como por Yugoslavia, fue declarada territorio libre, protegido por la Organización de las Naciones Unidas.
- Posteriormente, en San Francisco (1951), *Japón* accedió a entregar todos los territorios adquiridos durante los 90 años anteriores, incluida la retirada total de China.

Sin embargo, *los rusos se negaron a aceptar acuerdos respecto de Alemania y Austria,* excepto que debían ser ocupadas por tropas aliadas y que el oriente de Prusia debía dividirse entre Rusia y Polonia.

c) La guerra impulsó importantes cambios sociales

Además de los movimientos poblacionales ocurridos durante la guerra, una vez que cesaron las hostilidades, muchos millones de personas fueron obligadas a dejar sus hogares. Los peores casos probablemente tuvieron lugar en las áreas perdidas por Alemania a manos de Rusia y Polonia, y en las áreas de habla alemana de Hungría, Rumania y Checoslovaquia. Cerca de 10 millones de alemanes tuvieron que irse, y se dirigieron a

Alemania occidental, de modo que ningún gobierno alemán futuro podría reclamar dichos territorios. En algunos países, especialmente la URSS y Alemania, volvieron a desarrollarse extensas zonas urbanas que estaban en ruinas. En Gran Bretaña, la guerra estimuló, entre otras cosas, un plan para introducir el Estado del Bienestar (Informe Beveridge, 1942).

d) La guerra llevó a la producción de armas nucleares

La primera vez que se utilizaron estas armas, en Hiroshima y Nagasaki, se demostró su horrible poder de destrucción. El mundo quedó a merced de la amenaza de una guerra nuclear que muy bien podría acabar con el planeta. Algunas personas argumentan que hizo las veces de elemento de disuasión; las partes de la Guerra Fría se asustaron tanto de sus consecuencias, que ya no quisieron pelear entre sí.

e) Fin del dominio de Europa sobre el resto del mundo

Los cuatro estados de Europa occidental que habían desempeñado papeles destacados en los asuntos mundiales durante gran parte de la primera mitad del siglo XX, ahora eran mucho más débiles que antes. Alemania estaba devastada y dividida, Francia e Italia, al punto de la bancarrota; aunque Gran Bretaña parecía fuerte y victoriosa, con su imperio intacto, el costo de la guerra la había arruinado. Los Estados Unidos la ayudaron a mantenerse funcionando durante el conflicto bélico, abasteciéndola, pero después tuvo que pagar. Tan pronto como la guerra terminó Truman, el nuevo presidente de los Estados Unidos, interrumpió abruptamente la ayuda, dejando a los británicos en estado lamentable, pues tenían deudas con el exterior de más de 300 millones de libras, muchas de sus inversiones extranjeras habían sido liquidadas y su capacidad de exportación de bienes se había reducido mucho. Por otra parte, Gran Bretaña se vio obligada a solicitar otro crédito estadunidense, que se le concedió a elevadas tasas de interés; por tanto, el país dependía mucho, e incómodamente, de los Estados Unidos.

f) Surgimiento de las superpotencias

Los Estados Unidos y la URSS surgieron como las dos naciones más poderosas del mundo, y dejaron de aislarse, como antes de la guerra. Los Estados Unidos habían sufrido relativamente poco por la guerra, si bien disfrutaron de gran prosperidad por haber abastecido de materiales bélicos y alimentos a los demas Aliados. Los estadunidenses tenían la armada y la fuerza aérea más grandes del mundo y controlaban la bomba atómica. La URSS, si bien muy debilitada, aún tenía el mayor ejército del mundo. Ambos países sospechaban de las intenciones del otro ahora que los enemigos comunes, Alemania y Japón, habían sido derrotados. La rivalidad de estas dos superpotencias durante la Guerra Fría fue la característica más importante de las relaciones internacionales casi durante medio siglo, después de 1945, y constituyó una perenne amenaza para la paz del mundo (véase el capítulo siguiente).

g) Descolonización

La guerra fomentó el movimiento hacia la descolonización. Las derrotas infligidas a Gran Bretaña, Holanda y Francia por la ocupación japonesa de sus territorios, Malasia, Singapur y Birmania (británica), Indochina francesa y las Indias Occidentales Holandesas, acabaron con la tradición de superioridad e inviolabilidad de los europeos. Era difícil esperar que habiendo batallado para deshacerse de los japoneses, los pueblos asiáticos volvieran voluntariamente a someterse a los europeos, así que gradualmente obtuvieron su independencia total, aunque no sin luchar, en algunos casos. Esto, a su vez, intensificó las demandas de independencia entre los pueblos de África y el Medio Oriente, y en los años sesenta, el resultado fue un gran conjunto de nuevos países (véanse los capítulos XXIV y XXV). Los líderes de muchas de estas naciones emergentes se reunieron en una conferencia en Algiers en 1973 y pusieron en claro que se consideraban como un *Tercer Mundo*. Con esto querían decir que *deseaban permanecer neutrales o no alineados* en la lucha entre los dos mundos, el capitalismo y el comunismo. En general pobres e industrialmente subdesarrolladas, las nuevas naciones a menudo se mostraban profundamente suspicaces de los motivos tanto del comunismo como del capitalismo, y resentían su propia dependencia económica de los países ricos del mundo.

h) Organización de las Naciones Unidas (ONU)

Surgió como sucesora de la Liga de las Naciones; su objetivo principal era tratar de mantener la paz mundial, y en general, ha tenido más éxito que su desafortunada predecesora (véanse los capítulos III y IX).

PREGUNTAS

Ideas de Hitler sobre el futuro
1. Estudie las fuentes A y B y responda las preguntas.

Fuente A
Extracto del discurso de Hitler ante los líderes de la SS, noviembre de 1938.

> Debemos tener claro que en los próximos diez años sin duda enfrentaremos inusitados conflictos críticos. No es sólo la lucha de las naciones, que en este caso es postulada por el lado opuesto meramente como un frente, sino la lucha ideológica de toda la judería, los francmasones, el marxismo y las iglesias del mundo. Estas fuerzas, cuya fuerza impulsora, presumo, el origen de todas las negativas, son los judíos, tienen claro que Alemania e Italia no están aniquiladas, *serán* aniquiladas. Ésta es una conclusión sencilla. En Alemania, los judíos no pueden sostenerse, es una cuestión de años. Expulsaremos a muchos más, con crueldad sin precedente.

Fuente B
Extractos del discurso de Hitler ante el Reichstag, 30 de enero de 1939.

Muchas veces durante mi vida he sido profeta, casi siempre ridiculizado. En la época de mi lucha por el poder fueron en primer lugar los judíos quienes se reían de mis profecías de que en algún momento sería líder del Estado y encontraría una solución para el problema judío. Creo que esas risas vacías de entonces ya se les atoran en la garganta. Ahora quiero volver a ser profeta: si el judaísmo financiero internacional dentro y fuera de Europa lograra sumir a la nación en una nueva guerra mundial, el resultado será no la bolchevización de la tierra, y por tanto, el triunfo del judaísmo, sino la aniquilación de la raza judía en Europa.

FUENTE: Ambos extractos se citan en Ian Kershaw, *Hitler 1936-45: Nemesis* (Allen Lane/Penguin, 2000).

a) ¿Qué demuestran estas fuentes del estado de ánimo de Hitler y su forma de pensar respecto de la paz, la guerra y los judíos?
b) Aprovechando las fuentes y sus conocimientos, analice las pruebas a favor y en contra de que la "solución definitiva" fue impuesta a Hitler por las circunstancias de la segunda Guerra Mundial.

2. Explique por qué los alemanes tuvieron éxito en la segunda Guerra Mundial hasta finales de 1941, pero sufrieron su derrota definitiva en 1945.
3. Explique por qué concuerda o no con la opinión de que la victoria de los Aliados en la segunda Guerra Mundial se debió principalmente a la participación de la URSS.

VII. LA GUERRA FRÍA: PROBLEMAS DE LAS RELACIONES INTERNACIONALES DESPUÉS DE LA SEGUNDA GUERRA MUNDIAL

Resumen de acontecimientos

Hacia el final de la guerra, la armonía entre la URSS, los Estados Unidos y el Imperio británico empezó a deteriorarse, y todas las viejas sospechas volvieron a escena. Las relaciones entre la Rusia soviética y Occidente pronto se tornaron tan difíciles que, si bien los bandos no llegaron a pelear directamente, la década posterior a 1945 fue testigo de lo que llegó a conocerse como la *Guerra Fría*. A pesar de que varias veces "se deshieló", no terminó hasta el colapso del comunismo en Europa del este en 1989-1991. Lo que pasó fue que en vez de permitir la expresión de esa mutua hostilidad con luchas francas, *las potencias rivales se atacaban con propaganda y medidas económicas y a través de políticas generales de no cooperación.*

Las dos superpotencias, los Estados Unidos y la URSS, se rodearon de aliados; entre 1945 y 1948, la URSS atrajo a su órbita a la mayoría de los estados de Europa del este, cuando gobiernos comunistas asumieron el poder en Polonia, Hungría, Rumania, Bulgaria, Yugoslavia, Albania, Checoslovaquia y Alemania Oriental (1949). En Corea del Norte se estableció también un gobierno comunista (1948), y el bloque pareció fortalecerse aún más cuando Mao Zedong (Mao Tse-tung) por fin resultó victorioso en la prolongada guerra civil china (sección XIX.4). Por otra parte, los Estados Unidos aceleraron la recuperación de Japón y lo acogieron como aliado, además de trabajar muy de cerca con Gran Bretaña y otros 14 países europeos, así como con Turquía, proporcionándoles abundante ayuda económica para construir un bloque anticomunista.

Lo que un bloque sugería o hacía era considerado por el otro como agresión, con repercusiones posteriores. Por ejemplo, fue larga la discusión sobre dónde debería estar la frontera entre Polonia y Alemania, y no fue posible llegar a un acuerdo permanente sobre Alemania y Austria. A mediados de la década de 1950, después de la muerte de Stalin (1953), los nuevos líderes rusos empezaron a hablar de "coexistencia pacífica", y la helada atmósfera entre los bloques empezó a deshielarse. Se acordó retirar a todas las tropas de ocupación de Austria; sin embargo, las relaciones no mejoraron lo suficiente como para llegar a un acuerdo sobre Alemania, y las tensiones se incrementaron otra vez respecto de Vietnam y la crisis de los misiles en Cuba (1962).

1. ¿QUÉ PROVOCÓ LA GUERRA FRÍA?

a) Diferencias de principio

La causa básica del conflicto radica en las diferencias de principio entre los estados comunistas y los estados capitalistas o liberaldemócratas.

- El *sistema comunista* de organización del Estado y la sociedad estaba basado en las ideas de Karl Marx, quien pensaba que la riqueza de un país debe ser de propiedad colectiva y compartida por todos. La economía debe planearse centralmente, y el interés y bienestar de las clases trabajadoras deben ser protegidos por políticas sociales del Estado.
- El *sistema capitalista*, por su parte, funciona sobre la base de la propiedad privada de la riqueza de un país. Las fuerzas que impulsan al capitalismo son las empresas privadas que buscan su propio beneficio y la conservación del poder de la riqueza privada.

Desde que se instauró en Rusia (URSS) el primer gobierno comunista en 1917 [sección XVI.2 *d)*], los gobiernos de la mayoría de los estados capitalistas lo vieron con desconfianza y temían que el comunismo se difundiera a sus países, lo cual significaría el fin de la propiedad privada de la riqueza y la pérdida del poder político para las clases privilegiadas. Cuando en 1918 estalló la guerra civil en Rusia, varios estados capitalistas: los Estados Unidos, Gran Bretaña, Francia y Japón, enviaron tropas a Rusia para apoyar a las fuerzas anticomunistas. Los comunistas ganaron la guerra, pero José Stalin, quien asumió el poder en Rusia en 1929, estaba convencido de que las potencias capitalistas harían un nuevo intento por destruir el comunismo en Rusia, y la invasión alemana de 1941 demostró que tenía razón. La necesidad de protegerse de Alemania y Japón llevó a Rusia, los Estados Unidos y Gran Bretaña a olvidar sus diferencias y actuar en conjunto, pero tan pronto la derrota de Alemania no fue más que cuestión de tiempo, ambas partes, especialmente Stalin, empezaron a hacer planes para la posguerra.

b) *La política exterior de Stalin contribuyó a las tensiones*

Su objetivo era aprovechar la situación militar para fortalecer la influencia rusa en Europa. Cuando los ejércitos nazis se colapsaron, intentó ocupar tanto territorio alemán como fuera

posible y hacerse del máximo territorio como pudiera quitar-
les a países como Finlandia, Polonia y Rumania, y en esto tuvo
mucho éxito, pero Occidente se alarmó ante lo que consideró
como una agresión de los soviéticos; pensaba que estaba empe-
ñado en difundir el comunismo por el mundo tanto como fuera
posible.

c) Los políticos estadunidenses y británicos
eran hostiles al gobierno soviético

Durante la guerra, los Estados Unidos, encabezados por el presidente Roosevelt, enviaron pertrechos bélicos de todo tipo a
Rusia según un sistema conocido como "préstamo-arrenda-
miento", y Roosevelt se inclinaba por confiar en Stalin. Pero
cuando aquél murió, en abril de 1945, Harry S. Truman, su
sucesor, se mostró más suspicaz y endureció su actitud respecto de los comunistas. Algunos historiadores piensan que el principal motivo de Truman para lanzar las bombas atómicas en
Japón no fue nada más derrotar a este último, sino demostrar
a Stalin lo que podía pasarle a Rusia si se atrevía a ir demasiado lejos. Stalin sospechaba que los Estados Unidos y Gran
Bretaña todavía estaban muy interesados en acabar con el comunismo; sentía que su demora en lanzarse a invadir Francia,
el Segundo Frente (lo cual no sucedió hasta junio de 1944),
fue deliberadamente calculada para mantener gran parte de la
presión en los rusos y dejarlos exhaustos. Tampoco enteraron
a Stalin de la existencia de la bomba atómica sino poco antes
de que se usara en Japón, y rechazaron su solicitud de que Rusia debía formar parte de la ocupación de dicho país. *Más que
nada, Occidente tenía la bomba atómica, pero Rusia no.*

¿Y así, a cuál de las partes culpar?

*Durante los años cincuenta, la mayoría de los historiadores oc-
cidentales, como el estadunidense George Kennan (en sus Me-
moirs, 1925-50, Bantam, 1969), culpaban a Stalin,* con el argumento de que sus motivos eran siniestros, y que pretendía
difundir el comunismo lo más posible en Europa y Asia, para

acabar con el capitalismo. La formación de la OTAN [sección VII.2 *i)*, a continuación] y el involucramiento de los estadunidenses en la Guerra de Corea en 1950 (sección VIII.1) fue la forma que encontró Occidente para defenderse de la agresión comunista.

Por otra parte, los historiadores soviéticos y, al principio de la década de 1960 y los primeros años de la de 1970, algunos de los estadunidenses argumentaron que *no se debería culpar a Stalin y los rusos de la Guerra Fría.* Su teoría era que Rusia había sufrido enormes pérdidas durante la guerra y que, por lo tanto, era de esperar que Stalin intentara asegurarse de la amistad de los estados vecinos, dada la debilidad de Rusia en 1945. Pensaban que los motivos de Stalin eran puramente defensivos y que no constituían una amenaza real para Occidente. Algunos estadunidenses afirmaban que los Estados Unidos debían ser más comprensivos y no poner en tela de juicio la idea de una "esfera de influencia" soviética en Europa del este. Las medidas de los políticos estadunidenses, especialmente de Truman, provocaron innecesariamente la hostilidad de los rusos. Es esta perspectiva la que se conoce como *revisionista.*

La principal razón subyacente a esta nueva perspectiva era que, a finales de los años sesenta del siglo pasado, muchos en los Estados Unidos criticaron la política exterior estadunidense, en especial su participación en la guerra de Vietnam (sección VIII.3). Fue ésta la causa de que algunos historiadores reconsideraran la actitud de los estadunidenses respecto del comunismo en general; pensaban que el gobierno de los Estados Unidos estaba hostilmente obsesionado con los estados comunistas y estaban dispuestos a adoptar una visión más empática de los problemas que había enfrentado Stalin a finales de la segunda Guerra Mundial.

Más tarde, algunos historiadores presentaron una tercera perspectiva, la conocida como interpretación *posrevisionista,* popularizada en los años ochenta; aprovecharon la oportunidad de analizar gran cantidad de documentos nuevos y de consultar archivos que no se habían abierto previamente a los historiadores. Estas nuevas evidencias sugerían que la situación a finales de la guerra era mucho más complicada de lo que antes habían pensado, lo cual los llevó a adoptar una postura intermedia y argumentaron que *ambas partes debían asumir su parte de culpa en la Guerra Fría*. Pensaban que las políticas económicas estadunidenses, como el Plan Marshall [sección VII.2 *e*), a continuación] se habían diseñado deliberadamente para incrementar la influencia política estadunidense en Europa. Sin embargo, también creían que si bien Stalin no tenía planes de largo plazo para difundir el comunismo, era un oportunista y aprovecharía cualquier debilidad de Occidente para ampliar la influencia soviética. Los crudos métodos de los soviéticos para imponer gobiernos comunistas en los estados de Europa del este tendían a demostrar las afirmaciones de que los objetivos de Stalin eran expansionistas. Con sus arraigadas posiciones y profundas sospechas mutuas, los Estados Unidos y la URSS crearon una atmósfera en la cual toda acción internacional podía interpretarse de dos maneras. Lo que una de las partes consideraba como necesario para defenderse, la otra lo interpretaba como prueba de agresividad, según demuestran los eventos que se describen en la sección siguiente, pero cuando menos se evitaba una guerra declarada, pues los estadunidenses estaban renuentes a utilizar de nuevo la bomba atómica, a menos que fueran atacados directamente, y los rusos no se atrevían a provocar un ataque de esa naturaleza.

2. ¿Cómo se desarrolló la Guerra Fría entre 1945 y 1953?

a) Conferencia de Yalta (febrero de 1945)

Tuvo lugar en Rusia (Crimea); asistieron los tres líderes Aliados, Stalin, Roosevelt y Churchill, de modo de planear lo que pasaría cuando terminara la guerra (ilustración VII.1). *En ese momento pareció que había sido un éxito, dados los acuerdos a los que se llegó en varios aspectos.*

- Una nueva organización, que se llamaría *Naciones Unidas*, sustituiría a la fallida Liga de las Naciones.
- *Alemania se dividiría en zonas*, rusa, estadunidense y bri-

ILUSTRACIÓN VII.1. *Churchill, Roosevelt y Stalin en Yalta, febrero de 1945*

tánica (posteriormente se incluyó una francesa), en tanto que Berlín (que quedaba en medio de la zona rusa) también se dividiría en las zonas correspondientes. En Austria se aplicaría un arreglo de las mismas características.

- Se permitirían elecciones libres en los estados de Europa del este.
- Stalin prometió unirse a la guerra contra Japón, con la condición de que Rusia recibiera toda la isla de Sajalín y algunos territorios en Manchuria.

No obstante, se observaron *signos ominosos respecto de lo que se haría con Polonia.* Cuando los ejércitos rusos cubrieron Polonia y los alemanes tuvieron que regresar, ya habían instalado un gobierno comunista en Lublin, si bien en Londres ya había un gobierno polaco en el exilio. En Yalta se acordó que a algunos de los miembros (no comunistas) de dicho gobierno se les permitiría unirse al de Lublin, y a cambio, a Rusia se le otorgaría una franja de la zona oriental de Polonia que se había anexado en 1939. No obstante, Roosevelt y Churchill no quedaron contentos con las exigencias de Stalin de que a Polonia se le concedieran todos los territorios alemanes al oriente de los ríos Oder y Neisse; no se llegó a acuerdos al respecto.

b) Conferencia de Potsdam
(julio de 1945)

El ambiente estaba decididamente más frío. Al principio de la conferencia, los líderes eran Stalin, Truman (en sustitución de Roosevelt, quien había muerto en abril) y Churchill, remplazado por Clement Attlee, nuevo primer ministro británico, cuando los laboristas ganaron las elecciones.

La guerra con Alemania había terminado, pero no se había llegado a acuerdos respecto de su futuro a largo plazo. Los grandes interrogantes eran si, o cuándo, se permitiría que las cuatro zonas se unieran para formar de nuevo un solo país, el cual sería desarmado; si el partido nazi se disolvería y si sus líderes serían juzgados como criminales de guerra. Se acordó que los alemanes pagarían algo para resarcir los daños que habían causado durante la guerra. Gran parte de los pagos (conocidos como "indemnizaciones") sería para la URSS, quien podría tomar productos que no fueran alimentos de su propia zona, y de otras también, a cambio de que abasteciera de alimentos a la zona occidental de Alemania.

El principal desacuerdo fue respecto de Polonia. Truman y Churchill estaban molestos porque Alemania, al oriente de la línea Oder-Neisse, había sido ocupada por tropas rusas y era gobernada por el régimen polaco procomunista, el cual había expulsado a cerca de cinco millones de alemanes que vivían en la zona, lo cual no se había acordado en Yalta (mapa VII.1). Truman no informó a Stalin de las características exactas de la bomba atómica, pero Churchill sí. Unos días después de que terminó la conferencia, se lanzaron las dos bombas atómicas en Japón y la guerra terminó rápidamente, el 10 de agosto, sin necesidad de ayuda de Rusia (si bien los rusos habían declarado la guerra a Japón el 8 de agosto e invadido Manchuria).

Tierras tomadas por Polonia a Alemania:
territorio este de la Línea *Oder-Neisse* y parte del oriente de Prusia.

Tierras adquiridas por la URSS durante la guerra

Zonas de ocupación en Alemania y Austria:

1 Rusa   3 Francesa
2 Británica 4 Estadunidense

MAPA VII.1. *Europa después de 1945*

Se anexaron el sur de Sajalín, según se había acordado en Yalta, pero no se les permitió tomar parte en la ocupación de Japón.

c) El comunismo en Europa del este

Meses después de Potsdam, los rusos interferían sistemáticamente en los países de Europa del este para instituir gobiernos comunistas; esto sucedió en Polonia, Hungría, Bulgaria, Albania y Rumania. En ciertos casos sus oponentes eran encarcelados o asesinados; en Hungría, por ejemplo, los rusos permitieron elecciones libres, y si bien los comunistas obtuvieron menos de 20% de los votos, se encargaron de que la mayor parte del gabinete fuera comunista. Stalin atemorizó aún más a Occidente con un discurso ampliamente difundido en febrero de 1946, en el cual dijo que, el comunismo y el capitalismo nunca podrían vivir en paz y que, en el futuro, la guerra era inevitable hasta la victoria final del comunismo. Sin embargo, los historiadores rusos han afirmado que el discurso fue malinterpretado y sesgado en Occidente, en especial por George Kennan, encargado de negocios en Moscú.

Churchill respondió a esto con su propio discurso en Fulton, Missouri (Estados Unidos), en marzo de 1946, en el cual repitió una frase que había expresado antes: "De Stettin en los Balcanes, a Trieste en el Adriático, *ha descendido una cortina de hierro que divide al continente*" (mapa VII.2). Afirmando que los rusos estaban decididos a "la expansión indefinida de su poder y sus doctrinas", clamó por una *alianza occidental* que se mantendría firme contra la amenaza comunista. El discurso provocó una cortante respuesta de Stalin, quien reveló sus temores sobre Alemania y la necesidad de fortalecer la seguridad soviética. Esta ruptura entre Oriente y Occidente era cada vez más radical y Stalin acusó a Churchill de "belicista". Pero en Occidente no todos coincidían con Churchill; más de 100 representantes laboristas británicos firmaron una moción en la que criticaban la actitud del líder conservador.

Cortina de Hierro, 1949
Alemania, 1945
Zonas de ocupación, Alemania y Austria
Estadunidense
Británica
Francesa
Rusa
Satélites rusos con fechas de control comunista total
Comunista pero expulsado del Cominform
Territorios tomados a Alemania

URSS

Stattin

Berlín

ALEMANIA

POLONIA 1947

CHECOSLOVAQUIA 1948

AUSTRIA

HUNGRÍA 1948

RUMANIA 1947

YUGOSLAVIA 1945

BULGARIA 1946

ALBANIA
1946

MAPA VII.2. *Europa del este y central durante la Guerra Fría*
FUENTE: D. Heater, *Our World This Century* (Oxford, 1992), p. 129.

d) Los rusos siguieron apretando el cerco en Europa del este

Hacia finales de 1947, todos los estados del área, con excepción de Checoslovaquia, tenían gobiernos comunistas. Las elecciones estaban amañadas, los miembros no comunistas de los gobiernos de coalición eran expulsados y muchos arrestados y ejecutados; a la larga, todos los otros partidos políticos fueron disueltos. Todo esto sucedió ante la mirada vigilante de la policía secreta y las tropas rusas. Además, Stalin trataba la zona rusa de Alemania como si fuera su propio territorio, sólo permitía el Partido Comunista y acababa con sus recursos vitales.

Sólo Yugoslavia no seguía ese patrón; aquí el gobierno comunista del mariscal Tito había sido elegido legalmente en 1945; había ganado las elecciones gracias a su gran prestigio como líder de la resistencia contra Alemania; fue el ejército de Tito, no los rusos, quienes liberaron a Yugoslavia de la ocupación alemana, y Tito resintió los intentos de Stalin de interferir.

Occidente estaba profundamente irritado por el trato que daba Rusia a Europa del este, pues hacía caso omiso de la promesa que había hecho Stalin en Yalta de permitir elecciones libres. Pero no debían sorprenderse, hasta Churchill había estado de acuerdo con Stalin en 1944, de que gran parte de Europa del este debía ser esfera de influencia rusa. Stalin podía argumentar que los gobiernos amistosos de los países vecinos eran necesarios para su defensa, que de todas formas dichos estados nunca habían tenido un gobierno democrático y que el comunismo influiría en el necesarísimo progreso de los países atrasados. Fue la forma en que Stalin obtuvo el control lo que inquietaba a Occidente y que dio pie a los siguientes acontecimientos importantes.

e) La Doctrina Truman y el Plan Marshall

1. La Doctrina Truman

Se derivó de lo sucedido en Grecia, donde los comunistas estaban tratando de derrocar a la monarquía. Las tropas británicas, que habían ayudado a liberar a Grecia de los alemanes en 1944, habían restaurado la monarquía, pero ahora sentían la presión de apoyar al país contra los comunistas, que recibían ayuda de Albania, Bulgaria y Yugoslavia. Ernest Bevin, ministro británico del Exterior, recurrió a los Estados Unidos y Truman anunció (marzo de 1947) que los Estados Unidos "apoyarían a los pueblos libres que se resistieran al yugo de minorías armadas o a presiones extranjeras". Grecia recibió de inmediato enormes cantidades de armas y otros productos, y para 1949 los comunistas fueron derrotados. Turquía, que también parecía amenazada, recibió una ayuda de 60 millones de dólares. La Doctrina Truman puso en claro que los Estados Unidos no tenían la intención de volver a aislarse, como lo habían hecho después de la primera Guerra Mundial, estaban comprometidos con una *política de contención del comunismo* no sólo en Europa, sino en todo el mundo, incluidos Corea y Vietnam.

2. *El Plan Marshall*

Anunciado en 1947, era una extensión económica de la Doctrina Truman. El secretario de Estado estadunidense, George Marshall, emitió su *Programa de Recuperación de Europa* (ERP, por sus siglas en inglés), que ofrecía ayuda económica y financiera para quien la necesitara. "Nuestra política —declaró—, no va dirigida contra ningún país ni contra ninguna doctrina, sino contra el hambre, la pobreza, la desesperación y el caos." Uno de sus objetivos era fomentar la recuperación económica de Europa y así asegurar mercados para las exportaciones estadunidenses, aunque quizá su fin principal era político, que el comunismo tuviera menos probabilidades de lograr el control de Europa occidental. En septiembre, 16 países (Gran Bretaña, Francia, Italia, Bélgica, Luxemburgo, los Países Bajos, Portugal, Austria, Grecia, Turquía, Islandia, Noruega, Suecia, Dinamarca, Suiza y la región occidental de Alemania) habían redactado un plan conjunto para aprovechar la ayuda estadunidense. En los siguientes cuatro años, más de 13 000 millones de dólares del Plan Marshall inundaron Europa occidental y favorecieron la recuperación de la agricultura y la industria, cuya situación era caótica en muchos países a causa de la devastación por la guerra.

Los rusos estaban muy conscientes de que el Plan Marshall implicaba mucho más que benevolencia, y si bien en teoría también Europa del este habría podido aprovechar la ayuda, el ministro ruso de Relaciones Exteriores, Molotov, acusó al plan de "imperialismo del dólar". Lo consideraba como un descarado dispositivo estadunidense para controlar Europa occidental y, peor aún, para interferir en Europa del este, que Stalin consideraba la esfera de influencia de Rusia. La URSS rechazó el ofrecimiento, y ni sus estados satélites ni Checoslovaquia, que demostraba interés, pudieron aprovecharlo. *La "cortina de hierro" parecía real*, y lo que sucedió después no sirvió más que para fortalecerla.

f) El Cominform

El Buró de Información Comunista (Cominform, por sus siglas en inglés) fue la respuesta soviética al Plan Marshall; Stalin lo creó en septiembre de 1947 para agrupar a los diferentes partidos comunistas europeos. Todos los estados satélites eran miembros, y los partidos comunistas de Francia e Italia también estaban representados. El objetivo principal de Stalin era tener mayor control de los satélites, no bastaba con ser comunista, *debía ser comunismo al estilo ruso*. Europa del este tenía que industrializarse, colectivizarse y centralizarse; se esperaba que los estados comerciaran principalmente con los miembros del Cominform, además de que se desalentaba todo tipo de contacto con países no comunistas. Cuando Yugoslavia objetó, fue expulsada (1948), aunque siguió siendo comunista. En 1947 se lanzó el *Plan Molotov*, por el cual Rusia ofreció ayuda a los satélites. Para coordinar sus políticas económicas, fue creada otra organización, el llamado *Comecon (Consejo de Ayuda Económica Mutua)*.

g) Invasión comunista de Checoslovaquia
(febrero de 1948)

Fue un golpe tremendo para el bloque occidental, pues era el único Estado democrático de Europa del este. Era una coalición gubernamental de partidos comunistas y de izquierda elegida libremente en 1946. Los comunistas obtuvieron 38% de los votos y 114 escaños de un parlamento de 300, además de que detentaban la tercera parte de los puestos del gabinete. El primer ministro, Klement Gottwald, era comunista, pero no el presidente Beneš ni el ministro del Exterior, Jan Masaryk; esperaban que Checoslovaquia, cuya industria estaba muy desarrollada, *siguiera siendo un puente entre el Este y el Occidente.*

No obstante, a principios de 1948 surgió una crisis. En mayo habría elecciones y todo apuntaba a que los comunistas perderían terreno, pues se les culpaba del rechazo del Plan Marshall que habría aliviado la continua escasez de alimentos. Los comunistas decidieron actuar antes de las elecciones; ya tenían el control de los sindicatos y de la policía, y tomaron el poder en un golpe armado. Todos los ministros no comunistas, con excepción de Beneš y Masaryk, renunciaron. Unos días después se encontró el cuerpo de este último bajo la ventana de sus oficinas. Oficialmente se declaró que se había suicidado, pero cuando se abrieron los archivos después del colapso comunista, en 1989, se encontraron documentos en que se demostraba, sin lugar a dudas, que había sido asesinado. En mayo tuvieron lugar las elecciones, pero con una sola lista de candidatos, todos comunistas. Beneš renunció y Gottwald asumió la presidencia.

Las potencias occidentales y la ONU protestaron, pero no pudieron tomar medidas porque no podían comprobar la participación de Rusia, el golpe había sido interno. No obstante, casi no cabe duda de que Stalin, que no aprobaba las relaciones de Checoslovaquia con Occidente ni su interés por el Plan Marshall, había empujado a los comunistas checos. Tampoco fue una mera coincidencia que varias divisiones rusas que ocupaban Austria se trasladaran a la frontera con Checoslovaquia. El puente entre el Este y el Occidente se derrumbó; *la cortina de hierro estaba completa.*

h) El bloqueo de Berlín y el puente aéreo
(junio de 1948-mayo de 1949)

Ésta fue la causa de la primera gran crisis de la Guerra Fría, y se debió a *desacuerdos sobre el trato que se daba a Alemania.*

1. Al final de la guerra, según se acordó en Yalta y Potsdam, *Alemania y Berlín se dividirían en cuatro zonas.* Mientras las tres potencias occidentales hacían su mejor esfuerzo para organizar la recuperación económica y política de sus zonas, Stalin, decidido a hacer que Alemania pagara todo el daño que había hecho a Rusia, dio a la suya tratamiento de satélite y *se llevó sus recursos a Rusia.*

2. *A principios de 1948 las tres zonas occidentales se habían fusionado para formar una sola economía,* cuya prosperidad, gracias al Plan Marshall, contrastaba marcadamente con la pobreza de la zona rusa. Occidente quería que las cuatro zonas se integraran de nuevo y tuvieran un autogobierno lo antes posible, pero Stalin había decidido que era más seguro para su país que su zona se mantuviera independiente, con su propio gobierno comunista, pro ruso. La posibilidad de que las tres zonas occidentales volvieran a unirse era muy alarmante para Stalin, pues sabía que formarían parte del bloque occidental.

3. *En junio de 1948 Occidente introdujo una nueva moneda y puso fin al control de precios en su zona y en Berlín occidental.* Los rusos decidieron que la situación en Berlín se había tornado imposible, y ya irritados por lo que consideraban como una isla capitalista 1500 kilómetros adentro de la zona comunista, les parecía imposible tener dos monedas en la misma ciudad, además de que se avergonzaban del contraste entre la prosperidad de Berlín occidental y la pobreza del área circundante.

La reacción rusa fue inmediata: *se cortó todo vínculo entre Berlín occidental y Alemania del este, por tierra, ferrocarril o canal,* con el fin de forzar a Occidente a retirarse de Berlín occidental, poniéndolo a un paso de la inanición. Las potencias occidentales, convencidas de que una retirada sería el preludio del ataque ruso a Alemania Occidental, decidieron aguantar y abastecer por aire a la ciudad, argumentando, con razón, que los rusos no se arriesgarían a disparar a aviones de transporte. Sensatamente, Truman había enviado una flota de bombarderos B-29 que estaba estacionada en aeródromos británicos. Durante los siguientes 10 meses, dos millones de toneladas de provisiones llegaron por aire a la ciudad bloqueada, en una notable operación que permitió alimentar y calentar a 2.5 millones de berlineses occidentales durante todo el invierno. En mayo de 1949, los rusos admitieron su derrota y levantaron el bloqueo.

Los resultados fueron importantes:

- Fue un estímulo psicológico para las potencias occidentales, si bien las relaciones con Rusia estaban peor que nunca.
- Las potencias occidentales coordinaron sus defensas al crearse la OTAN.
- Como no fue posible llegar a un arreglo, en el futuro inmediato Alemania estaba condenada a seguir dividida.

•

i) *La creación de la* OTAN

La Organización del Tratado del Atlántico Norte (OTAN) se formó en abril de 1949. El bloqueo de Berlín demostró que los militares occidentales no estaban preparados y les atemorizaba prepararse para algo definitivo. Ya en marzo de 1948, Gran Bretaña, Francia, Holanda, Bélgica y Luxemburgo habían firmado el *Tratado de Defensa de Bruselas*, en el que prometían colaborar militarmente en caso de guerra. Entonces se les unieron los Estados Unidos, Canadá, Portugal, Dinamarca, Irlanda, Italia y Noruega, que firmaron el *Tratado del Atlántico Norte*, por el cual acordaban que si uno era atacado, los agredían a todos, y ponían sus fuerzas de defensa en una organización comandada conjuntamente por la OTAN, la cual coordinaría la defensa de Occidente. Este logro fue importantísimo; los estadunidenses abandonaban su política tradicional de "nada de alianzas intrincadas" y por primera vez se comprometían por anticipado a tomar medidas militares. Como era de esperar, Stalin lo tomó como un reto, y no disminuyeron las tensiones.

j) Las dos Alemanias

Como no había posibilidades de que los rusos aceptaran una Alemania unificada, las potencias occidentales siguieron adelante e instauraron la *República Federal Alemana, conocida como Alemania Occidental (agosto de 1949)*. Se celebraron elecciones y Konrad Adenauer fue el primer canciller. Los rusos respondieron con su *República Democrática Alemana o Alemania Oriental (octubre de 1949)*. El país siguió dividido hasta el colapso del comunismo en Alemania Oriental (noviembre-diciembre de 1989) que hizo posible, a principios de 1990, que se volvieran a unir los dos estados en una sola Alemania [sección x.6 *e*)].

k) Más armas nucleares

Cuando se supo, en septiembre de 1949, que la URSS había hecho explotar con éxito una bomba atómica, se inició una carrera armamentista. Truman respondió con su aprobación para que los Estados Unidos produjeran una *bomba de hidrógeno*, muchas veces más poderosa que la bomba atómica. Sus asesores de defensa redactaron un documento secreto conocido como NSC-68 (abril de 1950), en el que se demuestra que consideraban a los rusos como fanáticos que no pararían ante nada para difundir el comunismo en el mundo. Sugirieron que el gasto en armamentos debía más que triplicarse en un intento por derrotar al comunismo.

Pero no sólo los rusos alarmaban a los estadunidenses. *En China se proclamó un gobierno comunista (octubre de 1949)* después de que el líder comunista Mao Zedong (Mao Tse-tung) derrotara a Chiang Kai-shek, líder nacionalista apoyado por los Estados Unidos, ahora obligado a huir a la isla de Taiwán (Formosa). *Cuando la URSS y la China comunista firmaron un tratado de alianza en febrero de 1950,* los temores de los estadunidenses de un avance comunista parecían a punto de hacerse realidad. Fue en este ambiente de ansiedad estadunidense cuando los reflectores de la Guerra Fría se enfocaron en Corea, donde en junio de 1950 las tropas de Corea del Norte, comunista, invadieron a Corea del Sur, no comunista (sección VIII.1).

3. ¿En qué medida se produjo un deshielo después de 1953?

No hay duda de que, en cierta forma, las relaciones Oriente-Occidente empezaron a mejorar en 1953, si bien persistían áreas de desacuerdo y el deshielo no era constante.

a) Razones del deshielo

1. Muerte de Stalin

La muerte de Stalin fue probablemente el punto de partida del deshielo porque llevó a escena a nuevos líderes rusos: Malenkov, Bulganin y Kruschev, que querían mejorar las relaciones con los Estados Unidos. Sus razones quizá se relacionaban con el hecho de que hacia agosto de 1953 tanto rusos como estadunidenses habían desarrollado una bomba de hidrógeno, de tal forma que las partes estaban tan equilibradas que las tensiones internacionales tenían que relajarse si se deseaba evitar una guerra nuclear.

Nikita Kruschev explicó la nueva política en un famoso discurso (febrero de 1956) en el que criticó a Stalin y dijo que *"la coexistencia pacífica" con Occidente no sólo era posible, sino que era esencial:* "sólo hay dos caminos, coexistencia pacífica o la guerra más destructiva de la historia, no hay una tercera vía". Esto no significaba que Kruschev hubiera descartado la idea de un mundo dominado por el comunismo; ya llegaría, pero sólo sería posible cuando las potencias occidentales aceptaran la superioridad del sistema económico soviético, no cuando fueran derrotadas en la guerra. Del mismo modo, esperaba ganarse a los estados neutrales para el comunismo con abundante ayuda económica.

2. Descrédito de McCarthy

Los sentimientos anticomunistas de los estadunidenses, estimulados por el senador Joseph McCarthy, empezaron a moderarse cuando en 1954 éste fue desacreditado. Poco a poco se hizo evidente que el propio McCarthy era un fanático, y cuando empezó a acusar a generales importantes de simpatizar con los comunistas, había ido demasiado lejos. El Senado lo condenó por abrumadora mayoría y tontamente atacó al nuevo presidente republicano Eisenhower por apoyar al Senado. Poco después, Eisenhower anunció que el pueblo estadunidense quería ser amistoso con el pueblo soviético.

b) ¿Cómo se hizo evidente el deshielo?

1. Primeros signos

- La firma del acuerdo de paz de Panmunjom puso fin a la Guerra de Corea en julio de 1953 [sección VIII.1 c)].
- Al año siguiente terminó la guerra de Indochina [sección VIII.3 c-e)].

2. Los rusos hicieron importantes concesiones en 1955

- Aceptaron abandonar sus bases militares de Finlandia.
- Levantaron el veto a la aceptación de 16 nuevos estados miembros de la ONU.
- Las discrepancias con Yugoslavia terminaron cuando Kruschev visitó a Tito.
- El Cominform fue abandonado, lo cual sugirió más libertad para los estados satélite.

3. Firma del Tratado del Estado Austriaco (mayo de 1955)

Fue el acontecimiento más importante durante el deshielo. Al final de la guerra de 1945, Austria se dividió en cuatro zonas de ocupación, quedando la capital, Viena, en la zona rusa. A diferencia de Alemania, se le permitió tener su propio gobierno porque se le consideraba no un enemigo derrotado, sino un Estado liberado de los nazis. El gobierno austriaco tenía poderes limitados, y el problema era similar al de Alemania; mientras las tres fuerzas de ocupación occidentales organizaron la recuperación de sus zonas, los rusos insistían en exprimir indemnizaciones, sobre todo en forma de alimentos, de las suyas. No parecía probable un acuerdo permanente, pero empezando 1955, los rusos fueron persuadidos, principalmente por el gobierno austriaco, de mostrarse más cooperativos. También temían una fusión entre Alemania Occidental y el occidente de Austria.

Como resultado del acuerdo, todas las tropas de ocupación fueron retiradas y Austria se hizo independiente con sus fronteras de 1937. No se uniría con Alemania, sus fuerzas armadas eran limitadas y tendría que permanecer neutral en cualquier disputa entre Occidente y el Este, lo cual significaba que no podía pertenecer a la OTAN ni a la Comunidad Económica Europea. Una parte que no gustó a los austriacos fue la pérdida del área de habla alemana del sur del Tirol, que Italia pudo conservar.

c) El deshielo sólo fue parcial

La política de Kruschev fue una curiosa mezcla que para los líderes occidentales a menudo era difícil de entender. Si bien se tomaban las medidas conciliatorias ya mencionadas, respondía presto a cualquier cosa que le pareciera una amenaza para el Este, y no tenía intenciones de relajar la presión de Rusia sobre los estados satélite. Los húngaros descubrieron esto a sus expensas en 1956, cuando un *levantamiento en Budapest contra el gobierno comunista fue aplastado sin piedad por los tanques rusos* [secciones IX.3 e) y X.5 d)]. En ocasiones parecía preparado para ver qué tanto podía presionar a los estadunidenses antes de que se le enfrentaran:

- El Pacto de Varsovia (1955) fue firmado por Rusia y sus estados satélite poco después de que Alemania Occidental fuera aceptada en la OTAN. El Pacto era un acuerdo de defensa mutua, que Occidente interpretó como una medida en contra de la pertenencia de Alemania Occidental a la OTAN.
- Los rusos siguieron acumulando armas nucleares (sección siguiente).

- La situación en Berlín provocó más tensiones (véase más adelante).
- La acción más provocativa de todas fue cuando Kruschev instaló misiles soviéticos en Cuba, a menos de 1 500 kilómetros de las costas estadunidenses (1962).

La situación en Berlín

Las potencias occidentales aún se negaban a reconocer oficialmente a la República Democrática Alemana (Alemania del este), que los rusos habían instituido en respuesta a la creación de Alemania Occidental en 1949. En 1958, animado, quizá, por el aparente liderazgo de la URSS en algunas áreas de la carrera armamentista, Kruschev anunció que su país ya no reconocería los derechos de las potencias occidentales en Berlín Occidental. Cuando los estadunidenses aclararon que opondrían resistencia a cualquier intento de echarlos fuera, Kruschev no siguió presionando.

En 1960, le tocó el turno a Kruschev de sentirse agraviado cuando un avión espía U-2 estadunidense fue derribado a más de 1 200 kilómetros dentro de territorio ruso. El presidente Eisenhower declinó ofrecer disculpas argumentando el derecho de los Estados Unidos a hacer vuelos de reconocimiento. Kruschev abandonó furioso la conferencia cumbre que apenas empezaba en París (ilustración VII.2) y pareció que el deshielo había llegado a su fin.

En 1961, Kruschev volvió a sugerir, esta vez al nuevo presidente de los Estados Unidos, John F. Kennedy, que Occidente debía retirarse de Berlín. Los comunistas estaban avergonzados por el gran número de refugiados que escapaba de Alemania Oriental hacia Berlín Occidental, un promedio de 200 000 anualmente, para un total de tres millones desde 1945. Cuando Kennedy se negó, *se construyó el muro de Berlín (agosto de 1961)*, una monstruosidad de más de 45 kilómetros de largo que atravesaba la ciudad y que efectivamente bloqueaba cualquier vía de escape (mapa VII.3 e ilustraciones VII.3 y VII.4).

ILUSTRACIÓN VII.2. *Nikita Kruschev se exalta en la Conferencia de París, en 1960, al protestar por el incidente del U-2 de los estadunidenses*

4. LA CARRERA ARMAMENTISTA NUCLEAR Y LA CRISIS DE LOS MISILES CUBANOS (1962)

a) La carrera armamentista empieza a acelerarse

Supuestamente, la carrera armamentista entre Oriente y Occidente empezó verdaderamente hacia finales de 1949, *después*

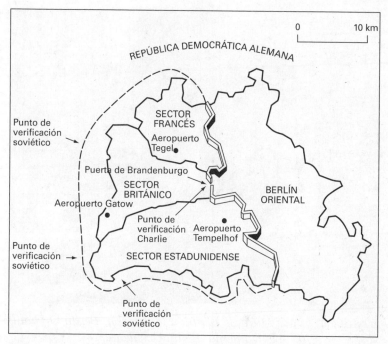

MAPA VII.3. *Berlín y el muro, 1961*

de que los rusos construyeran su propia bomba atómica. Los estadunidenses llevaban gran delantera en cuanto a bombas de esta naturaleza, pero los rusos estaban decididos a alcanzarlos, aunque la producción de armas nucleares imponía intensas presiones a su economía. Cuando *los estadunidenses construyeron la bomba de hidrógeno, mucho más potente,* hacia finales de 1952, los rusos hicieron lo propio al año siguiente, y pronto tuvieron un bombardero con rango suficiente como para llegar a los Estados Unidos.

Los estadunidenses les llevaban mucha ventaja en cuanto a número de bombas nucleares y bombarderos, pero fueron los rusos quienes tomaron la delantera en agosto de 1957 cuando crearon *un nuevo tipo de arma, el misil balístico intercontinental* (*ICBM,* por sus siglas en inglés); era una ojiva nuclear transportada por un cohete tan poderoso que podía llegar a los Estados Unidos incluso disparado desde el interior de la URSS.

ILUSTRACIÓN VII.3. *Muro de Berlín: a la derecha, Berlín Oriental;*
a la izquierda, Berlín Occidental

Para no ser menos, pronto los estadunidenses construyeron su versión de ICBM (conocida como Atlas), y no pasó mucho tiempo antes de que tuvieran muchos más que los rusos. Por otra parte, empezaron también a construir misiles nucleares de rango menor, conocidos como Júpiter y Thor, que podían llegar a la URSS lanzados desde Europa y Turquía. Cuando *en 1958, los rusos lanzaron con éxito el primer satélite terrestre del mundo (Sputnik I),* los estadunidenses volvieron a sentirse rezagados, pero al cabo de unos meses ya habían lanzado el suyo propio.

b) La crisis de los misiles cubanos, 1962

Cuba se involucró en la Guerra Fría en 1959, cuando Fidel Castro, que acababa de arrebatarle el poder al dictador Batista, apoyado por los Estados Unidos, ofendió a dicho país al nacionalizar fábricas y fincas propiedad de estadunidenses

ILUSTRACIÓN VII.4. *Muro de Berlín: un berlinés oriental de 18 años de edad yace moribundo después de que le dispararan por intentar escapar (izquierda); se lo llevan guardias de Berlín oriental (derecha)*

(sección VIII.2). Al empeorar las relaciones entre estos dos países, mejoraron las de Cuba con la URSS; en enero de 1961, *los Estados Unidos rompieron relaciones diplomáticas con Cuba* y los rusos incrementaron su ayuda económica.

Convencido de que Cuba era un Estado comunista, excepto por el nombre, el nuevo presidente de los Estados Unidos, John F. Kennedy, aprobó el plan de un grupo de partidarios de Batista para invadir Cuba desde las bases que los Estados Unidos tenían en Guatemala (Centroamérica). La Agencia Central de Inteligencia (CIA, por sus siglas en inglés) de los estadunidenses, una especie de servicio secreto, participó activamente. En esa época, la opinión generalizada en los Estados Unidos era que podían interferir en los asuntos de estados soberanos y derrocar cualquier régimen que les pareciera hostil y estuviera lo suficientemente cerca como para incomodarlos. Una reducida fuerza invasora de 1 400 hombres desembarcó en *Bahía de Cochinos* en abril de 1961, pero la operación estuvo tan mal planeada y ejecutada, que las fuerzas de Castro y sus dos aviones jet no tuvieron problema en aplastarla. Ese mismo año, *Castro anunció que ahora era marxista, y que Cuba era un país socialista.* Kennedy siguió con su campaña para destruirlo de diferentes maneras: hundían barcos cubanos, saboteaban instalaciones de la isla y tropas estadunidenses llevaban a cabo ejercicios de invasión. Castro recurrió a la URSS para obtener ayuda militar.

Kruschev decidió instalar lanzamisiles nucleares en Cuba, apuntando a los Estados Unidos, cuyo punto más cercano estaba a menos de 1 700 kilómetros; pretendía instalar misiles de hasta 3 800 kilómetros de alcance, es decir, que todas las principales ciudades del centro y el este de aquel país, como Nueva York, Washington, Chicago y Boston, estarían amenazadas. Fue una decisión arriesgada, y en los Estados Unidos se produjo gran consternación cuando en 1962 se difundieron fotografías, tomadas por aviones espía, de una base de misiles en construcción (mapa VII.4). *¿Por qué Kruschev tomó una decisión tan arriesgada?*

- Los rusos habían perdido el liderazgo en ICBM, de tal forma que era una manera de intentar quitarle la iniciativa a los Estados Unidos.
- Pondría a los estadunidenses bajo el mismo tipo de amenaza que tendrían que enfrentar los rusos respecto de los misiles que aquéllos tenían en Turquía. Como Kruschev puso en sus memorias, "los estadunidenses han rodeado a nuestro país de bases militares, ahora sabrán lo que se siente tener misiles enemigos apuntándote".
- Fue un gesto de solidaridad con su aliado Castro, constantemente amenazado por los Estados Unidos; los misiles podrían ser utilizados contra tropas estadunidenses invasoras.
- Pondría a prueba la determinación de Kennedy, joven y flamante presidente estadunidense.
- Quizá Kruschev pretendía utilizar los misiles para negociar con Occidente que se quitaran los misiles estadunidenses de Europa o que se retirara de Berlín.

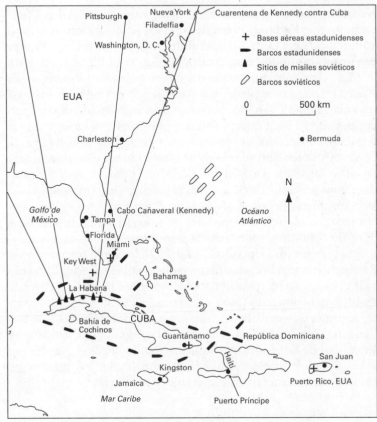

MAPA VII.4. *Crisis de los misiles cubanos, 1962*

Los asesores militares de Kennedy lo urgieron a lanzar ataques aéreos contra las bases, pero él fue más cauto; puso en alerta a las tropas, empezó el bloqueo contra Cuba para mantener a raya los 25 barcos rusos que llevaban misiles a esa isla y exigió el desmantelamiento de los sitios de misiles y el retiro de los que ya estaban en Cuba. La situación estaba tensa y el mundo parecía a punto de la guerra nuclear. El secretario general de las Naciones Unidas, U Thant, exigió compostura a ambas partes.

Kruschev hizo el primer movimiento y ordenó a los barcos rusos que dieran marcha atrás y por fin se llegó a un acuerdo.

Kruschev prometió retirar los misiles y desmantelar los sitios, en tanto que Kennedy prometió que los Estados Unidos no volverían a invadir Cuba e inició el desarme de los misiles Júpiter en Turquía (aunque no permitió que esto se hiciera público).

La crisis sólo duró unos días, *pero la tensión fue tremenda y tuvo resultados importantes.* Ambas partes pudieron afirmar que algo habían ganado, pero fue más importante que se percataron de lo fácil que es iniciar una guerra nuclear y de las terribles consecuencias. Aparentemente ambos recuperaron la cordura y la tensión se relajó. *Se estableció un vínculo telefónico entre Moscú y Washington ("hot-line")* para consultas rápidas, y en julio de 1963, la URSS, los Estados Unidos y Gran Bretaña firmaron un *Tratado para Erradicar las Pruebas Nucleares,* por el cual se acordaba que serían sólo subterráneas para no contaminar aún más la atmósfera.

Si bien en un principio fue muy celebrada la forma en que Kennedy manejó la crisis, historiadores subsiguientes han sido más críticos. Se ha sugerido que debió haber puesto a Kruschev en evidencia, atacado Cuba y derrocado a Castro. Por otra parte, algunos especialistas lo han criticado por permitir que hubiera habido una crisis, y argumentan que como los misiles soviéticos de largo alcance habrían podido llegar sin problema a los Estados Unidos desde la misma Rusia, los misiles de Cuba no eran exactamente una nueva amenaza.

c) La carrera continuó hasta los años setenta

Si bien en público los rusos afirmaban que el resultado de la crisis de los misiles había sido un triunfo, en privado admitían no haber logrado su principal objetivo, que era establecer bases de misiles cerca de los Estados Unidos. Ni siquiera el retiro de los Thor y Júpiter estadunidenses de Turquía tenía sentido, pues los Estados Unidos ahora tenían otra amenaza al oriente del Mediterráneo, *misiles balísticos (conocidos como Polaris y, más tarde, como Poseiden)* que podían ser lanzados desde submarinos (SLBM).

Entonces los rusos decidieron hacer hasta lo imposible por igualar las reservas de ICBM y SLBM de los estadunidenses.

Su objetivo no sólo era extremar la seguridad, esperaban que si podían ponerse más o menos al mismo nivel, podrían convencerlos de limitar y reducir la acumulación de armas. Conforme los estadunidenses se involucraban más profundamente en la guerra de Vietnam (1961-1975), menos tenían para gastar en armas nucleares y lenta, pero seguramente, los rusos los estaban alcanzando. En los primeros años de la década de 1970, habían rebasado a los Estados Unidos y sus aliados en cantidad de ICBM y SLBM, también habían creado una nueva arma, el *misil antibalístico* (*ABM*, por sus siglas en inglés) que podía destruir a los misiles enemigos antes de que llegaran a su objetivo.

Sin embargo, los estadunidenses los aventajaban en otras áreas, pues ya habían desarrollado un arma aún más terrorífica, el *vehículo de reentrada múltiple e independiente* (*MIRV*, por sus siglas en inglés), un misil que podía transportar hasta 14 ojivas independientes, cada una de las cuales podía programarse para atacar un objetivo diferente. Pronto los rusos desarrollaron su versión del MIRV, conocida como SS-20 (1977). Los SS-20 estaban enfocados en Europa occidental, pero no eran tan complejos como los MIRV estadunidenses y sólo llevaban tres ojivas.

En los últimos años setenta, los estadunidenses respondieron con *misiles crucero, con base en Europa;* lo nuevo era que estos misiles volaban a poca altitud, de modo que podían penetrar bajo los radares rusos.

Y así siguieron; en esa época, ambas partes tenían suficientes de estas terroríficas armas como para destruir el mundo varias veces. El peligro mayor era que una de ellas se viera tentada a probar y ganar una guerra nuclear dando el primer golpe y destruyendo las armas de la otra antes de que tuviera tiempo de contraatacar.

d) Protestas contra las armas nucleares

En muchos países, la gente estaba preocupada por la forma en que las principales potencias seguían acumulando armas nucleares y no lograban avanzar en cuanto al control de las mis-

ILUSTRACIÓN VII.5. *Manifestantes de la* CND *llegan a Aldermaston e instan a Gran Bretaña, los Estados Unidos y la URSS a detener la fabricación, prueba y acumulación de armas nucleares, 1958*

mas, de manera que se crearon movimientos para tratar de persuadir a los gobiernos de que las proscribieran.

En Gran Bretaña, *la Campaña por el Desarme Nuclear* (CND, por sus siglas en inglés), iniciada en 1958, presionó al gobierno para que tomara la delantera, de tal forma que fuera la primera nación en abandonar las armas nucleares; a esto se le conoció como *desarme unilateral* (desarme de un solo Estado). Esperaban que los Estados Unidos y la URSS la seguirían y también desarmarían sus armas nucleares. Hicieron manifestaciones y mítines multitudinarios, y cada año, en Pascua, organizaban una marcha de protesta de Londres a Aldermaston (donde había una base de investigación sobre armas atómicas) y de regreso (ilustración VII.5).

Sin embargo, ningún gobierno británico tuvo la osadía de arriesgarse; pensaban que el desarme unilateral dejaría a Gran Bretaña desprotegida ante un ataque nuclear de la URSS, y sólo pensarían en abandonar sus armas como parte de un acuerdo general entre las principales potencias *(desarme multilate-*

ral). En los años ochenta hubo manifestaciones de protesta en muchos países europeos, incluidos Alemania Occidental y Holanda, y también en los Estados Unidos. En Gran Bretaña muchas mujeres protestaron acampando en torno a la base estadunidense de Greenham Common (Berkshire), donde estaban posicionados los misiles crucero. El temor era que si los estadunidenses llegaban a disparar uno de esos misiles, Gran Bretaña podría ser casi destruida por el contraataque nuclear ruso. A la larga, quizá la enormidad de todo ello y los movimientos de protesta sí tuvieron algo que ver en que ambas partes se sentaran a la mesa de negociación (sección VIII.6).

PREGUNTAS

Causas de la Guerra Fría
1. Estudie la fuente A y responda las preguntas.

Fuente A
Respuesta de Stalin al discurso de Churchill sobre "la Cortina de Hierro", en una entrevista para *Pravda*, 13 de marzo de 1946.

> Lo considero [el discurso de Churchill] una medida peligrosa, calculada para sembrar la semilla del desacuerdo entre los estados Aliados y obstaculizar su colaboración. Churchill adopta ahora una postura belicista, y no está solo. Churchill tiene amigos no sólo en Gran Bretaña, también en los Estados Unidos.
>
> No se deben olvidar las siguientes circunstancias. Los alemanes invadieron la URSS a través de Finlandia, Polonia, Rumania, Bulgaria y Hungría. Los alemanes pudieron invadir a través de esos países porque, en ese momento, sus gobiernos eran hostiles a la Unión Soviética. Como resultado de la invasión alemana, la Unión Soviética perdió cerca de siete millones de personas en total. En otras palabras, la pérdida de vidas de la Unión Soviética fue varias veces mayor que la de Gran Bretaña y los Estados Unidos juntos. Y entonces, qué tiene de sorprendente que la Unión Soviética, preocupada por su seguridad futura, esté tratando de que los gobiernos de esos países sean leales a la Unión Soviética. ¿Cómo puede alguien que no haya perdido el sentido, describir

estas aspiraciones pacíficas de la Unión Soviética, como tendencias expansionistas de nuestro Estado?

FUENTE: Citado en Martin McCauley, *The Origins of the Cold War, 1941-1949* (Longman, 1995).

a) Explique por qué Stalin consideraba el discurso de Churchill sobre la "Cortina de Hierro" como una "medida peligrosa".
b) Mediante las evidencias de la fuente, y sus propios conocimientos, explique por qué estaría de acuerdo con la perspectiva de que los Estados Unidos eran los principales culpables del desarrollo de la Guerra Fría entre 1945 y 1953.

2. ¿De qué forma el Plan Marshall, la división de Berlín, la toma del poder en Checoslovaquia por los comunistas y la creación de la OTAN contribuyen al desarrollo de la Guerra Fría?
3. ¿Qué tan exacto es hablar de "deshielo" de la Guerra Fría después de 1953?
4. ¿Cuáles fueron las causas de la crisis de los misiles cubanos? ¿Cómo se resolvió la crisis y cuáles fueron sus consecuencias?

VIII. LA DIFUSIÓN DEL COMUNISMO FUERA DE EUROPA Y SUS EFECTOS EN LAS RELACIONES INTERNACIONALES

Resumen de acontecimientos

Si bien el primer Estado comunista se instauró en Europa (Rusia, en 1917), el comunismo no se restringió a dicho continente; más tarde se difundió a Asia, donde surgieron varios estados comunistas, cada uno con su propia versión del marxismo. Ya en 1921, animado por la Revolución rusa, se había formado el Partido Comunista Chino (CCP, por sus siglas en inglés). En un principio cooperó con el Kuomintang (KMT), partido que trataba de gobernar el país y de controlar a sus generales, que luchaban entre ellos por el poder. Cuando el KMT logró controlar una parte mayor de China, se sintió suficientemente fuerte como para no necesitar la ayuda de los comunistas e intentó destruirlos, y se inició una guerra civil entre el KMT y el CCP.

La situación se complicó aún más cuando los japoneses ocuparon la provincia china de Manchuria, en 1931, e invadieron otras partes de China en 1937. Cuando la segunda Guerra Mundial terminó con la derrota y la retirada de los japoneses, el líder del KMT, Chiang Kai-shek, con ayuda estadunidense, y los comunistas, encabezados por Mao Zedong (Mao Tse-tung) seguían luchando por expulsarlos. Finalmente, *Mao triunfó en 1949*, y Chiang y sus partidarios huyeron a la isla de Taiwán (Formosa); el segundo país en importancia había seguido los pasos de Rusia hacia el comunismo (sección XIX.4). En 1951, los chinos invadieron y ocuparon el vecino Tíbet, que se levantó en 1959, pero fue derrotado, de manera que el país es regido por los chinos desde entonces.

Entre tanto, el comunismo también se había apoderado de Corea, controlada por Japón desde 1910. Después de la derrota de los japoneses en 1945, el país se dividió en dos zonas, el norte ocupado por los rusos y el sur, por los estadunidenses. Los primeros establecieron un gobierno comunista en su región, y como no se pudo llegar a un acuerdo respecto del tipo de gobierno que debía regir en todo el país, Corea, como Alemania, siguió dividida en dos estados. *En 1950, Corea del Norte, comunista, invadió Corea del Sur.* Llegaron tropas de las Naciones Unidas (principalmente estadunidenses) a tratar de ayudar al sur, en tanto que los chinos apoyaban al norte. Después de muchos avances y retiradas, la guerra terminó en 1953, con Corea del Norte todavía comunista.

A principios de 1959, Fidel Castro expulsó de *Cuba* al dictador corrupto Batista. Aunque para empezar Castro no era comunista, pronto los estadunidenses se le voltearon, sobre todo en 1962, cuando descubrieron misiles rusos en la isla [sección VII.4 *b*)], los cuales fueron retirados después de una tensa crisis de la Guerra Fría que casi llevó al mundo a una guerra nuclear.

En *Vietnam* se presentó una situación similar a la de Corea después de que los vietnamitas lograran independizarse de Francia (1954): el país se dividió, supuestamente en forma temporal, en norte (comunista) y sur (no comunista). Cuando en el sur se rebelaron contra el gobierno corrupto, el comunista Vietnam del Norte apoyó militarmente a los rebeldes; los estadunidenses se involucraron seriamente para apoyar al gobierno de Vietnam del Sur y detener el avance del comunismo. En 1973, los estadunidenses se retiraron de la lucha, a resultas de lo cual las fuerzas vietnamitas del sur se colapsaron rápida-

242 LA GUERRA Y LAS RELACIONES INTERNACIONALES

mente y el país se reunió bajo un gobierno comunista (1975). Antes de terminar el año, los vecinos, *Camboya* y *Laos,* también se habían hecho comunistas.

En *Sudamérica,* con una tradición de dictaduras militares de extrema derecha, el comunismo apenas avanzó, excepto en *Chile,* donde en 1970 se eligió democráticamente un gobierno marxista, con Salvador Allende como presidente. Fue un experimento interesante, pero de corta duración, pues en 1973 el gobierno fue derrocado y Allende, asesinado.

África vivió el surgimiento de gobiernos con sólidos lazos marxistas en *Mozambique* (1975) y *Angola* (1976), que acababan de lograr su independencia de Portugal. Esto provocó más alarma en Occidente, y también, mayor interferencia [secciones xxiv.6 *d)* y xxv.6].

Durante la segunda mitad de los años setenta, empezó el deshielo sistemático de la Guerra Fría, con *el periodo conocido como distensión (relajación permanente de las tensiones).* No obstante, hubo varios tropiezos, como la invasión rusa de Afganistán (1979), antes de que Mijaíl Gorbachev (que asumió el poder en Rusia en marzo de 1985) hiciera un esfuerzo verdaderamente decisivo para terminar de una vez por todas con la Guerra Fría y se firmaran varios acuerdos para limitar el armamentismo.

Entonces la situación internacional cambió dramáticamente. En 1989, el comunismo empezó a colapsarse en Europa oriental; hacia 1991, el bloque comunista se había desintegrado y Alemania Oriental y Alemania Occidental se reunieron. Incluso la URSS se dividió y dejó de ser comunista. Si bien China, Vietnam y Corea del Norte siguieron siendo comunistas, la Guerra Fría había realmente terminado.

1. La guerra de Corea y sus efectos
en las relaciones internacionales

a) Antecedentes de la guerra

Los orígenes de la guerra yacen en la ocupación japonesa de Corea, que se remonta a 1910. Cuando los japoneses fueron derrotados (agosto de 1945), los Estados Unidos y la URSS acordaron dividir el país en dos zonas a lo largo del paralelo 38 (latitud 38 grados norte), de modo de poder organizar conjuntamente la rendición y retirada de los japoneses, Rusia en el norte (que hacía frontera con la URSS) y los estadunidenses al sur. Por lo que concierne a estos últimos, no pretendían que fuera una división permanente. Las Naciones Unidas querían elecciones libres para todo el país y los Estados Unidos aceptaron, pensando que, como su zona la ocupaban dos terceras partes de la población, los comunistas del norte perderían las elecciones. Sin embargo, la unificación de Corea, como la de Alemania, pronto se integró a la rivalidad de la Guerra Fría; no fue posible llegar a ningún acuerdo y la división artificial persistió (mapa viii.1).

MAPA VIII.1. *La guerra de Corea*

Las elecciones celebradas en la zona sur fueron supervisadas por la ONU, de modo que se creó una *República de Corea independiente, o Corea del Sur,* con Syngman Rhee como presidente; la ciudad de Seúl fue designada como capital (agosto de 1948). Al mes siguiente, los rusos crearon la *República Democrática Popular de Corea, o Corea del Norte,* regida por el gobierno comunista de Kim Il Sung, y su capital en Pyongyang. En 1949 se retiraron las tropas rusas y estadunidenses dejando una situación potencialmente peligrosa, pues la mayoría de los coreanos estaban amargamente resentidos por la división artificial impuesta a su país por extranjeros, pero ambos líderes reivindicaban el derecho de gobernar todo el país. Syng-

man Rhee no tardó mucho en demostrar su despiadado autoritarismo, y Kim Il Sung era aún peor; parecía querer copiar a
Stalin, de modo que arrestaba y ejecutaba a muchos de sus
críticos. Sin aviso, en junio de 1950 las tropas norcoreanas invadieron Corea del Sur.

b) ¿Por qué los norcoreanos invadieron el sur?

Aún hoy sigue sin saberse cómo se originó el ataque o de quién
fue la idea. *Se ha sugerido lo siguiente:*

- Fue idea de Kim Il Sung, posiblemente alentado por la
declaración de Dean Acheson, secretario de Estado estadunidense, de 1950, que se refirió a las áreas en torno al
Pacífico que los Estados Unidos pretendían defender,
pero por alguna razón no incluyó a Corea.
- Kim Il Sung podría haber sido impulsado por el nuevo
gobierno comunista chino, que al mismo tiempo estaba
acumulando tropas en la provincia de Fukien, frente a
Taiwán, como si fueran a atacar a Chiang Kai-shek.
- Quizá Stalin y los rusos fueran responsables al poner a
prueba la decisión de Truman; habían proporcionado
tanques y otros equipos a Corea del Norte. Si los comunistas tomaban el sur, se fortalecería la posición de Rusia
en el Pacífico y sería una movida espléndida en contra
de los estadunidenses para resarcir a Stalin del fracaso
en Berlín Occidental.
- Los comunistas afirmaban que Corea del Sur había iniciado la guerra, cuando las tropas del "bandido traidor"
habían cruzado el paralelo 38.

Probablemente la opinión más ampliamente aceptada hoy
día sea que el mismo Kim Il Sung impuso la idea de una campaña para unificar la península, y que tanto la URSS como
China aprobaron el plan y prometieron ayudar con material
bélico, pero dejaron claro que no querían involucrarse directamente.

c) Los Estados Unidos toman medidas

Fueron varias las razones por las que el presidente Truman decidió intervenir:

- Estaba convencido de que el ataque había sido obra de Stalin; lo tomó como un desafío deliberado y como parte de un plan más amplio de los rusos para expandir el comunismo lo más posible.
- Algunos estadunidenses consideraron la invasión similar a las políticas de Hitler durante los años treinta. En aquel momento no se logró contener a los agresores, de modo que era esencial no cometer nuevamente el mismo error.
- Truman pensó que era importante apoyar a la Organización de las Naciones Unidas, que había remplazado a la Liga de las Naciones. Esta última no había podido mantener la paz porque las grandes potencias, en especial los Estados Unidos, no estaban preparadas para apoyarla. Truman estaba decidido a que los Estados Unidos no repitieran el mismo error fatal.
- Truman era un presidente demócrata y estaba siendo muy criticado por los republicanos, igual que su partido, por no haber intervenido contra lo que consideraban como una peligrosa difusión del comunismo en el mundo. Joseph McCarthy, senador republicano, declaró que el Departamento de Estado estaba "infestado" de comunistas que, de hecho, trabajaban a favor de la URSS (sección XXIII.3). Truman estaba ansioso por demostrar que esta declaración era absurda.

La política estadunidense cambió, pues, de manera decisiva; la ayuda económica y las promesas de apoyo ya no eran suficientes, y Truman decidió que era esencial que Occidente adoptara una posición y apoyara a Corea del Sur. Se ordenó que las tropas estadunidenses estacionadas en Japón se trasladaran a Corea, aun antes de que la ONU decidiera qué medidas tomar. El Consejo de Seguridad de las Naciones Unidas exigió a Corea del Norte que retirara sus tropas, y cuando fue ignorado, pidió a los estados miembros que enviaran ayuda a Corea del Sur. Esta decisión se tomó en ausencia de la delegación rusa, que había boicoteado la reunión como protesta por la negativa de la ONU a permitir que el nuevo régimen chino de Mao estuviera representado y que sin duda habría vetado dicha decisión. Llegado el momento, los Estados Unidos y otros 14 países (Australia, Canadá, Nueva Zelanda, China Nacionalista, Francia, Países Bajos, Bélgica, Colombia, Grecia, Turquía, Panamá, Filipinas, Tailandia y Gran Bretaña) enviaron tropas, si bien la gran mayoría eran estadunidenses. Todas las fuerzas estaban a las órdenes del general estadunidense Mac-Arthur.

Apenas llegaron a tiempo para evitar que Corea del Sur fuera arrasada por los comunistas. Hacia septiembre, las fuerzas comunistas se habían apoderado de todo el país, excepto el sudeste, en los alrededores del puerto de Pusan, a donde llegaron los refuerzos de la ONU, y el 15 de septiembre, los *marines* estadunidenses desembarcaron en Inchon, cerca de Seúl, a 320 kilómetros del frente comunista. Increíblemente se produjo un rápido colapso de las fuerzas norcoreanas; hacia finales de ese mes, las tropas de la ONU estaban en Seúl y liberaron al sur de los comunistas, pero en vez de ordenar el cese al fuego, ahora que se había alcanzado el objetivo original de Naciones Unidas, Truman ordenó invadir Corea del Norte, y dicha Organización lo aprobó, con el fin de unir el país y celebrar elecciones libres. Zhou Enlai (Chou En-lai), ministro chino del Exterior, advirtió que China opondría resistencia si las tropas de la ONU tomaban Corea del Norte, pero fue ignorado. Hacia finales de octubre, dichas tropas habían capturado Pyongyan, ocupado dos terceras partes de Corea del Norte y llegado al río Yalu, frontera entre China y Corea del Norte.

El gobierno chino estaba muy alarmado, pues los estadunidenses ya tenían una flota entre Taiwán y tierra firme para evitar que se atacara Chiang, y parecía que en cualquier momento invadirían Manchuria (parte de China contigua a la frontera con Corea del Norte). Por tanto, en noviembre, los chinos lanzaron una enorme contraofensiva, con más de 300 000 hombres descritos como "voluntarios"; hacia mediados de enero de 1951, ya habían expulsado a las tropas de Naciones Unidas de Corea del Norte, cruzado el paralelo 38 y capturado nuevamente Seúl. MacArthur estaba impresionado por la fuerza de las tropas chinas y argumentaba que la mejor manera de vencer a los comunistas sería atacar Manchuria con bombas atómicas, en caso necesario. Sin embargo, Truman pensó que esto provocaría una guerra de gran escala que los Estados Unidos no querían, así que *decidió llegar a un acuerdo nada más para parar a los comunistas* y MacArthur fue retirado de su cargo. En junio, tropas de la ONU volvieron a expulsar a los comunistas de Corea del Sur (ilustración VIII.1) y fortificaron la frontera. Las pláticas de paz iniciadas en Panmunujom duraron dos años, hasta julio de 1953; se acordó que la frontera seguiría más o menos el paralelo 38, donde había estado antes de la guerra.

d) Los resultados de la guerra fueron de largo alcance

1. Para la propia Corea fue un desastre; el país quedó devastado, murieron cerca de cuatro millones de soldados y civiles coreanos y cinco millones de personas estaban sin hogar. La división parecía permanente; la suspicacia entre los estados no desapareció y se armaron poderosamente; las violaciones del cese al fuego eran constantes.
2. Truman pudo darse el gusto de detener a los comunistas y afirmar que este éxito, además del rearme estadunidense, disuadieron al mundo comunista de seguir agrediendo. Sin embargo, muchos republicanos pensaban que los Estados Unidos habían perdido la oportunidad de destruir a los comunistas chinos, y esto contribuyó a los excesos posteriores del macarthismo (sección XXIII.3).
3. Las Naciones Unidas habían ejercido su autoridad y revertido un acto de agresión, pero el mundo comunista tachó a la organización de instrumento del capitalismo.
4. El desempeño militar de la China comunista fue impresionante; evitó la unificación de Corea por influencia estadunidense y dejó en claro que ya era una potencia mundial. El hecho de que no se le permitiera formar parte de las Naciones Unidas pareció aún más irracional.
5. El conflicto dio nuevas dimensiones a la Guerra Fría.

ILUSTRACIÓN VIII.1. Marines *estadunidenses vigilan a prisioneros norcoreanos, despojados de su ropa, para buscar armas escondidas*

Ahora, las relaciones entre estadunidenses y chinos eran permanentemente tensas, así como con Rusia; el conocido patrón de búsqueda de alianzas de una y otra parte se vio tanto en Asia como en Europa. China apoyó a los comunistas indochinos en su lucha por independizarse de Francia, y al mismo tiempo ofreció su ayuda a los países subdesarrollados del Tercer Mundo, tanto en Asia y África como en América Latina, de tal forma que se firmaron acuerdos de "coexistencia pacífica" con India y Birmania (1954).

Entre tanto, los estadunidenses trataron de rodear China con sus bases; en 1951 se firmaron acuerdos defensivos con Australia y Nueva Zelanda, y en 1954 estos tres estados, aunados a Gran Bretaña y Francia, crearon la *Organización del Tratado del Sudeste Asiático* (SEATO, por sus siglas en inglés). Sin embargo, los Estados Unidos se decepcionaron cuando sólo tres de los países de Asia: Pakistán, Tailandia y las Filipinas, se integraron al tratado. Fue obvio que muchos estados querían mantenerse al margen de la Guerra Fría y no comprometerse.

Las relaciones entre los Estados Unidos y China tampoco eran buenas por la situación de Taiwán. Los comunistas seguían esperando apoderarse de la isla y acabar de una vez por todas con Chiang Kai-shek y su Partido Nacionalista, pero los estadunidenses se habían comprometido a defender a Chiang y querían conservar dicha isla como base militar.

2. CUBA

a) ¿Por qué llegó Castro al poder?

La situación que culminó con Fidel Castro en el poder, en enero de 1959, llevaba varios años gestándose.

1. *Ya tenía tiempo el resentimiento de muchos cubanos por la gran influencia estadunidense en su país.* Esta situación se remontaba a 1898, cuando los Estados Unidos ayudaron a liberar a Cuba del control de los españoles. Si bien la isla siguió siendo una república independiente, las tropas estadunidenses eran necesarias de cuando en cuando para conservar la estabilidad, además de que su ayuda financiera y la inversión mantenían al país en marcha. De hecho, algo había de cierto en la afirmación de que los Estados Unidos *controlaban la economía cubana*, pues sus empresas regían los intereses de las industrias cubanas (azúcar, tabaco, textiles, hierro, níquel, cobre, manganeso, papel y ron), detentaban la propiedad de la mitad de las tierras, cerca de tres quintas partes de los ferrocarriles, la producción de electricidad y el sistema telefónico en su totalidad. Los Estados Unidos constituían el principal mercado de las exportaciones de Cuba, de las cuales, el azúcar era, por mucho, la más importante. Esto explica por qué al embajador estaduni-

dense en La Habana (capital de Cuba) se le consideraba el segundo hombre más importante de la isla. La conexión estadunidense no tendría por qué crear resentimiento si el resultado hubiera sido un país bien administrado, pero no era así.

2. Si bien Cuba era próspera comparada con otros países latinoamericanos, *dependía demasiado de la exportación de azúcar y la riqueza del país estaba concentrada en unas cuantas manos.* El desempleo era un problema serio, pues fluctuaba entre 8%, durante los cinco meses de cosecha de la caña de azúcar, y más de 30% durante el resto del año. Aún así, no había prestaciones para desempleados, y los sindicatos, dominados por trabajadores empleados todo el año en los ingenios azucareros, no hacían nada por ayudar. La pobreza de los desempleados contrastaba de manera sorprendente con la riqueza de La Habana y de los funcionarios gubernamentales corruptos, de manera que las *tensiones sociales eran intensas.*

3. *No se había desarrollado un sistema político efectivo.* En 1952, Fulgencio Batista, líder político desde 1933, se hizo del poder en un golpe militar y empezó a gobernar como dictador. No hizo ninguna reforma y, según el historiador Hugh Thomas, "pasó gran parte del tiempo dedicado a sus asuntos personales y a la fortuna que tenía en el exterior, de modo que tenía poco tiempo para los asuntos de Estado". Además de ser corrupto, su régimen era brutal.

4. Como *no había posibilidades de una revolución social pacífica,* creció la sensación de que se necesitaba una revolución violenta. El principal exponente de esta idea era Fidel Castro, joven abogado de familia de clase media que se había especializado en defender a los pobres. Antes de asumir el poder, Castro era más nacionalista liberal que comunista, quería librar a Cuba de Batista y de la corrupción e introducir una reforma agraria limitada, de tal forma que todos los campesinos recibieran una porción de tierra. Después de un intento fallido de derrocar a Batista en 1953, que le valió dos años de cárcel,

Castro empezó una campaña de guerra de guerrillas y sabotaje en las ciudades. Los rebeldes pronto controlaron las zonas montañosas del este y el norte y se ganaron el apoyo popular en esa zona aplicando la política de reforma agraria de Castro.

5. *La reacción de Batista facilitó las cosas para Castro*, pues tomó salvajes represalias contra los guerrilleros, torturando y asesinando a los sospechosos. Incluso parte de la clase media empezó a apoyar a Castro como forma más probable de deshacerse del brutal dictador. La moral del mal pagado ejército de Batista empezó a decaer en el verano de 1958, después de un infructuoso intento de destruir las fuerzas de Castro. Los Estados Unidos empezaron a avergonzarse del comportamiento de Batista y a cortar el abasto de armas, terrible golpe para el prestigio del dictador. En septiembre, una reducida fuerza rebelde encabezada por el Che Guevara, de nacionalidad argentina y partidario de Castro, logró el control del principal camino que cruzaba la isla y se preparó para dirigirse a Santa Clara. El 1º de enero de 1959, Batista huyó de Cuba y se instauró un gobierno liberal con Castro a la cabeza.

b) ¿En qué forma resultaron afectadas las relaciones de Cuba con el exterior?

Las relaciones de Cuba con los Estados Unidos no se deterioraron de inmediato; se pensaba que Castro sería, cuando mucho, socialdemócrata, así que la mayoría de los estadunidenses estaban preparados para darle una oportunidad. No mucho después, sin embargo, indignó a los Estados Unidos con la *nacionalización de las fincas y fábricas propiedad de estadunidenses*. El presidente Eisenhower amenazó con dejar de importar azúcar cubana y obligó a Castro a firmar un tratado comercial con Rusia. En julio de 1960, cuando los estadunidenses cumplieron su amenaza, la URSS prometió comprarle azúcar a Cuba y Castro confiscó el resto de las propiedades estadunidenses. Conforme las relaciones de Cuba con los Estados Unidos empeoraban, con Rusia mejoraban, de tal forma que en enero de 1961 los dos primeros rompieron relaciones diplomáticas y esta última ya proporcionaba ayuda económica. Para lo que vino después, la invasión de Bahía de Cochinos y la crisis de los misiles [veáse la sección VII.4 b)]. Después de la crisis de los misiles, las relaciones entre los Estados Unidos y Cuba se seguían enfriando. La actitud de otros estados latinoamericanos, la mayoría con gobiernos de extrema derecha, era de suspicacia extrema; en 1962 expulsaron a Cuba de la Organización de Estados Americanos (OEA), a resultas de lo cual aumentó su dependencia de la URSS.

c) Castro y sus problemas

Cuba dependía mucho de los Estados Unidos y, posteriormente, de la URSS, que compraba gran parte de sus exportaciones de azúcar; la economía se basaba en gran medida en la industria del azúcar y estaba a merced de la fluctuación de los precios mundiales de ese producto. El gobierno y la administración estaban infestados de corrupción, aparte del grave desempleo y la pobreza. El nuevo gobierno se lanzó a atacar los problemas con entusiasmo y dedicación. El historiador David Harkness escribe que durante los primeros 10 años, Castro tomó por el cuello a su pobre y atrasado país y lo sacudió para llevarlo a patrones de vida novedosos y radicalmente diferentes. Las tierras agrícolas pasaron a manos del gobierno y se crearon granjas colectivas; las fábricas y las empresas se nacionalizaron; se intentó modernizar e incrementar la producción de azúcar, así como introducir nuevas industrias para reducir la dependencia al respecto. La reforma social incluyó intentos por mejorar la educación, la vivienda, la salud, las instituciones médicas y las comunicaciones. Había igualdad para los negros y más derechos para las mujeres. Había cines, teatros, conciertos y exposiciones de arte itinerantes. El mismo Castro parecía tener energía sin límites y recorría constantemente la isla, pronunciaba discursos y urgía al pueblo a esforzarse más.

Hacia finales de los años setenta, el gobierno proclamó grandes logros, en especial en cuanto a reformas sociales. En ese entonces, todos los niños recibían educación (a diferencia de menos de la mitad en 1959); habían mejorado mucho la higiene y la atención de la salud; el desempleo y la corrupción habían disminuido y la sensación de igualdad y estabilidad nunca había sido tan intensa. El gobierno parecía ser popular entre gran parte de la gente. Estos logros destacaban en un fondo de acoso continuo e intentos de desestabilización de los Estados Unidos, que incluían embargo comercial, ataques con bombas a las fábricas, las refinerías de petróleo y los ingenios azucareros. Durante el gobierno del presidente Nixon (1969-1974) la campaña se intensificó hasta el punto del terrorismo de Estado propiciado por el gobierno estadunidense. En la década de 1990, el embargo económico contra Cuba se tornó aún más riguroso; y a pesar de haber sido condenado por la Unión Europea, la administración de Clinton rechazó esta "interferencia".

No sorprende que con esos problemas, algunas de las políticas de Castro hayan tenido poco éxito. El intento por diversificar la producción industrial y agrícola fue decepcionante, de modo que la economía de la isla siguió dependiendo malsanamente de la calidad de la cosecha de caña de azúcar, los precios mundiales de ésta y la voluntad de la URSS y sus satélites de comprar las cuotas de exportación de Cuba. En 1980, la cosecha de azúcar se redujo por una infección de hongos, en tanto que la de tabaco resultó seriamente afectada por otro tipo de hongo. Esto sumió a la isla en una crisis económica, el desempleo volvió a incrementarse y miles de personas empezaron a emigrar a los Estados Unidos. Se racionaron los alimentos y toda la economía tuvo que ser en gran medida subsidiada por la URSS. Hacia 1991, cuando Rusia se dividió y abandonó el comunismo, Cuba perdió su apoyo más poderoso.

No obstante, el régimen de Castro sobrevivió. En los últimos años del siglo XX, la economía se reanimó con el auge turístico. Castro siguió gozando de buenas relaciones con Venezuela, de tal forma que en octubre de 2000, el gobierno venezolano aceptó proveer a Cuba de petróleo a precios preferenciales. No obstante, la mayor parte de los estados latinoamericanos siguió marginando a la isla; Cuba fue el único país de América no invitado a la tercera Cumbre de las Américas, celebrada en Quebec en 2001. En 2002 surgió una nueva crisis económica, en parte por la sequía y, por consiguiente, una escasa cosecha de caña de azúcar del año anterior; por otro lado, los ataques terroristas de septiembre de 2001 en los Estados Unidos afectaron negativamente el turismo. Ahora la atención se centraba en quién sucedería al presidente Castro, que en 2005 cumpliría 78 años; el sucesor más probable parecía ser su hermano Raúl.

3. LAS GUERRAS DE VIETNAM, 1945-1954 Y 1961-1975

Indochina, formada por tres áreas, Vietnam, Laos y Camboya, era parte del Imperio francés del Sudeste Asiático y escenario de un conflicto casi incesante desde finales de la segunda Guerra Mundial. En la primera fase del conflicto, los pueblos de estas áreas lucharon por su independencia de los franceses y la lograron. La segunda fase (1961-1976) se inició con la guerra civil en Vietnam del Sur; los Estados Unidos intervinieron para evitar que siguiera extendiéndose el comunismo, pero a la larga, tuvieron que aceptar su fracaso.

a) 1946-1954

De 1946 a 1954, los vietnamitas lucharon por independizarse de Francia, e Indochina fue ocupada por Japón durante la guerra. La resistencia contra ambos, japoneses y franceses, fue organizada por la *Liga para la independencia vietnamita (Vietminh)*, encabezada por el comunista Ho Chi Minh, quien había pasado muchos años en Rusia aprendiendo a organizar revoluciones. El Vietminh, aunque encabezado por comunistas, se aliaba con todo tipo de vertientes políticas que quisieran acabar con el control extranjero. En 1945, cuando terminaba la guerra, Ho Chi Minh declaró independiente a todo Vietnam, pero cuando fue obvio que los franceses no tenían la intención de conceder la independencia total se desataron las hostilidades, y empezó una lucha de ocho años que terminó con la derrota de los franceses en Dien Bien Phu (mayo de 1954). El Vietminh resultó victorioso en parte porque dominaba las tácticas de la guerrilla y contaba con el apoyo de todo el pueblo vietnamita, además de que los franceses, aún aquejados por las secuelas de la guerra mundial, no mandaron suficientes tropas. Probablemente el factor decisivo fue que, a partir de 1950, el nuevo gobierno comunista de Mao Zedong abasteció de armas y equipo a los rebeldes. Los Estados Unidos también se involucraron pues, considerando esa lucha como parte de la Guerra Fría y del combate contra el comunismo, proporcionaron ayuda militar y económica a los franceses, pero no fue suficiente.

Por el Acuerdo de Ginebra (1954), Laos y Camboya serían independientes y Vietnam se dividió temporalmente en dos estados a la altura del paralelo 17 (mapa VIII.2). El gobierno de Ho Chi Minh fue aceptado en Vietnam del Norte y, por el momento, Vietnam del Sur tendría otro gobierno, hasta julio de 1956, en que se celebraran elecciones para todo el país, que entonces volvería a reunirse. Ho Chi Minh no quedó satisfecho con la división, pero confiaba en que los comunistas ganarían las elecciones nacionales, pero *éstas nunca se llevaron a cabo*, y parecía probable que se repitiera lo sucedido en Corea. En Vietnam del Sur se desarrolló gradualmente una guerra civil en la que llegaron a participar el norte y los Estados Unidos.

b) ¿A qué se debió la guerra civil en Vietnam del Sur
y por qué se involucraron los Estados Unidos?

1. El gobierno sudvietnamita encabezado por el *presidente Ngo Dinh Diem* (nombrado mediante referéndum nacional en 1955) se negó a preparar las elecciones que se celebrarían en todo Vietnam. Los Estados Unidos, que habían estado respaldando dicho régimen, no lo presionaron por el temor de que si se celebraban las elecciones las ganaran los comunistas. Eisenhower, presidente de los Estados Unidos (1953-1961) estaba tan preocupado como Truman lo había estado de la expansión del comunismo. Aparentemente se obsesionó con la *teoría del dominó*, de que si se paran varias fichas en una fila, una junta a la otra, y una cae, tirará a la siguiente, y así hasta

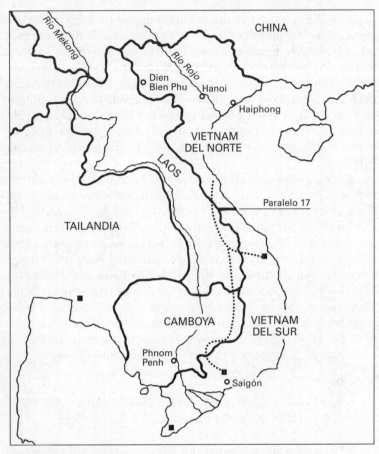

•••••• Ruta de Ho Chi Minh

■ Bases estadunidenses

MAPA VIII.2. *Las guerras de Vietnam*

el final. Eisenhower pensaba que esto podía aplicarse a los países, si un país de una región "cae" en el comunismo, rápidamente "arrastrará" a todos sus vecinos.

2. Si bien Ngo empezó con gran energía, pronto su gobierno perdió popularidad. Él provenía de una rica familia católica romana, en tanto que tres cuartas partes de la población estaban constituidas por campesinos budistas que se

sentían discriminados; exigían una reforma agraria del tipo de las que habían tenido lugar en China y Vietnam del Norte, donde los propietarios ricos habían sido despojados de sus tierras para repartirlas entre los pobres, pero en Vietnam del Sur no fue así. Ngo se ganó también una reputación de corrupto que quizá no merecía, y no era popular entre los nacionalistas, que pensaban que se dejaba influir demasiado por los estadunidenses.

3. En 1960, varios grupos de oposición, incluidos muchos ex comunistas que habían pertenecido al Vietminh, formaron el *Frente de Liberación Nacional* (NLF, por sus siglas en inglés), que exigía un gobierno democrático de coalición nacional que introdujera reformas y negociara la reunión pacífica de Vietnam. Se inició una campaña de guerrillas que atacaba a funcionarios e instalaciones del gobierno; los monjes budistas tenían su propia forma especial de protesta, se suicidaban en público prendiéndose fuego. La credibilidad de Ngo declinó aún más cuando descartó toda crítica y toda oposición, por razonable que fuera, con el pretexto de que era inspirada por los comunistas. De hecho, los comunistas eran sólo una parte del NLF. Además, introdujo duras medidas de seguridad. Ngo fue derrocado y asesinado en noviembre de 1963 en un golpe militar, después del cual, el país fue gobernado por una serie de generales, de los cuales, el presidente Nguyen Van Thieu fue el que más duró (1967-1975). Con el derrocamiento de Ngo la situación principal se mantuvo igual y la guerra de guerrillas siguió adelante.

4. Cuando ya no hubo duda de que Ngo no podía con la situación, los Estados Unidos decidieron incrementar su presencia militar en Vietnam del Sur. Con Eisenhower, habían apoyado al régimen desde 1954 con ayuda económica y asesoría militar, aceptando que los comunistas estaban detrás de todo el problema. Como no lograron derrotar al comunismo ni en Corea del Norte ni en Cuba, se sentían obligados a mostrarse firmes. Tanto Kennedy como su sucesor, Lyndon Johnson, estaban dispuestos a ir más allá del apoyo económico y los asesores; en público expresaban que intervenían para proteger la indepen-

dencia del pueblo vietnamita, pero la verdadera razón era mantener al país en el bloque no comunista.

5. Los estadunidenses se mostraban tan resueltos porque sabían que el *Vietcong* (como se conocía en ese momento a las guerrillas) (ilustración VIII.2) recibía equipo y tropas de Vietnam del Norte. Ho Chi Minh pensaba que esa ayuda estaba justificada, eran los Estados Unidos y el sur quienes se negaban a cumplir con los acuerdos de Ginebra; como Vietnam del Sur rechazaba las elecciones nacionales, sólo por la fuerza se podrían unir las dos mitades del país.

6. La participación de los estadunidenses en Vietnam fue diferente de su papel en Corea, donde luchaban como parte de una coalición de la ONU. En el ínterin, muchos nuevos miembros, casi todos ex colonias de las potencias europeas, se habían integrado a dicha Organización. Estos nuevos estados criticaban lo que consideraban como interferencia injustificada de los Estados Unidos en lo que debía ser un país independiente. No se podía confiar en que apoyaran las medidas estadunidenses a través de las Naciones Unidas, de modo que los Estados Unidos tuvieron que actuar por su cuenta, sin la participación de la ONU.

c) Fases de la guerra

Corresponden a los sucesivos presidentes estadunidenses, cada uno de los cuales introdujo nuevas políticas.

1. *Kennedy (1961-1963)* intentó mantener la participación de su país como una campaña contra las guerrillas; mandó cerca de 16 000 "asesores" más helicópteros y otros equipos e introdujo la *política de "pueblos seguros"*, por la cual los campesinos locales eran trasladados a pueblos fortificados, dejando fuera, aislado, al Vietcong. Esta medida fracasó porque el Vietcong estaba formado principalmente por campesinos, que sencillamente seguían operando dentro de esos pueblos.

2. *Johnson (1963-1969)*, según informaron los asesores en

ILUSTRACIÓN VIII.2. *Sospechoso del Vietcong ejecutado en Saigón por el jefe de policía Nguyen Ngoc Loan, 1968*

1964, se enfrentó a una situación en que el Vietcong y el NLF controlaban cerca de 40% de los pueblos de Vietnam del Sur y aparentemente los campesinos los apoyaban. Suponía que el Vietcong era controlado por Ho Chi Minh y decidió bombardear Vietnam del Norte (1965) con la esperanza de que Ho interrumpiera la campaña. Muchos historiadores han culpado a Johnson de comprometer tanto a los Estados Unidos en Vietnam, al grado de llamar a ésta la "guerra de Johnson". En análisis recientes se observa una mejor opinión del predicamento en que se encontraba este último. Según Kevin Ruane, "lejos de ser el partidario de la línea dura que dice la leyenda, los historiadores ahora tienden a considerar a Johnson como a un hombre acosado por la duda de qué hacer en Vietnam". Tenía miedo de que una participación estadunidense de gran escala llevara a China a participar en la guerra. Su verdadero interés era su campaña de reformas sociales, su programa de "gran sociedad" [sección XXIII.1 *d)*]. No obstante, heredó una situación influida por la decisiones de los presidentes anteriores; le tocó ser el infeliz sin más alternativa que cumplir con los compromisos anteriores.

En los siguientes siete años *más toneladas de bombas fueron arrojadas en las ciudades de Vietnam del Norte que en Alemania durante la segunda Guerra Mundial.* Asimismo, más de medio millón de efectivos estadunidenses llegaron al Sur. A pesar de tan enormes esfuerzos, el Vietcong se las arregló en 1968 para lanzar una ofensiva en la que se apoderó de algo así como 80% de los pueblos y aldeas. Si bien más tarde se perdió mucho terreno, esta ofensiva convenció a la mayoría de los estadunidenses de lo desesperado de la lucha. La opinión pública presionó insistentemente al gobierno para que los Estados Unidos se retiraran de Vietnam. Algunos expertos militares dijeron a Johnson que su país no podía ganar la guerra a un costo razonable, de modo que el 31 de marzo de 1968 el presidente anunció que suspendería el bombardeo de Vietnam del Norte, congelaría el nivel de las tropas y trataría de negociar la paz. En mayo se iniciaron las pláticas de paz en París, pero no fue posible lograr un compromiso rápido y se alargaron cinco años más.

3. *Nixon (1969-1974)* se percató de que era necesario un nuevo enfoque, pues la opinión pública difícilmente le permitiría enviar más tropas de los Estados Unidos. A principios de 1969, había medio millón de efectivos estadunidenses, 50 000 coreanos del sur y 750 000 sudvietnamitas frente a 450 000 del Vietcong más, quizá, 70 000 norvietnamitas. *La nueva idea de Nixon se conoció como "vietnamización",* de tal forma que los Estados Unidos rearmarían y entrenarían al ejército sudvietnamita para tratar de defender Vietnam del Sur, lo cual permitiría retirar gradualmente las tropas estadunidenses (de hecho, hacia mediados de 1971 ya había regresado a casa la mitad). Por otra parte, Nixon empezó de nuevo a bombardear intensamente Vietnam del Norte y también la *Vía Ho Chi Minh* que atravesaba Laos y

Camboya, por la cual llegaban provisiones y tropas de Vietnam del Norte.

Todo fue en vano: a finales de 1972, el Vietcong controlaba la mitad occidental del país. En ese entonces, Nixon ya era presionado tanto en su país como por la opinión pública mundial para que se retirara. Fueron varios los factores que provocaron este brusco cambio respecto de la guerra:

- el terrible bombardeo de Vietnam del Norte, Laos y Camboya;
- el uso de sustancias químicas para destruir el follaje de la selva y de jalea de napalm inflamable, que quemaba vivas a las personas; por los efectos secundarios de estas sustancias químicas, muchos niños nacieron deformes e inválidos;
- la muerte de miles de civiles inocentes. El incidente más notorio ocurrió en marzo de 1968, cuando soldados estadunidenses rodearon a los habitantes del poblado de My Lai, incluidos ancianos que cargaban a niños pequeños; a todos los mataron a tiros y los enterraron en tumbas colectivas; murieron de 450 a 500 personas.

A la larga, Nixon aceptó que no había un plan comunista monolítico para dominar el mundo. De hecho, las relaciones entre China y la URSS eran extremadamente tensas y había frecuentes choques fronterizos entre ambos en Mongolia. Nixon aprovechó la oportunidad para tratar de mejorar sus relaciones con China; se eliminaron las restricciones comerciales y para viajar, de modo que había patrullas de la armada estadunidense en el estrecho de Taiwán. Por el lado de los chinos, algunos generales de Mao le dijeron que era hora de descongelar las relaciones con los Estados Unidos. En febrero de 1972, la visita de Nixon a Beijing fue un éxito.

Finalmente, *el cese al fuego se pactó para enero de 1973*. El acuerdo fue que todas las tropas estadunidenses serían retiradas de

Vietnam, y que tanto el Norte como el Sur respetarían la frontera del paralelo 17. Sin embargo, el Vietcong siguió con su campaña y, sin los estadunidenses, el gobierno del presidente Thieu, con sede en Saigón, pronto se colapsó por la debilidad de sus ejércitos. En abril de 1975, Saigón fue ocupada por Vietnam del Norte y el Vietcong. *Por fin Vietnam volvía a estar unido y sin intervención extranjera, con un gobierno comunista.* Ese mismo año, también se establecieron gobiernos comunistas en Laos y Camboya. *La política estadunidense de evitar la expansión del comunismo en el sureste asiático resultó un rotundo fracaso.*

d) *¿Por qué fracasaron los Estados Unidos?*

1. La principal razón fue que el Vietcong y el NLF tenían el apoyo de la gente común, que tenía de qué quejarse de un gobierno ineficiente que no logró hacer las reformas que se necesitaban. Cuando en 1960 se formó el NLF, los comunistas eran uno de tantos grupos opositores; ignorando que las demandas del NLF eran justificadas y optando por apoyar a un régimen a todas luces deficiente, por su obsesión de luchar contra el comunismo, lo único que lograron los estadunidenses fue fomentar la difusión del comunismo en el Sur.

2. El Vietcong, como antes el Vietminh, eran expertos en la guerra de guerrillas y luchaban en territorio conocido. A los estadunidenses les fue mucho más difícil combatirlos que a los ejércitos convencionales que enfrentaron en Corea. Sin uniforme que los distinguiera, los guerrilleros se mezclaban fácilmente con la población campesina. Fue imposible detener el flujo de provisiones y refuerzos que llegaba por la Vía Ho Chi Minh.

3. Vietnam del Norte apoyó con abundantes tropas al Vietcong; China y Rusia le proporcionaron armas. Después de 1970, la contribución de los rusos fue vital, e incluía rifles, ametralladoras, artillería de largo alcance, misiles antiaéreos y tanques.

4. Los vietnamitas del norte se dedicaron a una eventual

victoria y unificación de su país. Demostraron asombrosa resistencia, pues a pesar del enorme número de víctimas y los daños por los bombardeos de los estadunidenses, respondieron evacuando a la población de las ciudades y reconstruyendo las fábricas fuera de la ciudad.

e) Los efectos de la guerra fueron de gran alcance

Vietnam se unió, pero el costo fue atroz. De uno a dos millones de civiles vietnamitas perdieron la vida y cerca de 18 millones quedaron sin hogar. El ejército del Norte probablemente perdió 900 000 hombres, y el del Sur, 185 000. Cerca de 48 000 soldados estadunidenses murieron y 300 000 más resultaron heridos. Aproximadamente la tercera parte del territorio del sur sufrió intensos daños por los explosivos y los defoliantes. Los problemas de reconstrucción fueron enormes, y las políticas del nuevo gobierno tuvieron aspectos desagradables, como campos de concentración para los opositores y nula libertad de expresión.

Además de haber sido un golpe para el prestigio de los Estados Unidos, este fracaso incidió profundamente en la sociedad de ese país; en muchos círculos pensaban que había sido un error terrible involucrarse en esa guerra y esto, además del escándalo de Watergate, por el cual Nixon se vio obligado a renunciar (sección XXIII.4), destruyó la confianza en un sistema político que permitía que eso sucediera. En vez de ser tratados como héroes, los veteranos de guerra eran rechazados. Los gobiernos futuros tendrían que pensarlo muy bien antes de comprometer tan profundamente a su país en situaciones similares. La guerra fue un triunfo para el mundo comunista, si bien rusos y chinos reaccionaron con mesura y casi no alardearon al respecto. Esta forma de actuar fue, quizá, indicio de que deseaban relajar las tensiones internacionales, si bien el ejército vietnamita era ahora otra poderosa fuerza a su favor.

4. Chile gobernado por Salvador Allende, 1970-1973

En septiembre de 1970, Salvador Allende, médico marxista de clase media, ganó la elección para presidente como líder de una coalición de izquierda integrada por comunistas, socialistas, radicales y socialdemócratas que se hacía llamar Unidad Popular (UP). El triunfo fue muy apretado, pues Allende consiguió 36% de los votos frente a 35% de su rival más cercano, pero bastó para hacerlo presidente, primer líder marxista del mundo en ganar una elección democrática. Si bien sólo duró tres años, el gobierno de Allende es digno de analizarse en detalle porque sigue siendo el único en su tipo, y muestra los problemas que enfrentaría un gobierno marxista que intentara funcionar en un sistema democrático.

a) ¿Cómo llegó a ser elegido Allende?

Chile, a diferencia de casi todos los demás estados sudamericanos, tenía una tradición democrática. Había tres partidos o grupos de partidos principales:

- la Unidad Popular, de extrema izquierda;
- la Democracia Cristiana (también de inclinación izquierdista);
- el Partido Nacional (coalición liberal-conservadora).

El ejército poco tenía que ver con la política, y la constitución democrática (similar a la estadunidense, excepto que el presidente no podía postularse de inmediato para la reelección) solía ser respetada. En 1964, Eduardo Frei, líder de la Democracia Cristiana que creía en la reforma social, ganó las elecciones. Frei empezó con gran entusiasmo; la inflación se redujo de 38 a 25%, se obligó a los ricos a pagar sus impuestos y a no evadirlos, se construyeron 360 000 viviendas, el número de escuelas creció a más del doble, y se llevó a cabo una reforma agraria limitada, merced a la cual se confiscaron más de 1 200 propiedades privadas mal administradas para repartirse entre los campesinos sin tierras. También se tomó el control de cerca de la mitad de las minas de cobre propiedad de estadunidenses que fueron debidamente compensados. El gobierno de los Estados Unidos admiró las reformas y no escatimó en ayuda económica.

No obstante, más o menos en 1967, la corriente empezó a volverse en contra de Frei: la izquierda consideraba que la reforma agraria había sido demasiado cautelosa y pugnaba por la nacionalización total de la industria del cobre (exportación chilena más importante); en cambio, la derecha pensaba que había ido demasiado lejos. En 1969 hubo una intensa sequía que llevó a la pérdida de una tercera parte de las cosechas; fue necesario importar grandes cantidades de alimentos y la inflación volvió a subir. Los mineros del cobre se fueron a la huelga para exigir mejores salarios y varios murieron a manos de las tropas del gobierno. Allende utilizó hábilmente su discurso durante la campaña electoral de 1970, haciendo ver que los logros de Frei estaban muy lejos de lo que había prometido. Por otra parte, la coalición de la que formaba parte organizó mucho mejor la campaña que los otros partidos y miles de partidarios salieron a las calles. Allende mismo inspiraba confianza; elegante y culto, creía que el comunismo podía tener éxito sin llegar a la revolución violenta. En las elecciones de ese año, 36% de los votantes estuvo a favor de probar sus políticas.

b) Problemas y políticas de Allende

Los problemas que enfrentó el nuevo gobierno fueron enormes; la inflación era superior a 30%; el desempleo, de 20%; la industria estaba estancada y en 90% de la población era tal la pobreza, que la mitad de los menores de 15 años sufría de desnutrición. Allende creía en la redistribución del ingreso, que permitiría a los pobres comprar más, y por ende se estimularía la economía. Los salarios se incrementaron cerca de 40% y no se permitió a las empresas incrementar los precios. Se nacionalizó lo que faltaba por nacionalizar de la industria del cobre, la textil y los bancos, y se aceleró la reforma agraria iniciada por Frei. El ejército recibió un aumento salarial superior a todos los demás para asegurar su apoyo. En cuanto a política exterior, Allende restableció las relaciones diplomáticas con la Cuba de Castro, China y Alemania Oriental.

Es debatible que, a la larga, las políticas de Allende pudieran tener éxito. Sin duda su popularidad fue suficiente como para que la UP obtuviera 49% de los votos en las elecciones locales de 1972 y para que se incrementara ligeramente el número de sus escaños en el Congreso en las de 1973, pero su experimento tuvo un final abrupto y violento en septiembre de dicho año.

c) ¿Por qué fue derrocado?

Las críticas contra el gobierno empezaron a acumularse conforme las políticas de Allende comenzaron a causar problemas difíciles.

- *La redistribución de la tierra provocó la caída de la producción agrícola* sobre todo porque los propietarios cuyas tierras serían confiscadas dejaron de cosechar y a menudo sacrificaban su ganado [como los *kulaks* rusos durante la colectivización; véase la sección XVII.2 *b*)]. Esto provocó escasez de alimentos y mayor inflación.
- Los inversionistas privados estaban temerosos y *al gobierno le faltaban fondos para llevar a cabo las reformas sociales* (vivienda, educación y servicios sociales) tan rápidamente como hubiera querido.
- *La nacionalización del cobre fue decepcionante;* hubo largas huelgas para que se elevaran los salarios, la producción cayó y el precio mundial del cobre se redujo repentinamente cerca de 30% y provocó una mayor reducción en los ingresos del gobierno.
- Algunos comunistas que deseaban un enfoque más drástico, al estilo de Castro, para resolver los problemas de Chile, se impacientaron con la cautela de Allende; se negaron a ser indulgentes porque no tenía una mayoría estable en el Parlamento; formaron el Movimiento de la Izquierda Revolucionaria (MIR) que avergonzó a la UP,

opuesta a la violencia, apoderándose de las granjas y expulsando a sus propietarios.
• Los Estados Unidos se opusieron fuertemente a las políticas de Allende e hicieron todo lo posible por minar la economía de Chile. A otros gobiernos sudamericanos les preocupaba que los chilenos intentaran exportar su "revolución".

Sobre todo esto gravitaba la interrogante de *qué pasaría en septiembre de 1976, cuando tuviera lugar la siguiente elección presidencial.* Según la Constitución, Allende no podría quedarse, pero nunca un régimen marxista había permitido que en unas elecciones le quitaran el poder. La oposición temía, quizá justificadamente, que Allende pensara modificar la Constitución. Como estaban las cosas, ningún presidente podía recurrir al referéndum si el Congreso bloqueaba su legislación, pero con apoyo suficiente lograría posponer las elecciones. Fue este temor, o eso dijeron después, lo que hizo que los grupos de oposición se unieran y tomaran medidas antes de que Allende lo hiciera.

Organizaron una huelga general y, habiendo conseguido el apoyo del ejército, la derecha orquestó un golpe militar, el cual fue encabezado por generales influyentes, mismos que instauraron una dictadura militar en la cual el *general Pinochet* saltó a primera plana. Los líderes de izquierda fueron asesinados o encarcelados y el propio Allende se suicidó. La Agencia Central de Inteligencia (CIA, por sus siglas en inglés) estadunidense, apoyada por el gobierno brasileño (régimen militar represivo), desempeñó un papel vital en la preparación del golpe como parte de su política para evitar la difusión del comunismo en América Latina. Hay pruebas de que la CIA había estado pensando en un golpe de esas características desde que Allende ganó las elecciones de 1970. No hay duda de que la administración de Nixon había hecho todo lo posible por desestabilizar ese gobierno durante los tres años siguientes, socavando la economía. Incluso se mencionó que había dicho que tenían que "hacer gritar a la economía chilena".

El nuevo régimen chileno pronto fue objeto de críticas del exterior por su trato brutal de los prisioneros políticos y por violar los derechos humanos. Sin embargo, el gobierno estadunidense, que había reducido la ayuda económica mientras Allende estuvo en el poder, la incrementó nuevamente. El régimen de Pinochet tuvo varios éxitos económicos, y hacia 1980 había reducido la inflación anual de cerca de 1 000% a proporciones manejables. Pinochet no tenía prisa de que el país volviera a ser regido por civiles, y finalmente, cuando en 1989 permitió que hubiera elecciones presidenciales, obtuvo menos de 30% de los votos. Patricio Aylwin, líder de la Democracia Cristiana resultó ganador y se le permitió asumir la presidencia (1990), pero la constitución (introducida en 1981) permitía a Pinochet permanecer como comandante en jefe de las Fuerzas Armadas durante ocho años más.

Como era de esperar, dejó su puesto en 1998, pero su retiro no funcionó como había planeado. Ese mismo año, en una visita a Gran Bretaña fue arrestado y detenido en Londres durante 16 meses porque el gobierno español solicitó su extradición para que enfrentara cargos por haber torturado a ciudadanos españoles en Chile. Por fin, en marzo de 2000 se le permitió volver a su país por razones médicas. Pero Ricardo Lagos, uno de sus principales opositores, acababa de ser elegido presidente (enero), el primer socialista desde Allende. Pronto, Pinochet tuvo que enfrentar más de 250 cargos de violación a los derechos humanos, pero en julio de 2001 la Corte de Apelación chilena decidió que el general, de 86 años de edad en ese momento, estaba demasiado enfermo como para soportar un juicio.

5. Más intervenciones estadunidenses

Vietnam, Cuba y Chile no fueron los únicos países en que intervinieron los Estados Unidos durante la primera mitad de la Guerra Fría. A través de la CIA, el Departamento de Estado de los Estados Unidos participaba en un sorprendente número de estados para preservar la libertad y los derechos humanos, pero sobre todo para evitar la expansión del comunismo. Con frecuencia, los regímenes etiquetados como comunistas y blanco de eliminación, lo único que hacían era aplicar políticas que iban en contra de los intereses estadunidenses. Las actividades de los Estados Unidos solían ser secretas, de modo que la gente prácticamente no sabía lo que estaba pasando, o como en el caso de intervenciones militares importantes, se le presentaban como medidas quirúrgicas necesarias contra el cáncer del comunismo. Sus técnicas incluían intentos de asesinato, fraudes electorales, organización y financiamiento de acciones terroristas, desestabilización económica y, como último recurso, intervención militar en gran escala.

Recientemente algunos ex miembros del Departamento de Estado y de la CIA, como William Blum y Richard Agee, y varios escritores más, incluido el lingüista Noam Chomsky, renombrado en todo el mundo, redactaron detallados informes de cómo los líderes estadunidenses intentaron incrementar su influencia y poder en países como Irán, Guatemala, Costa Rica, Indonesia, Guyana, Irak, Camboya, Laos, Ecuador, el Congo-Zaire, Brasil, República Dominicana, Ghana, Uruguay, Bolivia, Timor Oriental, Nicaragua y muchos otros. No hay espacio suficiente para analizar todos estos casos, pero con unos cuantos se ilustrará cómo la influencia de los Estados Unidos llegó a muchas partes del mundo.

a) América Latina

El área conocida como América Latina está formada por los países sudamericanos, centroamericanos, incluido México, y las islas del Caribe, como Cuba, La Española (dividida en dos estados, Haití y República Dominicana) y Jamaica. Al finalizar la segunda Guerra Mundial, comparada con los Estados Unidos y Europa, dicha área seguía estando subdesarrollada, tanto la industria como la agricultura, y muchos de los estados dependían de un rango limitado de productos que exportaban. La agricultura estaba atrasada porque la mano de obra campesina era tan abundante y barata que los terratenientes ricos no tenían necesidad de modernizarse.

Uno de los problemas importantes en los años inmediatamente posteriores a la segunda Guerra Mundial fue el crecimiento demográfico desmedido; siempre que un país parecía avanzar por una reforma agraria (por la cual los campesinos recibían tierras de las que serían dueños), las ventajas eran neutralizadas por el crecimiento poblacional. Muchas personas abandonaban el campo por la ciudad, pero era difícil que encontraran empleo. Casi todas las ciudades importantes estaban rodeadas por sucias barriadas improvisadas, sin agua corriente, drenaje ni electricidad. La brecha entre ricos y pobres crecía y poco se lograba en cuanto a acabar con la pobreza y el analfabetismo. No había tradición de democracia, excepto en Chile; los estados solían ser regidos por dictadores militares que representaban los intereses de los terratenientes ricos que bloqueaban prácticamente cualquier intento de reforma.

Estas condiciones eran el caldo de cultivo para movimientos revolucionarios, y todos los gobiernos estadunidenses estaban muy interesados en garantizar que incluso los partidos de izquierda moderada fueran suprimidos; estaban a la puerta de los Estados Unidos, demasiado cerca como para incomodar si "se volvían comunistas". Washington proporcionaba suficiente ayuda económica para muchos estados latinoamericanos, pero por diferentes motivos:

- Esperaban resueltos los problemas económicos, los gobiernos fomentarían reformas moderadas que mejoraran lo suficiente las condiciones como para evitar que el comunismo floreciera.
- A menudo la ayuda era en forma de créditos, con la condición de que una proporción importante se gastara en productos estadunidenses. Esto no ayudaba a que la industria se desarrollara e implicaba a los gobiernos latinoamericanos en prolongados pagos de intereses.
- Si alguna de las políticas gubernamentales era inaceptable para los Estados Unidos, la ayuda solía reducirse. Esto le sucedió a la Cuba de Castro y al Chile de Allende; de esta forma, los Estados Unidos ejercían un control político importante a través de medios económicos.

En 1953, en *Guatemala*, se eligió democráticamente un gobierno reformista progresivo encabezado por Jacobo Arbenz, pero Washington lo rechazó cuando se apropió de algunas tierras no cultivadas, propiedad de la US United Fruit Company.

Muchos estadunidenses influyentes tenían intereses en tan enorme empresa, y se decidió cortar por lo sano dicha iniciativa antes de que se extendiera a otros países latinoamericanos. Arbenz fue tachado de comunista y se interrumpió toda ayuda de los Estados Unidos. Los opositores de Arbenz recibieron armas y fueron entrenados en Honduras, país vecino; entonces la CIA organizó un golpe en el cual las fuerzas de Castillo Armas, apoyadas por los estadunidenses, invadieron el país, derrocaron el gobierno de Arbenz y lo sustituyeron con un régimen militar encabezado por Armas (1954). Este nuevo régimen se embarcó en una campaña de arrestos masivos, tortura y ejecuciones de partidarios de la izquierda, sindicalistas y disidentes de todo tipo. Al año siguiente, Armas fue asesinado, sólo para ser remplazado por otro dictador militar, Miguel Ydigoras. La ayuda estadunidense volvió a fluir y una revolución en contra de este último acabó con la ayuda de los Estados Unidos en 1960. Guatemala sigue regida por los militares, y a pesar de un supuesto "acuerdo de paz" firmado en 1996, siguen las violaciones a los derechos humanos en gran escala y la pobreza es enorme. En 2001, en el Índice de Desarrollo Humano de la ONU, basado en las expectativas de vida, los logros educativos, el ingreso y la producción per cápita de la población, Guatemala aparece en penúltimo lugar de Latinoamérica, apenas arriba de Haití.

El tamaño no es impedimento para la intervención de los Estados Unidos. *Brasil* ocupa aproximadamente la mitad de Sudamérica y su población es la quinta mayor del mundo, pero Washington no estaba de acuerdo con las políticas de Joao Goulart, líder brasileño elegido presidente en enero de 1963. Su programa incluía una reforma agraria y nacionalizaciones moderadas, además de una ley por la cual se limitaban las utilidades que las empresas multinacionales podían sacar del país. Peor aún para los Estados Unidos, se opuso a las sanciones económicas en contra de Cuba y nombró algunos asesores de izquierda; todo esto se consideró como un peligroso giro hacia el comunismo. De hecho, no había manera de clasificar a Goulart como comunista; era un terrateniente millonario y católico romano devoto. No obstante, en 1964 fue derrocado mediante un golpe militar en mucho apoyado por los estadunidenses, si bien el papel de éstos se mantuvo en secreto. Durante los siguientes 15 años, el país tuvo que soportar un régimen militar brutal, pero Washington pensaba que valía la pena pagar ese precio, pues Brasil rompió relaciones diplomáticas con Cuba y se convirtió en confiable aliado.

La intervención estadunidense en la *República Dominicana* fue más descarada. En 1963, Juan Bosch fue elegido presidente por la vía democrática. La administración de Kennedy lo consideraba anticomunista y liberal, así que recibió con beneplácito la elección. No obstante, cuando empezó a aplicar su programa de reforma social, que incluía una reforma agraria y varias nacionalizaciones poco comprometedoras, Washington le volteó la cara y fue derrocado. En abril de 1965, el nuevo gobierno era tan impopular que las revueltas se generalizaron para que Bosch volviera al poder. Cuando parecía que tendrían éxito, los Estados Unidos enviaron a unos 20 000 soldados, que ayudaron a aplastarlas, y Bosch nunca volvió al poder.

En *Nicaragua*, la dictadura de Somoza apoyada por los Estados Unidos fue derrocada por las fuerzas revolucionarias sandinistas (1979) de izquierda, que tomaron el nombre de uno de los primeros líderes revolucionarios, Augusto Sandino, asesinado por órdenes de Somoza en 1933. El gobierno sandinista empezó a modernizar el país mediante reformas sociales y económicas; además, las relaciones con Cuba eran estrechas. En 1985, Oxfam informó que los esfuerzos del gobierno y su compromiso por mejorar las condiciones del pueblo eran excepcionales. No obstante, la administración de Reagan (1981-1989) hizo todo lo posible por minar al gobierno sandinista y se interrumpió toda la ayuda económica. A pesar de que el Congreso de los Estados Unidos vetó la entrega de armas a los Contras, ejército de partidarios de Somoza, éstos fueron financiados y armados. Hubo una intensa guerra civil en la cual los Contras infligieron tanto daño como pudieron, destruyendo escuelas y hospitales, hasta que el gobierno se percató de que había gastado más de la mitad de su presupuesto en la lucha bélica.

El candidato sandinista Daniel Ortega ganó las elecciones presidenciales de 1984, con 63% de la votación. Los grupos de observadores internacionales consideraron que la elección había sido justa, pero Washington declaró que había sido amañada. En 1990, los Estados Unidos interfirieron en las elecciones financiando al partido de oposición, la Unión Nacional Opositora (UNO), y aclararon al pueblo nicaragüense que si los sandinistas ganaban, la guerra no terminaría. El candidato de la UNO ganó y los estadunidenses lograron un gobierno de derecha en Nicaragua.

b) Sudeste Asiático

El área conocida como Indochina está formada por Vietnam, Laos y Camboya, tres estados que se independizaron de Francia merced a los acuerdos de Ginebra de 1954 (sección VIII.3 para lo sucedido en Vietnam).

Después de la independencia, en *Laos* hubo un conflicto entre el gobierno de derecha apoyado por los Estados Unidos y varios grupos de izquierda encabezados por el Pathet Lao, partido nacionalista de izquierda que había participado en la lucha contra los franceses. En un principio, el mencionado partido se mostró dispuesto a formar parte de gobiernos de coalición en un intento por lograr un cambio social pacífico. Los Estados Unidos consideraban al Pathet Lao como comunistas peligrosos, de modo que entre la CIA y el Departamento de Estado organizaron una serie de intervenciones que hacia 1960 habían eliminado todas las posiciones importantes de los izquierdistas. La izquierda se convirtió en fuerza armada y la CIA respondió formando un ejército de 30 000 anticomunistas de toda Asia para aplastar a los insurgentes. Entre 1965 y 1973, la fuerza aérea estadunidense realizó bombardeos regulares sobre Laos que provocaron un número enorme de víctimas y gran devastación; pero fue en vano, esta intervención fortaleció la determinación de la izquierda; después de que los Estados Unidos se retiraron de Vietnam y el sudeste de Asia y de que los comunistas tomaran Camboya, en Laos, la derecha abandonó la lucha y sus líderes salieron del país. En diciembre de 1975, el Pathet Lao asumió el control de manera pacífica y se proclamó la República Democrática Popular de Laos (sección XXI.4).

En *Camboya*, los estadunidenses participaron en un golpe de Estado que derrocó al régimen del príncipe Sihanouk en 1970; los bombardeos previos dejaron en ruinas la economía del país. La intervención de los Estados Unidos precedió a cinco años de guerra civil que terminó cuando el Pol Pot y el Khmer Rouge tomaron el poder (sección XXI.3). Durante la guerra de Vietnam de 1965-1973, los Estados Unidos utilizaron *Tailandia* como base para bombardear Vietnam del Norte. A la larga, la presencia de los estadunidenses en dicho país se incrementó tanto que parecía que lo habían tomado. Los tailandeses se oponían categóricamente a la forma en que utilizaban su país, pero toda crítica era considerada de inspiración comunista; más de 40 000 efectivos entraron en acción para acabar con la guerrilla y para entrenar a las fuerzas del gobierno tailandés. En agosto de 1966, el *Washington Post* reportó que en círculos del gobierno estadunidense se tenía la intensa sensación de que "en Tailandia, la prolongada dictadura conviene a los Estados Unidos, pues garantiza la continuidad de sus bases en ese país, y que, según dijo sin rodeos un funcionario estadunidense, 'es nuestro verdadero interés en este lugar'".

c) *África*

Los Estados Unidos se interesaron mucho por África, donde a finales de los años cincuenta y la década de 1960 tuvo lugar la descolonización y el surgimiento de muchos estados recientemente independizados. A finales de la segunda Guerra Mundial, los estadunidenses presionaron a los estados europeos que aún tenían colonias para que les otorgaran su independencia lo más pronto posible; afirmaban que en vista de los crecientes movimientos nacionalistas de África y Asia, la intención de aferrarse a las colonias hubiera fomentado el desarrollo del comunismo. Otra de las razones de esta actitud fue que los Estados Unidos consideraban a las naciones emergentes como posibles mercados en los cuales podrían comerciar y establecer su influencia, tanto económica como política. En la atmósfera de la Guerra Fría, el peor crimen que podía cometer cualquier nuevo gobierno era, a los ojos de los estadunidenses, demostrar la más ligera inclinación de izquierda o socialista en sus políticas o mostrar simpatía por la URSS.

En junio de 1960, *el Congo* (anteriormente, Congo Belga) se convirtió en Estado independiente con Patrice Lumumba como primer ministro. El país dependía principalmente de sus exportaciones de cobre, pero la industria de las minas de cobre, situadas sobre todo en la provincia oriental de Katanga, seguía siendo controlada por una compañía belga. Lumumba habló de "independencia económica" para el Congo, que belgas y estadunidenses interpretaron como "nacionalización". Los belgas y la CIA instaron a Katanga a declararse independiente del Congo para seguir manteniendo el control de la industria del cobre, pero Lumumba pidió ayuda, primero a la ONU y después a la URSS. Fue un error fatal, pues la CIA y los belgas alentaron a los oponentes de Lumumba, de manera que fue destituido y luego asesinado (enero de 1961); la CIA tuvo mucho que ver en eso. Después de 1965, los Estados Unidos apoyaron el régimen corrupto y brutal del general Mobutu y varias veces enviaron tropas para someter a los rebeldes. Parecía que ningún exceso interno era demasiado, siempre que Mobutu siguiera actuando como amigo de los estadunidenses. Se mantuvo en el poder hasta mayo de 1997 (sección XXV.5).

Ghana se independizó en 1957, siendo Kwame Nkrumah el líder. Su perspectiva era socialista y deseaba un gobierno a medio camino entre las potencias occidentales y el bloque comunista, lo cual implicaba establecer relaciones armoniosas entre ambos extremos. Cuando empezó a crear vínculos con la URSS, China y Alemania Oriental, en Washington sonaron las alarmas. La CIA tenía actividades en Ghana y estaba en contacto con un grupo de oficiales del ejército que se oponía al estilo cada vez menos democrático de Nkrumah. En 1966, mientras este último estaba de visita en China, el ejército, apoyado por la CIA, dio un golpe de Estado y fue obligado a exiliarse (sección XXV.2).

d) Medio Oriente

El Medio Oriente era una zona importante que hacía las veces de encrucijada entre las naciones occidentales, el bloque comunista y los países del Tercer Mundo de Asia y África; también es importante porque ahí se produce gran parte del petróleo del mundo. Los Estados Unidos y los estados de Europa occidental estaban ansiosos por conservar cierta influencia ahí, tanto para bloquear la expansión del comunismo como para tener más o menos controlados los suministros de petróleo de la región. La administración de Eisenhower (1953-1961) hizo una declaración, conocida como Doctrina Eisenhower, respecto de que los Estados Unidos estaban listos para recurrir a la fuerza de las armas para ayudar a cualquier país del Medio Oriente agredido por alguno de los países controlados por el comunismo internacional. En diferentes momentos desde 1954, dicho país había intervenido en la mayor parte de los estados del Medio Oriente para desestabilizar o derrocar gobiernos que decidiera definir como "comunistas".

En 1950, el sha (soberano) de *Irán* firmó un tratado de defensa con los Estados Unidos contra la vecina URSS, que había estado tratando de instaurar un gobierno comunista en el norte de su país. En 1953, el doctor Mussadiq, primer ministro, nacionalizó una empresa petrolera propiedad de británicos. Los Estados Unidos y Gran Bretaña organizaron un golpe por el cual fue destituido y el sha recuperó el control total. Este último se mantuvo en el poder durante los siguientes 25 años, con el apoyo total de Washington, hasta que fue obligado a renunciar en enero de 1979 [sección XI.1 *b*)].

Irak tenía la atención constante de los Estados Unidos. En 1958, el general Abdul Kassem derrocó la monarquía y proclamó una república; estaba a favor de una reforma y modernización, y si bien él mismo no era comunista, la nueva atmósfera de libertad y apertura favoreció el crecimiento del Partido Comunista Iraquí, lo cual intranquilizó a Washington. El Departamento de Estado se inquietó aún más en 1960, cuando Kassem participó en la creación de la Organización de Países Exportadores de Petróleo (OPEP), que tendía a acabar con el control que tenían las empresas petroleras occidentales en la venta del petróleo del Medio Oriente. La CIA había estado tratando de desestabilizar al país durante varios años fomentando una invasión turca, financiando a las guerrillas curdas que agitaban para lograr mayor autonomía, e intentando asesinar a Kassem. Por fin lo lograron en 1963, cuando este último fue derrocado y murió en un golpe de Estado en que participaron la CIA y Gran Bretaña.

A partir de 1979, los Estados Unidos financiaron y aprovisionaron a Saddam Hussein, líder iraquí desde 1968, además de apoyarlo en contra del nuevo gobierno antiestadunidense de Irán. Después de una prolongada e infructuosa guerra entre Irak e Irán (1980-1988; sección XI.9), las fuerzas de Saddam invadieron y conquistaron Kuwait (agosto de 1990), sólo para ser expulsadas de nuevo por fuerzas de la ONU, de las cuales, el mayor contingente era por mucho el estadunidense (sección XI.10). En 2003, los Estados Unidos, con ayuda de Gran Bretaña, por fin derrocaron y capturaron a Saddam [para más detalles, véase la sección XII.4 *f)*].

6. DISTENSIÓN: LAS RELACIONES INTERNACIONALES DE LOS AÑOS SETENTA A LOS NOVENTA DEL SIGLO XX

El término "distensión" se refiere a una relajación permanente de las tensiones entre Oriente y Occidente. Los primeros indicios reales de distensión pudieron observarse en los primeros años de la década de 1970.

a) Razones de la distensión

Conforme crecían los arsenales nucleares, ambas partes le temían más a una catastrófica guerra nuclear en la cual no habría un verdadero ganador; a ambas les repugnaban los horrores de Vietnam, además de que cada país tenía sus propias razones para desear una distensión.

- *La URSS se estaba dando cuenta de que mantenerse a la altura de los estadunidenses era agobiante.* Era indispensable reducir los gastos de defensa para poder dedicar más recursos a llevar los estándares de vida al nivel de los occidentales, tanto en la URSS como en los países satélite, que tenían problemas económicos. En los primeros años setenta, había inquietud, sobre todo en Polonia, que amenazaba con desestabilizar al bloque comunista. Al mismo tiempo, la relación de los rusos con China no era buena, pero no quisieron quedarse fuera cuando en 1971 empezaron a mejorar las relaciones entre esta última y los Estados Unidos.

- *Los estadunidenses empezaban a darse cuenta de que debía haber una mejor manera de enfrentar al comunismo, no la que tan poco éxito estaba teniendo en Vietnam.* A todas luces había límites para lo que podían lograr con su poderío militar. Algunos congresistas y senadores empezaban a hablar de volver al "aislacionismo".

- *A los chinos les preocupaba su aislamiento;* estaban inquietos por las intenciones de los estadunidenses respecto de Vietnam (después de lo que había pasado en Corea), y tampoco estaban contentos por el empeoramiento de sus relaciones con la URSS.

- *Las naciones de Europa occidental estaban preocupadas porque estarían en la línea frontal en caso de una guerra nuclear.* Willi Brandt, canciller de Alemania Occidental desde 1969, trabajó por mejorar las relaciones con Europa oriental, política a la que se le llamó *Ostpolitik*.

b) La URSS y los Estados Unidos

Ya habían avanzado con el "teléfono rojo" y el acuerdo de hacer sólo pruebas nucleares subterráneas (ambos en 1963). En 1967 se firmó un acuerdo por el cual se prohibían las armas nucleares en el espacio exterior. El primer avance importante tuvo lugar en 1972, cuando ambos países firmaron el *Tratado de Limitación de Armas Estratégicas, conocido como* SALT 1, por el cual se decidió cuántos ABM, ICBM y SLBM podía tener cada una de las partes [secciones VII.4 *a)* y *c)*]; no hubo acuerdo respecto de los MIRV. Con este acuerdo no se redujo la cantidad de armamentos, pero *sí se desaceleró la carrera armamentista*. El presidente Brezhnev y el presidente Nixon tuvieron tres reuniones cumbre, se iniciaron las negociaciones para un tratado más, conocido como SALT 2 y los Estados Unidos empezaron a exportar trigo a Rusia.

Otro paso importante fue el *Tratado de Helsinki (julio de 1975)*, por el cual los Estados Unidos, Canadá, la URSS y la mayor parte de los estados europeos aceptaban las fronteras europeas definidas después de la segunda Guerra Mundial (y por tanto, la división de Alemania). Los países comunistas prometieron respetar los "derechos humanos" de sus pueblos, incluida la libertad de expresión y la libertad de abandonar el país.

No obstante, la distensión no procedió sin problemas, sobre todo en 1979, cuando a la OTAN le preocupó el despliegue de 150 nuevos misiles rusos SS-20. Hacia 1983, dicha organización decidió desplegar más de 500 misiles Pershing y Cruise en Europa para disuadir a Rusia de un posible ataque a Europa occidental. Al mismo tiempo, el Senado estadunidense decidió no aceptar el tratado SALT 2, por el cual se limitaría el número de MIRV. Cuando los rusos invadieron Afganistán el día de Navidad de 1979 y sustituyeron al presidente con uno más favorable para ellos, en Occidente revivieron todas las sospechas respecto de los motivos rusos.

Ambas partes pasaron la primera mitad de los años ochenta creando arsenales nucleares, y Reagan, presidente de los Estados Unidos (1981-1989), aparentemente autorizó un nuevo sistema de armas, *la Iniciativa de Defensa Estratégica (SDI, por sus siglas en inglés), conocida también como "Guerra de las Galaxias",* cuyo objetivo era utilizar las armas espaciales para destruir misiles balísticos en vuelo.

La distensión volvió a cobrar ímpetu merced a la determinación del nuevo líder soviético, Mijaíl Gorbachev (1985-1991), quien tuvo reuniones cumbre con Reagan y propuso un programa a 15 años para un "proceso gradual para librar al mundo de las armas nucleares". Los estadunidenses respondieron hasta cierto punto, pero no estaban dispuestos a llegar hasta donde Gorbachev hubiera querido. El resultado fue el *Tratado INF (fuerzas nucleares intermedias), firmado formalmente por Reagan y Gorbachev en Washington, en diciembre de 1987:*

- Todas las armas nucleares de rango intermedio (300 a 3 000 millas) con base en tierra se eliminarían en los siguientes tres años. Esto incluía 436 ojivas nucleares estadunidenses y 1 575 soviéticas, además de todos los misiles rusos de Alemania Oriental y Checoslovaquia, así como todos los misiles Cruise y Pershing estadunidenses con base en Europa occidental.
- Había estrictas medidas de verificación, de manera que ambas partes podían cerciorarse de que las armas serían realmente destruidas.

No obstante, esto ascendía, cuando mucho, a 4% de las reservas existentes de armas nucleares y estaba también el escollo de la *Guerra de las Galaxias* de Reagan, que no estaba dispuesto a abandonar, si bien apenas estaba en etapa de planeación. El acuerdo tampoco incluía las armas británicas ni francesas. Margaret Thatcher, primera ministra de Gran Bretaña, estaba decidida a que su país conservara su propio arsenal nuclear, y pensaba desarrollar misiles Trident, más complejos que los Cruise. No obstante, *este Tratado INF fue decisivo para la carrera armamentista, pues por primera vez se destruyeron armas nucleares.*

Hacia 1985, la URSS pasó gran vergüenza por su participación en Afganistán. Si bien había más de 100 000 soldados soviéticos en ese país, no lograron someter a las feroces guerrillas islámicas; fue un enorme gasto de recursos y un golpe para su prestigio. La hostilidad de China, la suspicacia de los estados islámicos de todo el mundo y las frecuentes condenas de la ONU, convencieron a Gorbachev de que era el momento de retirarse. Por fin se acordó que los rusos empezaran a retirar sus tropas de Afganistán el 1º de mayo de 1988, siempre que los estadunidenses dejaran de enviar ayuda militar al movimiento de resistencia afgano.

c) *China y los Estados Unidos*

Desde la guerra de Corea, China y los Estados Unidos mostraban gran hostilidad entre ellos, y aparentemente la situación

ILUSTRACIÓN VIII.3. *El presidente Nixon (derecha) con el primer ministro chino Zhou Enlai, en su visita a Beijing, en 1972*

no cambiaría mientras los estadunidenses apoyaran a Chiang Kai-shek y los nacionalistas en Taiwán, y los chinos, a Ho Chi Minh. No obstante, en 1971, los chinos invitaron inesperadamente a su país al equipo de tenis de mesa estadunidense. Como resultado del éxito de esa visita, los Estados Unidos retiraron el veto para que China pudiera entrar a la ONU. *Por tanto, en octubre de 1971, se permitió que China comunista formara parte de dicha organización.* El presidente Nixon (ilustración VIII.3) y el presidente Ford visitaron con éxito Beijing (1972 y 1975). Pero el problema de Taiwán seguía ensombreciendo la relación. Si bien Chiang murió en 1975, sus partidarios seguían ocupando la isla y los comunistas no estarían contentos hasta tenerla bajo su control. Las relaciones mejoraron aún más en 1978 cuando Carter, presidente demócrata, decidió retirar su reconocimiento a la China nacionalista, pero esto provocó protestas en los Estados Unidos, donde lo acusaron de traicionar a su aliado.

En 1979 se llegó al clímax de la distensión entre China y los Estados Unidos cuando *Carter reconoció formalmente a la República Popular China* y se intercambiaron embajadores.

Las relaciones fueron buenas durante la década de 1980. A los chinos les interesaba que la distensión continuara, por su conflicto con Vietnam (aliado de Rusia), que había empezado en 1979. En 1985 se firmó un acuerdo de cooperación nuclear, pero repentinamente, en junio de ese año, las cosas empeoraron cuando los chinos recurrieron al ejército para dispersar una manifestación estudiantil en la Plaza Tiananmen, en Beijing. El gobierno temía que la manifestación se convirtiera en una revolución que pudiera derrocar al comunismo chino. En los disturbios murieron cuando menos 1 000 estudiantes y muchos más fueron ejecutados, razón para que en todo el mundo el gobierno chino fuera condenado. Las tensiones se incrementaron nuevamente en 1996, cuando los chinos llevaron a cabo "ejercicios navales" en los estrechos que dividen la China continental de Taiwán, en protesta por las elecciones democráticas que tendrían lugar en la isla.

d) Relaciones entre la URSS y China

Las relaciones entre la URSS y China se deterioran sistemáticamente después de 1956. Antes habían firmado un tratado de ayuda mutua y amistad (1950), pero después China no aprobó las políticas de Kruschev, en especial su confianza en la "coexistencia pacífica" y su opinión de que era posible instaurar el comunismo mediante métodos diferentes de la revolución violenta, lo cual iba en contra de la ideas de Lenin, líder de la revolución comunista rusa de 1917, de modo que los chinos acusaron a los rusos de *"revisionistas", es decir, de revisar o reinterpretar las enseñanzas de Marx y Lenin según sus propias necesidades.* Les molestaba la "línea suave" de Kruschev respecto de los Estados Unidos y, como represalia, los rusos redujeron su ayuda económica a China.

El argumento ideológico no era la única causa de los problemas, también había una disputa por fronteras. Durante el siglo XIX, Rusia se había apoderado de extensas áreas de territorio chino, al norte de Vladivostok y en la provincia de Sinkiang, que los chinos reclamaban, hasta entonces, sin éxito. Ahora que la misma China aplicaba una política "suave" respecto de los Estados Unidos, parecía que el problema territorial era la manzana de la discordia. A finales de los años setenta, tanto Rusia como China competían por el apoyo estadunidense para lograr el liderazgo del comunismo mundial. Para complicar aún más las cosas, ahora Vietnam apoyaba a Rusia. Cuando los chinos atacaron Vietnam (febrero de 1979), las relaciones tocaron fondo. El ataque de los chinos fue, en parte, como represalia por la invasión de Kampuchea (antes Camboya) por los vietnamitas, en diciembre de 1978, por la cual fue derrocado el gobierno del Khmer Rouge encabezado por Pol Pot, protegido de China, y en parte por la disputa por las fronteras. Se retiraron al cabo de tres semanas, según Beijing, "después de haber dado una lección a los vietnamitas". *En 1984, los chinos sacaron a la luz sus quejas en contra de la URSS:*

- la presencia de tropas rusas en Afganistán;
- el apoyo soviético para las tropas vietnamitas en Kampuchea;
- la acumulación de tropas a lo largo de la frontera china con Mongolia y Manchuria.

Mijaíl Gorbachev estaba decidido a empezar una nueva era en las relaciones entre China y Rusia. Se firmaron acuerdos de cooperación comercial y económica por cinco años (julio de 1985) y se estableció un contacto regular entre ambos gobiernos. La reconciliación formal tuvo lugar en mayo de 1989, cuando Gorbachev visitó Beijing. También en 1989, Vietnam retiró sus tropas de Kampuchea, de modo que mejoraron sus relaciones con China.

7. El colapso del comunismo en Europa oriental. Transformación de las relaciones internacionales

a) Agosto de 1988 a diciembre de 1991

En el periodo de agosto de 1988 a diciembre de 1991, acontecimientos notables tuvieron lugar en Europa oriental. El comunismo fue erradicado por una creciente corriente de oposición popular y manifestaciones masivas, mucho más rápidamente de lo que nadie hubiera imaginado.

- El proceso empezó en Polonia, en 1988, cuando la organización sindical "Solidaridad" organizó huelgas masivas contra el gobierno, las cuales, a la larga, lo obligaron a permitir la celebración de elecciones libres, en las que resultaron derrotados los comunistas por amplio margen (junio de 1989). Rápidamente se difundieron las protestas revolucionarias en los demás estados satélite rusos.
- Hungría fue el siguiente país en permitir elecciones libres, en las cuales los comunistas volvieron a ser derrotados.
- En Alemania Oriental, el líder comunista Eric Honecker quería dispersar las manifestaciones por la fuerza, pero sus colegas no lo aceptaron; hacia finales de 1989, el gobierno comunista había renunciado. Pronto se derribó el muro de Berlín y, lo más sorprendente de todo, *Alemania volvió a unirse en el verano de 1990.*
- Checoslovaquia, Bulgaria y Rumania habían derrocado a sus gobiernos comunistas hacia finales de 1989; en 1990, en Yugoslavia se celebraron elecciones con varios partidos y, en Albania, en la primavera de 1991.
- A finales de diciembre de 1991, la misma URSS se había dividido en varias repúblicas y Gorbachev había renunciado; después de 74 años de dominio, se acabó el comunismo en Rusia.

(Véanse en las secciones x.6 y xviii.3 las razones del colapso del comunismo en Europa oriental.)

b) ¿En qué forma resultaron afectadas las relaciones internacionales?

Muchos pueblos de Occidente pensaron que con el colapso del comunismo en Europa oriental, desaparecerían milagrosamente los problemas del mundo, pero nada más lejos de la realidad, pues toda una gama de nuevos problemas salió a la superficie.

1. La Guerra Fría había terminado
El resultado más inmediato fue que la ex Unión Soviética y sus aliados ya no eran considerados el "enemigo" de Occiden-

te. En noviembre de 1990, los países de la OTAN y el Pacto de Varsovia firmaron un tratado por el cual acordaban que "ya no eran adversarios" y que no usarían ninguna de sus armas más que para defenderse. La Guerra Fría había terminado, lo cual era un gran avance, pero...

2. Pronto surgieron nuevos conflictos

Con frecuencia provocados por el nacionalismo. Como se ha visto, durante la Guerra Fría la URSS y los Estados Unidos mantenían un estrecho control, por la fuerza, en caso necesario, en regiones en que podrían resultar afectados sus intereses más importantes. Ahora, un conflicto que no afectara directamente ni a Oriente ni a Occidente, probablemente se solucionaría por sí solo, con o sin sangre. El nacionalismo, suprimido por el comunismo, pronto resurgió en algunos de los antiguos estados de la URSS y en otros lugares. En ocasiones los problemas se solucionaban de manera pacífica, como en Checoslovaquia, donde los nacionalistas eslovacos insistieron en separarse y formar el Estado independiente de Eslovaquia. Sin embargo, la guerra estalló entre Azerbaiyán y Armenia (dos antiguas repúblicas de la URSS) por disputa de territorios. En Georgia (otra ex república de la URSS) hubo batallas porque los pueblos del norte querían formar un Estado independiente.

Lo más trágico fue lo sucedido en Yugoslavia, que se dividió en cinco estados diferentes, Serbia (con Montenegro), Bosnia-Herzegovina, Croacia, Eslovenia y Macedonia. Pronto se desencadenó una guerra civil en la que Serbia trató de apoderarse de tanto territorio de Croacia como fuera posible. En Bosnia, serbios, croatas y musulmanes lucharon para tratar de crear sus propios estados. Esta lucha, cada vez más encarnizada, duró casi cuatro años, hasta que en noviembre de 1995 se organizó un cese al fuego (sección X.7). Así, mientras los estados de Europa occidental buscaban una unión más estrecha con la Comunidad Europea (sección X.8), los de Europa oriental se dividían en unidades nacionales cada vez más pequeñas.

3. Supervisión de las armas nucleares

Otro temor ahora que los rusos y los Estados Unidos estaban menos dispuestos a hacerla de "policías", era que *los países con*

gobiernos considerados como inestables o irresponsables por las
potencias, recurrieran a las armas nucleares, por ejemplo, Irak,
Irán y Libia, de modo que una de las necesidades de los años
noventa fue una mejor supervisión internacional y un mejor
control de las armas nucleares, así como de las biológicas y las
químicas.

4. Problemas económicos

Todos los ex estados comunistas enfrentaban otro problema,
cómo manejar el colapso económico y la extrema pobreza que
les legaran las economías "regidas" por comunistas y cómo
cambiar a economías de "libre mercado". Necesitaban un generoso programa de ayuda financiera de Occidente cuidadosamente planeado. El nacionalismo y la inquietud económica
podrían provocar una violenta reacción de extrema derecha,
especialmente en la propia Rusia, que sería tan amenazadora
como una vez lo fuera el comunismo. Sin duda había de qué
preocuparse, dado el elevado número de armas nucleares
que había en la región. Existía el riesgo de que Rusia, desesperada por conseguir dinero, vendiera sus armas nucleares a gobiernos "inadecuados".

5. La reunificación de Alemania creó algunos problemas

Los polacos se mostraban muy suspicaces ante una Alemania
poderosa y unida, y temían que intentara recuperar el antiguo
territorio alemán al oriente de los ríos Oder y Neisse, concedido a Polonia después de la segunda Guerra Mundial. Alemania
se encontró también dando refugio a personas que huían de
los conflictos de otros estados europeos; para octubre de 1992
llegaban cuando menos 16 000 refugiados al mes. Esto provocó violentas protestas de grupos neonazis de extrema derecha
que pensaban que Alemania tenía suficiente con sus propios
problemas, en especial la necesidad de modernizar la industria y los servicios públicos de la antigua Alemania Oriental,
como para estar recibiendo extranjeros.

6. Las relaciones entre los aliados occidentales

La desaparición del comunismo afectó las relaciones entre los
aliados occidentales, los Estados Unidos, Europa occidental y

Japón, que se habían mantenido juntos por la necesidad de enfrentar al comunismo, pero entonces surgieron diferencias respecto del comercio y hasta dónde los Estados Unidos y Japón estaban dispuestos a ayudar a resolver los problemas de Europa oriental. Por ejemplo, durante la guerra de Bosnia, las relaciones entre los Estados Unidos y los países de Europa occidental se tensaron cuando los Estados Unidos se negaron a proporcionar tropas para las fuerzas de paz de la ONU, y dejaron la carga a otros estados miembros. Ahora, lo preponderante era que los Estados Unidos eran la única superpotencia del mundo, y faltaba ver cómo decidía Washington desempeñar su nuevo papel en la escena mundial.

Preguntas

Los Estados Unidos y la guerra de Vietnam
1. Estudie las fuentes A y B y responda las preguntas.

Fuente A
Memorando de John McNaughten, asistente del secretario de Defensa de los Estados Unidos, en que plantea su preocupación sobre la forma en que se desenvolvía la guerra, marzo de 1966.

> [Estoy] muy preocupado por el alcance y la intensidad de la inquietud y la insatisfacción del público respecto de la guerra [...] especialmente entre los jóvenes, los desfavorecidos, la *intelligentsia* y las mujeres. ¿La medida de reclutar hasta 20 000 reservistas polarizará la opinión hasta el punto de que los pacifistas de los Estados Unidos se nos vayan de las manos, es decir, que muchos se nieguen a enlistarse, a luchar, a cooperar, o peor? Podría haber un límite que muchos estadunidenses y gran parte del mundo no permitirían que fuera rebasado por los Estados Unidos. No es muy halagüeña la imagen de la mayor superpotencia del mundo matando o hiriendo gravemente a más de mil no combatientes por semana, al tratar de someter a una pequeña nación atrasada, por un problema cuyos méritos son motivo de intensas discusiones. Muy probablemente produciría una costosa distorsión de la conciencia nacional estadunidense.

Fuente B
Informe de la situación en Vietnam, preparado para el presidente Johnson por un grupo de oficiales en 1968.

> Otros 200 000 soldados no fortalecerán al gobierno de Saigón porque los líderes de Saigón no muestran la disposición, no se diga la habilidad, para ganarse la necesaria lealtad o el necesario apoyo del pueblo. Esto significaría movilizar reservas e incrementar el presupuesto militar. Habría más víctimas estadunidenses, más impuestos. Esta creciente deslealtad, aunada, sin duda, a creciente desconfianza por el reclutamiento [llamado a filas] y la cada vez mayor inquietud en las ciudades por la idea de que estamos descuidando los problemas internos, implica un riesgo grande de provocar una crisis doméstica de proporciones sin precedente.

FUENTE: Ambas fuentes se citan en Howard Zinn, *A People's History of the United States* (Longman, 1996).

a) Según las evidencias de la fuente A, ¿por qué McNaughten estaba descontento con el desarrollo de la guerra?
b) Valore las fuentes en función del historiador que estudia el impacto de la guerra de Vietnam en el público estadunidense.
c) Recurriendo a las fuentes y a sus conocimientos, explique por qué, a fin de cuentas, los Estados Unidos no lograron salvar a Vietnam del Sur del comunismo.

2. a) Explique por qué estalló la guerra de Corea en junio de 1950 y por qué los Estados Unidos se involucraron.
   b) ¿Cuáles fueron los resultados y los efectos de la guerra de Corea?
3. ¿Por qué se dio un periodo de distensión en las décadas de 1970 y 1980 y de qué manera se manifestó esta distensión?
4. Explique cómo y por qué el fin de la Guerra Fría dio lugar a profundos efectos en las relaciones internacionales.

IX. LA ORGANIZACIÓN
DE LAS NACIONES UNIDAS

Resumen de acontecimientos

La Organización de las Naciones Unidas (ONU) existe, oficialmente, desde octubre de 1945, después de la segunda Guerra Mundial, y fue creada para remplazar a la Liga de las Naciones, que demostró su incapacidad para restringir a dictadores agresivos como Hitler y Mussolini. Al establecer la ONU, las grandes potencias trataron de eliminar algunas de las debilidades que habían perjudicado a la Liga. La Carta de las Naciones Unidas fue redactada en San Francisco en 1945, y tenía como base las propuestas de una reunión previa entre la URSS, China, los Estados Unidos y Gran Bretaña que tuvo lugar en Dumbarton Oaks (Estados Unidos) en 1944. *Los objetivos de las Naciones Unidas son:*

- preservar la paz y eliminar la guerra;
- disipar las causas de conflicto fomentando el progreso económico, social, educativo, científico y cultural en el mundo, sobre todo en los países subdesarrollados;
- salvaguardar los derechos de todos los seres humanos y los derechos de los pueblos y las naciones.

A pesar de la cuidadosa redacción de la Carta, la ONU no logró resolver muchos de los problemas de las relaciones internacionales, en especial los provocados por la Guerra Fría. Por otra parte, desempeñó una función importante en diversas crisis internacionales organizando ceses al fuego y negociaciones, además de proporcionar fuerzas para el mantenimiento de la paz. Sus éxitos en labores no políticas, como atención de refugiados, protección de derechos humanos, planeación económica y tratando de solucionar problemas de salud, población y hambruna en el mundo han sido rotundos.

1. LA ESTRUCTURA DE LA ORGANIZACIÓN DE LAS NACIONES UNIDAS

Las Naciones Unidas cuentan actualmente con siete órganos principales:

- Asamblea General
- Consejo de Seguridad
- Secretaría General
- Corte Internacional de Justicia
- Consejo de Administración Fiduciaria
- Consejo Económico y Social
- Corte Penal Internacional (inaugurada en marzo de 2003)

a) Asamblea General

Aquí están reunidos los representantes de todas las naciones miembros, cada una de las cuales puede enviar hasta cinco, si bien sólo hay un voto por nación. Se reúne una vez al año, a partir de septiembre, y permanece en sesión cerca de tres meses, pero los propios miembros o el Consejo de Seguridad pueden convocar a sesiones especiales en caso de crisis. Su función es estudiar los problemas internacionales y tomar decisiones al respecto; analizar el presupuesto de las Naciones Unidas y qué cantidad debe pagar cada miembro; elegir a los miembros del Consejo de Seguridad y supervisar los trabajos de los demás organismos de la ONU. *Las decisiones no dependen del voto unánime, como era en la Asamblea de la Liga.* En ocasiones basta con la mayoría simple, si bien en cuestiones que la Asamblea considera muy importantes, se necesitan dos terceras partes de la mayoría. Entre estas últimas se incluyen decisiones sobre la admisión de nuevos miembros o la expulsión de alguno ya integrado y sobre las medidas que se deben tomar para mantener la paz. Todos los discursos y debates se traducen a las seis lenguas oficiales de las Naciones Unidas, inglés, francés, ruso, chino, español y árabe.

b) Consejo de Seguridad

Está en sesión permanente; su función es resolver las crisis conforme surgen y hacer lo que se considere apropiado; de ser necesario, convoca a los miembros para tomar medidas económicas o militares en contra de un agresor. Por otra parte, el Consejo debe aprobar la solicitud de un nuevo miembro de la ONU, que a su vez tendrá que ser aceptado por dos terceras partes de la mayoría de la Asamblea General. El Consejo empezó con 11 miembros, *cinco de ellos permanentes (China, Francia, los Estados Unidos, la URSS y Gran Bretaña),* y seis más elegidos por la Asamblea General para periodos de dos años. En 1965, el número de miembros no permanentes se incrementó a 10. Para tomar una decisión, es necesario que cuando menos nueve de los 15 miembros vote a favor, pero incluidos los cinco permanentes; esto significa que *cualquiera de los miembros permanentes puede vetar una decisión y evitar que se tomen medidas.* En la práctica, se ha aceptado gradualmente que la abstención de un miembro permanente no cuenta como veto, pero no se ha incluido en la Carta.

Para asegurar una medida en caso de veto de uno de los miembros permanentes, la Asamblea General introdujo (en la época de la guerra de Corea, en 1950) la *resolución de "Unidos por la Paz",* que consignaba que si las propuestas del Consejo de Seguridad eran vetadas, la Asamblea podía reunirse en las siguientes 24 horas y decidir qué medida tomar, incluso intervención militar, si fuera necesario. En estos casos, para acatar la decisión de la Asamblea sólo se necesitarían dos tercios de la mayoría. Tampoco esta nueva regla se agregó a la Carta, y la URSS, que recurría al veto más que cualquier otro miembro, siempre sostuvo que un veto del Consejo de Seguridad debía tomar precedente respecto de una decisión de la Asamblea General. No obstante, la Asamblea se comportó de esta forma muchas veces e ignoró las protestas de Rusia.

En 1950 surgió un problema cuando la nueva República Popular China, comunista, solicitó ser aceptada como miembro de la ONU. Los Estados Unidos vetaron su solicitud, de tal forma que la República de China (Taiwán) siguió siendo miembro permanente del Consejo de Seguridad. Los Estados Unidos bloquearon la solicitud de China comunista cada año, durante los siguientes 20 años. En 1971, en un esfuerzo por mejorar las relaciones con la China comunista, los Estados Unidos por fin decidieron no vetar su solicitud, de tal forma que la Asamblea General votó en el sentido de que la República Popular China debía asumir la calidad de miembro y el puesto permanente del Consejo de Seguridad.

c) Secretaría General

"Personal de oficina" de las Naciones Unidas (ilustración IX.1), constituido por más de 50 000 empleados que se ocupan de las labores administrativas, de preparar las minutas de las reuniones, de traducir y de informar. *El secretario general es quien*

ILUSTRACIÓN IX.1. *Sede de las Naciones Unidas en Nueva York.
A la derecha, el edificio de 39 pisos de la Secretaría General; en el
centro, la Asamblea General, y en primer plano, la Biblioteca*

está a la cabeza, y es nombrado por la Asamblea, a recomendación del Consejo de Seguridad, para periodos de cinco años. Para garantizar cierto grado de imparcialidad, no proviene de las grandes potencias. Es el vocero principal de la ONU y ocupa el primer plano de los asuntos internacionales para tratar de resolver los problemas. Hasta 2007, el puesto ha sido ocupado por:

> Trygve Lie de Noruega (1946-1952)
> Dag Hammarskjöld de Suecia (1952-1961)
> U Thant de Birmania (1961-1971)
> Kurt Waldheim de Austria (1971-1981)
> Javier Pérez de Cuéllar de Perú (1981-1991)
> Boutros Boutros-Ghali de Egipto (1991-1996)
> Kofi Annan de Ghana (1996-2006)
> Ban Ki-moon de República de Corea (desde 2007)

d) Corte Internacional de Justicia

La Corte Internacional de Justicia de La Haya (en Holanda) tiene 15 jueces, todos de diferentes nacionalidades, que eligen conjuntamente a la Asamblea y el Consejo de Seguridad para periodos de nueve años (cinco se retiran cada tercer año). Su función es arbitrar en conflictos entre estados y ha resuelto con éxito varios casos, entre otros, una controversia sobre fronteras entre Bélgica y Holanda y una inconformidad entre Gran Bretaña y Noruega sobre límites de pesca. Sin embargo, en otros casos, no ha tenido éxito. En 1946, por ejemplo, Gran Bretaña acusó a Albania de sembrar minas cerca de la isla griega de Corfú y le exigió una indemnización por los daños causados a barcos británicos. La corte confirmó el veredicto y ordenó a Albania que pagara un millón de libras esterlinas a Gran Bretaña, pero Albania se negó alegando que la Corte no tenía derecho a juzgar en el caso. De manera similar, en 1984, Nicaragua demandó a los Estados Unidos por poner minas en sus bahías; la corte falló en favor de Nicaragua y ordenó a los Estados Unidos que pagara la indemnización, pero éstos se negaron a aceptar el veredicto y ya no se tomaron más medidas. Si bien en teoría el Consejo de Seguridad tiene poder para tomar las "medidas necesarias" y hacer cumplir las decisiones de la Corte, nunca lo ha hecho. La Corte sólo puede actuar con éxito si las partes de la controversia convienen en aceptar el veredicto, sea cual sea.

e) Consejo de Administración y Fiduciaria

Sustituyó a la Comisión de Mandatos de la Liga de las Naciones, creada originalmente en 1919 para vigilar los territorios confiscados a Alemania y Turquía al finalizar la primera Guerra Mundial. Algunas de estas áreas (conocidas como *territorio bajo mandato o mandato*) habían sido entregadas a las potencias vencedoras, y su labor era gobernar los territorios y prepararlos para la independencia (secciones II.8 y II.10). El Consejo de Administración y Fiduciaria se desempeñó adecuadamente, y hacia 1970, la mayor parte de los mandatos había logrado su independencia [secciones XI.1 *b)* y capítulo XXIV].

No obstante, *Namibia siguió siendo un problema, pues Sudáfrica se negaba a otorgar su independencia a la región.* Sudáfrica, regida por un gobierno que representaba a la minoría blanca de la población, no estaba dispuesta a conceder la independencia a un Estado fronterizo que sería regido por un gobierno representativo de la mayoría africana negra. Las Naciones Unidas censuraron repetidamente a Sudáfrica por su actitud; en 1971, la Corte de Justicia Internacional dictaminó que la ocupación de Namibia violaba las leyes internacionales y que Sudáfrica debía retirarse de inmediato, pero fue ignorada por dicho país. Como los otros estados de África gradualmente se independizaban y eran gobernados por negros, cada vez fue más difícil para Sudáfrica mantener tanto su posición en Namibia como su propio gobierno de minoría blanca [secciones XXV.6 *b-c)* y XXV.8 *e)*]. Por fin en 1990 la presión del nacionalismo negro africano y la opinión mundial obligaron a Sudáfrica a liberar a Namibia.

f) Consejo Económico y Social (Ecosoc)

Cuenta con 27 miembros elegidos por la Asamblea General, de los cuales una tercera parte se retira cada año. Organiza proyectos relacionados con salud, educación y otros asuntos sociales y económicos. Su tarea es de tal magnitud que *ha nombrado cuatro comisiones regionales (Europa, América Latina, África, y Asia y Lejano Oriente)*, además de comisiones sobre problemas demográficos, drogas, derechos humanos y estatus de la mujer. El Ecosoc (por sus siglas en inglés) también coordina la labor de un asombroso despliegue de más comisiones y agencias especializadas, unas 30 en total. Entre las más conocidas se cuentan la Organización Internacional del Trabajo (OIT), Organización Mundial de la Salud (OMS), Organización para la Alimentación y la Agricultura (FAO, por sus siglas en inglés), Organización de las Naciones Unidas para la Educación, la Ciencia y la Cultura (UNESCO, por sus siglas en inglés), el Fondo de las Naciones Unidas para la Infancia (UNICEF, por sus siglas en inglés) y la Agencia de Naciones Unidas para los Refugiados de Palestina en el Cercano Oriente (UNRWA, por sus siglas en inglés). El alcance de la UNRWA se ha extendido de manera tan notable, que hacia 1980, más de 90% del gasto anual de la ONU se dedicó a actividades del Ecosoc (sección IX.5).

g) Corte Penal Internacional (ICC)

La idea de una Corte Penal Internacional para juzgar a individuos acusados de crímenes contra la humanidad fue analizada por primera vez por una convención de la Liga de las Naciones en 1937, pero no se llegó a nada. La Guerra Fría obstaculizó cualquier avance, hasta que en 1989 se sugirió nuevamente como posible salida para traficantes de drogas y terroristas. También en este caso los avances hacia la creación de una corte de carácter permanente fueron lentos, y se dejó al Consejo de Seguridad la tarea de establecer dos tribunales especiales para crímenes de guerra que juzgaran a personas acusadas de haber cometido atrocidades en 1994 en Ruanda y en Bosnia en 1995. El caso de más alto perfil fue el de Slobodan

Milošević, ex presidente de Yugoslavia (sección x.7), quien fue extraditado de Belgrado y entregado a funcionarios de la ONU en los Países Bajos. El juicio se inició en julio de 2001 en La Haya; el inculpado enfrentó cargos por crímenes contra la humanidad en Bosnia, Croacia y Kosovo. Fue el primer ex mandatario en ser acusado ante una corte de justicia internacional.

Entre tanto, en julio de 1998, 120 estados miembros de las Naciones Unidas firmaron un acuerdo conocido como Estatuto de Roma con el fin de tratar crímenes de guerra, genocidios y otros crímenes contra la humanidad. La nueva corte, constituida por 18 jueces elegidos, se inauguró formalmente en marzo de 2003 con base en La Haya (Holanda). Sin embargo, al gobierno de los Estados Unidos no le gustó la idea de que alguno de sus ciudadanos pudiera ser juzgado en dicho tribunal, en especial los estadunidenses que fungen como encargados de mantener la paz y que podrían encontrarse en una situación abierta a "persecución política". Si bien la administración de Clinton firmó el acuerdo de 1998, el presidente Bush insistió en que la firma debía retirarse (mayo de 2002). Por consiguiente, los Estados Unidos no reconocieron la ICC, y hacia junio de 2003 habían firmado acuerdos independientes con 37 estados, por los que se comprometen a no entregar a personal estadunidense para ser juzgado por la Corte Penal Internacional. En algunos casos, los Estados Unidos amenazaron con retirar ayuda económica o militar si el Estado se negaba a avenirse a sus deseos.

2. ¿QUÉ TAN DIFERENTES SON LAS NACIONES UNIDAS DE LA LIGA DE LAS NACIONES?

a) Las Naciones Unidas han sido más exitosas

Hay varias diferencias importantes por las que las Naciones Unidas tienden a ser un organismo más exitoso que la Liga de las Naciones.

- La ONU dedica mucho más tiempo y recursos a asuntos económicos y sociales, y su alcance es mucho mayor que el de la Liga. Todas las agencias especializadas, excepto la Organización Internacional del Trabajo (fundada en 1919), se crearon en 1945 o después.

- La ONU está dedicada a salvaguardar los derechos humanos del individuo, que no era uno de los objetivos de la Liga.
- Los cambios de procedimiento de la Asamblea General y el Consejo de Seguridad (en especial la resolución "Unidos por la Paz") y el creciente poder y prestigio del secretario general, han permitido que, en ocasiones, la ONU tenga mayor poder de decisión del que nunca logró la Liga.
- La ONU tiene muchos más miembros, de modo que es una organización genuinamente mundial, con todo el prestigio extra que esto implica. Tanto los Estados Unidos como la URSS fueron miembros fundadores de las Naciones Unidas, en tanto que los Estados Unidos nunca formaron parte de la Liga. Entre 1963 y 1968, no menos de 43 nuevos miembros se unieron a la ONU, principalmente nuevos estados de África y Asia, y en 1985 ya eran 159; la Liga nunca tuvo más de 50 miembros. Posteriormente, muchos de los antiguos estados miembros de la URSS se unieron también y, hacia 1993 el total era ya de 183. En 2002, Timor Oriental, que finalmente había logrado independizarse de Indonesia con ayuda de las Naciones Unidas, se convirtió en el miembro número 191.

b) Conserva algunos de los puntos débiles de la Liga

Cualquiera de los cinco miembros permanentes del Consejo de Seguridad puede utilizar su poder de veto para evitar que se tomen medidas decisivas. Como la Liga, la ONU carece de un ejército propio, permanente, y tiene que recurrir a las fuerzas de los estados miembros (sección IX.6).

3. ¿QUÉ TANTO ÉXITO HA TENIDO LA ONU COMO ORGANIZACIÓN PARA MANTENER LA PAZ?

Si bien ha tenido éxitos y fracasos, probablemente sea justo decir que *la ONU ha sido más exitosa que la Liga en cuanto al mantenimiento de la paz se refiere*, en especial en crisis en que no estaban directamente involucrados los intereses de las grandes potencias, como la guerra civil del Congo (1960-1964) y las discrepancias entre los Países Bajos e Indonesia respecto de Nueva Guinea Occidental. Por otra parte, con frecuencia ha sido tan poco efectiva como la Liga, como en el levantamiento húngaro de 1956 y la crisis checa de 1968, en situaciones en que una de las grandes potencias, en este caso la URSS, parecía estar amenazada y decidía ignorar o desafiar a las Naciones Unidas. La mejor manera de ilustrar los diferentes niveles de éxito de la ONU es analizando algunas de las principales controversias en que se ha visto implicada.

a) Nueva Guinea Occidental (1946)

En 1946, la ONU ayudó a que las Indias Holandesas Orientales, que se convirtieron en Indonesia, se independizaran de Holanda (mapa XXIV.3). Sin embargo, no se llegó a ningún acuerdo sobre el futuro de Nueva Guinea Occidental (Irian Occidental), que ambos países reclamaban. En 1961 se desencadenó la lucha; después de que U Thant apelara a ambas partes para que se reanudaran las negociaciones, se acordó (1962) que el territorio debía formar parte de Indonesia. La transferencia fue organizada y supervisada por una fuerza de la ONU. En este caso, las Naciones Unidas desempeñaron un papel decisivo en el arranque de las negociaciones, si bien no decidieron sobre el futuro de Irian Occidental.

b) Palestina (1947)

La disputa entre judíos y árabes en Palestina se llevó a las Naciones Unidas en 1947. Después de una investigación, la ONU decidió dividir Palestina y creó el Estado judío de Israel (sección XI.2). Ésta fue una de las decisiones más controvertidas de la ONU, y la mayoría de los árabes no la aceptó. La Organización no logró evitar una serie de guerras entre Israel y varios estados árabes (1948-1949, 1967 y 1973), si bien fue efectiva en arreglar ceses al fuego y proporcionar fuerzas de supervisión, mientras que la Agencia de Naciones Unidas para los Refugiados de Palestina en Oriente Próximo se ocupó de los refugiados árabes (ilustración IX.2).

c) Guerra de Corea (1950-1953)

Es la única ocasión en que la ONU ha podido tomar medidas decisivas en una crisis en que estaban directamente implicados los intereses de una de las superpotencias. Cuando Corea del Sur fue invadida por la comunista Corea del Norte, en junio de 1950, de inmediato el Consejo de Seguridad aprobó una resolución en que se condenaba el hecho y recurrió a los estados miembros para enviar ayuda al Sur. No obstante, esto fue posible sólo por la ausencia temporal de los delegados rusos, que habrían vetado la resolución si no hubieran estado boicoteando las reuniones del Consejo de Seguridad (desde enero de ese año) en protesta porque habían fracasado en su intento por permitir que China comunista se adhiriera a la ONU. Si bien los delegados rusos inteligentemente volvieron, fue demasiado tarde para evitar que se siguiera adelante. Tropas de 16 países pudieron repeler la invasión y preservar la frontera que dividía a las dos Coreas en el paralelo 38 (sección VIII.1).

Si bien Occidente lo aclamó como un gran éxito de la ONU, fue en gran medida una operación estadunidense, pues la mayor parte de las tropas y el comandante en jefe, MacArthur, eran estadunidenses, y el gobierno de los Estados Unidos ya había decidido intervenir con fuerza el día antes de que el Consejo de Seguridad tomara la decisión. Sólo la ausencia de los rusos permitió que los Estados Unidos la convirtieran en una operación de las Naciones Unidas. Fue una situación que difícilmente se repetirá, pues la URSS tendrá buen cuidado de estar presente en todas las sesiones futuras del Consejo.

La Guerra de Corea tuvo resultados importantes para el futuro de las Naciones Unidas; uno de ellos fue la aprobación de la *resolución "Unidos por la Paz",* que permitiría que un voto de la Asamblea General pasara por encima de un veto del Consejo de Seguridad. Otro fue el lanzamiento de un *crudo ataque de los rusos contra el secretario general Trygve Lie,* por lo que

ILUSTRACIÓN IX.2. *La ONU supervisa la tregua en Palestina*

consideraron una actuación tendenciosa en la crisis. Su posición pronto fue imposible, y a la larga aceptó retirarse anticipadamente. Fue sustituido por Dag Hammarskjöld.

d) Crisis de Suez (1956)

Supuestamente, la ONU mostró lo mejor que tenía. Cuando el presidente Nasser de Egipto nacionalizó repentinamente el Canal de Suez, gran parte de cuyas acciones pertenecían a británicos y franceses, ambas potencias protestaron enérgicamente y enviaron tropas "para proteger sus intereses" (sección XI.3). Al mismo tiempo, los israelíes invadieron Egipto desde el oriente; el objetivo real de los tres estados era derrocar al presidente Nasser. Gran Bretaña y Francia vetaron la resolución del Consejo de Seguridad por la que condenaba el uso de la fuerza, a raíz de lo cual, la Asamblea General, por una mayoría de 64 votos contra cinco, condenó la invasión y pidió que se retiraran las tropas. En vista del peso de la opinión en su contra, los agresores aceptaron retirarse, siempre que las Naciones Unidas garantizaran un arreglo razonable respecto del Canal y evitaran que árabes e israelíes se masacraran. Se envió una fuerza de la ONU de 5 000 hombres, compuesta por tropas de 10 diferentes países, en tanto que británicos, franceses e israelíes volvieron a casa. El prestigio de las Naciones Unidas y de Dag Hammarskjöld, que manejó la situación con gran habilidad, creció mucho, si bien la presión de estadunidenses y rusos también fue importante para conseguir el cese al fuego. No obstante, la ONU no tuvo tanto éxito en el conflicto árabe-israelí de 1967 (sección XI.4).

e) Levantamiento húngaro (1956)

Ocurrió al mismo tiempo que la crisis de Suez, y la ONU se mostró totalmente ineficaz. Cuando los húngaros trataron de ejercer su independencia del control de los rusos, tropas soviéticas entraron a Hungría para acabar con la revuelta. El gobierno húngaro apeló a las Naciones Unidas, pero los rusos vetaron una resolución del Consejo de Seguridad para que sus tropas se retiraran. La Asamblea General aprobó la misma resolución y creó un comité para investigar el problema, pero los rusos se negaron a cooperar con el comité y no fue posible avanzar. El contraste con Suez fue sorprendente. En el primer caso, Gran Bretaña y Francia se mostraron dispuestas a rendirse ante la presión internacional, pero los rusos sencillamente ignoraron a la ONU y no fue posible hacer nada.

f) Guerra civil en el Congo (1960-1964)

Aquí las Naciones Unidas organizaron su más compleja operación hasta la fecha (sección xxv.5), a excepción de Corea. Cuando el Congo (conocido como Zaire desde 1971) se disolvió en el caos inmediato al logro de la independencia, una fuerza de la onu superior a los 20 000 efectivos en el momento en que era más numerosa, logró poner orden, si bien precario. Para ayudar a la recuperación y el desarrollo del devastado país, se creó un fondo especial de las Naciones Unidas para el Congo, *pero el costo financiero era tan alto, que la onu estuvo cerca de la quiebra,* sobre todo cuando la URSS, Francia y Bélgica se negaron a pagar su participación en el costo de las operaciones porque no estaban de acuerdo en la forma en que se manejaba la situación. La guerra también le costó la vida a Dag Hammarskjöld, quien murió en un accidente de aviación en el Congo.

g) Chipre

Chipre ha tenido ocupadas a las Naciones Unidas desde 1964. Colonia británica a partir de 1878, a la isla se le otorgó su independencia en 1960. En 1963 estalló la guerra civil entre los griegos, que constituían cerca de 80% de la población, y los turcos. En marzo de 1964 llegó una fuerza de paz de la onu que logró su cometido, pero fue necesario mantener a 3 000 efectivos permanentemente para evitar que griegos y turcos se destrozaran. Pero ahí no terminaron los problemas; en 1974, los chipriotas griegos trataron de unir la isla con Grecia, lo cual provocó a los chipriotas turcos que, ayudados por un ejército turco invasor, se apoderaron de la parte norte de la isla para hacerla su territorio. Nuevamente las fuerzas de las Naciones Unidas lograron el cese al fuego y siguen vigilando la frontera entre griegos y turcos. No obstante, no han logrado una constitución aceptable ni ningún otro compromiso, y no se arriesgan a retirar sus tropas.

h) Cachemira

En Cachemira, la ONU se encontró en una situación similar a la de Chipre. Después de 1947, esta gran provincia situada entre India y Pakistán (mapa XXIV.1) fue reclamada por ambos estados. Ya en 1948, después de iniciadas las hostilidades, las Naciones Unidas negociaron un cese al fuego. En ese momento, India ocupaba la parte sur de Cachemira, y los pakistaníes, el norte, y durante los siguientes 16 años la ONU supervisó la línea del cese al fuego entre ambas zonas. Cuando las tropas de Pakistán invadieron la zona india en 1965, se desarrolló una guerra corta, pero de nuevo la ONU intervino con éxito y cesaron las hostilidades. No obstante, la controversia original siguió, y en los años noventa había pocas probabilidades de que la mencionada organización o alguna otra agencia encontrara una solución permanente.

i) Crisis checa (1968)

Fue casi una repetición de lo sucedido en Hungría 12 años antes. Cuando los checos mostraron lo que Moscú consideró como demasiada independencia, se enviaron tropas rusas y otras del Pacto de Varsovia para obligarlos a obedecer a la URSS. El Consejo de Seguridad trató de que se aprobara una moción en que se censuraran esas medidas, pero los rusos la vetaron, alegando que el gobierno checo había pedido que intervinieran. Si bien los checos lo negaron, nada pudo hacer la ONU dada la negativa de Rusia a cooperar.

j) Líbano

Mientras la guerra civil asolaba al Líbano (1975-1987), las cosas se complicaron aún más merced a una disputa de fronteras en el sur del país entre cristianos libaneses (apoyados por los israelíes) y los palestinos. En marzo de 1978, los israelíes invadieron el sur de Líbano para destruir las bases de las guerrillas palestinas desde donde era atacado el norte de Israel.

En junio de 1978, los israelíes aceptaron retirarse, siempre que la ONU asumiera la responsabilidad de vigilar el área fronteriza. *La Fuerza Temporal de las Naciones Unidas en el Líbano* (*UNIFL* por sus siglas en inglés) estaba formada por cerca de 7 000 hombres enviados al sur de dicho país para supervisar el retiro de los israelíes; tuvo cierto éxito en mantener una paz relativa en el área, pero la lucha era constante por violaciones de la frontera, asesinatos, terrorismo y la captura de rehenes [sección XI.8 *b)*].

Al principio de la década de 1990, un nuevo enemigo empezó a hostigar a Israel desde las bases del sur del Líbano, el grupo chiita musulmán conocido como Hezbollah que, según el gobierno israelí, era apoyado por Irán y Siria. En represalia, los israelíes lanzaron un ataque de consideración contra el sur del Líbano (abril de 1996) y ocuparon gran parte de la región hasta 1999. Otra vez la UNIFL ayudó a supervisar la retirada de Israel y aumentó sus efectivos a cerca de 8 000. En 2002, cuando la región parecía más calmada que en muchos años, la UNIFL redujo sus hombres a unos 3 000.

k) Guerra Irán-Irak (1980-1988)

La ONU logró poner fin a la prolongada guerra entre Irán e Irak. Después de años de intentos de mediar, las Naciones Unidas por fin negociaron el cese al fuego, si bien se tiene que reconocer que ayudó el hecho de que ambas partes estaban prácticamente exhaustas (sección XI.9).

4. LA ONU Y LA CONSERVACIÓN DE LA PAZ DESDE EL FIN DE LA GUERRA FRÍA

Desafortunadamente, el fin de la Guerra Fría no significó el fin de un potencial conflicto, dadas las controversias aún vigentes que se habían originado muchos años antes; persistía la volatilidad en el Medio Oriente y había problemas en el sudeste de Asia y África. Entre 1990 y 2003 las Naciones Unidas emprendieron más de 300 operaciones de paz en el máximo de su participación; a mediados de los años noventa, había más de 80 000 efectivos de 77 países en servicio activo. Unos cuantos ejemplos ilustran la creciente complejidad de los problemas que enfrentaba y los crecientes obstáculos que dificultaban el éxito.

a) La Guerra del Golfo de 1991

La acción durante la Guerra del Golfo de 1991 fue impresionante. Cuando Saddam Hussein, de Irak, envió sus tropas a invadir y capturar al diminuto, pero riquísimo, Estado vecino de Kuwait (agosto de 1990), el Consejo de Seguridad de la ONU le advirtió que se retirara o enfrentaría las consecuencias. Cuando se negó, una gran fuerza de las Naciones Unidas fue enviada a Arabia Saudita. En una corta y decisiva campaña fueron expulsadas las tropas de Irak, que sufrieron muchas pérdidas, y Kuwait fue liberado (sección XI.10). Sin embargo, los críticos de la ONU se quejaron de que Kuwait había recibido ayuda sólo porque Occidente necesitaba sus reservas de petróleo; otras naciones pequeñas, sin valor para Occidente, no habían recibido ayuda al ser invadidas por vecinos más grandes (por ejemplo, cuando Indonesia se apoderó de Timor Oriental en 1975).

b) Camboya / Kampuchea

Los problemas de Camboya (Kampuchea) se prolongaron cerca de 20 años, pero a la larga las Naciones Unidas lograron una solución. En 1975, el Khmer Rouge, guerrilla comunista encabezada por Pol Pot, le arrebató el poder al gobierno de derecha del príncipe Sihanouk (sección XXI.3). Durante los siguientes tres años, el régimen brutal de Pol Pot masacró a cerca de la tercera parte de la población, hasta que en 1978 un ejército vietnamita invadió el país, expulsó al Khmer Rouge e instituyó un nuevo gobierno. En una principio, la ONU, a instancias de los Estados Unidos, condenó la acción, si bien muchos pensaban que Vietnam le había hecho un gran favor a Camboya deshaciéndose del régimen de Pol Pot. Pero todo era parte de la Guerra Fría; es decir, que cualquier acción emprendida por Vietnam, aliado de la URSS, sería censurada por los Estados Unidos. El fin de la Guerra Fría permitió a las Naciones Unidas organizar y supervisar una solución. Se retiraron las fuerzas vietnamitas (septiembre de 1989) y después de prolongadas negociaciones y persuasión se celebraron elecciones (junio de 1993), que ganó el partido del príncipe Sihanouk. El resultado fue ampliamente aceptado (aunque no por lo que quedaba del Khmer Rouge, que se negó a participar en las elecciones) y el país empezó a estabilizarse.

c) Mozambique

Mozambique, que se independizó de Portugal en 1975, se debatió en la guerra civil durante muchos años [sección XXIV.6 *d*)]. Hacia 1990, el país estaba en ruinas y ambas partes exhaustas. Si bien en Roma (octubre de 1992) se había firmado un acuerdo de cese al fuego en una conferencia organizada por la Iglesia católica romana y el gobierno italiano, no duró. Fue violado muchas veces y en ese ambiente era imposible celebrar elecciones. En ese momento, la ONU se involucró totalmente y operaba un programa de desmovilización y desarme de los diversos ejércitos, distribuía ayuda humanitaria y preparaba las elecciones, que se celebraron con éxito en octubre de 1994. Joachino Chissano, del Frente de Liberación de Mozambique (Frelimo), fue elegido presidente y en 1999 fue reelegido por un periodo más.

d) Somalia

Somalia se desintegró en la guerra civil de 1991, cuando el dictador Said Barré fue derrocado. Se desató una lucha de poder entre los partidarios rivales del general Aidid y Ali Mohammed; la situación era caótica, pues el abasto de alimentos y las comunicaciones fueron destruidas, y miles de refugiados huían a Kenia. La Organización de la Unidad Africana (OAU, por sus siglas inglés) pidió ayuda a las Naciones Unidas, y llegaron 37 000 soldados de la ONU, sobre todo estadunidenses (diciembre de 1992) para salvaguardar la ayuda y restablecer la ley y el orden desarmando a los "señores de la guerra". No obstante, estos últimos, especialmente Aidid, no estaban dispuestos al desarme y las tropas de la ONU empezaron a tener bajas. Los estadunidenses retiraron sus tropas (marzo de 1994) y el resto de las tropas de las Naciones Unidas fueron retiradas en marzo de 1995, dejando a los señores de la guerra enfrascados en su lucha. Fue una retirada humillante, pero en realidad, la ONU se había impuesto una tarea imposible desde el principio, desarmar por la fuerza a dos ejércitos extremadamente poderosos, decididos a luchar, y combinar esto con un programa de ayuda humanitaria. Las intervenciones militares de las Naciones Unidas tuvieron más oportunidades de éxito cuando, como en Corea en 1950-1953, y la guerra del Golfo de 1991, sus tropas apoyaron a una de las partes en contra de la otra.

e) Bosnia

La situación fue similar en Bosnia [sección X.7 c)]. En la guerra civil entre musulmanes, bosnios y serbios, las Naciones Unidas no mandaron suficientes tropas para imponer la ley y el orden, en parte por la renuencia de la Unión Europea y los Estados Unidos a involucrarse. En julio de 1995, la ONU volvió a ser humillada, cuando fue incapaz de evitar que las fuerzas serbias tomaran dos pueblos, Srebrenica y Zepa, que el Consejo de Seguridad había designado como áreas seguras para los musulmanes. La impotencia de las Naciones Unidas salió a la luz cuando los serbios asesinaron a casi 8 000 varones musulmanes en Srebrenica.

f) Irak: el derrocamiento de Saddam Hussein

En marzo de 2003, los Estados Unidos y Gran Bretaña invadieron Irak, sobre la base de que pretendían acabar con sus armas de destrucción masiva y liberar al pueblo del letal régimen de Saddam Hussein (sección XII.4). Los inspectores de armas de las Naciones Unidas ya tenían varios meses en el país buscando armas de destrucción masiva, pero no habían encontrado nada importante. El ataque continuó aunque el

Consejo de Seguridad no lo había autorizado. Los Estados Unidos y Gran Bretaña habían intentado impulsar una resolución a través del Consejo para que se aprobara la acción militar, pero Francia, Rusia, China y Alemania querían darle más tiempo a Saddam para que cooperara con los inspectores de armas. Cuando fue obvio que Francia y Rusia estaban dispuestas a vetar cualquier resolución de esa naturaleza, los Estados Unidos y Gran Bretaña resolvieron unilateralmente seguir adelante, sin someter a votación del Consejo de Seguridad dicha resolución. Alegaban que el hecho de que Saddam Hussein hubiera violado previamente las resoluciones de la ONU justificaba la guerra.

La acción de estadunidenses y británicos fue un serio golpe para el prestigio de la ONU. En septiembre de 2003, Kofi Annan, secretario general, se dirigió a la Asamblea General en la inauguración de la sesión anual y dijo que su acción había puesto a las Naciones Unidas en "una encrucijada". Hasta entonces, todos los estados necesitaban autorización del Consejo de Seguridad si pretendían usar la fuerza más allá del derecho normal de defenderse, según se prescribe en el artículo 51 de la Carta de las Naciones Unidas. Sin embargo, si los estados seguían actuando de manera unilateral y preventiva ante la percepción de una amenaza, ese acto sería un desafío fundamental para todos los principios de paz y estabilidad mundial en que se basaba la ONU, y por los que se había esforzado, aunque fuera de manera imperfecta, durante los últimos 58 años. Esto, dijo, sentaría un precedente que resultaría en "la proliferación unilateral e ilegal del uso de la fuerza".

5. ¿DE QUÉ OTRAS LABORES ES RESPONSABLE LA ONU?

Si bien es la ONU, como encargada de mantener la paz y como mediadora internacional, la que con más frecuencia llega a los titulares de los diarios, gran parte de su labor se relaciona con objetivos menos espectaculares, como proteger los derechos humanos y fomentar el avance económico, social, educativo y cultural en el mundo. En esta obra no es posible mencionar más que unos cuantos ejemplos.

a) Comisión de Derechos Humanos

Es supervisada por Ecosoc; intenta garantizar que todos los gobiernos traten a su pueblo de forma civilizada. En 1948, la Asamblea General adoptó una *Declaración de los Derechos Humanos de 30 puntos;* esto significa que todas las personas, sin importar el país en que vivan, deben tener ciertos derechos básicos, *de los cuales, los más importantes son:*

- nivel de vida suficientemente alto como para mantener saludable a la persona y a su familia;
- no ser sometido a esclavitud ni a discriminación racial; tampoco a arresto o encarcelamiento sin juicio ni a tortura;
- ser sometido a juicio público y considerarse inocente hasta que no se demuestre que es culpable;
- libertad de tránsito en su país y posibilidad de salir de éste;
- contraer matrimonio, tener hijos, trabajo, propiedades y votar en las elecciones;
- tener opiniones y expresarlas libremente.

Posteriormente, la Comisión, preocupada por la difícil situación de los niños en muchos países, emitió una *Declaración de los Derechos del Niño (1959). De entre sus más importantes derechos, los niños deben esperar:*

- alimentación y atención médica adecuadas;
- educación gratuita;
- oportunidades adecuadas para descansar y jugar (para protegerlos del trabajo infantil);
- protección contra discriminación racial, religiosa y de cualquier otro tipo.

Es de esperar que todos los gobiernos miembros emitan un informe cada tres años sobre la situación de los derechos humanos en su país. No obstante, el problema que tienen las Naciones Unidas es que muchos estados no informan e ignoran las condiciones de las declaraciones. Cuando esto sucede, la ONU no puede más que hacer público en qué países se violan con flagrancia los derechos humanos y esperar que la opinión pública influya en los gobiernos respectivos. Por ejemplo, hizo campaña contra el *apartheid* en Sudáfrica (sección XXV.8) y contra el trato brutal de Pinochet para con los prisioneros políticos en Chile [sección VIII.4 *c*)]. Mary Robinson (ex presidenta de la República Irlandesa), comisionada de Derechos Humanos de la ONU de 1997 a 2002, se esforzó por despertar la conciencia del mundo sobre los problemas para nombrar y avergonzar a los estados culpables. Desafortunadamente, se hizo de varios enemigos poderosos por su abierta crítica de los registros sobre los derechos humanos en Rusia, China y los Estados Unidos (miembros permanentes del Consejo de Seguridad). Annan, secretario general, estaba satisfecho con su trabajo y quería que fungiera como comisionada durante otro periodo, pero fue sustituida por Sergio Vieira de Mello, y es bien sabido que su segundo periodo fur bloqueado por los Estados Unidos.

b) *Organización Internacional del Trabajo (OIT)*

La OIT opera desde sus oficinas principales de Ginebra. *Los principios por los que se rige son:*

- todas las personas tienen derecho a un trabajo;
- las oportunidades laborales deben ser iguales para todos, independientemente de raza, sexo o religión;
- debe haber una norma mínima para que las condiciones laborales se consideren decentes;
- los trabajadores deben tener derecho a organizarse en sindicatos y otro tipo de asociaciones para negociar mejores condiciones laborales y mejores salarios (es lo que se conoce como negociación colectiva);
- todos los trabajadores deben tener derecho a medidas de seguridad social (como en caso de desempleo, enfermedad y maternidad).

La OIT desempeña una excelente labor ayudando a los países que tratan de mejorar las condiciones laborales, y en 1969 recibió el Premio Nobel de la Paz. Envía expertos que muestren nuevos equipos y nuevas técnicas, organicen centros de capacitación en países en desarrollo y dirige el Centro Internacional de Tecnología Avanzada y Capacitación Profesional en Turín (Italia), que proporciona capacitación vital de alto nivel para personas del Tercer Mundo. Sin embargo, la Organización Internacional del Trabajo, como la Comisión de Derechos Humanos, se enfrenta siempre al problema de qué hacer cuando los gobiernos pasan por alto las reglas. Por ejemplo, muchos de ellos, incluidos los de países comunistas y latinoamericanos, como Chile, Argentina y México, no permiten que sus trabajadores se organicen en sindicatos.

c) *Organización Mundial de la Salud (OMS)*

La OMS es una de las agencias de mayor éxito de la ONU. Su objetivo es llevar al mundo a un punto en que no sólo no se padezcan enfermedades, sino que "el nivel de salud sea elevado". Una de sus primeras tareas fue, en 1947, atacar la epidemia de cólera en Egipto, que amenazaba con extenderse a África y Medio Oriente. Actuando con rapidez, un equipo de la ONU pronto la controló y fue eliminada en unas cuantas semanas. Ahora, la OMS mantiene un banco de vacunas contra el cólera por si se presentara otro brote, además de mantener una batalla constante contra otras enfermedades como malaria, tuberculosis y lepra. Esta organización proporciona fondos para capacitar a médicos, enfermeras y otros trabajadores de la salud para países en desarrollo, informa a los gobiernos sobre nuevos fármacos y proporciona anticonceptivos orales para mujeres de países del Tercer Mundo.

Uno de sus logros más impresionantes fue eliminar la viruela en los años ochenta. En esa misma época parecía bien encaminada hacia la erradicación de la malaria, pero en la década de 1970 surgió una nueva cepa resistente a los medicamentos contra la enfermedad, de modo que la investigación para encontrar nuevos fármacos al respecto es una de sus prioridades. En marzo de 2000 se informó que el problema de la tuberculosis estaba empeorando y que morían cerca de dos millones de personas al año.

En fecha reciente, el problema de salud más grave ha sido la epidemia de sida. La OMS ha desempeñado una excelente labor reuniendo evidencias y estadísticas, publicando informes y presionando a las empresas farmacéuticas para que reduzcan el precio de los fármacos para esta enfermedad. En junio de 2001 se creó el fondo mundial de la ONU para el sida, cuyo objetivo es reunir 10 000 millones de dólares al año para luchar contra la enfermedad (para más información sobre el sida, véase la sección XXVII.4).

d) Organización para la Alimentación y la Agricultura (FAO)

La FAO (por sus siglas en inglés) pretende elevar el nivel de vida fomentando mejoras en la producción agrícola. Una de sus responsabilidades fue introducir nuevas variedades de maíz y arroz más rentables y menos susceptibles a enfermedades. Los expertos de la FAO enseñan a los pueblos de los países pobres la forma de incrementar la producción de alimentos mediante fertilizantes, nuevas técnicas y nueva maquinaria, además de que proporciona fondos para nuevos proyectos. Su principal problema es tener que tratar con emergencias derivadas de sequía, inundaciones, guerra civil y otros desastres, en cuyo caso es urgente enviar alimentos a algún país lo más pronto posible. La FAO ha hecho un excelente trabajo, y no hay duda de que muchas más personas habrían muerto de inanición y desnutrición sin su labor. No obstante, todavía falta mucho por hacer; por ejemplo, las estadísticas de la FAO de 1984 revelaron que 35 millones de personas murieron de hambre y que 24 estados africanos dependían principalmente de la ONU para obtener alimentos de emergencia a causa de la sequía. Los críticos de la FAO argumentan que gasta demasiados recursos en alimentos, en lugar de fomentar mejores sistemas agrícolas en países pobres.

e) Organización de las Naciones Unidas para la Educación, la Ciencia y la Cultura (UNESCO)

Desde sus oficinas principales de París, la UNESCO hace todo lo posible por fomentar tanto la alfabetización como la cooperación internacional entre científicos, estudiosos y artistas de todos los campos a partir de la teoría de que *la mejor manera de evitar la guerra es educando la mente de las personas para que persigan la paz*. Gran parte de su tiempo y recursos se dedican a crear escuelas y centros para la capacitación de maestros en países subdesarrollados. En ocasiones, se involucra en proyectos culturales y científicos excepcionales. Por ejemplo, organizó una Década Hidrológica Internacional (1965-1975), durante la cual ayudó a financiar estudios sobre el problema de los recursos hídricos del mundo. Después de las inundaciones de Florencia, en 1968, la UNESCO desempeñó un papel importante en la reparación y restauración de los tesoros artísticos y de los edificios históricos. En la década de 1980, la Organización fue criticada por las potencias occidentales que argüían que sus motivos eran cada vez más políticos [sección IX.6 c)].

f) Fondo de Emergencia de las Naciones Unidas para la Infancia (UNICEF)

Este fondo se creó originalmente en 1946 para ayudar a los niños que quedaron sin hogar a resultas de la segunda Guerra Mundial, y lo hizo de manera tan eficiente, que se decidió que fuera una agencia permanente y la palabra "emergencia" desapareció del nombre (1953). La nueva función del UNICEF (por sus siglas en inglés) fue *ayudar a mejorar la salud y el nivel de vida de los niños del mundo, en especial de los países pobres*. Trabaja muy de cerca con la OMS, creando centros de salud, capacitando a trabajadores de la salud y dirigiendo programas de educación sobre higiene y salubridad. A pesar de estos esfuerzos, todavía era terrible que en 1983, 15 millones de niños murieron antes de cumplir cinco años, cifra equivalente a la suma de la población de esa edad de Gran Bretaña, Francia, Italia, España y Alemania Occidental. En ese año, el UNICEF lanzó su campaña de la "revolución de la salud infantil", cuyo objetivo era reducir la tasa de mortalidad con métodos sencillos como amamantar a los bebés (que es más higiénico que alimentarlos con biberón) y vacunarlos contra enfermedades comunes como sarampión, difteria, polio y tétanos.

g) Agencia de Naciones Unidas para los Refugiados de Palestina en Oriente Próximo (UNRWA)

Esta agencia fue creada en 1950 para resolver el problema de los refugiados árabes que fueron obligados a abandonar sus hogares cuando Palestina se dividió para formar el nuevo Estado de Israel (sección XI.2). La UNRWA (por sus siglas en inglés) llevó a cabo una labor destacada para proporcionar alimentos, ropa, abrigo y suministros médicos. Posteriormente, cuando fue obvio que los campos de refugiados serían permanentes, empezó a construir escuelas, hospitales, casas y centros de capacitación para que los refugiados pudieran conseguir trabajo y los campamentos fueran autosustentables.

h) Agencias financieras y económicas

1. Fondo Monetario Internacional (FMI)
El FMI fue creado para fomentar la cooperación entre las naciones y alentar el comercio y el desarrollo pleno del potencial económico de las naciones. Otorga créditos de corto plazo a países con problemas económicos, siempre que sus políticas económicas sean aprobadas por el Fondo y estén dispuestos a modificarlas si éste lo considera necesario. A mediados de los años setenta, el FMI creó un fondo de emergencia, pero despertó gran resentimiento entre las naciones pobres que el Consejo de Gobernadores (dominado por los países occidentales ricos, en especial los Estados Unidos, que proporcionan gran parte de los fondos) empezara a condicionar los créditos. A Jamaica y Tanzanía, por ejemplo, se les solicitó que modificaran sus políticas socialistas antes de que se les autorizara algún crédito. Muchos consideraron esta situación como una

interferencia inaceptable en los asuntos internos de los estados miembros.

2. Banco Internacional para la Reconstrucción y el Desarrollo (Banco Mundial)

Proporciona créditos para proyectos específicos de desarrollo, como construcción de presas para generar energía eléctrica, introducción de técnicas agrícolas novedosas y campañas de planeación familiar, pero también en este caso los Estados Unidos, que proporcionan la mayor parte de los fondos para el banco, controla las decisiones. Cuando Polonia y Checoslovaquia solicitaron créditos fueron rechazados por su calidad de estados comunistas. Disgustados, ambos renunciaron al banco y al FMI, el primero en 1950 y, el segundo, en 1954.

3. Acuerdo General sobre Aranceles y Comercio (GATT)

El GATT (por sus siglas en inglés) fue firmado inicialmente en 1947, cuando estados miembros de la ONU acordaron reducir algunos de sus aranceles (impuestos a la importación) para fomentar el comercio internacional. Los miembros siguieron reuniéndose bajo la supervisión del Ecosoc para intentar mantener los aranceles lo más bajos posible en todo el mundo. En enero de 1995, el GATT se convirtió en la Organización Mundial de Comercio (OMC), cuyo objetivo era liberalizar y vigilar el comercio del mundo y resolver las controversias comerciales.

4. Conferencia de las Naciones Unidas sobre Comercio y Desarrollo (UNCTAD)

La Conferencia se reunió por primera vez en 1964, y pronto se constituyó en un organismo permanente cuya función es fomentar el desarrollo de la industria en el Tercer Mundo y presionar a los países ricos para que adquieran sus productos.

i) Oficina de Coordinación de Asuntos Humanitarios (OCHA)

Nació como el Departamento de Asuntos Humanitarios, en 1991, para que la ONU pudiera responder de manera más efectiva ante desastres naturales y "emergencias complicadas" (expresión de las Naciones Unidas para desastres de carácter humano causados por guerras y otros acontecimientos políticos). Sus funciones se ampliaron en 1998 para que incluyeran la coordinación de la respuesta ante todo tipo de desastres y proyectos de desarrollo humano; al mismo tiempo, se le dio el nombre que ahora lleva, OCHA (por sus siglas en inglés). Su personal estaba constituido por 860 miembros, con base en Nueva York o Ginebra, o bien en el campo.

Gran parte del valioso trabajo de alivio se llevó a cabo en una serie de situaciones de crisis provocadas por terremotos, huracanes e inundaciones; los países pobres, con menos infraestructura y elevada densidad de población, son los que más ayuda necesitan. Las estadísticas de la ONU sugerían que sólo en 2003, unos 200 millones de víctimas de desastres naturales y 45 millones de "emergencias complicadas" recibieron ayuda, ya sea proporcionada directamente u organizada por las Naciones Unidas. No obstante, recurrentemente se critica el papel de la ONU porque le faltan poder y recursos para funcionar tan efectivamente como sería de desear.

En 2005, la OCHA tuvo que enfrentar su mayor reto hasta esa fecha, que llegó a ser conocido como el desastre por el tsunami. El 26 de diciembre de 2004 ocurrieron dos intensos terremotos en el Océano Índico, el primero de 9.0 grados de la escala de Richter, con epicentro en la costa occidental de la isla indonesa de Sumatra, y el segundo, de 7.3 grados, a 80 kilómetros al occidente de las islas Nicobar. Estos dos terremotos desencadenaron una serie de olas masivas conocidas como *tsunami*. No había ningún sistema de alarma efectivo, y en cosa de horas, el fenómeno se abatía en las playas de muchos países del Océano Índico, como Indonesia, India, las islas Maldivas, Sri Lanka, Tailandia, Malasia, incluso Somalia, en la costa oriental de África. Pronto fue evidente que se trataba de una catástrofe de magnitud incalculable; cuando menos 150 000 personas murieron y miles más desaparecieron. Los países más afectados fueron Indonesia, Sri Lanka y Tailandia, en los cuales, en algunas áreas costeras, pueblos y aldeas completos fueron destruidos. Era imperativa una compleja operación masiva de alivio, pero los problemas eran abrumadores.

La respuesta del mundo fue alentadora: gente común y corriente se mostró pródiga ante la solicitud de dinero; gobiernos extranjeros prometieron enormes cantidades de efectivo; 11 estados enviaron tropas, barcos y aviones; más de 400 agencias no gubernamentales y de caridad como Christian Aid, la Cruz Roja, Red Crescent, el Ejército de Salvación, Oxfam y Médicos sin Fronteras se involucraron en unos cuantos días. El problema fundamental era que ninguna de ellas tenía el control total para dirigir los diferentes tipos de ayuda hacia donde se necesitaban. Gradualmente, OCHA pudo asumir el papel de organismo coordinador de la operación, así que para mediados de enero de 2005 quienes se ocupaban de la ayuda informaron que, después de un inicio lento y confuso, la operación de ayuda empezó a ser efectiva. Un vocero de Oxfam dijo que la ONU estaba haciendo un trabajo tan bueno como el que cualquiera razonablemente esperaría en tan horribles circunstancias, y que agradecían el liderazgo franco del señor Jan Egeland, coordinador de Alivio en Emergencias de la ONU y del secretario general, Kofi Annan.

Pero había mucho por hacer; después de salvar a miles de personas de morir de inanición o por enfermedades, el siguiente paso fue reconstruir comunidades y restablecer infraestructuras.

6. Veredicto sobre la Organización de las Naciones Unidas

La ONU tiene más de medio siglo de existencia, pero aún está muy lejos de cumplir sus objetivos básicos. El mundo sigue lleno de problemas económicos y sociales; las agresiones y las guerras continúan. *Los fracasos de las Naciones Unidas se debieron, hasta cierto punto, a debilidades de su sistema.*

a) Falta de un ejército permanente

Esto significa que es difícil imponerse a estados poderosos que, para aceptar las decisiones de la Organización, ponen sus intereses por delante. Si fallan el convencimiento y la presión de la opinión del mundo, la ONU tiene que confiar en que los estados miembros proporcionarán tropas que le permitan hacer cumplir sus decisiones. Por ejemplo, la URSS pudo ignorar los réclamos de la ONU de que retirara sus tropas de Hungría (1956) y Afganistán (1980). La participación de las Naciones Unidas en Somalia (1992-1995) y Bosnia (1992-1995) demostró su incapacidad para detener una guerra cuando las partes contendientes no estuvieron dispuestas a dejar de luchar. Los Estados Unidos y Gran Bretaña estaban decididos a atacar a Irak en 2002 sin autorización de la ONU, y ésta no pudo hacer nada al respecto, sobre todo en ese momento en que los Estados Unidos eran la única superpotencia, por mucho, el Estado más poderoso del mundo.

b) ¿Cuándo debe involucrarse la ONU?

Hay un problema respecto del momento exacto en que la ONU debe involucrarse en una controversia. En ocasiones se demora demasiado, de tal forma que se complica la solución del problema; duda tanto, que difícilmente llega a participar; esto sucedió con la guerra de Vietnam (sección VIII.3) y la de Angola (sección XXV.6). Con esto, la ONU se presta a acusaciones de indecisión y falta de firmeza, y esto hace que algunos estados confíen más en sus organizaciones regionales, como la OTAN, para mantener la paz, y muchos acuerdos se negocian sin que participe la ONU; por ejemplo, el fin de la guerra de Vietnam, la paz de Camp David entre Israel y Egipto en 1979 (sección XI.6) y la solución del problema de Rodesia y Zimbabwe en ese mismo año [sección XXIV.4 c)].

En esa época, los críticos argumentaban que las Naciones Unidas ya eran intrascendentes y no eran más que una tribuna para discursos propagandísticos. Parte del problema era el recurso del veto al que podían recurrir los miembros permanentes del Consejo de Seguridad. Si bien con la resolución de "Unidos por la Paz" se podía contrarrestar hasta cierto punto, el veto podría causar prolongadas demoras antes de que se tomaran medidas decisivas. Anthony Parsons, durante muchos años representante permanente de Gran Bretaña ante las Naciones Unidas, da dos ejemplos recientes de casos en que la intervención oportuna habrían evitado la lucha:

> Que un posible agresor sepa que sus fuerzas enfrentarán a una fuerza armada de la ONU, equipada y autorizada para luchar, será un poderoso disuasivo [...] Una fuerza de esas características desplegada en el lado de Kuwait, en la frontera entre Irak y Kuwait en 1990, o en el de Croacia, en la frontera entre Serbia y Croacia en 1991, muy bien podría haber evitado que se iniciaran las hostilidades.

c) El creciente número de miembros de la ONU desde la década de 1970

El incremento en el número de miembros de la ONU durante los años setenta creó nuevos problemas. Hacia 1970, los miembros del Tercer Mundo (África y Asia) formaban una clara mayoría. Cuando estas naciones empezaron a conjuntarse, el resultado fue que sólo ellas podían estar seguras de que sus resoluciones se aprobaran, y cada vez fue más difícil, tanto para el bloque occidental como para el comunista, que la Asamblea General aprobara sus resoluciones. Las naciones occidentales ya no podían hacer las cosas a su modo y empezaron a criticar al bloque del Tercer Mundo por ser demasiado "político", con lo cual querían decir que desaprobaban su forma de actuar. Por ejemplo, en 1974, la UNESCO aprobó resoluciones por las que se condenaba el "colonialismo" y el "imperialismo". En 1979, cuando el bloque occidental introdujo una moción de la Asamblea General en la que se condenaba el terrorismo, fue derrotada por los estados árabes y sus partidarios.

Las fricciones hicieron crisis en 1983 en el Congreso General de la UNESCO. Muchas naciones occidentales, incluidos los Estados Unidos, acusaron a dicha organización de ineficiencia y derroche, de tener fines políticos inaceptables. Lo que forzó el desenlace fue una propuesta de algunos estados comunistas de que se concedieran licencias locales a periodistas extranjeros. Según los Estados Unidos, esto llevaría a una situación en la cual los estados miembros podrían ejercer una censura efectiva de las organizaciones de medios de cada uno. Por consiguiente, los estadunidenses anunciaron que se retirarían de la UNESCO el 1º de enero de 1985, pues se había tornado "hostil respecto de las instituciones fundamentales de una sociedad libre, en especial el libre mercado y la libre prensa". Gran Bretaña y Singapur se retiraron en 1986 por razones similares. Gran Bretaña volvió a afiliarse en 1997, y los Estados Unidos, en 2002.

d) Desperdicio de esfuerzo y recursos entre agencias

Aparentemente, algunas de las agencias duplican el trabajo, y según los críticos, la FAO y la OMS se traslapan considerablemente. La Organización Mundial de la Alimentación fue criticada en 1984 por gastar demasiado en administración y no lo suficiente en mejorar los sistemas agrícolas. El GATT y la UNCTAD incluso parecen trabajar una en contra de la otra, pues la primera trata de eliminar aranceles y cualquier cosa que restrinja el comercio, en tanto que la segunda trata de obtener trato preferencial para los países del Tercer Mundo.

e) Escasez de fondos

Durante toda su historia, la ONU siempre ha estado corta de fondos. Lo extenso de su labor implica sumas de dinero increíblemente grandes para financiar su operación, aparte de que depende enteramente de las contribuciones de los estados miembros. Cada Estado paga una contribución anual regular según su prosperidad general y su capacidad de pago. Además, los miembros pagan una proporción del costo de cada operación por la paz, y también se espera de ellos que contribuyan a sufragar los gastos de las agencias especiales. De cuando en cuando, *muchos estados miembros se niegan a pagar*, ya sea por sus propios problemas financieros o como signo de que desaprueban las políticas de las Naciones Unidas; financieramente, 1986 fue un mal año, pues no menos de 98 miembros debían dinero, sobre todo los Estados Unidos, que dejaron de pagar

100 millones de dólares hasta que la ONU reformara su sistema presupuestal y frenara sus extravagancias. Los estadunidenses querían que los países que más daban contaran más en la forma de gastar el dinero, pero los miembros más pequeños rechazaron esta opinión por no ser democrática. Según lo expresó uno de los delegados de Sri Lanka, "en nuestros procesos políticos locales, los ricos no tienen más votos que los pobres. Deseamos que también sea ésta la práctica en la ONU".

En 1987 se hicieron cambios por los cuales los contribuyentes financieros tenían mayor control sobre los gastos y pronto mejoró la situación financiera, pero los gastos se dispararon en los primeros años noventa, cuando la ONU se vio involucrada en una serie de nuevas crisis en Medio Oriente (Guerra del Golfo), Yugoslavia y Somalia. En agosto de 1993, el doctor Boutros-Ghali, secretario general, reveló que muchos estados estaban muy atrasados con los pagos, y advirtió que a menos que se diera una inyección inmediata de fondos de los estados ricos del mundo, todas las operaciones de paz de la Organización estarían en riesgo. Pero estadunidenses y europeos sentían que ya pagaban demasiado: Estados Unidos (cerca de 30%), la Comunidad Europea (más o menos 35%) y Japón (11%) cubrían tres cuartas partes de los gastos, y se tenía la sensación de que había muchos otros países prósperos que podrían contribuir con mucho más.

A pesar de estas críticas, hubiera sido un error declarar que la ONU era un fracaso, y no hay duda de que el mundo estaría mucho peor sin la Organización.

- Proporciona una asamblea mundial en la que representantes de casi 190 naciones pueden reunirse para hablar entre ellas. Incluso la más pequeña tiene la oportunidad de hacerse oír en un foro mundial.
- Si bien no ha evitado guerras, ha logrado que algunas terminen más rápidamente y ha impedido que el conflicto se agrave. Las fuerzas de paz y las agencias para refugiados de la ONU han evitado mucho sufrimiento y derramamiento de sangre.
- Las Naciones Unidas han hecho una gran labor investigando y difundiendo las violaciones de los derechos hu-

manos de regímenes represivos, como los gobiernos militares de Chile y Zaire. De esta forma, lentamente ha sido posible influir en los gobiernos a través de la presión internacional.

- Quizás el logro más importante haya sido estimular la cooperación internacional en aspectos económicos, sociales y técnicos. Millones de personas, en especial en países pobres, viven mejor, gracias a las labores de las agencias de la ONU. Y sigue involucrándose en problemas actuales; la UNESCO, la OMT y la OMS tienen un proyecto conjunto para ayudar a adictos a las drogas, y ha habido una serie de 15 conferencias sobre el sida, en un intento por coordinar la lucha contra este terrible flagelo, particularmente en África (sección XXVII.4).

7. ¿QUÉ LE ESPERA A LA ONU?

Muchas personas pensaban que al terminar la Guerra Fría los problemas del mundo prácticamente desaparecerían, pero de hecho no fue así; durante la década de 1990, pareció haber más conflictos que nunca antes, y el mundo parecía cada vez menos estable. Obviamente, el papel de la ONU era vital para mantener la paz internacional, y muchos pueblos la urgían a que se reformara y fortaleciera. Sir Edward Heath, primer ministro británico entre 1970 y 1974, sugirió las siguientes reformas, que desde su punto de vista harían que la Organización fuera más efectiva (en *Guardian Weekend*, 10 de julio de 1993):

- La ONU debe desarrollar un mejor sistema de inteligencia que le permita evitar que estallen conflictos, en vez de esperar a que las cosas se salgan de control. Los servicios de inteligencia de las grandes potencias podrían informar regularmente a las Naciones Unidas sobre posibles problemas.
- Las operaciones de paz necesitan acelerarse; en ocasiones pueden pasar hasta cuatro meses entre que el Consejo de Seguridad decide enviar tropas y la llegada de éstas al lugar del conflicto. Los gobiernos podrían ayudar con uni-

dades especialmente capacitadas para el mantenimiento de la paz y listas para entrar en acción rápidamente.

- Todas las tropas deben estar capacitadas según las mismas normas; en Somalia, por ejemplo, los efectivos de Nigeria y Pakistán no estaban debidamente preparados para situaciones delicadas. "La creación de un núcleo de organización militar que supervise y coordine la capacitación de las fuerzas de paz de la ONU avanzaría mucho hacia la estandarización de los niveles de entrenamiento y experiencia de las tropas a las cuales puede recurrir la Organización."

- La ONU podría aprovechar más a otras organizaciones regionales, como la OTAN y la Liga Árabe. Por ejemplo, podría autorizar que esta última vigilara la frontera entre Irak y Kuwait para reducir la presión de sus tropas y los gastos respectivos.

- La ONU debe vigilar y restringir el flujo de armas hacia posibles puntos problemáticos; por ejemplo, en Somalia se utilizaron rifles estadunidenses contra las tropas de los Estados Unidos; en la Guerra del Golfo, las tropas francesas fueron acribilladas por jets Mirage franceses, propiedad de Irak. Si, para empezar, las diferentes facciones no hubieran sido abastecidas de armas, el mundo hubiera sido un lugar más estable. "Las Naciones Unidas deben limitar la venta internacional de armas adoptando un Código de Conducta único para los principales exportadores de armas."

- Se debe ampliar el número de miembros permanentes del Consejo de Seguridad. Desde que terminó la Guerra Fría, la ONU ha sido dominada por los Estados Unidos, Gran Bretaña y Francia, y esto ha molestado a muchos países del Tercer Mundo. Con la inclusión de otros miembros permanentes se restablecería la armonía y se garantizaría mayor cooperación y buena voluntad.

Kofi Annan, nombrado secretario general en diciembre de 1996, se había ganado una excelente reputación en años anteriores como cabeza de las operaciones de paz. Por otra parte, estaba muy consciente de las debilidades de la Organización y decidido a hacer algo al respecto. Ordenó una concienzuda revisión de las operaciones de paz de las Naciones Unidas, y en el informe resultante, publicado en 2000, se recomendaba, entre otras cosas, que la ONU debía contar permanentemente con brigadas de 5 000 soldados, listas para desplegarse de inmediato y comandadas por militares profesionales. La propagación del terrorismo, en especial con los ataques ocurridos en Nueva York en septiembre de 2001, impulsó a Annan, ya en su segundo periodo como secretario general, a publicar su *Agenda para futuros cambios* (septiembre de 2002), que consiste en un plan de reformas para fortalecer el papel de las Naciones Unidas en la lucha contra el terrorismo, el cual incluye una muy necesaria racionalización del engorroso sistema presupuestal. Esto tomará tiempo, pero ninguna de las reformas sugeridas es imposible.

El problema verdaderamente grave, que había estado gestándose desde el fin de la Guerra Fría y el surgimiento de los Estados Unidos como única superpotencia, era la futura relación entre dicho país y la ONU. La tensión empezó a incrementarse tan pronto como la administración de Bush asumió el poder en 2001. Durante su primer año, el nuevo gobierno rechazó el Tratado contra Misiles Balísticos de 1972, el Protocolo de Kioto de 1997 (tendiente a limitar la emisión de gases invernadero), el Estatuto de Roma de la nueva Corte Penal Internacional de la ONU, así como los ofrecimientos del Consejo de Seguridad de una resolución en que se autorizara una guerra contra el terrorismo (porque prefieren defenderse de la forma que mejor les parezca). La tensión llegó a su punto máximo en marzo de 2003, cuando el gobierno estadunidense, ayudado e instigado por Gran Bretaña, decidió atacar Irak *sin autorización de la ONU y en contra de los deseos de la mayoría de los miembros de la Organización.* Los Estados Unidos eran tan desproporcionadamente poderosos que podían ignorar a las Naciones Unidas y actuar como quisieran, a menos que éstas les ofrecieran el resultado que deseaban. El reto para la ONU en los años siguientes será cómo controlar y aprovechar el poder y la influencia de los Estados Unidos, en lugar de que obstaculicen su labor o la obliguen a decisiones precipitadas.

Preguntas

Las Naciones Unidas y la crisis de Hungría, 1956
1. Estudie las fuentes A y B y conteste las preguntas.

Fuente A
Resolución de la Asamblea General de la ONU, 6 de noviembre de 1956.

> La Asamblea General observa con gran preocupación la violenta represión de las tropas soviéticas de los esfuerzos del pueblo húngaro por lograr libertad e independencia. Apela a la URSS a retirar sus fuerzas de Hungría sin demora, solicita una investigación de los sucedido en Hungría durante la intervención extranjera y que se entregue un informe al Consejo de Seguridad a la brevedad posible.

Fuente B
Declaración del nuevo gobierno húngaro al Consejo de Seguridad, 12 de noviembre de 1956.

> Las tropas soviéticas están aquí con el fin de restablecer la ley y el orden, y a solicitud del gobierno húngaro. No podemos permitir la entrada a Hungría de observadores de la ONU, pues la situación es un asunto interno del Estado húngaro.

FUENTE: Ambas fuentes tomadas de *Keesings Contemporary Archives for 1956.*

a) ¿Qué evidencias proporcionan estas fuentes sobre los problemas que enfrenta la ONU?
b) "El problema con la Organización de las Naciones Unidas es que nunca han estado unidas." Explique por qué está de acuerdo o en desacuerdo con este veredicto sobre la ONU en el periodo de 1950 a 1989.

2. "No cabe duda de que las labores sociales, económicas y humanitarias de la ONU han sido mucho más exitosas que

sus tareas de paz." Evalúe la validez de este veredicto sobre el trabajo de la Organización de las Naciones Unidas.

3. ¿Hasta qué punto sería válido decir que la ONU ha tenido más éxito en los conflictos en que ha estado involucrada desde 1990 que durante la Guerra Fría?

X. LAS DOS EUROPAS, OCCIDENTAL Y DEL ESTE, DESDE 1945

Resumen de acontecimientos

Al finalizar la segunda Guerra Mundial en 1945, en Europa todo era confusión. Muchas zonas, sobre todo en Alemania, Italia, Polonia y la porción occidental de la URSS, habían sido devastadas, e incluso las potencias vencedoras, Gran Bretaña y la URSS, tenían serios problemas económicos a causa de los gastos bélicos. Era enorme el trabajo de reconstrucción que tenían por delante, y muchos opinaban que la mejor manera de emprenderlo era mediante un esfuerzo conjunto. Algunos incluso pensaban en función de una Europa unida, al estilo de los Estados Unidos de América, en cuyo caso se agruparían en un sistema federal de gobierno. Sin embargo, Europa pronto se dividió en dos según el Plan Marshall estadunidense para fomentar la recuperación [sección VII.2 *e)*]. Las naciones de Europa occidental gustosamente aprovecharon la ayuda de los Estados Unidos, pero la URSS se negó a permitir que los países de Europa del este la aceptaran por temor de que minara su propio control en la zona. A partir de 1947, las dos partes de Europa se desarrollaron de manera independiente, separadas por la "cortina de hierro" de José Stalin.

Los estados de Europa occidental se recuperaron con sorprendente rapidez de los efectos de la guerra, gracias a la combinación de ayuda estadunidense, incremento de la demanda por productos europeos, avances tecnológicos acelerados y planeación gubernamental cuidadosa. *Se tomaron ciertas medidas hacia la unidad, incluida la creación de la OTAN y el Consejo de Europa (ambos en 1949), y de la Comunidad Económica Europea (EEC) en 1957.* En Gran Bretaña, el entusiasmo por este tipo de unidad creció más lentamente que en otros países por miedo a que la soberanía británica resultara amenazada, y decidió no unirse a la EEC en el año en que se creó; cuando cambió de opinión, en 1961, los franceses vetaron su entrada, y no fue sino en 1972 cuando se acordó, por fin, que podría ser miembro de la misma.

Entre tanto, los estados comunistas de Europa del este que habían tenido que contentarse con ser satélites de la URSS, *también tomaron medidas tendientes a una especie de unidad económica y política con la introducción del Plan Molotov (1947), la formación del Consejo para la Asistencia Económica Mutua (Comecon) en 1949 y el Pacto de Varsovia (1955).* Hasta su muerte en 1953, Stalin intentó que estos estados fueran lo más parecido posible a la URSS, pero después de esa fecha empezaron a mostrarse más independientes. Yugoslavia, encabezada por Tito, ya había desarrollado un sistema más descentralizado en el cual las comunas representaban un elemento importante. Polonia y Rumania lograron introducir variantes, pero los húngaros (1956) y los checos (1968), que habían ido demasiado lejos, fueron invadidos por tropas soviéticas que los hicieron entrar en razón. Durante los años setenta, los estados de Europa del este gozaron de un periodo de comparativa prosperidad, pero en los ochenta sintieron los efectos de la depresión mundial.

La insatisfacción con el sistema comunista empezó a crecer; en un periodo corto, de mediados de 1988 a fines de 1991, el comunismo se colapsó en la URSS y en todos los estados de Europa del este, excepto Albania, donde sobrevivió hasta marzo de 1992. Alemania, que había estado dividida en dos estados, uno de ellos comunista, desde poco después de la guerra [sección VII.2 *h)*], volvió a unirse (octubre de 1990), y a ser el Estado más poderoso de Europa. Con el fin del comunismo, Yugoslavia se desintegró tristemente en una prolongada guerra civil (1991-1995).

En Occidente, la Comunidad Europea, que desde 1992 se conoce como la Unión Europea, siguió funcionando con éxito. Muchos de los estados que habían sido comunistas empezaron a solicitar su integración y, en 2004, ya eran 25 los miembros, pero este crecimiento dio lugar a sus propios problemas.

1. Los estados de Europa occidental

Lo reducido del espacio sólo permite incluir un breve panorama de los tres estados más influyentes de la Europa continental.

a) Francia

Durante la Cuarta República (1946-1958), Francia fue políticamente débil, y si bien su industria se modernizó y floreció, la agricultura parecía estancada. Los gobiernos eran débiles porque la nueva Constitución daba muy poco poder al presidente. Había cinco partidos principales, fenómeno que se traducía en gobiernos de coalición que cambiaban constantemente; en los 12 años de la Cuarta República hubo 25 diferentes gobiernos, en general demasiado débiles como para regir de manera efectiva. Ocurrieron varios desastres:

- los franceses fueron derrotados en Indochina (1954) [sección VIII.3 *a*)];
- fracaso en Suez (1956) (sección XI.3);
- rebelión en Argelia, que derrocó al gobierno en 1958.

El general De Gaulle (ilustración X.1) volvió del retiro para dirigir el país; introdujo una nueva Constitución que daba al presidente más poder (base de la Quinta República) y otorgaba la independencia a Argelia. De Gaulle se retiró en 1969, después de una ola de huelgas y manifestaciones en contra, entre otras cosas, de las características de autoritarismo y falta de democracia del régimen.

La Quinta República siguió dando estabilidad al gobierno con los dos presidentes que siguieron, ambos de derecha, Georges Pompidou (1969-1974) y Valéry Giscard d'Estaing

ILUSTRACIÓN X.1. *Adenauer, canciller de Alemania Occidental (izquierda), con De Gaulle, presidente francés*

(1974-1981). François Miterrand, líder socialista, fue presidente muchos años, de 1981 a 1995 cuando Jacques Chirac, del RPR (Rassemblement pour la République) de derecha, fue elegido presidente para los siguientes siete años. En los años noventa, los aspectos dominantes en Francia fueron la constante recesión y el desempleo, las dudas sobre el papel de Francia en la Comunidad Europea (en septiembre de 1992 apenas una reducida mayoría estuvo de acuerdo con el Tratado de Maastricht [sección X.4 *h)*] y la inquietud respecto de la reunificación de Alemania. Cuando el nuevo primer ministro de Chirac, Alain Juppé, empezó a hacer recortes para poner en forma la economía francesa para la introducción del euro, la nueva moneda europea, que tendría lugar en 2002, hubo muchas huelgas y manifestaciones de protesta (diciembre de 1995).

No fue una sorpresa el giro hacia la izquierda en las elecciones parlamentarias de mayo de 1997. La coalición conservadora de Chirac perdió la mayoría en el Parlamento y Lionel Jospin, líder socialista, fue nombrado primer ministro. Sus políticas tenían como objetivo reducir el déficit presupuestal a no más de 3% del PIB (producto interno bruto) como lo exigía la Comunidad Europea para la entrada de la nueva moneda. No lograron despertar gran entusiasmo, pues en las elecciones presidenciales de 2002, la apatía general de los votantes llevó a Jospin al tercer lugar; en la recta final quedaron Chirac y Jean-Marie le Pen, nacionalista de derecha. Chirac ganó sin problema, con 80% de los votos; su segundo periodo como presidente concluyó en 2009.

b) República Federal Alemana (Alemania Occidental)

Creada en 1949, la República Federal Alemana mostró una notable recuperación, un "milagro económico", durante el gobierno conservador del canciller Konrad Adenauer (1949-1963). Esto fue posible merced al Plan Marshall, a la intensa inversión en nuevas fábricas y equipo, y a la reinversión de los intereses en la industria, en lugar de ser distribuidos a manera de dividendos o salarios más elevados (como sucedió en Gran Bretaña). La recuperación industrial fue tan completa, que para 1960 Alemania Occidental producía 50% más acero que la Alemania unificada en 1938. Todas las clases sociales compartieron la prosperidad; las pensiones y los complementos por hijo se relacionaron con el costo de la vida, además de que se construyeron 10 millones de nuevas viviendas.

La nueva constitución favoreció la tendencia hacia un sistema bipartidista y una mejor oportunidad de un gobierno fuerte. Los dos principales partidos eran:

- la Democracia Cristiana (CDU), partido conservador de Adenauer;
- la Democracia Social (SDP), partido socialista moderado.

Había un partido liberal más pequeño, el Partido Demócrata Libre (FDP). En 1979 se fundó el Partido Verde con un programa basado en aspectos ecológicos y ambientales.

Los sucesores de Adenauer en el CDU, Ludwig Erhard (1963-1966) y Kurt Georg Kiesinger (1966-1969), continuaron con su buena labor, si bien hubo algunos retrocesos y el desempleo se incrementó, razón del cambio hacia el SDP, con apoyo del FDP, durante 13 años, primero con Willi Brandt (1969-1974) y después con Helmut Schmidt (1974-1982). Después de los prósperos años setenta, Alemania Occidental empezó a sufrir cada vez más por la recesión mundial, de modo que en 1982 ya había dos millones de desempleados; cuando Schmidt propuso incrementar el gasto para estimular la economía, el FDP, más cauteloso, retiró su apoyo y Schmidt tuvo que renunciar (octubre de 1982). Se formó una nueva coalición de derecha entre el CDU y la Unión Social Cristiana de Baviera (CSU), con apoyo del FDP, de tal forma que el líder del CDU, Helmut Kohl, fue nombrado canciller. La recuperación no tardó; las estadísticas de 1985 mostraron una saludable tasa de crecimiento de la economía de 2.5% y un gran auge de las exportaciones. Para 1988 el auge había terminado y el desempleo se incrementó a 2.3 millones. No obstante, Kohl logró mantenerse en el poder, y en octubre de 1990 se distinguió por ser el primer canciller de la Alemania unificada [sección X.6 e)].

La reunificación trajo consigo enormes problemas para Alemania; el costo de modernizar la zona oriental y poner su economía en niveles occidentales impuso grandes presiones al país. Se gastaron miles de millones de marcos alemanes y se inició el proceso de privatización de las industrias estatales. Kohl había prometido revivir la región oriental sin incrementar los impuestos y garantizado que "después de la unificación nadie estaría peor". Ninguna de estas promesas se hizo realidad; hubo incrementos fiscales y recortes en el gasto del gobierno. La economía se estancó, el desempleo se incrementó y el proceso de revitalización se prolongó mucho más de lo previsto. Finalmente, después de 16 años, los votantes le voltearon la espalda a Kohl; en 1998, Gerhard Schröder, líder del SDP, fue nombrado canciller.

La economía siguió siendo el principal desafío para el nuevo canciller. El gobierno no logró mejorar significativamente la situación y Schröder apenas logró la reelección en 2002. En el verano de 2003 había 4.4 millones de desempleados, 10.6% de la mano de obra registrada. Al terminar el año, el déficit presupuestal era superior al techo fijado de 3% para participar en el euro. Francia tenía el mismo problema. Ambos estados

sólo recibieron una advertencia, pero la situación no augura-
ba nada bueno. El Ministerio de Finanzas de Alemania aceptó
que el objetivo de equilibrar el presupuesto para 2006 no se
lograría sin otro "milagro económico".

c) Italia

La nueva República italiana empezó con un periodo de prosperidad y gobierno estable con De Gasperi (1946-1953), pero
después volvieron a surgir muchos de los viejos problemas de
la era previa a Mussolini; con al menos siete partidos importantes, desde comunistas en la extrema izquierda hasta neofas-
cistas en la extrema derecha, era imposible que un partido
ganara la mayoría en el Parlamento. Los dos principales partidos eran:

- los comunistas (PCI);
- los democratacristianos (DC).

El de los democratacristianos era el partido dominante del
gobierno, pero constantemente dependía de alianzas con partidos pequeños del centro y de la izquierda, de tal forma que
hubo varios gobiernos de coalición débiles que no lograron resolver los problemas de inflación y desempleo. Uno de los políticos de mayor éxito fue el socialista Bettino Craxi, primer ministro de 1983 a 1987; durante este tiempo, tanto la inflación
como el desempleo se redujeron, pero conforme se acercaban
los años noventa los problemas fundamentales seguían siendo los mismos.

- Había una división norte-sur; el norte, con su industria
  moderna y competitiva era relativamente próspero, en
  tanto que en el sur, Calabria, Sicilia y Cerdeña estaban
  atrasadas, con un nivel de vida mucho más bajo y gran
  desempleo.
- La mafia seguía siendo una fuerza poderosa, ahora muy
  involucrada en el tráfico de drogas; aparentemente estaba fortaleciéndose en el norte. Dos jueces que habían juz-

gado casos relacionados con ella fueron asesinados (1992) y, aparentemente, el crimen estaba fuera de control.

- La política parecía invadida por la corrupción y se sospechaba de muchos políticos importantes. Incluso se demostró que líderes tan respetados como Craxi habían participado en asuntos turbios (1993), en tanto que otro, Giulio Andreotti, siete veces primer ministro, fue arrestado por cargos de colaboración con la mafia (1995).
- La deuda gubernamental era enorme y la moneda, débil. En septiembre de 1992, Italia, además de Gran Bretaña, fue obligada a retirarse del Mecanismo de Tipo de Cambio y a devaluar la lira.

Políticamente, la situación cambió de raíz en los primeros años noventa, con el colapso del comunismo en Europa del este. El PCI cambió de nombre, a Partido Demócrata de la Izquierda (PDS), en tanto que el DC se desintegró. Su principal sucesor fue el Partido Popular (PPI). El centro se redujo y la polarización entre izquierda y derecha fue cada vez mayor. Con el tiempo, la atención se concentró en varios aspectos: la campaña para la reforma electoral (había habido varios intentos fallidos), la preocupación por el creciente número de inmigrantes ilegales (se suponía que grupos de la mafia los internaban clandestinamente) y la necesidad de una economía suficientemente saludable para unirse al euro en 2002.

En mayo de 2001 se celebraron elecciones generales que acabaron con seis años de gobiernos de centro-izquierda. Silvio Berlusconi, magnate de los medios y considerado el hombre más rico de Italia, fue elegido primer ministro de una coalición de derecha. Prometió que en los siguientes cinco años lograría reducir los impuestos, crear un millón de nuevos empleos, otorgar pensiones más elevadas y mejor infraestructura. Líder pintoresco y controvertido, pronto enfrentó acusaciones de cohecho y otros delitos financieros menores. Parecía haber dudas respecto de que pudiera terminar su periodo como primer ministro, pero éstas se disiparon cuando su gobierno aprobó una legislación que, efectivamente, le otorgaba inmunidad mientras ocupara el cargo.

2. LA CRECIENTE UNIDAD DE EUROPA OCCIDENTAL

a) Razones para estar más unidos

En todos los países de Europa occidental había personas que deseaban más unidad, si bien diferían sobre el tipo exacto de unidad que sería la mejor; algunos sólo querían que hubiera más cooperación; otros (conocidos como "federalistas") querían todo el paquete y tener un sistema de gobierno federal como el de los Estados Unidos. *Las razones de esta forma de pensar eran:*

- La mejor manera de que Europa se recuperara de los estragos de la guerra era que todos los estados trabajaran juntos y se ayudaran conjuntando sus recursos.
- Cada nación por separado era demasiado pequeña y su economía excesivamente débil como para ser viable económica y militarmente en un mundo ahora dominado por las superpotencias, los Estados Unidos y la URSS.
- Mientras más países del occidente de Europa trabajaran juntos, habría menos oportunidad de que volviera a estallar una guerra entre ellos. Era la mejor manera de acelerar la reconciliación entre Francia y Alemania.
- La acción conjunta permitiría que Europa occidental resistiera de manera efectiva la difusión del comunismo desde la URSS.
- Los alemanes eran especialmente propensos a la idea porque pensaban que les ayudaría a ser aceptados como nación responsable más rápidamente que después de la primera Guerra Mundial, cuando había tenido que esperar ocho años para que se les permitiera formar parte de la Liga de las Naciones.
- Los franceses pensaban que una mayor unidad les permitiría influir en las políticas alemanas y dejar de preocuparse por su seguridad.

Winston Churchill era uno de los más fervientes partidarios de una Europa unida. En marzo de 1943 habló de la necesidad de un Consejo de Europa, y en un discurso de 1946, en Zurich, sugirió que Francia y Alemania Occidental deberían asumir el liderazgo de la creación de "una especie de Estados Unidos de Europa".

b) Primeros pasos hacia la cooperación

Pronto se dieron los primeros pasos hacia la cooperación económica, militar y política, si bien los federalistas quedaron amargamente desilusionados de que en 1950 no se hubieran materializado los Estados Unidos de Europa.

1. Organización para la Cooperación Económica Europea (OEEC)
Se creó oficialmente en 1948, y fue la primera iniciativa hacia la unidad económica. Empezó como respuesta al ofrecimiento estadunidense de la Ayuda Marshall, cuando Ernest Bevin, ministro del Exterior británico, empezó a organizar a 16 naciones europeas [sección VII.2 *e)*] para establecer un plan de aprovechamiento efectivo de dicha ayuda; el resultado fue el *Programa de Recuperación Europea* (*ERP*, por sus siglas en inglés). El comité de 16 naciones se convirtió en la OEEC (por sus siglas en inglés). Su primera función, que llevó a cabo con éxito durante los siguientes cuatro años, fue distribuir la ayuda estadunidense entre sus miembros, después de lo cual, otra vez con gran éxito, fomentó el comercio entre sus asociados, reduciendo las restricciones. En esto cooperó el *Acuerdo General sobre Aranceles y Comercio de las Naciones Unidas* (*GATT*, por sus siglas en inglés), cuya función era reducir los aranceles, y la *Unión Europea de Pagos* (*EPU*, por sus siglas en inglés), que fomentaba el comercio mejorando el sistema de pagos entre estados miembros, de tal forma que cada Estado pudiera utilizar su propia moneda. La OEEC tuvo tanto éxito, que el comercio entre sus miembros se duplicó durante los siguientes seis años. Cuando los Estados Unidos y Canadá se unieron en 1961, se convirtió en la *Organización para el Desarrollo y la Cooperación Económica (OCDE)*. Posteriormente se unieron Australia y Japón.

2. *Organización del Tratado del Atlántico Norte (OTAN)*

La OTAN se creó en 1949 [véase en la sección VII.2 *i)* la lista de miembros fundadores] como sistema de defensa mutua en caso de ataque a alguno de los estados miembros; la mayoría pensaba que el atacante más probable sería la URSS. Esta organización no era sólo europea, también incluía a los Estados Unidos y Canadá. La guerra de Corea (1950-1953) fue la causa de que los Estados Unidos presionaran y lograran la integración de las fuerzas de la OTAN bajo un mando centralizado, de modo que se estableció una *Sede Suprema de las Potencias Aliadas de Europa* (SHAPE, por sus siglas en inglés) en París y, un general estadunidense, Dwight D. Eisenhower, era el comandante supremo de todas las fuerzas de la OTAN. A finales de 1955, la Organización parecía estar desarrollando de manera impresionante las fuerzas disponibles para la defensa de Europa occidental, que se habían cuadruplicado, e incluso se afirmaba que la URSS había desistido de atacar a Alemania Occidental. Sin embargo, pronto hubo problemas; los franceses no estaban conformes con el papel dominante de los estadunidenses, y en 1966 el presidente De Gaulle retiró a su país de la OTAN para que las fuerzas francesas y la política nuclear de este país no fueran controladas por un extranjero. Comparada con el Pacto de Varsovia, comunista, la OTAN era débil; en 1980, sus 60 divisiones de soldados eran muy pocas respecto de su objetivo de 96, en tanto que el bloque comunista podía reunir hasta 102 y tres veces más tanques.

3. *Consejo de Europa*

Creado en 1949, fue el primer intento de unidad política de algún tipo. Los miembros fundadores fueron Gran Bretaña, Bélgica, los Países Bajos, Luxemburgo, Dinamarca, Francia, Irlanda, Italia, Noruega y Suecia. En 1971, todos los estados de Europa occidental (con excepción de España y Portugal) se habían unido, igual que Turquía, Malta y Chipre, 18 en total. Con base en Estrasburgo, estaba formado por los ministros del Exterior de los estados miembros y una Asamblea de representantes seleccionada por los parlamentos de los estados. No obstante, no tenía poder, pues varios de los estados, entre otros, Gran Bretaña, se negaban a formar parte de organizaciones que amenazaran su soberanía; podía debatir asuntos importantes y hacer recomendaciones, de modo que su labor fue efectiva en cuanto a acuerdos sobre derechos humanos, pero una gran desilusión para los federalistas.

3. Primeros días de la Comunidad Europea

Conocida en su primera época como *Comunidad Económica Europea* (*EEC*, por sus siglas en inglés) o *Mercado Común*, fue oficialmente establecida por el *Tratado de Roma* (1957), firmado por los seis miembros fundadores, Francia, Alemania Occidental, Italia, los Países Bajos, Bélgica y Luxemburgo.

a) *Evolución de la Comunidad*

1. Benelux
En 1944, los gobiernos de Bélgica, los Países Bajos y Luxemburgo reunidos en el exilio, en Londres, pues sus países estaban invadidos por los alemanes, empezaron a hacer planes para cuando terminara la guerra, y acordaron crear la *Unión Aduanera Benelux*, que no tendría aranceles ni barreras aduaneras, de tal forma que el comercio fluiría libremente; quien impulsaba el proyecto era Paul-Henri Spaak, líder socialista belga, primer ministro de 1947 a 1949; entró en operación en 1947.

2. Tratado de Bruselas (1948)
Mediante este tratado, Gran Bretaña y Francia se unieron a los tres países del Benelux y prometieron "colaboración militar, económica, social y cultural". En tanto que la colaboración militar resultó en la OTAN, el siguiente paso de cooperación económica fue la ECSC (por sus siglas en inglés).

3. Comunidad Europea del Carbón y el Acero (ECSC)
Esta Comunidad fue creada en 1951, a instancias de Robert Schuman (ilustración x.2), ministro francés del Exterior de 1948 a 1953. Como Spaak, estaba a favor de la cooperación internacional y esperaba que con la participación de Alemania

ILUSTRACIÓN X.2. *Robert Schuman*

Occidental mejoraran las relaciones entre Francia y Alemania y, al mismo tiempo, la industria europea fuera más eficiente. *Se integraron seis países:*

- Francia
- Alemania Occidental
- Italia
- Bélgica
- Países Bajos
- Luxemburgo

Se eliminaron todos los aranceles y las restricciones al comercio del carbón, el hierro y el acero entre los seis miembros, y se creó una Alta Autoridad para dirigir la Comunidad y organizar un programa conjunto de expansión. Sin embargo, los *británicos se negaron a unirse* porque pensaban que sería como entregar el control de su industria a una autoridad externa. La ESCS tuvo tanto éxito, incluso sin Gran Bretaña (la producción de acero se incrementó casi en 50% durante los siguientes cinco años), que *los seis decidieron incluir la producción de todo tipo de bienes.*

4. La EEC

También fue Spaak, ahora ministro del Exterior de Bélgica, uno de los principales impulsores de la idea. Los acuerdos para la creación de la EEC fueron firmados en Roma en 1957 y entraron en vigor el 1º de enero de 1958. Los seis países eliminarían gradualmente todos los aranceles y cuotas, de modo que habría libre competencia y un mercado común; si bien no desaparecerían los aranceles para los no miembros, sí se reducirían. En el tratado también se incluía mejorar las condiciones de vida y las laborales, ampliar la industria, fomentar el desarrollo de las zonas atrasadas del mundo, proteger la paz y la libertad, y estrechar la unión de los pueblos de Europa. Es obvio que en la mente de algunos de los involucrados había algo mucho más grande que un mercado común; por ejemplo, Jean Monnet (ilustración X.3), economista francés y presidente de la Alta Autoridad de la ECSC, creó un *comité de acción en pro de los Estados Unidos de Europa.* Como la ECSC, la EEC pronto despegaría; al cabo de cinco años, era el exportador más grande del mundo y el principal comprador de materia prima, y sólo los Estados Unidos producían más acero que la Comunidad. *No obstante, otra vez, Gran Bretaña decidió no participar.*

b) La maquinaria de la Comunidad Europea

• *La Comisión Europea* era el organismo que hacía las labores cotidianas de la Comunidad. Con sede en Bruse-

ILUSTRACIÓN X.3. *Jean Monnet*

las, contaba con funcionarios públicos y expertos en
economía que tomaban las importantes decisiones políticas. Tenía amplio poder para enfrentar las críticas y la
oposición de los gobiernos de los seis miembros, si bien,
en teoría, sus decisiones tenían que ser aprobadas por el
Consejo de Ministros.

- *El Consejo de Ministros* estaba formado por representantes del gobierno de cada Estado miembro. Su tarea era
intercambiar información sobre las políticas económicas de sus gobiernos y tratar de coordinarlos para que
siguieran líneas similares. Había cierta fricción entre el
Consejo y la Comisión, pues esta última parecía renuente a dejarse aconsejar por aquél y seguía emitiendo gran
cantidad de reglas y reglamentos.

- *El Parlamento Europeo*, que se reunía en Estrasburgo,
constaba de 198 representantes seleccionados por los
parlamentos de los estados miembros. Podía analizar
problemas y emitir recomendaciones, pero no tenía control sobre la Comisión ni el Consejo. En 1979 se cambió

de sistema para elegir a los representantes, que en vez de ser nombrados por los parlamentos, serían elegidos directamente por los pueblos de la Comunidad [sección x.4 *b)*].

- *La Corte Europea de Justicia* tenía como finalidad tratar los problemas que pudieran surgir de la interpretación y operación del Tratado de Roma; pronto asumió el papel del organismo al que el pueblo podía acudir si consideraba que su gobierno infringía las reglas de la Comunidad.

- También la EURATOM, organización en la cual los seis estados conjuntaban sus esfuerzos de desarrollo de la energía atómica, estaba relacionada con la EEC.

En 1967, la EEC, la ECSC y la EURATOM se fusionaron formalmente, y dejando de lado el término "económica" se convirtieron, sencillamente, en la Comunidad Europea (CE).

c) Gran Bretaña se contiene

Fue una ironía que, si bien Churchill había sido uno de los principales partidarios de la idea de una Europa unificada, cuando volvió a ser primer ministro en 1951 parecía haber perdido el entusiasmo que le provocara la integración de Gran Bretaña. El gobierno conservador de Anthony Eden (1955-1957) decidió no firmar el Tratado de Roma de 1957, y *fueron varias las razones por las que Gran Bretaña se negó a participar.* La principal objeción fue que si se unía a la Comunidad, dejaría de tener el control total de su economía. En Bruselas, la Comisión Europea podría tomar decisiones vitales que afectaran sus asuntos económicos internos; los gobiernos de los otros seis estados estaban dispuestos a sacrificar los propios intereses en favor de una mayor eficiencia general, pero no así el gobierno británico. También existía el temor de que si participaba, se dañaría la relación con la Mancomunidad Británica, así como su "relación especial" con los Estados Unidos, que no compartían los otros estados europeos. La mayoría de los políticos británicos temía que la unidad económica llevara a la unidad política y a la pérdida de soberanía.

Por otra parte, a Gran Bretaña y algunos otros estados europeos ajenos a la EEC les preocupaba que se les impidiera vender sus productos a los miembros de la Comunidad por los elevados aranceles a las importaciones, de modo que en 1959, Gran Bretaña tomó la iniciativa de organizar un grupo rival, la *Asociación Europea de Libre Comercio* (EFTA, por sus siglas en inglés) (mapa X.1). Gran Bretaña, Dinamarca, Noruega, Suecia, Suiza, Austria y Portugal acordaron abolir gradualmente los aranceles entre ellos. Gran Bretaña estaba dispuesta a formar parte de una organización como la EFTA porque no se trataba de políticas económicas comunes ni de una comisión que interfiriera con los asuntos internos de los estados.

d) Gran Bretaña decide unirse

A menos de cuatro años de que se firmara el Tratado de Roma, los británicos habían cambiado de opinión y anunciado que deseaban integrarse a la EEC. *Sus razones fueron las siguientes:*

- En 1961 era obvio el notable éxito de la EEC sin Gran Bretaña. Desde 1953, la producción francesa había tenido un auge de 75%, y la alemana, casi de 90 por ciento.
- La economía británica había sido menos exitosa; en el mismo periodo, la producción sólo había aumentado aproximadamente 30% y parecía estancada respecto de la de los Seis. Para 1960, el déficit de la balanza de pagos era aproximadamente de 270 millones de libras esterlinas.
- Si bien con la EFTA se había logrado incrementar el comercio entre sus miembros, no se podía comparar con lo obtenido por la EEC.
- A pesar de la gran densidad de su población, la Mancomunidad Británica no tenía el mismo poder de compra de la EEC. El primer ministro británico, Harold Macmillan, ahora pensaba que no tenía por qué haber un conflicto de intereses entre la pertenencia de Gran Bretaña a la EEC y el comercio con la Mancomunidad. Por otra

0   500   1000 km

FINLANDIA

NORUEGA

SUECIA

MAR DEL
NORTE

DINAMARCA

URSS

MAR BÁLTICO

IRLANDA

GRAN
BRETAÑA

HOLANDA

POLONIA

ALEMANIA
ORIENTAL

BÉLGICA

ALEMANIA
OCCIDENTAL

CHECOSLOVAQUIA

OCÉANO
ATLÁNTICO

LUX.

AUSTRIA   HUNGRÍA

FRANCIA   SUIZA

RUMANIA

MAR NEGRO

YUGOSLAVIA

BULGARIA

ITALIA

ESPAÑA

PORTUGAL

ALBANIA

GRECIA

TURQUÍA

MAR MEDITERRÁNEO

◻ Consejo para la Asistencia Mutua (COMECOM), fundado en 1949

◼ Comunidad Económica Europea (Mercado Común), fundada en 1957

◼ Asociación Europea de Libre Comercio (EFTA), fundada en 1960

MAPA X.1. *Uniones económicas europeas, 1960*

parte, había indicios de que la Comunidad estaba dispuesta a hacer arreglos especiales para que los países de
la Mancomunidad y algunas ex colonias europeas fueran miembros asociados. También los socios de Gran
Bretaña de la EFTA podrían unirse.

• Otro argumento a favor de la integración fue que, una vez
integrada Gran Bretaña, la competencia de otros miem-

bros de la EEC impulsaría a la industria británica a esforzarse más y ser más eficiente. Macmillan también señaló que Gran Bretaña no podía darse el lujo de quedar fuera si la EEC avanzaba hacia una unión política.

La tarea de negociar la entrada de Gran Bretaña a la EEC se encomendó a Edward Heath, partidario entusiasta de la unidad europea. Las pláticas se iniciaron en octubre de 1961 y, si bien hubo algunos problemas, fue grande el impacto de que Charles de Gaulle, presidente de Francia, interrumpiera las negociaciones y vetara la entrada de Gran Bretaña (1963; ilustración X.4).

e) ¿Por qué se opusieron los franceses a que Gran Bretaña se uniera a la EEC?

- *De Gaulle argumentaba que Gran Bretaña tenía demasiados problemas económicos y sólo debilitaría a la EEC.* También objetaba que se hicieran concesiones a la Mancomunidad sobre la base de que los recursos de Europa se consumirían. No obstante, la EEC había acordado que se diera ayuda a las ex colonias francesas de África.
- Los británicos pensaban que el verdadero motivo de De Gaulle era *su deseo de seguir dominando la Comunidad.* Si Gran Bretaña se integraba, sería un serio rival.
- A De Gaulle no le agradaba la "relación estadunidense" de Gran Bretaña, pues creía que con ésta en la Comunidad esa estrecha relación con los Estados Unidos permitiría que estos últimos dominaran los asuntos europeos. Dijo que produciría "un colosal grupo atlántico dependiente de los estadunidenses y controlado por éstos". Le molestaba que los Estados Unidos hubieran prometido proporcionar misiles Polaris a Gran Bretaña y que no hubieran hecho el mismo ofrecimiento a Francia. Estaba decidido a demostrar que Francia era una gran potencia y no necesitaba la ayuda de los Estados Unidos. Fue esta fricción entre Francia y los Estados Unidos lo que a la larga llevó a De Gaulle a retirar a su país de la OTAN (1966).

ILUSTRACIÓN X.4. *El presidente De Gaulle ve "obstáculos formidables" para la integración de Gran Bretaña al Mercado Común*

- Finalmente, estaba el problema de la agricultura francesa: la EEC protegía a los agricultores con aranceles elevados (derechos de importación), de modo que los precios eran mucho más altos que en Gran Bretaña, país cuya agricultura era muy eficiente y era subsidiada para mantener los precios relativamente bajos. De seguir así después de la integración de esta última, los agricultores franceses, con menor cantidad de tierra y menos eficientes, estarían expuestos a la competencia de Gran Bretaña y, quizá, de la Mancomunidad.

Entre tanto, los éxitos de la EEC continuaban sin Gran Bretaña. Las exportaciones de la Comunidad crecían sistemáticamente y su valor era siempre más elevado que el de las importaciones. Por otra parte, Gran Bretaña solía tener déficit comerciales, y en 1964 fue obligada a contraer una deuda fuerte con el FMI para reponer rápidamente sus menguantes reservas de oro. En 1967 De Gaulle vetó nuevamente la solicitud de integración de Gran Bretaña.

f) Los Seis se convierten en los Nueve (1973)

A la larga, el 1º de enero de 1973, Gran Bretaña, además de Irlanda y Dinamarca, pudo integrarse a la EEC y los Seis se convirtieron en los Nueve. *Fueron dos los factores que hicieron posible la entrada de Gran Bretaña.*

- El presidente De Gaulle había renunciado en 1969 y su sucesor, Georges Pompidou, era más amistoso con Gran Bretaña.
- Edward Heath, primer ministro conservador de Gran Bretaña, negoció con gran tenacidad y habilidad y, como europeo comprometido durante tanto tiempo, era justo que le tocara ser el líder que finalmente llevara a su país a Europa.

4. La Comunidad Europea de 1973 a Maastricht (1991)

Los principales avances y problemas una vez que los Seis se convirtieron en los Nueve fueron los siguientes.

a) Convención Lomé (1975)

Desde el principio, la CE fue criticada por encerrarse tanto en sí misma y por ser egocéntrica, además de no hacer evidente ningún interés en aprovechar su riqueza para ayudar a las naciones más pobres del mundo. Este acuerdo, ideado en Lomé, capital de Togo, África occidental, algo logró en cuanto a contrarrestar esas críticas, si bien muchos argumentaron que era demasiado poco. En él se aprobó que los productos de 40 países de África y el Caribe, principalmente ex colonias europeas, llegaran a la EEC sin aranceles; también prometía ayuda económica. Posteriormente se agregaron a la lista otros países del Tercer Mundo.

b) *Elecciones directas al Parlamento europeo (1979)*

Si bien para esa fecha tenía ya 20 años de existencia, la CE seguía muy lejos del común de la gente. Una razón para recurrir a las elecciones fue tratar de despertar el interés y acercar a los pueblos a los asuntos de la Comunidad.

Las primeras elecciones se celebraron en junio de 1979, cuando se eligieron 410 miembros del Parlamento europeo (Euro-MP). A Francia, Italia, Alemania Occidental y Gran Bretaña se les permitieron 81 a cada uno; a los Países Bajos, 25; a Bélgica, 24; a Dinamarca, 16; a Irlanda, 25, y a Luxemburgo, seis. El número de votantes fluctuó mucho entre estados; en Gran Bretaña fue decepcionante, pues menos de la tercera parte del padrón se interesó por votar, mientras que en otros países, sobre todo Italia y Bélgica, más de 80% acudió a las urnas. En conjunto, en el nuevo Parlamento europeo, los partidos de derecha y del centro lograron una cómoda mayoría respecto de la izquierda.

Las elecciones se celebrarían cada cinco años, y para las siguientes, en 1984, Grecia ya se había unido a la Comunidad y se le habían concedido 24 escaños, para un total de 434. En general, los partidos de centro y de derecha seguían conservando una ligera mayoría. El número de votantes en Gran Bretaña volvió a decepcionar, con sólo 32%, en tanto que en Bélgica votó 92%, y en Italia y Luxemburgo, más de 80%, aunque en estos tres países era más o menos obligatorio votar. El mayor número de votantes en un país en que votar era voluntario fue el de Alemania Occidental, con 57 por ciento.

c) Introducción del Mecanismo del Tipo de Cambio (ERM) (1979)

Su función era relacionar las monedas de los estados miembros para limitar el grado en que algunas (lira italiana, franco francés, belga y luxemburgués, y marco alemán) podrían modificar su valor respecto de las de otros miembros. La moneda de un Estado podía modificar su valor dependiendo de qué tan bien se desempeñaba la economía interna, de tal forma que una economía fuerte se traducía en una moneda fuerte. Se esperaba que esta relación entre las monedas ayudara a controlar la inflación y condujera a una moneda única para toda la Comunidad. En un principio, Gran Bretaña decidió no llevar la libra esterlina al ERM (por sus siglas en inglés), pero cometió el error de integrarse en octubre de 1990, cuando el tipo de cambio estaba relativamente alto.

d) Crece el número de miembros de la Comunidad

En 1981, Grecia se unió a la Comunidad, seguida de Portugal y España en 1986, para llegar a 12 miembros y una población superior a los 320 millones. (A estos países no se les había permitido unirse antes porque sus sistemas políticos no eran democráticos; véase capítulo XV, Resumen de acontecimientos.) Su llegada causó nuevos problemas, pues eran de los países más pobres de Europa y su presencia incrementó la influencia en la Comunidad de las naciones menos industrializadas. Desde ese momento, estos países ejercerían más presión para que se ayudara a los estados menos desarrollados, para mejorar la balanza económica entre naciones pobres y ricas. El número de miembros volvió a aumentar en 1995, cuando Austria, Finlandia y Suecia, tres países relativamente prósperos, se integraron a la Comunidad. Respecto de otros incrementos, véase la sección X.8.

e) Gran Bretaña y el presupuesto de la CE

A poco de haberse integrado, muchos británicos estaban de-
cepcionados de que no hubiera beneficios obvios de la CE para
Gran Bretaña. La República Irlandesa, que se unió al mismo
tiempo, inmediatamente disfrutó de un auge de prosperidad,
pues sus exportaciones, principalmente productos agrícolas,
encontraron nuevos mercados en la Comunidad. Por otra parte, Gran Bretaña parecía haberse estancado en los años setenta, y si bien se incrementaron sus exportaciones a la Comunidad, lo mismo sucedió con sus importaciones. Gran Bretaña
no estaba produciendo suficientes bienes de exportación a los
precios adecuados. Los competidores extranjeros podían producir a menor precio, de modo que captaban una mayor proporción del mercado. Las estadísticas del Producto Interno Bruto
(PIB) para 1977 fueron muy evidentes; el PIB es el valor en efectivo de la producción total de todo tipo de fabricación de un
país. Para saber qué tan eficiente es una nación, los economistas dividen el PIB entre la población y el resultado muestra qué
tanto se produce per cápita. En la figura X.1 se observa que Gran
Bretaña era una de las naciones menos eficientes de la CE en términos económicos, en tanto que Dinamarca y Alemania Occidental estaban a la cabeza.

En 1980 se produjo una crisis de consideración cuando
Gran Bretaña descubrió que su participación al presupuesto
para ese año sería de 1 209 millones de libras, en tanto que
Alemania Occidental pondría 699 millones y Francia tendría
que pagar sólo 13 millones. Gran Bretaña protestó porque su
contribución era ridículamente elevada, dado el estado general de su economía. La diferencia era tan abultada debido a la
forma en que se calculaba la contribución al presupuesto, para
lo cual se tomaba en consideración el monto de los aranceles
que recibía cada gobierno por las importaciones de los productos que llegaban al país de fuera de la CE; como parte de la
contribución al presupuesto anual, se tenía que entregar una
proporción de dichos aranceles. Desafortunadamente para los
británicos, importaban muchos más productos del mundo exterior que cualquiera de los otros miembros, por eso su pago
era tan elevado. Después de implacables negociaciones de la

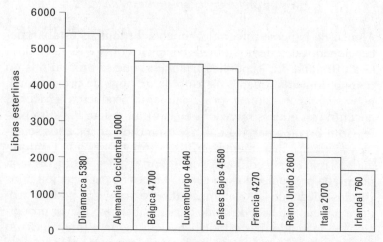

FIGURA X.1. *Estadísticas del PIB per cápita de la población (1977)*
FUENTE: Basado en las estadísticas publicadas en Jack B. Watson, *Success in World History since 1945* (John Murray, 1989), p. 150.

primera ministra Margaret Thatcher, se llegó a un compromiso, de manera que la contribución de Gran Bretaña se reduciría a un total de 1 346 millones durante los siguientes tres años.

f) Los cambios de 1986

En 1986 hubo acontecimientos alentadores, cuando los 12 miembros negociaron conjuntamente algunos cambios importantes que, se esperaba, mejorarían la Comunidad, incluidos:

- cambios hacia un mercado común totalmente libre (sin restricciones de ningún tipo al comercio interno y al movimiento de bienes) para 1992;
- mayor control de la CE en cuanto a salud, seguridad, protección del ambiente y defensa de los consumidores;
- fomento a la investigación científica y tecnológica;
- más ayuda para regiones atrasadas;

- introducción de una mayoría de votos en el Consejo de Ministros en muchos aspectos, con lo cual se evitaría el veto de un solo Estado que sintiera sus intereses amenazados por una medida en particular;
- más poder para el Parlamento europeo, con el fin de acelerar la aprobación de las medidas. Esto se traducía en que el Parlamento interno de los estados miembros perdería gradualmente cierto control de sus propios asuntos internos.

A quienes estaban a favor de una federación de Estados Unidos de Europa les complacían los dos últimos puntos, pero algunos de los estados miembros, en especial Gran Bretaña y Dinamarca, sacaron nuevamente a colación la vieja controversia de la soberanía nacional. La señora Thatcher molestó a algunos líderes europeos cuando se pronunció en contra de cualquier movimiento hacia una Europa unificada políticamente: "Un gobierno federal centralizado en Europa sería una pesadilla; la cooperación con otros países europeos no debe darse a expensas de la individualidad, las costumbres nacionales y las tradiciones que hicieron grande a Europa en el pasado".

g) La Política Agrícola Común (CAP)

Uno de los aspectos más controvertidos de la CE fue su Política Agrícola Común (CAP, por sus siglas en inglés). Para ayudar a los agricultores y fomentar que siguieran en el negocio, de tal forma que la Comunidad pudiera seguir produciendo gran parte de sus alimentos, se decidió pagarles un subsidio (dinero extra, además de sus utilidades). Con esto se les garantizarían utilidades que merecieran la pena y al mismo tiempo se mantendrían los precios en niveles razonables para los consumidores. Resultó tan bueno para los agricultores, que incluso producían mucho más de lo que podía venderse. Si bien esta política no se modificó, hasta 1980 cerca de tres cuartas partes del presupuesto de toda la CE se pagaba en subsidios a los agricultores. Gran Bretaña, los Países Bajos y Alemania Occidental presionaron para que se pusiera un límite a los subsidios, pero el gobierno francés estaba renuente a aceptar porque no quería molestar a sus agricultores, a quienes les iba muy bien con los subsidios.

En 1984 se introdujeron por primera vez cuotas máximas de producción, pero con esto no se resolvió el problema. En 1987, las reservas de productos alimenticios habían llegado a proporciones absurdas. Había un gran "lago" de vino y una "montaña" de mantequilla de un millón y medio de toneladas, suficiente para abastecer a toda la CE durante un año; la leche en polvo era suficiente para cinco años y sólo las cuotas por almacenaje ascendían a un millón de libras al día. Algunas de las medidas tomadas para deshacerse del excedente incluían vender barato a la URSS, India, Pakistán y Bangladesh, distribuir mantequilla gratuitamente a los pobres de la Comunidad y utilizarla para fabricar alimento para animales. Parte de la mantequilla más vieja se quemó en calderas.

Todo esto fue parte de una gran crisis presupuestaria en 1987; la Comunidad tenía un déficit de 3 000 millones de libras esterlinas y deudas por 10 000 millones. En un decidido esfuerzo por resolver el problema, la CE introdujo un estricto programa de reducción de la producción y congelación de precios para presionar a los agricultores europeos. Esto naturalmente provocó protestas generalizadas de los afectados, pero para finales de 1988 empezaron a verse resultados y los excedentes se reducían sistemáticamente. Ahora los estados miembros empezaban a prepararse para 1992, cuando la introducción de un único mercado europeo llevaría a la eliminación de todas las barreras comerciales internas y, esperaban algunos, a una mayor integración monetaria.

h) Más integración. Tratado de Maastricht (1991)

En diciembre de 1991 se celebró en Maastricht (Países Bajos) una reunión cumbre de los líderes de los estados miembros, durante la cual se llegó a un acuerdo para "una nueva etapa del proceso de creación de una unión aún más estrecha entre los pueblos de Europa". *Algunos de los puntos acordados fueron:*

- más poder para el Parlamento europeo;
- más unión económica y monetaria hasta llegar a la adopción de una moneda común (euro), compartida por todos los estados miembros, más o menos al terminar el siglo;
- una misma política exterior y de seguridad;
- un programa de las etapas para lograr dichos objetivos.

Gran Bretaña objetó seriamente la idea de una Europa federal y la unión monetaria, así como toda una Sección del Tratado conocida como *Capítulo Social*, que era una *lista de reglamentos para la protección de los trabajadores*. Entre las reglas se incluían:

- condiciones laborales seguras y saludables;
- igualdad laboral para hombres y mujeres;
- consultar a los trabajadores y mantenerlos informados de la situación;
- protección para los trabajadores despedidos.

Los británicos argumentaban que estas medidas incrementarían los costos de producción y, por lo tanto, provocarían desempleo, pero aparentemente los otros miembros pensaban que un trato adecuado para los trabajadores era más importante. A fin de cuentas, por las objeciones de Gran Bretaña, *el Capítulo Social se eliminó del Tratado* y dejó a cada gobierno decidir si lo llevaba a cabo, o no. El resto del Tratado de Maastricht, sin el Capítulo Social, tendría que ser ratificado (aprobado) por los parlamentos nacionales de los 12 miembros para octubre de 1993.

Los gobiernos francés, holandés y belga apoyaron firmemente el Tratado porque pensaban que era la mejor manera de asegurarse de que el poder de Alemania unificada sería controlado en la Comunidad, pero la gente normal de la Comunidad no estaba tan entusiasmada como sus líderes. Por ejemplo, en Dinamarca, el pueblo primero votó en contra, y el gobierno tuvo que emprender intensas campañas para que fuera aprobado por una ligera mayoría en un segundo referéndum (mayo de 1993). Los suizos votaron por no unirse a la Comunidad (diciembre de 1992), igual que los noruegos; incluso en el referéndum francés, apenas se logró la mayoría en favor de Maastricht. En Gran Bretaña, donde el gobierno no permitiría un referéndum, los conservadores estaban divididos respecto de Europa y el Tratado sólo fue aprobado por la estricta mayoría en el Parlamento.

A mediados de la década de 1990, después de casi 40 años de existencia, la Comunidad Europea (conocida desde 1992 como Unión Europea) había tenido gran éxito económico y fomentado una buena relación entre los estados miembros, pero había aspectos vitales que tendrían que enfrentarse:

- ¿Qué tan cercana podía ser la cooperación económica y política?
- El colapso del comunismo en los estados de Europa del este dio lugar a un nuevo escenario. ¿Estos estados (mapa x.2) querrían integrarse a la Unión Europea y, de ser así, cuál sería la actitud de quienes ya eran miembros? En abril de 1994, Polonia y Hungría solicitaron formalmente su integración.

5. UNIDAD COMUNISTA EN EUROPA DEL ESTE

Los países comunistas de Europa del este se habían reunido en una especie de unidad encabezada por la URSS. La principal diferencia entre esta unidad y la de Occidente era que los países de Europa del este habían sido obligados por la URSS [seccines VII.2 d, e y g)], en tanto que los miembros de la CE se habían unido voluntariamente. Hacia finales de 1948 había nueve estados en el bloque comunista: la propia URSS, Albania, Alemania Oriental, Bulgaria, Checoslovaquia, Hungría, Polonia, Rumania y Yugoslavia.

a) Organización del bloque comunista

Stalin se dedicó a hacer de todos los estados una copia al carbón de la URSS, con el mismo sistema político, económico y

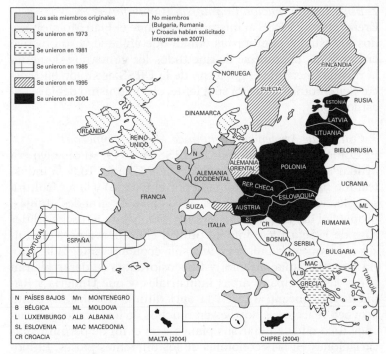

Mapa x.2. *Crecimiento de la Comunidad y la Unión europeas*

educativo, y el mismo Plan a Cinco Años. Casi todo su comercio tenía que ser con Rusia, y su política exterior y fuerzas armadas se controlaban desde Moscú.

1. Plan Molotov

Fue el primer paso patrocinado por Rusia hacia un bloque oriental de unión económica. La idea de Molotov, ministro ruso del Exterior, fue una respuesta al ofrecimiento estadunidense de la Ayuda Marshall [sección vii.2 *e*)]. Como los rusos se negaron a permitir que alguno de sus satélites aceptara dicha ayuda, Molotov sintió que ellos debían ofrecer una alternativa. El plan, básicamente un conjunto de acuerdos comerciales entre la URSS y sus satélites, se negoció durante el verano de 1947; su objetivo era fomentar el comercio en Europa del este.

2. Buró de Información Comunista (Cominform)

Creado por la URSS al mismo tiempo que el Plan Molotov. Todos los estados comunistas tenían que afiliarse, y su objetivo era político, asegurarse de que todos los gobiernos siguieran la misma línea que el gobierno de la URSS asentado en Moscú. Ser comunista no era suficiente, el comunismo debía ser al estilo ruso.

3. Consejo de Asistencia Económica Mutua (Comecon)

El Comecon fue creado por la URSS en 1949; su objetivo era ayudar a planear la economía de cada Estado. Toda la industria fue nacionalizada (tomada por el Estado) y la agricultura se colectivizó (organizada en un sistema de grandes granjas, propiedad del Estado). Posteriormente, Nikita Kruschev (líder ruso de 1956 a 1964) intentó utilizar el Comecon para organizar al bloque comunista en una sola economía integrada; quería que Alemania Oriental y Checoslovaquia se desarrollaran como las principales áreas industriales, y que Hungría y Rumania se concentraran en la agricultura. No obstante, esto provocó reacciones hostiles en muchos de los estados y Kruschev tuvo que cambiar sus planes, con el fin de permitir más variaciones en las economías de los diferentes países. El bloque oriental gozó de relativo éxito económico, con un incremento creciente de la producción. Sin embargo, su PIB promedio [véase la explicación del PIB en la sección X.4 e)] y la eficiencia general eran menores que en la CE. Albania gozaba de la dudosa distinción de ser el país más atrasado de Europa. En los años ochenta, las economías de los estados del bloque oriental experimentaban dificultades, con escasez, inflación y caída del nivel de vida.

Aun así, el bloque comunista tenía un buen récord en servicios sociales; en algunos de los países de Europa del este, los servicios de salud eran tan buenos como los de algunos países de la CE, si no es que mejores. Por ejemplo, en 1980, en Gran Bretaña había, en promedio, un médico por cada 618 personas; en la URSS, uno por cada 258, en tanto que en Checoslovaquia, la cifra era uno por cada 293. En Albania, Yugoslavia y Rumania, esa proporción era peor que en Gran Bretaña.

4. Pacto de Varsovia (1955)

El Pacto de Varsovia fue firmado por la URSS y todos sus satélites, excepto Yugoslavia; prometieron defenderse contra cualquier ataque del exterior; los ejércitos de los estados miembros quedaron bajo el control general de Moscú. Irónicamente, la única vez que las tropas del Pacto de Varsovia entraron conjuntamente en acción fue contra uno de sus propios miembros, Checoslovaquia, cuando la URSS no aprobó sus políticas internas (1968).

b) Tensiones en el bloque del Este

Si bien en la CE había algunos desacuerdos respecto de problemas como la política agrícola común y la soberanía de cada Estado, no eran tan graves como las tensiones entre la URSS y algunos de sus satélites. En los primeros años del Cominform, Moscú sentía que era su obligación tomar medidas drásticas contra cualquier líder o movimiento que pareciera amenazar la solidaridad del bloque comunista, y en ocasiones los rusos no dudaron en aplicar la fuerza.

1. Yugoslavia desafía a Moscú

Yugoslavia fue el primer Estado en enfrentarse a Moscú. El líder comunista Tito debía gran parte de su popularidad a su exitosa resistencia contra las fuerzas nazis que ocuparon el país durante la segunda Guerra Mundial. En 1945 fue elegido legalmente como líder de la nueva República yugoslava, de modo que no debía su puesto a los rusos. En 1948 rompió con Stalin, pues *estaba decidido a seguir su propio estilo de comunismo, no el de Stalin*. Estaba en contra de la centralización excesiva (todo controlado y organizado por el gobierno desde el centro). Por otra parte, objetaba el plan económico de Stalin para Yugoslavia y sus constantes intentos de interferir en los asuntos internos de ésta. Ésa fue la razón de que Stalin la expulsara del Cominform y restringiera la ayuda económica, con la esperanza de que pronto estuviera en la ruina económica y Tito se viera obligado a renunciar, pero calculó mal. Como Tito era demasiado popular como para ser derrocado por presiones externas, Stalin decidió que sería demasiado arriesgado invadir su país y aquél pudo permanecer en el poder y *seguir aplicando el comunismo a su manera,* que incluía contacto total y comercio con Occidente y aceptación de la ayuda del Fondo Monetario Internacional (FMI).

Los yugoslavos empezaron a revertir el proceso de centralización; las industrias fueron desnacionalizadas y en lugar de ser propiedad del Estado se convirtieron en propiedad pública, dirigidas por representantes de los trabajadores a través de consejos y asambleas. Lo mismo se aplicaba a la agricultura, de modo que las comunas representaban la unidad más importante del Estado; eran grupos de familias, cada uno formado por 5 000 a 100 000 personas. La Asamblea Comunal elegida organizaba todo lo relacionado con economía, educación, salud, cultura y bienestar. El sistema era un notable ejemplo de gente común participando en la toma de decisiones que incidían muy de cerca en su vida, tanto en el trabajo como en la comunidad. Se logró mucho porque los trabajadores tenían interés personal en el éxito de la empresa y de su comuna. Muchos marxistas pensaban que así era como debía dirigirse un verdadero Estado comunista, no con la exagerada centralización de la URSS.

Sin embargo, tenía sus defectos. Uno de ellos era la poca disposición de los trabajadores para despedir a sus colegas; otro, la tendencia a pagarse demasiado, fenómenos que llevaron a un exceso en el número de empleados y a costos y precios elevados. Sin embargo, con sus elementos capitalistas (como diferenciales salariales y libre mercado) era un sistema marxista alternativo que muchos estados africanos en desarrollo, en especial Tanzanía, encontraban atractivo.

Kruschev decidió que la medida más sabia era mejorar las relaciones con Tito. Cuando en 1955 visitó Belgrado, capital de Yugoslavia (ilustración x.5), se disculpó por los actos de Stalin. La herida sanó por completo al año siguiente, cuando Kruschev aprobó formalmente el exitoso estilo de comunismo de Tito.

2. Stalin actúa en contra de otros líderes
Conforme la brecha con Yugoslavia crecía, Stalin arregló el arresto de cualquier líder comunista de los otros estados que intentara aplicar políticas independentistas, y pudo hacerlo

porque la mayoría de esos líderes carecía de la popularidad de Tito y, para empezar, le debía el puesto al apoyo de los rusos, pero no por eso el trato que recibían era menos vergonzoso.

- *En Hungría,* Laszlo Rajk, ministro del Exterior, y János Kádár, ministro del Interior, ambos comunistas contrarios a Stalin, fueron arrestados. A Rajk lo colgaron y a Kádár lo encarcelaron y torturaron, y cerca de 200 000 personas fueron expulsadas del partido (1949).
- *En Bulgaria,* el primer ministro Traichko Koslov fue arrestado y ejecutado (1949).
- *En Checoslovaquia* el secretario general del Partido Comunista, Rudolph Slánsky, y otros 10 ministros del gabinete fueron ejecutados (1952).
- *En Polonia,* el líder del Partido Comunista y vicepresidente Władisław Gomułka fue encarcelado por haber expresado su apoyo a Tito.
- *En Albania,* el premier comunista Koze Xoxe fue retirado del puesto y ejecutado porque simpatizaba con Tito.

3. *Kruschev: "diferentes vías hacia el socialismo"*

Después de la muerte de Stalin, en 1953, se observaron indicios de que los estados satélite podrían tener mayor libertad. En 1956, Kruschev pronunció un notable discurso en el Vigésimo Congreso del Partido Comunista, discurso que pronto se hizo famoso, pues Kruschev solía criticar muchas de las políticas de Stalin y parecía dispuesto a conceder que había "diferentes caminos hacia el socialismo" [sección XVIII.1 *a)*]. Cerró la brecha con Yugoslavia, y en abril de 1956 abolió la Cominform, que irritaba a los socios de Rusia desde su creación en 1947. No obstante, lo que sucedió en Polonia y Hungría pronto demostró que la nueva tolerancia de Kruschev tenía límites estrictos...

c) Crisis en Polonia

En junio de 1956 hubo una huelga general y enormes manifestaciones antisoviéticas y en contra del gobierno. En los carteles se exigía "pan y libertad", y los trabajadores protestaban con-

ILUSTRACIÓN X.5. *El mariscal Tito (izquierda) y Kruschev (centro) entierran sus diferencias*

tra el nivel de vida tan bajo, la reducción de los salarios y los elevados impuestos. Si bien fueron dispersados por las tropas polacas, la tensión se mantuvo alta todo el verano. En octubre, tanques rusos rodearon Varsovia, capital de Polonia, aunque todavía no entraron en acción. *Al final, los rusos decidieron transigir:* permitieron que Gomułka, encarcelado antes por órdenes de Stalin, fuera nuevamente primer secretario del Partido Comunista. Se aceptó que el comunismo polaco podría seguir su propio camino, siempre que los polacos siguieran a Rusia en asuntos externos. Obviamente, los rusos sentían que se podía confiar en que Gomułka no se alejaría demasiado. Las relaciones entre ambos estados siguieron siendo relativamente tersas, si bien la versión polaca del comunismo definitivamente no hubiera sido aceptada por Stalin. Por ejemplo, la colectivización de la agricultura fue muy lenta, y probablemente sólo 10% de las tierras de cultivo llegaron a colectivizarse. Polonia también comerciaba con países ajenos al bloque comunista. Gomułka se mantuvo en el poder hasta su renuncia, en 1970.

d) Revolución húngara (1956)

La situación en Hungría terminó de manera muy diferente a la de Polonia. Después de la muerte de Stalin (1953), Rakosi, líder pro Stalin, fue sustituido por un comunista más moderado, Imry Nagy, pero Rakosi siguió interfiriendo y derrocó a Nagy (1955). A partir de entonces, empezó a acumularse resentimiento en contra del gobierno, hasta que explotó en un levantamiento de gran escala (octubre de 1956). *Las causas fueron múltiples:*

- Había odio contra el régimen brutal de Rakosi, durante el cual cuando menos 2 000 personas habían sido ejecutadas y 200 000 más encerradas en prisiones o en campos de concentración.
- El nivel de vida de la gente común era cada vez peor, en tanto que los odiados líderes del Partido Comunista vivían cómodamente.
- El sentimiento contra Rusia era intenso.
- El discurso de Kruschev del Vigésimo Congreso y el retorno de Gomułka al poder, en Polonia, impulsaron a los húngaros a oponer resistencia al gobierno.

Rakosi fue derrocado, Nagy fue nombrado primer ministro y Mindszenty, popular cardenal católico romano, encarcelado durante seis años por sus opiniones en contra del comunismo, fue liberado.

Hasta ese punto, los rusos parecían dispuestos a transigir, como en Polonia, *pero Nagy fue demasiado lejos al anunciar planes para un gobierno que incluiría a miembros de otros partidos políticos y al hablar del retiro de Hungría del Pacto de Varsovia.* Los rusos no lo permitirían; si Nagy hacía las cosas a su modo, Hungría podría convertirse en un Estado no comunista y dejaría de ser aliado de la URSS; además, alentaría a los pueblos de otros estados del bloque oriental a hacer lo mismo. Llegaron tanques rusos que rodearon Budapest, capital del país, y abrieron fuego (3 de noviembre). Los húngaros resistieron valientemente y la lucha duró dos semanas, hasta que los rusos tuvieron el país bajo control; cerca de 20 000 personas murieron y otras 20 000 fueron encarceladas. Nagy fue ejecutado, aunque le habían prometido un salvoconducto a Occidente. Los rusos instalaron a János Kádár como nuevo líder húngaro, y si bien antes había sido encarcelado por órdenes de Stalin, ahora era un aliado confiable de Moscú; se mantuvo en el poder hasta 1988.

e) Crisis de Checoslovaquia (1968)

Después de su intervención militar en Hungría, los rusos no interfirieron tan directamente en otros lugares, hasta 1968, cuando pensaron que los checos se estaban alejando demasiado de la línea comunista aceptada. Entre tanto, habían permitido considerables variaciones entre estados, y en ocasiones no imponían planes que no fueran populares. Por ejemplo, Yugoslavia, Albania y Rumania seguían con sus propias versiones de comunismo. En 1962, cuando Kruschev sugirió que cada Estado satélite debía concentrarse en la producción de un bien específico, húngaros, rumanos y polacos, que deseaban desarrollar una economía amplia, protestaron con insistencia, y la idea se descartó sin gran ruido. Siempre que no se introdujeran políticas que amenazaran el dominio del Partido Comunista, los rusos parecían renuentes a interferir. A mediados de los años sesenta, tocó el turno a los checos de ver qué tan lejos podían llegar antes de que los rusos les pusieran un alto. Su gobierno era dirigido por un comunista favorable a Moscú, Antonin Novomy, y *la oposición creció gradualmente por varias razones.*

- Los checos constituían el pueblo industrial y culturalmente más avanzado del bloque oriental y *habían objetado el control ruso de su economía, exageradamente centralizado.* Por ejemplo, les parecía insensato tener que conformarse con mineral de hierro de mala calidad de Siberia, cuando muy bien podrían estar utilizando el de alto grado de Suecia.
- Entre 1918 y 1938, cuando Checoslovaquia era un Estado independiente, los checos habían gozado de gran li-

bertad, pero ahora *se resentían de las restricciones a la libertad personal;* periódicos, libros y revistas estaban muy censurados (es decir, sólo se podía imprimir lo que el gobierno autorizaba), y no había libertad de expresión; quien criticara al gobierno, podía ser arrestado.

- Cuando el pueblo trató de organizar marchas de protesta, fue dispersado por la policía, cuyos métodos eran violentos y brutales.

La situación se definió en enero de 1968 cuando Novotny fue obligado a renunciar y Alexander Dubcek asumió el puesto de primer secretario del Partido Comunista. *Él y sus partidarios tenían un programa totalmente nuevo.*

- El Partido Comunista ya no dictaría las políticas.
- La industria sería descentralizada, es decir, las fábricas serían dirigidas por consejos laborales, no desde la capital por funcionarios del partido.
- En vez de estar colectivizadas, las granjas (propiedad del Estado y dirigidas por éste) serían cooperativas independientes.
- Los sindicatos tendrían más poder.
- Se incrementaría el comercio con Occidente y habría libertad para viajar al extranjero; la frontera con Alemania Occidental, cerrada desde 1948, fue abierta de inmediato.
- Había libertad de expresión y de prensa; se alentaba la crítica contra el gobierno. Dubcek pensaba que si bien el país seguiría siendo comunista, el gobierno debía ganarse el derecho de estar en el poder atendiendo a los deseos del pueblo; lo llamaba "socialismo con rostro humano".
- Era muy cuidadoso de asegurar a los rusos que Checoslovaquia no abandonaría el Pacto de Varsovia y seguiría siendo un aliado confiable.

Durante la primavera y el verano de 1968, el programa fue puesto en operación. Los rusos estaban cada vez más preocupados y, en agosto, tropas rusas, polacas, búlgaras, húngaras y alemanas orientales invadieron masivamente Checoslovaquia. El gobierno checo decidió no resistir, con el fin de evitar el tipo de derramamiento de sangre ocurrido en Hungría en 1956. El pueblo checo intentó resistir pasivamente durante un tiempo, organizando huelgas y manifestaciones pacíficas en contra de los rusos, pero, finalmente, el gobierno se vio obligado a abandonar su nuevo programa. Al año siguiente, Dubcek fue remplazado por Gustáv Husák, líder comunista que hizo lo que Moscú le dijo, de manera que logró mantenerse en el poder hasta 1987.

Los rusos intervinieron porque Dubcek iba a permitir la libertad de expresión y la libertad de prensa, lo que iba a provocar demandas similares en todo el bloque soviético. Los rusos no quisieron correr el riesgo de que esto sucediera, por si llegaban a producirse protestas y levantamientos masivos en la propia URSS. Otros líderes comunistas presionaron para que los rusos entraran en acción, en especial los de Alemania Oriental, que tenían miedo de que las protestas cruzaran la frontera de Checoslovaquia. Poco después, Leonid Brezhnev, líder ruso que había ordenado la invasión, anunció lo que llamó *la Doctrina Brezhnev,* que decía que la intervención en los asuntos internos de cualquier país comunista estaba justificada si el socialismo (con lo que quería decir comunismo) se veía amenazado.

f) El bloque comunista avanza hacia el colapso

Si bien en la superficie los estados de Europa del este parecían ser controlados firmemente por los rusos, el resentimiento contra la línea dura de Moscú estaba a punto de estallar, especialmente en Polonia y Checoslovaquia.

- *En Polonia, Gomułka fue obligado a renunciar después de los disturbios* (1970) y su sustituto, Gierek, también renunció (1980) a resultas de inquietud en la industria, escasez de alimentos y huelgas en el puerto de Gdansk y otras ciudades. El nuevo gobierno se vio obligado a permitir la formación de un movimiento sindical independiente, conocido como Solidaridad. Los rusos trasladaron tropas a la frontera con Polonia, pero no hubo invasión esta vez, quizá porque acababan de enviar tropas a Afganistán y no querían arriesgarse a otro movimiento militar tan pronto.

- *Los Acuerdos de Helsinki (1975), que causaron problemas en el bloque comunista,* fueron firmados en una conferencia en la capital de Finlandia por todas las naciones de Europa (excepto Albania y Andorra) y también por Canadá, los Estados Unidos y Chipre. Prometían pugnar por una mayor cooperación en asuntos económicos y el mantenimiento de la paz, así como por la protección de los derechos humanos. No pasó mucho tiempo antes de que los pueblos de la URSS y otros estados comunistas acusaran a sus gobiernos de no permitir ni los derechos humanos básicos.

- *En Checoslovaquia se formó un grupo de derechos humanos que se hacía llamar Capítulo 77 (en 1977),* el cual durante los años ochenta se tornó cada vez más directo en sus críticas del gobierno de Husák. En diciembre de 1986, un vocero del grupo dijo: "Mientras Husák viva, el estancamiento político no tendrá rival; una vez que se haya ido, el partido explotará".

- *En esa época, todos los estados comunistas tenían graves problemas económicos,* mucho peores que los de la CE. Si bien en Occidente no muchas personas se daban cuenta de ello en ese momento, el comunismo y el bloque comunista se acercaban rápidamente al colapso y la desintegración.

6. ¿Por qué y cómo se colapsó el comunismo en Europa oriental?

En un corto lapso, entre agosto de 1988 y diciembre de 1991, el comunismo fue erradicado de Europa del este. Polonia fue el primer país en rechazarlo, seguido de cerca por Hungría, Alemania Oriental y los demás, hasta que, para finales de 1991, incluso Rusia había dejado de ser comunista, después de 74 años. *¿A qué se debió este dramático colapso?*

a) Fracaso económico

Tal como se practicaba en Europa del este, el comunismo era un fracaso económico, sencillamente no permitía el nivel de vida que hubiera sido factible dados los vastos recursos disponibles. Los sistemas económicos eran ineficientes, estaban exageradamente centralizados y sujetos a demasiadas restricciones; se esperaba, por ejemplo, que todos los estados comerciaran principalmente con el bloque comunista. A mediados de los años ochenta, había problemas por todos lados. Según Misha Glenni, corresponsal de la BBC en Europa del este,

> los líderes del Partido Comunista se negaban a admitir que la clase trabajadora vivía en condiciones más sórdidas, respiraba aire más contaminado y bebía agua más tóxica que las clases trabajadoras de Occidente [...] el récord de salud, educación, vivienda y otros servicios sociales había sido atroz.

En los años ochenta el creciente contacto con Occidente mostró qué tan atrasado estaba el Este respecto de Occidente y sugirió que el nivel de vida disminuiría aún más. Demostró también que debían ser sus líderes y el sistema comunista la causa de todos los problemas.

b) Mijaíl Gorbachev

Mijaíl Gorbachev, líder de la URSS desde marzo de 1985, inició el proceso que llevó al colapso del Imperio soviético; aceptó los fallos del sistema y que era "una situación absurda" que siendo su país el mayor productor de acero, combustibles y energía, sufriera escasez por el desperdicio y la ineficiencia (véase sección XVIII.3 para la situación en la URSS). Él esperaba salvar al comunismo revitalizándolo y modernizándolo, de manera que introdujo nuevas políticas de *glasnost* (apertura) y *perestroika* (reforma social y económica). Se fomentó la crítica del sistema en pos de mejorar, siempre que no se criticara al Partido Comunista. También ayudó a urdir el derrocamiento de los obsoletos líderes comunistas de línea dura de Checoslovaquia, y probablemente estuvo involucrado en la conspiración para destituir a los de Alemania Oriental, Rumania y Bulgaria. Tenía la esperanza de que con líderes más progresistas se podría salvar el comunismo en los estados satélite de Rusia.

Desafortunadamente para Gorbachev, una vez que se inició el proceso de reforma fue imposible controlarlo. El momento más peligroso para un régimen represivo es cuando empieza a tratar de reformarse haciendo concesiones, pues nunca son suficientes para satisfacer a los críticos, y en Rusia, inevitablemente, se volcaron en el propio Partido Comunista y exigieron más. Incluso la opinión pública se puso en contra de Gorbachev porque mucha gente pensaba que no se movía con suficiente rapidez.

Lo mismo sucedió en los estados satélite: a los líderes comunistas se les hizo difícil adaptarse a la nueva situación de tener en Moscú un caudillo mucho más progresista que ellos mismos. *Los críticos se hicieron más audaces al darse cuenta de que Gorbachev no enviaría tropas soviéticas a atacarlos.* En cuanto a la crisis, sin esperanzas de que Moscú ayudara, ninguno de los gobiernos comunistas estuvo dispuesto a aplicar suficiente fuerza contra los manifestantes (excepto en Rumania). En su momento, la rebelión se extendió ampliamente y se hubieran necesitado muchos tanques y tropas para contener a toda Europa del este simultáneamente. Como apenas había logrado retirarse de Afganistán, Gorbachev no quería un compromiso aún mayor. A fin de cuentas, fue un triunfo del "poder de la gente"; deliberadamente, los manifestantes desafiaron la amenaza de violencia de manera tan abrumadora, que las tropas habrían tenido que disparar a una proporción importante de la población de las grandes ciudades para mantener el control.

c) Polonia marca el paso

El general Jaruzelski, líder desde 1981, estaba dispuesto a adoptar una línea dura, y cuando Solidaridad (nuevo movimiento sindicalista) exigió un referéndum para demostrar la fuerza de sus partidarios declaró la ley marcial (es decir, el ejército tomó el control), vetó a Solidaridad y arrestó a miles de activistas.

El ejército obedeció sus órdenes porque todos seguían temiendo la intervención militar de los rusos. En julio de 1983, el control del gobierno era firme; Jaruzelski sintió que podía levantar la ley marcial sin riesgo y los miembros de Solidaridad fueron liberados gradualmente, pero el problema subyacente seguía ahí, y fracasaron todos los intentos por mejorar la economía. En 1988, cuando Jaruzelski intentó economizar reduciendo los subsidios gubernamentales, estallaron huelgas de protesta porque con los cambios se dispararon los precios de los alimentos. Esta vez Jaruzelski decidió no arriesgarse a utilizar la fuerza, pues sabía que no contaba con el apoyo de Moscú y se percató de que necesitaba el de la oposición para enfrentar la crisis económica. En febrero de 1989 se iniciaron las pláticas entre el gobierno comunista, Solidaridad y los grupos de oposición (las críticas de la Iglesia católica romana habían sido duras). *Para abril de ese año, se habían aprobado cambios sensacionales de la Constitución:*

- se permitió a Solidaridad convertirse en partido político;
- habría dos cámaras en el Parlamento, la cámara baja y el Senado;
- en la cámara baja, 65% de los escaños tenía que ser comunista;
- el Senado se elegiría libremente, no se garantizaban escaños para los comunistas;
- ambas cámaras votarían juntas para elegir al presidente, que a su vez elegiría al primer ministro.

En las elecciones de junio de 1989, Solidaridad ganó 92 de los 100 escaños del Senado y 160 de los 161 por los que podría contender en la cámara baja. Cuando llegó el momento de formar un gobierno, se estableció un compromiso; por poca diferencia, Jaruzelski fue elegido presidente, gracias a los escaños garantizados para los comunistas en la cámara baja, pero escogió a Tadeusz Mazowiecki, partidario de Solidaridad, como primer ministro, primer líder no comunista del bloque oriental (agosto). Mazowiecki optó por un gobierno mixto de comunistas y partidarios de Solidaridad.

Se demostró que la nueva Constitución sólo sería de transi-

ción. Después del colapso del comunismo en los otros estados de Europa del este, se hicieron nuevos cambios en Polonia para eliminar los escaños garantizados para los comunistas y, en la elección de diciembre de 1990, Lech Walesa, líder de Solidaridad, fue elegido presidente. En Polonia había terminado la revolución pacífica.

d) La revolución pacífica
se extiende a Hungría

Una vez que los polacos derrotaron al comunismo sin interferencia de la URSS, sólo fue cosa de tiempo que el resto de Europa del este quisiera seguir ese camino. En Hungría, el mismo Kádár aceptó en 1985 que el nivel de vida se había reducido en los cinco años anteriores, y lo achacó a deficiencias de administración y organización, así como a la maquinaria y el equipo obsoletos del sector industrial del Estado. Anunció nuevas medidas de descentralización, como los consejos empresariales y la elección de gerentes para las plantas. En 1987 hubo conflictos en el Partido Comunista entre quienes querían la reforma y quienes querían volver al control central estricto. La situación llegó al punto álgido en mayo de 1988, cuando entre escenas dramáticas durante la conferencia del partido, se votó por que Kádár y ocho de sus partidarios quedaran fuera del Politburó y los progresistas se quedaran con el control.

Pero, como en la URSS, el avance no fue suficientemente drástico para muchas personas. Dos numerosos partidos de oposición incrementaron su actividad, los liberales de la Alianza de los Demócratas Libres y el Foro Democrático, el cual estaba a favor de campesinos y agricultores. Siguiendo el ejemplo de los polacos, los líderes comunistas de Hungría decidieron irse pacíficamente, de manera que en marzo de 1990 se celebraron elecciones libres, y a pesar del cambio de nombre a Partido Socialista Húngaro los comunistas sufrieron una derrota aplastante. La elección la ganó el Foro Democrático, cuyo líder, Jozsef Antall, se convirtió en primer ministro.

e) Alemania reunificada

En Alemania Oriental, Erich Honecker, líder comunista desde 1971, se negó a toda reforma e intentó mantenerse firme, junto con Checoslovaquia, Rumania y el resto, y seguir siendo comunista. Sin embargo, *Honecker pronto fue avasallado por los acontecimientos:*

- Gorbachev, desesperado por conseguir ayuda financiera de Alemania Occidental para la URSS, visitó al canciller Kohl en Bonn y prometió ayuda para acabar con la división de Europa a cambio de dicha ayuda económica. En efecto, secretamente prometió la libertad de Alemania Oriental (junio de 1989).
- En agosto y septiembre de 1989, miles de alemanes del Este empezaron a escapar a Occidente a través de Polonia, Checoslovaquia y Hungría, cuando ésta abrió sus fronteras con Austria.
- La Iglesia protestante de Alemania Oriental se volvió el foco de un partido de oposición llamado Forum Nuevo, que hizo campaña para dar fin a la represión y el ateísmo del régimen comunista. En octubre de 1989 hubo una ola de manifestaciones en todo el país para exigir libertad y el fin del comunismo.

Honecker quería ordenar al ejército que abriera fuego contra los manifestantes, pero otros comunistas importantes no estaban dispuestos a provocar un derramamiento de sangre, de manera que quitaron a Honecker y su sucesor, Egon Krenz, hizo concesiones; se abrió el muro de Berlín (9 de noviembre de 1989) y se prometieron elecciones libres.

Cuando las grandes potencias empezaron a dar indicios de que no obstruirían el camino hacia la reunificación de Alemania, los partidos políticos de Alemania Occidental se trasladaron al Este. El canciller Kohl hizo un recorrido electoral y la versión oriental de su partido (CDU) obtuvo una victoria abrumadora (marzo de 1990). El líder del CDU de Alemania Oriental, Lothar de Maiziere, fue primer ministro, y esperaba hacer cambios graduales hacia la reunificación, pero otra vez la presión del "poder de la gente" se le adelantó. Aparentemente, en Alemania Oriental casi todos deseaban una unión inmediata.

La URSS y los Estados Unidos acordaron que la reunificación podía llevarse a cabo; Gorbachev prometió que para 1994 se habrían retirado todas las tropas rusas de Alemania Oriental. Francia y Gran Bretaña, menos proclives a la reunificación de las dos Alemanias, se vieron obligadas a seguir la corriente. *Alemania se reunificó formalmente la medianoche del 3 de octubre de 1990.* En las elecciones para todo el país (diciembre de 1990), la alianza conservadora CDU/CSU, junto con los partidarios del FDP liberal, obtuvo una cómoda mayoría respecto del SDP socialista. Los comunistas (cuyo partido ahora se llamaba Partido del Socialismo Democrático, PSD) ganaron sólo 17 de los 662 escaños de la Bundestag (cámara baja del Parlamento). Helmut Kohl fue el primer canciller de Alemania desde la segunda Guerra Mundial.

f) Checoslovaquia

Este país tenía una de las economías más exitosas de Europa del este; su comercio con Occidente era intenso y su industria se mantuvo al alza durante toda la década de 1970, pero a principios de los años ochenta, la economía se metió en problemas, sobre todo porque muy poco se había hecho por modernizar la industria. Husák, en el poder desde 1968, renunció (1987), pero Milos Jakes, su sucesor, no tenía fama de reformista. Fue cosa de días que todo cambiara repentinamente, merced a un fenómeno conocido como Revolución Velvet. El 17 de noviembre de 1989 hubo una enorme manifestación en Praga durante la cual mucha gente resultó lesionada por la brutalidad de la policía. El Capítulo 77, ahora dirigido por el famoso dramaturgo Václav Havel, intensificó los movimientos de oposición, y después de que Alexander Dubcek expresara sus críticas en una función pública por primera vez desde 1968, se declaró una huelga nacional, y con eso bastó para que el comunismo se viniera abajo; Jakes renunció y Havel fue elegido presidente (29 de diciembre de 1989).

g) *El resto de Europa del este*

El fin del comunismo en los demás estados del este de Europa
fue menos claro.

1. *Rumania*

En Rumania, el régimen comunista de *Nicolae Ceauşescu* (líder desde 1965) fue de los más brutales y represivos del mundo. Su policía secreta, la Securitate, fue responsable de muchas muertes. Cuando llegó la revolución, corta y sangrienta,
empezó en Timisoara, un pueblo del occidente del país, con
manifestaciones de apoyo para un popular sacerdote acosado
por la Securitate, las cuales fueron sofocadas con gran violencia y mucha gente perdió la vida (17 de diciembre de 1989);
todo el país se escandalizó y, cuando cuatro días después
Ceauşescu y su esposa aparecieron en el balcón de las oficinas
principales del Partido Comunista, en Bucarest, ante un mitin
masivo, fueron recibidos con abucheos y acusaciones de "ase-
sinos de Timisoara". La cobertura por televisión se interrumpió abruptamente y Ceauşescu dejó inconcluso su discurso.
Parecía como si toda la población de Bucarest se hubiera vol-
cado en las calles. En un principio, el ejército disparó a las
multitudes y muchos resultaron muertos o heridos. Al día siguiente, la multitud volvió a las calles, pero ahora los militares
se negaron a seguir matando y los Ceauşescu perdieron el control; fueron arrestados, juzgados por un tribunal militar y fusi-
lados (25 de diciembre de 1989).

Los odiados Ceauşescu se habían ido, pero en Rumania quedaban todavía muchos elementos del comunismo. El país nunca
había tenido un gobierno democrático y la oposición había sido
aplastada sin piedad, de modo que no había un equivalente a la
Solidaridad polaca o el Capítulo 77 de los checos. Cuando se
formó un comité que se autonombraba Frente de Salvación Nacional (NSF), estaba lleno de ex comunistas, aunque supuestamente eran comunistas a favor de la reforma. Ion Iliescu, miembro del gobierno de Ceauşescu hasta 1984, fue elegido presidente.
Ganó la elección de mayo de 1990 y el NSF las elecciones para un
nuevo Parlamento. Negaron enfáticamente que el nuevo gobierno fuera, en realidad, comunista pero con otro nombre.

2. Bulgaria

En este país, el líder comunista *Todor Zhivkov* había estado en el poder desde 1954; se había negado obstinadamente a cualquier reforma, incluso cuando Gorbachev lo presionó, de modo que los comunistas progresistas decidieron deshacerse de él. El Politburó votó por que se le destituyera (diciembre de 1989), y en junio de 1990 se celebraron elecciones libres. Los comunistas, que ahora se llamaban ellos mismos Partido Socialista Búlgaro, ganaron cómodamente al principal partido de oposición, la Unión de Fuerzas Democráticas, probablemente porque su mecanismo de propaganda dijo a la gente que la introducción del capitalismo conllevaría un desastre económico.

3. Albania

Albania había sido comunista desde 1945, cuando el movimiento de resistencia comunista se apropió del poder y estableció una república, de tal forma que, como en el caso de Yugoslavia, los rusos no fueron responsables de haberlo introducido. Desde 1946 y hasta su muerte en 1985, el líder había sido *Enver Hoxha*, gran admirador de Stalin, que copió fielmente su sistema. Con el nuevo líder, *Ramiz Alia*, el país siguió siendo el más pobre y atrasado de Europa. Durante el invierno de 1991, muchos jóvenes trataron de escapar de su pobreza cruzando el Mar Adriático, hacia Italia, pero la mayoría fue devuelta. En esa época empezaron las manifestaciones estudiantiles, durante las cuales derrumbaron las estatuas de Hoxha y Lenin. A la larga, los líderes comunistas se doblegaron ante lo inevitable y permitieron la celebración de elecciones libres. En 1992 se eligió a Sali Berisla, primer presidente no comunista.

4. Yugoslavia

Los acontecimientos más trágicos tuvieron lugar en Yugoslavia, donde el fin del comunismo llevó a una guerra civil y la desintegración del país (sección X.7).

h) Europa del este después del comunismo

Los estados de la Europa del este se enfrentaron a problemas más o menos similares, como cambiar de una economía planeada o "impuesta" a una economía de libre mercado donde rijan las "fuerzas del mercado". La industria pesada, que en teoría debía ser privatizada, ya era obsoleta en su mayor parte y poco competitiva; había perdido sus mercados garantizados dentro del bloque comunista, de modo que nadie quería sus acciones. Si bien las tiendas estaban mejor surtidas que antes, los precios de los productos al consumidor se incrementaron y pocas personas podían permitírselos. El nivel de vida era aun más bajo que en los últimos años del comunismo y se esperaba muy poca ayuda de Occidente. Muchas personas habían esperado una mejora milagrosa y, no aceptando la gravedad de los problemas, pronto se desilusionaron de los nuevos gobiernos.

- *Los alemanes del este* fueron los más afortunados, pues contaban con la riqueza de la ex Alemania Occidental para ayudarles, pero incluso ahí hubo tensiones. Muchos de los alemanes occidentales resentían que "su" dinero fuera a dar al este y tener que pagar más impuestos y soportar tasas de interés más elevadas. Los orientales se resentían por el gran número de occidentales que llegaban a ocupar los mejores puestos.
- *En Polonia,* los primeros cuatro años de régimen no comunista fueron duros para el común de la gente, conforme el gobierno impulsaba la reorganización de la economía. En 1994, había indicios claros de recuperación, pero mucha gente estaba muy desilusionada con el nuevo gobierno democrático. En las elecciones para presidente de 1995, Lech Wałesa fue derrotado por Aleksandr Kwasniewski, antiguo miembro del Partido Comunista.
- *En Checoslovaquia* los problemas eran de otro tipo. Eslovaquia, porción oriental del país, exigía independencia, y durante un tiempo parecía muy posible una guerra civil. Afortunadamente se logró un acuerdo de paz y el

país se dividió en dos, la República Checa y Eslovaquia (1992).

- Como era previsible, el avance económico fue más lento en Rumania, Bulgaria y Albania, donde la primera mitad de la década de 1990 fue dominada por la caída de la producción y la inflación.

7. Guerra civil en Yugoslavia

Yugoslavia se formó después de la primera Guerra Mundial; constaba del Estado de Serbia, previo a dicha guerra, más territorio ganado por Serbia a Turquía en 1913 (habitado por muchos musulmanes) y territorio tomado al derrotado Imperio de Habsburgo. Incluía muchas nacionalidades y el Estado se organizó al estilo federal, con seis repúblicas: Serbia, Croacia, Montenegro, Eslovenia, Bosnia-Herzegovina y Macedonia. Había también dos provincias, Vojvodina y Kosovo, asociadas con Serbia. Con un régimen comunista, encabezado por Tito, los sentimientos nacionalistas de los diferentes pueblos estaban estrictamente controlados y se instaba a pensar como yugoslavo, más que como serbio o croata. Las diferentes nacionalidades convivían en paz, y aparentemente habían logrado dejar atrás los recuerdos de las atrocidades cometidas durante la segunda Guerra Mundial, como cuando croatas y musulmanes partidarios del régimen fascista, instituido por los italianos para gobernar Croacia y Bosnia durante la guerra, fueron responsables del asesinato de cerca de 700 000 serbios.

No obstante, todavía había un movimiento nacionalista croata, y algunos de sus líderes, como Franjo Tudjman, pasaron temporadas en la cárcel. Tito (fallecido en 1980) había dejado planes detallados para que el país fuera regido por una presidencia colectiva después de su muerte, la cual estaría constituida por un representante de cada una de las seis repúblicas y de las dos provincias; cada año se elegiría un nuevo presidente para este consejo.

a) Las cosas empiezan a ir mal

Si bien en un principio el liderazgo colectivo parecía funcionar, a mediados de los años ochenta las cosas se complicaron.

- *La economía estaba en problemas*, con una inflación de 90% en 1986 y más de un millón de desempleados, o el 13% de la población en edad de trabajar. Había diferencias entre las áreas; por ejemplo, Eslovenia era razonablemente próspera, en tanto que partes de Serbia eran asoladas por la pobreza.
- *Slobodan Milošević*, nombrado presidente de Serbia en 1988, es responsable de gran parte de la tragedia que siguió, pues deliberadamente promovió el sentimiento nacionalista de los serbios para incrementar su popularidad, aprovechando la situación de Kosovo. Argumentaba que la minoría serbia de Kosovo era aterrorizada por la mayoría albana, si bien no había evidencias claras de que así fuera. La línea dura que aplicó el gobierno serbio a los albanos llevó a manifestaciones de protesta y el primer brote de violencia. Milošević se mantuvo en el poder después de las primeras elecciones libres en Serbia, en 1990, pues convenció a los votantes de que ahora era nacionalista y no comunista. Deseaba preservar el Estado federal unido de Yugoslavia, pero pretendía que Serbia fuera la república dominante.
- *Para fines de 1990, también se habían celebrado elecciones libres en las otras repúblicas y nuevos gobiernos no comunistas habían asumido el poder.* Estaban molestas por la actitud de Serbia, que tampoco le hacía gracia a Franjo Tudjman, ex comunista y ahora líder de la Unión Democrática Croata, de derecha y presidente de Croacia. Hizo todo lo posible por agitar a los nacionalistas croatas y quería que Croacia fuera un Estado independiente.
- *Eslovenia también quería ser independiente, de manera que el futuro de Yugoslavia unida se veía sombrío.* Sólo Milošević se oponía a la desintegración del Estado, por tanto quería que fuera con las condiciones impuestas por Serbia y se negaba a hacer concesiones a las otras

nacionalidades. Se rehusó a aceptar a un croata como presidente de Yugoslavia (1991) y utilizó fondos federales de Yugoslavia para apoyar la economía serbia.

• *La situación estaba complicada porque todas las repúblicas tenían minorías étnicas.* En Croacia vivían cerca de 600 000 serbios, más o menos 15% de la población, y aproximadamente 1.3 millones de serbios vivían en Bosnia-Herzegovina, prácticamente la tercera parte de la población. Tudjman no daría garantías a los serbios de Croacia, lo cual sirvió de excusa a Serbia para anunciar que defendería a los serbios obligados a vivir según el régimen croata. La guerra no era inevitable; con líderes que adoptaran actitudes de hombres de Estado, dispuestos a hacer concesiones sensatas, habría sido posible encontrar soluciones pacíficas, pero, obviamente, si Yugoslavia se desintegraba, con hombres como Milošević y Tudjman en el poder, un futuro pacífico era poco probable.

b) Hacia la guerra: la guerra serbo-croata

En junio de 1991 se llegó al punto crítico, cuando Eslovenia y Croacia se declararon independientes, en contra de los deseos de Serbia. La lucha entre las tropas del ejército federal yugoslavo (principalmente serbias) apostadas en dichos países y las recién creadas milicias de croatas y eslovacos, parecía probable. En Eslovenia se evitó la guerra civil sobre todo porque ahí vivían pocos serbios. La CE pudo actuar como mediadora y garantizar que las tropas yugoslavas fueran retiradas de Eslovenia.

Sin embargo, la historia fue diferente en Croacia, dada la numerosa minoría serbia. Las tropas serbias invadieron la zona oriental de Croacia (Eslovenia del este), donde vivían muchos serbios, y otros pueblos y ciudades fueron bombardeados, incluida Dubrovnik, en la costa dálmata. Para finales de agosto de 1991 habían tomado casi la tercera parte del país. Sólo entonces, ya con todo el territorio que quería, Milošević acordó un cese al fuego. Una fuerza de la ONU conformada por 13 000 hombres, la Unprofor (por sus siglas en inglés, Fuerza de Protección de las Naciones Unidas), fue enviada a vigilar que se cumpliera (febrero de 1992). Ya para entonces, la comunidad internacional había reconocido la independencia de Eslovenia, Croacia y Bosnia-Herzegovina.

c) La guerra en Bosnia-Herzegovina

Justo cuando las hostilidades entre Croacia y Serbia amainaban, una lucha aún más sangrienta estalló en Bosnia, cuya población era mixta, 44% musulmanes, 33% serbios y 17% croatas. Bosnia se declaró independiente cuando el musulmán Alia Izetbegović era presidente (marzo de 1992). La CE reconoció su independencia, pero cometió el mismo error que con Croacia, no asegurarse de que el nuevo gobierno garantizara un trato justo para las minorías. Los serbios de Bosnia rechazaron la nueva Constitución y objetaron que el presidente fuera musulmán. *Pronto se desató la lucha entre los serbios de Bosnia, que recibían apoyo y aliento de Serbia, y los musulmanes bosnios.* Los serbios esperaban que una franja considerable de tierra hacia el oriente de Bosnia pudiera separarse de ésta, dominada por musulmanes, y pasara a formar parte de Serbia. Al mismo tiempo, Croacia atacó y ocupó zonas del norte de Bosnia donde vivía gran parte de los croatas bosnios.

Todos los involucrados cometieron atrocidades, pero los serbios-bosnios parecían los más culpables; llevaron a cabo una "limpieza étnica", que se tradujo en echar a la población civil musulmana de las zonas de mayoría serbia y encerrarlos en campamentos y, en algunos casos, en el asesinato de los varones. Tal barbarie no se había visto en Europa desde los nazis y los judíos, durante la segunda Guerra Mundial. Sarajevo, capital de Bosnia, fue sitiada y bombardeada por los serbios, y en todo el país se desató el caos, pues dos millones de refugiados fueron expulsados de sus hogares por una operación de "limpieza étnica" y no se disponía de suficientes víveres ni suministros médicos.

La UNPROFOR, fuerza de las Naciones Unidas, hizo su mejor esfuerzo para distribuir ayuda, pero su labor fue muy difícil porque no tenía artillería ni aviones que la apoyaran. Posteriormente, la ONU trató de proteger a los musulmanes y declaró como "área segura" a Srebrenica, Zepa y Gorazde, tres pueblos principalmente musulmanes en la región de mayoría serbia, pero las tropas no serían suficientes como para defender la zona si los serbios decidían atacar. La CE estaba renuente a enviar tropas y los estadunidenses sentían que Europa debía ser capaz de resolver sus propios problemas, pero todos estuvieron de acuerdo en imponer sanciones económicas a Serbia para obligar a Milošević a dejar de ayudar a los serbios de Bosnia. La guerra se prolongó hasta 1995; hubo pláticas interminables, amenazas de acción de la OTAN e intentos de conseguir un cese al fuego, pero no fue posible avanzar.

Durante 1995 se produjeron cambios cruciales que permitieron que en noviembre se firmara un acuerdo de paz. *Eventualmente, el comportamiento de los serbios fue demasiado para la comunidad internacional:*

- Fuerzas serbias volvieron a bombardear Sarajevo y mataron a muchas personas, cuando habían prometido retirar su artillería pesada (mayo).
- Los serbios tomaron como rehenes a las fuerzas de paz de la ONU para impedir los ataques aéreos de la OTAN.
- Atacaron y tomaron Srebrenica y Zepa, dos de las "áreas seguras" de la ONU y en Srebrenica cometieron quizá el máximo acto de barbarie, matar a cerca de 8 000 musulmanes en un último y terrible arrebato de "limpieza étnica" (julio).

Después de esto, las cosas avanzaron más rápidamente:

1. Croatas y musulmanes (que habían firmado un cese al fuego en 1994) acordaron luchar juntos en contra de los serbios. Se recuperaron las zonas occidentales de Eslovenia (mayo) y el Krajina (agosto), que los serbios habían tomado.
2. En una conferencia en Londres, a la cual asistieron los estadunidenses, se acordaron ataques aéreos de la OTAN y desplegar una "fuerza de reacción rápida" contra los serbios de Bosnia si seguían las agresiones.
3. Los serbios de Bosnia ignoraron esto y siguieron bombardeando Sarajevo; el 28 de agosto, un sólo mortero

mató a 27 personas. Este ataque fue seguido de un bombardeo masivo de la OTAN contra las posiciones de los serbios bosnios; los bombardeos continuaron hasta que éstos aceptaron alejar sus armas de Sarajevo. Se enviaron más tropas de la ONU, aunque de hecho su posición se había debilitado porque ahora la OTAN era la que dirigía la operación. Por esa época, los líderes de los serbios de Bosnia, Radovan Karadžić y el general Mladić habían sido acusados de crímenes de guerra por la Corte Europea.

4. El presidente Milošević de Serbia ya estaba harto de la guerra y quería que se levantaran las sanciones económicas impuestas a su país. Desacreditados los líderes serbios bosnios a los ojos de la opinión internacional como criminales de guerra, ya pudo sentarse a la mesa de negociaciones como representante de los serbios.

5. Ahora que los estadunidenses estaban a la cabeza, se arregló un cese al fuego, y los presidentes Clinton y Yeltsin acordaron cooperar en los acuerdos de paz. *En noviembre se reunió una conferencia de paz en Dayton (Ohio), en los Estados Unidos, y en París se firmó oficialmente un tratado (diciembre de 1995):*

- Bosnia seguiría siendo un Estado con un solo Parlamento elegido y un presidente, con Sarajevo unificado como capital.
- El Estado lo conformarían dos secciones, la federación bosnio-musulmana/croata y la república serbia bosnia.
- Gorazde, "área segura" sobreviviente, seguiría estando en manos musulmanas, unida a Sarajevo por un corredor que cruzaría territorio serbio.
- Todos los acusados de crímenes de guerra fueron proscritos de la vida pública.
- Todos los refugiados bosnios, que eran más de dos millones, tenían derecho a volver y habría libertad de tránsito por todo el nuevo Estado.
- El acuerdo sería vigilado por 60 000 soldados de la OTAN.
- Se entendía que la ONU levantaría las sanciones económicas impuestas a Serbia.

La paz fue un alivio para todos, si bien no hubo verdaderos vencedores, y el arreglo tenía muchos problemas. Sólo con el tiempo se sabría si era posible mantener el nuevo Estado (mapa X.3) o si a la larga la república serbia de Bosnia trataría de separarse y unirse a Serbia.

d) Conflicto en Kosovo

En Kosovo seguía habiendo problemas; la mayoría albana estaba muy molesta por las políticas de línea dura de Milošević y la pérdida de gran parte de su autonomía provincial. Ya en 1989 había habido protestas no violentas, encabezadas por Ibrahim Rugova. Los dramáticos acontecimientos de Bosnia desviaron la atención de lo que sucedía en Kosovo, que fue prácticamente ignorada durante las negociaciones de paz de 1995. Como las protestas pacíficas no impresionaron a Milošević, los elementos albanos más radicales tomaron la iniciativa con la formación del Ejército de Liberación de Kosovo (KLA). En 1998, la situación había adquirido proporciones de guerra civil, pues las fuerzas de seguridad del gobierno serbio trataron de acabar con el KLA. En la primavera de 1999, las fuerzas serbias lanzaron una ofensiva de gran escala y cometieron atrocidades contra los albanos. De esto se informó ampliamente en el exterior, y por fin la atención del mundo se concentró en Kosovo.

Cuando se interrumpieron las negociaciones de paz, la comunidad internacional decidió que algo debía hacerse para proteger a los albanos en Kosovo. Las fuerzas de la OTAN llevaron a cabo controvertidos bombardeos contra Yugoslavia, con la esperanza de obligar a Milošević a ceder. Sin embargo, con esto sólo se mostró más decidido y ordenó una campaña de limpieza étnica por la cual cientos de miles de albanos expulsados fueron a parar a los estados vecinos de Albania, Macedonia y Montenegro. Los bombardeos de la OTAN continuaron, y en junio de 1999, con la economía de su país en ruinas, Milošević aceptó un acuerdo de paz redactado por Rusia y Finlandia. Fue obligado a retirar todas las tropas serbias de Kosovo, y gran parte de la población civil serbia se fue con ellas,

MAPA X.3. *Acuerdo de paz de Bosnia*

temerosa de las represalias de los albanos. Más tarde, casi todos los refugiados albanos pudieron volver a Kosovo. Una fuerza de la ONU y la OTAN de más de 40 000 efectivos llegó para mantener la paz, en tanto que la UNMIK (Misión de la ONU para Kosovo) supervisaría la administración del país hasta que su gobierno fuera capaz de relevarla.

A finales de 2003, aún había 20 000 efectivos de las fuerzas de paz en ese lugar y los kosovares se impacientaban y se quejaban de la pobreza, el desempleo y la corrupción de los miembros de la UNMIK.

e) *Caída de Milošević*

En 1998, Milošević había fungido como presidente de Serbia durante dos periodos, y la Constitución le impedía quedarse para un tercero, sin embargo, se las arregló para mantenerse en el poder, convenciendo al Parlamento federal yugoslavo de que lo nombrara presidente de Yugoslavia en 1997 (si bien para entonces Yugoslavia sólo constaba de Serbia y Montenegro). En mayo de 1999 fue condenado por el Tribunal Criminal Internacional para la Antigua Yugoslavia (en La Haya, Países Bajos), por su responsabilidad en delitos contra las leyes internacionales cometidos por las tropas yugoslavas en Kosovo.

En 2000, la opinión pública volteó gradualmente la espalda a Milošević por los problemas económicos, la escasez de alimentos y combustibles y la inflación. En septiembre de ese año, Vlojislav Kostunica, su principal oponente, ganó las elecciones para presidente, pero una corte constitucional declaró nulos los resultados. En Belgrado, la capital, hubo enormes manifestaciones en contra de Milošević, y cuando la multitud se volcó en el Parlamento federal y tomó el control de las estaciones de televisión, Milošević aceptó la derrota y Kostunica fue nombrado presidente. En 2001, Milošević fue arrestado y entregado al Tribunal Internacional de La Haya para enfrentar los cargos por crímenes de guerra; el juicio empezó en julio.

No obstante, ahora el nuevo gobierno luchaba por afrontar el legado de Milošević, arcas vacías, la economía arruinada por años de sanciones internacionales, inflación rampante y crisis de combustibles. El nivel de vida bajó radicalmente para la mayoría. Los partidos que se unieron para derrotar a Milošević pronto se separaron. En las elecciones de finales de 2003, los radicales serbios, nacionalistas extremos, se manifestaron como partido único, muy por encima del partido de Kostunica, que pasó al segundo lugar. El líder de los radicales, Vojislav Seselji, de quien se decía que era admirador de Hitler, estaba en la cárcel, en La Haya, esperando ser enjuiciado por cargos de crímenes de guerra. La elección resultó decepcionante para los Estados Unidos y la UE, que esperaban la erradicación del nacionalismo serbio extremo.

8. EUROPA DESDE MAASTRICHT

Con el éxito constante de la Unión Europea, más estados solicitaron unirse. En enero de 1995, Suecia, Finlandia y Austria se hicieron miembros, que entonces llegaron a 15. De entre los principales estados de Europa occidental, sólo Noruega, Islandia y Suiza estaban fuera. Mediante el *Tratado de Ámsterdam*, firmado en 1997, se hicieron importantes cambios que aclaraban y desarrollaban algunos de los puntos del Acuerdo de Maastricht de 1991; la Unión Europea asumió la responsabilidad de fomentar el empleo pleno, así como mejores condiciones de vida y de trabajo, además de políticas sociales generosas. Se concedió al Consejo de Ministros el poder de penalizar a los estados miembros que violaran los derechos humanos, y al Parlamento europeo, más poderes. Los cambios entraron en vigor el 1º de mayo de 1999.

a) Crecimiento y reforma

Conforme Europa avanzaba al siguiente milenio, el futuro parecía emocionante. La nueva moneda europea, el euro, fue introducida en 12 de los estados miembros el 1º de enero de 2002, y se esperaba que la Unión creciera gradualmente. Chipre, Malta y Turquía habían solicitado ingresar, así como Polonia y Hungría, y esperaban hacerlo en 2004. También a otros países de Europa del este les interesaba ingresar, entre otros, República Checa, Eslovaquia, Estonia, Latvia, Lituania, Croacia, Eslovenia, Bulgaria y Rumania, de modo que para 2010, el número de miembros de la Unión se habría duplicado. *Estos prospectos dieron lugar a problemas y preocupaciones:*

- Se argumentó que la mayoría de los estados ex comunistas de Europa del este estaban tan atrasados económicamente, que sería imposible que participaran en las mismas condiciones que miembros avanzados, como Alemania y Francia.
- Se temía que la Unión fuera demasiado grande, lo cual haría más lenta la toma de decisiones e imposibilitaría llegar a consensos respecto de ciertas políticas importantes.
- Los federalistas, que pugnaban por una integración política estrecha, creían que sería casi imposible en una Unión de 25 a 30 miembros, a menos que se creara una Europa de dos velocidades. Los estados que estuvie-

ran a favor de la integración podrían avanzar rápidamente hacia un sistema federal similar al de los Estados Unidos, mientras que el resto lo haría más lentamente, o no lo haría, según fuera el caso.

- Había la sensación de que las instituciones de la Unión tendrían que reformarse para hacerlas más abiertas, democráticas y eficaces para acelerar la instrumentación de políticas. El prestigio y la autoridad de la Unión recibieron un fuerte golpe en marzo de 1999, cuando en un informe se dio a conocer la corrupción generalizada y los fraudes que privaban en las altas esferas; los 20 miembros de la Comisión fueron obligados a renunciar.

b) El Tratado de Niza

Para enfocarse en las necesidades de reforma en vista del crecimiento, en diciembre de 2000 se acordó el *Tratado de Niza*, firmado oficialmente en febrero de 2001; entraría en operación el 1° de enero de 2005.

- *Se introducirían nuevas reglas de votación en el Consejo de Ministros* para la aprobación de políticas. Muchas áreas implicaban voto unánime, lo cual se traducía en que, de hecho, un país podía vetar una propuesta. Ahora, la mayor parte de las áreas políticas se transferirían a un sistema conocido como de "mayoría calificada" (QMV, por sus siglas en inglés), para lo cual se requería que una nueva política fuera aprobada cuando menos por un número de miembros que representara 62% de la población de la UE, además del apoyo de la mayoría de los miembros o la mayoría de los votos emitidos. No obstante, para cuestiones fiscales y de seguridad social aún se necesitaba aprobación unánime. Los miembros del Consejo se incrementarían; los "cuatro grandes" (Alemania, Gran Bretaña, Francia e Italia) tendrían 29 miembros, y no 10, en tanto que el número de miembros de los estados más pequeños se incrementaría, a grandes rasgos, en proporciones similares, por ejemplo, Irlanda, Finlandia y Dinamarca, tendrían siete en lugar de cuatro, y Luxemburgo, cuatro en vez de dos. Cuando Polonia se uniera en 2004, tendría 27 miembros, igual que España.

- *La composición del Parlamento europeo se modificaría con el fin de reflejar con mayor fidelidad la población de cada miembro.* Esto implicaba que todos, excepto Alemania y Luxemburgo, tuvieran menos MEP que antes; Alemania, por mucho el miembro con mayor número de habitantes, con una población de 82 millones, conservaría 99 escaños, en tanto que Luxemburgo, con 400 000, se mantendría con seis. Gran Bretaña (59.2 millones), Francia (59 millones) e Italia (57.6 millones) tendrían 72 escaños y no 87; España (39.4 millones) tendría 50, en vez de 64, y así, hasta llegar a Irlanda (3.7), que tendría 12 y no 15. Sobre esa misma base se definió el número para los posibles nuevos miembros; por ejemplo, Polonia, con una población similar a la de España, tendría 50 escaños, y Lituania (como Irlanda, con 3.7 millones), tendría 12.
- *Los cinco estados más grandes, Alemania, Gran Bretaña, Francia, Italia y España, tendrían sólo un comisionado europeo, y no dos.* Cada Estado miembro tendría un comisionado, hasta un máximo de 27, y el presidente de la comisión tendría más independencia de los gobiernos nacionales.
- Se aceptaría "una mayor cooperación", es decir, que si un grupo de ocho o más estados miembros deseaba avanzar hacia una mayor integración en áreas específicas, podría hacerlo.
- Se aceptó la propuesta de Alemania e Italia de que en 2004 debía celebrarse una conferencia para aclarar y formalizar la constitución de la UE.
- Se aprobó un plan para una *Fuerza de Reacción Rápida de la Unión Europea* (RRF, por sus siglas en inglés), *de 60 000 efectivos,* la cual daría apoyo militar en caso de emergencia, si bien se insistió en que la OTAN seguiría siendo la base del sistema europeo de defensa. Esto no gustó a Jacques Chirac, presidente de Francia, que deseaba que la RRF fuera independiente de la OTAN; tampoco gustó a los Estados Unidos, que temían que la iniciativa de defensa

de la UE a la larga los excluyera. En octubre de 2003, conforme en Bruselas se llevaban a cabo las discusiones sobre cuál sería la mejor manera de proceder en cuanto a los planes de defensa, el gobierno de los Estados Unidos se quejó de que se le mantenía ignorante de las intenciones de Europa y argumentaba que los planes de la UE "representaban uno de los mayores riesgos para la relación trasatlántica". Si bien parecía que los estadunidenses deseaban que Europa asumiera una mayor parte de la carga de la defensa del mundo y de la lucha antiterrorista, pretendía que se hiciera bajo la dirección de los Estados Unidos a través de la OTAN, no de manera independiente.

Antes de que el Tratado de Niza pudiera ser puesto en operación en enero de 2005, tenía que ser aprobado por los 15 estados miembros, de modo que fue un duro golpe que, en junio de 2001, *Irlanda votara en un referéndum por que se rechazara.* Irlanda era uno de los miembros que más había cooperado y que más a favor de la Unión había estado, pero a los irlandeses les molestaba que con el cambio se incrementaría el poder de los estados grandes, en especial Alemania, y se reduciría la influencia de los más pequeños. Tampoco les gustaba su posible participación en las fuerzas de paz. Aún había tiempo para que los irlandeses cambiaran de opinión, pero la situación tendría que manejarse con cuidado si era necesario convencer a los votantes de que apoyaran el acuerdo. Cuando el presidente de la Comisión Europea, Romano Prodi, de Italia, anunció que el crecimiento de la Unión podría seguir adelante a pesar del voto irlandés, el gobierno de Irlanda se sintió ofendido. Esta declaración provocó acusaciones en toda la Unión de que sus líderes estaban fuera del alcance de los ciudadanos comunes.

c) *Problemas y tensiones*

En mayo de 1994, en vez de una transición suave a una Europa unida más grande, el periodo posterior a la firma del Tratado de Niza resultó lleno de problemas y tensiones, algunos previstos, pero casi todos más bien inesperados.

- Como era de esperar, *crecieron las diferencias entre quienes querían una unión política más estrecha, una especie de Estados Unidos de Europa, y quienes deseaban una asociación más laxa, en la que el poder quedaba en manos de los estados miembros.* El canciller Gerhard Schröder de Alemania quería un gobierno europeo fuerte y que la Comisión Europea y el Consejo de Ministros tuvieran más poder, así como una constitución de la Unión Europea que incorporara su visión de un sistema federal; Bélgica, Finlandia y Luxemburgo lo apoyaban, en tanto que Gran Bretaña consideraba que la integración política era suficiente, y no quería que los gobiernos de los estados perdieran más poder. La manera de avanzar era con una cooperación más estrecha entre los gobiernos nacionales, no entregando el control a un gobierno federal en Bruselas o Estrasburgo.

- *Los ataques terroristas del 11 de septiembre de 2001 en los Estados Unidos confundieron a la* UE, cuyos líderes se apresuraron a declarar su solidaridad con el país afectado y prometieron toda la cooperación posible en la guerra contra el terrorismo. No obstante, la UE no estaba muy bien equipada para tratar asuntos extranjeros y de defensa y tomar medidas colectivas rápidas al respecto, y se dejó al arbitrio de los líderes de cada Estado, Schröder, Chirac y Blair, primer ministro británico, tomar medidas y prometer ayuda militar contra el terrorismo. Los estados miembros más pequeños se molestaron, pues sintieron que se les dejaba de lado y se les ignoraba.

- *El ataque de los Estados Unidos y Gran Bretaña a Irak, en marzo de 2003, causó nuevas tensiones* (sección XII.4). Alemania y Francia se opusieron categóricamente a cualquier acción militar no autorizada por las Naciones Unidas; pensaban que era posible desarmar a Irak por medios pacíficos y que la guerra provocaría la muerte de miles de civiles inocentes, afectaría la estabilidad de toda la región y perjudicaría la lucha del mundo contra el terrorismo. Por otra parte, España, Italia, Portugal y Dinamarca y los posibles nuevos miembros, Polonia, Hungría y la República Checa, estaban a favor de la acción conjunta de Gran Bretaña y los Estados Unidos. Donald Rumsfeld, secretario de Defensa estadunidense, hizo caso omiso de la oposición de alemanes y franceses y argumentó que representaban a la "vieja Europa". En febrero se celebró en Bruselas una reunión de emergencia del Consejo Europeo, pero no se logró resolver las diferencias básicas: Gran Bretaña, Italia y España pedían medidas militares inmediatas, en tanto que Francia y Alemania presionaban para intensificar la acción diplomática y aumentar el número de inspectores de armas. Este fracaso en acordar una respuesta unificada ante la situación de Irak fue mala señal respecto de la perspectiva de formular una política exterior y de defensa común, según se exigía en la nueva constitución de la UE, que se debatiría en diciembre de 2003.

- *Hubo un distanciamiento de características diferentes, relacionado con asuntos de presupuesto.* En otoño de 2003 se informó que tanto Francia como Alemania habían infringido las reglas de la UE definidas en Maastricht respecto de que el déficit presupuestal no debía exceder de 3% del PIB. No obstante, no se tomaron medidas: los ministros de Finanzas de la Unión decidieron que dichos países podrían tomarse un año más para cumplir; en el caso de Francia, fue el tercer año consecutivo en que rebasaba el techo especificado. Este incumplimiento de la regla en favor de los dos estados miembros más grandes enfureció a miembros más pequeños y España, Austria, Finlandia y los Países Bajos se opusieron a la decisión de perdonarlos. Se plantearon varias interrogantes: ¿Qué pasaría si países pequeños no cumplían con las reglas? ¿También se les perdonaría? De ser así, ¿no sería como burlarse del sistema de presupuesto? De todas formas, ¿era realista el límite de 3% en una época de estancamiento económico?

- En diciembre de 2003, el golpe más serio fue cuando una *reunión cumbre celebrada en Bruselas se colapsó sin que se llegara a acuerdos sobre la nueva constitución de la Unión Europea,* cuyo objetivo sería racionalizar y simplificar el funcionamiento de la misma. El principal obstáculo fue el problema de las potencias que votarían.

Este fracaso de no haber llegado a acuerdos sobre la nueva constitución no fue un desastre total; el crecimiento de la UE podría seguir según se había planeado el 1º de mayo de 2004; los 10 nuevos miembros eran Chipre, Eslovaquia, Eslovenia, Estonia, Hungría, Latvia, Lituania, Malta, Polonia y República Checa. Pero era obvio que el futuro de la Unión estaría erizado de problemas. Con 25 o más miembros, el problema principal era cómo balancear los intereses de los estados pequeños y los grandes. Felizmente, la mayoría de los problemas parecía haber sido resuelta cuando, en junio de 2004, se redactó un Tratado Constitucional, que se presentaría a los miembros para ser ratificado. La nueva Constitución parecía un triunfo; el confuso enredo de los tratados previos se organizó en un solo documento y facilitó la toma de decisiones. Aparentemente se concedía más poder que antes a los parlamentos nacionales, por ejemplo, con un procedimiento para que los miembros salieran de la Unión, si así lo deseaban, y los estados conservaban su veto en cuanto a impuestos, política exterior y defensa. Las áreas sobre las cuales la UE tendría control absoluto eran política de competencia, aduanas, política comercial y protección de la vida marina. La controversia respecto del sistema de votación también se resolvió, y para que se aprobara una medida, debía ser apoyada cuando menos por 15 países, con representación de 65% de la población total de 455 millones de la Unión; para bloquear una medida se requería de cuando menos cuatro países con 35% de la población. Esta medida era una salvaguarda para evitar que los países grandes hicieran caso omiso de los intereses de los pequeños. España, que había protestado enfáticamente porque las propuestas anteriores ponían en desventaja a los miembros pequeños, quedó satisfecha con el compromiso. El siguiente problema fue que todos los miembros ratificaran la nueva constitución, lo cual implicaría cuando menos seis referendos nacionales.

d) El futuro de la Unión Europea

No debería permitirse que estos problemas llevaran a la conclusión de que la UE era un fracaso. Pase lo que pase en el futuro, nada podrá hacer olvidar que, desde 1945, los países de Europa occidental han estado en paz, y parece poco probable que alguna vez vuelva a haber guerra entre ellos, si no es que es absolutamente cierto. Dado el pasado de Europa desgarrada por la guerra, es un logro considerable que debe atribuirse en gran medida al movimiento europeo.

No obstante, el desarrollo de la Unión no ha concluido; en el próximo medio siglo, Europa podría convertirse en un Estado federal unido o, más probablemente, podría seguir siendo una organización más flexible políticamente, si bien con su propia constitución reformada y racionalizada. Muchos esperan que la UE se fortalezca y sea tan influyente como para hacer contrapeso a los Estados Unidos, que en 2004 parecen en posición de dominar al mundo y convertirlo en una serie de copias al carbón de ellos mismos. Ya la Unión Europea ha demostrado su potencial. Al aumentar de tamaño en 2004, su economía podría rivalizar con la de los Estados Unidos, tanto en tamaño como en cohesión. La UE proporcionaba más de la mitad de la ayuda para el desarrollo del mundo, mucho más que los Estados Unidos, y la brecha entre las contribuciones de uno y otra crecía continuamente. Incluso algunos observadores estadounidenses aceptaban el potencial de la UE; Jeremy Rifkin escribió: "Europa se ha convertido en la nueva 'ciudad de lo alto de la colina' [...] Nosotros los estadounidenses acostumbrábamos decir que vale la pena morir por el Sueño Americano. Vale la pena vivir por el nuevo Sueño Europeo".

La Unión Europea ha demostrado estar preparada para enfrentarse a los Estados Unidos. En marzo de 2002 se anunciaron los planes de lanzamiento del sistema europeo de satélites espaciales Galileo para que los barcos y aviones civiles ubiquen más fácilmente su posición. Los Estados Unidos ya tenían un sistema similar (GPS), pero era utilizado principalmente para fines militares. El gobierno de los Estados Unidos protestó enérgicamente sobre la base de que el sistema europeo podría interferir con sus señales. Chirac, el presidente francés, advirtió que si se permitía a dicho país dominar el espacio, "inevitablemente nuestros países serían primero vasallos científicos y después tecnológicos, y más tarde, vasallos industriales y económicos de los Estados Unidos". La UE se mantuvo firme y el plan siguió adelante. Según el columnista inglés Will Hutton, "los Estados Unidos querían el monopolio total de esos sistemas de posicionamiento satelital en tierra [...] la decisión de la UE es una declaración importante de interés común y también una afirmación de superioridad tecnológica: Galileo es un mejor sistema que el GPS".

Obviamente, la UE crecida tiene un vasto potencial, aunque necesariamente tendrá que enfrentar algunos defectos graves. La Política Agrícola Común sigue alentando elevados niveles de producción a expensas de calidad, y hace mucho daño a las economías del mundo en desarrollo; se necesita poner atención a esto, así como a todo el sistema de reglamentos de las normas para alimentos. El confuso conjunto de instituciones tiene que simplificarse y sus funciones deben ser normalizadas en una nueva constitución. Y quizá lo más importante sea que los políticos de la Unión Europea deben tratar de mantenerse en contacto con los deseos y sentimientos de los ciudadanos en general. Necesitan tomarse la molestia de explicar lo que están haciendo, de manera que puedan recuperar el respeto y la confianza de los ciudadanos comunes de Europa. En una medida que augura beneficios para el futuro, una gran mayoría del Parlamento europeo votó por Manuel Barroso, ex primer ministro de Portugal, para siguiente presidente de la Comisión Europea. El nuevo presidente se ha comprometido a reformar la UE, acercarla a sus ciudadanos, casi todos indiferentes, hacerla competitiva en todos sentidos y darle una nueva visión social. Su periodo de cinco años empezó en noviembre de 2004.

PREGUNTAS

Se acerca el fin del comunismo en la República Democrática Alemana (Alemania Oriental)
1. Estudie la fuente A y después responda las preguntas.

Fuente A
Recuento de los acontecimientos del 8 de octubre de 1989, en Leipzig.

Mijaíl Gorbachev permitió que se supiera que había advertido a Erick Honecker que no habría tropas soviéticas disponibles para oponerse a los manifestantes de la República Democrática Alemana: "La vida castiga a quienes se retiran". Esa tarde, hubo manifestaciones en Berlín y Dresden, y casi todas fueron disueltas brutalmente por la Stasi (policía secreta).

Pero fue al día siguiente en Leipzig, cuando se llevó a cabo la gran prueba. Leipzig, donde la Iglesia luterana había apoyado activamente a los manifestantes, destacaba en la campaña por las reformas y la democracia. En la mañana del 8 de octubre, la Stasi pasó de fábrica en fábrica y de oficina en oficina para advertir a la gente que no debería participar en la gran manifestación que se planeaba para esa tarde [...] Varios miles de soldados fueron desplegados, y tomaron posiciones en todas las esquinas; tanques y transportes blindados de personal se apostaron en los principales cruceros. En los techos, cerca de la estación, se colocaron tiradores [...] los militares y la Stasi tenían órdenes de disparar a los manifestantes si no había otra forma de detenerlos. Si las tropas hubieran abierto fuego, como en China, hubiera funcionado [...] Todo indica que al ejército, e incluso a la Stasi, le faltó la voluntad de obedecer las órdenes. Hay evidencias de que los oficiales soviéticos se enteraron de la posibilidad de que se estuviera planeando una masacre y fueron prevenidos. Los manifestantes recorrieron las calles y los soldados los vieron pasar [...] El gobierno estaba por irse. Nueve días después, Erich Honecker renunció como líder del partido.

FUENTE: John Simpson, *Despatches from the Barricades* (Hutchinson, 1990).

a) ¿Qué dice la fuente respecto de las razones del colapso del comunismo en Europa del este?
b) Explique por qué Gorbachev había advertido a Honecker que las tropas soviéticas no podrían utilizarse en contra de los manifestantes en Alemania Oriental.

c) ¿Cómo volvió a unirse Alemania en 1989-1990 y qué papel desempeñaron Helmut Kohl y Mijaíl Gorbachev en el proceso?

2. Explique hasta qué punto está de acuerdo o en desacuerdo con la opinión de que la Comunidad Económica Europea se fortaleció después de haber crecido en 1973.
3. ¿Por qué y cómo trataron de estrechar relaciones los estados de Europa occidental después de la segunda Guerra Mundial?
4. ¿Cómo y por qué cambió la actitud de Gran Bretaña respecto de Europa entre 1945 y 1991?

XI. CONFLICTO EN MEDIO ORIENTE

Resumen de acontecimientos

La zona conocida como Medio Oriente ha sido una de las regiones más conflictivas del mundo, en especial desde 1945. Las guerras, incluidas las civiles, han hecho estragos casi sin interrupción, y difícilmente ha habido épocas en que toda la región haya estado en paz. El Medio Oriente está formado por Egipto, Sudán, Jordania, Siria, Líbano, Irak, Arabia Saudita, Kuwait, Irán, Turquía, las repúblicas de Yemen, los Emiratos Árabes Unidos y Omán (mapa XI.1). La mayor parte de estos estados, con excepción de Turquía e Irán, son habitados por árabes, y si bien Irán no es un Estado árabe, muchos árabes viven en la zona que rodea el extremo norte del Golfo Pérsico. Por otra parte, el Medio Oriente incluye también al pequeño Estado judío de Israel, instituido por las Naciones Unidas en Palestina, en 1948.

La creación de Israel en Palestina, área que pertenece a los árabes palestinos, indignó a los árabes en todo el mundo (Marruecos, Argelia, Túnez y Libia son otros estados árabes fuera de Medio Oriente). Los árabes culparon especialmente a Gran Bretaña, de quien pensaban que simpatizaba más con los judíos que con los árabes, pero sobre todo lo achacaban a los Estados Unidos, que habían apoyado abrumadoramente la idea de un Estado judío. Los estados árabes se negaban a reconocer a Israel como un Estado legal y juraron destruirlo. Si bien hubo cuatro guerras cortas entre Israel y varios estados árabes (1948-1949, 1956, 1967 y 1973), los ataques de estos últimos fracasaron, e Israel sobrevivió. No obstante, el conflicto entre Israel y los palestinos se ha prolongado, incluso a fines de siglo no se había llegado a un acuerdo de paz permanente.

Durante mucho tiempo, el deseo de los árabes de destruir Israel eclipsó cualquier otra preocupación, si bien otros dos temas se repitieron en Medio Oriente y llegaron a mezclarse con la lucha contra Israel:

- el deseo de algunos árabes de lograr la unidad política y económica entre los estados árabes;
- el deseo de muchos árabes de poner fin a la intervención extranjera en sus países.

Medio Oriente atrajo la atención tanto de las potencias occidentales como de las comunistas por su posición estratégica y la abundancia de sus recursos petroleros. Por otra parte, entre los estados árabes había varios conflictos:

- La guerra civil en Líbano duró casi 15 años, a partir de 1975.
- Entre 1980 y 1988, Irán e Irak estuvieron en guerra.
- En la primera Guerra del Golfo (1990-1991), tropas de Irak invadieron Kuwait y volvieron a ser expulsadas por una coalición internacional encabezada por los Estados Unidos.

Las interpretaciones de la situación de Medio Oriente varían en función del punto de vista que se adopte. Por ejemplo, muchos políticos y periodistas británicos consideraban que el coronel Nasser (líder egipcio de 1954 a 1970) era un fanático peligroso casi tan malo como Hitler. Por otra parte, la mayoría de los árabes pensaba que era un héroe, símbolo del movimiento de los pueblos árabes en pro de la unidad y la libertad.

1. La unidad árabe y la interferencia del mundo exterior

a) Los árabes tienen varias cosas en común

Todos hablan la lengua árabe, prácticamente todos son musulmanes (practican la religión conocida como Islam), excepto casi la mitad de la población del Líbano, que es cristiana. Además de que la mayoría deseaba la destrucción de Israel, con el fin de que los árabes palestinos recuperaran la tierra que, según ellos, por derecho les corresponde. Muchos querían que la unidad fuera más estrecha, una especie de unión política y económica, como la Comunidad Europea. Ya en 1931, en una conferencia islámica celebrada en Jerusalén, se anunció que "las tierras árabes son una e indivisible [...] se hará todo lo posible por lograr su total independencia, en su integridad y unidad".

Se hicieron varios intentos por incrementar la unidad entre los estados árabes.

- *La Liga Árabe, fundada en 1945,* estaba formada por Egipto, Siria, Jordania, Irak, Líbano, Arabia Saudita y Yemen; más tarde se amplió, y para 1980 ya incluía 20 estados. No obstante, fue poco lo que se logró políticamente y eran constantes las disputas internas.
- A mediados de los años cincuenta, la unidad árabe (en ocasiones denominada panarabismo, pues *pan-* significa "todos") fue impulsada por *el enérgico liderazgo del coronel Gamal Abdel Nasser, de Egipto,* muy prestigiado en el mundo árabe después de la crisis de Suez en 1956 (sección XI.3). En 1958, Siria se unió a Egipto para formar la *República Árabe Unida*, con Nasser como presidente. Sin embargo, sólo duró hasta 1961, cuando Siria se retiró, resentida por los intentos de Nasser de dominar la unión.
- Después de la muerte de Nasser, en 1970, el presidente

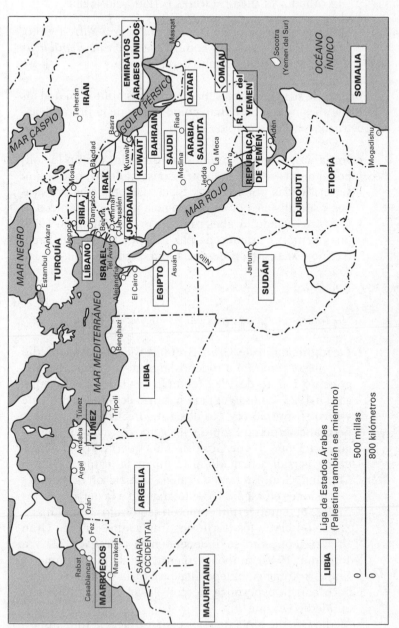

MAPA XI.1. *Medio Oriente y norte de África*

Liga de Estados Árabes
(Palestina también es miembro)

500 millas

800 kilómetros

LIBIA

Sadat, su sucesor, organizó una unión laxa entre Egipto, Libia y Siria, conocida como *Federación de Repúblicas Árabes,* pero no fue mucho lo que se logró.

A pesar de sus similitudes, había muchos puntos en que los estados árabes no concordaban como para que la unión llegara a estrecharse. Por ejemplo:

- Jordania y Arabia Saudita eran dirigidas (y aún lo son) por familias reales, más bien conservadoras, que solían ser criticadas por Egipto y Siria, nacionalistas pro árabes y socialistas, por su preferencia por los británicos.
- Los otros estados árabes rompieron con Egipto en 1979, pues firmó un tratado de paz independiente con Israel (sección XI.6), razón de que fuera expulsado de la Liga Árabe.

b) Interferencia de otros países en Medio Oriente

- La implicación de Gran Bretaña y Francia en Medio Oriente se remonta a muchos años atrás. Gran Bretaña gobernó Egipto de 1882 (cuando sus tropas lo invadieron) a 1922, cuando el país se tornó semiindependiente y tuvo su propio rey. No obstante, las tropas británicas permanecieron en Egipto y los egipcios tuvieron que seguir haciendo lo que Gran Bretaña quería. Por el Acuerdo de Versalles firmado al terminar la primera Guerra Mundial, Gran Bretaña y Francia se hicieron de grandes extensiones en Medio Oriente, merced a la derrota de los turcos, que atenderían como protectorados. En el mapa XI.2 se observan los territorios implicados. Si bien Gran Bretaña concedió su independencia a Irak (1932) y a Jordania (1946), ambos siguieron siendo pro británicos. Francia otorgó su independencia a Siria y Líbano (1945), pero con la esperanza de conservar cierta influencia en Medio Oriente.
- Medio Oriente tenía una posición estratégica muy importante en el mundo, de tal forma que funcionaba como

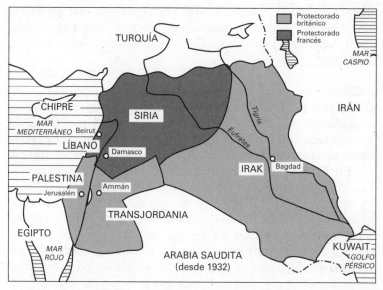

MAPA XI.2. *Territorios recibidos como protectorados por Gran Bretaña y Francia al final de la primera Guerra Mundial*

una especie de encrucijada entre las naciones occidentales, el bloque comunista y los países africanos y asiáticos del Tercer Mundo.

- En una época Medio Oriente producía la tercera parte del abasto de petróleo del mundo, siendo los principales productores Irán, Irak, Arabia Saudita y Kuwait. Antes de que el petróleo del Mar del Norte estuviera disponible, y antes del advenimiento de la energía nuclear, las naciones europeas dependían del suministro de petróleo de Medio Oriente y querían asegurarse de que los estados productores tuvieran gobiernos amistosos que se lo vendieran barato.

- La falta de unidad entre los estados árabes fomentó la intervención de otros países en Medio Oriente.

La mayor parte de los estados árabes tenía gobiernos nacionalistas que resentían amargamente la influencia occidental. *Uno por uno, los gobiernos supuestamente pro occidentales*

*fueron derrocados y remplazados por regímenes que no desea-
ban alinearse,* lo cual se traducía en libertad total para actuar
con independencia tanto del Este (bloque comunista) como de
Occidente.

1. Egipto

Al finalizar la segunda Guerra Mundial, las tropas británicas
se quedaron en la zona del canal (área que rodea al Canal de
Suez), lo cual permitiría a Gran Bretaña controlarlo, más de la
mitad de cuyas acciones eran de su propiedad y de los franceses. En 1952, un grupo de oficiales del ejército egipcio, cansados de esperar que los británicos se fueran, derrocó a Farouk,
rey de Egipto (de quien se decía que no era suficientemente
enérgico con los británicos), y asumieron ellos mismos el poder. *En 1954, el coronel Nasser fue nombrado presidente* y su
política de enfrentamiento contra los británicos pronto des-
embocó en la guerra de Suez en 1956 (véanse todos los detalles en la sección XI.3). Los británicos fueron humillados y así
terminó su influencia en Egipto.

2. Jordania

El rey Abdullah había recibido su trono de los británicos en
1946; fue asesinado en 1951 por nacionalistas que sentían que
Gran Bretaña lo dominaba. Su sucesor, el rey Hussein, tuvo
que ser muy cuidadoso para sobrevivir; anuló el tratado que
permitía que las tropas británicas utilizaran las bases de Jordania (1957), y todas fueron retiradas.

3. Irak

El rey Faisal de Irak y su primer ministro, Nuri-es-Said, eran
pro británicos; en 1955, firmaron un acuerdo con Turquía
(Pacto de Bagdad) para montar una defensa y una política económica conjunta, a la cual también se unieron Pakistán, Irán
y Gran Bretaña; esta última prometió defender a Irak si era
atacado. La humillación por parte de los británicos en 1956,
durante la guerra de Suez, llevó al movimiento antibritánico
de Irak a actuar: Faisal y Nuri-es-Said fueron asesinados e Irak
se convirtió en república (1958). El nuevo gobierno simpatizaba con Egipto y retiró a Irak del Pacto de Bagdad. Esto marcó

el fin de los intentos británicos de participar de manera importante en los asuntos árabes.

4 Irán

En Irán, único Estado de Medio Oriente colindante con la URSS, estaban teniendo lugar cambios importantes. En 1945, los rusos intentaron poner un gobierno comunista en el norte de Irán, parte del país que lindaba con la URSS y que tenía un partido comunista importante y activo. Reza Pahlevi, sha (gobernante) de Irán, educado en Occidente, se resistió a los rusos y firmó un tratado de defensa con los Estados Unidos (1950), que le proporcionaron ayuda económica y militar, incluidos tanques y bombarderos. Los estadunidenses veían la situación como parte de la Guerra Fría y consideraban a Irán como otro frente en el que era vital impedir el avance de los comunistas. Sin embargo, el movimiento nacionalista en Irán era intenso y se resentía ante cualquier influencia extranjera. Pronto los sentimientos empezaron a ponerse en contra de los Estados Unidos y también de Gran Bretaña, pues esta última detentaba la mayoría de las acciones de la *Anglo-Iranian Oil Company* y su refinería de Abadán. Se tenía la sensación de que casi todas las utilidades eran para los británicos y, en 1951, el premier de Irán, el doctor Mussadiq, nacionalizó la compañía (la puso bajo el control del gobierno iraní). No obstante, gran parte del mundo, alentada por los británicos, boicoteó las exportaciones de petróleo iraní y Mussadiq se vio obligado a renunciar. En 1954 se llegó a un compromiso por el cual British Petroleum recibiría 40% de las acciones, de manera que a Irán le tocaría 50% de las utilidades, que el sha pudo utilizar para un cauteloso programa de modernización y reforma agraria.

Esto no fue suficiente para la izquierda ni para los musulmanes devotos, que se molestaron por la estrecha relación entre el sha y los Estados Unidos, la cual consideraban como una influencia inmoral. También sospechaban que una porción importante de la riqueza de su país se iba a su fortuna personal. En enero de 1979 fue obligado a salir del país y *se instituyó una república islámica* encabezada por un líder religioso, el ayatollah (una especie de sumo sacerdote) Jomeini. Como Nasser, quería que su país fuera no alineado.

2. La creación de Israel
y la Guerra Árabe-Israelí, 1948-1949

a) ¿Por qué la creación del Estado de Israel llevó a la guerra?

1. El origen del problema se remonta a casi 2000 años atrás, al año 71 d.C., *cuando la mayoría de los judíos fue expulsada de Palestina, que entonces era su tierra natal, por los romanos.* De hecho, pequeñas comunidades judías se quedaron en Palestina, y durante los siguientes 1700 años los judíos regresaron paulatinamente del exilio. Sin embargo, hasta el final del siglo XIX, el número de judíos no era de ninguna manera suficiente como para amedrentar a los árabes que ahora veían a Palestina como su patria.

2. En 1897, algunos judíos que vivían en Europa fundaron la *World Zionist Organization* en Basilea, Suiza. Los sionistas eran pueblos que pensaban que los judíos deberían poder volver a Palestina y tener lo que llamaban una "patria nacional", en otras palabras, un Estado judío. Recientemente, los judíos habían sido perseguidos en Rusia, Francia y Alemania, y un Estado judío hubiera sido un refugio seguro para los judíos de todo el mundo. El problema era que *Palestina estaba habitada por árabes* que, comprensiblemente, se alarmaron por la posibilidad de tener que entregar sus tierras a los judíos.

3. Gran Bretaña se involucró en 1917, cuando Arthur Balfour, ministro del Exterior, anunció que *Gran Bretaña apoyaría la idea de un hogar nacional judío en Palestina.* Después de 1919, cuando Palestina se convirtió en protectorado británico, un número importante de judíos empezó a llegar a Palestina, y los árabes se quejaron amargamente con los británicos, pues querían:

• una Palestina independiente para los árabes;
• el fin de la inmigración de judíos.

El gobierno británico declaró (1922) que no había la intención de que los judíos ocuparan toda Palestina y que no interferirían con los derechos de los árabes palestinos. El propio Balfour expresó que "no se haría nada que pudiera perjudicar los derechos civiles y religiosos de las comunidades palestinas no judías". Los británicos tenían la esperanza de que judíos y árabes convivieran pacíficamente en el mismo Estado, pero su error fue no entender las profundas diferencias religiosas que los separaban, y tampoco cumplieron la promesa de Balfour.

4. La persecución nazi de los judíos en Alemania, después de 1933, provocó una andanada de refugiados, y para 1940 cerca de la mitad de la población de Palestina era judía. De 1936 en adelante hubo violentas protestas de los árabes y un levantamiento, que los británicos reprimieron con cierta brutalidad; murieron 3 000 árabes. *En 1937, la British Peel Commission propuso dividir Palestina en dos estados independientes,* uno árabe y uno judío, pero los árabes rechazaron la idea. Los británicos lo intentaron nuevamente en 1939; ofrecieron a los árabes un Estado independiente en un lapso de 10 años y limitar la inmigración de judíos a 10 000 anuales; esta vez fueron los judíos quienes rechazaron la propuesta.

5. *La segunda Guerra Mundial empeoró la situación,* pues cientos de miles de refugiados judíos de la Europa de Hitler buscaban desesperadamente a dónde ir. En 1945, los Estados Unidos presionaron a Gran Bretaña para que permitiera la entrada de 100 000 judíos a Palestina, a lo cual hizo eco David Ben Gurion, uno de los líderes judíos, pero los británicos se negaron para no ofender a los árabes.

6. Los judíos, después de todo lo que su raza había sufrido a manos de los nazis, estaban decididos a luchar por su "hogar nacional", de modo que empezaron una campaña terrorista en contra de árabes y británicos; uno de los incidentes más espectaculares fue la explosión del Hotel King David, en Jerusalén, que Gran Bretaña utilizaba como centro de operaciones; murieron 91 personas y muchas más resultaron heridas. La respuesta de los británicos fue el arresto de los líderes judíos y el hundi-

miento de barcos como el *Exodus*, lleno de judíos que intentaban llegar a Palestina.

7. *Los británicos, debilitados por el esfuerzo de la segunda Guerra Mundial, no pudieron responder*. Ernest Bevin, ministro laborista del Exterior, pidió a las Naciones Unidas que enfrentaran el problema, y en *noviembre de 1947 la* ONU *votó por dividir Palestina*, y dejó más o menos la mitad para formar un Estado judío independiente. A principios de 1948, los británicos decidieron dejar que las Naciones Unidas llevaran a cabo su propio plan. Si bien ya había luchas entre judíos y árabes (muy resentidos por la pérdida de la mitad de Palestina), los británicos retiraron todas sus tropas. En mayo de 1948, Ben Gurion declaró la independencia del nuevo Estado de Israel, que de inmediato fue atacado por Egipto, Siria, Jordania, Irak y Líbano.

b) ¿A quién culpar por la tragedia?

• *Prácticamente el resto del mundo parecía culpar a Gran Bretaña del caos en Palestina*. Muchos periódicos británicos que apoyaban al Partido Conservador también criticaron a Bevin y al gobierno laborista británico por la forma en que manejaron la situación. Se dijo que las tropas británicas debían haberse quedado para asegurar que la repartición de Palestina se llevara a cabo sin incidentes. Los árabes acusaron a los británicos de estar a favor de los judíos, por haber dejado entrar a tantos judíos a Palestina desde el principio y por hacerlos perder la mitad de su patria. Los judíos acusaron a Gran Bretaña de ser pro árabes por intentar limitar la inmigración judía.

• *Bevin culpó a los Estados Unidos del caos*, y hay pruebas a favor de este argumento. Fue Truman, presidente de los Estados Unidos, quien presionó a Gran Bretaña para que permitiera la entrada de 100 000 judíos más a Palestina en abril de 1946. Aunque esto sin duda molestaría aún más a los árabes, Truman se negó a proporcionar tropas para mantener el orden en Palestina y también a aceptar más judíos en los Estados Unidos. Fue él quien rechazó el *Plan Británico Morrison (julio de 1946)*, por el cual se hubieran instituido provincias separadas para árabes y judíos, supervisadas por los británicos. Fueron los estadunidenses quienes impulsaron el plan de división a través de la ONU, aun cuando todas las naciones árabes votaron en contra; esto causaría más violencia en Palestina.

• *Algunos historiadores han defendido a los británicos* y señalado que estaban tratando de persuadir a árabes y judíos de que aceptaran una solución pacífica. La retirada británica era entendible, pues obligaría a los estadunidenses y a las Naciones Unidas a asumir mayor responsabilidad por una situación que habían ayudado a crear y salvaría a los británicos que desde 1945 habían gastado más de 100 millones de libras esterlinas tratando de mantener la paz, mucho más de lo que podían permitirse.

c) La guerra y sus resultados

Casi todos esperaban que los árabes ganaran fácilmente, pero en contra de lo que parecía irremediable, *los israelíes los derrotaron e incluso tomaron más territorio palestino del que la repartición de la ONU les había otorgado;* se quedaron con cerca de tres cuartas partes de Palestina más el puerto egipcio de Eilat, en el Mar Rojo. Los israelíes ganaron porque lucharon con desesperación, y muchos de sus efectivos militares habían adquirido experiencia en el ejército británico durante la segunda Guerra Mundial (unos 30 000 judíos lucharon como voluntarios a favor de los británicos). Los estados árabes estaban divididos entre ellos y mal equipados. Los palestinos, por su parte, estaban desmoralizados, y su organización militar había sido destruida por los británicos durante los levantamientos de 1936-1939.

El resultado más trágico de la guerra fue que los árabes palestinos resultaron víctimas inocentes; perdieron repentinamente tres cuartas partes de su patria y ya no tenían un Estado propio. Algunos estaban en el nuevo Estado judío de Israel, otros se encontraron viviendo en el área ocupada por Jordania, conocida como Cisjordania. Después de que algunos judíos masacraron a todos los habitantes de un poblado árabe en Israel, cerca de un millón de árabes huyó a Egipto, Líbano, Jordania y Siria, donde tuvieron que vivir en miserables campos de refugiados. La ciudad de Jerusalén se dividió entre Israel y Jordania. Los Estados Unidos, Gran Bretaña y Francia garantizaron las fronteras israelíes, pero los estados árabes no consideraban al cese al fuego como permanente. No aceptarían la legalidad de Israel, y consideraban esta guerra como la primera ronda de su lucha para destruir a Israel y liberar Palestina.

3. La guerra de Suez de 1956

a) ¿A quién culpar de la guerra?

Dependiendo de la perspectiva, es posible culpar a diferentes países.

- Los árabes culparon a los israelíes, que de hecho iniciaron las hostilidades al invadir Egipto.
- El bloque comunista y muchos estados árabes culparon a Gran Bretaña y Francia, acusándolos de tácticas imperialistas (trataron de mantener el control en Medio Oriente en contra de los deseos de las naciones árabes), pues atacaron Egipto. Acusaron a los estadunidenses de impulsar a los británicos a atacar.
- Británicos, franceses e israelíes culparon al coronel Nasser de Egipto de oponerse a Occidente. Sin embargo, incluso los estadunidenses pensaron que Gran Bretaña y Francia habían reaccionado exageradamente al usar la fuerza, y la mayoría de los historiadores británicos coinciden en ello.

1. *El coronel Nasser, nuevo gobernante de Egipto,* era partidario acérrimo de la unidad y la independencia árabes,

incluida la liberación de Palestina de los judíos; casi todo lo que hizo irritó a británicos, estadunidenses o franceses:

- Organizó a los guerrilleros conocidos como *fedayines* (se autoinmolaban) para sabotear y asesinar en Israel; además, barcos egipcios bloquearon el Golfo de Aqaba, que conducía al puerto de Eilat, que los israelíes habían quitado a Egipto en 1949.

- En 1936, Gran Bretaña había firmado un acuerdo con Egipto que le permitía mantener sus tropas en Suez, el cual debía expirar en 1956, pero que los británicos querían renovar. Nasser se negó e insistió en que todas las tropas británicas debían ser retiradas en cuanto expirara el tratado. Envió ayuda a los árabes argelinos para que lucharan contra Francia [sección XXIV.5 *c)*], azuzó a los otros estados árabes para que se opusieran al Pacto de Bagdad, patrocinado por los británicos, y obligó al rey Hussein de Jordania a despedir al jefe del Estado mayor, proveniente del ejército británico.

- Firmó un acuerdo sobre armamento con Checoslovaquia (septiembre de 1955) que implicaba cazas, bombarderos y tanques rusos, además de que expertos militares rusos entrenarían al ejército egipcio.

2. *Ante esto, los estadunidenses se ofendieron*, pues significaba que Occidente ya no controlaría el abasto de armas a Egipto, que entonces pasó a formar parte de la Guerra Fría; a los ojos de los Estados Unidos, cualquier país no integrado a la alianza occidental y que comprara armas a Europa del este era tan malo como un país comunista. Esto fue visto como una conspiración de los rusos para "meterse" a Medio Oriente. Por lo tanto, los estadunidenses cancelaron una subvención de 46 millones de dólares para la construcción de una presa en Aswan (julio de 1956); su intención era obligar a Nasser a abandonar sus nuevos vínculos con los comunistas.

3. *La crisis llegó al clímax cuando, como represalia, Nasser nacionalizó el Canal de Suez,* con la intención de utilizar los ingresos obtenidos para financiar la presa (ilustra-

ción XI.1). A los accionistas del canal, en su mayoría británicos y franceses, se les ofreció una compensación.

4. *Anthony Eden, primer ministro británico del Partido Conservador, asumió el liderazgo al respecto;* pensaba que Nasser pretendía una Arabia unificada, controlada por Egipto e influida por los comunistas, que podría cortar el abasto de petróleo a Europa según su voluntad. Veía a Nasser como otro Hitler o Mussolini y, según el historiador Hugh Thomas, "veía a Egipto a través de un bosque de amapolas de Flandes y resplandecientes botas militares". Y no era el único; Churchill hizo notar que no era posible "tener a ese cerdo malintencionado entorpeciendo nuestras comunicaciones", y el nuevo líder Laborista, Hugh Gaitskell, coincidió en que era necesario aplacarlo, como a Hitler y Mussolini en los años treinta. En Gran Bretaña todos ignoraban que Nasser había ofrecido una compensación a los accionistas y prometido que los barcos de cualquier nacionalidad (excepto los israelíes) podrían usar el canal.

5. Británicos, franceses e israelíes tuvieron pláticas secretas y tramaron un plan. Israel invadiría Egipto por la península del Sinaí, en tanto que tropas británicas y francesas ocuparían la zona del canal con el pretexto de protegerlo de cualquier daño durante la lucha. Británicos y franceses recuperarían el control del canal, y esperaban que, al ser derrotado, Nasser perdería el poder.

Investigaciones recientes han revelado que hubiera sido fácil evitar la guerra y que Eden estaba más a favor de deshacerse de Nasser por medios pacíficos. De hecho, había un plan anglo-americano secreto *(Omega)* para derrocarlo mediante presiones económicas y políticas. A mediados de octubre de 1956, Eden todavía deseaba que siguieran las pláticas con Egipto. Había cancelado la operación militar y las posibilidades de llegar a un acuerdo sobre el control del Canal de Suez eran buenas. Sin embargo, a Eden lo presionaban por todos lados para que aplicara la fuerza. El MI6 (servicio de inteligencia británico) y algunos miembros del gobierno de su país, incluido Harold Macmillan (ministro de Hacienda),

ILUSTRACIÓN XI.1. *El presidente Nasser de Egipto es aclamado por multitudes entusiastas en El Cairo, después de proclamar la nacionalización del Canal de Suez*

insistían en la acción militar. Este último aseguró a Eden que los Estados Unidos no se opondrían a que Gran Bretaña utilizara la fuerza. En última instancia, probablemente fue la presión del gobierno francés la que lo llevó a optar por una operación militar conjunta, con Francia e Israel.

b) Acontecimientos de la guerra

La guerra empezó con la invasión planeada de Egipto por Israel (29 de octubre). Fue un gran éxito, y en una semana los israelíes habían tomado toda la península del Sinaí. Entre tanto, británicos y franceses bombardearon los aeródromos egipcios y las tropas estacionadas en Port Said, en el extremo norte del canal. *Los ataques provocaron enérgicas protestas del resto del mundo,* y los estadunidenses, temerosos de que todos los árabes se indignaran y se vieran obligados a estrechar su relación con la URSS, se negaron a apoyar a Gran Bretaña, si bien antes habían dado a entender que podrían ayudar. En las Naciones Unidas, estadunidenses y rusos por una vez estuvieron de acuerdo en exigir un cese al fuego inmediato y en prepararse para enviar un ejército de la ONU. Con la presión de la opinión pública mundial en su contra, *Gran Bretaña, Francia e Israel aceptaron retirarse,* en tanto que las tropas de la ONU se movilizaban para vigilar la frontera entre Egipto e Israel.

c) El resultado de la guerra

Gran Bretaña y Francia fueron humillados y no lograron ninguno de sus objetivos, en tanto que *el presidente Nasser se apuntó un triunfo.*

- Nasser no fue derrocado por la guerra, más bien aumentó su prestigio como líder del nacionalismo árabe contra la interferencia de los europeos; para el común del pueblo árabe, fue un héroe.
- Los egipcios bloquearon el canal (ilustración XI.2), los árabes redujeron el abasto de petróleo a Europa occidental, donde en un tiempo fue racionado, y la ayuda estadunidense fue sustituida por ayuda rusa.
- La actuación de los británicos les valió perder a Irak como aliado, cuyo primer ministro, Nuri-es-Said, fue cada vez más atacado por su actitud pro británica; fue asesinado en 1958.
- Gran Bretaña se había debilitado y ya no podía aplicar una política exterior independiente de los Estados Unidos.
- Se intensificó la lucha de los argelinos por independizarse de Francia, lo cual consiguieron en 1962.

La guerra no dejó de ser un éxito para Israel; si bien se había visto obligado a devolver los territorios capturados en Egipto, provocó grandes pérdidas humanas y de equipo que

ILUSTRACIÓN XI.2. *Barcos hundidos bloquean el Canal de Suez*
después de la guerra de 1956

tomaría años recuperar. Por el momento, cesó la persecución
de *fedayines* e Israel tuvo un respiro que le permitió consoli-
darse. A raíz de la humillación de Gran Bretaña, ahora los israelíes dirigieron la mirada a los Estados Unidos como principal apoyo.

4. GUERRA DE LOS SEIS DÍAS EN 1967

Los estados árabes no firmaron un tratado de paz al finalizar la
guerra de 1948-1949 y aún se negaban a reconocer oficialmente a Israel; en 1967 volvieron a reunirse con la decidida intención de destruirlo; Irak, Siria y Egipto tomaron la iniciativa.

a) La tensión bélica aumenta

1. *En Irak*, en 1963, llegó al poder un nuevo gobierno, influido por las ideas del *Partido Ba'ath* ("resurrección") de
Siria, cuyos partidarios creían en la independencia y la
unidad de los árabes, además de tender hacia la izquier-

da; querían la reforma social y un mejor trato para el común de la gente. Estaban dispuestos a cooperar con Egipto y, en junio de 1967, Aref, su presidente, anunció: "Nuestro objetivo es claro, borrar del mapa a Israel".

2. *En Siria*, la agitación política llevó al Partido Ba'ath al poder en 1966, el cual apoyaba a *El Fatah, Movimiento de Liberación de Palestina*, guerrilla más efectiva que los *fedayines*. Los sirios también empezaron a bombardear los asentamientos judíos de los Altos del Golán, desde donde se dominaba la frontera.

3. *En Egipto,* el coronel Nasser era inmensamente popular por su liderazgo en el mundo árabe y sus intentos por mejorar las condiciones de Egipto con sus políticas socialistas, que incluían limitar el tamaño de las granjas a 12 hectáreas y distribuir el excedente entre los campesinos. Se hicieron intentos por industrializar al país, de modo que se construyeron miles de nuevas fábricas, casi todas controladas por el gobierno. *El proyecto de la presa de Aswan* era vital para proporcionar electricidad y para el riego de 12 000 hectáreas más de tierras cultivables. Después de las primeras demoras derivadas de la guerra de Suez de 1956, se inició la construcción de la presa, que se terminó en 1971. Con todo bien en casa y la posible ayuda de Irak y Siria, Nasser decidió que había llegado el momento de un nuevo ataque a Israel; empezó la movilización de tropas a la frontera en Sinaí y cerró el golfo de Aqaba.

4. *Los rusos alentaron a Egipto y Siria,* y siguieron con la propaganda en contra de Israel (porque Israel era apoyado por los Estados Unidos). Su objetivo era incrementar su influencia en Medio Oriente a expensas de estadunidenses e israelíes; dieron a entender que enviarían ayuda si estallaba la guerra.

5. *Siria, Jordania y Líbano* también acumularon tropas a lo largo de sus fronteras con Israel y se les unieron contingentes de Irak, Arabia Saudita y Argelia. La situación de Israel parecía desesperada.

6. *Los israelíes decidieron que la mejor política era atacar, más que esperar a ser derrotados.* Lanzaron una serie de devas-

tadores ataques aéreos que destruyeron gran parte de la fuerza aérea egipcia estacionada en tierra (5 de junio). Sus tropas se movieron con sorprendente rapidez, tomaron la Franja de Gaza y la totalidad del Sinaí de Egipto, el resto de Jerusalén y Cisjordania, así como los Altos del Golán de Siria. Los árabes no tuvieron más opción que acatar el cese al fuego ordenado por la ONU (10 de junio) y todo terminó en menos de una semana. *Las razones del espectacular éxito de los israelíes fueron:*

- la lenta y laboriosa acumulación de las tropas árabes que puso en alerta a los israelíes con suficiente antelación;
- la superioridad de Israel en el aire;
- las deficiencias en los preparativos y las comunicaciones árabes.

b) Resultados de la guerra

1. *Para los israelíes, el éxito fue espectacular;* esta vez habían ignorado una orden de la ONU de devolver los territorios capturados, los cuales hicieron las veces de amortiguador entre Israel y los estados árabes (mapa XI.3) y facilitaron la defensa de su país. Sin embargo, esto provocó un nuevo problema, cómo manejar al millón de árabes más que ahora estaban bajo sus órdenes, muchos de los cuales vivían en los campos de refugiados construidos en 1948 en Cisjordania y la Franja de Gaza.

2. *Los estados árabes fueron humillados,* en especial Nasser, que entonces se percató de que los árabes necesitaban ayuda exterior si querían llegar a liberar Palestina. Los rusos lo habían decepcionado y no habían mandado ayuda. Para tratar de mejorar sus relaciones con Egipto y Siria, los rusos empezaron a proporcionarles armas modernas. Tarde o temprano, los árabes intentarían destruir a Israel y liberar Palestina. El siguiente intento fue en 1973, con la Guerra de Yom Kippur.

MAPA XI.3. *La situación después de la guerra de 1967*

5. GUERRA DE YOM KIPPUR DE 1973

a) Acontecimientos que provocaron la guerra

Varios factores se combinaron para que se reanudara el conflicto.

1. *La Organización para la Liberación de Palestina (OLP)*, encabezada por Yasser Arafat, *empezó a presionar a los estados árabes* para que intensificaran la acción. Como no pasaba nada, un grupo extremista de la OLP, conocido como Frente Popular para la Liberación de Palestina (PFLP, por sus siglas en inglés), se embarcó en una serie de ataques terroristas para atraer la atención del mundo a la gran injusticia cometida contra los árabes de Palestina. Secuestraron aviones y llevaron tres a Ammán, capital de Jordania, donde los hicieron explotar (1970). Esto avergonzó a Hussein, el rey, quien ahora estaba a favor de negociar la paz, y que en septiembre de 1970 expulsó a los miembros de la OLP que estaban en su país. No obstante, continuaron los ataques terroristas, que alcanzaron un clímax espeluznante cuando algunos de los miembros de la delegación israelí fueron asesinados en los Juegos Olímpicos de Múnich, en 1972.

2. *Anwar al-Sadat, presidente de Egipto desde la muerte de Nasser en 1970, estaba cada vez más convencido de la necesidad de negociar un acuerdo de paz con Israel.* Le preocupaba que el terrorismo de la OLP pusiera a la opinión pública mundial en contra de la causa palestina. Estaba dispuesto a trabajar con la URSS o con los Estados Unidos, pero esperaba conseguir el apoyo de los estadunidenses para los árabes, de tal forma que convencieran a los israelíes de aceptar el acuerdo de paz, si bien los estadunidenses no quisieron involucrarse.

3. *Sadat, junto con Siria, decidió atacar nuevamente a Israel, con la esperanza de que esto obligara a los estadunidenses a actuar como mediadores.* Los egipcios estaban más confiados porque ahora tenían armas rusas modernas y su ejército había sido entrenado por expertos rusos.

b) La guerra empezó el 6 de octubre de 1973

Fuerzas sirias y egipcias atacaron temprano en el día del Yom Kippur, festival religioso judío, con la esperanza de que los israelíes estuvieran desprevenidos. Después de algunos éxitos árabes, los israelíes, recurriendo sobre todo a armamento estadunidense, pudieron invertir las posiciones; lograron conservar los territorios que habían tomado en 1967, e incluso cruzaron el Canal de Suez hacia Egipto. En cierto sentido, el plan de Sadat había tenido éxito, tanto los Estados Unidos como la URSS decidieron que era el momento de intervenir para lograr un acuerdo de paz. Con la cooperación de la ONU organizaron un cese al fuego, que fue aceptado por ambas partes.

c) Resultado de la guerra

El fin de la guerra hizo brillar la esperanza de lograr alguna forma de paz permanente. Los líderes egipcios y los israelíes se reunieron (si bien no en la misma sala) en Ginebra. Los israelíes aceptaron retirar sus tropas del Canal de Suez (cerrado desde la guerra de 1967), con lo cual los egipcios pudieron limpiar y abrir el canal en 1975 (pero no a barcos israelíes).

Un acontecimiento importante durante la guerra fue que los estados árabes productores de petróleo intentaron presionar a los Estados Unidos y a los estados de Europa occidental que estaban en buenos términos con Israel, reduciendo el abasto de petróleo y el resultado fue una grave escasez, en especial en Europa. Al mismo tiempo, los productores, bien conscientes de que la provisión de petróleo no era ilimitada, enfocaron sus medidas como una forma de conservar los recursos. Con esto en mente, la *Organización de Países Exportadores de Petróleo (OPEP)* empezó a elevar sustancialmente los precios, medida que contribuyó a la inflación y provocó una crisis de energía en las naciones industrializadas del mundo.

6. CAMP DAVID Y LA PAZ ENTRE EGIPTO E ISRAEL, 1978-1979

a) ¿Por qué las partes empezaron a hablar entre ellas?

1. El presidente Sadat estaba convencido de que *Israel no podía ser destruido por la fuerza* y de que era tonto seguir

desperdiciando recursos de Egipto en guerras infructuosas, pero necesitó gran valor para ser el primer líder árabe en enfrentar cara a cara a los israelíes. Incluso hablar con sus líderes significaba conceder que Egipto aceptaba la existencia legal del Estado de Israel; sabía que para la OLP y los estados árabes más agresivos, Irak y Siria, cualquier enfoque resultaría una gran contrariedad, pero a pesar del riesgo, se ofreció a ir a Israel y hablar con el Knesset (Parlamento israelí).

2 *Los israelíes tenían problemas económicos,* en parte por sus enormes gastos en defensa y en parte por una recesión mundial. Los Estados Unidos los presionaban para que zanjaran sus diferencias cuando menos con algunos de los árabes, de modo que aceptaron el ofrecimiento de Sadat, quien visitó Israel en noviembre de 1977, y Menahem Begin, primer ministro israelí, fue a Egipto al mes siguiente.

3 *Carter, presidente de los Estados Unidos, desempeñó un papel clave* en la organización de las negociaciones formales entre ambas partes, iniciadas en septiembre de 1978 en Camp David (cerca de Washington).

b) El tratado de paz y sus repercusiones

Con Carter como intermediario, las pláticas condujeron a la firma de un tratado de paz en marzo de 1979, en Washington (ilustración XI.3), cuyos *puntos principales eran:*

- terminó el estado de guerra entre Egipto e Israel que predominaba desde 1948;
- Israel prometió retirar sus tropas del Sinaí;
- Egipto prometió no atacar nuevamente a Israel y garantizó el abasto de petróleo de los pozos recién perforados al sur del Sinaí;
- los barcos israelíes podrían utilizar el Canal de Suez.

La OLP y la mayoría de los estados árabes condenaron el tratado (excepto Sudán y Marruecos), y sin duda faltaba mucho para que fuera posible firmar tratados similares entre Israel y Siria y Jordania. La opinión mundial empezó a ponerse en contra de Israel y a aceptar que el argumento de la OLP era válido, pero cuando los Estados Unidos intentaron reunir a la OLP e Israel en una conferencia internacional, los israelíes no cooperaron. En noviembre de 1980, Begin anunció que *Israel nunca devolvería los Altos del Golán a Siria*, ni siquiera a cambio de un tratado de paz, y que *nunca permitiría que Cisjordania formara parte de un Estado palestino independiente*, lo cual sería una amenaza mortal para la existencia de Israel. Al mismo tiempo, aumentó el resentimiento entre los árabes de Cisjordania respecto de la política israelí de establecer asentamientos judíos en tierras que eran propiedad de árabes. Muchos observadores temían que renaciera la violencia, a menos que el gobierno de Begin adoptara un enfoque más moderado.

ILUSTRACIÓN XI.3. *Egipto e Israel firman un tratado de paz (marzo de 1979): (izquierda a derecha) Anwar al-Sadat (Egipto), Jimmy Carter (Estados Unidos) y Menahem Begin (Israel), en la Casa Blanca*

Por otra parte, la paz pareció amenazada durante un tiempo cuando *el presidente Sadat fue asesinado* por soldados musulmanes extremistas mientras observaba un desfile militar (octubre de 1981); pensaban que al llegar a acuerdos con los israelíes, había traicionado a los árabes y la causa musulmana. No obstante, Hosni Mubarak, su sucesor, anunció valientemente que seguiría con el acuerdo de Camp David.

Durante gran parte de los años ochenta, la contienda entre árabes e israelíes fue opacada por la guerra entre Irán e Irak (sección XI.9), que atrajo la atención de gran parte del mundo árabe. Sin embargo, en 1987 se produjeron manifestaciones masivas de palestinos que habitaban los campos de refugiados de la Franja de Gaza y Cisjordania; protestaban contra las políticas de represión de Israel y el brutal comportamiento de sus tropas en los campos y territorios ocupados. Ni siquiera con las drásticas medidas israelíes se acalló el descontento, y los duros métodos israelíes fueron condenados por la ONU y en todo el mundo.

7. Paz entre Israel y la OLP

La elección de un gobierno menos agresivo (laborista) en Israel, en junio de 1992, despertó expectativas de mejorar las relaciones con los palestinos. El primer ministro Yitzak Rabin y Shimon Peres, ministro del Exterior, creían en la negociación, y estaban dispuestos a hacer concesiones para lograr una paz duradera. Yasser Arafat, líder de la OLP, respondió y se iniciaron las pláticas, pero era tanta la sospecha y la desconfianza mutuas después de años de hostilidad, que el avance fue lento y difícil; de todas formas, ambas partes perseveraron y para principios de 1996 se habían hecho cambios notables.

a) Acuerdo de paz de septiembre de 1993

Éste, el primero de los principales logros, se consiguió en Oslo, de modo que llegó a ser conocido como *los Acuerdos de Oslo. Lo acordado fue lo siguiente:*

- Israel reconoció formalmente a la OLP;
- la OLP reconoció el derecho de Israel a existir y prometió renunciar al terrorismo;
- los palestinos podrían autogobernarse dentro de ciertos límites en Jericó (en Cisjordania) y en parte de la Franja de Gaza, zonas ocupadas por Israel desde la guerra de 1967. Las tropas israelíes serían retiradas de dichas zonas.

Grupos extremistas de ambas partes se opusieron al acuerdo; el Frente Popular para la Liberación de Palestina aún quería un Estado palestino totalmente independiente. Los colonizadores de Cisjordania se oponían a las concesiones otorgadas a la OLP. Sin embargo, los líderes moderados de ambas partes mostraron gran valor y determinación, en especial Yossi Beilin, subministro del Exterior israelí, y Mahmoud Abbas (también conocido como Abu Mazen), uno de los asesores de Arafat. Dos años después, partiendo de los Acuerdos de Oslo, dieron un paso hacia adelante de mayor importancia.

b) Autogobierno para los palestinos
(septiembre-octubre de 1995)

- Israel aceptó retirar gradualmente sus tropas de gran parte de Cisjordania (excepto de Hebrón), a lo largo de varios años, y entregar el poder civil y la seguridad a la OLP. Con esto terminaría el control ejercido por Israel en las zonas que ocupaba desde 1967 (mapa XI.4), que a partir de entonces quedarían desmilitarizadas.
- Dichas zonas serían gobernadas por un parlamento o Consejo Palestino de 88 miembros, elegidos a principios de 1996 por todos los residentes de Cisjordania y por los árabes de Jerusalén mayores de 18 años. La capital sería Jerusalén Oriental.
- Todos los prisioneros palestinos capturados por Israel (cerca de 6 000) serían liberados en tres fases.

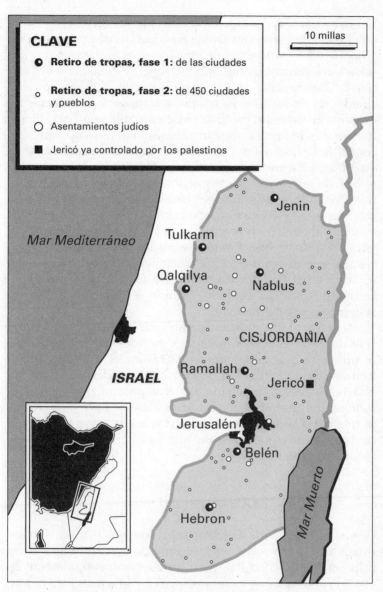

10 millas

Mar Mediterráneo

Jenin

Tulkarm

Qalqilya

Nablus

CISJORDANIA

ISRAEL

Ramallah

Jericó ■

Jerusalén

Belén

Mar Muerto

Hebron

MAPA XI.4. *Acuerdo israelí-palestino, 1995*
FUENTE: *The Guardian*, 25 de septiembre de 1995.

Gran parte de los líderes del mundo recibieron con beneplácito este valeroso intento de pacificación de tan agitada región, pero los extremistas de ambas partes declararon que sus líderes eran culpables de "haberse rendido de manera vergonzosa". Trágicamente, el primer ministro Yitzak Rabin fue asesinado por un fanático israelí poco después de pronunciar un discurso en un mitin pacifista (4 de noviembre de 1995). Peres fue nombrado primer ministro; el asesinato provocó repulsión contra los extremistas y el acuerdo entró en operación gradualmente. En enero de 1996, el rey Hussein de Jordania visitó oficialmente Israel por primera vez, se liberó a 1 200 prisioneros palestinos y se iniciaron pláticas entre Israel y Siria. Se celebraron las elecciones prometidas y, si bien los extremistas instaban al pueblo a boicotearlas, se logró una alentadora asistencia de más de 80%. Como se esperaba, Yasser Arafat resultó electo como nuevo presidente palestino y sus partidarios eran mayoría en el Parlamento recién elegido; supuestamente entraría en funciones en 1999, cuando se hubiera logrado un acuerdo de paz permanente.

No obstante, la situación cambió rápidamente en la primavera de 1996; cuatro bombardeos suicidas del grupo Hamas de militantes palestinos cobraron 63 vidas; el grupo Hezbollah islámico de militantes chiitas bombardeó aldeas del norte de Israel desde el sur de Líbano. Estos acontecimientos permitieron que Binyamin Netanyahu, líder likud de línea dura, lograra una estrecha victoria en las elecciones de mayo de 1996, lo cual consternó a gran parte del mundo exterior y puso en duda todo el proceso de paz.

8. Conflicto en Líbano

Originalmente, parte del Imperio otomano (turco), Líbano (mapa XI.5) se convirtió en protectorado francés al final de la primera Guerra Mundial, pero se independizó totalmente en 1945. Pronto se tornó en un próspero Estado, pues hizo dinero en la banca y como salida importante para las exportaciones de Siria, Jordania e Irak. No obstante, en 1975 estalló la guerra civil, y si bien la guerra generalizada terminó un año des-

MAPA XI.5. *Líbano*
FUENTE: *The Guardian,* mayo de 1996.

pués, el caos y el desorden continuaron hasta los años ochenta debido a la lucha por el poder de las diferentes facciones.

a) ¿Por qué estalló la guerra civil en 1975?

1. Diferencias religiosas

El problema potencial estaba ahí desde el principio, pues el país era una *desconcertante mezcla de diversos grupos religiosos,* algunos cristianos, otros musulmanes, que se habían desarrollado de manera independiente, separados uno de otro por cadenas montañosas.

Había cuatro grupos cristianos principales:

* maronitas (los más ricos y conservadores);
* ortodoxos griegos;
* católicos romanos;
* armenios.

Había tres grupos musulmanes:

* chiitas, grupo más numeroso, principalmente trabajadores de clase baja;
* sunitas, grupo pequeño pero rico, y con más influencia política que los chiitas;
* drusos, grupo reducido del centro del país, principalmente campesinos.

Había una larga tradición de odio entre maronitas y drusos, pero aparentemente estaba bajo control merced a una Constitución cuidadosamente estructurada mediante la cual se intentó que la representatividad de los grupos fuera justa. El presidente siempre era maronita; el primer ministro, sunita; el presidente del Parlamento, chiita, y el jefe del Estado Mayor del Ejército, druso. De los 43 escaños del Parlamento, los maronitas tenían 13; nueve los sunitas; ocho los chiitas; cinco los ortodoxos griegos; tres los drusos; tres los católicos romanos, y dos los armenios.

2. Presencia de refugiados palestinos de Israel

La situación se complicó aún más con esto. En 1975 había cuando menos medio millón de ellos en escuálidos campos de concentración alejados de los principales centros de población. Los palestinos no eran populares en Líbano porque estaban continuamente implicados en incidentes en la frontera con Israel y provocaban que los israelíes contraatacaran a los palestinos del sur de Líbano. Como los palestinos eran de izquierda y musulmanes, alarmaban a los maronitas, cristianos y conservadores, que los veían como una peligrosa influencia desestabilizadora. En ese año, la OLP tenía sus oficinas principales en Líbano, lo cual significaba que Siria, su principal partidario, interfería constantemente en los asuntos de Líbano.

3. Disputa entre musulmanes y cristianos respecto de derechos de pesca (1975)

El delicado equilibrio entre musulmanes y cristianos se alteró en 1975 por una disputa respecto de derechos de pesca que empezó como un incidente menor, pero que se agravó cuando algunos palestinos se pusieron del lado de los musulmanes y un grupo de cristianos de extrema derecha, conocido como *Falange*, empezó a atacar a los palestinos. Pronto era ya una guerra civil a gran escala que los maronitas aprovecharon para expulsar a los palestinos que habían formado una alianza con los drusos (sus enemigos desde años atrás).

Probablemente será imposible llegar a saber con certeza cuál de las partes fue responsable del agravamiento de la guerra; ambas afirman que la disputa inicial por la pesca podría haberse solucionado fácilmente, pero una culpa a la otra de la intensificación de la violencia. De cualquier forma, sin duda la OLP estuvo implicada; los falangistas afirman que las guerrillas de dicha organización dispararon a una iglesia en que algunos líderes del partido asistían a misa, en tanto que aquélla declara que los falangistas atacaron un autobús en el que viajaban palestinos.

Por un tiempo pareció que los drusos ganarían, pero esto alarmó a los israelíes, que amenazaron con invadir Líbano. Los sirios no querían que esto sucediera, así que en 1976 Assad, su presidente, envió tropas a dicho país para, en cierta forma, controlar a la OLP; se restableció el orden, pero fue un revés para los drusos y la OLP. Fueron los sirios quienes entonces controlaron Líbano; Yasser Arafat, líder de la OLP, tuvo que aceptar el retiro de sus tropas de los alrededores de Beirut (capital de Líbano).

b) Sigue el caos

Pasaron más de 10 años antes de que algo parecido a la paz se estableciera en Líbano, pues *diferentes conflictos encarnizados se desarrollaban en distintos lugares.*

1. *En el sur, en la frontera con Israel, pronto se desató la lucha entre palestinos y cristianos.* Los israelíes aprovecharon la oportunidad para enviar tropas que ayudaran a los cristianos. Se declaró un pequeño Estado cristiano, semiindependiente, regido por el mayor Haddad. Los israelíes lo apoyaron porque hacía las veces de amortiguador y los protegía de otros ataques de los palestinos. Palestinos y musulmanes contraatacaron, y si bien en 1982 había 7000 efectivos de la UNIFIL (Fuerza Provisional de las Naciones Unidas en el Líbano) en la zona, el mantenimiento de la paz era una lucha constante.

2. En 1980 hubo una corta batalla entre partidarios de los dos principales grupos maronitas (familia Geyamel y familia Chamoun), que ganaron los Geyamel.

3. *En 1982, en represalia por un ataque palestino en Israel, tropas israelíes invadieron Líbano y llegaron hasta Beirut.* Durante un tiempo, los Geyamel, apoyados por los israelíes, tuvieron el control de dicha ciudad y los palestinos fueron expulsados; a partir de entonces, la OLP se dividió. Los de línea dura se fueron a Irak y el resto se dispersó en diferentes países árabes, donde, en general, no fueron bien recibidos. Los israelíes se retiraron y una fuerza multinacional (constituida por tropas de los Estados Unidos, Francia, Italia y Gran Bretaña) se instaló para mantener la paz. Sin embargo, una racha de ataques y bombardeos suicidas la obligaron a retirarse.

4. En 1984, una alianza entre la milicia chiita (conocida como Amal) y la drusa, apoyada por Siria, expulsó al presidente Gemayel de Beirut. En ese momento, los propios chiitas y los drusos se enfrascaron en una lucha por el control de Beirut occidental. Yasser Arafat aprovechó la confusión general para rearmar a sus palestinos en los campos de refugiados.

A finales de 1986, la situación era extremadamente compleja.

- La milicia chiita Amal, apoyada por Siria y alarmada por la renovada fuerza de la OLP, que aparentemente establecería un Estado dentro de un Estado, asoló los campos de refugiados, con la esperanza de que el hambre los obligara a rendirse.

- Al mismo tiempo, una alianza entre drusos, sunitas y comunistas intentaba expulsar a Amal de Beirut occidental. Otro grupo chiita aún más extremista, conocido como Hezbollah (Partido de Dios), apoyado por Irán, también estaba involucrado en la lucha.

- A principios de 1987 volvieron a surgir feroces luchas entre la milicia chiita y la drusa por el control de Beirut occidental. Varios europeos y estadunidenses fueron tomados como rehenes, entre otros, Terry Waite, enviado especial del arzobispo de Canterbury, que había ido a esa ciudad a tratar de negociar la liberación de otros rehenes.

- Estando el país en un aparente estado de desintegración general, el presidente Assad de Siria respondió a una solicitud del gobierno libanés y envió nuevamente tropas y tanques a Beirut occidental (febrero de 1987). La calma se restableció en una semana.

c) Por fin paz

Si bien siguieron los asesinatos de personajes destacados, la situación se estabilizó gradualmente. En septiembre de 1990 se hicieron importantes cambios en la Constitución del país para otorgar una representación más justa a los musulmanes. El número de miembros de la Asamblea Nacional se incrementó a 108, dividido equitativamente entre cristianos y musulmanes. El gobierno, con ayuda de Siria, recuperó gradualmente su autoridad en el país y logró la disolución de gran parte de los ejércitos de milicianos. Por otra parte, logró liberar a todos los rehenes de Occidente, los últimos en 1992. Todo esto fue posible por la presencia siria; en mayo de 1991, ambos estados firmaron un tratado de "hermandad y coordinación", el cual, sin embargo, fue muy criticado por los israelíes, que afirmaban que se trataba de una "virtual anexión de Líbano a Siria".

9. Guerra Irán-Irak, 1980-1988

Una nueva confusión se suscitó en Medio Oriente y el mundo árabe en septiembre de 1980, cuando las tropas de Irak invadieron Irán.

a) Motivos de Irak

El presidente Saddam Hussein de Irak tuvo varios motivos para lanzar el ataque.

- *Temía que militantes del Islam cruzaran la frontera entre Irak e Irán.* Encabezado por el ayatollah Jomeini y sus partidarios musulmanes, fundamentalistas chiitas, Irán se convirtió en una república islámica en 1979. Pensaban que el país debía regirse por la religión islámica, con un estricto código moral impuesto mediante severos castigos. Según Jomeini, "en el Islam, el poder legislativo para establecer las leyes pertenece al Dios Todopoderoso". La población de Irak estaba conformada sobre todo por musulmanes sunitas, pero con una amplia minoría chiita. Saddam, cuyo gobierno era no religioso, temía que los chiitas se levantaran en su contra, de modo que a principios de la década de 1980 hizo ejecutar a algunos de sus líderes. Los iraníes respondieron con ataques a través de la frontera.
- *Los iraquíes afirmaban que la provincia fronteriza de Khuzestan les pertenecía por derecho.* Esta zona la habitaban principalmente árabes, y Saddam esperaba que se unieran para apoyar a Irak (la mayoría de los iraníes eran persas, no árabes).
- *La disputa por el canal navegable Shatt-el-Arab ya tenía tiempo.* Éste constituía una importante salida para las exportaciones de petróleo de ambos países y formaba parte de la frontera entre ambos. Alguna vez Irak había tenido el control total de Shatt-el-Arab, pero cinco años antes el gobierno iraní había obligado a Irak a compartir el control del mismo.

- Saddam pensó que las fuerzas iraníes estarían débiles y desmoralizadas después de la toma por los fundamentalistas, así que esperaba una victoria rápida. Pronto fue evidente que se había equivocado por completo.

b) La guerra se prolonga

Los iraníes se organizaron rápidamente para enfrentar la invasión, que empezó con la toma del canal navegable en disputa. Los iraníes respondieron con intensos ataques de infantería contra las posiciones iraquíes debidamente fortificadas. En el papel, Irak parecía mucho más fuerte, bien pertrechado con tanques, helicópteros y misiles soviéticos, así como con algunas armas estadunidenses y británicas. No obstante, los guardias revolucionarios iraníes, inspirados por su religión y dispuestos a convertirse en mártires, lucharon con fanática determinación; a la larga, también se hicieron de equipos modernos (misiles antiaéreos y antitanques) de procedencia china y norcoreana (y en secreto, de los Estados Unidos). Al prolongarse la guerra, Irak se concentró en estrangular las exportaciones de petróleo de Irán, con las cuales pagaba el abasto de armas; entre tanto, este último tomó territorios iraquíes, y a principios de 1987 sus tropas estaban a sólo 16 kilómetros de Basra, segunda ciudad en importancia de Irán, que tuvo que ser evacuada. En esa época, la disputa territorial se había perdido en el profundo conflicto racial y religioso: Jomeini había jurado no dejar de pelear hasta que sus musulmanes chiitas fundamentalistas destruyeran el régimen "impío" de Saddam.

La guerra tuvo repercusiones internacionales importantes.

- *La estabilidad de todo el mundo árabe estaba amenazada.* Los estados más conservadores, Arabia Saudita, Jordania y Kuwait, apoyaron cautelosamente a Irak, pero Siria, Libia, Argelia, Yemen del Sur y la OLP fueron clave para que Irak se lanzara a la guerra en un momento en que, pensaban ellos, todos los estados árabes debían estar concentrados en la destrucción de Israel. Los saudis y los otros estados del golfo, desconfiando de la rama fundamentalista del Islam de Jomeini, querían ver la capacidad de Irán para dominar el Golfo Pérsico. Ya en noviembre de 1980, en una conferencia cumbre árabe, organizada en Ammán (Jordania), para trazar nuevos planes sobre la forma de enfrentar a Israel, no se obtuvo ningún resultado porque los estados opuestos a Irak, encabezados por Siria, se negaron a asistir.

- *Los ataques en contra de las exportaciones de petróleo iraní ponían en riesgo el abasto de energía de Occidente* y varias veces estadunidenses, rusos, británicos y franceses llevaron barcos de guerra a la región, elevando la temperatura internacional. En 1987, la situación se tornó más peligrosa porque los buques petroleros, sin importar su nacionalidad, eran amenazados con minas; cuál de las partes era responsable de ponerlas, es tema de discusión.

- El éxito de las tropas fundamentalistas chiitas de Irán, especialmente la amenaza contra Basra, alarmó a los gobiernos árabes no religiosos, y muchos temían lo que pudiera pasar si Irak era derrotado. Incluso al presidente Assad de Siria, que en un principio apoyaba decididamente a Irán, le preocupaba que Irak se dividiera y se convirtiera en otro Líbano, pues la propia Siria podría desestabilizarse. A una conferencia islámica celebrada en Kuwait (enero de 1987) acudieron representantes de 44 naciones, pero los líderes de Irán se negaron a asistir, de modo que no se pudo lograr un acuerdo respecto de cómo poner fin a la guerra.

- La guerra entró en una nueva fase, aún más terrible, hacia fines de 1987 cuando ambas partes empezaron a bombardear la ciudad capital de una y otra, Teherán (Irán) y Bagdad (Irak), y provocaron miles de muertes.

c) Fin de la guerra, 1988

Si bien ninguna de las partes lograba sus objetivos, el costo de la guerra tanto económico como en vidas humanas era enorme, de modo que ambas empezaron a buscar la manera de poner fin a la lucha, aunque durante un tiempo siguieron con su propaganda; Saddam habló de una "victoria total" y los iraníes exigieron "rendición total". La ONU se involucró, habló directamente con ambas partes y logró arreglar un cese al fuego (agosto de 1988), vigilado por tropas de Naciones Unidas, y contra todo lo esperado la tregua duró. Las negociaciones de paz se iniciaron en octubre de 1988 y las condiciones se acordaron finalmente en 1990.

10. GUERRA DEL GOLFO, 1990-1991

Aun antes de que se aceptaran las condiciones para la paz al finalizar la guerra entre Irán e Irak, Saddam Hussein volvió a agredir. Sus fuerzas invadieron y ocuparon rápidamente al pequeño Estado vecino de Kuwait (agosto de 1990).

a) Motivos de Saddam Hussein

- Probablemente el verdadero motivo fue echar mano de la riqueza de Kuwait, pues verdaderamente estaba corto de fondos después de la prolongada guerra con Irán. A pesar de ser pequeño, Kuwait tenía valiosos pozos petroleros que entonces podría controlar.
- Declaró que, históricamente, Kuwait era parte de Irak, si bien, de hecho, había existido como territorio independiente, un protectorado inglés, desde 1899, en tanto que Irak se había creado después de la primera Guerra Mundial.
- No esperaba ninguna medida del mundo exterior ahora que sus tropas estaban firmemente arraigadas en Kuwait, además de que su ejército era el más fuerte de la región. Pensaba que Europa y los Estados Unidos estaban razonablemente bien dispuestos, ya que le habían proporcionado armas durante la guerra con Irán. Después de todo, los Estados Unidos lo habían apoyado durante toda su guerra contra el régimen iraní que había derrocado al sha, aliado de los estadunidenses. Estos últimos lo valoraban como influencia estabilizadora en la región y en el

mismo Irak; no habían tomado medidas cuando Saddam había reprimido a los chiitas ni cuando aplastó brutalmente a los curdos (que exigían un Estado independiente) en el norte de Irak en 1988.

b) *El mundo se une en contra de Saddam Hussein*

Otra vez, como en el caso de Irán, Saddam calculó mal. El presidente Bush de los Estados Unidos tomó la iniciativa de presionar para que se retiraran las tropas iraquíes de Kuwait. La ONU impuso sanciones comerciales a Irak y redujo su cuota de exportaciones de petróleo, su principal fuente de ingresos. A Saddam se le ordenó que retirara sus tropas a más tardar el 15 de enero de 1991, después de lo cual la ONU haría "todo lo necesario" para que salieran. Saddam esperaba que no fuera más que una amenaza y se refirió a "la madre de todas las guerras" si intentaban echarlo fuera. Pero Bush y Margaret Thatcher habían decidido que debía ponerse freno al poder de Saddam; controlaba una parte importante del petróleo que la industria occidental necesitaba. Afortunadamente para Gran Bretaña y los Estados Unidos, Arabia Saudita, Siria y Egipto también estaban preocupados por lo que Saddam pudiera hacer después, de modo que apoyaron las medidas de la ONU.

A pesar de desesperados esfuerzos diplomáticos, *Saddam Hussein pensó que no podía desprestigiarse retirándose de Kuwait,* si bien sabía que un ejército internacional de más de 60 000 hombres se había reunido en Arabia Saudita. Más de 30 naciones contribuyeron con tropas, armamento, o fondos; por ejemplo, los Estados Unidos, Gran Bretaña, Francia, Italia, Egipto, Siria y Arabia Saudita proporcionaron tropas; Alemania y Japón donaron efectivo. Cuando pasó la fecha límite del 15 de enero, se lanzó la *Operación Tormenta del Desierto* en contra de los iraquíes.

La campaña, en dos partes, tuvo éxito rápidamente. Empezó con una serie de bombardeos contra Bagdad (capital iraquí), cuyos desafortunados ciudadanos volvieron a sufrir graves pérdidas, y en contra de objetivos militares, como caminos y puentes. La segunda fase, el ataque contra el propio ejército iraquí, empezó el 24 de febrero. *Al cabo de cuatro días, los ira- quíes habían sido expulsados de Kuwait,* que fue liberado, y Sad- dam Hussein aceptó la derrota. Sin embargo, si bien Irak per- dió muchos soldados (se estima que murieron 90 000, frente a menos de 400 de los aliados), a Saddam se le permitió retirar intacto a su ejército. Los iraquíes que se replegaban estaban a merced de los aliados, pero Bush pidió el cese al fuego, teme- roso de que si la matanza continuaba, los aliados perdieran el apoyo de las otras naciones árabes.

c) Las consecuencias de la guerra: Saddam Hussein sobrevive

La guerra tuvo desafortunadas consecuencias para gran parte del pueblo iraquí. Fuera de Irak se esperaba que después de su humillante derrota, Saddam Hussein pronto fuera derrocado. Los curdos se levantaron en el norte y los musulmanes chiitas en el sur, y parecía que Irak se desintegraba. Sin embargo, los aliados le habían dejado suficientes tropas a Hussein, así como tanques y aviones, que le permitieron manejar la situación, y ambas rebeliones fueron aplastadas sin piedad. En un princi- pio nadie intervino; Rusia, Siria y Turquía tenían sus propias minorías curdas y no querían que la rebelión se extendiera fuera de Irak. De manera similar, una victoria chiita en el sur de Irak probablemente hubiera dado más poder a Irán en dicha región y los Estados Unidos no querían eso. Pero a la larga, la opinión mundial se indignó tanto con los despiadados y conti- nuos bombardeos de Saddam en contra de su propio pueblo, que los Estados Unidos y Gran Bretaña, con apoyo de la ONU, declararon esas regiones como "zonas sin vuelos", y utilizaron su propio poder aéreo para mantener alejadas a las aeronaves de Saddam. Y así se mantuvo Saddam Hussein en el poder.

La guerra y sus consecuencias revelaron claramente los mo- tivos de Occidente y de las grandes potencias. Su principal preo- cupación no era la justicia internacional ni cuestiones morales relacionadas con el bien y el mal, sino sus propios intereses. Sólo tomaron medidas en contra de Saddam porque sentían amenazado el abasto de petróleo. Con frecuencia, en el pasa- do, cuando otras naciones pequeñas eran invadidas, no se tomaban medidas internacionales. Por ejemplo, cuando Timor Oriental fue ocupado por la vecina Indonesia, en 1975, el resto del mundo lo ignoró, pues sus intereses no estaban amenazados. Después de la Guerra del Golfo, a Saddam, que en cualquier escala debe ser considerado como uno de los dictadores más brutales del siglo, se le permitió permanecer en el poder porque Occidente pensaba que su sobrevivencia era la mejor manera de conservar la unión de Irak y la estabilidad de la región.

11. ISRAELÍES Y PALESTINOS DE NUEVO EN LUCHA

a) Fracaso de los Acuerdos de Oslo

Binyamin Netanyahu, primer ministro israelí de mayo de 1996 a mayo de 1999, nunca aceptó los acuerdos a que se llegó en Oslo; pasó gran parte del tiempo que ocupó su cargo tratando de retractarse de los compromisos del anterior gobierno israelí y empezó a construir grandes asentamientos judíos en los alrededores de Jerusalén, que separarían a las aldeas árabes del lado oriental de dicha ciudad del resto de Cisjordania. El resultado fueron más protestas violentas de los palestinos; Yasser Arafat liberó de prisión a algunos activistas de Hamas y suspendió la cooperación en seguridad con Israel. Clinton, presidente de los Estados Unidos, intentó mantener en curso el proceso de paz reuniendo a ambas partes en Camp David en octubre de 1998, pero poco se logró. Netanyahu, que enfrentaba recesión y creciente desempleo, llamó a elecciones en mayo de 1999. En la contienda por el puesto de primer ministro, el candidato del Partido Laborista (que se había autonombrado "Un Israel") era el general retirado Ehud Barak. Su campaña se basó en promesas de crecimiento económico y un renovado impulso para la paz, y su victoria fue decisiva.

El triunfo de Barak despertó grandes expectativas; deseaba un acuerdo de paz integral que incluyera a Siria (que no había firmado un tratado de paz con Israel después de la guerra de 1973), así como a los palestinos, y se esforzó por lograrlo, pero desafortunadamente sus esfuerzos fueron infructuosos.

- Si bien los sirios accedieron a las pláticas, las negociaciones acabaron por interrumpirse en marzo de 2000, cuando insistieron en que debían volver a las fronteras previas a la Guerra de los Seis Días antes de que las pláticas continuaran. Barak no podía aceptar esto sin distanciarse de la mayoría de los israelíes.
- A pesar de ello, en mayo de 2000 Barak siguió adelante con sus promesas electorales de retirar las tropas israelíes del sur de Líbano, donde habían estado vigilando una zona de seguridad desde 1985.
- Barak ofreció compartir Jerusalén con los palestinos, pero Arafat se rehusó a comprometerse y siguió exigiendo total soberanía para los palestinos en el este de Jerusalén.

Para el verano de 2000 el gobierno de Barak se desintegró; muchos de sus partidarios sentían que estaba haciendo demasiadas concesiones a los árabes sin recibir nada a cambio. La reunión cumbre de Camp David patrocinada por los estadunidenses fracasó en el mes de julio.

Clinton hizo un último esfuerzo por lograr la paz antes de que terminara su periodo como presidente. (El nuevo presidente, George W. Bush, debía asumir el cargo el 20 de enero de 2001.) En una reunión en la Casa Blanca (en diciembre de 2000) anunció su nuevo plan para los representantes de ambas partes. En cierta forma se adaptó a las exigencias de los palestinos, que querían que los israelíes se retiraran completamente de Gaza y de cerca de 95% de Cisjordania, y que hubiera un Estado palestino totalmente independiente. Respecto de Jerusalén, "el principio general es que las zonas árabes sean palestinas y las judías, israelíes". En una conferencia celebrada en Taba, Egipto, para analizar el plan (enero de 2001), el acuerdo estuvo tentadoramente cerca; sólo la cuestión de Jerusalén seguía siendo un obstáculo importante, pero ninguna de las partes quería comprometerse respecto de un problema tan crítico. El proceso de paz de Oslo se había ido a pique.

b) El problema de Jerusalén

En los Acuerdos de Oslo se habían pasado por alto cuestiones vitales, como el estatus de Jerusalén, el derecho a volver de los 1948 refugiados y el futuro de los asentamientos judíos de las zonas ocupadas por Israel desde 1967. La intención era que estos espinosos problemas se negociaran hacia el final de un periodo de transición de cinco años, pero la primera vez que se discutieron en detalle fue la cumbre de Clinton, en Camp David, en julio de 2000.

Cuando se creó Israel, la intención original de la ONU era que Jerusalén estuviera bajo control internacional. Sin embargo, la batalla de 1948-1949 terminó con Jordania gobernando la zona oriental de la ciudad e Israel ocupando la occidental. Esta posición se mantuvo hasta la Guerra de los Seis Días de 1967, cuando Israel le quitó a Jordania Jerusalén Oriental, además de toda Cisjordania; hoy día sigue ocupada por los israelíes. *El problema es que Jerusalén tiene gran simbolismo y significado emocional para ambas partes.* Para los judíos, Jerusalén fue su antigua capital, y creen que en el Monte Temple estuvo su Templo, en tiempos bíblicos. Para los musulmanes, Jerusalén, conocido como Al-Haram al-Sharif, es el sitio del que ascendió a los cielos el profeta Mahoma.

Los israelíes estaban decididos a conservar Jerusalén; se apropiaron de territorio árabe y construyeron nuevos asentamientos judíos, violando la legislación internacional. La opinión internacional y la ONU condenaron repetidamente estas medidas israelíes, pero en 1980, el Knesset (Parlamento israelí) aprobó la Ley Jerusalén, por la cual "Jerusalén, completo y unificado, es la capital de Israel". Esto provocó una andanada de críticas de los israelíes moderados, que pensaban que era innecesario, de la opinión mundial y del Consejo de Seguridad de las Naciones Unidas, que aprobaron una resolución por la cual se reprendió a Israel. Incluso los Estados Unidos, que casi siempre habían apoyado a Israel, se abstuvieron de votar. Por eso los acuerdos de 1995, en los cuales por primera vez se aceptó la posibilidad de dividir Jerusalén, fueron tan importantes. Esto también explica por qué los palestinos estaban tan desilusionados cuando Netanyahu abandonó la idea, después del asesinato de Yitzak Rabin [sección XI.7 *b*)]. Cuando la Cumbre de Clinton en Camp David fracasó, en julio de 2000, fue inevitable otro estallido de violencia.

c) Sharon y la intifada

El 28 de septiembre de 2000, Ariel Sharon, líder del partido de oposición Likud, rodeado por un gran contingente de guardaespaldas, hizo una publicitada visita a Monte Temple, en Jerusalén; declaró que iba a entregar un "mensaje de paz", si bien para casi todo el resto del mundo parecía un gesto para subrayar la soberanía de Israel sobre todo Jerusalén, incluso un intento deliberado de provocar violencia, con lo cual terminaría el proceso de paz. Si en verdad ése fue el motivo, tuvo mucho éxito. Su visita provocó disturbios que se difundieron desde el Monte Temple, por todo Cisjordania y Gaza, y entre los árabes de Israel. Pronto se tornó en un *levantamiento de gran escala, conocido como la intifada de al-Aqsa (Jerusalén).* Después del fracaso de los últimos intentos de Clinton para lograr la paz, en enero de 2001, Sharon fue elegido primer ministro; Barak, a quien se consideraba como partidario de ofrecer concesiones a Yasser Arafat resultó derrotado (febrero de 2001).

De inmediato, Sharon anunció que no habría más negociaciones en tanto siguiera habiendo violencia. Su objetivo era controlar la intifada con una combinación de acción militar dura y presión internacional. Desafortunadamente, mientras más drásticas eran las medidas militares tomadas por Israel, menos apoyo internacional tenían. *Durante los tres años siguientes, no fue posible interrumpir el trágico ciclo de bombardeos suicidas, represalias israelíes masivas y ceses al fuego de corta duración, intercalados con infructuosos esfuerzos internacionales de mediación.* Por ejemplo:

• En un ataque suicida de Hamas, en Netanya, popular sitio de recreo a la orilla del mar, murieron cinco israelíes. Israel respondió con 16 ataques aéreos en los que murieron 16 palestinos en Cisjordania (mayo de 2001).
• Los israelíes asesinaron a Abu Ali Mustafa, líder sustituto del Frente Popular para la Liberación de Palestina

(PFLP, por sus siglas en inglés), en Ramallah, sede de la Autoridad Palestina (agosto de 2001).

- Después de los ataques terroristas del 11 de septiembre en los Estados Unidos, el presidente Bush tomó medidas para evitar que la cuestión palestina se mezclara con su "guerra contra el terrorismo". Anunció nuevos planes de paz que incluían un Estado palestino independiente, con Jerusalén Oriental como capital.

- El PFLP asesinó al ministro israelí de Turismo, antipalestino de línea dura y amigo de Sharon (octubre de 2001).

- Los terroristas suicidas de Hamas mataron a 25 israelíes en Haifa y Jerusalén; otros 10 fallecieron al explotar una bomba en un autobús. Israel respondió ocupando Ramallah y rodeando la sede principal de Arafat. Este último condenó el terrorismo e hizo un llamado de cese al fuego inmediato; Hamas puso fin a los ataques suicidas (diciembre de 2001). El cese al fuego apenas duró poco más de cuatro semanas.

- En los primeros meses de 2002 la lucha se tornó menos sanguinaria. Después de que terroristas palestinos armados mataran a seis soldados israelíes cerca de Ramallah, los israelíes ocuparon dos grandes campos de refugiados palestinos en Nablus y Jenin. Los palestinos ordenaron más ataques, los israelíes mandaron 150 tanques y 20 000 hombres a Cisjordania y la Franja de Gaza, y atacaron nuevamente el conjunto habitacional de Arafat en Ramallah. Parecía que Sharon estaba haciendo todo lo posible por agraviar a Arafat, menos mandarlo asesinar directamente. Había luchas intensas en el campo de refugiados de Jenin, y los palestinos afirmaban que las fuerzas israelíes habían llevado a cabo una masacre. La ONU mandó un equipo a investigar estas declaraciones, pero los israelíes no les permitieron el paso (febrero-abril de 2002). En marzo las Naciones Unidas endosaron la idea de un Estado palestino independiente; Annan, secretario general de dicha organización, acusó a Israel de "ocupar ilegalmente" territorios palestinos.

- No obstante, el equipo de Naciones Unidas reunió suficiente información como para publicar en septiembre de 2002 un informe sobre las condiciones en Cisjordania y Gaza (refiriéndose a ellos como "territorios ocupados"). Acusó a Israel de provocar una catástrofe humanitaria entre los palestinos, pues la economía había sido destruida, el desempleo llegaba a 65%, la mitad de la población vivía con menos de dos dólares diarios; casas y escuelas habían sido demolidas, se deportaba a la gente y se imponían toques de queda; se impedía a las ambulancias cruzar las calles bloqueadas.

- Los Estados Unidos e Israel veían a Arafat como el principal obstáculo para el progreso, pues no hacía concesiones importantes y no quería o no podía poner un alto a los ataques palestinos. Como no lograron matarlo en el ataque al conjunto habitacional en que vivía, los líderes israelíes intentaron marginarlo negándose a reunirse con él y exigiendo que se nombrara a otro líder para representar a los palestinos en las negociaciones. Así, Mahmoud Abbas (Abu Mazen) fue nombrado para el recién creado puesto de primer ministro, si bien Arafat seguía siendo presidente y era quien realmente detentaba el poder en la Autoridad Palestina (marzo de 2003).

d) ¿Mapa de ruta hacia la paz?

Este nuevo plan de paz fue desarrollado originalmente en diciembre de 2002 por representantes de la Unión Europea, Rusia, las Naciones Unidas y los Estados Unidos. Las discusiones formales se habían demorado por la elección general israelí de enero de 2003 (que ganó Sharon), la guerra en Irak y la insistencia de los Estados Unidos e Israel en que sólo tratarían con Abbas y no con Arafat. Por fin, el 30 de abril de 2003, se presentó formalmente por separado a Abbas y Sharon. *El "mapa de ruta" hacia la paz tendía a lograr un acuerdo final de todo el conflicto entre Palestina e Israel para finales de 2005. Sus puntos básicos eran:*

- creación de un Estado palestino independiente, democrático y viable que conviviera en paz y seguridad con Israel y sus otros vecinos;

- ambas partes "debían cesar incondicionalmente la violencia"; se congelarían los nuevos asentamientos israelíes, se desmantelarían todos los construidos "ilegalmente" desde la asunción al poder de Sharon, en marzo de 2001 y, para fines de mayo de 2003, habría una nueva Constitución y elecciones en Palestina;
- después de las elecciones palestinas, habría una conferencia internacional que fijaría las fronteras provisionales del nuevo Estado hacia fines de 2003;
- en los siguientes dos años, hasta finales de 2005, Israel y Palestina negociarían los últimos detalles, como asentamientos restantes, refugiados, estatus de Jerusalén y fronteras.

El "mapa de ruta" fue aceptado en principio tanto por palestinos como por israelíes, si bien Sharon tenía ciertas reservas; por ejemplo, no reconocería el derecho de los refugiados palestinos a volver a sus antiguos hogares en Israel. El gabinete israelí votó apenas a favor del plan, primera vez que aceptaban la idea de un Estado palestino que incluiría parte del territorio que había ocupado desde la Guerra de los Seis Días de 1967. Respecto de Cisjordania y la Franja de Gaza, Sharon hizo una declaración histórica: "Mantener bajo ocupación a 3.5 millones de personas es malo para nosotros y para ellos. He llegado a la conclusión de que tenemos que llegar a un acuerdo de paz".

e) ¿Qué provocó el cambio de actitud de los israelíes?

El cambio de actitud de Sharon no surgió de la nada; ya en noviembre de 2002 había convencido a su partido Likud de que un eventual Estado palestino era inevitable y que tendrían que hacerse "dolorosas concesiones" una vez que la violencia terminara. Fue con esta plataforma con la que Likud ganó la elección general de enero de 2003, y Sharon siguió como primer ministro. Una combinación de razones lo llevó a renunciar a su visión de línea dura de crear un Gran Israel, del Mediterráneo al río Jordán, incluido todo Jerusalén:

- Después de casi tres años de violencia, incluso Sharon se daba cuenta de que su política no estaba funcionando. La ferocidad y determinación de la resistencia palestina sorprendía y consternaba a la mayoría de los israelíes. Si bien la opinión internacional condenaba a los terroristas suicidas palestinos, la reacción desproporcionada de los israelíes era aun más impopular; fueron los palestinos desvalidos los que se ganaron la simpatía del resto del mundo, excepto de los Estados Unidos, que casi invariablemente apoyaban y financiaban a Israel.

- Los israelíes moderados le habían vuelto la espalda a la línea dura y a muchos les horrorizaban hechos como la "masacre" del campo de refugiados de Jenin. Yitzhak Laor, escritor y poeta israelí, escribió: "No hay duda de que la 'política del asesinato' de Israel, la matanza de políticos de alto nivel, ha echado gasolina al fuego [...] El *bulldozer*, alguna vez símbolo de la construcción de un nuevo país, se ha convertido en un monstruo, después de los tanques, así que todos podemos ver cuando el hogar de otra familia, otro futuro, desaparece [...] Esclavizar a una nación, someterla, sencillamente no funciona". Un estimado sugiere que 56% de los israelíes estaba de acuerdo con el "mapa de ruta".

- Incluso el presidente Bush llegó a perder la paciencia con Sharon. Los Estados Unidos denunciaron los ataques contra la sede principal de Arafat y le dijeron a Sharon que retirara sus tropas de Cisjordania, además de señalar que sus ataques contra los palestinos amenazaban con destruir la coalición contra el régimen talibán y Osama bin Laden, encabezada por los estadunidenses. Bush temía que a menos que se hiciera algo para detener a Sharon, los estados árabes, Egipto, Jordania y Arabia Saudita, podrían retirarse de la coalición. Por otra parte, amenazó con reducir la ayuda estadunidense a Israel. La primera reacción de Sharon fue de enojo y desconfianza, pero a fin de cuentas tuvo que hacer caso y empezó el retiro gradual de sus tropas.

- También se hizo referencia a las tendencias poblacionales como otra posible influencia en Sharon. A principios de 2004, la población de Israel y Palestina era de cerca de 10 millones de personas, 5.4 millones de judíos y 4.6 millones de árabes. Al ritmo vigente de crecimiento poblacional, el número de árabes palestinos rebasaría al de judíos en un lapso de seis a 10 años; en 20, esta tendencia pondría en riesgo la existencia misma del Estado judío. Y esto porque si lo que los judíos querían era un Estado verdaderamente democrático, como afirmaban, los palestinos deberían tener el mismo derecho al voto, y por tanto, serían mayoría. La mejor solución para ambas partes sería la paz, y la creación de dos estados independientes, lo más pronto posible.

f) Vienen tiempos difíciles

Si bien ambas partes habían aceptado en principio el "mapa de ruta", aún había profundas dudas de hacia dónde conduciría exactamente. En la primavera de 2004, no se había avanzado en la implementación de ninguno de los puntos y el programa estaba muy atrasado. A pesar de todos los esfuerzos, había resultado imposible lograr un cese al fuego duradero; la violencia continuaba y Mahmoud Abbas, en su exasperación, renunció y culpó a los israelíes de actuar "provocadoramente" cada vez que grupos de militantes palestinos, Hamas, Jihad islámico y Fatah, iniciaban un cese al fuego. También estaba implicado en una lucha de poder con Arafat, quien no le otorgaba poderes plenos para negociar a su manera. Fue remplazado por Ahmed Qurie, quien había participado en las discusiones de Oslo, en 1993.

En octubre de 2003, algunos críticos israelíes de Sharon, incluido Yossi Beilin (que también había participado en los Acuerdos de Paz de Oslo), sostuvieron pláticas con algunos líderes palestinos y lograron producir *un plan de paz rival, no oficial*. Dicho plan fue lanzado con gran publicidad en una ceremonia celebrada en diciembre, en Ginebra, y recibido como signo de esperanza. Los israelíes hicieron algunas concesiones: Jerusalén se dividiría e incorporaría al Estado palestino, Israel concedería cierta soberanía respecto del Monte Temple y abandonaría cerca de 75% de los asentamientos judíos de Cisjordania, los cuales se incorporarían al nuevo Estado palestino. A cambio, sin embargo, a los palestinos se les pedía que renunciaran al derecho de que volvieran los refugiados y que aceptaran una compensación económica. Para la gran mayoría de los palestinos, éste era el núcleo del conflicto, y nunca aceptarían voluntariamente un acuerdo de esa naturaleza. Para los israelíes, abandonar tantos asentamientos era también, anatema. Esta paralización se prolongó durante 2004.

g) ¿Por qué el proceso de paz se paralizó de esta manera?

La razón fue básicamente que si bien el "mapa de ruta" y los así llamados Acuerdos de Ginebra representaban algunas concesiones para los israelíes, no eran suficientes. Se omitieron varios puntos vitales que los palestinos esperaban, con todo derecho, que se incluyeran.

- No se aceptaba realmente que la presencia de Israel en Gaza y Cisjordania fuera una ocupación ilegal, y lo había sido desde 1967. Israel ignoró una orden de las Naciones Unidas de evacuar el territorio tomado durante la Guerra de los Seis Días (incluidos los Altos del Golán, tomados a Siria).
- Las fronteras eran consideradas "provisionales". Los palestinos sospechaban que la idea de Sharon era tener un Estado palestino débil, constituido por una serie de enclaves separados uno de otro por territorio israelí.
- Estaba el espinoso problema de los asentamientos de israelíes. El "mapa de ruta" mencionaba el desmantelamiento de los asentamientos "ilegales" construidos desde marzo de 2001, que eran más de 60. Esto implicaba que todos los anteriores, casi 200, en los cuales vivían 450 000 personas, la mitad en Jerusalén Oriental, o cerca, fueran legales, pero supuestamente eran ilegales, pues se habían construido en territorio ocupado. En el "mapa de ruta" no se mencionaba que fueran a desmantelarse.

- No se hacía referencia al enorme muro de seguridad, de 347 kilómetros de largo, construido de norte a sur por los israelíes en Cisjordania, y que se desviaba para incluir los asentamientos israelíes de mayor tamaño. El muro atravesaba tierras palestinas y olivares, y en algunos lugares separaba a los palestinos de las granjas que les daban para vivir. Se estimaba que cuando estuviera terminado, 300 000 palestinos quedarían atrapados en sus propios pueblos, y sin posibilidades de acceder a sus tierras.
- Por encima de todo estaba la cuestión de los refugiados y su sueño de volver a su patria de antes de 1948, deseo formulado en varias resoluciones de la ONU. Los israelíes, por su parte, pensaban que si el sueño palestino se hacía realidad, se destruiría su propio sueño: el Estado judío.

En enero de 2004, Sharon anunció que si no se avanzaba hacia una paz negociada, Israel seguiría adelante e impondría su propia solución; se retirarían de algunos asentamientos y reubicarían a las comunidades judías. Las fronteras serían redefinidas para crear un Estado de Palestina independiente, pero sería más pequeño que el previsto en el "mapa de ruta". La situación volvió a ponerse caótica en marzo de 2004, cuando los israelíes asesinaron al jeque Ahmed Yassin, fundador y líder de Hamas.

En ese mismo mes, Sharon anunció su nueva solución unilateral; los israelíes desmantelarían sus asentamientos de la Franja de Gaza, pero mantendrían el control de todos, excepto cuatro de los de Cisjordania, por puro formulismo. Si bien era un cambio radical respecto del "mapa de ruta" de los israelíes, el presidente Bush lo aprobó sin reparos; dijo que no era realista esperar que Israel se retirara totalmente de un territorio ocupado durante la guerra de 1967, y que tampoco era realista que los refugiados palestinos esperaran volver "a casa". Como era de suponer, esto causó gran indignación en el mundo árabe; las tensiones se incrementaron en abril de 2004, cuando los israelíes asesinaron al doctor al-Rantissi, sucesor del jeque Yassin, y advirtieron que Yasser Arafat podría ser el siguiente objetivo. Esto provocó una violenta reacción de los militantes palestinos; los israelíes respondieron con un ataque contra el campo de refugiados de Rafah, en Gaza, donde murieron 40 personas, incluidos niños.

Yasser Arafat apareció con una rama de olivo cuando dijo a los periódicos de Israel que aceptaba el derecho de ese país a seguir siendo un Estado judío y que estaba dispuesto a aceptar que regresara sólo una parte de los refugiados palestinos. Este ofrecimiento no fue bien recibido por los militantes palestinos y tampoco fue positiva la respuesta de los israelíes.

Entre tanto, la Corte Internacional de Justicia de La Haya había estado analizando la legalidad del muro de seguridad de Cisjordania; los palestinos estuvieron encantados cuando la corte dictaminó que esa barrera era ilegal, que los israelíes debían demolerla y compensar a las víctimas (julio de 2004). Sin embargo, el primer ministro Sharon rechazó el veredicto del tribunal con el argumento de que Israel tenía derecho sagrado a luchar contra los terroristas como fuera necesario. Los israelíes se mostraron más desafiantes al anunciar que pensaban construir un nuevo asentamiento cerca de Jerusalén Oriental, el cual rodearía al Jerusalén Oriental palestino y haría imposible que se convirtiera en la capital de un Estado palestino. Esto representaba una violación al acuerdo de Israel, incluido en el "mapa de ruta", de no construir más asentamientos; el anunció recibió la condena del resto del mundo, excepto de los Estados Unidos, quienes lo aprobaron tácitamente.

La situación cambió con la muerte de Yasser Arafat, en diciembre de 2004. El primer ministro palestino, Mahmoud Abbas (también conocido como Abu Mazen), obtuvo una victoria decisiva en la elección del nuevo presidente, con 70% de los votos (enero de 2005). Es un moderado que se ha opuesto constantemente a la violencia; por consiguiente, Bush, presidente de los Estados Unidos, que se había negado a tratar con Arafat, mostró disposición a reunirse con Abbas y urgió a palestinos e israelíes a reducir las tensiones y avanzar en pro de la paz.

PREGUNTAS

Los Estados Unidos y la Guerra del Golfo, 1990-1991
1. Estudie la fuente A y conteste las preguntas.

Fuente A
Artículo de la revista *Fortune*, 11 de febrero de 1991.

> El presidente y sus hombres trabajaron tiempo extra para acallar a los pacificadores independientes del mundo árabe, Francia y la Unión Soviética, que amenazaron con dar a Saddam una forma de salirse de la caja que Bush estaba construyendo, guardando las apariencias. Una y otra vez, Bush repetía el mantra de no negociación, no tratos, no vínculos con una conferencia de paz palestina. "Nuestros trabajos, nuestra forma de vida, nuestra propia libertad y la libertad de países amigos de todo el mundo se resentirían —dijo— si el control de las reservas de petróleo más grandes del mundo cae en manos de ese hombre, Saddam Hussein."

> FUENTE: Citado en William Blum, *Killing Hope* (Zed Books, 2003).

  a) ¿Qué revela la fuente de los motivos de los Estados Unidos para tomar medidas en contra de Saddam Hussein, después de que invadió Kuwait?
  b) Muestre cómo las fuerzas de Saddam Hussein fueron expulsadas de Kuwait y derrotadas.
  c) Explique por qué se le permitió a Saddam mantener el control de Irak a pesar de su derrota.

2. ¿Por qué y con qué resultados lucharon árabes e israelíes en las guerras de 1967 y 1973?
3. "Terrorismo y violencia, más que diplomacia pacífica." ¿Hasta qué punto coincide con esta opinión sobre las actividades de la OLP en Medio Oriente entre 1973 y 1995?
4. "Los Estados Unidos y la URSS intervinieron en Medio Oriente entre 1956 y 1979 sólo para preservar la estabilidad política y económica en la región." ¿Qué tan válido le parece este punto de vista?

XII. EL NUEVO ORDEN MUNDIAL
Y LA GUERRA CONTRA EL TERRORISMO
GLOBAL

Resumen de acontecimientos

Cuando el comunismo se colapsó en Europa oriental y la URSS se desintegró en 1991, la Guerra Fría llegó a su fin. *Los Estados Unidos quedaron como la única superpotencia del mundo.* Después de su victoria sobre el comunismo, estos últimos eran todo confianza y orgullo por la superioridad de su forma de vida y sus instituciones. Los optimistas pensaban que ahora el mundo podría encaminarse hacia un periodo de paz y armonía durante el cual, los Estados Unidos, que se consideraban ellos mismos como la tierra de la libertad y la benevolencia, dirigirían a los demás, donde fuera necesario, hacia la democracia y la prosperidad. Por otra parte, donde fuera necesario, harían las veces de policía del mundo y mantendrían bajo control a los "países mal portados" para que se comportaran. Francis Fukuyama, profesor de economía política de la Universidad Johns Hopkins, incluso argumentaba que el mundo había llegado "al final de la historia", en el sentido de que la historia, vista como el desarrollo de las sociedades humanas a través de las diversas formas de gobierno, había alcanzado el clímax de la democracia liberal moderna y el capitalismo orientado al mercado.

No obstante, el nuevo orden mundial resultó muy diferente. Gran parte del resto del mundo no deseaba ir a ningún lado con los Estados Unidos y su visión del mundo no coincidía con la de ellos, pero dado su poder, tanto militar como económico, era difícil que los países pequeños se le enfrentaran de manera convencional, y a los extremistas les parecía que la única forma de golpear a los Estados Unidos y sus aliados era el terrorismo.

El terrorismo no era nuevo, los anarquistas fueron responsables de muchos asesinatos al principio del siglo XIX y del XX. A finales del XIX y durante el XX, había habido muchas organizaciones terroristas, pero casi todas localizadas, y hacían sus campañas en su propio territorio, como la ETA, por ejemplo, que quería (y todavía quiere) un estado vasco totalmente independiente de España, y el ERI, que quería que Irlanda del Norte se uniera a la República de Irlanda.

Fue en los años setenta cuando los terroristas empezaron a actuar fuera de sus territorios, como en 1972, cuando terroristas árabes mataron a 11 atletas israelíes en los Juegos Olímpicos de Múnich; también detonaron varias bombas en aeronaves. En los años noventa, no quedó duda de que el objetivo principal eran los Estados Unidos:

- la embajada estadunidense de Beirut (Líbano) sufrió un ataque en 1983;
- un avión estadunidense que volaba de Francfort a Nueva York se estrelló en el pueblo escocés de Lockerbie, a resultas de la explosión de una bomba a bordo (1988);
- en febrero de 1993 explotó una bomba en el World Trade Center de Nueva York;
- las embajadas estadunidenses de Kenia y Tanzanía fueron atacadas en 1998;
- el barco de guerra estadunidense *Cole* fue atacado en el puerto de Adén, Yemen (2000).

447

La culminación de esta campaña fueron los terribles acontecimientos del 11 de septiembre de 2001, cuando el World Trade Center de Nueva York resultó totalmente destruido (ilustración XII.1). Al-Qaeda (que significa "la Base"), organización árabe encabezada por Osama bin Laden, que hacía campaña contra Occidente o los intereses contrarios al Islam, fue culpada del ataque. George W. Bush, presidente de los Estados Unidos lanzó de inmediato "una declaración de guerra contra el terrorismo". Sus objetivos eran derrocar al régimen talibán de Afganistán, que supuestamente ayudaba e instigaba a al-Qaeda, capturar a Osama bin Laden y destruir a al-Qaeda. Bush también amenazó con atacar y derrocar cualquier régimen que fomentara o albergara a los terroristas. El primero de la lista era el de Saddam Hussein, en Irak, y también amenazó con tomar medidas en contra de Irán y Corea del Norte, tres estados que, según Bush, formaban un "eje del mal".

El régimen talibán de Afganistán fue rápidamente derrocado (octubre de 2001). Los Estados Unidos, con ayuda de Gran Bretaña, pasaron a Irak, donde *Saddam Hussein también fue derrocado (abril-mayo de 2003)* y más tarde, capturado. Si bien estos regímenes fueron relativamente fáciles de eliminar, quedó demostrado que sería mucho más difícil sustituirlos con una administración viable y estable que diera paz y prosperidad a sus turbulentos países. Y entre tanto, el terrorismo seguía.

1. EL NUEVO ORDEN MUNDIAL

Poco después de la "victoria" estadunidense en la Guerra Fría, varios voceros de ese país anunciaron que los Estados Unidos esperaban una nueva era de paz y cooperación internacional. Con esto querían dar a entender que los Estados Unidos, única superpotencia del mundo, todopoderosa e incontrovertible, ahora se dedicarían a las buenas obras: a apoyar la justicia, la libertad y los derechos humanos internacionales; a erradicar la pobreza y difundir la educación, la salud y la democracia en todo el mundo. Es entendible que los estadunidenses estuvieran orgullosos de los logros de su país; en 1997, David Rothkopf, uno de los ministros de la administración de Clinton, escribió: "Los estadunidenses no deben negar el hecho de que de todas las naciones de la historia del mundo, la suya es la más justa y tolerante, y el mejor modelo para el futuro".

Sin embargo, en lugar de ser amados y admirados universalmente, los Estados Unidos, o más bien, los gobiernos estadunidenses, fueron odiados con tal virulencia en ciertos ámbitos, que los pueblos fueron impulsados a cometer los peores actos de terrorismo para protestar en contra de ellos y de su sistema. ¿Cómo se llegó a esto? *¿Cómo la etapa posterior a la Guerra Fría, aparentemente tan llena de esperanza, resultó tan llena de odio y horror?* En pocas palabras, había millones de personas en muchos países que no compartían las ventajas del

ILUSTRACIÓN XII.1. *Nueva York, 11 de septiembre de 2001. Una tremenda explosión sacude la torre sur del World Trade Center cuando el vuelo 175 de United Airlines, procedente de Boston, que había sido secuestrado, se estrella contra el edificio*

próspero estilo de vida estadunidense; tampoco veían muchas pruebas de que los Estados Unidos trataran realmente de hacer todo lo posible por cerrar la brecha entre pobres y ricos, o de luchar por la justicia y los derechos humanos.

Muchos escritores estadunidenses estaban conscientes de los riesgos de una situación de esa naturaleza. En su obra *Ano-*

ther American Century, publicada en 2000, Nicholas Guyatt señalaba que

> alrededor del mundo, muchas personas están frustradas por la complacencia e impenetrabilidad de los Estados Unidos y por el hecho de que la aparente ausencia de soluciones políticas a esto (por ejemplo una Organización de las Naciones Unidas realmente multilateral e independiente) con toda probabilidad llevará a muchos a tomar medidas radicales y extremas [...] [hay] grandes y peligrosos focos de resentimiento hacia los Estados Unidos en todo el mundo, arraigados no en fundamentalismos ni en locura, sino en una genuina percepción de desequilibrio de poder, y una verdadera frustración ante la impotencia de los medios políticos de cambio.

"Mientras los Estados Unidos sigan aislados de los efectos de sus acciones —concluía— apenas se darán cuenta de la verdadera desesperación que producen en otros."

¿Cuáles eran esas medidas de los Estados Unidos que causaban tal desesperación en otros? Obviamente era una compleja combinación de medidas y políticas que llevaban a tan extremas reacciones.

- *La política exterior estadunidense seguía con la misma línea intervencionista de la Guerra Fría.* Por ejemplo, en diciembre de 1989, al menos 2 000 civiles murieron cuando las fuerzas de los Estados Unidos invadieron y bombardearon Panamá, en una operación encaminada a arrestar a Manuel Noriega, líder militar panameño que estuvo detrás de los presidentes de ese país durante los años ochenta. Había trabajado para la CIA y los gobiernos estadunidenses lo apoyaron hasta 1987, cuando fue acusado de tráfico de drogas y lavado de dinero. Mediante tan torpe operación fue capturado y enviado a los Estados Unidos para ser juzgado. La Organización de los Estados Americanos propuso una resolución "en que lamentaba profundamente la intervención estadunidense en Panamá", la cual fue aprobada por 20 votos a uno, y el uno fue de los propios Estados Unidos.

Durante la década de 1990, los estadunidenses ayudaron a suprimir los movimientos de izquierda en México, Colombia, Ecuador y Perú. En 1999 tomaron parte en el controvertido bombardeo de Serbia. Dos veces, en 1989 y 2001, agentes estadunidenses intervinieron en las elecciones de Nicaragua; la primera, para derrotar al gobierno de izquierda, y la segunda, para evitar que volviera al poder. Este tipo de políticas estaba condenado a provocar resentimiento, en especial ahora que no podían justificarse como parte de las campañas contra el avance del comunismo en el mundo. En palabras de William Blum (en *Rogue State*), "el enemigo era, y sigue siendo, cualquier gobierno o movimiento, incluso cualquier individuo, que se ponga en el camino de la expansión del imperio estadunidense".

- En otros momentos, *la intervención de los Estados Unidos fracasó en situaciones en que la opinión internacional esperaba que su papel fuera decisivo*. En Ruanda, en 1994, estaban renuentes a participar, pues no había intereses estadunidenses directamente involucrados y una intervención de la magnitud necesaria hubiera sido costosa. Por la demora, cerca de medio millón de personas fueron masacradas. Como lo dijo Nicholas Guyatt, renuentes a abandonar su papel clave en los asuntos del mundo, pero mal dispuestos a comprometer tropas y dinero para operaciones de la ONU, los Estados Unidos debilitaron la causa del mantenimiento de la paz justamente cuando una situación como la de Ruanda exigía responder de manera flexible y dinámica. El otro ejemplo importante del fracaso de los Estados Unidos fue el conflicto árabe israelí. Si bien los Estados Unidos se involucraron tratando de lograr la paz, claramente estaban del lado de Israel. George W. Bush se negó a tratar con Yasser Arafat, pues lo consideraba un mero terrorista. La principal razón de la amarga hostilidad de los árabes probablemente se deba a que no logró un acuerdo justo para solucionar el conflicto.
- *Con frecuencia los Estados Unidos no apoyaban a la ONU.* En 1984, por ejemplo, el presidente Reagan habló de la

importancia de la ley y el orden internacional; "sin ley
—dijo— sólo habrá desorden y caos". Sin embargo, el año
anterior había rechazado el veredicto de la Corte Internacional de Justicia por el que se condenaba a los Estados Unidos por el uso ilegal de la fuerza en la instalación
de minas en las bahías de Nicaragua. Más tarde, la corte
ordenó que los Estados Unidos pagaran una compensación a Nicaragua, pero el gobierno se negó e incrementó
su apoyo financiero para los mercenarios que trataban
de desestabilizar al gobierno electo democráticamente
en ese país. La ONU no pudo hacer cumplir su decisión.

Los Estados Unidos tienen una larga historia en
cuanto a vetar las resoluciones del Consejo de Seguridad y oponerse a las resoluciones de la Asamblea General. Con unos cuantos ejemplos se demuestra esa actitud. En 1985, los Estados Unidos fueron el único país
que votó en contra de una resolución en que se proponían nuevas políticas para salvaguardar los derechos
humanos (130 contra uno). De manera similar, en 1987,
fueron el único miembro que votó en contra de una resolución tendiente a proponer el fortalecimiento de los
servicios de comunicación del Tercer Mundo (140 contra uno). En 1996, en una Cumbre Alimentaria Mundial
organizada por la ONU, se negaron a apoyar la opinión
general de que es derecho de todos "tener acceso a alimentos seguros y nutritivos". Según lo expresaba sucintamente Noam Chomsky (en *Hegemony or Survival*),
"cuando la ONU no logra ser instrumento de la unilatera-
lidad estadunidense en aspectos relacionados con la élite, no es tomada en cuenta". Los Estados Unidos votaron en contra de la propuesta de Naciones Unidas para
controlar el terrorismo, presuntamente porque querían
luchar contra el terrorismo a su manera. Todo esto, antes del 11 de septiembre, sólo podía resultar en el debili-
tamiento de la ONU y de la legislación internacional. En
palabras de Michael Byers, "la ley internacional según
la aplican los Estados Unidos cada vez se relaciona menos con las leyes internacionales, según se entienden en
cualquier otro lado [...] Es posible que [...] los Estados

Unidos en realidad estén intentando crear nuevas reglas de excepción sólo para ellos".

- *El presidente George W. Bush se ha mostrado menos que entusiasta sobre algunos de los acuerdos firmados por administraciones previas.* Durante el primer año de su gobierno, y antes del 11 de septiembre, rechazó el Tratado sobre misiles antibalísticos de 1972, se retiró de los Protocolos de Kioto sobre cambio climático de 1997, detuvo los nuevos contactos diplomáticos con Corea del Norte y se negó a cooperar con las discusiones sobre el control de las armas químicas.

- *La economía de los Estados Unidos es tan poderosa, que las decisiones tomadas en Washington y Nueva York repercuten en todo el mundo.* Con la creciente globalización de la economía mundial, las empresas estadunidenses tienen intereses por todas partes, además de que el país controla con firmeza el Banco Mundial y el Fondo Monetario Internacional, de tal forma que los estados que solicitan créditos tienen que asegurarse de que su política interna sea aceptable para los Estados Unidos. En 1995, el nuevo presidente del Banco Mundial, James Wolfensohn, manifestó su deseo de que el banco hiciera más para promover el alivio de la deuda, el buen gobierno, la educación y la salud en el Tercer Mundo, pero Washington se opuso, argumentando una estricta austeridad. De hecho, según Will Hutton, "el sistema financiero internacional se ha conformado para ampliar el poder financiero y político de los Estados Unidos, no para fomentar el bien público del mundo". A finales de 2002, era obvio que los Estados Unidos perseguían lo que algunos observadores describieron como "una gran estrategia imperial" que conduce a un nuevo orden mundial en el cual "dirige el espectáculo".

2. El surgimiento del terrorismo mundial

a) ¿Cuál es la definición de "terrorismo"?

En su reciente obra, *Worlds in Collision,* Ken Booth y Tim Dunne ofrecen la siguiente definición:

> El terrorismo es un método de acción política que recurre a la violencia (o a provocar deliberadamente miedo) contra los civiles y la infraestructura civil para influir en el comportamiento, castigar o vengarse. Para los perpetradores, el punto es que el grupo objeto le tema al día de hoy, le tema al mañana y le tema a los demás. El terrorismo es un acto, no una ideología. Sus instrumentos son el asesinato, las matanzas masivas, el secuestro, los bombardeos, el rapto y la intimidación. Tales actos pueden ser perpetrados por estados o por grupos privados.

Cualquier definición de terrorismo tiene problemas. Por ejemplo, ¿los pueblos que legítimamente luchan por su independencia, como los mau mau de Kenia [sección XXIV.4 *b)*] y el Congreso Nacional Africano de Sudáfrica (sección XXV.8), son terroristas o revolucionarios que luchan por la libertad? En los años sesenta, Nelson Mandela era considerado terrorista por los gobiernos blancos de Sudáfrica y pasó 27 años en la cárcel, pero ahora es respetado y reverenciado por blancos y negros en todo el mundo. ¿Y Yasser Arafat, el líder palestino? El presidente Bush se negó a reunirse con él porque, según los estadunidenses, no era más que un terrorista. No obstante, cuando el gobierno israelí llevó a cabo ataques similares a los perpetrados por los palestinos no fueron calificados de terroristas, sino de medidas legítimas de un gobierno en contra del terrorismo. Obviamente, depende de qué lado esté uno, y qué lado resulte vencedor.

b) Grupos terroristas

Algunas de las organizaciones terroristas más conocidas tenían su base en Medio Oriente.

La *Organización Abu Nidal* (ANO, por sus siglas en inglés) fue uno de los primeros grupos que se hizo sentir. Formado en 1974, fue una rama de la Organización para la Liberación de Palestina de Yasser Arafat (OLP) que no se consideraba suficientemente agresiva. La ANO tendía a un Estado palestino totalmente independiente; con bases en Líbano y Palestina (en algunos de los campos de refugiados), era apoyada por Siria, Sudán y, en un principio, por Libia. Se responsabilizó de operaciones en unos 20 países, incluidos ataques en los aeropuertos de Roma y Viena (1985) y varios secuestros de aeronaves. Desde los primeros años noventa, la ANO ha reducido su actividad.

Hezbollah (Partido de Dios), también conocido como *Jihad Islámica (Guerra Sagrada)*, fue formado en Líbano en 1982, después de la invasión israelí [sección XI.8 *b*)], principalmente por musulmanes chiitas, que afirmaban ser inspirados por el ayatola Jomeini, dirigente de Irán. Su objetivo era seguir su ejemplo creando un Estado islámico en Líbano; también querían expulsar a los israelíes de todos los territorios ocupados de Palestina. Se supone que Hezbollah fue responsable de varios ataques a la embajada estadunidense en Beirut, en los años ochenta, y de capturar a muchos rehenes occidentales en 1987, incluido Terry Waite, enviado especial de paz del arzobispo de Canterbury. En la década de 1990, empezó a ampliar su esfera de operaciones, y atacó objetivos en Argentina, como la embajada israelí (1992) y más tarde, un centro cultural israelí (1994).

Hamas (Movimiento Islámico de Resistencia) se formó en 1987 con el fin de crear un Estado islámico independiente de Palestina. Intentó combinar la resistencia armada en contra de Israel con la actividad política, presentando candidatos en algunas elecciones de la Autoridad Palestina. Hamas gozaba de gran apoyo en Cisjordania y la Franja de Gaza; en los últimos años se especializó en ataques suicidas con bombas en contra de objetivos israelíes.

Al-Qaeda (la Base) es el grupo terrorista más famoso de la época actual. Integrado principalmente por musulmanes sunitas, fue creado hacia finales de la década de 1980 como parte de la lucha para expulsar a las fuerzas soviéticas que invadieron Afganistán en 1979 [sección VIII.6 *b*)]. Como puede incluirse en la Guerra Fría, al-Qaeda fue financiado y entrenado por los Estados Unidos, entre otros países occidentales. Después de que Rusia se retirara completamente de Afganistán (febrero de 1989), al-Qaeda amplió sus horizontes y empezó una campaña general para apoyar el establecimiento de gobiernos islámicos. El blanco especial era el régimen conservador no religioso de Arabia Saudita, patria de Osama bin Laden, apoyado por los Estados Unidos y aprovisionado por tropas estadunidenses. La meta de al-Qaeda era obligar a los estadunidenses a retirar sus tropas, de modo que un régimen islámico pudiera llegar al poder. El objetivo secundario era que los Estados Unidos dejaran de apoyar a Israel. Se supone que la organización tiene cerca de 5 000 miembros, con células en muchos países.

Quizá el grupo terrorista más conocido fuera de Medio Oriente sean los *Tigres Tamiles* de Sri Lanka, hindúes que vivían en el norte y el oriente de Sri Lanka, en tanto que la mayor parte de la población de la isla era budista. Los Tigres luchaban desde principios de los años ochenta por una patria independiente; recurrían a bombardeos suicidas, al asesinato de líderes políticos y ataques contra templos budistas. Para la década de 1990, tenían más de 10 000 efectivos y la lucha había alcanzado proporciones de guerra civil. Su acción más notoria fue el asesinato del primer ministro Rajiv Gandhi, en la India, en 1991. En 2001 se logró una tregua, y si bien la rompieron varias veces, para 2003 se veían signos alentadores de que por fin se lograría un acuerdo de paz.

Probablemente el grupo terrorista más exitoso sea el *Congreso Nacional Africano* (ANC, por sus siglas en inglés), en Sudáfrica. Si bien se formó originalmente en 1912, no fue hasta los primeros años sesenta, cuando adoptó métodos violentos, al tornarse más brutal el *apartheid*. Después de una prolongada campaña, el gobierno supremacista blanco finalmente sucumbió a la presión mundial y del ANC. Nelson Mandela fue liberado (1990) y se celebraron elecciones multirraciales (1994). Mandela, ex "terrorista", fue el primer presidente negro de Sudáfrica. Ha habido muchas otras organizaciones, por ejemplo, el *Movimiento Revolucionario Tupamaro* de Perú, cuyo objetivo es liberar al país de la influencia estadunidense; el *Grupo*

Islámico de Argelia, que tiende a la creación de un Estado islámico que sustituya al gobierno no religioso en turno, y el *Ejército de Liberación Nacional* de Bolivia, que quiere liberar al país de la influencia de los Estados Unidos.

c) El terrorismo se torna mundial
y contra los Estados Unidos

Fue en los primeros años setenta, cuando grupos terroristas empezaron a operar fuera de sus propios países. En 1972 fueron asesinados 11 atletas israelíes en los Juegos Olímpicos de Múnich por un grupo pro palestino que se hacía llamar Septiembre Negro. Poco a poco se hizo evidente que el objetivo principal de los atentados eran los Estados Unidos y sus intereses. Después de la caída del sha de Irán, apoyado por los Estados Unidos, a principios de 1979, una ola de sentimientos antiestadunidenses inundó la región. En noviembre de 1979, un gran ejército de varios miles de estudiantes iraníes atacó la embajada estadunidense en la capital, Teherán, y tomó como rehenes a 52 estadunidenses, durante casi 15 meses. Las demandas del nuevo dirigente del país, el ayatollah Jomeini, incluían entregar al ex sha, de modo que fuera juzgado en Irán, y que los Estados Unidos reconocieran su culpabilidad en todas las intromisiones previas a 1979. Sólo cuando los Estados Unidos aceptaron liberar ocho millones de dólares en activos iraníes congelados, se permitió que los rehenes volvieran a casa. Este incidente fue visto como una humillación nacional por los estadunidenses y mostró al resto del mundo que se podía imponer límites al poder de los Estados Unidos y, al menos, los rehenes no sufrieron daños; a partir de entonces, los actos antiestadunidenses se tornaron más violentos.

- En 1983, Medio Oriente se convirtió en el foco de atención al crecer el resentimiento por la magnitud de los intereses e intervenciones estadunidenses en la región. El apoyo para Israel era especialmente impopular, pues había invadido Líbano en 1982. En abril de 1983, un camión de carga que llevaba una enorme bomba fue estrellado contra la embajada estadunidense en Beirut, capital libanesa. El edificio se colapsó y murieron 63 personas. En octubre de ese mismo año, el cuartel general de los *marines* sufrió un ataque similar en esa misma ciudad y murieron 242 personas. Ese mismo día, ocurrió otro ataque suicida cuando un camión se estrelló contra una base militar francesa en Beirut; esta vez, murieron 58 soldados franceses. En diciembre, la acción pasó a la ciudad de Kuwait, donde un vehículo cargado de explosivos chocó contra la embajada de los Estados Unidos y mató a cuatro personas. Los cuatro ataques fueron organizados por el Jihad Islámico, probablemente apoyado por Siria e Irán.

- Poco antes de la Navidad de 1988, un avión estadunidense que llevaba 259 pasajeros rumbo a Nueva York, hizo explosión y se estrelló en el pueblo escocés de Lockerbie; murieron todos los que iban a bordo y 11 personas en tierra. Ninguna organización reivindicó el ataque, pero se sospechaba de Siria e Irán, aunque más tarde se pensó en Libia; a la larga, el gobierno libio entregó a dos sospechosos de plantar la bomba. En enero de 2000, ambos fueron juzgados en una corte escocesa, en sesión especial celebrada en Holanda; uno fue encontrado culpable de matar a las 270 víctimas y sentenciado a prisión perpetua; el otro fue absuelto. Sin embargo, muchas personas piensan que la condena fue dudosa, que las pruebas son muy escasas y que Siria e Irán son los verdaderos culpables.

- En febrero de 1993, una bomba hizo explosión en el sótano del World Trade Center, en Nueva York; murieron seis personas y varios cientos resultaron heridas.

- El siguiente objetivo fueron los intereses de estadunidenses en África. El mismo día, 7 de agosto de 1998, se lanzaron bombas contra las embajadas de los Estados Unidos en Nairobi (Kenia) y Dar-es-Salam (Tanzanía). En total 252 personas perdieron la vida y varios miles sufrieron lesiones, pero la gran mayoría de las víctimas fueron kenianos, y sólo 12 de los fallecidos eran estadunidenses. Los Estados Unidos estaban convencidos de que al-Qaeda había sido responsable de los ataques, sobre todo cuando la Organización del Ejército Islámico, que supuestamente tenía vínculos estrechos con Osama Bin Laden, emitió una declaración en que se afirmaba que los bombardeos eran para vengar las injusticias cometidas por los Estados Unidos con los estados musulmanes; en la declaración también se lanzaba la amenaza de que era sólo el principio, que habría más ataques y que los Estados Unidos tenían un "destino negro".

- El presidente Clinton ordenó represalias inmediatas y los estadunidenses dispararon misiles crucero en unidades habitacionales de Afganistán y Sudán, que supuestamente estaban produciendo armas químicas. Sin embargo, esta táctica aparentemente resultó un fracaso. Uno de los sitios bombardeados resultó ser un laboratorio farmacéutico normal, y la reacción antiestadunidense fue violenta en todo Medio Oriente.

En octubre de 2000 se produjo un nuevo tipo de acción terrorista: el ataque contra el destructor estadunidense *Cole*, que se reabastecía de combustible en el puerto de Adén (Yemen), de camino al Golfo Pérsico. Dos hombres se acercaron a un costado del barco, en un pequeño bote de remos cargado de explosivos, quizá con la esperanza de hundirlo. Si bien fracasaron en su intento, la explosión hizo un enorme agujero en el barco; murieron 17 marineros y muchos más fueron heridos. El daño fue muy fácil de reparar, pero una vez más la nación más poderosa del mundo fue humillada, pues no había sabido defender adecuadamente sus propiedades en una región hostil. El mensaje de los estados islámicos fue claro: "No los queremos aquí". ¿Los Estados Unidos prestarían atención y cambiarían su política?

d) ¿Los Estados Unidos han sido culpables de terrorismo?

Si se acepta que la definición de "terrorismo" debe incluir las acciones tanto de estados como de individuos y grupos, cabe preguntarse qué estados son culpables de actos de terrorismo, en el sentido de que sus gobiernos hayan sido responsables de algunos, incluso de todos los actos terroristas mencionados, asesinato, matanzas masivas, secuestro, bombardeos, rapto e intimidación. La lista de candidatos es larga, y los más obvios deben ser la Alemania nazi, la URSS gobernada por Stalin, la China comunista, el régimen sudafricano del *apartheid*, Chile durante la época de Pinochet, Camboya gobernada por Pol Pot y la Serbia de Milošević. ¿Y la escandalosa afirmación de que los Estados Unidos también han sido culpables de actos terroristas? La acusación la hicieron no sólo los árabes y los latinoamericanos de izquierda, también respetados comentaristas occidentales, y estadunidenses mismos. Se relaciona con la interrogante de por qué los Estados Unidos han sido blanco de tantos actos terroristas.

Veinte años atrás, muy pocos occidentales hubieran pensado en hacer esa pregunta, pero desde que terminó la Guerra Fría, y en especial desde los ataques del 11 de septiembre, numerosos escritores han vuelto a analizar radicalmente el papel de los Estados Unidos en los asuntos internacionales a partir de que concluyó la segunda Guerra Mundial. En muchos casos, la causa ha sido un deseo genuino de encontrar la razón de que las políticas del gobierno estadunidense hayan provocado tanta hostilidad. Según dice William Blum en *Rogue State*,

> desde 1945 hasta fines de siglo, los Estados Unidos intentaron derrocar a más de 40 gobiernos extranjeros y aplastar más de 30 movimientos populares nacionalistas que luchaban contra regímenes intolerables. En ese proceso, provocaron que varios millones de personas perdieran la vida, y condenaron a muchos millones más a una vida de agonía y desesperación.

En las secciones VIII.4 y VIII.5 se dan ejemplos de tales actos en Sudamérica, el Sudeste Asiático, África y Medio Oriente; en la primera sección de este capítulo se muestra cómo la política exterior de los Estados Unidos sigue esencialmente la misma línea después de 1990.

Noam Chomsky (profesor del Massachusetts Institute of Technology) señala (en su obra *Rogue States*) que con frecuencia, los actos "terroristas" en contra de los Estados Unidos fueron represalias por actos cometidos por los Estados Unidos. Por ejemplo, parece muy probable que la destrucción del avión estadunidense sobre Lockerbie, en 1988, fuera una represalia por el derribo de una aeronave iraní, unos meses antes, en el cual murieron 290 personas. Otros actos similares de los estadunidenses que provocaron represalias fueron el bombardeo de Libia en 1986 y el derribo de dos aviones libios en 1989; en estos casos, sin embargo, los estadunidenses podrían afirmar que sus actos fueron en represalia por atentados libios previos. Uno de los actos de terrorismo más espantosos fue un autobomba estacionado afuera de una mezquita, en Beirut, en marzo de 1985. Estaba programado para explotar cuando los fieles salieran, después de los rezos del viernes; murieron 80 personas inocentes, entre ellas muchos niños y mujeres, y más de 200 sufrieron heridas graves. El objetivo era un supuesto terrorista árabe, que salió ileso. Ahora se sabe que el ataque fue organizado por la CIA, con ayuda de la inteligencia británica. Tristemente, este tipo de acciones fueron las que probablemente convirtieron a musulmanes comunes en terroristas "fanáticos". En 1996, Amnistía Internacional informó: "En todo el mundo, un día cualquiera, es probable que un hombre, una mujer o un niño sea desplazado, torturado, asesinado, o bien, que 'desaparezca', a manos de gobiernos o grupos políticos armados. No pocas veces, los Estados Unidos comparten la culpa".

Lloyd Pettiford y David Harding (en *Terrorism: The New World War*) concluyen que la política exterior estadunidense tiene gran parte de la culpa de que el terrorismo se haya incrementado, pues "los Estados Unidos parecen totalmente decididos a asegurarse de tener acceso irrestricto en todo el mundo y que cualquier forma alternativa de sociedad sea estrictamente considerada como contraria a las reglas". Noam Chomsky afirma (en *Who are the Global Terrorists?*) que Washington creó

una red internacional de terror de dimensiones sin precedente y la utilizó en todo el mundo con efectos letales y duraderos. En Centroamérica, el terror dirigido y apoyado por los Estados Unidos alcanzó niveles extremos [...] No debe sorprender que la solicitud de apoyo de Washington en su guerra para vengarse de los ataques del 11 de septiembre haya hecho poco eco en Latinoamérica.

3. El 11 de septiembre
y la guerra contra el terrorismo

a) Los ataques del 11 de septiembre

Temprano en la mañana del 11 de septiembre de 2001, cuatro aviones de pasajeros en vuelos locales de los Estados Unidos fueron secuestrados. El primero fue estrellado deliberadamente contra la Torre Norte del World Trade Center de Nueva York, de 110 pisos. Un cuarto de hora después, el segundo avión se estrelló en la Torre Sur; más o menos una hora después del impacto, ésta se colapsó totalmente y no quedó más que un enorme montón de escombros; los edificios de los alrededores fueron severamente dañados. Al cabo de otros 25 minutos, la Torre Norte también se desintegró. Entre tanto, un tercer avión volaba hacia el Pentágono, edificio cercano a Washington, que aloja al Departamento de Defensa de los Estados Unidos; el cuarto no logró hacer contacto con su supuesto objetivo y se estrelló en un área rural de Pensilvania, no lejos de Pittsburgh. Fue la peor atrocidad experimentada en suelo estadunidense, que costó la vida a cerca de 2 800 personas en el World Trade Center y a mucho más de 100 en el edificio del Pentágono, aparte de los 200 pasajeros de los aviones, incluidos los secuestradores. Las cámaras de televisión filmaron el impacto del segundo avión en la Torre Sur y el colapso de ambos edificios, y estas imágenes, repetidas una y otra vez, sólo aumentaron el horror y la incredulidad del mundo ante lo que estaba sucediendo. No sólo murieron estadunidenses, se supo que ciudadanos de más de 40 países distintos estaban entre las víctimas, ya sea en los edificios o como pasajeros de los aviones.

Si bien ninguna organización se atribuyó los ataques, el gobierno estadunidense supuso que los culpables habían sido Osama bin Laden y al-Qaeda. No hay duda de que fue obra de profesionales capacitados y con considerable apoyo financiero, como los miembros de al-Qaeda, de los que se sabía eran 5 000 activistas perfectamente capacitados. Rápidamente recuperado del choque inicial, el presidente Bush anunció que los

Estados Unidos perseguirían y castigarían no sólo a los perpe-
tradores de lo que llamó "actos de guerra", sino también a
quienes los apoyaban y les daban refugio. Los atentados fueron condenados por casi todos los gobiernos del mundo, si
bien se informó que los palestinos y otros grupos musulmanes
celebraron la humillación de los Estados Unidos. Supuestamente, el presidente Saddam Hussein, de Irak, dijo que los Estados Unidos estaban "cosechando las espinas de su política
exterior".

b) Bush y la "guerra contra el terrorismo"

De inmediato, el gobierno estadunidense intentó ganarse la
simpatía del mundo y crear una coalición para enfrentar al
terrorismo. La OTAN condenó los atentados y declaró que un
ataque contra uno de los estados miembros se consideraría
como un ataque contra los 19 miembros; de ser necesario, se
pediría a todos los países que cooperaran. En poco tiempo
se había creado una coalición de estados que permitiría con-
gelar los activos de los terroristas y reunir gran cantidad de
información; algunos de los países prometieron ayudar con acciones militares contra los terroristas y el gobierno talibán de
Afganistán, al cual se acusó de dar protección a al-Qaeda y
Osama bin Laden. Algunas de las declaraciones de Bush de
este periodo alarmaron a otros gobiernos. Por ejemplo, declaró que los países "o están con nosotros o están contra nosotros", queriendo decir que el derecho a mantenerse neutral no
existía. También habló de un "eje del mal" en el mundo, que
tendría que ser enfrentado; los estados "malos" eran Irak, Irán
y Corea del Norte. Esto abrió la puerta a la posibilidad de una
larga serie de operaciones militares, con los Estados Unidos
como "policía del mundo" o "bravucón del patio de recreo",
según del lado en que uno estuviera.

Esto provocó alarma, y no sólo en los tres estados mencionados. El canciller Gerhard Schröder de Alemania declaró que
si bien su país estaba dispuesto a poner a disposición de los
Estados Unidos y sus aliados "instalaciones militares adecuadas", no pensaba que se tratara de un estado de guerra con
ningún país en particular, y agregó, "tampoco estamos en gue-

rra con el mundo islámico". Esta cautelosa respuesta se debió a la duda respecto de que un ataque directo contra Afganistán pudiera ser justificado por las leyes internacionales. Según explicó Michael Byers (experto en legislación internacional de la Universidad de Duke, Carolina del Norte),

> para mantener la coalición contra el terrorismo, era necesaria una respuesta militar estadunidense proporcionada. Esto significaba enfocar cuidadosamente los golpes contra quienes se consideraban como responsables de los atentados de Nueva York y Washington. Pero si los Estados Unidos señalaban especialmente a Osama bin Laden y Al-Qaeda como objetivos, habría ido en contra de la opinión generalizada de que los ataques terroristas, de por sí, no justificaban una respuesta militar en contra de estados soberanos.

Por eso fue que los Estados Unidos ampliaron su afirmación de defensa propia para incluir al gobierno talibán de Afganistán, acusado de apoyar los actos terroristas. Por consiguiente, el Consejo de Seguridad de los Estados Unidos aprobó dos resoluciones por las cuales no se autorizaban medidas militares de conformidad con la Carta de las Naciones Unidas, pero se permitían *como derecho a la defensa propia en el derecho usual internacional.* Los Estados Unidos lanzaron un ultimátum a los talibanes en el que exigían que entregaran directamente a Bin Laden y a algunos de sus colegas a las autoridades estadunidenses. Cuando los talibanes rechazaron la solicitud, el escenario quedó listo para el uso de la fuerza.

c) Antecedentes del ataque contra Afganistán

La historia de los últimos 30 años en Afganistán había sido extremadamente violenta y confusa. En 1978, un gobierno de izquierda se adueñó del poder e inició un programa de modernización. No obstante, en un país en el que la autoridad islámica era fuerte, cambios del tipo de un mismo estatus para hombres y mujeres y secularización de la sociedad, eran considerados como una afrenta para el Islam. La oposición era feroz, de modo que estalló la guerra civil. En 1979, las tropas soviéticas entraron al país para apoyar al gobierno; temían que si el régimen era derrocado por una revolución fundamentalista musulmana, como la de Irán en 1979, provocaría a los millones de musulmanes que eran ciudadanos soviéticos y desestabilizaría a las repúblicas con poblaciones musulmanas importantes.

La URSS esperaba que la campaña fuera corta, pero el gobierno de los Estados Unidos la tomó como parte de la Guerra Fría y envió mucha ayuda para la oposición musulmana de Afganistán. Había varios grupos musulmanes rivales, pero todos trabajaban juntos (se les conocía como *Mujahideen*), para expulsar a los rusos. En 1986, los Mujahideen (que "significa los que emprenden *jihad*") recibían cantidades importantes de armas de los Estados Unidos y China a través de Pakistán; las más importantes eran misiles tierra-aire, que produjeron efectos devastadores en la fuerza aérea afgana y la rusa. Algunas de las organizaciones que luchaban con los Mujahideen eran al-Qaeda y Osama bin Laden, que, irónicamente, habían recibido capacitación, armas y efectivo de los Estados Unidos.

A la larga, Mijaíl Gorbachev, líder soviético, se percató de que estaba en una situación similar a la de los estadunidenses en Vietnam; tenía que reconocer que no ganaría la guerra en Afganistán, y para febrero de 1989 todas las tropas soviéticas se habían retirado. Teniendo que valerse por sí mismo, el gobierno socialista de Afganistán sobrevivió hasta 1992, cuando finalmente fue derrocado. Los Mujahideen formaron un gobierno de coalición, pero pronto el país fue un caos, pues facciones rivales luchaban por el poder. En los últimos años de la década de 1990, la facción conocida como "los talibanes" (significa "estudiantes") gradualmente tomó el control del país y expulsó a los oponentes, zona por zona. Los talibanes constituían una facción musulmana constituida por pashtuns, grupo étnico del sureste del país, sobre todo de la provincia de Kandahar. Hacia finales de 2000, controlaban gran parte del país, excepto el noroeste, donde se les enfrentaron grupos étnicos rivales, uzbeks, tajiks y hazara, conocidos como la "alianza del norte".

El régimen talibán despertó la animadversión internacional por sus políticas extremas.

- Las mujeres eran casi totalmente excluidas de la vida pública y no podían seguir siendo maestras ni doctoras, tampoco podían ejercer otras profesiones.
- Se introdujeron severos castigos contra los delincuentes.
- Sus políticas culturales no parecían razonables, por ejemplo, se prohibió la música. Hubo gran consternación en el mundo cuando el régimen ordenó destruir dos enormes estatuas de Buda labradas en roca que se remontaban a los siglos IV y V d.C. Expertos en cultura los consideraban como tesoros únicos, pero los talibanes los hicieron volar por los aires, supuestamente porque ofendían al Islam.
- El gobierno permitió que el país fuera utilizado como refugio y campo de entrenamiento para militantes islámicos, incluido Osama bin Laden.
- Por la combinación de los saqueos de la guerra civil y tres años seguidos de sequía, la economía estaba en ruinas. Había una grave escasez de alimentos, pues los refugiados, que ya no podían vivir de la tierra, inundaron las ciudades. No obstante, cuando las Naciones Unidas intentaron distribuir alimentos en Kabul, la capital, el gobierno clausuró sus oficinas. Objetaba la influencia extranjera y el hecho de que las mujeres afganas participaran en las labores de ayuda.

Muy pocos estados aceptaron al régimen talibán, y su impopularidad incentivó el plan estadunidense de usar la fuerza en su contra.

d) Derrocamiento de los talibanes

El 7 de octubre de 2001 se lanzó una operación conjunta británico-estadunidense contra Afganistán, durante la cual fueron atacados objetivos militares talibanes y campamentos de al-Qaeda con misiles crucero lanzados desde barcos. Posteriormente, el centro de Kabul fue atacado por bombarderos estadunidenses de largo alcance. Entre tanto, tropas de la Alianza del Norte iniciaron una ofensiva contra posiciones talibanes en el noroeste. El 14 de octubre, los talibanes ofrecieron entre-

gar a Bin Laden a un Estado intermediario, aunque no directamente a los Estados Unidos, y a cambio exigían que estos últimos pararan los bombardeos, pero el presidente Bush rechazó
el ofrecimiento y se rehusó a negociar. En un principio las
fuerzas de los talibanes opusieron gran resistencia y a finales
de mes aún controlaban gran parte del país. No obstante, en
noviembre, presionados por los ataques aéreos estadunidenses que no cesaban, y las fuerzas de la Alianza del Norte, empezaron a perder el control. El 12 de noviembre abandonaron
Kabul y pronto tuvieron que irse de su principal base de poder, la provincia de Kandahar. Muchos huyeron a las montañas o cruzaron la frontera hacia Pakistán. Los Estados Unidos
siguieron bombardeando la región montañosa, con la esperanza de hacer salir a Bin Laden y a quienes luchaban con él,
pero sin éxito.

Los Estados Unidos y sus aliados consiguieron uno de sus
objetivos, que se fuera el impopular régimen talibán, pero en
2004, Bin Laden seguía libre y los esquivaba, suponiendo que
aún estuviera vivo. El 27 de noviembre de 2001 hubo una conferencia de paz en Bonn (Alemania), auspiciada por las Naciones Unidas, para decidir respecto de un nuevo gobierno
para Afganistán. No fue fácil poner en paz a ese agitado país.
A principios de 2004, el gobierno central del presidente Hamid
Karzai, en Kabul, luchaba por imponer su autoridad a los con-
flictivos señores de la guerra de la zona norte. Tenía el apoyo
de tropas de la ONU, que seguían con la "guerra contra el terror", y de tropas de la OTAN, que trataban de conservar la paz
y ayudaban a reconstruir el país. Pero era una tarea cuesta
arriba; lo más amenazador era que los talibanes se habían re-
agrupado en el sur, en parte financiados por la creciente producción de heroína. A los funcionarios de la ONU les preocupaba que Afganistán volviera a ser un "Estado delincuente" en
manos de los cárteles de la droga. El problema era que cerca
de la mitad del producto interno bruto provenía de drogas ilegales. Como la violencia continuaba, incluso las agencias de
ayuda fueron atacadas. En el verano de 2004, la organización
Médicos sin Fronteras, que tenía 25 años de actividad en Afganistán, decidió retirarse; fue un golpe terrible para el pueblo
en general.

No obstante, las elecciones prometidas para noviembre de 2004 pudieron llevarse a cabo casi pacíficamente, a pesar de las amenazas de violencia de los talibanes. El presidente Karzai fue elegido para un periodo de cinco años con 55.4% de los votos, no tantos como él esperaba, pero suficientes para afirmar que tenía legitimidad y que era mandatario por voluntad del pueblo. Su nuevo lema era "participación nacional". Su objetivo era construir un gobierno de moderados, y de inmediato lanzó una campaña para marginar a los señores de la guerra, acabar con el tráfico de drogas y convencer a los campesinos de optar por otros cultivos y dejar de sembrar amapola para opio.

e) ¿La "guerra contra el terror" es una lucha entre el Islam y Occidente?

Desde el principio de su campaña, Osama bin Laden declaró que era parte de una pugna mundial entre Occidente y el Islam. Ya en 1996 había emitido una *fatwa* (orden religiosa) para todos los musulmanes, que debían matar a todo el personal militar estadunidense que estaba en Somalia y Arabia Saudita. En 1998 la amplió: "Matar a los estadunidenses y a sus aliados, civiles y militares, es deber de todo musulmán que puede hacerlo en cualquier país en que sea posible hacerlo". Cuando empezó el ataque contra Afganistán, intentó presentarlo no como una guerra contra el terrorismo, sino contra Afganistán y contra el Islam en general. Urgió a los musulmanes que vivían en países cuyos gobiernos hubieran ofrecido ayuda a los Estados Unidos a levantarse en contra de sus líderes. Habló de venganza por los 80 años de humillación que los musulmanes habían soportado de los poderes coloniales: "Lo que ahora experimentan los Estados Unidos es sólo una copia de lo que nosotros hemos experimentado". El sustituto de Bin Laden, Ayman al-Zawahiri, dijo que "el 11 de septiembre había dividido al mundo en dos partes, 'el lado de los creyentes y el lado de los infieles'. Todos los musulmanes tienen que apresurarse a lograr la victoria para su religión".

f) ¿Qué esperaba lograr Bin Laden con su campaña?

• Tenía especial interés en Arabia Saudita, país en el que había sido criado y educado. Después de sus hazañas en la lucha contra las fuerzas soviéticas en Afganistán, regresó a dicho país, pero pronto chocó contra el gobierno, una monarquía conservadora que, según él, estaba demasiado sometida a los Estados Unidos. Pensaba que como país musulmán, Arabia Saudita no debía haber permitido su despliegue ni el de otros ejércitos occidentales en su territorio durante la Guerra del Golfo de 1991, pues la Sagrada Tierra del Islam había sido violada (La Meca y Medina, las dos ciudades islámicas más sagradas están en dicho país). El gobierno de Arabia Saudita le retiró su ciudadanía y se vio obligado a huir a Sudán, que tenía un régimen fundamentalista musulmán. Por tanto, Bin Laden esperaba deshacerse de las bases militares estadunidenses que a principios de 2001 todavía estaban en Arabia Saudita. Segundo, quería derrocar al gobierno saudí y sustituirlo con un régimen islámico.

En esa época, dicho régimen empezaba a preocuparse porque su popularidad menguaba. Los jóvenes sufrían por el desempleo y simpatizaban con la postura de Bin Laden, contraria a los Estados Unidos, lo cual fomentó en el gobierno la idea de cooperar menos con los estadunidenses. Si bien condenó los ataques del 11 de septiembre, Arabia Saudita se mostró renuente a permitir que los aviones de dicho país utilizaran sus bases y no participó activamente en la campaña contra Afganistán. Esto molestó a los Estados Unidos, que procedieron a retirar casi todas sus tropas de Arabia Saudita y a construir un nuevo cuartel general en Qatar. Bin Laden había logrado su primer objetivo, y el segundo parecía muy posible, pues el malestar aumentaba y los grupos de al-Qaeda que ahí operaban se fortalecieron. El número de ataques contra unidades habitacionales de personal extranjero se incrementó, y sin las tropas estadunidenses que lo apoyaran, el régimen saudí enfrentaría épocas difíciles.

• Esperaba conseguir un acuerdo para el conflicto israelí-palestino; apoyaba la creación de un Estado palestino e, idealmente, quería la destrucción del Estado de Israel. Obviamente esto no se había logrado, y cualquier tipo de acuerdo parecía lejanísimo, a menos que los Estados Unidos utilizaran su influencia política y financiera en Israel.

- Esperaba provocar una confrontación mundial entre el mundo islámico y Occidente, para que, en última instancia, desaparecieran todas las tropas extranjeras y toda influencia en el mundo musulmán y árabe. Algunos observadores creen que por eso planeó los ataques del 11 de septiembre contra los Estados Unidos; calculaba que los estadunidenses responderían con desproporcionada violencia, lo cual uniría al mundo musulmán en contra de ellos. Una vez que la influencia y la explotación occidentales se hubieran eliminado, los estados musulmanes podrían concentrarse en mejorar sus condiciones, aliviar la pobreza a su estilo e introducir la Ley Sharia, antigua ley del Islam, la cual, proclamaban, había sido suplantada por la influencia extranjera.

En ocasiones parecía que Bin Laden se encaminaba a la polarización deseada, y que algunos analistas estadunidenses llevaban varios años pronosticando. Por ejemplo, en uno de sus escritos de 2000, Robert Kaplan advirtió que el mundo estaba a punto de dividirse, Occidente sería amenazado por una corriente de violencia de otras culturas. Samuel Huntington también pronosticó un "choque de civilizaciones" posterior al fin de la Guerra Fría. Sin embargo, se pasaba por alto que, de hecho, en la década de 1990 los Estados Unidos habían apoyado a los musulmanes en Kosovo, Bosnia, Somalia y Chechenia. Y después del 11 de septiembre, muchas naciones musulmanas se pusieron del lado de los Estados Unidos y ofrecieron su ayuda; la de Pakistán fue vital, y Musharraf, su presidente, condenó a los extremistas pakistaníes por desacreditar al Islam. Pero no todos los países que los Estados Unidos querían considerar como sus aliados se afiliaron a su causa, pues la mayoría de las naciones latinoamericanas estaba en contra de apoyar su guerra contra el terrorismo.

Muchos analistas musulmanes respetados rechazan la teoría del "choque de civilizaciones". Abdullahi Ahmed An-Na'im, profesor de leyes en Atlanta, los Estados Unidos, y anteriormente de la Universidad de Jartum (Sudán), argumenta que "todos los gobiernos de países predominantemente islámicos siempre han actuado clara y sistemáticamente en función de sus propios intereses económicos, políticos o de seguridad. Lo que pasa en todos lados es sencillamente la política del poder, como siempre, no la manifestación de un choque de civilizaciones". Por tanto, Pakistán recibió gran ayuda financiera de los Estados Unidos a cambio de su cooperación, igual que Kazakstán, Tayikistán y Uzbekistán. Otro musulmán, Ziauddin Sardar, escribió (*Observer*, 16 de septiembre de 2001) que "el Islam no puede explicar la acción de los secuestradores suicidas, como tampoco el cristianismo puede explicar las cámaras de gases o el catolicismo los bombardeos en Omagh. Son actos más allá de las creencias, de personas que hace tiempo abandonaron la ruta del Islam". Insiste en que los actos terroristas fueron completamente ajenos a la fe y el razonamiento del Islam. La mayoría de los líderes occidentales, en particular Blair, primer ministro británico, trató por todos los medios de subrayar que no era una guerra contra el Islam, sino contra un pequeño grupo de terroristas musulmanes y los estados deshonestos que les daban refugio.

Es muy probable que esto se acerque a la verdad, que la gran mayoría de los musulmanes son hombres y mujeres normales, y que quienes viven en el Tercer Mundo enfrentan el problema de siempre, la lucha por llevar alimento a sus familias. No tienen el tiempo ni la inclinación para participar en luchas entre civilizaciones rivales. Los terroristas representan sólo una rama del fundamentalismo islámico militante, el cual es intolerante y se opone a la modernidad. En todas las religiones hay fanáticos cuyas creencias extremas a menudo contradicen la propia religión que aseguran profesar. Algunos observadores piensan que el fundamentalismo islámico podría ya haber rebasado su punto máximo. En un escrito de 2002, Francis Fukuyama argumenta que la idea del Estado teocrático islámico puro es atractiva en teoría, pero la realidad es menos atractiva.

Quienes realmente han tenido que vivir en dichos regímenes, por ejemplo, en Irán o Afganistán, han experimentado dictaduras agobiantes cuyos líderes tienen menos claves que la mayoría sobre cómo resolver los problemas de la pobreza y el estancamiento [...] Incluso conforme se revelaban los acontecimientos del 11 de septiembre, en Teherán y otras ciudades iraníes había continuas manifestaciones de decenas de miles de jóvenes hartos del régimen islámico y deseosos de un orden político más liberal.

Sin embargo, aunque la situación aún no llegaba a la etapa de una "lucha de civilizaciones", el riesgo estaba ahí. La causa subyacente de gran parte del terrorismo era la pobreza y la violación de los derechos humanos en el Tercer Mundo, así como la brecha cada vez más grande entre ricos y pobres. Por una parte, estaba el sistema capitalista de Occidente, medrando con la globalización dirigida por las utilidades y su implacable explotación del resto del mundo; por la otra, estaba el Tercer Mundo, que se sentía marginado y con carencias, y lleno de todo tipo de problemas, hambruna, sequía, sida, deudas agobiantes y gobiernos corruptos que violaban los derechos humanos y no repartían la riqueza de sus países entre los ciudadanos comunes. Algunos de estos gobiernos eran apoyados por Occidente porque eran buenos suprimiendo a posibles terroristas. Hasta entonces, el problema de la guerra contra el terrorismo era que se había concentrado en acción militar y de policía, sin muchas evidencias de ayuda exitosa y de construcción de una nación. A los ojos de musulmanes y árabes, la situación en general se tipificaba en el conflicto árabe-israelí. Por una parte, estaba Israel, rico, bien armado y apoyado por los Estados Unidos y, por la otra, los palestinos, marginados, privados de su tierra, azotados por la pobreza y sin muchas esperanzas de mejorar. Hasta que estos problemas no se enfrentaran con seriedad, era poco probable que se ganara la guerra contra el terrorismo.

4. La caída de Saddam Hussein

a) Antecedentes del ataque contra Irak

Después de ser derrotado en la primera Guerra del Golfo (1990-1991), a Saddam Hussein se le permitió permanecer en el poder [sección XI.10 c)]. Logró sofocar levantamientos de los curdos en el norte y de musulmanes chiitas en el sur, donde fue especialmente brutal con los rebeldes. Cuando los refugiados huyeron a los pantanos, Saddam mandó drenar las tierras y muchos miles de chiitas resultaron muertos. Ya había utilizado armas biológicas en su guerra contra Irán y contra los curdos, y se sabía que contaba con un programa de armas biológicas. En 1995, Irak tenía un programa de armas atómicas bastante avanzado, y si bien estaban renuentes a quitar a Saddam Hussein por el caos que se suscitaría, los Estados Unidos y Gran Bretaña intentaron restringirlo manteniendo el embargo comercial que había impuesto la ONU a ese país poco después de que las fuerzas iraquíes invadieran Kuwait. En el año 2000, estas sanciones se impusieron por 10 años, pero aparentemente poco afectaron a Saddam; fue la gente común de Irak la que sufrió por la escasez de alimentos y de productos médicos. En septiembre de 1998, el director del programa de las Naciones Unidas para ayudar a Irak, Denis Halliday, renunció y dijo que ya no podía seguir con una política "inmoral e ilegal". En 1999, el UNICEF informó que desde 1990 más de medio millón de niños había muerto de desnutrición y por falta de medicinas como resultado directo de las sanciones.

No obstante, las sanciones garantizaron que Saddam permitiera la inspección de sus sitios nucleares por miembros de la Agencia Internacional de Energía Atómica (IAEA, por sus siglas en inglés), autorizada por una resolución del Consejo de Seguridad de la ONU. Se descubrió que los iraquíes tenían todos los componentes necesarios para construir ojivas nucleares, y que de hecho se estaban produciendo. En 1998, el grupo de la IAEA destruyó todos los sitios nucleares de Saddam y confiscó todo el equipo. En ese momento, sin embargo, no se habló de quitar a Saddam del poder, pues tenía controlados a curdos y chiitas, y por lo tanto, impedía la desestabilización de la zona.

b) Los Estados Unidos y Gran Bretaña
se preparan para atacar

Las señales de alarma llegaron con el informe a la nación del presidente Bush en enero de 2002, cuando se refirió a los estados deshonestos del mundo, que eran una amenaza por sus "armas de destrucción masiva". Los describió como un "eje del mal"; dichos estados eran, específicamente, Irak, Irán y Corea del Norte. Pronto se hizo evidente que los Estados Unidos, alentados por su victoria relativamente fácil sobre Afganistán, estaban a punto de poner su atención en Irak. Los medios estadunidenses empezaron a tratar de convencer al resto del mundo de que Saddam Hussein representaba una seria amenaza y que la única solución era un "cambio de régimen". *La justificación de los estadunidenses de un ataque contra Irak era la siguiente:*

- Saddam tenía armas químicas, biológicas y nucleares, y estaba trabajando en un programa para producir misiles balísticos que podrían volar más de 1 200 kilómetros (y por tanto rebasarían el límite de 150 kilómetros); eran los misiles necesarios para lanzar armas de destrucción masiva.
- La situación del mundo había cambiado desde el 11 de septiembre (9/11); la guerra contra el terrorismo exigía refrenar a los estados que apoyaban a las organizaciones terroristas y las fomentaban.
- En Irak se refugiaban grupos terroristas, incluidos miembros de al-Qaeda, que tenían un campo de entrenamiento especializado en sustancias químicas y explosivos. Los servicios de inteligencia iraquíes cooperaban con la red de al-Qaeda, y combinados representaban una enorme amenaza para los Estados Unidos y sus aliados.
- Mientras más se demoraran las medidas, mayor el riesgo. En agosto de 2002, Khidir Hamza, exiliado iraquí que había trabajado en el programa nuclear de su país, dijo

a los estadunidenses que Saddam tendría armas nucleares utilizables en 2005. Algunos partidarios de la guerra compararon la situación con la de los años treinta, cuando los pacificadores no se enfrentaron a Hitler y le permitieron acumular poder.

c) Oposición a la guerra

Si bien Tony Blair, primer ministro británico, apoyó un ataque de los Estados Unidos contra Irak, el resto del mundo no estaba tan entusiasmado como con la campaña contra los talibanes de Afganistán. Hubo enormes manifestaciones contra la guerra en Gran Bretaña, Australia y muchos otros países, incluso en los mismos Estados Unidos. *Quienes se oponían a la guerra plantearon los siguientes puntos:*

- Como todas sus instalaciones nucleares habían sido destruidas en 1998 y se le habían impuesto sanciones comerciales aun más estrictas, era muy poco probable que Saddam pudiera reconstruirlas para producir armas de destrucción masiva. Scott Ritter, principal inspector de armas de las Naciones Unidas en Irak, declaró (en septiembre de 2002) que "desde 1998, Irak está básicamente desarmado. Es posible verificar que de 90 a 95% de las armas de destrucción masiva de Irak se han eliminado. Esto incluye todas las fábricas utilizadas para producir armas químicas, biológicas y nucleares, así como misiles balísticos de gran alcance; el equipo relacionado con dichas fábricas y la gran mayoría de lo producido por dichas fábricas". Era obvio que Irak representaba una amenaza menor en 2002 que en 1991. Se tenía la sensación de que el riesgo había sido exagerado por iraquíes exiliados oponentes de Saddam, que hacían todo lo posible por presionar a los Estados Unidos para que se le quitara del poder.
- Incluso si Saddam tenía todas esas armas de destrucción masiva, era muy poco probable que se atreviera a usarlas en contra de los Estados Unidos y sus aliados. Un

ataque de Saddam de esas características ciertamente le hubiera valido ser derrocado de inmediato. Tampoco había invadido otro Estado, como había hecho en 1990, así que ésa no era una justificación para atacar Irak.

- No había pruebas suficientes de que Irak protegiera a terroristas de al-Qaeda. La intervención militar estadunidense habría empeorado la situación fomentando aún más violentamente los sentimientos en contra de Occidente. En informes del Congreso publicados en 2004 se concluía que los críticos de la guerra habían tenido razón; Saddam no tenía armas de destrucción masiva almacenadas y tampoco había una relación entre Saddam, al-Qaeda y el 9/11.

- La guerra debía ser el último recurso; se debía dar más tiempo a los inspectores de las Naciones Unidas para que terminaran de buscar armas de destrucción masiva. Cualquier acción militar debía ser sancionada por la ONU.

- Se sugirió que los verdaderos motivos de los Estados Unidos no tenían nada que ver con la guerra contra el terrorismo. Se trataba nada más de que la única superpotencia del mundo descaradamente extendía aún más su poder para "mantener la preeminencia mundial de los Estados Unidos". En 1998, un grupo de influyentes republicanos (partido del presidente Bush) ya había emitido un documento en que urgía al presidente Clinton a que aplicara una política exterior que conformara el nuevo siglo "a favor de los principios e intereses estadunidenses". Sugerían "quitar el poder al régimen de Saddam Hussein". Si Clinton no actuaba, "estarían en riesgo la seguridad de las tropas estadunidenses en la región, nuestros amigos y aliados, como Israel y los estados árabes moderados, y una proporción importante del suministro de petróleo del mundo [...] La política estadunidense no puede seguir paralizada por una errónea insistencia en la unanimidad del consejo de seguridad de la ONU". Como recientemente habían retirado a gran parte de sus fuerzas de Arabia Saudita, Irak sería el sustituto perfecto para los estadunidenses, y eso les permitiría seguir controlando los yacimientos de petróleo de la región.

d) Los Estados Unidos y la guerra

En vista de las dudas que se expresaban y presionado por Tony Blair, el presidente Bush decidió dar a la ONU una oportunidad para ver qué lograba. En noviembre de 2002, el Consejo de Seguridad de las Naciones Unidas aprobó una resolución (1441) para exhortar a Saddam Hussein al desarme o que "enfrentara graves consecuencias". El texto era un compromiso entre los Estados Unidos y Gran Bretaña por una parte, y Francia y Rusia (que se oponían a una guerra) por la otra. La resolución no concedió autoridad plena a los Estados Unidos para atacar Irak, pero claramente era un enfático mensaje a Saddam de lo que podía esperar si no cumplía. El Consejo de Seguridad evaluaría cualquier incumplimiento de Irak mediante nuevas exigencias de inspección más estricta. Irak aceptaría la resolución y Hans Blix y su equipo de 17 inspectores de armas volverían al país después de una ausencia de cuatro años.

Bush y Blair se impacientaban con la demora y, en enero de 2003, Blair empezó a presionar para que el Consejo de Seguridad emitiera una segunda resolución en que autorizara un ataque contra Irak. Bush afirmó que si bien estaría satisfecho con una segunda resolución, no la consideraba necesaria; argumentaba que la 1441 ya autorizaba a los Estados Unidos a atacar a Saddam. Los Estados Unidos, Gran Bretaña y España presionaron para que se emitiera otra, en tanto que Francia, Rusia y China se mantenían firmes en que los inspectores de armas necesitaban más tiempo antes de que se tomaran medidas militares. Para finales de febrero de 2003, Blix informó que los iraquíes cooperaban y habían aceptado destruir algunos misiles que habían sido descubiertos. Los Estados Unidos, Gran Bretaña y España tacharon esta información de "táctica dilatoria" de Saddam, si bien, de hecho, a principios de marzo, Irak empezó a destruir misiles, hecho que Blix describió como "una medida importante de desarme". El presidente Chirac de Francia fue muy claro en que vetaría cualquier resolución del Consejo de Seguridad que autorizara una guerra contra Irak (10 de marzo).

Sin embargo, los estadunidenses hicieron caso omiso de las objeciones de Francia y Alemania y desdeñosamente las calificaron de "vieja Europa", ajenas a las tendencias vigentes. Los Estados Unidos, Gran Bretaña y España estaban decididos a seguir adelante; lanzaron un ultimátum conjunto a Saddam en el que le daban 48 horas para salir de Irak. Cuando fueron ignorados, fuerzas estadunidenses y británicas empezaron a atacar por aire e invadieron el sur del país desde Kuwait (20 de marzo). Los Estados Unidos afirmaron que 30 países habían aceptado unirse a su coalición, si bien en ese caso sólo Gran Bretaña y Australia contribuyeron militarmente. Cuando empezó la invasión el historiador estadunidense Arthur Schlesinger escribió en *Los Angeles Times*:

> El presidente ha adoptado una política de "defensa propia anticipada" alarmantemente similar a la aplicada por Japón en Pearl Harbor, en una fecha que, según dijo un presidente estadunidense anterior, sería siempre una infamia. Franklin D. Roosevelt tenía razón, pero ahora somos nosotros, los estadunidenses quienes vivimos en la infamia [...] La oleada de simpatía que envolvió a los Estados Unidos después del 9/11 ha cedido su lugar a una oleada mundial de odio por la arrogancia y el militarismo estadunidense [...] incluso en países amigos, el público ve a Bush como una mayor amenaza para la paz que Saddam Hussein.

e) Saddam Hussein derrocado

En un principio, las fuerzas invasoras avanzaron más lentamente de lo esperado, pues algunas unidades de tropas iraquíes opusieron gran resistencia. Las fuerzas estadunidenses se vieron obstaculizadas porque Turquía se había negado a permitir que las tropas de los Estados Unidos tomaran posiciones en su territorio. Esto se tradujo en que fue imposible que organizaran un avance importante hacia Bagdad desde el norte, y por el sur intensas tormentas de arena impedían el avance de las fuerzas. Para fines de marzo, la expedita victoria que se esperaba aún no se conseguía; se anunció que el número de efectivos estadunidenses se duplicaría a 200 000 para fines de abril. Entre tanto, continuaba el asalto a Bagdad con bombarderos pesados y misiles crucero. Más tarde trascendió

ILUSTRACIÓN XII.2. *La cabeza esculpida de Saddam Hussein yace en medio del camino, en Bagdad, Irak, 10 de abril de 2003*

que, durante las primeras cuatro semanas del ataque, murieron 15 000 iraquíes, de los cuales cerca de 5 000 eran civiles.

La reacción internacional a la invasión fue desfavorable casi en todos los casos. Se organizaron manifestaciones de protesta en todo el mundo árabe, donde la acción estadunidense fue sencillamente considerada como una descarada empresa imperialista. Un vocero iraní dijo que conduciría a "la total destrucción de la seguridad y la paz", en tanto que Arabia

Saudita pidió que se impidiera la ocupación militar de Irak. También Indonesia (que tenía la mayor población musulmana del mundo), Malasia, Francia, Alemania y Rusia la condenaron. Sin embargo, algunos países expresaron su apoyo, entre otros, Filipinas, España, Portugal y los Países Bajos; lo mismo hicieron algunos de los estados ex comunistas de Europa oriental, sobre todo Polonia. Esto sorprendió a mucha gente, pero la razón fue muy sencilla: a sus ojos, los Estados Unidos tenían enorme prestigio por el papel fundamental que habían desempeñado en la derrota del comunismo.

A principios de abril, la abrumadora fuerza de los invasores empezó a hacerse sentir. Las unidades iraquíes empezaron a desertar y la resistencia se colapsó. Tropas estadunidenses capturaron Bagdad, en tanto que los británicos tomaron Basra, principal ciudad al sur del país. El 9 de abril se anunció que, después de 24 años, la dictadura de Saddam había llegado a su fin, y el mundo recibió la imagen televisada de un tanque estadunidense derrumbando una estatua de Hussein en Bagdad, vitoreado por una jubilosa multitud. Saddam mismo desapareció por el momento, pero fue capturado en diciembre de 2003. El 1º de mayo, el presidente Bush declaró que la guerra había terminado.

f) Repercusiones

Lo ocurrido al año siguiente del derrocamiento de Saddam no fue lo que el presidente Bush había esperado. *No se encontraron armas de destrucción masiva.* Y peor aún, en enero de 2004, Paul O'Neill, ex secretario del Tesoro de los Estados Unidos, a quien habían despedido a fines de 2002 porque no estaba de acuerdo con el resto del gabinete respecto de Irak, hizo sensacionales revelaciones. Declaró que en enero de 2001, cuando asumió el cargo, Bush había decidido derrocar a Saddam y que el 11 de septiembre había resultado muy conveniente. Hablar de la amenaza de las armas de destrucción masiva no había sido más que una pantalla, pues el gabinete sabía perfectamente bien que Saddam no las tenía. Así, el principal pretexto de Bush y Blair para la guerra parecía haber perdido todo valor.

Conforme avanzaba la ocupación de Irak por los Estados

Unidos y Gran Bretaña, *los iraquíes, que en un principio habían estado agradecidos por el derrocamiento de Saddam, se impacientaron.* Había pocas pruebas de la intención de los estadunidenses de "construir una nación", además de que su forma de mantener el orden en ocasiones llegaba a la insensibilidad. Tampoco parecían tener planes claros para el futuro de Irak. Era inevitable que los sentimientos antiestadunidenses crecieran, y para junio de 2003, la resistencia armada avanzaba. Al principio, los ataques provenían de los grupos leales a Saddam, pero pronto se les unieron otros, los nacionalistas, que querían un país libre e independiente, y los sunitas musulmanes, que buscaban algún tipo de Estado islámico.

En el mundo árabe ajeno a Irak *se produjo una oleada antiestadunidense.* Los militantes inundaron el país para apoyar a sus correligionarios musulmanes en contra de los Estados Unidos, a los cuales veían como enemigos del Islam. La violencia se incrementó cuando con tácticas de Hamas y Hezbollah, los ataques suicidas se enfocaron en oficinas de las Naciones Unidas, estaciones de policía, el Hotel Bagdad, en iraquíes que cooperaban con los estadunidenses y en el personal militar de dicho país; a finales de 2003, 300 soldados estadunidenses habían muerto desde que el presidente Bush declarara que la guerra había terminado. Y si bien los partidarios de Al-Qaeda probablemente estaban inactivos en Irak antes de la invasión, sin duda lo estuvieron en el periodo subsiguiente. Los estadunidenses esperaban que con la captura de Saddam se redujera la violencia, pero aparentemente no fue así.

¿Qué quería el movimiento de resistencia? Un vocero de los grupos nacionalistas dijo: "No queremos ver a nuestro país ocupado por fuerzas que claramente persiguen sus propios intereses, más que dedicarse a devolver Irak a los iraquíes". Una de las cosas que los enfureció fue la forma en que a las empresas estadunidenses se les otorgaban los contratos para los trabajos de reconstrucción del país y se excluía a cualesquiera otros contratistas.

Parecía como si toda la atención internacional estuviera enfocada en Irak. Lo que pasó ahí tendría repercusiones en todo Medio Oriente y en el ámbito de las relaciones internacionales. Los riesgos eran enormes.

- En un país con tantas religiones diferentes, y tantos grupos étnicos y políticos, ¿qué esperanza había de que un gobierno fuerte, con una mayoría trabajadora, surgiera de las elecciones? Si el país llegaba a la guerra civil, como Líbano, ¿qué medidas tomarían los estadunidenses?
- La organización Al-Qaeda se había fortalecido con los crecientes sentimientos antiestadunidenses y antioccidentales. También había varias redes nuevas de militantes islámicos, con bases en Europa y también en Medio Oriente. En 2004 se dijo que Londres era un importante centro de reclutamiento, recaudación de fondos y fabricación de documentos falsos. Se informó de células de militantes islámicos en Polonia, Bulgaria, Rumania y República Checa. Los ataques terroristas continuaron; incluso antes de la Guerra de Irak, una bomba hizo explosión en un centro vacacional de Bali (parte de Indonesia) y mató a casi 200 personas, muchas de ellas vacacionistas australianos (octubre de 2002). Indonesia fue otra vez el objetivo, en agosto de 2003, cuando una bomba que estalló fuera de un hotel de propiedad estadunidense en Yakarta (la capital) mató a 10 musulmanes, pero sólo a un europeo.

El siguiente objetivo fue Turquía, donde Estambul sufrió cuatro ataques suicidas con bombas en cinco días, dos fuera de sinagogas judías, uno cerca del Banco HSBC con base en Londres, y un cuarto que dañó tremendamente el consulado británico y en el que murió el cónsul general de Gran Bretaña. Los ataques con objetivos británicos coincidieron con una visita a Londres del presidente Bush. En conjunto, en los cuatro ataques murieron cerca de 60 personas, la mayoría musulmanes turcos avecindados en la localidad.

En marzo de 2004, unas 200 personas murieron en Madrid en varios ataques con bombas en cuatro trenes, a la hora pico matutina. En un principio, el gobierno español pensó que habían sido obra de ETA, movimiento separatista vasco, pero más tarde fue evidente que los terroristas responsables pertenecía a un grupo marroquí aliado de Al Qaeda; supuestamente se trató de una represalia porque España había apoyado a los Estados Unidos y Gran Bretaña en el ataque contra Irak. Los ataques tuvieron resultados políticos inesperados, pues en las elecciones españolas generales, celebradas tres días después, el gobierno de José María Aznar, quien había apoyado la guerra y enviado tropas a Irak, fue derrotado por los socialistas, que se habían opuesto a la guerra. Apenas cuatro semanas después, Zapatero, nuevo primer ministro, retiró todas las tropas españolas de Irak.

• Si bien la disputa palestino-israelí seguía sin resolverse y las tropas estadunidenses estaban en Irak, parecía haber pocas oportunidades de que terminara la "guerra contra el terrorismo". Algunos observadores sugirieron como primer paso que el personal estadunidense y británico fuera retirado de Irak y sustituido por una administración temporal de la ONU, apoyada por tropas de esa organización, de cualquier país, ¡excepto de los Estados Unidos y Gran Bretaña! De esta forma, el camino hacia la democracia podría planearse cuidadosamente, se podría redactar una constitución y se celebrarían elecciones auspiciadas por Naciones Unidas.

En 2004, gran parte de los observadores experimentados de Medio Oriente decía lo mismo: que los Estados Unidos, la nación más poderosa del mundo, debía escuchar lo que decían los iraquíes moderados si querían evitar el caos total en Irak y Medio Oriente, y la perspectiva de otro Vietnam. La situación siguió deteriorándose; en abril, los estadunidenses se enfrentaron a un levantamiento chiita de gran escala encabezado por Muqtada al Sadr, clérigo radical, que quería que Irak se convirtiera en un Estado islámico chiita. Los estadunidenses pasaron más vergüenza cuando se hicieron públicos relatos de prisioneros iraquíes torturados, violados y humillados por soldados de los Estados Unidos.

Una de las principales preocupaciones del presidente Bush era que tenía que enfrentar la reelección en noviembre de 2004. Para él era importante terminar con la participación estadunidense en Irak a finales de junio de ese año. La entrega del poder a un gobierno interino en ese país siguió según lo planeado, y se hicieron algunos intentos para incluir a representantes de los diferentes grupos. Por ejemplo, Ayad Allawi, primer ministro, era un seglar chiita y líder del partido Acuerdo Nacional Iraquí; el presidente, Ajil al-Yawer, era sunita; había dos vicepresidentes, uno era curdo y el otro, era el líder del Partido Islamista Chiíta Da'wa. El Consejo de Seguridad de las Naciones Unidas aprobó por unanimidad un programa para que Irak se fuera transformando en una verdadera democracia. No más tarde de enero de 2005 se celebrarían elecciones democráticas directas para constituir una Asamblea Nacional de Transición, la cual redactaría una constitución permanente que regiría la elección de un nuevo gobierno democrático a finales de ese año.

Los estadunidenses esperaban que al transferirse la autoridad se reduciría la violencia, pero muchos iraquíes consideraban a sus nuevos dirigentes como meras marionetas de los estadunidenses. Los opositores al nuevo gobierno bombardearon tanto las tropas extranjeras como las iraquíes, y a otros empleados, además de que sabotearon los oleoductos. La falta de credibilidad del gobierno destacaba por el hecho de que tenía que confiar en el apoyo de cerca de 160 000 efectivos militares extranjeros, principalmente estadunidenses, británicos y polacos, pues el ejército y la policía de Irak no podían garantizar la seguridad; no obstante, las elecciones se celebraron en enero de 2005, según se había planeado. A pesar de intentos de sabotear el proceso, cerca de 8.5 millones de iraquíes desafiaron a los terroristas suicidas y los ataques con morteros y se presentaron a votar por los representantes de la Asamblea Nacional, integrada por 275 miembros. La Alianza Iraquí Islámica Chiíta fue la principal ganadora al obtener 140 escaños, en tanto que la Alianza Kurdistana quedó segunda, con 75. La mayoría de los musulmanes sunitas boicotearon las elecciones, o sea que la mayoría chiita, que había sido oprimida por el gobierno de Saddam, tenía ahora una sólida posición, aunque tendría que formar alianzas con algunos de los partidos más pequeños, ya que muchas decisiones importantes requerían de una mayoría de dos terceras partes del Parlamento. Si bien la violencia no cejaba, el nuevo Parlamento se reunió por primera vez en marzo de 2005. Se acordó que el chiita Ibrahim Jafari sería primer ministro y que el líder curdo Jalal Talabani ocuparía el puesto de presidente. Muchos voceros dijeron que querían un gobierno incluyente, de tal forma que los árabes sunitas tendrían participación y el gobierno sería genuinamente nacional.

5. EL ESCENARIO INTERNACIONAL EN 2005

Faltaba ver si la "guerra de civilizaciones" que algunos temían y otros deseaban acababa por materializarse. O si los militantes islámicos fundamentalistas, como se pronosticaba, se eclipsaban cuando los musulmanes moderados se cansaran de sus estrictas reglas, sus restricciones y la forma de tratar a las mujeres. *Hubo algunos signos positivos:*

- Irán, segundo Estado del "eje del mal" del presidente Bush, firmó un acuerdo con ministros del Exterior europeos para mostrar apertura y honestidad acerca de su programa nuclear, si bien no prometió renunciar a sus armas nucleares (octubre de 2003). Aparentemente esto sería demasiado riesgoso mientras Israel tuviera bombas nucleares.
- Fue más sorprendente que Libia, tanto tiempo considerada por Occidente como Estado deshonesto, se mostrara dispuesta a cooperar. En agosto de 2003, el coronel Gaddafi, líder libio, aceptó pagar indemnizaciones a las familias de quienes murieron en el bombardeo de Lockerbie. La ONU respondió con la eliminación de las sanciones financieras impuestas desde 1992. Entonces, en diciembre, Libia prometió renunciar a las armas de destrucción masiva e invitó a la IAEA a inspeccionar y desmantelar sus instalaciones nucleares.

Los estadunidenses pudieron afirmar que su guerra contra el terrorismo, en especial el ataque contra Irak, había asustado a iraníes y libios y los había llevado a cooperar, pero esto hubiera sido ignorar los años de tranquilos y pacientes esfuerzos, a través del diálogo y la negociación, de algunos estados europeos desde 1999, en especial de Gran Bretaña, para convencer a Irán y Libia de que era posible convivir en paz. Supuestamente fue ésa la verdadera razón de estos importantes resultados. Como se dijo en un editorial de *Guardian* (22 de diciembre de 2003),

> qué lástima que las supuestas WMD [armas nucleares de destrucción masiva, por sus siglas en inglés] de Irak no pudieron manejarse de una forma similar, inteligente y sin violencia [...] Este lento proceso de acercamiento ya estaba en marcha mucho antes de que el Sr. Bush irrumpiera en Bagdad. Pero se necesitó la habilidad diplomática británica para resolver el problema de las WMD, hacer las conexiones y cerrar el elusivo trato.

Estas concesiones de los dos estados musulmanes hicieron que se solicitara a muchas instancias israelíes que también depusieran sus armas nucleares. Si Israel se negaba, significaría que había una doble norma en cuanto al control de las armas. A los amigos de los Estados Unidos, incluidos Israel, India y Pakistán, se les permitía conservar sus armas nucleares, en tanto que estados de quienes se pensaba que eran una amenaza para ese país, debían renunciar a ellas.

Las relaciones internacionales se encontraban en una situación compleja. Había desacuerdos de base entre los Estados Unidos, que preferían los métodos militares para tratar con el terrorismo y los estados deshonestos, y los países de Europa occidental, que en general favorecían el diálogo y los intentos por crear confianza. Entre ambas posturas estaban Tony Blair y Gran Bretaña, que trataban de cerrar la brecha y convencer a los Estados Unidos, primero, de dejar de amenazar a los regímenes que le disgustaban, y segundo, de no darse tanta importancia y llegar a un acuerdo justo en el conflicto entre Israel y Palestina.

PREGUNTAS

Los Estados Unidos y el nuevo orden mundial
1. Estudie las fuentes y después responda las preguntas.

Fuente A
Punto de vista de Robert Kagan, analista político estadunidense, 1998.

La verdad es que la benévola hegemonía ejercida por los Estados Unidos es buena para una vasta porción de la población del mundo. Sin duda es un mejor arreglo internacional que todas las alternativas realistas.

Los Estados Unidos deben negarse a acatar ciertas convenciones internacionales, como la Corte Penal Internacional y el Acuerdo de Kioto sobre el calentamiento global. Los Estados Unidos deben apoyar el control de armas, pero no siempre por él mismo. Deben vivir bajo una doble norma.

FUENTE: citado en William Blum, *Killing Hope* (Zed Books, 2003).

Fuente B
Punto de vista de Ken Booth y Tim Dunne, dos expertos británicos en política internacional.

No creemos que los Estados Unidos sean odiados [...] son las políticas de sucesivos gobiernos estadunidenses las odiadas: la forma en que la única superpotencia del mundo tiende siempre a salirse con la suya; su política exterior, brutal en ocasiones, y su redituable proyecto de globalización; su apoyo para tiranos al mismo tiempo que se expresa con el lenguaje de la democracia y los derechos humanos [...] En cualquier situación humana, ese poder tiende a provocar la hostilidad de quienes no son escuchados o que nunca consiguen lo que quieren.

Enfrentados a esto, como sociedad, los Estados Unidos constituyen una idea a la que recurren innumerables víctimas que buscan refugiarse de la tiranía y el hambre. Los Estados Unidos son uno de los pocos países que tratan a los inmigrantes como a un recurso económico, más que como una carga.

FUENTE: Ken Booth y Tim Dunne (eds.), *Worlds in Collision: Terror and the Future of Global Order* (Palgrave Macmillan, 2002).

a) ¿De qué forma ayudan estas fuentes a explicar por qué eran tan intensos los sentimientos antiestadunidenses al final del siglo xx?

b) La fuente B se refiere a la "política exterior, brutal en ocasiones, y el redituable proyecto de globalización" de los Estados Unidos. Con sus conocimientos, explique si ésta es una descripción justa de la actuación de los Estados Unidos en los años ochenta y noventa.

c) ¿De qué manera se manifestó el sentimiento antiestadunidense entre 1980 y 2004?

2. Examine las evidencias en favor y en contra de la idea de que en los primeros años del siglo xxi el mundo fue testigo de una "lucha de civilizaciones" entre el Islam y Occidente.

3. Explique por qué al fin de la Guerra Fría no siguió un periodo de paz y estabilidad mundial.

SEGUNDA PARTE

EL SURGIMIENTO DEL FASCISMO
Y DE LOS GOBIERNOS DE DERECHA

XIII. ITALIA, 1918-1945:
APARECE POR PRIMERA VEZ EL FASCISMO

Resumen de acontecimientos

La unificación de Italia no terminó hasta 1870, y el nuevo Estado sufrió por su debilidad económica y política. La primera Guerra Mundial impuso grandes presiones a su economía y el trato que se le dio en los Acuerdos de Versalles fue una gran desilusión para el país. Entre 1919 y 1922, hubo cinco gobiernos diferentes, todos incapaces de tomar las medidas decisivas que la situación exigía. En 1919, *Benito Mussolini fundó el partido fascista italiano,* que obtuvo 35 escaños en las elecciones de 1921. Al mismo tiempo, parecía real el riesgo de una revolución de izquierda; en una atmósfera de huelgas y disturbios, los fascistas organizaron una "marcha hacia Roma", que culminó con la invitación del rey Vittorio Emmanuele a Mussolini para que formara un gobierno (octubre de 1922); se mantuvo en el poder hasta julio de 1943.

Gradualmente, Mussolini asumió los poderes de un dictador e intentó controlar el estilo de vida del pueblo italiano. En un principio pareció que su régimen autoritario proporcionaría beneficios duraderos a Italia, y cobró popularidad gracias a su política exterior aventurada y exitosa (sección v.2). Posteriormente, cometió el error fatal de ponerse del lado de Alemania en la segunda Guerra Mundial (junio de 1940), aun sabiendo que el país no podía permitirse participar en otra guerra. Después de que los italianos fueran derrotados por los británicos, que tomaron las posesiones africanas de Italia y ocuparon Sicilia, se pusieron en contra de Mussolini. Fue depuesto y arrestado (julio de 1943), pero los alemanes lo rescataron (septiembre) y le dieron el puesto de títere dirigente en el norte de Italia, respaldado por tropas alemanas. En abril de 1945, conforme las tropas británicas y estadunidenses avanzaban hacia el norte y atravesaban Italia, en dirección de Milán, Mussolini intentó escapar a Suiza, pero fue capturado y acribillado por sus enemigos italianos (conocidos como "partisanos"). Su cuerpo fue llevado a Milán y exhibido en una plaza pública, colgado de los pies, ignominioso final para el hombre que había gobernado Italia durante 20 años.

1. ¿POR QUÉ MUSSOLINI PUDO LLEGAR AL PODER?

a) Desilusión y frustración

En el verano de 1919, la atmósfera general en Italia era de desilusión y frustración por una combinación de factores:

1. Decepción por lo obtenido en el Acuerdo de Versalles
Cuando Italia se involucró en la guerra, los Aliados le habían prometido Trentino, el Tirol del sur, Istria, Trieste, parte de

Dalmacia, Adalia, algunas islas del Egeo y un protectorado en Albania. Si bien recibió las cuatro primeras regiones, el resto se otorgó a otros estados, principalmente Yugoslavia; Albania sería independiente. Los italianos se sintieron engañados en vista de sus valientes esfuerzos durante la guerra y la pérdida de casi 700 000 hombres. Particularmente irritante fue no haber conseguido Fiume (entregado a Yugoslavia), si bien, de hecho, no fue una de las áreas que les habían prometido. Gabriele d'Annunzio, famoso poeta romántico, marchó con varios cientos de partidarios y ocupó Fiume antes de que Yugoslavia tuviera tiempo de tomar posesión. Algunas unidades del ejército desertaron y lo apoyaron con armas y municiones, y empezó a tener esperanzas de derrocar al gobierno. Sin embargo, en junio de 1920, después de que D'Annunzio se hubiera mantenido en Fiume durante 15 meses, Giovanni Giolitti, nuevo primer ministro, decidió que debía ser restaurada la autoridad del gobierno y ordenó que el ejército lo sacara de Fiume, medida arriesgada, pues era considerado héroe nacional. El ejército obedeció las órdenes y D'Annunzio se rindió sin luchar, pero el gobierno perdió gran parte de su popularidad.

2. Efectos económicos de la guerra

Los efectos de la guerra en la economía y el nivel de vida fueron desastrosos. El gobierno se había endeudado mucho, en especial con los Estados Unidos, y ahora tenía que pagar esas deudas. Como la lira perdió valor (de cinco liras por dólar en 1914, a 28, en 1921), el costo de la vida se incrementó, cuando menos, cinco veces. El desempleo era enorme porque la industria pesada redujo los niveles de producción de la época de la guerra y 21.5 millones de ex combatientes tenían problemas para encontrar trabajo.

3. Creciente desprecio por el sistema parlamentario

Para las elecciones de 1919 se introdujo la votación por todos los hombres y la representación proporcional. Si bien con esto la representación sería más justa que con el sistema anterior, se traducía en un mayor número de partidos en el Parlamento. Después de la elección de mayo de 1921, por ejemplo, había cuando menos nueve partidos representados, incluidos liberales, nacionalistas, socialistas, comunistas, católicos y fascistas, de manera que era difícil que algún partido tuviera la mayoría y eran inevitables los gobiernos de coalición. No era posible una política coherente con cinco gabinetes diferentes con mayorías tambaleantes que iban y venían. Cada vez era mayor la impaciencia con un sistema que parecía diseñado para impedir que hubiera un gobierno decisivo.

b) Oleada de huelgas en 1919 y 1920

La industrialización de Italia en los años posteriores a la unificación condujo al desarrollo de un partido socialista fuerte y a la formación de sindicatos. Su forma de protestar por el desorden del país fue organizar una oleada de huelgas en 1919 y 1920, acompañadas de disturbios, saqueo de tiendas y ocupación de las fábricas por los trabajadores. En Turín aparecieron consejos fabriles que hacían pensar en los soviets rusos [sección XVI.2 c), punto 2]. En el sur, las ligas socialistas de trabajadores agrícolas se apoderaron de tierras de hacendados ricos y organizaron cooperativas. El prestigio del gobierno decayó aún más porque no logró proteger la propiedad; muchos propietarios estaban convencidos de que se estaba gestando una revolución de izquierda, en especial cuando en enero de 1921 se formó el Partido Comunista Italiano. Pero la realidad es que para entonces la posibilidad de una revolución se alejaba; las huelgas y la ocupación de las fábricas se esfumaban porque si bien los trabajadores intentaban seguir con la producción y aseguraban que tenían el control, fue imposible (los proveedores se negaban a entregar la materia prima y necesitaban ingenieros y gerentes). De hecho, la formación del Partido Comunista hizo menos probable una revolución porque las fuerzas de la izquierda se dividieron; a pesar de todo, el temor de una revolución seguía teniendo fuerza.

c) Mussolini logró gran apoyo

Mussolini y el partido fascista atraían a muchos sectores de la sociedad porque, como él mismo decía, su objetivo era resca-

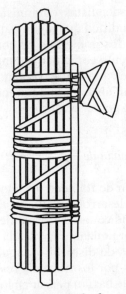

FIGURA XIII.1. *Símbolo fascista*

tar a Italia de un gobierno débil. Mussolini (nacido en 1883), hijo de un herrero de Romagna, había tenido diversos oficios; durante un tiempo fue ayudante de albañil y después maestro de primaria. Políticamente empezó como socialista y se hizo un nombre como periodista, llegando a editor del diario socialista *Avanti*. Rompió con los socialistas porque estaban en contra de que Italia participara en la guerra, y empezó su propio periódico, *Il Popolo d'Italia*. En 1919 fundó el partido fascista con un programa socialista y republicano, y mostró simpatía por la ocupación de las fábricas en 1919 y 1920. Las ramas del partido local se conocían como *fasci di combatimento* (grupos de lucha); la palabra *fasces* significaba el haz de varas con el hacha protuberante que solía ser el símbolo de autoridad y poder de los cónsules de la Antigua Roma (figura XIII.1). En esta etapa, los fascistas eran contrarios a la monarquía, la Iglesia y los grandes negocios.

El nuevo partido no ganó escaños en las elecciones de 1919, y esto, además del fracaso de la ocupación de las fábricas, hizo que Mussolini cambiara de curso. Surgió como el defensor de la empresa y la propiedad privadas, de modo que consiguió sustancial apoyo financiero de los intereses comerciales, que mucho necesitaba. A partir de los últimos años veinte, brigadas de fascistas vistiendo camisa negra, regularmente atacaban y quemaban las oficinas locales de los socialistas y de los periódicos, además de golpear a los concejales socialistas. Hacia finales de 1921, aun cuando su programa político era extremadamente vago, consiguió el apoyo de quienes tenían propiedades en general porque vieron en él una garantía de ley y orden (en especial después de la formación del Partido Comunista, en enero de 1921). Una vez que tuvo de su lado a los grandes negocios, Mussolini empezó a pronunciar discursos conciliatorios sobre la Iglesia católica romana; el papa Pío XI alineó a la Iglesia con Mussolini, pues vio en él una buena arma anticomunista. Cuando este último anunció que había desechado la parte republicana de su programa (septiembre de 1922), incluso el rey empezó a ver más favorablemente a los fascistas. En el lapso de tres años, Mussolini había pasado de la extrema izquierda a la extrema derecha.

d) No había oposición efectiva

Los grupos antifascistas no cooperaban entre ellos ni se esforzaban por mantener alejados a los fascistas. Los comunistas se negaron a cooperar con los socialistas, y Giolitti (primer ministro de junio de 1920 a julio de 1921) llamó a las elecciones de mayo de 1921 con la esperanza de que los fascistas, aún sin representación en el Parlamento, ganaran algunos escaños y apoyaran a su gobierno; estaba dispuesto a pasar por alto su violencia, pensando que se harían más responsables una vez que llegaran al Parlamento. Sin embargo, sólo obtuvieron 35 escaños, a diferencia de los 123 de los socialistas. Ni hablar de que los fascistas tomaran control, aunque el número de cuadrillas se incrementaba rápidamente en todo el país. Los socialistas deben sentirse responsables de haberse negado a trabajar con el gobierno para reducir la violencia fascista; una coalición del bloque nacionalista de Giolitti y los socialistas podría haber formado un gobierno razonablemente estable y excluido a los fascistas, pero los socialistas no cooperarían y, desesperado, Giolitti renunció. Estos últimos intentaron aprovechar la situación y convocaron a una huelga general en el verano de 1922.

e) Intento de huelga general, verano de 1922

Esto le puso la mesa a los fascistas, que lo usaron para su propio provecho: anunciaron que si el gobierno no impedía la huelga, la sofocarían ellos mismos. Cuando la huelga fracasó por falta de apoyo, Mussolini pudo hacerse pasar por *salvador de la nación del comunismo* y, en octubre de 1922, los fascistas sintieron suficiente confianza como para organizar su "marcha sobre Roma". Cuando cerca de 50000 camisas negras convergieron en la capital, mientras otros ocupaban importantes poblaciones del norte, el primer ministro, Luigi Facta, se preparó para resistir. Pero el rey Vittorio Emmanuele III se negó a declarar el estado de emergencia, y más bien invitó a Mussolini, que nervioso se había quedado en Milán, a ir a Roma (ilustración XIII.1) a formar un nuevo gobierno, lo cual amablemente hizo, y viajó en tren. Posteriormente, los fascistas fomentaron el mito de que habían tomado el poder en heroica lucha, pero lo habían logrado legalmente, nada más con la amenaza de la fuerza, mientras el ejército y la policía se hacían a un lado.

El papel del rey fue importante; tomó la decisión crucial de no recurrir al ejército para detener a los camisas negras, si bien muchos historiadores creen que el ejército regular no hubiera tenido ningún problema para dispersar a las brigadas, desordenadas y mal pertrechadas, muchas de las cuales llegaban por tren. La marcha fue una gran farsa que salió mal. Las razones por las que el rey decidió no ofrecer resistencia armada siguen siendo un misterio, pues aparentemente se negaba a hablar de ello. Se ha sugerido que:

- no tenía confianza en Facta;
- dudaba de que el ejército obedeciera sus órdenes, por su simpatía por los fascistas;
- temía una larga guerra civil si el ejército no derrotaba rápidamente a los fascistas.

ILUSTRACIÓN XIII.1. *Mussolini y sus partidarios poco después de la marcha hacia Roma*

No hay duda de que el rey simpatizaba bastante con el objetivo fascista de un gobierno fuerte, y también temía que algunos de los generales lo obligaran a abdicar en favor de su primo, el duque de Aosta, que abiertamente apoyaba a los fascistas. Independientemente de los motivos del rey, el resultado fue obvio: Mussolini fue el primer premier fascista de la historia.

2. ¿QUÉ SIGNIFICA EL TÉRMINO "FASCISTA"?

Es importante intentar definir lo que significa el término "fascista", pues posteriormente se aplicó a otros regímenes y gobernantes, como Hitler, Franco (España), Salazar (Portugal) y Perón (Argentina), que en ocasiones fueron muy diferentes de la versión italiana del fascismo. Hoy día se observa la tendencia de la izquierda a etiquetar como "fascista" a cualquiera que tenga opiniones de derecha. El hecho de que el fascismo nunca produjera un gran teórico que explicara claramente su filosofía, como Marx hizo con el comunismo, hace difícil definir exactamente de qué se hablaba. Que Mussolini cambiara constantemente de objetivos antes de 1923 sugiere que su principal preocupación era, sencillamente, tener poder; después, parece haber improvisado sobre la marcha sus ideas. Después de unos años, se supo que el fascismo, tal como Mussolini intentó ponerlo en práctica, sí tenía ciertas características básicas.

- *Nacionalismo extremo.* Énfasis en el renacimiento de la nación después de un periodo de declinación; construir la grandeza y el prestigio del Estado, con la implicación de que la propia nación es superior a todas las demás.
- *Sistema totalitario de gobierno.* Es decir, una forma de vida completa en la cual el gobierno intenta despertar y movilizar a la gran masa de gente común, y también controlar y organizar, con disciplina estricta, tantos aspectos de la vida del pueblo como sea posible. Se pensaba que esto era necesario para fomentar la grandeza del Estado, considerado importante para los intereses del individuo.
- *El Estado unipartidista es esencial.* No había lugar para la democracia. El fascismo era especialmente hostil al comunismo, lo cual explica gran parte de su popularidad entre las grandes empresas y los ricos. Los miembros del partido fascista eran la élite de la nación, y se ponía gran énfasis en el culto del líder o del héroe, que se ganaría el apoyo de la gente con sorprendentes discursos y hábil propaganda.
- *Autosuficiencia económica (autarquía).* Ésta era de importancia vital para el desarrollo de la grandeza del Estado; por tanto, el gobierno debe dirigir la vida económica de la nación (si bien no en el sentido marxista del Estado propietario de fábricas y tierras).
- *Fuerza y violencia militar.* Estas características son parte integral del estilo de vida. El mismo Mussolini apuntó que "la paz es absurda: el fascismo no cree en ella". Por tanto, fomentaban el mito de que habían tomado el poder por la fuerza, permitían que se tratara violentamente

a opositores y críticos y ponían en práctica una política exterior agresiva.

3. Mussolini presenta el Estado fascista

No hubo cambios súbitos en el sistema de gobierno ni en las instituciones del Estado; Mussolini no era más que el primer ministro de un gabinete de coalición en el cual sólo cuatro de 12 ministros eran fascistas, y tenía que maniobrar con cautela. Sin embargo, el rey le había dado poderes especiales hasta finales de 1923 para ocuparse de la crisis. Su ejército privado de camisas negras fue legalizado y convertido en la Milicia Voluntaria del Estado Nacional (MVSN, por sus siglas en italiano). La Ley Accerbo (noviembre de 1923) cambió las reglas de las elecciones generales. A partir de ese momento, el partido que más votos obtuviera en una elección general, automáticamente recibiría dos terceras partes de los escaños del Parlamento. Como resultado de esto, en la siguiente elección (abril de 1924), los fascistas y sus partidarios obtuvieron 404 escaños, en tanto que los partidos de oposición apenas pudieron agenciarse 107. El éxito de la derecha puede explicarse por el deseo general de un gobierno fuerte que volviera a poner de pie al país después de los gobiernos de minoría débil de años anteriores.

A partir del verano de 1924, con una mezcla de violencia e intimidación, y ayudado por las divisiones entre sus oponentes, Mussolini desarrolló gradualmente un gobierno y una sociedad italianas de línea fascista. Al mismo tiempo, consolidó su propio control del país, prácticamente terminado en 1930. Sin embargo, aún parece no haber tenido ideas "revolucionarias" acerca de cómo hacer mejor a Italia; de hecho, es difícil evitar la conclusión de que su principal interés era incrementar su poder personal.

a) Sólo se permitía el partido fascista

Los opositores persistentes del régimen habían sido exilados o asesinados; los casos más sonados fueron los de los socialistas

Giacomo Matteotti y Giovanni Amendola, ambos golpeados a muerte por turbas fascistas. Sin embargo, el sistema italiano nunca fue tan brutal como el régimen nazi de Alemania, y después de 1926, cuando Mussolini se sintió más seguro, la violencia se redujo mucho. *Los nuevos cambios a la constitución se tradujeron en que:*

- el primer ministro (Mussolini) rendía cuentas sólo al rey, no al Parlamento (1925);
- el primer ministro podía gobernar por decreto, es decir, que las nuevas leyes no tenían que ser discutidas por el Parlamento (1926);
- el electorado se redujo de cerca de 10 millones a tres millones (los más ricos).

Si bien el Parlamento seguía reuniéndose, todas las decisiones importantes las tomaba el Gran Consejo Fascista, que siempre hizo lo que Mussolini ordenó. De hecho, este último, que adoptó el título de *Il Duce* (el líder), fue un dictador.

b) Cambios en el gobierno local

Se abolió la elección de consejos y presidentes municipales, de manera que los municipios eran gobernados por funcionarios nombrados en Roma. En la práctica, los jefes del partido fascista local (conocidos como *ras*) a menudo tenían tanto poder como los funcionarios del gobierno.

c) Censura

Se aprobó una estricta censura de la prensa; se prohibieron los diarios y las revistas antifascistas o sus editores fueron sustituidos por partidarios de los fascistas. La radio, las películas y el teatro eran controlados de la misma manera.

d) Educación supervisada

La educación en las escuelas y universidades se vigilaba estrechamente. Los maestros tenían que llevar uniforme y en los nuevos libros de texto se glorificaba el sistema fascista. Se instaba a los niños a criticar a los maestros que no mostraban entusiasmo por el partido. Niños y jóvenes eran obligados a formar parte de las organizaciones juveniles del gobierno, que intentaban adoctrinarlos con el brillo del *Duce* y las glorias de la guerra. El otro mensaje importante era obediencia total a la autoridad, necesaria porque todo era visto en función de lucha: "¡Creer, obedecer, luchar!"

e) Políticas de empleo

El gobierno intentó fomentar la cooperación entre patrones y trabajadores y acabar con la lucha de clases en lo que llegó a conocerse como "Estado corporativo". El único derecho de los sindicatos controlados por los fascistas era negociar por los trabajadores; tanto las asociaciones de patrones como los sindicatos estaban organizados en corporaciones, y se esperaba que trabajaran en conjunto para aclarar los conflictos sobre las condiciones salariales y de trabajo. No se permitían huelgas ni paros. En 1934, había 22 corporaciones, una para cada sector de la industria, de tal forma que Mussolini esperaba controlar a los trabajadores, la producción directa y la economía. Para compensarlos por su pérdida de libertad, los trabajadores tenían beneficios como descanso dominical, vacaciones anuales pagadas, seguridad social, instalaciones deportivas y artísticas y viajes y vacaciones de bajo costo.

f) Se llegó a un acuerdo con el papa

El papado había sido hostil con el gobierno italiano desde 1870, cuando todo el territorio que le pertenecía (Estados Vaticanos) había sido incorporado al nuevo reino de Italia. Si bien había mostrado simpatía por Mussolini en 1922, el papa

Pío XI no aprobó el creciente totalitarismo del gobierno fascista (las organizaciones fascistas juveniles, por ejemplo, chocaban con los *scouts* católicos). Sin embargo, Mussolini, que probablemente era ateo, estaba muy consciente del poder de la Iglesia católica romana y se propuso ganarse al papa, quien, como el *Duce*, estaba obsesionado con el miedo al comunismo. Esto resultó en el *Tratado de Letrán de 1929*, por el cual Italia reconoció a la Ciudad del Vaticano como un Estado soberano, pagó al papa una cantidad sustancial como compensación por sus pérdidas, aceptó la fe católica como religión oficial del Estado e hizo obligatoria la instrucción religiosa en las escuelas. A cambio, el papa reconoció el reino de Italia. *Algunos historiadores ven el fin de una larga ruptura entre la Iglesia y el Estado como el logro más duradero y valioso de Mussolini.*

¿Qué tan totalitario era el sistema de Mussolini?

Parece obvio que, a pesar de sus esfuerzos, Mussolini no logró crear un sistema plenamente totalitario en el sentido fascista de que no hubiera "individuos ni grupos no controlados por el Estado"; tampoco era tan omnipresente como el Estado nazi en Alemania. Nunca eliminó completamente la influencia del rey ni la del papa, y este último se tornó muy crítico de Mussolini cuando empezó a perseguir a los judíos en los últimos años de la década de 1930. El historiador y filósofo Benedetto Croce y otros profesores universitarios criticaban constantemente al nazismo y aun así sobrevivieron, aparentemente porque Mussolini temía la reacción hostil del exterior si los arrestaba. Incluso los simpatizantes de los fascistas aceptaban que el sistema corporativo no lograba controlar la producción. Según la historiadora Elizabeth Wiskemann, "en general, los grandes industriales sólo hacían gestos de sumisión y de hecho compraron su libertad del Estado fascista con generosos donativos para las fundaciones del partido fascista". En cuanto a la masa de la población, parece que estaba dispuesta a tolerar el fascismo mientras pareciera beneficioso, pero pronto se cansó de él, cuando su ineptitud se hizo evidente por sus fracasos durante la segunda Guerra Mundial.

4. ¿QUÉ BENEFICIOS LE REPORTÓ EL FASCISMO AL PUEBLO ITALIANO?

Lo que realmente le importaba al común de la gente era si las políticas del régimen eran efectivas o no. ¿Mussolini rescató a Italia de un gobierno débil, como había prometido, o, como argumentaban algunos de sus críticos en esa época, era sólo un charlatán cuyo gobierno era tan corrupto e ineficiente como los anteriores?

a) Principio promisorio

Gran parte de la política fascista estaba concentrada en la economía, aunque Mussolini sabía muy poco de economía. El principal impulso era la autosuficiencia, que se consideraba esencial para una "nación guerrera". En los primeros años aparentemente tuvo éxito, o eso decía la propaganda gubernamental al pueblo.

1. *La industria era fomentada* con subsidios del gobierno cuando era necesario, de modo que para 1930 la producción de hierro y acero se duplicó y la de seda artificial creció 10 veces. En 1937, la producción de energía eléctrica se había duplicado.
2. *La "Batalla del Trigo"* impulsó a los agricultores a concentrarse en la producción de trigo como parte de la autosuficiencia; para 1935, las importaciones se habían reducido en 75 por ciento.
3. *Se lanzó un programa de recuperación de tierras* que implicaba drenado de pantanos, riego y plantación de bosques en zonas montañosas, también como parte del deseo de mejorar e incrementar el rendimiento agrícola. La joya fueron los pantanos Pontine, cerca de Roma.
4. *Se diseñó un impresionante programa de obras públicas,* entre otras cosas, para reducir el desempleo. Incluía la construcción de carreteras, puentes, unidades habitacionales, estaciones de ferrocarril, estadios deportivos, escuelas y nuevas ciudades en tierras recuperadas; se inició

la electrificación de las líneas de ferrocarril, y el mayor orgullo fascista fue que Mussolini había logrado que los trenes fueran puntuales. Incluso los deportistas destacaron durante el fascismo, ¡el equipo italiano de futbol ganó dos veces la Copa del Mundo!, en 1934 y 1938.

5. *La organización para "después del trabajo"* (Dopolavoro) dotó a los italianos de cosas que hacer en su tiempo libre. Había vacaciones, recorridos y cruceros de bajo costo; *Dopolavoro* también controlaba teatros, sociedades de artistas, bibliotecas, orquestas, bandas de música y organizaciones deportivas.

6. Para promover la imagen de Italia como gran potencia, Mussolini impulsó una vigorosa política exterior.

Sin embargo, las promesas de los primeros años del gobierno de Mussolini nunca se cumplieron en muchos aspectos.

b) Problemas no resueltos

Incluso antes de que Italia se involucrara en la segunda Guerra Mundial, fue evidente que el fascismo no había resuelto muchos de los problemas del país.

1. *Poco se había hecho para remediar la escasez básica de materias primas,* como carbón y petróleo, y se podría haber hecho mucho más esfuerzo para desarrollar la energía hidroeléctrica. Como productor de hierro y acero, Italia nunca pudo igualar ni siquiera a un Estado tan pequeño como Bélgica (cuadro XIII.1).

2. *Si bien en la "Batalla del Trigo" resultó victoriosa, sólo se logró a expensas de los lácteos y las tierras cultivables,* cuya producción se redujo; el clima del sur es mucho más adecuado para pastizales y huertos que para sembrar trigo, y hubieran sido mucho más redituables para los agricultores. El resultado fue que la agricultura siguió siendo insuficiente y los trabajadores del campo, los más pobres del país. Sus salarios se redujeron entre 20 y 40% en los años treinta. Italia seguía teniendo lo

CUADRO XIII.1. *Producción de hierro y acero (millones de toneladas)*

| | Hierro | | | Acero | | |
	1918	1930	1940	1918	1930	1940
Italia	0.3	0.5	1.0	0.3	0.5	1.0
Bélgica	—	3.4	1.8	—	3.4	1.9
Alemania	11.9	9.7	13.9	15.0	11.5	19.0
EUA	39.7	32.3	43.0	45.2	41.4	60.8

que se conocía como una "economía dual"; el norte estaba industrializado y era comparativamente próspero, en tanto que el sur era básicamente agrícola, estaba atrasado y era asolado por la pobreza. El intento de la autosuficiencia había sido un lúgubre fracaso.

3. *Mussolini revaluó demasiado la lira*, a 90 por libra esterlina, en vez de 150 (1926), en un intento por demostrar que Italia tenía una moneda fuerte. Desafortunadamente, esto encareció las exportaciones italianas en el mercado mundial y los pedidos se redujeron, en especial en la industria del algodón. Muchas fábricas trabajaban tres días a la semana y los trabajadores sufrían por reducciones en los salarios de entre 10 y 20% *antes* de la crisis económica mundial que empezó en 1929.

4. *La Gran Depresión, que empezó en 1929 con el desplome de Wall Street, en los Estados Unidos (sección XXII.6), empeoró la situación.* Las exportaciones se redujeron aún más, el desempleo llegó a 1.1 millones, pero el *Duce* se negó a devaluar la lira hasta 1936. Por el contrario, los salarios y los sueldos se redujeron y si bien el costo de la vida se había reducido por la depresión, los salarios bajaron más que los precios, de modo que los trabajadores sufrieron una pérdida real de 10% de sus salarios. Para los trabajadores de la industria fue particularmente frustrante no tener manera de protestar, pues las huelgas eran ilegales y los sindicatos, débiles. La economía también resultó perjudicada por las sanciones impuestas a Italia por la Liga de las Naciones después de la invasión de Etiopía en 1935.

5. *Otro fracaso del gobierno fueron los servicios sociales;* nada se acercaba siquiera a un "Estado benefactor". No hubo un seguro de salud oficial hasta 1943, y sólo había un sistema de seguro de desempleo inadecuado, que no mejoró ni siquiera durante la depresión.

6. *El régimen era ineficiente y corrupto*, de tal forma que muchas de sus políticas no se llevaban a cabo. Por ejemplo, a pesar de toda la publicidad sobre la recuperación de tierras, en 1939 apenas se había llevado a cabo la décima parte del programa y los trabajos se habían detenido incluso antes de que empezara la guerra. Inmensas sumas de dinero desaparecieron en los bolsillos de funcionarios corruptos. Parte del problema era que Mussolini trataba cada vez más de hacer él mismo las cosas, se negaba a delegar porque quería el control total, pero era imposible que un hombre hiciera tanto y la carga era intolerable. Según su biógrafo Dennis Mack Smith, "al tratar de controlar todo, acabó por controlar muy poco [...] si bien constantemente estaba dando órdenes, no tenía manera de verificar que se cumplieran. Como los funcionarios lo sabían, con frecuencia sólo simulaban obedecer y no hacían nada".

5. Oposición y caída

La conclusión tiene que ser que después de la primera llamarada de entusiasmo por Mussolini y su nuevo sistema, el italiano promedio puede haber sentido que el régimen en poco lo beneficiaba y el desencanto lo embargaba desde mucho antes de que empezara la segunda Guerra Mundial. Y aún así, la verdadera oposición no era mucha, en parte porque era difícil organizar a la oposición en el Parlamento, además de que los castigos para opositores y críticos eran fuertes, y en parte porque los italianos tradicionalmente aceptaban lo que sucediera en política con un mínimo de ruido y mucha resignación. El gobierno siguió controlando los medios, que seguían diciendo al pueblo que Mussolini era un héroe (ilustración XIII.2).

ILUSTRACIÓN XIII.2. *Mussolini arengando a la multitud*

a) ¿A qué se debió, en última instancia, el derrocamiento de Mussolini?

- *Involucrarse en la guerra fue un error desastroso.* La mayoría de los italianos se oponía; ya habían estado en desacuerdo cuando Mussolini empezó a echar a los judíos de los puestos importantes (1938) y sentían que Italia se estaba convirtiendo en un satélite de Alemania. Económicamente, el país era incapaz de soportar una gran guerra; el ejército estaba armado con rifles y artillería obsoletos; sólo había 1 000 aviones y carecían de tanques pesados. La declaración de guerra en contra de los Estados Unidos (diciembre de 1941) horrorizó a muchos de los partidarios de derecha de Mussolini (industriales y banqueros), que resentían los estrictos controles económicos de los tiempos de guerra.

- *El público en general pasaba penurias.* Se incrementaron los impuestos para pagar la guerra; se racionaban los alimentos, la inflación se generalizó y los salarios reales perdieron 30%. Después de noviembre de 1942, las principales ciudades fueron bombardeadas por los británicos. En marzo de 1943, el descontento se hizo evidente en las huelgas que estallaron en Milán y Turín, las primeras desde 1922.

- *Después de unos cuantos éxitos,* las tropas italianas sufrieron una serie de derrotas que culminaron con su rendición en el norte de África (mayo de 1943).

- *Mussolini parecía haber perdido el toque.* Sufría una úlcera estomacal y estrés nervioso. En lo único que pensaba era en echar del puesto a los ministros que lo habían criticado. El colmo fue cuando los Aliados tomaron Sicilia (julio de 1943). Muchos de los líderes fascistas se dieron cuenta de que era una locura tratar de seguir en la guerra, pero Mussolini se negaba a hacer las paces porque hubiera significado abandonar a Hitler. El Gran Consejo Fascista se puso en contra de Mussolini y el rey lo despidió. Nadie hizo nada por salvarlo y el fascismo desapareció.

b) *Veredicto sobre el fascismo italiano*

En Italia sigue siendo un tema controvertido, donde persisten los recuerdos de experiencias personales. En términos generales, *hay dos interpretaciones de la época fascista.*

1. Fue una aberración temporal (una desviación del desarrollo normal) en la historia italiana, obra sólo de Mussolini; el historiador A. Cassels lo llama "una jugarreta

de Benito Mussolini contra la nación italiana, una creación artificial de Mussolini".

2. El fascismo fue un desarrollo natural de la historia italiana; el ambiente y las circunstancias conformaron el surgimiento y el éxito del fascismo, no al contrario.

Actualmente, la mayoría de los historiadores acepta la segunda teoría, que las raíces del fascismo radican en la sociedad italiana tradicional y que el movimiento creció y se concretó en las circunstancias posteriores a la primera Guerra Mundial. El historiador italiano Renzo de Felice argumenta que el fascismo fue principalmente un movimiento de "una clase media emergente", dispuesta a enfrentar a la clase dirigente, tradicional y liberal para ganar el poder. Afirma que el movimiento logró mucho, en especial la modernización de la economía italiana, que en 1918 estaba muy atrasada. Por otra parte, el historiador británico Martin Blinkhorn no acepta esta declaración sobre la economía y afirma que De Felice no ha puesto suficiente atención en "el lado negativo y brutal del fascismo". La historiadora Elizabeth Wiskemann afirma que los únicos logros del fascismo que perduraron después de la guerra fueron los acuerdos con el papa y las obras públicas, que igual podrían haberse llevado a cabo con un gobierno democrático.

La tendencia más reciente entre los historiadores italianos es representar a Mussolini una vez más como un líder inspirado que no podía hacer nada mal, hasta que cometió el error fatal de involucrarse en la segunda Guerra Mundial. Una nueva biografía del escritor británico Nicholas Farrell, publicada en 2003, sigue la misma línea y argumenta que Mussolini merece ser recordado como un gran hombre. No obstante, esta interpretación no ha sido bien recibida por los críticos, la mayoría de los cuales prefiere seguir el veredicto del gran historiador italiano Benedetto Croce, quien desestima al fascismo como a "una infección moral de corto plazo".

Preguntas

Interpretaciones del fascismo
1. Estudie las fuentes A y B y responda las preguntas.

Fuente A
El historiador y político liberal italiano Benedetto Croce, quien formó parte del gobierno italiano en 1944, después del derrocamiento de Mussolini, opina sobre el fascismo (1944).

> El fascismo fue una interrupción en el logro de una mayor "libertad" en Italia, una infección moral de corto plazo. Desde principios de siglo, la "sensación de libertad" liberal se degradó por el materialismo, el nacionalismo y la creciente admiración por figuras "heroicas". Las masas y los políticos liberales eran fácilmente manipulados por una mayoría de vándalos fascistas.

Fuente B
El historiador italiano Renzo de Felice opina sobre el fascismo (1977).

> El movimiento fascista fue principalmente un movimiento de una clase media emergente, ansiosa por desafiar el poder de una clase política, liberal, tradicional. El espíritu de esta nueva clase media era vital, optimista y creativo; era, de hecho, un fenómeno revolucionario. No obstante, la única manera en que Mussolini pudo tomar el poder fue con ayuda de los conservadores, y a partir de entonces, por desgracia, siempre dependió de ellos. Por tanto, nunca pudo lograr plenamente los objetivos del fascismo, revolucionar a Italia transformándola en una sociedad totalitaria, corporativista.

> FUENTE: Ambas fuentes se resumen brevemente en Martin Blinkhorn, *Mussolini and Fascist Italy* (Methuen, 1984).

    a) ¿Qué razones puede usted sugerir para que dos historiadores italianos tengan tan diferentes opiniones del mismo sistema?

b) Recurriendo a las fuentes y a sus conocimientos, explique por qué Mussolini pudo llegar al poder en 1922.

c) Recurriendo a sus conocimientos sobre la Italia gobernada por los fascistas, demuestre cuál de las dos interpretaciones le parece más convincente.

2. "Fue el miedo al comunismo la causa principal de que Mussolini llegara al poder en Italia en 1922." Explique por qué está de acuerdo o en desacuerdo con esta opinión.

3. ¿De qué manera y con qué resultados intentó Mussolini introducir una forma de gobierno totalitario en Italia?

4. ¿Qué tanto éxito tuvo la política interna y la externa de Mussolini hasta los años cuarenta?

XIV. ALEMANIA, 1918-1945:
LA REPÚBLICA DE WEIMAR Y HITLER

Resumen de acontecimientos

Conforme Alemania avanzaba hacia la derrota en 1918, la opinión pública se puso en contra del gobierno, y en octubre, en un esfuerzo desesperado para seguir en el poder, el káiser nombró al príncipe Max de Baden como canciller. Se sabía que estaba a favor de una forma de gobierno más democrática en la cual el Parlamento tuviera más poder, pero era demasiado tarde, pues en noviembre estalló la revolución; el káiser escapó a Holanda y abdicó, y el príncipe Max renunció. Friedrich Ebert, líder del Partido Demócrata Social (SPD), de izquierda, encabezó el gobierno. En enero de 1919 se celebró una elección general, la primera totalmente democrática en el país. Los socialdemócratas surgieron como el partido más grande y Ebert fue el primer presidente de la república. Tenían algunas ideas marxistas, pero creían que la forma de lograr el socialismo era a través de la democracia parlamentaria.

No hay duda de que el nuevo gobierno era popular entre los alemanes, pues aun antes de las elecciones los comunistas habían intentado tomar el poder con el *Levantamiento Spartacist (enero de 1919)*. En 1920, los enemigos de derecha de la república ocuparon Berlín (el Kapp *Putsch*). El gobierno se las arregló para sobrevivir a estas amenazas y a otras más, incluido el *Múnich Beer Hall Putsch de Hitler (1923)*.

Para finales de 1919, la Asamblea Nacional (Parlamento), que se reunía en Weimar porque Berlín seguía dividido por la inquietud política, había acordado una nueva constitución. Esta constitución de Weimar (en ocasiones llamada la constitución democrática más perfecta de la época moderna, cuando menos en el papel) dio su nombre a la *República de Weimar*, vigente hasta 1933, cuando fue destruida por Hitler. Pasó por tres fases:

1. *De 1919 a finales de 1923.* Periodo de inestabilidad y crisis durante el cual la república luchó para sobrevivir.
2. *De finales de 1923 a finales de 1929.* Periodo de estabilidad durante el cual Gustav Stresemann fue el político más importante. Gracias al *Plan Dawes de 1924,* por el cual los Estados Unidos concedieron enormes créditos, Alemania pareció recuperarse de su derrota y disfrutaba del auge de la industria.
3. *De octubre de 1929 a enero de 1933.* Otra vez inestabilidad. La crisis económica mundial que empezó con la caída de Wall Street de octubre de 1929, pronto repercutió de manera desastrosa en Alemania; hubo 6.5 millones de desempleados. El gobierno no pudo afrontar la situación y para finales de 1932 la República de Weimar parecía a punto del colapso.

Entre tanto, Adolf Hitler y su Partido Nacional Socialista Alemán de los Trabajadores (Nazis-NSDAP) llevaba a cabo una gran campaña de propaganda en la que culpaba al gobierno de todos los males de Alemania y planteaba soluciones nazis para los problemas. En enero de 1933, el presidente Hindenburg nombró a Hitler como canciller, quien poco después se encargó de que la democracia dejara de existir; la República de Weimar llegó a su fin, y desde entonces y hasta abril de 1945 Hitler fue dictador en Alemania. Sólo la derrota en la segunda Guerra Mundial y la muerte de Hitler (30 de abril de 1945) liberó al pueblo alemán de la tiranía nazi.

1. ¿POR QUÉ FRACASÓ LA REPÚBLICA DE WEIMAR?

a) Empezó con graves desventajas

1. *Había aceptado el humillante e impopular Tratado de Versalles* (sección II.8), con limitaciones de armas, la cláusula de indemnizaciones y la culpa de la guerra, de modo que siempre se relacionó con derrota y deshonor. Los nacionalistas alemanes nunca se lo perdonaron.

2. *Había una tradicional falta de respeto por el gobierno democrático* y gran admiración por el ejército y la "clase de oficiales" como líderes legítimos de Alemania. En 1919 se aceptaba la idea de que el ejército no había sido derrotado, sino traicionado, "apuñalado por la espalda" por los demócratas, quienes innecesariamente habían aceptado el Tratado de Versalles. De lo que la mayoría de los alemanes no se había percatado, era de que el general Ludendorff había pedido el armisticio cuando el káiser seguía en el poder [sección II.6 *b)*]. Sin embargo, todos los enemigos de la república difundían ávidamente la leyenda de la "puñalada por la espalda".

3. *El sistema parlamentario introducido en la nueva Constitución de Weimar tenía defectos,* y el más grave era que estaba basado en un sistema de representación proporcional, de tal forma que todos los grupos políticos estarían justamente representados. Por desgracia, había tantos grupos que ningún partido pudo nunca tener mayoría. Por ejemplo, en 1928, el *Reichstag* (cámara baja del Parlamento) tenía cuando menos ocho grupos, siendo los mayores los socialdemócratas con 153 escaños y el Partido Nacional Alemán (DPD) con 73, en tanto que el Partido Católico del Centro (Zentrum) tenía 62. El Partido Comunista Alemán (KPD) tenía 54 escaños y el del Pueblo Alemán (DVP, partido liberal de Stresemann) tenía 45. Los grupos más pequeños eran el Partido Popular de Baviera, con 16, y los nacionalsocialistas, que tenían sólo 12 escaños. Eran

inevitables los gobiernos de coalición, de modo que los socialdemócratas tuvieron que confiar en la cooperación de los liberales de extrema izquierda y los católicos del centro. Ningún partido pudo llevar a cabo su programa.

4. *Los partidos políticos tenían poca experiencia sobre cómo operar un sistema parlamentario democrático* porque antes de 1919 el Reichstag no controlaba la política; el canciller tenía la última palabra y era quien realmente gobernaba al país. Con la Constitución de Weimar era al contrario, el canciller era responsable ante el Reichstag, que tomaba las decisiones. No obstante, sus decisiones casi nunca eran claras, pues los partidos no habían aprendido el arte del compromiso. De cualquier forma, comunistas y nacionalistas no creían en la democracia y se negaban a apoyar a los socialdemócratas. Como los comunistas se negaban a trabajar con el SPD, no era posible un gobierno de izquierda fuerte. Los desacuerdos crecieron tanto que algunos de los partidos organizaron sus propios ejércitos privados, en un principio, para defenderse, pero con esto aumentó la amenaza de una guerra civil. La combinación de estos defectos desencadenó más brotes de violencia e intentos de derrocar a la república.

b) Brotes de violencia

1. El levantamiento de Espartaco

En enero de 1919, los comunistas trataron de tomar el poder en lo que llegó a conocerse como *el levantamiento de Espartaco* (Espartaco fue un romano que encabezó una revuelta de esclavos en el año 71 a.C.). Inspirados en los recientes éxitos de la Revolución rusa, y encabezados por Karl Liebknecht y Rosa Luxemburgo, ocuparon casi todas las ciudades importantes de Alemania. En Berlín, el presidente Ebert fue sitiado en la cancillería. El gobierno logró derrotar a los comunistas nada más porque aceptó la ayuda de los *Freikorps* (regimientos independientes de voluntarios formados por ex oficiales del ejército contrarios al comunismo). Que haya tenido que depender de fuerzas privadas fue un signo de la debilidad del gobierno, de que no tenía el control. El juicio de los dos líderes comunistas no fue justo, los miembros de los *Freikorps* simplemente los apalearon hasta matarlos.

2. El Kapp Putsch (marzo de 1920)
Fue un intento de toma del poder de grupos de derecha que se desencadenó cuando el gobierno trató de licenciar a los *Freikorps*; éstos se negaron y nombraron canciller al doctor Wolfgang Kapp. Berlín fue ocupada por uno de sus regimientos y el gabinete huyó a Dresden. El ejército alemán *(Reichswehr)* no contrarrestó el *Putsch* (golpe o levantamiento) porque los generales simpatizaban con la derecha política. Al final, los trabajadores de Berlín ayudaron al gobierno socialdemócrata convocando a una huelga general que paralizó la capital. Kapp renunció y el gobierno recuperó el control, pero era tan débil que nadie fue castigado, excepto Kapp, que fue hecho prisionero; el licenciamiento de los *Freikorps* tomó dos meses, pero sus ex integrantes siguieron siendo hostiles a la república y, más tarde, muchos se unieron al ejército privado de Hitler.

3. Asesinatos políticos
Casi todos fueron obra de ex miembros de los *Freikorps*. Entre las víctimas estaban Walter Rathenau (ministro del Exterior judío) y Gustav Erzberger (líder de la delegación del armisticio). Cuando el gobierno intentó aplicar medidas fuertes en contra de ese tipo de actos terroristas, los partidos de derecha se opusieron vigorosamente porque simpatizaban con los criminales. Si bien los líderes comunistas habían sido brutalmente asesinados, la corte permitió que los infractores apenas fueran castigados y el gobierno no pudo intervenir. De hecho, en todo el país, los profesionales de las leyes y la enseñanza, los burócratas y el *Reichswehr* tendían a ser antiWeimar, lo cual debilitaba a la república.

4. El Beer Hall Putsch de Hitler
En noviembre de 1923, el gobierno recibió una nueva amenaza en un momento en que la opinión pública estaba muy descontenta por la ocupación francesa del Ruhr [sección IV.2 *c*)] y la desastrosa caída del valor del marco (véase más adelante).

El objetivo de Hitler, ayudado por el general Ludendorff, era tomar el control del gobierno del estado bávaro en Múnich y después encabezar una revolución nacional para, en Berlín, derrocar al gobierno. Sin embargo, la policía no tuvo problema para disolver la marcha de Hitler y el *"putsch de la Cervecería"* (así llamado porque la marcha partió de la cervecería de Múnich, donde Hitler había anunciado su "revolución nacional" la noche anterior) pronto acabó. Hitler fue sentenciado a cinco años de prisión, pero sólo estuvo encarcelado nueve meses (porque las autoridades bávaras simpatizaban en cierta forma con sus objetivos).

5. *Expansión de los ejércitos privados*
La violencia se fue apagando entre 1924 y 1929 porque la república se estabilizó, pero cuando en los años treinta se incrementó el desempleo, *crecieron los ejércitos privados* y regularmente había peleas callejeras, en general, entre nazis y comunistas. Todas las reuniones de los partidos eran interrumpidas por ejércitos rivales y aparentemente la policía era incapaz de evitarlo.

Todo esto era una demostración de que el gobierno no podía mantener la ley y el orden, de modo que se le perdió el respeto. Cada vez más gente quería volver a un sistema de gobierno fuerte y autoritario, capaz de mantener un estricto orden público.

c) *Problemas económicos*

Quizá la causa principal del fracaso de la república fueron los problemas económicos que la asolaron constantemente y que fue incapaz de resolver de manera permanente.

1. *En 1919, Alemania estuvo cerca de la bancarrota* por los enormes gastos de la guerra, que había durado mucho más de lo que nadie esperaba.
2. *Su intención de pagar las cuotas de las indemnizaciones empeoraba las cosas.* En agosto de 1921, después de pagar un vencimiento de 50 millones de libras esterlinas, Alemania pidió autorización para suspender los pagos

hasta lograr la recuperación económica, pero Francia se negó, y en 1922 los alemanes declararon que no podían hacer el pago anual completo.

3. *En enero de 1923, tropas francesas ocuparon el Ruhr* (importante área industrial alemana) para tratar de apoderarse de la producción de fábricas y minas. El gobierno alemán ordenó que los trabajadores opusieran resistencia pasiva y la industria de la zona se paralizó. Los franceses no lograron su objetivo, pero el efecto en la economía alemana fue catastrófico: inflación galopante y colapso del marco. La tasa de cambio al final de la guerra era de 20 marcos por dólar, pero aun antes de la ocupación del Ruhr, los problemas con las indemnizaciones lo habían hecho perder valor. Véase en el cuadro XIV.1 la desastrosa declinación del marco.

Para noviembre de 1923, el valor del marco se desplomaba tan rápidamente que cuando al trabajador se le pagaba en efectivo, tenía que gastar los billetes de inmediato; si esperaba al día siguiente, ya no tenían valor (ilustración XIV.1). La situación financiera se estabilizó finalmente cuando en 1924 el canciller Gustav Stresemann introdujo una nueva moneda conocida como *Rentenmark*.

Este desastre financiero tuvo profundos efectos en la sociedad alemana y las clases trabajadoras resultaron muy golpeadas; los salarios no podían seguirle el paso a la inflación y los fondos de los sindicatos se agotaron,

CUADRO XIV.1. *Colapso del marco alemán, 1918-1923*

	Fecha	Marcos por 1£
Noviembre	1918	20
Febrero	1922	1 000
Junio	1922	1 500
Diciembre	1922	50 000
Febrero	1923	100 000
Noviembre	1923	21 000 000 000

ILUSTRACIÓN XIV.1. *Hiperinflación: niños con papalote de billetes de banco sin valor en los primeros años de la década de 1920*

pero las clases medias y los pequeños capitalistas fueron los más afectados, pues perdieron sus ahorros, de modo que muchos empezaron a pensar en los nazis para mejorar la situación. Por otra parte, los terratenientes y los industriales salieron bien librados de la crisis porque aún tenían su riqueza material, ricas tierras de cultivo, minas y fábricas. Con ello creció el control que de la economía alemana tenían los grandes negocios. Algunos historiadores han sugerido que la inflación fue deliberadamente fraguada por los industriales ricos que tenían eso en mente. Es imposible probar esta acusación de una u otra manera, pero la moneda y la economía se recuperaron con notable rapidez.

La situación económica mejoró enormemente después de 1924, sobre todo gracias al *Plan Dawes* de ese año, que resultó en un crédito inmediato de los Estados Unidos equivalente a 40 millones de libras esterlinas, relajó los pagos fijos de las indemnizaciones y, de hecho, permitió que Alemania pagara lo que podía. Las tropas francesas se retiraron del Ruhr. La moneda se estabilizó, hubo gran auge en las industrias del hierro, el acero, el carbón, las sustancias químicas y la electricidad, de tal forma que los terratenientes y los industriales ricos llegaron a tolerar a la república, pues les iba bien. Con el Plan Dawes, Alemania pudo, incluso, pagar los plazos de sus indemnizaciones. Durante esos años relativamente prósperos, *Gustav Stresemann fue la figura política dominante*. Si bien fue canciller sólo de agosto a noviembre de 1923, siguió siendo ministro del Exterior hasta su muerte, en octubre de 1929, proporcionando continuidad y una mano estabilizadora.

Lo emprendido con el Plan Dawes siguió adelante con el *Plan Young, acordado en octubre de 1929*, por el cual se redujo el total de indemnizaciones de 6 600 millones a 2 000 millones de libras, que se cubrirían en plazos anuales durante 59 años. La política exterior de la república tuvo otros éxitos, gracias al trabajo de Stresemann (sección IV.1), y parecía firme y bien establecida, pero detrás del éxito aún había defectos fatales que pronto provocarían un desastre.

4. La prosperidad dependía mucho más de los créditos estadunidenses de lo que la gente se imaginaba. Si los Estados Unidos hubieran tenido problemas económicos y se hubieran visto obligados a interrumpirlos, o peor aún, que hubiera exigido el pronto pago de los mismos, la economía alemana hubiera vuelto a hundirse. Desafortunadamente, eso fue lo que pasó en 1929.

5. Después del derrumbe de Wall Street (octubre de 1929), se desató una crisis económica mundial (sección XXII.6).

Los Estados Unidos detuvieron todo crédito subsiguiente y empezaron a cobrar muchos de los créditos de corto plazo que ya habían dado a Alemania. Esto provocó una crisis de confianza en la moneda y llevó a presionar a los bancos, muchos de los cuales tuvieron que cerrar. El auge industrial había llevado a una sobreproducción mundial y las exportaciones alemanas, así como las de otros países, se redujeron severamente. Algunas fábricas tuvieron que cerrar, y para mediados de 1931 había cerca de cuatro millones de desempleados. Tristemente para Alemania, Stresemann, el político mejor provisto para manejar la crisis, murió de un ataque cardiaco en octubre de 1929 a la temprana edad de 51 años.

6. El gobierno del canciller Bruning (Partido Católico del Centro) redujo los servicios sociales, las prestaciones por desempleo, los salarios y las pensiones de los funcionarios del gobierno, además de que detuvo los pagos de indemnizaciones. Para controlar la entrada de alimentos del exterior y ayudar a los productores alemanes, se introdujeron elevados aranceles, en tanto que el gobierno compró acciones de las fábricas afectadas por la depresión. No obstante, estas maniobras no dieron resultado de inmediato, si bien durante un tiempo fueron útiles; el desempleo siguió creciendo, y para la primavera de 1932 era superior a los seis millones. El gobierno fue muy criticado por casi todos los grupos de la sociedad, en especial la clase trabajadora, que exigía medidas decisivas. La pérdida de gran parte del apoyo de los trabajadores por el creciente desempleo y la reducción de las prestaciones fue un duro golpe para la república. Hacia finales de 1932, la República de Weimar llegó al punto del colapso, pero aun así, habría sobrevivido si no hubiesen existido otras opciones.

d) La alternativa, Hitler y los nazis

Hitler y el Partido Nazi ofrecieron lo que parecía una opción viable justo cuando la república dejó de ser efectiva. Las fortu-

CUADRO XIV.2. *Éxito electoral de los nazis y estado de la economía,*
1924-1932

Fecha		Escaños	Estado de la economía
Marzo	1924	32	Aún inestable por la inflación de 1923
Diciembre	1924	14	Recuperación por el Plan Dawes
	1928	12	Prosperidad y estabilidad
	1930	107	Mayor desempleo-Partido Nazi, 2° más grande
Julio	1932	230	Desempleo masivo-Partido Nazi, el más grande
Noviembre	1932	196	Primeros indicios de recuperación económica

nas del partido nazi estaban muy ligadas a la situación económica: mientras más inestable la economía, más escaños ganaban los nazis en el *Reichstag*, según se observa en el cuadro XIV.2.

No hay duda de que el surgimiento de Hitler y de los nazis, auspiciado por la crisis económica, fue una de las principales causas de la caída de la república.

e) ¿A qué se debió la popularidad de los nazis?

1. *Ofrecieron unidad nacional, prosperidad y empleo pleno* alejando a Alemania de lo que afirmaban eran las verdaderas causas de los problemas, los marxistas, los "criminales de noviembre" (personas que habían aceptado el armisticio de noviembre de 1918 y el subsiguiente Tratado de Versalles), los jesuitas, los francmasones y los judíos. Cada vez con más frecuencia, los nazis trataban de culpar a los judíos por la derrota de Alemania en la primera Guerra Mundial y sus problemas subsiguientes. En la propaganda nazi se jugaba mucho con el mito de la "puñalada por la espalda", la idea de que los ejércitos alemanes podrían haber luchado, pero habían sido engañados por los traidores que se habían rendido innecesariamente.

2. *Prometieron eliminar el Tratado de Versalles,* impopular entre la mayoría de los alemanes, y volver a hacer de Alemania una gran potencia. Esto incluiría reunir a todos los alemanes (de Austria, Checoslovaquia y Polonia) en el *Reich.*

3. *El ejército privado de los nazis, los* SA (Sturmabteilung, o *Tropas de Asalto*) *era atractivo* para los jóvenes sin empleo, pues les proporcionaba un salario reducido y un uniforme.

4. Los terratenientes y los industriales ricos alentaban a los nazis porque *temían una revolución comunista* y aprobaban la política nazi de hostilidad contra el comunismo. Hay cierta controversia entre los historiadores sobre el punto hasta el cual llegaba este apoyo. Algunos historiadores marxistas alemanes afirman que ya en los primeros años de la década de 1920 los nazis eran financiados por los industriales como fuerza anticomunista, que Hitler era, de hecho, "una herramienta de los capitalistas". Pero el historiador Joachim Fest cree que la cantidad de dinero implicada ha sido grandemente exagerada, y que si bien algunos industriales en secreto estaban a favor de que Hitler fuera canciller, fue *sólo* después de que llegó al poder cuando empezaron a fluir los fondos de los grandes negocios a las arcas del partido.

5. *El mismo Hitler tenía extraordinarias dotes políticas.* Su energía y fuerza de voluntad eran inagotables, además de tener un notable don para hablar en público que le permitía presentar sus ideas con gran fuerza emotiva. Utilizaba las más modernas técnicas de comunicación, como manifestaciones masivas, desfiles, radio y películas; recorrió toda Alemania por aire. Muchos alemanes empezaron a verlo como una especie de mesías (salvador) (ilustración XIV.2). La versión completa de sus objetivos y opiniones aparece en su obra *Mein Kampf (Mi lucha)*, que escribió mientras estaba en prisión, a resultas del *Putsch* de la cervecería.

6. *El sorprendente contraste entre el gobierno de la República de Weimar y el partido nazi impresionó a la gente.* El primero era respetable, opaco e incapaz de mantener la ley y el orden; el segundo, prometía un gobierno fuerte y decidido, y recuperar el orgullo nacional, una combinación irresistible.

7. *No obstante, sin la crisis económica, no es seguro que Hitler hubiera tenido muchas probabilidades de obtener el*

ILUSTRACIÓN XIV.2. *Hitler con un grupo de jóvenes admiradores*

poder. El gran desempleo y la miseria de la sociedad, aunados al miedo al socialismo y el comunismo, fue lo que dio a los nazis el apoyo de las masas, no sólo entre los trabajadores (en investigaciones recientes se sugiere que entre 1928 y 1932 los nazis lograron quitar dos millones de votos al SPD socialista), también entre la clase media baja, oficinistas, tenderos, burócratas, maestros y pequeños terratenientes.

Así, en julio de 1922, los nazis constituían el partido más grande, pero Hitler no logró ser canciller, en parte porque los nazis no eran aún mayoría (tenían 230 de 608 escaños del Reichstag) y porque él todavía no era "respetable", pues el presidente conservador Hindenburg lo veía como un advenedizo y se negó a tenerlo como canciller. En esas circunstancias, *¿era inevitable que Hitler llegara al poder?* Los historiadores no han logrado ponerse de acuerdo. Algunos piensan que en el otoño de 1932 nada podría haber salvado a la República de Weimar, y por consiguiente, nada podía haber impedido que Hitler llegara al poder. Otros creen que se veían los primeros indicios de mejoría económica y que eso podría haber bloqueado el avance de Hitler. De hecho, las políticas de Bruning aparentemente empezaban a dar resultado, si bien ya no era canciller, pues había sido sustituido por Franz von Papen (conservador-nacionalista) en mayo de ese año. Esta teoría parece apoyarse en los resultados de la elección de noviembre de 1932, cuando los nazis perdieron 34 escaños y cerca de dos millones de votos, un grave retroceso para ellos. Aparentemente la república capeaba el temporal y la amenaza de los nazis se desvanecía, pero en ese momento se dejó sentir una nueva influencia que acabó con la república al permitir que Hitler llegara al poder de manera ilegal.

f) Hitler canciller (enero de 1933)

A fin de cuentas fueron las intrigas políticas lo que llevó a Hitler al poder. Una reducida camarilla de políticos de derecha que apoyaba al *Reichswehr* decidió llevar a Hitler a un gobierno de coalición con los nacionalistas. Los principales conspiradores fueron Franz von Papen y el general Kurt von Schleicher. Las razones de tan trascendental decisión fueron las siguientes.

- Temían que los nazis intentaran tomar el poder con un *Putsch*.
- Pensaban que podrían controlar mejor a Hitler *dentro* del gobierno que fuera de éste, y que probar el poder haría que los nazis se tornaran menos extremistas.

- Después de las elecciones de julio de 1932, los nacionalistas sólo tenían 37 escaños en el *Reichstag*, de modo
  que una alianza con los nazis, que tenían 230, los acer-
  caría a la mayoría. Los nacionalistas no creían en la democracia verdadera, esperaban que con la cooperación
  de los nazis podrían restaurar la monarquía y volver al
  sistema de la época de Bismarck (canciller entre 1870 y
  1890), en el cual, el Reichstag tenía mucho menos poder.
  Si bien así acabarían con la República de Weimar, estos
  políticos de derecha estaban dispuestos a seguir adelante porque les daría una mejor oportunidad de controlar
  a los comunistas, que nunca habían tenido tan buenos
  resultados como en las elecciones de julio, en las cuales
  consiguieron 89 escaños.

Fue una complicada maniobra en la que participaron Papen, Schleicher y un grupo de acaudalados hombres de negocios; convencieron al presidente de que despidiera a Bruning y
nombrara a Papen como canciller. Esperaban poner a Hitler
de vicecanciller, pero éste no aceptaría más que el puesto de
canciller. Así, en enero de 1933, convencieron a Hindenburg
de que invitara a Hitler como canciller, con Von Papen como
vicecanciller, aun cuando para entonces los nazis habían perdido terreno en las elecciones de noviembre de 1932. Papen aún
creía que Hitler podía ser controlado e hizo notar a un amigo
que "en dos meses, estará tan acorralado que va a chillar".

Así pues, Hitler pudo llegar legalmente al poder porque todos los demás partidos, incluido el *Richswehr*, estaban tan preocupados con la amenaza comunista que no se percataron
realmente del peligro que representaban los nazis y no se unieron para oponerse a ellos. Hubiera sido posible mantenerlos
fuera, estaban perdiendo terreno y ni por asomo tenían la mayoría. Pero en vez de unirse con los otros partidos para ex-
cluirlos, los nacionalistas cometieron el error fatal de *invitar* a
Hitler al poder.

¿La República de Weimar pudo haber sobrevivido?

Si bien hubo indicios de recuperación económica a finales de
1932, quizá en ese momento ya era inevitable el colapso de la

República de Weimar, pues los poderosos grupos conservadores y el ejército estaban dispuestos a abandonarla y sustituirla con un Estado conservador, nacionalista y antidemocrático similar al que había existido antes de 1914. De hecho, es posible argumentar que la República de Weimar había dejado de existir en mayo de 1932, cuando Hindenburg nombró canciller a Papen, responsable ante él, no ante el *Reichstag*.

¿Era inevitable que Hitler y los nazis llegaran al poder?
La opinión de la mayoría es que no tendría por qué haber sido; Papen, Schleicher, Hindenburg y los otros son culpables de haberlo invitado al poder y no controlarlo después. Según Ian Kershaw, biógrafo más reciente de Hitler:

> El acceso al poder de Hitler no era inevitable [...] se podía haber evitado que fuera canciller. Habiendo pasado lo más crítico de la depresión económica y el movimiento nazi en riesgo de desintegrarse si no llegaba pronto al poder, el futuro, incluso con un gobierno autoritario, hubiera sido muy diferente [...] De hecho, los errores políticos de cálculo de quienes tenían acceso regular a los corredores del poder, más que cualquier medida tomada por los líderes nazis, fue más importante para llevar a Hitler al poder [...] La ansiedad por destruir la democracia, más que el entusiasmo por llevar a los nazis al poder, fue lo que desencadenó los complejos acontecimientos que lo llevaron al puesto de canciller.

Sin embargo, había personas en Alemania, incluso de derecha, que recelaban del nombramiento de Hitler. Kershaw nos dice que el general Lundendorff, que había apoyado a Hitler en el *Putsch* de 1923, en Múnich, escribió a Hindenburg en ese momento: "Usted entregó a nuestra madre patria alemana a uno de los más grandes demagogos de todos los tiempos. Solemnemente vaticino que este hombre detestable llevará a nuestro Reich al abismo y a nuestra nación a inconcebible miseria. Las futuras generaciones le maldecirán en la tumba por lo que ha hecho".

2. ¿Qué era el nacionalsocialismo?

Lo que *no significaba* era nacionalización y redistribución de la riqueza. El término "socialismo" se incluyó sólo para conseguir el apoyo de los trabajadores alemanes, pero se debe aceptar que Hitler prometió un mejor trato para ellos. De hecho, se parecía mucho al fascismo de Mussolini (sección XIII.2). *Los principios generales del movimiento se resumen a continuación.*

1. Era más que un partido político entre muchos. *Era un estilo de vida dedicado al renacimiento de la nación.* Todas las clases sociales se debían unir en una "comunidad nacional" *(Volksgemeinschaft)* para volver a hacer de Alemania una gran nación y recuperar el orgullo nacional. Como los nazis tenían la única forma correcta de hacerlo, todos los demás partidos, en especial los comunistas, debían ser eliminados.

2. Se ponía mucho énfasis en *la despiadada eficiencia de la organización de todos los aspectos de la vida de las masas,* dirigida por el gobierno central, para alcanzar la grandeza, con violencia y terror, si fuera necesario. El Estado era supremo; los intereses individuales quedaban supeditados a los intereses del Estado, es decir, *era un Estado totalitario* en el cual la propaganda era clave.

3. Como era probable que la grandeza sólo pudiera lograrse mediante la guerra, *todo el Estado debía organizarse sobre una base militar.*

4. *La teoría de la raza era vitalmente importante,* la humanidad podía dividirse en dos grupos, arios y no arios. Los arios eran los alemanes, idealmente altos, rubios, de ojos azules y bien parecidos; eran la raza maestra, destinada a regir el mundo. Todas las demás, la eslava, los pueblos de color y particularmente los judíos, eran inferiores. Debían ser excluidos de la "comunidad nacional", junto con los otros grupos considerados como indignos de pertenecer, incluidos gitanos y homosexuales. La raza eslava estaba destinada a ser la raza esclava de los alemanes.

Las diferentes facetas y detalles del sistema nazi se desprenden de estos cuatro conceptos básicos. Mucho han debatido los historiadores acerca de que el nacionalsocialismo haya sido *un desarrollo natural de la historia de Alemania o una distorsión excepcional del desarrollo normal*. Muchos historiadores británicos y estadunidenses argumentaban que había sido una extensión natural del militarismo prusiano y las tradiciones alemanas. Los historiadores marxistas pensaban que el nacionalsocialismo y el fascismo en general eran la etapa final del capitalismo occidental, destinado al colapso por sus fatales defectos. En 1942, el historiador británico R. Butler escribió que "el nacionalsocialismo es la inevitable reaparición del militarismo y el terror prusianos, tal como eran en el siglo XVIII". La amargura de sir Lewis Namier, judío polaco que se estableció en Gran Bretaña y llegó a ser un eminente historiador, era entendible:

> Los intentos de absolver al pueblo alemán de su responsabilidad no son convincentes. Y en cuanto a Hitler y su Tercer Reich, surgieron del pueblo, de hecho, de lo más profundo de la gente [...] Los amigos de los alemanes deben preguntarse por qué cada alemán es un ciudadano decente y útil, pero en grupos, tanto en casa como en el exterior, son aptos para desarrollar tendencias que los convierten en una amenaza para el prójimo *(Avenidas de la Historia)*.

Por otra parte, historiadores alemanes como Gerhard Ritter y K. D. Bracher subrayaron la contribución personal de Hitler, argumentando que luchaba por romper con el pasado e introducir algo totalmente nuevo. Así pues, el nacionalsocialismo representaba una desviación grotesca del desarrollo histórico normal y lógico. Ésta, quizá, es la opinión de la mayoría y una de las más aceptadas en Alemania, pues significaba que el pueblo alemán, a diferencia de lo que afirma Namier, *puede* ser absuelto de gran parte de la culpa.

Ian Kershaw reconoce que en la carrera de Hitler hay elementos de ambas interpretaciones y señala que

> las mentalidades que condicionaron el comportamiento tanto de las élites como de las masas, y que hicieron posible el surgimiento

de Hitler, fueron producto de líneas de cultura política alemana claramente reconocibles en los veinte años anteriores a la primera Guerra Mundial [...] La mayor parte de los elementos de cultura política que alimentaron al nazismo eran peculiares de Alemania.

Sin embargo, Kershaw también es claro en que Hitler no fue el producto lógico e inevitable de las tendencias de la cultura y las creencias alemanas, tampoco un mero accidente de la historia de Alemania, "sin las condiciones únicas en las cuales llegó a destacar, Hitler no hubiera sido alguien [...] Explotó brillantemente esas condiciones".

3. Hitler consolida su poder

Hitler era austriaco, hijo de un funcionario de aduanas de Braunau-am-Inn, en la frontera con Alemania, que esperaba llegar a ser artista, pero no logró ser aceptado en la Academia de Bellas Artes de Viena. Después vivió seis miserables años en albergues para pobres, en esa misma ciudad, alimentando su odio por los judíos. En Múnich, Hitler se unió al pequeño Partido de los Trabajadores Alemanes de Anton Drexler (1919), del que pronto se apoderó para convertirlo en el Partido Nacional Socialista de los Trabajadores Alemanes (NSDAP). Así, en enero de 1933 era canciller de un gobierno de coalición entre nacionalsocialistas y nacionalistas, pero no estaba satisfecho del poder que tenía, pues los nazis sólo ocupaban tres de los 11 puestos del gabinete. Por tanto, insistió en una elección general, con la esperanza de ganar la mayoría para los nazis.

a) La elección del 5 de marzo de 1933

La campaña electoral fue extremadamente violenta. Como ya estaban en el gobierno, los nazis podían utilizar todo el aparato del Estado, incluidas la prensa y la radio, para tratar de conseguir la mayoría. Los funcionarios más importantes de la policía fueron sustituidos por nazis confiables, y se convocó a 50 000 policías auxiliares, la mayoría de la SA y las SS (*Schutz-*

staffeln, segundo ejército privado de Hitler, integrado originalmente por sus guardaespaldas personales). Tenían órdenes de
evitar la hostilidad contra la SA y las SS, pero debían ser implacables con los comunistas y otros "enemigos del Estado". Las
reuniones de todos los partidos, excepto el nazi y el nacionalista, debían ser disueltas y los oradores golpeados, mientras
la policía miraba hacia el otro lado.

b) El incendio del Reichstag

La campaña electoral llegó al clímax la noche del 27 de febrero, cuando el Reichstag resultó muy dañado por un incendio
aparentemente iniciado por un joven holandés anarquista llamado Van der Lubbe, que fue arrestado, juzgado y ejecutado
por su tarea. Se ha sugerido que la SA conocía los planes de Van
der Lubbe, pero le permitió seguir adelante e incluso iniciar
incendios por su cuenta en otras partes del edificio con la intención de culpar a los comunistas. No hay pruebas concluyentes
de ello, pero lo que sí es cierto es que *Hitler utilizó el fuego para
atizar el miedo al comunismo y como pretexto para prohibir el
partido*. Sin embargo, a pesar de todos sus esfuerzos, los nazis
no lograron la mayoría. Casi 90% del electorado votó y los nazis ganaron 288 de 647 escaños, 36 menos de la cifra mágica
de 324 que necesitaban para la mayoría. Los nacionalistas volvieron a ganar 52 escaños. Hitler seguía dependiendo del apoyo de Papen y Hugenberg (líder de los nacionalistas). Éste resultó ser el mejor desempeño de los nazis en una elección
"libre", y nunca lograron la mayoría. Vale la pena recordar que
incluso en la cúspide de sus triunfos electorales, los nazis eran
apoyados sólo por 44% de los votantes.

4. ¿CÓMO PUDO MANTENERSE HITLER EN EL PODER?

a) La Ley de Autorización, 23 de marzo de 1933

La base legal de su poder fue la Ley de Autorización, impuesta
a través del Reichstag el 23 de marzo de 1933, en la cual se es-

pecificaba que el gobierno podía introducir leyes sin la aprobación del Reichstag durante los siguientes cuatro años, ignorar la Constitución y firmar acuerdos con países extranjeros. Todas las leyes las redactaría el canciller y entrarían en vigor al día siguiente de su publicación. Esto significaba que Hitler sería dictador absoluto durante los siguientes cuatro años, pero como su voluntad ahora era ley, podría extender indefinidamente ese periodo de cuatro años. Ya no necesitaba el apoyo de Papen y Hugenberg; la Constitución de Weimar había sido dejada de lado. Este cambio constitucional tan importante tenía que ser aprobado por dos tercios de la mayoría, si bien los nazis sólo tenían mayoría simple.

¿Cómo lograron los nazis que la Ley de Autorización fuera aprobada por el Reichstag?
El método era típico de ellos. El Teatro de la Ópera Kroll (donde el Reichstag sesionaba desde el incendio) era rodeado por los ejércitos privados de Hitler y los representantes tenían que forzar su paso a través de robustas filas de soldados de las ss para entrar al edificio. A los 81 representantes comunistas sencillamente no se les dejaba pasar (muchos ya estaban en la cárcel). Dentro del edificio, filas de soldados del sa, con camisa de color café, se alineaban contra la pared, y se podían oír los cantos de las ss en el exterior: "Queremos la ley, o incendio y muerte". Se necesitaba valor para votar en contra del proyecto de Ley de Autorización en ese ambiente. Cuando el Partido Católico del Centro decidió votar en favor de dicho proyecto, el resultado fue la conclusión esperada, sólo los socialdemócratas se pronunciaron en contra, y fue aprobada por 441 a 94 votos (todos de los socialdemócratas).

b) Gleichschaltung

Hitler aplicaba una política conocida como de *Gleichschaltung* (coordinación por la fuerza) que convirtió a Alemania en un Estado totalitario o fascista. El gobierno intentaba controlar tantos aspectos de la vida como fuera posible a través de una enorme fuerza policial y la afamada Policía Secreta del Estado, la *Gestapo (Geheime Staatspolizei)*. Era peligroso oponerse o criticar al gobierno de alguna manera. *Las principales características del Estado totalitario nazi eran:*

1. Se prohibían todos los partidos políticos, excepto el Nacional Socialista, de tal forma que Alemania se convirtió en un *Estado unipartidista*, como Italia y la URSS.

2. Los parlamentos estatales independientes *(Lander)* seguían existiendo, pero perdieron todo su poder. La mayor parte de sus funciones fueron asumidas por un *Comisionado Especial Nazi*, nombrado por el gobierno de Berlín en cada estado, el cual tenía total poder sobre todos los funcionarios y los asuntos del Estado. Ya no había elecciones estatales, provinciales ni municipales.

3. *Los empleados de la administración pública fueron depurados:* todos los judíos y otros sospechosos de ser "enemigos del Estado" fueron despedidos, de tal forma que fuera totalmente confiable.

4. *Los sindicatos, posible fuente de resistencia, fueron abolidos,* sus fondos confiscados y sus líderes arrestados. Fueron remplazados por el *Frente Laboral Alemán*, al cual debían pertenecer todos los trabajadores. El gobierno resolvía todas las quejas y no estaban permitidas las huelgas.

5. *El sistema educativo era controlado estrictamente,* de manera que los niños eran adoctrinados según las ideas nazis. Los libros de texto de las escuelas se reescribían con frecuencia para adaptarlos a la teoría nazi, y los ejemplos más obvios son la historia y la biología. La historia se distorsionó para adaptarla a la opinión de Hitler de que sólo por la fuerza se podían conseguir grandes cosas. La biología humana era dominada por la teoría racial nazi. Maestros, conferencistas y catedráticos eran vigilados estrechamente para asegurarse de que no expresaran opiniones ajenas a la línea del partido y muchos vivían temerosos de ser reportados a la Gestapo por hijos de nazis convencidos.

El sistema se complementaba con *la Juventud Nazi*, a la cual debían unirse los varones a los 14 años; las niñas debían formar parte de *la Liga de Mujeres Nazis*.

El régimen intentaba destruir deliberadamente vínculos tradicionales, como la lealtad a la familia. A los niños se les enseñaba que su primer deber era obedecer a Hitler, quien recibió el título de *Führer* (líder o guía). El lema favorito era "el Führer siempre tiene razón". Incluso se instaba a los niños a traicionar a sus padres ante la *Gestapo*, y muchos lo hicieron.

6. *Había una policía especial relacionada con la familia.* A los nazis les preocupaba que la tasa de natalidad declinara, y por tanto, a las familias saludables y de "raza pura" se les instaba a tener más hijos. Se cerraron los centros de planificación familiar y se prohibieron los anticonceptivos. Las madres que respondían adecuadamente, recibían una medalla, la Cruz de Honor de la Madre Alemana; si tenía ocho hijos sería de oro, si seis, de plata, y si cuatro, de bronce. Por otra parte, se desalentaba que las personas "indeseables" tuvieran hijos, entre otras, judíos y gitanos, o bien las consideradas física o mentalmente inadecuadas. En 1935 se prohibieron los matrimonios entre arios y judíos; más de 300 000 personas designadas como "inadecuadas" fueron esterilizadas obligatoriamente para evitar que tuvieran hijos.

7. *Todas las comunicaciones y los medios eran controlados por el ministro de Propaganda, el doctor Goebbels.* La radio, los diarios, las revistas, los libros, el teatro, el cine, la música y el arte eran supervisados. Para finales de 1934, cerca de 4 000 libros estaban en la lista de obras prohibidas por ser "no alemanes". Era imposible representar obras de Bertholt Brecht (comunista) o interpretar la música de Felix Mendelssohn y Gustav Mahler (judíos). Escritores, artistas y académicos eran acosados hasta hacerles imposible la expresión de opiniones que no coincidieran con el sistema nazi. De esta manera, se moldeaba la opinión pública y se aseguraba el apoyo de las masas.

8. *La vida económica del país estaba muy organizada.* Si bien los nazis (a diferencia de los comunistas) no tenían ideas especiales sobre la economía, sí tenían objetivos básicos: *eliminar el desempleo y hacer autosuficiente a Alemania aumentando las exportaciones y reduciendo las*

importaciones, política conocida como "autarquía". La idea era basar la economía en la guerra, con el fin de producir en la misma Alemania todos los materiales necesarios para hacer la guerra, hasta donde fuera posible. Con esto se garantizaba que el país nunca volviera a estar atado de manos por un bloqueo comercial como el impuesto por los Aliados durante la primera Guerra Mundial. El eje de la política era el Plan de Cuatro Años introducido en 1936 y que dirigía Hermann Goering, cabeza de la *Luftwaffe* (fuerza aérea alemana). Sus políticas incluían:

- decir a los industriales qué producir, dependiendo de lo que el país necesitara en el momento; cerrar fábricas cuyos productos no fueran necesarios;
- trasladar a los trabajadores a otros puntos del país donde hubiera trabajo y se necesitara mano de obra;
- alentar a los agricultores a incrementar el rendimiento del campo;
- controlar los precios de los alimentos y las rentas;
- manipular la tasa de cambio para evitar la inflación;
- introducir vastos esquemas de obras públicas, erradicación de viviendas insalubres, drenaje de tierras y construcción de *autobahn* (carreteras);
- obligar a los países extranjeros a comprar productos alemanes, ya sea negándose a pagar en efectivo los productos comprados a esos países, de tal forma que tenían que aceptar productos alemanes a cambio (a menudo armas), o negando la autorización a extranjeros con cuentas bancarias en Alemania para que retiraran su dinero, de manera que tenían que gastarlo en Alemania, en productos alemanes;
- producir hule y lana sintéticos y experimentar en la producción de petróleo del carbón para reducir la dependencia de países extranjeros;
- incrementar el gasto en armamento; en 1938-1939, el presupuesto militar ascendió a 52% del gasto público, cantidad increíble para "tiempos de paz". Según lo expresó Richard Overy, "se debía al deseo de Hitler de conver-

tir a Alemania en una superpotencia económica y militar antes de que el resto del mundo pudiera alcanzarla".

9. *La religión se sometió a control estatal* porque las iglesias eran una fuente posible de oposición. En un principio, Hitler se mostró cauteloso con los católicos romanos y los protestantes.

- Iglesia católica romana
  En 1933, Hitler firmó un acuerdo (conocido como *Concordat*) con el papa, en el cual prometía no interferir de ninguna manera con los católicos alemanes; a cambio, éstos aceptaron disolver el Partido Católico del Centro y no volver a participar en política. Pero pronto las relaciones se tensaron, cuando el gobierno violó el Concordat al disolver la Liga Católica Juvenil porque rivalizaba con la Juventud Hitleriana. Cuando los católicos protestaron, sus escuelas fueron clausuradas. Para 1937, los católicos se habían desilusionado del nazismo y el papa Pío XI emitió una encíclica (carta que se leería en las iglesias católicas romanas de Alemania) en la cual condenaba al movimiento nazi por ser "hostil a Cristo y a su iglesia". No obstante, Hitler no se impresionó, y miles de sacerdotes y monjas fueron arrestados y enviados a campos de concentración.

- Iglesias protestantes
  Como la mayoría de los alemanes pertenecía a uno u otro de los diferentes grupos protestantes, Hitler trató de organizarlos en una "iglesia del *Reich*", con un nazi como primer obispo del *Reich*, pero muchos pastores (sacerdotes) objetaron y un grupo de ellos, encabezado por Martin Niemoller, protestó ante Hitler por la interferencia del gobierno y el trato que se daba a los judíos. Nuevamente los nazis fueron despiadados, Niemoller y más de 800 pastores fueron enviados a campos de concentración (el propio Niemoller logró sobrevivir ocho años, hasta su liberación, en 1945). Cientos más fueron

arrestados posteriormente y el resto, obligado a jurar obediencia al Führer.

A la larga, pareció que con la persecución se había controlado a las iglesias, pero la resistencia continuó, y eran las únicas organizaciones que hacían campañas de protesta silenciosas contra la política nazi de matar a los deficientes y enfermos mentales en los hospitales psiquiátricos. Más de 70 000 personas fueron asesinadas en esta campaña de "eutanasia". Hitler ordenó públicamente que se detuviera esa matanza masiva, pero hay evidencias que sugieren que continuó.

10. *Antes que nada, Alemania era un Estado policial.* La policía, ayudada por las ss y la Gestapo, intentó evitar toda oposición manifiesta al régimen. Los tribunales de justicia no eran imparciales, los "enemigos del Estado" rara vez eran sometidos a juicios justos y los *campos de concentración* creados por Hitler en 1933 estaban llenos. Antes de 1939, los principales eran Dachau, cerca de Múnich, Buchenwald, cerca de Weimar, y Sachsenhausen, cerca de Berlín. En ellos estaban los presos "políticos" (comunistas, socialdemócratas, sacerdotes católicos, pastores protestantes). Otros grupos perseguidos eran los homosexuales, pero sobre todo los judíos; quizá 15 000 varones homosexuales fueron enviados a los campos, donde eran obligados a portar distintivos triangulares de color rosa.

No obstante, en investigaciones alemanas recientes se ha observado que el Estado policial no era tan eficiente como solía pensarse. A la Gestapo le faltaba personal; por ejemplo, había sólo 43 oficiales para vigilar Essen, una ciudad de 650 000 habitantes. Tenían que apoyarse mucho en la gente común que denunciaba a otros. Después de 1943, conforme el pueblo se desilusionaba con la guerra, estaba menos dispuesto a ayudar a las autoridades, y la tarea de la Gestapo se hizo más difícil.

11. *El peor aspecto del sistema nazi era la política antisemita (contra los judíos) de Hitler.* En Alemania había apenas

poco más de un millón de judíos, una pequeñísima proporción de la población, pero Hitler decidió utilizarlos como chivos expiatorios para todo: la humillación de Versalles, la depresión, el desempleo y el comunismo, y afirmaba que había un complot judío mundial. Tantos alemanes estaban en situación desesperada, que estaban dispuestos a aceptar la propaganda sobre los judíos y lamentaban que miles fueran despedidos de sus trabajos de abogados, médicos, maestros y periodistas. Las *Leyes de Nuremberg* (1935) dieron estatuto legal a la campaña, de modo que los judíos eran despojados de su nacionalidad alemana y se les prohibía casarse con no judíos (para preservar la pureza de la raza aria); además, dictaban que incluso las personas con un solo abuelo judío debían clasificarse como judías.

Hasta 1938, Hitler procedió cautelosamente con la política antijudía, probablemente preocupado por la reacción desfavorable del exterior, pero más tarde, la campaña se fue al extremo. En noviembre de 1938, Hitler autorizó lo que llegó a conocerse como la *Kristallnacht* (la "noche de los cristales rotos"), sanguinario ataque contra las sinagogas y otras propiedades judías en todo el país. Cuando empezó la segunda Guerra Mundial, la situación de los judíos se deterioró rápidamente; fueron acosados de todas las maneras posibles y sus propiedades atacadas e incendiadas, sus tiendas saqueadas, sus sinagogas destruidas; ellos mismos fueron encerrados en campos de concentración (ilustración XIV.3). A la larga, las terribles características de lo que Hitler llamó la "solución definitiva" del problema judío se hicieron evidentes: *pretendía exterminar a toda la raza judía*. Durante la guerra, conforme los alemanes ocupaban países como Checoslovaquia, Polonia y el occidente de Rusia, pudo imponerse también a judíos no alemanes. Se cree que para 1945, de un total de nueve millones que vivían en Europa al estallar la segunda Guerra Mundial, cerca de 5.7 millones habían sido asesinados, la mayoría en las cámaras de gases de los campos de exterminio de los nazis. El *Holocausto*, como se

ILUSTRACIÓN XIV.3. *Judíos en camino al campo de concentración*

le llamó, fue el peor de los muchos crímenes contra la humanidad cometidos por el régimen nazi, y el más impresionante (véanse todos los detalles en la sección VI.8).

c) Las políticas de Hitler eran populares en muchos sectores del pueblo alemán

Sería erróneo dar la impresión de que Hitler se mantuvo en el poder sólo aterrorizando a toda la nación. Cierto, si se era judío, comunista o socialista, o si se insistía en protestar y criticar a los nazis, podría meterse uno en problemas, pero mucha gente no muy interesada por la política en general vivía feliz bajo el régimen nazi, y esto porque Hitler tuvo la precaución de dar gusto a muchos sectores importantes de la sociedad. Incluso en 1943, cuando los dioses de la guerra le habían volteado la espalda a Alemania, Hitler, en cierta forma, seguía siendo popular entre la gente común.

1. Su llegada al poder en enero de 1933 provocó una gran oleada de entusiasmo y expectativas después de los gobiernos débiles e indecisos de la República de Weimar.

ILUSTRACIÓN XIV.4. *Hitler arengando en un mitin en Nuremberg*

Hitler parecía ofrecer acción y una nueva y grandiosa Ale-mania. Tuvo cuidado de alimentar este entusiasmo mediante desfiles militares, procesiones con antorchas y despliegue de fuegos artificiales, de los cuales, los más famosos fueron los enormes mítines que se celebraban anualmente en Nuremberg (ilustración XIV.4), que parecían atraer a las masas.

2. *Hitler logró acabar con el desempleo.* Quizá fue ésta la principal razón de su popularidad entre la gente común. Cuando llegó al poder, el número de desempleados todavía era de más de seis millones de personas, pero ya en julio de 1935 se había reducido a menos de dos millones, y para 1939 ya no había desempleados. *¿Cómo lo logró?* Sus programas de obras públicas proporcionaron miles de empleos extra. Gran parte de la burocracia se creó en esa época, cuando el partido crecía con gran rapidez, de modo que se creaban miles de puestos extra para oficinistas y personal administrativo. La depuración de judíos y antinazis del servicio público y de muchos otros puestos relacionados con la ley, la educación, el periodismo, las comunicaciones, el teatro y la música dejó gran número de vacantes. En 1935 se reanudó la conscripción. En 1934 empezó el rearme, que se aceleró

gradualmente. De esta forma, Hitler dio a los desempleados lo que habían pedido con sus marchas en 1932, trabajo y pan *(Arbeit und Brot).*

3. *Se tuvo cuidado de conservar el apoyo de los trabajadores* una vez que se consiguió con la creación de empleos. Esto fue importante porque la abolición de los sindicatos les seguía doliendo a muchos. La Organización Fuerza por la Alegría *(Kraft durch Freude)* proporcionó beneficios como vacaciones subsidiadas en Alemania y en el extranjero, cruceros, viajes de esquí, teatro y conciertos de bajo costo, así como residencias para convalecientes. Otras prestaciones eran las vacaciones pagadas y el control de las rentas.

4. *Los industriales y los hombres de negocios ricos estaban encantados con los nazis* a pesar de la interferencia del gobierno en sus industrias, en parte porque se sentían seguros de que no habría una revolución comunista y porque les gustaba la idea de no tener sindicatos, que constantemente los molestaban con exigencias de menos horas de trabajo y mejores salarios. Además de que pudieron comprar a bajo costo las acciones que habían vendido al Estado durante la crisis de 1929-1932; por otra parte, estaba la promesa de grandes utilidades de los programas de obras públicas, rearme y otros pedidos que les había hecho el gobierno.

5. *Si bien en un principio los agricultores habían dudado de Hitler, gradualmente se entusiasmaron con los nazis,* pues fue evidente que estaban en una posición especialmente favorable respecto del Estado por la declaración del objetivo nazi de autosuficiencia en la producción de alimentos. Los precios de los productos agrícolas eran fijos, de modo que se garantizaba una utilidad razonable. Los ranchos fueron declarados propiedades hereditarias, y a la muerte del propietario tenía que pasar a sus familiares. Esto significaba que un propietario no podía ser obligado a vender o hipotecar su rancho para pagar sus deudas; muchos agricultores recibieron esto con beneplácito porque estaban muy endeudados como resultado de la crisis financiera.

6. *Hitler logró el apoyo del Reichswehr (ejército)*, clave si quería sentirse seguro en el poder. El *Reichswehr* era la organización que podía haberlo quitado por la fuerza, pero para el verano de 1934 lo tenía de su lado.

- La clase de los oficiales estaba bien dispuesta respecto de Hitler por el muy publicitado objetivo de dejar de lado las restricciones del Tratado de Versalles mediante el rearme y la expansión del ejército a toda su capacidad;
- había habido una constante infiltración de nacional-socialistas en los rangos inferiores y había empezado a permear las clases de oficiales de menor rango;
- los líderes el ejército estaban muy impresionados por la manera en que Hitler había manejado a los problemáticos SA en la notoria *Depuración Rohm* (también conocida como "la noche de los cuchillos largos") del 30 de junio de 1934.

El antecedente fue que los SA, encabezados por su líder Ernst Rohm, amigo personal de Hitler desde los primeros días del movimiento, se estaban convirtiendo en un problema para el nuevo canciller. Rohm quería que sus camisas cafés se fusionaran con el *Reichswehr* y él mismo ser nombrado general. Hitler sabía que los generales aristócratas del *Reichswehr* no aceptarían ni lo uno ni lo otro; pensaban que los SA eran poco más que una banda de gángsters, en tanto que de Rohm mismo se sabía que era homosexual (lo cual era mal visto en los círculos militares y también oficialmente entre los nazis) y que había criticado en público a los generales por su conservadurismo a ultranza. Rohm insistió en sus demandas, obligando a Hitler a elegir entre los SA (ilustración XIV.5) y el *Reichswehr*.

La solución de Hitler al dilema fue típica de los métodos nazis, despiadada pero eficiente; utilizó a uno de sus ejércitos privados para ocuparse del otro. Rohm y la mayoría de los líderes de los SA fueron asesinados por soldados de las SS, y el canciller aprovechó la oportunidad para acabar con algunos otros enemigos y críticos que nada tenían que ver con los SA. Por ejemplo, dos de los asesores de Papen fueron acribillados por las SS porque 10 días antes éste había pronunciado un discurso en Marburg en el cual se criticaba a Hitler. Es probable que el propio Papen se haya salvado por su estrecha amistad con el presidente Hindenburg. Se supone que cuando menos 400 personas fueron asesinadas esa noche o poco después. Hitler justificó su manera de actuar afirmando que conspiraban contra el Estado.

Recientemente, en su obra *The Hidden Hitler*, el historiador alemán Lothar Machtan sugiere que Hitler era homosexual y que tuvo una serie de relaciones con hombres jóvenes durante sus primeros días en Viena y Múnich, de lo cual estaban enterados Rohm y sus amigos. Si Machtan tiene razón, entonces otra explicación de la depuración era la necesidad de Hitler de proteger su reputación al crecer el distanciamiento entre él y Rohm. "El principal motivo de Hitler para tomar medidas en contra de Rohm y sus asociados era el temor a ser expuesto y chantajeado [...] La eliminación de testigos y evidencias, *ése* era el verdadero objetivo de este acto de terrorismo."

Independientemente de los verdaderos motivos de Hitler, *la depuración tuvo importantes resultados*; el *Reichswehr* se sintió aliviado por haberse librado de los problemáticos líderes de los SA y se impresionó por la determinación de Hitler para resolver el problema. Cuando el presidente Hindenburg murió apenas un mes después, el *Reichswehr* aceptó que Hitler debería ser presidente y canciller (si bien prefería que se le llamara *Führer*). El *Reichswehr* juró lealtad al *Führer*.

7. *Por último, la política exterior de Hitler tuvo gran éxito.* Con cada triunfo, más y más alemanes empezaban a pensar que era infalible (sección v.3).

ILUSTRACIÓN XIV.5. *Hitler y el* Sturmabteilung *(SA) en un mitin, en Nuremberg*

5. NAZISMO Y FASCISMO

En ocasiones llega a confundirse el significado de los términos "nazismo" y "fascismo". Mussolini inició en Italia el primer partido fascista; posteriormente, el término se utilizó, aunque no con la precisión debida, para designar a otros movimientos y gobiernos de derecha. De hecho, cada tipo del así llamado "fascismo" tiene su características específicas; en el caso de los nazis alemanes, había similitudes con el sistema fascista de Mussolini, pero también importantes diferencias.

a) Similitudes

- Ambos eran intensamente anticomunistas, y de ahí la firmeza del apoyo que recibieron de todas las clases.
- Eran antidemocráticos e intentaron organizar un Estado totalitario que controlara la industria, la agricultura

y el estilo de vida del pueblo, de modo que se limitaba la libertad personal.

- Intentaron hacer autosuficiente al país.
- Pusieron énfasis en la estrecha unidad de todas las clases trabajadoras para lograr dichos objetivos.
- Ambos subrayaron la supremacía del Estado, eran intensamente nacionalistas, glorificaban la guerra y el culto del héroe o líder que guiaría el renacimiento de la nación a partir de sus problemas.

b) Diferencias

- El fascismo nunca pareció arraigarse tan profundamente en Italia como el sistema nazi en Alemania.
- El sistema italiano no eran tan eficiente como el alemán. Los italianos nunca lograron la autosuficiencia y nunca acabaron con el desempleo, el cual, de hecho, se incrementó.
- El sistema italiano no era tan implacable ni brutal como el de Alemania y no se cometían atrocidades contra las masas, si bien hubo incidentes desagradables, como los asesinatos de Matteotti y Amendola.
- El fascismo italiano no era particularmente antijudío ni racista hasta 1938, cuando Mussolini adoptó esa política para emular a Hitler.
- Mussolini tuvo más éxito que Hitler con su política religiosa después de llegar a un acuerdo con el papa en 1929.
- Por último, sus posiciones constitucionales eran diferentes: en Italia perduró la monarquía, y si bien Mussolini normalmente ignoraba a Vittorio Emmanuele, el rey desempeñaba un papel importante en 1943, cuando los críticos de Mussolini acudieron a él como jefe de Estado. Pudo anunciar el despido de Mussolini y ordenar que lo arrestaran. Desafortunadamente, no había nadie en Alemania que pudiera despedir a Hitler.

6. ¿QUÉ TANTO ÉXITO TUVO HITLER EN LOS ASUNTOS INTERNOS?

Hay controversias al respecto. Algunos argumentan que el régimen de Hitler aportó muchos beneficios a la mayoría de los alemanes, en tanto que otros piensan que su carrera fue un completo desastre y que sus supuestos éxitos fueron un mito creado por Joseph Goebbels, ministro nazi de Propaganda. Llevando un paso más adelante el argumento, algunos historiadores alemanes afirman que Hitler era un dirigente débil que nunca inició realmente una política por sí mismo.

a) ¿Exitoso?

Una escuela de pensamiento afirma que los nazis tuvieron éxito hasta 1939 porque otorgaron muchos beneficios del tipo de los mencionados antes, en la sección XIV.4 c), y lograron hacer florecer la economía. Por eso Hitler fue popular entre las masas, que aguantaron hasta la década de 1940, a pesar de las penurias de la guerra. Si Hitler hubiera logrado que Alemania no fuera a la guerra, continúa la teoría, todo hubiera ido bien, y su Tercer Reich podría haber durado 1 000 años (tal como alardeaba).

b) ¿Sólo exitoso en la superficie?

La opinión opuesta es que los supuestos éxitos de Hitler fueron superficiales y no podrían soportar la prueba del tiempo. El llamado "milagro económico" fue una ilusión; el déficit presupuestal era enorme y el país estaba técnicamente en bancarrota. Incluso el éxito superficial se logró mediante métodos inaceptables en una sociedad civilizada moderna:

- El empleo pleno se logró sólo a costa de una brutal campaña en contra de los judíos y un programa de rearme masivo.
- La autosuficiencia no era posible a menos que Alemania

pudiera apoderarse de grandes extensiones de Europa del este que pertenecían a Polonia, Checoslovaquia y Rusia.

• Por tanto, el éxito permanente dependía del éxito en la guerra; así, no había posibilidades de que Hitler no entrara en guerra [véase también la sección v.3 a)].

Por lo tanto, la conclusión, según escribió Alan Bullock en su biografía de Hitler, es que:

La identificación de los beneficios que el gobierno de Hitler dejó en Alemania debe atenuarse con el conocimiento de que para el Führer, y para un amplio sector del pueblo alemán, no eran más que subproductos de su verdadero objetivo, que era la creación de un instrumento de poder con el cual poner en práctica una política de expansión que, a fin de cuentas, era no aceptar límites.

Incluso la política de preparación para la guerra falló; estaba previsto que los planes de Hitler hubieran concluido en los primeros años de la década de 1940, probablemente en 1942. En 1939, la economía alemana no estaba lista para una gran guerra, si bien era suficientemente fuerte como para derrotar a Polonia y a Francia. Sin embargo, como apunta Richard Overy, "los grandes programas de producción bélica no estaban terminados, algunos apenas empezaban [...] En 1939, la economía alemana estaba a medio camino de la transformación prevista [...] como Hitler reflexionaba varios años después, la militarización había sido 'mal manejada'".

c) El mito de Hitler

Como todo el trabajo de Hitler terminaba en un desastroso fracaso, surge una serie de interrogantes; por ejemplo, ¿por qué fue tan popular durante tanto tiempo? ¿Era verdaderamente popular o la gente aguantaba a Hitler y a los nazis por miedo de lo que les pasaría si se quejaban abiertamente? ¿Su popular imagen era sólo un mito creado por la maquinaria propagandística de Goebbels?

No puede haber duda de que era difícil y arriesgado criticar al régimen; el gobierno controlaba a los medios, de modo que los alemanes normales no contaban con los canales que suelen utilizarse para criticar en una sociedad democrática moderna. Cualquiera que intentara incluso iniciar una discusión sobre las políticas nazis desafiaba a los informadores, la Gestapo y los campos de concentración.

Por otra parte, hay pruebas de que el mismo Hitler era genuinamente popular, si bien algunas secciones del partido nazi no lo eran. En su primera obra, *The Hitler Myth*, Ian Kershaw muestra que Hitler era considerado como superior a lo desagradable de la política cotidiana y la gente no lo relacionaba con los excesos de los miembros más extremistas del partido. Las clases medias y los terratenientes le agradecían que hubiera restablecido la ley y el orden; incluso aprobaban los campos de concentración, creyendo que los comunistas y otros "alborotadores antisociales" merecían estar ahí. La maquinaria propagandística ayudó a representar los campos como centros de reeducación donde los indeseables eran convertidos en ciudadanos útiles.

Los logros de Hitler en asuntos exteriores fueron muy populares; con cada nuevo éxito, anuncio de rearme, remilitarización de Rhineland, el *Anschluss* con Austria y la incorporación de Checoslovaquia al Reich, parecía que Alemania se reafirmaba en su legítima posición como una gran potencia. Fue en este aspecto en el que probablemente incidió más la propaganda de Goebbels, al construir la imagen de un Hitler carismático y un mesías infalible destinado a restablecer la grandeza de la madre patria. Aunque la guerra no despertaba gran entusiasmo, la popularidad de Hitler alcanzó nuevas alturas en el verano de 1940, con la rápida derrota de Francia.

Fue en 1941 cuando esa imagen empezó a empañarse. Conforme el conflicto bélico se prolongaba, y Hitler le declaraba la guerra a los Estados Unidos, empezaron a surgir dudas sobre su infalibilidad. Gradualmente se empezó a caer en la cuenta de que no iba a ser posible ganar la guerra. En febrero de 1943, cuando se divulgó la noticia de que los alemanes se habían rendido en Estalingrado, un grupo de estudiantes de la universidad de Múnich publicó valientemente un manifiesto: "La nación está profundamente conmovida por la destrucción de los hombres de Estalingrado [...] insensible e irresponsablemente, el cabo de la primera Guerra Mundial llevó a la muerte y la ruina a 330 000 alemanes. Führer, ¡gracias!" Seis de los líderes fueron arrestados por la Gestapo y ejecutados, y algunos más recibieron largas sentencias. Después de estos hechos, la mayoría de la gente siguió siendo leal a Hitler, y no hubo manifestaciones populares en su contra. El único intento importante de derrocamiento fue de un grupo de líderes del ejército, en julio de 1944; después de que fracasara esa conspiración para quitarle el poder, el público en general siguió siendo leal hasta el amargo final, en parte por miedo a las consecuencias de que se supiera que estaban en contra de los nazis y en parte por fatalismo y resignación.

d) ¿Dictador débil?

Fue el historiador alemán Hans Mommsen quien en 1966 sugirió por primera vez que Hitler era un "dictador débil", con lo que aparentemente quería decir que a pesar de toda la propaganda sobre el carismático líder y el hombre del destino, Hitler no tenía ni programa ni plan especial, sencillamente explotaba las circunstancias conforme se presentaban. En su obra de 1969, *The Hitler State*, Martin Borszat desarrolló aún más ese tema, y argumentó que muchas de las políticas atribuidas a Hitler de hecho habían sido instigadas por otros o le habían sido impuestas y después él las había adoptado.

La opinión opuesta, que Hitler era un dictador todopoderoso, también tiene partidarios fuertes. Norman Rich, en *Hitler's War Aims* (vol. 1, 1973), consideraba que Hitler era "el amo en el Tercer Reich". Eberhard Jäckel sistemáticamente se ha apegado a la misma interpretación, desde su primera obra sobre Hitler, publicada en 1984 *(Hitler in History);* utilizaba el término "monocracia" para referirse al "gobierno único" de Hitler.

En su reciente y enorme biografía de Hitler en dos volúmenes, Ian Kershaw sugiere una interpretación "mitad y mitad", y subraya la teoría de "trabajar para el Führer", frase utilizada en 1934 por un oficial nazi en un discurso, en el cual explicaba cómo se conformaba la política gubernamental:

Es deber de toda persona, siguiendo el espíritu del Führer, tratar de trabajar para él. Cualquiera que cometa errores lo notará de inmediato. Pero quien trabaje correctamente por el Führer, según sus pautas y en pro de su objetivo, en el futuro recibirá la mayor recompensa, de un día, de repente, lograr la confirmación legal de su trabajo.

Kershaw explica cómo funcionaba esto: "se tomaban iniciativas, se presionaba, se provocaba una legislación, todo de forma tal que siguiera la línea de lo que se suponían los objetivos de Hitler, sin que el dictador necesariamente lo dictara […] Así, la política se radicalizaba cada vez más". El ejemplo clásico de esta forma de trabajar fue la introducción gradual de la campaña nazi contra los judíos (sección VI.8). Era una forma de trabajar que tenía la ventaja de que si alguna política fallaba, Hitler podía desligarse de ella y culpar a alguien más.

Por lo tanto, en la práctica, difícilmente era el método de un "dictador débil". Tampoco esperaba siempre que la gente "trabajara para él". Cuando así lo exigía la ocasión, él era quien tomaba la iniciativa y lograba lo que quería; por ejemplo, todos sus primeros éxitos en política exterior, la supresión de los SA en 1934 y las decisiones que tomó en 1939 y 1940, en la primera parte de la guerra, fue cuando llegó al clímax de su popularidad, no había debilidad alguna al respecto. Las personas que lo conocían bien aceptan que se hizo más "autoritario" al tener mayor confianza. Otto Dietrich, jefe de prensa de Hitler, describió en sus memorias cómo cambiaba el Führer: "empezó a odiar que se objetaran sus opiniones y que se dudara de su infalibilidad […] Quería hablar, pero no escuchar. Quería ser el martillo no el yunque".

Es obvio que Hitler no hubiera podido llevar a cabo las políticas nazis sin el apoyo de muchos grupos influyentes de la sociedad, el ejército, los grandes negocios, la industria pesada, las cortes de justicia y los trabajadores públicos. Pero de la misma forma, sin Hitler a la cabeza, gran parte de lo que sucedió en esos terribles 12 años del Tercer Reich hubiera sido impensable. Ian Kershaw pronuncia este escalofriante veredicto sobre Hitler y su régimen:

> Nunca en la historia tal destrucción, física y moral, se había relacionado con el nombre de un hombre [...] Se justifica que el nombre de Hitler sea por siempre el del principal instigador del más profundo colapso de la civilización en la era moderna [...] Hitler fue el principal instigador de una guerra que provocó más de 50 millones de muertos y millones más de dolientes por quienes perdieron y tratando de recomponer su vida destrozada. Hitler fue el principal inspirador de un genocidio como nunca se había conocido en el mundo [...] El Reich cuya gloria buscó, acabó destrozado [...] El archienemigo, el bolchevismo, llegó a la propia capital del Reich y presidió por sobre media Europa.

PREGUNTAS

Cómo fue dirigido el Estado nazi
1. Estudie las fuentes A y B y responda las preguntas.

Fuente A
Opinión del historiador alemán Martin Broszat, 1981.

> Lo que se presentó como el nuevo gobierno de la Alemania nacionalsocialista en 1933-1934 fue, en efecto, una forma de poder compartido entre el nuevo movimiento nacionalsocialista de masas y las antiguas fuerzas conservadoras del Estado y la sociedad [...] El liderazgo de Hitler no fue directo y sistemático, sino que de cuando en cuando sobresaltaba al gobierno o al partido, apoyaba una u otra iniciativa de los funcionarios del partido o de los jefes de departamento y frustraba otras, las ignoraba o las dejaba que avanzaran sin decidir [...] en la práctica, esto no llevaba a la sobrevivencia del régimen.

FUENTE: Martin Broszat, *The Hitler State* (Longman, 1983).

Fuente B
Opinión del historiador británico Alan Bullock, 1991.

Cuando él [Hitler] quería que se hiciera algo, creaba agencias especiales ajenas al marco del gobierno del Reich, como cuando Goering organizó el Plan de Cuatro Años, que trascendía la jurisdicción de cuando menos cuatro ministerios.

El alejamiento de Hitler de los asuntos cotidianos del gobierno dejaba libres a los líderes nazis más poderosos, no sólo para construir imperios rivales, sino para contender entre ellos y con los ministros establecidos. Este estado de cosas abarcaba la instrumentación de políticas y las funciones legislativas del gobierno, así como de la administración. En lo sucesivo, decretos y leyes se emitieron por la autoridad del canciller [...] la autoridad de Hitler era incuestionable y, cuando decidía intervenir, era determinante.

FUENTE: Allan Bullock, *Hitler and Stalin: Parallel Lives* (Harper Collins, 1991).

a) ¿Hasta qué punto las evidencias proporcionadas por estas fuentes apoyan la opinión de que Hitler era un "dictador débil"?

b) ¿En qué medida los métodos de gobierno de Hitler le permitieron instrumentar exitosamente medidas de política interior y exterior hasta 1939?

2. Describa cómo se instituyeron el gobierno y la Constitución de Weimar después de la primera Guerra Mundial y explique por qué la república fue tan inestable entre 1919 y 1923.

3. "La inestabilidad política de la República de Weimar entre 1919 y 1923 fue resultado, principalmente, de defectos de la Constitución." Explique por qué está de acuerdo o en desacuerdo con esta interpretación de los acontecimientos.

4. ¿Hasta qué punto estaría de acuerdo en que fueron intrigas políticas, más que la situación económica, lo que permitió a Hitler llegar al poder en Alemania, en enero de 1933?

5. ¿En qué medida provocó Hitler una revolución política, económica y social en la Alemania nazi de los años 1933 a 1939?

XV. JAPÓN Y ESPAÑA

Resumen de acontecimientos

Durante los 20 años que siguieron a la Marcha sobre Roma (1922) de Mussolini, muchos otros países, enfrentados a graves problemas económicos, siguieron el ejemplo de Italia y Alemania y se convirtieron al fascismo o el nacionalismo de derecha.

En *Japón*, el gobierno elegido democráticamente quedó bajo la influencia del ejército en los primeros años de la década de 1930, cada vez más avergonzado por los problemas económicos, financieros y políticos. Pronto, los militares implicaron al país en una guerra con China y, posteriormente, con el ataque a Pearl Harbor (1941), lo llevaron a la segunda Guerra Mundial. Después de un brillante inicio, los japoneses sufrieron derrotas y devastación, a raíz de las dos bombas atómicas, la primera en Hiroshima y la segunda en Nagasaki. Después de la guerra, Japón volvió a la democracia y su recuperación fue tan notable que pronto se convirtió en uno de los estados económicamente más poderosos del mundo. Durante los años noventa, la economía empezó a estancarse; parecía que había llegado el momento de nuevas políticas económicas.

En *España,* un gobierno parlamentario incompetente fue remplazado por el general Primo de Rivera, quien gobernó de 1923 a 1930, como una especie de dictador benevolente. La crisis económica mundial lo derrocó, y en una atmósfera de creciente republicanismo, el rey Alfonso XIII abdicó, con la esperanza de evitar derramamientos de sangre (1931). Varios gobiernos republicanos fracasaron en sus intentos de resolución de los muchos problemas que enfrentaban, y la situación se deterioró hasta convertirse en una guerra civil (1936-1939) con las fuerzas de la derecha combatiendo a la república de izquierda. La guerra la ganaron los nacionalistas de derecha, cuyo líder, el general Franco, encabezó el gobierno. Mantuvo a España neutral durante la segunda Guerra Mundial, y gobernó hasta su muerte, en 1975, después de la cual se restableció la monarquía y el país volvió gradualmente a la democracia. Desde 1986, España forma parte de la Unión Europea.

Portugal también tenía un dictador de derecha; Antonio Salazar gobernó de 1932 a 1968, cuando sufrió un infarto. Su *Estado Novo* (Estado Nuevo) era apoyado por el ejército y la policía secreta. En 1974, su sucesor fue derrocado y la democracia volvió a Portugal. Si bien los tres regímenes, Japón, España y Portugal, tenían muchas características similares a los regímenes de Mussolini y Hitler; por ejemplo, ser un Estado totalitario unipartidista, muerte o cárcel para los opositores, policía secreta y represión brutal, estrictamente hablando no eran estados fascistas, les faltaba el elemento vital de la movilización de masas en pos del renacimiento de la nación, llamativa característica en Italia y Alemania.

Muchos políticos sudamericanos fueron influidos por el fascismo. Juan Perón, líder de Argentina entre 1943 y 1955, y de nuevo en 1973-1974, y Getulio Vargas, que encabezó el *Estado Novo* (Estado Nuevo) en *Brasil,* de 1939 a 1945, fueron dos de los más impresionados por el aparente éxito de la Italia fascista y la Alemania nazi. Adoptaron algunas de las ideas fascistas europeas, en especial la movilización del apoyo de las masas. Lograron ser apoyados por clases trabajadoras pobres en el movimiento sindicalista masivo, pero en realidad no eran ni como Mussolini ni como Hitler. Sus gobiernos pueden resumirse, más bien, como una combinación de nacionalismo y reforma social. Como lo expresa el historiador Eric Hobsbawm (en *The Age of Extremes*), "los movimientos fascistas europeos acabaron con los movimientos de los trabajadores, los líderes latinoamericanos que se inspiraron en ellos, los crearon".

1. Japón en el entreguerras

a) En 1918, Japón estaba muy bien posicionado en el Lejano Oriente

Su armada era poderosa, ejercía gran influencia en China y se había beneficiado económicamente con la primera Guerra Mundial, en tanto que los estados de Europa estaban ocupados luchando entre ellos. Japón aprovechó la situación, tanto para proveer de barcos y otros productos a los Aliados, como para surtir pedidos, sobre todo en Asia, cuando los europeos no podían cumplir. Durante los años de guerra, sus exportaciones de prendas de algodón casi se triplicaron, en tanto que el tonelaje de su flota mercante se duplicó. Políticamente parecía encaminado a la democracia, cuando en 1925 todos los varones adultos fueron facultados para votar. Las esperanzas pronto se desvanecieron, pues en los primeros años treinta el ejército asumió el control del gobierno.

b) ¿Por qué Japón se convirtió en una dictadura militar?

En los años veinte surgieron problemas que aparentemente los gobiernos elegidos democráticamente fueron incapaces de resolver, como en Italia y Alemania.

1. Grupos de élite influyentes empezaron a oponerse a la democracia

La democracia era relativamente nueva en Japón; fue en la década de 1880 cuando el emperador cedió a las crecientes exigencias de una asamblea nacional, en la creencia de que habían sido las constituciones y un gobierno representativo lo que había hecho tan exitosos a los Estados Unidos y los países occidentales de Europa. Gradualmente se introdujo un sistema más representativo que constaba de una cámara de pares nombrados, un gabinete de ministros designados por el emperador y un comité de asesores del emperador cuya función era interpretar y salvaguardar la Constitución formalmente aceptada en 1889. En ésta se preveía una cámara baja del Parlamento por elección (la Dieta); se celebraron las primeras elecciones y la Dieta se reunió en 1890. No obstante, el sistema estaba lejos de ser democrático y el emperador tenía enorme poder; podía disolver la Dieta cuando quisiera, tomaba decisiones sobre la guerra y la paz, era el comandante en jefe de las fuerzas armadas y se le consideraba "sagrado e inviolable". Aun así, la Dieta tenía una gran ventaja, podía impulsar nuevas leyes, de modo que el gabinete se percató de que no estaba tan sometida a su voluntad como esperaba.

En un principio, a los grupos de élite de la sociedad les parecía bien dar carta blanca al gobierno, pero después de la primera Guerra Mundial empezaron a ser más críticos. El ejército y los conservadores, muy relacionados con la cámara de pares y el consejo de asesores, eran especialmente problemáticos; aprovechaban toda oportunidad para desacreditar al gobierno. Por ejemplo, criticaron al barón Shidehara Kijuro (ministro del Exterior, 1924-1927) por su enfoque conciliatorio respecto de China, que consideraba como la mejor manera de fortalecer el control económico de Japón respecto de dicho país. El ejército estaba ansioso por interferir en los asuntos de China, desgarrada por una guerra civil, y consideraba que la política de Shidehara era "blanda". En 1927 tuvieron la suficiente fuerza como para derrocar al gobierno y revertir su política.

2. Políticos corruptos

Muchos políticos eran corruptos y normalmente aceptaban sobornos de las grandes empresas; en la cámara baja (la Dieta) llegó a haber pleitos cuando se ventilaban acusaciones y contraacusaciones de corrupción. El sistema dejó de inspirar respeto y el prestigio del Parlamento sufrió las consecuencias.

3. Fin del auge comercial

Cuando a los problemas políticos se sumaron problemas económicos, la situación se agravó. El gran auge comercial de los años de guerra sólo duró hasta mediados de 1921, cuando Europa empezó a revivir y recuperar los mercados perdidos; las consecuencias en Japón fueron desempleo e inquietud en la industria, al mismo tiempo que los agricultores fueron golpeados por la caída del precio del arroz derivada de una serie de cosechas récord. Cuando los trabajadores agrícolas e industriales trataron de organizarse en un partido político, fueron despiadadamente reprimidos por la policía, de tal forma que, como el ejército y la derecha, se tornaron cada vez más hostiles respecto de un Parlamento que pasaba por democrático, pero que permitía que se reprimiera a la izquierda y aceptaba sobornos de las grandes empresas.

4. Crisis económica mundial

La crisis económica mundial que empezó en 1929 (sección XXII.6) afectó gravemente a Japón. Sus exportaciones se redujeron de manera desastrosa y otros países introdujeron aranceles o los elevaron para proteger a sus propias industrias. Uno de los sectores más afectados fue la exportación de seda cruda, que se vendía principalmente a los Estados Unidos. El periodo posterior al derrumbe de Wall Street no estaba para lujos, y los estadunidenses redujeron drásticamente sus importaciones de seda cruda, de tal forma que en 1932 el precio se había derrumbado a menos de la quinta parte del que privaba en 1923. Éste fue un golpe más para los agricultores japoneses, pues cerca de la mitad dependía de la producción de seda cruda y de arroz. La pobreza era desesperante, especialmente en el norte, y trabajadores y campesinos culpaban al gobierno y a los grandes empresarios. La mayoría de los reclutas del ejército eran campesinos, de modo que también la tropa y la clase de oficiales estaban disgustados con lo que consideraban un gobierno parlamentario débil. Ya desde 1927 muchos oficiales, atraídos por el fascismo, planeaban tomar el poder e introducir un gobierno nacionalista estricto.

5. Situación de Manchuria

La situación hizo crisis en 1931, agravada por lo que sucedía en Manchuria, extensa provincia china de 30 millones de habitantes, donde Japón tenía inversiones considerables y con quienes comerciaban. Los chinos intentaban restringir el comercio y los negocios japoneses, lo cual sería un rudo golpe para la economía japonesa, ya muy afectada por la depresión. Para conservar sus ventajas económicas, Manchuria fue invadida y ocupada por unidades del ejército japonés (septiembre de 1931) sin autorización del gobierno (ilustración XV.1). Cuando el primer ministro Inukai criticó esta medida extremista, fue asesinado por un grupo de oficiales del ejército (mayo de 1932); no sorprende que su sucesor sintiera que tenía que apoyar la actuación de los militares.

Durante los siguientes 13 años, el ejército dirigió más o menos el país con métodos similares a los adoptados en Italia y Alemania, como implacable represión de los comunistas, asesinato de opositores, estricto control de la educación, acumulación de armamento y política exterior agresiva que tendía a la toma de territorios en Asia, que serían los mercados para las exportaciones japonesas. Esto llevó a que China fuera atacada (1937) y a que el país se involucrara en la segunda Guerra Mundial, en el Pacífico [para las conquistas japonesas, véanse sección VI.2 *c)*, mapas VI.4 y V.1]. Algunos historiadores culpan al emperador Hirohito, que si bien deploró el ataque a Manchuria, se negó a participar en controversias políticas, temeroso de ser ignorado si ordenaba el retiro de las tropas. El historiador Richard Storry afirma que "para Japón y el mundo hubiera sido mejor que corriera ese riesgo"; considera que el prestigio de Hirohito era tan grande, que la mayoría de los oficiales lo habría obedecido si hubiera intentado restringir los ataques contra Manchuria y China.

2. JAPÓN SE RECUPERA

Al terminar la segunda Guerra Mundial, Japón estaba derrotado; con la economía en ruinas, una proporción importante de sus fábricas y la cuarta parte de las viviendas habían sido destruidas por los bombardeos [secciones VI.5 *f)* y VI.6 *d)*]. Hasta 1952, fue ocupado por tropas aliadas, principalmente estadunidenses, comandadas por el general MacArthur. Durante los primeros tres años, los estadunidenses querían asegurarse de que Japón nunca más empezaría una guerra; se le prohibió

ILUSTRACIÓN XV.1. *Tropas japonesas invaden Manchuria, 1931*

tener fuerzas armadas y se le impuso una constitución, por la cual, los ministros tenían que ser miembros de la Dieta (Parlamento). Al emperador Hirohito se le permitió conservar el trono, pero su función era meramente simbólica. Las organizaciones nacionalistas fueron disueltas y la industria de armamentos, desmantelada. Las personas que habían desempeñado funciones importantes durante la guerra fueron retiradas de sus puestos, además de que se instituyó un tribunal internacional para juzgar a los acusados de crímenes de guerra. Tojo, primer ministro durante la guerra, y otras seis personas, fueron ejecutados y 16 hombres sentenciados a prisión de por vida.

En esa etapa, a los estadunidenses parecía no preocuparles la restauración de la economía japonesa, pero en 1948 su actitud cambió gradualmente. Con el desarrollo de la Guerra Fría en Europa y el derrumbamiento del Kuomintang en China, sintieron la necesidad de un aliado fuerte en el Sudeste Asiático y empezaron a fomentar la recuperación de la economía japonesa. A partir de 1950 la industria se recuperó rápidamente, de manera que en 1953 la producción había alcanzando el nivel que tenía en 1937. Las fuerzas de ocupación estadunidenses fueron retiradas en abril de 1952 (como se había acordado en el *Tratado de San Francisco*, en septiembre del año anterior), si bien se quedaron algunas tropas con fines defensivos.

a) ¿Cómo pudo recuperarse Japón tan rápidamente?

1. *La ayuda estadunidense fue vital en los primeros años de la recuperación japonesa.* Los Estados Unidos decidieron que un Japón saludable económicamente sería un poderoso baluarte contra la expansión del comunismo en el Sudeste Asiático, además de que creían que era importante alejarlo del sistema semifeudal y jerárquico que restringía el progreso. Por ejemplo, la mitad de las tierras agrícolas era propiedad de ricos señores que vivían en la ciudades y rentaban extensiones pequeñas; la mayoría de los inquilinos eran poco más que agricultores de subsistencia. *Se introdujo un plan de reforma agraria* por el cual gran parte de las tierras fueron vendidas a los

inquilinos a tasas razonables, de modo que se creó una nueva clase de agricultores propietarios. El éxito fue enorme, los campesinos, ayudados con subsidios del gobierno y reglamentos que mantenían altos los precios de los productos agrícolas, llegaron a ser un grupo influyente y próspero. Los estadunidenses ayudaron también en otra forma, pues los productos japoneses llegaron a sus mercados en condiciones favorables y los Estados Unidos proporcionaron ayuda y equipo nuevo.

2. *La Guerra de Corea (1950-1953) impulsó de manera importante la recuperación de Japón.* La ubicación de este último era ideal como base de las fuerzas de Naciones Unidas que participaban en Corea; se recurrió a fabricantes japoneses para surtir una amplia variedad de materiales y productos. La estrecha relación con los Estados Unidos se traducía en que Japón estaba debidamente protegido, es decir, podía invertir en la industria todo el dinero que de otra forma hubiera tenido que gastar en armamento.

3. Gran parte de la industria japonesa había sido destruida durante la guerra, de modo que *las nuevas fábricas y plantas empezaban de cero, con la última tecnología.* En 1959, el gobierno decidió concentrarse en productos de alta tecnología tanto para el mercado interno como para exportación. El mercado interno de consumidores fue apoyado por otra iniciativa gubernamental instrumentada en 1960, que tendía a doblar los ingresos en un lapso de 10 años. Las demandas del mercado de exportación obligaron a la construcción de barcos mercantes más grandes y rápidos. Los productos japoneses gozaban de reputación por su gran calidad y confiabilidad, además de que eran muy competitivos en los mercados del exterior. Durante los años sesenta, las exportaciones japonesas crecieron a un ritmo anual de 15%. Para 1972, Japón había superado a Alemania Occidental y se había convertido en la tercera economía del mundo, especializada en construcción de barcos, equipos de radio, televisión y alta fidelidad, cámaras, acero, motocicletas, vehículos de motor y textiles.

4. *Una sucesión de gobiernos estables contribuyó a la recuperación.* El Partido Liberal-Demócrata (LDP, por sus siglas en inglés) era el dominante; era conservador y favorable para los negocios, además de gozar del apoyo de los agricultores que se habían beneficiado con la reforma agraria emprendida por los estadunidenses. Tenían miedo de que sus tierras fueran nacionalizadas si los socialistas accedían al poder, así que el LDP se mantuvo en el gobierno de 1952 a 1993. Su principal opositor era el Partido Socialista Japonés, que en 1991 cambió su nombre por el de Partido Social Democrático de Japón; era apoyado por los trabajadores, los sindicatos y una porción importante de la población urbana. Había otros dos partidos socialistas más pequeños, además del Partido Comunista del Japón. Esta fragmentación de la izquierda fue una de las razones de los constantes triunfos del LDP.

b) La recuperación japonesa no estuvo exenta de problemas

1. *En muchos sectores los sentimientos antiestadunidenses eran intensos.*

   • Muchos japoneses se sentían inhibidos por sus estrechos lazos con los Estados Unidos.
   • Sentían que los estadunidenses exageraban la amenaza de la China comunista; querían estar en buenos términos con China y la URSS, pero era difícil si Japón estaba firmemente anclado del lado estadunidense.
   • La renovación del tratado de defensa con los Estados Unidos en 1960 provocó huelgas y manifestaciones.
   • La vieja generación resentía la forma en que la cultura de los jóvenes japoneses adoptaba todo lo estadunidense, lo veían como un signo de "descomposición moral".

2. *Otro problema era la inquietud de la clase trabajadora por las largas jornadas laborales y el hacinamiento en que vivían.* Al crecer la industria, la mano de obra que llegó del campo se amontonó en las zonas industriales; la pobla-

ción rural se redujo de cerca de 50% en 1945, a apenas 20% en 1970 y ello provocó enormes aglomeraciones en la mayoría de los pueblos y las ciudades, donde los departamentos eran pequeños, comparados con los de Occidente. Al incrementarse los precios de las propiedades, la posibilidad de que un trabajador común pudiera hacerse de una vivienda virtualmente desapareció. Al crecer las ciudades, se agravaron los problemas de congestionamiento y contaminación. El tiempo de traslado se alargó; se esperaba que los varones se dedicaran a la "empresa" o a la "cultura de la oficina" y el tiempo de ocio se redujo.

3. *En los primeros años setenta el elevado ritmo de crecimiento de la economía llegó a su fin* por diversos factores. La competitividad japonesa en los mercados mundiales declinó en ciertos sectores, particularmente la construcción de barcos y la fabricación de acero. La preocupación respecto de los crecientes problemas de la vida urbana llevó a cuestionar la hipótesis de que el crecimiento continuo fuera esencial para el éxito del país. La economía sufrió tropiezos por la fluctuación de los precios del petróleo; en 1973 y 1974, la Organización de Países Exportadores de Petróleo (OPEP) elevó los precios, en parte para mantener las reservas. Esto mismo sucedió en 1979-1981, y en ambas ocasiones Japón sufrió una recesión. Una forma de respuesta japonesa fue incrementar las inversiones en la generación de energía nuclear.

4. *La prosperidad de Japón provocó hostilidad en el exterior.* Había constantes protestas de los Estados Unidos, Canadá y Europa occidental porque los japoneses inundaban los mercados extranjeros con sus exportaciones, pero se negaban a adquirir cantidades comparables de importaciones de sus clientes. Japón respondió aboliendo o reduciendo los derechos de importación de casi 200 productos (1982-1983) y aceptó limitar la exportación de autos a los Estados Unidos (noviembre de 1983); Francia, por su parte, restringió la importación de autos, televisores y radios japoneses. Para compensar por estos reveses, los japoneses se las arreglaron para incrementar

en 20% sus exportaciones a la Comunidad Europea entre enero y mayo de 1986.

A pesar de estos problemas, no hay duda de que a mediados de los años ochenta la economía japonesa seguía teniendo éxitos sorprendentes; el producto interno bruto (PIB) ascendió a cerca de la décima parte de la producción mundial. Con su enorme comercio exterior y su consumo interno relativamente modesto, Japón gozaba de un enorme superávit comercial, era la principal nación acreedora neta y repartía más que cualquier otro país en ayuda para el desarrollo. La inflación estaba bien controlada, por abajo de 3%, y el desempleo era relativamente bajo: 3% de la población económicamente activa (1.6 millones en 1984). El símbolo de la historia de éxitos de los japoneses fue una notable hazaña de ingeniería, un túnel de 54 kilómetros de largo que une Honshu (la isla más grande) con Hokkaido, en el norte; construir el túnel más largo del mundo tomó 21 años y se terminó en 1985. Otro desarrollo que se prolongó hasta los años noventa fue el de los fabricantes japoneses que empezaron a instalar plantas para la fabricación de automóviles, aparatos electrónicos y textiles en los Estados Unidos, Gran Bretaña y Europa occidental; su éxito económico y su poder parecían no tener límites.

c) Cambios políticos y económicos: 1990-2004

En los primeros años noventa, la extraña paradoja de la economía japonesa empezó a ser más evidente, el consumo interno empezó a estancarse; las estadísticas mostraban que los japoneses ahora consumían menos que los estadunidenses, británicos y alemanes por lo elevado de los precios, el rezago de los incrementos salariales respecto de la inflación y el exorbitante costo de las propiedades en Japón. Era el comercio de exportación el que seguía manteniendo su enorme superávit. La década de 1980 había sido una época de febril especulación y el gasto exagerado del gobierno para, según se decía, mejorar la infraestructura del país. No obstante, esto llevó a una profunda recesión en 1992 y 1993, y a finanzas públicas poco saludables.

Como el crecimiento económico se redujo y después se estancó, la productividad de los trabajadores declinó y la industria se tornó menos competitiva. Si bien el desempleo era bajo para los estándares de Occidente, los despidos se hicieron más comunes y las políticas tradicionales japonesas de empleo de por vida y paternalismo empresarial empezaron a ser dejadas de lado. Los industriales empezaron a producir más bienes fuera de Japón para seguir siendo competitivos. Para finales de siglo se veían signos preocupantes: Japón había caído en recesión y había pocas perspectivas de que saliera de ella. Las estadísticas eran desalentadoras; el superávit comercial se reducía rápidamente y las exportaciones declinaban; en los primeros seis meses de 2001 se vio la mayor baja hasta entonces registrada. Al terminar el año, la producción industrial estaba en el punto más bajo de los últimos 13 años. Peor aún, el desempleo se elevó a 5.4%, nivel insólito desde la década de 1930.

Como lo expresó R. T. Murphy, historiador estadunidense y experto en asuntos de Japón (2002):

> El gobierno japonés ha estado presidiendo una economía estancada desde hace ya 10 años, un sistema financiero en ruinas y una ciudadanía desmoralizada [...] Japón no sabe cómo repensar sus políticas económicas instrumentadas desde los primeros años de la posguerra. Dichas políticas, exportar como locos y acumular las ganancias en divisas extranjeras, eran tan obvias que no daban lugar a discusiones políticas. Pero ahora que las políticas deben reordenarse [dado que se ha reducido la demanda de exportaciones japonesas], Japón está despertando a la melancólica realidad de que es incapaz de cambiar de rumbo.

Culpa de esto a la burocracia y la comunidad bancaria cargada de deudas que, dice, está aislada de todo tipo de interferencia y control gubernamental, y es culpable de una "desastrosa irresponsabilidad".

En el escenario político hubo importantes cambios. En los primeros años noventa, el LDP, que detentaba el poder desde 1952, sufrió una serie de golpes desagradables cuando algunos de sus miembros estuvieron involucrados en escándalos de corrupción. Hubo muchas renuncias, y en la elección de 1993, dicho partido perdió su mayoría ante una coalición de los partidos de oposición. Hubo un periodo de inestabilidad política, con no menos de cuatro primeros ministros en el año posterior a la elección. Uno de ellos fue un socialista, el primero de izquierda desde 1948. No obstante, el LDP conservó un espacio en el gobierno al formar sorpresivamente una coalición con el Partido Social Demócrata de Japón (antes Partido Socialista de Japón). A finales de 1994, los otros partidos de oposición también formaron una coalición, que se nombró a sí misma Partido Nueva Frontera. El LDP siguió en el gobierno hasta las elecciones de 2001, en las cuales obtuvo otra victoria, esta vez en coalición con el Nuevo Partido Conservador y un partido budista.

3. España

a) España en los años veinte y treinta

La monarquía constitucional bajo Alfonso XIII (rey desde 1885) nunca fue muy eficiente y tocó fondo en 1921, cuando un ejército español, enviado para poner fin a una revuelta encabezada por Abd-el-Krim en el Marruecos español, fue masacrado por los moros. En 1923, el general Primo de Rivera tomó el poder mediante un golpe sin derramamiento de sangre, con la aprobación de Alfonso, y gobernó durante los siguientes siete años. El rey lo llamaba "mi Mussolini", pero si bien Primo era un dictador militar, no era fascista. A él se deben varias obras públicas, ferrocarriles, carreteras y programas de riego; la producción industrial se desarrolló tres veces más allá de la tasa vigente antes de 1923, pero lo más impresionante de todo fue que logró poner fin a la guerra de Marruecos (1925).

Cuando la crisis económica mundial llegó a España en 1930, el desempleo se incrementó, Primo y sus asesores erraron en las finanzas y provocaron la depreciación de la peseta. El ejército retiró su apoyo, a resultas de lo cual Primo renunció. En abril de 1931 se celebraron elecciones municipales en las cuales los republicanos lograron el control de las ciudades grandes. Conforme grandes multitudes se reunían en las calles de Madrid, Alfonso decidió abdicar para evitar derramamiento de sangre, y se proclamó una república. La monarquía había sido derrocada sin derramar sangre, pero desafortunadamente, la masacre sólo se pospuso hasta 1936.

b) ¿Por qué estalló la Guerra Civil en España en 1936?

1. La nueva república enfrentó serios problemas

- Cataluña y la provincia Vasca (mapa xv.1) querían la independencia.
- La Iglesia católica romana era amargamente hostil a la república, a la cual le disgustaba la Iglesia y estaba decidida a restarle poder.
- Se pensaba que el ejército tenía demasiada influencia en política y podría intentar dar otro golpe.
- Había otros problemas provocados por la depresión: los precios de los productos agrícolas declinaban; las exportaciones de vino y aceitunas declinaban; se dejó de cultivar la tierra, y entre los agricultores se incrementó el desempleo. En la industria, la producción de hierro se redujo 30% y la de acero, casi a la mitad. Fue una época de caída de los salarios, desempleo y reducción del nivel de vida. A menos que se lograra resolver este último problema, era probable que la república perdiera el apoyo de los trabajadores.

2. Oposición de la derecha

La solución de la izquierda para estos problemas no era aceptable para la derecha, que se alarmaba cada vez más ante la perspectiva de una revolución social. Los grupos dominantes de las *Cortes* (Parlamento), los socialistas y los radicales de clase media, empezaron con energía:

- Se permitió cierto autogobierno en Cataluña.
- Se atacó a la Iglesia, que fue separada del Estado; a los sacerdotes ya no les pagaría el gobierno; los jesuitas fueron expulsados; se amenazó con disolver otras órdenes y dejó de impartirse educación religiosa.

MAPA XV.1. Regiones y provincias de España

- Un número importante de oficiales del ejército fue obligado a retirarse.
- Se inició la nacionalización de las grandes propiedades.
- Se intentó incrementar los salarios de los trabajadores industriales.

Cada una de estas medidas enfureció a uno u otro grupo de derecha, la Iglesia, el ejército, los terratenientes y los industriales. En 1932 algunos oficiales del ejército intentaron derrocar al primer ministro, Manuel Azaña, pero el levantamiento fue sofocado con facilidad, pues en ese momento la mayor parte del ejército seguía siendo leal. Para defender a la Iglesia y a los terratenientes, se formó un nuevo partido de derecha, el *Ceda*.

3. Oposición de la izquierda
La república se debilitó aún más por la oposición de dos poderosos grupos de izquierda, los anarquistas y los sindicalistas (ciertos sindicatos con gran poder) que estaban a favor de una huelga general y de derrocar al sistema capitalista. Despreciaban a los socialistas por cooperar con los grupos de clase media. Organizaban huelgas, disturbios y asesinatos. La crisis se desató en enero de 1933, cuando algunos guardias del gobierno prendieron fuego a las casas del poblado de Casas Viejas, cerca de Cádiz, para hacer salir a unos anarquistas. Murieron 25 personas, con lo cual el gobierno perdió gran parte del apoyo de la clase trabajadora; hasta los socialistas retiraron su apoyo a Azaña, quien renunció. En las siguientes elecciones (noviembre de 1933), los partidos de derecha tuvieron mayoría; el grupo más grande era el nuevo partido católico *Ceda*, encabezado por Gil Robles.

4. Medidas del nuevo gobierno de derecha
Las medidas del nuevo gobierno de derecha enfurecieron a la izquierda:

- cancelaron gran parte de las reformas de Azaña;
- interfirieron con la labor del nuevo gobierno de Cataluña, y

- se negaron al autogobierno de los vascos, grave error, pues los vascos habían apoyado a la derecha en las elecciones, pero se pasaron a la izquierda.

Conforme el gobierno se iba más a la derecha, los grupos de izquierda (socialistas, anarquistas, sindicalistas y, ahora, comunistas) estrecharon sus vínculos para formar un *Frente Popular*. La violencia revolucionaria se incrementó; los anarquistas descarrilaron el expreso Barcelona-Sevilla, y murieron 19 personas; en 1934 hubo una huelga general y rebeliones en Cataluña y Asturias, donde los mineros lucharon valerosamente, pero fueron despiadadamente aplastados por las tropas comandadas por el general Franco. En palabras del historiador Hugh Thomas, "después de la forma en que había sido sofocada la revolución, hubiera sido necesario un esfuerzo sobrehumano para evitar el consiguiente desastre de la guerra civil. Pero no se veía venir un esfuerzo de tal naturaleza". Por el contrario, conforme la situación financiera y la política se deterioraban, la derecha se separó, y en las elecciones de febrero de 1936 el *Frente Popular* resultó victorioso.

5. El nuevo gobierno resultó poco efectivo

Los socialistas decidieron no apoyar al gobierno, pues estaba prácticamente formado por la clase media; esperaban que fracasara, para poder tomar el poder. El gobierno pareció incapaz de mantener el orden, y la crisis se desató en julio de 1936 cuando Calvo Sotelo, principal político de derecha, fue asesinado por la policía. Esto aterrorizó a la derecha y la convenció de que *la única forma de restablecer el orden era con una dictadura militar*. Conspirando con la derecha, en especial con el nuevo partido fascista de José Antonio de Rivera, la *Falange*, un grupo de generales, ya había planeado un golpe militar. Con el pretexto del asesinato de Calvo Sotelo, empezaron una revuelta en Marruecos, donde el general Franco se hizo rápidamente del poder. La guerra civil había empezado.

c) Guerra civil, 1936-1939

Para finales de julio de 1936, la derecha, que se llamaba a sí misma *nacionalista*, controlaba gran parte del norte y del área circundante de Cádiz y Sevilla, en el sur; los *republicanos* controlaban el centro y el noreste, incluidas las importantes ciudades de Madrid y Barcelona. La lucha era intensa, y ambas partes cometían terribles atrocidades. La Iglesia sufrió espantosas pérdidas a manos de los republicanos, y más de 6000 sacerdotes y monjas fueron asesinados. A los nacionalistas los ayudaban Italia y Alemania, que enviaban armas y hombres, además de alimentos y materias primas. Los republicanos recibían ayuda de Rusia, pero Francia y Gran Bretaña se negaron a intervenir, si bien permitieron que voluntarios lucharan en España. Los nacionalistas tomaron Barcelona y toda Cataluña en enero de 1939, y la guerra terminó en marzo de ese año, cuando tomaron Madrid (mapa xv.2).

Por qué los nacionalistas resultaron victoriosos
- Franco fue extremadamente hábil para mantener unidos a los diferentes grupos de derecha (ejército, Iglesia, monárquicos y falangistas).
- Los republicanos estaban mucho menos unidos, y anarquistas y comunistas de hecho se enfrentaron entre ellos durante un tiempo en Barcelona.
- La magnitud de la ayuda para los nacionalistas probablemente fue decisiva; incluía 50000 soldados italianos y 20000 portugueses, una extensa fuerza aérea italiana y cientos de aviones y tanques alemanes. Una de las medidas más conocidas fue el bombardeo alemán del indefenso pueblo vasco de Guernica, en el cual murieron 1600 personas.

d) Franco en el poder

Franco, quien adoptó el título de *Caudillo* (líder), instauró un gobierno similar en muchos aspectos al de Mussolini y Hitler. Destacaba por la represión, los tribunales militares y las ejecuciones en masa, pero desde otras perspectivas no era fascista;

AYUDA PARA LOS NACIONALISTAS

15000 soldados alemanes
más la Legión Cóndor

20000 soldados portugueses

50000 soldados italianos

ÁREAS TOMADAS POR LOS NACIONALISTAS

Para finales de 1937

Para finales de 1938

Para la primavera de 1939

FRANCIA

Guernica

Barcelona

Madrid

PORTUGAL

Valencia

Área tomada hasta el final de la guerra, en marzo de 1939

AYUDA PARA LOS REPUBLICANOS

500 soldados rusos

40000 efectivos de brigadas internacionales (voluntarios extranjeros)

Sevilla

Granada

Cádiz

Almería

MARRUECOS ESPAÑOL

0   200 km

Primer ataque nacionalista

MAPA XV.2. *Guerra Civil española, 1936-1939*

por ejemplo, el régimen apoyaba a la Iglesia, que recuperó el control de la educación, lo cual nunca hubiera sucedido en un Estado verdaderamente fascista. Franco también fue suficientemente hábil como para mantener a España fuera de la segunda Guerra Mundial, si bien Hitler esperaba la ayuda española e intentó convencerlo de que se involucrara. Cuando Hitler y Mussolini fueron derrotados, Franco sobrevivió y gobernó España hasta su muerte, en 1975.

En la década de 1960, relajó gradualmente la represión, de tal forma que se abolieron los tribunales militares, se permitió un derecho a huelga limitado y se introdujeron elecciones para algunos miembros del Parlamento (si bien seguían prohibidos los partidos políticos). Mucho se hizo por modernizar la agricultura y la industria, y la creciente industria turística favoreció a la economía. A la larga, Franco llegó a ser considerado como superior a la política. Estaba preparando a Juan Carlos, nieto de Alfonso XIII, para que lo sucediera, pensando que una monarquía conservadora era la mejor manera de preservar la estabilidad en España. Cuando Franco murió, en 1975, Juan Carlos se convirtió en rey, y pronto demostró que estaba a favor de una democracia multipartidista. Las primeras elecciones libres se celebraron en 1977. Posteriormente, regida por el primer ministro socialista Felipe González, España se unió a la Comunidad Europea (enero de 1986).

PREGUNTAS

Guerra Civil española (1936-1939)
1. Estudie la fuente A y responda las preguntas.

Fuente A
Ideas del historiador Eric Hobsbawn sobre la guerra.

A la larga, más de 40 000 jóvenes de más de 50 naciones fueron a luchar, y muchos murieron en un país sobre el cual probablemente muchos no sabían más de lo que podía verse en un atlas escolar. Es importante que más de 1 000 voluntarios lucharon del lado de Franco [...] aún así, la república española, a pesar de nuestra simpatía y la ayuda (insuficiente) que recibió, hizo un último intento por no ser derrotada desde el principio. En retrospectiva, es obvio que esto se debió a su propia debilidad [...] no aprovechó realmente las guerrillas, poderosa arma contra mejores ejércitos convencionales, extraña omisión en un país que dio nombre a esta forma irregular de hacer la guerra. A diferencia de los nacionalistas, que gozaban de una única dirección militar y política, la república se mantuvo dividida políticamente y, a pesar de la contribución de los comunistas, no adquirió una sola voluntad política y un solo comando estratégico, o si lo hizo, fue demasiado tarde.

Fuente: Eric Hobsbawm, *The Age of Extremes* (Michael Joseph, 1994).

a) ¿Qué evidencias se mencionan en la fuente para explicar por qué la república fue derrotada en la guerra?
b) Aplicando sus conocimientos, describa de qué manera la "república se mantuvo dividida políticamente".
c) Explique por qué estalló la guerra civil en España en 1936.

2. ¿Hasta qué punto coincide con la idea de que fue la crisis económica mundial la que hizo que Japón fuera dirigido por un régimen militar en los primeros años treinta?
3. "La recuperación de Japón después de la segunda Guerra Mundial no dejó de tener problemas." ¿Hasta qué punto coincide con esta opinión?
4. Explique qué cambios y problemas experimentó Japón en los años posteriores a 1990.

TERCERA PARTE

COMUNISMO: SURGIMIENTO Y DECLINACIÓN

XVI. RUSIA Y LAS REVOLUCIONES, 1900-1924

Resumen de acontecimientos

En los primeros años del siglo XX, Rusia estaba en problemas. Nicolás II, zar (emperador) de 1894 a 1917, insistía en gobernar como autócrata (alguien que dirige un país como le parece, sin ser responsable ante un Parlamento), pero no había resuelto adecuadamente los muchos problemas del país. En 1905, la inquietud y las críticas llegaron al clímax, al ser derrotada Rusia en la guerra contra Japón (1904-1905); hubo una huelga general y un intento de revolución, lo cual obligó a Nicolás a hacer concesiones (Manifiesto de Octubre), las cuales incluían *un parlamento elegido (Duma)*. Cuando se hizo evidente que la *Duma* no era eficiente, la inquietud aumentó y culminó, después de las desastrosas derrotas de Rusia en la primera Guerra Mundial, en dos revoluciones, ambas en 1917.

- Con la primera revolución (febrero-marzo) se derrocó al zar y se creó un *gobierno provisional* moderado. Cuando éste no resultó mejor que el zar, fue derrocado por un segundo levantamiento:
- *la revolución bolchevique* (octubre-noviembre).

En un principio, el nuevo gobierno bolchevique se tambaleaba y sus opositores (conocidos como los blancos) intentaron destruirlo y provocaron una cruda guerra civil (1918-1920). Gracias al liderazgo de Lenin y Trotsky, los bolcheviques (rojos) ganaron la guerra civil, y ya llamándose comunistas pudieron consolidar su poder. Lenin se dio a la tarea de llevar a Rusia a la recuperación, pero murió prematuramente, en enero de 1924.

1. DESPUÉS DE 1905: ¿LAS REVOLUCIONES DE 1917 ERAN INEVITABLES?

a) Nicolás II intenta estabilizar su régimen

Nicolás sobrevivió a la revolución de 1905 porque:

- sus oponentes no estaban unidos;
- no había un liderazgo central (el asunto surgió espontáneamente);
- había estado dispuesto a comprometerse en el momento crítico emitiendo el Manifiesto de Octubre, en que se ofrecían concesiones;

575

- la mayor parte del ejército siguió siendo leal.

En ese momento, el zarismo tuvo un respiro que permitió a Nicolás hacer funcionar una monarquía constitucional y ponerse del lado del pueblo que exigía reformas moderadas, entre otras:

- mejoras en las condiciones de trabajo industrial y en los salarios;
- cancelación de los pagos de amortización, que eran pagos anuales que hacían los campesinos al gobierno a cambio de su libertad y sus tierras, después de la abolición de la servidumbre en 1861. Si bien algunos campesinos recibieron su libertad legal, estos pagos obligatorios llevaron a más de la mitad de la población rural a la extrema pobreza;
- mayor libertad de prensa;
- democracia genuina en la cual la *Duma* desempeñaría un papel importante en la dirección del país.

Desafortunadamente, Nicolás parecía tener muy pocas intenciones de apegarse al espíritu del Manifiesto de Octubre, y lo había aceptado sólo porque no tenía otra opción.

1. *La primera Duma (1906)* no se eligió democráticamente, pues, si bien todas las clases sociales pudieron votar, el sistema estaba arreglado de tal forma que los terratenientes y las clases medias tuvieran mayoría. Aun así, planteó demandas de gran alcance, como la confiscación de grandes propiedades; un sistema electoral verdaderamente democrático y el derecho de la *Duma* a aprobar a los ministros del zar; el derecho a la huelga y la abolición de la pena de muerte. Esto fue demasiado drástico para Nicolás, quien hizo que el ejército dispersara a la *Duma* apenas 10 semanas después de creada.
2. *La segunda Duma (1907)* sufrió la misma suerte, después de lo cual Nicolás cambió el sistema de votación y privó a campesinos y trabajadores urbanos del derecho al voto.

3. *La tercera (1907-1912) y la cuarta Dumas (1912-1917)* fueron mucho más conservadoras, y por eso duraron más. Aunque en ocasiones criticaron al gobierno, no tenían poder, pues el zar controlaba a los ministros y a la policía secreta.

Algunos observadores extranjeros estaban sorprendidos de la facilidad con la que Nicolás ignoró sus promesas y disolvió las dos primeras *Dumas* sin provocar otra huelga general. El hecho es que los ímpetus revolucionarios habían cedido, por el momento, y muchos líderes estaban en prisión o en el exilio.

Esto, aunado a las mejoras en la economía después de 1906, ha dado lugar a cierta controversia respecto de que las revoluciones de 1917 hubieran podido evitarse. La opinión liberal tradicional era que si bien el régimen tenía defectos obvios, había indicios de que poco antes de que estallara la primera Guerra Mundial, los niveles de vida mejoraban y que, con tiempo, la posibilidad de una revolución habría disminuido. Las cualidades estaban empezando a ser más importantes que los defectos, de tal forma que la monarquía habría podido sobrevivir si Rusia no hubiera participado en la guerra. La opinión soviética es que como el zar había ignorado deliberadamente sus promesas de 1905, la revolución habría tenido lugar, antes o después. La situación se estaba deteriorando de nuevo *antes* de que Rusia se involucrara en la primera Guerra Mundial, de modo que la culminación de la revolución "interrumpida" de 1905-1906 no podía demorar mucho.

b) Cualidades del régimen

1. El gobierno pareció recuperarse con notable rapidez, con su poder prácticamente intacto. Peter Stolypin, primer ministro de 1906 a 1911, impuso estrictas medidas represivas, y más de 4 000 personas fueron ejecutadas en los siguientes tres años, pero también introdujo algunas reformas e *hizo decididos esfuerzos para ganarse a los campesinos*, pensando que con 20 años de paz, ya no se

pensaría más en una revolución. El pago de las amortizaciones había sido abolido y se alentó a los campesinos a comprar sus propias tierras; cerca de dos millones ya lo habían hecho en 1916 y otros 3.5 millones habían emigrado a Siberia, donde tenían sus propias granjas. Como resultado, nació una clase de agricultores *(kulaks)* con una posición desahogada en quienes el gobierno podía confiar para que lo apoyaran contra la revolución, o eso esperaba Stolypin.

2. Como más fábricas quedaron bajo el control de inspectores, se percibieron *indicios de mejora en las condiciones laborales;* al incrementarse las utilidades de los industriales, pudo detectarse el primer signo de una clase trabajadora más próspera. En 1912 se introdujo un programa de seguros contra enfermedad y accidentes para los trabajadores.

3. En 1908, se anunció un programa de *educación universal en un lapso de 10 años;* para 1914 se habían abierto 50 000 escuelas primarias adicionales.

4. Al mismo tiempo, *los partidos revolucionarios parecían haber perdido impulso;* no tenían suficientes fondos, los desacuerdos los separaban y sus líderes seguían en el exilio.

c) Defectos del régimen

1. Fracaso de la reforma agraria

Para 1911 era prácticamente obvio que la reforma del campo de Stolypin no surtiría el efecto deseado, en parte porque la población campesina crecía con tal rapidez (a una tasa de 1.5 millones al año), que sus programas no podían afrontarla, y porque los métodos agrícolas eran demasiado ineficientes como para apoyar tal crecimiento. El asesinato de Stolypin en 1911 eliminó a uno de los pocos ministros del zar verdaderamente apto, y quizás el único hombre que podía haber salvado a la monarquía.

2. Inquietud en la industria

La ejecución de 270 obreros de las minas de oro de Lena, en

Siberia (abril de 1912), desató una ola de huelgas en la industria; en total, en ese año hubo 2000; 2400 en 1913 y más de 4000 en los primeros siete meses de 1914, *antes* de que estallara la guerra. Si hubo mejoras, obviamente no bastaron para sanar los agravios de antes de 1905.

3. *Represión gubernamental*
La política represiva del gobierno se relajó ligeramente cuando la policía secreta erradicó a los revolucionarios infiltrados entre estudiantes y profesores universitarios y deportó a grandes cantidades de judíos, de modo que hizo ver que ambos grupos eran decididamente contrarios al zar. La situación era particularmente peligrosa porque el gobierno había cometido el error de distanciar a los tres sectores más importantes de la sociedad, campesinos, trabajadores industriales e *intelligentsia* (clases educadas).

4. *Reactivación de los partidos revolucionarios*
Conforme avanzaba 1912, revivía la suerte de los diferentes partidos revolucionarios, en especial *los bolcheviques y los mencheviques*. Ambos grupos habían surgido de un movimiento previo, el Partido Laboral Demócrata Social, de perspectiva marxista. Karl Marx (1818-1883) era un judío alemán cuyas ideas políticas estaban plasmadas en el *Manifiesto comunista* (1848) y en *Das Kapital (El capital)* (1867), que pensaba que los factores económicos eran la verdadera causa del cambio histórico y que los trabajadores (el proletariado) eran explotados por los capitalistas (burguesía de clase media) en todas partes; esto significa que cuando una sociedad se industrializa totalmente, los trabajadores inevitablemente se levantan en contra de sus explotadores, asumen el control y dirigen el país según sus propios intereses. Marx llamaba a este fenómeno "la dictadura del proletariado". Al llegar a ese punto, ya no habría necesidad del "Estado", el cual, por consiguiente, "se desvanecería".

Uno de los líderes socialdemócratas era *Vladimir Lenin*, quien colaboraba en la edición del diario revolucionario *Iskra (La Chispa)*. Fue en una elección del consejo editorial de *Iskra*, en 1903, cuando el partido se dividió en seguidores de Lenin, *los bolcheviques* ("mayoría" en ruso) y el resto, *los mencheviques* (minoría).

- *Lenin y los bolcheviques* querían un partido pequeño, disciplinado, de revolucionarios profesionales que trabajarían de tiempo completo para lograr una revolución; como los trabajadores industriales eran minoría, Lenin pensaba que debían trabajar también con los campesinos e involucrarlos en la actividad revolucionaria.

- *A los mencheviques*, por su parte, les agradaba tener un partido abierto para quien quisiera afiliarse; pensaban que no podría haber una revolución en Rusia hasta que el país estuviera totalmente industrializado y los trabajadores industriales fueran más que los campesinos; no confiaban en la cooperación de estos últimos, que realmente formaban uno de los grupos más conservadores de la sociedad. Los mencheviques eran los marxistas estrictos, creían en la revolución proletaria, en tanto que Lenin era quien se alejaba del marxismo. En 1912 apareció el nuevo diario bolchevique, *Pravda (Verdad)*, importantísimo para dar a conocer las ideas de los bolcheviques y dirigir políticamente la ola de huelgas que ya empezaba.

- *Los revolucionarios sociales* formaban otro partido revolucionario; no eran marxistas, no aprobaban la creciente industrialización y no pensaban en función de una revolución proletaria. Después del derrocamiento del régimen de los zares, querían una sociedad básicamente agraria, basada en comunidades campesinas que trabajaran colectivamente.

5. Descrédito de la familia real

La familia real se desacreditó por varios escándalos. Se difundió la sospecha de que el mismo Nicolás era parte del asesinato de Stolypin, baleado por un miembro de la policía secreta en presencia del zar durante una función de gala de la ópera de Kiev. Nunca se comprobó nada, pero Nicolás y sus partidarios de derecha probablemente no resintieron la partida del primer ministro, quien los incomodaba porque cada vez era más liberal.

Más grave fue la relación de la familia real con Rasputín, quien se proclamaba a sí mismo como "hombre santo" y se había hecho indispensable para la emperatriz Alejandra por su habilidad para ayudar a Alekséi, heredero al trono, que estaba enfermo. Este desafortunado niño había heredado la hemofilia de la familia de su madre y, en alguna ocasión, Rasputín había podido detener una hemorragia, parece ser que mediante hipnosis y plegarias. A la larga, este personaje llegó a ser un verdadero poder detrás del trono, pero atrajo las críticas del público por su embriaguez y sus numerosas aventuras con damas de la corte. Alejandra prefería ignorar los escándalos y la solicitud de la *Duma* de que fuera expulsado de la corte (1912).

d) ¿El veredicto?

Por lo tanto, el peso de las pruebas parece sugerir que los acontecimientos se encaminaban a algún tipo de agitación antes de que estallara la primera Guerra Mundial. En julio de 1914 hubo una huelga general organizada por los bolcheviques en San Petersburgo (la capital), con manifestaciones en las calles, balaceras y barricadas. La huelga terminó el 15 de julio, unos días antes de que empezara la guerra; el gobierno aún controlaba al ejército y la policía en ese momento, y muy bien podría haber conservado el poder, pero escritores como George Kennan y Leopold Haimson pensaban que el régimen zarista se hubiera colapsado antes o después, aun sin que la primera Guerra Mundial acabara con él. Más recientemente, Sheila Fitzpatrick adoptó una perspectiva similar: "El régimen era tan vulnerable a cualquier tipo de sobresalto o contratiempo, que es difícil imaginar que podría haber sobrevivido mucho tiempo, incluso sin la guerra".

Por otra parte, algunos historiadores más recientes son más cautos. Christopher Read piensa que el derrocamiento de la monarquía no era de ninguna manera inevitable, y que la situación antes de 1914 podría haber continuado indefinidamente, siempre que no hubiera guerra. Robert Service coincide; argumenta que si bien Rusia estaba en un estado de "fragilidad general", si bien era una "planta vulnerable, no estaba condenada a sufrir la revolución radical de 1917. Lo que hizo posible una revolución de esa naturaleza fue el prolongado y agotador conflicto de la primera Guerra Mundial". Los historiadores soviéticos obviamente siguieron argumentando hasta el final que esa revolución era inevitable históricamente; desde su punto de vista, "el recrudecimiento de la revolución" llegaba a su clímax en 1914 y, de hecho, el estallido de la guerra demoró la revolución.

e) Los fracasos de la guerra garantizaron la revolución

Los historiadores concuerdan en que los fracasos de Rusia en la guerra garantizaron la revolución e hicieron que el ejército y la policía se amotinaran, de tal forma que no quedó nadie que defendiera la autocracia. La guerra reveló una organización incompetente y corrupta, además de la escasez de equipo. La deficiente organización del transporte y la distribución se tradujo en que las armas y las municiones tardaban en llegar al frente; si bien en el país había abundancia de alimentos, no llegaban en cantidades suficientes a las grandes ciudades porque los trenes eran monopolizados por los militares. El pan escaseaba y era muy caro.

Norman Stone ha demostrado que el ejército ruso se desenvolvía razonablemente bien, y la ofensiva de Brusilov de 1916 fue sorprendentemente exitosa [sección II.3 c)]. No obstante, Nicolás cometió el error fatal de nombrarse comandante supremo (agosto de 1915); con sus tácticas erróneas se desperdiciaban todas las ventajas obtenidas por la ofensiva de Brusilov, y fue el culpable de las últimas derrotas y del elevado número de muertos.

En enero de 1917, la mayoría de los sectores sociales estaban desilusionados por la incompetencia del zar en el manejo de la guerra. La aristocracia, la *Duma*, muchos industriales y el ejército empezaban a voltear la espalda a Nicolás, pensando que era mejor sacrificarlo a él para evitar una revolución mucho peor, que hubiera arrasado con toda la estructura social. A finales de 1916, en una reunión secreta, el general Kriov dijo a los miembros de la *Duma* que "recibiríamos con beneplácito la noticia de un *coup d'état*. Una revolución es inminente y los que estamos en el frente lo sentimos. Si ustedes se deciden por esa medida extrema, los apoyaremos. Obviamente, no hay otra forma".

2. Las dos revoluciones: febrero-marzo y octubre-noviembre de 1917

Estas dos revoluciones todavía se conocen en Rusia como la de febrero y la de octubre, debido a que los rusos siguen usando el antiguo calendario juliano que iba 13 días atrasado respecto del gregoriano utilizado en el resto de Europa y que Rusia adoptó en 1918. Los acontecimientos que los rusos identifican como la Revolución de Febrero, empezaron el 23 de febrero de 1917 (juliano), 8 de marzo fuera de Rusia. Cuando los bolcheviques tomaron el poder el 25 de octubre (juliano), en todos lados era el 7 de noviembre. En esta sección se utiliza el calendario juliano para hechos ocurridos en Rusia y el gregoriano para los internacionales, como la primera Guerra Mundial, hasta el 1º de febrero de 1918.

a) *Revolución de Febrero*

La primera revolución empezó el 23 de febrero, cuando en Petrogrado (San Petersburgo) hubo disturbios a causa del pan. Pronto, a los alborotadores se unieron miles de huelguistas de una fábrica de armamentos cercana. El zar mandó órdenes al ejército de utilizar la fuerza para acabar con las manifestaciones, y 40 personas murieron. Sin embargo, los soldados no tardaron en negarse a disparar a multitudes desarmadas y todos los acuartelados en Petrogrado se amotinaron. La muchedumbre tomó edificios públicos, liberó prisioneros de las cárceles y se apoderó de estaciones de policía y arsenales. La *Duma* aconsejó a Nicolás que instituyera una monarquía constitucional, pero se negó, y envió más soldados a Petrogrado a tratar de restablecer el orden. Esto convenció a la *Duma* y a los generales de que Nicolás, que iba en camino a Petrogrado, tendría que irse. Algunos de los generales de mayor edad le dijeron que la única manera de salvar la monarquía era renunciando al trono. El 2 de marzo, en el tren imperial estacionado en una vía de acceso cerca de Pskov, el zar abdicó en favor de su hermano, el gran duque Michael. Desafortunadamente, nadie se había asegurado de que éste aceptaría el trono, así que cuando se negó, la monarquía rusa llegó a su fin.

¿Fue una revolución desde arriba o desde abajo, organizada o espontánea? Esta interrogante ha sido tema de gran controversia entre los historiadores. George Katkov pensaba que la conspiración entre las élites había sido el factor decisivo, que los nobles, los miembros de la *Duma* y los generales habían obligado a Nicolás a abdicar para evitar que surgiera una verdadera revolución de las masas. En 1935, W. H. Chamberlin llegó a la conclusión contraria en uno de sus escritos: "Fue una de las revoluciones con menos líderes, una de las más espontáneas y anónimas". La revolución desde abajo, obra de las masas, fue decisiva, pues las élites entraron en pánico; sin multitudes en las calles, no habría habido necesidad de que las élites actuaran. Ninguno de los historiadores liberales tradicionales pensaba que los partidos revolucionarios hubieran tenido un papel importante en la organización.

Los historiadores soviéticos coincidieron con Chamberlin en que fue una revolución desde abajo, pero no aceptaron que hubiera sido espontánea. Por el contrario, tienen poderosos argumentos en el sentido de que el papel de los bolcheviques fue clave en la organización de huelgas y manifestaciones. A últimas fechas, muchos historiadores occidentales han apoyado la teoría del levantamiento de las masas organizado desde abajo, pero no necesariamente por los bolcheviques. Entre los trabajadores había muchos activistas sin afiliación a algún grupo político. Historiadores como Christopher Read, Diane Koenker y Steve Smith han demostrado que los trabajadores fueron motivados por consideraciones económicas, más que políticas; querían mejores condiciones, salarios más altos y control de sus propias vidas; en palabras de Steve Smith, "fue un brote de desesperación para garantizar las necesidades materiales básicas y un nivel de vida decente".

b) El gobierno provisional

La mayoría de la gente esperaba que la autocracia del sistema zarista fuera remplazada por una república democrática con un Parlamento elegido. La *Duma*, luchando por tomar el control, instituyó un *gobierno provisional* principalmente liberal con el príncipe George Lvov como primer ministro. En julio fue sustituido por Aleksandr Kerensky, socialista moderado. Pero el nuevo gobierno estaba igualmente perplejo por los enormes problemas que tendría que enfrentar, igual que lo había estado el zar. La noche del 25 de octubre tuvo lugar una segunda revolución que derrocó al gobierno provisional y llevó a los bolcheviques al poder.

c) ¿Por qué duró tan poco en el poder el gobierno provisional?

1. Tomó la impopular decisión de seguir con la guerra, pero *la ofensiva de junio, idea de Kerensky, fue otro tremendo fracaso* que provocó el colapso de la moral y la disciplina del ejército y envió a casa a cientos de miles de soldados desertores.

2. *El gobierno tenía que compartir el poder con el soviet de Petrogrado*, comité de representantes de los soldados y los trabajadores que intentaba gobernar la ciudad. Había sido elegido a finales de febrero, antes de la abdicación del zar. En Moscú y otras ciudades de provincia aparecieron otros soviets. Que el de Petrogrado ordenara a todos los soldados que sólo obedecieran al soviet significó que, en última instancia, el gobierno provisional no contaría con el apoyo del ejército.

3. *El gobierno perdió apoyo porque retrasó la elección* de una asamblea constituyente (Parlamento) que había prometido, argumentando que no era posible llevarla a cabo en medio de una guerra, cuando millones de soldados estaban fuera, luchando. *Otra promesa no cumplida fue una reforma agraria*, la redistribución de tierras de los grandes propietarios entre los campesinos. Cansados de es-

perar, algunos de ellos empezaron a apoderarse de las tierras de sus señores. Los bolcheviques pudieron aprovechar este descontento para lograr apoyo.

4. Entre tanto, gracias a una nueva amnistía política, *Lenin pudo volver de Suiza, donde se había exiliado* (abril). Los alemanes le permitieron atravesar rumbo a Petrogrado en un tren especial "sellado", con la esperanza de que provocara un caos mayor en Rusia. Después de una calurosa bienvenida, urgió a los bolcheviques (en sus *Tesis de abril*) a que dejaran de apoyar al gobierno provisional, pues los soviets debían asumir todo el poder, y a que Rusia se retirara de la guerra.

5. *El caos de la economía empeoró,* con inflación, incremento de los precios del pan, salarios no pagados y escasez de materias primas y combustibles. En medio de todo esto, Lenin y los bolcheviques presentaron lo que parecía una política realista y atractiva, una paz independiente con los alemanes para sacar a Rusia de la guerra, repartir todas las tierras entre los campesinos y más alimentos a menor precio.

6. *El gobierno perdió popularidad por los "Días de Julio".* El 3 de julio hubo una enorme manifestación de trabajadores, soldados y marineros que se dirigieron al palacio Tauride, donde se reunían el gobierno provisional y el soviet de Petrogrado, para exigir que el soviet tomara el poder, pero los miembros se negaron a asumir la responsabilidad. El gobierno llevó tropas leales del frente para restablecer el orden y acusó a los bolcheviques de intentar provocar un levantamiento; se informó, falsamente, que Lenin era un espía alemán. Con esto, la popularidad de los bolcheviques declinó rápidamente; Lenin huyó a Finlandia y otros líderes fueron arrestados, pero cerca de 400 personas murieron por la violencia (ilustración XVI.1) y el príncipe Lvov, profundamente impresionado por los Días de Julio, renunció; fue remplazado por Aleksandr Kerensky. Aún no está claro quién fue responsable de los Días de Julio. El historiador estadunidense Richard Pipes está convencido de que Lenin planeó todo el asunto desde el principio; Robert Service, por otra parte,

ILUSTRACIÓN XVI.1. *Lucha en las calles de Petrogrado, julio de 1917*

argumenta que Lenin estaba improvisando, "tanteaba el terreno" para descubrir la determinación del gobierno provisional. Quizá en un principio la manifestación fue espontánea y Lenin decidió inmediatamente que era demasiado pronto para un levantamiento a gran escala.

7. *El asunto Kornilov avergonzó al gobierno* e incrementó la popularidad de los bolcheviques. El general Kornilov, comandante en jefe del ejército, calificaba de traidores a los bolcheviques; decidió que era el momento de enfrentar al soviet y llevó tropas a Petrogrado (agosto). No obstante, muchos de sus soldados se amotinaron y Keren-

sky ordenó que Kornilov fuera arrestado. La disciplina del ejército parecía a punto del colapso; la opinión pública se puso en contra de la guerra y en favor de los bolcheviques, que seguían siendo el único partido que hablaba con franqueza de una paz independiente. En octubre habían conseguido la mayoría respecto de los mencheviques y los revolucionarios sociales (SR), tanto en el soviet de Petrogrado como en el de Moscú, si bien eran minoría en el país en general. León Trotsky (bolchevique recién convertido) fue elegido presidente del soviet de Petrogrado.

8. A mediados de octubre, *a instancias de Lenin, el soviet de Petrogrado tomó la decisión crucial de intentar tomar el poder.* Trotsky hizo casi todos los planes, que salieron a la perfección. En la noche del 25 al 26 de octubre, los guardias rojos bolcheviques ocuparon todos los puntos clave y después arrestaron a los ministros del gobierno provisional, excepto a Kerensky, quien logró escapar. Fue un golpe casi sin derramamiento de sangre, que permitió a Lenin instaurar un nuevo gobierno soviético con él a la cabeza.

Los bolcheviques sabían exactamente a qué le tiraban, eran disciplinados y estaban bien organizados, en tanto que en los otros grupos revolucionarios reinaba la confusión. Los mencheviques, por ejemplo, pensaban que la siguiente revolución no debía tener lugar antes de que los trabajadores industriales fueran mayoría en el país.

d) ¿Golpe o insurrección en masa?

La interpretación soviética oficial de estos acontecimientos fue que la toma de los bolcheviques fue resultado de un movimiento de masas; a los trabajadores, los campesinos, la mayoría de los soldados y los marineros les atraían las políticas revolucionarias de los bolcheviques, que incluían tierra para los campesinos, control para los trabajadores, gobierno de los soviets y autodeterminación para las diferentes nacionalidades del Imperio ruso. Lenin era un líder carismático que inspiraba a su partido y al pueblo. Los historiadores soviéticos han señalado que sólo en 16 de 97 centros importantes los bolcheviques tuvieron que usar la fuerza para hacer sentir su autoridad. Para ellos, que después se hicieron llamar comunistas, fue importante subrayar que la revolución fue popular porque eso dio legitimidad a su régimen.

La interpretación liberal tradicional de los historiadores occidentales rechazó el punto de vista soviético; se negaron a aceptar que el apoyo popular hubiera sido importante para los bolcheviques, un mero grupo minoritario de revolucionarios profesionales que aprovecharon el caos reinante en Rusia para tomar el poder. Tuvieron éxito porque estaban bien organizados y eran despiadados. Según Adam Ulan, "los bolcheviques no tomaron el poder en ese año de revoluciones, lo recogieron [...] Cualquier grupo de hombres con determinación hubiera hecho lo que hicieron los bolcheviques en Petrogrado en octubre de 1917: tomar los pocos puntos importantes de la ciudad y proclamarse como gobierno". Richard Pipes es el historiador más reciente que haya reformulado la interpretación tradicional. Desde su punto de vista, la Revolución de Octubre se debió casi enteramente al avasallador deseo de poder de Lenin.

La interpretación libertaria sigue una línea completamente diferente. Los libertarios piensan que la Revolución de Octubre se debió a un levantamiento popular que poco tuvo que ver con los bolcheviques; las masas no respondían a la presión de éstos, sino a sus propias aspiraciones y deseos; no necesitaban que los bolcheviques les dijeran lo que querían. Aleksandr Berkman afirmaba que "los comités de talleres y fábricas fueron pioneros en el control de la mano de obra industrial, con la expectativa de manejar ellos las industrias en un futuro cercano". Para los libertarios la tragedia fue que los bolcheviques secuestraron la revolución popular; fingían que ellos y las masas tenían los mismos objetivos, pero en realidad no tenían la intención de permitir que los comités de las fábricas tuvieran poder, y no creían en la verdadera democracia ni en la libertad. Justo cuando las masas iban a tomar el poder para ellas, los bolcheviques se lo arrebataron de las manos.

Las *interpretaciones revisionistas* se han concentrado en lo que pasaba entre la gente común; sus conclusiones fueron muy amplias, pero todas concuerdan en que la gente común tenía gran conciencia política, muchos participaban en los sindicatos y en los soviets. En algunos lugares parecían influidos por los bolcheviques; en Kronstadt, la isla que era la base naval de Petrogrado, los bolcheviques eran el grupo más grande del soviet local. En junio de 1917 fue su influencia la que provocó que el soviet de Kronstadt aprobara una resolución que condenara "esta perniciosa guerra" y la ofensiva de Kerensky.

Las *interpretaciones revisionistas* son las más aceptadas hoy día, si bien Richard Pipes sigue apegado a las opiniones tradicionales. Desde el fin del gobierno comunista en la URSS, cuando se abrieron millones de expedientes de los archivos que antes estaban cerrados, más evidencias se hicieron públicas. No parece haber duda de que en octubre de 1917 las masas favorecían ampliamente al gobierno de los soviets, que en toda Rusia eran unos 900. Robert Service (en *Lenin: a Biography*) subraya el papel de este personaje; piensa que no puede haber duda de que quería el poder y aprovechó de manera brillante una situación potencialmente revolucionaria. "Todos sus pronunciamientos iban encaminados a fomentar en las 'masas' el ejercicio de la iniciativa. Su deseo era que los bolcheviques aparecieran como un partido que facilitara la revolución por y para el pueblo", de tal forma que, en realidad, los bolcheviques tuvieron el respaldo del pueblo, si bien para su *coup* de octubre fue más bien pasivo, pues el movimiento popular pensaba que iba a conseguir el gobierno para los soviets.

Si bien las circunstancias eran las adecuadas y apenas hubo resistencia para los bolcheviques, seguían necesitando ese grupo pequeño con valor y resolución que aprovechara el momento, y a ello contribuyeron Lenin y Trotsky; juzgaron a la perfección el punto de impopularidad máxima del gobierno provisional y después realmente "hicieron" que sucediera la revolución, que no hubiera sido posible sin las masas; fue el movimiento popular el que determinó que hubiera tan poca resistencia, pero tampoco hubiera sido posible sin Lenin y Trotsky (ilustración XVI.2).

ILUSTRACIÓN XVI.2. *Lenin dirigiéndose a la multitud mientras Trotsky lo escucha (izquierda, al frente)*

e) Lenin y los bolcheviques consolidan el control

Los bolcheviques tenían el control en Petrogrado como resultado de su golpe, pero en algunos lugares esa toma de poder no fue tan fácil. En Moscú las batallas duraron una semana antes de que los soviets tuvieran el control, y terminaron en noviembre, antes de que otras ciudades entraran en el redil. Era más difícil manejar las zonas rurales, y en un principio los campesinos se mostraron tibios respecto del nuevo gobierno, preferían a los revolucionarios sociales, que también les prometieron tierras y que los consideraban como el eje de la nación, mientras que los bolcheviques parecían preferir a los trabajadores industriales. Muy pocas personas esperaban que el gobierno bolchevique durara por la complejidad de los problemas que enfrentaría. Tan pronto como los otros grupos políticos se recuperaran de la impresión del golpe de los bolcheviques, la oposición sería decidida. Al mismo tiempo, tendrían que sacar de alguna manera a Rusia de la guerra y después emprender la reparación de la maltrecha economía y, al mismo tiempo, cumplir las promesas de tierras y alimentos para campesinos y trabajadores.

3. ¿Qué tanto éxito tuvieron Lenin y los bolcheviques en la resolución de sus problemas (1917-1924)?

a) Falta de apoyo mayoritario

El apoyo que los bolcheviques tenían en el país en general no era mayoritario, de modo que uno de los problemas era cómo mantenerse en el poder y al mismo tiempo permitir elecciones libres. Con uno de los primeros decretos de Lenin se nacionalizó la tierra, que pudo ser distribuida entre los campesinos, con lo que esperaba lograr su apoyo. Lenin estaba consciente de que tendría que haber elecciones, pues había criticado mucho a Kerensky por posponerlas, pero sentía que era muy poco probable una mayoría bolchevique en la asamblea constituyente; de todas formas, siguió adelante con lo planeado y las elecciones se celebraron a mediados de noviembre. Y el peor temor de Lenin se hizo realidad: los bolcheviques obtuvieron 175 escaños de cerca de 700, pero los revolucionarios sociales (SR) lograron 370, y los mencheviques, sólo 15; los revolucionarios sociales de izquierda, 40; varios grupos nacionalistas, 80, y Kadets (demócratas constitucionales que querían una genuina democracia), 17.

En un sistema verdaderamente democrático, los SR, que tenían la mayoría general, hubieran formado un gobierno, pero Lenin estaba decidido a que los bolcheviques tuvieran el poder; no había manera de que lo entregara a los SR, ni siquiera de que lo compartiera, después de que ellos habían hecho todo el trabajo duro de deshacerse del gobierno provisional. Después de algunos discursos en contra de los bolcheviques en la primera reunión de la asamblea constituyente (enero de 1918), ésta fue dispersada por la guardia roja bolchevique y no se le permitió volver a reunirse. La justificación de Lenin para esta medida antidemocrática fue que en realidad era la forma más elevada de democracia, pues los bolcheviques sabían qué querían los trabajadores, no necesitaban que un Parlamento elegido se lo dijera. La asamblea debía estar en segundo lugar, después del congreso de soviets y el Sovnarkom (Consejo de comisarios del pueblo), que era una especie de gabinete cuyos 15 miembros eran bolcheviques, con Lenin como presidente. La fuerza armada había triunfado por el momento, pero conforme avanzara el año, la oposición llevaría a la guerra civil.

b) La guerra con Alemania

Otro problema acuciante era cómo retirarse de la guerra. En diciembre de 1917 se había acordado un armisticio entre Rusia y los Poderes Centrales, pero siguieron prolongadas negociaciones en las cuales Trotsky intentó, sin éxito, persuadir a los alemanes de que moderaran sus exigencias. El *Tratado de Brest-Litovsk (marzo de 1918)* fue cruel; Rusia perdió Polonia, Estonia, Latvia y Lituania, Ucrania, Georgia y Finlandia, donde estaba incluida la tercera parte de las tierras cultivables de Rusia, la tercera parte de su población, dos tercios de sus minas de carbón y la mitad de su industria pesada (mapa XVI.1). Fue un precio alto, pero Lenin insistió en que valía la pena; señaló que Rusia tenía que sacrificar espacio con el fin de ganar tiempo para recuperarse. Su expectativa era, probablemente, recuperar de todas formas esos territorios cuando, esperaba, la revolución se extendiera a Alemania y otros países.

c) El desvío hacia la violencia

Casi inmediatamente después de la Revolución de Octubre, los bolcheviques empezaron a recurrir a la coerción para que se hicieran las cosas y mantenerse en el poder. Esto lleva a preguntarse, y a intensos debates de los historiadores, *si Lenin tenía la intención de recurrir a la violencia desde el principio o si fue empujado a ello contra su voluntad, dado lo difícil de las circunstancias.*

MAPA XVI.1. *Pérdidas rusas por el Tratado de Brest-Litovsk*

Los historiadores soviéticos restaron importancia a la violencia y afirmaron que los bolcheviques no tenían opción, dada la actitud intransigente de sus enemigos. Después de la firma del Tratado de Brest-Litovsk, fueron los SR quienes lanzaron una campaña de asesinatos y terror, antes de que empezara la guerra civil. Según Christopher Hill,

la prensa de oposición no había sido totalmente suprimida durante los seis meses inmediatamente posteriores a la Revolución

bolchevique, tampoco hubo violencia contra la oposición política, porque no era necesario. Incluso a finales de octubre se abolió la sentencia de muerte, aunque Lenin pensaba que esto no era
realista.

Casi todos los miembros del gobierno provisional arrestados fueron liberados después de que prometieran "nunca más
volver a tomar las armas en contra del pueblo". El mismo Lenin apuntó en noviembre de 1917: "No recurrimos al tipo de
terror que usaban los revolucionarios franceses, quienes gui-
llotinaban a personas desarmadas, y espero que no tengamos
que recurrir a ello". Sin embargo, *las circunstancias se complicaron cada vez más.*

- *Para enero de 1918, la escasez de alimentos era grave en
  Petrogrado y Moscú*, además de algunas otras ciudades.
  Lenin estaba convencido de que los campesinos acomo-
  dados *(kulaks)* estaban acumulando grandes cantidades
  de granos para elevar los precios, y hay pruebas de que
  realmente así era. La nueva policía secreta de Lenin, la
  Cheka (creada en diciembre de 1917), recibió el encargo
  de ocuparse de los acaparadores y especuladores. "No habrá hambruna en Rusia —dijo Lenin en abril de 1918—
  si los inventarios se controlan y la violación de las reglas
  se castiga duramente, con arresto y fusilamiento para
  quien reciba sobornos y para los estafadores."
- Después de la firma del humillante Tratado de Brest-Litovsk (marzo de 1918), *la pérdida de Ucrania, fuente importantísima de trigo, empeoró aún más la situación de
  los alimentos.*
- *Los revolucionarios sociales de izquierda hicieron su mejor esfuerzo para hacer naufragar el tratado e iniciaron
  una campaña de terror.* Asesinaron al embajador alemán
  y a un bolchevique, miembro importante del soviet de
  Petrogrado; hay evidencias, además, de que intentaban
  tomar el poder o provocar un levantamiento popular para obligar a los bolcheviques a cambiar sus políticas.
- El 30 de agosto de 1918 fue asesinado el líder de la *Cheka* de Petrogrado, y más tarde, ese mismo día, una mujer

le disparó dos veces a Lenin, a quemarropa, con un revólver. Resultó herido en el cuello y uno de los pulmones, pero aparentemente se recuperó con rapidez.

Todos estos acontecimientos pueden tomarse como evidencias de que fue lo desesperado de la situación y no motivos ideológicos inherentes, lo que llevó a Lenin y los bolcheviques a contraatacar con violencia.

El problema era que por bienintencionados que fueran los bolcheviques, *el razonamiento de Lenin estaba viciado en dos aspectos vitales.*

1. Karl Marx había pronosticado que el colapso del capitalismo tendría lugar en dos etapas; primero, los capitalistas burgueses de clase media derrocarían a la monarquía autócrata e instaurarían un sistema de democracia parlamentaria. Segundo, cuando la industrialización estuviera completa, los trabajadores industriales (proletariado), mayoría en ese momento, derrocarían a los burgueses capitalistas e impondrían una sociedad sin clases, o "dictadura del proletariado". La primera etapa había tenido lugar con la Revolución de Febrero. Los mencheviques creían que la segunda etapa no podría ocurrir antes de que Rusia estuviera totalmente industrializada y el proletariado fuera mayoría. No obstante, Lenin insistía en que, en el caso de Rusia, las dos revoluciones, la burguesa y la proletaria, podrían abreviarse simultáneamente; por eso había dado el golpe de octubre, ¡la oportunidad era demasiado buena como para dejarla pasar! Esto había provocado una situación en que los bolcheviques estaban en el poder antes de que sus partidarios más confiables, los trabajadores industriales, constituyeran una clase suficientemente amplia como para apoyarlos. Por eso eran minoría en el Parlamento y dependían incómodamente de los campesinos, que era la clase más grande de la sociedad rusa, pero la más interesada en ella misma.

2. Lenin esperaba que una revolución exitosa en Rusia formara parte de una revolución socialista europea, incluso mundial. Estaba convencido de que pronto habría revo-

luciones en Europa central y occidental, de tal forma
que el nuevo gobierno soviético sería apoyado por gobiernos vecinos simpatizantes. Nada de esto sucedió, y
Rusia quedó aislada frente a una Europa capitalista profundamente suspicaz del nuevo régimen.

Así pues, tanto interna como externamente, el régimen era
presionado por las fuerzas de la contrarrevolución. La ley y el
orden parecían venirse abajo y los soviets locales sencillamente ignoraban los decretos del gobierno. Si los bolcheviques
pretendían quedarse en el poder y reconstruir el país, lamentablemente era más que probable que tuvieran que recurrir a
la violencia para lograr algo significativo.

*Los historiadores liberales tradicionales rechazan esta inter-
pretación*, pues piensan que Lenin y Trotsky, si bien quizá no
todos los líderes bolcheviques, estaban comprometidos con la
violencia y el terror desde el principio. Richard Pipes afirma
que Lenin veía al terror como un elemento absolutamente vital del gobierno revolucionario y estaba dispuesto a utilizarlo
como medida preventiva, aun cuando no hubiera una oposición activa contra su gobierno. Por qué otra razón habría creado la *Cheka* a principios de diciembre de 1917, en un momento
en que la oposición no representaba una amenaza y no había
intervención extranjera. Señala que en un ensayo de 1908 sobre el fracaso de los revolucionarios franceses, Lenin había
escrito que el principal defecto del proletariado era la "generosidad excesiva, debía haber exterminado a sus enemigos en lugar de tratar de influir moralmente en ellos". Cuando se abolió
la pena de muerte, Lenin, muy indignado, replicó: "No tiene
sentido, ¿cómo hacer una revolución sin ejecuciones?"

d) El "terror rojo"

Independientemente de las intenciones de los bolcheviques,
no hay duda de la difusión de la violencia y el terror. El Ejército Rojo (ilustración XVI.3) se utilizaba para obligar a los campesinos a entregar el grano, del cual, supuestamente, tenían
excedentes. En 1918, la *Cheka* sofocó 245 levantamientos de

ILUSTRACIÓN XVI.3. *El ejército rojo en Crimea durante la guerra civil, 1918*

agricultores y 99 en los primeros siete meses de 1919. Las cifras oficiales de la *Cheka* muestran que en el curso de esas operaciones murieron más de 3 000 campesinos y 6 300 fueron ejecutados; en 1919 hubo otras 3 000 ejecuciones, pero la cifra total de muertos probablemente sea mucho más alta. Los revolucionarios sociales y otros opositores políticos eran rodeados y acribillados. Una de las características más perturbadoras de este "terror rojo" fue que muchos de los arrestados y ejecutados no eran culpables de algún delito en particular, se les acusaba de ser "burgueses", insulto aplicado a terratenientes, sacerdotes, hombres de negocios, empleadores, oficiales del ejército y profesionales. Todos eran tachados de "enemigos del pueblo" como parte de la campaña del gobierno de la guerra de clases.

Uno de los peores incidentes del terror fue el asesinato del ex zar Nicolás y su familia. En el verano de 1918 eran vigilados en una casa de Ekaterinburgo en los Urales. En ese momento, la guerra civil estaba en pleno desarrollo; los bolcheviques temían que las fuerzas blancas, que avanzaban hacia esa ciudad, rescataran a la familia real, que entonces se convertiría en foco de todas las fuerzas contrarias a los bolcheviques. El propio Lenin dio la orden de que se les matara, y en julio de 1918 toda la familia, además de miembros de su personal, fueron ejecutados por la *Cheka* local. Sus tumbas fueron descubiertas hasta después del colapso del Imperio soviético. En 1992, algunos de los huesos fueron sometidos a análisis de ADN, mediante el cual se demostró que eran realmente los restos de los Romanov.

e) Guerra civil

En abril de 1918, opositores de los bolcheviques, armados, irrumpieron en muchas otras áreas (mapa XVI.2) y dieron lugar a la guerra civil. La oposición (conocida como los blancos) era una mezcla de revolucionarios sociales, mencheviques, ex oficiales zaristas y otros grupos que no estaban de acuerdo con lo que habían visto de los bolcheviques. En las zonas rurales había gran descontento, pues los agricultores detestaban las políticas para procuración de alimentos del gobierno; incluso los soldados y trabajadores que los habían apoyado en 1917 resentían la prepotencia con que se trataba a los soviets (consejos elegidos) en toda Rusia. Uno de los lemas de los bolcheviques era "TODO EL PODER PARA LOS SOVIETS", y naturalmente todo el pueblo esperaba que cada población tuviera su propio soviet, que administraría los asuntos del pueblo y la industria local. Por el contrario, llegaron funcionarios (llamados comisarios) nombrados por el gobierno, apoyados por la guardia roja; expulsaron a los revolucionarios sociales y a los mencheviques, que eran miembros de los soviets, y entregaron el control a los bolcheviques. Pronto se convirtió en una dictadura del centro, en vez de ser un control local. El lema de los opositores del gobierno se convirtió en "LARGA VIDA A LOS SOVIETS Y ABAJO LOS COMISARIOS". Su objetivo general no era restablecer al zar, era, sencillamente, crear un gobierno democrático al estilo occidental.

En Siberia, el almirante Kolchak, ex comandante de la flota del Mar Negro, creó un gobierno blanco; el general Denikin estaba en el Cáucaso con un gran ejército blanco. Lo más extra-

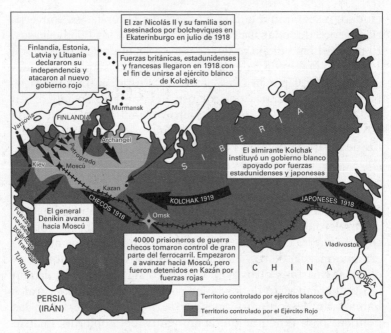

El zar Nicolás II y su familia son asesinados por bolcheviques en Ekaterinburgo en julio de 1918

Finlandia, Estonia, Latvia y Lituania declararon su independencia y atacaron al nuevo gobierno rojo

Fuerzas británicas, estadunidenses y francesas llegaron en 1918 con el fin de unirse al ejército blanco de Kolchak

El almirante Kolchak instituyó un gobierno blanco apoyado por fuerzas estadunidenses y japonesas

El general Denikin avanza hacia Moscú

40 000 prisioneros de guerra checos tomaron control de gran parte del ferrocarril. Empezaron a avanzar hacia Moscú, pero fueron detenidos en Kazán por fuerzas rojas

Territorio controlado por ejércitos blancos
Territorio controlado por el Ejército Rojo

MAPA XVI.2. *Guerra civil e intervenciones en Rusia, 1918-1922*

ño de todo, es que la Legión Checoslovaca de cerca de 40 000 hombres se había apoderado de tramos largos del ferrocarril transiberiano, en la región de Omsk. Originalmente estas tropas eran prisioneros que los rusos habían tomado del ejército austrohúngaro, que se había cambiado de lado después de la Revolución de Marzo, y había luchado para el gobierno de Kerensky contra los alemanes. Después de Brest-Litovsk, los bolcheviques les dieron autorización de salir de Rusia en el transiberiano, hacia Vladivostok, pero entonces decidieron desarmarlos para que no cooperaran con los Aliados, que ya mostraban interés en destruir al nuevo gobierno de los bolcheviques. Los checos resistieron con gran valentía y el control del ferrocarril fue una gran vergüenza para el gobierno.

La situación se complicó porque los aliados de Rusia en la primera Guerra Mundial intervinieron para ayudar a los blancos. Afirmaban que querían un gobierno que siguiera en guerra con Alemania. Cuando su intervención continuó incluso después de la derrota de Alemania, fue obvio que su objetivo era destruir al gobierno bolchevique, que ahora propugnaba por una revolución mundial. Los Estados Unidos, Japón, Francia y Gran Bretaña enviaron tropas que atracaron en Murmansk, Archangel y Vladivostok. La situación era sombría para los bolcheviques, cuando a principios de 1919 Kolchak (a quien los Aliados trataban de poner a la cabeza del siguiente gobierno) avanzaba hacia Moscú, la nueva capital. Sin embargo, Trotsky, ahora comisario para la guerra, había hecho un magnífico trabajo con la creación del muy disciplinado Ejército Rojo, basado en la conscripción, y que incluía a miles de oficiales experimentados de los antiguos ejércitos del zar. Kolchak fue obligado a retroceder y después fue capturado y ejecutado por los rojos. La Legión Checa fue derrotada y Denikin, avanzando desde el sur hasta 400 kilómetros de Moscú, fue obligado a retirarse; posteriormente escapó con ayuda de los británicos.

Para finales de 1919, era obvio que los bolcheviques (que entonces se llamaban a sí mismos comunistas), sobrevivirían. Como los ejércitos blancos empezaron a sufrir derrotas, los estados intervencionistas perdieron interés y retiraron a sus tropas. En 1920, Ucrania fue invadida por efectivos franceses y polacos, los cuales obligaron a Rusia a entregar parte de Ucrania y Rusia Blanca (Tratado de Riga, 1921). Sin embargo, desde la perspectiva de los comunistas, lo importante era que habían ganado la guerra civil. Lenin pudo presentarlo como una gran victoria, y logró mucho para restablecer el prestigio del gobierno después de la humillación de Brest-Litovsk. *Fueron varias las razones de la victoria de los comunistas.*

1. *Los blancos no estaban organizados centralmente.* Kolchak y Denikin no lograron vincularse, y mientras más se acercaban a Moscú, más se tensaban sus líneas de comunicación. Perdieron el apoyo de muchos campesinos por su brutal comportamiento y porque éstos temían que una victoria de los blancos significaría perder sus tierras recién adquiridas.
2. *Los ejércitos rojos tenían más tropas.* Después de introducir la conscripción, tenían casi tres millones de hom-

bres armados, y superaban a los blancos en una proporción casi de 10 a uno. Controlaban gran parte de la industria moderna, de modo que tenían más armamento, además del inspirado liderazgo de Trotsky.

3. Lenin tomó medidas decisivas, conocidas como *comunismo de guerra*, para controlar los recursos económicos del Estado. Todas las fábricas, sin importar su tamaño, habían sido nacionalizadas, se había prohibido el comercio privado y se confiscaban alimentos y granos a los campesinos para alimentar a los trabajadores urbanos y los soldados. En un principio esto tuvo éxito porque permitía que el gobierno sobreviviera a la guerra civil, pero más tarde, los resultados fueron desastrosos.

4. Lenin pudo presentar a los bolcheviques como a *un gobierno nacionalista que lucha contra los extranjeros;* y si bien el comunismo de guerra era impopular entre los campesinos, los blancos se tornaron aún más impopulares por sus conexiones con el extranjero.

f) Efectos de la guerra civil

La guerra fue una tragedia terrible para el pueblo ruso; *el costo en vidas humanas y sufrimiento fue enorme*. Tomando en cuenta todos los que murieron en el terror rojo, en acción militar y en los pogromos antijudíos de los blancos; los que murieron de inanición (ilustración XVI.4) y los fallecidos en las epidemias de disentería y tifo el número total de muertos fue de, cuando menos, ocho millones, más de cuatro veces el número de rusos muertos en la primera Guerra Mundial (1.7 millones). La economía estaba en ruinas y el rublo apenas valía 1% del valor que tenía en 1917.

Al final de la guerra *se habían hecho importantes cambios en el régimen comunista*. La economía estaba aún más centralizada porque el control del Estado se extendió a todas las áreas de la misma. Políticamente, el régimen se militarizó y se tornó aún más brutal. *El asunto que ha ocupado a los historiadores es si fue la crisis de la guerra civil la que obligó al gobierno a hacer esos cambios, o si de todos modos se hubieran produci-*

do por las características del comunismo. ¿Era inevitable llegar al socialismo?

Robert C. Tucker argumenta que la guerra civil *fue* la causa de los desarrollos políticos; piensa que brutalizó al partido y dio a sus miembros una mentalidad de sitio de la cual fue difícil que se alejaran. Hizo que la centralización, la disciplina estricta y la movilización del pueblo fueran parte integral del sistema para lograr los objetivos del régimen. Tucker también señala que ya en lo más álgido de la guerra civil había indicios del pensamiento más "liberal" de Lenin, que pudo poner en práctica durante el periodo de la Nueva Política Económica (NEP, por sus siglas en inglés). Por ejemplo, en mayo de 1919, Lenin escribió un folleto en el que explicaba que el principal obstáculo para lograr el socialismo en Rusia era la cultura del atraso dejada por siglos de régimen zarista; según él, la mejor manera de cambiar esto no era por la fuerza, sino mediante la educación, lo cual, desafortunadamente, llevaría mucho tiempo.

Otros historiadores argumentan que la guerra civil fue una de las influencias que brutalizó al régimen comunista, pero que no fue la única. Christopher Read apunta que los bolcheviques eran producto del ambiente zarista, que había sido, de por sí, extremadamente autoritario; los gobiernos zaristas nunca habían dudado en aplicar métodos extremos contra sus enemigos. Apenas unos cuantos años atrás, Stolypin había ejecutado a cerca de 4 000 opositores. "En las circunstancias prevalecientes —argumenta Read— es difícil ver por qué tendría que tolerarse la oposición cuando la tradición rusa era erradicar a los herejes." Entre los historiadores liberales de la vieja generación, Adam Ulam argumentó que la violencia y el terror eran parte integral del comunismo, y declaró que Lenin realmente recibió con beneplácito la guerra civil porque le dio una excusa para aplicar más violencia.

El debate es el mismo en torno a las características económicas del comunismo de guerra; ¿la nacionalización y el control de la economía por el Estado eran clave para los objetivos e ideales del comunismo, o fueron impuestos al gobierno por la necesidad de controlar la economía en función del esfuerzo bélico? Incluso los historiadores soviéticos difieren en cuanto a la interpretación de esto. Algunos piensan que el partido te-

ILUSTRACIÓN XVI.4. *Víctimas de la hambruna de la guerra civil*

nía un plan básico para nacionalizar lo más pronto posible las principales industrias, de ahí la nacionalización de bancos, ferrocarriles, navieras y cientos de grandes fábricas en junio de 1918. Otros piensan que lo que Lenin realmente esperaba era una economía mixta en la cual se permitiría cierta actividad capitalista. Alec Nove llegó a la muy sensata conclusión de que "Lenin y sus colegas tocaban de oído [...] Debemos dejar lugar para la interacción de las ideas bolcheviques con la desesperada situación en la cual se encontraban".

g) Lenin y los problemas económicos

Desde principios de 1921, Lenin enfrentaba la formidable tarea de reconstruir una economía destruida por la primera Guerra Mundial y, después, por la guerra civil. El comunismo de guerra había sido impopular entre los campesinos, que no veían el caso de trabajar duro para producir alimentos que les confiscaban sin compensación y se limitaban a producir lo indispensable para cubrir sus necesidades. Esto provocó grave escasez de alimentos, agravada por las sequías de 1920 y 1921. Por otra parte, la industria parecía casi paralizada. En marzo de 1921 se produjo un grave motín naval en Kronstadt, base naval cercana a San Petersburgo, el cual fue sofocado sólo por la pronta intervención de Trotsky, quien envió tropas a través del hielo, sobre el mar congelado.

Aparentemente, el motín convenció a Lenin de que se necesitaba un nuevo enfoque para recuperar el tambaleante apoyo de los campesinos, muy importante porque éstos constituían la gran mayoría de la población. Puso en operación lo que llegó a ser conocido como *la Nueva Política Económica (NEP)*. A los campesinos se les permitió conservar el excedente de la producción después de pagar un impuesto equivalente a determinada proporción del excedente. Esto, más la reintroducción del comercio privado, se convirtió en un incentivo, y la producción de alimentos se incrementó. También volvieron a ser propiedad privada las pequeñas industrias y la comercialización de sus productos, si bien el gobierno conservó el control de la industria pesada, como el carbón, el hierro y el acero, la energía, el transporte y la banca. Lenin también se percató de que a menudo era necesario que volvieran los antiguos administradores, así como algunos incentivos capitalistas, como bonos y el trabajo a destajo. Se fomentó la inversión extranjera para ayudar a desarrollar y modernizar la industria rusa.

El debate normal sobre los motivos e intenciones de Lenin no ha terminado entre los historiadores. Algunos bolcheviques afirmaban que el motín de Kronstadt y la inquietud de los campesinos no tenía que ver con la decisión de modificar la NEP, que, de hecho, habían estado a punto de introducir una versión previa de dicha política cuando el estallido de la guerra civil lo impidió. Para confundir aún más las cosas, algunos de los líderes comunistas, en especial Kamenev y Zinoviev, rechazaban la NEP porque pensaban que fomentaba el desarrollo de los *kulaks* (campesinos ricos), que resultarían los enemigos del comunismo. Lo veían como retirarse del verdadero socialismo.

¿Lenin pensaba en la NEP como en un compromiso temporal, se garantizaba que volviera determinada cantidad de empresas privadas hasta que la recuperación estuviera asegurada, o la veía como volver a algo como el verdadero camino del socialismo, del que se habían alejado por la guerra civil? Es difícil estar seguro de una u otra postura. Lo que es claro es que Lenin defendió vigorosamente la NEP; dijo que necesitaban la experiencia de los capitalistas para que la economía volviera a florecer. En mayo de 1921 dijo al partido que la NEP debía aplicarse "seriamente y por largo tiempo, no menos de una década, y probablemente más". Debían tomar en cuenta el hecho de que en vez de introducir el socialismo a un país dominado por trabajadores industriales, verdaderos aliados de los bolcheviques, trabajaban en una sociedad atrasada, dominada por campesinos. Por tanto, la NEP no era una retirada, sino un intento en pro de una vía alterna al socialismo en circunstancias menos que ideales. Se necesitaría una larga campaña para educar a los campesinos en los beneficios de las cooperativas agrarias, de modo que la fuerza no sería necesaria; esto llevaría al triunfo del socialismo. Roy Medvedev, historiador soviético disidente, estaba convencido de que esas eran las genuinas intenciones de Lenin, y de que si hubiera vivido otros 20 años (hasta la misma edad que Stalin), el futuro de la URSS habría sido muy diferente.

La NEP tuvo un éxito moderado; la economía empezó a recuperarse y los niveles de producción mejoraban; en muchos productos no estaban lejos de los niveles de 1913. Dadas las pérdidas territoriales al final de la primera Guerra Mundial y la guerra con Polonia, era un logro considerable. Los progresos fueron importantes con la electrificación de la industria, uno de los programas favoritos de Lenin. Para finales de 1927, cuando la NEP empezaba a dejarse de lado, el ruso común probablemente tenía una situación económica mejor que en cualquier momento desde 1914. Los trabajadores industriales que tenían trabajo recibían salarios reales y tenían los beneficios de la nueva legislación social de la NEP: jornadas laborales de ocho horas, dos días de asueto pagados, pagos por enfermedad y desempleo y atención de la salud. Los campesinos gozaban de un nivel de vida más elevado que en 1913. La desventaja de la NEP era un desempleo más elevado que antes, y la escasez de alimentos seguía siendo frecuente.

h) Los problemas políticos se resolvían con determinación

Rusia era entonces el primer Estado comunista del mundo, la Unión de Repúblicas Socialistas Soviéticas (URSS); el Partido Comunista detentaba el poder y no se permitían otros partidos. *El principal problema político que tenía ahora Lenin eran los desacuerdos y las críticas dentro del propio partido.* En marzo de 1921, Lenin prohibió las facciones dentro del partido, es decir, se permitiría discutir pero, una vez tomada una decisión, todos los sectores del partido tendrían que acatarla. Quien insistiera en sostener un punto de vista diferente de la línea oficial sería expulsado. Durante el resto de 1921, más o menos la tercera parte de los miembros del partido fue expulsada con ayuda de la implacable policía secreta *(Cheka);* muchos más renunciaron, sobre todo porque se oponían a la NEP. Lenin también rechazó la demanda de los sindicatos de que ellos deberían dirigir la industria, pero tenían que hacer lo que el gobierno les dijera, y su única tarea era incrementar la producción.

El organismo regente del partido se conocía como "Politburó". Durante la guerra civil, cuando era necesario tomar decisiones rápidas, adquirió la costumbre de actuar como si fuera el gobierno, y siguió haciéndolo una vez terminada la guerra. Lenin y el Partido Comunista ya tenían el control total [para sus éxitos en política exterior, véanse las secciones IV.3 *a)* y *b)*]. Sin embargo, la "dictadura del proletariado" no se veía por ningún lado, tampoco había expectativas de que el Estado "se desdibujara". Lenin defendió la situación sobre la base de que la clase trabajadora estaba exhausta y débil; esto se traducía en que los trabajadores más avanzados y sus líderes, el Partido Comunista, debían regir el país en su lugar.

En mayo de 1922, Lenin sufrió un infarto, después del cual fue debilitándose cada vez más. Posteriormente sufrió otros dos y murió en enero de 1924, a la temprana edad de 53 años. Su obra de terminar la revolución introduciendo un Estado totalmente comunista quedó incompleta, y las exitosas revoluciones comunistas que había pronosticado para otros países no se realizaron. Esto dejó a la URSS aislada y con un incierto futuro por delante. Si bien su salud fallaba desde tiempo antes, Lenin no hizo planes obvios de cómo tendría que organizarse el gobierno después de su muerte, de modo que una lucha por el poder era inevitable.

4. LENIN, ¿GENIO DEL MAL?

a) Lenin sigue siendo un personaje controvertido

Después de su muerte, el Politburó decidió que el cuerpo de Lenin debía ser embalsamado y exhibido en una caja de cristal, en un mausoleo especial que se construiría en la Plaza Roja de Moscú. Los miembros del Politburó, en especial José Stalin, alentaron el culto por Lenin por lo que valía, con la esperanza de compartir su popularidad al presentarse como sus herederos, que seguirían con sus políticas. No se permitió criticarlo, y Petrogrado se llamó Leningrado. Fue reverenciado casi como un santo y la gente se aglomeraba en la Plaza Roja para ver sus restos, como si fueran reliquias religiosas.

Algunos historiadores lo admiran: A. J. P. Taylor afirmaba que "Lenin hizo más que cualquier otra figura política para cambiar el rostro del mundo del siglo xx. A él se debían la creación de la Rusia soviética y su supervivencia. Era un gran hombre, y a pesar de sus defectos, un buen hombre". Algunos historiadores revisionistas también adoptaron una postura favorable. En 1968, Moshe Lewin escribió que Lenin había sido obligado, involuntariamente, a aplicar políticas de violencia y terror, y en sus últimos años —ante su mala salud y las maléficas ambiciones de Stalin—, a luchar, sin éxito, por llevar el comunismo a una fase más pacífica y civilizada.

Estas interpretaciones están en el polo opuesto de lo que pensaban algunos de sus contemporáneos, y también de la opinión liberal tradicional que considera a Lenin como un dictador implacable que preparó el camino para la dictadura aún más implacable y brutal de Stalin. Aleksandr Potresov, menchevique que conocía bien a Lenin, lo describió como un "genio del mal" que ejercía un efecto hipnótico en la gente que permitía ser dominada por él. Richard Pipes difícilmente encuentra algo bueno qué decir de Lenin; subraya su crueldad y su aparente falta de remordimiento ante la enorme pérdida de vidas que había provocado. El éxito de la toma del poder por los bolcheviques en octubre de 1917 no tuvo nada que ver con las fuerzas sociales, sencillamente se debió al ansia de poder de Lenin.

Probablemente sea Robert Service quien tenga una opinión más equilibrada de Lenin. Concluye que sin duda era implacable, intolerante y represivo, hasta parecía disfrutar cuando provocaba terror. Pero si bien quería el poder, y pensaba que la dictadura era deseable, éste no era un fin en sí mismo. A pesar de todos sus defectos era un visionario: "Lenin estaba convencido de que se podía y se debía construir un mundo mejor, un mundo sin represión ni explotación, un mundo incluso sin Estado [...] Su opinión, por deplorable que fuera, era que la dictadura del proletariado sería como la partera del nacimiento de ese mundo". Quizá una de las grandes tragedias del siglo xx haya sido su muerte prematura, antes de que su visión pudiera realizarse. No obstante, sus logros hacen de él una de las grandes figuras políticas del último siglo. En palabras de Robert Service: "Dirigió la Revolución de Octubre, fundó la URSS y sentó las bases del marxismo-leninismo. Ayudó a poner de cabeza al mundo".

b) Leninismo y estalinismo

Uno de los más serios cargos que le hacen sus críticos, es que Lenin es responsable de los aun más graves excesos y atrocidades de la era de Stalin. ¿Fue el estalinismo una mera continuación del leninismo, o Stalin traicionó la visión de Lenin de una sociedad sin injusticias ni explotación? Durante los primeros años de la Guerra Fría, los historiadores occidentales sostuvieron la teoría de la "línea recta", es decir, que Stalin se limitó a continuar la obra de Lenin. Fue este último quien destruyó el sistema multipartidista cuando suprimió la Asamblea Constituyente. Creó las estructuras autoritarias del partido bolchevique, que se tornaron en las estructuras del gobierno, y las cuales Stalin pudo aprovechar para sus políticas de colectivización y sus purgas (sección XVII.2-3). Fue Lenin quien fundó la *Cheka*, que se convirtió en la temida KGB en tiempos de Stalin, y fue Lenin quien acabó con el poder de los sindicatos.

Los historiadores revisionistas adoptan un punto de vista diferente. Moshe Lewin, Robert C. Tucker y Stephen F. Cohen argumentan que hubo una discontinuidad fundamental entre Lenin y Stalin; todo cambió radicalmente cuando éste llegó al poder. Stephen Cohen señala que el trato que dio Stalin a los campesinos fue muy diferente de las políticas meramente coercitivas de Lenin: Stalin hizo una virtual guerra civil contra los campesinos, "un holocausto a través del terror que victimó a decenas de millones de personas durante 25 años". Lenin estaba en contra del culto del líder individual, mientras que Stalin inició su propio culto a la personalidad. Lenin quería mantener la burocracia del partido lo más reducida y manejable posible, pero con Stalin, creció. Lenin fomentaba la discusión y se salía con la suya convenciendo al Politburó; Stalin no permitía discusiones ni críticas y se salía con la suya mandando matar a sus oponentes. De hecho, durante el "Gran Terror" de 1935-1939, Stalin acabó realmente con el Partido Comunista de Lenin. Según Robert Conquest, "fue a sangre fría, deliberadamente y sin provocación, como Stalin inició un nuevo ciclo de sufrimiento".

Robert Suny resume claramente al leninismo y su relación con el estalinismo:

> Dedicados a la visión del socialismo de Karl Marx, en el cual la clase trabajadora controlaría las máquinas, las fábricas y otros tipos de producción de riqueza, los comunistas encabezados por Lenin creían que el orden social del futuro se basaría en la abolición de los privilegios sociales no devengados, el fin del racismo y la opresión colonial, la secularización de la sociedad y el empoderamiento de la clase trabajadora. Sin embargo, en una generación, Stalin y sus camaradas más cercanos han creado uno de los estados más despiadados y opresivos de la historia moderna.

PREGUNTAS

Diferentes formas de evaluar a Lenin
1. Lea las fuentes A y B y responda las preguntas.

Fuente A
Opinión del historiador ruso Dmitri Volkogonov, 1998.

> Sin duda, la política tiende a ser inmoral, pero en Lenin, la inmoralidad fue exacerbada por el cinismo. Casi todas sus decisiones sugieren que para él la moralidad estaba totalmente subordinada a las realidades políticas [...] y su principal objetivo, la toma del poder.

> FUENTE: Dmitri Volkogonov, *The Rise and Fall of the Soviet Empire* (HarperCollins, 1998).

Fuente B
Opinión de Moshe Lewin, historiador de la Universidad de Birmingham, Gran Bretaña, 1985.

> En 1922, un Lenin más viejo y más sabio proponía una nueva serie final de innovaciones conocida como su "testamento" [...]

No menciona terror revolucionario de ningún tipo. Su mensaje es muy diferente: transformar la estructura social del país sin medidas violentas. Primero la revolución cultural, comprender a los campesinos y calma como virtud suprema. Además, una nueva visión de la parte del socialismo de Lenin como régimen de "operadores civilizados". Es bien sabido que ese conjunto de ideas fue desdeñosamente llamado "liberalismo", por el mismo Stalin.

FUENTE: Moshe Lewin, *The Making of the Soviet System* (Methuen, 1985).

   a) Según su punto de vista, ¿en qué difiere la opinión de estas fuentes respecto de Lenin?
   b) A partir de sus conocimientos, ¿qué evidencias encuentra de los acontecimientos del periodo de Lenin en el poder para apoyar o contradecir lo que se afirma en estas fuentes?

2. Explique por qué el régimen zarista pudo sobrevivir a la Revolución de 1905, pero fue derrocado en febrero-marzo de 1917.
3. ¿Hasta qué punto coincide con la idea de que la Revolución de febrero-marzo que derrocó a la monarquía rusa fue un "levantamiento espontáneo"?
4. "Los bolcheviques no tomaron el poder, lo recogieron; cualquier grupo de hombres decididos podría haber hecho lo que hicieron los bolcheviques en Petrogrado en octubre de 1917" (Adam Ulam). Explique por qué está de acuerdo o en desacuerdo con esta opinión.
5. ¿En qué forma, y con qué éxito, Lenin, con sus políticas, intentó resolver los problemas que enfrentaba Rusia a principios de 1918?

XVII. LA URSS Y STALIN, 1924-1953

Resumen de acontecimientos

Cuando Lenin murió en 1924, en general se esperaba que Trotsky fuera el líder, pero surgió una compleja lucha de la cual Stalin salió victorioso, a finales de 1929; fue la figura dominante en la URSS, de hecho un dictador, durante toda la segunda Guerra Mundial y hasta su muerte, en 1953, a los 73 años. La Rusia comunista, que tenía unos cuantos años de nacida cuando Lenin murió en enero de 1924, enfrentó enormes problemas. La industria y la agricultura estaban subdesarrolladas y eran ineficientes, la escasez de alimentos era constante, había graves problemas sociales y políticos y, piensan muchos rusos, existía el riesgo de otro intento de destrucción del nuevo Estado comunista por potencias capitalistas extranjeras. Stalin hizo decididos esfuerzos por resolver estos problemas, y es responsable de lo siguiente:

- planes de cinco años para cambiar radicalmente la industria entre 1928 y 1941;
- colectivización de la agricultura, que terminó en 1936;
- introducción de un *régimen totalitario*, que en todo caso fue aún más despiadado que el sistema de Hitler en Alemania.

Todas estas políticas provocaron críticas de algunos de los "viejos bolcheviques", en especial la velocidad de la industrialización y el rudo trato de campesinos y trabajadores industriales. No obstante, Stalin estaba decidido a acabar con la oposición; en 1934 empezó lo que llegó a conocerse como "las purgas", en las cuales, en los siguientes tres años, cerca de dos millones de personas fueron arrestadas y sentenciadas a ejecución o encarcelamiento en un campo de trabajos forzados por "conspirar contra el Estado soviético". La red de estos campos era my vasta, conocida como el "Gulag". Se estima que quizá 10 millones de personas "desaparecieron" en los años treinta, pues la crítica, la oposición y cualquier posible líder alterno era eliminado y la población común, obligada a obedecer a fuerza de terror.

Por brutales que fueran los métodos de Stalin, aparentemente fueron exitosos, cuando menos hasta el punto de que al producirse el temido ataque de Occidente, en forma de una invasión alemana en junio de 1941, los rusos pudieron aguantar, y acabaron ganando, aunque el costo fue terrible (secciones VI.2, VI.3 y VI.9). La parte occidental del país, ocupada por los alemanes, estaba en ruinas y muchas personas se hubieran alegrado de ver el fin de Stalin, pero él estaba decidido a que continuara su dictadura y el Estado unipartidista. Volvieron las políticas duras que durante la guerra hasta cierto punto se habían relajado.

1. ¿CÓMO LLEGÓ STALIN AL PODER SUPREMO?

José Djugashvili (tomó el nombre de "Stalin", hombre de acero, poco después de unirse a los bolcheviques en 1904) nació en

1879 en un pequeño pueblo de Gori, en la provincia de Georgia. Sus padres eran campesinos pobres; su padre, zapatero, había nacido siervo. La madre quería que su hijo fuera sacerdote, así que Stalin estudió cuatro años en el Seminario Teológico de Tiflis, pero él detestaba la atmósfera represiva y fue expulsado en 1899 por difundir ideas socialistas. Después de 1917, gracias a su notable habilidad como administrador, pudo forjarse sin hacer ruido su puesto como subalterno de Lenin. Cuando éste murió en 1924, Stalin fue secretario general del Partido Comunista y miembro del Politburó de siete hombres, comité que decidía las políticas de gobierno (ilustración XVII.1).

Al principio parecía poco probable que Stalin llegara a ser la figura dominante; Trotsky lo llamaba "la más eminente mediocridad del partido [...] hombre destinado a estar en segundo o tercer plano". El menchevique Nikolai Sujanov lo describió como "nada más que un vago recuerdo". Lenin pensaba que era porfiado y rudo, y sugirió en su testamento que se quitara del puesto. "Se ha concentrado demasiado poder en las manos del camarada Stalin —escribió— y no estoy seguro de que siempre sepa utilizar ese poder con la debida cautela [...] Es demasiado crudo, y este defecto es inaceptable en el puesto de secretario general. Por lo tanto, propongo a los camaradas que busquen la manera de quitarlo de su puesto."

El sucesor más obvio de Lenin era León Trotsky, inspirado orador, intelectual y hombre de acción, organizador de los Ejércitos Rojos. Los otros candidatos eran bolcheviques "viejos" que estaban en el partido desde sus primeros días: Lev Kamenev (líder de la organización del partido en Moscú), Grigori Zinoviev (líder de la organización del partido en Leningrado y el Comintern) y Nikolai Bujarin, uno de los nuevos valores intelectuales del partido. No obstante, las cosas se dieron de tal forma que Stalin pudo eliminar a sus rivales.

a) La brillantez de Trotsky trabajó en su contra

Provocó envidia y resentimiento en los otros miembros del Politburó; era arrogante y condescendiente, y a muchos les molestaba que se había unido a los bolcheviques poco antes de la

ILUSTRACIÓN XVII.1. *José Stalin*

Revolución de Noviembre. Durante la enfermedad de Lenin, fue muy crítico de Kamenev, Zinoviev y Bujarin, que actuaban como un triunvirato, y los acusó de no tener planes para el futuro ni visión. Por lo tanto, los otros decidieron regir el país conjuntamente, pues la acción colectiva era mejor que el espectáculo de un solo hombre. Trabajaron juntos e hicieron todo lo que pudieron para evitar que Trotsky llegara a ser el líder. Para finales de 1924, éste casi no tenía apoyo, incluso fue obligado a renunciar como comisario de Asuntos Militares y Navales, si bien siguió siendo miembro del Politburó.

b) Los otros miembros del Politburó subestimaron a Stalin

Lo veían nada más como un administrador competente e ignoraron el consejo de Lenin de retirarlo del puesto; estaban tan ocupados atacando a Trotsky que no advirtieron el riesgo y dejaron pasar varias oportunidades de deshacerse de él. De hecho, Stalin tenía gran capacidad e intuición políticas; era muy hábil para desmenuzar las complejidades de un problema y enfocarse en lo esencial; además de ser un excelente juez del carácter, percibía los defectos de las personas y los explotaba. Sabía que tanto Kamenev como Zinoviev eran buenos miembros, pero les faltaba liderazgo y juicio político sólido. Nada más tenía que esperar a que surgieran desacuerdos entre sus colegas del Politburó, entonces se pondría del lado de una facción en contra de la otra y eliminaría a sus rivales hasta ser la autoridad única.

c) Stalin aprovechó inteligentemente su posición

Como secretario general del partido, puesto que ocupaba desde 1922, Stalin tenía pleno poder para nombrar y ascender a quienes detentaban puestos tan importantes como el de secretario de la organización local del Partido Comunista, que discretamente entregó a quienes lo apoyaban al mismo tiempo que enviaba a lugares alejados a quienes simpatizaban con otros. Las organizaciones locales seleccionaban a los delegados de las conferencias nacionales del partido, de modo que poco a poco se llenaron de los partidarios de Stalin. En los congresos del partido se elegía al Comité Central del Partido Comunista y el Politburó, de modo que en 1928 los principales organismos y congresos estaban llenos de estalinistas, y él era inexpugnable.

d) Stalin aprovechaba los desacuerdos
para su propio beneficio

Los desacuerdos sobre política que se presentaban en el Politburó se debían a que Marx nunca describió en detalle la organización exacta de la nueva sociedad comunista. Incluso Lenin había sido vago al respecto, excepto que se establecería "la dictadura del proletariado", es decir, que los trabajadores dirigirían el país para su propio beneficio. Cuando se hubiera acabado con la oposición, se habría logrado el objetivo último de una sociedad sin clases, en la cual, según Marx, el principio rector sería "de cada quien según su habilidad, para cada quien según sus necesidades". Con la Nueva Política Económica [NEP, sección XVI.3 g)], Lenin se había apartado de los principios socialistas, aunque su intención de que fuera una medida temporal mientras pasaba la crisis, sigue siendo motivo de debate. Ahora, el ala derecha del partido, encabezada por Bujarin, y la izquierda, cuyos puntos de vista Trotsky, Kamenev y Zinoviev apoyaban con más fuerza, disputaban por lo que se haría a continuación:

1. Bujarin consideraba que era importante consolidar el poder soviético en Rusia sobre la base de un campesinado próspero y muy gradual industrialización; esta política se conoció como "socialismo en un país". Trotsky creía que debían trabajar por la revolución fuera de Rusia, la *revolución permanente*. Cuando esto se lograra, los estados industrializados de Europa occidental ayudarían a Rusia con su industrialización. Kamenev y Zinoviev apoyaban a Bujarin en esto, pues era un buen pretexto para atacar a Trotsky.

2. *Bujarin quería seguir con la NEP*, aun cuando estaba dando lugar a que se incrementara el número de *kulaks* (agricultores ricos), que supuestamente eran los enemigos del comunismo. Sus opositores, que ahora incluían a Kamenev y Zinoviev, querían abandonar la NEP y concentrarse en la industrialización rápida, a expensas de los campesinos.

Stalin, discretamente ambicioso, parecía no estar a favor de ninguna de las dos posturas, pero en cuanto al "socialismo en un país", apoyó a Bujarin, de modo que Trotsky quedó totalmente aislado. Posteriormente, cuando tuvo lugar la separación, con Bujarin por un lado, y Kamenev y Zinoviev, a disgusto con la NEP, por el otro, Stalin apoyó a Bujarin. Uno por uno, Trotsky, Kamenev y Zinoviev quedaron fuera del Politburó, fueron sustituidos por aduladores de Stalin y expulsados del partido (1927); en última instancia, Trotsky, exiliado de la URSS, se fue a vivir a Estambul, Turquía.

Stalin y Bujarin ejercían el liderazgo conjuntamente, pero Bujarin no sobrevivió mucho tiempo. Al año siguiente, Stalin —que había apoyado a la NEP y a Bujarin, su gran defensor desde su introducción— decidió acabar con la NEP con el argumento de que los *kulaks* estaban retrasando el avance de la agricultura. Cuando Bujarin protestó, también se votó por que saliera del Politburó (1929) y Stalin quedó como jefe supremo. Los críticos de Stalin declararon que ese cínico cambio de política tenía como único fin eliminar a Bujarin. Siendo justos, sí parece haber sido una decisión política genuina; la NEP empezaba a fallar y no se estaban produciendo cantidades suficientes de alimentos. Robert Service apunta que las políticas de Stalin realmente eran populares entre la mayoría de los miembros del partido, convencidos de que los *kulaks* bloqueaban el avance del socialismo y se enriquecían, mientras los trabajadores no tenían alimentos suficientes.

2. ¿STALIN LOGRÓ SOLUCIONAR LOS PROBLEMAS ECONÓMICOS DE RUSIA?

a) ¿Cuáles eran los problemas económicos de Rusia?

1. Si bien la industria rusa se estaba recuperando de los efectos de la primera Guerra Mundial, *la producción de la industria pesada seguía siendo asombrosamente baja.* En 1929, por ejemplo, Francia, que no era una potencia industrial importante, producía más carbón y acero que Rusia, en tanto que Alemania, Gran Bretaña, y especialmente los Estados Unidos, le llevaban gran delantera. Stalin pensaba que era esencial expandir rápidamente la industria pesada para poder enfrentar el ataque de las potencias capitalistas occidentales, que odiaban el comunismo; estaba convencido de que antes o después, se

produciría ese ataque. La industrialización tendría la ventaja adicional de que el gobierno tendría más apoyo, pues *los trabajadores industriales eran los más grandes aliados de los comunistas:* mientras más trabajadores industriales hubiera respecto del número de campesinos (que para él eran los principales enemigos del socialismo), más seguro estaría el Estado comunista. Sin embargo, la falta de capital para financiar la expansión era un grave obstáculo, pues los extranjeros no estaban dispuestos a invertir en un Estado comunista.

2. *Era necesario producir más alimentos,* tanto para alimentar a la creciente población como para tener un excedente para exportar (única manera en que la URSS podría tener capital extranjero y utilidades para invertir en la industria). Pero con el sistema agrícola primitivo que se permitió en la NEP, era imposible reunir esos recursos.

b) Los Planes de Cinco Años para la industria

Si bien no tenía ninguna experiencia en economía, Stalin parece no haber dudado en lanzar al país a una serie de cambios dramáticos para resolver los problemas en el menor tiempo posible. En un discurso de febrero de 1931 explicó la razón: "Los países avanzados nos llevan de 50 a 100 años de ventaja. Debemos acortar esa distancia en 10 años. O lo hacemos, o nos acaban". La NEP se había aceptado como medida temporal, pero ahora debía abandonarse; tanto la industria como la agricultura debían someterse a un estricto control gubernamental.

La expansión industrial se inició con una serie de *Planes de Cinco Años*; se decía que los dos primeros (1928-1932 y 1933-1937) se habían terminado un año antes de lo programado, si bien, de hecho, ninguno llegó al objetivo final. El tercer plan (1938-1942) se interrumpió por la participación de Rusia en la segunda Guerra Mundial. El primero se había concentrado en la industria pesada, carbón, hierro, acero, petróleo y maquinaria (incluidos tractores), y programado para triplicar la producción. Los dos últimos permitirían incrementar la producción de bienes de consumo y también de la industria pesa-

CUADRO XVII.1. *Expansión industrial de la URSS:*
producción en millones de toneladas

	1900	1913	1929	1938	1940
Carbón	16.0	36.0	40.1	132.9	164.9
Hierro en lingotes	2.7	4.8	8.0	26.3	14.9
Acero	2.5	5.2	4.9	18.0	18.4

CUADRO XVII.2. *Producción industrial de la URSS respecto*
de otras grandes potencias en 1940, en millones de toneladas

	Hierro en lingotes	*Acero*	*Carbón*	*Electricidad* (miles de millones de kilowatts)
URSS	14.9	18.4	164.6	39.6
Estados Unidos	31.9	47.2	395.0	115.9
Gran Bretaña	6.7	10.3	227.0	30.7
Alemania	18.3	22.7	186.0	55.2
Francia	6.0	16.1	45.5	19.3

da. Cabe mencionar que a pesar de todos los errores y cierta exageración de las cifras soviéticas oficiales, los planes tuvieron gran éxito; para 1940, la URSS había superado a Gran Bretaña en la producción de hierro y acero, si bien no en carbón, y se acercaba a Alemania (cuadros XVII.1 y XVII.2).

Se construyeron cientos de fábricas, muchas en poblaciones nuevas al oriente de los Montes Urales, donde estarían más protegidas de una invasión. Al respecto, las fábricas de hierro y acero de Magnitogorsk, las de tractores de Jarkov y Gorki, la hidroeléctrica de Dnepropetrovsk y las refinerías de petróleo del Cáucaso, son ejemplos bien conocidos.

¿Cómo se logró todo esto?

El dinero provino casi totalmente de los mismos rusos, sin inversión extranjera; parte de la exportación de granos y parte de las pesadas cargas impuestas a los campesinos por el uso de equipo del gobierno, así como de la implacable reinversión de todas las utilidades y excedentes. Llegaron cientos de técnicos extranjeros y se hizo gran énfasis en ampliar la formación en bachilleratos y universidades, incluso en las escuelas de las fábricas, para formar una nueva generación de trabajadores capacitados. Para fomentar la producción en las fábricas, se recurrió a los viejos métodos capitalistas del trabajo a destajo y pagos diferenciados. Se otorgaron medallas a los trabajadores que lograban récords de producción; se les llamaba *Stajanovites*, en honor a Alekséi Stajanov, paladín de los mineros que en agosto de 1935, apoyado por un bien organizado equipo, logró extraer 102 toneladas de carbón en un solo turno (con los métodos normales, incluso los mineros más eficientes del Ruhr, en Alemania, lograban apenas 10 por turno).

Desafortunadamente, los planes tenían sus defectos. Los trabajadores normales eran sometidos a una despiadada disciplina, se les castigaba severamente si no se esmeraban en el trabajo, se les acusaba de "saboteadores" o "provocadores" cuando no cumplían con el objetivo y eran condenados a jornadas en los campos de trabajos forzados. Toda la reglamentación, las viviendas primitivas y la grave escasez de bienes de consumo (por el énfasis en la industria pesada), debía hacer muy sombría la vida de casi todos los trabajadores. Como señala el historiador Richard Freeborn (*A Short History of Modern Russia*), "probablemente no sea exagerado afirmar que el primer Plan de Cinco Años representó una declaración de guerra de la maquinaria estatal en contra de trabajadores y campesinos de la URSS, que fueron sometidos a una explotación que no habían conocido en el capitalismo". Sin embargo, a mediados de los años treinta, la situación mejoró, pues pudieron disponer de atención médica, educación y vacaciones pagadas. Otro defecto importante de los planes fue que muchos de los productos eran de mala calidad. Los elevados objetivos obligaban a los trabajadores a acelerar sus tareas, y esto provocaba trabajos de muy mala calidad y daños a la maquinaria.

A pesar de las deficiencias de los planes, Martin McCauley (*Stalin and Stalinism*) cree que "el primer Plan de Cinco Años fue un periodo de gran entusiasmo y logros prodigiosos en la producción. Los objetivos imposibles impulsaron al pueblo a actuar y se logró mucho más de lo que hubiera sido posible con lo que aconsejaban los métodos ortodoxos". Alec Nove se inclina por una perspectiva semejante; argumenta que dado el atraso industrial heredado del periodo zarista, se necesitaba algo drástico. "Se lanzaron al asalto encabezados por Stalin [...] con éxito en algunas partes y fracaso en otros sectores [...] Se construyó una gran industria [...] ¿y dónde hubiera estado el ejército ruso en 1942 sin la base metalúrgica de los Urales y Siberia?" Sin embargo, Nove reconoce que Stalin cometió muchos errores, intentó abarcar demasiado con excesiva rapidez, aplicó métodos innecesariamente brutales y tachó de subversión y traición cualquier crítica, aunque fuera justificada.

c) La colectivización de la agricultura

Los problemas de la agricultura fueron atacados con el proceso conocido como "colectivización". La idea era fusionar granjas y propiedades pequeñas, propiedad de campesinos, para formar granjas colectivas (koljoz) de propiedad común. La decisión de Stalin de colectivizar se apoyaba en dos razones.

- El sistema vigente de granjas pequeñas era ineficiente, en tanto que en los grandes ranchos dirigidos por el Estado, y en los cuales se usaban tractores (ilustración XVII.2) y cosechadoras combinadas, la producción se incrementaba mucho.
- Quería eliminar a la clase de agricultores prósperos (kulaks), fomentados por la NEP, porque, según él, obstaculizaban la vía del progreso. Probablemente la verdadera razón era política: Stalin veía a los kulaks como enemigos del comunismo. "Debemos aplastar muy fuerte a los kulaks para que no vuelvan a ponerse de pie, nunca."

La política se lanzó verdaderamente en 1929, y tuvo que emprenderse con fuerza bruta, tan decidida era la oposición en las zonas rurales. Pero resultó un desastre, del cual, sin exagerar, Rusia no ha acabado de recuperarse. No había problema

ILUSTRACIÓN XVII.2. *Campesinos rusos admiran el primer tractor de su pueblo, 1926*

para colectivizar a los campesinos sin tierra, pero los que tenían alguna propiedad, fueran *kulaks* o no, se oponían al plan y tenían que ser obligados por ejércitos de miembros del partido que instaban a los campesinos pobres a apoderarse del ganado y la maquinaria de los *kulaks* para entregarlo a los colectivizados. A menudo, los *kulaks* reaccionaban matando al ganado y quemando los cultivos con tal de no entregarlos al Estado. Los campesinos que se negaban a unirse a las granjas colectivas eran arrestados y llevados a los campos de trabajos forzados, o ejecutados. Cuando los recién colectivizados intentaban sabotear el sistema produciendo sólo lo suficiente para cubrir sus necesidades, los funcionarios locales insistían en confiscar las cuotas requeridas. Así, para 1937 se había colectivizado más de 40% de las tierras cultivables.

En un sentido, Stalin podía afirmar que la colectivización había sido un éxito, pues facilitó la mecanización, con la cual la producción se incrementó sustancialmente en 1937. La cantidad de grano confiscada por el Estado creció de manera impresionante, igual que la exportación de granos, que en 1931 y

1932 fue excelente, y si bien se redujo bruscamente después, siguió siendo mucho más elevada que antes. Por otra parte, tantos animales fueron sacrificados, que no fue sino en 1953 cuando se recuperó la producción de ganado respecto de las cifras de 1928, y el costo en vidas humanas y sufrimiento fue enorme.

Pero en verdad la producción total de grano no se incrementó nada (excepto en 1930); incluso en 1934 fue menor a la de 1928. *Las razones del fracaso fueron:*

- Los mejores productores, los *kulaks*, estaban excluidos de las granjas colectivas. La mayoría de los activistas del partido que iban de las ciudades a organizar la colectivización no sabía mucho de agricultura.
- Muchos campesinos estaban desmoralizados por la confiscación de su tierra y sus propiedades; algunos abandonaron los *koljoz* para buscar trabajo en las ciudades. Con todos los arrestos y deportaciones, esto se traducía en un menor número de personas para trabajar el campo.
- En un principio, el gobierno no proporcionó suficientes tractores; como muchos campesinos habían sacrificado a sus caballos para no entregarlos al *koljoz*, hubo serios problemas para que la tierra se arara a tiempo.
- A los campesinos se les permitió conservar una pequeña parcela propia, de modo que tendían a trabajarla con más empeño y hacían lo mínimo indispensable en el *koljoz*.

En 1932-1933, estos factores combinados resultaron en hambruna, sobre todo en las zonas rurales, especialmente en Ucrania. Aun así, se exportaron tres cuartos de millón de toneladas de granos en ese mismo periodo, en tanto que más de cinco millones de campesinos murieron de hambre. Algunos historiadores incluso afirmaron que Stalin recibió con beneplácito la hambruna, pues con los 10 millones de *kulaks* expulsados o ejecutados, se acabó con la resistencia de los campesinos. El gobierno pudo echar mano de la cosecha sin tener que regatear constantemente con los campesinos. El Estado socialista ya no sería rehén de los *kulaks* como represalia por provocar escasez de alimentos en las ciudades, ahora el campo sufriría si las cosechas no eran buenas. Las estadísticas del cuadro XVII.3 dan un idea de la magnitud de los problemas creados.

3. LA POLÍTICA Y LAS PURGAS

a) Problemas políticos

Durante los años treinta, Stalin y sus aliados más cercanos poco a poco incrementaron el control del partido, el gobierno y las organizaciones locales del partido, de tal forma que para 1938 todas las críticas y los desacuerdos estaban en la clandestinidad. Si bien la dictadura era totalmente personal, Stalin no se sentía seguro; se volvió cada vez más suspicaz, no confiaba en nadie y veía complots por todos lados. En esos años, los principales problemas políticos fueron:

1. En el verano de 1930, la popularidad del gobierno entre el público en general sufrió una súbita caída por la colectivización y las penurias del primer Plan de Cinco Años. Cada vez era mayor la oposición contra Stalin en el partido; circulaba un documento conocido como "Plataforma Ryutin" (así llamada por uno de los líderes del partido de Moscú) en el cual se abogaba por reducir el ritmo de la industrialización, trato más suave para los campesinos y quitar a Stalin (descrito como "el genio del mal de la revolución") del liderato, por la fuerza, en caso necesario. Sin embargo, Stalin estaba igualmente decidido a eliminar a sus críticos y oponentes políticos de una vez por todas.

2. Se necesitaba una nueva constitución para consolidar el control de Stalin y el Partido Comunista en todo el país.

3. Algunas de las regiones no rusas del país querían la independencia, pero Stalin, que era no ruso (había nacido en Georgia), no simpatizaba con las ambiciones nacionalistas y estaba decidido a mantener la unión.

CUADRO XVII.3. *Estadísticas de grano y ganado en la URSS*

Cosecha real de granos (en millones de toneladas)									
1913	1928	1929	1930	1931	1932	1933	1934	1936	1937
80.1	73.3	71.7	83.5	69.5	69.6	68.4	67.6	56.1	97.4

Grano confiscado por el Estado (en millones de toneladas)					
1928	1929	1930	1931	1932	1933
10.8	16.1	22.1	22.8	18.5	22.6

Grano exportado (en millones de toneladas)					
1927-1928	1929	1930	1931	1932	1933
0.029	0.18	4.76	5.06	1.73	1.69

Ganado de la URSS (en millones)								
	1928	1929	1930	1931	1932	1933	1934	1935
Reses	70.5	67.1	52.5	47.9	40.7	38.4	42.2	49.3
Cerdos	26.0	20.4	13.6	14.4	11.6	12.1	17.4	22.6
Ovinos y cabras	146.7	147.0	108.8	77.7	52.1	50.2	51.9	61.1

b) Las purgas y el Gran Terror, 1934-1938

Lo prioritario para Stalin era manejar a la oposición. A principios de 1933, más miembros del partido empezaron a pedir la desintegración de las granjas colectivas, el restablecimiento de los poderes de los sindicatos y la eliminación de Stalin, pero éste y sus aliados del Politburó no querían ni oír hablar de ello y votaron por una purga de los miembros disidentes. Para finales de ese año, más de 800 000 habían sido expulsados, y en 1934, 340 000 más. En las prisiones y los campos de trabajos forzados había más de dos millones de personas. Sin embargo, hasta entonces nadie había sido ejecutado por oponerse a Stalin; Sergei Kirov (jefe del partido en Leningrado y aliado de

Stalin) y Sergo Ordzhonikidze (aliado incondicional de Stalin, desde Georgia) habían votado en contra de la pena de muerte.

En diciembre de 1934, Kirov fue asesinado por Leonid Nikolaev, joven miembro del Partido Comunista. Stalin anunció que se había descubierto una gran conspiración para matarlos también a él y a Molotov (el primer ministro). El asesinato se utilizó como pretexto para seguir expulsando a cualquiera de quien Stalin desconfiara. Es posible que el mismo Stalin organizara el asesinato de Kirov, quizá por sospechas de que conspiraba para tomar el liderazgo. El historiador Robert Conquest (en *The Great Terror: A Reassessment*) califica al asesinato de "crimen del siglo, piedra angular de todo el edificio del terror y el sufrimiento con el cual Stalin aseguró el control de los pueblos soviéticos". De 1936 a 1938, esta campaña se intensificó hasta el punto de que llegó a ser conocida como "el Gran Terror". Aún se discute sobre el número de víctimas, pero incluso los más modestos cálculos hacen referencia a más de tres millones de ejecutados y enviados a los campos de trabajos forzados nada más en 1937 y 1938.

Cientos de funcionarios importantes fueron arrestados, torturados y obligados a confesar todo tipo de delitos, de los cuales casi siempre eran inocentes (como conspirar con Trotsky, exiliado, o con gobiernos capitalistas para derrocar al Estado soviético), y obligados a aparecer en una serie de "juicios-espectáculo" en los cuales invariablemente se les encontraba culpables y eran sentenciados a muerte o a trabajos forzados. Entre los ejecutados se cuentan M. N. Ryutin (autor de la Plataforma que lleva su nombre), todos los "viejos bolcheviques", Zinoviev, Kamenev y Bujarin, que habían ayudado a hacer la Revolución de 1917; el comandante en jefe del Ejército Rojo, Tujachevsky, otros 13 generales y cerca de dos terceras partes de los oficiales de mayor rango. Millones de inocentes acabaron en los campos de trabajos forzados (se estiman entre cinco millones y ocho millones). Incluso buscaron a Trotsky y lo asesinaron en el exilio, en la Ciudad de México (1940).

¿Cuáles fueron los motivos de Stalin para tan extraordinaria política? La opinión tradicional es que Stalin era impulsado por su inmensa ansia de poder; una vez que logró el poder supremo, no se detendría ante nada para conservarlo. Robert Conquest

sugiere que el Terror de Stalin debe verse más como un fenómeno de masas que en función de individuos; ni siquiera él hubiera podido tener rencillas contra varios millones de personas, tampoco todas ellas podrían conspirar contra él. El motivo de Stalin era aterrorizar a la gran masa de la población arrestando y matando a determinada proporción de esa población, culpable o no de algún delito, para ser obedecido sin quejas.

Los historiadores revisionistas han intentado restarle culpa a Stalin. J. Arch Getty argumenta que las purgas eran una forma de luchas intestinas entre los líderes; le resta importancia al papel de Stalin y afirma que eran los obsesivos temores de todos los líderes los que generaban el terror. Sheila Fitzpatrick sugiere que las purgas deben situarse en el contexto de una revolución continua; las circunstancias no eran normales, todas las revoluciones enfrentan conspiraciones tendientes a destruirlas, de modo que es de esperar una reacción fuera de lo normal.

Algunas de las más recientes evidencias surgidas de los archivos soviéticos parecen confirmar la perspectiva tradicional. Dmitri Volkogonov llegó a la conclusión de que Stalin era sencillamente malo y carecía de todo sentido de moralidad; fue él quien dio órdenes a Nikolai Yezhov, jefe del NKVD (como se llamaba entonces la policía secreta) sobre el nivel de represión, y fue Stalin quien aprobó personalmente la lista de personas que serían ejecutadas. Una vez que anunció el fin del terror, Stalin hizo de Yezhov el chivo expiatorio y lo acusó a él y a sus subordinados de haber ido demasiado lejos. Yezhov era un "sinvergüenza", culpable de grandes excesos, de modo que él y gran parte de su personal fueron arrestados y ejecutados. De esta forma, Stalin se alejaba de la responsabilidad del terror y así lograba conservar parte de su popularidad.

Con las purgas se lograba eliminar a posibles líderes alternos y aterrorizar a las masas para que obedecieran. El gobierno central y el local, los gobiernos de las repúblicas, el ejército y la armada, y las estructuras económicas del país habían sido sometidas con violencia. Stalin fue líder indiscutible, apoyado por su camarilla, Molotov, Kaganovich, Mikoyan, Zhdanov, Voroshilov, Bulganin, Beria, Malenkov y Kruschev, hasta su muerte, en 1953.

Pero las consecuencias del Terror y las purgas fueron graves.

- Los historiadores no se han puesto de acuerdo sobre cuántas personas fueron víctima de las purgas, pero sea cual sea la estadística que se acepte, el costo en vidas humanas y sufrimiento es casi increíble. Robert Conquest proporciona cifras relativamente altas; para 1937-1938, estima cerca de siete millones de arrestos, un millón de ejecuciones y aproximadamente dos millones de muertos en los campos de trabajos forzados. También calcula que de los que estuvieron en dichos campos, no más de 10% sobrevivió. Las cifras oficiales de la KGB reveladas en los primeros años noventa muestran que en ese mismo periodo tuvieron lugar 700 000 ejecuciones, y que al final de la década de 1930 había 3.6 millones de personas en campos y prisiones. Ronald Suny señala que si se suman los cuatro millones y los cinco millones de personas que fallecieron a causa de la hambruna en 1932-1933, a la cifra total de ejecutados o exiliados durante dicha década, "el número total de vidas destruidas asciende de 10 a 11 millones".
- El viejo partido bolchevique de Lenin fue la víctima principal, la élite bolchevique perdió todo poder.
- Muchos de los mejores cerebros del gobierno y la industria desaparecieron, y en un país en que el número de personas con estudios era relativamente pequeño esto obstaculizaría el progreso.
- La purga del ejército alteró las políticas de defensa de la URSS en una época de gran tensión internacional y contribuyó a los desastres de 1941 y 1942, durante la segunda Guerra Mundial.

c) La nueva Constitución de 1936

En 1936, después de muchas discusiones, se introdujo una nueva Constitución, aparentemente más democrática, en la cual a todos, incluida la "gente de antes" (ex nobles, *kulaks*, sacerdotes y oficiales del Ejército Blanco), se les permitía votar en secreto para elegir a los miembros de una asamblea nacional conocida como *Soviet Supremo*. No obstante, éste se reunía sólo dos semanas al año, cuando se elegía a un reducido organismo, el *Presidium*, que actuaría en su nombre. El Soviet Supremo también escogía al *Consejo de Comisarios del Pueblo*, pequeño grupo de ministros del cual Stalin era el secretario. *De hecho, la democracia era una ilusión:* en las elecciones, que se celebrarían cada cuatro años, no había competencia; en cada circunscripción sólo se podía votar por un candidato, y era el candidato del Partido Comunista. Se decía que el Partido Comunista representaba los intereses de todos. El objetivo de los candidatos era obtener lo más cerca posible de 100% de los votos para demostrar que las políticas del gobierno eran populares.

La Constitución nada más subrayaba que Stalin y el partido mandaban. Si bien no estaba específicamente escrito en la Constitución, el verdadero poder seguía en manos del Politburó, organismo líder del Partido Comunista, y del secretario general, José Stalin, quien fungía como dictador. Se mencionaban los "derechos humanos universales", entre otros, libertad de expresión, pensamiento, prensa, religión y reuniones públicas, pero en realidad a cualquiera que se aventurara a criticar a Stalin rápidamente se le "purgaba". No sorprende que en la URSS, muy poca gente tomara en serio la Constitución de 1936.

d) Conservar la unidad

En 1914, antes de la primera Guerra Mundial, el Imperio zarista incluía muchos territorios no rusos: Polonia, Finlandia, Ucrania, Bielorrusia (Rusia Blanca), Georgia, Armenia, Azerbaiyán, Kazakstán, Kirguistán, Uzbekistán, Turkmenistán, Tayikistán y los tres estados bálticos de Estonia, Latvia y Lituania. A Polonia y estos tres últimos se les otorgó la independencia mediante el Tratado de Brest-Litovsk (marzo de 1918). También muchos de los demás la deseaban, y en un principio el nuevo gobierno bolchevique simpatizaba con estas diferentes nacionalidades, incluso Lenin otorgó su independencia a Finlandia en noviembre de 1917.

No obstante, algunos no estaban dispuestos a esperar, y en marzo de 1918 Ucrania, Georgia, Armenia y Azerbaiyán se declararon independientes y demostraron su oposición a los bolcheviques. Stalin, nombrado comisario de las Nacionalidades (ministro) por Lenin, decidió que dichos estados hostiles que rodeaban a Rusia eran una gran amenaza, y durante la guerra civil fueron obligados a volver a formar parte de Rusia. Para 1925 había seis repúblicas soviéticas, la propia Rusia, Transcaucasia (formada por Georgia, Armenia y Azerbaiyán), Ucrania, Bielorrusia, Uzbekistán y Turkmenistán.

El problema para el gobierno comunista fue que 47% de la población de la URSS no era rusa, y hubiera sido muy difícil mantenerla unida por su profundo resentimiento con el gobierno de Moscú. Stalin adoptó un doble enfoque, que funcionó hasta que Gorbachev llegó al poder en 1985:

- por una parte, se fomentaban las culturas y lenguas nacionales y las repúblicas tenían cierta independencia; esta situación era mucho más liberal que la que prevalecía con el régimen zarista, que había intentado "rusianizar" el imperio;
- por la otra, debía quedar muy claro que Moscú tenía la última palabra en las decisiones importantes. En caso necesario, se usaría la fuerza para mantener el control.

Cuando el Partido Comunista de Ucrania se desvió de la línea en 1932 y aceptó que la colectivización había sido un fracaso, Moscú llevó a cabo una purga implacable contra los que Stalin llamó "desviacionistas nacionalistas burgueses". Campañas similares tuvieron lugar en Bielorrusia, Transcaucasia y Asia Central. Posteriormente, en 1951, cuando los líderes comunistas de Georgia intentaron retirar esta república de la URSS, Stalin hizo que se les quitara el puesto y fueron ejecutados.

e) ¿El régimen de Stalin era totalitario?

La perspectiva tradicional de la democracia occidental de que el régimen de Stalin era totalitario, en muchos sentidos como el régimen de Hitler en Alemania, era apoyada por historiadores como Adam Ulam y Robert Conquest. Un régimen "perfectamente" totalitario es aquél con un gobierno dictatorial unipartidista que controla todas las actividades, económicas, políticas, sociales, intelectuales y culturales, y las enfoca a lograr los objetivos del Estado. Éste intenta adoctrinar a todos con la ideología del partido y movilizar a la sociedad para que lo apoye; se recurre al terror mental y físico para aplastar a la oposición y mantener al régimen en el poder. Y hay considerables evidencias de que estas características son aplicables al sistema estalinista.

Sin embargo, en la década de los setenta, historiadores "revisionistas" occidentales, encabezados, entre otros, por Sheila Fitzpatrick, empezaron a analizar el periodo de Stalin desde un punto de vista social; criticaron a los historiadores "totalitarios" en cuanto a que ignoraban la historia social y presentaban a la sociedad como la víctima pasiva de las políticas gubernamentales. De hecho, sin embargo, muchas personas que se beneficiaban con el sistema lo apoyaban firmemente, entre otras, los funcionarios de la burocracia del partido-Estado y los sindicatos, las nuevas clases de administradores y los trabajadores industriales importantes, que conformaban la nueva élite. Los historiadores sociales sugieren que, hasta cierto punto, estas personas podían mostrar "iniciativas desde abajo", e incluso negociar y regatear con el régimen, de tal forma que podían influir en la política. En los años ochenta se vio un nuevo giro, cuando un grupo de historiadores, sobre todo J. Arch Getty, afirmó que los historiadores "totalitarios" habían exagerado el papel personal de Stalin; sugirieron que el sistema era ineficiente y caótico.

Los críticos "totalitarios" criticaron a Arch Getty y sus colegas porque intentaban limpiar a Stalin y cubrir los aspectos criminales de sus políticas. Éstos, a su vez, acusaron a los totalitarios de prejuiciados de la Guerra Fría, porque se negaban a reconocer que nada bueno puede resultar de un sistema comunista.

Por las nuevas evidencias surgidas de los archivos, ahora es posible llegar a una conclusión más equilibrada: que ambas interpretaciones tienen algo de verdad. Es imposible ignorar el papel central del propio Stalin; todas las pruebas sugieren que después de 1928 fueron las preferencias políticas de Stalin las que prevalecieron. Por otra parte, el régimen no ignoró totalmente a la opinión pública, incluso Stalin quería ser popular y sentir que tenía el apoyo de los nuevos grupos de élite. Hay muchas evidencias de que si bien el régimen tenía objetivos totalitarios, en la práctica no tuvo éxito. De la cima salían torrentes de órdenes que se hubieran obedecido sin cuestionarlas en un Estado genuinamente totalitario, pero en la URSS, campesinos y trabajadores tenían maneras de ignorar o evadir las órdenes impopulares. Mientras más controlador intentaba ser el gobierno, más contraproducentes solían ser sus esfuerzos y mayores las tensiones entre los líderes centrales y regionales.

No hay duda de que el sistema estalinista estaba exageradamente centralizado, además de ser desorganizado, ineficiente, corrupto, lento e indiferente. Pero, al mismo tiempo, era extremadamente eficiente para operar las purgas y el terror, nadie estaba seguro. Fuera lo que fuera, la vida cotidiana bajo Stalin nunca fue "normal".

4. LA VIDA COTIDIANA Y LA CULTURA EN LA ÉPOCA DE STALIN

Por mucho que lo intentara, en la URSS la gente común no podía evitar el contacto con el Estado, estudiar, buscar empleo, ser ascendido, casarse y tener hijos, encontrar dónde vivir, ir de compras, viajar, leer literatura, ir al teatro y a conciertos, disfrutar las artes visuales, practicar la religión, leer las noticias, escuchar la radio; en todas estas actividades, la gente se encontraba con el Estado. Y esto porque los comunistas tenían una misión: erradicar el "atraso". El Estado soviético debía modernizarse y hacerse socialista, y el nuevo ciudadano soviético debía ser educado y "culto". Era deber de artistas, músicos y escritores desempeñar su papel en esta transformación; debían atacar los valores "burgueses" produciendo obras de "realismo socialista" en que se glorificara al sistema soviético. En palabras de Stalin, debían ser "ingenieros del alma humana" y ayudar a adoctrinar a la población con valores socialistas.

a) Una vida dura

Si bien los ideales eran impresionantes, todo sugiere que lo más sorprendente de la vida cotidiana en los primeros años de la década de 1930 era que había escasez de todo, hasta de alimentos, en parte por el énfasis en la industria pesada a expensas de los bienes de consumo y en parte por la hambruna y las malas cosechas. En 1933, en Moscú, el trabajador promedio, casado, consumía menos de la mitad de la cantidad de pan y harina de lo que consumía su contraparte en 1900. En 1937, los salarios promedio reales eran apenas las tres quintas partes de lo que habían sido en 1928.

El rápido crecimiento de la población urbana, que aumentó en 31 millones entre 1926 y 1939, causó seria escasez de vivienda. Los soviets locales controlaban todas las viviendas de un pueblo; podían desalojar a los residentes y llevar a otros a casas ya habitadas. Era común que a las familias de clase media que vivían en casas grandes se les dijera que tenían demasiado espacio y que su hogar se transformaría en "departamentos comunales", pues dos o tres familias llegaban a vivir ahí. Las familias compartían la cocina y el baño, y en la mayoría de esas casas había gente viviendo en los pasillos y bajo las escaleras. Aun menos afortunados eran los trabajadores que vivían en barracas. En 1938, en la nueva ciudad industrial de Magnitogorsk, la mitad de las viviendas eran barracas, donde normalmente vivían trabajadores solteros y estudiantes. En general, en las ciudades las condiciones no eran buenas; casi todas carecían de sistemas eficientes de drenaje, agua corriente, luz eléctrica y alumbrado público. Moscú era la excepción, en cuyo caso el gobierno hizo un verdadero esfuerzo para hacer de la capital algo de lo que pudieran sentirse orgullosos.

Uno de los aspectos más molestos de la vida de la gente común eran los grupos de élite especiales, como los miembros del partido, los burócratas (conocidos como la *nomenklatura*), la gente de éxito de la *intelligentsia*, los ingenieros, los expertos y los estajanovitas, que escapaban de las peores penurias y gozaban de muchos privilegios, como recibir el pan en casa y no tener que hacer cola por horas para comprarlo, además de que obtenían mejores precios, mejores viviendas y podían usar las *dachas* (casas de campo). El resultado fue una actitud de "ellos y nosotros", y la gente común se sentía ofendida por tener que seguir soportando las desventajas.

b) Indicios de mejoría

En un discurso de noviembre de 1935, Stalin dijo a la audiencia de estajanovitas: "la vida ha mejorado, la vida es ahora más disfrutable", lo cual no era totalmente una ilusión, pues el abasto de alimentos mejoró en 1936 y se abolió el racionamiento. Las comidas de bajo costo que se servían en las fábricas y la ropa de trabajo eran de gran ayuda. La educación y la atención de la salud eran gratuitas, y se había incrementado el número de escuelas y de centros médicos. El gobierno trabajaba con ahínco en el concepto del paternalismo de Estado, es decir, la idea de que la población era como un niño al que el Estado, que hacía las veces de tutor, tenía que atender, proteger y guiar. El Estado proporcionó más instalaciones para el ocio; en los últimos años treinta había cerca de 30 000 cines, instalaciones deportivas para jugadores y espectadores, jardines y parques públicos. El de mayor tamaño y más famoso era el Parque Gorki, en Moscú, así llamado por uno de los escritores favoritos de Stalin, Máximo Gorki. La mayoría de las poblaciones tenía teatro y biblioteca.

Otro aspecto importante de la función del Estado era fomentar lo que los rusos llamaba *kul'turnost'*, o "refinamiento", que implicaba cuidar el aspecto y la higiene personales. Algunas empresas industriales ordenaron que ingenieros y gerentes se afeitaran y se cortaran el cabello. Las condiciones en las barracas mejoraron cuando se instalaron divisiones, de tal forma que cada quien tenía su propio espacio. Otros signos de cultura era dormir con sábanas, comer con cuchillo y tenedor, evitar la embriaguez y el lenguaje obsceno, así como no golpear a la esposa ni a los hijos. Según Stephen Kotkin, la persona refinada era la que había aprendido a "hablar bolchevique", es decir, sabía cómo conducirse en el lugar de trabajo, no escupía en el suelo, podía pronunciar un discurso y proponer una moción, además de entender las ideas básicas del marxismo.

El "refinamiento" se extendió a las tiendas; a finales de 1934 se abrieron en todo el país más de 13 000 nuevas panaderías; los dependientes vestían batas y cofias blancas y se les enseñaba a ser corteses con los clientes. Se instituyeron nuevos reglamentos de sanidad muy estrictos y las hogazas tenían que envolverse. Esta campaña de "comercio refinado" se difundió por todas las tiendas del país, desde el mayor almacén departamental de Moscú hasta la más pequeña panadería.

c) El Estado, la mujer y la familia

Los años treinta fueron una época difícil para muchas familias por la "desaparición" de tantos hombres durante la colectivización, la hambruna y las purgas. La tasa de deserciones y de divorcios era alta, y millones de mujeres quedaron como único sostén de la familia. Durante la rápida industrialización de esa década, más de 10 millones de mujeres ganaron por primera vez un salario; el porcentaje de las que trabajaban se elevó de 24 a 39% del total de la fuerza laboral pagada. Para 1940, cerca de las dos terceras partes de la mano de obra de la industria ligera eran mujeres, y muchas incluso desempeñaban tareas más pesadas en la construcción, los aserraderos y la construcción de maquinaria, considerados tradicionalmente como trabajos para hombre.

El gobierno enfrentó el dilema de la necesidad de ocupar mujeres en el impulso de industrialización, mientras que al mismo tiempo quería fomentar y fortalecer la unidad familiar. Una manera de resolver el problema fue construir más centros de atención diurna y guarderías para los niños, de tal forma que en 1929 y 1930 se duplicó el número de estos lugares. A mediados de la década de 1930, se aprobaron nuevas leyes para alentar a las mujeres a tener el mayor número posible de hijos; el aborto era ilegal, excepto en caso de que la vida de la madre estuviera en riesgo; se concedían licencias de maternidad de hasta 16 semanas y habría varios subsidios y otros beneficios para la mujer embarazada. Aun así, la carga era pesada para las mujeres campesinas y de la clase trabajadora, de quienes se esperaba que produjeran hijos, tuvieran un empleo, incrementaran la producción y atendieran su hogar y a su familia.

Las cosas eran diferentes para las esposas de los miembros de la élite y para las mujeres educadas, solteras o casadas, que desempeñaban un trabajo profesional, pues el Estado las consideraba como parte de su campaña para "civilizar" a las masas. El Movimiento de las Esposas, como se le conocía, empezó en 1936; su objetivo era refinar a las personas con quienes estaban en contacto las esposas, particularmente en el lugar de trabajo del esposo. Su deber principal era proporcionar una vida cómoda a su esposo y a su familia. Para fines de los años treinta, el Movimiento de las Esposas alentó a las mujeres a aprender a conducir camiones, disparar y hasta volar aviones, de manera que estuvieran listas para tomar el lugar de los hombres si éstos tenían que ir a la guerra.

d) Educación

Uno de los mayores logros del régimen estalinista fue difundir la educación masiva gratuita. En 1917, menos de la mitad de la población podía describirse como alfabetizada; en enero de 1930, el gobierno anunció que para el final del verano, todos los niños de ocho a 11 años debían estar inscritos en las escuelas. Entre 1929 y 1931, el número de alumnos se incrementó de 14 millones a cerca de 20; fue en las zonas rurales, donde la educación era más irregular, que se observó el mayor crecimiento. Para 1940 había 199 000 escuelas, e incluso las áreas más remotas del país estaban bien provistas. Se crearon muchas escuelas para formar a la nueva generación de maestros y catedráticos. Según el censo de 1939, de las personas de entre nueve y 49 años, 94% en las ciudades y 86 en zonas rurales, sabía leer y escribir. Para 1959, estos porcentajes se habían incrementado a 99 y 98%, respectivamente.

Es obvio que el régimen tenía otros motivos; la educación era la forma de convertir a la nueva generación en buenos ciudadanos soviéticos ortodoxos. La religión y otras costumbres "burguesas" se presentaban como supersticiones y signos de atraso. Irónicamente, los expertos en educación decidieron que los métodos tradicionales de enseñanza eran mejores que las técnicas experimentales más relajadas puestas a prueba en los años veinte, que incluían abolir exámenes y castigos y ponían énfasis en el trabajo por proyectos. Ahora sería lo contrario, los maestros tendrían más autoridad y debían imponer disciplina estricta; volvieron los exámenes y se dedicaría más tiempo a la enseñanza de las matemáticas y la ciencia.

e) Religión

Lenin, Stalin y otros líderes bolcheviques eran ateos que aceptaban la afirmación de Marx de que la religión era meramente una invención de las clases gobernantes para lograr la docilidad de la gente y controlarla, era el "opio de las masas". Lenin había atacado despiadadamente a la Iglesia ortodoxa y confiscado sus tierras, los edificios de sus escuelas e iglesias, además de haber arrestado a cientos de sacerdotes. Después de la muerte de Lenin, el régimen se tornó más tolerante respecto de los grupos religiosos. Muchos sacerdotes simpatizaban con los ideales de los comunistas, que, después de todo, se asemejan a las enseñanzas cristianas relacionadas con los pobres y los oprimidos. Parecía una buena oportunidad de que la Iglesia y el Estado se reconciliaran; manejándola cuidadosamente, la Iglesia podría haber sido útil para controlar a los campesinos. Sin embargo, muchos jóvenes comunistas militantes seguían creyendo que la religión era una "superstición nociva" que debía ser eliminada.

Las relaciones se deterioraron desastrosamente durante el régimen de Stalin. Muchos sacerdotes se opusieron con valentía a la colectivización, de modo que Stalin instruyó a las organizaciones de los partidos locales para que atacaran a los sacerdotes y las iglesias, de tal forma que cientos de iglesias y cementerios fueron destrozados y, literalmente, miles de sacerdotes fueron asesinados. El número de sacerdotes en ejercicio se redujo de cerca de 60 000 en 1925, a menos de 6 000 en 1941. La masacre no se limitó a los cristianos, pues cientos de líderes musulmanes y judíos también murieron. La campaña fue implacable; para 1941, sólo una de cada 40 iglesias funcio-

naba como lugar de culto. Para los bolcheviques, el comunismo era la única religión, y estaban decididos a que el pueblo
adorara al Estado comunista y no a Dios.

Las campañas contra la religión hicieron estragos, en especial en las áreas rurales, donde sacerdotes, ulemas y rabinos
eran populares y respetados en las comunidades locales. Durante la segunda Guerra Mundial, el Estado y la Iglesia se re-
conciliaron en cierta forma. En 1942, cuando las cosas iban
mal para Rusia en la guerra, y tanto Leningrado como Moscú
habían sido atacadas por los alemanes, Stalin decidió que,
después de todo, la religión tenía un papel que desempeñar
como fuerza para el patriotismo. Se llegó a un acuerdo con
cristianos, musulmanes y judíos para olvidar las diferencias
pasadas en pro de una lucha contra el invasor. Se autorizó que
iglesias, mezquitas y sinagogas volvieran a abrirse al culto y,
por muchas razones, los grupos religiosos desempeñaron un
papel clave elevando la moral del público.

f) La literatura y el teatro

Entre 1928 y 1931 tuvo lugar la llamada "Revolución Cultural", cuando el régimen empezó a movilizar a escritores, artistas y músicos en una guerra contra los "intelectuales burgueses". En un principio hubo dos grupos rivales de escritores, los
comunistas dedicados eran miembros de la Asociación Rusa
de Escritores Proletarios (RAPP, por sus siglas en inglés), comprometidos con el "realismo socialista". El otro grupo estaba
constituido por los no comunistas, que querían mantener la
política alejada de la literatura; los comunistas los llamaban,
despectivamente, "colegas viajeros"; eran miembros de la Unión
Rusa de Escritores (AUW, por sus siglas en inglés) e incluían a
los principales escritores que se habían forjado un nombre antes de la revolución. La RAPP no aprobó la actitud de la AUW y
acusó a algunos de sus miembros de publicar escritos antisoviéticos en el extranjero y, al ser encontrados culpables, el gobierno disolvió la unión y la sustituyó por una nueva organización, la Unión Rusa de Escritores Soviéticos (AUSW, por sus
siglas en inglés), pero a cerca de la mitad de los miembros de

la AUW se les negó la admisión a este organismo, lo cual fue un duro golpe para ellos, pues sólo los miembros tenían derecho a publicar.

Con esto, la RAPP quedó como organización literaria dominante, pero pronto se disgustó con Stalin, pues sus miembros creían en representar a la sociedad tal cual era, con todos sus defectos, en tanto que aquél quería que se le representara a su gusto. En 1930, Stalin anunció que no se publicaría nada contrario a la línea del partido o que lo mostrara negativamente. Cuando algunos de los miembros de la RAPP no atendieron tan clara advertencia, Stalin desintegró tanto la RAPP como la reciente AUSW, y las remplazó con una sola organización, la Unión de Escritores Soviéticos, encabezada por Máximo Gorki, cuyas obras admiraba. Andrei Zhdanov destacó como el político más interesado en las artes; al inaugurar el primer Congreso de Escritores Soviéticos en 1934, anunció que el principio que los guiara debía ser "la rectificación y reeducación de la gente que lucha en el espíritu del socialismo".

Entre las obras recientes más populares estaba la novela de Nikolai Ostrovski, *Cómo se templó el acero (How the Steel was Tempered)* de 1934, y *Tierra virgen mejorada, (Virgin Soil Upturned)* de Mijaíl Sholojov, que trataba de la colectivización. Había otras obras de menor calidad, a las cuales solía hacerse referencia como novelas del "Plan de Cinco Años", en que los héroes eran personas normales que con valentía lograban su objetivo, a pesar de todos los obstáculos, como el conductor de tren que vencía a saboteadores y provocadores y normalmente llegaba a tiempo. No era gran literatura, pero supuestamente cumplía con sus fines, era fácil de entender, levantaba la moral e inspiraba al pueblo a superarse.

Los escritores que no lograban producir el tipo adecuado de realismo socialista corrían el riesgo de ser arrestados. En ocasiones, el propio Stalin leía los manuscritos de las novelas, hacía comentarios y sugería cambios que era de esperar que los autores tomaran en cuenta. A finales de la década de 1930, muchos fueron arrestados y encerrados en campos de trabajos forzados por periodos prolongados o, incluso, ejecutados. Entre las víctimas más conocidas está el poeta Osip Mandelstam, que criticó a Stalin en un poema; fue enviado a un campo de trabajos forzados donde falleció. Evgenia Ginsburg pasó 18 años en prisión y trabajos forzados después de que la acusaran de organizar un grupo de escritores terroristas. Algunos de los mejores creadores, como la poetisa Anna Ajmatova y el novelista Boris Pasternak, dejaron de escribir o escondieron sus obras. La gran novela de este último, *Doctor Zhivago*, se publicó en el extranjero hasta después de la muerte de Stalin. *El maestro y Margarita*, maravillosa novela de Mijaíl Bulgakov, se mantuvo inédita durante años, hasta después de la muerte de Stalin. Poco después de que Kruschev asumiera el poder, en 1956, las autoridades anunciaron que cuando menos 600 escritores habían muerto en prisión o en campos de trabajos forzados mientras Stalin gobernó.

La gente de teatro también fue atacada; varios actores, actrices y bailarines de ballet fueron enviados a campos de trabajos forzados. La víctima más famosa fue el gran director experimental Vsevolod Meyerhold, cuyo Teatro de Moscú fue cerrado en 1938 porque "era ajeno al arte soviético"; el propio Meyerhold fue arrestado, torturado y ejecutado posteriormente; su esposa, una famosa actriz, se encontró apuñalada en su departamento.

Es irónico que después de la obsesión por el "realismo socialista", después de la euforia inicial de la Revolución cultural, en los primeros años treinta, el régimen decidiera rehabilitar la literatura rusa clásica del siglo XIX. Pushkin, Tolstoi, Gogol, Turgueniev y Chéjov volvieron a ponerse de moda. Después de todo, decidió el gobierno, eran "demócratas revolucionarios".

g) Arte, arquitectura y música

Se esperaba que todos los artistas, escultores y músicos participaran en el "realismo socialista". El arte abstracto era rechazado, e idealmente, la pintura debía representar a los trabajadores forzando cada músculo para cumplir sus objetivos, a la revolución, la guerra civil, o bien, a los líderes revolucionarios en estilo fotográfico y finamente detallado. El flujo de retratos de Lenin y Stalin era constante, y las escenas de trabajadores con títulos del tipo de *El obrero siderúrgico* o *Las lecheras*. Los escultores debían limitarse a producir bustos de Lenin y Stalin, y la arquitectura se deterioró hasta el grado del aburrimiento, con grandiosas fachadas neoclásicas y torre tras torre sin nada que las hiciera destacar.

La música seguía un patrón similar al de la literatura. Los miembros comprometidos de la Asociación Rusa de Músicos Proletarios (RAMP, por sus siglas en inglés) condenaban lo que describían como el "modernismo" de la música occidental, que incluía no sólo la música atonal de 12 notas de los austriacos Webern y Berg, también el jazz, la música "ligera" tipo *music-hall* y hasta el fox-trot. No obstante, a mediados de la década de 1930, el régimen relajó su actitud frente a la música no clásica y se permitieron el jazz y la música "ligera".

En la década de 1930, la URSS tuvo dos notables compositores clásicos de reputación internacional, Sergei Prokofiev y Dmitri Shostakovich. El primero salió de Rusia poco después de la revolución pero decidió volver en 1933. Fue particularmente exitoso con su producción de música de calidad que podía ser fácilmente apreciada por la gente común; el ballet *Romeo y Julieta* y la historia musical para niños, *Pedro y el Lobo*, fueron muy populares entre el auditorio y las autoridades. Shostakovich no tuvo tanto éxito; su primera ópera, *La nariz*, basada en un cuento corto de Gogol, fue condenada y prohibida por la RAPM (1930). La segunda, *Lady Macbeth de Mtsensk*, fue bien recibida por el público y la crítica en 1934; en Leningrado hubo 80 representaciones y 90 en Moscú. Desafortunadamente, en enero de 1936, Stalin fue a una representación en Moscú y se salió antes de que terminara. Dos días después se publicó en *Pravda* un devastador artículo, supuestamente escrito por el propio Stalin; la ópera fue descalificada por ser una "cacofonía cruda y vulgar", de modo que la obra del músico fue prohibida. Devastado, Shostakovich esperaba que lo arrestaran, pero por alguna razón no fue así, aunque no fue del agrado de las autoridades durante un tiempo.

Después del incidente de *Lady Macbeth*, el embajador estadunidense en Moscú observó que "la mitad de los artistas y músicos de Moscú están pasando por una postración nerviosa y los demás intentan imaginar cómo escribir y componer de manera de agradar a Stalin". Aparentemente, a este último, a quien le encantaba el ballet, le gustaba la música accesible, melodiosa e inspiradora, como la de Tchaikovsky y Rimsky-Korsakov, grandes compositores rusos del siglo XIX. Shostakovich se redimió con su *Quinta Sinfonía* (1937), obra musical de calidad que también cumplía con los requisitos del régimen.

h) Cine

Stalin, como Lenin, probablemente consideraba los filmes como la forma más importante de comunicación; le encantaba el cine y tenía una sala privada en el Kremlin y otra en su *dacha*. Exigía que las películas soviéticas fueran "inteligibles para millones", con una historia sencilla pero impactante. En 1930, a Boris Shumyatsky se le encargó modernizar la industria cinematográfica; su tendencia era hacer películas que verdaderamente divirtieran, pero también llenas de "realismo socialista". Desafortunadamente, la llegada del cine sonoro fue un problema, porque era más costoso y por la diversidad lingüística del país. Otra dificultad fueron las exigencias del régimen, casi imposibles de cumplir, que quería que los realizadores incorporaran temas muy diversos, en ocasiones contradictorios, como los proletarios, el nacionalismo soviético sin clases, los problemas de la gente común, las hazañas heroicas de los revolucionarios y el glorioso futuro comunista.

En 1935, Shumyatsky fue a Hollywood a buscar nuevas ideas, y decidió que la URSS necesitaba un equivalente soviético de Hollywood, y eligió Crimea como sitio ideal, pero el gobierno le negó el financiamiento necesario y el proyecto se vino abajo. Stalin no estaba satisfecho con los progresos de Shumyatsky, y en 1938 fue arrestado y ejecutado. A pesar de estos problemas, entre 1933 y 1940 se hicieron 300 películas soviéticas, algunas de gran calidad. En el mismo periodo se observó un incremento sustancial en el número de salas de cine, de 7 000 a cerca de 30 000.

No todos estos filmes fueron del agrado de Stalin, quien se obsesionó tanto que él mismo vetaba los guiones. Tenía que estar de acuerdo con la forma en que se transmitía el mensaje de que la vida en la URSS era mejor y más satisfactoria que en cualquier otra parte del mundo. Sergei Eisenstein no logró repetir sus grandes éxitos de los años veinte, *La huelga*, *El acorazado Potemkin* y *Octubre*, hasta que en 1938 salvó su reputación con un gran filme patriótico, *Aleksandr Nevsky*, en el cual se contaba la historia de la invasión a Rusia por caballeros teutónicos en la época medieval y su enorme derrota. Dada la situación internacional de la época, tenía el tono exacto exigido por los censores, y fue una clara advertencia de lo que podrían esperar los alemanes si volvían a invadir Rusia.

5. LOS ÚLTIMOS AÑOS DE STALIN, 1945-1953

a) Las repercusiones de la guerra

La victoria soviética en la segunda Guerra Mundial se consiguió a costa de enormes sacrificios de vidas humanas, muchas más de las de los otros participantes juntos. Murieron 6.2 millones de militares, 1.5 millones resultaron heridos y 4.4 millones fueron capturados o desaparecieron. Además, murieron 17 millones de civiles, para un total de casi 25 millones. Las zonas ocupadas por los alemanes quedaron en ruinas, y 25 millones de personas perdieron su hogar. De hecho, todo el programa de modernización de los Planes de Cinco Años tuvo que empezar de nuevo en la parte occidental del país. Stalin consideró esta victoria como la reivindicación última de su sistema de gobierno; había pasado la más dura prueba imaginable, la guerra total. En cuanto a él, el pueblo ruso enfrentaba ahora otro reto, la batalla para reconstruir la Unión Soviética.

b) Últimas batallas de Stalin

Los ciudadanos soviéticos que esperaban más libertad y una forma de vida más relajada como recompensa por sus esfuerzos sobrehumanos durante la guerra, pronto se desilusionaron. *Stalin estaba muy consciente de la creciente inquietud y el deseo de un cambio radical.* Los campesinos estaban disgustados por lo exiguo de los salarios que se pagan en los colectivos

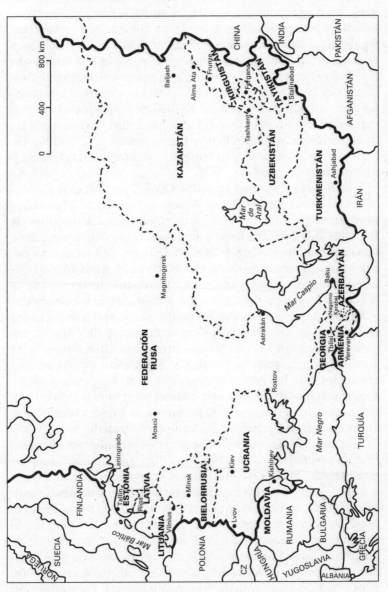

MAPA XVII.1. *La Unión de Repúblicas Socialistas Soviéticas después de 1945; se muestran 15 repúblicas*

y empezaban a recuperar sus tierras y a cultivarlas ellos mismos. Los trabajadores industriales protestaban por los bajos salarios y los crecientes precios de los alimentos. Los habitantes de las zonas recién adquiridas, los estados del Báltico y Ucrania occidental (mapa XVII.1), estaban muy resentidos con el gobierno soviético y recurrían a la resistencia armada. Stalin no podía ser más inflexible; los levantamientos nacionalistas eran sofocados y cerca de 300 000 personas fueron deportadas de Ucrania occidental. La población de los campos de trabajos forzados se duplicó, y llegó a cerca de 2.5 millones. Otra vez se impuso disciplina estilo militar a campesinos y trabajadores industriales.

Stalin veía enemigos en todos lados. Los soldados soviéticos capturados por los alemanes se consideraban deshonrados y traidores potenciales. Parece increíble que 2.8 millones de soldados del Ejército Rojo que sobrevivieron al apabullante trato de los campos de prisioneros de Hitler volvieran a su patria sólo para ser arrestados por la NKVD. Algunos fueron ejecutados, otros enviados al Gulag y sólo a una tercera parte se le permitió volver a casa. Uno de los motivos por los que Stalin mandaba a tantas personas a los campos de trabajos forzados era garantizar un abasto constante de mano de obra barata para las minas de carbón y otros proyectos. Otra categoría de personas "contaminadas" eran las que habían estado en manos de los Aliados en los últimos meses de la guerra, y ahora se sospechaba de ellos porque habían visto que la vida en Occidente era materialmente mejor que en la URSS; cerca de tres millones fueron enviados a los campos de trabajo.

La tarea de reconstruir el país fue enfrentada con el cuarto Plan de Cinco Años (1946-1950), mediante el cual, de creer las estadísticas oficiales, se logró llevar la producción industrial a los niveles de 1940. La explosión de la primera bomba atómica soviética, en Kazakstán, en 1949, fue considerada como el principal logro. Sin embargo, el mayor fracaso del plan fue la agricultura; la cosecha de 1946 fue menor que la de 1945, de modo que hubo hambruna, inanición e informes de canibalismo. Los campesinos abandonaban los colectivos en montón para tratar de encontrar trabajo en la industria. La producción agrícola se redujo. Incluso en 1952, la cosecha de granos apenas llegó a las tres cuartas partes de la obtenida en 1940. Según comenta Alec Nove, "¿cómo tolerar que un país capaz de construir una bomba atómica no pudiera abastecer de huevos a sus ciudadanos?"

Stalin también inició la *batalla para restablecer el control de la intelligentsia*, la cual, según creía, se había tornado demasiado independiente durante los años de la guerra. A partir de agosto de 1946, Zhdanov, jefe del partido de Leningrado, encabezó el ataque. Cientos de escritores fueron expulsados de la unión; todos los compositores importantes cayeron en desgracia y su música fue prohibida. La campaña se prolongó hasta los primeros años de la década de 1950, si bien Zhdanov murió de un ataque cardiaco en agosto de 1948. Después de la muerte de este último, Stalin llevó a cabo una purga de la organización del partido de Leningrado; todos fueron encontrados culpables de conspirar para tomar el poder y ejecutados.

El acto final del drama fue la Conspiración de los Doctores, como dio en llamársele. En 1952, 13 médicos de Moscú que habían tratado a Stalin y a otros líderes en un momento u otro fueron arrestados y acusados de conspirar para matar a sus eminentes pacientes. Seis de ellos eran judíos y fue la señal para un brote de antisemitismo. En esa época, nadie se sentía seguro. Hay pruebas de que Stalin estaba preparando otra purga importante de figuras destacadas del partido, y Molotov, Mikoyan y Beria estaban en la lista. Afortunadamente para ellos, Stalin murió de una hemorragia cerebral el 5 de marzo de 1953.

c) Valoración de Stalin

Cuando se anunció la muerte de Stalin, el dolor generalizado fue aparentemente genuino; mientras estaba en la capilla ardiente, miles de personas acudieron a ver su cuerpo, que posteriormente fue embalsamado y colocado en un ataúd de cristal junto a Lenin. Durante 25 años al público se le había lavado el cerebro para que lo viera como una especie de dios, cuya opinión sobre cualquier tema era correcta. No obstante, *su reputación en la URSS pronto declinó*, cuando Kruschev pronunció su sensacional discurso en el vigésimo Congreso del

Partido, en 1956, en el cual denunció los excesos de Stalin. En 1961, su cuerpo fue retirado del mausoleo y enterrado bajo el muro del Kremlin.

¿Por dónde empezar la valoración de un fenómeno como Stalin, responsable de tan dramáticos cambios pero cuyos métodos eran tan heterodoxos y brutales? *Algunos historiadores han encontrado cosas positivas que decir.* Sheila Fitzpatrick señala que con Stalin, la URSS "pasó por su momento más dinámico, comprometida en experimentos sociales y económicos que algunos aclamaban como la manifestación de lo que sería el futuro y otros veían como una amenaza para la civilización". La colectivización, la industrialización acelerada, la nueva constitución, el surgimiento de la nueva burocracia y la difusión de la educación de las masas y los servicios sociales se remontan, directa o indirectamente, a Stalin. Martin McCauley y Alec Nove piensan que la situación era tan desesperada cuando tomó el poder, que sólo métodos extraordinarios podrían haber tenido éxito. La suprema justificación de Stalin y sus métodos es que hizo a la URSS suficientemente poderosa como para derrotar a los alemanes. Sin duda el régimen fue extremadamente popular en el rango superior y el medio de la burocracia, en los diferentes ministerios, el ejército y la armada, y en las fuerzas de seguridad; eran personas que habían salido de las clases trabajadoras; debían su posición privilegiada a Stalin, y harían hasta lo imposible por defender al Estado soviético. Stalin también era popular entre la mayoría de la gente común.

¿Cómo logró tal popularidad un líder tan brutal? La respuesta es que sabía cómo manipular a la opinión pública; rara vez admitía haber cometido un error y siempre culpaba a alguien más. Tuvo éxito en dar la impresión de que las injusticias se corregirían si sólo él las conocía. Incluso algunos de sus críticos admiten que durante la guerra hizo mucho por mantener alta la moral, y merece cierto crédito por la victoria soviética. El público creía lo que le decían, se dejaba convencer por el "culto de la personalidad", y se impresionó profundamente con el discurso de "desestalinización" de Kruschev en 1956.

No hay por qué disfrazar el hecho de que el éxito de sus políticas fue, cuando mucho, ambivalente. La colectivización fue un desastre; la modernización de la industria fue un éxito en la industria pesada y de armamentos, y permitió que la URSS ganara la guerra. Por otra parte, la industria soviética no logró producir suficiente para los hogares, y gran parte de lo que se fabricaba era de mala calidad. En 1953, el nivel de vida y los salarios eran más bajos para la mayoría de la gente que cuando Stalin tomó el control. Muchos historiadores creen que se hubiera logrado un mayor avance en la industria con métodos convencionales, quizá nada más siguiendo con la NEP. Incluso la afirmación de que Rusia ganó la guerra gracias a Stalin es discutible, de hecho, por sus errores casi la pierde, pues ignoró las advertencias de una invasión alemana inminente, que resultó en la pérdida de la porción occidental del país; ignoró el consejo de sus comandantes, y el resultado fue que millones de soldados fueron hechos prisioneros. Por tanto, supuestamente la URSS ganó la guerra *a pesar de* Stalin.

El peor aspecto del estalinismo fue haber sido responsable de cerca de 20 millones de muertos, muchas más víctimas que las de la guerra; tuvieron lugar durante la colectivización, la hambruna de 1932-1933, las Purgas y el Gran Terror. Durante la guerra, desarraigó y deportó a millones de alemanes del Volga, tártaros de Crimea, chechenios y de otras nacionalidades por si trataban de cooperar con los alemanes invasores. Miles murieron en el camino, y miles más murieron cuando fueron abandonados en su destino sin tener dónde vivir. Stalin siempre se aseguró de que otros miembros del Politburó firmaran las órdenes judiciales de muerte, además de él. Había muchísimas personas dispuestas a ejecutar sus órdenes, desde los que estaban en la cima, hasta los interrogadores, torturadores, guardias y verdugos. Los jefes de los partidos locales, Stalin en pequeño, solían iniciar sus propios terrores desde abajo. Aleksandr Yakovlev, ex embajador soviético en Canadá y posteriormente colega cercano de Gorbachev y miembro del Politburó, publicó recientemente un informe del terror y la violencia durante el régimen comunista. Él fue alguna vez un marxista comprometido, pero mientras más aprendió del pasado y mientras más experiencia tuvo de la vida en la cima, más llegó a disgustarse de la corrupción, las mentiras y los engaños del núcleo del sistema. Convencido de que no era posible reformar el comunismo, desempeñó un papel importante, junto con Gorbachev, en la destrucción del sistema desde el interior. Estima que el número de víctimas del comunismo, después de 1917, fue de entre 60 y 70 millones.

Algunos historiadores argumentan que Stalin era paranoico y desequilibrado psicológicamente. Kruschev parecía estar de acuerdo, pues afirmaba que era "un hombre desconfiado, enfermizamente receloso". Por otra parte, Roy Medvedev piensa que Stalin estaba perfectamente sano, pero era fríamente implacable, uno de los más grandes criminales de la historia de la humanidad, cuyos principales motivos eran su desmedida vanidad y su ansia de poder. Cincuenta años después de su muerte, merced a los archivos soviéticos abiertos recientemente, se tiene más información, si bien es obvio que muchos registros vitales deben haberse destruido, quizá deliberadamente. Los historiadores revisionistas, como Arch Getty, siguen sosteniendo que Stalin no tenía un plan general de terror. Getty piensa que el Terror surgió de la ansiedad de toda la élite gobernante: "Su temor de perder el control, incluso de perder el poder, los llevó a tomar una serie de medidas para proteger su posición: crear un culto unificador en torno a Stalin". Así, para Getty, Stalin no era el supremo criminal, era uno más de la élite que tomaba las medidas necesarias para conservar el poder.

En cuanto a la cuestión de que el estalinismo fuera, o no, la continuación del leninismo, la tendencia actual entre los historiadores rusos es demonizarlos a los dos. Aleksandr Yakovlev los condena a ambos y proporciona abundantes pruebas de sus crímenes; lo que Stalin hizo fue continuar lo que Lenin había empezado. Irina Pavlova sostiene que fue con Stalin cuando el aparato del partido se volvió todopoderoso y sinónimo de Estado. No había nada inevitable acerca del estalinismo; un líder diferente, por ejemplo Bujarin, podría haber hecho que el sistema dejado por Lenin evolucionara en una dirección totalmente diferente. En cualquier caso, el gobierno de un solo hombre era antileninista, iba directamente en contra de la idea del gobierno del partido en pro de la clase trabajadora. De hecho, hubo un claro rompimiento entre Lenin y Stalin. Muchos historiadores occidentales piensan que Stalin secuestró la revolución y traicionó el idealismo de Marx y Lenin.

En vez de una nueva sociedad sin clases en la que todos fueran libres e iguales, los trabajadores y los campesinos comunes eran tan explotados como en la época de los zares. El partido había tomado el lugar de los capitalistas y disfrutaba de todos los privilegios, las mejores casas, retiros en el campo y autos. En vez de marxismo, socialismo y "dictadura del proletariado", lo que había era estalinismo y la dictadura de Stalin. Quizá la conclusión más justa sobre Stalin y el estalinismo sea la de Martin McCauley: "Ya sea que se apruebe o condene, fue un fenómeno verdaderamente notable que marcó profundamente al siglo XX".

Preguntas

Stalin, los kulaks *y la colectivización*
1. Estudie la fuente A y responda las preguntas.

Fuente A
Extracto de un discurso de Stalin ante el partido local y los trabajadores soviéticos en Siberia, en enero de 1928, que suele tomarse como punto de partida de la colectivización.

> ¡Están trabajando mal! Ustedes son indolentes y consienten a los *kulaks*. Cuídense de que no haya agentes de los *kulaks* entre ustedes. No toleraremos ese tipo de ofensas por mucho tiempo [...] Observen las granjas de los *kulaks* y verán que sus graneros y establos están llenos de granos; tienen que cubrirlos con toldos porque ya no tienen lugar en el interior. Las granjas de los *kulaks* tienen algo así como 1 000 toneladas de excedentes de granos cada una. Yo propongo que:
>
> a) ustedes exijan que los *kulaks* entreguen sus excedentes de inmediato, a los precios del Estado;
> b) si se niegan, deben denunciarlos según el artículo 107 del Código Penal y confiscar sus granos para el Estado, y 25% se redistribuirá entre los pobres y los campesinos medios, menos favorecidos.

652 COMUNISMO: SURGIMIENTO Y DECLINACIÓN

FUENTE: citado en Dmitri Volkogonov, *Stalin: Triumph and Tragedy* (Phoenix, edición 2000).

a) ¿Qué revela la fuente sobre la actitud de Stalin respecto de los *kulaks* y su forma de tratar con los funcionarios locales?
b) Explique por qué introdujo Stalin la colectivización y muestre cómo se desarrolló esta política en la URSS.
c) ¿Hasta qué punto la colectivización cubrió los objetivos de Stalin entre 1928 y 1941?

2. ¿Qué tan importantes eran las divisiones entre los oponentes de Stalin como para explicar que lograra el poder supremo en los años veinte?
3. ¿Qué tan preciso es hablar de "Revolución de Stalin" en los asuntos económicos y políticos de la URSS en el periodo 1928-1941?
4. ¿Hasta qué punto la vida de la gente común en la URSS mejoró o empeoró como resultado de las políticas de Stalin en el periodo 1928-1941?

XVIII. COMUNISMO CONTINUADO, COLAPSO Y REPERCUSIONES, 1953-2005

Resumen de acontecimientos

Este prolongado periodo se divide en cuatro fases:

1953-1964
Después de la muerte de Stalin, *Nikita Kruschev* poco a poco se manifestó como líder dominante; empezó una política de "desestalinización" e introdujo nuevas medidas para fortalecer la economía soviética y reformar la burocracia. En 1962, la URSS estuvo al borde de la guerra con los Estados Unidos por la crisis de los misiles cubanos. Los colegas de Kruschev se volvieron en su contra y fue obligado a retirarse en octubre de 1964.

1964-1985
Periodo de estancamiento y declinación durante el cual *Leonid Brezhnev* fue la figura dominante.

1985-1991
Mijaíl Gorbachev intentó reformar y modernizar el comunismo ruso y fomentar avances similares en los estados satélite de Europa del este. No obstante, demostró ser incapaz de controlar la creciente oleada de críticas en contra del comunismo, y en 1989-1990, en casi todos esos estados se instauraron gobiernos no comunistas (sección VIII.7). Cuando Gorbachev no cumplió sus promesas de reforma económica y elevación del nivel de vida, la URSS se puso en contra del comunismo y tuvo que entregar el poder a *Boris Yeltsin*. El Partido Comunista fue declarado ilegal, la URSS se desintegró en 15 diferentes estados y Gorbachev renunció al puesto de presidente de la URSS (diciembre de 1991).

1991-2005
Boris Yeltsin fue presidente de Rusia, ahora un Estado independiente, desde 1991 y hasta su retiro, a finales de diciembre de 1999. Después del colapso del comunismo, Rusia se sumió en un caos de gobiernos sucesivos que intentaban desesperadamente introducir nuevos sistemas económicos y políticos. Los problemas eran enormes, inflación, desempleo, pobreza, conflictos en Chechenia y enfrentamientos entre Yeltsin y el Parlamento. En 2000, *Vladimir Putin* se convirtió en presidente y fue reelegido para un segundo periodo en marzo de 2004.

1. LA ÉPOCA DE KRUSCHEV, 1953-1964

a) El ascenso de Kruschev, 1953-1957

Al salir Stalin, la situación era similar a la que prevalecía después de la muerte de Lenin en 1924, no había un candidato obvio para tomar el cargo. Stalin no había permitido que alguien mostrara iniciativa para que no se convirtiera en un rival peligroso. Los principales miembros del Politburó, o Presídium, como se le llama ahora, decidieron compartir el poder y gobernar en grupo. Malenkov fue nombrado presidente del Consejo de Ministros; Kruschev, secretario del partido, y Voroshilov, presidente del Presídium. También participaban Beria, jefe de la Policía Secreta, Bulglanin y Molotov. Gradualmente, Nikita Kruschev empezó a destacar como personalidad dominante. Hijo de un campesino, había trabajado como jornalero en una granja y como mecánico en una mina de carbón antes de estudiar en un instituto técnico y unirse al Partido Comunista. Beria, quien tenía atroces antecedentes por su crueldad como jefe de Policía, fue ejecutado, quizá porque ponía nerviosos a los demás que llegara a ponerse en contra de ellos. Malenkov renunció en 1955, después de sus diferencias con Kruschev respecto de las políticas industriales, pero destacó que en la nueva atmósfera relajada no fuera ejecutado ni encarcelado.

La posición de Kruschev se fortaleció aún más por un *sorprendente discurso pronunciado en el vigésimo Congreso del Partido Comunista (febrero de 1956), en el cual criticó fuertemente varios aspectos de las políticas de Stalin:*

- condenó a Stalin por fomentar el culto a su propia personalidad en lugar de permitir que el partido gobernara;
- reveló detalles de las purgas de Stalin y las injustas ejecuciones de la década de 1930, además de criticar su manera de conducir la guerra;
- afirmó que el socialismo era posible de manera diferente de los métodos en que insistía Stalin;
- sugirió que la coexistencia pacífica con Occidente no sólo era posible, sino esencial para evitar una guerra nuclear.

¿Por qué atacó Kruschev a Stalin? Era arriesgado, tomando en cuenta que él y la mayoría de sus colegas debían sus puestos a Stalin y habían permitido sus peores excesos sin protestar. Kruschev estaba convencido de que la verdad sobre los crímenes de Stalin tendría que salir a la luz en algún mo-

mento, y que sería mejor que el partido tomara la iniciativa y enfrentara el problema antes de verse obligado a hacerlo por la presión de la opinión pública. Con este argumento aseguró la aprobación de sus colegas para ser él quien pronunciara el discurso, y después aprovechó astutamente la oportunidad para sus propios fines políticos. Subrayó que se había unido al Politburó en 1939 y sin duda dio la impresión de que quienes lo habían precedido, Malenkov, Molotov, Kaganovitch y Voroshilov, eran infinitamente más responsables del derramamiento de sangre que él. Su condena pública al comportamiento de Stalin hizo más difícil que algún futuro líder intentara imitarlo. Además, Kruschev creía que el sistema de Stalin había retrasado el progreso y reprimido la iniciativa; quería volver a poner las cosas en la línea que Lenin hubiera seguido, gobernar como un dictador progresista.

Kruschev todavía no era supremo; Molotov y Malenkov pensaban que su discurso había sido demasiado drástico y despertaría inquietud (lo culpaban de la Revolución húngara de octubre de 1956) e intentaron obligarlo a dejar el puesto. Sin embargo, como secretario del partido, Kruschev, igual que Stalin antes que él, discretamente había puesto a sus partidarios en los puestos clave y, como podía confiar en el ejército, fueron Molotov y Malenkov quienes fueron obligados a retirarse (1957). Después de esto, Kruschev fue el único responsable de todas las políticas rusas hasta 1964, pero nunca tuvo tanto poder como Stalin; el Comité Central del partido tenía la última palabra, y fue el partido el que votó por que saliera en 1964.

b) Problemas y políticas de Kruschev

A pesar de la recuperación de Rusia durante los últimos años de Stalin, había problemas graves, como el bajo nivel de vida de los trabajadores industriales y agrícolas y la ineficiencia de la agricultura, que seguía muy lejos de satisfacer las necesidades de Rusia. Kruschev estaba muy consciente de los problemas, tanto los internos como los del exterior, y le urgía introducir cambios importantes como parte de una *política general de "desestalinización"*.

1. Política industrial

La industria seguía organizada según los Planes de Cinco Años, y el sexto empezaría en 1955; por primera vez, el enfoque estaba más en la industria ligera que producía bienes de consumo (radios, televisores, lavadoras y máquinas de coser), en un intento por mejorar el nivel de vida. Para reducir la exagerada centralización y fomentar la eficiencia, se crearon más de 100 Consejos Económicos Regionales, que tomarían decisiones sobre la industria local y la organizarían. A los gerentes se les instaba a tener utilidades, más que a cumplir las cuotas, y los salarios dependían de la producción.

No hay duda de que con esto mejoró el nivel de vida, además del programa de vivienda iniciado en 1958; se incrementaron los salarios, se definió un salario mínimo, disminuyeron los impuestos de los ingresos bajos, se redujo la semana laboral, se incrementaron las prestaciones por pensión e incapacidad y se abolieron las colegiaturas en la educación secundaria y la superior. Entre 1955 y 1966, el número de aparatos de radio por cada 1 000 habitantes se incrementó de 66 a 171; de televisores, de cuatro a 82; de refrigeradores, de cuatro a 40, y de lavadoras, de uno a 77. No obstante, todavía estaban muy lejos de los Estados Unidos, donde en 1966 podían jactarse de que por cada 1 000 habitantes, no había menos de 1 300 aparatos de radio; 376 televisores, 293 refrigeradores y 259 lavadoras. Obviamente, mucho depende de cómo se mida el progreso, pero fue el propio Kruschev quien en un arrebato alardeó de que la brecha entre Rusia y los Estados Unidos se cerraría en pocos años.

Después de las mejoras iniciales, el crecimiento de la economía empezó a decrecer, en parte por la ineficiencia de los Consejos Regionales y en parte porque la inversión era insuficiente debido al enorme costo del programa de armamento, los programas de tecnología avanzada y el espacial. El logro más publicitado, tanto en el país como en el exterior, fue la primera órbita en torno a la Tierra en una nave tripulada por Yuri Gagarin (1961).

2. Política agrícola

Uno de los más graves problemas heredados de Stalin era la ineficiencia de la agricultura. La colectivización no había cumplido con las ambiciosas metas planteadas por él, de modo que la prioridad número uno era incrementar la producción de alimentos. Dados sus antecedentes de campesino, Kruschev se consideraba experto en asuntos agrícolas. Recorrió las zonas rurales y se reunió con los campesinos para hablar de sus problemas, cosa que ningún gobernante ruso se había tomado la molestia de hacer. Su creación especial fue el *Esquema de Tierras Vírgenes* (iniciado en 1954), que implicaba cultivar por primera vez extensas áreas de Siberia y Kazakstán. El esquema fue implementado por cientos de miles de jóvenes voluntarios con 100 000 tractores nuevos proporcionados por el gobierno. Kruschev también pretendía incrementar el rendimiento de las granjas colectivas, y a los campesinos se les permitió conservar o vender los cultivos de sus propias parcelas, se redujeron sus impuestos y el gobierno incrementó los pagos de los cultivos colectivos, de modo que incentivó la producción.

En 1958 fue enorme el aumento de la producción agrícola total, que creció 56%; entre 1953 y 1962, la producción de grano ayudó a mejorar el nivel de vida. Pero las cosas empezaron a ir mal; la producción de granos de 1963 se redujo a 110 millones de toneladas, principalmente por el fracaso del esquema de tierras vírgenes. Los críticos del partido se quejaron de que se estaba gastando demasiado en agricultura, en detrimento de la industria; Kruschev tuvo que ceder, y el abasto de equipo agrícola se redujo. No obstante, el principal problema era que gran parte de las tierras eran de mala calidad, no se aplicaba suficiente fertilizante porque era costoso y los suelos agotados empezaron a convertirse en tormentas de tierra. En general, seguía habiendo mucha interferencia de los funcionarios locales del partido en la agricultura, y siguió siendo el sector más ineficiente de la economía. Los rusos tuvieron que recurrir a granos importados, con frecuencia de los Estados Unidos y Australia; esta humillación contribuyó a la caída de Kruschev en octubre de 1964.

3. Cambios políticos, sociales y culturales

En estas áreas hubo importantes cambios. En general, Kruschev se inclinó por un enfoque más relajado, y la época llegó a ser conocida como de "deshielo", que en política incluía volver al control del partido, a diferencia del culto a la personalidad de Stalin. Kruschev tuvo cuidado de no comportarse como un dictador por miedo a que se le hicieran cargos por ello. Se redujeron las actividades de la policía secreta, y después de la ejecución del siniestro Beria, se permitió que políticos y funcionarios despedidos fueran olvidados, y no torturados y ejecutados. Los campos de trabajos forzados empezaron a vaciarse y muchas personas fueron rehabilitadas, aunque desafortunadamente fue demasiado tarde para otras. Nadezhda Mandelstam recibió una carta dirigida a su esposo Osip, en que se le informaba que había sido rehabilitado; tristemente, él había muerto en un campo en 1938.

Había más libertad para los escritores, por quienes Kruschev tenía gran respeto. Ilya Ehrenburg causó conmoción cuando publicó *The Thaw (El deshielo)*, novela en que criticaba la era de Stalin (1954). Anna Ajmatova, Bulgakov y Meyerhold fueron rehabilitados. Para su novela *Un día en la vida de Iván Denisovich*, sobre un hombre inocente sentenciado a trabajos forzados, Aleksandr Solzhenitsin se inspiró en su propia experiencia de los ocho años que vivió en un campo. La reacción de Kruschev ante una nueva obra era que si se atacaba a Stalin y su sistema, se aprobaba, pero si se atacaba al partido o aspectos de la vida soviética del momento, se denunciaba y prohibía. Algunos escritores se pasaron de la raya, cayeron en desgracia y fueron expulsados de la unión de escritores, pero cuando menos no acabaron en campos de trabajos forzados.

El "deshielo" también tenía límites en otros aspectos; por ejemplo, Kruschev decidió que la Iglesia ortodoxa estaba influyendo mucho en la vida soviética. Miles de iglesias fueron clausuradas y era ilegal reunirse en domicilios privados sin autorización, pero como las reuniones religiosas nunca eran autorizadas, el culto era extremadamente difícil. En 1962, cuando algunos trabajadores de las fábricas de Novocherkassk se fueron a la huelga y organizaron una manifestación de protesta contra el incremento de los precios de la carne y los lácteos, se convocaron tanques y soldados. Estos últimos dispararon contra la multitud, 23 personas murieron y muchas más resultaron heridas; 49 fueron arrestadas y cinco de los cabecillas fueron ejecutados.

4. Asuntos exteriores

Después del discurso del vigésimo Congreso del partido, Kruschev se orientó hacia la *coexistencia pacífica y al deshielo de la Guerra Fría* (sección VII.3) y parecía dispuesto a permitir diferentes "vías hacia el socialismo" entre los estados satélite de Europa del este. Sin embargo, este apartarse de las ideas marxistas-leninistas ortodoxas (incluido el fomento de las utilidades y los incentivos salariales) abrió la puerta para que los chinos lo acusaran de *revisionista* [sección VIII.6 *d)*]. Además, alentados por su discurso, Polonia y Hungría intentaron liberarse del control de Moscú. La reacción de Kruschev a lo que pasaba en Hungría, donde el "levantamiento" fue brutalmente sofocado, demostró lo limitado de su tolerancia [secciones IX.3 *d)* y X.6 *d)*]. La mayor crisis tuvo lugar en 1962, cuando la URSS chocó con los Estados Unidos sobre la cuestión de los misiles rusos en Cuba (sección VII.4).

c) Caída de Kruschev

En octubre de 1964, el Comité Central del partido votó por que Kruschev se retirara pretextando su mala salud; de hecho, si bien tenía 70 años, estaba perfectamente saludable. Probablemente la verdadera razón fuera el fracaso de su política agrícola (aunque los resultados no habían sido peores que en gobiernos anteriores), su pérdida de prestigio por la crisis de los misiles cubanos [sección VII.4 *b)*] y el distanciamiento de China, que no parecía querer solucionar. Había ofendido a muchos grupos importantes de la sociedad, pues sus intentos por hacer al partido y al gobierno más eficientes y descentralizarlos provocaron conflictos con la burocracia, cuya privilegiada posición estaba amenazada. Los militares no aprobaban sus recortes en el gasto para defensa y sus intentos por limitar las armas nucleares. Quizá sus colegas estaban cansados de su personalidad extrovertida (una vez, en un momento de acaloramiento en las Naciones Unidas, se quitó el zapato y golpeó la mesa con él) y sentían que asumía demasiadas prerrogativas. Sin consultarlos, había intentado ganarse la amistad del presidente Nasser de Egipto otorgándole la Orden de Lenin, en un momento en que se ocupaba de arrestar a comunistas egipcios. Kruschev era cada vez más agresivo y arrogante, y en ocasiones parecía haber desarrollado el "culto a la personalidad" casi tanto como Stalin.

A pesar de sus fracasos muchos historiadores creen que Kruschev merece crédito; su periodo en el poder ha sido definido como "la revolución de Kruschev". Era un hombre con gran personalidad, político duro y a la vez impulsivo, cálido y con sentido del humor. Después del sombrío distanciamiento de Stalin, su estilo más accesible y humano era más que bienvenido; merece ser recordado por el retorno a una política comparativamente civilizada (cuando menos en Rusia). Alec Nove pensaba que el mejoramiento del nivel de vida y sus políticas sociales son quizá sus mayores logros. Otros ven en su política de coexistencia pacífica y su disposición para reducir las armas nucleares un cambio de actitud digno de mención.

Martin McCauley ve a Kruschev como una especie de fracaso heroico, un hombre de noble visión, cuyo éxito fue apenas modesto, pues quienes detentaban la autoridad lo abandonaron por su egoísmo y preocupación por sus propios puestos. Los poderosos derechos adquiridos en el partido y en la administración del Estado hicieron todo lo posible por demorar sus intentos de descentralización y "de devolver el poder a la gente". Dmitri Volkogonov, quien no admiraba a ninguno de los líderes soviéticos, escribió que Kruschev virtualmente había logrado lo imposible; como producto del sistema estalinista "él mismo había experimentado cambios visibles y también había modificado a la sociedad de manera fundamental. Por mucho que su sucesor, Brezhnev, simpatizara con el estalinismo, no lograría restablecerlo; los obstáculos que Kruschev había dejado en su camino eran infranqueables".

2. LA URSS SE ESTANCA, 1964-1985

a) La época de Brezhnev

Después de que Kruschev se fuera, tres hombres, Kosygin, Brezhnev y Podgorny, parecían compartir el poder. En un principio, Kosygin era el principal personaje y vocero de los asuntos exteriores, en tanto que Brezhnev y Podgorny se ocupaban de las políticas internas. Kosygin urgía a mayor descentralización económica, pero la idea no era popular entre los otros líderes, que afirmaban que fomentaría el pensamiento independiente en los estados satélite, sobre todo en Checoslovaquia. Brezhnev ejercía un firme control personal en 1977, y siguió siendo el líder hasta que murió, en noviembre de 1982. La reforma desapareció de la agenda; la mayor parte de las políticas de Kruschev se abandonaron y se pasaron por alto graves problemas económicos. Brezhnev y sus colegas eran menos tolerantes a las críticas que Kruschev; cualquier cosa que amenazara a la estabilidad del sistema o alentara el pensamiento independiente era suprimida, y esto se aplicaba también en los estados de Europa del este. La principal preocupación de Brezhnev parece haber sido la felicidad de la *nomenklatura* (la élite gobernante y la burocracia).

1. Políticas económicas

Las políticas económicas mantenían los diferenciales de los salarios y los incentivos por utilidades, y hubo cierto crecimiento, pero el avance era lento. El sistema siguió estando muy centralizado, y Brezhnev se mostraba renuente a tomar iniciativas importantes, de manera que en 1982 gran parte de la industria rusa era obsoleta y requería de nueva tecnología para producción y procesamiento. Preocupaba que la industria del carbón y la del acero no lograran incrementar la producción, y la de la construcción se caracterizaba por su lentitud y mala calidad. El bajo rendimiento agrícola seguía siendo un gran problema, y ni una vez en el periodo 1980-1984 siquiera se acercó a los objetivos propuestos. La cosecha de 1981 fue desastrosa, y en 1982, apenas ligeramente mejor, razón para que Rusia tuviera que depender incómodamente del trigo estadunidense. Se calculaba que en 1980, en los Estados Unidos, un trabajador agrícola producía lo suficiente para alimentar a 75 personas, en tanto que en Rusia, su contraparte, apenas lograba lo suficiente para 10.

El único sector exitoso de la economía era la producción de equipo militar. Para principios de los años setenta, la URSS había alcanzado a los Estados Unidos en cantidad de misiles intercontinentales y desarrollado una nueva arma, el misil antibalístico (ABM, por sus siglas en inglés). Desafortunadamente, la carrera armamentista no paró ahí, los estadunidenses siguieron produciendo misiles aun más mortíferos y, a cada paso, la URSS se esforzaba por volver a estar a la par. *Éste era el problema básico de la economía soviética, el gasto en defensa era tan grande que se privaba a las áreas civiles de la economía de la inversión necesaria para tenerlas al día.*

2. El bloque del Este

Se esperaba que los estados del Bloque del Este obedecieran a los deseos de Moscú y conservaran su estructura vigente. Cuando en Checoslovaquia se desarrollaron tendencias liberales (en especial la abolición de la censura de la prensa), tropas rusas y otras del Pacto de Varsovia llevaron a cabo una enorme invasión. El gobierno reformista de Dubcek fue remplazado por un régimen muy centralizado, favorable a Moscú (1968) [sección x.5 e)]. Poco después, Brezhnev lanzó la así llamada *Doctrina Brezhnev*, según la cual se justificaba la intervención en los asuntos internos de cualquier país comunista *si se consideraba que el socialismo de dicho país estaba amenazado.* Esto provocó fricciones con Rumania, que siempre había tratado de mantener cierta independencia y se había negado a enviar tropas a Checoslovaquia, además de que mantenía buenas relaciones con China. La invasión rusa de Afganistán (1979) representó la aplicación más descarada de la doctrina, en tanto que la presión fue más sutil en Polonia (1981) para controlar el movimiento sindical independiente de Solidaridad [sección x.5 f)].

3. Política social y derechos humanos

Brezhnev verdaderamente quería que los trabajadores vivieran mejor y tuvieran más comodidades, y no hay duda de que la vida de la mayoría de las personas mejoró en esos años. El desempleo casi fue eliminado, y el programa de seguridad social era muy completo. La creciente disponibilidad de viviendas permitió que millones de personas se mudaran de departamentos comunales a pisos para una sola familia.

No obstante, se limitó aún más la libertad personal. Por ejemplo, en 1970 era imposible que se publicara un escrito en que se criticara a Stalin. Los últimos libros de historiadores como Roy Medvedev y Viktor Danilov fueron prohibidos, y después del éxito de *Un día en la vida de Iván Dinisovich,* Aleksandr Solzhenitsin se enfrentó al rechazo de sus dos siguientes novelas, *El primer círculo* y *Pabellón del cáncer.* Fue expulsado de la unión de escritores, así que era imposible que sus obras se publicaran en la URSS.

La KGB (policía secreta) ahora utilizaba una nueva técnica para manejar a los alborotadores, los confinaba en hospitales psiquiátricos o en asilos para enfermos mentales, donde solían estar encerrados muchos años. En mayo de 1970, el biólogo y escritor Zhores Medvedev, hermano gemelo de Roy, fue encerrado en un hospital psiquiátrico y se le diagnosticó una "esquizofrenia rampante"; la verdadera razón fue que sus escritos eran considerados antisoviéticos. Este tipo de tratamiento hacía más perseverantes a los intelectuales de ideas reformistas. Los médicos Andrei Sajarov y Valeri Chalidze formaron un Comité de Derechos Humanos para protestar por las condiciones de los campos de trabajos forzados y las cárceles, y para exigir libertad de expresión y todos los demás derechos prometidos en la Constitución. Los escritores empezaron a hacer circular sus manuscritos en sus reducidos grupos, práctica que llegó a ser conocida como *samizdat,* autopublicación.

El Comité de Derechos Humanos obtuvo una nueva arma en 1975, cuando la URSS, aunada a los Estados Unidos y otras naciones, firmó el Tratado Final de Helsinki. Entre otras cosas, preveía la cooperación económica y científica entre Oriente y Occidente, así como derechos humanos plenos. Brezhnev afirmó estar a favor del tratado, y aparentemente hizo importantes concesiones sobre derechos humanos en la URSS, pero en realidad, pocos fueron los progresos. Se crearon grupos para verificar que se cumpliera con las condiciones del tratado, pero las autoridades los presionaban mucho. Sus miembros eran arrestados, encarcelados, exiliados o deportados, hasta que de plano los disolvieron. Sólo Sajarov se salvó, era tal su renombre internacional, que su encarcelamiento hubie-

ra sido un escándalo mundial. Lo mandaron al exilio interno a
Gorki, y después, a Siberia.

4. Política exterior

La "coexistencia pacífica" era la única iniciativa de Kruschev
que se mantuvo vigente durante el periodo de Brezhnev. Los
rusos estaban ansiosos de distensión, en especial porque las
relaciones se deterioraron casi al punto de la guerra en 1969.
No obstante, después de 1979, el deterioro de las relaciones
con Occidente fue grande como resultado de la invasión de
Afganistán. Brezhnev seguía abogando por el desarme, pero
presidía un acelerado incremento de las fuerzas armadas soviéticas, en particular la armada, y los nuevos misiles ss-20
[sección VII.4 c)]. Incrementó la ayuda soviética para Cuba y
ofreció ayuda a Angola, Mozambique y Etiopía.

b) Andropov y Chernenko

Después de la muerte de Breshnev en 1982, Rusia fue gobernada durante poco tiempo por dos políticos ancianos y enfermos, Yuri Andropov (noviembre de 1982 a febrero de 1984),
seguido de Konstantin Chernenko (febrero de 1984 a marzo de
1985). Líder de la KGB hasta mayo de 1982, Andropov lanzó
de inmediato un vigoroso programa para modernizar y adel-
gazar el sistema soviético; empezó con una campaña anticorrupción e introdujo reformas económicas con la esperanza
de incrementar la producción alentando la descentralización.
Algunos de los viejos funcionarios del partido fueron remplazados por hombres más jóvenes y dinámicos. Desafortunadamente, lo perseguían sus problemas de salud y murió poco
después de un año en el puesto.

Chernenko, de 72 años de edad, era un político soviético
de tipo convencional; había subido porque durante muchos
años fue asistente personal de Brezhnev; ya tenía una enfermedad terminal cuando fue seleccionado como siguiente líder
del Politburó. Obviamente, la mayoría deseaba a alguien que
abandonara la campaña anticorrupción y los dejara en paz.
No se relajó la forma en que eran tratados los activistas de

derechos humanos. Sajarov siguió exiliado en Siberia (donde se encontraba desde 1980), a pesar de que los líderes occidentales pedían que fuera liberado. Los miembros de un sindicato no oficial, partidarios de un grupo que pugnaba "por la confianza entre la URSS y los Estados Unidos", así como de grupos religiosos no oficiales, fueron arrestados. Así resumió Dmitri Volkogonov (en *Surgimiento y caída del imperio soviético [The Rise and Fall of the Soviet Empire]*) los 13 meses de Chernenko en el poder: "Chernenko no fue capaz de dirigir al país ni al partido hacia el futuro. Su llegada al poder simbolizó la profundización de la crisis de la sociedad, la falta total de ideas positivas en el partido y la inevitabilidad de las convulsiones por venir".

3. Gorbachev y el fin del gobierno comunista

Mijaíl Gorbachev, quien asumió el poder en marzo de 1985, era, a los 54 años, el líder más dotado y dinámico que hubiera tenido Rusia en muchos años. Estaba decidido a transformar y revitalizar el país después de años de esterilidad, después de la caída de Kruschev, y lo intentó *modernizando y adelgazando el Partido Comunista* con nuevas políticas de *glasnost* (apertura) y *perestroika* (restructuración del partido, la economía y el gobierno). Esta nueva forma de pensar pronto repercutió en los asuntos exteriores, con iniciativas de distensión, relaciones con China, retiro de Afganistán y, en última instancia, el fin de la Guerra Fría a finales de la década de 1990 (sección VIII.6).

Gorbachev delineó lo que estaba mal en casa en un discurso pronunciado en la conferencia del partido en 1988; el sistema estaba demasiado centralizado y no dejaba lugar para iniciativas locales individuales. Era una economía de "comando", basada casi por completo en la propiedad y el control del Estado, exageradamente inclinada por la defensa y la industria pesada y provocando escasez de bienes de consumo para la gente común (ilustración XVIII.1). *Gorbachev no quería acabar con el comunismo; quería sustituir el sistema vigente, que seguía siendo básicamente estalinista, con un sistema socialista humano y democrático.* Creía sinceramente que esto era posible en el marco del

ILUSTRACIÓN XVIII.1. *Mijaíl Gorbachev intenta convencer
a trabajadores rusos de los beneficios
de la* glasnost *y de la* perestroika

Estado unipartidista marxista-leninista. No tuvo el mismo éxito en casa que en el exterior, pues no logró resultados rápidos con sus políticas y condujo al colapso del comunismo, la desintegración de la URSS y el fin de su propia carrera política.

a) Las nuevas políticas de Gorbachev

1. Glasnost

La *glasnost* pronto fue evidente en áreas como los *derechos humanos* y la *cultura*. Varios disidentes bien conocidos fueron liberados, y los Sajarov pudieron volver del exilio en Gorky a Moscú (diciembre de 1986). Líderes como Bujarin, que habían sido deshonrados y ejecutados en las purgas de Stalin de los años treinta, fueron declarados inocentes de todo delito. A *Pravda* se le permitió publicar un artículo en que se criticaba a Brezhnev por reaccionar exageradamente en contra de los disidentes y se aprobó una nueva ley para evitar que los disidentes fueran encerrados en instituciones para enfermos mentales (enero de 1988). Sucesos políticos importantes como la decimonovena Conferencia del Partido de 1988 y la primera sesión del nuevo Congreso de Diputados del Pueblo (mayo de 1989) fueron televisados.

En asuntos culturales y de los medios en general se observaron hechos sorprendentes. En mayo de 1986, tanto a la Unión de Realizadores Cinematográficos Soviéticos como a la Unión de Escritores se les permitió despedir a sus líderes reaccionarios y elegir líderes más proclives a la independencia. Se exhibieron películas y se publicaron novelas en contra de Stalin, además de que se preparó la publicación de las obras del gran poeta Osip Mandelstam, quien murió en un campo de trabajos forzados en 1938.

Había una nueva libertad en la publicación de las noticias. En abril de 1986, por ejemplo, cuando un reactor nuclear estalló en Chernobyl, en Ucrania, a raíz de lo cual murieron cientos de personas y se liberó una nube radiactiva que cubrió gran parte de Europa, el desastre se analizó con franqueza sin precedentes. Los objetivos de este nuevo enfoque eran:

- utilizar los medios para hacer pública la ineficacia y la corrupción que el gobierno estaba ansioso por suprimir;
- educar a la opinión pública;
- movilizar el apoyo para las nuevas políticas.

Se fomentaba la *glasnost*, siempre que nadie criticara al partido en sí.

2. Asuntos económicos

Pronto se pusieron en marcha cambios importantes. En noviembre de 1986, Gorbachev anunció que 1987 sería el año en que se aplicarían ampliamente los nuevos métodos de administración económica. Se permitirían empresas privadas a pequeña escala, como restaurantes o negocios familiares de fabricación de prendas de vestir o artesanías, o proveedores de servicios como reparación de automóviles o televisores, pintura y remodelación y clases particulares, así como las cooperativas de hasta 50 trabajadores. Uno de los motivos para esta reforma era el deseo de crear competencia para los servicios lentos e ineficientes que proporcionaba el Estado, con la esperanza de estimular mejoras rápidas. Otro era la necesidad de empleos alternos, pues los patrones de empleo habían cambiado en la última década; era obvio que con la automatización y computarización de fábricas y oficinas, la necesidad de trabajadores manuales y de empleados declinaría.

Otro cambio importante fue que la responsabilidad del control de calidad en la industria en general se pondría en manos de organismos estatales independientes, más que en las de los administradores de las fábricas. La parte más importante de las reformas era la *Ley sobre Empresas Estatales (junio de 1987)*, por la cual se quitaba a los planificadores centrales el control total de la materia prima, las cuotas de producción y ventas, y las fábricas trabajarían según las órdenes de los clientes.

3. Cambios políticos

Empezaron en enero de 1987, cuando Gorbachev anunció medidas en pro de la democracia en el partido. En vez de que los miembros de los soviets locales fueran *nombrados* por el Partido Comunista local serían *elegidos por el pueblo*, y habría varios candidatos (si bien no varios partidos). Las elecciones para los principales puestos del partido y para elegir a los administradores de las fábricas serían secretas.

En 1988 se lograron enormes cambios en el gobierno central. El antiguo parlamento (Soviet Supremo) de cerca de 1 450 diputados sólo se reunía durante dos semanas al año, y su función era elegir a dos organismos más pequeños, el Presídium (33 miembros) y el Consejo de Ministros (71 miembros). Eran estos dos comités los que tomaban las decisiones importantes y se ocupaban de que se implementaran las políticas. Ahora, el Soviet Supremo sería remplazado por un Congreso de Diputados del Pueblo (2 250 miembros), cuya función principal sería elegir un nuevo Soviet Supremo, más pequeño (450 representantes), que sería un Parlamento operativo, el cual sesionaría cerca de ocho meses al año. El presidente del Soviet Supremo sería jefe de Estado.

Se celebraron las elecciones y el primer Congreso de Diputados del Pueblo se reunió en mayo de 1989. Entre los personajes conocidos que se eligieron estaban Roy Medvedev, Andrei Sajarov y Boris Yeltsin, quien regresó espectacularmente después de haber sido despedido del puesto de primer secretario de Moscú y obligado a renunciar del Politburó por los conservadores (tradicionalistas) del partido en noviembre de 1987. Durante la segunda sesión (diciembre de 1989) se decidió que deberían abolirse los escaños reservados para el Partido Comunista. Gorbachev fue elegido presidente de la Unión Soviética (marzo de 1990), con dos consejos asesores que colaborarían con él; en uno estarían sus asesores personales y en el otro, representantes de las 15 repúblicas. Estos nuevos organismos dejaban fuera al viejo sistema, es decir, que el Partido Comunista estaba a punto de perder su posición privilegiada. En la siguiente elección, que sería en 1994, incluso Gorbachev tendría que postularse y someterse a la prueba del voto popular.

b) ¿Dónde se equivocaron las políticas de Gorbachev?

1. Oposición de radicales y conservadores

Conforme se instrumentaban las reformas, Gorbachev se metió en problemas. Algunos de los miembros del partido, como Boris Yeltsin, eran más radicales que Gorbachev, y sentían que las reformas no eran suficientemente drásticas, querían un cambio a una economía de mercado de tipo occidental lo más rápidamente posible, si bien provocaría privaciones de corto plazo para el pueblo ruso. Por otra parte, los conservadores, como Yegor Ligachev, pensaban que los cambios eran demasiado drásticos y que el partido corría el riesgo de perder el control. Esto dio lugar a una peligrosa división en el partido y era difícil que Gorbachev pudiera dar gusto a ambos grupos. Si bien simpatizaba con las ideas de Yeltsin, no podía permitirse estar de su lado, en contra de Ligachev, porque este último controlaba el aparato del partido.

Los conservadores eran mayoría, y cuando el Congreso de Diputados del Pueblo eligió el nuevo Soviet Supremo (mayo de 1989), estaba lleno de conservadores; Yeltsin y muchos otros radicales no resultaron elegidos. Esto llevó a enormes manifestaciones de protesta en Moscú, donde Yeltsin era una figura popular, pues había acabado con la corrupción del Partido Comunista de Moscú. Antes de Gorbachev, las manifestaciones no hubieran sido permitidas, pero la *glasnost* —fomentar que el pueblo expresara sus críticas— era ahora total, y empezaba a ponerse en contra del Partido Comunista.

2. Las reformas económicas no dieron resultado con suficiente rapidez

El ritmo de crecimiento económico en 1988 y 1989 fue exactamente el mismo que en años anteriores y en 1990, de hecho, el ingreso nacional declinó, y siguió bajando cerca de 15% en 1991. Algunos economistas piensan que la URSS estaba pasando por una crisis económica tan grave como la de los Estados Unidos en los primeros años de la década de 1930.

Una de las principales causas de la crisis fue el desastroso resultado de la Ley de Empresas Estatales. El problema era que los salarios dependían de la producción, pero como la producción se medía por su valor en rublos, las fábricas se veían tentadas a no incrementar la producción general, sino a concentrarse en producir bienes costosos y reducir la producción de los baratos. Esto llevó a elevar los salarios y obligó al gobierno a imprimir más moneda para pagarlos. La inflación creció, igual que el déficit presupuestal del gobierno. Escaseaban productos básicos como jabón, detergente, navajas de rasurar, platos y tazas, televisores y alimentos, y las colas para adquirirlos se alargaban.

Pronto empezó a verse la desilusión por las reformas de Gorbachev, y como las expectativas habían crecido por sus promesas, la gente empezó a indignarse por la escasez. En julio de 1989, en Siberia, algunos mineros del carbón se dieron cuenta de que no había jabón para lavarse al finalizar el turno. "¿Qué tipo de régimen es éste? —se preguntaban—, ¿si ni siquiera tenemos con qué lavarnos?" Después de organizar un paro, decidieron irse a la huelga; pronto se les unieron otros mineros de Siberia, Kazakstán y Donbass (Ucrania), la mayor zona carbonífera de la URSS, hasta que medio millón de mineros estaban en huelga. Fue la principal huelga desde 1917; los mineros eran disciplinados y estaban bien organizados y celebraban mítines frente a las oficinas del partido en las principales poblaciones. Plantearon demandas específicas, 42 en total, entre otras, mejores condiciones laborales y de vida, mejor abasto de alimentos, participación de utilidades y mayor control local sobre las minas. Posteriormente, influidos por lo que pasaba en Polonia [donde acababa de ser elegido un presidente no comunista, sección x.6 c)], solicitaron sindicatos independientes, como Solidaridad, en dicho país, y en ciertas regiones exigieron que se aboliera la posición privilegiada del Partido Comunista. Pronto, el gobierno cedió y aceptó muchas de sus demandas, además de prometer una total reorganización de la industria y pleno control local.

Para finales de julio había terminado la huelga, pero la situación económica general no mejoró. A principios de 1990 se estimó que cerca de la cuarta parte de la población vivía por debajo de la línea de pobreza, siendo los más afectados los desempleados, los pensionados y las familias grandes. *Gorbachev perdía rápidamente el control del movimiento reformista que había iniciado*, y el éxito de los mineros alentaría a los radicales a presionar para que se hicieran cambios de mayor alcance.

3. Presiones de los nacionalistas

Éstas también contribuyeron al fracaso de Gorbachev y a la desintegración de la URSS. La Unión Soviética era un Estado federal integrado por 15 diferentes repúblicas con su propio Parlamento. La república rusa era sólo una de las 15, con su Parlamento en Moscú (que era también el lugar de reunión del Soviet Supremo *federal* y del Congreso de Diputados del Pueblo). Las repúblicas habían estado perfectamente controladas desde la época de Stalin, pero la *glasnost* y la *perestroika* las habían hecho esperar mayor poder para sus parlamentos y mayor independencia de Moscú. El propio Gorbachev parecía estar de acuerdo, siempre que el Partido Comunista de la Unión Soviética (PCUS) conservara el control total. No obstante, una vez que se iniciaron, las demandas se le salieron de las manos.

• *El problema empezó en Nagorno-Karabaj*, una pequeña república cristiana, autónoma, dentro de la república soviética de Azerbaiyán, que era musulmana. El Parlamento de Nagorno-Karabaj solicitó integrarse a la vecina Armenia cristiana (febrero de 1988), pero Gorbachev se negó; temía que, de aceptar, los conservadores se molestaran (se oponían a cambios en las fronteras internas) y rechazaran todo su programa de reformas. Se desató la lucha entre Azerbaiyán y Armenia, y no quedó duda de que Moscú había perdido el control.

- *Pero lo peor estaba por llegar en las tres repúblicas soviéticas del Báltico, Lituania, Latvia y Estonia*, que habían sido tomadas por los rusos contra su voluntad, en 1940. La fuerza de los movimientos independentistas, denunciados por Gorbachev como "excesos nacionalistas", cobraba fuerza. En marzo de 1990, alentada por lo que sucedía en los estados satélite de Europa del este, Lituana tomó la delantera y se declaró independiente. Pronto siguieron las otras dos, si bien votaron por que se procediera en forma gradual. Moscú se negó a reconocer su independencia.

- Boris Yeltsin, quien había sido excluido del Soviet Supremo por los conservadores, volvió espectacularmente cuando fue elegido presidente del Parlamento de la República Rusa (Federación Rusa) en mayo de 1990.

4. Rivalidad entre Gorbachev y Yeltsin

Gorbachev y Yeltsin eran ahora rivales acérrimos, y no coincidían en aspectos fundamentales.

- *Yeltsin pensaba que la unión debía ser voluntaria* y que las repúblicas debían ser independientes, pero también tener responsabilidades conjuntas con la Unión Soviética. Si alguna de ellas optaba por salirse, como Lituania, debía permitírsele. No obstante, Gorbachev pensaba que la unión voluntaria llevaría a la desintegración.

- Ahora, Yeltsin estaba totalmente desilusionado del Partido Comunista y de la forma en que los tradicionalistas lo trataban; pensaba que el partido ya no merecía una posición de privilegio en el Estado. Gorbachev aún se aferraba a la esperanza de que el partido podía transformarse en una organización humana y democrática.

- En cuanto a la economía, Yeltsin pensaba que la respuesta era un rápido viraje a una economía de mercado, si bien sabía que sería doloroso para el pueblo ruso. Gorbachev era mucho más cauteloso y se daba cuenta de que los planes de Yeltsin provocarían desempleo masivo y precios aun más elevados. Estaba plenamente consciente de lo impopular que ya era, y si las cosas seguían empeorando, de que sería derrocado.

c) El golpe de agosto de 1991

Al empeorar la crisis, Gorbachev y Yeltsin intentaron trabajar juntos, y Gorbachev se vio empujado a ordenar elecciones libres con varios partidos, situación que provocó intensos ataques de Ligachev y los conservadores, indignados por la forma en que Gorbachev había "perdido" Europa del este sin luchar y, peor aún, había permitido que Alemania se unificara. En julio de 1990, Yeltsin renunció al Partido Comunista. Para entonces, Gorbachev perdía el control, muchas de las repúblicas exigían su independencia, y cuando se utilizaron tropas soviéticas en contra de los nacionalistas de Lituania y Latvia, la gente organizó enormes manifestaciones. En abril de 1991, Georgia declaró la independencia y parecía que la URSS se desintegraba, pero al mes siguiente, Gorbachev celebró una conferencia con los líderes de las 15 repúblicas y los convenció de formar una nueva unión voluntaria en la cual tendrían mayor independencia de Moscú. El acuerdo fue firmado formalmente el 20 de agosto de 1991.

En ese momento, un grupo de comunistas de línea dura, incluido el vicepresidente de Gorbachev, Gennady Yanayev, decidió que ya era suficiente, y lanzaron un golpe de Estado para quitar a Gorbachev y revertir sus reformas. El 18 de agosto, este último, que estaba de vacaciones en Crimea, fue arrestado y obligado a entregar el poder a Yanayev. Cuando se rehusó, fue puesto bajo arresto domiciliario mientras el golpe seguía en Moscú. Al público se le dijo que Gorbachev estaba enfermo y que un comité de ocho miembros estaba ahora a cargo; declararon estado de emergencia, prohibieron las manifestaciones y rodearon con tanques y tropas los edificios públicos de Moscú, incluida la Casa Blanca (Parlamento de la Federación Rusa), la cual pretendían tomar. El tratado de la nueva unión de Gorbachev, que debía haberse firmado al día siguiente, se canceló.

No obstante, el golpe estuvo mal organizado y los líderes no lograron arrestar a Yeltsin, quien se apresuró a ir a la Casa Blanca y, de pie en un tanque, condenó el golpe y llamó al pueblo de Moscú a reunirse para apoyarlo. Las tropas estaban confundidas, sin saber a qué lado apoyar, pero nadie se movió para oponerse a Yeltsin, que era popular. Pronto fue evidente que algunas secciones del ejército simpatizaban con las reformas. Para la noche del 20 de agosto, miles de personas estaban en las calles, se habían construido barricadas en contra de los tanques y el ejército dudaba de causar víctimas atacando la Casa Blanca. El 21 de agosto, los líderes del golpe aceptaron la derrota y a la larga fueron arrestados. Yeltsin había triunfado y Gorbachev pudo volver a Moscú, pero las cosas nunca volvieron a ser iguales y el golpe fallido tuvo consecuencias importantes.

- El Partido Comunista cayó en desgracia y se desacreditó por las acciones de la línea dura. Incluso Gorbachev estaba ahora convencido de que no habría manera de reformarlo y pronto renunció al puesto de secretario general; el partido fue prohibido en la Federación Rusa.
- Yeltsin fue considerado el héroe y a Gorbachev se le marginaba cada vez más. Yeltsin gobernó la Federación Rusa como a una república independiente e introdujo un drástico programa para cambiar a una economía de libre mercado. Cuando Ucrania, la segunda república soviética de mayor tamaño, votó por la independencia (1º de diciembre de 1991), se vio claro que la URSS estaba liquidada.
- Yeltsin ya estaba negociando una nueva unión de las repúblicas, a la cual se unieron primero la Federación Rusa, Ucrania y Bielorrusia (8 de diciembre de 1991), y posteriormente ocho más. La nueva unión tomó el nombre de Comunidad de Estados Independientes (CEI). Si bien

los estados miembros eran totalmente independientes, acordaron trabajar juntos en asuntos económicos y de defensa.

- Estos hechos significaban que el papel de Gorbachev como presidente de la URSS había terminado, y renunció en la Navidad de 1991.

d) Valoración de Gorbachev

En la época de su caída, y durante algunos años después, una mayoría rusa lo consideraba un fracaso, pero por diferentes razones. Para los conservadores, que pensaban que la URSS y el partido todavía tenían mucho que ofrecer, era un traidor. Los reformistas radicales pensaban que se había quedado con el comunismo demasiado tiempo, tratando de reformar lo irreformable. La gente común pensaba que era incompetente y débil, y que había permitido que su nivel de vida declinara.

No obstante, no puede haber duda de que Gorbachev fue uno de los líderes notables del siglo XX, si bien su carrera fue una mezcla de éxitos brillantes y desalentadores fracasos. Algunos historiadores lo ven como al verdadero sucesor de Lenin, y piensan que intentaba llevar al comunismo a la ruta marcada por aquél antes de que Stalin lo secuestrara, quien lo torció y pervirtió. Las dos más grandes decepciones fueron que no logró racionalizar la economía y no haber logrado entender el problema de las nacionalidades, que llevó a la desintegración de la URSS.

Por otra parte, sus logros fueron enormes. Archie Brown los resume:

> Desempeñó el papel que permitió que los países de Europa del este fueran libres e independientes. Hizo más que nadie por concluir la Guerra Fría entre Oriente y Occidente. Empezó el replanteamiento fundamental del sistema económico y el político que había heredado y de mejores opciones. Presidió la introducción de la libertad de expresión, de prensa, de asociación, de movimiento, de religión, y dejó a Rusia como un *país más libre* de lo que nunca había sido en su larga historia.

Empezó creyendo que el Partido Comunista podía ser reformado y modernizado y, que una vez logrado esto, no podría haber un mejor sistema, pero descubrió que la mayoría del partido, la élite y la burocracia, se resistían al cambio por sus propias razones egoístas; todo el sistema estaba invadido de mafiosos y operadores del mercado negro y de todo tipo de corrupción. Este descubrimiento llevó a Gorbachev a cambiar sus metas; si el partido se negaba a reformarse, entonces tendría que perder su papel dominante. Logró ese objetivo pacíficamente, sin derramamiento de sangre, lo cual fue notable, dadas las circunstancias. Su logro, en especial en asuntos exteriores, fue enorme. Sus políticas de *glasnost* y *perestroika* devolvieron la libertad al pueblo de la URSS. Sus políticas de reducción del gasto militar, de distensión y de retiro de Afganistán y de Europa del este fueron vitales para que terminara la Guerra Fría.

e) ¿Se podía reformar el sistema comunista?

¿Habría sobrevivido el comunismo ruso si Gorbachev hubiera aplicado otras políticas? Muchos rusos están convencidos de ello, y de que si Rusia hubiera seguido el mismo camino que China, todavía hoy sería comunista. El argumento es que tanto Rusia como China necesitaban reformas en dos áreas: el Partido Comunista, y el gobierno y la economía. Gorbachev pensaba que esto no podía hacerse al mismo tiempo y decidió empezar por la reforma política, sin ninguna innovación económica fundamental. Los chinos lo hicieron al contrario, empezaron por la reforma económica (sección XX.3) y no modificaron el poder del Partido Comunista. Esto se tradujo en que si bien el pueblo sufrió penurias económicas, el gobierno nunca perdió el control, y en última instancia estaba dispuesto a usar la fuerza, a diferencia de Gorbachev.

Vladimir Bukovsky, reformista y demócrata social, explicó en qué se equivocó Gorbachev: "Su único instrumento de poder era el Partido Comunista, pero su reforma debilitó precisamente a ese instrumento. Fue como el hombre proverbial que cortó la rama en la que estaba sentado. El resultado no podría haber sido otro". Si Gorbachev hubiera instrumentado un programa de reformas económicas a 10 años, supuestamente la situación podría haber sido diferente.

Otros observadores argumentan que el Partido Comunista era imposible de reformar; señalan que cualquier sistema o partido político que goza de un periodo prolongado e ininterrumpido en el poder se vuelve arrogante, complaciente y corrupto. Tanto Kruschev como Gorbachev intentaron reformar la *nomenklatura*, y ambos fracasaron, porque a la élite, la burocracia gubernamental y el sistema económico, sólo les interesaba seguir su camino y se negaron a responder a las nuevas circunstancias. En teoría, la reforma debió haber sido posible, pero hubiera sido necesario recurrir a la fuerza, como el gobierno chino hizo en la Plaza Tiananmen. Dada la extrema renuencia de Gorbachev a usar la fuerza, las perspectivas de éxito no parecían muy prometedoras.

f) El legado del comunismo

Cualquier régimen que esté en el poder durante más de 70 años por fuerza deja su marca, buena o mala, en el país. La mayoría de los historiadores parece pensar que los logros del comunismo superan sus efectos negativos. Aun así, ningún sistema podría sobrevivir tanto tiempo nada más por la fuerza. Un logro importante fue que el sistema benefició a un número importante de personas de "clase baja", que habían estado excluidas de tal situación durante la época zarista, con ascensos y empleos razonablemente bien pagados. Se difundió la educación y la alfabetización; se fomentó la "cultura" soviética, igual que el deporte; las artes interpretativas, en especial la música, fueron subsidiadas por el Estado, además de que la ciencia recibió trato y subsidios especiales. Quizá el logro más importante del comunismo haya sido su papel clave en la derrota del régimen maligno de Hitler y los nazis. Después de la muerte de Stalin, si bien el país estaba estancado en cierto sentido, el sistema dio estabilidad y mejoró el nivel de vida de la mayoría.

Por otra parte, el sistema soviético dejó una serie de problemas que el siguiente régimen difícilmente lograría resolver. El sistema en sí era rígido y estaba exageradamente centralizado, la iniciativa se había sofocado durante generaciones y la burocracia se oponía a cambios radicales. Al país le pesaba enormemente el gasto militar. Boris Yeltsin desempeñó un papel importante en la destrucción del sistema soviético. ¿Podría haberlo hecho mejor?

4. RUSIA Y LAS REPERCUSIONES DEL COMUNISMO: YELTSIN Y PUTIN

Los ocho años que Yeltsin fue presidente de Rusia estuvieron llenos de incidentes, pues él y los sucesivos primeros ministros intentaron transformar a Rusia en una democracia política con una economía de mercado en el menor tiempo posible.

a) Yeltsin, Gaidar y la "terapia de choque"

El problema que Boris Yeltsin tenía era de enormes proporciones: saber cuál era la mejor forma de *desmantelar una economía de comando y transformar a Rusia en una economía de mercado* privatizando una industria y una agricultura ineficientes y subsidiadas por el Estado. Yeltsin era enormemente popular, pero esto sólo duraría si lograba mejorar las condiciones de vida de la gente. Escogió como vicepresidente a Yegor Gaidar, joven economista influido por las teorías monetaristas occidentales [sección XXIII.5 *b)*], el cual lo convenció de que los necesarios cambios podían hacerse en un año, empezando con una "liberalización de precios" y después privatizando casi toda la economía. Sería difícil durante unos seis meses, pero aseguró a Yeltsin que las cosas se estabilizarían y la vida del pueblo mejoraría gradualmente.

Esta "terapia de choque", como se le llamó, empezó en enero de 1992 con la eliminación de los controles de precios de cerca de 90% de los productos y de los subsidios del gobierno para la industria. Los precios se fueron para arriba vertiginosamente, y siguieron subiendo después de los primeros seis meses. Para finales de año, los precios eran, en promedio, 30% más elevados que al principio; había muchos productos en las tiendas, pero la mayoría de la gente no tenía medios para adquirirlos. La situación era desastrosa porque los salarios no seguían el ritmo de los precios y, al desmoronarse las ventas, los trabajadores de las fábricas eran despedidos, de tal forma que más de un millón de personas perdió su empleo. Miles estaban sin hogar y se vieron obligados a vivir en tiendas de campaña en los alrededores de las poblaciones.

Cuando se inició el programa de privatización, aparentemente la intención era que todas las grandes industrias y las granjas colectivas del Estado pasaran a un régimen de propiedad conjunta de todo el pueblo. Cada ciudadano recibió un cupón con valor de 10 000 rublos como participación, y el plan era que los trabajadores pudieran comprar acciones de su empresa. Sin embargo, nada de esto sucedió; 10 000 rublos equivalían a unas 35 libras esterlinas, cantidad insignificante en una época de inflación galopante; casi ningún trabajador podía permitirse la compra de acciones. Lo que sucedió fue que los administradores podían comprar y acumular suficientes cupones y asumir la propiedad de su planta. La situación se prolongó hasta que a finales de 1995 la mayoría de las industrias que habían sido propiedad del Estado ahora estaban en manos de un grupo relativamente pequeño de financieros, conocidos como "oligarcas". Éstos obtuvieron utilidades enormes, pero de subsidios del gobierno, que fueron reintroducidos, más que del mercado. En vez de reinvertir estas utilidades en la industria, como pretendía el gobierno, las transfirieron a cuentas en bancos suizos y a inversiones en el extranjero. La inversión total en Rusia se redujo en dos terceras partes.

Mucho antes de llegar a esta etapa, la popularidad de Yeltsin se había desvanecido. Dos de sus ex partidarios, Aleksandr Rutskoi y Ruslan Jasbulatov, encabezaron la oposición en el Soviet Supremo y obligaron a Yeltsin a despedir a Gaidar, quien fue remplazado por Viktor Chernomyrdin. En enero de 1993, éste reintrodujo cierto control de precios y utilidades, pero para fin de año, después de dos años de "terapia de choque", según un informe, "nuestro país ha retrocedido dos siglos a la 'salvaje era' del capitalismo".

Desafortunadamente, la corrupción, el fraude, los sobornos y la actividad criminal formaban parte de la vida cotidiana de Rusia. En otro informe, preparado por Yeltsin en 1994, se estimaba que *las mafias criminales controlaban de 70 a 80% de los negocios y actividades bancarias.* Un escritor ruso, Aleksandr Chubarov, describió recientemente las políticas gubernamentales como "capitalismo deformado". Fue un intento de crear en seis meses el tipo de capitalismo de mercado que en Occidente había tardado generaciones.

b) La oposición y la "guerra civil" en Moscú

Los principales políticos carecían de experiencia en una democracia, tampoco sabían cómo organizar una economía de mercado. En un principio, no había partidos políticos propiamente organizados, según el modelo occidental, y la Constitución, vestigio de la era soviética, no aclaraba la división de poderes entre el presidente y el Parlamento. No obstante, en noviembre de 1992, el Partido Comunista volvió a legalizarse y empezaron a formarse otros grupos, si bien el propio Yeltsin no era apoyado por ningún partido. *En el Parlamento una mayoría estaba totalmente en su contra e intentaba deshacerse de él,* pero en un referéndum de abril de 1993, 53% de los votantes expresó su aprobación por sus políticas sociales y económicas. El éxito de Yeltsin sorprendió a muchos, y sugirió que, si bien no era popular, el pueblo tenía aun menos confianza en las otras opciones.

Entonces Yeltsin intentó neutralizar al Parlamento con una nueva Constitución que lo subordinara al presidente. Jasbulatov y Rutskoi estaban decididos a no sucumbir; se apresuraron a ir a la Casa Blanca, donde se reunía el Soviet Supremo, y se encerraron con cientos de diputados, periodistas y seguidores. Después de unos días, el edificio fue rodeado por tropas fieles a Yeltsin; algunos partidarios del Parlamento atacaron las oficinas del alcalde de Moscú y una estación de televisión, por lo que Yeltsin ordenó a las tropas que irrumpieran en la Casa Blanca (3 de octubre de 1993). A la larga, los diputados se rindieron, si bien no antes de que cerca de 200 murieran, 800 resultaran heridos y la Casa Blanca sufriera graves daños.

La nueva Constitución de Yeltsin fue apenas aprobada en un referéndum (diciembre de 1993). En las elecciones de la cámara baja del Parlamento (la *Duma*), los partidarios de Yeltsin obtuvieron sólo 70 de 450 escaños, en tanto que el bloque comunista ganó 103. Este resultado fue un obvio rechazo a Yeltsin, *pero su poder no resultó afectado, pues la nueva Constitución le permitía despedir al Parlamento y gobernar por decreto, si así lo decidía.*

Si bien tenía mucho poder, sabía que no podía darse el lujo de ignorar completamente a la opinión pública, sobre todo porque en 1996 habría elecciones para presidente; se esforzó por evitar una confrontación con la *Duma* y las relaciones mejoraron. Entre tanto, continuaban las medidas de privatización y se concretó la creación de una nueva clase de propietarios ricos, si bien el tesoro del Estado pareció beneficiarse muy poco con estas ventas; lo que pasó fue que, de hecho, las empresas del Estado habían sido vendidas a los antiguos administradores, empresarios, banqueros y políticos a precios de ganga. Extrañamente, Yeltsin, quien alguna vez había sido el azote de los funcionarios corruptos de Moscú, hizo muy poco por controlar a sus subordinados. *Para la mayoría no había indicios de mejora;* los precios siguieron subiendo durante 1995, aumentó el número de personas que vivían en la pobreza y el índice de natalidad se redujo. Nada ayudó el estallido de la guerra con la República de Chechenia en diciembre de 1994.

c) Conflicto en Chechenia, 1994-1996

Los chechenios son un pueblo islámico conformado por cerca de un millón de personas que habitan en la zona norte de Georgia, dentro de las fronteras de la República Rusa. Nunca aceptaron el control de los rusos; se resistieron al comunismo cuando empezó, y a la guerra civil, así como a la colectivización. Durante la segunda Guerra Mundial, Stalin los acusó de colaborar con los alemanes; toda la nación fue deportada brutalmente al Asia central, y miles murieron en el camino. En 1956, Kruschev les permitió volver a su patria y restablecer su república autónoma.

Cuando la URSS se desintegró, Chechenia se declaró república independiente, encabezada por Jojar Dudaev. Después de que fracasaran los intentos de que se uniera a la Federación Rusa, Yeltsin decidió usar la fuerza, y dio como razón que su declaración de independencia había sido ilegal y que Chechenia era utilizada como base de operación de bandas de delincuentes que actuaban en toda Rusia. En diciembre de 1994, 40 000 soldados rusos la invadieron, y para su sorpresa se resistieron ferozmente antes de que Grozny, la capital, fuera tomada en febrero de 1995. En todo el mundo, los televidentes se sorprendieron con las horribles imágenes de los tanques rusos recorriendo la ciudad en ruinas, pero los chechenios no se rendirían, y siguieron acosando a los rusos con ataques de guerrilla. En el verano de 1996, cuando los chechenios lograron recuperar Grozny, los rusos habían perdido 20 000 hombres. La *Duma* había votado abrumadoramente en contra de la acción militar y el público en general no estaba de acuerdo con la guerra. Conforme se acercaban las elecciones, Yeltsin decidió retirar sus tropas, los chechenios prometieron un gobierno aceptable para Moscú y habría un periodo de enfriamiento de cinco años. No obstante, los chechenios no cejaron en sus demandas de independencia y la lucha se reinició mucho antes de que transcurrieran esos cinco años.

d) Elecciones: diciembre de 1995 y junio-julio de 1996

De conformidad con la nueva Constitución, en diciembre de 1995 se celebraron elecciones para la *Duma* y, en 1996, para presidente. Los resultados de las primeras fueron decepcionantes para el gobierno, que seguía sin recuperar su popularidad. Yeltsin y sus partidarios sólo obtuvieron 65 escaños de los 450, en tanto que el Partido Comunista, encabezado por Gennady Zyuganov, tuvo 157; junto con sus aliados, reunieron 186, por mucho el grupo más numeroso. Obviamente seguía habiendo apoyo residual y nostalgia por los viejos tiempos de la URSS y un gobierno fuerte. En un sistema verdaderamente democrático, los comunistas hubieran desempeñado un papel preponderante en el siguiente gobierno, pero no fue así; al menos por el momento, Yeltsin seguía siendo presidente. La gran interrogante era si el candidato comunista ganaría la elección presidencial del siguiente junio.

Casi de inmediato, los políticos empezaron a prepararse para las elecciones de junio. La popularidad de Yeltsin era tan poca, que algunos de sus asesores querían que cancelara las elecciones y recurriera a la fuerza, en caso necesario. No obstante, habla bien de él que permitiera la continuación del proceso, y más de 20 candidatos se registraron para la primera vuelta, incluidos el líder comunista Zyuganov y Mijaíl Gorbachev. En las primeras encuestas de opinión, Zyuganov era el posible ganador, y la perspectiva de que volviera el comunismo consternó a Occidente. No obstante, Yeltsin y sus partidarios se unieron, y si bien había sufrido un ataque cardiaco en el verano de 1995, ahora parecía tener nuevos bríos y recorrió el país prometiendo todo a todos. El gran impulso llegó con la firma del cese al fuego en Chechenia, poco antes de la elección.

Zyuganov también presentó un programa atractivo, pero carecía del carisma de Yeltsin y no logró distanciarse lo suficiente de Stalin. En la primera vuelta, la victoria de Yeltsin fue muy cerrada, con 35% de los votos, frente a 32% de Zyuganov; Gorbachev apenas obtuvo 1%. A pesar de su mala salud, el equipo de Yeltsin siguió con una campaña intensa; en la segunda vuelta, su victoria frente a Zyuganov fue decisiva, con 54% de los votos. Fue notable, considerando su escasa popularidad al principio de la campaña y el hecho de que la situación económica apenas empezaba a mejorar. La razón de la victoria de Yeltsin no fue tanto porque la gente lo prefiriera, sino porque la otra posibilidad le gustaba aun menos. Si los comunistas hubieran presentado políticas verdaderamente socialdemócratas, Zyuganov muy bien podría haber ganado, pero él no era un socialdemócrata; no ocultaba su admiración por Stalin, y eso fue un error fatal. Llegado el momento, la mayoría de los rusos no pudo votar por que volviera al poder un comunismo de tipo estalinista; apretó los dientes y votó por el menor de los males.

e) Segundo periodo de Yeltsin, 1996-1999

Al empezar su segundo periodo como presidente, parecía que se había llegado a un momento decisivo; la inflación estaba en apenas 1% mensual y, por primera vez desde 1990, la producción dejó de reducirse. *Pero no se había cumplido la promesa.* La gran debilidad de la economía era la falta de inversión, sin la cual no podría crecer mucho. En el otoño de 1997, los sucesos externos tuvieron efectos adversos en Rusia. Hubo una serie de crisis y desastres financieros en las economías de los "tigres" asiáticos, Tailandia, Singapur y Corea, que afectaron los mercados de valores en todo el mundo. Por otra parte, el precio mundial del petróleo cayó por la sobreproducción, lo cual resultó desastroso para Rusia, pues era su mayor producto de exportación. Las utilidades proyectadas para 1998 desaparecieron, los inversionistas extranjeros retiraron sus fondos y el Banco Central fue obligado a devaluar el rublo (agosto de 1998). Fue otra catástrofe financiera en la que los ahorros y el capital de millones de personas perdieron su valor.

Con el gobierno tratando de mantenerse a flote, la *Duma* sugirió un nuevo primer ministro, Evgeny Primakov, distinguido científico, economista y veterano del comunismo que creía que el Estado debía seguir desempeñando un papel importante en la organización de la economía. Para sorpresa de casi todos, Yeltsin aceptó darle el puesto a Primakov, quien pensaba reducir las importaciones, evitar que el capital saliera del país, atraer inversión extranjera y acabar con la corrupción. Un poco antes de que se aplicaran sus políticas, la situación económica mejoró rápidamente. Los precios mundiales del petróleo se recuperaron, la devaluación hizo que las importaciones del exterior fueran demasiado caras y esto fomentó la industria del país. El gobierno pudo pagar los salarios y pensiones atrasados y la crisis pasó. Las encuestas de opinión mostraron que 70% de los votantes aprobaba las medidas de Primakov. No obstante, apenas ocho meses después, Yeltsin lo despidió (mayo de 1999), con el pretexto de que se necesitaba un hombre más joven y con más energía (Primakov tenía casi 70 años). Se rumoraba que la verdadera razón era que estaba decidido a erradicar la corrupción; muchos influyentes que habían logrado su fortuna y poder por medios corruptos, presionaron a Yeltsin para que lo despidiera. No obstante, los rusos comunes estaban consternados y la popularidad de Yeltsin se redujo a sólo 2 por ciento.

f) Llega Putin

Preparándose para las elecciones de la *Duma* de diciembre de 1999 y la siguiente elección presidencial (junio de 2000), Yeltsin nombró como primer ministro a Vladimir Putin, director de la policía de seguridad. La Constitución impedía que Yeltsin se presentara para un tercer periodo, de modo que quería estar seguro de que el candidato de su elección fuera el próximo presidente. La Constitución preveía que si el presidente tenía que retirarse antes de terminar su periodo, el primer ministro sería automáticamente el presidente durante tres meses, lapso en que tendrían que celebrarse elecciones presidenciales. Las encuestas de opinión sugerían que Primakov podría ser elegido, pero los acontecimientos de septiembre de 1999 cambiaron dramáticamente la situación. En Moscú hizo explosión una serie de bombas; volaron dos bloques de departamentos y murieron más de 200 personas. Putin afirmó que los responsables eran rebeldes chechenios y ordenó un ataque generalizado en contra de los separatistas de Chechenia. Esta vez, la opinión pública, ofendida por los ataques, estaba a favor de la guerra. Putin impresionó al pueblo por la determinación con que manejó la situación y su decisión de acabar con los señores de la guerra.

La reanudación de la guerra en Chechenia trabajó en favor de Putin y su partido, el Bloque de Unidad. En las elecciones de la *Duma*, los partidarios de Primakov sólo obtuvieron 12% de los escaños, y los comunistas, 25%. El 31 de diciembre de 1999, Yeltsin renunció a su puesto de presidente, confiando en que su candidato, Putin, sería el siguiente. Como presidente en funciones, este último dio un golpe maestro, su Bloque de Unidad formó una alianza con los comunistas de la *Duma* y otros grupos pequeños, con lo cual consiguió la mayoría para su bloque, algo que Yeltsin nunca había logrado. En la elección presidencial de marzo de 2000, Putin fue el ganador absoluto de la primera votación, con 53% de los votos; otra vez, Zyuganov fue segundo.

g) Primer periodo de Putin, 2000-2004

Putin era reconocido por su inteligencia política y su habilidad para que las cosas se hicieran; estaba decidido a acabar con la corrupción, destruir a los oligarcas como clase, según decía, y a desarrollar una economía de mercado estrictamente controlada, para restablecer el imperio de la ley y el orden, y dar fin a la guerra con Chechenia. Logró que la *Duma* aprobara estas medidas gracias a las alianzas que había formado después de las elecciones de 1999, y obtuvo gran éxito.

- Dos de los "oligarcas" más influyentes, Vladimir Gusinski y Boris Berezovski, quienes controlaban casi todas las televisoras de Rusia y habían criticado a Putin, fueron despedidos de sus puestos y amenazados con ser arrestados por acusaciones de corrupción. Ambos decidieron salir del país y el Estado recuperó el control de la red de televisión. En 2003, otro magnate de los negocios, Mijaíl Jodorkovski, fue arrestado y encarcelado.
- Los nuevos reglamentos para los partidos políticos se traducían en que ningún partido con menos de 10000 miembros podía tomar parte en las elecciones nacionales, medida que redujo el número de partidos de 180 a cerca de 100, y la gran ventaja para el gobierno fue que se evitaría que los oligarcas financiaran a sus propios partidarios. En octubre de 2001, Putin logró otro éxito, cuando su partido, el Bloque de Unidad, se fusionó con uno de sus mayores rivales, el Movimiento por la Patria; juntos pudieron formar un grupo mayoritario en la *Duma*.
- La economía siguió recuperándose, la producción se incrementó y Rusia siguió aprovechando los elevados precios mundiales del petróleo, si bien para finales de 2001 empezaron a bajar. El presupuesto federal mostró un superávit y el gobierno pudo cubrir sus deudas sin más en-

deudamiento. Putin sintió que la recuperación era aún precaria y siguió con sus políticas de liberalización de la economía.

Putin también tuvo experiencias menos positivas. Cuando el submarino nuclear *Kursk* naufragó misteriosamente en el mar de Barentz y sus 118 tripulantes murieron (agosto de 2000), el gobierno fue muy criticado por la mediocridad con que manejó la tragedia. Putin no logró finiquitar el conflicto con Chechenia y siguieron los ataques con bombas. En un estimado del verano de 2003 se sugiere que una tercera parte de la población seguía viviendo por abajo de la línea de pobreza. No obstante, Putin seguía siendo popular entre el público, de modo que pudo hacer frente a las elecciones de 2003-2004 con toda confianza. Había hecho mucho por el pueblo ruso, en especial con sus reformas fiscales y de las pensiones. La mayoría estaba encantada con sus ataques contra los "oligarcas", la economía estaba floreciendo y los inversionistas extranjeros volvían a mostrar interés por Rusia.

No fue una sorpresa que en las elecciones para la *Duma* de diciembre de 2003, el partido Rusia Unida, de Putin, obtuviera 222 de los 450 escaños. La verdadera sorpresa fueron los pobres resultados del Partido Comunista de Zyuganov, que perdió casi la mitad de sus representantes y le quedaron apenas 53 escaños. Algunos observadores consideran que esto marcó el fin del camino para los comunistas, que habían sido la única oposición real para el gobierno. Una de las razones de esta pobre actuación de los comunistas fue la creación de un nuevo partido, *Rodina* (Madre Patria), apenas cuatro meses antes de la elección. Era un partido nacionalista que se comprometía a elevar los impuestos para las empresas y devolver a la gente común la fortuna que los oligarcas habían hecho con sus turbias privatizaciones. *Rodina* se llevó casi todos los votos de los comunistas y logró 37 representantes, que votarían por Putin.

Los analistas señalan que Putin estaba desarrollando claras tendencias al autoritarismo, y *Rodina* había sido formado deliberadamente por el Kremlin con la esperanza de acabar con el apoyo de los comunistas, como parte de la estrategia de Putin de una "democracia controlada". En otras palabras, intentaba crear un Parlamento "a su imagen". Si podía asegurarse una mayoría de dos terceras partes de la *Duma*, podría modificar la Constitución, de forma que le permitiera un tercer periodo como presidente. Obviamente, la democracia en Rusia pendía de un hilo.

En las elecciones presidenciales de marzo de 2004 el presidente Putin logró una victoria arrolladora, con 71% de los votos emitidos. Su más cercano rival fue el candidato comunista, Nikolai Jaritonov, pero sólo obtuvo 13.7%. Los observadores del Consejo de Europa informaron que la elección no había estado a la altura de las normas democráticas; en particular, se suponía que los candidatos rivales no habían tenido acceso justo a los medios controlados por el Estado, y que no había habido un verdadero debate político previo a la elección. El presidente Putin hizo caso omiso de estas críticas; prometió seguir adelante con la reforma económica y proteger la democracia.

PREGUNTAS

Promesas de Kruschev para el futuro
1. Estudie la fuente A y responda las preguntas.

Fuente A
Extractos del discurso de Kruschev en el vigésimo segundo Congreso del partido, 31 de octubre de 1961.

En esta década (1961-1970), la Unión Soviética superará la producción per cápita del país capitalista más fuerte y más rico, los Estados Unidos; el nivel de vida de la gente, así como el cultural y el técnico, mejorarán sustancialmente; todos vivirán desahogadamente; las granjas colectivas y del Estado serán empresas altamente productivas y con utilidades; se cumplirá con la exigencia del pueblo soviético de viviendas bien equipadas; el trabajo físico extenuante desaparecerá; la URSS tendrá las jornadas laborales más cortas. Todos los ciudadanos [participarán] activamente en la administración del Estado [...] y el pueblo tendrá mayor control de sus actividades. Por tanto, se construirá en la URSS una sociedad comunista.

FUENTE: citado en John Laver, *The USSR, 1945-1990*
(Hodder & Stoughton, 1991).

   a) ¿Qué revela esta fuente sobre los problemas heredados
      por Kruschev del régimen estalinista?
   b) ¿Por qué le quitaron el poder a Kruschev en 1964?
   c) ¿Hasta qué punto se habían cumplido las promesas de
      Kruschev en 1970?

2. Kruschev pensaba que el comunismo en la URSS podía ser
   reformado y modernizado, y ser más eficiente. ¿Hasta qué
   punto se había logrado esto en 1970?
3. Analice la opinión de que si Gorbachev hubiera aplicado
   otras políticas, la URSS podría haber sobrevivido, de la misma forma que el comunismo sobrevivió en China.
4. Explique por qué al colapso de la URSS siguieron problemas económicos y políticos graves.

XIX. CHINA, 1900-1949

Resumen de acontecimientos

China tuvo una larga historia de unidad nacional, y desde mediados del siglo XVII había sido gobernada por la dinastía Manchú o la Ching. Sin embargo, en la década de 1840, el país pasó por un conflictivo periodo de interferencia extranjera, guerra civil y desintegración, hasta la victoria de los comunistas en 1949.

El último emperador fue derrocado en 1911 y se proclamó una república. El periodo entre 1916 y 1928, conocido como la *etapa de los Señores de la Guerra,* fue de enorme caos, pues varios generales asumieron el control de las diferentes provincias. Un partido denominado *Kuomintang (KMT),* o Nacionalista, intentaba gobernar China y controlar a los generales, ocupados en pelear entre ellos. Los líderes del KMT fueron el doctor Sun Yat-sen y, a su muerte, en 1925, el general Chiang Kai-shek. El Partido Comunista Chino (CCP, por sus siglas en inglés) fue fundado en 1921, y en un principio cooperó con el KMT en su lucha contra los Señores de la Guerra. Como gradualmente el KMT logró controlar más y más regiones de China, se sintió suficientemente fuerte como para prescindir de la ayuda de los comunistas e intentó acabar con ellos. Estos últimos, encabezados por Mao Zedong (Mao Tse-tung) reaccionaron enérgicamente, y después de escapar del cerco de las fuerzas del KMT, iniciaron la larga marcha (1934-1935) de 10 000 kilómetros para crear una nueva base de poder en el norte del país.

La guerra civil se prolongó, complicada por la intromisión de los japoneses, que culminó en una invasión de gran escala en 1937. Cuando la segunda Guerra Mundial terminó con la derrota de los japoneses y su retirada de China, el KMT y el CCP siguieron luchando entre ellos por el control de China. Chiang Kai-shek recibió ayuda de los Estados Unidos, pero en 1949 fueron Mao y los comunistas los vencedores. Chiang y sus partidarios huyeron a la isla de Taiwán (Formosa). Rápidamente, Mao Zedong asumió el control en toda China y siguió siendo el líder hasta su muerte, en 1976.

1. LA ERA DE LA REVOLUCIÓN Y LOS SEÑORES DE LA GUERRA

a) Antecedentes de la Revolución de 1911

En los primeros años del siglo XIX, China se mantuvo apartada del resto del mundo; la vida era tranquila y pacífica, sin grandes cambios, como había sido desde que la dinastía Manchú asumiera el poder, en la década de 1640. No obstante, a mediados del siglo XIX, China tuvo que enfrentar varias crisis. Para comenzar, *los europeos empezaron a ejercer presión* para aprovechar las posibilidades comerciales. Los británicos fueron los primeros en llegar, resultando vencedores en las Guerras del Opio (1839-1842); obligaron a China a entregar Hong-Kong y a permitirles ejercer el comercio en ciertos puertos. Siguieron otros países occidentales hasta que, por fin, esos "bárbaros", como los chinos los llamaban, tuvieron derechos y concesiones en cerca de 80 puertos y otras ciudades.

Vino después la *Rebelión Taiping (1850-1864)*, que abarcó todo el sur de China y que fue un movimiento en parte religioso y en parte de reforma política, cuyo objetivo era instaurar un "Reino Celestial de Gran Paz" *(Taiping tianguo)*. A la larga, el movimiento fue derrotado no por el gobierno, sino por ejércitos regionales. Así empezó el proceso en el cual las provincias empezaron a afirmar su independencia del gobierno central de Beijing (Pequín), y que terminó en la Era de los Señores de la Guerra (1916-1928).

China fue derrotada en una guerra con Japón (1894-1895) y obligada a entregar una porción de territorio. *La guerra de los Bóxers*, levantamiento chino en contra de la influencia extranjera, tuvo lugar en 1898-1900 y fue ganada por un ejército internacional; la emperatriz Tz'u-hsi fue obligada a pagar una sustanciosa indemnización por los daños sufridos por propiedades extranjeras en China. Japón se apoderó de más territorios como resultado de su victoria en la Guerra Ruso-Japonesa (1904-1905) y no había duda de que China estaba en estado lamentable.

En los primeros años del siglo XX, miles de jóvenes chinos viajaron al extranjero a estudiar, y volvieron con ideas revolucionarias y radicales para derrocar a la dinastía Manchú y occidentalizar el país. Algunos revolucionarios, como el doctor Sun Yat-sen, querían un Estado democrático al estilo de los Estados Unidos.

b) La Revolución de 1911

El gobierno intentó responder a las nuevas ideas radicales introduciendo reformas, prometiendo democracia y organizando asambleas provinciales elegidas. No obstante, lo único que se logró fue que las provincias se distanciaran aún más del gobierno central, que ahora era extremadamente impopular. *La revolución empezó entre los soldados de Wuchang, en octubre de 1911, pero muy pronto la mayoría de las provincias se declaró independiente de Beijing.*

El gobierno que regía en nombre del niño emperador Pu Yi (quien sólo tenía cinco años de edad), desesperado, pidió ayuda al general retirado Yuan Shih-kai, que había sido comandante del Ejército Chino del Norte y aún tenía mucha influencia entre los generales. Sin embargo, el plan fracasó, pues resultó que Yuan, de poco más de 50 años, tenía sus propias ambiciones. Hizo un trato con los revolucionarios, que aceptaron que él fuera el primer presidente de la república china a cambio de que Pu Yi abdicara al final de la dinastía Manchú. Con el apoyo del ejército, Yuan gobernó como dictador militar de 1912 a 1915, pero cometió el error de proclamarse emperador (1915). Con esto, perdió el apoyo del ejército, que lo obligó a abdicar; murió en 1916.

c) Era de los Señores de la Guerra (1916-1928)

Con la abdicación y muerte de Yuan Shih-kai se eliminó a la última persona que parecía capaz de mantener cierta unidad en China. El país se había desintegrado literalmente en cientos de estados de diferentes tamaños, cada uno controlado por un señor de la guerra y su ejército privado. Como peleaban entre ellos, fueron los campesinos chinos normales los que pasaron penurias inenarrables (ilustración XIX.1). Sin embargo, *en este periodo tuvieron lugar dos acontecimientos positivos de importancia.*

- El Cuarto Movimiento de Mayo empezó en 1919, en Beijing, con una enorme manifestación de estudiantes que protestaban contra los Señores de la Guerra y contra la cultura tradicional china. El movimiento también fue en contra de Japón, en especial porque en ese año, el Acuerdo de Versalles daba a ese país el derecho de tomar las concesiones alemanas de la provincia de Shantung.
- El Kuomintang, o Partido Nacionalista, se fortaleció gra-

ILUSTRACIÓN XIX.1. *Ejecución callejera en China, en 1927, hacia finales de la era de los Señores de la Guerra*

dualmente, y para 1928 había logrado controlar a los Señores de la Guerra.

2. EL KUOMINTANG, EL DOCTOR SUN YAT-SEN Y CHIANG KAI-SHEK

a) El Kuomintang

La principal esperanza de sobrevivencia de una China unida estaba en el Kuomintang o Partido Nacional del Pueblo, formado en 1912 por el doctor Sun Yat-sen. Él se había formado como médico en Hawai y Hong-Kong y vivió en el extranjero hasta la Revolución de 1911. Consternado por la desintegración de China, quería crear un Estado moderno, unido y democrático. Al volver a su país después de la revolución, logró instituir un gobierno en Cantón, al sur de China (1917). Sus ideas influían, pero tenía muy poco poder fuera del área de Cantón. El KMT no era un partido comunista, si bien estaba dispuesto a cooperar con los comunistas, y desarrolló su propia organización partidista según las líneas del comunismo, y comenzó a formar su propio ejército. El propio Sun resume sus objetivos como los *Tres Principios:*

nacionalismo: liberar a China de la influencia extranjera y hacer de ella una potencia fuerte y unificada, respetada en el extranjero;

democracia: China no debe ser gobernada por los Señores de la Guerra, sino por el propio pueblo, después de educarlo para la democracia y el autogobierno;

reforma agraria: en ocasiones se le ha llamado "sustento del pueblo"; era vaga, si bien Sun anunció una política de largo plazo de desarrollo económico y redistribución de la tierra entre los campesinos; aunque estaba a favor de restringir las rentas, se oponía a la confiscación de las propiedades de los terratenientes.

Sun llegó a ser respetado como hombre de Estado intelectual y líder revolucionario, pero cuando murió, en 1925, poco se había avanzado para lograr los Tres Principios, sobre todo porque él no era general. Hasta que no se construyeran los ejércitos del KMT, tenía que confiar en alianzas con los Señores de la Guerra que simpatizaban con él, y tenía problemas para ejercer su autoridad fuera de la zona sur.

b) Chiang Kai-shek

El general Chiang Kai-shek (ilustración XIX.2) se convirtió en líder del KMT después de la muerte de Sun. Él había recibido formación militar en Japón, antes de la primera Guerra Mundial, y siendo un nacionalista convencido se unió al KMT. En esta etapa, el nuevo gobierno ruso soviético ayudaba y guiaba al KMT con la esperanza de que la China nacionalista se mostrara amistosa con Rusia. En 1923, Chiang pasó algún tiempo en Moscú, estudiando la organización del Partido Comunista y el Ejército Rojo. Al año siguiente, fue director de la Academia Militar de Whampoa (cerca de Cantón), instituida con dinero, armas y asesores rusos para capacitar a los oficiales del

Ilustración XIX.2. *General Chiang Kai-shek*

ejército del KMT. No obstante, a pesar de sus contactos rusos, Chiang no era comunista, simpatizaba con los hombres de negocios y los terratenientes. Poco después de ser nombrado líder del partido, quitó a todos los izquierdistas de los puestos importantes del mismo, aunque por el momento siguió con la alianza del KMT con los comunistas.

En 1926 emprendió la *Marcha del Norte* para destruir a los Señores de la Guerra del centro y el norte de China. Partiendo de Cantón, para 1927, el KMT y los comunistas habían tomado

Hankow, Shanghai y Nanking. La capital, Beijing, fue tomada en 1928. Casi todo el éxito de Chiang se derivó del gran apoyo local de los campesinos, atraídos por las promesas de los comunistas de que recibirían tierras. La captura de Shanghai se vio favorecida por un levantamiento de trabajadores industriales organizado por *Zhou Enlai*, miembro del KMT y también comunista.

Durante 1927, Chiang decidió que los comunistas estaban adquiriendo demasiado poder. En zonas en que eran fuertes, los terratenientes eran atacados y sus tierras confiscadas; era el momento de acabar con un aliado incómodo. Todos los comunistas fueron expulsados del KMT y se inició un terrible "movimiento de purificación", en el cual, miles de comunistas y de líderes sindicales y agrarios fueron masacrados; algunos estiman que el total de personas asesinadas llegó a 250 000. Controlados los comunistas y los Señores de la Guerra, Chiang era el líder militar y político de China.

El gobierno del Kuomintang demostró ser una gran desilusión para la mayoría del pueblo chino. Chiang podía afirmar que había cumplido con el primer principio de Sun, el nacionalismo, pero confiando en el apoyo de los terratenientes ricos no se había avanzado hacia la democracia ni la reforma agraria, si bien algo se había progresado con la construcción de más escuelas y caminos.

3. Mao Zedong y el Partido Comunista Chino

a) Los primeros años

El partido se había fundado oficialmente en 1921. En un principio, estaba formado principalmente por intelectuales y tenía muy poca fuerza militar, lo cual explica por qué estaba dispuesto a trabajar con el KMT. Mao Zedong, presente en la reunión en que se fundó, nació en la provincia de Hunan (1893), en el sudeste de China, hijo de un próspero campesino. Después de cierto tiempo de trabajar la tierra, Mao se formó como maestro y se trasladó al norte, a Beijing, donde trabajó como asistente de bibliotecario en la universidad, que era un centro de estudios marxistas. Posteriormente volvió a Hunan, donde se dio a conocer como hábil organizador de sindicatos y asociaciones campesinas. Después del rompimiento entre el KMT y los comunistas, Mao se responsabilizó de modificar la estrategia del partido, se concentraría en ganar el apoyo masivo de los campesinos, más que en captar ciudades industriales, donde ya habían fracasado varias insurrecciones comunistas por la fuerza del KMT. En 1931, Mao fue elegido presidente del Comité Ejecutivo Central del comunismo chino, y de ahí en adelante consolidó gradualmente su posición como verdadero líder del comunismo chino.

Mao y sus partidarios se concentraron en sobrevivir, pues entre 1930 y 1934 Chiang llevó a cabo cinco "campañas de exterminio" en contra de ellos. Se fueron a las montañas que separan la provincia de Hunan de Kiangsi, y se concentraron en crear el Ejército Rojo. No obstante, a principios de 1934, el área base de Mao fue rodeada por los ejércitos del KMT, dispuestos para la destrucción final del comunismo chino. Mao decidió que la única oportunidad de sobrevivencia era atravesar las líneas de Chiang y establecer otra base de poder en otra parte, de modo que en octubre lograron cruzar y casi 100 000 comunistas emprendieron la notable *Marcha Larga,* que llegaría a formar parte de la leyenda china; cubrieron cerca de 10 000 kilómetros en 368 días (mapa XIX.1), y en palabras de Edgar Snow, periodista estadunidense:

> cruzaron 18 cadenas montañosas, cinco de ellas, cubiertas de nieve, y 24 ríos. Atravesaron 12 provincias, ocuparon 62 ciudades y atravesaron ejércitos protectores de 10 diferentes señores provinciales de la guerra, además de derrotar, eludir o ser más hábiles que diversas fuerzas de tropas del gobierno enviadas a combatirlos.

Finalmente, los 20 000 sobrevivientes encontraron refugio en Yenan, provincia de Shensi, donde se organizó una nueva base. Mao pudo controlar las provincias de Shensi y Kansu. *Durante los siguientes 10 años, los comunistas siguieron consiguiendo apoyo, en tanto que Chiang y el KMT no dejaron de perder popularidad.*

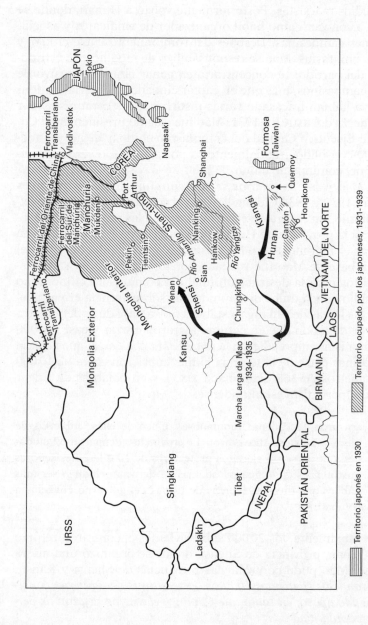

MAPA XIX.1. *China después de la primera Guerra Mundial*

URSS

JAPÓN
Tokio

Ferrocarril Transiberiano
Vladivostok

COREA

Nagasaki

Formosa
(Taiwán)

Ferrocarril del Oriente de China

Ferrocarril del Sur de Manchuria

Manchuria
Mukden

Port
Arthur

Shanghai

Quemoy

Hongkong

Ferrocarril Transiberiano

Pekín

Tientsin

Shan-tung

Nankíng

Kiangsi

Cantón

Río Amarillo

Hankow

Río Yangtze

Hunan

Mongolia Exterior

Mongolia Interior

Yenan

Sian

Shensí

Chungking

Kansu

Singkiang

Marcha Larga de Mao
1934-1935

VIETNAM DEL NORTE

LAOS

BIRMANIA

Tíbet

NEPAL

PAKISTÁN ORIENTAL

Ladakh

Territorio japonés en 1930

Territorio ocupado por los japoneses, 1931-1939

b) ¿Por qué recibieron apoyo Mao y los comunistas?

1. Ineficiencia y corrupción del KMT en el gobierno

El KMT tenía poco que ofrecer a manera de reforma, dedicaba demasiado tiempo a cuidar de los intereses de industriales, banqueros y terratenientes, y sus intentos de organizar el apoyo de las masas era poco efectivo. Esto dio la oportunidad a Mao y los comunistas de conseguir su apoyo.

2. Pocas mejoras en las condiciones de las fábricas

Las condiciones laborales en la industria siguieron siendo deficientes, a pesar de las leyes para acabar con los peores abusos, como la mano de obra infantil en la industria textil. Era frecuente que esas leyes no se aplicaran; los inspectores eran sobornados por todos lados y el propio Chiang no estaba dispuesto a ofender a los industriales, que lo apoyaban.

3. La pobreza de los campesinos seguía igual

En los primeros años de la década de 1930 hubo una serie de sequías y malas cosechas que provocaron hambruna generalizada en las zonas rurales. Al mismo tiempo, los especuladores solían enviar cantidades sustanciales de arroz y trigo a las ciudades; había, además, impuestos elevados y trabajos forzados. Por el contrario, las políticas agrarias que se aplicaban en zonas controladas por los comunistas eran mucho menos atractivas; en el sur, en un principio, se apoderaban de las tierras de hacendados ricos y las distribuían entre los campesinos. Después de una tregua temporal con el KMT durante la guerra con Japón, los comunistas llegaron a un acuerdo y se limitaron a una política de restricción de rentas y a asegurarse de que incluso los campesinos más pobres recibieran una pequeña parcela. Esta política menos drástica tenía la ventaja de allegarles el apoyo tanto de los pequeños propietarios como de los campesinos.

4. El KMT no opuso resistencia efectiva a los japoneses

Éste fue el factor clave del éxito de los comunistas. Los japoneses ocuparon Manchuria en 1931, y obviamente estaban preparados para controlar las provincias vecinas del norte de China. Aparentemente, Chiang pensaba que era más importante destruir a los comunistas que resistirse a los japoneses, de modo que se trasladó a Shensi del sur para atacar a Mao (1936). Aquí tuvo lugar un destacado incidente. Chiang fue hecho prisionero por sus propias tropas, sobre todo de Manchuria, indignados por la invasión japonesa. Exigían que Chiang se opusiera a los japoneses, pero en un principio no estuvo dispuesto a hacerlo; sólo después de que el prominente comunista Zhou Enlai lo visitó en Sian aceptó una nueva alianza con el CCP y un frente nacional contra los japoneses.

La nueva alianza fue una gran ventaja para los comunistas; por el momento, cesaron las campañas de exterminio del KMT, de modo que el CCP estaba seguro en su base de Shensi. Cuando estalló la guerra a gran escala con Japón, en 1937, las fuerzas del KMT fueron derrotadas rápidamente y gran parte del oriente de China fue ocupado por Japón, mientras Chiang se retiraba hacia el occidente. Esto permitió que los comunistas, invictos en Shensi, se presentaran en el norte como nacionalistas patriotas, en una efectiva campaña de guerrillas en contra de los japoneses. Con esto lograron amplio apoyo de los campesinos y las clases medias, horrorizados por la arrogancia y brutalidad de los japoneses. Mientras que en 1937 el CCP tenía cinco áreas de base y el control de 12 millones de personas, para 1945 sus bases eran 19 y controlaba a 100 millones de personas.

4. Victoria comunista, 1949

a) *La victoria de los comunistas todavía no era inevitable*

Cuando los japoneses fueron derrotados en 1945, el KMT y el CCP se trabaron en la lucha decisiva por el poder. Muchos observadores, en especial en los Estados Unidos, tenían la esperanza y la expectativa de que Chiang resultara victorioso. Los estadunidenses ayudaron al KMT a apoderarse de todos los territorios que antes ocuparan los japoneses, excepto Manchuria, tomada por los rusos unos días antes de que terminara la guerra. Aquí los rusos obstaculizaron al KMT y permitieron que se movilizaran las guerrillas del CCP. De hecho, la aparente fuerza del KMT era engañosa; en 1948, los ejércitos comunistas que no dejaban de crecer eran suficientemente grandes como para abandonar su campaña de guerrillas y desafiar directamente a los de Chiang. Tan pronto como la presión fue directa, los ejércitos del KMT empezaron a desintegrarse. En enero de 1949, los comunistas tomaron Beijing, y ese mismo año Chiang y lo que quedaba de sus fuerzas huyeron a la isla de Taiwán y dejaron a Mao Zedong al mando de la China continental. En octubre de 1949, Mao proclamó la nueva República Popular de China, con él como presidente del CCP y presidente de la república (ilustración XIX.3).

b) Razones del triunfo del CCP

Los comunistas siguieron ganándose el apoyo popular por su política de restricción territorial, que variaba según las necesidades de cada área en particular; se confiscaba parte de las tierras de un hacendado, o todas, y se distribuía entre los campesinos, o sencillamente se imponía la restricción de rentas; los ejércitos comunistas era disciplinados y la administración comunista era honesta y justa.

Por otra parte, la administración del KMT era ineficiente y corrupta, y gran parte de la ayuda estadunidense iba a parar a los bolsillos de los funcionarios. Su política de pagar las guerras imprimiendo dinero extra resultó en inflación galopante, que a su vez complicaba la vida de las masas y arruinó a gran parte de la clase media. Los ejércitos estaban mal pagados y se les permitía saquear las zonas rurales; sujetos a la propaganda comunista, los soldados se desilusionaron poco a poco de Chiang y empezaron a pasarse al bando comunista. El KMT intentó aterrorizar a las poblaciones locales para someterlas, pero con esto sólo aislaron más regiones. Chiang también cometió algunos errores tácticos; como Hitler, no pudo soportar la retirada, de modo que sus escasos soldados fueron rodeados, y con frecuencia, como sucedió en Beijing y Shanghai, se rindieron sin oponer resistencia, totalmente desmoralizados.

Al final, los líderes del CCP, Mao Zedong y Zhou Enlai fueron lo suficientemente astutos como para aprovechar las debi-

ILUSTRACIÓN XIX.3. *Mao Zedong proclama la nueva República China en 1949*

lidades del KMT y se dedicaron a ello. Los generales comunistas Lin Biao, Chu Teh y Ch-en Yi habían preparado muy bien a sus ejércitos y, tácticamente, eran más competentes que su contraparte del KMT.

Preguntas

La victoria de los comunistas en China
1. Estudie la fuente A y responda las preguntas.

Fuente A
Extractos de los escritos de Edgar Snow, periodista estadunidense que vivió en China muchos años, después de 1928. Su libro *Red Star Over China* se publicó en 1937.

Tengo que admitir que la mayoría de los campesinos con quienes hablé parecían apoyar a los comunistas y al Ejército Rojo. Muchos criticaban libremente y se quejaban, pero cuando se les preguntaba si los preferían a los viejos tiempos, la respuesta casi siempre era enfática, "sí". También observé que la mayoría se refería a los soviets como "nuestro gobierno". Para entender el apoyo de los campesinos para el movimiento comunista, es necesario tener en mente la carga que soportaban en el antiguo régimen [el Kuomintang]. Ahora, donde estuvieran los Rojos, no hay duda de que la situación cambiaba radicalmente para el campesino arrendatario, el campesino pobre y todos los "desposeídos". Durante el primer año, se abolieron todos los impuestos en los nuevos distritos, para dar un respiro a los campesinos. Segundo, los Rojos dieron tierras a los campesinos hambrientos de tierras. Tercero, tomaron tierras y ganado de los ricos y los repartieron entre los pobres. No obstante, tanto a los hacendados como a los campesinos ricos se les permitía conservar tantas tierras como pudieran cultivar con su propia mano de obra.

Fuente: Edgar Snow, *Red Star Over China* (Penguin, ed. 1972).

a) ¿Qué tanto ayuda esta fuente a explicar la difusión del comunismo en China en los años treinta?
b) ¿Qué efecto tuvieron la guerra con Japón y la segunda Guerra Mundial en la suerte del Partido Comunista Chino?
c) Explique por qué Mao Zedong y los comunistas final-

mente resultaron victoriosos en la guerra civil contra el Kuomintang.

2. "Chiang Kai-shek fue popular durante la segunda mitad de los años veinte, pero después de que llegó al poder, su gobierno resultó una decepción para la mayor parte del pueblo chino." ¿En qué medida estaría de acuerdo en que ésta es una evaluación justa de la carrera de Chiang Kai-shek?

XX. CHINA DESDE 1949: LOS COMUNISTAS CON EL CONTROL

Resumen de acontecimientos

Después de su victoria sobre el Kuomintang en 1949, Mao Zedong se dedicó a reconstruir China, que estaba en ruinas. En un principio los rusos asesoraban y ayudaban, pero a finales de los años cincuenta la relación se enfrió y la ayuda económica de Rusia se redujo. En 1958, Mao introdujo *el Gran Salto Adelante*, en el cual, el comunismo fue adaptado, no siempre con éxito, a la situación china, con énfasis en descentralización, agricultura, comunas y contacto con las masas. *Mao se volvió muy crítico de los rusos* que, desde su punto de vista, se estaban alejando de los estrictos principios marxista-leninistas y siguiendo la "vía capitalista" tanto en los asuntos internos como en los externos. Durante la década de 1960 estos desacuerdos provocaron un grave distanciamiento en el mundo comunista, que sólo se solucionó con Gorbachev como líder ruso, en 1985. Con la *Revolución Cultural (1966-1969)*, Mao intentó, con éxito, aplastar la oposición dentro del partido y mantener a China en la línea del marxismo-leninismo.

Después de la muerte de Mao en 1976, hubo una lucha de poder de la cual salió Deng Xiaoping como líder indiscutible (1981). Mucho menos conservador que Mao, Deng hizo importantes cambios políticos, moderó la línea dura del comunismo de Mao y recurrió a Japón y los capitalistas de Occidente para ideas y ayuda. Esto despertó el resentimiento de los partidarios de Mao, que acusaron a Deng de seguir la "vía capitalista"; en 1987, lo obligaron a reducir el ritmo de sus reformas.

Alentadas por la política de la *glasnost* de Gorbachev en la URSS, en abril de 1989 empezaron las protestas estudiantiles en Beijing, en la Plaza Tiananmen, que se prolongaron hasta junio; exigían democracia y terminar con la corrupción en el Partido Comunista. El 3 y 4 de junio, el ejército avanzó, atacó a los estudiantes, mató a cientos de ellos y restableció el orden. Los comunistas seguían teniendo firmemente el control. Las reformas económicas continuaron con cierto éxito, pero no hubo reforma política. Deng Xiaoping siguió siendo el líder supremo hasta su muerte (a los 92 años), en 1997.

1. ¿HASTA QUÉ PUNTO RESOLVIÓ MAO ZEDONG LOS PROBLEMAS DE CHINA?

a) Los problemas de Mao

Los problemas que enfrentaba la República Popular en 1949 eran complejos, por decir lo menos. El país estaba devastado después de una larga guerra civil y la guerra con Japón; ferrocarriles, caminos, canales y diques habían sido destruidos y la

ILUSTRACIÓN XX.1. *China, construcción de un canal con mano de obra de las masas*

escasez de alimentos era habitual. La industria estaba atrasada, la agricultura era ineficiente, incapaz de alimentar a las masas empobrecidas, además de que la inflación parecía fuera de control. Mao tenía el apoyo de los campesinos (ilustración XX.1) y de gran parte de la clase media, disgustada ésta por el desempeño del KMT, pero era imperativo que mejorara sus condiciones si quería seguir teniendo su apoyo. Controlar y organizar tan vasto país, con una población de cuando menos 600 millones, debe haber sido una tarea sobrehumana, pero Mao lo logró y hoy China, independientemente de sus defectos, sigue siendo en gran medida su creación. Empezó apegándose a los métodos de Stalin, y a fuerza de ensayo y error encontró lo que funcionaría en su país y en qué casos se necesita un enfoque especial chino.

b) La Constitución de 1950
(adoptada oficialmente en 1954)

Incluía el Congreso Nacional del Pueblo (autoridad decisiva en cuanto a legislación), cuyos miembros eran elegidos para cuatro años por los mayores de 18 años de edad, así como el Consejo de Estado y el presidente de la República (ambos elegidos por el Congreso), cuya función era asegurarse de que las leyes se cumplieran y la administración del país siguiera adelante. El Consejo de Estado eligió al Buró Político (Politburó), que tomaba las decisiones importantes. Obviamente, todo el sistema era dominado por el Partido Comunista, y sólo sus miembros eran elegibles. La Constitución fue importante porque proporcionó a China un gobierno central fuerte por primera vez en muchos años, y prácticamente no ha cambiado (figura XX.1).

c) Cambios en la agricultura

Con éstos, China dejó de ser un país de pequeñas propiedades ineficientes y se convirtió en un país de grandes cooperativas como las de Rusia (1850-1956). En la primera etapa se expropiaron las tierras de los grandes terratenientes y se distribuyeron entre los campesinos, sin duda con violencia en ciertos lugares. En algunas fuentes se menciona que murieron tantas como dos millones de personas, si bien el historiador Jack Gray considera que "la redistribución de la tierra en China se llevó a cabo con un notable grado de atención a la legalidad y un mínimo de violencia física contra los hacendados. El siguiente salto se dio sin violencia; los campesinos fueron convencidos (no obligados, como en Rusia) de reunirse en cooperativas (granjas colectivas) para incrementar la producción de alimentos. Para 1956, cerca de 95% de los campesinos formaba parte de las cooperativas (que constaban de 100 a 300 familias) con propiedad conjunta de la granja y su equipo.

d) Cambios en la industria

Empiezan con la nacionalización de la mayoría de los negocios. En 1953, el gobierno se embarcó en un Plan de Cinco Años enfocado en el desarrollo de la industria pesada (hierro, acero, sustancias químicas y carbón). Los rusos ayudaron con efectivo, equipo y asesores, y el plan resultó relativamente exi-

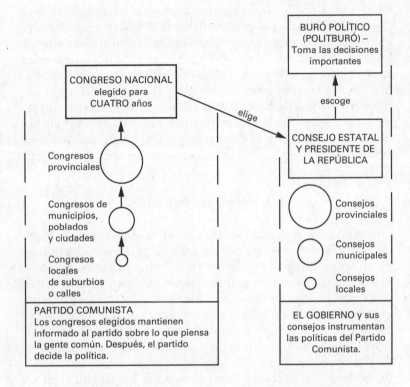

FIGURA XX.1. *Cómo funciona el gobierno de China*

toso. Sin embargo, antes de que terminara, Mao empezó a tener dudas respecto de que China fuera adecuada para este tipo de industrialización. Por otra parte, podía afirmar que con su liderazgo el país se había recuperado de los estragos de las guerras; se habían restablecido las comunicaciones; la inflación estaba controlada y la economía parecía mucho más saludable.

e) Campaña de las Cien Flores (1957)

Hasta cierto punto, parece haber derivado de la industrialización, que dio lugar a una nueva y amplia clase de técnicos e ingenieros. Los *cuadros* del partido (grupos que organizaban política y económicamente a las masas, por ejemplo, la colectivización de las granjas) pensaban que esta nueva clase de expertos pondría en riesgo su autoridad. El gobierno, complacido con el avance conseguido hasta entonces, decidió que la discusión abierta de los problemas mejoraría las relaciones entre cuadros y expertos o intelectuales. "Permitamos que cien flores florezcan y cien escuelas de pensamiento contiendan", dijo Mao, aludiendo a la crítica constructiva. Desafortunadamente, recibió más de lo que había esperado, pues los críticos atacaron

- a los cuadros, por su incompetencia y exagerado entusiasmo;
- al gobierno, por la exagerada centralización;
- al Partido Comunista, por no ser democrático; algunos sugirieron que debían permitirse partidos de oposición.

Apresuradamente, Mao dio por terminada la campaña y tomó medidas drásticas en contra de sus críticos, e insistió en que sus políticas estaban correctas. La campaña demostró cuántos seguían oponiéndose al comunismo y a los cuadros incultos, y convenció a Mao de que se necesitaba *consolidar el avance del socialismo*, de manera que en 1958 hizo un llamado para el *"Gran Salto Adelante"*.

f) El Gran Salto Adelante

Mao pensaba que algo nuevo y diferente se necesitaba para resolver los problemas específicos de China, algo no basado en la experiencia rusa. El Gran Salto Adelante implicó importantes desarrollos tanto en la industria como en la agricultura, con el fin de incrementar la producción (en particular la agricultura, que no estaba produciendo la cantidad necesaria de alimentos) y adaptar la industria a las condiciones chinas. Sus características más importantes fueron:

1. *La introducción de comunas*. Eran unidades más grandes que las granjas colectivas, estaban formadas hasta por

75 000 personas, divididas en brigadas y equipos de trabajo con un consejo elegido. Administraban sus propias granjas y fábricas colectivas, llevaban a cabo casi todas las funciones del gobierno local dentro de la comuna y emprendían proyectos locales especiales. En 1965, una comuna típica, por ejemplo, incluía a 30 000 personas, de las cuales, la tercera parte eran niños en edad escolar o de guarderías, una tercera parte eran amas de casa o ancianos y el resto, la fuerza laboral. Se incluía un equipo de científicos formado por 32 profesionales y 43 técnicos. Cada familia recibía una participación de las utilidades y también tenía una pequeña parcela privada.

2. *Cambio total de énfasis en la industria.* En lugar de tender a las fábricas de gran escala como las de la URSS y Occidente, se crearon fábricas mucho más pequeñas en las zonas rurales que proporcionarían maquinaria para la agricultura. Mao se refirió a la creación de 600 000 "industrias siderúrgicas de patio trasero", organizadas y administradas por las comunas, que también se ocuparían de construir caminos, canales, presas, depósitos y canales de riego.

Al principio pareció que el Gran Salto resultaría un fracaso; hubo cierta oposición a las comunas, una serie de malas cosechas (1959-1961) y el retiro de toda ayuda rusa como consecuencia del rompimiento entre Rusia y China. Todo esto, aunado a la falta de experiencia de los cuadros, provocó penurias entre 1959 y 1963; las estadísticas que se publicaron posteriormente sugerían que cerca de 20 millones de personas podrían haber muerto prematuramente como consecuencia de dichos problemas, en especial por la desastrosa hambruna de 1959-1960, provocada por el Gran Salto. Incluso el prestigio de Mao padeció, y fue obligado a renunciar al puesto de presidente del Congreso del Pueblo (sería sucedido por Liu Shao-qui), aunque siguió siendo presidente del Partido Comunista.

No obstante, *a largo plazo, la importancia del Gran Salto se hizo evidente;* a la larga, tanto la producción agrícola como la industrial se incrementaron sustancialmente, y para mediados de los años sesenta China había logrado alimentar a su enorme población sin hambruna (que rara vez se había presentado con el KMT). Las comunas demostraron ser una innovación exitosa, eran mucho más que meras granjas colectivas, constituían una eficiente unidad de gobierno local y permitían que el gobierno central de Beijing se mantuviera en contacto con la opinión local. Parecían la solución ideal al problema de dirigir un enorme país, al mismo tiempo que se evitaba la centralización exagerada que ahoga la iniciativa. Se había tomado una decisión crucial, que China seguiría siendo básicamente un país agrícola con industria en pequeña escala distribuida por las zonas rurales. La economía sería intensiva en mano de obra (apoyada por cifras enormes de trabajadores, en lugar de recurrir a maquinaria que ahorra mano de obra). Dada la magnitud de la población del país, supuestamente era la mejor manera de que todos tuvieran trabajo, y permitió a China evitar los problemas de creciente desempleo de las naciones altamente industrializadas de Occidente. Otros beneficios fueron la difusión de los servicios educativos y de bienestar, así como mejoras en la posición de la mujer en la sociedad.

g) La Revolución Cultural (1966-1969)

Fue el intento de Mao por mantener la revolución y el Gran Salto en la línea marxista-leninista pura. En los primeros años sesenta, cuando el éxito del Gran Salto estaba en entredicho, la oposición se incrementó. Los miembros de derecha del partido creían que se necesitaban incentivos (trabajo a destajo, mayores salarios diferenciados y parcelas privadas más extensas, que se habían estado rezagando en algunas áreas) para que las comunas funcionaran de manera eficiente. También pensaban que debía haber una clase de directivos que impulsara la industrialización según el modelo ruso, en vez de apoyarse en los cuadros, pero para los maoístas esto era inaceptable; era exactamente lo que Mao condenaba de los rusos, a los cuales tachaba de "revisionistas" por seguir la "vía capitalista". El partido debía evitar que surgiera una clase privilegiada que explotaría a los trabajadores; era vital estar en contacto con las masas.

Entre 1963 y 1966 fue intenso el debate público entre derechistas (incluidos Liu Shao-qui y Deng Xiaoping) y maoístas respecto del curso que se debía seguir. Mao, aprovechando su posición de presidente del partido para mover a los jóvenes, lanzó una desesperada campaña para "salvar" la revolución. En su Gran Revolución Cultural Proletaria, como la llamó, apeló a las masas. Sus partidarios, los Guardias Rojos (principalmente estudiantes), recorrieron el país defendiendo los argumentos de Mao, en tanto que se cerraron las escuelas y después, las fábricas. Fue un increíble ejercicio de propaganda con el cual *Mao trataba de renovar el fervor revolucionario* (ilustración XX.2).

Desafortunadamente, provocó caos y algo parecido a una guerra civil, una vez que las masas estudiantiles despertaron, denunciaron y atacaron físicamente a toda autoridad, no sólo los críticos de Mao. Maestros, profesionales, funcionarios del partido local se convirtieron en objetivos; millones de perso-

ILUSTRACIÓN XX.2. *Antiguo palacio de la Ciudad Prohibida de Pekín (Beijing) transformado en el Palacio Cultural de los Guardias Rojos, que aquí honran a Mao*

nas fueron deshonradas y arruinadas. Para 1967, los Guardias Rojos extremistas estaban casi fuera de control, y Mao tuvo que convocar al ejército, comandado por Lin Biao, para restablecer el orden. Mao aceptaba en privado que había cometido errores, pero en público culpaba a sus asesores y a los líderes de la Guardia Roja. Muchos fueron arrestados y ejecutados por "cometer excesos". En la conferencia del partido de abril de 1969 terminó formalmente la Revolución Cultural, y Mao fue exonerado de la culpa de lo sucedido. Posteriormente, culpó al ministro de Defensa, Lin Biao (escogido como su sucesor), quien había sido siempre de sus partidarios más leales, del exceso de entusiasmo de los Guardias Rojos. En algunas fuentes se afirma que Mao decidió hacer de Lin Biao el chivo expiatorio porque estaba tratando de empujarlo al retiro; lo culparon de tramar el asesinato de Mao (algo muy poco probable) y murió en un accidente aéreo en 1971, cuando trataba de escapar a la URSS, según se señaló en los informes oficiales.

La Revolución Cultural provocó graves trastornos, arruinó millones de vidas y probablemente retrasó 10 años el desarrollo económico de China. Y a pesar de ello, a mediados de los años setenta se vio cierta recuperación económica y China hizo grandes progresos a partir de 1994. John Gittings, periodista y experto en asuntos chinos, escribió en la *Modern History Review* de noviembre de 1989 su opinión sobre China en la época de la muerte de Mao, en 1976:

> Una mayoría de la población, más saludable, mejor educada y organizada, vivía aún en zonas rurales, en tierras que habían mejorado considerablemente. La producción de granos seguía, cuando menos, el acelerado ritmo de crecimiento de la población. El desarrollo industrial había triplicado la producción de acero, sentado las bases de una industria petrolera importante, creado una industria de construcción de maquinaria virtualmente desde cero y proporcionado una base para que China llegara a ser una potencia nuclear. La industria ligera ofrecía un flujo razonable de bienes de consumo, a diferencia de la Unión Soviética.

Lo más sorprendente de las políticas de Mao en sus últimos años se vio en asuntos exteriores, cuando conjuntamente con

Zhou Enlai decidió que había llegado el momento de mejorar las relaciones con los Estados Unidos [secciones VIII.6 *a)* y *c)*].

2. LA VIDA DESPUÉS DE MAO

a) A la muerte de Mao siguió una lucha de poder en 1976

Tres eran los principales contendientes para suceder a Mao, *Hua Guofeng,* nombrado por el propio Mao como su sucesor; *Deng Xiaoping,* quien había sido despedido de su puesto de secretario general del partido durante la Revolución Cultural supuestamente por haber sido demasiado liberal, y un grupo conocido como *el Grupo de los Cuatro,* encabezado por Kiang Quing, viuda de Mao y militantes incondicionales de Mao más maoístas que él. En un principio, Hua pareció ser la figura dominante, arrestó al Grupo de los Cuatro y mantuvo a Deng entre bastidores, pero éste pronto reafirmó su posición y aparentemente durante un tiempo compartió el liderazgo con Hua. Desde mediados de 1978, Deng recuperó gradualmente la supremacía y Hua fue obligado a renunciar a la presidencia del partido, dejando a Deng como líder indiscutible (junio de 1981). Como signo de crítica manifiesta a Mao y sus políticas, el Grupo de los Cuatro fue juzgado por "crímenes malignos, monstruosos e imperdonables" cometidos durante la Revolución Cultural. El Comité Central del partido emitió una "Resolución" en la que se censuraba a la Revolución Cultural por haber sido un grave error de la "izquierda", del cual el propio Mao era responsable. No obstante, Mao fue elogiado por su gran esfuerzo por "acabar con la camarilla contrarrevolucionaria de Lin Biao". Según explica el historiador Steve Smith, "culpando a un hombre de esta manera, con la Resolución se intentó exculpar a la 'abrumadora mayoría' de líderes del CCP que supuestamente estaban en el lado derecho de la lucha. Por tanto, la Resolución suscribió un cambio de autoridad dentro del CCP de un líder único a un liderazgo colectivo".

b) Hubo un periodo de cambios políticos impresionantes

Esta nueva fase empezó en junio de 1978, cuando Deng Xiaoping logró la supremacía.

1. *Muchos de los cambios introducidos durante la Revolución Cultural fueron revertidos;* los comités revolucionarios, creados para regir a los gobiernos locales, fueron abolidos y remplazados por grupos elegidos más democráticamente. Las propiedades confiscadas a ex capitalistas fueron devueltas a los sobrevivientes, y hubo una considerable libertad religiosa y mayor libertad para que los intelectuales se expresaran en la literatura y las artes.

2. En cuestiones económicas, Deng y su protegido, *Hu Yaobang*, querían ayuda técnica y financiera de Occidente para modernizar la industria, la agricultura, la ciencia y la tecnología. Se aceptaron créditos de gobiernos y bancos extranjeros, así como contratos firmados con empresas extranjeras para adquirir equipo moderno. En 1980, China se integró al Fondo Monetario Internacional (FMI) y al Banco Mundial. En el ámbito local se otorgó a las granjas del Estado mayor control sobre planeación, financiamiento y utilidades; se alentó el uso de esquemas de bonos, trabajo a destajo y participación de utilidades; el Estado pagó a las comunas precios más elevados por sus productos y redujo los impuestos para estimular la eficiencia y la producción. Estas medidas tuvieron cierto éxito, la producción de granos alcanzó un nivel récord en 1979, y la prosperidad llegó a muchos campesinos.

Como sucede con frecuencia, este programa de reformas condujo a exigir una reforma más radical.

c) Exigencia de una reforma más radical: el Muro de la Democracia

En noviembre de 1978 hubo en Beijing y otras ciudades una campaña de carteles en apoyo a Deng Xiaoping. Pronto se or-

ganizaron manifestaciones masivas en que se exigían cambios
más drásticos, y a principios de 1978, el gobierno se sintió
obligado a prohibir las marchas y las campañas de carteles.
No obstante, aún quedaba el así llamado "Muro de la Democracia" en Beijing, donde el público podía expresarse en enormes carteles (*Dazibao;* ilustración xx.3). Durante 1979, los carteles se hicieron cada vez más atrevidos, se atacaba al presidente
Mao y se exigía una amplia gama de derechos humanos:

- derecho a criticar abiertamente al gobierno;
- representación de partidos no comunistas en el Congreso Nacional del Pueblo;
- libertad para cambiar de trabajo y viajar al extranjero;
- abolición de las comunas.

Esto enfureció a Deng, quien en un principio había aprobado el Muro de la Democracia sólo porque en la mayoría de los
carteles se criticaba al Grupo de los Cuatro. En ese momento
lanzó un fiero ataque contra los principales disidentes, y los
acusó de tratar de destruir el sistema socialista. Varios fueron
arrestados y condenados a prisión hasta por 15 años. En noviembre de 1979, el Muro de la Democracia fue abolido; se
restablecieron la ley y el orden, así como la disciplina de partido. "Sin el partido —apuntó Deng— China retrocederá al divi-
sionismo y la confusión."

d) La modernización y sus problemas

Después del primer arrebato de celo reformista y la vergüenza
del Muro de la Democracia, el ritmo se redujo considerablemente, pero Deng, con sus dos protegidos, Hu Yaobang (secretario general del partido) y Zhao Ziyang (primer ministro), estaba decidido a seguir avanzando con la modernización lo más
pronto posible.

Zhao Ziyang se había ganado la reputación de brillante
administrador en la provincia de Sichuan, donde había sido
responsable de 80% del incremento de la producción industrial en 1979. También empezó experimentos, que pronto se

ILUSTRACIÓN XX.3. *Dazibao en Beijing*

extendieron a todo el país, para desintegrar las comunas y dar el control de parcelas individuales a los campesinos. La tierra, que oficialmente seguía siendo propiedad del Estado, se dividió y asignó a hogares campesinos, lo cual les permitiría conservar la mayor parte de las utilidades. Con esto logró incrementar la producción agrícola, además de que mejoró el nivel de vida de muchas personas. En diciembre de 1984, Zhao anunció que el Estado ya no compraría obligatoriamente los cultivos, seguiría adquiriendo productos básicos, pero en menores cantidades. Los precios de los excedentes de granos, cerdo, algodón y vegetales fluctuarían en el mercado abierto.

Sin embargo, para esa fecha, la modernización, y lo que Deng llamaba el avance a un "socialismo de mercado", estaban teniendo desafortunados efectos colaterales. Si bien las exportaciones se incrementaron 10% durante 1984, las importaciones crecieron 38%, con un déficit comercial récord de 1100 millones de dólares, que se tradujo en una abrupta caída de las reservas chinas de divisas. El gobierno intentó, con éxito relativo, controlar las importaciones imponiendo aranceles elevados a todos los productos extranjeros, excepto las materias primas clave y los equipos con microchips (80% a los automóviles y 70% a los televisores de color y los videos). Otro suceso desagradable fue que la tasa de inflación empezó a elevarse, hasta llegar a 22% en 1986.

e) Los pensamientos de Deng Xiaoping

Aparentemente no demasiado preocupado por estas tendencias, Deng (ilustración xx.4), de 82 años de edad, explicó sus ideas para el futuro en un artículo publicado en noviembre de 1986 en una revista. Su principal objetivo era permitir que su pueblo se enriqueciera. Para el año 2000, si todo salía bien, el ingreso promedio anual per cápita debía haberse elevado del equivalente de 280 libras esterlinas, a cerca de 700, y la producción en China se habría duplicado. "Enriquecerse no es un delito", agregó. Estaba satisfecho con el avance de la reforma agraria, pero subrayó que en la industria seguía siendo necesaria una descentralización radical. El partido debía retirarse de las tareas administrativas, dar pocas instrucciones y permitir más iniciativa en los niveles más bajos. Sólo la inversión capitalista podría dar lugar a las condiciones en las cuales China llegaría a ser un Estado modernizado y próspero. Su otro tema principal era el papel de su país en el ámbito internacional; es decir, encabezar una alianza por la paz del resto del mundo contra las peligrosas ambiciones de los Estados Unidos y la URSS. Nada, dijo, podría modificar el curso que había marcado para su país.

3. LA PLAZA DE TIANANMEN, 1989,
Y LA CRISIS DEL COMUNISMO

a) La crisis de 1987

A pesar de sus radicales palabras, Deng siempre tenía que estar vigilando a los miembros tradicionalistas, conservadores o maoístas del Politburó, que seguían teniendo poder y serían capaces de deshacerse de él si sus reformas económicas fraca-

ILUSTRACIÓN XX.4. *Deng Xiaoping*

saban o si el control del partido parecía escapársele. Deng estaba llevando a cabo un audaz acto de equilibrio entre los reformistas, como Zhao Ziyan y Hu Yaobang, por una parte, y los de línea dura, como Li Peng, por la otra. La táctica de Deng era fomentar las críticas de estudiantes e intelectuales, pero sólo hasta el grado de permitirle deshacerse de los burócratas más viejos e ineficientes del partido. Si le parecía que las críticas se le escapaban de las manos, tendría que detenerse (como pasó en 1979) por miedo de hacer enojar a la línea dura.

En diciembre de 1986 hubo una serie de manifestaciones estudiantiles en apoyo a Deng Xiaoping y las "Cuatro Modernizaciones" (agricultura, industria, ciencia y defensa), pero para exigir que se aceleraran y, ominosamente, más democracia. Después de que los estudiantes ignoraran una nueva prohibición de los carteles en los muros y una nueva regla que obligaba a dar aviso de una manifestación cinco días antes, Deng decidió que el desafío al control y la disciplina del partido había ido demasiado lejos, y los manifestantes fueron dispersados. Sin embargo, había sido suficiente para alarmar a la línea dura, que obligó a renunciar al reformista Hu Yaobang, secretario general del partido. Fue acusado de ser demasiado liberal en su perspectiva política y de alentar a los intelectuales a que exigieran más democracia y, en cierta forma, a partidos de oposición. Si bien fue un duro golpe para Deng, no fue un completo desastre, pues su lugar fue ocupado por Zhao Ziyang, otro reformador de la economía, pero que hasta el momento se había mantenido alejado de ideas políticas controvertidas; no obstante, Li Peng, de la línea dura, ocupó el puesto de Zhao, como primer ministro.

Zhao pronto anunció que el gobierno no tenía la intención de abandonar su programa de reforma económica y prometió nuevas medidas para agilizar la reforma financiera y, al mismo tiempo, acabar con los "intelectuales burgueses" que ponían en riesgo el control del partido. Esto hizo destacar *el dilema de Deng y Zhao:* ¿era posible ofrecer al público opciones de compra y venta, pero negarle alternativas en otras áreas como las políticas y los partidos políticos? Muchos observadores occidentales pensaban que era imposible tener una cosa sin la otra (y eso hizo Gorbachev en la URSS), y para finales de enero de 1987 se vieron indicios de que podrían tener razón. Por una parte, si las reformas económicas resultaban exitosas, Deng y Zhao podrían estar en lo correcto.

b) Plaza de Tiananmen, 1989

Desafortunadamente para Deng y Zhao, las reformas económicas tuvieron problemas en 1988 y 1989. La inflación llegó a 30%, y los salarios, en especial de los empleados del Estado (funcionarios públicos, funcionarios del partido, policías y soldados), iban muy a la zaga de los precios. Probablemente alentados por las reformas políticas de Gorbachev, y el conocimiento de que iba a visitar Beijing a mediados de mayo de

1989, las manifestaciones de los estudiantes se reanudaron en la Plaza de Tiananmen el 17 de abril; exigían reforma política, democracia y acabar con la corrupción del Partido Comunista. El 4 de mayo, Zhao Ziyang dijo que "las justas demandas [de los estudiantes] serían atendidas", y permitió que la prensa informara al respecto; pero esto indignó a Deng. Las manifestaciones continuaron durante la visita de Gorbachev (15 a 18 de mayo, para conmemorar la reconciliación formal de China y la URSS) y durante junio; en ocasiones, hasta 250 000 personas llenaban la plaza y las calles circundantes. La escena fue vívidamente descrita por John Simpson (en *Despatches from the Barricades*, Hutchinson, 1990), editor de asuntos exteriores de la BBC, quien estuvo ahí gran parte del tiempo:

Había un nuevo espíritu de valor y atrevimiento [...] Había una sensación de liberación, de modo que sólo estar en la Plaza era una declaración en sí. La gente sonreía y se estrechaba la mano [...] parecía que todos escuchaban el servicio de la BBC en chino. La bondad, las sonrisas y las bandas en la cabeza recordaban, irresistibles, los grandes conciertos de rock y las manifestaciones en contra de Vietnam de los años sesenta. Había la misma certeza de que como los manifestantes eran jóvenes pacíficos, el gobierno debía capitular [...] Se repartía comida a intervalos regulares. La gente común respondía con generosidad a las solicitudes de agua embotellada [...] Cientos de miles de personas habían decidido unirse a los que sin duda serían los ganadores. Las principales avenidas de Pekín eran bloqueadas con bicicletas, autos, camionetas de carga, autobuses y plataformas de camión enfilados hacia la Plaza, llenos de gente que vitoreaba, cantaba, tocaba algún instrumento musical, ondeaba una bandera, disfrutaba. El barullo se oía a varias calles de distancia [...] La victoria parecía la conclusión prevista; ¿cómo podía un gobierno resistirse a un levantamiento popular de tal magnitud?

No hay duda de que empezó a parecer que el gobierno había perdido el control y pronto tendría que rendirse ante las demandas. Tras bambalinas, sin embargo, en el Politburó se desarrollaba una lucha de poder entre Zhao Ziyang y Li Peng, primer ministro de línea dura, que a la larga con el apoyo de Deng

Xiaoping, ganó. *Llegaron miles de soldados, y el 3 y 4 de junio, el ejército, con paracaidistas, tanques y la infantería, atacó a los estudiantes y mató entre 1 500 y 3 000* (ilustración XX.5). El gobierno tenía nuevamente el control de la Plaza de Tiananmen, y las manifestaciones de otras ciudades grandes también fueron dispersadas, aunque sin derramamiento de sangre. La línea dura triunfó; Zhao Ziyan perdió su puesto de jefe del partido y fue remplazado por Jiang Zemin, político "intermedio". El primer ministro Li Peng se convirtió en la figura predominante. Muchos líderes estudiantiles fueron arrestados, juzgados y ejecutados.

El mundo entero condenó las masacres, pero Deng y los de línea dura estaban convencidos de haber tomado la decisión correcta. Creían que de haber aceptado la exigencia de democracia de los estudiantes habría habido muchos problemas y gran confusión; se necesitaba el control de un partido único para supervisar la transición a una "economía de mercado socialista". Posteriormente, lo sucedido en la URSS pareció darles la razón. Cuando Gorbachev intentó introducir reformas políticas y económicas *al mismo tiempo,* fracasó; el Partido Comunista perdió el control, las reformas económicas fueron un desastre y la URSS se desintegró en 15 estados diferentes (sección XVIII.3). Pensara lo que pensara el resto del mundo sobre las masacres de la Plaza de Tiananmen, los líderes chinos podían congratularse de haber evitado los errores de Gorbachev y preservado el comunismo en China en un momento en que estaba desapareciendo de Europa del este.

c) China después de Tiananmen

Los líderes de China estaban muy sorprendidos del colapso del comunismo en Europa del este, y si bien habían impedido todo cambio de política, Deng Xiaoping, Li Peng y Jiang Zemin *seguían comprometidos con políticas económicas progresistas, "de puerta abierta".* A menudo Deng les advertía que los países en que las reformas eran demasiado lentas, iban camino al desastre. Tenía la esperanza de que una economía exitosa que permitiera que más y más personas fueran prósperas,

ILUSTRACIÓN XX.5. *Los tanques avanzan*
en la Plaza de Tiananmen, Beijing, en junio de 1989.
El hombre fue retirado por transeúntes

haría olvidar el ansia de "democracia". Durante los años noventa, la economía floreció; de 1991 a 1996, China dirigió al
mundo, con incrementos promedio de 11.4% en el PIB y rápida
elevación del nivel de vida. El oriente y el sur de China eran
especialmente prósperos; las ciudades crecían con rapidez, la
inversión extranjera era considerable y había muchos productos de consumo a la venta. Por otra parte, algunas de las leja-
nas provincias occidentales no compartían la prosperidad.

En marzo de 1996 salió a la luz un nuevo Plan de Cinco
Años tendiente a mantener el auge de la economía incrementando la producción de granos, manteniendo el crecimiento
promedio del PIB en 8% y distribuyendo más equilibradamen-
te la riqueza entre las regiones. Si bien Deng Xiaoping murió
en 1997, podía confiarse en que Jiang Zemin, nombrado presidente, daría continuidad a sus políticas, a pesar de las críticas de la línea dura del partido. La inquietud pública casi había desaparecido, en parte por el éxito económico del país y en
parte por el implacable trato que el gobierno daba a los disi-

dentes. Jiang estaba decidido a atacar la corrupción dentro del partido, sobre todo para complacer a la línea dura la achacaba a las reformas capitalistas de Deng; también ayudaría a acallar a los disidentes que habían hecho de la corrupción uno de sus objetivos favoritos. En el año 2000 se juzgó a varios funcionarios de alto nivel, encontrados culpables de fraude y de aceptar sobornos; algunos fueron ejecutados y otros sentenciados a muchos años de prisión. Incluso, el gobierno organizó en Beijing una exposición para mostrar lo bien que manejaba la corrupción.

La siguiente medida de Jiang (mayo de 2000) fue anunciar lo que llamó las *Tres Representaciones*, un intento por definir qué significaba el CCP y también para resaltar que sin importar cuánto cambiara el sistema económico, no habría cambios políticos importantes, y ciertamente, tampoco medidas en pos de la democracia, en tanto él tuviera el control. Señaló que el CCP representaba tres preocupaciones principales, cuidar:

- el desarrollo y la modernización de China;
- la cultura y el legado chino;
- los intereses de la gran mayoría del pueblo chino.

Para afirmar la declaración de que el partido realmente representaba a todo el pueblo, Jiang anunció (julio de 2001) que se había abierto a los capitalistas. La línea dura, aún con la idea fija de que los partidos comunistas existían para el bien de la clase trabajadora, criticó esta medida. Sin embargo, Jiang pensaba que era razonable, pues los capitalistas habían sido responsables de gran parte del reciente éxito económico de China y, a pesar de ellos, siguió adelante. A muchos capitalistas les encantó la idea de unirse a él, pues ser miembros del partido les daba acceso a la influencia política. Se relajaron las restricciones de los sindicatos, y ahora se permitía que los trabajadores protestaran ante los patrones por problemas de seguridad, condiciones de trabajo deficientes y jornadas laborales prolongadas. Otra buena noticia fue el anuncio de que en 2008, Beijing sería el anfitrión de los Juegos Olímpicos de Verano.

De la mano con estas importantes reformas, el gobierno siguió sin relajar sus políticas represivas, a pesar de haber firmado un acuerdo por el cual aceptaba el consejo de la ONU sobre cómo mejorar sus sistemas de justicia y policía, y de prometer mejorar el renglón de derechos humanos (noviembre de 2000). En febrero de 2001, Amnistía Internacional se quejó de que China realmente recurría más a la tortura para interrogar a los disidentes políticos, los nacionalistas tibetanos y los miembros del Falun Gong (organización semirreligiosa que practicaba la meditación y que había sido prohibida en 1999 sobre la base de que era una amenaza para el orden público). Los disidentes recurrían cada vez más a la internet, creaban sitios web y se comunicaban por correo electrónico; por tanto, el gobierno empezó una decidida campaña contra la "subversión por internet".

d) Cambio de líderes

Jiang Zemin, secretario general del partido y presidente de China, junto con otros de los líderes más viejos, debía dejar su puesto en el decimosexto Congreso del CCP, que se celebraría en noviembre de 2002, el primero desde 1997. En su discurso final como secretario general, Jiang, de 76 años de edad, expresó su determinación de que el CCP siguiera conservando el poder absoluto, y que esto implicaría ampliar la base de poder del partido, de tal forma que todas las clases estuvieran representadas. "El liderazgo del partido —dijo— es la garantía fundamental de que el pueblo es quien manda en el país y de que el país es regido por la ley." Con esto, Jiang dejó el puesto de secretario general, aunque seguiría siendo presidente hasta que el Congreso Nacional del Pueblo se reuniera en marzo de 2003. Hu Jintao fue elegido para sustituirlo como secretario general del CCP.

El Congreso Nacional del Pueblo fue testigo de radicales cambios en el liderazgo. Hu Jintao fue seleccionado como nuevo presidente, y él nombró a Wem Jiabao como primer ministro, o premier. Wem era considerado progresista, además de afortunado por haber sobrevivido a las purgas que siguieron a las masacres de la Plaza de Tiananmen de 1989. No pasó mucho tiempo antes de que *los nuevos líderes anunciaran cambios importantes, tanto económicos como políticos.*

- Parte de algunas de las más grandes empresas de propiedad estatal sería vendida a empresas extranjeras o privadas; se autorizó que algunas compañías más pequeñas se convirtieran en privadas. Sin embargo, el gobierno subrayó que se había comprometido a conservar el control de muchas grandes industrias (noviembre de 2003).
- En diciembre de 2003 se permitió que seis candidatos independientes se presentaran en las elecciones locales de Beijing para la legislatura distrital, y harían frente a más de 4000 candidatos oficiales del CCP, de modo que incluso si los seis resultaban electos, su impacto sería mínimo; de todas formas, fue un interesante cambio de las prácticas habituales.

Entre tanto, seguía el éxito económico de China, a pesar del brote del mortal virus del SARS (siglas en inglés del síndrome respiratorio agudo, grave) a principios del verano de 2003, que infectó a más de 5000 personas, de las cuales murieron cerca de 350. Las estadísticas mostraron que durante ese año, la economía había crecido más de 8%, la tasa más alta en los últimos seis años, y se pensaba que se debía principalmente a los cambios en la forma de gastar de los consumidores. El gobierno afirmó que había creado más de seis millones de empleos durante ese año. Los analistas calcularon que China era la sexta economía del mundo, y que si seguía creciendo al mismo ritmo superaría a Gran Bretaña y Francia, y en 2005 sería la cuarta. Muchas de las nuevas fábricas eran propiedad de extranjeros, pues a las empresas multinacionales se les hacía tarde para instalar negocios en China y explotar su mano de obra de bajo costo.

No obstante, había preocupaciones.

- La prosperidad no estaba bien distribuida; los ingresos y el nivel de vida mejoraban sistemáticamente en dos quintas partes de la población de 1300 millones que vivía en pueblos y ciudades, pero millones de chinos de las zonas rurales, en especial al occidente del país, seguían batallando en la línea de pobreza o por abajo de ésta.

- La economía crecía tan rápidamente que se corría el riesgo de caer en la sobreproducción, lo cual llevaría a menos ventas y a una depresión económica.
- El éxito de China tensaba las relaciones con los Estados Unidos, donde los fabricantes sentían la competencia de los productos chinos más baratos. Washington culpó a los chinos de la pérdida de millones de empleos en los Estados Unidos.
- Los bancos chinos sufrían por el sobreendeudamiento y las deudas tóxicas. Eran culpables de haber gastado en exceso en proyectos de construcción en las grandes ciudades, en caminos y ferrocarriles, y en lo que se consideraba como el proyecto de ingeniería más grande del mundo: la Presa de las Tres Gargantas. Muchas de las empresas de propiedad estatal que habían recibido créditos, no pagaban. En 2004, el gobierno chino se vio obligado a rescatar a dos de los principales bancos propiedad del Estado, el Banco de China y el Banco de Construcción de China, con 24.6 mil millones de libras esterlinas.
- Por último, a finales de 2005, como una de las condiciones para unirse a la Organización Mundial de Comercio, el mercado interno de China tuvo que abrirse a sus rivales de ultramar, sin restricciones. Ésta sería la verdadera prueba para la economía china, y una de las razones por las que el gobierno quería sentar bases firmes para su sistema financiero.

Preguntas

Mao Zedong y la Revolución Cultural
1. Estudie la fuente A y responda las preguntas.

Fuente A
Declaración de 1966 del Comité Central del Partido Comunista chino sobre la Revolución Cultural.

Si bien la burguesía ha sido derrocada, sigue intentando utilizar las mismas viejas ideas, costumbres, cultura y hábitos de las clases explotadoras para corromper a las masas, apoderarse de su mente y dedicarse a preparar su retorno. El Proletariado debe ser exactamente lo opuesto, debe enfrentar todos los retos de la burguesía y aplicar nuevas ideas, cultura, costumbres y hábitos del proletariado para modificar la perspectiva mental de la sociedad como un todo. Como la Revolución Cultural es una revolución, inevitablemente enfrenta resistencia. Esta resistencia proviene, sobre todo, de quienes tienen autoridad, que se han forjado un camino hacia el partido y que están tomando la vía capitalista. También proviene de la fuerza de las costumbres de la antigua sociedad. Lo que el Comité Central exige del Comité del Partido en todos los niveles, es despertar audazmente a las masas, alentar a los camaradas que han cometido errores pero que están dispuestos a corregirlos, a soltar su carga y unirse a la lucha. Una tarea importantísima es transformar el viejo sistema educativo.

FUENTE: citado en *Peking Review,* agosto de 1966.

a) ¿Qué revela la fuente sobre los motivos y objetivos de Mao para introducir la Revolución Cultural?
b) Explique qué significa en la fuente la frase "tomar la vía capitalista".
c) ¿Cómo intentó el gobierno llevar a cabo la Revolución Cultural y cuáles fueron los resultados?

2. "Un desastre total y absoluto." ¿En qué medida concuerda con este comentario sobre las políticas de Mao Zedong y el Partido Comunista Chino durante el periodo 1949-1960?
3. "La Revolución Cultural de 1966-1969 fue un intento de Mao Zedong para proteger su poder y su posición, más que una genuina batalla de ideas." ¿Hasta qué punto considera que éste sea un veredicto justo sobre la Revolución Cultural de Mao?
4. "Ni en su perspectiva económica ni en la política Deng Xiaoping puede ser considerado un liberal." ¿Hasta qué punto concuerda con esta opinión?

XXI. EL COMUNISMO EN COREA Y EL SUDESTE ASIÁTICO

Resumen de acontecimientos

En Corea y algunos otros países del Sudeste Asiático, la ocupación extranjera, entre otros factores, llevó a la formación de partidos comunistas, que en general estaban al frente de la resistencia y desempeñaban un papel vital en la campaña por la independencia.

- *Corea* fue gobernada por los japoneses durante gran parte de la primera mitad del siglo XX, y recuperó su independencia cuando Japón fue derrotado al finalizar la segunda Guerra Mundial. Sin embargo, estaba dividido en dos estados, el Norte, comunista, y el Sur, no comunista. Después de la guerra de 1950-1953, ambos siguieron estrictamente separados; Corea del Norte, uno de los estados más herméticos y poco conocidos del mundo, sigue siendo comunista hasta el día de hoy.
- El territorio conocido como *Indochina* era controlado por los franceses, y estaba formado por tres países, *Vietnam, Camboya* y *Laos*. Al terminar la segunda Guerra Mundial, en lugar de independizarse, como esperaban en vista de la derrota de los franceses, se dieron cuenta de que lo que Francia pretendía era comportarse como si nada hubiera pasado e imponer de nuevo su gobierno colonial. A Vietnam y Laos, a diferencia de Camboya, no les gustaba la idea de quedarse sentados y esperar a que los franceses se retiraran. Enfrentaron una larga campaña, en la cual los partidos comunistas de ambos países tuvieron un papel prominente. En 1954, Francia admitió su derrota y los tres países se independizaron por completo.

Trágicamente, con esto no se inició una era más pacífica.

- *Vietnam del Norte*, comunista, se involucró en un prolongado conflicto con Vietnam del Sur (1961-1975), que formó parte de la Guerra Fría. Los estadunidenses apoyaron mucho a *Vietnam del Sur*. Gracias a la ayuda china, Vietnam del Norte salió victorioso, pero ambos estados quedaron devastados por la guerra. En 1975, los dos Vietnam se unieron con un gobierno comunista, situación que se ha prolongado hasta nuestros días.
- *Camboya* logró conservar una paz relativa hasta 1970, bajo el gobierno semiautocrático del príncipe Sihanouk. A la larga, el país fue arrastrado a la Guerra de Vietnam. Soportó cinco años de intensos bombardeos estadunidenses que fueron catastróficos, seguidos de cuatro años del gobierno comunista de Pol Pot, sediento de sangre, y su régimen del Khmer Rouge. Para cuando fue derrocado, en 1979, gracias a la intervención de las fuerzas comunistas de Vietnam, quizá el país estaba tan devastado como Vietnam. Durante los siguientes 10 años, Camboya fue regida por un gobierno comunista más moderado, respaldado por los vietnamitas, después de lo cual, el país volvió a una especie de gobierno democrático encabezado nuevamente por el príncipe Sihanouk.
- *Laos* también tuvo una historia turbulenta. Poco después de la independencia se desencadenó una guerra civil entre la derecha y la izquierda, hasta que sufrió la

misma suerte que Camboya, fue incluido en la Guerra de Vietnam, a pesar de su deseo de mantenerse neutral, y tuvo que sufrir bombardeos estadunidenses indiscriminados. A finales de 1975 la organización comunista Pathet Lao asumió el poder, y aún hoy controla el país.

1. COREA DEL NORTE

a) Se establece el régimen comunista

Corea ha estado ocupada y gobernada por los japoneses desde 1905, después de la victoria de Japón en la Guerra Ruso-Japonesa de 1904-1905. El movimiento nacionalista coreano era intenso, y en una conferencia celebrada en El Cairo, en 1943, los Estados Unidos, Gran Bretaña y China prometieron que, cuando terminara la guerra, se crearía una Corea unida e independiente. Ya cercana la derrota de Japón, en 1945, parecía que por fin sería posible una Corea libre.

Desafortunadamente para los coreanos, las cosas no resultaron como esperaban, y tres semanas antes de que Japón se rindiera, la URSS le declaró la guerra (8 de agosto de 1945). Esto incluyó un nuevo elemento a la ecuación; los rusos tenían muchos años tratando de influir en Corea, y su entrada a la guerra significó que también podrían incidir en su futuro. Las tropas rusas que se encontraban en Manchuria estaban muy cerca de Corea, y pudieron dirigirse al norte del país aun antes de que los japoneses se hubieran rendido oficialmente, el 2 de septiembre. Las fuerzas soviéticas trabajaron muy de cerca con comunistas y nacionalistas coreanos, y el ejército de ocupación de los japoneses fue rápidamente desarmado. Se proclamó la República Popular de Corea y *el líder comunista, Kim Il Sung, pronto destacó como la figura política dominante.* Apoyado por tropas soviéticas, Kim, quien había sido entrenado en la URSS, empezó a introducir su propia versión de marxismo-leninismo en el nuevo Estado.

Entre tanto, los estadunidenses, preocupados de que toda la península coreana estuviera a punto de ser tomada por los rusos, enviaron apresuradamente tropas para que ocuparan el sur. Fueron los estadunidenses los que propusieron que la división entre norte y sur estuviera en el paralelo 38. *En el sur, el doctor Syngman Rhee destacó como líder político.* Era muy nacionalista y anticomunista, y estaba decidido a crear una Corea unificada, sin comunismo. En respuesta, Stalin ofreció la ayuda de los rusos al norte y lo transformó en un poderoso Estado militar, capaz de defenderse de cualquier ataque del sur. En 1948, Stalin retiró las tropas soviéticas y se proclamó la República Democrática Popular de Corea, con Kim Il Sung como premier. Así pues, Corea del Norte tuvo un gobierno comunista independiente antes de la victoria de los comunistas en China. Al año siguiente, después de que Mao Zedong se convirtiera en el líder de China, la independencia de Corea del Norte fue reconocida oficial y diplomáticamente por China, la URSS y los estados comunistas de Europa del este.

b) ¿Un Estado o dos?

La interrogante que dominó en la posguerra inmediata fue *qué había pasado con la promesa de unificación de Corea.* Idealmente, los estadunidenses querían un país unificado, anticomunista y partidario de Occidente, en tanto que los rusos, y después de 1949 los chinos, querían que Corea fuera comunista. No obstante, ni los Estados Unidos ni la URSS querían involucrarse demasiado, pero por lo arraigado de la posición, tanto de Kim Il Sung como de Syngman Rhee, el dilema parecía no tener solución. Por tanto, se acordó que el problema lo resolvieran las Naciones Unidas, que se abocaron a la organización de elecciones para todo el país, como primer paso para la unificación de la península.

Kim Il Sung se negó a celebrar elecciones en Corea del Norte porque la población era mucho más reducida que la del sur, de modo que los comunistas serían minoría en el país como un todo. No obstante, en el sur hubo elecciones, y la nueva Asamblea Nacional escogió a Syngman Rhee como primer presidente de la República de Corea. Corea del Norte respondió con sus propias elecciones, de las cuales Kim salió victorioso. Ambos líderes afirmaban hablar por todo el país. En junio de 1949, los estadunidenses, agradecidos, retiraron sus tropas de Corea del Sur, donde Syngman Rhee se estaba convirtiendo en un problema por la corrupción y el autoritarismo de su gobierno, casi tan extremo como el de Kim, en el norte. Pero por *la retirada de todas las tropas extranjeras se produjo una situación peligrosa y potencialmente inestable.*

Apenas un año después, el 25 de junio de 1950, después de varios choques en la frontera, las fuerzas norcoreanas invadieron Corea del Sur. Los ejércitos de Syngman Rhee empezaron a desintegrarse y los comunistas parecían dispuestos a unir el país, regidos por su gobierno desde Pyongyang. Los historiadores siguen sin ponerse de acuerdo sobre la razón inmediata que dio lugar al ataque de Kim (sección VIII.1). De lo que no hay duda es de que en 1953 se firmó un acuerdo de paz, de que cuando menos cuatro millones de coreanos perdieron la vida y de que la península seguiría dividida en el futuro previsible en dos estados exageradamente armados, mutuamente suspicaces.

c) Corea del Norte después de la guerra

Gracias a la ayuda de China, Kim Il Sung y su régimen sobrevivieron. Una vez que terminó la guerra se concentró en eliminar toda oposición local que hubiera quedado, primero los grupos no comunistas y, después, sus rivales del Partido Comunista Coreano. Ya siendo soberano único se quedó en el poder, aparentemente invulnerable, durante los siguientes 40 años, hasta su muerte en 1994. Si bien era comunista, tenía sus propias ideas sobre lo que eso significaba exactamente, y no se limitó a imitar a la URSS y a China.

- Empezó un programa de industrialización y la colectivización de la agricultura con el fin de lograr la autosuficiencia en todos los aspectos de la economía, de modo que Corea del Norte no tuviera que depender de ninguno de sus grandes aliados comunistas. Irónicamente, sin embargo, aceptó considerable ayuda de ambos, lo cual favoreció el acelerado crecimiento de la economía durante los 10 primeros años posteriores a la guerra. El nivel de vida mejoró y el futuro con Kim como regidor parecía promisorio.

- Después del decepcionante desempeño en la segunda mitad de la guerra, se dio gran importancia al poderío militar del país. El ejército y la fuerza aérea crecieron y se construyeron nuevos aeropuertos militares. Kim nunca abandonó su sueño de controlar al sur.

- La sociedad en general estaba estrictamente reglamentada en pro de la autosuficiencia; el Estado controlaba todo, planes económicos, mano de obra, recursos, militares y medios. El sistema de propaganda de Kim estaba dirigido a la consolidación del culto a su personalidad como gran líder infalible de su pueblo. El control total ejercido por el gobierno en los medios y las comunicaciones con el mundo exterior se traducía en que Corea del Norte era, quizás, el país más aislado, hermético y cerrado del mundo.

- A mediados de los años sesenta, el principio de autosuficiencia se definió oficialmente en función de cuatro temas: "autonomía ideológica, independencia política, autosuficiencia económica y autosuficiencia militar".

- Kim continuó su campaña en contra del sur, intentando desestabilizar su gobierno de diferentes maneras, de las cuales la más indignante fue un intento fallido de comandos norcoreanos para asesinar al presidente de Corea del Sur (1968). Con la distensión de los primeros años setenta y la mejora en las relaciones de Oriente y Occidente, el norte concluyó su campaña e inició pláticas con el sur. En julio de 1972 se anunció que ambas partes habían acordado trabajar para una unificación pacífica. Sin embargo, la política del norte era errática y, en ocasiones, Kim interrumpía las discusiones; en 1980 propuso un Estado federal en el que tanto el norte como el sur estuvieran equitativamente representados; en 1983, varios líderes sudcoreanos murieron asesinados por la explosión de una bomba; en 1987, un avión de pasajeros de Corea del Sur fue destruido por una bomba de tiempo. Finalmente, en 1991, se celebraron pláticas de alto nivel para renunciar conjuntamente a la violencia y las armas nucleares. Sin embargo, aparentemente no habría verdaderos progresos mientras Kim Il Sung estuviera a cargo.

• En la segunda mitad de los años sesenta, la economía de Corea del Norte tuvo problemas por diversas razones. El distanciamiento de China y la URSS, que empezó a agravarse en 1956, puso a Kim en una posición difícil. ¿A quién debía apoyar? En un principio siguió siendo pro soviético, después se mostró leal a China, y por último, intentó ser independiente de ambos. Cuando se alejó de Moscú, a finales de los años cincuenta, la URSS redujo abruptamente la ayuda; en 1966, cuando empezaba la Revolución Cultural de Mao, los chinos interrumpieron la ayuda. Después de esto, ninguno de los planes de desarrollo de Kim logró sus objetivos. Otra grave debilidad fue el gasto excesivo en industria pesada y armamentos. Los bienes de consumo y los artículos suntuarios fueron considerados de importancia secundaria. La población creció rápidamente, igual que la presión en la agricultura y la industria de alimentos en general. Los niveles de vida se redujeron; la vida era difícil para la mayoría y en condiciones básicas. En los años ochenta, la economía se recuperó, pero a principios de la década de 1990, al desaparecer la ayuda de Rusia, los problemas se incrementaron.

d) La vida con Kim Jong Il

En 1980, Kim Il Sung ("Gran Líder") puso en claro que pretendía que su hijo Kim Jong Il, quien había fungido como secretario del partido (pronto conocido como "Querido Líder"), fuera su sucesor. El joven Kim asumió gradualmente las tareas cotidianas del gobierno, hasta que su padre murió de un ataque cardiaco en 1994, a los 82 años. Para entonces, Corea del Norte pasaba por una crisis. La economía se había deteriorado aún más en los últimos 10 años, la población se había triplicado desde 1954 y el país estaba a punto de la hambruna, pero enormes cantidades de dinero se aplicaban al desarrollo de armas nucleares y misiles de largo alcance. Con el colapso de la URSS, Corea del Norte perdió a uno de los pocos estados que podrían haber mostrado simpatía por su situación.

Kim Jong Il, quien tenía más criterio y era más progresista que su padre, se vio obligado a tomar medidas drásticas, y *aceptó que Corea del Norte necesitaba salir de su aislamiento* y procurar mejorar sus relaciones con el sur y con los Estados Unidos. En 1994 aceptó cerrar las plantas de reactores nucleares para producir plutonio que había en su país a cambio de la provisión de fuentes alternas de energía, dos reactores nucleares de agua ligera para generar electricidad, de un consorcio internacional conocido como KEDO (Korean Peninsula Energy Development Organization), en que participaban los Estados Unidos, Corea del Sur y Japón. La administración de Clinton se mostró comprensiva y aceptó reducir las sanciones económicas que su país imponía a Corea del Norte; a cambio, Kim suspendió las pruebas de misiles de largo alcance (1999). En junio de 2000, el presidente Kim Dae Jung, de Corea del Sur, visitó Pyongyang y, poco después, fueron liberados varios prisioneros políticos norcoreanos, encarcelados en el sur durante muchos años. Aún más sorprendente, en octubre, Madeleine Albright, secretaria de Estado de los Estados Unidos, visitó Pyongyang y sostuvo reuniones positivas con Kim. Corea del Norte restableció las relaciones diplomáticas con Italia y Australia. En 2001, Kim, quien tenía fama de ser algo así como un recluso, realizó visitas de Estado a China y Rusia, donde se reunió con el presidente Putin, y prometió que las pruebas de misiles seguirían suspendidas cuando menos hasta 2003.

Entre tanto, la situación interna de Corea del Norte seguía deteriorándose. En abril de 2001 se informó que a resultas de un riguroso invierno la escasez de alimentos era grave, y la mayoría de las personas sobrevivía con raciones diarias de 200 gramos de arroz. Alemania respondió de inmediato con el anuncio de que mandaría 30 000 toneladas de carne de res. En mayo, el subministro del Exterior presentó a UNICEF un aterrador informe sobre las condiciones de su país. Entre 1993 y 2000, la tasa de mortalidad de niños menores de cinco años se había incrementado de 27 a 48 por cada 1 000; el Producto Interno Bruto per cápita se había reducido de 991 dólares anuales a 457; el porcentaje de niños vacunados contra enfermedades como polio y sarampión se redujo de 90 a 50%, y el porcentaje de la población con acceso a agua potable, de 86 a 53.

Además de todo esto, *las relaciones con los Estados Unidos empeoraron súbitamente cuando George W. Bush asumió el poder, en enero de 2001.* Al parecer, el nuevo presidente estaba renuente a continuar con la relación, y después de las atrocidades del 11 de septiembre publicó amenazas en contra de lo que llamaba "el eje del mal", en referencia a Irak, Irán y Corea del Norte.

e) Corea del Norte, los Estados Unidos y la confrontación nuclear

La confrontación con los Estados Unidos se desarrolló en torno a la duda de que Corea del Norte tuviera, o no, armas nucleares. Los estadunidenses sospechaban que sí, pero los norcoreanos afirmaban que sus plantas de reactores nucleares se utilizaban para generar electricidad. El comportamiento de ambos, en especial el de Corea del Norte, no era coherente, y la disputa se prolongó hasta 2004. El problema surgió del rezago del proyecto KEDO, acordado en 1994. Ni siquiera se había empezado a trabajar en los reactores de agua ligera prometidos; los estadunidenses acusaron a Kim de no cumplir su compromiso de cerrar sus propios reactores. De hecho, en agosto de 2002 empezaron los trabajos en el primero de los reactores de agua ligera. Entonces, los estadunidenses exigieron que Corea permitiera que personal de la Agencia Internacional de Energía Atómica (IAEA, por sus siglas en inglés) inspeccionara las instalaciones nucleares existentes, pero los coreanos se negaron y culparon a los Estados Unidos de la demora en la construcción de los reactores. Los Estados Unidos impusieron sanciones tecnológicas a Corea del Norte y la acusaron de proporcionar partes de misiles balísticos a Yemen.

Después de una reunión con el primer ministro japonés, Yurichiro Koizimi, Kim aceptó la visita de los inspectores. Sin embargo, los Estados Unidos no reaccionaron positivamente, y se anunció que Corea del Norte reiniciaría la planta nuclear de Yongbion, cerrada desde 1994. Entonces, los estadunidenses declararon nulo el proyecto KEDO, si bien Japón y Corea del Sur estaban dispuestos a seguir adelante. Los estadunidenses, que también amenazaban con una guerra contra Irak, mantuvieron su posición de línea dura, afirmando que podían ganar dos guerras paralelas, a gran escala, en distintos lugares (diciembre de 2002). Los norcoreanos respondieron con el anuncio de que se retiraban del Tratado de No Proliferación de Armas Nucleares (NPT, por sus siglas en inglés), firmado en 1970, si bien insistían en que no tenían planes de construir armas nucleares. Lo que en realidad querían, dijo su embajador ante Naciones Unidas, era un pacto de no agresión con los Estados Unidos, a lo cual se negaron los estadunidenses, afirmando que los coreanos ya tenían cuando menos dos bombas nucleares. En la misma época, el Programa Mundial de Alimentación de la ONU informó de la grave escasez de alimentos y medicinas en Corea del Norte, y apeló a que se contribuyera con granos.

En enero de 2003 cambió repentinamente la política estadunidense. El presidente Bush, probablemente presionado por Japón y Corea del Sur, estaba ansioso por ver que se resolviera la crisis y ofreció reanudar el envío de alimentos y combustible a Corea del Norte si desmantelaba su programa de armas nucleares. Los coreanos insistían en que no tenían armas nucleares, ni intención de construirlas, y que estaban dispuestos a que los Estados Unidos enviaran a sus propios inspectores a verificar. Sin embargo, en abril de 2003, un vocero del Ministerio de Asuntos Exteriores de Corea del Norte afirmó que ya tenían armas nucleares y que en poco tiempo tendrían suficiente plutonio para otras ocho cabezas nucleares. Esta declaración dio pie a que se generalizara la especulación internacional y se discutiera si Corea del Norte realmente tenía armas nucleares; aparentemente, la opinión mayoritaria era que no, y que su táctica era obligar a los Estados Unidos a hacer concesiones, como ayuda económica y un acuerdo de no agresión. Otra teoría era que dado el reciente ataque de estadunidenses y británicos contra Irak, Kim quería que Bush lo pensara dos veces, antes de atacar también a Corea del Norte.

Si bien algunos miembros de la administración de Bush hicieron comentarios hostiles sobre Kim Jong Il, el propio presidente estaba ansioso por calmar el asunto, en especial porque las fuerzas estadunidenses estaban cada vez más implicadas en una situación difícil en Irak. En agosto de 2003, en pláticas con los norcoreanos, los estadunidenses suavizaron su enfoque, y en vez de exigir que se desechara el programa nuclear para que se reanudara la ayuda estadunidense, ahora dejaron ver que sería aceptable un enfoque gradual del desmantelamiento de las instalaciones nucleares, el cual iría de la mano con "las medidas correspondientes" del lado estadunidense. Posteriormente, Bush anunció que los Estados Unidos seguirían financiando el proyecto KEDO y que estaban dispuestos a garantizar seguridad a los norcoreanos a cambio de que desecharan todo el programa de armas nucleares. Corea del Norte respondió que estaba dispuesta a analizar las propuestas de Bush (octubre de 2003).

A finales de 2003 se informó que las condiciones de vida en Corea del Norte mostraban indicios de mejora, pero al mismo tiempo había informes inquietantes sobre la existencia de gran número de campos de trabajos forzados en el norte del país, donde se encontraban miles de presos políticos, situación que hacía pensar en el sistema de *gulags* de Stalin, en la URSS.

2. VIETNAM

a) La lucha por la independencia

Vietnam, con Laos y Camboya, era parte del Imperio francés del Sudeste Asiático, conocido como Unión Indochina, establecido en 1887. Desde muchos puntos de vista, los franceses fueron buenos administradores de sus colonias; construyeron caminos y ferrocarriles, escuelas y hospitales, incluso una universidad en Hanoi, en el norte de Vietnam, pero la industria era escasa; casi todos eran campesinos pobres, para los cuales la vida era una lucha. En los años treinta empezaron a producirse movimientos de protesta, sofocados sin miramientos por las autoridades francesas. La actitud de los franceses alentó sentimientos nacionalistas y revolucionarios, y provocó un *movimiento de apoyo para el nuevo Partido Comunista Vietnamita, constituido por Ho Chi Minh en 1929.* Ho Chi Minh había estado en Francia, China y la URSS; siempre había sido un nacionalista comprometido, pero después de haber viajado por el extranjero, se convirtió en comunista, también comprometido. *Su sueño era un Vietnam unido, gobernado por los comunistas.* Sin embargo, en los años treinta, aparentemente eran pocas las esperanzas de liberarse del control de los franceses.

La derrota de estos últimos en Europa, en junio de 1940, despertó expectativas de independencia en los vietnamitas, pero pronto se vieron truncadas por la llegada de las fuerzas japonesas a Indochina. Cuando nacionalistas y comunistas iniciaron un levantamiento a gran escala en el sur de Vietnam, franceses (ahora siguiendo órdenes del gobierno de Vichy, y por lo tanto, técnicamente del mismo lado que Alemania y Japón) y japoneses trabajaron juntos y los sofocaron brutalmente. Con el movimiento comunista casi aniquilado en el sur, Ho Chi Minh se trasladó al norte y organizó un movimiento nacionalista y comunista de resistencia, la Liga por la Independencia de Vietnam, ahora conocido como "Vietminh".

El Vietminh fue obligado a esperar hasta que la corriente se volviera contra los japoneses. En enero de 1945, siendo inminente la derrota de Japón (se rindió el 14 de agosto), Ho Chi Minh se preparó para tomar la iniciativa, antes de que volvieran los franceses. Las fuerzas del Vietminh y sus partidarios tomaron Hanoi, Saigón y la mayor parte de las poblaciones grandes, y en septiembre de 1945 fue proclamada la República Democrática de Vietnam, con Ho Chi Minh como presidente, pero por desgracia la declaración fue prematura. Los Aliados habían acordado que cuando terminara la guerra, la porción sur de Vietnam debía ser administrada por británicos y franceses. Cuando llegaron las tropas británicas, se decidió restablecer el control de los franceses lo antes posible.

Por increíble que parezca, los británicos utilizaron las tropas japonesas que todavía estaban en Vietnam, después de que su gobierno se rindiera y que no habían sido desarmadas, para suprimir al Vietminh en el sur. A los británicos les preocupaba no privar a su aliado de sus colonias, pues podría desatarse una tendencia general a la descolonización, y ellos también podrían perder su imperio. Hacia finales de año se había restablecido el orden, y cerca de 50 000 efectivos franceses habían llegado para tomar el control. En ese momento, antes de que se desatara la Guerra Fría, los estadunidenses estaban sorprendidísimos de lo que estaba pasando, pues habían prometido liberar al pueblo de Indochina. Como apunta J. A. S. Grenville *(The Collins History of the World in the Twentieth Century)*, éste fue

uno de los más extraordinarios episodios de la posguerra. Si al sur se le hubiera permitido seguir al norte y la independencia de toda Indochina hubiera sido aceptada por los británicos, el trauma de la más larga guerra de Asia, que provocó cuando menos 2.5 millones de muertos y sufrimiento inenarrable, podría haberse evitado.

En un principio, los franceses parecían dispuestos a transigir; controlaban el sur, pero aceptarían la independencia de la República Vietnamita del Norte, siempre que siguiera formando parte de la Unión Francesa. No obstante, durante el verano de 1946, cada vez fue más obvio que los franceses no tenían intenciones de permitir la verdadera independencia del norte. Por tanto, Ho Chi Minh exigió total independencia para todo Vietnam. Los franceses lo rechazaron y las hostilidades se iniciaron cuando al bombardear el puerto de Haiphong, al norte, murieron miles de civiles vietnamitas. Después de ocho años de intensa lucha, los franceses fueron por fin derrotados en Dien Bien Phu (1954); en los acuerdos de Ginebra se aceptó la independencia de Vietnam del Norte de Ho Chi Minh, pero por el momento, la zona al sur del paralelo 17 de latitud sería controlada por una comisión internacional de canadienses, polacos e indios, la cual organizaría elecciones para todo el país en julio de 1956, después de las cuales, Vietnam se unificaría.

b) Los dos Vietnam

Todo indicaba que el Vietminh ganaría las elecciones nacionales, pero nuevamente sus esperanzas se frustraron, pues nunca se llevaron a cabo. Con la *Guerra Fría a todo lo que daba, los estadunidenses estaban dispuestos a evitar la unificación de Vietnam bajo un gobierno con fuertes vínculos comunistas,* de tal forma que apoyaron a Ngo Dinh Diem, nacionalista y anticomunista, para líder del sur. En 1955 proclamó la República

Vietnamita, con él mismo como presidente de un régimen plenamente anticomunista; las elecciones habían desaparecido de la agenda.

Para entonces, ambos Vietnam se encontraban en un estado lamentable, devastados por casi una década de lucha. El gobierno de Ho Chi Minh, en Hanoi, recibía ayuda de la URSS y China, y empezó a introducir políticas socialistas de industrialización y la colectivización de la agricultura. El gobierno del presidente Ngo Dinh Diem, en Saigón, era cada vez más impopular, y hacía que más y más gente se uniera a los comunistas o al Vietcong, entusiastamente respaldados por el Norte. Para el desarrollo subsiguiente de la Guerra de Vietnam de 1961-1975, véase la sección VIII.3.

c) La República Socialista de Vietnam aislada

El gobierno de la nueva República Socialista de Vietnam, oficialmente proclamada en julio de 1976, con su capital en Hanoi, enfrentaba enormes problemas. El país llevaba más de 30 años sin conocer la paz. Grandes porciones del norte habían sido devastadas por los bombardeos estadunidenses y por todas partes había millones de personas sin hogar. Su líder inspirador, Ho Chi Minh, había muerto en 1969. Obviamente, la recuperación sería cuesta arriba.

- El gobierno empezó a extender sus políticas centralizadas de comando y economía al sur, abolió el capitalismo e instrumentó la colectivización de las tierras agrícolas, pero enfrentó gran oposición, sobre todo en el centro comercial y de los grandes negocios de Saigón (que ahora se llama Ciudad Ho Chi Minh). Muchas personas se negaron a cooperar e hicieron hasta lo imposible por sabotear las nuevas medidas socialistas. Los cuadros, cuya tarea era recorrer las zonas rurales para organizar la colectivización, solían estar mal dispuestos y ser incompetentes. Esto, aunado a la corrupción que campeaba entre los funcionarios del partido, hizo que todo el proceso fuera un desastre.

- Había serias diferencias entre los principales líderes del partido respecto de cuánto tiempo debían durar las políticas marxista-leninistas puras. Algunos querían seguir el ejemplo de China y experimentar con elementos del capitalismo, pero los de línea dura consideraban sacrílegas esas ideas.

- A finales de los años setenta, el país sufrió grandes inundaciones y sequía que, aunadas a los problemas de la colectivización y el acelerado crecimiento de la población, provocaron grave escasez de alimentos. Cientos de miles de personas huyeron del país, algunas a pie, a Tailandia y Malasia, y otras por mar (la "gente de los botes").

- La política exterior vietnamita fue costosa y llevó al país a conflictos con sus vecinos. El régimen pretendía formar alianzas con los nuevos gobiernos de izquierda de Laos y Camboya (Kampuchea). Cuando el gobierno del Khmer Rouge de Pol Pot, de Camboya, rechazó el ofrecimiento de una relación estrecha y persistió en sus incursiones provocadoras en la frontera, Vietnam invadió y ocupó gran parte del país (diciembre de 1978). Los Khmer Rouge fueron expulsados y remplazados por un gobierno provietnamita. Sin embargo, el Khmer Rouge no estaba acabado, empezó una guerra de guerrillas contra el nuevo régimen y los vietnamitas se vieron obligados a enviar 200 000 soldados para mantener a su aliado en el poder. Para colmo de males, Pol Pot era protegido de los chinos, que se enfurecieron con la intervención de Vietnam. En febrero de 1979 invadieron Vietnam del Norte y provocaron considerables daños en la zona fronteriza, si bien no escaparon indemnes, pues los vietnamitas montaron una enérgica defensa. Los chinos se retiraron después de tres semanas, afirmando que les habían dado una dura lección. Después, los chinos apoyaron las guerrillas del Khmer Rouge, y los Estados Unidos, Japón y casi todos los estados de Europa occidental impusieron un embargo comercial a Vietnam. Fue una situación extraña, en la cual los Estados Unidos y sus aliados siguieron apoyando a Pol Pot, uno de los más grotescos y brutales dictadores que se hayan conocido.

Hacia mediados de los años ochenta, Vietnam estaba casi completamente aislado; sus vecinos de la Asociación de Naciones del Sudeste de Asia (ASEAN, por sus siglas en inglés) les eran hostiles y apoyaban el movimiento de resistencia de Camboya; incluso la URSS, que sistemáticamente había respaldado a Vietnam en contra de China, estaba reduciendo drásticamente la ayuda.

d) Vietnam cambia de rumbo

En 1986, Vietnam enfrentaba una grave crisis. Aislado de la comunidad internacional, el régimen tenía un enorme ejército permanente de cerca de un millón de efectivos que era exageradamente costoso mantener; aún no lograba introducir una economía socialista viable en el sur. Con la muerte de los viejos líderes del partido, los miembros jóvenes pudieron convencerlo de la necesidad de cambios políticos drásticos, en particular, de separarse de Camboya. En el Tercer Congreso Nacional del Partido Comunista (diciembre de 1986), Nguyen Van Linh, importante reformador de la economía, fue nombrado secretario general. Él introdujo una nueva doctrina conocida como *Doi Moi*, que significaba *renovar la economía, como los chinos habían empezado a hacer, encaminándose al libre mercado,* en un intento por elevar el nivel de vida al mismo del que disfrutaban los vecinos de Vietnam.

Finalmente se logró un acuerdo sobre Camboya: las tropas vietnamitas serían retiradas en septiembre de 1989 y la tarea de encontrar un acuerdo permanente se le encargó a las Naciones Unidas (sección siguiente). Esto resultó un gran alivio para el régimen, pues liberó grandes sumas de ingresos que ahora podrían invertirse en la economía. Aun así, el progreso económico fue lento, y pasaron varios años antes de que la población sintiera los beneficios. Uno de los problemas era el acelerado crecimiento de la población, que para finales del siglo era de casi 80 millones (en 1950 eran cerca de 17).

Los indicios de progreso fueron más evidentes en los primeros años del nuevo siglo. En julio de 2000 se abrió en Ciudad Ho Chi Minh la primera bolsa de valores del país y se tomaron medidas importantes para reconciliarse con los Estados

Unidos. Se firmó un acuerdo comercial por el cual se permitía importar productos estadunidenses a cambio de aranceles bajos para los productos vietnamitas que entraran a los Estados Unidos; en noviembre, el presidente Clinton visitó Vietnam como parte de una campaña publicitaria para estrechar los vínculos comerciales y culturales.

En abril de 2001, el gobierno anunció un nuevo objetivo de crecimiento anual de 7.5% para los siguientes cinco años. El sector privado de la economía gozaría de igualdad; según una nueva directiva gubernamental, "todos los sectores económicos son componentes importantes de la economía de mercado orientada al socialismo". En un intento por reducir la corrupción, los partidos y los funcionarios del gobierno tendrían que declarar públicamente sus bienes e intereses. Se empezó a trabajar en un nuevo esquema hidroeléctrico en el norte para generar energía y ayudar al control de las inundaciones. Otro alentador desarrollo fue la expansión del turismo; se informó que cerca de dos millones de personas habían visitado el país en el año 2000. En diciembre de 2002 se anunció que la economía casi había logrado su objetivo, con un crecimiento de 7% durante el año. La producción industrial había crecido 14%, principalmente por un repentino incremento en la fabricación de motocicletas y automóviles. En octubre de 2003, el Programa Mundial de Alimentos de las Naciones Unidas recibió la primera contribución de Vietnam, una remesa de arroz para Irak. Vietnam se había convertido en un donador internacional de ayuda, había dejado de ser receptor de ayuda.

Al mismo tiempo, Vietnam estaba menos aislado. En 2001, además de estrecharse las relaciones con los Estados Unidos, se habían creado vínculos con Rusia, China y los países del ASEAN. El presidente Putin, de Rusia, visitó el país, y se llegó a un acuerdo sobre cooperación económica y venta de armas rusas. También acudieron los líderes chinos Hu Jintao y Li Peng, y Vietnam fue el anfitrión de varias reuniones de la Asociación de Naciones del Sudeste de Asia.

Si bien parecía que la reformas de su economía de comando según el modelo chino habían tenido éxito, hubo muy pocos cambios en el sistema político. Vietnam siguió siendo un Estado de un solo partido, el Partido Comunista, que dominaba y controlaba todo. Por ejemplo, en las elecciones de mayo de 2002 se eligieron 498 representantes de 759 candidatos; de los elegidos, 51 no eran miembros del Partido Comunista y dos fueron descritos como "independientes". No obstante, todos los candidatos tenían que ser investigados y aprobados por el partido; no se permitían otros partidos políticos, y si bien la Asamblea Nacional recién elegida podía ser más crítica de los ministros que antes, no había posibilidades de derrotar a los comunistas.

En 2002 y 2003 hubo inquietantes informes de violación de los derechos humanos, en especial, la persecución de grupos religiosos, entre otros, budistas y cristianos. Un grupo cristiano evangélico protestante, conocido como los Montagnards, era el principal objetivo. Sus miembros se quejaron de golpizas, tortura y detención con cargos de "comportamiento reaccionario". Se quemaron iglesias, y cuando menos un cristiano murió de una golpiza. Varios cientos huyeron a Camboya, donde vivían en campamentos de refugiados. El gobierno vietnamita exigió que fueran devueltos a Vietnam. Para finales de 2003, las relaciones exteriores del país empezaban a deteriorarse: los Estados Unidos y la Unión Europea protestaron oficialmente por la persecución y los primeros ofrecieron asilo a los Montagnards. Sin embargo, el gobierno vietnamita rechazó las protestas y afirmó que los informes eran "totalmente falsos y difamatorios".

3. Camboya / Kampuchea

a) El príncipe Sihanouk

Antes de la segunda Guerra Mundial, Camboya era un protectorado francés con su propio rey, Monivong (reinó entre 1927 y 1941), si bien los franceses prácticamente no le permitían ejercer el poder. A Monivong lo sucedió su nieto de 18 años de edad, Norodom Sihanouk, pero de 1941 a 1945, el país estuvo ocupado por los japoneses. En marzo de 1945, cuando la derrota de los japoneses ya era inevitable, *Sihanouk proclamó a Camboya como Estado independiente;* no obstante, pronto regresaron las tropas francesas y él tuvo que aceptar volver a la posición previa a la guerra. Sihanouk era un político astuto; pensaba que el gobierno de los franceses no duraría mucho y estaba dispuesto a esperar, más que recurrir a la fuerza. Mientras la lucha por la independencia arrasaba con el vecino Vietnam, *Camboya estaba relativamente en paz*. Se puso a la cabeza del movimiento nacionalista, evitó involucrarse con un partido político y pronto se ganó el respeto y la popularidad de distintos estratos sociales de su país.

En 1954, después de la derrota de los franceses en Vietnam, la Conferencia de Ginebra reconoció la independencia de Camboya y al gobierno de Sihanouk como autoridad legítima. Si bien era muy popular entre la gente común, como arquitecto de la paz y la independencia, gran parte de la *intelligentsia* resentía su creciente autoritarismo. *La oposición incluía grupos pro democracia y al Partido Comunista, formado en 1951, el cual llegó a ser conocido como Partido Comunista de Kampuchea.* Sihanouk fundó su propio partido político, "la Comunidad Socialista del Pueblo", y en marzo de 1955 tomó la notable medida de abdicar en favor de su padre, Norodom Suramarit, con el fin de poder participar plenamente en política, sencillamente como el señor Sihanouk (si bien popularmente siguió siendo el príncipe Sihanouk).

Su nuevo partido obtuvo una aplastante victoria en las siguientes elecciones, ganó todos los escaños de la Asamblea Nacional. El príncipe Sihanouk tomó el título de primer ministro, y cuando su padre murió en 1960 se convirtió en jefe de Estado, pero sin el título de rey. Dada su prolongada popularidad, los partidos de oposición, en especial los comunistas (autodenominados *Khmer Rouge*), avanzaron muy poco, y Sihanouk permaneció en el poder los siguientes 15 años. Su régimen logró ser autoritario y benigno a la vez, y *el país disfrutó de un periodo de paz y razonable prosperidad*, mientras que Vietnam se debatió en una guerra civil gran parte de ese tiempo.

Desafortunadamente, la política exterior de Sihanouk se oponía a los Estados Unidos, desconfiaba de sus motivos y sospechaba que Tailandia y Vietnam del Sur, ambos aliados de los estadunidenses, tenían planes para Camboya. Intentó mantenerse neutral en asuntos internacionales; evitó aceptar la ayu-

da de los Estados Unidos, actitud que fomentaba el presidente
De Gaulle, de Francia, a quien admiraba. Con la escalada de la
guerra de Vietnam, Sihanouk se percató de que los comunistas vietnamitas probablemente acabarían ganando; aceptó que
establecieran bases en su país, así como la ruta de Ho Chi Minh
a través del territorio camboyano, que los Vietminh utilizaban
para mover sus tropas y pertrechos del norte comunista al sur.
Como de todos modos carecía de poder para evitarlo, le pareció la política más sensata. Sin embargo, los estadunidenses
empezaron a bombardear los poblados camboyanos cercanos
a la frontera con Vietnam, de modo que en mayo de 1965 rompió relaciones con los Estados Unidos. Al mismo tiempo, empezó a estrechar sus relaciones con China.

b) El príncipe Sihanouk es derrocado; Camboya en guerra (1970-1975)

En los últimos años de la década de 1960, la popularidad de Si-
hanouk se desvaneció. La derecha resentía su posición antiestadunidense y su colaboración con los comunistas vietnamitas, en tanto que la izquierda y los comunistas se oponían a
sus métodos autoritarios. Los comunistas, encabezados por
Saloth Sar (que posteriormente se llamó a sí mismo Pol Pot),
maestro en Phnom Penh, la capital, antes de dedicarse a la organización del partido, cobraban fuerza. En 1967, provocaron
un levantamiento entre los campesinos del norte del país, que
atemorizó a Sihanouk y lo llevó a pensar que una revolución
comunista era inminente. Su reacción fue exagerada, utilizó
soldados para sofocar el levantamiento, que quemaron poblados, y los supuestos alborotadores eran asesinados o encarcelados sin juicio. Se desacreditó aún más con la izquierda por
restablecer las relaciones diplomáticas con los Estados Unidos.
Se incrementaron los choques entre las guerrillas comunistas
camboyanas (el Khmer Rouge) y el ejército de Sihanouk, al
grado de ser casi diarios.

Peor aún, el nuevo presidente estadunidense, Richard Nixon, y su asesor de seguridad, Henry Kissinger, empezaron a
bombardear en gran escala las bases vietnamitas de Camboya.

Conforme los comunistas se internaban en el país, los bombarderos los seguían, y aumentaron las víctimas civiles. En 1970, cuando Sihanouk visitaba Moscú, el general Lon Nol y sus partidarios, apoyados por los estadunidenses, orquestaron un golpe. Sihanouk fue derrocado, se refugió en Beijing, y Lon Nol encabezó el gobierno.

El periodo de Lon Nol en el poder (1970-1975) fue un desastre para Camboya. En un arrebato había prometido expulsar del país a las fuerzas del Vietcong, pero con esto llevó a Camboya a lo más reñido de la guerra de Vietnam. Casi de inmediato, tropas estadunidenses y de Vietnam del Sur invadieron la zona oriental del país, en tanto que durante los siguientes tres años los bombarderos pesados asolaron las zonas rurales y destruyeron cientos de poblados. No obstante, los estadunidenses no destruyeron ni al Vietcong ni al Khmer Rouge de Pol Pot, que siguieron acosando a las fuerzas estadunidenses. Incluso los partidarios de Sihanouk se unieron a la lucha contra los invasores.

En enero de 1973, la paz llegó a Vietnam, pero los estadunidenses siguieron bombardeando masivamente Camboya, en un último intento por evitar que el Khmer Rouge llegara al poder. En marzo, abril y mayo de 1973, el tonelaje de bombas lanzadas sobre Camboya fue más del doble del año anterior, aunque los Estados Unidos y Camboya no estaban en guerra y las tropas estadunidenses no eran amenazadas por los camboyanos. La infraestructura de Camboya, como tal, y su economía tradicional, resultaron destruidas. Después de que los estadunidenses cesaran los bombardeos, la guerra civil continuó dos años más, con el Khmer Rouge cercando gradualmente al gobierno de Lon Nol en Phnom Penh. En abril de 1975, el régimen de Lon Nol se colapsó, el Khmer Rouge entró a la capital y *Pol Pot se convirtió en gobernante de Camboya.*

c) Camboya regida por el Khmer Rouge

El nuevo gobierno llamó "Kampuchea Democrática" al país, nombre totalmente inapropiado en vista de lo que sucedería en los siguientes cuatro años. El príncipe Sihanouk, quien había trabajado con el Khmer Rouge durante los cinco años anteriores, volvió de Beijing, con la esperanza de ser bien recibido por Pol Pot, pero fue puesto bajo arresto domiciliario y obligado a observar, sin poder hacer nada, cómo ejercía aquél el poder. El Khmer Rouge provocó aún más sufrimiento al desafortunado pueblo de Camboya tratando de imponer los principios de la doctrina marxista-leninista, casi de la noche a la mañana, sin una preparación adecuada. En palabras de Michael Leifer:

> Encabezado por el temible Pol Pot, se inauguró un experimento social horripilante. Camboya se transformó en un campo de trabajo agrícola primitivo combinado con los peores excesos de Stalin y Mao, en el cual cerca de un millón de personas murieron ejecutadas, de inanición o de alguna enfermedad.

Los comunistas ordenaron a la población de Phnom Penh y de otras ciudades que se mudaran al campo y usaran la ropa de trabajo de los campesinos. En poco tiempo, los centros urbanos estaban virtualmente vacíos, y miles de personas morían en el equivalente a marchas forzadas. El objetivo era colectivizar de inmediato el país entero para duplicar las cosechas, pero los cuadros del partido cuya tarea era organizar la transformación, no tenían experiencia y eran incompetentes, y la mayoría de los habitantes de las ciudades eran inútiles en las zonas rurales. La operación en general fue un desastre y las condiciones se hicieron intolerables. Al mismo tiempo, se abolió el dinero, la propiedad privada y los mercados, y se cerraron escuelas, hospitales, tiendas y monasterios. La siguiente medida de Pol Pot fue lanzar una campaña genocida contra todos los camboyanos educados y contra cualquiera que, según él, fuera capaz de encabezar a la oposición.

Al incrementarse la paranoia, cientos de partidarios de Pol Pot, más moderados, empezaron a ponerse en contra de él, muchos fueron ejecutados y muchos más huyeron a Tailandia y Vietnam, entre ellos, *Hun Sen*, ex comandante militar del Khmer Rouge, que organizó un ejército de civiles camboyanos exiliados en Vietnam en contra de Pol Pot. Algunos estiman que, en total, en los bien conocidos "campos de la muerte" mu-

rieron hasta dos millones de personas, y poco más de la tercera parte de la población total de 7.5 millones desapareció. Según J. A. S. Grenville, la tragedia fue que "si los estadunidenses
no se hubieran puesto en contra de Sihanouk, uno de los líderes más inteligentes y astutos del Sudeste Asiático, Camboya
tal vez hubiera podido salvarse de los horrores casi increíbles
que vinieron después".

A la larga, Pol Pot contribuyó a su propia derrota, pues trató
de cubrir los fracasos de sus políticas económicas adoptando
una desatinada política exterior nacionalista que provocó tensiones innecesarias con Vietnam, cuyo gobierno estaba ansioso por estrechar sus vínculos con su vecino comunista. Después de varios incidentes fronterizos y provocaciones del Khmer
Rouge, el ejército vietnamita invadió Camboya, expulsó al régimen de Pol Pot (enero de 1979) e instaló un gobierno títere
en Phnom Penh, en el cual *Hun Sen fue una figura destacada*.
La mayor parte del país estuvo ocupada por tropas vietnamitas hasta 1989. Entre tanto, Pol Pot y un gran ejército de guerrillas del Khmer Rouge se retiraron a las montañas del suroeste
y siguieron causando problemas. *El nuevo régimen representó
una mejora importante respecto del gobierno criminal de Pol
Pot, pero no fue reconocido por los Estados Unidos ni prácticamente por ningún otro país.* Según Anthony Parsons (véanse
las lecturas complementarias para el capítulo IX), representante permanente de Gran Bretaña ante las Naciones Unidas,

> en vez de recibir un voto público de agradecimiento de la ONU
> por liberar a Camboya de una combinación actual de Hitler y
> Stalin, y por salvar la vida de incontables camboyanos, los viet-
> namitas se encontraron en el extremo receptor de resoluciones
> provisionales de enero y marzo de 1979 en que se solicitaba el
> cese al fuego y el retiro de las "fuerzas extranjeras".

No obstante, la URSS apoyó a Vietnam y vetó las resoluciones, de modo que ya no se tomaron otras medidas. La razón de la postura antiVietnam de la ONU fue que los Estados
Unidos y los estados no comunistas del Sudeste Asiático le temían más al poderoso Vietnam que al Khmer Rouge. Por su

ILUSTRACIÓN XXI.1. *Restos humanos descubiertos en el centro de interrogación y tortura del Khmer Rouge, Phnom Penh*

propio interés, habrían preferido que el régimen de Pol Pot siguiera en el poder.

d) Después de Pol Pot: el retorno del príncipe Sihanouk

En Phnom Penh, el nuevo gobierno estaba formado principalmente por comunistas moderados que habían desertado de Pol Pot. La incertidumbre respecto de lo que pudiera pasar con el nuevo régimen hizo que quizá medio millón de camboyanos, incluidos ex comunistas y miembros de la *intelligentsia*, dejaran el país y se refugiaran en Tailandia. A final de cuentas, si bien eran tropas vietnamitas las que lo mantenían en el poder, *el gobierno tuvo éxitos considerables en los siguientes 10 años.* Las políticas extremas del Khmer Rouge fueron dejadas de lado y se permitió que la gente volviera a los pueblos y ciudades; volvieron a abrirse escuelas y hospitales, y se permitió a los budistas que practicaran su religión. Posteriormente, se restableció la moneda y la propiedad privada, la economía se asentó y se reinició el comercio.

El principal problema del gobierno era la oposición de los grupos de resistencia que operaban desde la frontera de Tailandia; eran tres los principales, el Khmer Rouge, que seguía siendo una fuerza formidable de 35 000 efectivos; el príncipe Sihanouk y sus 18 000 seguidores armados, y el Frente de Liberación Nacional, no comunista, encabezado por Son Sann, que podía reunir cerca de 8 000 soldados. En 1982, estos tres grupos formaron un gobierno en el exilio con Sihanouk como presidente y Son Sann como primer ministro. La ONU lo reconoció oficialmente como gobierno legítimo, pero recibieron muy poco apoyo de los camboyanos comunes, que parecían contentos con el régimen vigente en Phnom Penh. Hun Sen fue primer ministro en 1985, y la oposición no hizo ningún avance.

La situación cambió hacia finales de los años ochenta, cuando fue evidente que Vietnam ya no podía seguir manteniendo una gran fuerza militar en Camboya. Durante un tiempo se vislumbró la aterradora posibilidad de que el Khmer Rouge tomara nuevamente el poder, cuando los vietnamitas se retiraran, pero los otros dos grupos de oposición, así como Hun Sen, estaban decididos a que eso no ocurriera, de modo que aceptaron tomar parte en las pláticas organizadas por Naciones Unidas. El fin de la Guerra Fría facilitó que se llegara a un acuerdo, *el cual se firmó en octubre de 1991.*

- Habría un gobierno de transición conocido como Consejo Nacional Supremo formado por representantes de las cuatro facciones, incluido el Khmer Rouge.
- Tropas y administradores de Naciones Unidas ayudarían a preparar al país para las elecciones democráticas de 1993.

El Consejo Nacional Supremo eligió al príncipe Sihanouk como presidente, y un equipo grande de la ONU formado por 16 000 soldados y 6 000 civiles llegó a desmovilizar a los ejércitos rivales y hacer arreglos para las elecciones. El avance no fue fácil, sobre todo por el Khmer Rouge, que vio la oportunidad de recuperar el poder escabulléndose; se negaba a cooperar o a tomar parte en las elecciones.

No obstante, las elecciones se celebraron en junio de 1993; el partido monárquico encabezado por el príncipe Ranariddh, hijo de Sihanouk, destacó por ser el grupo más grande, y el Partido del Pueblo Camboyano (CPP, por sus siglas en inglés), de Hun Sen, era el segundo. Hun Sen, a quien se le hacía difícil olvidar su pasado no democrático, se negó a entregar el poder. Las Naciones Unidas encontraron una solución inteligente, un gobierno de coalición con Ranariddh como primer ministro y Hun Sen, como segundo primer ministro. *Uno de los primeros actos de la nueva Asamblea Nacional fue votar por el restablecimiento de la monarquía, el príncipe Sihanouk volvió a ser rey y jefe de Estado.*

A partir de entonces, la historia política de Camboya ha sido casi siempre un extraño feudo entre monárquicos y seguidores de Hun Sen. En julio de 1997, este último, con las elecciones de julio de 1998 en mente, quitó a Ranariddh en un violento golpe; el príncipe fue juzgado *in absentia* y encontrado culpable de intentar derrocar al gobierno. Aparentemente, había tratado de conseguir ayuda de lo que quedaba del Khmer Rouge, pero fue perdonado por su padre, el rey, y pudo participar en las elecciones de 1998. Esta vez, el CPP de Hun Sen fue el partido de mayor tamaño, pero como le faltaba la mayoría, otra vez formaron una precaria coalición con los monárquicos.

En cuanto al Khmer Rouge, su apoyo fue menguando; en 1995, muchos habían aceptado la amnistía ofrecida por el gobierno. *En 1997, Pol Pot fue arrestado por otros líderes del Khmer Rouge y sentenciado a prisión de por vida;* murió al año siguiente. El problema de cómo tratar a los miembros sobrevivientes del régimen de Pol Pot fue motivo de controversia; la idea más generalizada era que debían ser juzgados por crímenes contra la humanidad, pero no se llegó a un acuerdo. La ONU, apoyada por el rey Sihanouk, quería juzgarlos en un tribunal internacional; Hun Sen, con el sistema legal camboyano, pero Naciones Unidas sentía que les faltaba experiencia para lograr que fueran juzgados de manera efectiva. No hubo avance.

Entre tanto, el país estuvo en calma; en el año 2000, la economía estaba en aparente equilibrio, la inflación, controlada, y el turismo era cada vez más importante, con casi medio millón de visitantes extranjeros en el año. En 2001, el Banco Mundial proporcionó ayuda financiera para el gobierno, pero tiene sentido que urgiera a Hun Sen a esforzarse aún más por acabar con la corrupción. En otoño e invierno de 2002 y 2003, hubo grave escasez de alimentos porque la sequía y las inundaciones extremas malograron la cosecha de arroz.

Al mismo tiempo, los políticos importantes se preparaban para las elecciones de julio de 2003, que serían disputadas por tres partidos principales, el Partido del Pueblo Camboyano de Hun Sen, el partido monárquico de Ranariddh y el grupo de oposición radical encabezado por Sam Rangsi. En los meses previos a la elección hubo una racha de asesinatos de miembros importantes de los tres partidos, a resultas de la cual murieron 31 personas; las tensiones continuaron entre el primer ministro Hun Sen y la familia real. *El resultado de la elección de julio condujo a una crisis constitucional.* El CPP ganó 73 de los 123 escaños de la Asamblea Nacional, o cámara baja del Parlamento camboyano; los monárquicos, 26, y el partido de Sam Rangsi, 24. Con esto, al CPP le faltaron nueve para tener dos terceras partes de la mayoría, necesarias para formar un gobierno. Los observadores extranjeros informaron que el CPP había sido culpable de intimidación violenta y también había recurrido a una "estrategia más sutil de coerción e intimidación". Los dos partidos pequeños se negaron a formar una coalición con el CPP, a menos que Hun Sen renunciara, pero éste se negó sistemáticamente.

En los meses siguientes a la elección, la violencia y los asesinatos continuaron; las víctimas eran bien conocidos miembros o seguidores de los partidos de oposición, y la formación de un nuevo gobierno se paralizó hasta 2004. En todos lados se pedía modificar la Constitución para que el partido más grande pudiera formar un gobierno. Claramente faltaba mucho por recorrer antes de poder lograr la reconciliación nacional y una genuina democracia en Camboya.

4. Laos

a) Independencia y guerra civil

Laos, tercer país de la ex Indochina francesa, fue organizado como protectorado francés, con su capital en Vientiane. Después de la ocupación japonesa durante la segunda Guerra Mundial, los franceses otorgaron a Laos una especie de auto-gobierno dirigido por el rey Sisavan Vong, pero todas las decisiones importantes todavía se tomaban en París. Muchos de los líderes estaban satisfechos con una independencia limitada, pero en 1950 los nacionalistas convencidos formaron un nuevo movimiento, conocido como *Pathet Lao* (Tierra de los Pueblos Lao), para luchar por la independencia plena. El Pathet Lao estaba en estrecho contacto con el Vietminh de Vietnam, que también luchaba contra los franceses, y era fuerte en el norte del país, en las provincias adyacentes a Vietnam del Norte.

En los Acuerdos de Ginebra de 1954, con que terminó el régimen francés en Indochina, se decidió que *Laos debía seguir con un gobierno monárquico.* Sin embargo, también permitían lo que se llamó zonas de reagrupamiento en el norte, donde las fuerzas del Pathet Lao podían reunirse. Presumiblemente, su intención era negociar con el gobierno monárquico sobre su futuro. Pero el resultado fue inevitable; el Pathet Lao era incapaz de mantenerse en paz por largo tiempo con un gobierno monárquico de derecha, dados sus contactos con la izquierda y sus continuos vínculos con Vietnam del Norte, país comunista. De hecho, una frágil paz sobrevivió hasta 1959, pero se desencadenó la lucha entre derecha e izquierda, que continuó de manera intermitente hasta que se integró al conflicto de Vietnam, de mayor tamaño. *Durante esos años, Laos estuvo dividido en tres grupos:*

- el Pathet Lao, básicamente comunista, respaldado por Vietnam del Norte y China;
- los monárquicos anticomunistas de derecha, apoyados por Tailandia y los Estados Unidos;
- un grupo neutral encabezado por el *Príncipe Souvanna Phouma*, que intentó la paz con una coalición de las tres facciones, cada una de las cuales conservaría el control de las áreas que detentaba.

En julio de 1962 se formó una frágil coalición gubernamental con los tres grupos, y durante un tiempo pareció que Laos podría mantenerse neutral respecto del conflicto de Vietnam. A los Estados Unidos no les gustaba esta situación porque se traducía en que el Pathet Lao controlara áreas clave del país, en la frontera con Vietnam (a través de las cuales más adelante pasaría la ruta de Ho Chi Minh). Los estadunidenses dedicaron cantidades considerables de ayuda al Ejército Monárquico de Laos y, en *abril de 1964, el gobierno de coalición neutral fue derrocado por la derecha, con el respaldo de la* CIA. Se formó un nuevo gobierno básicamente con miembros de la derecha y algunos neutrales; el Pathet Lao fue excluido, si bien seguía siendo fuerte en sus regiones. Como estaban bien organizados y bien equipados, pronto empezaron a extender su control.

Con la escalada bélica en Vietnam, Laos empezó a sufrir la misma suerte que Camboya. Entre 1965 y 1973, más de dos millones de toneladas de bombas estadunidenses cayeron en Laos, más que en Alemania y Japón en la segunda Guerra Mundial. En un principio los ataques eran principalmente en provincias controladas por el Pathet Lao. Cuando empezó a recibir más apoyo y a extender su control, los bombardeos estadunidenses se difundieron en el país. Un trabajador comunitario estadunidense que colaboraba en Laos informó posteriormente que "poblado tras poblado eran arrasados; innumerables personas fueron enterradas vivas por las explosiones, o quemadas vivas con napalm y fósforo blanco, o acribilladas por los perdigones de las bombas antipersonales".

Laos no volvió a estar en paz hasta 1973, cuando los estadunidenses se retiraron de Vietnam. Las tres facciones firmaron un acuerdo en Vientiane para crear otra coalición, con Souvanna Phouma como líder. No obstante el Pathet Lao extendió gradualmente su control por el país. En 1975, cuando Vietnam del Norte tomó Vietnam del Sur y el Khmer Rouge logró el control en Camboya, las fuerzas de derecha de Laos decidieron tirar la toalla y sus líderes se fueron del país. El Pathet Lao pudo tomar el poder, y en diciembre de 1975 *declararon el fin de la monarquía y el principio de la República Democrática Popular Lao.*

b) La República Democrática Popular Lao

El Partido Revolucionario Popular Lao (LPRP, *por sus siglas en inglés*), *comunista, que asumió el control en 1975, se mantuvo en el poder hasta fines de siglo, y en 2004 aún parecía estar firme.* Durante 20 años, antes de que llegaran al poder, sus líderes habían cooperado estrechamente con sus aliados vietnamitas, y se esperaba que los dos gobiernos siguieran líneas parecidas. En Laos, los comunistas introdujeron las granjas colectivas y sometieron el comercio y la poca industria existente al control gubernamental. También encerraron a varios miles de opositores políticos en lo que llamaban campos de reeducación. El país y la economía tardaban en recuperarse de la rapiña de los 15 años anteriores, y miles de personas, algunos estiman que hasta 10% de la población, abandonaron el país, para vivir en Tailandia.

Afortunadamente, el gobierno estaba preparado para ceder en cuanto a sus estrictos principios marxistas; a mediados de los años ochenta, siguiendo el ejemplo de China y Vietnam, abandonaron el programa de colectivización y lo sustituyeron con grupos de granjas manejadas por familias. El control del Estado sobre los negocios y la industria fue relajado, se introdujeron incentivos de mercado y se invitó y alentó la inversión privada. Las estadísticas de Naciones Unidas sugieren que en 1989 la economía de Laos era mejor que la de Vietnam y Camboya respecto del Producto Interno Bruto per cápita. El partido seguía teniendo todo el control político, pero después de introducir una nueva Constitución en 1991, la gente tuvo más libertad de movimiento. El hecho de que el gobierno, como en China y Vietnam, hubiera abandonado sus políticas económicas comunistas o socialistas provocó una pregunta interesante, si *seguía siendo* un régimen comunista. Aparentemente, los líderes consideraban y describían su sistema político como comunista, si bien la restructuración económica les había dejado muy pocos atributos específicamente socialistas; igual podrían haber sido, sencillamente, "estados de un solo partido".

Al finalizar el siglo, Laos seguía siendo un Estado unipartidista de economía mixta cuyo desempeño era decepcionante. En marzo de 2001, el presidente Khamtai Siphandon aceptó que

hasta ese momento, el gobierno no había logrado la tan esperada prosperidad. Presentó un impresionante programa de
crecimiento económico y mejora de la educación, la salud y
los niveles de vida a 20 años. Analistas imparciales señalaron
que la economía era precaria, la ayuda del exterior se había
duplicado en los 15 años anteriores, y el Fondo Monetario Internacional acababa de aprobar un crédito de 40 millones de
dólares para ayudar a equilibrar el presupuesto de ese año.

Nada de esto influyó en las elecciones de la Asamblea Nacional celebradas en febrero de 2002. Hubo 166 candidatos para los 109 escaños, pero todos, excepto uno, eran miembros del
LPRP. Los medios dirigidos por el Estado informaron que había votado 100% de los votantes y el partido siguió despreocupadamente en el poder. No obstante, *la insatisfacción por la
falta de avances empezó a inquietar*. En julio de 2003, una organización llamada Movimiento por la Democracia de los Ciudadanos Lao organizó manifestaciones y minilevantamientos en
10 provincias. En octubre, otro grupo, que se llamaba a sí mismo Gobierno Democrático Popular Libre de Laos (FDPGL, por
sus siglas en inglés), hizo explotar una bomba en Vientiane y
reivindicó la responsabilidad de otras 14 explosiones ocurri-
das desde 2002. Anunciaron que su objetivo era derrocar al
"cruel y bárbaro LPRP". Se presionaba para que el partido lograra reformas y prosperidad lo antes posible.

PREGUNTAS

1. Explique cómo se dividió Corea en dos estados durante el
   periodo 1945-1953.
2. "Medio siglo desastroso para el pueblo de Corea del Norte."
   ¿Hasta qué punto coincide con este veredicto sobre el periodo de gobierno de Kim Il Sung en Corea del Norte?
3. ¿Qué problemas enfrentó el gobierno de Vietnam en los años
   posteriores a su unificación, en 1976? ¿Cómo y con qué resultado cambiaron las políticas del gobierno después de
   1986?
4. Valore la contribución del príncipe Sihanouk al desarrollo

de Camboya entre 1954 y 1970. Explique por qué fue derrocado en marzo de 1970.

5. Defina las etapas por las que Camboya/Kampuchea se convirtió en víctima de la Guerra Fría entre 1967 y 1991.

6. Explique por qué y cómo fue regido Laos por los comunistas en el periodo de 1954 a 1975. ¿Qué tanto éxito tuvo el gobierno en la reconstrucción de Laos a finales del siglo xx?

CUARTA PARTE

LOS ESTADOS UNIDOS DE AMÉRICA

XXII. LOS ESTADOS UNIDOS DE AMÉRICA ANTES DE LA SEGUNDA GUERRA MUNDIAL

Resumen de acontecimientos

Durante la segunda mitad del siglo xix, los Estados Unidos experimentaron notables cambios sociales y económicos.

- La guerra civil entre el Norte y el Sur (1861-1865) puso *fin a la esclavitud en los Estados Unidos y concedió la libertad a los esclavos.* Sin embargo, muchos blancos, en especial en el Sur, estaban renuentes a reconocer a los negros (afroamericanos) como iguales e hicieron su mejor esfuerzo para privarlos de sus nuevos derechos. Esto llevó al *inicio del movimiento por los Derechos Civiles,* si bien tuvo poco éxito hasta la segunda mitad del siglo xx.
- *Un número importante de inmigrantes empezó a llegar de Europa,* fenómeno que se prolongó hasta el siglo xx. Entre 1860 y 1930, más de 30 millones de personas llegaron a los Estados Unidos del extranjero.
- *Tuvo lugar una vasta y exitosa revolución industrial,* sobre todo en el último cuarto del siglo xix. Los Estados Unidos iniciaron el siglo xx con una ola de prosperidad en los negocios. Para 1914, ya habían superado fácilmente a Gran Bretaña y Alemania, naciones líderes en la industria, en cuanto a producción de carbón, hierro y acero, y eran sin duda una fuerza económica rival que tendrían que enfrentar.
- Si bien a industriales y financieros les fue bien e hicieron fortuna, *la prosperidad no estaba distribuida equitativamente entre el pueblo.* Inmigrantes, negros y mujeres a menudo tenían que soportar bajos salarios y deficientes condiciones laborales y de vida. Esto llevó a la *formación de sindicatos y del Partido Socialista, que intentó mejorar la situación de los trabajadores.* Sin embargo, las grandes empresas les fueron adversas y estas organizaciones tuvieron poco éxito antes de la primera Guerra Mundial (1914-1918).

Si bien los estadunidenses llegaron tarde a la primera Guerra Mundial (abril de 1917), *desempeñaron un papel importante en la derrota de Alemania y sus aliados;* el presidente demócrata *Woodrow Wilson* (1913-1921) fue una figura importante en la Conferencia de Versalles, y los Estados Unidos eran ya una de las grandes potencias del mundo. Sin embargo, después de la guerra, decidieron no participar activamente en los asuntos del mundo, política conocida como *aislacionismo.* Fue una gran decepción para Wilson que el Senado rechazara tanto el Tratado de Versalles como la Liga de las Naciones (1920).

Después de Wilson hubo tres presidentes republicanos: Warren Harding (1921-1923), quien murió durante su mandato; Calvin Coolidge (1923-1929) y Herbert C. Hoover (1929-1933). Hasta 1929, el país gozó de un periodo de gran prosperidad, si bien no todos la compartían. El auge terminó abruptamente con la *caída de Wall Street* (octubre de 1929), que llevó a la Gran Depresión, o crisis económica mundial, apenas seis meses después de la toma de posesión del desafortunado Hoover. Los efectos en los Estados Unidos fueron catastróficos; en 1933, casi 14 millones de personas se quedaron sin trabajo y los esfuerzos del presidente no lograron influir en la crisis. Nadie se sorprendió cuando los republicanos perdieron la elección presidencial de noviembre de 1932.

El nuevo presidente demócrata, *Franklin D. Roosevelt*, introdujo las políticas conocidas como *New Deal* [Nuevo Trato] como intento para poner al país en el camino de la recuperación. Si bien el éxito no fue total, los logros fueron suficientes, aunados a las circunstancias de la segunda Guerra Mundial, para mantener a Roosevelt en la Casa Blanca (residencia oficial del presidente, en Washington) hasta su muerte, en abril de 1945. Fue el único presidente elegido para un cuarto periodo.

1. El sistema estadunidense de gobierno

La Constitución estadunidense (conjunto de reglas mediante el cual se gobierna el país) fue redactada en 1787. Desde entonces, se han agregado 26 puntos (enmiendas); la última, que redujo la edad para votar a los 18 años, se agregó en 1971.

Los Estados Unidos tienen un sistema de gobierno federal
Es un sistema en el cual un país se divide en estados, que en los Estados Unidos fueron originalmente 13; en 1900, ese número había aumentado a 45, pues la frontera se extendió hacia el occidente. Después se formaron otros cinco, que se agregaron a la unión (mapa XXII.1): Oklahoma (1907), Arizona y Nuevo México (1912), y Alaska y Hawai (1959). Cada uno de los estados tiene su propia capital y su propio gobierno, y comparten el poder con el gobierno federal (central o nacional), con sede en la capital federal, Washington. En la figura XXII.1 se observa la forma en que comparten el poder.

El gobierno federal consta de tres partes principales:

Congreso: conocido como porción legislativa; hace las leyes;

Presidente: conocido como porción ejecutiva; cumple las leyes;

Judicial: sistema legal, su parte más importante es la *Suprema Corte.*

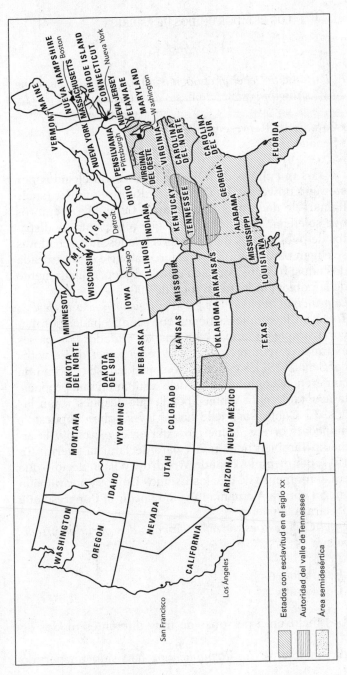

MAPA XXII.1. *Los Estados Unidos en el entreguerras*
FUENTE: D. Heater, *Our World this Century* (Oxford, 1992), p. 97.

a) Congreso

1. *El Parlamento federal, conocido como Congreso, se reúne en Washington; está compuesto de dos cámaras:*

- Cámara de Representantes
- Senado

Los miembros de ambas cámaras son elegidos por sufragio universal. La Cámara de Representantes (suele llamársele nada más "la Cámara") tiene 435 miembros que se eligen cada dos años, y que representan a distritos de poblaciones más o menos iguales. Los senadores se eligen para seis años, una tercera parte se retira cada dos años; hay dos por cada estado, independientemente de la población, para un total de 100.

2. *La principal tarea del Congreso es legislar (hacer las leyes).* Todas las leyes nuevas tienen que ser aprobadas por mayoría simple en ambas cámaras; los tratados con países extranjeros requieren de dos terceras partes de los votos del Senado. Si las cámaras no coinciden, se celebra una conferencia conjunta, que suele resultar en una propuesta aceptable para ambas, por la que después votan las dos. El Congreso puede hacer leyes sobre impuestos, moneda, correos, comercio exterior, el ejército y la armada. También tiene poder para declarar la guerra. En 1917, por ejemplo, cuando Woodrow Wilson decidió que era el momento de que los Estados Unidos entraran a la guerra contra Alemania, tuvo que pedir al Congreso que declarara la guerra.

3. *En el Congreso están representados dos partidos principales:*

- Republicano
- Demócrata

Ambos incluyen a personas de muy diferentes modos de pensar.

Tradicionalmente, *los Republicanos* han sido un partido

La Constitución Nacional estipula
que el gobierno tenga ciertos poderes

Delegados en el gobierno federal

- regular el comercio interestatal
- conducir los asuntos exteriores
- acuñar y emitir moneda
- establecer oficinas postales
- hacer la guerra y la paz
- tener fuerzas armadas
- castigar los delitos en contra
  de los Estados Unidos
- admitir nuevos estados
  y gobernar territorios
- otorgar patentes y derechos
  de autor
- hacer leyes uniformes sobre
  naturalización y quiebra

Reservados para el gobierno estatal

- autorizar el establecimiento
  de gobiernos locales
- establecer y supervisar escuelas
- mantener una milicia estatal
- regular el comercio dentro
  del Estado
- regular mano de obra,
  industria y negocios dentro
  del Estado
- todos los otros poderes
  gubernamentales no
  delegados a los Estados Unidos
  ni prohibidos específicamente
  en los estados

Compartidos por el gobierno federal y los gobiernos estatales

- impuestos • crear tribunales • fomentar agricultura e industria
- préstamos • aprobar estatutos de bancos
- proteger la salud pública

Poderes prohibidos

Los derechos personales de los ciudadanos de los
Estados Unidos especificados en la Declaración de
Derechos (primeras 10 enmiendas a la Constitución) y en las constituciones de los estados no pueden ser reducidos ni abolidos por el gobierno federal ni por los gobiernos de los estados.

FIGURA XXII.1. *Cómo se divide el poder entre el gobierno federal
y los estados en los Estados Unidos de América*

con gran apoyo en el norte, en especial de los industriales y los hombres de negocios; es el más conservador, y sus miembros creen en:

- mantener elevados los aranceles (derechos de importación) para proteger a la industria estadunidense de las importaciones del exterior;
- un enfoque de gobierno de *laissez-faire*; quieren que los hombres de negocios dirijan la industria y la economía con la menor interferencia posible del gobierno. Los presidentes republicanos Coolidge (1923-1929) y Hoover (1929-1933), por ejemplo, estaban a favor de la no intervención y creían que no era tarea del gobierno resolver problemas económicos ni sociales.

Los demócratas reciben gran apoyo del sur y de los inmigrantes de las grandes ciudades del norte; han sido los más progresistas. Presidentes demócratas como Franklin D. Roosevelt (1933-1945), Harry S. Truman (1945-1953) y John F. Kennedy (1961-1963) querían que el gobierno desempeñara un papel más activo en la resolución de los problemas económicos y sociales.

No obstante, los partidos no están tan unidos ni hay tanta cohesión en su organización como en los partidos políticos de Gran Bretaña, donde se espera que todos los representantes del partido en el gobierno lo apoyen todo el tiempo. En los Estados Unidos, la disciplina de partido es mucho más relajada, y los votos en el Congreso a menudo cruzan la línea entre partidos. En ambos hay facciones de derecha y de izquierda. Algunos de los demócratas de derecha votaron en contra del New Deal de Roosevelt, aun cuando era demócrata, en tanto que algunos republicanos de izquierda votaron a favor, pero no cambiaron de partido, ni su partido los expulsó.

b) El presidente

El presidente se elige para un periodo de cuatro años. Cada partido escoge a su candidato y la elección siempre se celebra en noviembre; al candidato ganador (llamado "presidente electo") se le toma juramento en enero del siguiente año. Aparentemente, los poderes del presidente son muy amplios: comandante en jefe de las fuerzas armadas, control de la administración pública y los asuntos exteriores, firma de tratados con estados extranjeros y nombramiento de jueces, embajadores y miembros del gabinete. Con ayuda de los congresistas que lo apoyan, puede introducir leyes al Congreso y vetar las que aprueba el Congreso si no está de acuerdo con ellas.

c) La Suprema Corte

Consta de nueve jueces nombrados por el presidente, con la aprobación del Senado. Una vez nombrado un juez de la Suprema Corte, puede permanecer en el puesto de por vida, a menos que sea obligado a renunciar por enfermedad o escándalo. La Suprema Corte funge como árbitro en controversias entre el presidente y el Congreso, entre el gobierno federal y los gobiernos estatales, entre los estados y en cualquier problema derivado de la Constitución.

d) La separación de poderes

Cuando los Fundadores de los Estados Unidos (entre otros, George Washington, Benjamin Franklin, Alexander Hamilton y James Madison) se reunieron en Filadelfia en 1787 para redactar la nueva Constitución, una de sus principales preocupaciones fue asegurarse de que ninguna de las tres partes del gobierno, Congreso, presidente y Suprema Corte, tuviera demasiado poder, así que *deliberadamente diseñaron un sistema de "controles y equilibrios" en el cual las tres ramas del gobierno funcionan independientes una de otra* (figura XXII.2). El Presidente y su gabinete, por ejemplo, no son miembros del Congreso, a diferencia del primer ministro británico y su gabinete, que sí lo son. Cada rama controla el poder de las otras. Esto significa que el presidente no es tan poderoso como podría parecer, pues las elecciones de la Cámara son cada dos años y

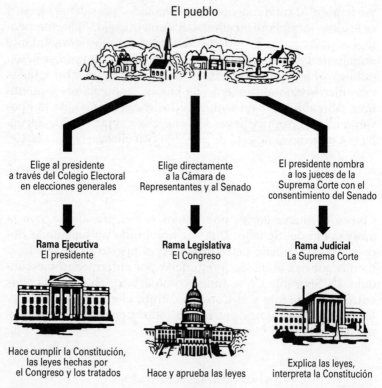

El pueblo

Elige al presidente a través del Colegio Electoral en elecciones generales

Elige directamente a la Cámara de Representantes y al Senado

El presidente nombra a los jueces de la Suprema Corte con el consentimiento del Senado

Rama Ejecutiva
El presidente

Rama Legislativa
El Congreso

Rama Judicial
La Suprema Corte

Hace cumplir la Constitución, las leyes hechas por el Congreso y los tratados

Hace y aprueba las leyes

Explica las leyes, interpreta la Constitución

FIGURA XXII.2. *Las tres ramas independientes del gobierno federal de los Estados Unidos*
FUENTE: D. Harkness, *The Post-war World* (Macmillan, 1974), pp. 231 y 232.

un tercio del Senado es elegido cada dos años, de tal forma que el partido del presidente puede perder su mayoría en una u otra de las cámaras después de ocupar el puesto tan sólo dos años.

Si bien el presidente puede vetar leyes, el Congreso puede objetar el veto si logra dos tercios de la mayoría en ambas cámaras. El presidente tampoco puede disolver el Congreso, sólo le queda esperar que las cosas cambien para bien en las siguientes elecciones. Por otra parte, el Congreso no puede deshacerse del presidente a menos que se demuestre que ha co-

metido una traición o algún otro delito grave, en cuyo caso
será amenazado con el *impeachment* (acusación formal por
delitos ante el Senado, que podría llevar a cabo un juicio).
Para evitar esa acusación, Richard Nixon renunció (27 de
agosto de 1974), deshonrado, por su participación en el escándalo de Watergate (sección XXIII.4). El éxito de un presidente suele depender de su habilidad para convencer al Congreso de que apruebe su programa legislativo. La Suprema
Corte vigila tanto al presidente como al Congreso, y puede hacerles la vida difícil a ambos declarando que una ley es "anticonstitucional", es decir, que es ilegal y tiene que modificarse.

2. EN EL CRISOL: LA ERA DE LA INMIGRACIÓN

a) *Una enorme ola de inmigrantes*

Durante la segunda mitad del siglo XIX se produjo una enorme
ola de inmigrantes, y si bien desde el siglo XVII la gente cruzaba el Atlántico para asentarse en los Estados Unidos, la cifra
era relativamente pequeña. En todo el siglo XVIII, probablemente no llegaron más de medio millón de personas, en tanto
que de *1860 a 1930, fueron más de 30 millones.* Entre 1840 y
1870, el grupo predominante fueron los irlandeses. Después
de 1850 llegó un número importante de alemanes y suecos, y
para 1910 había cuando menos ocho millones de alemanes en
los Estados Unidos. Entre 1890 y 1920 fueron rusos, polacos e
italianos los que llegaron en cantidades importantes. En el
cuadro XXII.1 se observan en detalle las cifras de los inmigrantes llegados a los Estados Unidos y desde dónde.
   *Los motivos por los que la gente dejaba su país eran varia-
dos.* A algunos les atraía la perspectiva del empleo y de una
vida mejor, esperaban cruzar la "Puerta Dorada" hacia los Estados Unidos para escapar de la pobreza, como los irlandeses,
suecos, noruegos e italianos. La persecución llevó a muchas
personas a emigrar, especialmente los millones de judíos que
salieron de Rusia y otros estados de Europa del este después
de 1880 para escapar de los pogromos (masacres organizadas).
La inmigración se redujo mucho después de 1924, cuando el

CUADRO XXII.1. *Población estadunidense e inmigración, 1851-1950 (cifras en miles, hasta el millar más cercano)*

	1851-60	1861-70	1871-80	1881-90	1891-1900	1901-10	1911-20	1921-30	1931-40	1941-50	Cuota anual (1951)
Población total (censos 1860, 1870, etc.)	31443	39818	50156	62948	75995	91972	105711	122775	131669	150697	
Inmigración total	2598	2315	2812	5247	3688	8795	5736	2478	528	1035	154
Selección de países de origen											
Irlanda (N y S)	914	436	437	655	388	339	146	221	13	28[b]	18[b]
Alemania	952	787	718	1453	505	341	144	412	118[c]	227	26
Austria		8	73	354	593	2145	454	33	8	25	1
Hungría							443	31	3	3	1
Gran Bretaña	247	222	438	645	217	388	250	157	22	112	66[RU]
Italia	9	12	56	307	652	2046	1110	455	68	58	6
Suecia	21[a]	38	116	392	226	250	95	97	4	11	3
Polonia	1	2	13	52	97		5	228	17	8	7
Rusia	1	3	39	213	505	1597	921	62	1	1	3
China	41	64	123	62	15	21	21	30	5	17	0

[a] Incluye Noruega en esta década.
[b] Sólo Irlanda.
[c] Incluye Austria.
[RU] Reino Unido.
FUENTE: Roger Thompson, *The Golden Door* (Allman & Son, 1969), p. 309.

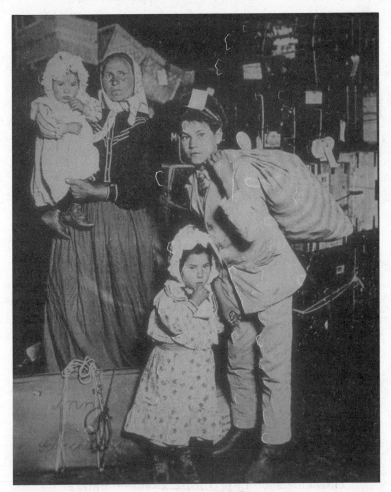

ILUSTRACIÓN XXII.1. *Inmigrantes llegan a los Estados Unidos*

gobierno impuso cuotas anuales, si bien se hacían excepciones, y durante los primeros 30 años posteriores a la segunda
Guerra Mundial llegaron otros siete millones de personas
(ilustración XXII.1).

Una vez en los Estados Unidos, muchos de los inmigrantes
pronto participaban en una segunda migración y se trasladaban del puerto de llegada al medio oeste del país. Alemanes,

noruegos y suecos tendían a moverse en esa dirección para establecerse en estados como Nebraska, Wisconsin, Missouri, Minnesota, Iowa e Illinois, movimiento que formaba parte de la tendencia general estadunidense de trasladarse hacia el centro; la población al oeste del Mississippi se incrementó de unos cinco millones en 1860, a cerca de 30 millones, en 1910.

b) ¿Cuáles fueron las consecuencias de la inmigración?

- La consecuencia más obvia fue el incremento de la población. Se ha calculado que si no hubiera habido un movimiento masivo de personas hacia los Estados Unidos entre 1880 y la década de 1920, la población hubiera sido 12% menor de lo que realmente era en 1930.
- Los inmigrantes ayudaron a acelerar el desarrollo económico. William Ashworth, historiador de la economía, calculaba que sin la inmigración la mano de obra de los Estados Unidos hubiera sido 14% menor de lo que era en 1920, y "con menos gente, gran parte de la riqueza natural del país hubiera tenido que esperar más para ser utilizada".
- El movimiento de personas de la zona rural a la ciudad dio lugar al crecimiento de enormes áreas urbanas, conocidas como "conurbadas". En 1880, sólo Nueva York tenía más de un millón de habitantes; para 1910, Filadelfia y Chicago habían rebasado también esa cifra.
- El movimiento para emplearse en la industria, la minería, la ingeniería y la construcción se tradujo en una reducción sistemática de la proporción de habitantes que trabajaba el campo. En 1870, cerca de 58% de los estadunidenses se dedicaba a la agricultura; para 1914, ese porcentaje se había reducido a 14%, y a sólo 6% en 1965.
- Los Estados Unidos se habían hecho de una notable mezcla de nacionalidades, culturas y religiones del mundo. Los inmigrantes tendían a concentrarse en las ciudades, si bien muchos alemanes, suecos y noruegos se traslada-

ron al medio oeste para dedicarse a la agricultura. En 1914, los inmigrantes conformaban más de la mitad de la población de cada ciudad estadunidenses grande, y había unas 30 nacionalidades diferentes. Esto llevó a los estadunidenses idealistas a afirmar con orgullo que los Estados Unidos eran "un crisol" al que llegaban a mezclarse las nacionalidades y tornarse en una sola nación estadunidense unificada. De hecho, aparentemente esto fue sólo un mito, sin duda hasta mucho después de la primera Guerra Mundial. Los inmigrantes solían congregarse por nacionalidades y vivir en guetos urbanos. Cada nueva oleada de inmigrantes era tratada con desprecio y hostilidad por los inmigrantes anteriores, que temían perder su empleo. Los irlandeses, por ejemplo, a menudo se negaban a trabajar con polacos e italianos. Posteriormente, polacos e italianos serían igualmente hostiles a los mexicanos. Algunos críticos han dicho que los Estados Unidos no eran para nada "un crisol"; tal como lo expresa el historiador Roger Thompson, el país era "más bien una ensaladera, en la cual los ingredientes siguen separados, aunque se mezclen con un aderezo".

• Cada vez era mayor la agitación por la llegada de demasiados extranjeros a los Estados Unidos, y se exigía que la "Puerta Dorada" se atrancara. El movimiento era de características raciales, se afirmaba que la continua grandeza del país dependía de la preservación de la pureza de su linaje anglosajón, el cual, se pensaba, se debilitaría con la entrada de un número ilimitado de judíos y europeos del sur y del este. A partir de 1921, el gobierno de los Estados Unidos restringió gradualmente la entrada, hasta fijarla en 150 000 personas al año en 1924. Esto se aplicó estrictamente durante la depresión de los años treinta, cuando el desempleo era elevado. Después de la segunda Guerra Mundial, las restricciones se relajaron poco a poco; el país recibió a cerca de 700 000 refugiados que escaparon de la Cuba de Castro entre 1959 y 1975, y más de 100 000 vietnamitas, después de que los comunistas tomaran Vietnam del Sur en 1975.

Cuadro XXII.2. *Los Estados Unidos y sus principales rivales, 1900*

	Estados Unidos	Rival más cercano
Producción de carbón (ton)	262 millones	219 millones (Gran Bretaña)
Exportaciones (£)	311 millones	390 millones (Gran Bretaña)
Hierro en lingotes (ton)	16 millones	8 millones (Gran Bretaña)
Acero (ton)	13 millones	6 millones (Alemania)
Ferrocarriles (millas)	183 000	28 000 (Alemania)
Plata (oz fina)	55 millones	57 millones (México)
Oro (oz fina)	3.8 millones	3.3 millones (Australia)
Producción de algodón (pacas)	10.6 millones	3 millones (India)
Petróleo (ton métricas)	9.5 millones	11.5 millones (Rusia)
Trigo (fanegas)	638 millones	552 millones (Rusia)

Fuente: J. Nichol y S. Lang, *Work Out Modern World History* (Macmillan, 1990).

3. Los Estados Unidos devienen
LA ECONOMÍA LÍDER DEL MUNDO

a) *Expansión económica y surgimiento de las grandes empresas*

Durante el medio siglo anterior a la primera Guerra Mundial, una vasta expansión industrial llevó a los Estados Unidos a figurar a la cabeza de la clasificación de los productores industriales del mundo. Las estadísticas del cuadro XXII.2 muestran que ya en 1900, el país había superado a la mayoría de sus principales rivales.

Esta expansión fue posible por las ricas provisiones de materias primas, carbón, hierro y petróleo, y por la extensión de los ferrocarriles. El acelerado incremento de la población, en gran parte debido a la inmigración, proporcionó la mano de obra y los mercados. Los derechos de importación (aranceles) protegieron a la industria estadunidense de la competencia extranjera, y fue una época de oportunidad e iniciativa. Según lo expresa el historiador John A. Garraty, "el espíritu dominante de la época impulsó a los hombres de negocios a hacer su mejor esfuerzo poniendo énfasis en el progreso, glorificando la riqueza material y justificando la agresividad". Los hombres de negocios de mayor éxito, como Andrew Carnegie (acero), John D. Rockefeller (petróleo) y P. D. Armour (carne) acumularon grandes fortunas y construyeron enormes imperios industriales que les dieron poder por encima de los políticos y del común de la gente.

b) El gran auge de la década de 1920

Después de un arranque lento, cuando el país volvió a la normalidad después de la primera Guerra Mundial, la economía empezó nuevamente a crecer y la producción industrial llegó a niveles no imaginados antes, pues entre 1921 y 1929 se duplicó sin que se incrementara mucho el número de trabajadores. Las ventas, las utilidades y los salarios también llegaron a nuevas alturas, y en *"los locos años veinte"*, como se les llamaba, se conoció una gran variedad de cosas nuevas que comprar, como radios, refrigeradores, lavadoras, aspiradoras, novedosas prendas de vestir, motocicletas, pero sobre todo, automóviles. Al finalizar la guerra había cerca de siete millones de autos en los Estados Unidos, pero para 1929 eran casi 24 millones; Henry Ford encabezaba el sector con su modelo T. Quizás el más famoso de todos los productos que se ofrecían fuera la industria de Hollywood, que obtuvo jugosas utilidades y exportó su producción a todo el mundo. *¿A qué se debió este auge?*

1. *Fue el clímax de la gran expansión industrial de finales del siglo XIX*, cuando los Estados Unidos superaron a sus dos grandes rivales, Gran Bretaña y Alemania. La guerra impulsó grandemente a la industria estadunidense, pues los países cuya industria y cuyas importaciones europeas se interrumpieron compraban productos estadunidenses, y siguieron haciéndolo cuando terminó la guerra. Así, en cuanto a economía, los verdaderos vencedores de la guerra fueron los Estados Unidos.

2. *Las políticas económicas de los gobiernos republicanos*

contribuyeron a la prosperidad en el corto plazo. Su enfoque era el de *laissez-faire*, pero sí tomaron dos medidas importantes:

- por el arancel Fordney-McCumber (1922) se elevaron los derechos de importación de los productos entrantes a niveles nunca vistos, de tal forma que se protegía la industria local y se instaba a los estadunidenses a adquirir artículos producidos en el país;
- una reducción generalizada del impuesto sobre la renta en 1926 y 1928 permitió que la gente tuviera más dinero para gastar en productos estadunidenses.

3. *La industria estadunidense era cada vez más eficiente,* dada la mecanización. Más y más fábricas adoptaban los métodos de las líneas de producción móviles utilizados por Henry Ford en 1915, que aceleraban la producción y reducían los costos. Los administradores también empezaron a aplicar los estudios de "tiempos y movimientos" de F. W. Taylor, con los cuales se ahorraba tiempo y se incrementaba la productividad.

4. *Al incrementarse la utilidad, se elevaron los salarios* (pero no tanto las utilidades). Entre 1923 y 1929, el salario promedio de los trabajadores industriales se incrementó 8%, que si bien no era espectacular, era suficiente como para permitir que algunos compraran nuevos productos de consumo de lujo, a menudo, a crédito.

5. *La publicidad favoreció el auge, y también llegó a ser un gran negocio en los años veinte.* Periódicos y revistas tenían más anuncios que nunca; los anuncios de radio eran lo normal, y en los cines se proyectaban anuncios filmados.

6. *La industria del automóvil estimuló el crecimiento* de diversas industrias relacionadas, como neumáticos, baterías, petróleo para combustibles, talleres de reparación y turismo.

7. *Se construyeron muchas carreteras* y el kilometraje casi se duplicó entre 1919 y 1929. Ahora era más factible transportar productos por carretera, y el número de ca-

miones de carga registrados se cuadruplicó en ese mismo periodo. Los precios eran competitivos, de modo que ferrocarriles y canales perdieron su monopolio.

8. *Los gigantes corporativos* y sus métodos de producción en masa desempeñaron un papel importante en el auge manteniendo bajos los costos. Otra técnica, fomentada por el gobierno, fueron las asociaciones comerciales, que ayudaron a estandarizar los métodos, las herramientas y los precios en empresas pequeñas que fabricaban el mismo producto. De esta forma, la economía estadunidense llegó a ser dominada por gigantes corporativos y asociaciones comerciales a través de métodos de producción en masa para el total de consumidores.

c) ¿Libre e igual?

Si bien a mucha gente le iba bien durante los "locos años veinte", la riqueza no estaba distribuida equitativamente; había grupos de desafortunados que deben haber sentido que su libertad no iba muy lejos.

1. Los agricultores no compartían la prosperidad general

Les había ido bien durante la guerra, pero en la década de 1920 los precios de los productos agrícolas cayeron gradualmente, las utilidades se redujeron y los salarios de los jornaleros del Medio Oeste y el sur agrícola solían ser equivalentes a la mitad de lo que ganaban los trabajadores industriales del noreste. La causa del problema era muy sencilla, con sus nuevas cosechadoras combinadas y los fertilizantes químicos, los agricultores estaban produciendo demasiados alimentos que el mercado local no podía absorber, y esto, en un momento en que, en Europa, la agricultura se recuperaba después de la guerra y la competencia con Canadá, Rusia y Argentina en el mercado mundial era intensa. Esto significaba que la exportación de excedentes no era suficiente. El gobierno, con su actitud de *laissez-faire*, no hacía casi nada para ayudar. Aun cuando el Congreso aprobó la Ley McNary-Haugen, tendiente a permitir que el gobierno adquiriera las cosechas excedentes,

Coolidge la vetó dos veces (1927 y 1928), sobre la base de que el problema se agravaría alentando a los agricultores a producir aún más.

2. *No todas las industrias eran prósperas*
Las minas de carbón, por ejemplo, sufrían por la competencia del petróleo, y muchos trabajadores fueron despedidos.

3. *La población negra fue excluida de la prosperidad*
En el sur, donde habitaba la mayoría de los negros, los granjeros blancos siempre despedían primero a los jornaleros negros. Cerca de 750 000 se trasladaron al norte en la década de 1920, a buscar trabajo en la industria, pero casi siempre tenían que aceptar los trabajos peor pagados, las peores condiciones laborales y los peores alojamientos. Por otra parte, los negros eran perseguidos por el *Ku-Klux-Klan*, la conocidísima organización de las capuchas blancas, que en 1924 tenía cinco millones de miembros. Asaltos, latigazos y linchamientos eran comunes, y si bien el Klan declinó gradualmente después de 1925, los prejuicios y la discriminación en contra de los negros y otras minorías de color no desaparecieron (sección XXII.5).

4. *Hostilidad con los inmigrantes*
Los inmigrantes, en especial los de Europa del este, eran tratados con hostilidad, pues se pensaba que por no ser anglosajones ponían en riesgo la grandeza de la nación estadunidense.

5. *Supercorporaciones*
La industria fue cada vez más monopolizada por los *trusts* o supercorporaciones. En 1929, 5% de las corporaciones más acaudaladas obtuvieron más de 84% de los ingresos totales de las corporaciones. Si bien las supercorporaciones incrementaron la eficiencia, no hay duda de que mantuvieron los precios más elevados y los salarios más bajos de lo necesario. Lograron debilitar a los sindicatos prohibiendo a los trabajadores que se afiliaran. Los republicanos, partidarios de los hombres de negocios, no hicieron nada por limitar su crecimiento porque el sistema parecía funcionar bien.

6. *Pobreza generalizada en las zonas industriales y las ciudades*
Entre 1922 y 1929, los salarios reales de los trabajadores
industriales se incrementaron apenas en 1.4% anual; 6 millones de familias (42% del total) tenían ingresos menores a los
1 000 dólares al año. Las condiciones laborales seguían siendo
deplorables, de tal forma que 25 000 trabajadores morían en
accidentes de trabajo y 100 000 quedaban discapacitados. Después de recorrer los barrios de la clase trabajadora en 1928,
el congresista La Guardia confesó que "no estaba preparado
para lo que vi. Me pareció casi increíble que esas condiciones
de pobreza realmente existan". Sólo en la ciudad de Nueva
York, había dos millones de familias, muchas de inmigrantes,
viviendo en tugurios clausurados por ser un riesgo en caso de
incendio.

7. *La libertad de protestar de los trabajadores estaba muy
limitada*
Las huelgas se levantaban por la fuerza, los sindicatos militantes desaparecieron y los más moderados eran débiles. Si bien
había un partido socialista, no existían esperanzas de que llegara a formar un gobierno. Después de que una bomba explo-
tara en Washington en 1919, las autoridades sofocaron un "terror rojo"; arrestaron y deportaron a más de 4 000 ciudadanos
de origen extranjero, muchos de ellos rusos, sospechosos de
ser comunistas o anarquistas, aunque, en realidad, casi todos
eran inocentes.

8. *En 1919 se introdujo la Prohibición*
En este "noble experimento", como se le conoció, se prohibió
la fabricación, importación y venta de bebidas alcohólicas; fue
resultado de los esfuerzos de un grupo de presión bien intencio-
nado, que antes de la primera Guerra Mundial y durante ésta
pensaba que un país "seco" sería un país más eficiente y moral.
Pero fue imposible eliminar los *speakeasis* (bares clandestinos)
y a los *bootleggers* (fabricantes de bebidas alcohólicas ilegales),
que protegían sus instalaciones de los rivales con gatilleros a
sueldo que se mataban entre ellos en las balaceras. La violencia de las bandas llegó a formar parte del escenario estadunidense, en especial en Chicago, donde Al Capone hizo fortuna,

principalmente protegiendo bares clandestinos. El alboroto relacionado con la Prohibición era uno de los aspectos de *un conflicto tradicional estadunidense entre las zonas rurales y las urbanas.* Mucha gente del campo creía que la vida en la ciudad era pecaminosa y malsana, mientras que en el campo era pura, noble y moral. La administración del presidente Roosevelt acabó con la Prohibición en 1933, pues obviamente era un fracaso y el gobierno estaba perdiendo muchos ingresos derivados de los impuestos a las bebidas alcohólicas.

9. *Las mujeres no eran tratadas como iguales*

Si bien muchas mujeres sentían que todavía se les trataba como ciudadanos de segunda, algo se había avanzado en pro de derechos iguales para ellas; votaban desde 1920, el movimiento para el control de la natalidad se estaba generalizando y muchas podían tener un empleo, pero, por otra parte, eran trabajos que los hombres no querían; el salario era menor para la misma tarea y no había desaparecido el sesgo de educarlas para ser madres y esposas, más que mujeres de carrera.

4. LOS SOCIALISTAS, LOS SINDICATOS Y LAS REPERCUSIONES DE LA GUERRA Y LAS REVOLUCIONES RUSAS

a) *Los sindicatos en el siglo XIX*

Durante la gran expansión industrial que tuvo lugar en el medio siglo posterior a la guerra civil, *la nueva clase de trabajadores industriales empezó a organizarse en sindicatos para proteger sus intereses.* A menudo eran encabezados por trabajadores inmigrantes de Europa, con experiencia en sindicatos y de ideas socialistas. Fue una época traumática para muchos de los empleados en las nuevas industrias; por una parte estaba el ideal estadunidense tradicional de igualdad, la dignidad del trabajador y el respeto por los que trabajaban duro y se enriquecían, o "individualismo duro". Por la otra, había una creciente sensación, en especial durante la recesión de mediados de la década de 1870, de que los trabajadores habían perdido su estatus y dignidad.

Hugh Brogan resume perfectamente las razones de esta
desilusión:

> Las enfermedades (viruela, difteria, tifoidea) se propagaban en
> las barriadas y las zonas fabriles; la atroz falta de medidas de
> precaución en las principales industrias; la ausencia total de pro-
> gramas de participación estatal contra las lesiones, la ancianidad
> y la muerte prematura; la determinación de los patrones de agen-
> ciarse la mano de obra más barata posible, que en la práctica se
> traducía en recurrir a mujeres y menores mal pagados, así como
> la generalizada indiferencia respecto de los problemas del des-
> empleo, pues aún se creía en todos los sectores que en los Esta-
> dos Unidos siempre había trabajo y que cualquiera que quisiera,
> encontraría la oportunidad de mejorar.

Ya en 1872, *el Sindicato Nacional* (primera federación nacional de sindicatos) había encabezado en Nueva York una
exitosa huelga de 100 000 trabajadores para exigir una jornada
laboral de ocho horas. En 1877 se formó el *Partido Socialista
del Trabajo*, cuya principal actividad era organizar sindicatos
entre los trabajadores inmigrantes. En los primeros años de la
década de 1880 destacó una organización llamada *Los Caballeros del Trabajo*, que se preciaba de no ser violenta ni socialista y de oponerse a las huelgas, y que en 1886 se ufanaba de
contar con más de 700 000 miembros. Sin embargo, poco después declinó abruptamente. Otra organización más militante,
pero aún moderada, fue la *Federación de Trabajadores Estadunidenses* (AFL, por sus siglas en inglés), con Samuel Gompers
como presidente. Gompers no era socialista y no creía en la
lucha de clases; estaba a favor de trabajar con los patrones
para lograr concesiones, pero también apoyaría una huelga para
conseguir un trato justo y mejorar el nivel de vida de los trabajadores.

Cuando se descubrió que, en general, los patrones no estaban dispuestos a hacer concesiones, *Eugene Debs* fundó en
1893 una asociación todavía más combativa, el *Sindicato Estadunidense de Ferrocarrileros* (ARU, por sus siglas en inglés), pero
pronto se metió en problemas y dejó de tener importancia. La
organización más radical de todas fue *Trabajadores Industriales*

del Mundo (conocidos como "Wobblies"), de extracción socialista. A partir de 1905 encabezó una serie de movimientos contra varios patrones impopulares, pero en general salía derrotada [sección *c)*]. Ninguna de estas organizaciones logró resultados tangibles, ni antes ni después de la primera Guerra Mundial, aunque supuestamente atrajeron la atención del público respecto de algunas de las terribles condiciones del mundo del trabajo industrial. *Las razones de su fracaso fueron varias.*

- *Los patrones y las autoridades eran implacables para sofocar las huelgas,* culpaban a los inmigrantes de lo que llamaban "actividades antiestadunidenses" y los tachaban de socialistas. Las opiniones respetables consideraban al sindicalismo como algo inconstitucional que iba en contra del culto de la libertad individual. La clase media en general y la prensa casi siempre estaban del lado de los patrones, y las autoridades no dudaban en llamar al ejército estatal o federal para "restablecer el orden" (véase la sección siguiente).
- *La propia mano de obra estadunidense estaba dividida:* los trabajadores calificados contra los no calificados; es decir, no existía el concepto de solidaridad entre los trabajadores; sencillamente, el trabajador no calificado quería formar parte de la élite calificada.
- *Los trabajadores blancos y negros estaban divididos;* la mayoría de los sindicatos se negaba a afiliar a los negros y los instaban a formar sus propios sindicatos. Por ejemplo, en 1894 no se permitía la afiliación de negros en la ARU, si bien Debs quería que todos participaran. En represalia, los sindicatos negros se negaban a cooperar con los blancos y aceptaban ser utilizados como esquiroles.
- *Cada nueva oleada de inmigrantes debilitaba al movimiento sindicalista,* pues aquéllos estaban dispuestos a aceptar salarios más bajos que los trabajadores establecidos, de modo que podían ser utilizados como rompehuelgas.
- *En los primeros años del siglo XX, algunos líderes sindicales, en especial los de la AFL, fueron desacreditados;* se estaban enriqueciendo, se pagaban jugosos salarios y sospechosamente parecían estar en muy buenos términos con

los patrones, en tanto que los miembros comunes del sindicato lograban muy pocas prestaciones y las condiciones laborales apenas mejoraban. El sindicato perdió apoyo por concentrarse en apoyar a los trabajadores calificados y por haber hecho muy poco por los no calificados, los negros y las mujeres, que empezaron a buscar protección por otro lado.

• Hasta después de la primera Guerra Mundial eran los campesinos estadunidenses, no los trabajadores industriales, los que conformaban la mayoría de la población. Posteriormente fue la clase media, los trabajadores de cuello blanco, la que llegó a constituir el grupo mayoritario de la sociedad estadunidense.

b) Los sindicatos son atacados

Los patrones, plenamente respaldados por las autoridades, pronto empezaron a reaccionar con energía contra las huelgas, y las penas para los líderes huelguistas eran severas. En 1876 fue sofocada una huelga de mineros en Pensilvania y 10 de los líderes (miembros de una sociedad secreta principalmente de irlandeses conocidos como los Molly Maguires) fueron colgados por supuestos actos de violencia, incluidos asesinatos. Al año siguiente hubo una serie de huelgas de ferrocarriles en esa misma ciudad, los huelguistas se enfrentaron a la policía y se llamó a la Guardia Nacional. La lucha fue feroz; se necesitaron dos compañías de infantería de los Estados Unidos para derrotar por fin a los trabajadores. En total, en ese año, cerca de 100 000 ferrocarrileros se habían ido a la huelga, más de 100 murieron y cerca de 1 000 fueron encarcelados. Los patrones hicieron algunas concesiones menores, pero el mensaje fue claro, *las huelgas no serán toleradas.*

Diez años después nada había cambiado. En 1886, la mano de obra organizada de todo el país hizo campaña por la jornada laboral de ocho horas, hubo muchas huelgas y algunos patrones concedieron la jornada de nueve horas para disuadir a los trabajadores de irse a la huelga. No obstante, el 3 de mayo, la policía mató a cuatro trabajadores en Chicago. Al día siguiente, en un gran mitin de protesta en Haymarket Square explotó una bomba en medio de un contingente de policía y murieron siete oficiales. Nunca se descubrió al responsable, pero la policía arrestó a ocho líderes socialistas, de los cuales, siete ni siquiera habían asistido al mitin; de todas formas se les consideró culpables y cuatro fueron colgados. La campaña fracasó.

Otra huelga legendaria tuvo lugar en 1892 en la siderúrgica de Carnegie, en Homestead, cerca de Pittsburgh. Cuando los trabajadores se negaron a aceptar una reducción de salarios, los administradores los despidieron a todos e intentaron llevar esquiroles, protegidos por agentes contratados. Casi todo el pueblo apoyó a los trabajadores; la batalla se desató cuando la multitud atacó a los agentes y varias personas murieron. Finalmente, llegaron soldados, y se acabó la huelga y el sindicato. Los líderes huelguistas fueron arrestados y acusados de asesinato y traición en contra del Estado, pero esta vez la diferencia fue que jurados que simpatizaban con su movimiento los absolvieron a todos.

En 1894, le tocó el turno a Eugene Debs y su Sindicato de Ferrocarrileros Estadunidenses. Indignados por el trato que habían recibido los trabajadores de Homestead, organizó una huelga de trabajadores de la planta de Chicago de la Pullman Palace Car Company, que acababa de reducir 30% sus salarios. Se ordenó a los miembros del ARU que no manejaran los carros Pullman, lo cual en efecto significaba que, en el área de Chicago, todos los trenes de pasajeros se paralizarían. Los huelguistas también bloquearon las vías y descarrilaron vagones. Otra vez, llegaron tropas federales y murieron 34 personas; la huelga fue sofocada y ya no se volvió a oír hablar del ARU. En cierta forma, Debs tuvo suerte, sólo lo condenaron a seis meses de prisión, y en ese tiempo, afirmó posteriormente, se convirtió al socialismo.

c) El socialismo
y los Trabajadores Industriales del Mundo (IWW)

En los primeros años del siglo XX se inició una nueva fase del sindicalismo, más combativa. Con la formación del IWW en Chicago, en 1905, Eugene Debs, quien para entonces era el líder del Partido Socialista, estuvo presente en el mitin inaugural, además de Big Bill Haywood, líder de mineros, quien llegó a ser la fuerza impulsora del IWW. De este movimiento formaban parte socialistas, anarquistas y sindicalistas radicales cuyo objetivo era formar "Un Gran Sindicato" que incluyera a los trabajadores de todo el país, independientemente de su raza, sexo o nivel de empleo. Si bien no estaban a favor de provocar violencia, estaban dispuestos a resistir si los atacaban. Pensaban que las huelgas eran un arma importante de la guerra de clases, pero constituían su principal actividad: "ponen a prueba la fortaleza y los trabajadores se capacitan para la acción concertada, se preparan para la primera 'catástrofe', la huelga general que culminará con la expropiación de los bienes del patrón".

Era una lucha de palabra, y si bien el IWW nunca tuvo más de 10000 miembros en ningún momento, *los patrones y quienes tenían propiedades los consideraban como una amenaza que debía tomarse en serio*, de tal forma que reclutaron a todo grupo posible para destruirlo. Convencieron a las autoridades locales de que aprobaran leyes para prohibir las reuniones y hablar en público; contrataron a bandas de vigilantes para atacar a sus miembros; los líderes fueron arrestados. En Spokane, Washington, en 1909, 600 personas fueron arrestadas y encarceladas por tratar de pronunciar discursos en público, pero cuando las cárceles estuvieron llenas, las autoridades acabaron por transigir y otorgaron la libertad de expresión.

Sin dejarse intimidar, el IWW continuó con su campaña, y durante varios años sus miembros recorrieron el país organizando huelgas donde fuera necesario, entre otros lugares, en California, el estado de Washington, Massachusetts, Louisiana y Colorado. Uno de sus rotundos éxitos fue la huelga de los tejedores de lana de Lawrence, Massachusetts, en 1912. Los trabajadores, casi todos inmigrantes, salieron de las fábricas después de enterarse de que se reducirían sus salarios. El IWW tomó las cosas a su cargo y organizó piquetes, desfiles y mítines masivos. Los miembros del Partido Socialista también se involucraron y ayudaron a reunir fondos y asegurarse de que los niños comieran. La situación se tornó violenta cuando la policía atacó un desfile; finalmente se recurrió a la milicia estatal y la caballería federal, y varios huelguistas murieron, pero resistieron más de dos meses, hasta que los propietarios de las fábricas cedieron y aceptaron hacer concesiones.

No obstante, este tipo de logros eran limitados, y *en general, las condiciones de trabajo no mejoraban mucho*. En 1911, en un incendio de una fábrica de camisas de Nueva York, murieron 146 trabajadores porque los patrones ignoraron la reglamentación respectiva. A fines de 1914 se informó que 35 000 trabajadores habían fallecido ese año en accidentes laborales. Muchos de quienes simpatizaban con los trabajadores empezaron a poner sus esperanzas en el Partido Socialista y en soluciones políticas. Varios escritores ayudaron a concientizar al público sobre los problemas. Por ejemplo, la novela de Upton Sinclair, *La Jungla* (1906), trata de las desagradables condiciones de las plantas empacadoras de carne de Chicago, y al mismo tiempo presenta los ideales básicos del socialismo.

En 1910, el partido tenía cerca de 100 000 miembros y Debs se lanzó para presidente en 1908, si bien sólo consiguió 400 000 votos. *La importancia del movimiento socialista fue hacer pública la necesidad de reformas e influir en los dos partidos principales*, que aceptaron, renuentes, que se necesitaba un cambio, si bien para adelantarse a los socialistas e imponerse a sus retos. Debs volvió a lanzarse para presidente en 1912, pero para entonces el escenario político había cambiado mucho. El Partido Republicano, que tenía el poder, se había dividido, y sus miembros más enfocados en la reforma crearon la *Liga Republicana Progresista* (1910), con un programa que incluía la jornada laboral de ocho horas, prohibir la mano de obra infantil, el voto de las mujeres y un sistema nacional de seguridad social. Incluso se expresaban en favor de los sindicatos, siempre que moderaran su comportamiento. Los progresistas decidieron poner frente a frente al ex presidente *Theodore Roosevelt* y al candidato republicano oficial, William Howard Taft. El Partido Demócrata también tenía un ala progresista, y su candidato para presidente fue *Woodrow Wilson*, reputado reformador que dio a su programa el título de "Nueva Libertad".

Frente a estas opciones, la Federación Estadunidense de Trabajadores se puso del lado del Demócrata, partido que tenía más posibilidades de cumplir sus promesas, en tanto que el IWW apoyaba a Debs. Con el voto de los republicanos dividido entre Roosevelt (4.1 millones) y Taft (3.5 millones), Wilson no tuvo problema en ser elegido presidente (6.3 millones de votos). El número de votos para Debs fue más del doble del anterior (900 672), indicio de que el apoyo para los socialistas seguía aumentando a pesar de los esfuerzos de los progresistas de los dos partidos principales. Durante la presidencia de Wilson (1913-1921) se hicieron importantes reformas, incluida una ley que prohibía la mano de obra infantil en las fábricas y los talleres de explotación de trabajadores. Sin embargo, las más de las veces eran los gobiernos estatales los que iban a la cabeza; por ejemplo, en 1914, nueve estados habían establecido el voto para la mujer, pero no fue sino en 1920, cuando el sufragio femenino se incluyó en la Constitución federal. Hugh Brogan resume sucintamente los logros reformistas de Wilson: "Comparados con el pasado, los logros fueron impresionantes; respecto de lo que se necesitaba hacer, fueron casi insignificantes".

d) La primera Guerra Mundial y las revoluciones rusas

Cuando se inició la primera Guerra Mundial, en agosto de 1914, Wilson prometió, para consuelo de la gran mayoría del pueblo estadunidense, que los Estados Unidos se mantendrían neutrales. Habiendo ganado las elecciones de 1916 sobre todo por el lema de que "Nos mantuvo fuera de la guerra", Wilson pronto se percató de que la campaña alemana de la guerra submarina "sin restricciones" no le dejaba más alternativa que declarar la guerra [sección II.5 c)]. La Revolución rusa de febrero-marzo de 1917 (sección XVI.2) que derrocó al zar Nicolás II, le vino como anillo al dedo al presidente, e hizo referencia a "los maravillosos y alentadores acontecimientos que han tenido lugar en Rusia en las últimas semanas". El punto era que muchos estadunidenses no estaban de acuerdo en que su país participara en la guerra porque significaba aliarse con el Estado menos democrático de Europa. Una vez aniquilado el zarismo, una alianza con el gobierno provisional, aparentemente democrático, era mucho más aceptable.

Pero el pueblo estadunidense no mostraba entusiasmo por la guerra: según Howard Zinn:

no hay pruebas convincentes de que el público quiera la guerra. El gobierno tuvo que esforzarse para lograr el consenso. Las medidas extraordinarias que se han tomado, sugieren que no había un impulso espontáneo para pelear: reclutamiento de jóvenes, elaborada campaña propagandística en todo el país y duros castigos para quien se negara a alistarse.

Wilson solicitó un ejército de un millón de hombres, pero en las primeras seis semanas apenas 73 000 habían ofrecido sus servicios; el Congreso votó abrumadoramente por el servicio militar obligatorio.

La guerra dio al Partido Socialista nueva vida por poco tiempo. Organizó mítines antibélicos por todo el Medio Oeste y condenó la participación estadunidense como "un delito contra el pueblo de los Estados Unidos". Ese mismo año, 10 socialistas resultaron elegidos para la legislatura del estado de Nueva York; en Chicago, el voto socialista en las elecciones municipales se incrementó de 3.6% en 1915, a 34.7 en 1917. El Congreso decidió no arriesgarse, y en junio de 1917 aprobó la Ley de Espionaje, que convertía en delito intentar que la gente se negara a servir en las fuerzas armadas; los socialistas sufrieron renovados ataques; quien se expresara en contra de la conscripción, podría ser arrestado y acusado de ser partidario de los alemanes. Cerca de 900 personas fueron encarceladas según esta ley, incluidos miembros del IWW, que también se opuso a la guerra.

Lo que sucedía en Rusia influyó en la suerte de los socialistas. Cuando Lenin y los bolcheviques tomaron el poder en octubre-noviembre de 1917, pronto ordenaron el cese al fuego de las tropas rusas y empezaron las pláticas de paz con los alemanes, lo cual causó consternación entre los Aliados; los estadunidenses tacharon a los bolcheviques de "agentes del imperialismo prusiano". El apoyo fue grande cuando las autoridades lanzaron una campaña en contra del Partido Socialista y el IWW, ambos etiquetados de bolcheviques proalemanes. En abril de 1918, 101 "Wobblies", incluido su líder, Big Bill Haywood, fueron juzgados conjuntamente y se les encontró culpables de conspiración para obstaculizar el reclutamiento y fomentar la deserción. Haywood y otros 14 fueron sentenciados a 20 años de cárcel, otros 33, a 10, y el resto recibió condenas más cortas. El IWW fue destruido. En junio de 1918, Eugene Debs fue arrestado y acusado de intentar obstruir el reclutamiento y de ser proalemán; fue sentenciado a 10 años de prisión, si bien fue liberado después de haber cumplido menos de tres. La guerra terminó en noviembre de 1918, pero en el corto lapso de participación de los Estados Unidos, desde abril de 1917, murieron 50 000 soldados estadunidenses.

e) El Terror Rojo: el caso de Sacco y Vanzetti

La guerra había terminado, pero no los problemas sociales. En palabras de Howard Zinn, "con todos los encarcelamientos de la época de la guerra, la intimidación, el entusiasmo por la unidad nacional, el *establishment* seguía temiéndole al socialismo. Parecían necesitarse otra vez las tácticas gemelas de control ante un desafío de los revolucionarios, reforma y represión". En el verano de 1919, el "desafío revolucionario" se manifestó como una serie de bombazos. Una de las explosiones dañó seriamente la casa del procurador general, *A. Mitchell Palmer,* en Washington; otra bomba explotó en el edificio de la gran institución bancaria House of Morgan, en Wall Street, en Nueva York. Nunca se supo quién fue el verdadero responsable, pero anarquistas, bolcheviques e inmigrantes fueron culpados de las explosiones. "Si no se controla este movimiento —le dijo a Wilson uno de sus asesores— podría manifestarse en un ataque contra todo lo que nos es caro."

Pronto se hizo presente la represión. *El mismo Palmer sofocó el "terror rojo",* o miedo a los bolcheviques; según algunas fuentes, para ganar popularidad, manejó con gran determinación el asunto. Era ambicioso, y se veía como candidato a la presidencia en las elecciones de 1920. Describió a la "amenaza roja" con lenguaje morboso y dijo que "lamía los altares de nuestras iglesias, se arrastraba por los sagrados rincones de los hogares estadunidenses, buscaba remplazar los votos matrimoniales [...] es un organización de miles de extranjeros y pervertidos morales". Si bien Palmer era cuáquero, era extremadamente agresivo; se lanzó al ataque en el otoño de 1919 y ordenó el allanamiento de las oficinas de editores, sindicatos y socialistas, oficinas públicas, hogares y reuniones de cualquier sospechoso de actividades bolcheviques. Más de 1 000 anarquistas y socialistas fueron arrestados y 250 extranjeros de origen ruso rodeados y deportados a Rusia. En enero de 1920, otras 4 000 personas, casi todas inofensivas e inocentes, fueron arrestadas, incluidas 600 en Boston; la mayoría fue deportada después de largo tiempo en prisión.

Uno de los casos que atrajo la imaginación del público, no sólo en los Estados Unidos, sino en el mundo entero, fue *el asunto de Sacco y Vanzetti*. Arrestados en Boston en 1919, a Nicola Sacco y Bartolomeo Vanzetti se les hicieron cargos de robo y asesinato del jefe de una oficina de correos. Si bien las pruebas no eran convincentes, fueron culpados y condenados a muerte. No obstante, el juicio fue más bien una farsa; el juez, que supuestamente debía ser neutral, mostró muchos prejuicios en contra de ellos sobre la base de que eran anarquistas e inmigrantes italianos que de alguna manera habían evadido el servicio militar. Después del juicio, alardeó de lo que había hecho a "esos anarquistas, bastardos [...] italianos, hijos de puta".

Sacco y Vanzetti apelaron la sentencia y pasaron los siguientes siete años en la cárcel mientras el caso se prolongaba. Sus amigos y simpatizantes lograron el apoyo de la izquierda del mundo, especialmente en Europa. Hubo enormes manifestaciones frente a la embajada de los Estados Unidos, en Roma, y en Lisboa y París explotaron bombas. Dentro de los Estados Unidos, la campaña para que fueran liberados tuvo gran ímpetu; se creó un fondo de apoyo para sus familias y se organizaron manifestaciones frente a la cárcel en que estaban encerrados, pero en vano. En abril de 1927, el gobernador de Massachusetts decretó que se haría valer el veredicto de culpables. En agosto, Sacco y Vanzetti fueron ejecutados en la silla eléctrica, pero protestaron por su inocencia hasta el final.

Todo el asunto generó publicidad adversa para los Estados Unidos; parecía obvio que Sacco y Vanzetti habían sido chivos expiatorios porque eran anarquistas e inmigrantes. La indignación en Europa generó más manifestaciones de protesta después de su ejecución, pero no sólo los anarquistas y los inmigrantes se sintieron perseguidos, los negros seguían en situación difícil en la supuesta sociedad sin clases de los Estados Unidos.

5. LA DISCRIMINACIÓN RACIAL Y EL MOVIMIENTO DE LOS DERECHOS CIVILES

a) Antecedentes del problema de los derechos civiles

Durante la segunda mitad del siglo XVII, los colonizadores de Virginia empezaron a importar cantidades considerables de esclavos de África para que trabajaran en las plantaciones de tabaco. La esclavitud aún existía en el siglo XVIII y seguía firmemente arraigada cuando las colonias estadunidenses se independizaron y nacieron los Estados Unidos de América, en 1776. En el norte, la esclavitud casi había desaparecido en 1880, cuando uno de cada cinco pobladores era afroamericano. En el sur persistió porque la economía basada en las plantaciones de tabaco, azúcar y algodón, dependía de la mano de obra de los esclavos y los sureños blancos no podían imaginar la vida sin ellos, y esto, a pesar de que uno de los principios básicos de los Estados Unidos era la idea de libertad e igualdad para todos, claramente especificada en la Declaración de Independencia de 1776: "Nos apegamos a estas verdades evidentes, que todos los hombres son creados iguales, y que el Creador los ha dotado de derechos inalienables, entre otros, Vida, Libertad y Búsqueda de la Felicidad". No obstante, cuando la Constitución fue redactada en 1787, de alguna manera se pasó por alto la cuestión de la esclavitud. Cuando Abraham Lincoln, quien se oponía a ella, fue elegido presidente en 1860, los 11 estados del sur empezaron a escindirse (separarse) de la Unión, de tal forma que pudieron seguir con la esclavitud y mantener el control de sus asuntos internos. Por tanto, la abolición de la esclavitud y los derechos de los estados fueron las principales causas de la Guerra Civil.

b) Reconstrucción "negra" después de la Guerra Civil

La Guerra Civil entre el norte y el sur (1861-1865) fue el peor conflicto de la historia estadunidense, en el cual murieron 620 000 hombres. Además de extensos daños, sobre todo en el sur, también dejó divisiones políticas y sociales. Los resultados de la victoria del norte fueron dos muy evidentes, *se preservó la Unión y se acabó la esclavitud.* La decimotercera, decimocuarta y decimoquinta enmiendas a la Constitución proscribían la esclavitud, sentaban el principio de igualdad racial y daban a todos los ciudadanos estadunidenses la protección de la ley. El estado que privara a un ciudadano varón, mayor de 21 años, del derecho al voto sería penalizado. *Durante un periodo corto, los negros del sur pudieron votar;* muchos afroamericanos fueron elegidos para legislaturas estatales; en Carolina del Sur, incluso obtuvieron una ligera mayoría; 20 fueron miembros del Congreso y dos fueron elegidos para el Senado. Otro gran paso adelante fue la introducción de escuelas en que se mezclaban libremente las razas.

Para los blancos que solían dominar en el sur fue difícil aceptar esta situación, de modo que acusaron de incompetencia, corrupción y pereza a los políticos negros, si bien, en general, probablemente no lo eran más que su contraparte blanca. Las legislaturas estatales del sur pronto se dedicaron a promulgar lo que se conocía como "Códigos Negros", leyes que imponían todo tipo de restricciones a la libertad de los ex esclavos y que restablecían lo más posible las viejas leyes sobre la esclavitud. Cuando los negros protestaron, las represalias fueron brutales; hubo choques, y en Memphis, Tennessee, murieron 46 negros por los disturbios raciales (1866). Ese mismo año, en Nueva Orleáns, la policía mató a cerca de 40 personas e hirió a 160, casi todas negras. La violencia se intensificó entre 1860 y 1870, en gran parte por las actividades del *Ku-Klux-Klan.* Tropas de la Unión se estacionaron en el sur al terminar la Guerra Civil y lograron, en cierta forma, mantener el orden, pero en Washington, el gobierno federal, ansioso por evitar a toda costa otra guerra, empezó a cerrar gradualmente los ojos ante lo que sucedía.

El momento decisivo se presentó en las elecciones presiden-

ciales de 1876. A final de año, cuando faltaba el conteo de votos de sólo tres estados, Florida, Carolina del Sur y Louisiana, parecía que los demócratas ganaban, pero el candidato republicano, Rutherford B. Hayes ganó los tres y resultó ser el presidente. Después de largas discusiones secretas se llegó a un sospechoso acuerdo, Hayes haría concesiones a los blancos del sur, prometió cuantiosas inversiones federales en los ferrocarriles y retirar las tropas de la Unión. De hecho, esto significaba abandonar a los ex esclavos y devolver el control político a los blancos del sur, a cambio de la presidencia. Hayes asumió la presidencia en marzo de 1877 y concluyó la etapa conocida como Reconstrucción Negra.

c) El Ku-Klux-Klan y las leyes de Jim Crow

En su campaña por que los negros no obtuvieran derechos civiles iguales, los blancos del sur utilizaban tanto la violencia como métodos legales; de la violencia se encargaba el Ku-Klux-Klan ("Ku Klux" del griego *kuklos,* tazón para beber), que empezó como una sociedad secreta las vísperas de Navidad de 1865, en Tennessee. Afirmaban que protegían a los blancos aterrorizados por ex esclavos, y advertían que tomarían venganza. Llevaron a cabo una campaña de amenazas y terror contra los negros y contra los blancos que simpatizaban con la causa de los negros. No eran raros los linchamientos, las golpizas, las palizas, tampoco que los cubrieran de alquitrán y los emplumaran. Pronto sus objetivos fueron más específicos:

- aterrorizar a los negros hasta el punto de que temieran ejercer el voto;
- expulsarlos de las tierras que hubieran logrado obtener;
- intimidarlos y desmoralizarlos al grado de que ya no intentaran lograr la igualdad.

Los ciudadanos blancos que respetaban las leyes y que podrían haber estado en desacuerdo con las actividades del Klan, tenían miedo de expresarlo o de mostrar su oposición a los miembros del mismo, así que éstos, cubiertos con capuchas y máscaras blancas recorrían el sur provocando saqueos y destrozos y celebrando ceremonias seudorreligiosas en que quemaban cruces. En los últimos años de la década de 1870, cuando aparentemente habían logrado sus objetivos, las actividades del Klan declinaron, hasta los primeros años veinte del nuevo siglo. Aún así, entre 1885 y la entrada de los Estados Unidos a la primera Guerra Mundial, en 1917, más de 2 700 afroamericanos habían sido linchados en el sur.

Entre las armas legales utilizadas por los blancos del sur para mantener su supremacía estaban las llamadas *leyes de Jim Crow*, aprobadas por las legislaturas estatales poco después de que Hayes asumiera la presidencia, en 1877. Estas leyes restringían drásticamente los derechos de los negros: se instituyeron mecanismos para privarlos del derecho al voto; sólo se les permitía desempeñar los peores trabajos y los peor pagados; se les prohibía vivir en las mejores zonas del pueblo. Y lo peor estaba por venir, pues fueron excluidos de las escuelas y universidades a que asistían blancos, así como de hoteles y restaurantes. Incluso en trenes y autobuses tendría que haber secciones separadas para blancos y negros. Entre tanto, en el norte, los negros estaban mejor, hasta cierto punto, en el sentido de que cuando menos podían votar, aunque todavía soportaban discriminación en viviendas, empleos y educación. No obstante, al terminar el siglo, la supremacía blanca parecía inexpugnable en el sur.

No sorprende que aparentemente muchos líderes negros hubieran abandonado toda esperanza. Una de las figuras más conocidas, *Booker T. Washington*, nacido esclavo en Virginia, pensaba que la mejor manera de que los negros enfrentaran la situación era aceptarla pasivamente y trabajar duro para lograr el éxito económico. Sus ideas fueron plasmadas en su *discurso sobre el "Compromiso de Atlanta"*, en 1895: sólo cuando los afroamericanos demostraran su capacidad económica y se disciplinaran, podrían tener la esperanza de lograr concesiones de los blancos que gobernaban y avanzar en política. Subrayaba la importancia de la educación y de la capacitación para el trabajo, y en 1881 fue nombrado director del nuevo Instituto Tuskegee, en Alabama, que desarrolló como un importante centro para la educación de los negros.

d) Derechos civiles al principio del siglo xx

Al iniciar el nuevo siglo, los negros empezaron a organizarse. En los Estados Unidos había más o menos 10 millones de afroamericanos, de los cuales nueve millones vivían en el sur, donde eran oprimidos y desmoralizados. No obstante, surgieron varios líderes destacados, dispuestos a arriesgarse a expresar su opinión. *W. E. B. Du Bois*, educado en el norte y primer negro en obtener el grado de doctor en Harvard, era maestro en Atlanta, y había decidido luchar por derechos civiles y políticos plenos. Se opuso a las tácticas de Booker T. Washington, a quien consideraba excesivamente cauto y moderado; rechazó la capacitación para el trabajo que se impartía en Tuskegee sobre la base de que tendía a mantener a los jóvenes negros en las zonas rurales del sur, en vez de darles la formación y las habilidades necesarias para desenvolverse con éxito en los centros urbanos del norte. Du Bois, con *William Monroe Trotter*, editor del periódico *Guardian*, de Boston, organizaron una conferencia en la frontera con Canadá, cerca de las cataratas del Niágara, que condujo a la formación del *Grupo del Niágara* (1905), cuya declaración inicial marcó la pauta de su campaña:

> Rechazamos la impresión de que los negros estadunidenses consienten en la inferioridad, se someten a la opresión y se disculpan cuando son insultados. La voz de protesta de 10 millones de estadunidenses nunca debe dejar de resonar en los oídos de sus compatriotas mientras los Estados Unidos sean injustos.

En 1910 se fundó *la Asociación Nacional para el Progreso de las Personas de Color* (NAACP, por sus siglas en inglés), con Du Bois como uno de sus líderes y editor de su revista *The Crisis*. Su objetivo era luchar contra la segregación mediante acciones legales y mejor educación, pues demostrando su capacidad y sus habilidades los negros se ganarían el respeto de los blancos, y gradualmente, era de esperar, llegarían los derechos civiles plenos.

Otro líder negro, *Marcus Garvey*, asumió un enfoque diferente. Nacido en Jamaica, Garvey se trasladó a los Estados Unidos en 1916 y llegó a Nueva York en una época de gran affluencia de negros que trataban de escapar de la pobreza del sur. Pronto llegó a la conclusión de que era muy difícil que los negros fueran tratados como iguales y disfrutaran de derechos civiles en un futuro cercano, así que propugnó por el nacionalismo negro, el orgullo negro y la separación racial. Viviendo y trabajando en los barrios negros de Harlem, Garvey editaba su propio periódico semanal, *Negro World*, e introdujo su *Asociación para la Mejora Universal de los Negros*, que había iniciado en Jamaica en 1914. *Fue precursor del nacionalismo negro* de Malcolm X y de los Panteras Negras, incluso sugirió que lo mejor que podía deparar el futuro a los negros de los Estados Unidos en que campeaba la supremacía de los blancos, era volver a África. Esta idea no prendió, de modo que dedicó su atención a las empresas comerciales. Fundó una Corporación de Fábricas Negras y la Línea Estrella Negra, compañía de barcos de vapor propiedad de negros y operada por negros, cuyo colapso en 1921 provocó problemas financieros para Garvey. Lo condenaron por fraude y fue deportado, de modo que su movimiento nacionalista negro declinó. Los últimos años de su vida los pasó en Londres.

En la época del Terror Rojo, justo antes de la primera Guerra Mundial, *el Ku-Klux-Klan revivió*. Nuevamente recurrió a la defensa propia como principal motivo, la defensa de los "estadunidenses nórdicos del antiguo linaje [...] los granjeros y artesanos estadunidenses con problemas" cuya forma de vida estaba siendo amenazada por las hordas de inmigrantes que se reproducían aceleradamente. Lo que les preocupaba en los primeros años veinte era que los hijos de los inmigrantes que habían entrado al país entre 1900 y 1914 estaban llegando a la edad de votar. El Klan rechazó la teoría del "crisol" y volvió a hacer campaña contra los negros, que por miles se trasladaban al norte, si bien a la mayoría no le iba muy bien en los "locos años veinte". También hacían campaña en contra de los italianos y los católicos romanos, y contra los judíos. El Klan se extendió por el norte, y en 1924 se jactaba de tener casi cinco millones de miembros. Hubo más acoso, golpizas y linchamientos; multitudes negras y blancas peleaban entre ellas y el odio racial parecía más arraigado que nunca. Cuando el gobierno federal limitó la inmigración a 150 000 personas al año en 1924, el Klan se acreditó el triunfo. La organización fue perdiendo importancia después de 1925, pero eso no significó que mejorara la vida de los negros, sobre todo porque el país pronto estaría sumido en la Gran Depresión.

6. Llega la Gran Depresión, octubre de 1929

a) El desplome de Wall Street, octubre de 1929

Empezaba 1929 y la mayoría de los estadunidenses parecía felizmente inconsciente de que en la economía nada iba mal. En 1928, el presidente Collidge se dirigió al Congreso: "El país puede ver el presente con satisfacción y anticipar el futuro con optimismo". La prosperidad parecía permanente. El republicano Herbert C. Hoover obtuvo una abrumadora victoria en las elecciones presidenciales de ese año. Tristemente, la prosperidad se había construido sobre bases sospechosas y no podría durar. "Los dorados Estados Unidos" estaban a punto de sufrir un profundo choque. En septiembre de 1929, la compra de acciones en la bolsa de valores de Nueva York, en Wall Street, empezó a desacelerarse. Para el 24 de octubre, la inquietud se había convertido en pánico y los precios de venta cayeron dramáticamente. El 29 de octubre, el "Martes Negro", miles de personas que habían comprado acciones cuando los precios eran altos, se arruinaron; la caída del valor de las acciones en lista fue catastrófica, de cerca de 30 000 millones de dólares.

Este desastre siempre será recordado como la caída de Wall Street. Sus efectos se difundieron rápidamente, y tantas personas con problemas económicos se apresuraron a retirar sus ahorros de los bancos, que miles tuvieron que cerrar. Al reducirse la demanda de productos, cerraron fábricas y el desempleo creció de manera alarmante. El gran auge se convirtió repentinamente en la Gran Depresión, que afectó rápidamente no sólo a los Estados Unidos, sino también a otros países, por eso se le conoció como *la crisis económica mundial.* La caída de Wall Street no provocó la Depresión, sólo fue un síntoma de un problema cuyas verdaderas causas eran mucho más profundas.

b) ¿Qué provocó la Gran Depresión?

1. Sobreproducción interna

Los industriales estadunidenses, alentados por las elevadas utilidades y la creciente mecanización, estaban *produciendo demasiado y el mercado local no podía absorber tanto* (igual que los campesinos). Esto no se hizo obvio hasta los años veinte, pero al acercarse los treinta, se habían acumulado los inventarios y se empezó a producir menos. Como se necesitaban menos trabajadores, había despidos y, sin seguro de desempleo, ellos y sus familias empezaron a comprar menos. Y así se formó el círculo vicioso.

2. Distribución deficiente del ingreso

Las enormes utilidades de los industriales no se distribuían igualmente entre los trabajadores, cuyo salario promedio se incrementó 8% entre 1923 y 1929, pero durante ese mismo periodo, las utilidades de los productores crecieron 27%. El 8 % de incremento salarial (sólo 1.4 en términos reales) significaba que el poder de compra del público en general no era suficiente para sostener el auge; podían arreglárselas para absorber bienes producidos durante un tiempo limitado, con ayuda del crédito, pero en 1929, se acercaban rápidamente al límite. Para su propia desgracia los productores, en general supercorporaciones, no estaban dispuestos a bajar los precios o aumentar sustancialmente los salarios, de modo que ese exceso de oferta se empezó a acumular.

La negativa de los productores a transigir revelaba escasa visión de futuro, por decir lo menos; a principios de 1929, aún había millones de estadunidenses que no tenían un aparato de radio, ni lavadora eléctrica ni automóvil porque no podían permitírselo. Si los patrones hubieran aceptado un mayor incremento salarial y se hubieran conformado con menos utilidades, no hay razón de que el auge no hubiera durado varios años más, en tanto que sus beneficios se hubieran distribuido mejor. Aun así, una baja no era inevitable, siempre que los estadunidenses pudieran exportar sus productos excedentes.

3. Reducción de la demanda de exportaciones

Sin embargo, las exportaciones empezaron a reducirse, en parte porque los países extranjeros se mostraban renuentes a adquirir productos de los Estados Unidos si los propios estadunidenses imponían barreras arancelarias para proteger a su industria de las importaciones. Si bien el arancel Fordney-Mc-Cumber (1922) ayudó a que no entraran productos extranjeros, al mismo tiempo evitó que los extranjeros, en especial los estados europeos, obtuvieran utilidades del comercio con los Estados Unidos, que mucho necesitaban. Sin estas utilidades, las naciones de Europa no podrían permitirse adquirir productos estadunidenses y tendrían que batallar para pagar sus deudas de guerra a los Estados Unidos. Para colmo de males, muchos estados tomaban represalias imponiendo aranceles a los productos estadunidenses. No hay duda de que algún tipo de depresión estaba en camino.

4. Especulación

La situación empeoró por la creciente *especulación* en la bolsa de valores de Nueva York, que empezó a acelerarse más o menos en 1926. Especulación significa comprar acciones de las empresas; las personas que tienen dinero de sobra deciden hacerlo por dos motivos posibles:

- obtener dividendos, que es la distribución anual de las utilidades de una compañía entre sus accionistas;
- obtener utilidades rápidamente vendiendo las acciones en más de lo que costaron originalmente.

A mediados de la década de 1920, fue el segundo motivo el que más atraía a los inversionistas; al incrementarse las utilidades de una empresa, más personas querían acciones, con lo cual subían los precios y había grandes oportunidades de obtener utilidades rápidas vendiendo y comprando acciones. El valor promedio de una acción se elevó de nueve dólares en 1924, a 26, en 1929. Los precios de las acciones de algunas compañías se elevaron espectacularmente; por ejemplo, las de Radio Corporation of America costaban 85 dólares a principios de 1928, pero en septiembre de 1929 estaban en 505 dólares, y fue ésta una de las compañías que no pagó dividendos.

La promesa de ganancias rápidas provocaba todo tipo de movimientos impetuosos. La gente común gastó sus ahorros o pidió dinero prestado para comprar acciones. Los corredores de bolsa vendían acciones a crédito; los bancos especulaban con el dinero que el público depositaba. Era como un juego de azar, pero había una gran confianza en que la prosperidad sería indefinida.

Esta confianza duró hasta bien entrado el año de 1929, pero cuando surgieron los primeros indicios de que las ventas de bienes empezaban a bajar, algunos inversionistas mejor informados decidieron vender sus acciones mientras los precios aún estaban altos. Con esto se generalizaron las sospechas, y más gente de lo normal intentó vender acciones, ¡algo andaba mal! La confianza en el futuro empezó a flaquear por primera vez y más personas decidieron vender sus acciones, mientras todo iba bien, y así se desarrolló un proceso que los economistas llaman de *expectativas que por sí mismas se hacen realidad.* Esto significa que, por su forma de actuar, los inversionistas fueron los verdaderos causantes del dramático colapso de los precios de las acciones que tanto temían.

En octubre de 1929 era enorme la cantidad de personas que quería vender acciones, pero por la falta de confianza, eran pocos los que compraban. Los precios se vinieron abajo y los desafortunados inversionistas tenían que aceptar lo que fuera. Un día especialmente malo fue el 24 de octubre, el "Jueves Negro", cuando cerca de 13 millones de acciones "cayeron" a muy bajos precios en el mercado de valores. Para mediados de 1930, las acciones valían, en promedio, 25 por ciento del máximo nivel del año anterior, pero seguían bajando. En 1932 se tocó fondo, y para entonces, todo Estados Unidos estaba en las garras de la depresión.

c) ¿Cómo afectó la depresión a la gente?

1. Para empezar, *el colapso de la bolsa de valores arruinó a millones de inversionistas* que habían pagado precios ele-

vados por sus acciones. Si los inversionistas habían comprado acciones a crédito o con dinero prestado, sus acreedores también tuvieron fuertes pérdidas, pues no había esperanza de que les pagaran.

2. *Los bancos quedaron en una posición delicada*, pues también especularon sin éxito. Cuando, además de esto, millones de personas se apresuraron a retirar sus ahorros creyendo que su dinero estaría más seguro en casa, muchos bancos, abrumados y sin suficiente dinero para pagar a todos, cerraron definitivamente. En 1929, en el país había 25 000 bancos, pero en 1933 sólo quedaban menos de 15 000, es decir, millones de personas normales que no habían tenido nada que ver con la especulación quedaron arruinadas, pues sus ahorros de toda la vida se esfumaron.

3. Al reducirse la demanda de todo tipo de productos, *se despidió a los trabajadores y las fábricas cerraron*. En 1933, la producción industrial fue de apenas la mitad del total de 1929, en tanto que el número de desempleados ascendió a 14 millones. Cerca de una cuarta parte de la mano de obra se quedó sin empleo, y uno de cada ocho agricultores perdió su propiedad. Bajó el nivel de vida, había colas para comprar pan, se instalaron comedores de beneficencia, los inquilinos que no podían pagar la renta eran desalojados y muchas personas pasaron hambre. El "gran sueño americano" de prosperidad para todos se había convertido en una pesadilla. En palabras del historiador Donald McCoy, "el pueblo estadunidense resultó afectado como si de costa a costa hubiera habido guerra". Tampoco había ningún tipo de prestación por desempleo o enfermedad. Fuera de las grandes ciudades, la gente sin hogar vivía en campamentos apodados "Hoovervilles", por el nombre del presidente, a quien se culpaba de la depresión (ilustraciones XXII.2 y XXII.3).

4. *Muchos otros países, en especial Alemania, resultaron afectados* porque su prosperidad dependía en gran medida de créditos estadunidenses. En cuanto se produjo el desplome, los créditos dejaron de fluir, y los estadunidenses exigieron el pago de los préstamos de corto plazo que ya

habían hecho. Para 1931 gran parte de Europa estaba en un problema similar. La Depresión también afectó a la política; en muchos países, Alemania, Austria, Japón y Gran Bretaña, gobiernos de derecha asumieron el poder cuando los regímenes vigentes fracasaron en su manejo de la situación.

d) ¿A quién culpar del desastre?

En ese momento estaba de moda culpar al desafortunado presidente Hoover, pero es injusto. El origen del problema se remontaba a mucho más atrás, y todo el Partido Republicano debía compartir la culpa. El gobierno podría haber tomado varias medidas para controlar la situación, como alentar la venta de productos estadunidenses en el extranjero reduciendo los aranceles, en vez de aumentarlos. En 1928 y 1929 se debieron tomar medidas decisivas para limitar el monto del crédito que la bolsa de valores otorgaba a los especuladores, pero la actitud de *laissez-faire* no permitía interferir de esa manera en asuntos privados.

e) ¿Qué hizo el gobierno de Hoover para aliviar la depresión?

Hoover intentó resolver el problema animando a los patrones a no reducir los salarios ni despedir trabajadores. El gobierno prestó dinero a bancos, industriales y agricultores para salvarlos de la bancarrota e inició programas de trabajo para aliviar el desempleo. En 1931, Hoover declaró una moratoria de un año en deudas de guerra, es decir, que los gobiernos extranjeros podían dejar de hacer un pago de lo que debían a los Estados Unidos con la esperanza de que utilizaran el dinero ahorrado para adquirir más productos estadunidenses, pero no sirvió de mucho; en 1932, las exportaciones equivalían a menos de la tercera parte de lo exportado en 1929. Las políticas de Hoover casi no impactaron en la depresión. Incluso en una crisis tan grave como ésta, estaba en contra de condonar pagos porque creía en la autosuficiencia y el "individualismo

ILUSTRACIÓN XXII.2. *Un trabajador desempleado vende manzanas baratas fuera de su barraca, en "Hooverville", Nueva York*

ILUSTRACIÓN XXII.3. *Cola para comprar pan, Nueva York, 1933*

ILUSTRACIÓN XXII.4. *El ganador y el perdedor: Franklin D. Roosevelt (derecha) saluda a la multitud que lo vitorea, en tanto que el derrotado presidente Herbert Hoover baja la mirada en un recorrido por Washington, en marzo de 1933*

duro". No sorprende que el candidato demócrata, Franklin D. Roosevelt haya vencido fácilmente a Hoover en la elección presidencial de noviembre de 1932 (ilustración XXII.4).

7. ROOSEVELT Y EL *NEW DEAL*

Roosevelt, de 51 años de edad (ilustración XXII.5), provenía de una acaudalada familia de Nueva York; educado en Harvard, entró a la política en 1910 y fue secretario auxiliar de la Armada durante la primera Guerra Mundial. Su carrera parecía haber terminado cuando, a los 40 años de edad, fue atacado por la polio (1921), que le paralizó totalmente las piernas. Con tremenda determinación se sobrepuso a su invalidez, si bien nunca pudo volver a caminar sin ayuda. Aplicó la misma determi-

ILUSTRACIÓN XXII.5. *Presidente F. D. Roosevelt*

nación a sus intentos por sacar a los Estados Unidos de la depresión. Era dinámico, estaba lleno de vitalidad y rebosante de nuevas ideas. Era un brillante comunicador; sus charlas por radio (que llamaba pláticas frente a la chimenea) inspiraban confianza y le dieron gran popularidad. Durante la campaña previa a las elecciones había dicho: "Les prometo, me prometo, un nuevo trato para el pueblo estadunidense". La frase pegó, y sus políticas siempre han sido recordadas como el *New Deal* (Nuevo Trato). Desde el principio, inculcó renovadas esperanzas cuando en su discurso de toma de posesión dijo: "Permítanme afirmar mi firme creencia de que a lo único que debemos temerle es al miedo mismo. Esta nación necesita actuar, y actuar ahora [...] Le pediré al Congreso la autorización para luchar contra la emergencia".

a) ¿Cuáles eran los objetivos del New Deal?

Básicamente, Roosevelt tenía tres objetivos:

> *alivio:* ofrecer ayuda directa a los millones de personas ago-
> biadas por la pobreza que no tenían alimento ni hogar;
> *recuperación:* reducir el desempleo, estimular la demanda
> de productos y poner nuevamente en marcha la eco-
> nomía;
> *reforma:* tomar las medidas necesarias para evitar otro de-
> sastre económico.

Era obvio que se necesitaban medidas drásticas, y los métodos de Roosevelt eran completamente diferentes del *laissez-
faire* de los republicanos. Estaba dispuesto a intervenir lo más
posible en asuntos económicos y sociales y a gastar dinero del
gobierno para sacar al país de la depresión. Los republicanos
siempre se mostraron renuentes a tomar medidas de ese tipo.

b) ¿Qué implicaba el New Deal?

Las medidas que conformarían el *New Deal* se implementaron
entre 1933 y 1940. Algunos historiadores se han referido a un
"primero" y un "segundo" *New Deal*, incluso a un "tercero",
cada uno con diferentes características. Sin embargo, Michael
Heale piensa que con esto se simplifica exageradamente el tema.
"La administración de Roosevelt —escribe— nunca se rigió
por una sola ideología política, y sus componentes jalaban
siempre en diferentes direcciones, pero, en general, es justo decir que a partir de 1935, el *New Deal* se acercó más a la izquierda política, en el sentido de que cayó en una incómoda alianza
con las organizaciones laborales y mostró gran interés por la
reforma social." Durante los "primeros 100 días", se concentró
en leyes de emergencia para enfrentar la crisis en curso:

1. Sistema bancario y sistema financiero
Era importante que el sistema bancario y el financiero volvieran a funcionar adecuadamente. Esto se logró cuando el go-

bierno tomó temporalmente los bancos y garantizó a los depositantes que no perderían su dinero en caso de otra crisis financiera. Así se restableció la confianza, y el dinero empezó a fluir nuevamente a los bancos. *La Comisión de la Bolsa de Valores (1934)* reformó la bolsa; entre otras cosas, insistió en que la gente que comprara acciones a crédito debía pagar un enganche de cuando menos el 50, y no sólo el 10 por ciento.

2. *Ley de Condonación para el Campo (1933) y la Administración de Ajuste Agrícola (AAA)*

Era importante ayudar a los agricultores, cuyo principal problema era que seguían produciendo demasiado, lo cual mantenía bajos los precios y las utilidades. Con la ley, el gobierno pagaba una compensación a los agricultores que reducían la producción, de modo que subían los precios. La AAA, controlada por el dinámico Henry Wallace, secretario de Agricultura de Roosevelt, era la responsable de instrumentar la política. El éxito fue relativo; en 1937, el ingreso promedio de los agricultores casi se había duplicado, pero su defecto fue que no hizo nada por ayudar a los campesinos pobres, a los que rentaban tierras y a los jornaleros, que en muchos casos se vieron obligados a dejar el campo para buscar una mejor vida en las ciudades.

3. *Cuerpo Civil de Conservación (CCC)*

Esta popular idea de Roosevelt, introducida en 1933, proporcionó empleo a jóvenes varones en proyectos de conservación en zonas rurales. En 1940, cerca de 2.5 millones habían "disfrutado" de un periodo de seis meses en el CCC, con un reducido salario (30 dólares mensuales, de los cuales, debían mandar a casa 25), así como alimentos, ropa y alojamiento.

4. *Ley Nacional de Recuperación Industrial (1933)*

La parte más importante del programa de emergencia, la Ley Nacional de Recuperación Industrial, tenía como fin proporcionar trabajo permanente, de modo que la población pudiera gastar más y, con esto, estimular a la industria y ayudar a que la economía funcionara normalmente. La ley incluía la *Administración de Obras Públicas (PWA*, por sus siglas en inglés), que organizaba y proporcionaba fondos para la construcción de obras útiles, como presas, puentes, caminos, hospitales, escuelas, aeropuertos y edificios para el gobierno, que creaban varios miles de trabajos extra. Por otro artículo de la ley se instituyó la *Administración de Recuperación Nacional* (NRA, por sus siglas en inglés), que abolía la mano de obra infantil e introducía la jornada laboral de un máximo de ocho horas y un salario mínimo para crear más empleos. Si bien estas reglas no eran obligatorias, se presionaba a los patrones para que las aceptaran y, de ser así, gozaban del privilegio de poner una etiqueta oficial en sus productos, que mostraba un águila azul y las letras "NRA"; se instaba al público a boicotear a las empresas que se negaban a cooperar. La respuesta fue formidable, mucho más de dos millones de empleadores aceptaron las nuevas normas.

5. *Administración Federal de Alivio de Emergencia (1933)*
La Administración Federal de Alivio de Emergencia favoreció aún más la recuperación con 500 millones de dólares de fondos federales para que los gobiernos estatales proporcionaran ayuda y comedores de beneficencia.

6. *Administración de Trabajos en Curso (WPA)*
Fundada en 1935, financió diversos proyectos, como caminos, escuelas y hospitales (similar a la PWA, pero para proyectos de menor escala), así como el Proyecto Federal de Teatro que daba trabajo a escritores de obras de teatro, artistas, actores, músicos e intérpretes de actos circenses, además de incrementar el aprecio del público por las artes.

7. *Ley de Seguridad Social (1935)*
Estableció las pensiones para edad avanzada y programas de seguros de desempleo que financiarían conjuntamente el gobierno federal y los gobiernos estatales, los patrones y los trabajadores, aunque no tuvo mucho éxito en su momento, pues los pagos no solían ser muy generosos; tampoco incluía seguro de enfermedad. Los Estados Unidos estaban muy retrasados respecto de países como Alemania y Gran Bretaña en cuanto a seguridad social.

8. Condiciones laborales

Mediante dos leyes se fomentaban los sindicatos y la mejora de las condiciones laborales:

- *Ley Wagner (1935)*, obra del senador Robert F. Wagner, de Nueva York; otorgaba una base legal a los sindicatos y el derecho de negociar con los administradores en nombre de sus agremiados. También creaba el Comité Nacional de Relaciones Laborales, ante el cual podían apelar los trabajadores en caso de prácticas injustas de los patrones.
- *Ley de Normas Laborales Justas (1938)*, que introducía un máximo de 45 horas de trabajo a la semana y un salario mínimo para labores mal pagadas, además de que hacía ilegal casi cualquier tipo de trabajo infantil.

9. Otras medidas

Otras medidas incluidas en el *New Deal* eran del tipo de la *Autoridad del Valle de Tennessee*, por la cual se revitalizaba una extensa zona rural de los Estados Unidos arruinada por la erosión del suelo y el cultivo descuidado (mapa XXII.2). La nueva autoridad construyó presas para generar electricidad de bajo costo y conservación, riego y reforestación organizados para evitar la erosión del suelo. Otras iniciativas incluidas eran créditos para propietarios de casas en riesgo de perderlas por no poder afrontar el pago de las hipotecas; desalojo de barrios bajos y construcción de nuevas casas y departamentos; aumento de impuestos a los ingresos de los ricos y tratados comerciales que por fin reducían los aranceles estadunidenses a cambio de la reducción de los aranceles de la otra parte del tratado (con la esperanza de incrementar las exportaciones estadunidenses). Una de las primeras medidas del *New Deal*, en 1933, fue el fin de la Prohibición; como hizo notar el propio Roosevelt, "creo que es un buen momento para tomarse una cerveza".

c) Oposición al New Deal

Era inevitable que un programa de tal alcance provocara críticas y oposición, tanto de la izquierda como de la derecha.

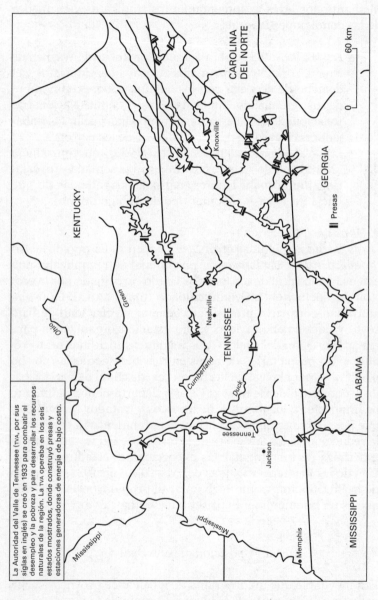

La Autoridad del Valle de Tennessee (TVA, por sus siglas en inglés) se creó en 1933 para combatir el desempleo y la pobreza y para desarrollar los recursos naturales de la región. La TVA operaba en los seis estados mostrados, donde construyó presas y estaciones generadoras de energía de bajo costo.

KENTUCKY

Ohio

Green

Cumberland

Nashville •

TENNESSEE

Duck

Tennessee

Jackson •

Mississippi

Mississippi

Memphis •

MISSISSIPPI

ALABAMA

Knoxville •

CAROLINA DEL NORTE

GEORGIA

Presas

0   60 km

MAPA XXII.2. *Autoridad del Valle de Tennessee, 1933*

- *Los hombres de negocios* objetaron enérgicamente el crecimiento de los sindicatos y la reglamentación de las horas y los salarios, así como el aumento de impuestos.
- Algunos de *los gobiernos estatales* resintieron la magnitud de la interferencia del gobierno federal en lo que consideraban asuntos internos de su estado.
- *La Suprema Corte* afirmó que el presidente estaba adquiriendo demasiado poder; declaró que varias medidas eran anticonstitucionales (incluida la NRA) y esto demoró su operación. No obstante, se mostró mejor dispuesta en el segundo periodo de Roosevelt, después de que nombró a cinco jueces más cooperativos para remplazar a los que habían muerto o renunciado.
- También hubo oposición de los *socialistas*, que sentían que el *New Deal* no era suficientemente drástico y todavía dejaba mucho poder en manos de las grandes empresas.
- Algunas personas menospreciaban la amplia variedad de nuevas organizaciones, conocidas por sus iniciales. El ex presidente Hoover hizo notar que "sólo hay cuatro letras del alfabeto que no utiliza la administración. Cuando se establezca la Corporación de Créditos Rápidos para Xilófonos, Yates y Cítaras [*zither*, en inglés] habremos agotado el alfabeto de nuestros padres". A partir de entonces, empezó a usarse la expresión de "Agencias Alfabéticas".

No obstante, *Roosevelt fue enormemente popular entre los millones de estadunidenses comunes,* "los hombres olvidados", como solía llamarlos, que se habían beneficiado con sus políticas. Consiguió el apoyo de los sindicatos, de muchos agricultores y de los negros. Si bien las fuerzas de la derecha hicieron lo imposible para que no se reeligiera en 1936 y 1940, su victoria fue aplastante en 1936, y bastante cómoda en 1940.

d) ¿Qué se logró con el New Deal?

Cabe mencionar, que *no se logró todo lo que Roosevelt había querido.* Algunas de las medidas fracasaron rotundamente o su éxito fue parcial. La Ley de Alivio para la Agricultura, por ejemplo, sin duda ayudó a los campesinos, pero muchos jornaleros se quedaron sin trabajo; tampoco fue muy útil en algunas partes de Kansas, Oklahoma y Texas; a mediados de la década de 1930, estas zonas estaban muy afectadas por la sequía y la erosión del suelo, que las convirtieron en un enorme "semidesierto" (mapa XXII.1). Si bien el número de desempleados se había reducido a menos de ocho millones en 1937, seguía siendo un grave problema. Parte del fracaso se debía a la oposición de la Suprema Corte. Otra de las razones fue que si bien había sido audaz en muchos aspectos, Roosevelt fue demasiado cauto en la cantidad de dinero que estaba dispuesto a gastar para estimular a la industria. En 1938 redujo el gasto del gobierno y provocó otra recesión, y el número de desempleados llegó a 10.5 millones. *Así pues, el* New Deal *no rescató a los Estados Unidos de la depresión, fue sólo el esfuerzo bélico que puso el desempleo por abajo de la marca del millón en 1943.*

Aun así, los ocho años de Roosevelt en el poder fueron notables. Nunca antes un gobierno estadunidense había intervenido tan directamente en la vida de la gente común; nunca antes se había enfocado tanto la atención en un presidente estadunidense. *Y fue mucho lo que se logró.*

- En los primeros días, el éxito más importante del *New Deal* fue favorecer a los desposeídos y a los desempleados y la creación de miles de empleos extra.
- Se restableció la confianza en el sistema financiero y el gobierno, y algunos historiadores consideran que incluso pudo haber evitado una revolución violenta.
- El programa de obras públicas y la Autoridad del Valle de Tennessee proporcionaron servicios de valor perdurable.
- Los beneficios de bienestar social, como la Ley de Seguridad Social de 1935, fueron un paso importante hacia un Estado benefactor. Si bien el "individualismo duro" seguía siendo un ingrediente vital de la sociedad estadunidense, el gobierno había aceptado que era su deber ayudar a quienes lo necesitaban.
- Muchas de las demás innovaciones perduran, como la

dirección nacional de los recursos y la negociación colectiva entre trabajadores y administradores se convirtió en norma.

- Algunos historiadores creen que el mayor logro de Roosevelt fue preservar lo que podría ser calificado de "término medio estadunidense", democracia y libre empresa, en un momento en que otros estados, como Alemania e Italia, habían respondido a crisis similares recurriendo al fascismo. Se había incrementado la autoridad del gobierno federal sobre los gobiernos estatales, y Roosevelt construyó la estructura para permitir que Washington manejara la política económica y social.

e) La segunda Guerra Mundial y la economía estadunidense

Fue la guerra la que puso fin a la depresión. Los Estados Unidos se involucraron en diciembre de 1941, después de que los japoneses bombardearan la base naval estadunidense de Pearl Harbor, en las islas Hawai. No obstante, "tenemos los hombres, la capacidad, pero sobre todo, la voluntad", dijo Roosevelt. "Debemos ser el arsenal de la democracia." Entre junio de 1940 y diciembre de 1941, los Estados Unidos proporcionaron 23 000 aeronaves.

Después de Pearl Harbor, la producción de armamentos se incrementó; en 1943 se construyeron 86 000 aviones, en tanto que en 1944 fueron 96 000. Lo mismo sucedió con los barcos: en 1939, los astilleros estadunidenses entregaron 237 000 toneladas de naves, que en 1943 se incrementaron a 10 millones. De hecho, el Producto Interno Bruto (PIB) de los Estados Unidos casi se duplicó entre 1939 y 1945. En junio de 1940, aún había ocho millones de personas sin empleo, pero para finales de 1942 el empleo era casi pleno. Se calcula que en 1945, gracias a la guerra se habían creado siete millones de empleos extra en los Estados Unidos. Además, cerca de 15 millones de estadunidenses sirvieron en las fuerzas armadas. Por tanto, desde el punto de vista de la economía, los Estados Unidos aprovecharon la segunda Guerra Mundial, había mucho trabajo, los salarios se incrementaban sistemáticamente y el nivel de vida no declinó, como en Europa.

PREGUNTAS

Roosevelt y el New Deal
1. Lea la fuente A y responda las preguntas.

Fuente A
Recuerdos de C. B. Baldwin, asistente de Henry Wallace, secretario de Agricultura durante la administración de Roosevelt.

> La Administración del Ajuste Agrícola se instrumentó poco después de que yo llegara a Washington. Su objetivo era incrementar los precios agrícolas, que eran lastimosamente bajos. Todos los agricultores estaban en problemas, incluso lo grandes. Los precios del cerdo estaban por los suelos, a tres o cuatro centavos la libra. Los granjeros se morían de hambre. Se decidió sacrificar a las hembras embarazadas. La AAA decidió pagar a los granjeros para que las sacrificaran, así como a sus crías. La situación del algodón era similar. Los precios habían bajado a cuatro centavos la libra y el costo de producción era probablemente de 10, de modo que se inició un programa para destruir el algodón. Una tercera parte de la cosecha, si recuerdo bien. Los precios del algodón subieron a 10 centavos, quizá once.

FUENTE: citado en Howard Zinn, *A People History of the United States* (Longman, ed. 1996).

a) ¿Qué se puede aprender de la fuente A sobre las ideas en que se basaban los intentos de la Administración de Ajuste de la Agricultura para atacar los problemas de los agricultores estadunidenses en 1933?

b) Explique por qué se promulgó la Ley Nacional de Recuperación Industrial de 1933 y por qué fue criticada por algunos empleadores.

c) ¿Hasta qué punto el *New Deal* llevó a la recuperación económica de los Estados Unidos en 1941?

2. ¿Hasta qué punto la bolsa de valores de los Estados Unidos fue la causa de la crisis financiera de 1929 y de la Gran Depresión?

3. ¿Qué tan preciso es hablar del "primero" y "segundo" *New Deal*? ¿Qué tanto resultado habían dado las políticas de Roosevelt en 1941 en la solución de los problemas económicos de los Estados Unidos?

4. Explique el impacto de la primera Guerra Mundial y la revolución bolchevique de Rusia en la política y la sociedad estadunidenses entre 1914 y 1929.

5. ¿Cómo hicieron campaña en pro de los derechos civiles los afroamericanos en los años previos a la Gran Depresión? ¿Cómo reaccionaron ante las actividades del Ku-Klux-Klan?

XXIII. LOS ESTADOS UNIDOS DE AMÉRICA DESDE 1945

Resumen de acontecimientos

Cuando terminó la segunda Guerra Mundial, en 1945, el auge de la economía continuó, pues las fábricas dejaron de producir armamentos para producir bienes de consumo. En ese momento aparecieron muchos nuevos, como televisores, lavavajillas, modernos toca-discos y grabadoras, y muchos trabajadores comunes pudieron adquirir esos aparatos de lujo por primera vez. Ésta fue la gran diferencia entre los años cincuenta y los años veinte, cuando había tanta gente pobre que no pudo mantener el auge. La década de 1950 fue el momento de la *sociedad de la abundancia*, y en los 20 años que siguieron al fin de la guerra el PIB creció casi ocho veces. *Los Estados Unidos siguieron siendo la mayor potencia industrial y el país más rico del mundo.*

A pesar de la prosperidad general, la sociedad estadunidense tenía muchos problemas. Había mucha pobreza y constante desempleo; los negros, en general, seguían sin recibir la parte de prosperidad que les correspondía, no tenían los mismos derechos que los blancos y se les trataba como ciudadanos de segunda. La Guerra Fría provocó proble-mas internos y llevó a otro brote de anticomunismo, como después de la primera Guerra Mundial. Hubo experiencias desafortunadas como el asesinato del presidente Kennedy en Dallas, supuestamente por Lee Harvey Oswald (1963) y el del doctor Martin Luther King (1968). Como consecuencia del fracaso de la política estadunidense en Vietnam y la obligada renuncia del presidente Nixon (1974) por el escándalo de Watergate, se debilitó la confianza en la sociedad, los valores y el sistema estadunidenses.

Después de 1974, los dos partidos políticos alternaron en el poder y gradualmente se restableció la confianza. Los estadunidenses pudieron afirmar que con el colapso del comunismo en Europa y el fin de la Guerra Fría, su país había llegado al clímax de sus logros.

Presidentes de la posguerra

1945-1953	Harry S. Truman	Demócrata
1953-1961	Dwight D. Eisenhower	Republicano
1961-1963	John F. Kennedy	Demócrata
1963-1969	Lyndon B. Johnson	Demócrata
1969-1974	Richard M. Nixon	Republicano
1974-1977	Gerald R. Ford	Republicano
1977-1981	Jimmy Carter	Demócrata
1981-1989	Ronald Reagan	Republicano
1989-1993	George Bush	Republicano
1993-2001	Bill Clinton	Demócrata
2001-2008	George W. Bush	Republicano
2009-	Barack Obama	Demócrata

1. La pobreza y las políticas sociales

Irónicamente, en el país más rico del mundo, la pobreza sigue siendo un problema. Si bien la economía en general era una historia de éxitos espectaculares, con la industria floreciente y las exportaciones a la alza, en 1960 el desempleo era constante, sistemáticamente alto con 5.5 millones de personas sin trabajo (7% de la mano de obra). A pesar de las mejoras derivadas del *New Deal*, el bienestar social y las pensiones seguían siendo limitadas, y no había un sistema nacional de salud. Se calcula que en 1966, unos 30 millones de estadunidenses vivían por abajo de la línea de pobreza y muchos eran mayores de 65 años.

a) Truman (1945-1953)

Harry S. Truman, hombre de gran valor y sentido común, a quien un reportero llegó a comparar con un peleador de peso gallo, ganador de premios, tuvo que enfrentar el problema especial de restablecer la normalidad en el país después de la guerra. Lo logró, aunque no sin dificultad, pues la eliminación de los controles de precios del tiempo de guerra provocó inflación y huelgas, de modo que los republicanos consiguieron el control del Congreso en 1946. En la lucha contra la pobreza, implementó un programa conocido como *Fair Deal*, con el que esperaba poder continuar el *New Deal* de Roosevelt:

- esquema nacional de salud;
- salario mínimo más elevado;
- desalojo de los barrios bajos;
- empleo pleno.

No obstante, la mayoría republicana del Congreso desechó sus propuestas, e incluso aprobó, a pesar del veto, la Ley Taft-Hartley (1947), que restaba poder a los sindicatos. La actitud del Congreso le valió a Truman el apoyo de los trabajadores, que le permitió ganar la elección presidencial de 1948, además de la mayoría demócrata en el Congreso. Entonces, parte del

Fair Deal se convirtió en ley (extensión de los beneficios de la
seguridad social y un incremento en el salario mínimo), pero
el Congreso siguió negándose a aprobar sus planes de seguridad social nacional y pensiones de edad avanzada, lo cual resultó una gran desilusión para él. Muchos demócratas del sur
votaron en contra de Truman porque desaprobaban su apoyo
para los derechos civiles de los negros.

b) Eisenhower (1953-1961)

Dwight D. Eisenhower no tenía un programa para luchar contra la pobreza, si bien no intentó revertir ni el *New Deal* ni el
Fair Deal. Se hicieron algunas mejoras:

* seguro de invalidez permanente;
* ayuda financiera para medicinas para mayores de 65 años;
* dinero federal para vivienda;
* extenso programa de construcción de carreteras, a partir de 1956, que en los 14 años siguientes dotó a los Estados Unidos de una red nacional de carreteras de primera
  clase, que tendría importantes efectos en la vida cotidiana, pues automóviles, autobuses y camiones de carga tomaron la delantera en cuanto a forma de transporte; la
  industria de los automotores recibió un gran impulso e
  influyó en la prosperidad de los años sesenta;
* más gasto en educación para fomentar el estudio de las
  ciencias y las matemáticas (se temía que los estadunidenses se rezagaran respecto de los rusos, que en 1957 lanzaron al espacio el primer satélite, el *Sputnik*).

*Los agricultores enfrentaron problemas en los años cincuen-
ta* porque el incremento de la producción mantuvo bajos los
precios y los ingresos. El gobierno gastó sumas enormes para
pagarles por las tierras ociosas, pero no tuvo éxito, pues los
ingresos no se incrementaron con rapidez y los campesinos pobres apenas si se beneficiaron con el programa. Muchos ven-
dieron y se trasladaron a las ciudades.

Faltaba mucho por hacer, pero los republicanos se oponían rotundamente a los programas nacionales, como el de servicios de salud de Truman, porque pensaban que eran demasiado parecidos al socialismo.

c) Kennedy (1961-1963)

Cuando John F. Kennedy fue nombrado presidente, en 1961, los problemas eran más graves, con más de 4.5 millones de desempleados. Ganó las elecciones en parte porque se culpaba a los republicanos de la inflación y el desempleo, y porque en su brillante campaña los acusaba de descuidar la educación y los servicios sociales. Se presentó ante ellos elegante, de fácil palabra, ingenioso y dinámico, y elegirlo parecía el principio de una nueva era. Tenía un detallado programa:

- pago de médicos para los pobres y ancianos;
- más ayuda federal para educación y vivienda;
- más prestaciones para desempleo y seguridad social.

"Estamos llegando hoy a una Nueva Frontera", dijo, e hizo ver que sólo cuando se hubieran hecho esas reformas, se cruzaría la frontera y se acabaría la pobreza.

Desafortunadamente para Kennedy, tuvo que enfrentar la decidida oposición del Congreso, en el que muchos demócratas de derecha, así como los republicanos, veían sus propuestas como "socialismo rampante". Ninguna fue aprobada sin suavizarla, y muchas fueron rotundamente rechazadas. El Congreso no autorizaría más fondos federales para educación y rechazó su programa de pago de cuentas de hospital de ancianos. Sus éxitos fueron:

- ampliación de los beneficios de la seguridad social para todos los niños cuyo padre estuviera desempleado;
- subir el salario mínimo de un dólar a 1.25 por hora;
- créditos federales para comprar casa;
- subvención federal para permitir que los estados alargaran el periodo cubierto por las prestaciones para desempleados.

En general, los logros de Kennedy fueron limitados; la prestación por desempleo apenas permitía subsistir, y sólo por un periodo limitado. En 1962 seguía habiendo 4.5 millones de desempleados y fue necesario instalar comedores de beneficencia para alimentar a las familias pobres.

d) Johnson (1963-1969)

Lyndon B. Johnson, vicepresidente con Kennedy, fue nombrado presidente cuando este último fue asesinado (ilustración XXIII.1). De humildes antecedentes texanos, mostró tanto compromiso como Kennedy con la reforma social, y en su primer año logró lo suficiente como para obtener una victoria aplastante en la elección de 1964. Ese año, los asesores de economía de Johnson fijaron un ingreso anual de 3 000 dólares por familia de dos o más miembros como línea de pobreza, y estimaron que nueve millones de familias (30 millones de personas, cerca de 20% de la población) estaban por debajo de esa línea. Muchos eran afroamericanos, portorriqueños, estadunidenses nativos (indígenas estadunidenses) y mexicanos. Johnson anunció que quería llevar a su país hacia la *Gran Sociedad*, donde se acabaría la pobreza y la injusticia racial, y habría "abundancia y libertad para todos".

Muchas de las medidas se hicieron ley, en parte porque después de las elecciones los demócratas eran mayoría en el Congreso y en parte porque Johnson, a diferencia de Kennedy, fue más hábil y persuasivo para manejar el Congreso.

- La *Ley de Oportunidades Económicas (1964)* planteó diversos programas para que los jóvenes de hogares pobres pudieran recibir capacitación para el trabajo y educación superior.
- Otras medidas fueron fondos federales para programas de educación especial en áreas deprimidas, incluida ayuda para libros y transporte; ayuda económica para desalojo de barrios bajos y reconstrucción de zonas urbanas, y la *Ley de Desarrollo de la Región de los Apalaches (1965)* para la creación de empleos en una de las regiones más pobres.

ILUSTRACIÓN XXIII.1. *Asesinato de John F. Kennedy, 1963.*
Aquí el presidente se desploma hacia adelante, segundos
después de que le dispararan

- Derechos civiles plenos y derecho al voto para todos los estadunidenses, sin importar su color.
- Quizá la innovación más importante fue la *Enmienda a la Ley de Seguridad Social (1965)*, también conocida como *Medicare,* programa nacional, parcial, de salud, aunque se aplicaba únicamente a mayores de 65 años.

La lista es impresionante, pero en general, los resultados no fueron tan exitosos como Johnson hubiera deseado por diversas razones. Su principal problema desde principios de 1965 fue que *enfrentaba una escalada de la guerra de Vietnam* (sección VIII.3). Su gran dilema era cómo financiar tanto la guerra de Vietnam como la guerra contra la pobreza. Se ha sugerido que al programa de la Gran Sociedad le faltaba financiamiento por el enorme gasto de la guerra de Vietnam. Los republicanos criticaron a Johnson por querer gastar dinero en los pobres, en lugar de concentrarse en Vietnam; apoyaban la *arraigada tradición estadunidense de la autoayuda,* los pobres tendrían que ayudarse ellos mismos, y era una equivocación dedicar dinero de los contribuyentes a programas que, se pensaba, sólo fomentarían la pereza de los pobres. Por eso muchos gobiernos estatales desaprovecharon los ofrecimientos federales de ayuda. Y el desafortunado presidente, que intentaba luchar en ambas guerras al mismo tiempo, acabó perdiendo en Vietnam, logrando una limitada victoria en la guerra contra la pobreza y haciendo daño también a la economía estadunidense.

A mediados de los años sesenta, la violencia se incrementó y pareció írsele de las manos; había disturbios en los guetos negros, donde era intensa la sensación de injusticia; había disturbios estudiantiles en las universidades, en protesta por la guerra de Vietnam. Hubo varios asesinatos políticos, el presidente Kennedy en 1963; Martin Luther King y el senador Robert Kennedy en 1968. Entre 1960 y 1967, el número de crímenes violentos se elevó 90%. A Johnson no le quedaba más que esperar que su "guerra contra la pobreza" acabara gradualmente con las causas del descontento; no tenía otra solución para el problema. El descontento general, especialmente las protestas de los estudiantes (ilustración XXIII.2) respecto de Vietnam ("LBJ, LBJ, ¿a cuántos chicos quemaste hoy?"), llevó a Johnson a no presentarse para la relección en noviembre de 1968 y ayuda a explicar por qué ganaron los republicanos con una plataforma para restablecer la ley y el orden.

e) Nixon (1969-1974)

El desempleo se incrementaba de nuevo, más de cuatro millones de personas estaban sin trabajo en 1971, y el problema se agravaba por el acelerado incremento de los precios. A los republicanos les urgía reducir el gasto público; Nixon redujo el programa contra la pobreza y congeló salarios y precios, pero se incrementaron los beneficios de la seguridad social. Medicare se extendió a los inválidos menores de 65 años, y se creó un Consejo de Asuntos Urbanos que se ocuparía de los problemas de los tugurios y los guetos. Con Nixon la violencia no era un problema tan grave, en parte porque los manifestantes ahora veían que estaba próximo el fin de la controvertida participación de los Estados Unidos en Vietnam y porque los estudian-

ILUSTRACIÓN XXIII.2. *Manifestación en contra de la guerra de Vietnam, San Francisco*

tes podían opinar respecto de la administración de escuelas y universidades.

Durante el último cuarto de siglo, a pesar de cierto éxito económico durante la administración de Reagan, el problema subyacente de la pobreza y las penurias seguía estando presente. En el país más rico del mundo había una subclase permanente de desempleados, pobres y gente con carencias; el centro de las ciudades tenía que revitalizarse, y si bien el gasto federal en bienestar se incrementó después de 1981, seguía estando muy por abajo del nivel de financiamiento de los gobiernos de bienestar de estados europeos occidentales como Alemania, Francia y Gran Bretaña [sección XXIII.5 *c)* para lo que vino después].

2. Los problemas raciales
Y EL MOVIMIENTO DE LOS DERECHOS CIVILES

a) *Cambio de actitud del gobierno*

Como se vio antes (sección XXII.5), hasta la segunda Guerra Mundial los afroamericanos seguían siendo tratados como ciudadanos de segunda. Aun cuando las tropas estadunidenses viajaban en el *Queen Mary* para luchar en Europa, blancos y negros estaban segregados; estos últimos viajaban en las profundidades del barco, cerca del cuarto de máquinas, muy lejos del aire fresco. No obstante, la actitud de los líderes de la nación estaba cambiando. En 1946 el presidente Truman nombró un comité que analizaría los derechos humanos, y que recomendó que el Congreso aprobara leyes para impedir la discriminación racial en el trabajo y conceder el derecho al voto a los negros. *¿A qué se debió este cambio de actitud?*

El propio comité mencionó varias razones:

1. A varios políticos les remordía la conciencia; sentían que no era moralmente correcto tratar injustamente a otros seres humanos.
2. Excluir a los negros de los principales partidos era un desperdicio de talento y experiencia.
3. Era importante hacer algo para calmar a la población negra, cada vez más directa en su exigencia de derechos civiles.
4. Los Estados Unidos difícilmente podían afirmar ser un país genuinamente democrático y líder del "mundo libre" cuando a 10% de su población se le negaba, entre otros derechos, el derecho al voto. Esto le daba a la URSS la oportunidad de condenarlos como "opresores constantes de los pueblos no privilegiados". El gobierno estadunidense quería una excusa para quitarlo.
5. El nacionalismo crecía rápidamente en Asia y África. Los pueblos no indios de India e Indonesia estaban a punto de lograr su independencia. Estos nuevos estados podrían ponerse en contra de los Estados Unidos y en

pro del comunismo si los blancos estadunidenses seguían tratando injustamente a los negros.

En los años siguientes, el gobierno y la Suprema Corte introdujeron *nuevas leyes para lograr la igualdad racial.*

* Las escuelas separadas para blancos y negros eran ilegales e inconstitucionales; y en los jurados tenía que haber algunos negros (1954).
* La segregación en las escuelas debía desaparecer "con deliberada celeridad"; es decir, los niños negros tenían que asistir a escuelas de blancos, y viceversa.
* Por la Ley de Derechos Civiles de 1957 se creó una comisión para investigar la negación del derecho al voto a los negros.
* La Ley de los Derechos Civiles de 1960 ayudaba a los negros a registrarse como votantes, pero no fue muy efectiva, pues muchos temían el acoso de los blancos si se registraban.

Desafortunadamente, las leyes y los reglamentos no siempre se cumplían. Por ejemplo, los blancos de algunos estados del sur se negaban a cumplir con la orden de abolir la segregación racial. En 1957, cuando el gobernador Faubus, de Arkansas, desafió una orden de la Suprema Corte y se negó a ello, el presidente Eisenhower envió tropas federales que escoltarían a los niños negros a la secundaria de Little Rock (ilustración XXIII.3). Fue una victoria simbólica, pero los blancos del sur siguieron desafiando las leyes y en 1961 sólo 25% de las escuelas y los institutos habían abolido la segregación. En ese año, el gobernador de Mississippi se negó a aceptar la solicitud de ingreso a la universidad estatal, exclusiva para blancos, de un estudiante negro, James Meredith; al año siguiente por fin fue aceptado.

ILUSTRACIÓN XXIII.3. *Abolición de la segregación racial:*
un grupo de estudiantes negros sale de la secundaria
de Little Rock, Arkansas, con protección militar, 1957

b) El doctor Martin Luther King
y la campaña sin violencia por la igualdad de derechos

A mediados de los años cincuenta se desarrolló un enorme
movimiento de derechos civiles *por varias razones:*

- Para 1955, la proporción de negros que vivía en el norte
  era mayor que antes. En 1900, casi 90% vivía en los estados sureños y trabajaba en las plantaciones; para 1955,
  casi 50% vivía en ciudades industriales del norte, donde
  tomaron mayor conciencia de las cuestiones políticas.
  Se desarrolló una clase media negra que produjo líderes
  talentosos.
- Cuando estados asiáticos y africanos, como India y Gha-

na, lograron su independencia, los afroamericanos resintieron más que nunca el injusto trato que se les daba.

- Los negros, en quienes el comité de Truman había despertado expectativas, estaban cada vez más impacientes por la lentitud y lo reducido de los cambios. Hasta los pequeños avances provocaban intensa hostilidad entre muchos blancos del sur; el Ku-Klux-Klan revivió y algunos gobiernos estatales del sur prohibieron la Asociación Nacional para el Avance de las Personas de Color. Era obvio que sólo un movimiento de alcance nacional surtiría efecto.

La campaña arrancó en 1955, cuando el *doctor Martin Luther King* (ilustración XXIII.4), ministro bautista, destacó, sin violencia, como líder del Movimiento de los Derechos Civiles. Después de que una mujer, Rosa Parks, fuera arrestada por ocupar un asiento de autobús reservado para los blancos, en Montgomery, Alabama, se organizó un boicot en contra de todos los autobuses de ese lugar. Pronto, King era el principal vocero del boicot y, como cristiano comprometido, insistía en que la campaña debía ser pacífica:

> El amor debe ser el ideal que nos rija. Si protestan con valentía, pero con dignidad y amor cristiano, cuando en futuras generaciones se escriban libros de historia, los historiadores tendrán que decir "hubo un gran pueblo, un pueblo negro, que inyectó nueva dignidad en las venas de la civilización".

La campaña tuvo éxito, y dejó de haber asientos separados en los autobuses de Montgomery. Poco después, la Suprema Corte dictaminó que la segregación en el transporte público era anticonstitucional. Y esto fue sólo el principio; en 1957 se fundó la Conferencia sobre Liderazgo Cristiano del Sur (SCLC, por sus siglas en inglés) y King fue elegido presidente. Su objetivo era lograr plena igualdad para los negros sin métodos violentos. La campaña de manifestaciones y desobediencia pacíficas llegó a su clímax en 1963, cuando se manifestaban con éxito en contra de la segregación en Birmingham, Alabama; fue arrestado y encarcelado por poco tiempo. En agosto de ese

ILUSTRACIÓN XXIII.4. *Doctor Martin Luther King*

año, habló en un mitin masivo en Washington, al que asistieron 250 000 personas. Hizo referencia a su sueño de un futuro estadunidense en que todos serían iguales: "Sueño con que un día, mis cuatro hijos vivan en una nación en que serán juzgados no por el color de su piel, sino por el contenido de su carácter".

En 1964, King recibió el Premio Nobel de la Paz, pero no tuvo éxito en todo lo que intentó. En 1966, cuando encabezó una campaña contra la segregación en las viviendas, en Chicago, se enfrentó a la enconada oposición de los blancos y no logró ningún avance.

King aceptó que los logros del Movimiento de Derechos Civiles no habían sido tan espectaculares como esperaba. En 1967, con el SCLC empezó la Campaña de los Pobres, que tendía a aliviar la pobreza de los negros y otros grupos en desventaja, como los indígenas estadunidenses, los portorriqueños, los mexicanos e incluso los blancos pobres. Pretendía presentar ante el Congreso una propuesta de ley de derechos económicos. También criticó la guerra de Vietnam, y esto molestó al presidente Johnson, quien había mostrado simpatía por la campaña de derechos civiles, además de que perdió parte del apoyo de los blancos. Trágicamente, King fue asesinado en abril de 1968 por un hombre blanco, James Earl Ray, en Memphis, Tennessee.

El doctor Martin Luther King es recordado probablemente como el más famoso de los líderes de los derechos civiles de los negros. Fue un brillante orador, y el hecho de que hiciera hincapié en las protestas sin violencia le valió gran apoyo y respeto entre los blancos. Desempeñó un papel importante en el logro de la igualdad civil y política para los negros, si bien, por supuesto, otros también hicieron valiosas contribuciones. Por ejemplo, no se involucró mucho en la campaña por la educación no segregada. Tuvo la fortuna de que los presidentes con los que trató, *Kennedy (1961-1963) y Johnson (1963-1969), simpatizaran ambos con el Movimiento por los Derechos Civiles*. Kennedy aceptó en 1963 que un afroamericano tenía

> la mitad de oportunidades que un blanco de terminar la educación media, un tercio de oportunidades de terminar la educación superior, el doble de oportunidades de estar desempleado, un séptimo de oportunidades de ganar 10 000 dólares al año y siete años menos de esperanza de vida.

Kennedy mostró sus buenas intenciones al nombrar el primer embajador negro de los Estados Unidos y presentar al Congreso la propuesta de ley de los derechos civiles, que en un principio fue congelada en el Congreso por los conservadores, pero aprobada en 1964 después de un debate de 736 horas. Fue una medida de gran alcance, pues garantizó el voto para los negros e hizo ilegal la discriminación racial en los lugares públicos (como hoteles, restaurantes y tiendas). Tampoco esta ley se cumplía siempre, sobre todo en el sur, donde los negros seguían teniendo miedo de votar.

Johnson introdujo la *Ley del Derecho al Voto (1965)* para asegurarse de que los negros ejercerían su derecho, y después siguió con otra *Ley de los Derechos Civiles (1968)*, que hizo ilegal la discriminación en la venta de propiedades o la renta de viviendas. También en este caso fue grande la oposición a estas reformas, y el problema era asegurarse de que estas leyes se cumplieran.

c) Los musulmanes negros

Si bien se avanzaba, muchos afroamericanos se impacientaban por la lentitud y empezaron a buscar otros enfoques para resolver el problema. *Algunos negros se convirtieron a la fe musulmana de los negros*, secta conocida como la *Nación del Islam*, que argumentaba que el cristianismo era la fe de los blancos racistas. Creían que la negra era la raza superior y que los blancos eran malos. Uno de los líderes más conocidos del movimiento fue *Malcolm X* (Malcolm Little), cuyo padre había sido asesinado por el Ku-Klux-Klan; como orador, era carismático, además de buen organizador; rechazaba la idea de integración racial e igualdad, y afirmaba que la única manera de avanzar era el orgullo negro, la autosuficiencia negra y la completa separación de los blancos. Se hizo muy popular sobre todo entre los jóvenes, y el movimiento creció. Su converso más famoso fue el campeón de box de peso completo Cassius Clay, quien cambió su nombre por el de Muhammad Ali.

Malcolm X tuvo problemas con otros líderes musulmanes negros, que empezaron a ver en él a un fanático, por su disposición a la violencia. En 1964 abandonó la Nación del Islam e inició su propia organización. No obstante, ese mismo año sus puntos de vista empezaron a cambiar; después de un peregrinaje a La Meca, se tornó más moderado y aceptó que no todos los blancos eran malos. En octubre se convirtió al Islam ortodoxo y empezó a predicar sobre la posibilidad de una integración pacífica entre blancos y negros. Trágicamente, la hostilidad entre el movimiento de Malcolm X y la Nación del Islam llegó a la violencia, y en febrero de 1965 fue asesinado por un grupo de musulmanes negros en Harlem.

d) Protesta violenta

Otras organizaciones combativas eran el movimiento Poder Negro y el Partido de los Panteras Negras. *El movimiento Poder Negro* surgió en 1966, encabezado por *Stokeley Carmichael*, quien había llegado a los Estados Unidos en 1952, proveniente de las Indias Occidentales, convencido seguidor de Martin Luther King. No obstante, le indignaba el trato brutal que recibían los partidarios de los derechos civiles a manos del Ku-Klux-Klan y otros blancos. Este movimiento fomentaba la defensa propia y la autodeterminación. En 1968 empezó a protestar abiertamente por la participación de los Estados Unidos en la Guerra de Vietnam; cuando volvió después de un viaje al extranjero, su pasaporte fue confiscado, y decidió que no podía vivir en un sistema represivo; en 1969 salió del país, rumbo a Guinea, en África oriental, donde vivió hasta su muerte, en 1998.

El Partido de los Panteras Negras para la Defensa Propia fue fundado en 1966, en Oakland, California, por Huey Newton, Leroy Eldridge Cleaver y Bobby Searle. Su objetivo original, como indica su nombre, era proteger de la brutalidad policiaca a los habitantes de los guetos negros. A la larga, se tornaron más combativos y se convirtieron en un grupo de revolucionarios marxistas, *cuyo programa incluía:*

- armar a todos los negros;
- eximir a los negros del servicio militar;
- liberar a todos los negros encarcelados;
- pagar compensaciones a los negros por todos los años de maltrato y explotación por los blancos estadunidenses;
- ayuda inmediata con servicios sociales para los negros que vivían por abajo de la línea de pobreza.

Utilizaban los mismos métodos que los blancos, por ejemplo el Ku-Klux-Klan, habían aplicado contra los negros durante años; incendios provocados, golpizas y asesinatos. En 1964 hubo conflictos raciales en Harlem (Nueva York) y en 1965, los más grandes disturbios por esa causa tuvieron lugar en el distrito Watts de Los Ángeles; 35 personas murieron y más de

1 000 resultaron con lesiones. La policía acosó sin misericordia a los Panteras, tanto que el Congreso ordenó una investigación sobre su comportamiento. A mediados de los años setenta, los Panteras habían perdido a muchos de sus principales activistas, ya fuera asesinados o encarcelados. Esto, además de que la mayoría de los líderes negros no violentos sentían que los Panteras daban mala reputación al Movimiento por los Derechos Civiles, hizo que cambiaran de táctica y se concentraran en aspectos de servicio social de sus actividades. En 1985, los Panteras habían dejado de existir como partido organizado.

e) Destinos encontrados

Para ese momento, ya se habían hecho progresos, en especial respecto del voto; en 1975 había 18 negros entre los miembros del Congreso, 278 en los gobiernos estatales y se había elegido a 120 alcaldes negros. No obstante, no habría igualdad plena hasta no acabar con la pobreza y la discriminación en el empleo y la vivienda. El desempleo siempre era más elevado entre los negros; en las grandes ciudades del norte seguían viviendo hacinados en barrios conocidos como *guetos*, de los cuales se habían salido los blancos; y una proporción importante de la población de las cárceles era negra. *En los primeros años noventa, la mayoría de los negros estadunidenses estaba en peor situación económica que 20 años antes.* Las tensiones subyacentes explotaron en la primavera de 1992, en Los Ángeles; después de que cuatro policías blancos fueran absueltos de golpear a un motociclista negro (a pesar de que el incidente fue captado en video), multitudes de negros se amotinaron. Muchos murieron, miles resultaron heridos y se produjeron millones de dólares en daños en propiedades.

Pero al mismo tiempo había surgido una próspera clase media afroamericana, e individuos talentosos llegaron a lo más alto. El mejor ejemplo fue Colin Powell, cuyos padres llegaron de Jamaica a Nueva York. Tuvo una carrera exitosa en el ejército, y en 1989 fue nombrado presidente del Estado Mayor, primer afroamericano en llegar a la posición más alta del ejército estadunidense. En la Guerra del Golfo de 1990-1991 sobresalió como comandante de las fuerzas de las Naciones Unidas. Después de retirarse en 1993 participó en política, y ambos partidos esperaban que se les uniera, pero acabó por declararse republicano. Se habló de que presentaría su candidatura para presidente en la elección de 2000, pero decidió no hacerlo. En enero de 2001, George W. Bush lo nombró secretario de Estado, líder de los asuntos exteriores de los Estados Unidos. También en este caso fue el primer afroamericano en ocupar un puesto de vital importancia.

En 2003 se informó que, dadas las elevadas tasas de natalidad y de inmigración, los hispanos, o latinos, representaban el mayor grupo minoritario del país, con 13% de la población total; siendo 37 millones, habían superado a los afroamericanos, que eran 36.2 millones (12.7%). Al mismo tiempo, la tasa de natalidad entre la población blanca se reducía. Los demógrafos señalaron que de continuar esas tendencias, los partidos políticos se verían obligados a tomar más en cuenta los deseos y las necesidades tanto de los latinos como de los afroamericanos. En la elección presidencial de 2000, más de 80% de los votantes afroamericanos optó por los demócratas, y en las elecciones intermedias de 2002, cerca de 70% de los latinos votó por ese mismo partido.

3. El anticomunismo y el senador McCarthy

a) Sentimientos anticomunistas

Después de la segunda Guerra Mundial, los Estados Unidos asumieron la tarea de evitar la difusión del comunismo en el mundo, de modo que el país se involucró profundamente en Europa, Corea, Vietnam, Latinoamérica y Cuba (véanse los capítulos VII, VIII y XXI). Desde que el comunismo asumió el poder en Rusia, en 1917, el movimiento anticomunista en los Estados Unidos había sido intenso, lo cual sorprende, en cierta forma, pues el Partido Comunista Estadunidense (formado en 1919) tuvo poco apoyo. Incluso durante la Depresión de los años treinta, cuando hubiera sido de esperar un giro hacia la izquierda, los miembros del partido nunca fueron más de 100 000 y nunca se dio una verdadera amenaza comunista.

Algunos historiadores argumentan que el senador Joseph
McCarthy y otros de derecha que fomentaron el anticomunismo intentaban proteger lo que consideraban el tradicional estilo de vida estadunidense, con énfasis en la "autoayuda" y el
"individualismo austero", que suponían amenazado por los rápidos cambios sociales y desarrollos como el *New Deal* y el
Fair Deal, que les disgustaban porque su financiamiento equivalía a impuestos más elevados. Muchos eran profundamente
religiosos, algunos hasta fundamentalistas, que deseaban volver a lo que llamaban el "verdadero cristianismo". Era difícil
que señalaran al verdadero responsable de esta "declinación"
de los estadunidenses, de modo que se enfocaban en el comunismo como fuente de todo mal. La difusión del comunismo
en Europa del este, el inicio de la Guerra Fría, la victoria del
comunismo en China (1949) y el ataque de Corea del Norte, comunista, contra Corea del Sur (1950) hizo entrar en pánico a
la "derecha radical".

1. Desmovilización de las tropas

La rápida desmovilización de las tropas estadunidenses al
finalizar la guerra preocupó a algunos. El deseo general era
"traer a casa a los chicos" lo antes posible, y el plan del ejército era que en julio de 1946 hubieran regresado 5.5 millones de
soldados. Sin embargo, el Congreso insistía en que se hiciera
con mayor rapidez, y que se redujera drásticamente el tamaño del ejército. Para 1950 eran sólo 600 000 hombres, ninguno
plenamente preparado para el servicio. Esto alarmó a la gente,
que pensaba que los Estados Unidos debían ser un elemento
de disuasión contra la expansión comunista.

2. Temor al espionaje

Los informes de espionaje instaron a Truman a formar un *Comité Revisor de la Lealtad* para investigar a quienes trabajaban
en el gobierno, la burocracia, la investigación atómica y las
armas atómicas (1947). Durante los siguientes cinco años, más
de seis millones de personas fueron investigadas sin que se detectaran casos de espionaje, si bien cerca de 500 fueron despe-

didas porque se decidió que su lealtad respecto de los Estados Unidos era "cuestionable".

3. Alger Hiss y los Rosenberg

Los casos de Alger Hiss y Julius y Ethel Rosenberg causaron furor. Hiss, ex funcionario de alto nivel del Departamento de Estado (equivalente a la Oficina del Exterior británica), fue acusado de ser comunista y de entregar documentos secretos a Moscú; a la larga, se le encontró culpable de perjurio y fue sentenciado a cinco años de cárcel (1950). Los Rosenberg fueron acusados de filtrar información secreta sobre la bomba atómica a los rusos; aunque muchas de las pruebas eran dudosas, fueron sentenciados a morir en la silla eléctrica y ejecutados en 1953, a pesar de la solicitud de clemencia de todo el mundo.

Estos casos fomentaron los sentimientos anticomunistas que recorrían los Estados Unidos y llevaron al Congreso a aprobar la *Ley McCarran*, que exigía que las organizaciones consideradas sospechosas entregaran una lista de sus miembros. Posteriormente, muchas de estas personas fueron despedidas de sus empleos sin haber cometido ningún delito. Truman, quien sentía que las cosas estaban yendo demasiado lejos, vetó dicha ley, pero el Congreso la aprobó, a pesar del veto.

4. Macartismo

El senador Joseph McCarthy era un republicano de derecha que llegó a los titulares en 1950, cuando afirmó (en un discurso pronunciado en Wheeling, West Virginia, el 9 de febrero) que el Departamento de Estado estaba "infestado" de comunistas y que tenía una lista de 205 miembros del partido que "todavía se ocupaban de conformar la política". Si bien no presentó pruebas, muchos le creyeron, y lanzó una campaña para desarraigar a los comunistas. Personas de todo tipo fueron acusadas de ser comunistas. Socialistas, liberales, intelectuales, artistas, pacifistas y cualquiera cuya opinión no pareciera ortodoxa era atacado y retirado de su cargo por "actividades contrarias a los Estados Unidos" (ilustración XXIII.5).

McCarthy llegó a ser el hombre más temido del país, y muchos periódicos nacionales lo apoyaron. El macartismo llegó a

ILUSTRACIÓN XXIII.5. *El senador Joseph McCarthy testifica ante el Comité de Relaciones Exteriores del Senado, marzo de 1951*

su clímax poco después de la elección de Eisenhower. McCarthy consiguió muchos votos para los republicanos entre quienes tomaban en serio sus acusaciones, pero fue demasiado lejos cuando empezó a acusar a generales importantes de que simpatizaban con el comunismo. Algunas de las audiencias eran televisadas, y muchas personas se impresionaban por la forma brutal en que golpeaba la mesa con rabia y ofendía y acosaba a los testigos. Hasta los senadores republicanos llegaron a pensar que había ido demasiado lejos, de modo que el Senado lo condenó con una votación de 67 contra 22 (diciembre de 1954).

Tontamente, McCarthy acusó al presidente de apoyar al Senado, pero esto finalmente arruinó su reputación y acabó con el macartismo. Pero fue una experiencia desagradable para muchos estadunidenses; cuando menos nueve millones de personas fueron "investigadas" y miles de inocentes perdieron su empleo en el ambiente de sospecha e inseguridad que se creó.

5. Después de McCarthy

El extremismo de derecha no acabó cuando McCarthy cayó en desgracia. La opinión pública se le había volteado no porque atacara a los comunistas, sino por la brutalidad de sus métodos y porque se había pasado de la raya criticando a los generales. El sentimiento anticomunista era intenso, y el Congreso había aprobado una ley por la que el Partido Comunista era ilegal (1954). También preocupaba que el comunismo prendiera en los países latinoamericanos, en especial después de que Fidel Castro llegara al poder en Cuba, en 1959, y empezara a nacionalizar propiedades y fábricas de estadunidenses. La respuesta de Kennedy fue lanzar *la Alianza para el Progreso (1961)*, que tendía a inyectar miles de millones de dólares de ayuda para Latinoamérica, con el fin de facilitar la reforma económica y social. Kennedy realmente quería ayudar a las naciones latinoamericanas pobres, y se dio buen uso a su ayuda, pero también había otros motivos importantes.

- Ayudando a resolver problemas económicos, los Estados Unidos esperaban reducir la inquietud, de modo que fuera menos probable que en esos países llegaran al poder los comunistas.
- La industria estadunidense se beneficiaría, pues se suponía que gran parte del dinero se gastaría en la adquisición de productos estadunidenses.

b) El complejo militar-industrial

Otro subproducto de la Guerra Fría fue lo que el presidente Eisenhower denominó "complejo militar-industrial", situación en que los líderes militares estadunidenses y los fabricantes de armamentos trabajaban en sociedad. Los jefes militares decidían qué se necesitaba y, conforme se desarrollaba la carrera armamentista, se hacían más y más pedidos de bombas atómicas y después de bombas de hidrógeno; más tarde, de muchos tipos diferentes de misiles (sección VII.4). Los fabricantes de armamento lograron jugosas utilidades, si bien nadie estaba muy seguro de los montos, pues los tratos eran secretos. *Les convenía que la Guerra Fría siguiera,* mientras más intensa mayores las utilidades. Cuando los rusos lanzaron al espacio el primer satélite, en 1957, Eisenhower creó la *National Aeronautics and Space Admnistration (NASA)*, y se hicieron pedidos aun más costosos.

Cualquier indicio de mejora de las relaciones entre Oriente y Occidente, por ejemplo, cuando Kruschev habló de "coexistencia pacífica", acongojaba a los fabricantes de armamento. Algunos historiadores han sugerido que el avión espía estadunidense U-2 derribado sobre Rusia en 1960 fue enviado deliberadamente para arruinar la conferencia cumbre que estaba por celebrarse en París [sección VII.3 c)]. De ser cierto, significaría que la sociedad militar-industrial era aún más poderosa que las supercorporaciones, tan poderosa como para influir en la política exterior estadunidense. Las cantidades de dinero implicadas eran pasmosas; en 1950, el presupuesto total fue de cerca de 40 000 millones de dólares, de los cuales, 12 000 millones fueron para gasto militar, pero en 1960, el presupuesto militar fue de casi 46 000 millones, la mitad del presupuesto total del país. En 1970, el gasto militar llegó a 80 000 millones de dólares. En un informe del Senado se hace referencia a que más de 2 000 ex funcionarios de alto nivel eran empleados por los contratistas, y también se estaban haciendo ricos.

4. NIXON Y WATERGATE

Richard M. Nixon (1969-1974) fue vicepresidente con Eisenhower desde 1956, y perdió por muy poco la elección de 1960, ganada por Kennedy. Cuando fue elegido, en 1969, enfrentó una tarea nada envidiable: qué hacer con Vietnam, la pobreza, el desempleo, la violencia y la crisis de confianza generalizada que afligía a los Estados Unidos [sección XXIII.1 *e*) para sus políticas sociales].

a) Política exterior

Los problemas en el extranjero, en especial Vietnam, dominaron su periodo (cuando menos hasta 1973, cuando Watergate lo relevó). Después de que la mayoría en el Congreso se negara a aprobar más dinero para la guerra, Nixon batalló para sacar a los Estados Unidos de Vietnam con una paz negociada, que se firmó en 1973 [sección VIII.3 *c*)], para alivio de prácticamente todo el pueblo estadunidense, que celebró la "paz con honor". Aun así, en abril de 1975, Vietnam del Sur cayó en manos de los comunistas; la lucha estadunidense para evitar que el comunismo se difundiera por el Sudeste Asiático había sido un fracaso y, hasta cierto punto, su reputación mundial resultó dañada.

Sin embargo, *Nixon fue responsable de un cambio radical y constructivo en la política exterior* al tratar de mejorar, con éxito relativo, las relaciones de los Estados Unidos con la URSS y China [sección VIII.6 *a-c*)]. En febrero de 1972, su visita a Beijing, para conocer al presidente Mao fue un brillante éxito; en mayo de ese mismo año fue a Moscú a firmar el tratado de limitación de armas.

Al final de su primer periodo en el cargo, los logros de Nixon parecían muy promisorios; había llevado al pueblo estadunidense al punto de vislumbrar la paz, aplicaba políticas sensatas de distensión con el mundo comunista y habían vuelto la ley y el orden. Los estadunidenses vivieron un momento de gloria cuando el primer hombre pisó la Luna (Neil Armstrong y Ed Aldrin, 20 de julio de 1969). Nixon ganó abrumadoramente las elecciones de noviembre de 1972, y en enero de 1973 tomó posesión para el segundo periodo, pero una nueva crisis lo arruinaría.

b) El escándalo de Watergate

El escándalo se desató en enero de 1973, cuando se acusó a varios hombres de haber irrumpido en las oficinas del Partido

Demócrata, en el edificio Watergate, en Washington, en junio de 1972, durante la campaña para la elección presidencial. Habían plantado dispositivos de escucha y fotocopiado de documentos importantes. Resultó que el allanamiento había sido organizado por los miembros importantes del personal de Nixon, que fueron encarcelados. Nixon insistió en que no sabía nada del asunto, pero las sospechas crecieron cuando se negó sistemáticamente a entregar las grabaciones de discusiones sostenidas en la Casa Blanca, las cuales, se pensaba, zanjarían el asunto de una vez por todas. El presidente fue acusado insistentemente de haber "cubierto" deliberadamente a los culpables. Recibió un fuerte golpe cuando el vicepresidente Spiro Agnew fue obligado a renunciar (diciembre de 1973), después de enfrentar cargos por soborno y corrupción. Fue remplazado por Gerald Ford, político poco conocido, pero de impecables antecedentes.

Se pidió a Nixon que renunciara, pero se negó, aun cuando se había descubierto que era culpable de evasión fiscal. Fue amenazado con el *impeachment* (acusación formal ante el Senado, que después lo juzgaría por los delitos). Para evitar esto, Nixon renunció (agosto de 1974) y Ford se convirtió en presidente. Fue un trágico fin para una presidencia que había dado resultados positivos, sobre todo en asuntos exteriores, pero el escándalo fue un golpe para la fe del pueblo en los políticos y en un sistema que permitía que esas cosas sucedieran. Ford se ganó la admiración por la forma en que restableció la dignidad de la política estadunidense, pero dada la recesión, el desempleo y la inflación, no fue una sorpresa que perdiera la elección de 1974 ante el demócrata James Earl Carter.

5. LA ERA CARTER-REAGAN-BUSH, 1977-1993

a) Jimmy Carter (1977-1981)

La presidencia de Carter fue más bien una desilusión. Lo eligieron como un intruso, ex oficial naval, cultivador de cacahuates, ex gobernador de Georgia y hombre de profundas convicciones religiosas; era el recién llegado a Washington que restablecería la fe del público en los políticos. *Tuvo varios éxitos importantes:*

- dejó de proporcionar ayuda estadunidense a gobiernos autoritarios de derecha nada más para mantener alejado al comunismo;
- cooperó con Gran Bretaña para que la mayoría negra gobernara en Zimbabwe [sección XXIV.4 *c)*];
- firmó un segundo Tratado de Limitación de Armas Estratégicas (SALT II) con la URSS (1979);
- desempeñó un papel vital en las pláticas de paz entre Egipto e Israel, en Camp David (sección XI.6).

Desafortunadamente, la falta de experiencia de Carter en el manejo del Congreso se tradujo en los mismos problemas que había tenido Kennedy, y fracasó en su intento de lograr que gran parte de su programa de reformas se convirtiera en ley. Para 1980, la recesión mundial afectaba profundamente, con cierre de fábricas, desempleo y escasez de combustible. Aparte de Camp David, la política exterior de los demócratas parecía poco impresionante; incluso un logro como el SALT II fue impopular entre líderes militares y fabricantes de armas, pues era una amenaza para sus ganancias. Los estadunidenses no pudieron tomar medidas efectivas contra la ocupación rusa de Afganistán (1979). Igual de frustrante fue su fracaso para liberar a varios rehenes estadunidenses capturados en Teherán por estudiantes iraníes (noviembre de 1979) y mantenidos en cautiverio más de un año. Los iraníes intentaban obligar al gobierno de los Estados Unidos a que el sha y su fortuna volvieran del exilio, pero el *impasse* persistió, incluso después de la muerte del sha. En la elección de noviembre de 1980, la combinación de estos problemas y frustraciones resultó en una decisiva victoria de los republicanos. Irónicamente, los rehenes fueron puestos en libertad minutos después de la toma de posesión del sucesor de Carter (enero de 1981).

b) Ronald Reagan (1981-1989)

Reagan, ex estrella de cine, rápidamente se tornó en el presidente más popular desde la segunda Guerra Mundial. Era tranquilizador, como una figura paternal que se ganó la reputación de "Gran Comunicador", por su forma directa y sencilla de dirigirse al público estadunidense. *Este último admiraba particularmente su determinación de no aceptar sinsentidos de los soviéticos* (como se refería a la URSS); quería trabajar por una relación pacífica con ellos, pero desde una posición de fuerza. Convenció al Congreso de que aprobara fondos extra para construir misiles balísticos intercontinentales MX (1983). Intervino en Centroamérica, con ayuda financiera y militar para los grupos rebeldes de El Salvador y Nicaragua [sección VIII.5 a)], cuyos gobiernos, pensaba, eran apoyados por los comunistas. Las relaciones con China siguieron siendo amistosas, y visitó Beijing en abril de 1984, pero no se reunió con ninguno de los políticos rusos de alto nivel hasta poco antes de la elección presidencial de noviembre de 1984.

Localmente, Reagan presentó nuevas ideas sobre cómo dirigir la economía. Pensaba que la manera de restablecer la grandeza y la prosperidad de los Estados Unidos era aplicando lo que se conocía como "economía del lado de la oferta". Según esta teoría, reduciendo los impuestos, el gobierno realmente tendría mayores ingresos. Menores impuestos se traducirían en que, con más dinero, las empresas invertirían más y los consumidores comprarían más productos. Con esto, la gente trabajaría más, crearía una mayor demanda de productos y, por lo tanto, más empleos, y con esto, a su vez, se ahorraría en beneficios de desempleo y de bienestar. Toda esta actividad económica adicional resultaría en más impuestos para el gobierno. Reagan estaba gratamente impresionado por las teorías del economista estadunidense Milton Friedman y de Frederick Hayek, austriaco que había plasmado sus ideas económicas de la Nueva Derecha en su obra *The Road to Serfdom*, publicada originalmente en 1944. Sus teorías "monetaristas" se oponían al socialismo y al Estado de bienestar sobre la base de que implicaban demasiada interferencia y reglamentación gubernamental. Argumentaban que la gente debía tener libertad para

dirigir su propia vida y sus negocios con un mínimo de reglamentos del gobierno. Las políticas de Reagan, *Reaganomics*,
como se les conoció, se basaban en estas teorías. Por consiguiente, tendía a eliminar restricciones para los negocios,
reducir el gasto del gobierno en bienestar (aunque no en defensa), equilibrar el presupuesto federal introduciendo una
economía de libre mercado y controlar la oferta de dinero para
mantener baja la inflación.

Desafortunadamente, la "revolución Reagan" arrancó mal.
Durante los primeros tres años, el gobierno no logró equilibrar el presupuesto, en parte por un significativo incremento
en el gasto para defensa. Los estímulos del "lado de la oferta"
no funcionaron porque la economía cayó en recesión y el desempleo se incrementó a 10%, con 11 millones de desempleados.
El gasto del gobierno en bienestar fue inadecuado en un momento de gran necesidad, con una balanza comercial adversa
y el déficit presupuestal, que si bien no estaba exactamente
fuera de control, era enorme.

La economía empezó a recuperarse en 1983, y no dejó de
crecer durante los siguientes seis años. La recuperación empezó a tiempo para la elección presidencial de noviembre de
1984. Reagan pudo declarar que sus políticas estaban funcionando, si bien sus críticos señalaron que el gasto del gobierno
sin duda se había incrementado en todas las áreas importantes, incluidos bienestar y seguridad social. La deuda nacional
había crecido enormemente, en tanto que la inversión se había reducido. De hecho, había habido recuperación, *a pesar de
la Reaganomics*. Otra crítica contra el gobierno fue que sus políticas habían beneficiado a los ricos pero incrementado la
carga fiscal de los pobres. Según investigaciones del Congreso,
en 1978, la carga fiscal de los pobres había sido sólo de 4%,
pero de más de 10% en 1984. En abril de 1984 se calculó que
gracias a los sucesivos presupuestos de Reagan, desde 1981,
las familias más pobres habían obtenido 20 dólares anuales
por recortes fiscales, pero por año habían perdido 410 en beneficios. Por otra parte, los hogares con ingresos más elevados
(más de 80 000 dólares al año) habían obtenido un promedio
de 8 400 dólares en recortes fiscales y perdido 130 en beneficios. Uno de los pronósticos más atractivos de los economistas

del "lado de la oferta", que la nueva riqueza llegaría poco a poco a los pobres, no se había cumplido.

No obstante, Reagan siguió siendo popular entre la gran mayoría de los estadunidenses y *su victoria en la elección presidencial de 1984 fue arrolladora*. Su rival demócrata, Walter Mondale, había sido descrito por los medios, quizá injustamente, como un político monótono y anticuado, sin nada que ofrecer. Reagan obtuvo 59% del voto popular; a los 73 años era el presidente de mayor edad que hubiera habido nunca.

Durante su segundo periodo en el poder, todo pareció salirle mal, acosado por problemas económicos, desastres, escándalos y controversias.

1. Problemas económicos

- *El Congreso estaba cada vez más preocupado por el rápido crecimiento del déficit del presupuesto federal*. El Senado rechazó el presupuesto de Reagan de 1987 por incrementos en los gastos de defensa en un momento en que sentía que era vital reducir los déficit. Los senadores también se quejaron de que la suma asignada a Medicare estaría 5% abajo de lo necesario para cubrir los crecientes costos médicos. Reagan se vio obligado a aceptar un recorte de cerca de 8% en gastos de defensa y gastar más de lo que quería en servicios sociales (febrero de 1986).

- *En el Medio Oeste, la depresión era grave* y había provocado caída de los precios y de los subsidios del gobierno y creciente desempleo.

2. Desastres en el programa espacial

Un año desastroso para el programa espacial de los Estados Unidos fue 1986. El transbordador espacial *Challenger* explotó sólo segundos después de haber despegado, los siete tripulantes murieron (enero). Un cohete Titan que llevaba equipo militar secreto estalló inmediatamente después de haber despegado (abril), y en mayo, un cohete Delta falló, el tercer fracaso sucesivo de un lanzamiento espacial importante. Probablemente los planes de Reagan de desarrollar una estación espacial orbital permanente se retrasarían por muchos años.

3. Problemas con la política exterior

- *El bombardeo sobre Libia (abril de 1986) provocó reacciones encontradas.* Reagan estaba convencido de que terroristas apoyados por Libia eran responsables de numerosos ataques, incluidos los bombazos en los aeropuertos de Roma y Viena de diciembre de 1985. Después de que misiles libios atacaran un avión estadunidense, bombarderos F-11 de los Estados Unidos atacaron las ciudades libias de Trípoli y Benghazi; murieron 100 civiles. Si bien el ataque había sido aplaudido en la mayoría de los círculos estadunidenses, en general la opinión mundial lo condenó como una reacción exagerada.

- *La política estadunidense respecto de Sudáfrica provocó discusiones entre el presidente y el Congreso.* Reagan quería sólo sanciones limitadas, pero el Congreso estaba en favor de un paquete mucho más fuerte para acabar con el *apartheid*, y lograron pasar por encima del veto del presidente (septiembre de 1986).

- La reunión de Reikiavik con el presidente de la URSS, Gorbachev (octubre de 1986), dejó la sensación de que Reagan había sido menos hábil que el líder soviético. Sin embargo, el fracaso se convirtió en éxito en octubre de 1987 con la firma del Tratado INF (fuerzas nucleares intermedias) [sección VIII.6 *b*)].

La creciente insatisfacción con el gobierno se reflejó en las elecciones intermedias para el Congreso (noviembre de 1986) cuando los republicanos perdieron muchos escaños, dejando a los demócratas con una mayoría aún mayor en la Cámara de Representantes (260-175), y más importante aún, con el control del Senado (54-45). Faltándole aún dos años en el poder, Reagan era un presidente sin futuro, un republicano frente a un Congreso demócrata. Le costaría muchísimo trabajo convencer al Congreso de que le aprobara fondos para políticas como la de la Guerra de las Galaxias (que muchos demócratas consideraban imposible) y ayuda para los Contras rebeldes de Nicaragua; y según la Constitución, una mayoría de dos tercios en ambas cámaras podría invalidar el veto del presidente.

4. El escándalo Irangate

Fue el peor golpe para el presidente. A finales de 1986 se supo que *los estadunidenses habían estado abasteciendo secretamente de armas a Irán a cambio de la liberación de rehenes.* Sin embargo, públicamente, Reagan siempre había insistido en que los Estados Unidos nunca negociarían con gobiernos que aprobaran el terrorismo y la toma de rehenes. Peor aún, se supo que las utilidades por la venta de armas a Irán se utilizaban para proporcionar ayuda militar a los Contras rebeldes de Nicaragua; esto era ilegal, pues el Congreso había proscrito toda ayuda militar para los Contras desde octubre de 1984.

Una investigación del Congreso puso en claro que un grupo de asesores de Reagan, incluidos el jefe de Seguridad Nacional, Donald Regan, el teniente coronel Oliver North y el contralmirante John Poindexter eran responsables de ello y habían quebrantado la ley. Reagan aceptó su responsabilidad por la venta de armas a Irán, pero no por el envío de fondos a los contras. Parece ser que él estaba vagamente enterado de lo que pasaba y es probable que ya no estuviera en contacto con esos asuntos. El "Irangate", como se le llamó, no destruyó a Reagan, como le sucedió a Nixon con Watergate, pero sin duda empañó la trayectoria de su administración en los dos últimos años.

5. Grave caída de la bolsa de valores (octubre de 1987)

Se debió a que la economía estadunidense estaba en graves problemas. El déficit presupuestal era enorme, principalmente porque Reagan había más que duplicado el gasto en defensa desde 1981, al mismo tiempo que había recortado los impuestos. En el periodo 1981-1987, la deuda nacional había crecido más de dos veces, a 2 400 millones de millones, y el crédito tenía que seguir incrementándose sencillamente para pagar los enormes intereses anuales de 192 000 millones de dólares. Al mismo tiempo, el déficit comercial de los Estados Unidos era el mayor de los países industrializados importantes y la economía empezaba a desacelerarse al enfrentar la industria una recesión.

A pesar de todo, Reagan se las arregló para seguir siendo popular. En 1988, la economía y la balanza de pagos mejoraron y el desempleo disminuyó. Esto permitió que el republicano George Bush obtuviera una cómoda victoria en la elección de noviembre de 1988.

c) George Bush (1989-1993)

George Bush, vicepresidente de Reagan, logró un *gran éxito de política exterior gracias a su decisivo liderazgo en contra de Saddam Hussein* después de la invasión iraquí de Kuwait (agosto de 1990). Cuando la Guerra del Golfo terminó con la derrota de Saddam, la reputación de Bush se incrementó (sección XI.10), pero conforme transcurría el tiempo, aumentaban las críticas porque no había aprovechado la ventaja y por permitir que el brutal Hussein permaneciera en el poder.

Entre tanto, no todo iba bien en el país; en 1990 empezó una recesión, el déficit del presupuesto seguía aumentando y el desempleo volvió a repuntar. Durante la campaña previa a las elecciones, Bush había prometido, en una famosa respuesta al candidato demócrata Michael Dukakis, no elevar los impuestos: "Escúchame bien, no nuevos impuestos". Pero ahora se veía obligado a incrementar los indirectos y a reducir el número de ricos exentos de impuestos. Si bien la situación material de quienes tenían un empleo era cómoda, las clases medias se sentían inseguras frente a la tendencia a la disminución de los empleos. Entre las clases trabajadoras había una "subclase" permanente de desempleados, tanto negros como blancos, que vivían en guetos decadentes de las zonas urbanas deprimidas con elevados potenciales de criminalidad, drogadicción y violencia. Muchas de estas personas estaban completamente alejadas de la política y de los políticos y no veían cómo podía ayudarles uno u otro partido. Fue en esta atmósfera en que la elección de noviembre de 1992 le dio la victoria al demócrata Bill Clinton por un escaso margen.

6. BILL CLINTON Y EL PRIMER PERIODO DE GEORGE W. BUSH, 1993-2005

a) Bill Clinton (1993-2001)

William J. Clinton, como John F. Kennedy, 30 años antes, y Franklin D. Roosevelt 60 años antes, llegó a la Casa Blanca como una ráfaga de aire fresco. Había sido becario de Rhodes en Oxford y el gobernador más joven de Arkansas hasta entonces, elegido a los 32 años de edad. Como presidente, de inmediato causó revuelo al nombrar más mujeres que nunca antes para puestos importantes de su administración. Madeleine Albright fue la primera secretaria de Estado; una joven jueza fue nombrada para la Suprema Corte, además de otros tres puestos asignados a mujeres.

En la elección presidencial, Clinton había hecho campaña apoyándose en un programa de reforma de la asistencia social y un sistema universal de seguro médico, además de un cambio de dirección, lejos de la *Reaganomics*. Desafortunadamente, tuvo los mismos problemas que Kennedy, cómo convencer o manejar a los republicanos del Congreso para que aprobaran sus reformas. Cuando se publicó su propuesta de ley de seguro médico, fue atacada por el sector de las aseguradoras y la Asociación Médica Estadunidense, y el Congreso se negó a aprobarla. Su tarea se hizo aún más difícil después de la gran victoria de los republicanos en las elecciones de 1994 para el Congreso. Sin embargo, la intransigencia de algunos de los republicanos del Congreso no cayó bien a los estadunidenses comunes y la popularidad de Clinton se incrementó. Pero sí tuvo algunos éxitos:

- Se instrumentaron planes para reducir el enorme déficit presupuestal heredado de la época de Reagan.
- Se inició la restructuración y racionalización total del sistema de asistencia social.
- Se fijó un salario mínimo de 4.75 dólares la hora (mayo de 1996), que se incrementó a 5.15 dólares en mayo de 1997.

- Se firmó el Tratado de Libre Comercio con Canadá y México, del cual derivó una zona comercial libre entre los tres estados.

Clinton también se apuntó sólidos logros en asuntos exteriores. Contribuyó positivamente a la paz en Medio Oriente cuando reunió al líder israelí y al líder palestino en Washington, en 1993; a fin de cuentas, el resultado fue un acuerdo por el cual los palestinos tendrían un autogobierno limitado a la Franja de Gaza y Jericó (sección XI.7). En 1995 trabajó con el presidente Yeltsin de Rusia para tratar de poner fin a la guerra de Bosnia; el resultado fueron los Acuerdos de Dayton [sección X.7 *c)*].

Al mismo tiempo, su régimen fue acosado por rumores de negocios turbios en los cuales habrían estado involucrados él y su esposa Hillary cuando él era gobernador de Arkansas, el llamado "escándalo de Whitewater". Cuando dos de sus ex socios de negocios y el gobernador de Arkansas en ese momento fueron acusados de fraude múltiple (mayo de 1996), los republicanos esperaban que Whitewater hiciera con Clinton lo que Watergate había hecho con Nixon, quitarle el puesto, o cuando menos, ayudar a que fuera derrotado en la elección de noviembre de 1996. Sin embargo, lo que parecía importarle a la mayoría de los estadunidenses era el estado de la economía, y también en esto Clinton tenía éxito; *la economía empezó a recuperarse y el déficit presupuestal se redujo a proporciones más manejables.* Las tácticas de confrontación de algunos de los republicanos, en particular Newt Gingrich, quien constantemente retenía las medidas de Clinton en el Congreso, probablemente le dieron popularidad, pues no tuvo problemas para reelegirse.

La historia de mayor éxito del segundo periodo de Clinton fue el crecimiento económico sostenido, que en 1999 había impuesto un nuevo récord del periodo continuo de expansión económica más prolongado para tiempos de paz. Ya en 1998 el presupuesto se había equilibrado y había excedentes por primera vez desde 1969. Otros signos de una economía saludable fueron que el valor del mercado de valores se triplicó, la tasa de desempleo era la más baja en casi 30 años y el nivel de hogares propios, el más alto de la historia de la nación.

b) Escándalo y acusación

Durante el primer periodo de Clinton como presidente, continuamente circularon rumores de incorrecciones financieras y sexuales. El procurador general tuvo que dar la autorización para que se investigaran los negocios de los Clinton en Arkansas. La averiguación, conocida como "Whitewater", por el nombre de la empresa constructora y urbanizadora que fue el meollo de la controversia, se prolongó por varios años y no se encontraron evidencias concluyentes de ilegalidad. Decidido a desacreditar al presidente de una forma u otra, Kenneth Starr, el hombre que dirigió la investigación, fue más allá, hasta que tuvo pruebas de que Clinton tenía un *affaire* con Monica Lewinsky, joven practicante del personal de la Casa Blanca. Después de negar repetidamente esa relación, el presidente fue obligado a ofrecer una disculpa pública al pueblo estadunidense. La Cámara de Representantes votó por acusar a Clinton de perjurio y obstrucción de la justicia, pero en 1999 el Senado declaró que era inocente. Fue un asunto sórdido que dañó la reputación de Clinton hasta cierto punto. Por otra parte, siguió siendo muy popular; había hecho mucho como presidente, y se tenía la sensación de que había sido víctima de acoso irracional por parte de algunos republicanos.

c) La elección de noviembre de 2000

La elección presidencial estuvo llena de sorpresas en más de un sentido. El candidato demócrata, Al Gore (vicepresidente de Clinton), empezó como favorito de la contienda contra George W. Bush (gobernador de Texas e hijo del ex presidente). Y a pesar del saludable estado de la economía, la votación fue muy cerrada. En el total de votos emitidos en la nación, Gore superó a Bush por 500 000 votos, pero el resultado final dependía de qué candidato ganara Florida, último estado en declarar. Florida tenía 25 votos electorales y esto significaba que el que ganara, sería presidente. Después del conteo, parecía que Bush había ganado, si bien con una mayoría de menos de 1 000. Los demócratas cuestionaron el resultado y exigieron un recuento manual, alegando que el conteo automático no era confiable. La Suprema Corte de Florida ordenó el recuento manual y después de que se incluyeran las boletas electorales de dos condados, contadas manualmente, la delantera de Bush se redujo a 200. En ese momento, el grupo de Bush apeló a la Suprema Corte de los Estados Unidos, que tenía una mayoría de jueces republicanos; el tribunal revirtió la decisión de la Suprema Corte de Florida y canceló el conteo manual, sobre la base de que llevaría demasiado tiempo; habían pasado cinco semanas y aún no se decidía la presidencia. Fue el primer presidente desde 1888 en ganar una elección y perder el voto popular en toda la nación. La medida del tribunal fue extremadamente controvertida; muchas personas estaban convencidas de que si se hubiera aceptado el recuento manual, Gore habría ganado.

d) Primer periodo de George W. Bush (2001-2005)

Durante su primer año en el cargo, pronto fueron evidentes las características de la administración de Bush; era de muy extrema derecha, o neoconservador, del Partido Republicano; posteriormente, un analista lo describió como "el presidente de más dura derecha desde Herbert Hoover". Si bien había hecho campaña como "conservador compasivo", empezó introduciendo enormes recortes fiscales para los ciudadanos ricos que ascendían a 1.35 trillones de dólares. También dio muestras de su intención de gastar menos en servicios sociales. Fue criticado por la Unión Europea y otros países cuando anunció que los Estados Unidos se retiraban del Protocolo de Kioto de 1997, cuyo objetivo era reducir la emisión de gases invernadero [sección XXVI.5 b)], y del Tratado de Misiles Antibalísticos.

El presidente pronto enfrentó una crisis con los ataques terroristas del 11 de septiembre en Nueva York y Washington, que lo puso a prueba (sección XII.3). Respondió con determinación; declaró la guerra al terrorismo y formó una coalición internacional para instrumentar la campaña. Durante los siguientes 18 meses, el régimen talibán fue retirado de Afganistán y en Irak, Saddam Hussein fue expulsado del poder. No obstante, se demostró que sería más difícil imponer la paz en esos países; dos años después del derrocamiento de Saddam, en abril de 2003, los soldados estadunidenses seguían muriendo a manos de los terroristas en Irak. Se informó que incluso en Afganistán estaban regresando los talibanes y recuperando el control en ciertas zonas.

Entre tanto, en el país, la economía empezó a tener problemas. El presupuesto anual publicado en febrero de 2004 mostró un déficit muy superior a 4% del PIB (el techo de la Unión Europea era de 3%). Las razones eran:

- gasto creciente en medidas de seguridad contra el terrorismo y el costo constante de las operaciones en Irak;
- reducción de los ingresos del gobierno por los enormes recortes fiscales para los ricos;
- créditos extra otorgados a los agricultores.

Las políticas del gobierno tenían efectos contrarios, de los cuales, el más sorprendente fue la diferencia creciente entre ricos y pobres. Las estadísticas publicadas a finales de 2003 mostraron que el 1% más rico de los estadunidenses tenía mucho más de 40% de la riqueza de la nación. (Comparativamente, el 1% más rico de Gran Bretaña tenía 18% de la riqueza total.) Esto no sólo se debía a las políticas de Bush, sino que había venido desarrollándose a lo largo de los últimos 20 años, pero la tendencia se aceleró después de 2001, en parte por los recortes de impuestos. El Centro para la Integridad Pública informó que todos los miembros del gabinete de Bush eran millonarios, y que su valor neto era más de 10 veces el del gabinete de Clinton.

En el otro extremo estaba la creciente pobreza, que en parte se debía a la escalada del desempleo y en parte, a los bajos salarios. Tres millones de personas se quedaron sin empleo desde que Bush asumió el cargo, y más de 34 millones, una de cada ocho, vivía por abajo de la línea de pobreza. Los beneficios por desempleo sólo se pagaban durante seis meses, y en algunos estados, Ohio era uno de los ejemplos notables, miles de personas sobrevivían con ayuda de las cocinas gratuitas organizadas por las iglesias. Al terminar los primeros cuatro años de Bush como presidente, 4.3 millones de estadunidenses más vivía por abajo de la línea de pobreza, respecto de enero de 2001, en que había tomado posesión.

¿Por qué sucedía esto en el país más rico del mundo? El gobierno culpaba del cierre de tantas fábricas a las importaciones del exterior, y señalaba particularmente a China. Los pobres recibían sólo una ayuda mínima del gobierno básicamente porque la administración de Bush se apegaba a los tradicionales principios conservadores estadunidenses de *laissez-faire*, y el gobierno tenía que limitarse a lo mínimo y no influir directamente en el alivio de la pobreza. Se pensaba que los beneficios sociales debilitaban la independencia, y se debía alentar a las personas a ayudarse ellas mismas. Los impuestos eran considerados una interferencia injustificada en la propiedad individual, y los ricos no debían sentirse obligados a ayudar a los pobres, a menos que así lo decidieran. La principal obligación de un negocio era maximizar las utilidades para beneficio de los accionistas; con ese fin, la interferencia y la reglamentación gubernamental debían ser mínimas.

Desafortunadamente, este enfoque provocó una atmósfera de "todo se vale", y ocurrieron cosas inquietantes. Sin una reglamentación adecuada, las empresas se veían tentadas a "manipular" sus cuentas para que mostraran utilidades crecientes, con el fin de mantener elevado el precio de sus acciones, pero esta práctica no podía continuar indefinidamente; en noviembre de 2001, la empresa comercializadora de energía Enron se fue a la quiebra después de una serie de tratos secretos, ignorados por las autoridades y los inversionistas, que resultaron en desastrosas pérdidas. Siguieron otras muchas empresas importantes; decenas de miles de personas perdieron sus inversiones, en tanto que los empleados de las compañías perdieron sus pensiones al desaparecer los fondos de retiro.

Al acercarse la elección de noviembre de 2004, muchos analistas pensaban que estos crecientes problemas llevarían a los republicanos a la derrota, pero el presidente Bush obtuvo una victoria decisiva, aunque muy cerrada, sobre su oponente demócrata, el senador John Kerry. Cerca de 58.9 millones de estadunidenses votaron por Bush, frente a 55.4 millones que hicieron lo propio por Kerry. Los republicanos también incrementaron su mayoría en la Cámara de Representantes y el Senado. Aparentemente, la creciente pobreza y el desempleo en algunos estados no estaban tan difundidos como para que prevaleciera Kerry. *También se ha sugerido que los republicanos ganaron porque:*

- Los demócratas no lograron transmitir un claro mensaje de campaña sobre lo que el partido proponía, de modo que muchos votantes decidieron que era más sensato apegarse a Bush, ya conocido, que cambiar a Kerry, percibido como una incógnita.
- Los demócratas no lograron convencer a los votantes de que se podía confiar en ellos para dar seguridad al país.
- Los republicanos eran considerados por los cristianos de derecha como el partido que defendía la moral y los valores familiares, en tanto que se pensaba que los demócratas simpatizaban demasiado con el aborto y los matrimonios entre homosexuales.
- Los republicanos tuvieron más éxito que en la elección de 2000 en impulsar a sus partidarios para que acudieran a votar.

PREGUNTAS

La lucha por los derechos civiles
1. Estudie las fuentes y responda las preguntas.

Fuente A
Extracto del libro de Martin Luther King, publicado en 1959.

A menudo somos demasiado gritones y demasiado escandalosos, y gastamos demasiado en bebida. Incluso los más pobres de entre nosotros pueden comprar una pastilla de jabón de 10 centavos; incluso los menos educados de entre nosotros pueden tener la moral muy alta. Mejorando nuestros estándares, avanzaremos mucho en pos de destrozar los argumentos de quienes están en favor de la segregación.

La otra parte de nuestro programa debe ser la resistencia sin violencia a todo tipo de injusticia racial, aunque esto signifique ir a la cárcel; y acciones audaces para acabar con la desmoralización provocada por el legado de la esclavitud y la segregación, escuelas de menor calidad, tugurios y ciudadanía de segunda. Un nuevo asalto frontal contra la pobreza, la enfermedad y la ignorancia de la gente largamente ignorada por la conciencia de los Estados Unidos dará certeza a la victoria.

FUENTE: Martin Luther King, *Stride towards Freedom* (Harper & Row, ed. 1979).

Fuente B
Extracto de un discurso de Malcolm X, líder de los derechos humanos de los negros musulmanes, 1964.

No existen las revoluciones sin violencia; la revolución es sangrienta, la revolución es hostil, la revolución no transige, la revolución derrumba y destruye todo lo que se pone en su camino. Yo no veo ningún sueño americano; yo veo una pesadilla americana. Nuestro objetivo es total libertad, total igualdad por cualquier medio que sea necesario.

FUENTE: citado en George Breitmann, *Malcolm X Speaks* (Grove Press, 1966).

a) ¿En qué difiere la actitud en campaña de estas fuentes, ambas de líderes de los derechos civiles de los negros?
b) ¿Qué razón sugiere para estas diferencias?
c) ¿Por qué en 1968 el éxito del Movimiento de los Derechos Civiles fue limitado?

2. ¿Hasta qué punto coincide con el punto de vista de que la administración de Johnson fue, en gran medida, un fracaso por la participación de los Estados Unidos en la Guerra de Vietnam?

3. Explique por qué el movimiento anticomunista era tan poderoso en los Estados Unidos en los años posteriores a la segunda Guerra Mundial.

QUINTA PARTE

DESCOLONIZACIÓN
Y LO QUE VINO DESPUÉS

XXIV. EL FIN DE LOS IMPERIOS EUROPEOS

Resumen de acontecimientos

Al finalizar la segunda Guerra Mundial, en 1945, las naciones de Europa seguían reivindicando la propiedad de extensas zonas del resto del mundo, sobre todo de Asia y África.

- *El Imperio británico era el más vasto de la región;* estaba formado por India, Birmania, Ceilán, Malasia, enormes extensiones de África y una colección de muchas islas y otros territorios, como Chipre, Hong Kong, las Indias Occidentales, las Malvinas y Gibraltar.
- *Francia tenía el segundo imperio más grande,* con territorios en África, Indochina y las Indias Occidentales. Además, Gran Bretaña y Francia seguían teniendo tierras en el Medio Oriente, tomadas a Turquía al terminar la primera Guerra Mundial. Gran Bretaña tenía Transjordania y Palestina; Francia tenía Siria. Se les conocía como *"protectorados"*, es decir, que Gran Bretaña y Francia supuestamente los "cuidaban" y preparaban para su independencia.
- *Otros imperios importantes* fueron los de los Países Bajos (Indias Orientales Holandesas), Bélgica (Congo y Ruanda Urundi), Portugal (Angola, Mozambique y Guinea), España (Sahara Español, Ifni, Marruecos Español y Guinea Española) e Italia (Libia, Somalia y Eritrea).

Durante los siguientes 30 años se realizaron cambios notables. En 1975 la mayor parte de estos territorios coloniales habían conseguido su independencia, en ocasiones como en el caso de las colonias holandesas y francesas, que tuvieron que enfrentar la decidida resistencia de los europeos. A menudo, los problemas implicados eran complejos; en India había que resolver implacables diferencias religiosas, y en otras regiones, como Argelia, Kenia, Tanganyica, Uganda y Rodesia, se había asentado un número importante de blancos implacablemente hostiles a la independencia, pues hubieran sido gobernados por negros. Gran Bretaña estaba dispuesta a otorgar la independencia cuando sintiera que cada territorio en particular estaba preparado para ella, y la mayoría de los nuevos estados conservaban un vínculo con dicho país manteniéndose dentro de la Mancomunidad Británica (grupo de naciones previamente controladas por los británicos que accedían a seguir asociadas, sobre todo porque obtenían ciertas ventajas).

Los principales territorios británicos que se independizaron en ocasiones cambiaron de nombre (el nuevo, entre paréntesis):

> India y Pakistán, 1947
> Birmania y Ceilán (Sri Lanka), 1948
> Cisjordania (Jordania), 1946, y Palestina, 1948 (sección XI.1-2)
> Sudán, 1956
> Malasia y Costa de Oro (Ghana), 1957
> Nigeria; Somalilandia (llegó a formar parte de Somalia) y Chipre, 1960
> Tanganyica y Zanzíbar (juntos forman Tanzanía), 1961

Jamaica, Trinidad y Tabago, Uganda, 1962
Kenia, 1963
Niasalandia (Malawi), Rodesia del Norte (Zambia) y Malta, 1964
Guyana Británica (Guyana), Barbados y Bechuanalandia (Botswana), 1966
Aden (Yemen del Sur), 1967
Rodesia del Sur (Zimbabwe), 1980

En un principio las otras potencias coloniales estaban decididas a conservar sus imperios por la fuerza militar, pero a fin de cuentas, todas tuvieron que ceder.

Los principales territorios que obtuvieron su independencia fueron:

Franceses
Siria, 1946
Indochina, 1954
Marruecos y Túnez, 1956
Guinea, 1958
Senegal, Costa de Marfil, Mauritania, Níger, Alto Volta (después, Burkina-Faso), Chad, Madagascar (Malgasey), Gabón, Sudán Francés (Mali), Camerún, Congo, Oubangui-Shari (África Central), Togo y Dahomey (Benin, desde 1975), 1960

Holandeses
Indias Orientales (Indonesia), 1949
Surinam, 1975

Belgas
Congo (Zaire 1971-1997), 1960
Ruanda-Urundi (se convirtió en dos estados independientes, Ruanda y Burundi), 1962

Españoles
Marruecos Español, 1956
Guinea (Guinea Ecuatorial), 1968
Ifni (se convirtió en parte de Marruecos), 1969
Sahara Español (se dividió entre Marruecos y Mauritania), 1975

Portugueses
Guinea (Guinea-Bissau), 1974
Angola y Mozambique, 1975
Timor Oriental (tomado por Indonesia, ese mismo año), 1975

Italianos
Etiopía, 1947
Libia, 1951
Eritrea (se convirtió en parte de Etiopía), 1952
Somalilandia Italiana (se convirtió en parte de Somalia), 1960

1. ¿Por qué las potencias europeas renunciaron a sus imperios?

a) Movimientos nacionalistas

Ya tenían muchos años de existencia en la mayoría de las colonias europeas en el extranjero, en especial las asiáticas, desde antes de la segunda Guerra Mundial. *Los nacionalistas* sentían el deseo natural de deshacerse de sus gobernantes extranjeros para ser gobernados por personas de su propia nacionalidad. Si bien las potencias europeas afirmaban haber llevado a sus colonias los beneficios de la civilización occidental, la sensación general entre los pueblos colonizados era que habían sido explotados por los europeos, que se llevaban la mayor ganancia de esa asociación. Afirmaban que los intereses de los europeos frenaban el desarrollo y la prosperidad de las colonias, y que la mayoría de los pueblos coloniales seguían en la pobreza. En India, *el Partido del Congreso Nacional Indio* había estado creando agitación en contra del gobierno británico desde 1885, en tanto que en el Sudeste de Asia, los nacionalistas vietnamitas empezaron a hacer campaña en contra de los franceses desde la década de 1920. No obstante, el nacionalismo no se había fortalecido en otras áreas y el avance hacia la independencia hubiera sido mucho más lento sin el impulso que le dio la segunda Guerra Mundial.

b) Efectos de la segunda Guerra Mundial

La segunda Guerra Mundial dio un gran impulso a los movimientos nacionalistas de diferentes maneras:

- *Antes de la guerra, los pueblos coloniales creían que sería imposible derrotar a los europeos por la fuerza de las armas porque eran militarmente superiores.* Los éxitos de los japoneses en la primera parte de la guerra, demostraron que los ejércitos no europeos podían derrotar a los europeos. Las fuerzas japonesas capturaron territorios británicos en Malasia, Singapur, Hong Kong y Birmania, las Indias Orientales Holandesas y la Indochina francesa. Y si bien en última instancia Japón fue derrotado, los nacionalistas, muchos de los cuales habían luchado contra los japoneses, no tenían intenciones de aceptar dócilmente que los europeos volvieran a gobernarlos. De ser necesario, seguirían luchando contra los europeos y aplicarían las tácticas de guerrillas aprendidas luchando contra los japoneses. Esto es exactamente lo que pasó en Indochina (capítulo XXI), las Indias Orientales Holandesas, Malasia y Birmania.

- *Asiáticos y africanos tomaron mayor conciencia de los asuntos sociales y políticos como resultado de su participación en la guerra.* Muchos africanos que salían de su patria por primera vez para luchar en los ejércitos de los Aliados se horrorizaron ante el contraste de las condiciones primitivas de África y las relativamente cómodas de que disfrutaron como miembros de las fuerzas armadas. Algunos líderes nacionalistas asiáticos trabajaron con los japoneses, pensando que después de la guerra habría más oportunidades de que los japoneses les otorgaran su independencia que con los europeos. Muchos, como el doctor Sukarno, de las Indias Occidentales Holandesas, adquirieron experiencia ayudando a gobernar las zonas ocupadas; posteriormente fue el primer presidente de Indonesia (1949).

- Algunas políticas europeas del tiempo de la guerra hicieron pensar a los pueblos coloniales que después de la guerra podrían obtener su independencia. El gobierno holandés, impresionado por la disposición de la gente para cooperar con los japoneses en las Indias Orientales les ofreció cierto grado de independencia tan pronto como los japoneses fueron derrotados. En la *Carta del Atlántico, de 1949*, británicos y estadunidenses planteaban conjuntamente cómo debía organizarse el mundo después de la guerra. *Dos de los puntos mencionados fueron:*

– Las naciones no deben expandirse quitando territorio a otras naciones.

– Todos los pueblos deben tener derecho a elegir su propia forma de gobierno.

Si bien Churchill dijo posteriormente que esto sólo era aplicable a las víctimas de las agresiones de Hitler, se habían abierto expectativas para los pueblos asiáticos y africanos.

- *La guerra debilitó a los estados europeos*, de modo que, a fin de cuentas, militarmente no estaban tan fuertes como para enfrentar a sus imperios, decididos a luchar por su independencia. Los británicos fueron los primeros en reconocerlo, y respondieron otorgando independencia a la India (1947). Después, la política británica fue demorar lo más posible la independencia, pero ceder cuando la presión fuera irresistible. Pasaron 10 años antes de que Costa de Oro fuera el primer territorio británico de África en independizarse, y se convirtió en fuente de inspiración de otras colonias africanas. Como lo expresó posteriormente Iain Macleod (secretario para las Colonias Británicas), "no hubiéramos podido retener a la fuerza nuestros territorios de África; la marcha del hombre hacia la libertad no puede detenerse, sólo guiarse". Franceses, holandeses y portugueses reaccionaron diferente y parecían decididos a conservar sus imperios, pero se involucraron en costosas campañas militares y, a la larga, tuvieron que aceptar su derrota.

c) *Presiones externas*

Las potencias coloniales fueron sometidas a presiones externas para que renunciaran a sus imperios. Los Estados Unidos, sin duda recordando que habían sido la primera parte del Imperio británico en declarar su independencia (1776), era hostil al imperialismo (construir imperios y poseer colonias). Durante la guerra, el presidente Roosevelt puso en claro que para él la Carta del Atlántico se aplicaba a todos los pueblos, no sólo a los tomados por los alemanes. Él y su sucesor, Truman, presionaron al gobierno británico para que acelerara la independencia de la India. Una de las razones por que los estadunidenses querían que se acabaran los imperios europeos era que la demora en otorgar la independencia a las colonias de Asia y África alentaría el desarrollo del comunismo en esas zonas. También era importante el hecho de que los estadunidenses veían a las naciones recién independizadas como mercados potenciales, en los cuales podrían influir económica y políticamente.

La Organización de las Naciones Unidas, influida por los estadunidenses, se pronunció con firmeza contra el imperialismo y exigió un programa gradual de descolonización. La URSS unió su voz al coro y denunciaba constantemente al imperialismo. Además de presionar a los estados europeos, esto llevaba a los nacionalistas de todo el mundo a intensificar sus campaña.

Cada caso era diferente; en las secciones siguientes se analizan algunas de las diferentes formas en que colonias y territorios lograron su independencia.

2. Independencia y división de la India

a) Antecedentes de la independencia

Los británicos habían hecho algunas concesiones a los nacionalistas indios desde antes de la segunda Guerra Mundial. Las reformas Morley-Minto (1909) y Montague-Chelmsford (1919), así como la Ley de Gobierno de la India (1935) permitían a los indios participar más directamente en el gobierno de su país; también se les había prometido "estatus de dominio" tan pronto como terminara la guerra. Con esto, serían casi totalmente independientes, aunque aún tendrían que reconocer al monarca británico como jefe de Estado, como Australia. En 1945, el gobierno laborista recién elegido quería demostrar que no aprobaba la explotación de los indios y estaba ansioso por avanzar con la independencia, sobre bases tanto morales como económicas. Ernest Bevin, secretario del Exterior, ya había jugado con la idea de demorar la independencia unos años para que Gran Bretaña pudiera financiar un programa de desarrollo para la India, idea que fue descartada porque los indios sospecharían de cualquier demora, y porque Gran Bretaña no podía permitirse ese gasto, dados sus propios problemas económicos. Por tanto, Bevin y Clement Attlee, el primer ministro, decidieron conceder a la India su total independencia y le dejaban a ella los detalles.

Las razones por las que los británicos decidieron otorgar a la India su independencia han sido tema de vívidos debates. Las fuentes oficiales la presentaron como la culminación de un proceso iniciado con la Ley de Gobierno de India de 1919, que había permitido que Gran Bretaña preparara a la India para la independencia. Algunos historiadores indios, incluidos Sumit Sarkar y Anita Inder Singh, cuestionan este punto de vista y argumentan que la independencia de la India nunca fue un objetivo británico de largo plazo y que el fin de las Leyes de Gobierno de India de 1919 y 1935 no era una forma de preparar la independencia, sino de posponerla. La independencia no fue un regalo de los británicos, fue "fruto de luchas y sacrificios". Otros historiadores han adoptado una perspectiva intermedia; Howard Brasted defiende al gobierno laborista contra las acusaciones de que creó su política sobre la marcha, y acabó huyendo del problema; demuestra que el Partido Laborista había diseñado una política clara para retirarse de la India *antes* de la segunda Guerra Mundial, la cual había sido discutida con el líder del partido, Clement Attlee, y con Jawaharlal Nehru, líder del Congreso Indio, en 1938. Nehru y Gandhi sabían que cuando los laboristas ganaron la elección de julio de 1945, la independencia de la India no estaba lejos. Tristemente, el avance hacia la independencia se tornó mucho más difícil de lo esperado; los problemas eran tan complejos que el país tuvo que dividirse en dos estados, India y Pakistán.

b) ¿Por qué fue necesario dividir la India?

1. Hostilidad religiosa entre hindúes y musulmanes

Fue el principal problema. Los hindúes representaban cerca de dos terceras partes de la población de 400 millones, y el resto era, mayormente, musulmán. Después de sus victorias en las elecciones de 1937, cuando ganó ocho de los 11 estados, el *Partido del Congreso Nacional Hindú* imprudentemente pidió a

868 DESCOLONIZACIÓN Y LO QUE VINO DESPUÉS

la *Liga Musulmana* que se uniera con el Congreso. Esto alarmó a la Liga Musulmana, que temía que, siendo independiente, la India fuera dominada por hindúes. El líder musulmán *M. A. Jinnah* exigió *un Estado independiente de Pakistán* y adoptó el lema de "Pakistán o perecer".

2. Los intentos de transigir fracasan

Los intentos por lograr un acuerdo mutuo, aceptable tanto para los hindúes como para los musulmanes, fracasaron. Los británicos propusieron un esquema federal en el que el gobierno central tendría sólo poderes limitados, en tanto que el de los gobiernos provinciales sería mucho mayor. Esto permitiría a las provincias de mayoría musulmana controlar sus propios asuntos y no habría necesidad de un Estado independiente. Ambas partes aceptaron la idea en principio, pero no lograron ponerse de acuerdo en los detalles.

3. En agosto de 1946 estalla la violencia

Empezó cuando el virrey (representante del rey en la India), *lord* Wavell, invitó al líder del Congreso, *Jawaharlal Nehru*, a formar un gobierno interino con la esperanza de que los detalles se puntualizaran después. Nehru formó un gabinete que incluía dos musulmanes, pero Jinnah estaba convencido de que no se podía confiar en que los hindúes trataran con justicia a los musulmanes. Llamó a un día de "acción directa" en apoyo a la independencia de Pakistán. Después, en Calcuta hubo feroces disturbios en los que murieron 5 000 personas y pronto se extendieron a Bengala, donde los musulmanes se dedicaron a masacrar hindúes. Al contraatacar los hindúes, *el país parecía estar a punto de una guerra civil.*

4. Mountbatten decide dividir

Al darse cuenta el gobierno británico de que no tenía suficientes fuerzas militares para controlar la situación, a principios de 1947 anunció que *saldrían de la India a más tardar en junio de 1948.* La idea era impresionar a los indios, de modo que adoptaran una actitud más responsable. *Lord Louis Mountbatten* llegó como nuevo virrey, y pronto decidió que la división era la única manera de evitar una guerra civil. Se percató de que probablemente habría derramamiento de sangre, sin importar la solución, pero supuso que la división produciría menos violencia que si Gran Bretaña insistía en que los musulmanes siguieran formando parte de la India. Al poco tiempo, Mountbatten diseñó un plan para dividir el país y que los británicos se retiraran, el cual fue aceptado por Nehru y Jinnah, pero *M. K. Gandhi*, conocido como *Mahatma* (Alma Grande), el otro líder del Congreso sumamente respetado, que creía en la no violencia, seguía esperando que la India se mantuviera unida. Temeroso de que la demora provocara más violencia, Mountbatten adelantó la fecha del retiro de Gran Bretaña a agosto de 1947.

c) ¿Cómo se llevó a cabo la división?

El Acta de Independencia de la India se aceleró en el Parlamento británico (agosto de 1947); las áreas de mayoría musulmana del noroeste y el noreste se separaron del resto de la India y se convirtieron en el Estado independiente de Pakistán, pero desafortunadamente, el nuevo país constaba de dos áreas independientes separadas por más de 1 600 kilómetros (mapa XXIV.1). El 15 de agosto de 1947 fue el día de la independencia tanto de la India como de Pakistán. De inmediato surgieron problemas:

1. *Había sido necesario dividir las provincias de Panjab y Bengala, cuya población era mixta, hindú y musulmana.* Esto significaba que millones de personas quedaron en el lado equivocado de la frontera, musulmanes en India e hindúes en Pakistán.
2. *Temerosas de ser atacadas, millones de personas se dirigieron a las fronteras,* los musulmanes tratando de irse a Pakistán y los hindúes a la India. Hubo choques que desembocaron en violencia casi histérica entre las multitudes (ilustración XXIV.1), en especial en el Panjab, donde cerca de 250 000 personas fueron asesinadas. La violencia no se extendió tanto en Bengala, donde Gandhi, quien seguía predicando la no violencia y la tolerancia, logró dominar la situación.
3. *La violencia empezó a declinar antes de que terminara*

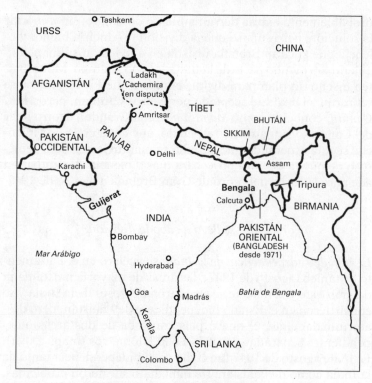

MAPA XXIV.1. *India y Pakistán*

1947, pero en enero de 1948 Ghandi fue asesinado por un fanático hindú que detestaba su tolerancia respecto de los musulmanes. Fue un fin trágico para un desastroso conjunto de circunstancias, pero con el choque, la gente pareció recuperar la sensatez, de tal forma que los nuevos gobiernos de India y Pakistán pudieron empezar a pensar en sus otros problemas. Desde la perspectiva de los británicos, el gobierno pudo afirmar que si bien era lamentable el número de muertos, la independencia de la India y Pakistán había sido un acto de destreza política con visión de futuro. Attlee argumentó, con cierta justificación, que Gran Bretaña no podía ser culpada de la violencia, pues había sido producto de que "los indios no habían logrado ponerse de acuerdo entre ellos". V. P. Me-

ILUSTRACIÓN XXIV.1. *Nueva Delhi, 1947: durante una tregua de los disturbios, las víctimas de los muchos choques son retiradas de las calles*

non, distinguido observador político indio, pensaba que la decisión de Gran Bretaña de salir de la India "no sólo conmovía el corazón y las emociones de la India, le otorgaba respeto y benevolencia universal".

4. *A largo plazo, Pakistán no funcionó tan bien como Estado independiente, y en 1971 Pakistán Oriental se separó y se convirtió en el Estado independiente de Bangladesh.*

3. INDIAS OCCIDENTALES, MALASIA Y CHIPRE

Conforme estos tres territorios se encaminaban a la independencia, se hicieron interesantes experimentos para crear federaciones de estados con diferentes grados de éxito. Una federación la integran varios estados con un gobierno central o federal con plena autoridad; cada uno de los estados tiene su propio Parlamento, que se ocupa de los asuntos internos. Es el tipo de sistema que tan bien funciona en los Estados Unidos, Canadá y Australia, y muchas personas pensaban que sería adecuado para las Indias Occidentales británicas y para Malasia y los territorios británicos vecinos.

- *La Federación de las Indias Occidentales sería la primera en probarse,* pero resultó un fracaso; se instituyó en 1958 y sólo sobrevivió hasta 1962.
- *La Federación de Malasia,* creada en 1963, fue mucho más exitosa.
- *Desafortunadamente, la forma en que los británicos manejaron la independencia de Chipre no tuvo éxito,* y la isla tuvo problemas después de la segunda Guerra Mundial.

a) Indias Occidentales

Las posesiones británicas de las Indias Occidentales incluían un conjunto importante de islas del Mar Caribe (mapa XXIV.2); las más grandes eran Jamaica y Trinidad, además de Granada, San Vicente, Barbados, Santa Lucía, Antigua, las Seychelles y las Bahamas, así como Honduras Británica en Centroamérica, en el continente, y Guyana Británica en la costa nororiental de Sudamérica. En conjunto, la población de estos territorios era de cerca de seis millones de personas. En principio, Gran Bretaña estaba dispuesta a concederles la independencia, pero hubo problemas.

- *Algunas de las islas eran muy pequeñas, y había dudas de que fueran viables como estados independientes.* Por ejemplo, la población de Granada, San Vicente y Antigua era de sólo 100 000 habitantes en cada una, y había otras aun más pequeñas, como las islas gemelas de San Kitts y Nevis, que entre las dos tenían sólo 60 000.
- *El gobierno laborista británico consideraba que una federación sería ideal para unir esos territorios tan pequeños y*

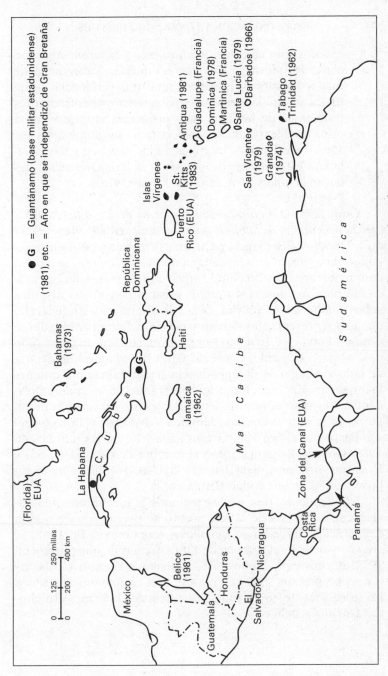

MAPA XXIV.2. *Centroamérica y las Indias Occidentales*

Contenido del mapa:

● **G** = Guantánamo (base militar estadunidense)
(1981), etc. = Año en que se independizó de Gran Bretaña

Bahamas (1973)

(Florida) EUA

La Habana

C u b a

● G

Jamaica (1962)

República Dominicana

Haití

Islas Vírgenes

Puerto Rico (EUA)

St. Kitts (1983)

Antigua (1981)

Guadalupe (Francia)

Dominica (1978)

Martinica (Francia)

Santa Lucía (1979)

Barbados (1966)

San Vicente (1979)

Granada (1974)

Tabago

Trinidad (1962)

M a r   C a r i b e

S u d a m é r i c a

Zona del Canal (EUA)

Costa Rica

Panamá

Nicaragua

Honduras

El Salvador

Guatemala

Belice (1981)

México

0   125   250 millas
0   200   400 km

alejados uno de otros, pero muchos objetaron. Algunos, como Honduras y Guyana, no querían saber nada de una federación y preferían total independencia. A Jamaica y Trinidad les preocupaba tener que enfrentar los problemas de las islas más pequeñas, en tanto que a otras les disgustaba la perspectiva de ser dominadas por Jamaica y Trinidad; algunas de las más pequeñas ni siquiera estaban seguras de querer la independencia, preferían la guía y protección de los británicos.

Gran Bretaña siguió adelante a pesar de las dificultades y creó la Federación de las Indias Occidentales en 1958 (excluyendo a Honduras Británica y Guyana Británica), pero en realidad, nunca funcionó adecuadamente. Lo único que tenían en común, un apasionado compromiso con el cricket, no era suficiente para mantenerlas unidas, y había constantes disputas sobre cuánto debía aportar cada isla al presupuesto federal y cuántos representantes debían tener en el Parlamento federal. Cuando Jamaica y Trinidad se retiraron, en 1961, la federación dejó de parecer viable, y en 1962 Gran Bretaña decidió dejarla de lado y otorgar la independencia separadamente a quienes la quisieran. En 1983, todos los integrantes de las Indias Occidentales británicas eran independientes, con excepción de algunas islas muy pequeñas. Jamaica y Trinidad y Tabago fueron las primeras, en 1962, y San Kitts y Nevis, las últimas, en 1983. Guyana Británica tomó el nombre de Guyana (1966) y Honduras Británica, el de Belice (1981). Todos se hicieron miembros de la Mancomunidad Británica.

Irónicamente, después de rechazar la idea de una federación con todas las de la ley, pronto se percataron de que la cooperación derivaba en beneficios económicos. En 1968, se creó la Asociación Caribeña de Libre Comercio, que pronto, en 1973, devino en la *Comunidad y Mercado Común Caribeños* (*Caricom*, por sus siglas en inglés), a la cual se unieron todos los territorios de las ex Indias Occidentales británicas (incluidas Guyana y Belice).

b) Malasia

Malasia fue liberada de la ocupación japonesa en 1945, pero antes de que los británicos pudieran retirarse, tuvieron que enfrentar dos problemas difíciles.

1. *Era una zona compleja, difícil de organizar,* formada por nueve estados, cada uno regido por un sultán, dos asentamientos británicos, Malacca y Penang, y Singapur, una pequeña isla a menos de dos kilómetros del continente. La población era multirracial, principalmente malayos y chinos, pero también algunos indios y europeos. Para preparar la independencia, se decidió agrupar los estados y los asentamientos en la *Federación de Malasia* (1948), en tanto que Singapur sería una colonia independiente. Cada Estado tenía su propia legislatura para asuntos locales; los sultanes conservaban su poder, pero el gobierno central ejercería un firme control en el conjunto. Todos los adultos tenían derecho al voto, lo cual se traducía en que los malayos, que constituían el grupo de mayor tamaño, solían dominar.

2. *Las guerrillas comunistas chinas encabezadas por Chin Peng, que había desempeñado un papel importante en la resistencia contra los japoneses, empezaron a agitar en las huelgas y a provocar violencia contra los británicos* para apoyar un Estado comunista independiente. Estos últimos decidieron declarar un estado de emergencia en 1948, y a fin de cuentas se entendieron con los comunistas, aunque tomó tiempo, y el estado de emergencia se mantuvo vigente hasta 1960. Su táctica fue reubicar a los chinos sospechosos de colaborar con las guerrillas en poblaciones especialmente vigiladas. No había duda de que la independencia llegaría tan pronto como el país estuviera listo, y los malayos siguieron apoyando firmemente a los británicos y cooperaban poco con los comunistas, que eran chinos.

Las medidas en pos de la independencia se aceleraron cuando do el partido malayo, dirigido por su hábil líder *Tunku Abdul*

Rahman unió sus fuerzas con los principales grupos chinos e indios para formar el *Partido Alianza*, que obtuvo 51 de los 52 escaños en las elecciones de 1955. Esto pareció sugerir estabilidad, y los británicos fueron convencidos de conceder la independencia plena en 1957, cuando Malasia fue admitida en la Mancomunidad.

En 1963 se creó la Federación de Malasia. Los malayos iban bien, encabezados por Tunku Abdul Rahman, y su economía, basada en la exportación de hule y estaño, era la más próspera del Sudeste Asiático. En 1961, cuando Tunku propuso que Singapur y otras tres colonias británicas, Borneo del Norte (Sabah), Brunei y Sarawak, debían integrarse a Malaya para formar la Federación de Malasia, Gran Bretaña aceptó (mapa XXIV.3). Después de que un equipo de investigación de las Naciones Unidas informara que una porción importante de la población implicada estaba en favor de la unión, se proclamó oficialmente la Federación de Malasia (septiembre de 1963). Brunei decidió no unirse, y se convirtió en un Estado independiente de la Mancomunidad (1984). Si bien Singapur decidió salirse de la federación para formar una república independiente en 1965, el resto de la federación siguió sin ningún problema.

c) Chipre

El gobierno laborista británico (1945-1951) consideró otorgar a Chipre su independencia, pero el proceso se prolongó por complicaciones, siendo la más grave la población mixta; cerca de 80% eran cristianos de la Iglesia ortodoxa, de lengua griega, y el resto, musulmanes de origen turco. Los chipriotas griegos querían que la isla se uniera con Grecia *(enosis)*, pero los turcos se oponían fuertemente. El gobierno de Churchill (1951-1955) enardeció la situación en 1954 cuando sus planes de autogobierno concedieron a los chipriotas menos poder del que los laboristas tenían en mente. Hubo manifestaciones hostiles que dispersaron tropas británicas.

Sir Anthony Eden, sucesor de Churchill, decidió dejar de lado la idea de independencia para Chipre, pensando que Gran Bretaña necesitaba la isla como base militar para proteger sus

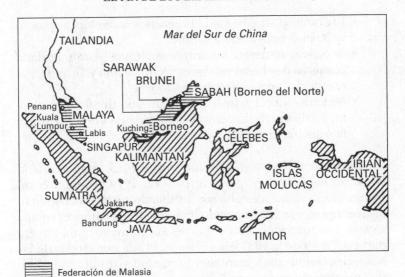

Federación de Malasia

Indonesia (antes Indias Orientales Holandesas)

MAPA XXIV.3. *Malasia e Indonesia*

intereses en Medio Oriente. Anunció que Chipre debía ser permanentemente británico, si bien el gobierno griego prometió que Gran Bretaña podría seguir teniendo sus bases militares incluso si la *enosis* se realizaba.

Los chipriotas griegos, encabezados por el *arzobispo Makarios,* insistieron en sus demandas, en tanto que una organización guerrillera llamada *Eoka*, encabezada por el general Grivas, emprendió una campaña terrorista contra los británicos, que declararon estado de emergencia (1955), y desplegó 35 000 efectivos para tratar de mantener el orden. La política británica también implicaba deportar a Makarios y ejecutar a los terroristas. La situación se tornó aún más difícil en 1958, cuando los turcos crearon una organización rival que apoyara la división de la isla.

A la larga, para evitar una posible guerra civil entre los dos grupos, Harold Macmillan, sucesor de Eden, decidió transigir. Nombró al simpático y diplomático Hugh Foot como gobernador y negoció un trato con Makarios:

- El arzobispo dejó de lado la *enosis* y, a cambio, se otorgó independencia plena a Chipre.
- Se salvaguardaron los intereses turcos, Gran Bretaña conservó dos bases militares y, con Grecia y Turquía, garantizó la independencia de Chipre.
- Makarios fue el primer presidente con un turco chipriota, Fazil Kutchuk, como vicepresidente (1960). Parecía la solución perfecta.

Desafortunadamente, sólo duró hasta 1963, cuando estalló la guerra civil entre griegos y turcos. En 1974, Turquía envió tropas para ayudar a establecer un Estado turco independiente en el norte, y la isla ha estado dividida desde entonces (mapa XXIV.4). Los turcos ocupan el norte (más o menos una tercera parte del área de la isla) y los griegos, el sur, con tropas de las Naciones Unidas para mantener la paz entre los dos. Se hicieron muchos intentos para llegar a un acuerdo, pero todos fallaron. A mediados de los años ochenta, las Naciones Unidas insistían en la idea de una federación como la forma más probable de reconciliar a los dos estados, pero esta solución fue rechazada por los griegos (1987). En abril de 2003 se abrieron puntos de control a lo largo de la frontera que dividía a los dos estados, de tal forma que griegos y turcos chipriotas pudieron cruzar la línea divisoria entre ambos estados por primera vez desde 1974. La isla seguía dividida en mayo de 2004, cuando la República de Chipre (griega) se integró a la Unión Europea. La República Turca del Norte de Chipre también votó por la unión, pero como sólo Turquía la reconocía como Estado independiente, no formaba parte del contrato de ingreso.

4. Los británicos se van de África

El nacionalismo africano se difundió rápidamente después de 1945 porque cada vez más africanos estudiaban en Gran Bretaña y los Estados Unidos, donde tomaban conciencia de la discriminación racial. El colonialismo era visto como la humillación y explotación de los negros por los blancos, y la clase trabajadora africana de las nuevas ciudades era particularmente recep-

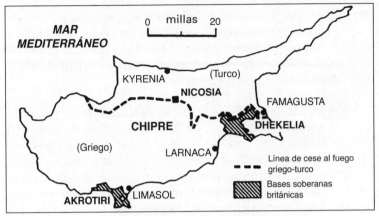

MAPA XXIV.4. *Chipre dividido*

tiva a las ideas nacionalistas. Los británicos, especialmente los gobiernos laboristas de 1945-1951, estaban muy dispuestos a permitir la independencia, y confiaban en que podrían seguir ejerciendo influencia a través de los vínculos comerciales, que esperaban conservar incluyendo a los nuevos estados como miembros de la Mancomunidad. Esta costumbre de influir en las ex colonias después de la independencia a través de la economía, que se conoce como *neocolonialismo,* se difundió ampliamente en la mayoría de los nuevos estados del Tercer Mundo. Aun así, los británicos pretendían llevar a las colonias muy gradualmente a la independencia, de modo que los nacionalistas africanos tuvieron que batallar enérgicamente y, a menudo, con violencia, para obligarlos a actuar con mayor rapidez.

Las colonias británicas de África se clasificaron en tres grupos distintos, con importantes diferencias que influirían en el avance hacia la independencia.

ÁFRICA OCCIDENTAL: Costa de Oro, Nigeria, Sierra Leona y Gambia.
Aquí había relativamente pocos europeos, que tendían a ser administradores, más que colonizadores permanentes con propiedades productivas que defender. Esto hizo que las medidas en pos de la independencia fueran relativamente sencillas.

ÁFRICA ORIENTAL: Kenia, Uganda y Tanganyica.
Aquí, especialmente en Kenia, las cosas se complicaron por el "factor colonizadores", es decir, la presencia de colonizadores europeos y asiáticos que temían por su futuro con un gobierno negro.

ÁFRICA CENTRAL: Niasalandia, Rodesia del Norte y del Sur.
Aquí, especialmente en Rodesia del Sur, el "factor colonizadores" era de lo más grave; los colonizadores europeos estaban más firmemente afianzados, tenían enormes propiedades productivas y es donde las confrontaciones entre colonizadores blancos y nacionalistas negros eran más intensas.

a) África Occidental

1. Costa de Oro

Costa de Oro fue el primer Estado africano, negro, subsahariano, en lograr su independencia después de la segunda Guerra Mundial; tomó el nombre de *Ghana (1957);* el proceso fue relativamente fácil, si bien no sin incidentes. El líder nacionalista *Kwame Nkrumah,* educado en Londres y los Estados Unidos, y desde 1949 líder del *Partido de la Convención del Pueblo* (*CPP*, por sus siglas en inglés), organizó la campaña por la independencia. Hubo boicots contra los productos europeos, manifestaciones violentas y una huelga general (1950) y Nkrumah y otros líderes estuvieron en la cárcel durante un tiempo, pero como los británicos se dieron cuenta de que tenía el apoyo de las masas, pronto lo liberaron y acordaron permitir una nueva Constitución que incluyó:

- Derecho al voto para todos los adultos.
- Asamblea elegida.
- Consejo Ejecutivo de 11 hombres, de los cuales, ocho eran escogidos por la asamblea.

En las elecciones de 1951, las primeras después de la nueva Constitución, el CPP ganó 34 escaños de 38. Nkrumah fue liberado de la prisión, invitado a formar un gobierno y llegó a ser primer ministro en 1952; fue un autogobierno, pero no totalmente independiente. Costa de Oro tenía un grupo reducido de políticos y otros profesionales, que durante los siguientes cinco años adquirió experiencia de gobierno, supervisados por los británicos. Esta experiencia fue única en Ghana; de haberse repetido en otros estados recientemente independizados, posiblemente habría ayudado a evitar caos y mala administración. A Ghana, como se le nombró, se le otorgó plena independencia en 1957.

2. Nigeria

Nigeria, con una población de más de 60 millones, fue, sin duda, la más grande de las colonias africanas, y por sus dimensiones, un prospecto más difícil que Ghana, además de las diferencias regionales entre el extenso norte musulmán, dominado por las tribus hausa y fulani, la región occidental (yorubas) y la extensa región oriental (ibos). El líder nacionalista fue *Nnamdi Azikiwe*, popularmente conocido entre sus partidarios como "Zik". Estudió en los Estados Unidos, y durante un tiempo fue editor de un periódico en Costa de Oro. Después de que regresó a Nigeria, en 1937, fundó una serie de periódicos, se involucró en el movimiento nacionalista y pronto adquirió gran prestigio. En 1945 demostró que iba en serio al organizar una impresionante huelga general, suficiente para hacer ver a los británicos que empezaran a preparar al país para la independencia. Se decidió que lo más adecuado sería un sistema federal; en 1954, una nueva Constitución introdujo asambleas locales para las tres regiones, con un gobierno central (federal) en Lagos, la capital. Las regiones asumieron el autogobierno primero y el país como un todo se hizo independiente en 1960. Tristemente, a pesar de cuidadosos preparativos para la independencia, las diferencias tribales provocaron una guerra civil en 1967 (sección XXV.3).

Las otras dos colonias británicas de África Occidental lograron la independencia sin incidentes graves, Sierra Leona, en 1961, y Gambia en 1965 (mapa XXIV.5).

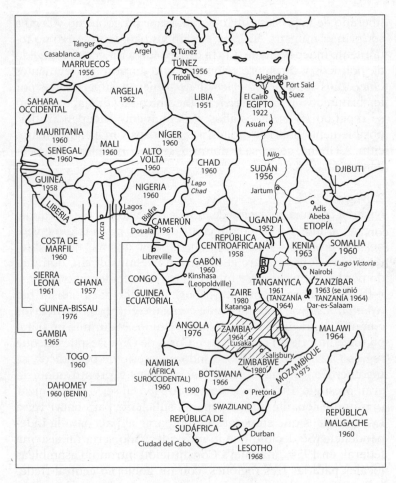

Federación Africana Central 1953-1963
Rodesia del Norte (Zambia), Rodesia del Sur (Zimbabwe), Niasalandia (Malawi)

R Rwanda 1962   Alto Volta ahora es Burkina Faso (desde 1986)
B Burundi 1962

MAPA XXIV.5. *África se independiza*

b) África Oriental

Los británicos pensaban que para las colonias de África Oriental, la independencia no era tan necesaria como para las de África Occidental, y que cuando llegara, sería con gobiernos multirraciales en los cuales los colonizadores europeos y asiáticos desempeñarían un papel importante. Sin embargo, durante el gobierno de Harold Macmillan (1957-1963) *hubo un cambio importante en la política británica respecto de África Oriental y también Occidental*. Macmillan había llegado a darse cuenta de la fuerza de los sentimientos nacionalistas del África negra, y en un famoso discurso pronunciado en Ciudad del Cabo en 1960, dijo: "Los vientos de cambio soplan por el continente. Nos guste o no, el crecimiento de la conciencia nacional es un hecho político, y nuestras políticas nacionales deben tomarlo en cuenta".

1. Tanganyica

En este país, la campaña nacionalista fue dirigida por la *Unión Nacional Africana de Tanganyica* (*TANU*, por sus siglas en inglés), encabezada por el *doctor Julius Nyerere*, quien había estudiado en la Universidad de Edimburgo. Él insistía en que el gobierno debía ser africano, pero también puso en claro que los blancos no tenían nada que temer al respecto. El gobierno de Macmillan, impresionado por la capacidad de Nyerere y su sinceridad, concedió la independencia con un gobierno de mayoría negra (1961). Posteriormente, la isla de Zanzíbar se unió a Tanganyica y el país tomó el nombre de Tanzanía (1964). Nyerere fue presidente hasta que se retiró, en 1985.

2. Uganda

En Uganda la independencia se demoró un tiempo por las luchas tribales; el soberano (llamado el kabaka) del área de Buganda objetaba la introducción de la democracia, hasta que se propuso una Constitución federal en la que el kabaka conservaba ciertos poderes en Buganda. El país se independizó en 1962, con el *doctor Milton Obote* como primer ministro.

3. Kenia

Fue la región del África Oriental más difícil de manejar por su importante población no africana. Además de 10 millones de africanos, había cerca de 66 000 colonizadores blancos que se oponían violentamente a un gobierno de mayoría negra. También había casi 200 000 indios y 35 000 árabes musulmanes. Pero fueron los colonizadores blancos los que influyeron políticamente en el gobierno británico; apuntaron que habían trabajado mucho y dedicado su vida a hacer prosperar sus granjas, que ahora se consideraban africanos blancos y que Kenia era su patria.

El principal líder africano de Kenia era *Jomo Kenyatta;* nacido en 1894, era miembro de la tribu kikuyu y veterano nacionalista africano. Había vivido una temporada en Gran Bretaña durante los años treinta, y a su regreso a Kenia en 1947 fue líder del *Partido de Unidad Africana de Kenia* (*KAU*, por sus siglas en inglés) constituido principalmente por miembros de la tribu kikuyu, la dominante. Esperaba lograr gradualmente un gobierno de mayoría africana, empezando por obtener más escaños en el Consejo Legislativo, pero el ala más radical del partido, el Grupo de los Cuarenta, como se llamaban ellos mismos, quería expulsar a los británicos por la fuerza, en caso necesario. A los africanos también les molestaba la discriminación y la barrera del color entre blancos y negros, por la cual eran tratados como inferiores y como ciudadanos de segunda, lo cual era particularmente inaceptable, pues muchos habían servido en el ejército en la segunda Guerra Mundial y recibido el mismo trato y el mismo respeto por parte de los blancos. Por otra parte, era obvio que los blancos esperaban conservar sus privilegios, aun cuando tuvieran que aceptar la independencia.

Los colonizadores blancos se negaron a negociar con Kenyatta, y estaban decididos a prolongar su gobierno; provocaron una confrontación con la esperanza de que la violencia acabara con el partido africano. El gobierno británico era presionado por ambas partes, y los colonizadores blancos eran apoyados por ciertos intereses comerciales importantes en Gran Bretaña; aun así, no manejaron el asunto con imaginación. El KAU avanzó poco, y la única concesión de los británicos fue seis africanos en el Consejo Legislativo de 54 miembros.

En 1952, la impaciencia de los africanos se desbordó en un levantamiento contra los británicos durante el cual atacaron las granjas propiedad de blancos y a los trabajadores negros. Fue organizado por la sociedad secreta de los mau mau, cuyos miembros provenían sobre todo de la tribu kikuyu (ilustración XXIV.2). Se declaró el estado de emergencia (1952); Kenyatta y otros líderes nacionalistas fueron arrestados y acusados de terrorismo. Kenyatta estuvo en la cárcel seis años, si bien había condenado públicamente la violencia e insistido en que el KAU no había participado en la organización de la rebelión. Los británicos dedicaron 100 000 efectivos a obligar a salir a los terroristas (los africanos se consideraban luchadores de la libertad, no terroristas), y durante los siguientes ocho años murieron más de 10 000 personas (casi todas africanas), y cerca de 90 000 miembros de la tribu kikuyu fueron encerrados en condiciones apenas mejores que las de un campo de concentración; por el contrario, murieron menos de 100 blancos.

En 1957 se sofocó el levantamiento, pero para entonces, irónicamente, los británicos, animados por "los aires de cambio" y por el gasto en la campaña antiterrorista, habían cambiado de actitud. Harold Macmillan, primer ministro desde enero de 1957, se enfrentó al hecho de que era imposible e indefendible seguir prolongando la posición privilegiada de un grupo conformado por no más de 5% de la población y decidió empujar la independencia de Kenia. A los africanos se les permitió asentarse en la fértil planicie de las tierras altas; se eliminaron las restricciones de crecimiento de los kikuyus y, como resultado, el café se convirtió en uno de los principales cultivos. Se intentó incrementar la función política de los africanos; en 1957 se celebraron elecciones para ocho escaños del Consejo Legislativo, y al año siguiente se anunciaron planes para incrementar el número de miembros africanos del Consejo; en 1960, ya eran el grupo mayoritario, además de que les otorgaron cuatro de 10 escaños del Consejo de Ministros. Kenyatta fue por fin liberado en 1961.

El avance hacia la independencia se detuvo por la rivalidad y los desacuerdos entre los diferentes grupos tribales. Mien-

ILUSTRACIÓN XXIV.2. *Sospechosos mau mau rodeados, Kenia*

tras Kenyatta estuvo en prisión, surgieron nuevos líderes; *Tom Mboya* y *Oginga Odinga*, ambos miembros del segundo mayor grupo étnico, los luo, formaron la *Unión Nacional Africana de Kenia* (KANU, por sus siglas en inglés), que logró, en gran medida, unir a kikuyus y luos. Cuando Kenyatta fue liberado, era tan grande su prestigio que de inmediato fue reconocido como líder de la KANU. Kikuyus y luos pudieron trabajar bien juntos, y deseaban un gobierno fuerte y centralizado, que sería dominado por sus tribus. No obstante, a varias de las tribus más pequeñas no les gustaba la idea de ser controladas por kikuyus y luos, y encabezadas por Ronald Ngala formaron un partido rival, la *Unión Democrática Africana de Kenia* (*KADU*, por sus siglas en inglés); querían un gobierno federal que les permitiera controlar sus propios asuntos.

Ambos partidos se conjuntaron para formar un gobierno de coalición (1962), preparándose para las elecciones que se celebrarían en mayo de 1963. KANU ganó las elecciones con una clara mayoría, y Kenyatta fue nombrado primer ministro de un país con autogobierno. Se decidió dejar de lado la idea de un sistema federal de gobierno; en diciembre de 1963, Kenia ya era totalmente independiente. Un año después se convirtió en república, con Kenyatta como primer presidente (ilustración XXIV.3) y Odinga como vicepresidente. Se le debe reconocer que a pesar del duro trato de los británicos, Kenyatta estuvo a favor de la reconciliación; el trato que se les dio a los blancos que decidieron quedarse después de la independencia fue justo, siempre que asumieran la ciudadanía keniana, y Kenia llegó a ser una de las ex colonias más a favor de Gran Bre-

ILUSTRACIÓN XXIV.3. *El nuevo presidente, Jomo Kenyatta, celebra que Kenia se haya convertido en una república, 1964*

taña. Tristemente, la rivalidad entre tribus siguió causando problemas después de la independencia; los luos pensaban que los kikuyus recibían trato especial del gobierno de Kenyatta y Odinga cayó. Mboya fue asesinado en 1969 y Odinga despedido y encarcelado durantes dos años.

c) África Central

Fue la zona que más problemas dio a los británicos porque era donde más numerosos eran los colonizadores y más arraigados estaban, en especial en Rodesia del Sur. Otro problema fue que el número de africanos con buena formación era mucho más reducido que en África Occidental, pues los colonizadores se habían asegurado de que se gastara poco dinero en educación continua y superior para los negros africanos. Los misioneros hacían su mejor esfuerzo por darles cierta educación, pero sus esfuerzos solían ser frustrados por los gobiernos blancos. Alarmados por la expansión del nacionalismo, los blancos decidieron que su mejor política sería combinar recursos, y convencieron al gobierno de Churchill (1953) de que les permitiera formar una unión de las tres colonias, Niasalandia y Rodesia del Norte y del Sur, conocida como la *Federación Africana Central*. Su objetivo era preservar la supremacía de la minoría blanca (cerca de 300 000 europeos de una población total de 8.5 millones, aproximadamente). En Salisbury (capital de Rodesia del Sur), el Parlamento federal estaba muy a favor de los blancos, que esperaban que la federación pronto sería totalmente independiente de Gran Bretaña, con estatus de dominio.

Los africanos vigilaban con creciente desconfianza y sus líderes, el doctor Hastings Banda (Niasalandia), Kenneth Kaunda (Rodesia del Norte) y Joshua Nkomo (Rodesia del Sur) empezaron a hacer campaña por un gobierno de mayoría negra. Cuando se desató la violencia, en Niasalandia y Rodesia del Sur se declaró estado de emergencia y un número importante de africanos fueron arrestados (1959).

No obstante, los africanos recibieron mucho apoyo de Gran Bretaña, en especial del Partido Laborista, e Iain Macleod, secretario para las Colonias, del Partido Conservador, estaba de su parte. *La Comisión Monckton (1960) recomendó:*

- voto para los africanos;
- fin de la discriminación racial;
- derecho de los territorios a dejar la federación.

1. Niasalandia y Rodesia del Norte

Los británicos introdujeron nuevas constituciones en Niasalandia y Rodesia del Norte, que de hecho permitían que los africanos tuvieran su propio Parlamento (1961-1962). Ambos países querían salirse de la federación, que, por lo tanto, se canceló en diciembre de 1963, signo de que los colonizadores sufrieron una derrota. *Al año siguiente, Niasalandia y Rodesia del Norte consiguieron su independencia plena y tomaron el nombre de Malawi y Zambia.*

2. Rodesia del Sur

Llevó mucho más tiempo tratar con esta colonia negra, y no fue sino en 1980 cuando logró su independencia con un gobierno de mayoría negra. Fue en Rodesia, nombre con que se le conocía entonces, donde los colonizadores blancos lucharon con mayor violencia para preservar su posición privilegiada. Había menos de 200 000 blancos, cerca de 20 000 asiáticos y cuatro millones de africanos negros, pero el *Frente de Rodesia*, partido racista de blancos de derecha, estaba decidido a nunca entregar el control del país a un gobierno africano de negros. Los partidos africanos negros fueron prohibidos.

Cuando Zambia y Malawi tuvieron su independencia, los blancos supusieron que Rodesia del Sur recibiría el mismo tratamiento e hicieron una solicitud formal de independencia. El gobierno británico conservador se negó, y dejó muy claro que la independencia se otorgaría *sólo si se modificaba la Constitución para permitir que los negros africanos tuvieran cuando menos una tercera parte de los escaños del Parlamento. Ian Smith* (nombrado primer ministro de Rodesia en abril de 1964) rechazó esta postura y se negó a hacer concesiones. Argumentó que era esencial que los blancos siguieran gobernando en vista de los problemas que enfrentaban los nuevos gobiernos negros en otros estados africanos, y porque los nacionalistas de Zimbabwe parecían profundamente divididos. Harold Wilson, nuevo primer ministro laborista (1964-1970), siguió negándose a la independencia a menos que se cambiara la Constitución para preparar un gobierno de mayoría negra. Como parecía imposible que transigieran, Smith declaró independiente a Rodesia del Sur, en contra de los deseos de Gran Bretaña (declaración unilateral de independencia, o UDI, por sus siglas en inglés), en noviembre de 1965.

Las reacciones a la UDI fueron contradictorias.

- *Al principio pareció que era muy poco lo que Gran Bretaña podría hacer al respecto,* una vez que el gobierno decidiera no usar la fuerza contra el régimen ilegal de Smith. Se esperaba que el país se doblegara mediante sanciones económicas y Gran Bretaña dejó de comprar azúcar y tabaco a Rodesia.
- *La ONU condenó la UDI* y pidió a todos los estados miembros que impusieran un embargo comercial, total, a Rodesia.
- *Sudáfrica, también regida por un gobierno de minoría blanca, y Portugal, que seguía controlando a su vecino Mozambique, simpatizaban con el régimen de Smith* y se negaron a obedecer la resolución del Consejo de Seguridad, de modo que Rodesia podía seguir comerciando a través de dichos países. Muchas otras naciones que en público condenaban la UDI, en privado evadían el embargo. Empresas y empresarios de muchos países, entre otras, las compañías petroleras británicas, seguían incumpliendo con las sanciones, y si bien la economía de Rodesia se resentía hasta cierto punto, no era suficiente como para derrocar al régimen de Smith.
- *La Mancomunidad estaba realmente impactada.* Ghana y Nigeria querían que Gran Bretaña utilizara la fuerza y ofrecieron tropas. Zambia y Tanzanía esperaban que las sanciones económicas fueran suficientes; las relaciones con Gran Bretaña se enfriaron mucho cuando pareció que deliberadamente restaba importancia a las sanciones, en especial porque a Zambia le afectaban más que a

Rodesia. Cuando Wilson se reunió dos veces con Smith (a bordo del *HMS Tiger* en 1966 y del *HMS Fearless* en 1968) para plantear nuevas propuestas, se oyeron alaridos de protestas por si llegaba a traicionar a los negros de Rodesia. Tal vez fue una suerte para el futuro de la Mancomunidad que Smith rechazara ambas propuestas.

* *El Consejo Mundial de Iglesias creó un programa para combatir el racismo (1969)* que dio aliento y apoyo a los nacionalistas, tanto moral como financieramente.

En 1970, Rodesia se declaró una república, y los derechos de los ciudadanos negros fueron desvaneciéndose gradualmente, hasta que llegaron a sufrir un trato similar al de los negros de Sudáfrica (sección XXV.8). En 1976 empezaron a verse los primeros indicios de que los blancos tendrían que transigir. *¿Por qué cedieron los blancos?*

1. *Que Mozambique se independizara de Portugal (1975)* fue un serio golpe para Rodesia. El nuevo presidente de Mozambique, Samora Machel, aplicó sanciones económicas y permitió que las guerrillas de Zimbabwe operaran desde su país.
2. *Los "estados de la línea del Frente"*, incluidos Zambia, Botswana y Tanzanía, así como Mozambique, *soportaron la lucha armada* y proporcionaron campos de entrenamiento para el movimiento de resistencia. Pronto, miles de guerrilleros negros entraron en acción en Rodesia, presionando hasta el límite a las fuerzas de seguridad blancas y obligando a Smith a contratar mercenarios extranjeros.
3. *Los sudafricanos mostraron menos inclinación a apoyar a Rodesia* después de que su invasión a Angola (octubre de 1975) fuera cancelada por órdenes de los estadunidenses. Los Estados Unidos y Sudáfrica ayudaban a los rebeldes del FNLA (Frente Nacional para la Liberación de Angola), que intentaban derrocar al partido MPLA (Movimiento Popular para la Liberación de Angola), que detentaba el poder, y que era apoyado por rusos y cubanos. Los estadunidenses tenían miedo de que la URSS y Cuba se involucraran en Rodesia a menos de que fuera posible

llegar a un acuerdo; junto con Sudáfrica, urgieron a Smith a que hiciera concesiones a los negros antes de que fuera demasiado tarde.

4. *En 1978, las guerrillas nacionalistas controlaban extensas áreas de la zona rural de Rodesia.* La actividad agropecuaria resultó muy afectada porque los granjeros blancos fueron atacados; se cerraron las escuelas rurales y, en ocasiones, las quemaban. Fue obvio que la derrota de los blancos era sólo cosa de tiempo.

Smith seguía intentando todo para demorar lo más posible el gobierno de mayoría negra. Para la falta de avance pudo poner como excusa las divisiones que existían entre los líderes nacionalistas, que eran un verdadero problema:

- ZAPU (Unión de Pueblos Africanos de Zimbabwe): partido del veterano nacionalista Joshua Nkomo.
- ZANU (Unión Nacional Africana de Zimbabwe): partido del reverendo Ndabaningi Sithole.

Estos dos, que representaban a diferentes tribus, parecían enemigos acérrimos.

- UANC (Consejo Nacional de Africanos Unidos), partido del arzobispo Abel Muzorewa.
- *Robert Mugabe,* líder del ala guerrillera de la ZANU, otra poderosa figura, que a la larga surgió como líder indiscutible de la ZANU.

Las divisiones se redujeron hasta cierto punto como resultado de la Conferencia de Ginebra de 1976, cuando la ZAPU y la ZANU se unieron libremente en el Frente Patriótico (PF, por sus siglas en inglés), después de lo cual se hacía referencia a los partidos como *ZANU-PF* y *PF-ZAPU.*

Smith trató de transigir introduciendo su propio esquema, un gobierno conjunto de blancos y el UANC, el más moderado de los partidos nacionalistas, con el obispo Muzorewa como primer ministro. El país se llamaría Zimbabwe/Rodesia (abril de 1979). No obstante, eran ZANU-PF y PF-ZAPU los que tenían el apoyo de las masas, y siguieron con la guerra de guerrillas. Pronto, Smith tuvo que aceptar la derrota y los británicos convocaron a *la Lancaster House Conference*, en Londres (septiembre-diciembre de 1979), durante la cual se acordaron los siguientes puntos:

- Habría una nueva Constitución que permitiera gobernar a una mayoría negra.
- En la nueva República de Zimbabwe, el Parlamento tendría 100 escaños, de los cuales, 20 serían para blancos (no impugnados). Los otros 80 representantes serían elegidos, y se esperaba que fueran negros, pues la gran mayoría de la población era negra.
- Muzorewa dejaría el puesto de primer ministro.
- Terminaría la guerra de guerrillas.

En las siguientes elecciones, la ZANU de Mugabe obtuvo una aplastante victoria, con 57 de los 80 escaños para africanos negros, que le permitieron una cómoda mayoría y ser primer ministro cuando Zimbabwe se independizó oficialmente en abril de 1980. La transferencia a un gobierno de mayoría negra fue recibida por todos los líderes africanos y de la Mancomunidad como un triunfo del sentido común y la moderación. En 1978, la ZAPU y la ZANU se fusionaron, cuando Mugabe ocupó el puesto de primer presidente ejecutivo del país. Fue reelegido en 1996 para un nuevo periodo, no sin controversia, y en 2004 seguía en el poder, a los 80 años de edad (sección XV.12).

5. EL FIN DEL IMPERIO FRANCÉS

Al finalizar la segunda Guerra Mundial, las principales posesiones francesas eran:

- Siria en Medio Oriente, de donde se retiró en 1946;
- Guadalupe y Martinica (islas de las Indias Occidentales);
- Guyana Francesa (en Sudamérica, en el continente);
- Indochina, en el Sudeste Asiático;

además de extensas áreas en África Occidental y Central:

- Túnez, Marruecos y Argelia (conocidos conjuntamente como el Maghreb);
- África Occidental Francesa;
- África Ecuatorial Francesa;
- la gran isla de Madagascar, frente a la costa sudoriental de África.

En un principio, los franceses intentaron sofocar la agitación nacionalista, que consideraban alta traición.

Según la Declaración de Brazzaville:
La tarea colonizadora de Francia hace imposible aceptar la idea de autonomía para las colonias o cualquier otra posibilidad de desarrollo fuera del Imperio francés. Ni siquiera en un futuro lejano habrá autogobierno en las colonias.

Pero gradualmente los franceses recibieron la influencia de Gran Bretaña en su esfuerzo de descolonización y, después de su derrota en Indochina, en 1954, también se vieron obligados a doblegarse ante "el viento de cambio".

a) Indochina

Antes de la guerra, los franceses habían gobernado directamente en el área circundante de Saigón, y tenían protectorados en Annam, Tonkin, Camboya y Laos. Un protectorado era un país oficialmente independiente, con su propio gobierno, pero bajo la "protección" o custodia de la madre patria. En la práctica, esto significaba que la madre patria, Francia, en este caso, controlaba los asuntos del protectorado, como en una colonia.

Durante la guerra, toda el área fue ocupada por los japoneses, y la resistencia fue organizada por el comunista *Ho Chi Minh* y *la Liga por la Independencia de Vietnam (Vietminh)*. Cuando los japoneses se retiraron en 1945, Ho Chi Minh declaró la independencia de Vietnam, lo cual fue inaceptable para los franceses; se inició una lucha armada que duró ocho años y que culminó con la derrota de los franceses en Dien Bien Phu, en mayo de 1954 [secciones VIII.3 *a)* y XXI.2-3]. La derrota fue humillante para los franceses y provocó una crisis política. El gobierno renunció y el nuevo premier, Pierre Mendès-France, más liberal, decidió retirarse ante una opinión pública que se oponía a la guerra.

En la Conferencia de Ginebra (julio de 1954) se acordó que Vietnam, Laos y Camboya debían ser independientes. Desafortunadamente, con esto no terminaron los problemas. Si bien los franceses se habían retirado y los estadunidenses no estaban dispuestos a que todo Vietnam fuera gobernado por el comunista Ho Chi Minh y que se desarrollara una lucha aún más sangrienta [secciones VIII.3 *b-e)*]; también hubo problemas en Camboya [sección VI.4 *b)*].

b) Túnez y Marruecos

Ambos eran protectorados. En Túnez gobernaba el bey y en Marruecos, un rey musulmán, Muhamed V, pero los nacionalistas se resentían del control de los franceses y desde antes de la segunda Guerra Mundial habían empezado a hacer campaña en pos de una verdadera independencia. La situación se complicó por la presencia de grupos enormes de colonizadores europeos. En 1945, en Túnez, había cerca de 250 000 y en Marruecos, unos 300 000, comprometidos con mantener el vínculo con Francia, que les garantizaba una situación privilegiada.

1. Túnez

En Túnez, el principal grupo nacionalista era el *Nuevo Destour*, encabezado por Habib Bourghiba; contaba con el apoyo tanto de habitantes del campo como de las ciudades, que pensaban que con la independencia mejoraría su nivel de vida. Se inició una campaña de guerrillas en contra de los franceses, que respondieron prohibiendo el Nuevo Destour y encarcelando a Bourghiba (1952); 70 000 efectivos franceses fueron desplegados en contra de las guerrillas, pero no lograron acabar con ellas. Los franceses se dieron cuenta de una inquietante tendencia: con Bourghiba, y otros líderes moderados en la cárcel, el movimiento de las guerrillas se hacía más de izquierda, y estaba menos dispuesto a negociar. Presionados por Indochina y Marruecos, los franceses se percataron de que tendrían que ceder. Con un moderado como Bourghiba a la cabeza del país, era más probable que Francia siguiera influyendo después de la independencia. Fue liberado de la cárcel y Mendès-France le permitió formar un gobierno. En marzo de 1956, Túnez obtuvo su independencia total, con Bourghiba como líder.

2. Marruecos

En Marruecos, el patrón de los acontecimientos fue notablemente similar. Había un partido nacionalista que se hacía llamar *Istiqlal (Independencia)*, y el propio rey Muhamed parecía estar al frente de quienes se oponían a los franceses. Los nuevos sindicatos también desempeñaron un papel importante. Los franceses destronaron al rey (1953), provocaron violentas manifestaciones y una campaña de guerrillas. Frente a la perspectiva de otra prolongada y costosa guerra contra la guerrilla, los franceses decidieron plegarse a lo inevitable. El rey pudo volver y Marruecos se independizó en 1956.

c) Argelia

Fue aquí donde el factor "colonizador" tuvo consecuencias más graves. Había más de un millón de colonizadores franceses (conocidos como *pieds noirs*, "pies negros") que controlaban más o menos la tercera parte de las tierras más fértiles del país, que les habían quitado a los propietarios argelinos originales a lo largo del siglo, antes de 1940. Los blancos exportaban la mayor parte de las cosechas que producían, y también utilizaban la tierra para cultivar vides y fabricar vino, lo cual se traducía en menos alimentos para la creciente población africana, cuyo nivel de vida descendía ostensiblemente. Había un activo movimiento nacionalista, pacífico, encabezado por Messali Hadj, pero después de casi 10 años de campaña, desde que terminara la segunda Guerra Mundial, no habían logrado absolutamente nada.

- Los colonizadores franceses no harían concesiones de ningún tipo, seguirían dominando la economía con sus enormes granjas y tratando a los argelinos como ciudadanos de segunda. Creían firmemente que el temor al gran poder del ejército francés sería suficiente para disuadir a los nacionalistas de recurrir a la violencia.

- Argelia seguiría siendo tratada no como colonia ni protectorado, sino como una extensión o provincia de la Francia metropolitana, si bien esto no significaba que los nueve millones de argelinos, árabes, musulmanes fueran tratados igual que el pueblo francés en general. No tenían voz en el gobierno de su país. Respondiendo a la presión, el gobierno francés permitió algo similar a un gobierno compartido, en el cual se creó una asamblea argelina de 120 miembros, pero con poderes limitados, aunque el voto estaba más del lado de los europeos: al millón de blancos se le permitía votar por 60 miembros, en tanto que los otros 60 eran elegidos por los nueve millones de habitantes musulmanes. La corrupción entre los europeos solía traducirse en una mayoría en la asamblea.

- A pesar de lo que había pasado en Indochina, Túnez y Marruecos, ningún gobierno francés se atrevió a considerar la independencia de Argelia, pues en Francia provocaría la ira de los colonizadores y sus partidarios. El propio Mendès-France declaró que "Francia sin Argelia no sería Francia".

Trágicamente, la obstinación de los colonizadores y su negativa incluso a hablar, significaba que la lucha la decidirían los extremistas. Alentado por la derrota de los franceses en Indochina, se formó un grupo nacionalista más combativo, *el Frente de Liberación Nacional (FLN)*, encabezado por *Ben Bella*, que hacia finales de 1954 lanzó una guerra de guerrillas, si bien al mismo tiempo prometieron que cuando llegaran al poder, los *pieds noirs* serían tratados con imparcialidad. Por otra parte, los colonizadores aún confiaban en que con el apoyo del ejército francés podrían acabar con las guerrillas. La escalada bélica fue gradual, pues los franceses seguían enviando tropas. En 1960 había 700 000 soldados empeñados en una enorme operación antiterrorista. *La guerra estaba teniendo profundos efectos también en Francia.*

- Muchos políticos franceses se daban cuenta de que incluso si el ejército ganaba la lucha militar, el FLN seguiría teniendo el apoyo de gran parte del pueblo argelino, y mientras así fuera, *nunca se podría asegurar que los franceses tendrían el control en Argelia.*
- *La guerra dividió a la opinión pública en Francia,* entre quienes querían seguir apoyando a los colonizadores blancos y quienes pensaban que la lucha no tenía salida. En ocasiones, los sentimientos se acaloraban tanto, que parecía que la propia Francia estaba al borde de la guerra civil.
- Después de haber sido derrotado en la segunda Guerra Mundial y en Indochina, el ejército francés veía la guerra en Argelia como una oportunidad para recuperar su reputación y se negaba a pensar en rendirse. Algunos generales estaban dispuestos para un golpe militar contra cualquier gobierno que decidiera conceder la independencia a Argelia.
- En mayo de 1958, sospechando que el gobierno estaba a punto de ceder, como había sucedido en Túnez y Marruecos, los generales Massu y Salan organizaron manifestaciones en Argelia y exigieron que el general De Gaulle fuera convocado para dirigir un nuevo gobierno; estaban convencidos de que como gran patriota, nunca concedería la independencia a Argelia. Empezaron a ejecutar su plan, cuyo nombre en código era *Resurrección,* y por aire enviaron tropas de Argel a París, donde supuestamente ocuparían edificios del gobierno. La guerra civil parecía inminente; el gobierno no veía la manera de salir del estancamiento y, por consiguiente, renunció. Inteligentemente, De Gaulle utilizó a los medios para reforzar sus argumentos; condenaba la debilidad de la Cuarta República y su "régimen de partidos", que, según él, sería incapaz de resolver el problema. Después, remontándose a 1940, dijo "no hace tanto tiempo, el país, en un momento de peligro, confió en mí para conducirlo a la salva-

ción. Hoy, con las pruebas que enfrenta nuevamente, debe saber que estoy dispuesto a asumir los poderes de la República".

El presidente Coty llamó a De Gaulle, quien accedió a ser primer ministro con la condición de que se le permitiera redactar una nueva Constitución, que resultó *el fin de la Cuarta República*. Los historiadores han debatido mucho sobre el papel de De Gaulle en todo esto. ¿Qué tanto sabía sobre *Resurrección*? ¿Él o sus partidarios lo habían planeado de modo que pudiera volver al poder? ¿Aprovechaba sencillamente la situación en Argelia para destruir la Cuarta República, que, según él, era débil? Lo que parece obvio es que conocía el plan y había insinuado a Massu y Salan que si el presidente Coty no le permitía tomar el poder, le gustaría que *Resurrección* siguiera adelante para que él tomara el poder de esa manera.

- De Gaulle pronto tuvo su nueva Constitución, que daba al presidente mucho más poder, y fue elegido presidente de la Quinta República (diciembre de 1958), puesto que ocupó hasta su renuncia, en abril de 1969. Su enorme prestigio se demostró con un referéndum sobre la nueva Constitución; en la propia Francia, más de 80% votó a favor, en tanto que en Argelia, donde los argelinos musulmanes tuvieron por primera vez el mismo derecho al voto que los blancos, más de 76% también estuvo a favor.

Habiendo conseguido el poder, De Gaulle esperaba encontrar una solución, ¿pero cómo si todo intento de transigir sería considerado como traicionar al pueblo que lo había ayudado a llegar al poder? De Gaulle era el gran pragmático; como la sanguinaria lucha continuaba, y ambas partes cometían atrocidades, debió darse cuenta de que una victoria militar estaba categóricamente descartada. Sin duda tenía la esperanza de que su popularidad le permitiera forzar un arreglo. Cuando mostró su disposición a negociar con el FLN, el ejército y los colonizadores se indignaron; no era eso lo que esperaban de él. Encabezados por el general Salan, crearon la *Organización del Ejército Secreto* (OAS, por sus siglas en francés) en 1961, que inició una campaña terrorista, bombardeó edificios y asesinó a sus críticos, tanto en Francia como en Argelia. Varias veces intentaron asesinar a De Gaulle; en agosto de 1962, después de que se otorgara la independencia, él y su esposa apenas escaparon de la muerte cuando su automóvil fue balaceado. Cuando se anunció que en Evian se iniciarían las pláticas de paz, la OAS tomó el poder en Argelia. Para muchos franceses y también para muchos miembros del ejército ya era ir demasiado lejos. Cuando De Gaulle apareció en televisión, con su uniforme de general, para denunciar a la OAS, el ejército se dividió, y la rebelión se colapsó.

El público francés estaba harto de la guerra y Ben Bella gozaba de la aprobación general. Encarcelado desde 1956 fue liberado para que asistiera a las pláticas de paz en Evian. *Se acordó que Argelia sería independiente en 1962*, y al año siguiente Ben Bella fue elegido como primer presidente. Cerca de 800 000 colonizadores salieron del país y el nuevo gobierno se hizo de la mayor parte de sus tierras y negocios. Las repercusiones de la lucha fueron atroces. Los musulmanes argelinos que seguían siendo leales a Francia, incluidos unos 200 000 que habían servido en el ejército francés, fueron denunciados como traidores por el FLN. Nadie sabe cuántos fueron ejecutados o asesinados, pero se estima que el total asciende a 150 000. Algunos historiadores han criticado a De Gaulle por la forma en que manejó la situación de Argelia y el enorme derramamiento de sangre que provocó. De todas las guerras de independencia contra un poder colonial, ésta fue una de las más sangrientas. Aún así, dada la intransigencia de los colonizadores blancos y los elementos rebeldes del ejército, y también del FLN, es difícil imaginar que algún otro político hubiera podido hacerlo mejor. Puede haber sido un proceso viciado, pero supuestamente salvó a Francia de la guerra civil.

d) El resto del Imperio francés

Las posesiones francesas del África subsahariana eran:

• *África Occidental Francesa*, formada por ocho colonias:

Dahomey, Guinea, Costa de Marfil, Mauritania, Níger, Senegal, Sudán y Alto Volta;
- *África Ecuatorial Francesa,* formada por cuatro colonias: Chad, Gabón, Congo Medio y Oubangui-Shari;
- un tercer grupo formado por *Camerún* y *Togo* (ex colonias alemanas entregadas a Francia en 1919 para ser manejadas como protectorados) y la isla de *Madagascar.*

La política francesa después de 1945 implicaba tratar a estos territorios como parte de Francia, aunque era una farsa, pues europeos y africanos no estaban en igualdad de condiciones y los colonizadores franceses se oponían a cualquier medida que representara más privilegios para estos últimos. En 1949, el gobierno francés decidió tomar medidas drásticas respecto de todos los movimientos nacionalistas, de modo que muchos líderes nacionalistas y sindicalistas fueron arrestados. Con frecuencia eran denunciados como agitadores comunistas, aunque sin muchas pruebas que sustentaran la acusación.

Gradualmente, los franceses fueron obligados por los acontecimientos de Indochina y el Maghreb a cambiar sus políticas, además de que Gran Bretaña preparaba a Costa de Oro y Nigeria para la independencia. *En 1956, a las 12 colonias de África Occidental y Ecuatorial se les concedió un autogobierno para asuntos internos, pero seguían presionando para lograr la independencia plena.*

Cuando De Gaulle llegó al poder, en 1958, propuso un nuevo plan, con la esperanza de mantener el mayor control posible sobre las colonias:

- las 12 colonias seguirían teniendo autogobierno, con su propio Parlamento para asuntos internos;
- todas formarían parte de una nueva unión, *la Comunidad Francesa,* y Francia tomaría todas las decisiones importantes sobre impuestos y asuntos exteriores;
- todos los miembros de la comunidad recibirían ayuda económica de Francia;
- se llevaría a cabo un referéndum en cada colonia para decidir si se aceptaba el plan, o no;

- las colonias que optaran por la independencia plena podrían obtenerla, pero no recibirían ayuda francesa.

De Gaulle confiaba en que ninguna se atreviera a enfrentar el futuro sin ayuda de Francia, y estaba en lo cierto, pues 11 colonias votaron a favor del plan, con excepción de una, *Guinea, encabezada por Sékou Touré, donde 95% votó en contra.* Guinea recibió su independencia de inmediato (1958), pero cesó toda la ayuda francesa. No obstante, la valiente postura de este país entusiasmó a los otros 11, así como a Togo, Camerún y Madagascar, que pidieron independencia plena y De Gaulle aceptó; les fue otorgada en la década de 1960. No obstante, esta nueva independencia no fue tan plena como los nuevos estados hubieran esperado, pues *De Gaulle intentó el neocolonialismo,* y todos los estados, excepto Guinea, se dieron cuenta de que Francia seguía influyendo en sus políticas económicas y exteriores, y casi cualquier medida independiente era prácticamente imposible.

A las tres posesiones francesas fuera de África, Martinica, Guadalupe y la Guyana Francesa, no se les otorgó la independencia; siguieron recibiendo el trato de extensiones de la madre patria y su estatus oficial era el de "departamentos de ultramar" (una especie de municipio o provincia). Sus pueblos votaban en las elecciones francesas y sus representantes formaban parte de la Asamblea Nacional Francesa, en París.

6. Países Bajos, Bélgica, España, Portugal e Italia

Todas estas potencias coloniales, con excepción de Italia, mostraron, quizá, aun mayor determinación que Francia a aferrarse a sus posesiones de ultramar, probablemente porque no siendo tan ricas como Gran Bretaña o Francia, carecían de recursos para sostener el neocolonialismo. No había manera de que compitieran con el capital extranjero para mantener el equivalente de la Mancomunidad Británica o de la influencia francesa en sus antiguas colonias.

a) Países Bajos

Antes de la segunda Guerra Mundial, los Países Bajos tenían un gran imperio en las Indias Orientales, incluidas las extensas islas de Sumatra, Java y Célebes, Irian Occidental (parte de la isla de Nueva Guinea) y cerca de dos terceras partes de la isla de Borneo (mapa XXIV.3). También tenían algunas islas en las Indias Occidentales, además de Surinam, en el continente sudamericano, entre las Guyanas, la francesa y la británica.

Fue en las valiosas Indias Orientales donde se presentó el primer desafío al control de los holandeses, incluso antes de la guerra; operaban de forma similar a los franceses en Argelia, cultivaban para exportar y poco hacían por mejorar las condiciones de vida de los habitantes. Durante los años treinta, los grupos nacionalistas se dedicaron a hacer campaña, y muchos líderes, incluido Ahmed Sukarno, fueron arrestados. Durante la invasión japonesa de 1942 liberaron a Sukarno y a otros; les permitieron participar en la administración del país y les prometieron la independencia una vez terminada la guerra. Al ser derrotados los japoneses en 1945, *Sukarno declaró la República Independiente de Indonesia,* no esperando resistencia de los holandeses, pues habían sido derrotados y su país, ocupado por los alemanes. Sin embargo, pronto llegaron tropas decididas a recuperar el control. Si bien los holandeses tuvieron cierto éxito, la guerra se prolongó y en 1949, aún muy lejos de la victoria total, por fin se decidieron a negociar *por las razones siguientes:*

- El gasto de la campaña era agobiante para un país tan pequeño como los Países Bajos.
- La victoria definitiva aún parecía muy lejana.
- La presión de las Naciones Unidas para que se llegara a un acuerdo era intensa.
- Otros países, incluidos los Estados Unidos y Australia, presionaban a los holandeses para que otorgaran la independencia, a fin de poder ejercer su influencia en la zona, una vez que ya no fuera exclusiva de los holandeses.
- Los holandeses esperaban que, haciendo concesiones, podrían mantener el vínculo entre Holanda e Indonesia, además de cierta influencia.

Los Países Bajos aceptaron reconocer la independencia de los Estados Unidos de Indonesia (1949), con Sukarno como presidente, pero excluyendo Irian Occidental. Sukarno aceptó una unión Países Bajos-Indonesia regida por la Corona holandesa, y las tropas fueron retiradas. No obstante, al año siguiente Sukarno se separó de la Unión y empezó a presionar para que Holanda entregara Irian Occidental; se apoderó de propiedades de holandeses y expulsó a los europeos. Finalmente, en 1963, los holandeses cedieron y permitieron que Irian Occidental formara parte de Indonesia.

En 1965 sucedieron hechos importantes cuando Sukarno fue derrocado por un golpe militar de la derecha, aparentemente porque se dejaba influir mucho por China comunista y el Partido Comunista Indonesio, el mayor fuera de Rusia y China. Los Estados Unidos, actuando a través de la CIA, estuvieron implicados en el golpe, pues no estaban de acuerdo con que Sukarno tolerara al Partido Comunista ni con la forma con que se ostentaba como líder de los movimientos no alineados y antiimperialistas del Tercer Mundo. Los estadunidenses dieron su beneplácito al general Suharto, sucesor de Sukarno, quien servicialmente introdujo lo que llamó su "nuevo orden", que implicaba una purga de comunistas, durante la cual fueron asesinadas cuando menos medio millón de personas y el Partido Comunista desapareció. El régimen dio muestras de ser una brutal dictadura militar, pero en Occidente hubo pocas protestas, pues en la atmósfera de la Guerra Fría la campaña anticomunista de Suharto era perfectamente aceptable. De las otras posesiones holandesas, Surinam pudo convertirse en república independiente en 1975; las islas de las Indias Occidentales fueron tratadas como parte de los Países Bajos, si bien se les otorgó cierto control de los asuntos internos.

b) Bélgica

El control de los belgas sobre sus posesiones africanas, el Congo Belga y Ruanda-Urundi, terminó en caos, violencia y guerra civil. *Los belgas pensaban que la mejor manera de conservar el control era la siguiente:*

- Negar a los africanos avances educativos para evitar que entraran en contacto con las ideas nacionalistas y privarlos de una clase de profesionales educados que pudiera conducirlos a la independencia.
- Aprovechar la rivalidad entre tribus enfrentándolas entre sí. Esto funcionó bien en el enorme Congo, donde había cerca de 150; para mantener el orden en el territorio de una tribu, se utilizaban hombres de otra tribu. En Ruanda-Urundi, los belgas utilizaron a la tribu tutsi para controlar a la otra tribu importante, los hutu.

A pesar de estos esfuerzos, las ideas nacionalistas empezaron a filtrarse de las colonias vecinas, francesas y británicas.

1. Congo Belga

Los belgas parecieron ser tomados por sorpresa cuando se desataron violentos disturbios en la capital, Leopoldville (enero de 1959). Las multitudes protestaban contra el desempleo y los decadentes niveles de vida y los desórdenes pronto se difundieron por todo el país.

Repentinamente, los belgas cambiaron sus políticas y anunciaron que el Congo podría ser independiente en seis meses; fue una invitación al desastre, pues las propias políticas de los belgas implicaban que no hubiera un grupo de africanos experimentado a quién entregar el poder, pues no habían sido educados para ejercer como profesionales; sólo había 17 graduados en todo el país, y tampoco africanos médicos, abogados, ingenieros u oficiales en el ejército. *El Movimiento Nacional Congolés (MNC)*, encabezado por *Patrice Lumumba*, tenía menos de un año de existencia. El enorme tamaño del país y el gran número de tribus haría difícil gobernar. Seis meses era muy poco para preparar la independencia.

¿Por qué los belgas tomaron tan extraordinaria decisión?

- Temían mayor derramamiento de sangre si dudaban; había más de 100 000 belgas en el país, que estarían en riesgo.
- No querían enfrentar el gasto de una prolongada campaña contra las guerrillas, como la que tenía lugar en Argelia.

- Esperaban que otorgando la independencia de inmediato, mientras el Congo estaba débil y dividido, el nuevo Estado estaría totalmente indefenso; dependería de Bélgica para asesoría y apoyo, y así los belgas conservarían su influencia.

El Congo logró su independencia el 30 de junio de 1960, con Lumumba como primer ministro y Joseph Kasavubu, líder de un grupo nacionalista rival, como presidente. Por desgracia, todo salió mal poco después de la independencia y el país se sumió en una desastrosa guerra civil (sección XXV.5). El orden no se restableció hasta 1964.

2. *Ruanda-Urundi*

A *Ruanda-Urundi,* el otro territorio belga, le fue concedida su independencia en 1962, y se dividió en dos estados, Rwanda y Burundi, ambos gobernados por miembros de la tribu tutsi, como durante el periodo colonial. Ninguno de los estados se había preparado debidamente y, después de la independencia, ambos vivieron una historia de inestabilidad, acerba rivalidad y violencia entre los tutsis y los hutus (sección XXV.7).

c) España

España poseía varios territorios en África; el Sahara Español era el de mayores dimensiones. Otras colonias más pequeñas eran Marruecos Español, Ifni y Guinea Española. El general Franco, dictador de derecha que gobernó España entre 1939 y 1975, mostraba poco interés por las colonias.

- Cuando surgieron los movimientos nacionalistas, no resistió mucho en el caso del *Marruecos Español;* cuando los franceses otorgaron la independencia al Marruecos Francés (1956), Franco hizo lo propio y el Marruecos Español pasó a formar parte de Marruecos. Las otras dos colonias pequeñas tuvieron que esperar mucho más.
- *A Ifni* se le permitió unirse a Marruecos, pero no antes de 1969.

- *Guinea* se hizo independiente como Guinea Ecuatorial en 1968.

Sahara Español

En este caso, Franco resistió más porque era una valiosa fuente de fosfatos. Sólo después de su muerte, en 1975, el nuevo gobierno español aceptó liberar al país. Desafortunadamente, el proceso se malogró, y en lugar de que se formara un Estado independiente regido por su partido nacionalista, *el Frente Polisario*, se decidió dividirlo entre sus dos estados vecinos, Marruecos y Mauritania. El Frente Polisario, dirigido por *Mohamed Abdelazia*, declaró la República Árabe Democrática del Sahara (1976), que fue reconocida por Argelia, Libia, los estados comunistas e India. Argelia y Libia enviaron ayuda, y en 1979, Mauritania decidió retirarse, de modo que a Sahara se le facilitó la lucha contra Marruecos. Sin embargo, el hecho de que Sahara haya sido reconocida oficialmente por la URSS, fue suficiente para despertar las sospechas de los Estados Unidos. Justo cuando parecía que Marruecos estaba dispuesto a negociar la paz, el nuevo presidente estadunidense, Ronald Reagan, los alentó a seguir luchando al incrementar la ayuda de su país.

La guerra se alargó a los años ochenta, y un nuevo país del Tercer Mundo fue víctima de los intereses de una superpotencia. En 1990, las Naciones Unidas propusieron que se convocara a un referéndum para que el pueblo de Sahara decidiera si quería ser independiente o parte de Marruecos. Ambas partes firmaron un cese al fuego, pero el referéndum nunca se llevó a cabo; en la década de 1990, ocupados con sus propios problemas, Argelia y Libia retiraron su apoyo y las fuerzas del Polisario se debilitaron. Sahara siguió bajo el control de Marruecos y un número importante de colonizadores marroquíes empezaron a trasladarse a ese lugar. Al mismo tiempo, muchos saharianos, incluidos los luchadores del Polisario, se fueron del país y se vieron obligados a vivir en campos de refugiados en Argelia.

d) Portugal

Las principales posesiones portuguesas estaban en África, el extenso territorio de *Angola y Mozambique,* y la *Guinea Portuguesa,* una colonia más reducida de África Occidental. Por otra parte, seguían teniendo la porción oriental de la isla de Timor, en las Indias Orientales. El gobierno portugués de derecha, encabezado por el doctor Salazar, despreocupadamente ignoraba los movimientos nacionalistas del resto de África, y durante muchos años después de 1945, las colonias portuguesas parecían tranquilas y resignadas a su suerte. Se trataba de pueblos básicamente agrícolas; había pocos trabajadores industriales y las poblaciones negras eran casi totalmente analfabetas. En 1956, en todo Mozambique había sólo 50 africanos con estudios de nivel medio, y si bien en ese año había grupos nacionalistas en las tres colonias, no tenían ninguna importancia. *La situación cambió merced a diversos factores.*

- En 1960, los nacionalistas se entusiasmaron por el gran número de estados africanos que lograban su independencia.
- El régimen de Salazar no aprendió nada de la experiencia de las otras potencias coloniales e incrementó sus políticas represivas, pero con ello sólo logró que los nacionalistas se tornaran más resueltos.
- La lucha empezó en Angola (1961), donde el MPLA *(Movimiento Popular para la Liberación de Angola)* de Agostinho Neto era el principal movimiento nacionalista. Pronto la violencia se extendió a Guinea, donde Amilcar Cabral encabezó la resistencia, y a Mozambique, lugar en que Eduardo Mondlane organizó las guerrillas del Frelimo.
- Los nacionalistas, todos con fuertes vínculos marxistas, recibían ayuda económica y militar del bloque comunista.
- Para el ejército portugués fue imposible sofocar a las guerrillas nacionalistas; las tropas se desmoralizaron y los costos se incrementaron; en 1973, el gobierno gastaba 40% de su presupuesto luchando simultáneamente en tres colonias.

- Aun así, el gobierno portugués se negaba a cambiar sus políticas, pero la opinión pública y muchos oficiales del ejército estaban hartos de la guerra, de modo que en 1974, el dictador Salazar fue derrocado por un golpe militar.

Pronto se otorgó la independencia a las tres colonias; Guinea tomó el nombre de Guinea-Bissau (septiembre de 1974) y Mozambique y Angola se independizaron al año siguiente. Esto provocó graves crisis en Rodesia y Sudáfrica, que eran los únicos estados africanos gobernados por minorías blancas, de tal forma que sus gobiernos se sintieron cada vez más amenazados.

Esta vez le tocó a Angola ser víctima de interferencias y de la Guerra Fría. De inmediato, el país fue invadido por tropas sudafricanas que apoyaban a la UNITA (Unión Nacional para la Independencia Total de Angola), en tanto que el general Mobutu de Zaire, respaldado por los Estados Unidos, lanzó otra invasión para apoyar al FNLA (Frente Nacional para la Liberación de Angola). Los estadunidenses pensaban que un gobierno conjunto de estos dos grupos sería más manejable y estaría más abierto a la influencia de Occidente que los marxistas del MPLA, el cual recibió ayuda en forma de armas rusas y un ejército cubano que les permitió derrotar a ambas fuerzas invasoras en 1976, y Neto fue aceptado como presidente del nuevo Estado. Esta situación fue sólo un respiro temporal, Angola volvió a ser invadida y se desgarró en una guerra civil que no terminó sino en los años noventa (sección XXV.6). Los sudafricanos también interfirieron en Mozambique, a donde mandaron partidas de asalto a través de la frontera e hicieron todo lo posible por desestabilizar el gobierno del Frelimo. Otra vez, el país fue dividido por una guerra civil durante muchos años [sección IX.4 *c)*].

Timor Oriental

Vale la pena mencionar otro de los territorios portugueses, Timor Oriental, que era la mitad de una pequeña isla de las Indias Orientales (mapa XXIV.6); la porción occidental pertenecía a los Países Bajos y se convirtió en parte de Indonesia en 1949. El movimiento nacionalista de Timor (Fretilin) ganó una corta guerra civil contra el grupo dirigente, que deseaba seguir con

Portugal (septiembre de 1975). Los Estados Unidos denunciaron al nuevo gobierno por marxista, lo cual no era muy exacto; al cabo de unas cuantas semanas, tuvo lugar una invasión de tropas indonesias, el gobierno fue derrocado y Timor Oriental se incorporó a Indonesia, secuencia de acontecimientos descritos vívidamente por Timothy Mo en la novela *The Redundancy of Courage (La inutilidad del valor)*. Los Estados Unidos siguieron surtiendo pertrechos militares a los indonesios, culpables de horribles atrocidades durante y después de la guerra. Se estima que cerca de 100 000 personas murieron (la sexta parte de la población), en tanto que otras 300 000 fueron puestas en campos de detención.

El Fretilin siguió haciendo campaña por la independencia, pero si bien la ONU y los Estados Unidos condenaron la acción de Indonesia, aparentemente Timor Oriental era extremadamente pequeño y muy poco importante, y los nacionalistas demasiado de izquierda como para garantizar que se aplicaran sanciones en contra de aquel país. Los Estados Unidos defendían sistemáticamente la reivindicación que Indonesia hacía de Timor Oriental y restaba importancia a la violencia. En noviembre de 1991, por ejemplo, 271 personas fueron asesinadas en Dili, la capital, cuando tropas indonesias atacaron a manifestantes proindependentistas. Sin embargo, este incidente ayudó a enfocar la atención internacional en la campaña contra el abuso de los derechos humanos por Indonesia y contra la venta de armas de los Estados Unidos y Gran Bretaña a dicho país. En 1996, el arzobispo católico romano de Dili, Carlos Belo, y el vocero exiliado de Fretilin, José Horta, recibieron conjuntamente el Premio Nobel de la Paz, en reconocimiento a su prolongada campaña sin violencia en pos de la independencia.

En 1999, con el creciente apoyo internacional para Timor Oriental y habiendo terminado la Guerra Fría, por fin Indonesia empezó a ceder y a ofrecer que permitiría un referéndum sobre la "autonomía especial" de Timor Oriental, el cual, organizado por la ONU, tuvo lugar en agosto de 1999; casi 80% de los votantes optó por la independencia total. No obstante, la minoría proindonesia se esforzó por sabotear las elecciones; al realizarse la votación, su ejército, respaldado por tropas indonesias, hizo hasta lo imposible por intimidar a los votantes y

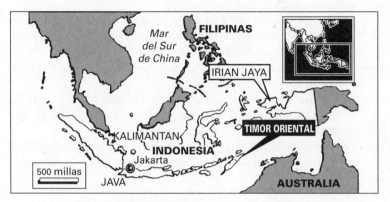

MAPA XXIV.6. *Indonesia y Timor Oriental*
FUENTE: *The Guardian*, 20 de abril de 1996.

el país entero se sumió en el caos. Después de que se anunciaran los resultados, se lanzaron en un brote furioso de venganza y destrucción durante el cual murieron 2 000 personas y 250 000 quedaron sin hogar. La violencia terminó finalmente con la llegada de una gran fuerza australiana para el mantenimiento de la paz.

Dos años más tarde, en agosto de 2001, cuando se celebraron elecciones para la Asamblea Constituyente, la situación prácticamente se había tranquilizado. El Fretilin ganó por una gran mayoría y su líder, Xanana Gusmao, fue elegido como primer presidente. En mayo de 2002, Timor Oriental recibió reconocimiento internacional como Estado independiente después de una lucha que duró más de un cuarto de siglo.

e) Italia

En 1947 se decidió oficialmente que Italia, que había apoyado a Hitler y sufrido una derrota en la segunda Guerra Mundial, debía perder su imperio de ultramar. Sus posesiones africanas serían administradas por Francia y Gran Bretaña mientras las Naciones Unidas decidían qué hacer con ellas. La ONU siguió la política de poner los territorios en manos de gobiernos que simpatizaran con los intereses occidentales.

- *Etiopía* fue devuelta al emperador Haile Selassie, quien había sido obligado a exiliarse cuando los italianos invadieron Etiopía (Abisinia) en 1935.
- A *Libia* se le concedió su independencia y sería regida por el rey Idris (1951).
- *Eritrea* se convirtió en parte de Etiopía (1952) pero en gran medida tendría un autogobierno dentro de un sistema federal.
- *Somalilandia Italiana* se fusionó con Somalilandia Británica para formar el Estado independiente de Somalia (1960).

Algunos de estos arreglos no fueron muy satisfactorios. Tanto Idris como Haile Selassie se volvieron impopulares entre sus pueblos: Idris porque se le consideraba demasiado orientado a Occidente, y Haile Selassie porque no intentó modernizar Etiopía e hizo muy poco por mejorar el nivel de vida de su pueblo. También cometió el error de cancelar los derechos de autogobierno de Eritrea (1962), hecho que provocó una guerra por la independencia. El rey Idris fue derrocado en 1969 por un movimiento revolucionario socialista que nacionalizó la industria petrolera y empezó a modernizar el país. Haile Selassie fue derrocado en 1974, y pronto surgieron nuevos líderes, el coronel Gaddafi en Libia y el coronel Mengistu en Etiopía, que recurrieron a la URSS para ayuda económica. Mengistu parecía tener problemas más graves; se equivocó al rechazar un acuerdo con los eritreos y tuvo que enfrentarse a otras provincias, Tigre y Ogaden, que también querían la independencia. Como batallaba para sofocar todos estos movimientos disidentes, los gastos militares se incrementaron enormemente y su país se sumió en una situación con mayor pobreza y hambruna (sección xxv.9).

7. Veredicto sobre la descolonización

Si bien algunos estados, en particular Gran Bretaña, manejaron la descolonización mejor que otros, en general no fue una experiencia agradable para las colonias y el final no fue feliz ni sencillo. Los nuevos estados obtuvieron algunas ventajas, como mayor control de lo que sucedía dentro de sus fronteras, y también para la gente común, como mejor educación y servicios sociales, además de una política cultural que les permitía votar. Sin embargo, pronto se puso de moda tachar de desastre a la experiencia colonial e imperial, durante la cual las naciones europeas, con suprema arrogancia, impusieron su control a sus súbditos, los explotaron implacablemente y después se retiraron a regañadientes, dejándolos empobrecidos y *enfrentados a nuevos problemas.*

- *El neocolonialismo* se tradujo en que los países europeos occidentales y los Estados Unidos siguieron ejerciendo gran control en los nuevos estados, que siguieron necesitando los mercados y la inversión que Occidente podía proporcionarles.
- *Muchos nuevos estados, especialmente en África, estaban mal preparados, o no preparados, para la independencia.* Sus fronteras a menudo eran artificiales, impuestas por los europeos, y las tribus tenían pocos incentivos para mantenerse unidas. En Nigeria y el Congo Belga, las diferencias entre las tribus favorecieron la guerra civil. Cuando los británicos se retiraron de Niasalandia (Malawi), sólo había tres escuelas secundarias para tres millones de africanos y ni una fábrica. Cuando los portugueses fueron obligados a retirarse de Mozambique, se vengaron destruyendo deliberadamente instalaciones y maquinaria.
- *En la mayoría de los casos, los gobiernos que tomaron el poder eran dirigidos por grupos locales de élite;* no hubo revolución social ni garantías de que la gente común estaría mejor. En países en que los nuevos gobiernos estaban dispuestos a introducir políticas socialistas (nacionalizar recursos o empresas extranjeras), o donde mostraban algún signo de ser procomunistas, los países occidentales los reprobaban, y con frecuencia respondían interrumpiendo la ayuda o ayudando a desestabilizar el gobierno, como sucedió en Indochina, Indonesia, Timor Oriental, Chad, Angola, Mozambique, Zaire y Jamaica.

* *Todos los estados del Tercer Mundo enfrentaron pobreza extrema;* económicamente estaban subdesarrollados y con frecuencia dependían de la exportación de uno o dos productos; era desastroso que los precios mundiales de sus productos bajaran. Se endeudaban tremendamente con créditos del exterior (sección XXVI.2). Como siempre, África fue la más golpeada; era la única región del mundo en la cual, en 1987, en general, los ingresos eran menores que en 1972.

Por otra parte, en 2003, el historiador Niall Ferguson defendió decididamente al Imperio británico y su legado. Si bien aceptaba que el récord de Gran Bretaña como potencia colonial no dejaba de tener sus defectos, argumentaba que los beneficios del régimen británico eran considerables. En el siglo XIX, los británicos "fueron precursores del libre comercio, el libre movimiento de capitales y, con la abolición de la esclavitud, de la mano de obra libre". Además, desarrollaron una red mundial de comunicaciones modernas, difundieron un sistema de ley y orden, y "mantuvieron la paz en el mundo como nunca antes ni después". Cuando el imperio llegó a su fin, los ex territorios británicos contaban con las exitosas estructuras del capitalismo liberal, las instituciones de la democracia parlamentaria y la lengua inglesa, que todavía hoy es un medio importante de comunicación en el mundo. "Lo que demostró el Imperio británico —concluye Ferguson, en forma controvertida— es que el Imperio es una forma de gobierno internacional que puede funcionar, y no sólo en el beneficio de la potencia dominante, es un intento de globalización de un sistema no sólo económico, sino legal, y en última instancia, también político."

Preguntas

La lucha por la independencia de Kenia
1. Estudie la fuente A y responda las preguntas.

Fuente A
Extracto de un informe de la Comisión Real del gobierno bri-

tánico sobre las condiciones de los pueblos africanos publicado en 1955.

> Los salarios de la mayoría de los trabajadores africanos son demasiado bajos como para permitirles encontrar una vivienda en Nairobi [capital de Kenia]. El alto costo de las viviendas respecto de los salarios es causa de hacinamiento, pues son compartidas para disminuir su costo. Esto, aunado al alto costo de los alimentos en las ciudades, hace imposible la vida en familia para la mayoría.

FUENTE: citado en Basil Davidson, *Modern Africa: A Social and Political History* (Longman, ed. 1989).

a) Apoyándose en la fuente y en sus propios conocimientos, explique por qué los nacionalistas africanos se abocaron a hacer campaña por la independencia de Kenia en los primeros años de la década de 1950.

b) ¿Por qué el gobierno británico no simpatizó en un principio con las demandas de independencia de Kenia?

c) ¿Qué tan importante fue la contribución de Harold Macmillan para que Kenia lograra su independencia en 1963?

2. "Sin la forma magistral en que De Gaulle manejó la situación, la crisis de Argelia probablemente hubiera llevado a Francia a la guerra civil." ¿Hasta qué punto coincide con este veredicto de la contribución del presidente De Gaulle a los acontecimientos que culminaron en la independencia de Argelia?

3. "La descolonización no benefició a la mayoría de los pueblos africanos como lo esperaban." Explique por qué coincide, o no, con esta evaluación de la descolonización de África.

4. a) "La independencia de India no fue un regalo de los británicos; fue el fruto de luchas y sacrificios duramente ganado." Explique por qué cree que este veredicto se ajusta al avance de la India hacia la independencia.

b) Explique por qué se consideraba necesario dividir a la India y crear el Estado independiente de Pakistán.

XXV. PROBLEMAS EN ÁFRICA

Resumen de acontecimientos

Después de lograr su independencia, las nuevas naciones africanas enfrentaron problemas similares. No es posible en este espacio tan limitado analizar lo sucedido en todos los estados de África, de modo que en las secciones siguientes se analizan los problemas comunes a todos ellos, y se muestra qué sucedió en algunos de los países que experimentaron uno o más. Por ejemplo:

- *Ghana* sufrió problemas económicos, el fracaso de la democracia y varios golpes.
- *Nigeria* experimentó guerra civil, una serie de golpes militares y una brutal dictadura militar.
- *Tanzanía,* pobreza extrema.
- *El Congo,* guerra civil y dictadura militar.
- *Angola,* guerra civil prolongada por interferencia del exterior.
- *Burundi y Ruanda,* guerra civil y espantosas matanzas entre tribus.
- *Sudáfrica* fue un caso especial; después de 1980, cuando Rodesia (Zimbabwe) se independizó, fue el último bastión regido por blancos en el continente africano, y la minoría blanca estaba decidida a oponerse hasta el fin al nacionalismo negro. Gradualmente la presión fue siendo demasiada para la minoría blanca, y en mayo de 1994 Nelson Mandela asumió el poder como primer presidente negro de Sudáfrica.
- *Liberia, Etiopía, Sierra Leona y Zimbabwe* también tuvieron problemas específicos.
- A mediados de los años ochenta la mayoría de los países africanos empezó a sufrir por el VIH/sida, que en 2004 alcanzó proporciones de pandemia, en especial en el África subsahariana. Unos 28 millones de personas, cerca de 8% de la población, era positiva al VIH.

1. PROBLEMAS COMUNES A LOS ESTADOS AFRICANOS

a) Diferencias tribales

Todos estaban formados por diferentes tribus que sólo se habían mantenido juntas por el gobierno colonial extranjero y que se habían unido en la lucha nacionalista para liberarse de los extranjeros. Tan pronto como se retiraron los europeos, los incentivos eran pocos para mantenerse unidos, y tendían a considerar más importante la lealtad a la tribu que la lealtad a la nueva nación. En Nigeria, el Congo (Zaire), Burundi y Ruanda, las diferencias tribales llegaron a ser tan grandes que culminaron en una guerra civil.

b) *Subdesarrollo económico*

En este aspecto, era como en muchos otros estados del Tercer Mundo. La mayoría de los estados africanos tenía muy poca industria por una política deliberada de las potencias coloniales, para que tuvieran que comprar los bienes manufacturados de Europa y los Estados Unidos; el papel de las colonias había sido de proveedoras de alimentos y materia prima. Después de la independencia, con frecuencia dependían de uno o dos productos de exportación, de tal forma que si bajaba el precio mundial de sus productos, era un desastre. Nigeria, por ejemplo, dependía mucho de sus exportaciones de petróleo, que equivalían a cerca de 80% de su ingreso anual. Había escasez de capital y de habilidades de todo tipo, y la población crecía a un ritmo superior a 2% anual. Estaban muy endeudados por créditos del exterior, y como se concentraban en incrementar las exportaciones para pagar esos créditos, cada vez eran más escasos los alimentos para consumo local. Por todo esto, las naciones africanas dependían mucho de los países europeos occidentales y de los Estados Unidos, tanto para mercados como para inversión, de modo que éstos ejercían cierto control sobre los gobiernos africanos (neocolonialismo). En la atmósfera de la Guerra Fría, algunos estados experimentaron intervenciones militares directas de países a los que no les gustaba su gobierno, normalmente porque los consideraban demasiado de izquierda e influidos por la Unión Soviética. Es lo que sucedió en Angola, que se vio invadida por tropas de Sudáfrica y Zaire porque no aprobaban su gobierno de estilo marxista.

c) *Problemas políticos*

A los políticos africanos les faltaba experiencia sobre el funcionamiento de los sistemas de la democracia parlamentaria heredados de los europeos. A menudo no lograban enfrentar los difíciles problemas y los gobiernos se corrompían. La mayoría de los líderes africanos que habían formado parte de las campañas de guerrillas previas a la independencia había sido influida por ideas marxistas que a menudo los llevan a construir estados unipartidistas como única manera de progresar. En muchos estados, como Kenia y Tanzanía, esto funcionó y proporcionó un gobierno estable y efectivo. Por otra parte, como era imposible oponerse a dichos gobiernos por medios legales, la violencia era la única salida, y eran frecuentes los golpes militares para quitar a gobiernos no populares. El presidente Nkrumah, de Ghana, por ejemplo, fue derrocado por el ejército en 1966, después de que fallaran dos intentos de asesinato. Cuando el ejército no quería, o no podía, organizar el golpe, como en Malawi, el sistema de un solo partido florecía a expensas de la libertad y la democracia genuina.

d) Desastres naturales y económicos

En los años ochenta, toda África fue asolada por desastres económicos y naturales. Por la recesión mundial se redujo la demanda de las exportaciones africanas como petróleo, cobre y cobalto, y hubo una intensa sequía (1982-1985) que malogró las cosechas, mató al ganado y produjo hambruna e inanición. La sequía terminó en 1986 y en ese año gran parte del continente tuvo cosechas récord. Sin embargo, para entonces, África, como el resto del mundo, sufría una severa crisis de endeudamiento y, al mismo tiempo, había sido obligada por el Fondo Monetario Internacional a economizar drásticamente a cambio de más crédito. En varios casos, el FMI prescribió el ESAP (Programa de Ajuste Estructural Económico), que el país tenía que cumplir, pero que solía implicar devaluación de la moneda y reducción de los subsidios al precio de los alimentos, de modo que la comida costaba más en momentos en que aumentaba el desempleo y no había ingresos. Los gobiernos también eran obligados a reducir su gasto en educación, salud y servicios sociales como parte del programa de austeridad. En el cuadro XXVI.2, del siguiente capítulo, se observa la pobreza de muchos estados africanos respecto del resto del mundo.

2. Democracia, dictadura y gobierno militar en Ghana

Kwame Nkrumah (ilustración XXV.1) gobernó Ghana desde que consiguió su independencia en 1957, hasta que fue destituido por el ejército.

a) Sus primeros logros fueron impresionantes

Era de perspectiva socialista y quería que su pueblo disfrutara de un nivel de vida alto, derivado de una organización y una industrialización eficientes. La producción de cacao (principal producto de exportación de Ghana) se duplicó; la silvicultura, la pesca y la cría de ganado crecieron, y los modestos depósitos de oro y bauxita del país se explotaron de manera más efectiva. La construcción de una presa en el río Volta (iniciada en 1961) proporcionó agua para riego y energía hidroeléctrica, que resultó en energía eléctrica suficiente para las poblaciones y para una nueva planta de fundición de aluminio. El gobierno proporcionaba fondos para proyectos de los poblados en los cuales los habitantes locales construían caminos y escuelas.

Nkrumah también se hizo de una reputación internacional; apoyó sólidamente *el movimiento panafricano*, con la idea de que sólo a través de una federación continental podría hacerse sentir el poder de los africanos. Para empezar, se formó una unión con Guinea y Mali, si bien no fue mucho lo que se logró. Apoyó la *Organización de la Unión Africana* (creada en 1963) y normalmente desempeñó un papel responsable en los asuntos mundiales, manteniendo a Ghana en la Mancomunidad, pero al mismo tiempo estableciendo vínculos con la URSS, Alemania Oriental y China.

b) ¿Por qué fue derrocado Nkrumah?

Intentó la industrialización con demasiada rapidez y pidió enormes cantidades de capital del exterior, con la esperanza de equilibrar el presupuesto con el incremento de las exporta-

ILUSTRACIÓN XXV.1. *Kwame Nkrumah*

ciones. Desafortunadamente, Ghana dependía incómodamente de la exportación de cacao, y una súbita caída de los precios la dejó con un enorme déficit en la balanza de pagos. Se criticó mucho que gastaba demasiado en proyectos innecesarios, como el tramo de 16 kilómetros de carretera de Accra (la capital) a Tema.

Probablemente la principal razón de su caída haya sido que empezó gradualmente a dejar de lado el gobierno parlamentario en favor de un Estado unipartidista y una dictadura personal. Lo justificaba porque los partidos de oposición, basados en diferencias tribales, no eran constructivos, y lo único que querían era el poder en sus propias áreas. No tenían experiencia en un sistema parlamentario, y como Nkrumah mismo escribió: "Incluso un sistema basado en una constitución democrática puede necesitar apoyarse en un periodo de medidas de emergencia de tipo totalitario durante un tiempo después de la independencia".

De 1959 en adelante, los opositores podían ser deportados o encarcelados hasta por cinco años, sin juicio previo. Aun el respetado líder de oposición, J. B. Danqua, fue arrestado en 1961 y murió en prisión. En 1954 se prohibieron todos los partidos, excepto el de Nkrumah, y ni siquiera dentro de éste se permitían las críticas. Empezó a construir la imagen de sí mismo como "padre de la nación", y circulaban lemas como "Nkrumah es nuestro Mesías, Nkrumah nunca morirá", además de que se construyeron numerosas estatuas del "salvador". Esto le parecía absurdo a mucha gente, pero Nkrumah se justificaba diciendo que la población podía identificarse mejor con una sola personalidad como líder que con una vaga noción de Estado. Todo esto, aunado a que se creía que había amasado una fortuna personal a través de la corrupción, fue demasiado para el ejército, que tomó el control cuando Nkrumah viajó a China (1966). La CIA estadunidense apoyó plenamente el golpe porque los Estados Unidos desaprobaban sus vínculos con los estados comunistas.

El gobierno militar prometió volver a la democracia tan pronto como se redactara una nueva Constitución que incluyera protección contra el retorno de la dictadura. La Constitución estuvo lista en 1969 y en las elecciones, el doctor Kofi Busia, líder del Partido Progresista, resultó electo como nuevo primer ministro (octubre de 1969).

c) Kofi Busia

El doctor Busia sólo sobrevivió hasta enero de 1972, cuando también fue derrocado por el ejército. Académico con estudios de economía en Oxford, *Busia ilustra perfectamente los problemas de los políticos elegidos democráticamente para mantener la estabilidad política en la situación africana.* Para empezar, estando en el poder sólo porque el ejército lo permitía, sus resultados tenían que ser inmediatos, pero los problemas eran enormes: desempleo creciente, precios al alza, baja del precio del cacao en el mercado mundial y enormes deudas por pagar. Canadá y los Estados Unidos estaban dispuestos a esperar el pago, pero otros países, incluida Gran Bretaña, no eran tan comprensivos. Busia, que tenía fama de honesto, verdaderamente trató de mantenerse al corriente, pero los pagos equivalían casi a 40% de las utilidades de las exportaciones de Ghana. En 1971, las importaciones eran limitadas y la moneda se había devaluado cerca de 50%. Busia tenía problemas con las luchas entre tribus que resurgieron en la democracia, además de que la situación económica se deterioraba tan rápidamente, que en enero de 1972, casi sin que opusiera resistencia, el coronel Ignatius Acheampong le quitó el poder y encabezó un gobierno militar hasta julio de 1978.

d) J. J. Rawlings

Como Ghana seguía tropezando con sus problemas económicos, el propio Acheampong fue destituido por el general Fred Akuffo, por supuesta corrupción. En junio de 1979, un grupo de suboficiales encabezado por Jerry J. Rawlings, carismático oficial de la fuerza aérea, de 32 años de edad (ilustración XXV.2) y de origen ghaniano y escocés, tomó el poder sobre la base de que era necesario desarraigar a soldados y políticos corruptos antes de volver a la democracia. Llevaron a cabo lo que se describió como un ejercicio de "limpieza de la casa" en el cual Acheampong y Akuffo fueron ejecutados después de juicios secretos. En julio se celebraron elecciones, a resultas de lo cual Rawlings dotó nuevamente a Ghana de un gobierno civil con el *doctor Hilla Limann* como presidente (septiembre de 1979).

Limann no tuvo más éxito que los líderes anteriores en parar la declinación de la economía. La corrupción seguía cundiendo en todos los niveles, y eran comunes el contrabando y el acaparamiento de productos básicos. Durante 1981, la inflación era de 125%, y había gran inquietud entre los trabajadores por los bajos salarios. Rawlings llegó a la conclusión de que él y sus compañeros podrían hacerlo mejor. Limann fue

ILUSTRACIÓN XXV.2. *Jerry Rawlings, líder ghaniano*

destituido mediante un golpe militar (diciembre de 1981), y el *teniente de vuelo Rawlings fue el presidente de un Consejo Provisional de Defensa Nacional* (PNDC, por sus siglas en inglés). Era raro entre los líderes militares; el ejército no quería poder, dijo, sino "participar en el proceso de toma de decisiones" que podría cambiar el sistema social y económico. Si bien Rawlings siguió siendo el líder, el PNDC nombró un gobierno civil con reconocidos personajes del círculo político y el académico. Ghana sufrió mucho por la sequía en 1983, pero en 1984 llovió suficiente y la cosecha de maíz fue buena.

El nuevo programa de recuperación parecía estar funcionando; la producción se elevó 7%, y a principios de 1985 la inflación había bajado a 40%. Cuando Ghana celebró los 30 años de la independencia (marzo de 1978) seguía recuperándose, y Rawlings y su partido, el Congreso Democrático Nacional (NDC, por sus siglas en inglés), evocador del recuerdo de Nkrumah, llevaba a cabo una campaña, aparentemente exitosa, para unir sólidamente tras ellos a los 12 millones de ghaneses. En los primeros años de la década de 1990, Ghana disfrutaba de una de las tasas de crecimiento económico más elevadas de África, pero mucha gente seguía criticando que no se avanzara hacia una democracia representativa. Rawlings respondió en 1991 con la convocatoria a una asamblea para redactar una nueva Constitución, y prometió elecciones democráticas en 1992; esto se cumplió debidamente (noviembre) y con más de 58% de los votos, el propio Rawlings fue elegido presidente para un periodo de cuatro años. Era jefe de Estado y comandante en jefe de las Fuerzas Armadas. Fue reelegido en 1996, pero la Constitución ya no le permitió volver a presentarse en 2000. Su carrera fue notable; tomó el poder en 1981, a los 36 años de edad, se mantuvo como líder durante casi 20 años y dio a Ghana un prolongado periodo de estabilidad política y relativa prosperidad.

El NDC escogió al vicepresidente J. E. A. Mills como candidato a la presidencia. Su principal oponente fue John Kufuor, líder del Nuevo Partido Patriótico. Se esperaba que Mills ganara, pero Kufuor obtuvo una sorpresiva victoria y asumió el poder como presidente en enero de 2001. La derrota del NDC se debió probablemente a dificultades económicas, pues habían caído los precios mundiales del cacao y el oro, los dos principales productos de exportación de Ghana, y porque el popular J. J. Rawlings ya no fue el candidato.

3. GUERRAS CIVILES Y CORRUPCIÓN EN NIGERIA

Superficialmente, Nigeria, que obtuvo su independencia en 1960, parecía llevar la delantera a Ghana; era potencialmente un Estado rico, pues se habían descubierto sustanciales recursos petroleros en la costa oriental. El primer ministro era *sir Abubakar Tafawa Balewa*, capaz y famoso, apoyado por *Nnamdi Azikiwe*, veterano líder nacionalista que había sido presidente cuando Nigeria se convirtió en república en 1963. Sin embargo, en 1966, el gobierno fue derrocado por un golpe militar, y al año siguiente estalló una guerra civil que se prolongó hasta 1970.

a) ¿Qué provocó la guerra civil?

Una combinación de los problemas mencionados en la sección xxv.1 provocó la confrontación.

* *En Nigeria, las diferencias entre tribus eran más graves que en Ghana,* y si bien la Constitución era federal, y cada una de las tres regiones (norte, oriente y occidente) tenía su propio gobierno local, sentían que el gobierno central de Lagos no protegía suficientemente sus intereses. Balewa provenía del norte musulmán, donde las tribus hausa y fulani eran poderosas; los yorubas de occidente y los ibos de oriente se quejaban sin cesar del dominio del norte, aunque Azikiwe era ibo.
* *La recesión económica empeoraba las cosas.* En 1964, los precios se habían elevado 15%, el desempleo aumentaba y, en promedio, los salarios estaban por abajo de lo que se había calculado como salario mínimo. Las críticas contra el gobierno aumentaron y Balewa respondió con el arresto del jefe Awolowo, primer ministro de la región occidental, la cual, durante un tiempo pareció separarse de la federación. Por otra parte, el gobierno central fue acusado de corrupción por haber intentado "arreglar" ostensiblemente los resultados de las elecciones de 1994.
* *En enero de 1966 hubo un golpe militar a cargo de oficiales ibo, principalmente, durante el cual fueron asesinados Balewa y otros políticos importantes.* Después, la situación se fue deteriorando; en el norte, algunos ibos que habían llegado a la región en busca de trabajo fueron masacrados salvajemente. El general Ironsi, nuevo líder, él mismo ibo, fue asesinado por soldados del norte. Cuando *el coronel Yakubu Gowon,* del norte, logró la supremacía, casi todos los ibos huyeron de otras partes de Nigeria y volvieron a la región oriente, cuyo líder, el coronel

Ojukwu, anunció que dicha región se separaría de Nigeria para convertirse en el Estado independiente de Biafra (mayo de 1967). Gowon lanzó lo que describía como una "corta acción quirúrgico-policiaca" para reintegrar la región oriental a Nigeria.

b) La guerra civil

Los biafranos lucharon enérgicamente, de modo que fue necesario algo más que una corta acción policiaca. Fue una guerra intensa y terrible en la cual Biafra perdió más civiles por enfermedad y hambruna que soldados en la lucha (ilustración xxv.3). Ni las Naciones Unidas ni la Mancomunidad, ni la Organización de la Unidad Africana pudieron mediar, y los biafranos aguantaron hasta el final, cuando las tropas nigerianas los cercaron por todos lados. La rendición definitiva tuvo lugar en enero de 1970. Se había preservado la unidad de Nigeria.

c) La recuperación posterior a la guerra fue notablemente rápida

Había problemas importantes, como hambruna en Biafra, antagonismo entre tribus, desempleo y recursos económicos muy presionados por la guerra. Gowon demostró considerable habilidad política en tan difícil situación. No hubo venganzas, como temían los ibos, y Gowon hizo todo lo posible por lograr la reconciliación; los convenció de volver al trabajo en otras regiones del país. Por otra parte, introdujo un nuevo sistema federal de 12 estados, que posteriormente se incrementaron a 19, para dar un mayor reconocimiento a las diferencias tribales; fue una medida pragmática en un país de gran diversidad étnica. Nigeria pudo aprovechar los crecientes precios del petróleo a mediados de los años setenta, situación que le permitió sanear su balanza de pagos. *En 1975, otro grupo armado derrocó a Gowon, el cual suponía que probablemente este último entregaría el país a un gobierno civil demasiado pronto.* Nigeria siguió prosperando y el ejército cumplió su promesa de

ILUSTRACIÓN XXV.3. *Biafra: joven de 15 años víctima de la guerra civil y la hambruna*

restablecer el gobierno democrático en 1979. Se celebraron elecciones y Shagari resultó electo como presidente de un gobierno civil. El petróleo nigeriano tenía gran demanda en el exterior, de modo que la prosperidad parecía asegurada y destacaban las perspectivas de un gobierno estable.

d) Promesa incumplida

Por desgracia, la desilusión llegó demasiado pronto. En 1981, la economía tuvo problemas por la caída de los precios del petróleo, y la saludable balanza comercial de 1980, en 1983 mostró déficit. Si bien Shagari fue electo para otro periodo de cuatro años (agosto de 1983), fue destituido por un golpe militar en diciembre. Según el nuevo líder, *general de división Bukhari*, el gobierno civil era culpable de mal manejo de la economía, corrupción financiera y elecciones amañadas. En agosto de 1985, Bukhari fue víctima de otro golpe de un grupo rival de oficiales del ejército que se quejaba de que no había hecho lo necesario para revertir la caída de los niveles de vida, el alza de los precios, la continua escasez y el desempleo.

El nuevo presidente, *general de división Babangida*, empezó con gran energía, con lo que llamó su campaña de "apretarse el cinturón", y anunció planes para desarrollar el potencial no petrolero de la economía. Su objetivo era incrementar la producción de arroz, maíz, peces, aceite vegetal y productos animales, y dar especial prioridad a la producción de acero y al ensamblado de vehículos automotores. Siguiendo el ejemplo de Jerry Rawlings, de Ghana, declaró que su gobierno militar no estaría en el poder "un día más de lo que fuera absolutamente necesario". Se organizó un comité de académicos que trabajaría en una nueva Constitución para "garantizar un mecanismo de sucesión aceptable e indoloro"; octubre de 1990 se fijó como fecha para el retorno del gobierno civil. En 1986 vino otro golpe por una nueva caída importante de los precios del petróleo, que en junio llegó a un récord a la baja de apenas 10 dólares por barril. Fue un desastre para el gobierno, que había calculado el presupuesto de ese año sobre la base de 23.50 dólares por barril, de modo que se vio obligado a aceptar un crédito del Banco Mundial que le permitiera continuar con el programa de recuperación.

A pesar de los problemas económicos, según lo prometido, las elecciones tuvieron lugar en 1990 y 1991, y parecía viable el retorno de un gobierno civil democrático; en junio de 1993, el jefe Abiola ganó la elección presidencial. No obstante, Babangida anunció que la elección se había anulado por malas prácticas, si bien la mayoría de los observadores extranjeros informaron que se había llevado a cabo honesta y pacíficamente. El sustituto de Babangida, *general Sani Abacha, tomó el poder en un golpe sin derramamiento de sangre;* el jefe Abiola fue arrestado posteriormente.

El gobierno de Abacha pronto se convirtió en una dictadura militar y los principales líderes de oposición fueron encarcelados y ejecutados, por lo cual fue condenado por la opinión pública internacional (noviembre de 1995). Nigeria recibió otros golpes a su economía al ser suspendida de la Mancomunidad y recibir sanciones económicas de las Naciones Unidas; la mayoría de los países dejó de comprar petróleo nigeriano y se suspendió la ayuda. Entre tanto, Abacha parecía inconmovible, y afirmaba que entregaría el poder a un presidente electo democráticamente en 1998, o cuando se sintiera listo. Algunos grupos de oposición pidieron que el país se dividiera en dos estados diferentes; otros pedían un sistema federal más laxo que permitiera escapar del atroz régimen de Abacha. La corrupción siguió floreciendo; se informó que durante el periodo de Babangida en el poder, más de 12 000 millones de dólares de utilidades del petróleo habían desaparecido, y que la tendencia con Abacha era la misma. Pero dichas prácticas no eran exclusivas de la élite política, pues había pruebas de que en general en todos los niveles de actividad se necesitaban sobornos para que el sistema siguiera operando.

Parecía que el gobierno militar iba a ser indefinido, pero finalmente en junio de 1998, Abacha murió inesperadamente y fue remplazado por el general Abubakar, quien prometió volver al gobierno civil tan pronto como fuera factible. Los presos políticos fueron liberados y se permitió la formación de partidos políticos para preparar las elecciones de 1999. Se crearon tres partidos principales, el Partido Democrático Popular (PDP), el Partido de Todos los Pueblos y la Alianza para la Democracia. La elección para presidente celebrada en febrero de 1999 fue calificada por un grupo de observadores internacionales como honesta y libre; *Olusegun Obasanjo,* del PDP, fue declarado ganador y asumió la presidencia en mayo.

e) Otra vez un gobierno civil

El presidente Obasanjo intentó que el gobierno civil fuera un éxito; empezó por quitar a muchos militares que habían tenido puestos oficiales en la administración e introdujo nuevas restricciones para acabar con la corrupción. La imagen internacional de Nigeria mejoró y el presidente Clinton, de los Estados Unidos, visitó el país en 2000 y prometió ayuda para restaurar la infraestructura, que estaba en estado lamentable. No obstante, no fue todo tan sencillo; había violencia religiosa y étnica, y la economía no logró su potencial.

- *Había violencia esporádica entre diferentes tribus.* Por ejemplo, en el estado de Nassarawa, cerca de 50 000 personas fueron obligadas a huir de sus hogares después de dos meses de lucha entre la tribu dominante hausa y el grupo minoritario tiv.
- *El problema más grave era la violencia continua entre musulmanes y cristianos.* Siempre había habido hostilidad entre ellos, ahora más complicada por la *Ley Shariah*, sistema de ley islámica que impone castigos severos, como amputación de algún miembro y muerte por lapidación. Por ejemplo, el robo se castigaba con amputación de la mano derecha la primera vez; del pie izquierdo, la segunda; la mano izquierda, la tercera, etc. En el estado de Zamfara, un hombre perdió la mano derecha por robar el equivalente a 25 libras esterlinas. Los castigos para las mujeres eran especialmente severos; el adulterio y el embarazo fuera del matrimonio podrían dar lugar a una sentencia de muerte por lapidación. Para finales de 2002, 12 de los 19 estados, los del norte, que eran principalmente musulmanes, habían incluido la Ley Shariah en sus sistemas legales. La Shariah se aplicaba sólo a los musulmanes, pero muchos cristianos se oponían a ella por considerarla bárbara y medieval.

En otros estados, de mayoría cristiana, había violentos choques entre cristianos y musulmanes. El presidente y el procurador general, ambos cristianos y del sur, se oponían a la introducción de la Ley Shariah, pero su situación era difícil. Con las elecciones de abril de 2003 en puerta, no podían permitirse antagonizar con los estados del norte. No obstante, el procurador general llegó a declarar que la Ley Shariah era ilegal porque infringía los derechos de los musulmanes al someterlos a "un castigo más severo del que se impondría a otros nigerianos por el mismo delito". En marzo de 2002, una corte de apelación revirtió la sentencia de muerte por adulterio impuesta a una mujer en Sokoto; pero en el mismo mes, en el estado de Katsina, una mujer fue sentenciada a muerte por lapidación por tener un hijo fuera del matrimonio. Ese mismo año, una pareja joven fue sentenciada a muerte por tener relaciones sexuales sin estar casados. Estas sentencias provocaron protestas internacionales; tanto la Unión Europea como los Estados Unidos expresaron su preocupación, y el gobierno federal de Nigeria contestó que se había opuesto rotundamente a dichas sentencias.

• En la ciudad de Kaduna, al norte, la violencia fue intensa a raíz de *una decisión poco prudente de celebrar el concurso de Miss Mundo en Nigeria, en diciembre de 2002*. La oposición de muchos musulmanes fue drástica, pero en noviembre, en el periódico *This Day*, de circulación nacional, se publicó un artículo en que se sugería que el propio profeta Mahoma no hubiera objetado el concurso y probablemente hubiera escogido una esposa de entre las concursantes. Esto ofendió a los musulmanes, que destruyeron las oficinas del diario, en Kaduna, y quemaron iglesias. Los cristianos tomaron represalias y más de 200 personas murieron en los disturbios. El concurso de Miss Mundo se celebró en el Reino Unido, y el subgobernador del estado de Zamfara, en el norte, emitió una *fatwa* urgiendo a los musulmanes a matar a Isioma Daniel, quien había escrito el artículo.

• A principios de 2003 hubo brotes de violencia étnica en la región sur del delta del Níger, importantes por tratarse de un gran centro de producción de petróleo; tres compañías petroleras extranjeras fueron obligadas a suspender operaciones, y la producción total de petróleo de Nigeria se redujo 40 por ciento.

A pesar de todos los problemas, el presidente Obasanjo logró una convincente victoria en las elecciones de abril de 2003, con 60% de los votos, y su Partido Democrático Popular logró la mayoría en ambas cámaras del Parlamento, pero después las cosas no fueron fáciles. En julio, el país se paralizó por una huelga general en protesta por los grandes incrementos en el precio del petróleo. La violencia entre musulmanes y cristianos parecía ser algo cotidiano en la vida de Nigeria; en febrero de 2004, cuando menos 150 personas murieron en el estado de Plateau, en el centro del país, después de que musulmanes atacaran una iglesia y los cristianos se vengaran. Las estadísticas publicadas por la ONU mostraban que entre 66 y 70% de la población vivía en la pobreza, respecto de 48.5% de 1998. El mismo problema básico persiste, el mal uso de la riqueza petrolera del país. En 2004 se había estado exportando petróleo durante más de 30 años, con utilidades superiores a los 250 000 millones de dólares, pero la gente común veía pocos beneficios, en tanto que las élites gobernantes amasaban grandes fortunas.

4. POBREZA EN TANZANÍA

Tanganyica se independizó en 1961 y la isla de Zanzíbar se le unió para formar Tanzanía. Fue gobernada por el *doctor Julius Nyerere*, líder de la Unión Nacionalista Africana de Tanzanía (TANU, por sus siglas en inglés), quien tuvo que enfrentar enormes problemas.

- Tanzanía fue uno de los estados más pobres de toda África.
- Había muy poca industria, pocos recursos minerales y enorme dependencia de la producción de café.
- Posteriormente, Tanzanía se involucró en costosas operaciones militares para derrocar al presidente de Uganda, Idi Amin, y ayudó y entrenó a las guerrillas nacionalistas de países como Zimbabwe.
- Por otra parte, los problemas tribales no eran tan fuertes como en otros lados, y la lengua swahili estableció un vínculo común.

Nyerere se retiró de la presidencia en 1985 (a los 65 años de edad), si bien siguió siendo presidente del partido hasta 1990. Su sucesor fue *Ali Hassan Mwinyi*, ex vicepresidente, quien gobernó los siguientes 10 años.

a) Enfoque y logros de Nyerere

Su enfoque fue diferente del de los otros gobernantes africanos; empezó de una manera bastante convencional para hacer crecer la economía, y durante los 10 primeros años de independencia se duplicó la producción de café y de algodón, en tanto que la de azúcar se triplicó; los servicios de salud y educativos también crecieron. Pero a Nyerere no le satisfacía que Tanzanía pareciera desarrollarse según las mismas líneas que Kenia, con una brecha cada vez mayor entre la élite de los ricos y las masas resentidas. Propuso su solución en un notable documento, *la Declaración de Arusha*, publicado en 1967. El país se gobernaría al estilo socialista.

- Todos los seres humanos recibirían el mismo trato.
- El Estado debía tener el control efectivo de los medios de producción e intervenir en la vida económica para asegurarse de que el pueblo no fuera explotado, y de que se erradicaran la pobreza y las enfermedades.
- La acumulación de riqueza no debía ser exagerada, o la sociedad dejaría de ser una sociedad sin clases.
- Se debía acabar con los sobornos y la corrupción.
- Según Nyerere, Tanzanía estaba en guerra, y el enemigo era la pobreza y la opresión. El camino a la victoria no era a través del dinero y la ayuda extranjera, sino a través del trabajo duro y la autosuficiencia. La primera prioridad era mejorar la agricultura, de modo que el país fuera autosuficiente en la producción de alimentos.

Nyerere se esforzó mucho por poner en práctica sus objetivos, de modo que todas las empresas importantes, incluidas las que eran propiedad de extranjeros, fueron nacionalizadas y se crearon planes de desarrollo a cinco años. El gobierno fomentaba los proyectos locales y proporcionaba fondos, entre otros, los *ujamaa* ("familiarización" o autoayuda), en los cuales las familias de cada poblado combinaban sus recursos y cultivaban en cooperativas; eran unidades pequeñas pero viables que operaban colectivamente y podían aprovechar las técnicas modernas. Los créditos y las inversiones del exterior se redujeron al mínimo para evitar el endeudamiento. Políticamente, la rama del socialismo de Nyerere se traducía en un Estado unipartidista gobernado por el TANU, pero aún se celebraban elecciones. Parecía haber algunos elementos de una democracia genuina, pues los votantes de cada circunscripción podían elegir entre dos candidatos del TANU, y en cada elección, una proporción importante de los representantes perdía su escaño. El propio Nyerere dignificaba el liderazgo, y su sencillo estilo de vida y total indiferencia a la riqueza era el ejemplo perfecto para el partido y el país. Fue un experimento fascinante en el que se intentó combinar un gobierno socialista desde el centro con las tradiciones africanas de toma de decisiones localmente. Se intentó una alternativa a la sociedad capitalista occidental con tendencia a las ganancias que la mayoría de los otros estados africanos parecían copiar.

b) ¿Éxito o fracaso?

A pesar de los logros de Nyerere, cuando se retiró fue obvio que en 1985 su experimento había tenido, cuando mucho, éxito limitado. En una conferencia sobre la Declaración de Arusha (diciembre de 1986), el presidente Mwinyi mencionó *algunas estadísticas sociales impresionantes que muy pocos países africanos podrían igualar:* 3.7 millones de niños en la escuela primaria; dos universidades, con un total de más de 4 500 estudiantes; una tasa de alfabetización de 85%; 150 hospitales y 2 600 dispensarios; mortalidad infantil de menos de 137 por millar; expectativas de vida de 52 años.

No obstante, en otras partes de la Declaración de Arusha, no había logros. La corrupción no cedía porque muchos funcionarios no eran tan altruistas como el propio Nyerere. La inversión en agricultura no era suficiente, de modo que la producción estaba muy por abajo de lo esperado. La nacionalización de las propiedades sembradas de henequén había sido un fracaso en 1960, y Nyerere mismo admitía que la producción se había reducido de 220000 toneladas en 1970, a sólo 47000 en 1984, y en mayo de 1985 había revertido la nacionalización. Desde finales de 1978, Tanzanía estaba en problemas por la caída de los precios internacionales del café y el té (sus principales exportaciones), el incremento de los precios del petróleo (que absorbía casi la mitad de sus ganancias por las exportaciones) y el gasto de la guerra contra Idi Amin, en Uganda (cuando menos, 1000 millones de libras esterlinas). Si bien los precios del petróleo empezaron a reducirse en 1981, pronto hubo problemas por el casi colapso de sus otras exportaciones (ganado, cemento y productos agrícolas), que lo dejaron sin divisas. Los créditos del Fondo Monetario Internacional sólo complicaron el problema de cómo cumplir con el pago de los intereses. Tanzanía no estaba ni siquiera cerca de ser un Estado socialista, tampoco era autosuficiente, dos de los principales objetivos de la Declaración. El experimento socialista de Nyerere podría haber funcionado en una economía cerrada, pero desafortunadamente se estaba convirtiendo en parte de la "aldea global", expuesta a las excentricidades de la economía del mundo.

No obstante, Nyerere se merecía gran respeto como africano y como estadista del mundo, como enemigo del *apartheid* de Sudáfrica y como crítico franco de la economía mundial y la forma en que explotaba a los países pobres. Desempeñó un papel vital en el derrocamiento de Idi Amin, el brutal dictador que gobernó Uganda de 1971 a 1979. El prestigio de Nyerere estaba en el clímax cuando fue seleccionado como presidente de la Organización de la Unidad Africana (OAU) para el periodo 1984-1985.

c) Tanzanía después de Nyerere

Si bien el presidente Mwinyi, sucesor de Nyerere, conservó el sistema unipartidista, empezó a alejarse del control gubernamental estricto y a permitir más empresas privadas y una economía mixta; también aceptó ayuda financiera del Fondo Monetario Internacional, que Nyerere siempre había evitado. Mwinyi fue reelegido para otro periodo de cinco años en 1990; en 1992 se introdujo una nueva Constitución que permitía un sistema multipartidista. Las primeras elecciones democráticas importantes fueron en octubre de 1995. Mwinyi fue obligado a dimitir después de dos periodos como presidente. El partido en el poder, que ahora se llamaba Chama Cha Mapinduzi (CCP, Partido de la Revolución), presentó a *Benjamin Mkapa* como candidato presidencial, quien obtuvo una clara victoria, con 60% de los votos, y el CCP ganó 214 de 269 escaños del Parlamento.

La economía de Tanzanía siguió siendo frágil y dependiente de la ayuda del exterior, aunque a menudo ésta significaba vínculos desagradables. En abril de 2000, por ejemplo, el IME anunció un paquete de alivio de la deuda para Tanzanía, pero una de las condiciones era que los padres tenían que poner parte de los costos de la educación de sus hijos, lo cual estaba totalmente fuera de la realidad en un país pobre como Tanzanía, de modo que el número de niños en las escuelas primarias se redujo abruptamente. Al mismo tiempo, hubo acontecimientos promisorios. En 1999, la primera mina de oro comercial empezó a producir, y en 2000 empezaron los preparativos para la extracción de tanzanita, una piedra preciosa aún más rara que el diamante. Cuando se acercaban las elecciones de octubre de 2000, el gobierno se inquietó por una serie de escándalos de corrupción en que estaban implicados algunos de sus miembros más ricos, y también por el sentimiento nacionalista en Zanzíbar, que quería más libertad respecto del continente. Sin embargo, los partidos de oposición estaban desorganizados y parecían no tener nada mejor que ofrecer. El presidente y el CCP obtuvieron una victoria aplastante, Mkapa tuvo más del 70% de los votos y el CCP ganó 90% de los escaños del Parlamento. Los observadores extranjeros declararon que las elecciones habían sido libres y honestas, excepto en Zanzíbar, donde siempre había quejas de artimañas.

Conforme Tanzanía avanzaba hacia el siglo XXI, la economía empezó a cumplir algunas de sus promesas. En 2004, el país parecía convertirse en el tercer productor de oro del mundo; la inversión extranjera y el turismo se incrementaban, y el

FMI y el Banco Mundial no objetaron la reducción del pago anual de la deuda de Tanzanía.

5. EL CONGO/ZAIRE

a) ¿Por qué y cómo se desarrolló la guerra civil?

En la sección XXIV.6 *b)* se explica por qué los belgas permitieron súbitamente que el Congo se independizara en junio de 1960, sin los preparativos adecuados. No había un grupo de africanos experimentado a quién entregar el poder porque los congoleses no habían sido formados para ocupar puestos profesionales, muy pocos tenían educación superior y no se había permitido la formación de partidos políticos. Esto no significó que la guerra civil fuera inevitable, pero hubo otras complicaciones.

1. *Había cerca de 150 diferentes tribus que hubieran dificultado la unión del país incluso con administradores experimentados.* Las elecciones fueron violentas y caóticas, y el Movimiento Nacional Congoleño (MNC), encabezado por un ex empleado de correos, *Patrice Lumumba*, destacó como partido dominante, aunque había más de 50 grupos diferentes. Cualquier tipo de acuerdo iba a ser difícil, pero los belgas entregaron el poder a una coalición gubernamental con Lumumba como primer ministro y Joseph Kasavubu, líder de otro grupo, como presidente.
2. *Unos días después de la independencia, se desató un motín en el ejército congoleño (julio de 1960)* como protesta porque todos los oficiales eran belgas y los africanos esperaban ser ascendidos de inmediato. Lumumba no contaba con medios para mantener la ley y el orden, y la violencia entre tribus empezó a extenderse.
3. La empresa belga *(Union Minière)*, que seguía controlando la industria minera del cobre, instó a *la provincia suroriental de Katanga*, que tenía ricos yacimientos, a declararse independiente, gobernada por *Moise Tshombe*. Era la parte más rica del Congo, y el nuevo Estado no podía

darse el lujo de perderla. Lumumba, incapaz de confiar en su ejército amotinado, recurrió a las Naciones Unidas en pos de ayuda para mantener la unidad de los congoleños, de modo que se envió una fuerza de paz de 3000 hombres.

b) La guerra civil y la función de las Naciones Unidas

Lumumba quería utilizar las tropas de las Naciones Unidas para obligar a Katanga a unirse nuevamente al Congo, pero la situación era compleja. El presidente ya era impopular con los Estados Unidos y Gran Bretaña por su elocuente socialismo; los estadunidenses en particular lo veían como un peligroso comunista que alinearía al Congo con la URSS en la Guerra Fría. Muchos belgas preferían que Katanga fuera independiente, lo cual facilitaría que ellos influyeran, y querían seguir controlando las minas de cobre. Frente a estas presiones, el secretario general de la ONU, Dag Hammarskjöld, se negó a permitir que sus fuerzas atacaran Katanga, si bien al mismo tiempo se negó a reconocer la independencia de dicha región. Disgustado, Lumumba pidió ayuda a los rusos, pero Kasavubu se horrorizó; apoyado por el general Mobutu y alentado por estadunidenses y belgas hizo arrestar a Lumumba; él y dos ex ministros de su gobierno fueron golpeados posteriormente y asesinados por tropas belgas. El caos continuaba y Hammarskjöld se percató de que las medidas de la ONU tenían que ser determinantes, y si bien murió en un accidente de aviación mientras volaba a Katanga a ver a Tshombe, su sucesor, U Thant, siguió la misma línea. A mediados de 1961 había unos 20000 hombres de la ONU en el Congo, que en septiembre invadieron Katanga; en diciembre de 1962, la provincia aceptó su fracaso y la secesión terminó; Tshombe se exilió.

Si bien tuvieron éxito, las operaciones de las Naciones Unidas habían sido costosas, y a los pocos meses habían retirado todas sus tropas. La rivalidad entre tribus agravó el desempleo causado por los desórdenes que se iniciaron casi de inmediato, y la calma no se restableció sino en 1965, cuando el general Joseph Mobutu, del ejército congoleño, recurrió a mercenarios blancos y al apoyo de los Estados Unidos y Bélgica; así acabó con la resistencia y asumió él mismo el poder.

c) El general Mobutu en el poder

Probablemente fuera inevitable un gobierno autoritario para que el Congo, con sus muchos problemas (economía subdesarrollada, divisiones entre tribus y pocas personas capacitadas), se mantuviera unido. ¡Mobutu era la persona idónea! Las condiciones mejoraron gradualmente cuando los congoleños adquirieron experiencia en la administración y la economía empezó a ser más saludable, después de que las minas propiedad de extranjeros fueran nacionalizadas.

Sin embargo, en los últimos años setenta hubo más problemas. En 1977, Katanga (ahora conocida como Shaba) fue invadida por tropas de Angola, aparentemente incitadas por el gobierno de dicho país, que resentía la previa intervención de Mobutu en sus asuntos [sección XXIV.6 d)] y por la URSS, indignada con el apoyo estadunidense para Mobutu; fue una forma de manifestarse en contra de los Estados Unidos y otra extensión de la Guerra Fría.

Habiendo sobrevivido a ese problema, Zaire (como se llamaba el país desde 1971) se encontró en problemas económicos, sobre todo por la caída de los precios del cobre y la sequía que hizo necesaria la importación de alimentos costosos. Mobutu fue cada vez más criticado fuera de Zaire por su estilo de gobierno autoritario y enorme fortuna personal. En mayo de 1980, Amnistía Internacional declaró que cuando menos un millar de presos políticos estaban encarcelados, sin juicio, y que varios cientos habían muerto torturados o por inanición entre 1978 y 1979. En 1990 permitió un sistema multipartidista, pero con él por encima de la política, como jefe de Estado. Mobutu permaneció en el poder, pero en 1995, después de gobernar durante 30 años, era cada vez más impopular entre su gente.

d) Los kabilas, y de nuevo guerra civil

A mediados de los años noventa la oposición contra Mobutu se incrementó. En la zona oriental de Zaire, *Laurent Kabila*, quien había apoyado a Patrice Lumumba, organizó a sus fuerzas y se dirigió a Kinshasa, la capital. En mayo de 1997, Mobutu abandonó el país y murió posteriormente, ese mismo año, exiliado en Marruecos. Laurent Kabila asumió la presidencia y cambió el nombre del país a República Democrática del Congo (DRC, por sus siglas en inglés). Si el pueblo congoleño había esperado grandes cambios en el sistema de gobierno, pronto se desilusionó, pues Kabila mantuvo muchas de las técnicas de Mobutu; los políticos y periodistas de oposición fueron arrestados; se prohibieron los partidos políticos y se cancelaron las elecciones. Algunos de sus propios seguidores empezaron a oponerse a él; los banyamulenge, pueblo de origen tutsi, muchos de los cuales habían luchado en su ejército, se resintieron por lo que consideraban favoritismo respecto de los miembros de su propia tribu luba y empezaron una rebelión en el oriente (agosto de 1998), apoyados por los gobiernos vecinos de Uganda y Ruanda. Los gobiernos de Zimbabwe, Angola y Namibia prometieron apoyo para Kabila. Con fuerzas de seis países involucradas, pronto el conflicto adquirió más importancia que una guerra civil. A pesar de los intentos de negociación, las hostilidades se prolongaron hasta el nuevo siglo, y en enero de 2001, Kabila fue asesinado por uno de sus guardaespaldas, que de inmediato fue también acribillado. El motivo no está claro, si bien se culpó a los rebeldes del asesinato.

El grupo gobernante pronto nombró a Joseph, hijo de Kabila, cabeza del ejército congoleño, como nuevo presidente. *Joseph Kabila* parecía más conciliador que su padre; prometió elecciones libres y limpias y anunció que estaba dispuesto a hacer las paces con los rebeldes. Se reportó que desde que empezó la guerra civil, casi tres millones de personas habían perdido la vida, la mayoría por inanición y enfermedades, en el área rebelde de la zona oriente. *Pronto se observaron signos alentadores:*

- Se eliminaron las restricciones relacionadas con los partidos políticos (mayo de 2001).
- Las Naciones Unidas acordaron que su misión de paz permanecería en la DRC; también recibieron con beneplácito el retiro de las tropas de Namibia y pidieron a los otros estados que aún tenían soldados en la DRC que los retiraran.
- Se firmaron acuerdos de paz entre la DRC, Ruanda y Uganda (2002), con la ONU y Sudáfrica como avales. Ambas partes retirarían sus tropas de la zona oriental del país; se introduciría un sistema de poder compartido en el que Kabila seguiría siendo presidente, con cuatro vicepresidentes seleccionados de entre los diferentes grupos rebeldes. El gobierno de transición con poder compartido prepararía las elecciones de 2005.

El nuevo gobierno de transición se formó en julio de 2003; el futuro parecía más promisorio que en muchos años, si bien había brotes esporádicos de violencia. La provincia nororiental de Ituri fue especialmente problemática por los choques entre las tribus hema y lendu.

6. ANGOLA, UNA TRAGEDIA DE LA GUERRA FRÍA

a) Escalada de la guerra civil

En la sección XXIV.6 *d)* se describe cómo Angola se sumió en la guerra civil inmediatamente después de independizarse de Portugal, en 1975. Parte del problema fue que había tres diferentes movimientos de liberación que empezaron a luchar entre sí tan pronto como se declaró la independencia.

- El MPLA (Movimiento Popular para la Liberación de Angola) era un partido de tipo marxista que trataba de hacer un llamado a todos los angoleños respecto de la división entre tribus. Fue este movimiento el que afirmó ser el nuevo gobierno, con su líder, *Agostinho Neto*, como presidente.

- La UNITA (Unión Nacional para la Independencia Total de Angola), con su líder *Jonas Savimbi*, recibió gran apoyo de la tribu ovimbundu en el sur del país.
- El FNLA (Frente Nacional para la Liberación de Angola) era mucho más débil que los otros dos; fue apoyado principalmente por la tribu bakongo, del noroste.

Las alarmas sonaron de inmediato en los Estados Unidos, a quienes no les gustó el aspecto marxista del MPLA, de modo que decidieron apoyar al FNLA (también apoyado por el presidente Mobutu de Zaire) con asesores, fondos y armamento, y lo instaron a atacar al MPLA, contra el cual también se lanzó la UNITA. Cuba envió tropas para ayudarlo, en tanto que las de Sudáfrica, que apoyaban a los otros dos grupos, invadieron Angola a través de la vecina Namibia, al sur. De igual forma, el general Mobutu envió tropas desde Zaire, al noreste de Angola. No hay duda de que de todas formas habría habido lucha y derramamiento de sangre, pero la interferencia externa y el que la Guerra Fría se haya extendido a Angola empeoró el conflicto.

b) Angola y Namibia

El problema de Namibia también complicó la situación. Localizada entre Angola y Sudáfrica, Namibia (antes África Suroccidental Alemana) había sido entregada a Sudáfrica en 1919, al finalizar la primera Guerra Mundial para que fuera preparada para la independencia. El gobierno blanco de Sudáfrica había ignorado las órdenes de la ONU y demorado lo más posible la entrega de Namibia a un gobierno de mayoría negra. El movimiento de liberación de Namibia, SWAPO (Organización Popular del África Suroccidental) y su líder, Sam Nujoma, iniciaron una campaña de guerrillas contra Sudáfrica. Después de 1975, el MPLA permitió a la SWAPO que tuviera bases en el sur de Angola, de modo que no sorprende que el gobierno sudafricano fuera tan hostil al MPLA.

c) Acuerdos de paz de Lisboa (1991)

La guerra civil se alargó a la década de 1980, hasta que las nuevas circunstancias internacionales permitieron la paz. En diciembre de 1988, las Naciones Unidas lograron concertar un acuerdo de paz en el cual Sudáfrica aceptó retirarse de Namibia siempre que los 50 000 soldados cubanos salieran de Angola. El acuerdo siguió adelante, Namibia se independizó con Sam Nujoma como líder (1990). El fin de la Guerra Fría y del control comunista en Europa del este se tradujo en el cese del apoyo de los comunistas para el MPLA; en junio de 1991, todas las tropas cubanas habían vuelto a casa y Sudáfrica estaba dispuesta a ya no intervenir. Las Naciones Unidas, la Organización para la Unidad Africana (OAU), los Estados Unidos y Rusia tuvieron algo que ver en las pláticas de paz entre el gobierno del MPLA de Angola y la UNITA, en Lisboa (capital de Portugal). Se acordó que debería haber un cese al fuego seguido de elecciones, las cuales serían supervisadas por las Naciones Unidas.

d) Fracaso de la paz

En un principio parecía que todo iba bien; el cese al fuego y las elecciones tuvieron lugar en septiembre de 1992. El MPLA obtuvo 58% (129) de los escaños del Parlamento y la UNITA, sólo 31% (70). Si bien la elección presidencial resultó mucho más cerrada, pues por el presidente del MPLA, *Jose Eduardo Dos Santos*, votó 49.57%, en tanto que Jonas Savimbi (UNITA) se llevó 40.07%, la victoria del MPLA fue obvia.

No obstante, *Savimbi y la UNITA se negaron a aceptar el resultado* con el argumento de que había habido fraude, a pesar de que las elecciones habían sido supervisadas por 400 observadores de la ONU; el líder del equipo informó que, "en general, la elección había sido libre y honesta". Trágicamente, la UNITA, en vez de aceptar con elegancia la derrota, reinició la guerra civil, que fue aun más cruda. Hacia finales de enero de 1994, la ONU informó que había 3.3 millones de refugiados y que moría un promedio de 1 000 personas diarias, principalmente civiles. La organización tenía muy poco personal en Angola como para poner fin a las batallas. Esta vez, no fue posible culpar al mundo exterior de la guerra civil; era obvio que la culpa era de la UNITA. No obstante, muchos observadores responsabilizaban a los Estados Unidos de instigarla, pues poco antes del acuerdo de Lisboa el presidente Reagan se había reunido oficialmente con Savimbi en los Estados Unidos, lo cual dio la impresión de que era su igual y no un líder rebelde. Al mismo tiempo, dicho país no había reconocido al MPLA como gobierno legal de Angola, ni siquiera después de las elecciones; no fue sino en mayo de 1993, seis meses después de que la UNITA reanudara la guerra, cuando finalmente los Estados Unidos reconocieron al mencionado gobierno.

En 1994 se negoció finalmente un cese al fuego, y en noviembre se llegó a un acuerdo de paz. La UNITA, que para entonces perdía la guerra, aceptó el resultado de la elección de 1992, y a cambio se le permitió participar en lo que, de hecho, sería un gobierno de coalición. A principios de 1995 llegaron 7 000 efectivos militares de la ONU para ayudar a hacer cumplir el acuerdo y supervisar la transición a la paz. Sin embargo, por increíble que parezca, Savimbi pronto incumplió las condiciones del acuerdo; financiando a sus fuerzas con las utilidades de la venta ilegal de diamantes, siguió luchando contra el gobierno hasta su muerte, en 2002. *Durante sus 27 años de existencia, Angola no había conocido la verdadera paz y su desarrollo se había dificultado.* Era un país potencialmente próspero, rico en petróleo, diamantes y minerales, además de que la altiplanicie del centro era fértil, ideal para la cría de ganado y la siembra; el café era su principal producto. Pero al finalizar el siglo XX, la economía era un desastre; con una inflación de 240%, la guerra era costosísima y lo llevaba a la ruina; la gran mayoría de la población vivía en la pobreza, en tanto que los principales políticos enfrentaban acusaciones de corrupción en gran escala.

La situación cambió dramáticamente en febrero de 2002, cuando Savimbi fue asesinado en una emboscada. Casi de inmediato, los nuevos líderes de la UNITA se mostraron dispuestos a negociar, y en abril se firmó un cese al fuego y ambas partes prometieron cumplir con las condiciones del acuerdo de 1994. La Asamblea Nacional Angoleña votó a favor de ofrecer amnistía a los miembros de la UNITA, tanto combatientes como civiles. El acuerdo sería supervisado por la ONU. Por fin, ya sin Savimbi, parecía haber una verdadera oportunidad para la paz y la reconstrucción de Angola.

7. GENOCIDIO EN BURUNDI Y RWANDA

Como al Congo, los belgas dejaron a estos pequeños estados totalmente sin preparación para la independencia. En ambos casos había una explosiva mezcla de dos tribus, los tutsi y los hutu, que eran mayoría, si bien los primeros constituían la élite gobernante; de hecho, la palabra *tutsi* significa "rico en ganado", mientras que *hutu* equivale a "siervo". La tensión y las escaramuzas entre ambos eran constantes desde el día de la independencia, en 1962.

a) Burundi

En 1972 tuvo lugar un gran levantamiento de los hutus contra los tutsis, que gobernaban, el cual fue brutalmente sofocado y murieron más de 100 000 hutus. En 1988, los soldados hutus del ejército de Burundi masacraron a miles de tutsis. En 1993 se celebraron las primeras elecciones democráticas en el país y por primera vez se eligió a un presidente hutu, el cual no tardó en ser asesinado por soldados tutsis, en octubre de ese mismo año, pero otros miembros del gobierno hutu pudieron escapar. Como los hutus se vengaban de los tutsis, a una masacre seguía otra; cerca de 50 000 tutsis fueron asesinados y el país se desintegraba en medio del caos. Finalmente, el ejército impuso un acuerdo para compartir el poder, de modo que el primer ministro sería tutsi y el presidente, hutu, si bien gran parte del poder se concentraba en manos del primero.

La lucha se prolongó hasta 1996 y la Organización de la Unidad Africana, que envió una fuerza para mantener la paz (primera vez que lo hacía), no pudo evitar que continuaran las masacres y la limpieza étnica. La economía estaba en ruinas, la producción agrícola se había reducido drásticamente porque gran parte de la población rural había huido y el gobierno parecía no tener idea de cómo poner fin a la guerra. *El mundo exterior y las grandes potencias mostraban escasa preocupación*, pues sus intereses no estaban involucrados ni amenazados, y el conflicto de Burundi no recibió gran cobertura en los medios del mundo. En julio de 1996, el ejército derrocó al gobierno dividido y el mayor Pierre Buyoya (tutsi moderado) se nombró a sí mismo presidente; declaró que no se trataba de un golpe de Estado normal, el ejército había tomado el poder para salvar vidas. Le costó muchísimo trabajo pacificar el país, y varios ex presidentes africanos, incluidos Julius Nyerere, de Tanzanía, y Nelson Mandela, de Sudáfrica, intentaron mediar. El problema era que había cerca de 20 grupos de combatientes y era difícil juntar a representantes de todos al mismo tiempo. En octubre de 2001 se llegó a un acuerdo en Arusha (Tanzanía) con ayuda de Mandela. Habría un periodo de transición de tres años; durante la primera mitad, Buyoya seguiría siendo presidente con un hutu como vicepresidente, después de lo cual un hutu sería presidente con un vicepresidente tutsi. Habría una fuerza internacional para mantener la paz y se eliminarían las restricciones a la actividad política. No obstante, no todos los grupos rebeldes habían firmado el acuerdo de Arusha y la lucha continuó, a pesar de las fuerzas de paz sudafricanas.

Las expectativas de paz brillaron en 2002, cuando el principal partido rebelde hutu firmó, por fin, un cese al fuego con el gobierno. El presidente Buyoya cumplió con su parte del acuerdo de Arusha y entregó la presidencia a Domitien Ndayizeye, un hutu (abril de 2003). El nuevo presidente pronto pudo llegar a un acuerdo para compartir el poder con el grupo hutu rebelde que faltaba, pero la paz siguió siendo frágil.

b) *Rwanda*

La lucha entre tribus empezó en 1959, antes de la independencia, y llegó a su primer gran clímax en 1963, cuando los hutus, temerosos de una invasión tutsi desde Burundi, masacraron a miles de tutsis de Rwanda y derrocaron al gobierno de esa misma tribu. En 1990 se desató la lucha entre el Frente Patriótico de Rwanda (Front Patriotique Rwandais, FPR), rebelde, dominado por los tutsis, y asentado en la frontera con Uganda, y el ejército oficial de Rwanda (dominado por los hutus). La contienda continuó intermitentemente hasta 1993, cuando la ONU ayudó a negociar un acuerdo de paz en Arusha, Tanzanía, entre el gobierno rwandés (hutu) y el FPR (tutsi); habría un gobierno de base más amplia, que incluiría al FPR; se enviaron 2 500 efectivos de Naciones Unidas para supervisar la transición hacia la paz (octubre de 1993).

Durante unos meses todo pareció ir bien, pero después vino el desastre. Los hutus más extremistas, implacables, se oponían al plan de paz de Arusha, asombrados por el asesinato del presidente hutu de Burundi; habiendo formado su propio ejército (el Interahamwe), decidieron actuar. El avión en que viajaban el presidente hutu moderado de Rwanda y el presidente de Burundi de regreso de las pláticas de Tanzanía fue derribado por un misil, aparentemente lanzado por los extremistas hutus, cuando se acercaba a Kigali (capital de Rwanda); ambos presidentes murieron (abril de 1994). Muerto el presidente, nadie estaba seguro de quién daba las órdenes; con esto se cubrió el Interahamwe para lanzar una campaña genocida, y siguió la más espantosa masacre tribal; los hutus asesinaron a cuanto tutsi tenían al alcance, hasta mujeres y niños. La técnica favorita era convencerlos de que se refugiaran en las iglesias, después destruían el edificio y acababan con los refugiados en él. Incluso monjas y clérigos fueron implicados en la masacre.

El FPR tutsi reanudó la lucha y marchó hacia la capital; observadores de Naciones Unidas informaron que por las calles de Kigali literalmente corría sangre, y los cuerpos se apilaban en grandes cantidades. La reducida fuerza de la ONU no estaba preparada para enfrentar tanta violencia y pronto se retiró. La guerra civil y el genocidio continuaron hasta junio, y para entonces, cerca de medio millón de tutsis habían sido asesinados por fuerzas del gobierno y la milicia hutu. Era obviamente un intento deliberado y planeado cuidadosamente para acabar con la población tutsi de Rwanda, apoyado por el propio gobierno hutu de ese país. El Interahamwe no dudó tampoco en asesinar a los hutus moderados que intentaron ayudar a sus vecinos tutsis. Además de los asesinados, más o menos un millón de refugiados tutsis tuvieron que huir hacia Tanzanía y Zaire.

Entre tanto, aunque el resto del mundo estaba indignado y horrorizado por la magnitud del genocidio, no hizo nada para detenerlo. En una obra reciente, Linda Melvern muestra cómo los signos de alarma de lo que estaba por venir fueron ignorados por todos los que podían haber evitado el genocidio. Afirma que Bélgica y Francia sabían lo que se preparaba; ya en la primavera de 1992 el embajador belga informó a su gobierno que extremistas hutus "planeaban exterminar de una vez por todas a los tutsis de Rwanda y aplastar a la oposición hutu en el país". Los franceses siguieron surtiendo armas a los hutus durante el genocidio; el presidente Clinton, de los Estados Unidos, sabía con exactitud lo que sucedía, pero después de la humillación sufrida por la intervención en Somalia, en 1992, había decidido no involucrarse. Linda Melvern critica fuertemente a la ONU; señala que el secretario general, Boutros-Ghali, conocía bien Rwanda, estaba consciente de la situación, pero siendo pro hutu se negó a permitir una inspección de las armas y evitó enviar fuerzas internacionales suficientes para resolver el problema. Por otra parte, no sólo fueron Occidente y la ONU quienes cerraron los ojos ante la tragedia de Rwanda; la Organización para la Unidad Africana ni siquiera condenó el genocidio, menos intentó evitarlo; tampoco otros estados africanos tomaron medidas ni condenaron públicamente el hecho. Supuestamente, la atención de África estaba concentrada en la nueva democracia de Sudáfrica, más que en detener el genocidio en Rwanda.

En septiembre, el FPR empezó a tomar ventaja; el gobierno hutu fue expulsado y un gobierno tutsi del FPR se instaló en Kigali. Pero el avance hacia la paz fue lento; para fines de 1996, este nuevo gobierno apenas empezaba a dejar sentir su autoridad en todo el país, y los refugiados empezaban a regresar. A la larga se llegó a un acuerdo para compartir el poder, y un hutu moderado, Pasteur Bizimungu, ocupó la presidencia. Al renunciar en 2000 fue remplazado por Paul Kagame, un tutsi.

Uno de los problemas que enfrentaba el gobierno era la sobrepoblación de las cárceles, donde había más de 100 000 prisioneros esperando ser juzgados por su participación en el genocidio de 1994. Sencillamente eran demasiados para los tribunales del país. En enero de 2003, Kagame ordenó la liberación de cerca de 40000 prisioneros, si bien dejó muy claro que en algún momento serían juzgados. Esto consternó a los muchos sobrevivientes de las masacres, horrorizados por la perspectiva de enfrentarse con la gente que había matado a sus familiares.

En 2003 se introdujo una nueva Constitución que preveía un nuevo presidente y un Parlamento de dos cámaras, así como medidas para evitar que se repitiera el genocidio. En las primeras elecciones nacionales desde 1994, el presidente Kagame obtuvo una abrumadora victoria, con 95% de los votos (agosto de 2003). Sin embargo, los observadores informaron que en algunas zonas hubo "malas prácticas", y dos de los principales partidos de oposición fueron prohibidos, pero cuando menos Rwanda parecía gozar de un periodo de relativa calma. En febrero de 2004, el gobierno introdujo una nueva política de reconciliación, y quienes aceptaran su culpa y solicitaran el perdón antes del 15 de marzo de 2004 serían liberados (excepto los acusados de organizar el genocidio). Se esperaba que esto, como la Comisión de Reconciliación y Confianza de Sudáfrica, ayudaría a aceptar los traumas del pasado y avanzar hacia un periodo de paz y armonía.

8. El *APARTHEID* Y EL GOBIERNO DE MAYORÍA NEGRA EN SUDÁFRICA

a) La formación de la Unión Sudafricana

La historia de Sudáfrica ha sido complicada. Los primeros europeos en establecerse ahí permanentemente fueron miembros de la *Compañía Holandesa de las Indias Orientales*, que fundó una colonia en el Cabo de Buena Esperanza en 1652; siguió siendo colonia holandesa hasta 1795 y, en ese tiempo, los holandeses, conocidos como *afrikaners* o *boers* (palabra que significa "granjeros"), les quitaron tierras a los nativos africanos, los obligaron a trabajar como jornaleros y los trataban poco menos que como esclavos. También llevaron más jornaleros de Asia, Mozambique y Madagascar.

En 1795, el Cabo fue capturado por los británicos durante las Guerras Revolucionarias Francesas, y por el acuerdo de paz de 1814 se decidió que debería seguir siendo británico. Muchos colonizadores de Gran Bretaña se fueron a la colonia del Cabo. Los colonizadores holandeses estaban inquietos con el gobierno británico, en especial cuando liberó a todos los esclavos del Imperio británico (1838). Los agricultores boers sintieron que ello ponía en riesgo su forma de vida, y muchos decidieron irse de ahí, trasladándose al norte (hacia lo que llegó a ser conocido como *el Gran Trek*), donde establecieron sus propias repúblicas independientes de Transvaal y el Estado Libre de Orange (1835-1840). Algunos se fueron también a la zona oriental de la colonia del Cabo, llamada Natal. En la *guerra de los boers (1899-1902),* los británicos derrotaron al Transvaal y al Estado Libre de Orange, y en 1910 se unieron con la colonia del Cabo para formar la *Unión de Sudáfrica.*

La población del nuevo Estado era mixta:

Aproximadamente,

70% eran negros africanos, conocidos como bantus;
18% eran blancos de origen europeo; de éstos, más o menos 60% era holandés y el resto, británico;
9% era de raza mixta, conocida como "de color";
3% era asiático.

Si bien conformaban una vasta mayoría de la población, los africanos negros estaban sujetos a mayor discriminación que en los Estados Unidos.

- Los blancos dominaban la política y la vida económica del nuevo Estado, y salvo pocas excepciones, a los negros no se les permitía votar.
- Los negros hacían la mayor parte del trabajo manual en las fábricas, las minas de oro y las granjas; casi todos los varones vivían en barracas, lejos de sus esposas e hijos.

En general, se esperaba que vivieran en áreas reservadas para ellos, lejos de las zonas residenciales de los blancos. Estas áreas reservadas constituían apenas 7% del área total de Sudáfrica, y no eran suficientes para que los africanos produjeran suficientes alimentos para ellos y para pagar sus impuestos. A los africanos negros se les prohibía comprar tierras fuera de sus reservas.

- El gobierno controlaba el movimiento de los negros mediante un sistema de *leyes de paso*. Por ejemplo, un negro no podía vivir en una ciudad a menos que tuviera un pase que demostrara que trabajaba en un negocio propiedad de blancos. Un africano no podía salir de la granja en que trabajaba sin un pase de su patrón; tampoco podía conseguir otro empleo a menos que su ex patrón le diera oficialmente la salida; muchos trabajadores eran obligados a laborar en condiciones difíciles, incluso con patrones abusivos.

- Las condiciones de vida y de trabajo de los negros eran primitivas; por ejemplo, en la industria minera del oro, los africanos tenían que vivir en complejos habitacionales sólo para varones, en los cuales un dormitorio era compartido hasta por 90 personas.

- Por una ley de 1911, a los trabajadores negros se les prohibía hacer huelga y estaban proscritos de los trabajos calificados.

b) El doctor Malan introduce el apartheid

Después de la segunda Guerra Mundial hubo importantes cambios en el trato que se daba a los africanos negros. El primer ministro Malan (1948-1954) introdujo una nueva política llamada *apartheid (segregación)*, por la cual el control de los negros era aún más estricto. *¿Por qué fue introducido el* apartheid?

- Cuando se otorgó la independencia a India y Pakistán, en 1947, los blancos de Sudáfrica se alarmaron por la creciente igualdad racial de la Mancomunidad y decidieron conservar su supremacía.

- La mayoría de los blancos, en especial los de origen holandés, se oponía a la igualdad racial, pero los más extremistas eran los del *Partido Nacionalista Afrikaner encabezado por el doctor Malan.* Afirmaban que los blancos eran una raza maestra, y que los no blancos eran seres inferiores. La Iglesia Reformada Holandesa (Iglesia oficial del Estado en Sudáfrica) apoyó este punto de vista y citó pasajes de la Biblia que, afirmaban, apoyaban su teoría. Esto iba en contra de las demás iglesias cristianas, que creían en la igualdad racial. El *Broederbond* era una organización secreta afrikaner que tendía a la protección y preservación del poder afrikaner.
- Los nacionalistas ganaron las elecciones de 1948 con la promesa de rescatar a los blancos de la "amenaza" negra y de preservar la pureza racial de los blancos. Con esto se garantizaría la continuidad de la supremacía blanca.

c) *El* apartheid *siguió desarrollándose*

El *apartheid* siguió desarrollándose con los primeros ministros que siguieron a Malan, Strijdom (1954-1958), Verwoerd (1958-1966) y Vorster (1966-1978).

Características principales del apartheid

1. La separación entre blancos y negros debía ser lo más completa posible, en todos los niveles. En el campo, los negros debían vivir en reservas especiales, en tanto que en zonas urbanas tenían distritos segregados a una distancia adecuada de las zonas residenciales de los blancos. Si se pensaba que un distrito segregado estaba demasiado cerca de una zona "blanca", toda la comunidad era desarraigada y "reagrupada" en otro lugar para que la separación fuera lo más completa posible. Había autobuses urbanos y foráneos, trenes, cafeterías, servicios sanitarios, bancas en los parques, hospitales, playas, áreas para comidas campestres, deportes y hasta iglesias especiales. Los niños negros iban a escuelas segregadas y recibían una educación muy inferior. Pero el sistema tenía una fa-

lla: *la segregación total era imposible porque la mitad de la población no blanca trabajaba en minas, fábricas y otros negocios propiedad de blancos.* La economía se habría colapsado si todos los no blancos hubieran sido trasladados a reservas. Por otra parte, virtualmente todos los hogares tenían cuando menos dos sirvientes africanos.

2. *Todas las personas tenían una clasificación racial y una credencial de identidad.* Las leyes de paso eran estrictas, es decir, los africanos negros tenían que permanecer en las reservas o los distritos segregados a menos que se dirigieran a trabajar a una zona blanca, en cuyo caso, se emitía un pase. De otra forma, tenían prohibido viajar sin autorización de la policía.

3. *El matrimonio y las relaciones sexuales entre blancos y no blancos estaban prohibidos* para preservar la pureza de la raza blanca. La policía espiaba descaradamente a cualquier sospechoso de romper las reglas.

4. *Mediante la Ley Bantu de Autogobierno (1959)* se definieron siete regiones, llamadas *Bantustans*, basadas en las reservas africanas originales; se afirmaba que en algún momento tendrían un autogobierno. En 1969 se anunció que el primer Bantustan, Transkei, había sido "independizado". No obstante, el mundo exterior rechazó esto desdeñosamente porque el gobierno sudafricano seguía controlando la economía y los asuntos externos. La política fue criticada porque las áreas Bantustan cubrían sólo 13% del área total del país; más de ocho millones de negros se hacinaban en dichas áreas, relativamente reducidas, insuficientes para mantener adecuadamente a la población negra. Estaban un poco mejor que las barriadas rurales, pero el gobierno ignoró las protestas y siguió con su política; en 1980, a otras dos "patrias" africanas, Bophuthatswana y Venda, se les había otorgado la "independencia".

5. *Los africanos perdieron todos sus derechos políticos* y se abolió su representación en el Parlamento, que había sido a través de miembros del Parlamento blancos.

d) *Oposición al* apartheid

1. *En Sudáfrica*

Aquí era difícil oponerse al sistema. Cualquiera que objetara o violara las leyes del *apartheid*, incluidos los blancos, era acusado de comunista y castigado severamente según la *Ley de Supresión del Comunismo*. Los africanos tenían prohibidas las huelgas y su partido político, el *Congreso Nacional Africano* (*ANC*, por sus siglas en inglés), estaba atado de manos. *A pesar de ello, había protestas.*

- *El jefe Albert Luthuli*, líder del ANC, organizó una campaña de protestas en la que los africanos negros dejaban de trabajar determinados días. En 1952, los africanos intentaron violar sistemáticamente las leyes entrando a las tiendas y otros lugares reservados para los blancos; más de 800 fueron arrestados y muchos, azotados. Luthuli fue privado de su calidad de jefe y encarcelado durante un tiempo, y la campaña se acalló.
- *En 1955, el ANC formó una coalición con grupos asiáticos y de color,* y en una enorme reunión al aire libre, en Kliptown (cerca de Johannesburgo), apenas tuvieron tiempo de anunciar *una carta de libertad* antes de que la policía irrumpiera entre la multitud. *Pronto, la carta constituyó el principal programa del ANC.* Empezaba con la declaración de que "Sudáfrica pertenece a quienes ahí viven, blancos y negros, y ningún gobierno puede reivindicar la autoridad, a menos que provenga de la voluntad del pueblo". Sus demandas eran las siguientes:

  - igualdad ante la ley;
  - libertad de asociación, movimiento, expresión, religión y prensa;
  - derecho al voto;
  - derecho a trabajar con paga igual para trabajo igual;
  - jornada semanal de 40 horas, salario mínimo y prestaciones por desempleo;
  - atención médica gratuita;
  - educación libre, obligatoria e igual.

- *Los líderes de la Iglesia y los misioneros, tanto blancos como negros, se manifestaron en contra del apartheid,* entre otros, Trevor Huddleston, misionero británico que trabajaba en Sudáfrica desde 1943.

- *Posteriormente el* ANC *organizó otras protestas, incluido el boicot de 1957 a los autobuses;* en vez de pagar un incremento en la tarifa de sus distritos a Johannesburgo, a 15 kilómetros de distancia, miles de africanos caminaron de ida y vuelta durante tres meses, hasta que se redujeron las tarifas.

- *En 1960 las protestas llegaron al clímax, cuando se llevó a cabo una enorme manifestación en Sharpeville, población cercana a Johannesburgo, a pesar de las leyes de paso.* La policía disparó en contra de la multitud; murieron 67 personas y muchas más resultaron heridas (ilustración XXV.4). Después, 15 000 africanos fueron arrestados y cientos golpeados por la policía. Éste fue un momento decisivo para la campaña; hasta entonces, la mayoría de las manifestaciones no había sido violenta, pero la respuesta brutal de las autoridades convenció a muchos líderes negros de que a la violencia sólo se puede responder con violencia.

ILUSTRACIÓN XXV.4. *Cuerpos tirados por tierra después de la masacre de Sharpeville, en 1960*

ILUSTRACIÓN XXV.5. *Nelson Mandela en 1962,*
antes de su prolongado encarcelamiento

- Un reducido grupo de acción del ANC, conocido como *Umkhonto we Sizwe (Lanza de la Nación)*, o MK, inició operaciones; *Nelson Mandela* (ilustración XXV.5) fue uno de sus miembros prominentes. Organizaron una campaña de sabotaje de objetivos específicos; en 1961 se produjo una racha de ataques con bombas en Johannesburgo, Port Elizabeth y Durban, pero la policía pronto tomó medidas drásticas y arrestó a la mayoría de los líderes negros, incluido Mandela, quien fue sentenciado a prisión de por vida en Robben Island. El jefe Luthuli perseveraba en las protestas sin violencia, y después de la publicación de su conmovedora autobiografía, *Let my People Go (Suelten a mi pueblo)*, se le otorgó el Premio Nobel. Fue asesinado en 1967; las autoridades afirmaron que deliberadamente se había puesto frente a un tren.
- *El descontento y las protestas se incrementaron nuevamente en los años de la década de 1970* porque los salarios de los africanos se rezagaban respecto de la inflación. En 1976, cuando las autoridades de Transvaal anunciaron que el afrikaans (lengua de los blancos de ascendencia

holandesa) sería utilizado en las escuelas para negros africanos, en Soweto, poblado africano de los alrededores de Johannesburgo, se realizaron enormes manifestaciones. Si bien entre la multitud había muchos niños y jóvenes, la policía abrió fuego y mató a más de 200 negros africanos. Esta vez las protestas no se enfriaron, se difundieron por todo el país. Nuevamente el gobierno respondió brutalmente: durante los siguientes seis meses, otros 500 africanos fueron asesinados; entre las víctimas estaba *Steve Biko*, joven líder africano que urgía a la gente a sentirse orgullosa de su negritud. Fue muerto a golpes a manos de la policía (1976).

2. *Fuera de Sudáfrica*

Fuera de Sudáfrica, toda la Mancomunidad se oponía al apartheid. En los primeros años sesenta, el primer ministro conservador Harold Macmillan tuvo el valor de hacer pública su oposición en Ciudad del Cabo; hizo referencia a la creciente fuerza del nacionalismo africano: "Los vientos de cambio se dejan sentir por todo el continente [...] nuestras políticas nacionales deben tomarlo en cuenta". Su advertencia fue ignorada, y poco después el mundo vio, aterrado, la masacre de Sharpeville. En 1961, en la Conferencia de la Mancomunidad, la crítica fue dura contra Sudáfrica, y muchos pensaron que el país sería expulsado. Finalmente, Verwoerd retiró la solicitud de Sudáfrica para seguir siendo miembro y ya no lo fue más (en 1960 dejó de ser dominio para convertirse en república y había roto los lazos con la Corona británica; por ello, el gobierno tenía que volver a solicitar su admisión a la Mancomunidad).

3. *La ONU y la OAU*

Las Naciones Unidas y la Organización para la Unidad Africana condenaron el apartheid y criticaron particularmente que los sudafricanos siguieran ocupando África Suroriental [véase antes, sección XXV.6 *b*)]. La ONU votó por imponer un boicot económico a Sudáfrica (1962), pero fue inútil, pues no todos los estados miembros lo apoyaron. Gran Bretaña, los Estados Unidos, Francia, Alemania Occidental e Italia condenaron públicamente el *apartheid*, pero siguieron comerciando con Sudáfrica. Entre otras cosas, le vendían gran cantidad de armas, aparentemente con la esperanza de que constituyera un bastión contra la difusión del comunismo en África, de modo que Verwoerd (hasta que lo asesinaron en 1966) y su sucesor Vorster (1966-1978) pudieron ignorar las protestas del mundo exterior hasta bien entrados los años setenta.

e) El fin del apartheid

El sistema del *apartheid* siguió sin hacer concesiones a la población negra hasta 1980.

1. P. W. Botha
El nuevo primer ministro, P. W. Botha (elegido en 1979), se dio cuenta de todo lo que no funcionaba con el sistema; decidió que tenía que reformar el *apartheid* y eliminar algunos de los aspectos más impopulares para intentar que los blancos siguieran con el control. *¿A qué se debió este cambio?*

- *Las críticas del exterior* (de la Mancomunidad, las Naciones Unidas y la Organización para la Unidad Africana) se incrementaban gradualmente. La presión exterior se incrementó grandemente en 1975, cuando Angola y Mozambique, colonias portuguesas gobernadas por blancos, consiguieron su independencia después de prolongados forcejeos [sección XXIV.6 *d)*]. La toma de Zimbabwe por africanos (1980) acabó con el último de los estados gobernados por blancos que simpatizaban con el gobierno de Sudáfrica y el *apartheid*. Ahora, Sudáfrica estaba rodeada de estados negros hostiles, en los que muchos africanos habían jurado no descansar hasta que sus compañeros africanos de Sudáfrica hubieran sido liberados.
- *Había problemas económicos;* Sudáfrica había sido golpeada por la recesión a finales de la década de 1970, y muchos blancos estaban en peor posición económica, de modo que empezaron a emigrar, pero la población negra se incrementaba. En 1980, los blancos constituían

sólo 16% de la población, en tanto que en el entreguerras era de 21 por ciento.

- *Las "patrias" africanas fueron un fracaso;* eran asoladas por la pobreza, sus gobiernos eran corruptos y ningún gobierno extranjero las reconocía como verdaderos estados independientes.
- *Los Estados Unidos*, que en la década de 1970 trataban mejor a su propia población negra, empezaron a criticar al gobierno sudafricano por su política racista.

En un discurso de septiembre de 1979 que asombró a muchos de sus seguidores nacionalistas, Botha, primer ministro recién elegido, dijo: "Una revolución en Sudáfrica ya no es sólo una remota posibilidad. O nos adaptamos, o perecemos. El dominio de los blancos y el *apartheid* impuesto por ley son la receta para conflictos permanentes". Continuó con la sugerencia de que las patrias negras debían ser viables y que la discriminación innecesaria debía ser abolida. *Gradualmente hizo cambios importantes que esperaba fueran suficientes para silenciar a los críticos dentro y fuera de Sudáfrica.*

- Se permitió que los negros se afiliaran los sindicatos y que hicieran huelga (1979).
- Se permitió que los negros eligieran a sus propios consejos locales (pero no que votaran en las elecciones nacionales) (1981).
- Se introdujo una nueva Constitución, se instituyeron dos nuevas cámaras en el Parlamento, una para gente de color y otra para asiáticos (pero no para africanos). El nuevo sistema estaba ponderado, de modo que los blancos conservaban el control total. Entró en vigor en 1984.
- Se permitieron las relaciones sexuales y el matrimonio entre personas de diferente raza (1985).
- Se abolieron las odiadas leyes de paso para no blancos (1986).

Esto fue lo más lejos que Botha estuvo dispuesto a ir. Ni siquiera pensó en las principales demandas del ANC (derecho al voto y participación plena en el gobierno del país). Lejos de dejarse convencer por estas concesiones, los africanos negros estaban indignados porque la nueva Constitución no los tomaba en cuenta y estaban decididos a no aceptar menos que derechos políticos plenos.

La violencia se incrementó, y ambos lados fueron culpables de excesos. El ANC utilizó el "collar", un neumático colocado en el cuello de la víctima al que se prendía fuego, para asesinar a concejales o policías negros considerados como colaboradores del *apartheid.* En el vigesimoquinto aniversario de Sharpeville, la policía abrió fuego contra una procesión de dolientes negros que iban a un funeral cerca de Uitenhage (Port Elizabeth), y mataron a 40 personas (marzo de 1985). En julio se declaró el estado de emergencia en las áreas más afectadas, y se amplió a todo el país en junio de 1986. Esto dio poder a la policía para arrestar sin orden de aprehensión y la liberaba de todo procedimiento penal; miles de personas fueron arrestadas, además de que se prohibió que periódicos, radio y televisión informaran de manifestaciones y huelgas.

No obstante, como sucede con frecuencia cuando un régimen autoritario trata de reformarse, fue imposible detener el proceso de cambio (lo mismo sucedió en la URSS cuando Gorbachev intentó reformar el comunismo). *A finales de la década de 1980, la presión internacional respecto de Sudáfrica era más efectiva y cambió la actitud interna.*

- *En agosto de 1986, la Mancomunidad (excepto Gran Bretaña) aceptó un riguroso paquete de sanciones* (ya no más créditos, no ventas de petróleo, equipo de cómputo ni productos nucleares para Sudáfrica. Tampoco contactos culturales ni científicos). La primera ministra británica, Margaret Thatcher, comprometió a Gran Bretaña sólo a la prohibición voluntaria de invertir en Sudáfrica. Su argumento fue que las estrictas sanciones económicas empeorarían los problemas de los africanos negros, que serían despedidos de sus trabajos. Esto hizo que el resto de la Mancomunidad se indignara con Gran Bretaña; Rajiv Gandhi, primer ministro de la India, acusó a la señora Thatcher de "transigir en cuanto a principios y valores básicos con fines económicos".

- *En septiembre de 1986, los Estados Unidos saltaron a la palestra* cuando el Congreso votó (pasando por encima del veto del presidente Reagan) para interrumpir los créditos estadunidenses para Sudáfrica, cortar los vínculos aéreos y prohibir la importación de hierro, acero, textiles y uranio de Sudáfrica.

- *La población negra ya no era nada más una masa de jornaleros sin educación y no calificados;* cada vez era mayor el número de negros de clase media profesionales y educados, algunos con importantes puestos, como *Desmond Tutu,* quien había recibido el Premio Nobel de la Paz en 1984 y se había convertido en el arzobispo anglicano de Ciudad del Cabo en 1986.

- *La Iglesia Holandesa Reformada, que alguna vez apoyara el* apartheid, *ahora lo condenaba, por ser incompatible con la cristiandad.* Una mayoría de sudafricanos blancos ahora aceptaba que era difícil defender la total exclusión de los negros de la vida política del país, de modo que si bien estaban nerviosos por lo que podría pasar, se resignaron a la idea de un gobierno de mayoría negra en el futuro. Por tanto, los moderados blancos estaban dispuestos a aprovechar lo más posible la situación y lograr el mejor trato posible.

2. F. W. de Klerk

El nuevo presidente, F. W. de Klerk (elegido en 1989), tenía fama de cauto, pero en privado había decidido que el *apartheid* tendría que desaparecer totalmente, y aceptó que en algún momento llegaría un gobierno de mayoría negra. El problema era cómo lograrlo sin más violencia y sin una posible guerra civil. Con gran valor y determinación, y frente a la acérrima oposición de los grupos de afrikaners de derecha, *De Klerk llevó gradualmente al país hacia un gobierno de mayoría negra.*

- Nelson Mandela fue liberado después de 27 años de prisión (1990) y se convirtió en líder del ANC, que fue legalizado.

- Fueron abrogadas casi todas las leyes del *apartheid* que quedaban.

- A Namibia, territorio vecino gobernado por Sudáfrica desde 1919, se le otorgó la independencia con un gobierno negro (1990).
- En 1991 empezaron las pláticas entre el gobierno y el ANC para preparar una nueva Constitución que concediera a los negros plenos derechos políticos.

Entre tanto, el ANC estaba haciendo hasta lo imposible por presentarse como un partido moderado, sin planes de nacionalizar todo, y que hiciera sentir a los blancos que estarían seguros y tranquilos con un gobierno negro. Nelson Mandela condenó la violencia e hizo un llamado a la reconciliación entre blancos y negros. Las negociaciones fueron largas y difíciles; De Klerk tuvo que enfrentarse a la oposición del ala derecha de su propio Partido Nacional y de varios grupos de racistas blancos, extremistas, que declararon que los había traicionado. El ANC se enfrascó en una lucha de poder con otro partido negro, *el Partido de la Libertad Zulú Inkatha, de Natal, encabezado por el jefe Buthelezi.*

3. Transición a un gobierno de mayoría negra
En la primavera de 1993, las pláticas tuvieron éxito y se organizó un esquema de gobierno compartido que llevaría a cabo la transición a un gobierno de mayoría negra. Se llevó a cabo una elección general y el ANC obtuvo casi dos terceras partes de los votos. Como se había acordado, un gobierno de coalición formado por el ANC, el Partido Nacional e Inkatha asumió el poder, con Nelson Mandela como primer presidente negro de Sudáfrica, dos vicepresidentes, uno blanco y uno negro (F. W. de Klerk y Thabo Mbeki) y el jefe Buthelezi como ministro de Asuntos Internos (mayo de 1994). Un grupo afrikaner de extrema derecha, encabezado por Eugene Terreblanche, siguió oponiéndose a la nueva democracia y juró que provocaría una guerra civil, pero finalmente no llegó a nada. Si bien había habido violencia y derramamiento de sangre, fue un logro notable, y tanto De Klerk como Mandela (ilustración XXV.6) merecen el crédito de que Sudáfrica haya podido pasar del *apartheid* a un gobierno de mayoría negra sin guerra civil.

ILUSTRACIÓN XXV.6. *De Klerk y Mandela*

f) Mandela y Mbeki

El gobierno enfrentó problemas desalentadores y se esperaba que cumpliera las promesas del programa del ANC, en especial, mejorar las condiciones de la población negra. Se implementaron planes para elevar el nivel general de vida en educación, vivienda, atención de la salud, abasto de agua y energía, y de servicios de sanidad, pero el problema era de tal magnitud, que pasarían muchos años antes de que se vieran mejoras para todos. En mayo de 1996 se acordó una nueva Constitución que entraría en vigor después de las elecciones de 1999, la cual no permitiría que partidos minoritarios formaran parte del gobierno. Cuando esto se hizo público (mayo de 1996), los nacionalistas anunciaron de inmediato que se retirarían del gobierno a una "oposición dinámica pero responsable". Conforme el país avanzaba hacia el nuevo milenio, los principales problemas que enfrentaba el presidente eran cómo mantener sólidas políticas financieras y económicas, y cómo atraer ayuda e inversión extranjera; los posibles inversionistas dudaban, esperando futuros desarrollos.

Una de las iniciativas más exitosas de Mandela fue la *Comisión de la Verdad y la Reconciliación*, que analizó el abuso de los derechos humanos durante el régimen del *apartheid*. Asistido por el *arzobispo Desmond Tutu*, el enfoque de la comisión no fue tomar represalias, sino conceder amnistía; se animó a la población a hablar francamente, a reconocer sus delitos y pedir perdón. Ésta fue una de las características admirables de Mandela, que si bien había estado en prisión durante 27 años del régimen del *apartheid*, aún creía en el perdón y la reconciliación. El presidente decidió no presentarse para la reelección en 1999, tenía casi 81 años de edad; se retiró con su reputación muy en alto, admirado casi universalmente por su arte para gobernar y su compostura.

La labor de *Thabo Mbeki*, convertido en líder del ANC y en presidente al retirarse Mandela, no tuvo una tarea fácil como sucesor de tan carismático líder. Después de ganar las elecciones de 1999, Mbeki y el ANC tuvieron que lidiar con problemas crecientes: la criminalidad iba en ascenso, los sindicatos se iban a la huelga para protestar por la pérdida de empleos, las deficiencias de las condiciones laborales y la creciente tasa de privatizaciones. El ritmo de crecimiento de la economía bajó, y en 2001 fue de sólo 1.5%, frente a 3.1 del año 2000. El gobierno fue especialmente criticado por su forma de manejar la epidemia de sida, pues Mbeki se tardó en aceptar que realmente había una crisis y afirmó que no necesariamente se relacionaba con el VIH; se negó a declarar el estado de emergencia, como exigían los partidos de oposición y los sindicatos. Con ello, Sudáfrica hubiera podido conseguir medicamentos baratos, pero el gobierno no parecía dispuesto a gastar grandes cantidades de dinero en los fármacos que se necesitaban. En octubre de 2001 hubo protestas airadas, cuando en un informe se señaló que el sida era en ese momento la principal causa de muerte en Sudáfrica, y que si la tendencia se mantenía, para 2010 cuando menos cinco millones de personas habrían muerto.

Conforme se acercaban las elecciones de 2004 hubo muchos indicios positivos en la nueva Sudáfrica. Las políticas gubernamentales empezaban a dar resultado; 70% de los hogares negros tenían electricidad; el número de personas con acceso a agua potable se había incrementado en nueve millones desde 1994, y se habían construido cerca de 2 000 viviendas para los pobres. La educación era gratuita y obligatoria, y muchos negros decían que ahora tenían dignidad y no eran tratados como animales, como durante el *apartheid*. El presidente había cambiado su postura respecto del sida y el gobierno empezaba a proporcionar los programas necesarios de educación y los fármacos para controlar la epidemia. La situación económica parecía brillante; Sudáfrica diversificaba sus exportaciones, en vez de depender del oro; el déficit presupuestal se había reducido significativamente y la inflación había bajado a 4%. Aparte del sida, los principales problemas por resolver eran el elevado nivel de desempleo y la tasa de criminalidad. Sin embargo, Sudáfrica parecía estable y dispuesta a prosperar, gobernada por un hábil líder, el presidente Mbeki, que fue reelegido en las elecciones de abril de 2004 para un segundo y último periodo de cinco años; la victoria del ANC fue aplastante, habiendo obtenido cerca de dos terceras partes de los votos emitidos.

9. Socialismo y guerra civil en Etiopía

a) Haile Selassie

Etiopía (Abisinia) era un Estado independiente, gobernado desde 1930 por *el emperador Haile Selassie*. En 1935, las fuerzas de Mussolini atacaron y ocuparon el país, obligando al emperador a exiliarse. Los italianos integraron Etiopía a sus colonias vecinas de Eritrea y Somalilandia, y les dieron el nombre de África Oriental Italiana. En 1941, con ayuda británica, Haile Selassie pudo derrotar a las débiles fuerzas italianas y volver a su capital, Addis-Abeba. El astuto emperador se anotó un extraordinario punto en 1952, cuando convenció a las Naciones Unidas y a los Estados Unidos de que le permitieran tomar Eritrea para darle a su encerrado país una salida al mar. Sin embargo, *esta medida fue origen de conflictos durante muchos años,* pues los nacionalistas eritreos estaban indignados porque su país había perdido su independencia.

En 1960, muchas personas estaban cada vez más impacientes con el gobierno de Haile Selassie, con la idea de que podría haberse hecho mucho más política, social y económicamente, para modernizar al país. Hubo rebelión en Eritrea y la región Ogaden de Etiopía, donde gran parte de la población era de nacionalistas somalíes ansiosos porque sus territorios fueran unidos a Somalia (independiente desde 1960). Haile Selassie se prendó del poder, sin introducir ningún cambio radical hasta los años setenta. Impulsada por la pobreza, la sequía y la hambruna, la inquietud por fin llegó al colmo en 1974, cuando algunas secciones del ejército se amotinaron. Los líderes se constituyeron ellos mismos en el Comité Coordinador de las Fuerzas Armadas y la Policía (por comodidad, llamado el *Derg*), cuyo presidente era el *mayor Mengistu*. En septiembre de 1974, el Derg depuso al emperador de 83 años, que posteriormente fue asesinado, y se instituyó como nuevo gobierno. Mengistu asumió todo el control y siguió como jefe de Estado hasta 1991.

b) El mayor Mengistu y el Derg

Mengistu y el Derg dieron a Etiopía 16 años de gobierno basado en principios marxistas. Gran parte de la tierra, la industria, el comercio, la banca y las finanzas fueron asumidos por el Estado. En general, los opositores eran ejecutados. La URSS consideró la llegada de Mengistu como una excelente oportunidad de ganar influencia en esa parte de África, de modo que lo surtían de armamento y capacitación para su ejército. Desafortunadamente, la política agrícola del régimen tuvo los mismos problemas que la colectivización de Stalin; en 1984 y 1985, la hambruna fue terrible, y sólo fue la expedita intervención de otros estados, que hicieron envíos de emergencia de alimentos, lo que impidió el desastre. *El principal problema de Mengistu fue la guerra civil*, que persistió durante todo el tiempo que estuvo en el poder y absorbió sus escasos recursos. A pesar de la ayuda de la URSS, tenía perdida la batalla contra el Frente de Liberación del Pueblo de Eritrea, el Frente de Liberación del Pueblo de Tigray y el Frente Democrático Revolucionario del Pueblo de Etiopía (EPRDF). Para 1989, el gobierno había perdido el control de Eritrea y Tigray, Mengistu aceptó que sus políticas socialistas habían fallado y tuvo que olvidarse del marxismo-leninismo. La URSS lo abandonó; en mayo de 1991, con las fuerzas rebeldes muy cerca de Addis-Abeba, Mengitsu huyó a Zimbabwe y el EPRDF tomó el poder.

c) Frente Democrático Revolucionario del Pueblo de Etiopía (EPRDF)

Al mismo tiempo que conservaba algunos elementos del socialismo (en especial el control estatal de los recursos importantes), el nuevo gobierno prometió democracia y menos centralización. El líder, *Meles Zenawi*, de Tigray, anunció la introducción de una federación voluntaria para las diferentes nacionalidades, lo cual significaba que los grupos étnicos podían dejar Etiopía, si era su decisión, y preparaba el camino para declarar la independencia de Eritrea en mayo de 1993. Éste fue un problema menos para el régimen, pero tenía muchos otros. El más grave era el estado de la economía, y otra espantosa hambruna en 1994. En 1998 estalló la guerra entre Etiopía y Eritrea por disputas sobre fronteras. Ni el clima quería cooperar; en la primavera de 2000, hubo sequía por tercer año consecutivo, y amenazaba una nueva hambruna. Si bien en diciembre de ese año se firmó el acuerdo de paz con Eritrea, la tensión no desapareció.

Lo sucedido en 2001 sugirió que Etiopía había dado vuelta a la hoja, cuando menos en lo económico. El primer ministro Zenawi y su EPRDF, que habían ganado fácilmente las elecciones de mayo de 2000, se apuntaron otra sorprendente victoria en las elecciones locales de 2001. La economía creció 6.5%, las lluvias llegaron a tiempo y la cosecha fue buena. El Banco Mundial ayudó con la cancelación de casi 70% de la deuda de Etiopía.

10. LIBERIA, UN EXPERIMENTO ÚNICO

a) Antecedentes históricos

Liberia tiene una historia única entre los estados africanos. Fue fundada en 1822 por una organización llamada Sociedad de Colonización Estadunidense, cuyos miembros pensaban que sería buena idea que los esclavos liberados se establecieran en África, donde, por derecho, debían haber vivido desde un principio. Convencieron a jefes locales de que les permitieran empezar a establecerse en el África Occidental. La capacitación inicial para que los esclavos liberados pudieran dirigir su propio país estuvo a cargo de estadunidenses blancos, encabezados por Jehudi Ashmun. Se le dio una Constitución basada en la de los Estados Unidos, y la capital se llamó Monrovia, por James Monroe, presidente de los Estados Unidos entre 1817 y 1825. Si bien el sistema parecía democrático, en la práctica, sólo se permitía votar a los descendientes de esclavos estadunidenses liberados. Los africanos nativos de la zona eran tratados como ciudadanos de segunda, igual que en las áreas colonizadas por europeos; los estados europeos no intentaron tomar Liberia porque era protegida por los Estados Unidos.

Liberia adquirió renovada importancia durante la segunda Guerra Mundial por sus plantaciones de hule, que eran fuente vital de látex natural para los Aliados. Los estadunidenses inundaron de fondos al país y construyeron caminos, bahías y un aeropuerto internacional en Monrovia. En 1943, *William Tubman* del Partido True Whig, único partido político importante, fue elegido presidente; se reelegía de continuo y siguió en el puesto hasta su muerte, en 1971, poco después de ser reelegido para su séptimo periodo. Encabezó un país mayormente pacífico, que se integró a la ONU y fue miembro fundador de la Organización para la Unidad Africana (1963), pero la economía fue siempre precaria; había poca industria y dependía en gran medida de sus exportaciones de hule y mineral de hierro. Otra fuente de ingresos era permitir que los barcos mercantes se registraran con bandera liberiana, lo cual los propietarios hacían con gusto porque las reglas y los reglamentos de seguridad eran los más laxos del mundo y los derechos de registro, de los más bajos.

b) Dictadura militar y guerra civil

El presidente Tubman fue sucedido por su vicepresidente, William Tolbert, pero durante su gobierno la situación empezó a ir muy mal. Los precios mundiales del hule y del mineral de hierro se fueron para abajo, y la élite gobernante fue cada vez más criticada por su corrupción. Se formaron grupos de oposición y, en 1980, el ejército dio un golpe de Estado, con *el sargento mayor Samuel Doe* a la cabeza. Tolbert fue derrocado y ejecutado en público con sus ministros, y Doe se convirtió en jefe de Estado. Prometió una nueva Constitución y volvió al régimen civil, pero no tenía prisa por renunciar al poder. Si bien en 1985 se celebraron elecciones, Doe se aseguró de ganar él y de que ganaran sus seguidores. Su implacable régimen dio lugar a una decidida oposición y surgieron varios grupos rebeldes; en 1989, Liberia estaba sumida en una sangrienta guerra civil. Los ejércitos rebeldes tenían poca disciplina y eran culpables de balaceras y saqueos indiscriminados. En 1990, Doe fue capturado y asesinado, pero con esto no terminó la guerra; dos de los grupos rebeldes, encabezados por *Charles Taylor* y

Prince Johnson, lucharon entre ellos por el control del país. En total, este devastador conflicto duró siete años; aparecieron nuevas facciones rivales; los estados vecinos intervinieron para tratar de que volviera la paz, y la Organización para la Unidad Africana intentó coordinar las pláticas que dirigiría el ex presidente de Zimbabwe, Canaan Banana, pero no fue sino en 1996 cuando se acordó el cese al fuego.

Las elecciones de 1997 resultaron en una decisiva victoria para Charles Taylor y el Frente Patriótico Nacional del Partido Liberia. Ni quien envidiara su tarea; el país estaba literalmente en ruinas, su economía destrozada y sus pueblos, divididos. Tampoco mejoró la situación. Pronto Taylor tuvo desacuerdos con el resto del mundo: los Estados Unidos criticaron su récord de derechos humanos y la Unión Europea afirmó que estaba ayudando a los rebeldes de Sierra Leona. Después de los ataques terroristas del 11 de septiembre de 2001, los Estados Unidos lo acusaron de proteger a miembros de Al-Qaeda. Taylor negó dichos cargos y acusó a los Estados Unidos de tratar de socavar su gobierno. La ONU votó por imponer una prohibición mundial al comercio de diamantes liberianos.

En la primavera de 2002, el país estaba de nuevo a punto de la guerra civil, pues las fuerzas rebeldes del norte lanzaron una campaña para derrotar a Taylor. Otra vez la gente común sufrió increíblemente; para fin de año, 40 000 personas habían huido del país y otras 300 000 sólo se mantenían con vida por los alimentos de la ONU. En agosto de 2003, los rebeldes tomaron Monrovia y Taylor se refugió en Nigeria.

11. Estabilidad y caos en Sierra Leona

a) Inicio de la prosperidad y la estabilidad

Sierra Leona se independizó en 1961, con *sir Milton Margai* como líder y con una Constitución democrática basada en el modelo británico. *Potencialmente, era uno de los estados más ricos de África,* con valiosos depósitos de mineral de hierro y diamantes; más tarde se descubrió oro. Tristemente, el ilustrado y dotado Margai, considerado generalmente como fundador de Sierra Leona, murió en 1964, y su hermano, sir Albert Margai, lo sucedió como líder, pero en las elecciones de 1967 su partido (Partido del Pueblo de Sierra Leona, LSPP) fue derrotado por el Congreso de Todos los Pueblos (APC) y su líder *Siaka Stevens*. En un anticipo del futuro, el ejército quitó al primer ministro e instaló un gobierno militar, que no tenía más de un año en el poder cuando algunas secciones del ejército se amotinaron, encarcelaron a sus oficiales y volvieron a poner a Stevens y el APC en el poder. Stevens fue presidente hasta su retiro, en 1985.

Con Siaka Stevens, Sierra Leona gozó de paz y estabilidad, pero la situación se deterioró gradualmente desde varios puntos de vista.

- La corrupción y los malos manejos aumentaban, y la élite gobernante se llenaba los bolsillos a expensas del público.
- Los depósitos de mineral de hierro se agotaron, y el comercio de diamantes, que debía haber llenado las arcas del Estado, cayó en manos de contrabandistas, que se quedaban con la mayor parte de las utilidades.
- Conforme se incrementaban las críticas contra el gobierno, Stevens recurría a métodos dictatoriales. Muchos opositores políticos fueron ejecutados, y en 1978 fueron prohibidos todos los partidos políticos, excepto el APC.

b) Caos y catástrofe

Cuando Stevens se retiró, en 1985, tuvo cuidado de nombrar como sucesor a otro hombre fuerte, el comandante en jefe del ejército, *Joseph Momoh*. Su régimen fue tan ostensiblemente corrupto y sus políticas económicas tan desastrosas, que en 1992 fue derrocado y remplazado por un grupo que se llamaba a sí mismo Consejo Regente Provisional Nacional (NPRC, por sus siglas en inglés). El nuevo jefe de Estado, *capitán Valentine Strasser*, acusó a Momoh de llevar al país "pobreza permanente y vida deplorable", y prometió restablecer la verdadera democracia tan pronto como fuera posible.

Desafortunadamente, el país ya iba rumbo a la guerra civil, que duraría hasta el siguiente siglo. En el sur se organizó una fuerza rebelde, autodenominada Frente Unido Revolucionario (RUF, por sus siglas en inglés), encabezada por *Foday Sankoh*, ex cabo del ejército que, según Peter Penfold (ex alto comisionado británico en Sierra Leona), "les lavó el cerebro a sus colegas jóvenes con una dieta de coerción, drogas e irreales promesas de oro". Sus fuerzas causaban problemas desde 1991, pero la violencia se intensificó; Sankoh rechazó todo llamado a negociar, y para fines de 1994 el gobierno de Strasser estaba en problemas. A principios de 1995 se informó de feroces luchas en todo el país, si bien Freetown (la capital) seguía en calma. Aproximadamente 900 000 personas habían sido expulsadas de sus casas, y cuando menos 30 000 se habían refugiado en la vecina Guinea.

En su desesperación, Strasser ofreció celebrar elecciones democráticas y firmar una tregua con el RUF, lo cual dio lugar a un periodo de calma mientras se preparaban las elecciones de febrero de 1996. No obstante, algunas secciones del ejército no estaban dispuestas a dejar el poder en manos de un gobierno civil, y pocos días antes de la elección, derrocaron a Strasser. Aun así, la votación se llevó a cabo, aunque en medio de gran violencia, en especial en Freetown, donde 27 personas fueron asesinadas. Se informó de soldados amotinados que disparaban a civiles mientras hacían cola para votar, y les cortaban las manos a personas que habían votado. A pesar de las intimidaciones, 60% del electorado votó. El Partido del Pueblo de Sierra Leona (SLPP, por sus siglas en inglés) resultó el más grande, y su líder, *Tejan Kabbah*, fue elegido presidente. Multitudes enormes celebraron en Freetown cuando el ejército entregó formalmente el poder al nuevo presidente, después de 19 años de gobierno unipartidista y militar. El presidente Kabbah prometió poner fin a la violencia y ofreció reunirse con los líderes del RUF. En noviembre de 1996, él y Sankoh firmaron un acuerdo de paz.

Justo cuando parecía que se iba a restablecer la paz, el país se sumió nuevamente en el caos, cuando un grupo de oficiales del ejército tomó el poder (mayo de 1997) y obligó a Kabbah a refugiarse en Guinea. El nuevo presidente, mayor

Johnny Paul Koroma, abolió la Constitución y prohibió los partidos políticos. Sierra Leona fue suspendida de la Mancomunidad y la ONU impuso sanciones económicas hasta que el país volviera a la democracia. Fuerzas nigerianas lucharon en nombre de la Comunidad Económica de los Estados del Occidente de África (ECOWAS, por sus siglas en inglés), expulsaron al régimen militar de Koroma y devolvieron el poder a Kabbah (marzo de 1998).

Pero las desgracias de Sierra Leona no acabaron ahí. El RUF resucitó y se unió a las tropas leales de Koroma. Avanzaron hacia Freetown, a donde llegaron en enero de 1999. Después se sucedieron los peores acontecimientos de toda la guerra civil; en un periodo de 19 días, cerca de 7 000 personas fueron asesinadas, miles más fueron violadas o les cercenaron brazos y piernas; cerca de la tercera parte de la capital fue destruida y decenas de miles quedaron sin hogar. A la larga, Kabbah y Sankoh firmaron un acuerdo de paz en Lomé, capital de Togo (julio de 1999), en el cual se preveía un sistema de gobierno compartido y amnistía para los rebeldes, que provocó críticas de los grupos de derechos humanos por las terribles atrocidades cometidas por algunos de ellos. El Consejo de Seguridad de las Naciones Unidas votó por enviar 6 000 efectivos militares a Sierra Leona para supervisar la implementación de la paz. En octubre de 2000, se habían incrementado a 20 000, pues muchos de los combatientes del RUF se negaban a aceptar las condiciones del acuerdo y seguían causando estragos. El desarme fue lento y difícil, pero la violencia cedió gradualmente y se restableció algo parecido a la calma. Sin embargo, la paz era frágil; la economía del país estaba en ruinas, se tenía que reconstruir la infraestructura y, en 2003, las Naciones Unidas calificaron al país como uno de los cinco países más pobres del mundo.

12. ZIMBABWE BAJO ROBERT MUGABE

a) Impresionante comienzo, 1980-1990

Robert Mugabe, primer ministro del recientemente independizado Zimbabwe, había sido un inflexible líder guerrillero de ideas marxistas. Pronto demostró que era capaz de mostrar moderación y prometió trabajar en pro de la reconciliación y la unidad. Con esto se calmaron los miedos de los granjeros y hombres de negocios blancos que se quedaron en el país y que se necesitaban para que la economía floreciera. Formó un gobierno de coalición entre su partido, la Unión Nacional Africana de Zimbabwe (ZANU, por sus siglas en inglés) apoyada principalmente por el pueblo shona, y la Unión del Pueblo Africano de Zimbabwe (ZAPU, por sus siglas en inglés) de Joshua Nkomo, apoyada por el pueblo ndebele de Matabeleland. Cumplió la promesa que había hecho en la Conferencia de Lancaster House [sección XXIV.4 *c*)] de que los blancos tendrían 20 escaños garantizados en un Parlamento de 100. Se introdujeron medidas para aliviar la pobreza de la población negra, como incremento salarial, alimentos subsidiados y mejores servicios sociales, atención de la salud y educación. Muchos comentaristas pensaban que en sus primeros años en el poder, Mugabe había mostrado habilidad política y merecía crédito por haber mantenido su país en relativa paz.

No obstante, había problemas que tenía que resolver; el más grave en los primeros años fue *la prolongada hostilidad entre la ZANU y la ZAPU*. El pueblo shona de la ZANU sentía que la ZAPU podría haber hecho más para ayudar durante la lucha por el gobierno de mayoría negra. La coalición entre Mugabe y Nkomo era incómoda, y en 1982 Nkomo fue acusado de planear un golpe de Estado. Mugabe lo obligó a renunciar y muchos de los principales miembros de la ZAPU fueron arrestados. En Matabeleland, los seguidores de Nkomo contraatacaron con violencia, pero fueron brutalmente reprimidos. No obstante, la resistencia continuó hasta 1987, cuando por fin los dos líderes llegaron a un acuerdo, el llamado Acuerdo de Unidad:

- La ZANU y la ZAPU se unieron y tomaron el nombre de Unión Nacional Africana de Zimbabwe-Frente Patriótico (ZANU-PF, por sus siglas en inglés);
- Mugabe sería presidente ejecutivo y Nkomo vicepresidente en un esquema de poder compartido;
- se abolieron los escaños del Parlamento reservados para los blancos.

El otro problema preocupante era el estado de la economía. Si bien en años de buenas cosechas Zimbabwe había sido considerado "la panera de África del sur", el éxito dependía en gran medida del clima. En la década de 1980 hubo más periodos de sequía de lo acostumbrado, y el país también se vio afectado por los elevados precios del petróleo. Cada vez era más obvio que si bien Mugabe era un político inteligente, sus conocimientos sobre economía no eran tan impresionantes. Desde el Acuerdo de Unidad de 1987 había pugnado por convertir a Zimbabwe en un Estado unipartidista, pero su idea se había frustrado cuando Edgar Tekere formó su Movimiento de Unidad de Zimbabwe (ZUM, por sus siglas en inglés), en 1989. No obstante, *en 1990, Mugabe siguió siendo inmensamente popular* y considerado como héroe por gran parte de la población por su vital actuación en la lucha por la libertad. En 1990 fue reelegido presidente en una aplastante victoria sobre el ZUM.

b) La imagen del héroe empieza a empañarse

Durante la década de 1990, los problemas económicos de Zimbabwe empeoraron. Después del colapso de la URSS, Mugabe dejó de lado gran parte de sus políticas marxistas e intentó seguir los métodos occidentales de libre mercado. Aceptó un crédito del FMI y, muy en contra de la opinión pública, cumplir con el Programa de Ajuste Estructural Económico que le impuso. Esto implicó impopulares recortes del gasto público en servicios sociales y empleos. Los problemas se complicaron en 1992 por una grave sequía, por la cual se redujeron las cosechas y escasearon los alimentos. Cuando cientos de granjas propiedad de blancos fueron ocupadas ilegalmente, las dificultades se incrementaron aún más. Cerca de 4 000 agricultores blancos se habían quedado en Zimbabwe después de la independencia; eran propietarios, entre todos, de aproximadamente la mitad de las tierras cultivables. El gobierno azuzó a los invasores y la policía no protegió a los terratenientes; por consiguiente, no se sembró en las tierras ocupadas y el problema de escasez de alimentos se agravó. El desempleo y la inflación crecieron y la difusión del sida empezó a ser preocupante.

Para finales de la década de 1990, la inquietud crecía. No gustó que Mugabe interviniera para ayudar al presidente Laurent Kabila en la guerra civil de la República Democrática del Congo, pues se rumoraba que su preocupación era proteger sus inversiones personales en ese país. En noviembre de 1998 hubo manifestaciones de protesta cuando se anunció que Mugabe había otorgado a su gabinete, y a él mismo, un sustancioso incremento salarial.

c) Crece la oposición

Al empezar el nuevo siglo la oposición al régimen se incrementó porque el gobierno de Mugabe se tornó más represivo y dictatorial.

- En febrero de 2000, hombres que se decían veteranos de la guerra de independencia empezaron *a ocupar sistemática y violentamente las propiedades de los blancos,* situación que se prolongó cuatro años, y que era una política deliberadamente organizada por el gobierno. Cuando el gobierno británico protestó, Mugabe declaró que era culpa de los británicos, pues no habían cumplido su promesa (hecha en 1979, en la Conferencia de Lancaster House) de proporcionar una compensación adecuada a los agricultores blancos. Gran Bretaña se mostró dispuesta a pagar una compensación extra, siempre que las tierras confiscadas se entregaran a campesinos normales y no a miembros de la élite gobernante de Mugabe.
- Otra condición fue que las elecciones de junio de 2000 fueran libres y honestas. En febrero de 2000, *el pueblo había rechazado la nueva versión de la Constitución favorable a Mugabe,* claro indicio de que su popularidad era menor. Probablemente esto lo llevó a tomar cualquier medida necesaria para ganar las elecciones de junio. Si bien había acordado que serían libres y justas, aparentemente hizo poco por que así fuera. La violencia se extendió y la oposición fue intimidada antes y después de la elección, además de que se restringió la participación de

observadores internacionales. Aun así, los resultados fueron cerrados; la ZANU-PF de Mugabe obtuvo 62 escaños de los 150 del Parlamento, en tanto que el opositor Movimiento para el Cambio Democrático (MDC) ganó 57. No obstante, el presidente estaba facultado para nombrar a 30 de los 150 miembros, de modo que conservó una cómoda mayoría.

• *La ocupación forzosa de las granjas propiedad de blancos continuó durante 2001* y provocó más protestas de Gran Bretaña. Mugabe acusó al gobierno británico de llevar a cabo una campaña neocolonialista y racial para apoyar a los blancos en contra de los negros. La disputa provocó todo tipo de reacciones del resto del mundo. La mayoría de los estados negros de África expresó su simpatía y apoyo para Mugabe. El presidente Mbeki de Sudáfrica, por otra parte, declaró que la ocupación de tierras era una violación al imperio de la ley, y que debía detenerse, pero urgió a un enfoque conciliatorio y se negó a aplicar sanciones económicas a Zimbabwe, pues sólo acabarían de arruinar a la de por sí renqueante economía. Sin embargo, los Estados Unidos condenaron la política de Mugabe e impusieron sanciones (febrero de 2002), la Mancomunidad expulsó a Zimbabwe por un año, y el Banco Mundial cortó su financiamiento por el atraso en el pago de su deuda, que ya ascendía a más de 380 millones de dólares.

• Entre tanto, *Mugabe tomó medidas para acallar las crecientes críticas internas a su política.* Ahora, sólo había un periódico independiente, el *Daily News*, y sus periodistas eran cada vez más acosados e intimidados, como los miembros del MDC. Morgan Tsvangirai, su líder, fue acusado de complot para derrocar al presidente, de modo que el gobierno incrementó el control sobre la radio y la televisión. Cuando la Suprema Corte se aventuró a criticar la política agraria de Mugabe, éste despidió a tres de los jueces y los sustituyó con los que él mismo nombró. Conforme se acercaban las elecciones presidenciales de marzo de 2002, las restricciones se incrementaron aún más. Se prohibieron las reuniones públicas, excepto las de los partidarios de Mugabe, y se convirtió en delito "socavar la autoridad del presidente mediante declaraciones o la publicación de declaraciones que provoquen hostilidad". No se permitiría la presencia de observadores extranjeros que supervisaran las elecciones.

No fue una sorpresa que *Mugabe ganara las elecciones y se le ratificara para otro periodo de seis años,* si bien ya tenía 78 años. Obtuvo 56% de los votos, en tanto que Morgan Tsvangirai sólo logró 42%. De inmediato, éste cuestionó los resultados y declaró que "era el mayor fraude electoral que hubiera visto en su vida". Se quejó de terrorismo, intimidación y acoso; las tensiones se incrementaron cuando exigió que la Suprema Corte revirtiera el resultado.

d) Zimbabwe en crisis

Rechazando las acusaciones de la oposición, *el presidente Mugabe declaró el "estado de desastre" (abril de 2002) por la escasez de alimentos.* Todo el centro de África sufría por los efectos de una prolongada sequía, y se esperaba que las cosechas fueran sólo de la mitad de lo que solían ser. Aun así, Mugabe siguió con su controvertida política de ocupación de tierras, si bien los expertos señalaban que con esto ponía en riesgo la importantísima cosecha invernal de trigo.

Las protestas contra el gobierno continuaron en diversas formas, así como la anulación de las críticas. En febrero de 2003, la Copa Mundial de Cricket se celebró en Zimbabwe; y en el partido inaugural, dos de los jugadores de dicho país, uno blanco y uno negro, portaban bandas negras en el brazo, según dijeron "en señal de duelo por los muertos por la democracia en su amado Zimbabwe. Nuestra conciencia no nos permite salir al campo e ignorar el hecho de que millones de nuestros compatriotas mueren de hambre, están desempleados y oprimidos". No volvieron a jugar por Zimbabwe. Ese mismo mes, 21 líderes de iglesias cristianas fueron arrestados cuando intentaron presentar una petición para que la policía actuara con menos violencia y tomara más en cuenta los derechos humanos.

Pero la oposición se negó a guardar silencio; en marzo, el MDC organizó una enorme protesta en todo el país para exigir a Mugabe que reformara su régimen o dejara el puesto. Muchas fábricas, bancos y tiendas cerraron, pero el gobierno lo descartó calificándolo de "un acto de terrorismo". Se informó que más de 500 miembros de la oposición, incluido Gibson Sibanda, vicepresidente del MDC, habían sido arrestados.

Entre tanto, hubo varios intentos de mediación. Mbeki, presidente de Sudáfrica, y Obasanjo, de Nigeria, intentaron varias veces convencer a Mugabe de que formara un gobierno de coalición con el MDC, y si bien hubo pláticas entre representantes de Mugabe y Tsvangirai, no se encontró solución. Cuando la cumbre de la Mancomunidad se reunió en Abuja (Nigeria), en diciembre de 2003, el asuntó que dominó la conferencia fue si debía levantarse la suspensión. Mugabe esperaba que la Mancomunidad se dividiera entre blancos y negros, pero después de intensas discusiones la mayoría de los miembros, incluidos muchos países africanos, votaron por que continuara. Profundamente desilusionado, Mugabe retiró a Zimbabwe de la Mancomunidad.

La tragedia fue que en el verano de 2004, además de la nefasta situación de los derechos humanos, *la economía de Zimbabwe estaba colapsada*. Se informó que desde que arrancara el programa de reforma agraria, la producción agrícola se había reducido catastróficamente; en 2003, la cosecha de tabaco fue de menos de la tercera parte de la de 2000; peor aún, la de trigo fue inferior a un cuarto del total y el número de cabezas de ganado en las granjas comerciales se redujo de 1.2 millones a apenas 150 000. Si bien el gobierno afirmaba que 50 000 familias negras se habían asentado en las granjas comerciales, la verdadera cifra era de 5 000. Muchas de las mejores granjas habían sido entregadas a seguidores del presidente; grandes extensiones de tierras fértiles estaban ociosas por escasez de semillas, fertilizantes y maquinaria agrícola. En mayo de 2004, la tasa de desempleo superó 70%, y la inflación, 600%, una de las más elevadas del mundo. La decisión de los Estados Unidos de seguir con las sanciones un año más no ayudó nada. Como siempre, la principal víctima era la población de Zimbabwe, asolada por la pobreza, oprimida e ignorada.

A pesar de todo ello, el partido ZANU-PF de Mugabe obtuvo una victoria decisiva en las elecciones para el Parlamento de abril de 2005, con 87 de los 120 escaños a disputados, en tanto que el MDC de oposición sólo logró 41. Con los 30 que el presidente podía nombrar, tendría más de dos terceras partes de la mayoría necesaria para cambiar la Constitución. Un sonriente Mugabe dijo que se retiraría cuando "tuviera 100 años de edad". La violencia fue menor que durante las dos elecciones previas, y los observadores sudafricanos informaron que el procedimiento había sido libre y honesto. Sin embargo, el MDC y muchos observadores europeos declararon que había habido muchos abusos, fraudes e intimidación de los votantes; acusaron al gobierno sudafricano de cerrar los ojos a los fraudes para desalentar al MDC de recurrir a la violencia, que hubiera desestabilizado la frontera con Sudáfrica. De hecho, el líder del MDC, Morgan Tsvangirai, decidió no cuestionar jurídicamente los resultados y rechazar el llamado a la resistencia armada. Según publicó el *Times* en Gran Bretaña, "tendrían que haber sido muy valientes los que retaran abiertamente a los matones del ZANU-PF".

13. ÁFRICA Y SUS PROBLEMAS EN EL SIGLO XXI

En noviembre de 2003, Kofi Annan, secretario general de las Naciones Unidas, se quejó de que desde los ataques terroristas del 11 de septiembre de 2001 en los Estados Unidos la atención del mundo se había enfocado en la guerra contra el terrorismo, y que si bien África y sus problemas no se habían exactamente olvidado, sí se habían descuidado. Los recursos que podrían haber sido para ayudarla, se habían desviado a Afganistán, y después a Irak, que resultó un problema mucho más difícil de lo que los Estados Unidos habían esperado. Pidió 3 000 millones de dólares (más o menos 1 800 millones de libras esterlinas) para facilitar servicios básicos como alimentos, agua, productos médicos y vivienda, comparados con los 87 000 millones de dólares aprobados por el Congreso estadunidense para la reconstrucción de Irak.

No menos de 17 países africanos estaban experimentando

crisis de todo tipo. La ONU hizo referencia a *Sudán* como el peor de los casos. Desde 1956, el sur de Sudán había sido arrasado por la guerra civil entre el gobierno dominado por árabes y las tribus africanas, que sentían que no se les daba un trato justo. La lucha terminó en 2002, pero la paz era frágil, y en febrero de 2003, grupos rebeldes de las tribus africanas de Darfur tomaron nuevamente las armas en contra del gobierno, en pro de más tierras y recursos. La milicia favorable al gobierno árabe contraatacó y pareció embarcarse en una campaña de limpieza étnica contra los pueblos de origen africano. El propio gobierno no hizo nada por detener la violencia. En el verano de 2004, la situación en la región de Darfur era caótica; unos 30000 granjeros africanos habían sido asesinados, entre tres y cuatro millones habían perdido su hogar y más de dos millones necesitaban urgentemente alimentos y atención médica. Para colmo, varios años consecutivos de sequía e inundaciones habían arruinado cientos de miles de vidas, y se decía que las condiciones eran atroces. La infraestructura estaba en ruinas, muchas escuelas y hospitales habían sido destruidos, no había electricidad, las enfermedades cundían y el comercio dependía del trueque. La ONU y otras organizaciones desesperadamente intentaban satisfacer las necesidades básicas de subsistencia; los alimentos se lanzaban desde aviones porque no había buenos caminos. El subdesarrollo y el atraso en el sur eran desesperanzadores, si bien el país contaba con muchos activos valiosos que no se explotaban plenamente; la tierra era fértil y la regaba el Nilo, y cultivada de manera adecuada podría proporcionar alimentos suficientes para la población; además, había ricos yacimientos petroleros.

En agosto de 2004 renació la esperanza cuando la Unión Africana inició una misión para el mantenimiento de la paz. En enero de 2005, representantes del Movimiento de Liberación del Pueblo de Sudán y el gobierno de Jartum firmaron un acuerdo de paz en Nairobi, capital de Kenia. Se acordó que Sudán del Sur sería autónomo por seis años, y que después se celebraría un referéndum para decidir si seguía formando parte de Sudán. No obstante, el nuevo trato pareció tener pocos efectos inmediatos en Darfur, donde la lucha continuaba.

Eritrea pasaba por el cuarto año consecutivo de sequía; las otrora fértiles llanuras eran estériles y el viento arrastraba la capa superior del suelo. La cosecha había sido sólo de 10% de lo normal, y se estimaba que 1.7 millones de personas no tenían qué comer. El gobierno, una dictadura unipartidista, parecía obsesionado con crear un gran ejército por si volviera a ocurrir la guerra en la frontera con Etiopía. Desafortunadamente, además de utilizar recursos vitales, alejaba a los hombres de las granjas, donde eran necesarios para arar y acarrear agua.

Tanzanía tenía el problema de cómo manejar a cientos de miles de refugiados de las guerras civiles de *Burundi y la República Democrática del Congo*. Igual que en el África Occidental, las zonas fronterizas de *Guinea* estaban llenas de refugiados de *Sierra Leona y Liberia*. El sur de África sufría los efectos de la sequía. *Malawi* estaba muy afectado; en enero de 2003, el gobierno declaró el estado de emergencia después de una sequía y de que se malograra la cosecha de maíz. Posteriormente, las tormentas e intensas lluvias arrasaron con los puentes e inundaron los campos de las márgenes de los ríos; en abril, el Programa Mundial de Alimentos declaró que estaba alimentando a cerca de 3.5 millones de habitantes de Malawi, una tercera parte de la población. *Lesotho, Mozambique y Swazilandia* tenían problemas similares. La perspectiva futura no era alentadora; los expertos pronosticaban que a menos que se controlara el calentamiento global, la sequía sería cada vez peor y partes de África podrían tornarse inhabitables (sección XXVI.5). Además, todos los países de África sufrían diferentes grados de pandemia de VIH/sida (sección XXVII.4). De hecho, si bien es entendible la obsesión de Occidente por la amenaza del terrorismo, a los africanos les preocupa más el sida, pues, de manera general, afecta a las generaciones más activas, el grupo de 20 a 50 años de edad.

Por otra parte, en el frente político se observaron interesantes desarrollos. En una conferencia cumbre de la Comunidad de Desarrollo del Sur de África (SADC, por sus siglas en inglés) celebrada en la isla Mauricio, en agosto de 2004, se redactó una nueva carta de reglamentos para la celebración de elecciones democráticas, que incluía, entre otras cosas, libertad de prensa, prohibición del fraude electoral, eliminación de la violencia y la intimidación. También se incluía el compromiso de los presidentes de someterse a la reelección al terminar su periodo, y no recurrir a la fuerza armada para mantenerse en el poder. Como demostración de buena fe, los presidentes de Tanzanía, Mozambique y Namibia indicaron que pronto dejarían el puesto.

Preguntas

Nelson Mandela y la campaña contra el apartheid en Sudáfrica
1. Estudie la fuente y responda las preguntas.

Fuente A
Extractos de un discurso de Nelson Mandela de 1964, durante su juicio por sabotaje.

> Nuestra lucha es contra penurias reales, no imaginarias, o, recurriendo al lenguaje del Estado Persecutor, "así llamadas" penurias. Luchamos contra dos características de la vida en Sudáfrica, consolidadas por la legislación que rechazamos. Estas características son pobreza y falta de dignidad humana.
>
> Los blancos disfrutan del que muy bien podría ser el nivel de vida más alto del mundo, en tanto que los africanos viven en la pobreza y la miseria [...] Sin embargo, la queja de los africanos no es sólo que son pobres y los blancos ricos, sino que las leyes hechas por los blancos tienen como fin mantener esta situación. Hay dos formas de salir de la pobreza. La primera es la educación formal, y la segunda, que el trabajador esté mejor calificado. En cuanto a los africanos, estas dos vías de avance son deliberadamente bloqueadas por la legislación. El otro obstáculo importante al progreso económico de los africanos es la barrera del color en la industria, en la cual, los mejores trabajos son para los blancos.
>
> Por encima de todo, mi señor, queremos los mismos derechos políticos, porque sin ellos, nuestra minusvalía será permanente [...] Es un ideal que espero ver hecho realidad. Pero, mi señor, si fuera necesario, es un ideal por el que estoy dispuesto a morir.

FUENTE: citado en Brian MacArthur (ed.), *The Penguin Book of Historic Speeches* (Penguin, 1996).

a) ¿Qué se puede aprender de la fuente sobre las penurias de los africanos negros en Sudáfrica y sobre lo que esperaban lograr con su campaña?

b) Explique por qué la campaña de los negros contra el *apartheid* prácticamente no tuvo éxito hasta 1978.

c) ¿Por qué se acabó gradualmente el *apartheid* entre 1978 y 1993?

2. ¿Qué tan exacto es describir a Angola como "víctima" de la Guerra Fría de 1975 a 2002?

3. Explique por qué Robert Mugabe era considerado un héroe en Zimbabwe entre 1980 y 1990, pero en adelante tuvo que enfrentar cada vez mayor oposición.

SEXTA PARTE

PROBLEMAS GLOBALES

XXVI. LA ECONOMÍA DEL MUNDO EN PROCESO DE CAMBIO DESDE 1900

Resumen de acontecimientos

Durante gran parte del siglo XIX, Gran Bretaña estuvo a la cabeza de la producción y el comercio del mundo. En el último cuarto de siglo, Alemania y los Estados Unidos empezaron a ponerse a la par, y *para 1914, los Estados Unidos eran la principal nación industrializada.* Las dos guerras mundiales provocaron cambios importantes en la economía del mundo. Los Estados Unidos ganaron mucho, en cuanto a economía, con las guerras, y llegaron a ser el país dominante a este respecto, así como la nación más rica. Entre tanto, la economía británica decayó lentamente, y no ayudó que se mantuviera fuera de la Comunidad Europea hasta 1973.

A pesar de baches y depresiones, *la tendencia general era que los países industrializados, relativamente acaudalados, se enriquecieran aún más,* en tanto que *las naciones pobres de Asia y África (conocidas como Tercer Mundo), la mayoría de las cuales alguna vez fueron colonias de los estados europeos, se hicieran aún más pobres.* Sin embargo, algunos países del Tercer Mundo empezaron a industrializarse y enriquecerse, lo cual provocó una división en dicho bloque. Durante el último cuarto del siglo XX nuevos acontecimientos saltaron al primer plano. La producción industrial y algunos sectores de servicios empezaron a trasladarse de las naciones occidentales a países como China e India, donde la mano de obra era mucho más barata. *Los sistemas económicos occidentales se mostraron tambaleantes,* y hubo controversias respecto de qué tipo de economía tendría más éxito, si el modelo estadunidense o el europeo. El *calentamiento global,* provocado por la emisión de gases como el dióxido de carbono, produjo cambios climáticos problemáticos que amenazaban dañar sobre todo a los países más pobres, que eran los menos capaces de afrontarlos.

1. CAMBIOS EN LA ECONOMÍA DEL MUNDO DESDE 1900

En un sentido, en 1900 ya había una sola economía mundial. Unos cuantos países altamente industrializados, sobre todo los Estados Unidos, Gran Bretaña y Alemania, proporcionaban al mundo productos manufacturados, en tanto que el resto del mundo proporcionaba materias primas y alimentos (conocidos como "productos primarios"). Los Estados Unidos trataban a Latinoamérica (sobre todo a México) como un área de "influencia", de la misma manera que los estados europeos trataban a sus colonias de África y otros lugares. Las naciones europeas solían decidir qué se debía producir en sus colonias;

los británicos se aseguraron de que Uganda y Sudán produjeran algodón para su industria textil; los portugueses hacían lo mismo en Mozambique. Fijaban los precios en que se vendían los productos de las colonias lo más bajo posible, y también fijaban los precios de los productos manufacturados que exportaban a las colonias lo más alto posible. En otras palabras, como lo expresa el historiador Basil Davidson (véanse las lecturas complementarias para los capítulos XXIV y XXV), "los africanos tenían que vender barato y comprar caro". *El siglo XX dio lugar a cambios importantes.*

a) Los Estados Unidos se convirtieron en la potencia industrial dominante y el resto del mundo tuvo que depender más de ellos

En 1880, Gran Bretaña producía más o menos lo doble de carbón y de hierro en lingotes que los Estados Unidos, pero en 1900, los papeles se habían invertido: los Estados Unidos producían más carbón que Gran Bretaña y cerca del doble de hierro en lingotes. Este creciente dominio siguió durante todo el siglo; en 1945, por ejemplo, los ingresos en los Estados Unidos eran dos veces más elevados que en Gran Bretaña y siete veces más elevados que en la URSS; durante los siguientes 30 años, la producción estadunidense casi volvió a duplicarse. *¿A qué se debió el éxito estadunidense?*

1. Primera Guerra Mundial y lo que vino después

La primera Guerra Mundial y sus consecuencias impulsaron en gran medida la economía estadunidense (sección XXII.3). Muchos países que habían comprado productos europeos durante la guerra (como China y los estados latinoamericanos) no pudieron mantener el suministro porque la guerra trastornó el comercio y los llevó a comprar productos estadunidenses (y también japoneses), y a que después de la guerra siguieran haciéndolo. Los Estados Unidos fueron los ganadores en economía de la primera Guerra Mundial y se hicieron aún más ricos gracias a los intereses de los créditos para la guerra que hicieron a Gran Bretaña y sus Aliados [sección IV.5 c)]. Sólo los

Estados Unidos eran suficientemente ricos como para dar créditos y fomentar la recuperación de Alemania en los años veinte, pero con el desafortunado efecto de establecer vínculos financieros y económicos demasiado estrechos entre Europa y los Estados Unidos. Cuando éstos tuvieron su aguda crisis económica (1929-1935) (sección XXII.6), Europa y el resto del mundo también sufrieron una depresión. En 1933, en lo más profundo de la depresión, cerca de 25 millones de personas estaban sin empleo en los Estados Unidos, y casi 50 millones en todo el mundo.

2. Segunda Guerra Mundial

Con la segunda Guerra Mundial, los Estados Unidos se convirtieron en la mayor potencia industrial (y militar) del mundo. Los estadunidenses se incorporaron a la guerra relativamente tarde y su industria tuvo un gran desempeño en el suministro de materiales bélicos para Gran Bretaña y sus Aliados. Al finalizar la guerra, con la economía de Europa casi paralizada, los Estados Unidos producían 43% del hierro en lingotes del mundo, 45% del acero crudo, 60% de las locomotoras y 74% de los vehículos automotores [sección XXII.7 *e*)]. Cuando terminó la guerra, el auge de la industria continuó, pues cambió la producción a bienes de consumo, que habían escaseado durante la guerra. Otra vez, sólo los Estados Unidos tenían suficientes medios para ayudar a Europa occidental, lo cual hicieron con el Plan Marshall [sección VII.2 *e*)]. No era nada más que los estadunidenses quisieran ser amables con Europa, *tenían cuando menos otros dos motivos:*

- una Europa occidental próspera podría comprar productos estadunidenses y así, ayudar a que no decayera el gran auge de la época de la guerra;
- una Europa occidental próspera tenía menos probabilidades de hacerse comunista.

b) Después de 1945, el mundo se dividió en un bloque capitalista y un bloque comunista

- *El bloque capitalista* estaba formado por las naciones industrializadas altamente desarrolladas: los Estados Unidos, Canadá, Europa occidental, Japón, Australia y Nueva Zelanda. Creían en la empresa privada y la propiedad privada de la riqueza, con las utilidades como principal influencia motivadora, e idealmente, un mínimo de interferencia del Estado.
- *El bloque comunista* lo conformaban la URSS, sus estados satélite de Europa del este y, más tarde, China, Corea del Norte y Vietnam del Norte. Creían en una economía planeada desde el centro y controlada por el Estado, la cual, argumentaban, eliminaría las peores características del capitalismo, como depresión, desempleo y distribución inequitativa de la riqueza.

Los siguientes 40 años, más o menos, parecieron un concurso para determinar qué sistema económico era mejor. El colapso del comunismo en Europa del este a finales de los años ochenta (secciones X.6 y XVIII.3) permitió a los seguidores del capitalismo afirmar que eran los vencedores, pero el comunismo no desapareció de China, Corea del Norte, Vietnam ni Cuba. Este gran concurso entre los dos sistemas económicos y políticos rivales se denominó *Guerra Fría*, y tuvo importantes consecuencias económicas; se tradujo en el gasto de enormes cantidades de dinero para la construcción de armas nucleares y otro tipo de armamento (sección VII.4) y para programas espaciales aun más costosos. Muchos argumentaron que gran parte de ese dinero podría haberse gastado en ayudar a resolver los problemas de las naciones más pobres del mundo.

c) Las décadas de 1970 y 1980: graves problemas económicos en los Estados Unidos

Después de muchos años de éxito económico constante, los Estados Unidos empezaron a experimentar problemas.

- *Los costos de la defensa y la Guerra de Vietnam (1961-1975)* (sección VIII.3), agotaban a la economía y su tesorería.
- *Al finalizar la década de 1960, hubo déficit presupuestal todos los años.* Esto se tradujo en que el gobierno gastaba más de lo que obtenía en impuestos, y la diferencia tenía que cubrirse vendiendo las reservas de oro. En 1971, el dólar, que alguna vez fue considerado tan bueno como el oro, se debilitó.
- El presidente Nixon se vio obligado a *devaluar la moneda en casi 12%* e imponer un arancel de 10% a la mayoría de las importaciones (1971).
- *El incremento del precio del petróleo* llevó a los Estados Unidos a un déficit de la balanza de pagos, y condujo al desarrollo de más energía atómica.
- El presidente Reagan (1981-1989) se negó a reducir el gasto en defensa e intentó *nuevas políticas económicas recomendadas por el economista estadunidense Milton Friedman.* Éste argumentaba que los gobiernos debían dejar de intentar planear la economía y concentrarse en el *monetarismo,* que significaba ejercer un estrecho control de la oferta de dinero manteniendo elevadas las tasas de interés. Su teoría era que así se obligaría a los negocios a ser más eficientes. Éstas eran políticas que Margaret Thatcher ya estaba probando en Gran Bretaña. En un principio pareció que las nuevas ideas funcionaban; a mediados de los años ochenta, el desempleo se redujo y los Estados Unidos volvieron a prosperar, pero el problema básico de su economía, el enorme déficit presupuestal, no desapareció, principalmente por lo elevado del gasto en defensa. Los estadunidenses incluso tuvieron que pedir prestado a Japón, cuya economía era muy exitosa en ese momento. El agotamiento de las reservas de oro de los Estados Unidos debilitó al dólar, y también la confianza en la economía. Se produjo una repentina y dramática caída en el precio de las acciones (1987), seguida de caídas similares en todo el mundo. A finales de los años ochenta, gran parte del mundo sufría una recesión del comercio.

CUADRO XXVI.1. *Producto interno bruto (PIB) japonés per cápita (en dólares)*

Año	PIB
1955	200
1978	7 300
1987	15 800
1990	27 000

d) Éxito japonés

Japón llegó a ser uno de los estados con mayor éxito económico en el mundo. A finales de la segunda Guerra Mundial fue derrotado y su economía estaba en ruinas, pero pronto empezó a recuperarse, y en las décadas de 1970 y 1980, su expansión fue extraordinaria, como se observa en el cuadro XXVI.1 (más detalles en la sección XV.2).

2. El Tercer Mundo y la división Norte-Sur

En la década de 1950, la expresión *Tercer Mundo* empezó a utilizarse para describir a países que no formaban parte del Primer Mundo (naciones capitalistas industrializadas) ni del Segundo Mundo (estados comunistas industrializados). El número de estados del Tercer Mundo se incrementó rápidamente en las décadas de 1950 y 1960, con la desintegración de los imperios europeos y el surgimiento de países recién independizados. En 1970, el Tercer Mundo estaba formado por África, Asia (excepto la URSS y China), India, Pakistán, Bangladesh, Latinoamérica y el Medio Oriente; casi todos eran ex colonias o ex protectorados de las potencias europeas, no desarrollados o subdesarrollados, cuando se les otorgó la independencia.

a) El Tercer Mundo y la no alineación

Los estados del Tercer Mundo estaban a favor de la no alineación; es decir, no deseaban una relación demasiado estrecha ni con el bloque capitalista ni con el comunista, y sospechaban de las intenciones de uno y otro. Nehru, primer ministro de la India (1947-1964), se consideraba a sí mismo como una especie de líder no oficial del Tercer Mundo, que, según él, podría ser una poderosa fuerza para la paz. Los países del Tercer Mundo resentían profundamente que ambos bloques siguieran interfiriendo sin reparo alguno en sus asuntos internos (neocolonialismo). Los Estados Unidos, por ejemplo, interferían descaradamente en los asuntos de Centroamérica y Sudamérica, ayudando a derrocar gobiernos que no aprobaban, como en Guatemala (1954), República Dominicana (1965) y Chile (1973). Gran Bretaña, Francia y la URSS interferían en Medio Oriente. Los líderes del Tercer Mundo se reunían con frecuencia y, en 1979, 92 naciones estuvieron representadas en una conferencia de "no alineados" en La Habana (Cuba). En esa época, el Tercer Mundo representaba aproximadamente 70% de la población mundial.

b) La pobreza en el Tercer Mundo y el Informe Brandt (1980)

Económicamente, el Tercer Mundo era extremadamente pobre. Por ejemplo, si bien incluía a 70% de la población mundial, sus países sólo consumían 30% de los alimentos del mundo, en tanto que a los Estados Unidos, quizá con 8% de dicha población, le correspondía 40%. A los habitantes del Tercer Mundo solían faltarles proteínas y vitaminas, de ahí la mala salud y la elevada tasa de mortalidad. En 1980, un grupo internacional de políticos presididos por Willi Brandt (quien había sido canciller de Alemania Occidental de 1967 a 1974), incluido Edward Heath (primer ministro británico entre 1970 y 1974), publicaron un informe (Informe Brandt) sobre los problemas del Tercer Mundo, en el que decían que el mundo podría dividirse más o menos en dos partes (mapa XXVI.1).

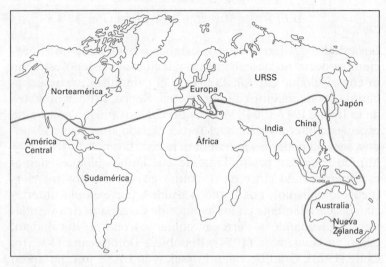

MAPA XXVI.1. *La línea divisoria entre Norte y Sur, ricos y pobres*

Norte: Naciones industrializadas, desarrolladas, de Norteamérica, Europa, la URSS y Japón, además de Australia y Nueva Zelanda.

Sur: La mayoría de los países del Tercer Mundo.

En el informe se llegaba a la conclusión de que el Norte se estaba enriqueciendo y el Sur, empobreciendo. Esta brecha entre Norte y Sur se ilustra adecuadamente en las estadísticas sobre la ingestión de calorías (figura XXVI.1) y la comparación del producto interno bruto (PIB) de algunos países típicos del Norte y el Sur, o economías "desarrolladas" y "bajas y medias" (cuadro XXVI.2).

El PIB se calcula mediante el valor monetario total de la producción integral de todas las unidades de producción, donde quiera que se encuentre ésta; incluye intereses, utilidades y dividendos recibidos del exterior. Este valor total se divide entre la población para obtener el monto total de riqueza producida por persona. En 1989-1990, el PIB del Norte era, en promedio, 24 veces el del Sur. En 1992, un país altamente desarrollado y eficiente, como Japón, podía jactarse de un PIB supe-

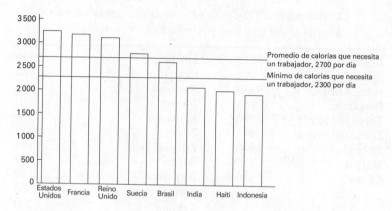

FIGURA XXVI.1. *Ingestión de calorías por persona, por día*

rior a los 28 000 dólares anuales *per cápita,* y Noruega, de 25 800 dólares. Por otra parte, entre los países africanos pobres, Etiopía apenas lograba 110 dólares *per cápita,* el segundo PIB más bajo del mundo.

c) *¿Por qué es tan pobre el Sur?*

- El Sur dependía, y sigue dependiendo, del Norte por el *neocolonialismo* (secciones XXIV.4 y XXIV.7). El Norte esperaba que el Sur siguiera proporcionándole alimentos y materias primas, y que comprara productos manufacturados del Norte; no fomentó en el Sur el desarrollo de su propia industria.

- A muchos estados les parecía difícil romper con la *economía de un solo producto* que tenían desde la época colonial porque los gobiernos no tenían los fondos necesarios para diversificarla. Ghana (cacao) y Zambia (cobre) enfrentaron este problema. En estados como Ghana, cuyo ingreso dependía de la exportación de cultivos, esto se traducía en que los alimentos para su población escasearían. Así, los gobiernos tenían que gastar los pocos fondos de que disponían en la importación de alimentos caros. La caída del precio mundial de su principal pro-

CUADRO XXVI.2. *Producto interno bruto per cápita de la población en 1992 (en dólares estadunidenses)*

Japón	28 220	Libia	5 310
Taiwán	10 202	Uganda	170
Hong Kong	15 380	Rwanda	250
Singapur	15 750	Tanzanía	110
Corea del Sur	6 790	Kenia	330
Corea del Norte	943	Zaire	220
Tailandia	1 840	Etiopía	110
Vietnam	109	Sudán	400
China	380	Somalia	150
		Zimbabwe	570
		Zambia	290
Perú	950	Nigeria	320
Bolivia	680	Mozambique	60
Paraguay	1 340	Sudáfrica	2 670
Brasil	2 770	Argelia	2 020
Argentina	2 780		
Colombia	1 290		
Chile	2 730	India	310
Venezuela	2 900	Pakistán	410
Uruguay	3 340	Bangladesh	220
		Sri Lanka	540
Alemania	21 000	Federación Rusa	2 680
Francia	22 300	Polonia	1 960
Gran Bretaña	17 760	Rumania	1 090
Italia	20 510	Checoslovaquia	2 440
Suiza	36 230		
Grecia	7 180		
España	14 020		
Portugal	7 450	Estados Unidos	23 120
Noruega	25 800	Canadá	20 320
Suecia	26 780	Australia	17 070
Bélgica	20 880	Haití	380
		República Dominicana	1 040
		Guyana	330
		Jamaica	1 340
		Trinidad y Tabago	3 940

FUENTE: Estadísticas del Banco Mundial, en *Libro Anual de Europa 1995*.

ducto podría significar un enorme desastre como en los años setenta, cuando el precio mundial de productos como cacao, cobre, café y algodón tuvo una caída dramática. En el cuadro XXVI.3 se observan los desastrosos efectos en los ingresos, y por tanto, en el poder de compra de países como Ghana y Camerún (cacao), Zambia, Chile y Perú (cobre), Mozambique, Egipto y Sudán (algodón), y Costa de Marfil, Zaire y Etiopía (café).

- *Al mismo tiempo, el precio de los productos manufacturados seguía subiendo.* El Sur tenía que importar del Norte. A pesar de los esfuerzos de la *Conferencia de las Naciones Unidas para el Comercio y el Desarrollo* (UNCTAD, por sus siglas en inglés), que intentó negociar precios más justos para el Tercer Mundo, no se lograron verdaderas mejoras.

- Si bien el Norte otorgaba gran ayuda financiera al Sur, en gran medida era por negocio, *los países del Sur tenían que pagar intereses.* En ocasiones, una condición del trato era que los países del Sur gastaran la ayuda en productos del país que hacía el préstamo. Algunos países pedían los créditos directamente a bancos estadunidenses o de Europa occidental, de modo que en 1980 los países del Tercer Mundo debían el equivalente a 500 000 millones de dólares; incluso el pago anual de intereses era de unos 50 000 millones de dólares, de modo que algunos se veían obligados a pedir más préstamos sólo para pagar los intereses del crédito original.

- *Otro problema de los países del Tercer Mundo era que su población se incrementaba con mayor rapidez que en el Norte.* En 1975, la población total del mundo era de 4 000 millones, aproximadamente, y se esperaba que llegara a 6 000 en 1997. Como la población del Sur crecía con mayor rapidez, una proporción mucho mayor que nunca antes de la población mundial sería pobre (capítulo XXVII).

- *Muchos países del Tercer Mundo han pasado por prolongadas guerras y guerras civiles invalidantes* que arrasan con las cosechas y arruinan la economía. Algunas de las peores guerras han sido en Etiopía, Nicaragua, Guate-

CUADRO XXVI.3. *Lo que las materias primas podían comprar en 1975 y 1980*

	Barriles de petróleo	Capital ($US)
Cobre (una tonelada compraría)		
1975	115	17 800
1980	58	9 500
Cacao (una tonelada compraría)		
1975	148	23 400
1980	63	10 200
Café (una tonelada compraría)		
1975	148	22 800
1980	82	13 000
Algodón (una tonelada compraría)		
1975	119	18 400
1980	60	9 600

mala, Líbano, el Congo/Zaire, Sudán, Somalia, Liberia, Sierra Leona, Mozambique y Angola.

• *En ocasiones la sequía constituye un grave problema en África* (ilustración XXVI.1). Níger, en el África occidental, resultó muy afectada; en 1974 produjo sólo la mitad de los cultivos para alimentos producidos en 1970 (sobre todo mijo y sorgo), y cerca de 40% del ganado murió. Con la aceleración del calentamiento global al final del siglo, la sequía se hizo más frecuente y muchos países dependían de la ayuda externa para alimentar a su población.

d) El Informe Brandt estaba lleno de buenas ideas

Por ejemplo, señalaba que la ayuda del Norte para que el Sur fuera más próspero era en su propio beneficio, pues le permitiría adquirir más productos del Norte. Si sólo una fracción del gasto del Norte en armamento se dedicara a ayudar al Sur,

ILUSTRACIÓN XXVI.1. *Sequía en África*

se lograrían grandes mejoras. Por ejemplo, por el precio de un avión de combate (casi 20 millones de dólares), se podrían instalar 40 000 farmacias locales. El informe seguía con *algunas recomendaciones importantes* que, de implementarse, cuando menos acabarían con el hambre en el mundo:

- las naciones ricas del Norte debían tender a dar 0.7% de su ingreso nacional a los países pobres en 1985, y 1.0% en el año 2000;
- se debía crear un nuevo Fondo para Desarrollo del Mundo en el cual la toma de decisiones sería compartida más equitativamente entre prestamistas y prestatarios (no como el Fondo Monetario Internacional y el Banco Mundial, dominados por los Estados Unidos);
- se debería establecer un plan internacional de energía;
- debería hacerse una campaña para mejorar las técnicas agrícolas en el Sur, así como redactar un programa internacional de alimentación.

¿Algo cambió con el Informe Brandt? Tristemente no hubo una mejoría inmediata en la situación económica general del

Sur. En 1985, muy pocos países habían llegado al objetivo propuesto de dar 0.7%. Quienes lo lograron, fueron Noruega, Suecia, Dinamarca, los Países Bajos y Francia, pero los Estados Unidos dieron sólo 0.24 y Gran Bretaña, 0.11%. A mediados de los años ochenta, la hambruna en África era terrible, especialmente en Etiopía y Sudán, y la crisis de las regiones más pobres del Tercer Mundo parecía empeorar. En la década de 1990, durante la administración de Clinton, la economía de los Estados Unidos floreció, en tanto que las dificultades del Tercer Mundo empeoraron. A finales de 2003, la ONU informó que 21 estados del Tercer Mundo, 17 de ellos africanos, estaban en crisis por una combinación de desastres naturales, sida, calentamiento global y guerras civiles (sección XXV.13). El 1% más rico de la población mundial (más o menos 60 millones de personas) recibía tantos ingresos como el 57% más pobre. Noruega estaba a la cabeza de la Liga de Naciones Unidas para el Desarrollo Humano; los noruegos tenían una expectativa de vida de 78.7 años, la alfabetización era virtualmente de 100% y el ingreso anual era de poco menos de 30000 dólares. En Sierra Leona, la expectativa de vida era de 35 años, la tasa de alfabetización de 35%, y el ingreso anual promedio, de 470 dólares. Los Estados Unidos parecían atraer gran hostilidad y resentimiento por este desequilibrio de la riqueza; estaba muy generalizada la idea de que el incremento del terrorismo, en especial los ataques del 11 de septiembre en ese país, era una reacción desesperada ante el fracaso de los intentos pacíficos de lograr un sistema económico mundial más equitativo (secciones XII.1 y XII.2).

Los asesores de economía de la ONU fueron muy claros respecto de lo que había qué hacer. Estaba en manos de Occidente eliminar las barreras comerciales, acabar con su sistema de subsidios excesivamente generoso, acceder a un mayor alivio de la deuda y duplicar la cantidad de la ayuda, de 50000 millones a 100000 millones anuales. Con esto, los países pobres podrían invertir en sistemas de agua potable, caminos rurales, educación y un sistema de salud adecuado.

3. LA BRECHA EN LA ECONOMÍA DEL TERCER MUNDO

En la década de 1970, algunos estados del Tercer Mundo empezaron a ser más prósperos merced a la explotación de recursos naturales como el petróleo, y también, a la industrialización.

a) Petróleo

Algunos estados del Tercer Mundo tuvieron la suerte de tener recursos petroleros. En 1973, los miembros de la Organización de Países Exportadores de Petróleo (OPEP), en parte con la intención de conservar sus reservas, empezaron a cobrar más por su petróleo. En Medio Oriente, los productores obtuvieron grandes utilidades, como Nigeria y Libia, pero esto no necesariamente significó que sus gobiernos lo gastaran sensatamente o para beneficio de la población. No obstante, una historia de éxito en África fue Libia, el país más rico de ese continente gracias a sus recursos petroleros y las hábiles políticas de su líder, el coronel Gaddafi (quien asumió el poder en 1969); destinó gran parte de las utilidades del petróleo para el desarrollo agrícola e industrial, y para crear un Estado de bienestar. Fue un país en el que la gente común se benefició con las utilidades del petróleo. Con un PIB de 5 460 libras esterlinas en 1989, Libia pudo afirmar que era tan exitoso económicamente como Grecia y Portugal, los miembros más pobres de la Comunidad Europea.

b) Industrialización

Algunos estados del Tercer Mundo se industrializaron rápidamente y con gran éxito, entre otros, Singapur, Taiwán, Corea del Sur y Hong Kong (conocidos anteriormente como los cuatro "tigres del Pacífico"), además de Tailandia, Malasia, Brasil y México.

El PIB de los cuatro "tigres" era comparable al de muchos países de la Comunidad Europea. El éxito de los países recién industrializados en los mercados de exportación del mundo se debió, en parte, a que pudieron atraer a empresas del Norte deseosas de aprovechar la mano de obra mucho más barata del Tercer Mundo. Algunas incluso trasladaron toda su producción a los países recién industrializados, donde los bajos costos de producción les permitían vender sus productos a un precio menor que los producidos en el Norte. Esto planteó graves problemas a las naciones industrializadas del Norte, que tuvieron que padecer desempleo en los años noventa. Parecía que la época dorada de la prosperidad occidental se había ido, cuando menos en el futuro previsible, a menos que sus trabajadores estuvieran dispuestos a aceptar menores salarios, o que las compañías estuvieran dispuestas a reducir sus utilidades.

A mediados de los años noventa, la economía del mundo pasaba a la siguiente etapa, en la cual los "tigres" asiáticos perdían empleos a manos de trabajadores de *Malasia* y *las Filipinas*. Otros estados del Tercer Mundo en proceso de industrialización eran Indonesia y China, donde los salarios eran aún más bajos y las jornadas laborales más largas. Jacques Chirac, el presidente francés, expresó el temor y la preocupación de muchos cuando señaló (abril de 1996) que los países en desarrollo no debían competir con Europa permitiendo salarios y condiciones de trabajo miserables; pidió aceptar que hay ciertos derechos humanos básicos que deben fomentarse y hacerse cumplir:

- libertad para afiliarse a los sindicatos y libertad para que los sindicatos negocien contratos colectivos para proteger a los trabajadores de la explotación;
- supresión de los trabajos forzados y del trabajo infantil.

De hecho, la mayoría de los países en desarrollo aceptaron esto cuando se integraron a la Organización Mundial del Trabajo (OMT) [sección IX.5 *b*)], pero aceptar las condiciones no es lo mismo que cumplirlas.

4. La economía mundial y sus efectos en el medio ambiente

Hacia finales del siglo XX, en el Norte se obsesionaban más y más con la industrialización y se inventaban métodos y técnicas para incrementar la producción y la eficiencia. El principal motivo era la creación de riqueza y utilidades, pero se prestaba muy poca atención a los efectos colaterales que esto tenía. En los años setenta, la gente estaba cada vez más consciente de que no todo iba bien con el ambiente, y que la industrialización estaba provocando graves problemas:

- Agotamiento de los recursos del mundo en cuanto a materias primas y combustibles (petróleo, carbón y gas).
- *Contaminación masiva del ambiente.* Los científicos se percataron de que, de continuar así, era probable que se dañara gravemente el ecosistema, es decir, el sistema por el cual los seres vivos, árboles y plantas funcionan en su entorno y en el cual están interconectados. La "ecología" es el estudio del ecosistema.
- El *calentamiento global* es el calentamiento incontrolable de la atmósfera de la Tierra provocado por grandes cantidades de gases emitidos por la industria.

a) Agotamiento de los recursos del mundo

- Los *combustibles fósiles, carbón, petróleo y gas natural,* son los restos de plantas y seres vivos que murieron cientos de millones de años atrás. No pueden ser remplazados, y se están agotando con rapidez. Es probable que todavía quede mucho carbón, pero nadie está seguro de cuánto petróleo y gas natural queda. La producción de petróleo se incrementó enormemente en el siglo XX, como se muestra en la figura XXVI.2. Algunos expertos creen que todas las reservas petroleras se habrán agotado a principios del siglo XXI; por eso la OPEP intentó ahorrar petróleo en los años setenta. Los británicos respon-

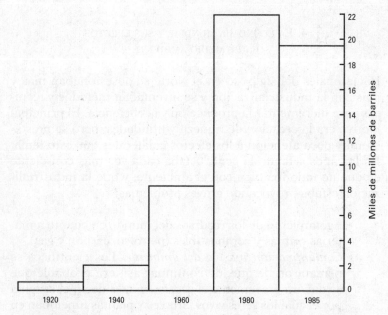

FIGURA XXVI.2. *Producción mundial de petróleo en miles de millones de barriles anuales*

dieron con perforaciones exitosas en el Mar del Norte, de modo que dependían menos de la importación. Otra reacción fue desarrollar fuentes alternas de energía, en especial energía nuclear.

- *Estaño, cobre, zinc y mercurio* eran otras materias primas seriamente amenazadas. Los expertos sugirieron que se habrían agotado a principios del siglo XXI, y también, en este caso, era el Tercer Mundo el despojado de los recursos que necesitaba para escapar de la pobreza.

- *Se utilizaba demasiada madera.* En 1987 se había perdido cerca de la mitad de las selvas tropicales, y se estimó que aproximadamente 80 000 kilómetros cuadrados, más o menos el tamaño de Austria, se perdía cada año. Uno de los efectos indeseables de esto era la pérdida de muchas especies de animales e insectos que vivían en las selvas.

- Se estaban pescando demasiados *peces* y se sacrificaba a demasiadas *ballenas*.

- *La reserva de fosfatos (utilizados para fertilizantes) se agotaba rápidamente.* Mientras más fertilizantes utilizaban los agricultores para incrementar el rendimiento agrícola y seguirle el paso al crecimiento de la población, más roca fosfática se extraía (incrementos de 4% anual desde 1950). Las reservas se habrían agotado a mediados del siglo XXI.
- *Había el riesgo de que las reservas de agua dulce se agotaran pronto.* Gran parte del agua del planeta está ligada con las capas de hielo polar y los glaciares, o se encuentra en las profundidades de la tierra. Todos los organismos vivos, humanos, animales, árboles y plantas, dependen de la lluvia para sobrevivir. Con una población mundial que aumenta 90 millones anuales, los científicos de la Universidad de Stanford (California) descubrieron que en 1995, los humanos y sus animales domésticos, sus cosechas y plantaciones silvícolas estaban utilizando la cuarte parte de toda el agua que absorben las plantas. Esto reduce la humedad que se evapora y, por lo tanto, las probabilidades de lluvia.
- *La cantidad de tierra disponible para la agricultura se estaba reduciendo,* en parte por la industrialización y el crecimiento de las ciudades, pero también por el uso abusivo de la tierra cultivable. Los esquemas de riego mal diseñados incrementaban los niveles de sal del suelo. En ocasiones, para el riego se extraía demasiada agua de lagos y ríos, y extensas áreas se convertían en desiertos. La erosión del suelo era otro problema: los científicos calculaban que cada año, 75 000 millones de toneladas de tierra eran arrastradas por la lluvia y las inundaciones, o arrasadas por el viento. La pérdida del suelo dependía de la calidad de las prácticas agrícolas; en Europa occidental y los Estados Unidos (donde los métodos eran buenos), los agricultores perdían, por hectárea, 17% de la capa superior cada año. En África, Asia y Sudamérica, la pérdida era de 40 toneladas al año. En las pendientes inclinadas de países como Nigeria se perdían 220 toneladas al año, en tanto que en Jamaica, esa cifra ascendía a 400 toneladas.

Un signo alentador fue la creación de la *Estrategia de Conservación Mundial* (1980), cuyo objetivo era alertar al mundo de todos estos problemas.

b) Contaminación del ambiente, ¿desastre ecológico?

- *Las descargas de la industria pesada contaminan la atmósfera, los ríos, los lagos y el mar.* En 1975 se decía que los cinco Grandes Lagos de Norteamérica estaban "muertos", es decir, que estaban tan contaminados, que ningún pez podía vivir en ellos; cerca de 10% de los lagos de Suecia estaban en las mismas condiciones. La lluvia ácida (lluvia contaminada con ácido sulfúrico) causaba extensos daños a los árboles de Europa central, sobre todo en Alemania y Checoslovaquia. La URSS y los estados comunistas de Europa del este eran responsables de la industrialización más sucia; toda la región estaba muy contaminada por años de emisiones venenosas (ilustración XXVI.2).

- *Deshacerse de las aguas negras de las grandes ciudades era un problema.* Algunos países se limitaban a echar directamente al mar las aguas negras no tratadas o parcialmente tratadas; en los alrededores de Nueva York el mar estaba excesivamente contaminado, y el Mediterráneo aún más, sobre todo de desechos humanos.

- Los agricultores de los países ricos contribuían a la contaminación utilizando *fertilizantes y pesticidas artificiales*, que arrastran la tierra a arroyos y ríos.

- *Las sustancias químicas que se conocen como clorofluorocarbonos (CFC)* utilizados en los aerosoles, refrigeradores y extintores dañan la capa de ozono que protege a la Tierra de la radiación ultravioleta nociva. En 1979, los científicos descubrieron que sobre el Antártico hay un gran agujero en la capa de ozono; en 1989, ese agujero había crecido, además de que se descubrió otro sobre el Ártico. Esto significa que hay más probabilidades de que las personas padezcan cáncer de piel por la radiación del sol no

ILUSTRACIÓN XXVI.2. *Planta de energía Espenhain,*
en la ex Alemania Oriental

filtrada. Algo se ha avanzado en la resolución de este problema, y muchos países prohibieron el uso de CFC. En
2001, la Organización Meteorológica Mundial informó
que la capa de ozono parecía estarse reparando.
- *La energía nuclear contamina cuando la radiactividad se*
filtra al ambiente. Ahora se sabe que puede causar cáncer,
sobre todo leucemia. Se ha demostrado que de todas las
personas que trabajaron en la planta nuclear de Sellafield,
en Cumbria, Gran Bretaña, entre 1947 y 1975, la cuarta
parte de los fallecidos desde entonces murió de cáncer.
Había un riesgo constante de accidentes graves, como la
explosión ocurrida en Three Mile Island, Estados Unidos,
en 1979, que contaminó una extensa área en torno a la
planta de generación de energía. Cuando se producen fil-
traciones y accidentes, las autoridades siempre aseguran
que nadie ha sufrido efectos dañinos; sin embargo, no se
sabe realmente cuántas personas morirán de cáncer provocado por la radiación más adelante.

El peor accidente nuclear sucedió en 1986, en Chernobyl, en Ucrania (entonces parte de la URSS). Un reac-

tor nuclear explotó y murieron 35 personas, además de que liberó una enorme nube radiactiva que se dispersó sobre gran parte de Europa. Diez años después, se informó de cientos de casos de cáncer tiroideo en zonas cercanas a Chernobyl. Incluso en Gran Bretaña, a miles de kilómetros de distancia, cientos de kilómetros cuadrados de pastura para ovejas en Gales, Cumbria y Escocia todavía estaban contaminadas y sujetas a restricciones; 300 000 ovejas fueron afectadas y tenían que revisarse para detectar radiactividad excesiva antes de poder consumirse. La preocupación sobre la seguridad de la energía nuclear llevó a muchos países a buscar fuentes de energía alternas más seguras, sobre todo, energía solar, eólica y de las mareas.

Una de las principales dificultades es que costaría muchísimo dinero corregir todos estos problemas. Los industriales argumentan que "limpiar" sus fábricas y eliminar la contaminación encarecería sus productos. Los gobiernos y las autoridades locales tendrían que gastar fondos extra para construir mejores drenajes y limpiar los ríos y playas. En 1996, en Europa del este aún había en operación 27 reactores del mismo antiguo diseño del que explotó en Chernobyl. Todos representaban una amenaza de desastre nuclear, pero los gobiernos afirmaban que no podían darse el lujo ni de hacerlos más seguros ni de clausurarlos.

La siguiente descripción de Chernobyl da una idea de la gravedad de los problemas implicados:

> En Chernobyl, la escena de la explosión de abril de 1986, apenas a unos kilómetros de Kiev, capital de Ukrania, las perspectivas son sombrías. Dos de los reactores de la planta siguen funcionando, rodeados de kilómetros de campos contaminados. Los elementos radiactivos se filtran lentamente hacia las aguas subterráneas, y por tanto, a la reserva de agua potable de Kiev de más de 800 pozos donde fueron enterrados los desechos más peligrosos 10 años atrás.
>
> FUENTE: Artículo de *Guardian*, 13 de abril de 1996.

c) Cultivos modificados genéticamente (MG)

Uno de los problemas económicos que surgieron en los años noventa, y que se convirtió en una confrontación política entre los Estados Unidos y la Unión Europea, fueron los cultivos modificados genéticamente (MG), que son plantas inyectadas con genes de otras plantas para agregar ciertas características. Por ejemplo, se pueden crear cultivos que toleren los herbicidas que acaban con todas las demás plantas; esto significa que el agricultor puede rociar el campo con un herbicida de "espectro amplio" que destruirá cualquier otra planta, excepto la modificada. Como las hierbas consumen agua y nutrientes del suelo, los cultivos MG deben rendir más, aparte de que necesitan menos herbicidas que los convencionales. Algunos cultivos MG han sido modificados para producir un veneno que acaba con las plagas que se alimentan de ellos, y otros, para que crezcan en suelos salados. Los principales cultivos MG son trigo, cebada, maíz, canola, frijol de soya y algodón. Los partidarios de los cultivos MG afirman que representan *uno de los mayores avances agrícolas;* proporcionan alimentos más saludables producidos de manera más eficiente y ecológica. Dado el problema de la creciente población mundial y las dificultades para alimentar a todos, los adeptos a los MG consideran que se trata de un descubrimiento vital para resolver este dilema. En 2004 eran cultivados en cuando menos seis millones de granjas de 16 países, entre otros, los Estados Unidos, Canadá, Argentina, India, México, China, Colombia y Sudáfrica. Los principales seguidores de los cultivos MG son los estadunidenses, que eran también los principales exportadores.

Sin embargo, no a todos gusta esta situación. Muchas personas objetan esta tecnología sobre la base de que puede utilizarse para crear organismos no naturales, es decir, que las plantas pueden ser modificadas con genes de otras plantas o incluso de animales. Se teme que los genes escapen a las plantas silvestres y se creen "supersemillas" imposibles de destruir; los cultivos MG podrían ser nocivos para otras especies y también, a largo plazo, para el ser humano que los consume. Los genes que escapen de los cultivos MG podrían polinizar cultivos orgánicos y arruinar a los agricultores afectados que, desafortunadamente, podrían ser acusados de tener genes MG en sus cultivos, aunque no hubieran plantado deliberadamente esas semillas. *Las principales objeciones procedían de Europa;* si bien algunos países europeos, como Alemania y España, tienen cultivos MG, es en muy pequeña cantidad. Los científicos en general tienden a reservarse su opinión y declaran que se necesitaría hacer prolongadas pruebas de campo para demostrar si son, o no, perjudiciales, para el medio y para la salud pública. Las encuestas de opinión muestran que cerca de 80% de los europeos tiene profundas dudas sobre su seguridad; varios países, como Austria, Francia, Alemania, Italia y Grecia prohibieron la importación de ciertos MG, ya sea para cultivo o para consumo. Los estadunidenses, por otra parte, insisten en que los cultivos han sido verificados meticulosamente y aprobados por el gobierno, y que se han consumido durante años sin efectos dañinos obvios.

Otra objeción de los europeos fue que la industria de los cultivos MG era controlada por unos cuantos negocios agrícolas gigantes, casi todos estadunidenses. De hecho, en 2004, la empresa estadunidense Monsanto producía más de 90% de los cultivos MG del mundo. La sensación era que dichas compañías podrían ejercer un control exagerado sobre la producción de alimentos en el mundo, lo cual les permitiría presionar para que ciertos países les compraran su producto y sacar del mercado a los pequeños agricultores. La controversia llegó a su clímax en abril de 2004, cuando los Estados Unidos solicitaron a la Organización Mundial de Comercio (OMC) que tomara medidas. Dicho país acusó a la Unión Europea de infringir las reglas de libre comercio de la OMC prohibiendo la importación de productos MG sin pruebas científicas que corroboraran sus argumentos. Los estadunidenses exigían una indemnización de 1 000 millones de libras esterlinas por la pérdida de exportaciones durante los seis años anteriores.

5. Calentamiento global

a) Primeras preocupaciones

A principios de la década de 1970 a los científicos les preocupaba lo que llamaban el "efecto invernadero", un calentamiento aparentemente incontrolable de la atmósfera terrestre, al cual se hacía referencia como "calentamiento global". Era provocado por grandes cantidades de dióxido de carbono, metano y óxido nitroso, tres gases derivados de varios procesos industriales y de la quema de combustibles fósiles, que se liberan en la atmósfera. Estos gases hacían las veces del techo de vidrio de un invernadero que atrapa y amplifica el calor del sol. Hay diferentes opiniones respecto de qué efectos se trataría exactamente; una alarmante teoría reza que los casquetes de hielo, los glaciares y la nieve de las regiones polares se derretiría, y al elevar el nivel del mar inundaría grandes extensiones de tierra. También se temía que África y partes de Asia se tornaran demasiado calientes para la vida humana, además de que podría haber violentas tormentas y prolongadas sequías.

Otros científicos rechazan estas teorías y argumentan que si de hecho el mundo se estaba calentando, se trataba de un cambio climático natural, no provocado por el hombre. Por otra parte, restaron importancia a las amenazas de inundaciones y sequías, y acusaron de oponerse a Occidente y a la industrialización a quienes las sugirieron. Es natural que los propios industriales hayan recibido con beneplácito a quienes simpatizaban con ellos, y si bien se generó un debate entre ambas partes, nada se hizo para reducir o controlar las emisiones de gases invernadero.

Las pruebas científicas fueron cada vez más convincentes, la temperatura promedio de la Tierra definitivamente estaba aumentando de manera significativa, y la costumbre de quemar combustibles fósiles era la causa de los cambios. Las evidencias fueron suficientes como para convencer a Al Gore, vicepresidente de los Estados Unidos, quien en 1992 escribió un folleto en que solicitaba la participación internacional para combatir el efecto de invernadero. Posteriormente, el presidente Clinton declaró que "debemos hacer causa común contra la amenaza del calentamiento global. Un invernadero puede ser un buen lugar para cultivar plantas, pero no para criar a nuestros hijos". En junio de 1992, la ONU organizó la Cumbre de la Tierra en Río de Janeiro, Brasil, para analizar la situación; asistieron representantes de 170 naciones, incluidos 117 jefes de Estado; probablemente haya sido la ocasión en que más líderes mundiales se hayan congregado nunca. La mayoría firmó una serie de tratados tendientes a la protección del ambiente y la reducción de las emisiones de gases invernadero.

No obstante, firmar un tratado es una cosa y hacerlo cumplir es otra. Por ejemplo, en 1993, cuando el presidente Clinton hizo una propuesta de ley para gravar fiscalmente la energía, la mayoría republicana del Senado, apoyada por muchos industriales y hombres de negocios, la rechazó. En esa época, muchos otros países mostraban su preocupación porque la situación empeoraba. En 1995, un panel intergubernamental sobre cambio climático emitió un informe en que se resumían los efectos probables del calentamiento global y concluía que había pocas dudas de que los hábitos del hombre fueran la causa.

b) La Convención de Kioto (1997) y sus repercusiones

En 1997 se celebró otra gran conferencia internacional, esta vez en Kioto (Japón), para idear un plan para reducir las emisiones nocivas. Fue muy apropiado que la conferencia haya sido en Kioto porque, de todos los países industrializados, los japoneses habían tenido el mayor éxito en limitar las emisiones de carbono, además de gravar con impuestos altos la energía y el petróleo. Mediante estadísticas se mostró qué tanto carbono producía cada país, y los Estados Unidos eran por mucho los que más emitían, con un promedio de 19 toneladas per cápita al año; Australia no se quedaba muy atrás, con 16.6. Japón emitía nueve toneladas anuales *per cápita*, en tanto que en los países de la Unión Europea el promedio era de 8.5. Por otra parte, en los países del Tercer Mundo, las emisiones eran modestas, en Sudamérica, 2.2 toneladas y en África, menos de una tonelada.

El objetivo era volver en 2012 al nivel de emisiones globales de 1990; es decir, cada país tendría que reducirlas en diferentes cantidades para cumplir con los reglamentos; por ejemplo, los Estados Unidos tendrían que reducirlas 7%, mientras que Francia no necesitaba hacerlo, pues desde 1997, producía 60% de su energía en plantas nucleares. A fin de cuentas, 86 países firmaron el acuerdo conocido como Protocolo de Kioto. Sin embargo, en los años siguientes no parecía ser muy efectivo; en 2001, el Panel Intergubernamental sobre Cambio Climático informó que las condiciones empeoraban sistemáticamente. La década de 1990 fue la más caliente del milenio, y 1998, el año más caliente. En marzo de 2001, el Protocolo de Kioto recibió un severo golpe cuando el presidente Bush, recién elegido, anunció que no lo ratificaría. "No voy a aceptar un plan que perjudicará nuestra economía y golpeará a los trabajadores estadunidenses —dijo—. Primero lo primero, y son las personas que viven en los Estados Unidos. Ésa es mi prioridad."

Así pues, a principios del siglo XXI, el mundo se encontraba en una situación en que los Estados Unidos, con no más de 6% de la población del planeta, emitía la cuarta parte de los gases invernadero, y seguiría haciéndolo, sin importar las consecuencias para el resto del mundo. En 2003, los efectos del calentamiento global se incrementaban de manera preocupante. La ONU calculó que cuando menos 150 000 personas habían muerto durante el año como consecuencia directa del cambio climático, sequía prolongada y tormentas violentas. En ese verano, 25 000 personas murieron en Europa a causa de las temperaturas inusualmente altas. El creciente calor y las tormentas crearon las condiciones ideales para la proliferación de los mosquitos, que llegaron a las zonas montañosas, donde era muy frío para ellos. Por consiguiente, la tasa de mortalidad por malaria se incrementó abruptamente, en especial en África. Las sequías provocaron hambruna y desnutrición, de tal forma que hubo muchas más personas propensas a contraer enfermedades que ponen en peligro la vida.

c) ¿Qué sucederá después?

Era obvio para los climatólogos que se necesitaban medidas drásticas para evitar consecuencias funestas. Sir John Houghton, ex director de la Oficina de Meteorología de Gran Bretaña, comparó el cambio climático con un arma de destrucción masiva: "como el terrorismo, esta arma no conoce límites; puede golpear en cualquier parte, en cualquier forma, una ola de calor en un lugar, una sequía o una inundación, o una ola de tormentas en otro". También se sugería que el Protocolo de Kioto, redactado cuando el cambio climático no se consideraba tan destructivo, sería insuficiente para resolver el problema, incluso si se implementara plenamente. *Lo trágico es que los países más pobres del mundo que difícilmente contribuyen a la acumulación de gases invernadero, son probablemente los más afectados.* En estadísticas recientemente publicadas se sugiere que en 2004, cerca de 420 millones de personas vivían en países que ya no tenían suficientes tierras cultivables para producir sus propios alimentos; 500 millones de seres humanos vivían en zonas susceptibles de sequía prolongada. Estas amenazas se agravaban por la presión del crecimiento de la población mundial (secciones XXVII.1-3). *Se sugirió una serie de medidas:*

- El profesor John Schnellnhuber, director del Centro Tyndall de Gran Bretaña, quien investiga el cambio climático, considera que el mundo industrializado debe ayudar al mundo en desarrollo a sobrevivir a ese cambio. Se debe crear un fondo de adaptación auspiciado por las Naciones Unidas como un sistema de seguro para las naciones más pobres. Debe ser financiado por los contaminadores más ricos mediante gravámenes relacionados con la cantidad de emisiones que producen. Esto permitiría a los países más pobres mejorar su infraestructura, así como la industria del agua y la producción de alimentos, de manera que puedan enfrentar cambios como altas temperaturas, elevación del nivel de ríos y mares, y de las corrientes.
- Los ministros del ambiente deben reunirse regularmente, y se debe instituir un tribunal mundial relacionado con el ambiente, según las líneas de la Organización Mun-

dial de Comercio, para hacer cumplir los acuerdos globales, como el Protocolo de Kioto. Se deben imponer multas suficientemente cuantiosas para impedir que se rompan las reglas.

- En el ámbito nacional se deben imponer multas elevadas a las empresas que contaminen los ríos y tiren desechos peligrosos.

- Se debe hacer un supremo esfuerzo para desarrollar nuevas tecnologías, de modo que los combustibles fósiles sean remplazados por energía "verde", solar, eólica, de las corrientes y de las olas. Algunas personas han sugerido que debe generalizarse la energía nuclear, opción que han adoptado los franceses, pero son muchas las objeciones a tal medida. Aparte del riesgo de lluvia radiactiva que causaría leucemia [sección XXVI.4 b)], existe la duda de que si la cultura nuclear se difunde por el planeta, muchos más países podrán adquirir armas nucleares. Hay además otro problema, qué hacer con los desechos nucleares extra, que pueden ser un riesgo para la vida humana durante 100 000 años.

La principal objeción a esta alternativa es que se requieren cambios fundamentales en la forma de vivir y organizar la economía de los países, y costaría mucho dinero garantizar resultados que sólo se verán en el futuro. Unos cuantos científicos han sugerido que lo mejor es no hacer nada ahora, y esperar que los científicos del futuro encuentren métodos novedosos y baratos para reducir los gases invernadero. Sin embargo, en palabras de Murray Sayle, "mucho antes de ese venturoso día, el agua llegará a la cintura de la estatua de la Libertad en la bahía de Nueva York".

6. La economía mundial y el nuevo milenio

Como los Estados Unidos eran indiscutiblemente el Estado económicamente más poderoso en la última década del pasado siglo, era natural que su sistema económico se analizara minuciosamente. La Unión Europea, que algunas personas consideraban como un bloque de potencias rivales de dicho país, tenía una opinión diferente de cómo debía organizarse una economía y una sociedad de mercado, en función del comercio internacional, el cuidado del ambiente y la ayuda para el alivio de la deuda. Según explica el analista británico Will Hutton en su obra *The World We're In* (2002), "la relación entre los dos bloques de poder es el fulcro sobre el cual gira el orden mundial. Hábilmente manejado, puede ser una gran fuerza de bien; mal manejado, puede provocar incalculables daños".

a) El modelo económico estadunidense

El sistema económico de los Estados Unidos evolucionó de las tradiciones estadunidenses de libertad e inviolabilidad de la propiedad. La actitud del ala derecha de los estadunidenses era que la ley de la propiedad privada y la libertad de la interferencia gubernamental debe ser suprema. Por eso fueron creados originalmente los Estados Unidos; la gente emigró a ese país para poder disfrutar esa libertad. De ahí se deduce que el gobierno federal estadunidense debía interferir lo menos posible con la vida de las personas, pues su principal función era proteger la seguridad nacional.

Respecto del bienestar social, hasta qué punto debe el Estado ser responsable del cuidado de los pobres y los indefensos, las posturas estaban divididas. La postura de derecha, o conservadora, se basaba en el "individualismo inquebrantable" y la autoayuda. Los impuestos se consideraban una invasión a la propiedad privada, y los reglamentos del gobierno una limitante a la libertad y la prosperidad. La actitud liberal era que el "individualismo inquebrantable" debe atenuarse con la idea del "contrato social", la cual propone que el Estado debe proporcionar un bienestar básico a cambio del respeto y la obediencia de sus ciudadanos. De ahí el *New Deal* de Roosevelt y la Gran Sociedad de Johnson, programas introducidos por las administraciones demócratas que incluía numerosos elementos de reforma social. Durante 16 de los 24 años previos a 2005, los Estados Unidos tuvieron gobiernos republicanos que favorecían el enfoque de la derecha.

Ambas escuelas de pensamiento tenían seguidores y partidarios en los Estados Unidos. Por ejemplo, John Rawls, en su obra *A Theory of Justice* (Oxford University Press, 1973), planteaba una teoría de la "justicia como imparcialidad". Abogaba por la igualdad y afirmaba que era obligación del gobierno ofrecer bienestar y redistribuir la riqueza mediante los impuestos. En su obra *Anarchy, State and Utopia* (Harvard University Press, 1974), Robert Nozick argumentaba que deben mantenerse estrictamente los derechos de propiedad, que la intervención del gobierno debe ser mínima, igual que los impuestos, las prestaciones y la redistribución. Las teorías de Nozick tuvieron gran influencia en la Nueva Derecha y fueron retomadas por la rama neoconservadora del Partido Republicano. Se vieron en acción durante la administración de Reagan (1981-1989), y aún más con George W. Bush (2001-2008), cuando se redujeron tanto los programas de bienestar como los impuestos. Con el neoconservadurismo en ascenso en los Estados Unidos, era de esperar que, al asumir este país el papel de líder del mundo, los mismos principios se extenderían a los asuntos internacionales estadunidenses; de ahí su renuencia a verse implicados en iniciativas de ayuda para el Tercer Mundo, como alivio de la deuda, comercio internacional y calentamiento global. No se podía negar que el sistema económico estadunidense en sus diferentes variantes había tenido notable éxito a lo largo de los años. No obstante, en los primeros años del siglo XXI, el enfoque de la Nueva Derecha era claramente titubeante [sección XXIII.6 *d*)]; muchos estadunidenses liberales esperaban que el modelo europeo fuera una forma potencialmente mejor de proporcionar un orden social y económico más justo.

b) El modelo económico europeo

El sistema económico y social de la Europa occidental democrática, que tomó forma después de la segunda Guerra Mundial, era diferente de país a país, pero todos compartían ciertas características básicas, bienestar social y servicios públicos, sobre todo educación y salud, y menos desigualdad. Se esperaba que el Estado desempeñara un papel activo en la reglamen-

tación de los negocios y la sociedad, así como en la operación
de un sistema fiscal que redistribuyera los ingresos más equitativamente y entregara las utilidades para financiar la educación y la atención de la salud. También se suponía que los
grandes negocios participaban en el contrato social, con responsabilidades para con la sociedad, y por lo tanto, debían funcionar de manera socialmente aceptable, preocupándose por
sus empleados, pagando salarios justos y cuidando el ambiente. Mientras que en los Estados Unidos los intereses de los accionistas eran primordiales, en la mayor parte de Europa la
percepción era que los intereses de todo el negocio van primero; los dividendos se mantenían relativamente bajos, con el fin
de no descuidar la inversión importante. Los sindicatos eran
más fuertes que en los Estados Unidos, pero en general, funcionaban responsablemente. Este sistema resultó en compañías
muy exitosas y sociedades relativamente justas y equitativas.

Ejemplos notables de compañías europeas de éxito incluyen a Volkswagen, fabricante alemán de automóviles y camiones; más o menos 20% de las acciones de la empresa son propiedad del gobierno del estado de Baja Sajonia, el derecho al
voto de los accionistas se limita a 20% y la compañía paga sólo
16% de sus utilidades como dividendos; nada de esto sería posible en los Estados Unidos. Michelin, el fabricante francés de
neumáticos, y la empresa finlandesa Nokia, el mayor fabricante
de teléfonos móviles, son organizaciones de alto rendimiento
que funcionan más o menos en las mismas líneas que Volkswagen. Otra historia europea de éxito es la empresa conjunta Air-
bus, de alemanes, franceses y británicos, incluso superior a la
Boeing estadunidense. Los estados de Europa occidental tienen
generosos sistemas de bienestar financiados por una combinación de contribuciones fiscales y de seguridad social, y salud
pública y educación de alto nivel. Incluso en Italia, España,
Grecia y Portugal, con sus antecedentes de fascismo y dictadura militar, existe el contrato social, y el seguro de desempleo es
el más elevado de Europa.

Muchos analistas estadunidenses criticaban el sistema europeo porque en los años noventa se incrementó el desempleo
en Europa, en tanto que los Estados Unidos disfrutaban del
auge de la economía. Los estadunidenses afirmaban que los

problemas europeos se debían a los altos impuestos, los sistemas de bienestar exageradamente generosos, las actividades
de los sindicatos y la excesiva reglamentación. Los europeos
achacaban sus dificultades a la necesidad de controlar la inflación para poder participar en la moneda común lanzada en
1999. Los europeos confiaban en que una vez superados los
obstáculos, se recuperaría el crecimiento económico y la creación de empleos. La confianza de los europeos en su sistema
se incrementó durante la administración de Bush, cuando se
observó que no todo marchaba bien con la economía estadunidense.

c) El sistema estadunidense en acción

Incluso durante la administración Clinton, los Estados Unidos
extendieron sus principios económicos a sus tratos internacionales. Los intereses estadunidenses solían ser lo primero, tanto que mucha gente se quejó de que globalización equivalía a
americanización. A continuación, algunos ejemplos.

- Durante los años noventa, los Estados Unidos incrementaron el control del Fondo Monetario Internacional (FMI);
  es decir, podían decidir qué países debían recibir ayuda,
  y podían insistir en que los gobiernos adoptaran las políticas aprobadas por los Estados Unidos. Esto le sucedió
  a muchos países latinoamericanos, pero también a Corea, Indonesia y Tailandia. A menudo, las condiciones
  impuestas dificultaban la recuperación, más que facili-
  tarla. En 1995, cuando el Banco Mundial sugirió que el
  alivio de la deuda era vital para algunos países pobres,
  se enfrentó a la pertinaz oposición de los Estados Unidos, y su principal economista se sintió obligado a renunciar. Básicamente, estos acontecimientos significaron que los Estados Unidos podían controlar el sistema
  financiero del mundo.
- En 1994, los Estados Unidos utilizaban el Acuerdo General sobre Aranceles y Comercio (GATT) para obligar a
  la Unión Europea a abrir todas sus comunicaciones de
  voz (correo, teléfono y telégrafo) a la competencia inter-

nacional. En 1997, la Organización Mundial de Comercio (OMC), que sucedió al GATT en 1995, acordó que 70 países debían abrirse a las compañías estadunidenses de telecomunicaciones con las condiciones de los Estados Unidos. En 2002, 180 satélites comerciales orbitaban en el espacio, 174 de los cuales eran estadunidenses. Los Estados Unidos controlaban prácticamente los sistemas de comunicación del mundo. Para contrarrestar esta situación, la Unión Europea insistió en lanzar su propio sistema de satélites espaciales, Galileo [sección X.8 *d)*]. En marzo de 2002, la administración de Bush impuso derechos de importación al acero extranjero para proteger la industria acerera de su país. Esto provocó airadas protestas de la Unión Europea, puesto que la función de la OMT era fomentar el libre comercio. Los Estados Unidos soportaron la presión hasta diciembre de 2003; después, enfrentados con los aranceles impuestos a manera de represalia a una amplia gama de productos estadunidenses, el presidente Bush canceló los aranceles del acero. Sin embargo, ese mismo mes, los Estados Unidos anunciaron nuevos derechos de importación para textiles y televisores chinos.

• En 2003 se tomó una medida que benefició a los países pobres; atendiendo a las protestas de los estados asolados por los peores estragos del VIH/sida, el presidente Bush aceptó que debían derogarse las patentes que controlaban los fármacos necesarios, con el fin de producir versiones más baratas para venderse en los estados más afectados. Sin embargo, había otro motivo; a cambio, los estadunidenses esperaban acceder al petróleo africano y establecer bases militares en lugares estratégicos del continente.

Falta mucho camino por recorrer antes de que la globalización resulte en un mundo más justo y equitativo en el cual la riqueza esté mejor distribuida. Algunos observadores creen que la vía hacia adelante está en una ONU fortalecida y retonificada; otros ven en la recientemente ampliada Unión Europea la gran esperanza. La participación de los Estados Unidos, la nación más rica del mundo, sigue siendo vital. Como lo expresa Will Hutton: "Necesitamos que vuelvan los mejores Estados Unidos, los Estados Unidos volcados hacia el exterior y generosos que ganaron la segunda Guerra Mundial y construyeron un orden mundial liberal que en muchos aspectos nos ha sostenido hasta hoy". El presidente sudafricano Thabo Mbeki resumió admirablemente la situación mundial en julio de 2003 cuando escribió: "Los políticos progresistas deben demostrar si tienen el valor de definirse como progresistas, de recuperar su carácter tradicional de defensores de los pobres, y romper el helado control ideológico de la política de derecha. Las masas africanas vigilan y esperan".

PREGUNTAS

Contaminación y calentamiento global
1. Estudie la fuente y responda las preguntas.

Fuente A
Extractos de un discurso de Michael Meacher, ministro del Ambiente del gobierno de Gran Bretaña de 1997 a 2003, en octubre de 2003.

Nuestro mundo se está transformando a velocidad alarmante. Es un proceso impulsado por explotación industrial irrestricta, creciente control tecnológico, crecimiento poblacional y ahora, cambio climático, cuyos efectos abrieron un escenario apocalíptico para la raza humana. Estamos provocando la pérdida de especies de la magnitud de las extinciones naturales de la historia [...] Todos podemos ver los estragos. Unos 420 millones de personas viven en países que ya no tienen suficiente tierra cultivable para producir alimentos suficientes. Quinientos millones de personas viven en regiones propensas a la sequía prolongada. Los desiertos ahora son más calientes. En 1998, el año más caliente registrado, se quemaron extensas áreas de bosques [...]. Todo el proceso amenaza con salirse de control y hacer inhabitable el planeta.
    ¿Qué se puede hacer? Obviamente, lo que se necesita es un

marco de legislación internacional que permita la operación del libre comercio y una economía mundial competitiva, pero sólo dentro de parámetros estrictamente dirigidos a proteger el planeta [...] Lo que realmente se necesita es un tribunal ambiental internacional que haga cumplir una carta ambiental global. Paralelamente, necesitamos fortalecer el Programa Ambiental de Naciones Unidas para fomentar una economía mundial sustentable. Las empresas deben ser obligadas a informar anualmente sobre el impacto ambiental y social; las multas deben ser más elevadas. En caso de contaminar los ríos, descargar ilegalmente sustancias químicas o arrojar desechos peligrosos debe ser sujeto de castigos disuasivos, no de multas irrisorias.

FUENTE: citado en *Guardian*, 25 de octubre de 2003.

a) ¿Qué evidencias incluye la fuente para sugerir que los cambios ambientales son motivo de alarma?
b) ¿Cuáles son las causas de estos alarmantes cambios ambientales, y por qué el Protocolo de Kioto de 1997 tuvo menos éxito en su manejo de lo que se esperaba?

2. ¿Qué significa el término "división Norte-Sur"? ¿Qué intentos se han hecho desde 1980 para cerrar la brecha entre el Norte y el Sur, y qué tanto éxito han tenido?

XXVII. LA POBLACIÓN DEL MUNDO

Resumen de acontecimientos

Antes del siglo xvii la población del mundo se incrementaba muy lentamente, y se ha estimado que para 1650 se había duplicado desde el año 1 d.C., aproximadamente a 500 millones. En el curso de los siguientes 200 años, el ritmo de crecimiento fue mucho más acelerado, de tal forma que para 1850, la población se había más que duplicado, a 1 200 millones. Después de ello, fue tal la aceleración, que se hablaba de la "explosión" de la población; en 1927 llegó a la marca de los 2 000 millones, y para el año 2000 había superado los 6 000 millones. En 2003, la ONU calculó que si seguía creciendo al mismo ritmo, el total global en 2050 sería de 14 000 millones, dependiendo de qué tan efectivas fueran las campañas de planificación familiar. También se estimó que, siendo la tasa de natalidad mucho más baja en el mundo desarrollado, casi 90% de la gente viviría en los países pobres. En los años ochenta, la difusión del VIH/sida llegó a proporciones de pandemia, y la mayoría de los países estaban afectados, pero también, en este caso, las naciones pobres del Tercer Mundo eran las más afectadas. En este capítulo se analizan las causas de esa "explosión" de la población, las variaciones regionales, las consecuencias de todos los cambios y el impacto del sida.

1. La creciente población del mundo desde 1927

a) Estadísticas del crecimiento poblacional

El abrupto incremento del total de población observado en el diagrama de la figura xxvii.1, permite darse cuenta fácilmente de por qué en el siglo xx se hablaba de una "explosión" de la población. Entre 1850 y 1900, el incremento de la población era, en promedio, de 0.6% anual; durante los siguientes 50 años, ese promedio aumentó, anualmente, 0.9%; fue después de 1960 cuando se sintió la verdadera fuerza de esa "explosión", con incrementos poblacionales anuales de 1.9% en promedio. En 1990, cada semana había un millón de personas más, y el total había llegado a 5 300 millones. En 1994, el incremento fue de 95 millones, el mayor en un solo año, hasta entonces. En 1995, volvió a romperse el récord, pues la población total llegó a 5 750 millones. Según el Instituto de Población de Washington, 90% del crecimiento tuvo lugar en los países po-

1023

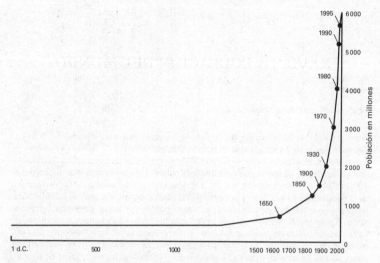

FIGURA XXVII.1. *Incrementos poblacionales de 1 d.C. a 1995*

bres, "desgarrados por la lucha entre civiles y la inquietud social". En 1996, 90 millones más incrementaron la población, y para 2000, el total global era de mucho más de 6 000 millones.

Sin embargo, hubo variantes regionales significativas en el incremento poblacional total. Las naciones industrializadas de Europa y Norteamérica presentaron el incremento más acelerado antes de la primera Guerra Mundial, y después la tasa de crecimiento se redujo considerablemente. En los países menos desarrollados, o naciones del Tercer Mundo, de África, Asia y Latinoamérica, la tasa de crecimiento poblacional se aceleró después de la segunda Guerra Mundial, y fue en estas regiones donde el incremento poblacional provocó los problemas más graves. Después de 1950, el ritmo de crecimiento bajó en algunos países latinoamericanos, pero en Asia y África siguió incrementándose. El diagrama de la figura XXVII.2, basado en estadísticas proporcionadas por las Naciones Unidas, muestra:

1. las tasas porcentuales a las cuales creció la población del mundo entre 1650 y 1959;
2. las tasas porcentuales de incremento poblacional en cada continente durante los periodos 1900-1950 y 1950-1959.

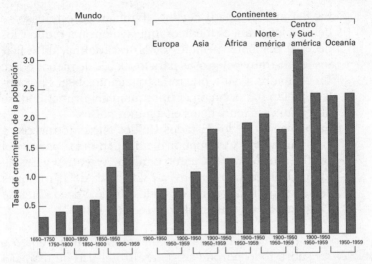

FIGURA XXVII.2. *Tasa de crecimiento de la población por regiones*

FUENTE: "LOS determinantes y las consecuencias de las tendencias de población", *UN Statistical Yearbook, 1960.*

b) Razones del incremento poblacional

El incremento poblacional de Europa y Norteamérica en los últimos años del siglo XIX y los primeros del XX se debió a:

- La creciente industrialización, el crecimiento económico y la prosperidad significaron que había los recursos necesarios para sostener a una población mayor, y parecían ir de la mano.
- Gracias a los avances de la ciencia médica y la higiene, la salud pública mejoró mucho. La obra de Louis Pasteur y Joseph Lister en la década de 1860 sobre los gérmenes y las técnicas antisépticas incidió, a la baja, en la tasa de mortalidad. Al mismo tiempo, las grandes ciudades industriales introdujeron esquemas de agua potable entubada y de drenaje, que favorecieron la reducción de las enfermedades.
- La mortalidad infantil (número de bebés que morían an-

tes del año de edad) declinó. También en este caso se debió a los avances médicos, que ayudaron a reducir los decesos por enfermedades como escarlatina, difteria y tos ferina, muy peligrosas para los bebés de menor edad. En el cuadro XXVII.1, que muestra cuántos bebés por millar nacían y morían en el transcurso del primer año, se observan esas tendencias en algunos países.

- La población de los Estados Unidos aumentó merced a la inmigración, y en menor medida, en otros países del continente americano, como Canadá, Argentina y Brasil. En los 100 años posteriores a 1820, cerca de 35 millones de personas llegaron a los Estados Unidos; poco antes de 1914 llegaba un millón al año (sección XXII.2).

Después de 1900, la tasa de crecimiento en Europa empezó a reducirse, sobre todo porque se generalizó el uso de técnicas modernas de anticoncepción. Posteriormente, la depresión económica de la década de 1930 desalentó los nacimientos.

El acelerado crecimiento poblacional después de 1945 en los países del Tercer Mundo se debió a tres causas principales:

- *Las modernas técnicas médicas y de higiene* empezaron a repercutir por primera vez en la tasa de mortalidad infantil y la gente vivía más, pues se controlaron enfermedades mortales como la viruela, la malaria y la tifoidea.

- *Por otra parte, la gran mayoría de la población no intentaba limitar el número de hijos utilizando anticonceptivos,* en parte por ignorancia y en parte porque eran demasiado costosos para la gente común. La Iglesia católica romana prohibía la anticoncepción entre sus feligreses porque impedía la creación natural de nuevas vidas y, por tanto, era pecaminosa; dado su poder en Centro y Sudamérica, sus enseñanzas ejercían efectos importantes. La tasa de crecimiento poblacional en esas regiones era de más de 3% anual. En 1960, el promedio para toda Latinoamérica fue de 2.4, en tanto que en Europa, fue de sólo 0.75%. *Un incremento de 2% al año significa que la población se duplica en unos 30 años.* Esto sucedió en Brasil y México entre 1930 y 1960.

CUADRO XXVII.1. *Decesos al año del nacimiento, por miles de nacimientos*

	Inglaterra	Suiza	Francia	Italia	Austria
1880-1890	142	165	166	195	256
1931-1938	52	43	65	104	80

- En muchos países del Tercer Mundo está muy arraigada la tradición de *tener tantos hijos como sea posible para combatir la elevada mortalidad infantil*, a fin de asegurarse de que la familia no se acabe. En ciertas culturas, los musulmanes, por ejemplo, dan gran valor a tener muchos hijos varones. Esas actitudes persisten, a pesar de que se haya reducido la mortalidad infantil.

2. CONSECUENCIAS DE LA EXPLOSIÓN POBLACIONAL

a) Naciones industrializadas de Europa y Norteamérica

El crecimiento poblacional del siglo XIX estimuló aún más el desarrollo económico; al haber más mano de obra y más gente que adquiriera lo producido, se fomentaba la inversión y la creación de empresas. Tampoco había muchos problemas para alimentar y educar al creciente número de personas, pues la prosperidad se traducía en disponibilidad de recursos. Posteriormente, hubo efectos inesperados en la estructura de edad de la población en los países desarrollados, sobre todo en Europa, donde por la baja tasa de natalidad y la prolongación de la esperanza de vida, una proporción creciente de la población tenía más de 65 años. En la década de 1970, en países como Suecia, Gran Bretaña y Francia, cerca de 15% de la población tenía más de 65 años. A principios de la década de 1990, esta proporción seguía creciendo, y se preguntaban cómo podrían los sistemas de bienestar del Estado enfrentar el pago de las pensiones de todos los ancianos si esa tendencia se prolongaba hasta el siglo XXI.

b) Tercer Mundo

El acelerado crecimiento de la población provocó graves problemas; la sobrepoblación en algunos países, como India, Pakistán y Bangladesh, resultó en escasez de tierra para moverse. Esto obligó a la gente a trasladarse a pueblos y ciudades, pero éstos ya estaban excesivamente poblados y no había suficientes viviendas ni empleos para los que llegaban. Muchos se vieron obligados a vivir en las calles; algunas ciudades, en especial de Latinoamérica, se rodearon de barriadas sin agua potable, servicios sanitarios ni alumbrado.

c) Cada vez era más difícil alimentar a la población

En todo el mundo se logró incrementar la producción de alimentos durante los últimos años sesenta y la década de 1970, gracias a lo que se conoció como la "revolución verde". Los científicos desarrollaron nuevas cepas de arroz cultivable y trigo de tallo corto de rápido crecimiento, ayudados por programas de fertilización y riego. Durante un tiempo, el abasto de alimentos parecía llevar la delantera al crecimiento poblacional, y aun un país tan densamente poblado como la India podía exportar alimentos; China se tornó autosuficiente. En los Estados Unidos, el rendimiento de los cultivos se triplicó entre 1945 y 1995, y pudieron exportar sus excedentes a más de 100 países. Sin embargo, a mediados de los años ochenta, con la población incrementándose más aceleradamente que nunca, la "revolución verde" empezaba a tener problemas y a los científicos empezó a preocuparles el futuro.

- Se había llegado a un punto en que ya no era posible hacer rendir más las cosechas, además de que había un límite para el abasto de agua, la capa superior del suelo y los fosfatos para los fertilizantes [sección XXVI.4 a)].
- En una encuesta, científicos de la Universidad de Stanford (California) encontraron en 1996 que las tierras cultivables estaban disminuyendo por la industrializa-

ción, el crecimiento de las ciudades y la erosión del suelo; calculaban que el número de bocas por alimentar en los Estados Unidos se duplicaría para el año 2050.

Parecía no haber forma de duplicar la producción de alimentos con menos tierra. En 1996 había, en promedio, 0.73 hectáreas de tierra cultivable per cápita, y la dieta del estadunidense constaba de 31% de productos animales; probablemente, para 2050 fueran sólo 0.24 por persona. Los científicos de Stanford llegaron a la conclusión de que se consumiera menos carne; se sugirió que para ese año, probablemente sería 85% vegetariana. La situación empeoró en ciertas regiones de África en las décadas de 1980 y 1990, por la sequía y las guerras civiles, que provocaron grave escasez de alimentos y cientos de miles de muertes por inanición.

d) Escasez de recursos en el Tercer Mundo

Los gobiernos del Tercer Mundo se vieron obligados a gastar valiosos fondos para alimentar, alojar y educar a su creciente población, pero con esto se agotaron recursos que hubiera sido preferible gastar en la industrialización y la modernización de sus países, de modo que su desarrollo económico se retrasó. La escasez general de recursos, se tradujo en que tampoco los países más pobres tenían suficiente dinero para la atención de la salud. Después de una epidemia de meningitis en el estado africano de Níger, *Save the Children* informó que una sexta parte de su población, más de 800 millones de personas, no tenía acceso a servicios de salud (abril de 1996). Los sistemas de salud de muchos países pobres se colapsaban, y la situación era cada vez peor porque los países ricos reducían la ayuda. En el informe se estimaba que costaría cuando menos 12 dólares anuales por persona proporcionar atención básica al respecto, pero 16 países africanos (incluidos Níger, Uganda, Zaire, Tanzanía, Mozambique y Liberia), además de Bangladesh, India, Pakistán, Nepal y Vietnam, gastaban mucho menos que eso; comparativamente, Gran Bretaña gastaba el equivalente a 1 093 dólares (723 libras esterlinas). De hecho,

Zaire gastaba anualmente sólo 40 centavos de dólar por persona, en tanto que Tanzanía se las arreglaba con 70 centavos. Esto significaba que en esos países ni siquiera se aplicaban vacunas contra enfermedades fáciles de prevenir. Era de esperar que antes de terminar el siglo habría epidemias generalizadas, así como un incremento en la tasa de mortalidad infantil. Cuando se extendió la epidemia de sida, a principios del nuevo siglo, fue obvio que la crisis sería particularmente grave en África. Otro hecho inquietante era que casi todos estos estados gastaban mucho más per cápita en defensa, que en atención de la salud.

3. Intentos de controlar la población

Durante muchos años se había estado pensando seriamente en el control de la población antes de que el mundo se sobrepoblara y fuera imposible vivir en él. Poco después de la primera Guerra Mundial, los científicos de varios países empezaron a preocuparse por el crecimiento de la población; sentían que el problema debía estudiarse en el ámbito internacional. El primer *Congreso sobre la Población del Mundo* se celebró en Ginebra en 1925 y, al año siguiente, se creó en París la *Unión Internacional para el Estudio Científico de la Población*. Además de científicos, la organización incluía especialistas en estadística y en ciencias sociales preocupados por los posibles efectos del continuo crecimiento de la población en la economía y la sociedad. Hicieron una labor muy valiosa en cuanto a recolección de estadísticas y de convencimiento de los gobiernos para a mejorar los sistemas de datos, con el fin de reunir información fidedigna sobre las tendencias poblacionales.

a) Comisión de Población de las Naciones Unidas

Cuando la Organización de las Naciones Unidas fue creada en 1945, entre las diversas agencias se incluyó una Comisión de Población, y cuando la del Tercer Mundo empezó a "explotar" en la década de 1950, fue la ONU la que empezó a instar a los gobiernos a introducir programas de control natal. India y Pakistán instalaron clínicas de planeación familiar para informar sobre los diferentes métodos de control de la natalidad y para repartir anticonceptivos de bajo costo. Se lanzaron campañas publicitarias con carteles del gobierno en que se recomendaba un máximo de tres hijos por familia (ilustración XXVII.1). Muchos gobiernos africanos también recomendaban un máximo de tres hijos, pero el gobierno chino fue más allá y fijó el máximo legal en dos hijos por familia. Pero los avances eran muy lentos; era difícil modificar costumbres y actitudes arraigadas de tiempo atrás, sobre todo en países como India y Pakistán. En los países católicos romanos de Sudamérica, la Iglesia siguió prohibiendo el control artificial de la natalidad.

b) ¿Qué tan exitosas fueron estas campañas?

Lo mejor que se puede decir es que en partes de Asia, en la década de 1980, empezaba a declinar ligeramente la tasa de natalidad, pero en África y Latinoamérica seguía elevándose. En el cuadro XXVII.2 se observa qué se podría haber logrado con la difusión del control natal.

El cuadro XXVII.3 informa sobre la población de 1986 y la tasa de crecimiento en diversas regiones respecto de las tasas entre 1950 y 1959. En África se observó la tasa de crecimiento más acelerada de 1986, donde en algunos países era superior a 3%. El cuadro también revela la gravedad del problema de hacinamiento en ciertas regiones donde había, en promedio, 100 personas por kilómetro cuadrado, lo cual no era tan grave en las naciones desarrolladas de Europa, que tenían la prosperidad y los recursos para sostener a su población, pero en las naciones pobres de Asia se traducía en miseria absoluta. Bangladesh era quizá el país más poblado del mundo, con un promedio de 700 personas por kilómetro cuadrado. La comparación de las tasas de crecimiento poblacional de Bangladesh y Gran Bretaña es sorprendente; de seguir con esa tendencia, la población de Bangladesh, de 125 millones de habitantes, se habría duplicado en menos de 30 años, en tanto que la de Gran Bretaña, de 58.6 millones tardaría 385 años en duplicarse. El Instituto de Población pronosticó, en diciembre de 1995, que

ILUSTRACIÓN XXVII.1. *Carteles de la India y África para instar a la población a utilizar el control natal y limitar las familias a tres hijos*

CUADRO XXVII.2. *Uso de anticonceptivos y tasa de natalidad*

	% de mujeres casadas que usan anticonceptivos, 1986	Baja de % de natalidad, 1978-1986
India	35	4.5 > 3.2
China	74	3.2 > 2.1
Colombia (Sudamérica)	65	4.3 > 2.6
Corea del Sur	70	3.5 > 1.6
Kenia	menos de 20	4.6 constante
Pakistán	menos de 20	4.6 constante

con un control efectivo de la natalidad, la población mundial podría estabilizarse en 2015 en aproximadamente 8 000 millones. Sin embargo, sin una promoción efectiva de la planeación familiar, el total muy bien podría ascender a 14 000 millones en 2050. Con el crecimiento tan lento de la población de Europa y Norteamérica, era obvio que una proporción de la población cada vez mayor sería pobre.

Por otra parte, algunos historiadores piensan que la explosión poblacional ha sido exagerada. Paul Johnson, por ejemplo, cree que no hay necesidad de entrar en pánico; una vez que Asia, Latinoamérica y África se hayan industrializado adecuadamente, los niveles de vida se incrementarán, y con esta mejora en la economía y el uso más efectivo de métodos anticonceptivos se reducirá la tasa de crecimiento. Según Johnson, el ejemplo de China es de lo más alentador: "Quizá la noticia más importante de los años ochenta fue que la población de China parece estar virtualmente estabilizada".

4. EPIDEMIA DE VIH/SIDA

a) El principio

En los primeros años de la década de 1980 se consideraba que el sida era principalmente una enfermedad de varones homo-

CUADRO XXVII.3. *Tasas de crecimiento y densidad de la población*

	Población en 1986 (millones)	Tasa de crecimiento 1950-1959 (% anual)	Tasa de crecimiento 1980-1985 (% anual)	Densidad de población en 1986 por km²
Norteamérica	266	1.75	0.9	12
Europa	493	0.75	0.3	100
URSS	281	1.4	1.0	13
Oceanía	25	2.4	1.5	3
África	572	1.9	2.9	19
Latinoamérica	414	2.4	2.3	20
Asia oriental	1 264	1.5	1.2	105
Asia occidental	1 601	2.2	2.2	101
Total mundial	4 916	1.7	1.5	36

sexuales, y algunas personas lo llamaban "plaga gay". Otro grupo que contraía la enfermedad eran los usuarios de jeringas no esterilizadas para inyectarse drogas. En un principio fue en los países ricos de Occidente, sobre todo en los Estados Unidos, donde se informaba de la mayoría de los casos, pero después de que los gobiernos lanzaran campañas sobre salud sexual y el uso del condón para prevenir las transmisión del VIH, parecían haberse controlado los brotes. El uso generalizado de fármacos antirretrovirales (ARV) desaceleró el desarrollo del virus y alargó la vida.

En la década de 1990, el mundo recibió una sacudida al enterarse de que la enfermedad se había extendido a los países más pobres, y que en África había adquirido proporciones de epidemia. Entonces, los científicos ya sabían que la infección por VIH tarda un promedio de ocho a 10 años en convertirse en sida, razón de que el virus se hubiera extendido tanto antes de ser detectado. La epidemia llegó también a India, China y los países de la ex Unión Soviética. En *AIDS in the 21st Century*, reciente obra de Tony Barnett y Alan Whiteside (2002), se observa cómo cada epidemia era diferente: en *China*, las principales causas fueron las agujas contaminadas y la costumbre de vender sangre en puntos de recolección manejados por el

Estado en los primeros años noventa. La Organización Mundial de la Salud (OMS) estimaba que dos terceras partes de las inyecciones que se aplicaban en China eran riesgosas, y que gran parte del plasma sanguíneo recolectado estaba infectado. Cuando los síntomas del sida empezaron a aparecer, funcionarios locales intentaron ocultar las noticias, y no fue sino en 2003 cuando el gobierno admitió públicamente que más de un millón de ciudadanos eran positivos al VIH; la infección se incrementaba 30% al año, y para 2010 podrían ser 10 millones de personas las infectadas. En *Rusia* y *Ucrania*, las tasas más elevadas se registraron entre usuarios de drogas inyectadas, en especial los presos. Los expertos calcularon que una vez que el VIH aparece en la población general e infecta a 5% de los adultos, es muy probable que se presente una epidemia generalizada, como en el sur de África.

b) El sida en el sur de África

Los primeros casos de que se informó en África, se presentaron en un pueblo de pescadores del suroeste de Uganda, a mediados de los años ochenta. El virus del VIH se difundió rápidamente, transmitido sobre todo a través de relaciones heterosexuales sin protección. Los gobiernos tardaron en darse cuenta de la importancia de lo que sucedía y las agencias de ayuda no tomaron medidas para atacar la enfermedad en sus programas asistenciales. Fue en 2001 cuando un informe del Grupo Internacional de Crisis (ICG, por sus siglas en inglés) dio la alarma; dijo que el impacto del VIH en África era como el de estar involucrado en una guerra de proporciones considerables. El informe se centraba en Botswana, pero advertía que las repercusiones del sida en África en general serían devastadoras en unos cuantos años si no se hacía nada al respecto. En el informe no se exageraba: en 2001, tres millones de personas murieron de la enfermedad en dicho continente, y cinco millones estaban infectadas. Para 2003 se estimaba que, en África, 19.4 millones de personas vivían con el VIH o con sida, cifra que representaba cerca de 70% del total global. En 2003, otros tres millones de personas murieron en África a causa del virus.

En ese año, los niveles prevalecientes del VIH habían alcanzado proporciones espeluznantes. En Botswana y Swazilandia, casi 40% de los adultos vivía con el virus o con sida declarado, y en Zimbabwe el porcentaje era casi igual de alto. En Sudáfrica, el nivel de prevalencia era de 25%. En el sur de África, la esperanza de vida, que había llegado a los 60 años en 1990, se había vuelto a reducir a 40-45 años; en Zimbabwe descendió hasta los 33. Uno de los trágicos efectos colaterales de la pandemia era el enorme número de niños huérfanos; en Uganda eran más de un millón; la OMS estimaba que para 2010 era probable que, en África, el número de huérfanos por el sida ascendiera a 20 millones. También había efectos económicos, pues se perdía una proporción importante de la mano de obra, así como sus habilidades y experiencia. Esto se sintió especialmente en la agricultura y la producción de alimentos, en tanto que la muerte de tantas mujeres jóvenes representaba una pérdida irreparable para la economía doméstica y la crianza de los niños. Al mismo tiempo, crecía la demanda de personas que atendieran a los enfermos y cuidaran de los huérfanos.

¿Por qué la epidemia fue peor en el sur de África?
El VIH pudo extenderse más rápidamente en condiciones de pobreza porque era precario el acceso a la información y la educación sobre el virus y sobre cómo evitar su difución. El hambre generalizada reducía la resistencia a la enfermedad y aceleraba el avance del VIH a sida. Por otra parte, los africanos no tenían acceso a los costosos fármacos antirretrovirales. El gran número de guerras civiles de África dejó miles de refugiados, que con frecuencia carecían de servicios de salud normales. En situaciones de emergencia como ésta, era enorme el riesgo de que el VIH se transmitiera a través de sangre contaminada. La mayoría de los gobiernos africanos tardó mucho en darse cuenta de lo que pasaba, en parte por el estigma que conllevaba la enfermedad, la idea de que era provocada por contacto sexual entre homosexuales y la renuencia general a discutir los hábitos sexuales. La propia Sudáfrica fue de los países que más tardaron en tomar medidas, sobre todo porque el presidente Mbeki se negaba a aceptar el vínculo entre el VIH y el sida.

c) ¿Qué se está haciendo para combatir el sida?

Los expertos saben qué se necesita para controlar la epidemia de sida: convencer a la población de practicar el sexo seguro y usar condón y, de alguna manera, los gobiernos deben proporcionar tratamiento de bajo costo con ARV. Brasil es uno de los países en que con la campaña se ha reducido la difusión de la enfermedad. En África, los gobiernos se han concentrado en el llamado "mensaje ABC": "*AB*stenerse del sexo. Ser fiel a una pareja, y si no es posible, usar *Condón*". Uganda representa la gran historia de éxito en África; el gobierno aceptó ante la OMS en 1986 que tenían algunos casos de sida, y el propio presidente Museveni tomó a su cargo la campaña, yendo de pueblo en pueblo para hablar del problema y de lo que debía hacerse. Uganda fue el primer país africano en lanzar la campaña ABC y distribuir condones a bajo costo entre su gente. Se instaba a la población a presentarse voluntariamente a hacerse las pruebas; el programa fue financiado conjuntamente por el gobierno, las agencias de ayuda y las organizaciones religiosas e iglesias. Los escasos recursos del país se estiraron al máximo, pero la campaña funcionó, si bien muy pocas personas tenían acceso a los antirretrovirales; la tasa de prevalencia del VIH en Uganda llegó a un clímax de 20% en 1991, pero para finales de 2003 se había reducido a cerca de 5%. La etapa aguda de la epidemia había pasado, pero el problema de los niños huérfanos estaba llegando al máximo.

En otras partes de África y en China, los gobiernos tardaron en tomar medidas y la epidemia se arraigó, llegando a proporciones de crisis en 2003. Algunos países africanos empezaban a seguir el ejemplo de Uganda. En Malawi, el presidente Muluzi creó una comisión y nombró a un funcionario especial para los asuntos relacionados con este problema, pero se necesitan cantidades enormes de dinero para financiar el ataque triple contra el VIH/sida en el sur de África:

- campañas ABC o equivalentes;
- fármacos antirretrovirales, que son mucho más baratos ahora, pues las empresas farmacéuticas han cedido a las presiones políticas y permitido que lleguen a mucho menor costo a los países más pobres;

- sistemas e infraestructura de salud, que en los estados más pobres deben modernizarse para enfrentar la magnitud del problema; se necesitan más médicos y enfermeras.

Hay varias agencias internacionales que intentan atacar la enfermedad; las más importantes son el Fondo Mundial para la Lucha contra el sida, la TB y la Malaria, de la ONU; la Organización Mundial de la Salud (OMS) y UNAIDS. En diciembre de 2003, Kofi Annan, secretario general de la ONU, se quejó de sentirse "enojado, afligido e impotente"; el 1º de diciembre era el Día Mundial contra el sida, pero el panorama era sombrío. Por todo el Tercer Mundo, los informes mostraban que se estaba perdiendo la batalla contra la enfermedad; el virus seguía extendiéndose y 40 millones de personas vivían con el VIH. El Fondo de las Naciones Unidas decía que en 2005 se necesitarían siete mil millones de libras esterlinas y la OMS quería cuatro mil millones. Muchos países ricos han mostrado generosidad; los Estados Unidos, por ejemplo, han prometido 15 000 millones de dólares en los siguientes cinco años, pero insisten en que el dinero se gaste como ellos lo definan. La administración de Bush favoreció programas que fomentan la abstinencia y no los que instan al uso del condón. La Iglesia católica romana sigue oponiéndose al uso del condón, aun cuando los científicos han demostrado que es el mejor medio de prevención de que se dispone. Kofi Annan tenía por qué enojarse: "No estoy ganando la guerra —dije— porque creo que los líderes del mundo no están comprometidos".

PREGUNTAS

La epidemia mundial de sida
1. Estudie la fuente A y responda las preguntas.

Fuente A
Editorial del *Guardian* sobre el Día Mundial del sida (2 de diciembre de 2003).

Ayer fue el Día Mundial del sida. Como parecía hace apenas 20 años, 28 millones de personas han muerto y 40 millones viven con el VIH. El año pasado hubo un número récord de muertes (tres millones) y de nuevas infecciones (cinco millones). Las agencias internacionales que se ocupan de la enfermedad, el Fondo Global de Lucha contra el sida de la ONU, y la Organización Mundial de la Salud dicen que se necesitan presupuestos de miles de millones de dólares. Gran Bretaña respondió ayer con un boletín de prensa en que declara que duplicará su financiamiento para una tercera agencia de las Naciones Unidas, UNAIDS, y lo hizo, incrementando su donativo de tres millones a seis millones de libras. Obviamente Gran Bretaña da más que seis millones de libras anuales para la lucha contra el sida. Todos sus programas relacionados con el VIH/sida en el mundo se han incrementado de 38 millones de libras en 1997, a más de 270 millones el año pasado; es el segundo donador bilateral. Irónicamente, sin embargo, los 3 000 millones de ayer fueron para ayudar a promover planes nacionales contra el sida en países afectados. ¿No sería más fácil esto a través de las dos grandes agencias internacionales que mediante tratos bilaterales? El principal donador bilateral, los Estados Unidos, igualmente hace mal pasando por encima de estas agencias internacionales, aunque los esquemas de fondos globales han sido bien calificados por supervisores independientes. Hubo noticias alentadoras: una píldora genérica de tres fármacos en uno que sólo se toma dos veces al día podría ayudar muchísimo a que la OMS logre su objetivo de 3 000 tratamientos con ARV para 2005 [...] Las protestas deben concentrarse en la postura del Vaticano, que ayer volvió a oponerse al uso del condón, si bien los científicos han demostrado que es el mejor preventivo de que se dispone.

a) ¿Qué revela la fuente sobre los problemas implicados en la campaña contra el VIH/sida y sobre recientes hechos positivos?
b) Explique por qué la epidemia de VIH/sida ha sido mucho peor en el sur de África que en cualquier otro lugar.

2. Explique las causas y consecuencias del acelerado crecimiento de la población mundial en la segunda mitad del siglo.

LECTURAS COMPLEMENTARIAS

EL MUNDO EN 1914:
ESTALLIDO DE LA PRIMERA GUERRA MUNDIAL

Fischer, F., *Germany's Aims in the First World War,* Chatto & Windus, 1967.

Hamilton, R., y H. H. Herwig, *The Origins of World War I,* Cambridge University Press, 2002.

Henig, R., *The Origins of the First World War,* 2ª ed., Routledge, 1993.

Joll, J., *The Origins of the First World War,* Longman, 1992.

Kennan, G., *The Fateful Alliance: France, Russia and the Coming of the First World War,* Manchester University Press, 1984.

Ritter, G., *The Sword and the Sceptre,* Miami, 1970.

Strachan, H., *The First World War,* vol. 1: *To Arms,* Oxford University Press, 2001.

Taylor, A. J. P., *The First World War,* Penguin, 1966.

Turner, L. C. F., *Origins of the First World War,* Edward Arnold, 1970.

Williamson, S. R., *Austria-Hungary and the Origins of the First World War,* Macmillan, 1991.

Zuber, T., *Inventing Schlieffen Plan,* Oxford University Press, 2002.

LA PRIMERA GUERRA MUNDIAL Y SUS CONSECUENCIAS

Beckett, I. F. W., *The Great War, 1914-1918,* Longman, 2000.

Constantine, S. (ed.), *The First World War in British History,* Edward Arnold, 1995.

Gilbert, M., *The First World War,* HarperCollins, 1994.

Henig, R., *Versailles and After,* Routledge, 1991.

Laffin, W. J., *British Butchers and Bunglers of World War I,* Alan Sutton, 1988.

Macdonald, L., *The Somme,* Michael Joseph, 1983.

Macfie, A. L., *The End of the Otoman Empire,* Longman, 1998.

Palmer, A., *Twilight of the Habsburgs,* Weidenfeld and Nicolson, 1994.

Sharp, A., *The Versailles Settlement: Peacemaking in Paris, 1919*, Macmillan, 1991.

Sheffield, G., *Forgotten Victory: The First World War, Myth and Realities*, Headline, 2001.

Stone, N., *The Eastern Front*, Hodder & Stoughton, 1998.

Strachan, H., *The First World War*, Simon & Schuster, 2003.

Taylor, A. J. P., *The First World War*, Penguin, 1966.

Terraine, J., *The Smoke and the Fire: Myths and Anti-Myths of War, 1861-1945*, Sidgwick & Jackson, 1980.

La Liga de las Naciones

Fitzsimmons, O., *Towards One World*, London University Tutorial Press, 1974.

Gibbons, S. R., y P. Morican, *The League of Nations and UNO*, Longman, 1970.

Henig, R., *The League of Nations*, Edinburgh, 1976.

Overy, R., *The Inter-War Crisis, 1919-1939*, Longman, 1994.

Relaciones internacionales, 1919-1939

Beasley, W. E., *Japanese Imperialism, 1894-1945*, Oxford University Press, 1987.

Bell, P. M. H., *The Origins of the Second World War in Europe*, 2ª ed., Longman, 1997.

Broszat, M., *The Hitler State*, Longman, 1983.

Bullock, A., *Hitler: A Study in Tyranny*, Penguin, 1969.

Charmely, J., *Chamberlain and the Lost Peace*, Hodder & Stoughton, 1989.

Doig, R., *Co-operation and Conflict: International Affairs, 1930-62*, Hodder & Stoughton, 1995.

Fewster, S., *Japan, 1850-1985*, Longman, 1988.

Finney, P. (ed.), *The Origins of the Second World War*, Edward Arnold, 1997.

Gregor, N. (ed.), *Nazism: A Reader*, Oxford University Press, 2000.

———, "Hitler's Aggression: Opportunistic or Planned?", *Modern History Review*, vol. 15, núm. 1 (septiembre de 2003).

Gregor, N., *Versailles and After, 1919-33*, Routledge, 1991.

Henig, R., *The Origins of the Second World War*, Routledge, 1991.

Jäckel, W., *Hitler in History*, University Press of New England, 1989.

Kershaw, I., *Hitler, 1889-1936: Hubris*, Allen Lane/Penguin, 1998.

———, *Hitler, 1936-1945: Nemesis*, Allen Lane/Penguin, 2000.

———, *The Nazi Dictatorship: Problems and Perspectives of Interpretation*, 4ª ed., Edward Arnold, 2000.

Martel, G. (ed.), *The Origins of the Second World War Reconsidered: The A. J. P. Taylor Debate after 25 Years*, 2ª ed., Routledge, 1999.

McDonough, F., *The Origins of the First and Second World Wars*, Cambridge Perspectives in History, 1999.

Overy, R. J., *The Origins of the Second World War*, 2ª ed., Longman, 1998.

———, *The Road to War*, Penguin, 1999.

Parker, R. A. C., *Chamberlain and Appeasement*, Macmillan, 1993.

———, *Churchill and Appeasement*, Macmillan, 2000.

Taylor, A. J. P., *The Origins of the Second World War*, Penguin, 1964.

Watt, D. C., *How War Came*, Mandarin, 1990.

LA SEGUNDA GUERRA MUNDIAL, 1939-1945

Bankier, D., *The Germans and the Final Solution: Public Opinion under Nazism*, Blackwell, 1992.

Beevor, A., *Stalingrad*, Penguin, 1998.

———, *Berlin – The Downfall, 1945*, Penguin, 2003.

Bracher, K. D., *The German Dictatorship*, Penguin, 1985.

Browning, C., *The Origins of the Final Solution*, Heinemann, 2003.

Bullock, A., *Hitler and Stalin-Parallel Lives*, HarperCollins, 1991.

Burleigh, M., *The Third Reich: A New History*, Macmillan, 2000.

Calvocoressi, P., y Wint, G., *Total War*, 2ª ed., Penguin, 1988.

Cesarani, D. (ed.), *The Final Solution*, Routledge, 1994.

Davidowicz, L., *The War Against the Jews, 1933-1945*, Penguin, 1990.

Davies, N., *Rising '44: The Battle for Warsaw*, Macmillan, 2003.

Edmonds, R., *The Big Three: Churchill, Roosevelt and Stalin*, Penguin, 1992.

Farmer, A., *Anti-Semitism and the Holocaust*, Hodder & Stoughton, 1998.

Fleming, T., "The Most Ruinous Allied Policy of the Second World War", *History Today*, vol. 51, núm. 12, diciembre de 2001.

Gilbert, M., *The Holocaust: The Jewish Tragedy*, Collins, 1987.

———, *Second World War*, Phoenix, 1995.

Goldhagen, D. J., *Hitler's Willing Executioners*, Vintage, 1997.

Kershaw, I., *1936-1945: Nemesis*, Allen Lane/Penguin, 2000.

Liddell-Hart, sir B., *History of the Second World War*, Cassell, 1970.

Lindqvist, S., *History of Bombing*, Granta, 2001.

Lipstadt, D., *Denying the Holocaust*, Plume, 1995.

Longerich, P., *The Unwritten Order: Hitler's Role in the Final Solution*, Tempus, 2000.

Lucas, S., "Hiroshima and History", *Modern History Review*, vol. 7, núm. 4, abril de 1996.

Mommsen, H. (ed.), *The Third Reich between Vision and Reality*, Oxford University Press, 2001.

Neville, P., *The Holocaust*, Cambridge University Press, 1999.

Niellands, R., *Arthur Harris and the Allied Bombing Offensive, 1939-45*, John Murray, 2001.

Overy, R. J., *Why the Allies Won*, Penguin, 1995.

———, *Russia's War*, Penguin, 1997.

———, *The Dictators*, Allen Lane, 2004.

Parker, R. A. C., *Struggle for Survival: The History of the Second World War*, Oxford University Press, 1990.

Paulsson, G. S., *Secret City: The Hidden Jews of Warsaw, 1940-1945*, Yale University Press, 2002.

LA GUERRA FRÍA, LA DIFUSIÓN DEL COMUNISMO FUERA DE EUROPA Y SUS EFECTOS EN LAS RELACIONES INTERNACIONALES

Alexander, R. J., *The Tragedy of Chile*, Greenwood, 1978.

Aylett, J. F., *The Cold War and After*, Hodder & Stoughton, 1996.

Blum, W., *Rogue State: A Guide to the World's Only Superpower*, Zed Books, 2003.

———, *Killing Hope: US Military and* CIA *Interventions since World War II*, Zed Books, 2003.

Cawthorne, N., *Vietnam – A War Lost and Won*, Arcturus, 2003.

De Groot, G., *A Noble Cause: America and the Vietnam War*, Longman, 1999.

Dockrill, M., *The Cold War, 1945-1963*, Macmillan, 1998.

Edmonds, R., *Soviet Foreign Policy: The Brezhnev Years*, Galaxy, 1983.

Edwards, O., *The United States and the Cold War, 1945-1963*, Hodder & Stoughton, 1998.

Gaddis, J. L., *The United States and the Origins of the Cold War, 1941-1947*, Columbia University Press, 1972.

Harkness, D., *The Postwar World*, Macmillan, 1974.

Lowe, P., *The Korean War*, Macmillan, 2000.

——— (ed.), *The Vietnam War*, Palgrave Macmillan, 1998.

Mastny, V., *Russia's Road to the Cold War*, Columbia University Press, 1979.

McCauley, M., *Origins of the Cold War, 1941-1949*, Longman, 1995.

———, *Stalin and Stalinism*, Longman, 1995.

———, *The Khrushchev Era, 1953-1964*, Longman, 1995.

Quirk, R. E., *Fidel Castro*, W. W. Norton, 1993.

Ruane, K., *The Vietnam Wars*, Manchester University Press, 2000.

Sandler, S., *The Korean War: No Victors, No Vanquished*, Routledge, 1999.

Skierka, V., *Fidel Castro: A Biography*, Polity, 2004.

Szulc, T. W., *Fidel: A Critical Portrait*, Perennial, 2000.

Thomas, H., *Cuba or the Pursuit of Freedom*, Harper & Row, 1971.

Ulam, A. B., *Dangerous Relations: The Soviet Union in World Affairs, 1970-1982*, Oxford University Press, 1983.

Williams, W. A., *The Tragedy of American Diplomacy*, edición revisada, World Publishing, 1962.

Young, J., *The Longman Companion to Cold War and Détente*, Longman, 1993.

La Organización de las Naciones Unidas

Bailey, S., *The United Nations*, Macmillan, 1989.

Meisler, S., *United Nations: The First Fifty Years*, Atlantic Monthly Press, 1997.

Mingst, K. A., y M. P. Karms, *The United Nations in the Post-Cold War Era*, 2ª ed., Westview Press, 2000.

Owens, R. J. y J., *The United Nations and its Agencies*, Pergamon, 1985.

Parsons, A., *From Cold War to Hot Peace:* UN *Interventions, 1947-1995*, Penguin, 1995.

Roberts, A., y B. Kingsbury, *United Nations, Divided World*, Oxford University Press, 1993.

Urquhart, B., *A Life in Peace and War*, Weidenfeld, 1987.

LAS DOS EUROPAS, OCCIDENTAL Y DEL ESTE DESDE 1945

Allan, P. D., *Russia and Eastern Europe*, Edward Arnold, 1984.

Ash, T. G., *In Europe's Name: Germany and the Divided Continent*, Jonathan Cape, 1993.

Hix, S., *The Political System of the European Union*, Palgrave Macmillan, 1999.

Hutton, W., *The World We're In*, Little, Brown, 2002.

Judah, T., *Kosovo: War and Peace*, Yale University Press, 2002.

Laqueur, W., *Europe in Our Time*, Penguin, 1993.

Mahoney, D. J., *De Gaulle: Statesmanship, Grandeur and Modern Democracy*, Greenwood, 1996.

Middlemass, K., *Orchestrating Europe: The Informal Politics of European Union, 1973-1995*, Fontana, 1995.

Milward, A. S., *The European Rescue of the Nation-State*, 2ª ed., Routledge, 2000.

Naimark, N. M., y H. Case (eds.), *Yugoslavia and its Historians: Understanding Balkan Wars of the 1990s*, Stanford University Press, 2002.

Pinder, J., *European Community: The Building of a Union*, Oxford University Press, 1991.

Pittaway, M., *Eastern Europe: States and Societies (1945-2000)*, Hodder/Edward Arnold, 2002.

Rifkin, J., *The European Dream*, Polity, 2004.

Shawcross, W., *Dubcek and Czechoslovakia, 1968-1990*, Hogarth, 1990.

Simpson, J., *Despatches from the Barricades: An Eye-Witness of the Revolutions that Shook the World, 1989-1990*, Hutchinson, 1990.

Wheaton, B., y Z. Kavan, *The Velvet Revolution: Czechoslovakia, 1988-91*, Westview, 1991.

Young, J. W., *Cold War Europe, 1945-1989: A Political History*, Longman, 1991.

Conflicto en el Medio Oriente

Aburish, S. K., *Arafat: From Defender to Dictator,* Bloomsbury, 1999.

———, *Nasser: The Last Arab,* Duckworth, 2003.

Cohn-Sherbok, D., y D. El-Alami, *The Palestinian-Israel Conflict,* One World, 2000.

Dawisha, A., *Arab Nationalism in the 20th Century: From Triumph to Despair,* Princeton University Press, 2002.

Kyle, K., *Suez,* Weidenfeld & Nicolson, 1991.

Mansfield, P., *A History of the Middle East,* Penguin, 1992.

Said, E. W., *The End of the Peace Process: Oslo and After,* Vintage, 2001.

Sarna, I., *Broken Promises: Israeli Lives,* Atlantic Books, 2002.

Schlaim, A., *The Iron Wall: Israel and the Arab World,* Penguin, 2001.

Tripp, C., *A History of Iraq,* Cambridge University Press, 2000.

Wasserstein, B., *Divided Jerusalem: The Struggle for the Holy City,* Profile, 2002.

———, *Israel and Palestine: Why They Fight and Can They Stop?,* Profile, 2001.

El nuevo orden mundial
y la guerra contra el terrorismo global

Abdullahi Ahmed An-Na'im, "Upholding International Legality Against Islamic and American Jihad", en K. Booth y T. Dunne (eds.), *Worlds in Collision: Terror and the Future of Global Order,* Palgrave Macmillan, 2002.

Blum, W., *Rogue State: A Guide to the World's Only Superpower,* Zed Books, 2003.

———, *Killing Hope: US Military and* CIA *Interventions since World War II,* Zed Books, 2003.

Booth, K., y Dunne, T. (eds.), *Worlds in Collision: Terror and the Future of Global Order,* Palgrave Macmillan, 2002.

Byers, M., "Terror and the Future of International Law", en Booth y Dunne (eds.), *Words in Collision: Terror and the Future of Global Order,* Palgrave Macmillan, 2002.

Chomsky, N., *Rogue States,* Penguin, 2000.

———, "Who are the Global Terrorists?", en K. Booth y T. Dunne (eds.), *Worlds in Collision: Terror and the Future of Global Order*, Palgrave Macmillan, 2002.

Chomsky, N., *Hegemony or Survival: America's Quest for Global Dominance*, Hamish Hamilton, 2003.

Fukuyama, F., "History and September 11'", en K. Booth y T. Dunne (eds.), *Worlds in Collision: Terror and the Future of Global Order*, Palgrave Macmillan, 2002.

Guyatt, N., *Another American Century: The United States and the World after 2000*, Zed Books, 2000.

Huntington, S. P., *The Clash of Civilizations and the Remaking of the World Order*, Simon & Schuster, 1998.

Hutton, W., *The World We're In*, Little Brown, 2002.

Kagan, R., *Paradise and Power: America and Europe in the New World Order*, Atlantic, 2003.

Kaplan, R., *The Coming Anarchy: Shattering the Dreams of the Post Cold War*, Random House, 2000.

Marsden, P., *The Taliban*, Zed Books, 2001.

Pettiford, L., y Harling, D., *Terrorism: The New Word War*, Capella, 2003.

Shawcross, W., *Allies: The United States, Britain and Europe and the War in Iraq*, Atlantic, 2003.

Tariq Ali, *Bush in Babylon: The Recolonisation of Iraq*, Verso, 2003.

Zinn, H., *Terrorism and War*, Seven Stories Press, 2002.

ITALIA, 1918-1945: APARECE POR PRIMERA VEZ EL FASCISMO

Blinkhorn, M., *Mussolini and Fascist Italy*, Methuen, 1984.

Bosworth, R. J. B., *The Italian Dictatorship: Problems and Perspectives in the Interpretation of Mussolini and Fascism*, Edward Arnold, 1998.

Cassels, A., *Fascist Italy*, Routledge, 1969.

De Felice, R., *Interpretations of Fascism*, Harvard University Press, 1977.

Eatwell, R., *Fascism*, Random House, 1996.

Farrell, N., *Mussolini: A New Life*, Weidenfeld, 2003.

Hite, J., y C. Hinton, *Fascist Italy*, John Murray, 1998.

Mack Smith, D., *Mussolini*, Granada, 1994.

Robson, M., *Italy: Liberalism and Fascism, 1870-1945*, Hodder & Stoughton, 1992.

Whittam, J., *Fascist Italy,* Manchester University Press, 1995.

Williamson, D., *Mussolini: From Socialist to Fascist,* Hodder & Stoughton, 1997.

Wiskemann, E., *Fascism in Italy: Its Development and Influence,* Macmillan, 1970.

Wolfson, R., *Benito Mussolini and Fascist Italy,* Edward Arnold, 1986.

ALEMANIA, 1918-1945: LA REPÚBLICA DE WEIMAR Y HITLER

Bracher, K. D., *The German Dictatorship,* 1971.

Broszat, M., *The Hitler State,* Longman, 1983.

Bullock, A., *Hitler: A Study in Tyranny,* Penguin, 1969.

——, *Hitler and Stalin: Parallel Lives,* HarperCollins, 1991.

Burleigh, M., *The Third Reich: A New History,* Macmillan, 2000.

Evans, R. J., *The Coming of the Third Reich,* Penguin/Allen Lane, 2003.

Fest, J., *Hitler,* Weidenfeld & Nicolson, 1974.

Feuchtwanger, E. J., *From Weimar to Hitler: Germany 1918-1933,* Macmillan, 1995).

Fischer, C., *The Rise of the Nazis,* Manchester University Press, 1995.

Gellately, R., *Backing Hitler: Consent and Coercion in Nazi Germany,* Oxford University Press, 2001.

Grey, P., y R. Little, *Germany, 1918-45,* Cambridge University Press, 1992.

Harvey, R., *Hitler and the Third Reich,* Stanley Thornes, 1998.

Henig, R., *The Weimar Republic,* Routledge, 1998.

Housden, M., *Hitler, Study of a Revolutionary,* Routledge, 2000.

Jacob, M., *Rosa Luxemburg: An Intimate Portrait,* Lawrence and Wishart, 2000.

Kershaw, I., *The Nazi Dictatorship,* Edward Arnold, 1985.

——, *Hitler, 1889-1936: Hubris,* Penguin/Allen Lane, 1998.

——, *Hitler, 1836-1945: Nemesis,* Penguin/Allen Lane, 2000.

Macthan, L., *The Hidden Hitler,* Perseus Press, 2000.

——, "Hitler, Rohm and the Night of the Long Knives", *History Today Supplement,* noviembre de 2001.

McDonough, F., *Hitler and Nazi Germany,* Cambridge University Press, 1999.

Mommsen, H. (ed.), *The Third Reich between Vision and Reality*, Oxford University Press, 2001.

Namier, Lewis, *Avenues of History*, Hamish Hamilton, 1952.

Overy, R. J., "An Economy Geared to War", *History Today Supplement*, noviembre de 2001.

———, *The Dictators*, Allen Lane, 2004.

Peukert, D. J. K., *The Weimar Republic: Crisis of Classical Modernity*, Penguin, 1993.

Pine, L., *Nazi Family Policy, 1933-1945*, Berg, 1997.

Rees, L., *The Nazis: A Warning From History*, BBC Books, 1997.

White, A., *The Weimar Republic*, Collins, 1997.

Wright, J., *Gustav Stresemann: Weimar's Greatest Statesman*, Oxford University Press, 2002.

JAPÓN Y ESPAÑA

Beasley, W. E., *The Rise of Modern Japan*, Weidenfeld & Nicolson, 1991.

———, *Japanese Imperialism, 1894-1945*, Oxford University Press, 1987.

Ben-Ami, S., *Fascism from Above: The Dictatorship of Primo de Rivera in Spain, 1923-1930*, Oxford University Press, 1983.

Bolloten, B., *The Spanish Civil War: Revolution and Counter-revolution*, North Carolina University Press, 1991.

Carr, R., *The Civil War in Spain, 1936-39*, Oxford University Press, 1986.

Gordon, A. (ed.), *Postwar Japan as History*, California University Press, 1993.

———, *A Modern History of Japan from Tokugawa Times to the Present*, Oxford University Press, 2002.

Haley, J. O., *Authority Without Power: Law and the Japanese Paradox*, Oxford University Press, 1991.

Horsley, W., y R. Buckley, *Nippon New Superpower: Japan since 1945*, BBC, 1990.

Lincoln, E. J., *Japan's New Global Role*, Washington, 1993.

Murphy, R. T., "Looking to Game Boy", *London Review of Books*, 3 de enero de 2002.

Payne, S. G., *The Franco Regime, 1936-75*, Wisconsin University Press, 1987.

Storry, R., *A History of Modern Japan*, Penguin, 1975.

Thomas, H., *The Spanish Civil War*, 3ª ed. aumentada, Penguin, 1986.

Williams, B., *Modern Japan*, Longman, 1987.

RUSIA/URSS DESDE 1900

Acton, E., *Rethinking the Russian Revolution*, Edward Arnold, 1990.

Applebaum, A., *Gulag: A History of the Soviet Camps*, Penguin/Allen Lane, 2003.

Aron, L., *Boris Yeltsin: A Revolutionary Life*, HarperCollins, 2000.

Berkman, A., *The Russian Tragedy*, Consortium Books, 1989.

Brown, A., *The Gorbachev Factor*, Oxford University Press, 1996.

Chamberlin, W. H., *The Russian Revolution*, 2 vols., Princeton University Press, 1965.

Chubarov, A., *Russia's Bitter Path to Modernity*, Continuum, 2002.

Cohen, S. F., "Bolshevism and Stalinism", en R. C. Tucker (ed.), *Stalinism: Essays in Historical Interpretation*, Transaction, 1999.

Conquest, R., *Harvest of Sorrow: Soviet Collectivization and the Terror-Famine*, Oxford University Press, 1986.

——, *Stalin and the Kirov Murder*, Hutchinson, 1989.

——, *The Great Terror: A Reassessment*, Hutchinson, 1990.

D'Encausse, H. C., *Lenin*, Holmes & Meier, 2001.

Ferro, M., *Nicholas II: The Last of the Tsars*, Viking, 1991.

Figes, O., *A People's Tragedy: The Russian Revolution, 1891-1924*, Pimlico, 1997.

Fitzpatrick, S., *The Russian Revolution*, 2ª ed., Oxford University Press, 1994.

——, *Everyday Stalinism: Ordinary Life in Extraordinary Times: Soviet Russia in the 1930's*, Oxford University Press, 1999.

—— (ed.), *Stalinism: New Directions*, Routledge, 2000.

Freeborn, Richard, *A Short History of Modern Russia*, Hodder & Stoughton, 1966.

Getty, J. A., *The Road to Terror: Stalin and the Self-Destruction of the Bolsheviks*, Yale University Press, 1999.

Hill, C., *Lenin and the Russian Revolution*, Penguin, 1971.

Katkov, G., *Russia, 1917: The February Revolution*, Longman, 1967.

Koenker, D., *Moscow Workers and the 1917 Revolution*, Princeton University Press, 1981.

Kotkin, S., *Magnetic Mountain: Stalinism as a Civilization*, California University Press, 1995.

Laver, J., *Stagnation and Reform: The USSR, 1964-91*, Hodder & Stoughton, 1997.

Lewin, M., *The Making of the Soviet System*, Methuen, 1985.

Lieven, D. C. B., *Nicholas II: Emperor of All the Russias*, John Murray, 1993.

Lincoln, W. B., *Red Victory: A History of the Russian Civil War*, Simon & Schuster, 1991.

Lowe, N., *Mastering Twentieth Century Russian History*, Palgrave Macmillan, 2002.

Massie, R. K., *The Romanovs: The Final Chapter*, Random House, 1995.

Mawdsley, E., *The Russian Civil War*, Unwin-Hyman, 1989.

McCauley, M., *The Soviet Union, 1917-1991*, 2ª ed., Longman, 1993.

——, *Stalin and Stalinism*, 2ª ed., Longman, 1995.

——, *Gorbachev*, Longman, 1998.

——, *Bandits, Gangsters and the Mafia: Russia, the Baltic States and the CIS since 1991*, Longman, 2001.

Medvedev, R. A., *Let History Judge: The Origins and Consequences of Stalinism*, 2ª ed., Oxford University Press, 1989.

——, *Post-Soviet Russia: A Journey Through the Yeltsin Era*, Columbia University Press, 2000.

Merridale, C., *Moscow Politics and the Rise of Stalin*, Macmillan, 1990.

Montefiore, S. S., *Stalin: The Court of the Red Tsar*, Weidenfeld & Nicolson, 2003.

Nove, A., *An Economic History of the USSR, 1917-1991*, 3ª ed., Penguin, 1992.

Overy, R. J., *The Dictators*, Allen Lane, 2004.

Pipes, R., *The Russian Revolution, 1899-1919*, Harvill, 1993.

——, *Russia under the Bolshevik Regime, 1919-1924*, Harvill, 1993.

Radzinsky, E., *Stalin*, Hodder & Stoughton, 1996.

——, *Rasputin*, Weidenfeld & Nicolson, 2000.

Read, C., *From Tsar to Soviets: The Russian People and their Revolution, 1917-1921*, Oxford University Press, 1996.

Remnick, D., *Lenin's Tomb: The Last Days of the Soviet Empire*, Viking, 1993.

Sakwa, R., *The Rise and Fall of the Soviet Union, 1917-1991*, Routledge, 1999.

Service, R., *Lenin: A Political Life: The Iron Ring*, vol. 3, Macmillan, 1995.

——, *A History of Twentieth Century Russia*, Penguin, 1998.

——, *The Russian Revolution, 1900-1927*, 3ª ed., Macmillan, 1999.

——, *Lenin: A Biography*, Macmillan, 2001.

——, *Stalin*, Palgrave Macmillan, 2004.

Smith, S. A., *Red Petrograd: Revolution in the Factories, 1917-1918*, Cambridge University Press, 1983.

Suny, R. G., *The Soviet Experiment*, Oxford University Press, 1998.

Taubman, W., *Khrushchev: The Man and his Era*, Free Press, 2001.

Taylor, A. J. P., "Lenin: October and After", en *History of the 20th Century*, vol. 3, capítulo 37, Purnell, 1970.

Tompson, W. J., *Khrushchev: A Political Life*, Palgrave Macmillan, 1995.

Tucker, R. C. (ed.), *Essays in Historical Interpretation*, Transaction, 1999.

Ulam, A. B., *Lenin and the Bolsheviks*, Fontana/Collins, 1965.

Volkogonov, D., *Lenin: Life and Legend*, Free Press, 1994.

——, *The Rise and Fall of the Soviet Empire*, HarperCollins, 1998.

——, *Stalin: Triumph and Tragedy*, Phoenix, 2000.

Westwood, J. N., *Endurance and Endeavour: Russian History, 1812-1992*, 4ª ed., Oxford University Press, 1993.

Yakovlev, A., *A Century of Russian Violence in Soviet Russia*, Yale University Press, 2002.

CHINA DESDE 1900

Chang, Jung, *Wild Swans*, HarperCollins, 1991.

Eastman, L. E., *Seeds of Destruction: Nationalist China in War and Revolution, 1937-1949*, Stanford Oxford University Press, 1984.

Fenby, J., *Generalissimo: Chiang Kai-Shek and the China He Lost*, Free Press, 2003.

Gittings, J., *China Changes Face: The Road from Revolution, 1949-89*, Oxford, 1990.

Gray, J., "China Under Mao", en *History of the 20th Century*, vol. 6, capítulo 89, Purnell, 1970.

Hsi-sheng Ch'i, *Nationalist China at War, 1937-45*, University of Michigan Press, 1982.

Huang, P. C. C., *The Peasant Economy and Social Change in Northern China*, Stanford University Press, 1985.

Karnow, S., *Mao and China: Inside China's Cultural Revolution*, Penguin, 1985.

Lynch, M., *China: From Empire to People's Republic*, Hodder & Stoughton, 1996.

Smith, S. A., "China: Coming to Term with the Past", *History Today*, diciembre de 2003.

Snow, E., *Red Star Over China*, Penguin, 1972.

Tang Tsou, *The Cultural Revolution and Post-Mao Reforms*, Chicago University Press, 1988.

Terrill, R., *Mao*, Heinemann, 1981.

Wilbur, C. M., *The Nationalist Revolution in China, 1923-1928*, 1984.

Wolf, M., *Revolution Postponed: Women in Communist China*, Stanford University Press, 1985.

El comunismo en Vietnam del Norte y el Sudeste Asiático

Chandler, D. P., *The Tragedy of Cambodian History*, Yale University Press, 1991.

——, *A History of Cambodia*, 2ª ed., Westview, 1992.

Chong-sik Lee, y Yoo Se-hee (eds.), *North Korea in Transition*, Columbia University Press, 1991.

Dae-sook Suh, *Kim Il Sung: The North Vietnam Leader*, Columbia University Press, 1995.

Dommen, A. J., *Laos: Keystone of Indo-China*, Perseus Books, 1985.

Duiker, W. J., *The Communist Road to Power in Vietnam*, Ohio University Press, 1981.

——, *Vietnam Since the Fall of Saigon*, Ohio University Press, 1989.

Evans, G., *Lao Peasants under Socialism*, Yale University Press, 1990.

Jackson, K. D. (ed.), *Cambodia, 1975-1978*, Princeton University Press, 1989.

Karnow, S., *Vietnam: A History*, Penguin, 1999.

Kiernan, B., *How Pol Pot Came to Power*, Verso, 1983.

——, *The Pol Pot Regime*, Yale University Press, 2002.

Leifer, M., *Dictionary of the Modern Politics of South-East Asia*, Routledge, 1996.

Osborne, M., *Southeast Asia: An Illustrated History*, Allen & Unwin, 1997.

Post, K., *Revolution, Socialism and Nationalism in Vietnam*, 4 vols., Darthmouth, 1989-1992.

Scalapino, R., y Kim Jun-yop, *North Korea Today: Strategic and Domestic Issues*, Praeger, 1983.

Shawcross, W., *Sideshow: Kissinger, Nixon and the Destruction of Cambodia*, Deutsch, 1987.

Stuart-Fox, M., *A History of Laos*, Cambridge University Press, 1997.

Tarling, N., ed.), *The Cambridge History of Southeast Asia*, vol. II: *The Nineteenth and Twentieth Centuries*, Cambridge University Press, 1993.

Vickery, M., *Cambodia, 1975-1982*, Allen & Unwin, 1984.

Zasloff, J. J., y L. Unger, *Laos: Beyond the Revolution*, Palgrave Macmillan, 1991.

Los Estados Unidos antes y después de la Segunda Guerra Mundial

Andrew, J., *Lyndon Johnson and the Great Society*, Ivan R. Dee, 1998.

Behr, E., *Prohibition: The 13 Years that Changed America*, BBC Books, 1997.

Branch, T., *Parting the Waters: Martin Luther King and the Civil Rights Movement, 1954-63*, Macmillan, 1991.

——, *Pillar of Fire: America in the King Years*, Simon and Schuster, 1998.

Brogan, H., *Longman History of the United States*, Longman, 1985.

Campbell, I., *The USA, 1917-1941*, Cambridge University Press, 1996.

Cannon, L., *President Reagan: The Role of a Lifetime*, Simon & Schuster, 1991.

Clements, K. A., *The Presidency of Woodrow Wilson*, Kansas University Press, 1992.

Clements, P., *Prosperity, Depression and the New Deal*, Hodder & Stoughton, 1997.

Colaiaco, J., *Martin Luther King*, Macmillan, 1998.

Cook, R., *Sweet Land of Liberty?*, Longman, 1998.

Dallek, R., *John F. Kennedy: An Unfinished Life, 1917-1963*, Penguin, 2004.

Ferrell, R. H., *Harry S. Truman*, Missouri University Press, 1995.

Galbraith, J. K., *The Great Crash*, André Deutsch, 1980.

Griffiths, R., *Major Problems in American History since 1945*, Heath, 1992.

Heale, M. J., *Franklin D. Roosevelt: The New Deal and War*, Routledge, 1999.

Helsing, J., *Johnson's War/Johnson's Great Society: The Guns and Butter Trap*, Greenwood Press, 2000.

Hine, R. V., y J. M. Faracher, *The American West*, Yale University Press, 2000.

Hoff, J., *Nixon Reconsidered*, Basic Books, 1994.

Jenkins, P. A., *History of the United States*, Macmillan, 1997.

Martin Riches, W. T., *The Civil Rights Movement*, Macmillan, 1997.

McCoy, D. R., *Coming of Age: The United States during the 1920s and 1930s*, Penguin, 1973.

McCullough, D., *Truman*, Simon & Schuster, 1992.

Morgan, T., *FDR* [biografía de F. D. Roosevelt], Grafton/Collins, 1985.

Preston, S., *Twentieth Century US History*, Collins, 1992.

Sanders, V., *Race Relations in the USA*, Hodder & Stoughton, 2000.

Thompson, R., *The Golden Door: A History of the United States of America (1607-1945)*, Allman and Son, 1969.

Traynor, J., *Roosevelt's America 1932-41*, Macmillan, 1983.

———, *Mastering Modern United States History*, Palgrave Macmillan, 1999.

Watkins, T. H., *The Great Depression*, Little, Brown, 1993.

White, J., *Black Leadership in America*, 2ª ed., Longman, 1990.

Zinn, H., *A People's History of the United States*, Longman, 1996.

DESCOLONIZACIÓN Y PROBLEMAS EN ÁFRICA

Bayart, F., *The State in Africa: The Politics of the Belly*, Longman, 1993.

Benson, M., *Nelson Mandela*, Penguin, 1994.

Berman, B., y Losdale, J., *Unhappy Valley: Conflict in Kenya and Africa*, 2 vols. James Currey, 1992.

Bing, G., *Reaping the Whirlwind* [biografía de Nkrumah], 1968.

Brasted, H., "Decolonisation in India: Britain's Positive Role", *Modern History Review*, noviembre de 1990.

Davidson, B., *Africa in Modern History*, Macmillan, 1992.

De Witte, L., *The Assassination of Lumumba*, Verso, 2001.

Dunn, D. E., y S. Byron, *Liberia*, Metuchan, NJ, 1988.

Ellis, S., *The Mask of Anarchy: The Destruction of Liberia*, Hurst, 1999.

Falola, T., *The History of Nigeria*, Greenwood, 1999.

Ferguson, N., *Empire: How Britain Made the Modern World*, Allen Lane/Penguin, 2003.

Hargreaves, J. D., *Decolonisation in Africa*, Longman, 1988.

Horne, A., *A Savage War of Peace*, Algeria, Macmillan, 1972.

Huddleston, T., *Return to South Africa*, HarperCollins, 1991.

Iliffe, J., *Africans: The History of a Continent*, Cambridge University Press, 1995.

Kanza, T., *The Rise and Fall of Patrice Lumumba: Conflict in the Congo*, Africa Book Centre, 1977.

Kriger, N. J., *Zimbawe's Guerrilla War. Peasant Voices*, Cambridge University Press, 1992.

Luthuli, A., *Let My People Go*, Fontana, 1963.

Maier, K., *This House Has Fallen: Nigeria in Crisis*, Penguin, 2002.

Mamdani, M., *Citizen and Subject: Contemporary Africa and the Legacy of Late Colonialism*, Princeton University Press, 1996.

Mandela, N., *Long Walk to Freedom*, Abacus, 1995.

Marcus, H. G., *A History of Ethiopia*, California University Press, 1994.

Melvern, L., *A People Betrayed: The Role of the West in Ruanda's Genocide*, Zed Books, 2000.

Meredith, M., *The Past is Another Country: Rhodesia, UDI to Zimbawe*, André Deutsch, 1980.

Osagae, E. E., *Nigeria Since Independence: Crippled Giant*, 1998.

Parsons, A., *From Cold War to Hot Peace: UN Interventions, 1947-1995*, Penguin, 1995.

Sarkar, S., *Modern India, 1885-1947*, Macmillan, 1983.

Singh, A. I., *The Origins of the Partition in India, 1936-1947*, Oxford University Press, 1990.

————, "A British Achievement? Independence and Partition in India", *Modern History Review*, noviembre de 1990.

Tutu, D., *Hope and Suffering*, Fount, 1984.

Watson, J. B., *Empire to Commonwealth*, Dent, 1971.

LA ECONOMÍA GLOBAL Y LA POBLACIÓN

Ashworth, W., *A Short History of the International Economy since 1850*, Longman, 1987.

Barnett, T., y A. Whiteside, *AIDS in the 21st Century: Disease and Globalisation*, Palgrave, 2002.

Brandt, W., *World Armament and World Hunger*, Gollancz, 1986.

Brandt Report: North-South, a Programme for Survival, The Pan, 1980.

Hutton, W., *The World We're In*, Little, Brown, 2002.

Lloyd, J., *The Protest Ethic: How the Anti-Globalism Movement Challenges Social Democracy*, Demos, 2001.

Moss, N., *Managing the Planet: The Politics of the New Millennium*, Earthscan, 2000.

Rifkin, J., *The European Dream: How Europe's Vision of the Future is Eclipsing the American Dream*, Polity, 2004.

Van der Vee, H., *Prosperity and Upheaval: The World Economy, 1945-1980*, Penguin, 1991.

Victor, D., *The Collapse of the Kyoto Protocol and the Struggle to Slow Global Warming*, Princeton University Press, 2001.

ÍNDICE DE FIGURAS

ÍNDICE DE MAPAS

ÍNDICE DE CUADROS

ÍNDICE DE ILUSTRACIONES

ÍNDICE ANALÍTICO

ÍNDICE GENERAL

Segunda Parte
EL SURGIMIENTO DEL FASCISMO
Y DE LOS GOBIERNOS DE DERECHA

Tercera Parte
COMUNISMO: SURGIMIENTO Y DECLINACIÓN

Sexta Parte
PROBLEMAS GLOBALES

Guía ilustrada de la historia moderna, de Norman Lowe, se terminó de imprimir y encuadernar en enero de 2018 en Impresora y Encuadernadora Progreso, S. A. de C. V. (IEPSA), calzada San Lorenzo, 244; 09830 Ciudad de México. El tiraje fue de 5 000 ejemplares.